# ENCYCLOPÉDIE

## GÉNÉRALE

DE L'IMPRIMERIE L. TOINON ET C⁰, A SAINT-GERMAIN

Ⓒ.

# ENCYCLOPÉDIE

## GÉNÉRALE

## COMITÉ DE PUBLICATION

MICHEL ALCAN — LOUIS ASSELINE — GEORGES AVENEL — LOUIS BELIN

Dr BERTILLON — M.-L. BOUTTEVILLE — PAUL BROCA — CASTAGNARY

JULES CLARETIE — LOUIS COMBES

CHARLES DELESCLUZE — HENRI FOUQUIER — AMÉDÉE GUILLEMIN — P. JOIGNEAUX

PAUL LACOMBE — ANDRÉ LEFÈVRE — Dr LETOURNEAU

MARC DUFRAISSE — Dr MAREY — JULES MOTTU — TH. MOUTARD — ALFRED NAQUET

CH. QUENTIN — A. RANC

F. SARCEY — E. SPULLER — H. VALLIER — CARL VOGT

TOME DEUXIÈME

PARIS

BUREAU DE L'ENCYCLOPÉDIE GÉNÉRALE

67, RUE MESLAY

GARROUSSE, LIBRAIRE

BOULEVARD BONNE-NOUVELLE, 15

# ENCYCLOPEDIE GENERALE

**LLURES.** — La racine de ce mot en donne la plus précise et la plus exacte des définitions : *allure*, façon d'aller, mode d'aller. Mais disons tout de suite que l'expression ne s'applique qu'au mode de déplacement des quadrupèdes, et plus particulièrement des monodactyles.

L'allure appartient aux quadrupèdes comme le vol aux oiseaux, la reptation aux reptiles, la natation aux poissons.

— Mais les allures se sont multipliées, et le dressage, certaines aptitudes utilisées, la contrainte même, ont réussi à donner au cheval telle ou telle allure de service à l'exclusion de toutes les autres : le *pas relevé* et l'*amble,* par exemple.

Les allures sont donc, ou spontanées ou acquises, naturelles ou développées par l'éducation. — Le seul mode de locomotion au *pas* comporte plusieurs divisions, et certaines allures ne peuvent être rigoureusement qualifiées par l'une des trois divisions généralement acceptées qui sont le *pas*, le *trot*, le *galop*.

Nous ne considérons point comme des allures les mouvements sur place qui soulèvent, de telle ou telle façon, le corps du cheval, mais ne déterminent point de progression. — Ils sont mieux qualifiés par ce terme d'équitation : airs de manége.

Le point de départ de tout mouvement, de toute progression, de toute allure, en un mot, c'est le déplacement du centre de gravité, et ce déplacement a lieu chaque fois que se produit la contraction d'un membre qui s'élève pour se soustraire momentanément à l'appui. Si c'est un membre postérieur qui se contracte, le mouvement est commencé, et une poussée a déjà été produite sur la masse à mouvoir. — Si c'est un membre antérieur, l'équilibre devient instable, le centre de gravité oscille, mais il n'y a aucune allure d'entamée. La formule que nous produisons ici, dit assez que nous adoptons la théorie de M. Colin, imparfaitement combattue par l'opinion de M. Bouley, qui accorde aux membres antérieurs un autre rôle que celui de soutien ou de parachute. L'exemple du cheval paralysé du train postérieur et qui traîne sa masse en s'arc-boutant sur l'ongle antérieur, ne nous convainc pas plus que ne nous convaincrait M. Colin, s'il nous citait le cheval qui marche cabré.

Notre opinion se résumant absolument par ces mots : *toute progression est le résultat d'une poussée*, nous n'avons plus à rechercher, dans chaque mode de progression, le point de départ du mouvement.

L'oiseau est poussé par ses ailes qui sont des rames aériennes, le poisson reçoit toute sa vitesse des contractions postérieures, aidées et dirigées par sa queue, et, pour paraître plus complexe dans son jeu, la reptation n'en obéit pas moins à la même loi.

Admettons, maintenant, avec les auteurs modernes, les quatre temps qui marquent le déplacement d'un membre, c'est-à-dire le *lever*, le *soutien*, le *poser* et *l'appui*, et l'on se rendra très-bien compte des différentes phases qui marquent un même mouvement.

*Le Pas.* Quand on examine un cheval au pas, on voit successivement entrer en action : 1º le membre antérieur gauche; 2º le membre postérieur droit; 3º le membre antérieur droit; 4º le membre postérieur gauche.— Une nouvelle série de déplacements dans le même ordre marque le deuxième pas complet. Que devient le centre de gravité dans cette succession de déplacements ? Il est alternativement soutenu par un bipède latéral, par un bipède diagonal; puis par un deuxième bipède latéral, et enfin par un deuxième bipède diagonal qui termine le pas et remet les membres, là où ils se trouvaient, lorsque le mouvement de progression a commencé. On comprend que l'étendue du terrain parcouru, au pas, varie suivant la longueur des membres, le poids supporté, l'incitation, l'énergie naturelle ou l'éducation spéciale, et enfin certaines particularités de conformation.

Nous n'avons point à examiner ici les différentes causes qui s'opposent à l'accomplissement régulier de cette allure. Il suffira, pour compléter les données générales, de désigner certaines irrégularités qui accompagnent le pas, chez des chevaux faibles ou mal conformés. Le cheval *forge* lorsque le fer du membre postérieur vient heurter le fer d'un membre antérieur, qui quitte trop tardivement le poser. Le cheval *billarde* si, par une mauvaise disposition des surfaces articulaires du genou, le pied se déjette disgracieusement en dehors, dans le temps du lever. L'animal *s'atteint* dans le cas d'une disposition inverse qui ramène trop en dedans le pied, dont le bord interne va quelquefois toucher le canon, ou heurter le sabot du pied opposé, au point de compromettre souvent l'équilibre. Trop enlevé, le pied n'entame plus assez de terrain ; s'il s'éloigne trop peu du sol il *rase*, comme on dit, le tapis et se heurtera fréquemment aux inégalités du sol. Enfin le mode de progression au pas caractérise souvent telle ou telle race d'animaux.

*Le Trot.* Dans l'allure du trot, le corps est alternativement soutenu par le bipède diagonal droit (pied antérieur droit et pied postérieur gauche), et par le bipède diagonal gauche (pied antérieur gauche, pied postérieur droit). Ces deux temps suffisent pour indiquer le mécanisme du trot, sans qu'il soit nécessaire de nommer *temps intermédiaire* ou troisième temps, l'insaisissable moment où l'animal *est en l'air*, c'est-à-dire lorsque le premier bipède a quitté le sol et que le second n'est pas retourné à l'appui. Du moment où l'on s'accorde à considérer le trot comme une succession de bonds, la durée de la suspension du corps au-dessus du sol, sans appui, ne peut être considérée comme un temps. C'est mal définir et mal analyser : c'est comme si, dans la respiration, l'on appelait troisième temps l'intervalle qui sépare l'inspiration de l'expiration. Dans le trot régulier nous n'admettrons que le travail successif, plus ou moins rapide, des deux bipèdes diagonaux. A peine pourrait-on admettre un troisième temps dans l'*amble*, qui n'est plus le trot que nous avons défini, puisque l'allure est partagée entre les bipèdes latéraux, déplacés alternativement; ce que les Anglais nomment *flying-trot* ou le trot-vol ne comporte que deux battues, bien qu'il y ait quatre foulées de produites; les pieds de derrière arrivent à l'appui au delà de l'empreinte laissée par les membres antérieurs. Ce fait seul ne suffirait-il pas pour réfuter la théorie de ceux qui assignent aux membres antérieurs une participation active dans la prise de terrain?

Nous parlerons de la conformation à rechercher chez un trotteur, lorsque nous parlerons de la conformation générale et spéciale des animaux considérée au point de vue de l'aptitude. Rien d'ailleurs n'est aussi peu fixé que les constitutions de ligne, de forme, de développement, qui assurent la supériorité d'un trotteur ou d'un cheval de course. On peut trouver un animal solidement construit et de lignes irréprochables dans certaines parties, qui pourtant n'aura ni fond ni vigueur : ou l'équilibre fera défaut, ou le cœur manquera. Un autre sujet bizarrement conformé étonnera par ses actions, son énergie naturelle suppléant à tout.

*Le Galop.* C'est la plus rapide des allures, et, par ce fait, celle qui exige le plus d'efforts, le plus de dépenses pour être soutenue. Dans cette allure, le déplacement de la masse, *préparé* par les membres antérieurs qui s'élèvent, est exécuté par les membres postérieurs dont la détente pousse le corps en avant.

Chaque paire de membres, dans ce mouvement, quoique mus dans un même temps, ne se trouvent pas exactement par leur extrémité sur la même ligne. Ainsi, l'un des membres antérieurs (le droit, je suppose) *entame* toujours le mouvement, c'est-à-dire se trouve un peu en avant de l'autre. Dans ce cas, le cheval galope à droite; il galope à gauche, au contraire, si le membre gauche se présente le premier. Un temps de galop se termine par trois battues que l'oreille peut compter et qui indiquent le retour des membres à l'appui, dans l'ordre suivant : 1° le membre postérieur gauche arrive le premier; 2° *ensemble*, membre postérieur droit et membre antérieur gauche; 3° membre antérieur droit.

En principe général, plus les mouvements du galop sont complexes, c'est-à-dire plus les détentes sont isolées et multiples au lieu d'être simultanées, plus l'effet produit est amoindri. Voilà pourquoi le *galop de course* est l'expression, la plus mathématiquement complète, de la somme de forces employées et en même temps la démonstration la plus absolue de ce principe, que toute propulsion est déterminée par le train postérieur. Si l'on suppose en effet les pieds antérieurs revenus à l'appui, et que l'on surveille leur prochain déplacement, on ne les verra s'enlever que lorsque l'appui et la détente des membres postérieurs aura déterminé un nouveau bond. — Le galop de course n'est, en somme, qu'une suite de détentes, de bonds ou de sauts.

On distingue bien encore un galop à quatre temps, mais c'est là une *action* absolument artificielle. — On est d'accord aujourd'hui sur ce point, que le galop est d'autant plus rapide que la masse du corps se trouve moins enlevée au-dessus du sol, et que la force de propulsion est plus entièrement dépensée à pousser l'animal, au lieu de se trouver en partie annihilée par un soulèvement inutile au-dessus de la piste.

L'allure appelée *aubin* marque un défaut de coordination entre les membres antérieurs et les membres postérieurs. — Une usure prématurée, un abus des animaux rompt l'harmonie des mouvements et l'on voit souvent les membres antérieurs galoper tandis que les membres postérieurs se meuvent dans le trot. — Le contraire est plus rare, mais a pourtant été remarqué.

Aujourd'hui que les questions de statique et de dynamique sont mieux connues, parce qu'elles ont été physiologiquement étudiées, on formule avec plus d'exactitude le mécanisme des allures. Les hommes de cheval ne sont plus seulement des cavaliers et des écuyers : beaucoup sont des savants, et, grâce à leurs observations et à leurs travaux, on raisonne les faits qu'autrefois on se contentait d'enregistrer. On sait, par exemple, quels sont les organes qu'il importe de développer pour accroître la vitesse de l'allure; on sait aussi que la vitesse est la plus haute manifestation de la force.

Les travaux de Perciwall, les recherches de Colin, les aperçus ingénieux et les appréciations rigoureuses de M. Pearson ont ramené les théories sur le véritable terrain scientifique. On commence à déterminer avec une certaine précision les conditions de vitesse et d'aptitude, qui n'avaient pas été bien nettement indiquées par les anciens hippologues, Bourgelat, Lafosse, etc. Léon Loiseau.

**ALMANACH.** — Ce mot fort ancien se trouve, d'après M. Littré, avec le sens que nous lui attachons, dans Eusèbe (*Præparatio evangelica, III, 92*) sous la forme αλμεναχα ου αλμιναχια. Il est difficile d'aller au delà du mot tel qu'il est donné par Eusèbe. M. Littré considère que l'étymologie égyptienne (*al* calcul et *men* mémoire) a une certaine probabilité. On a aussi indiqué les suivantes : l'article *al* et l'hébreu *manach*, compter ; l'article *al* et le latin *manachus*, cercle tracé sur un cadran solaire et servant à indiquer l'ombre pour chaque mois.

Une histoire complète et raisonnée de l'Almanach serait le premier et le plus intéressant chapitre d'une histoire de la littérature populaire. Pendant des siècles, le peuple n'a pas eu d'autre guide; ç'a été longtemps l'encyclopédie du pauvre ; maintenant encore ce n'est guère que sous cette forme que le livre pénètre chez le paysan. Nous ne voulons pas nous occuper ici du but spécial et primitif de l'almanach, qui était l'indication des divisions astronomiques ou conventionnelles du temps. Pour tout ce qui est relatif à cette partie astronomique et mathématique, on consultera le mot *Calendrier*. Nous renvoyons aussi au mot *Colportage* ce qui a rapport au mode de diffusion des livres populaires et à la législation.

Les premiers rédacteurs d'almanachs imprimés étaient astrologues, c'est-à-dire qu'ils prédisaient pour chaque année les changements de température et les événements historiques d'après l'étude des mouvements du ciel. Ils étaient médecins à la mode du temps, c'est-à-dire qu'ils signalaient les précautions hygiéniques à prendre suivant les phases de la lune et les conjonctions sidérales. Enfin ils étaient chrétiens, c'est-à-dire qu'aux enseignements de la fausse science se joignaient ceux de la superstition religieuse. L'almanach est bien le livre populaire tel que devait le concevoir et le produire la civilisation chrétienne. C'est par où l'on peut juger l'état social issu du christianisme, que le peuple ne fut mis par l'imprimerie en possession que de deux sortes de livres : les protestants eurent la bible et l'almanach; les catholiques le livre d'heures et l'almanach.

Le manuel de M. Brunet dit que le premier almanach connu est le *Grand Compost des Bergers*, imprimé à Paris en 1493. M. Lenient, dans son livre de la *Satire en France au moyen âge*, a démontré que cet almanach est une imitation évidente d'un petit livre qui a pour titre : *Le Vray régime et gouvernement des bergers et bergères, composé par le rustique Jehan de Brie, le bon berger* (1379). Les nombreuses éditions du *Compost* portent des titres variés. En voici un : *Grand kalendrier et compost des bergers composé par le berger de la Grande Montaigne, nouvellement refait et aultrement que n'était par avant, imprimé à Paris*. Voici un autre titre plus développé : *Ci est le compost et kalendrier des bergères, contenant plusieurs matères récréatives et dévotes, nouvellement composé, sans contredire à celui des bergers, mais suppliant les deffaultes omises en icelluy, recréatives matères y sont, la venue de deux bergères estranges à Paris (Bietris et Sebilles). Un dialogue qu'elles ont fait. Le Kalendrier par elles ordonné. Leur astrologie. La division de l'an par quatre parties et icelles moralisées. Questions que bergiers ont fait aux bergères et solucions par elles baillées. Latercation des deux bergères. Science nouvelle, et autres plusieurs avec matères contemplatives lesquelles y contient. Imprimé à Paris, en l'ostel de Beauregard, en la rue Choppin, à l'enseigne du prêtre Ihan.*

La superstition s'étale en plein dans les almanachs, elle y règne, et ce n'est pas seulement dans ceux qui sont destinés aux pauvres gens. C'est ainsi que dans un exemplaire de 1634 de l'almanach de Laurent d'Houry, qui, à compter de 1700, prit le titre d'almanach royal, qui antérieurement était à l'usage des gens du monde et qui leur servait d'Agenda, on trouve des chapitres qui portent ces titres : « Idée générale des changements de l'air et des événements de l'année; Observations nécessaires à toutes sortes de personnes pour l'usage de la médecine d'après la disposition de la lune, l'aspect des planètes; Règles générales qu'on peut appliquer à tous les usages de la vie, enseignant à quelle opération la lune est bonne; Abrégé de néomancie, etc., etc. » Quelques-uns de ces chapitres sont conservés dans plusieurs numéros postérieurs à 1700.

Les almanachs sont de quatre formats principaux : l'in-4, l'in-8, l'in-12 et l'in-24. Ce dernier est sans contredit le plus populaire, c'est le format du *Liégeois* et de tous les almanachs qui procédant de lui sont placés sous l'invocation des trois grands astrologues, Mathieu Laensberg, Nostradamus et Joseph Moult. En voici une énumération, qui n'a pas la prétention d'être complète. *Le Mathieu Laensberg de l'industrie, Almanach de l'agriculture, de la fabrique et du ménage, indiquant le moyen d'être heureux. — Double Almanach Liégeois, par Mathieu Laensberg ; — L'Astronome napolitain, ou les prophéties de Joseph Thomas Moult; — Le parfait Liégeois, Almanach quotidien ; — Le Petit Liégeois, Almanach journalier, par Mathieu Laensberg; — Double Almanach Liégeois, journalier, par Mathieu Laensberg; — Le Double Almanach journalier, très-régulier, avec les véritables prophéties de M. Laensberg Mathieu; — Le Double Liégeois, supputé par M. Math. Laensberg, suivi de ses véritables prophéties; — Le Triple Liégeois, Almanach journalier de M. Mathieu Laensberg.* — Tous ces almanachs se ressemblent avec leurs couvertures bleues, leur papier à chandelle et leurs vieux bois. La pagination y est toujours absente. Les *Liégeois* se débitent encore à des quantités innombrables. J'en ai sous les yeux un qui a paru en 1868 sous ce titre : *Le nouveau double Liégeois, de M. Mathieu Laensberg, Almanach pour l'an 1868, trente-deuxième année, au dépôt central des almanachs Liégeois et autres, chez Pagnerre, éditeur, rue de Seine,* 18. — J'en vais donner l'analyse exacte : il commence par l'énumération des fêtes annuelles et mobiles; puis il indique les signes du zodiaque, donne la liste des planètes, la date des grandes marées, les éclipses, etc., etc. ; viennent ensuite quelques lignes sur la lune rousse, extraites d'un article d'Arago. Après quoi arrivent les « pronostics universels de Mathieu Laensberg indiquant les variations du temps pour chaque jour de l'année 1868. »

Après ces prédictions et le Calendrier du jardinier, la partie littéraire s'ouvre. C'est d'abord le récit du baptême d'un bateau de sauvetage aux cris de « Vive l'empereur, vive l'impératrice, vive le prince impérial ! » ensuite une instruction sur le danger de boire froid quand on a chaud; puis une anecdote sur la vie privée des piverts et une instruction sur les meilleurs moyens de détruire les hannetons. A ces divers morceaux succède un tableau des principales foires de France. Après les foires, c'est le tour des Horoscopes. Ici il faut citer : « SEPTEMBRE, LA BALANCE : » Ceux qui naissent sous cette constellation sont d'un caractère doux et pacifique, » sans cependant jamais transiger avec la lâcheté et le déshonneur. Le beau sexe, » enclin un peu aux plaisirs, mais doué d'une grande modestie et d'un esprit pénétrant, » devient vers l'âge mûr très-religieux, et finit ordinairement une vie un peu trop

» mondaine par la pratique de toutes les vertus. » Les « Prédictions pour chaque mois de l'année » ne le cèdent pas aux Horoscopes. Voici celle pour novembre :

> Dans la jeunesse tout enchante;
> On aime tout, on danse, on rit, on chante,
> Ah! de ces jours charmants qu'on est bien vite au bout !
> Comme on change avec l'âge! On souffre, on se tourmente!
> L'objet qu'on adorait excite le dégoût;
> Qui sait plaire à vingt ans, souvent ennuie à trente.
> L'âge embellit et gâte tout.

Le *Nouveau double Liégeois* de 1868 se termine par des notes sur l'Exposition universelle, suivies d'un discours de l'empereur, par deux ou trois anas de police correctionnelle, et enfin par des annonces. Voilà cet almanach, tel que le vend M. Pagnerre. Par ce *Liégeois*, qui est un des plus sensés, on peut juger des autres; on peut juger aussi de ce qu'ils étaient autrefois.

De bonne heure, on essaya d'améliorer les almanachs et de les arracher, au moins en partie, à la superstition; mais il faut bien avouer que ces tentatives eurent peu de succès, et que les bons almanachs, ceux où la philosophie et la raison essayaient timidement de se glisser, furent noyés dans l'immensité des mauvais. Cependant on doit reconnaître que, dès le XVIIIe siècle, les *Messagers boiteux*, et notamment le *Bon messager boiteux de Bâle en Suisse*, répandaient des idées plus justes et plus saines que les *Liégeois*. Ce progrès s'accomplissait dans les pays allemands sous l'influence de l'idée protestante; dans les pays français, grâce à la philosophie.

Au XVIIIe siècle, les philosophes n'eurent garde de dédaigner la propagande de l'almanach. Je citerai notamment l'*Almanach des honnêtes gens*, de Sylvain Maréchal, le célèbre auteur du *Dictionnaire des athées* et du *Manifeste des égaux*. Ce petit livre parut en 1788, sous le règne du bon roi Louis XVI, un an à peine avant la convocation des États généraux. L'*Almanach des honnêtes gens* déplut, et Sylvain Maréchal fut parfaitement enfermé à Saint-Lazare, où il passa plusieurs mois. Voltaire aussi avait écrit un *Almanach du cultivateur*. Le manuscrit de cet ouvrage, qui ne fut pas publié, appartient à la bibliothèque de l'Ermitage de Saint-Pétersbourg.

Vint la Révolution. Je ne dirai rien du *Calendrier républicain* et de l'*Annuaire* de Romme; il sera consacré un article spécial à cette œuvre de la Révolution, qui fut une inspiration de génie. — A quoi sert ce calendrier? demanda un jour l'évêque Grégoire. — A supprimer le dimanche, répondit tranquillement Romme. — Mais je dois donner quelques détails sur un almanach qui, dans les premières années de la Révolution, fut répandu à un nombre considérable d'exemplaires et qui est devenu aujourd'hui fort rare : je veux parler de l'*Almanach du père Gérard*, par Collot d'Herbois. En voici le titre exact : *Almanach du père Gérard pour l'année 1792, la troisième de l'ère de la liberté, ouvrage qui a remporté le prix proposé par la Société des amis de la Constitution, séante aux Jacobins à Paris, par J.-M. Collot d'Herbois, membre de la Société.*

. Le prix fut décerné le 23 décembre 1791, sur le rapport de Dusault. Les autres juges du concours, nommés par la Société, étaient : Grégoire, Condorcet, Polverelle, Clavière et Lanthenas. L'almanach de Collot d'Herbois fut couronné à l'unanimité. C'est en son genre un petit chef-d'œuvre, écrit d'un style très-simple. Les questions politiques les plus sérieuses sont traitées avec une merveilleuse clarté dans ces entretiens familiers du père Gérard avec les paysans de son village. Les mérites et les défauts de la Constitution de 1791 y sont parfaitement mis en lumière. L'ouvrage, qui est très-court, se compose de douze entretiens : *De la Constitution. — De la Nation. — De la Loi. — Du Roi. — De la Propriété. — De la Religion. — Des*

*Contributions publiques. — Des Tribunaux. — De la Force armée. — Du Droit de chaque citoyen et de ses devoirs. — De la Prospérité publique. — Du Bonheur domestique.*

Les almanachs contre-révolutionnaires et réactionnaires ne manquèrent pas non plus à cette époque, surtout après le 9 thermidor. Il y en a un qui eut un certain retentissement. Il est intitulé *Almanach des prisons, ou anecdotes sur le régime intérieur de la Conciergerie, du Luxembourg, etc., et sur différents prisonniers qui ont habité ces maisons, sous la tyrannie de Robespierre, avec les chansons, couplets qui y ont été faits.* C'est dans cet almanach qu'ont été puisés un grand nombre d'anas contre-révolutionnaires aussi sensibles que niais, qui avaient cours il n'y a pas encore bien longtemps. Il a pour frontispice une guillotine avec des pyramides de têtes coupées et cet exergue : « Gouvernement de Robespierre. »

. Chaque fois que la France s'est sentie libre, en 1830, en 1848, l'Almanach s'est transformé; il devient tout de suite un agent puissant de propagande patriotique. De 1848 à 1851, la démocratie sociale s'affirme par ces petits livres qui pénètrent dans les couches les plus profondes. C'est alors que sont publiés l'*Almanach républicain;* l'*Almanach démocratique et social; de l'Ami du peuple;* l'*Almanach du nouveau monde;* l'*Almanach des paysans;* l'*Almanach démocratique;* l'*Almanach du patriote;* l'*Almanach des travailleurs;* l'*Almanach des phalanstériens;* l'*Almanach de Jean Raisin;* l'*Almanach des proscrits;* tous ceux enfin que M. Charles Nisard, auteur officieux de l'*Histoire de la littérature du colportage,* appelle dédaigneusement les Almanachs rouges. Hélas, cette propagande ne dura que trois ans, et le coup d'État tua l'almanach démocratique en même temps que le journal indépendant.

Comment la lutte serait-elle égale? Les idées de liberté et de progrès n'ont pu jamais agir sur la littérature populaire que pendant quelques années, quelques mois plutôt d'interrègne entre le despotisme de la veille et la réaction du lendemain, tandis que, depuis plusieurs siècles, la superstition politique et religieuse inonde le peuple de ses détestables produits. Elle a le pouvoir et elle a l'argent. Ainsi, en 1853, il a été écoulé huit cent mille exemplaires de l'*Almanach de la Société de Saint-Vincent-de-Paul.* A-t-on mesuré aussi la part qu'a eue l'Almanach dans la formation de la légende napoléonienne? Les libéraux de la Restauration, les poëtes tels que Béranger, Hugo et les autres, ont exercé, certes, à ce point de vue, une action fâcheuse, mais c'est par l'imagerie et par l'Almanach que le poison de la légende a pénétré dans la moelle même de la nation.

Aujourd'hui l'immense débit des almanachs n'est pas ralenti, sans compter que certains journaux à un sou, le *Petit Journal,* la *Petite Presse,* ne sont, et de là vient leur succès, que des almanachs quotidiens. Les maisons Pagnerre, Moronval et Boucquin, à Paris; Annez-André et Baudot, à Troyes; Hinzelin, à Nancy; Lebeuf, à Châtillon-sur-Seine, sont les principales officines où se fabriquent les almanachs. La maison Pagnerre, seule, sans compter les *Liégeois,* a publié, en 1868, les almanachs dont les titres suivent : *Comique, Prophétique; pittoresque et utile; Pour rire; Astrologique; du Charivari; de la Mère Gigogne; des Dames et des Demoiselles; du Jardinier; du Cultivateur; de la Bonne Cuisinière et de la Maîtresse de Maison; Lunatique; Triple Mathieu de la Drôme; du Marin; Petit Impérial; de la Littérature; du Théâtre et des Beaux-Arts; Annuaire Mathieu de la Drôme; du Fumeur, etc., etc.*

Je reconnais volontiers que ces almanachs, qui du reste ne pénètrent guère dans les campagnes, ne sont pas en général rédigés dans un trop mauvais esprit, et que plusieurs constituent un progrès assez sérieux Mais que reste-t-il au paysan? le *Liégeois* et tous les affreux bouquins du même modèle. Tout ce qu'on peut d'ailleurs demander, en bonne justice, aux producteurs d'almanachs, c'est de ne pas faire trop de mal. Le bien leur est interdit. Comment pourrait-il en être autrement? Comment pourraient-ils, le voulussent-ils, lutter contre la propagande des petits livres catholiques et protestants, puisqu'ils sont soumis à l'impitoyable veto de la commission du colportage? Là, comme à propos de toutes les questions, comme dans tous les ordres de la pensée, nous nous trouvons en présence du même problème, et la solution par la liberté politique, par la liberté effective, s'impose invinciblement. A. RANC.

**ALPES.** — Les Alpes, c'est-à-dire *montagnes* ou montagnes blanches (du celte *alb* ou *alp*, haute montagne, ou du latin *albus*, blanc), forment la plus haute chaîne ou plutôt le principal système orographique de l'occident de l'Ancien Monde ; elles se dressent comme une imposante barrière dans la région moyenne de notre continent, délimitant les climats, arrêtant les vents, et séparant la flore, la faune et les nationalités.

Ce majestueux massif se déploie comme un arc immense, de l'ouest à l'est, du 4e au 10e degré de longitude est, et partage l'Europe occidentale en trois parties distinctes : — du point central des Alpes, le mont Saint-Gothard, rayonnent, en effet, de grandes lignes ethnologiques qui s'élèvent comme une sorte de muraille infranchissable entre le monde germanique et l'Italie, — entre la péninsule italique et la France. L'Allemagne s'étend sur les assises du nord ; l'Italie au sud ; notre pays sur les contre-forts de l'ouest.

Quels que soient les efforts des ambitieux, les peuples de ces régions diverses ne pourront jamais vivre sous les mêmes lois : les civilisations, greffées sur les mœurs, sont enfantées par le climat. Un régime politique semblable ne peut être sagement appliqué au delà et en deçà de ces barrières naturelles. Hormis la liberté, qui convient à tous, ce qui doit être adopté au nord ne peut l'être au sud.

Un pays essentiellement alpestre, divisé en plusieurs vallées distinctes, la Suisse, se compose de plusieurs nationalités parfaitement caractérisées, mais qui ont pour point de contact un égal amour de l'indépendance ; si ces nationalités vivent côte à côte sans se choquer, c'est qu'elles sont unies par des intérêts communs et confédérées pour le maintien de la paix.

Au premier aspect, a-t-on pu dire, les masses gigantesques qui constituent les Alpes présentent l'image du désordre : des pics inaccessibles couverts de neige, des pentes rapides qui donnent à quelques sommités la forme d'obélisques ; des vallées entourées d'immenses escarpements ; des rochers rongés par le temps et prêts à tomber de vétusté : tel est le tableau qu'offrent les chaînes alpines. Mais si l'observateur qui les parcourt est familiarisé avec l'étude de la nature, il y verra les traces de sa marche lente et graduée, à côté des traces de la destruction. Ebel a remarqué que, dans ces montagnes, les dépôts les plus anciens sont disposés par bancs dont la direction est de l'ouest-sud-ouest à l'est-nord-est.

L'ensemble des Alpes est formé de terrains granitiques au milieu desquels se trouvent intercalées des roches schistoïdes, micacées et talqueuses. En s'éloignant du massif principal, on rencontre une zone calcaire dispersée autour comme les avant-postes de cette véritable citadelle de montagnes; le calcaire s'étend en Allemagne, en Autriche et jusqu'en Servie, et, toutes les fois qu'il apparaît, le système orographique se modifie et ne présente plus cette architecture bizarre, singulière, presque fantastique, du principal groupe alpin.

D'une manière générale, les Alpes se divisent en trois grandes masses: 1° les Alpes occidentales, où domine le mont Blanc et qui s'étendent du Saint-Gothard à l'extrémité de la chaîne, vers les Apennins, jusqu'au col d'Altare ; 2° les Alpes centrales, du Saint-Gothard au mont Bernardino ; 3° les Alpes orientales, du mont Bernardino jusqu'en Turquie. Mais on désigne généralement les parties les plus importantes de ce système par les noms d'Alpes Maritimes (près de la Méditerranée); — Cottiennes (en souvenir du roi Cottius); — Grecques ou Grées (plus probablement du mot celtique *Craig* signifiant pierre, que du très-problématique passage du héros *grec* Hercule); — Pennines (d'un mot celtique signifiant haute montagne, et non des *Pœni*, carthaginois, comme on l'a prétendu); — Lépontiennes (des *Lepontii*); — Rhétiques (des anciens Rhètes); — Noriques (de l'ancien Noricum); — Carniques (des anciens Carni); — Juliennes (d'une route de Jules César); — Dinariques (du mont Dinari); — Bernoises, des Grisons, d'Uri, Bavaroises, Salzbourgeoises, Styriennes, etc.

Elles se rattachent aux Apennins, au sud-ouest; au Jura, à l'ouest; à l'Arlberg, et, par suite, à la forêt Noire, au nord; au Balkan et à la chaîne Hellénique, à l'est.

Les minéraux abondent; on rencontre, entre autres, le marbre, souvent de qualité supérieure, l'anthracite, le sel gemme, un grand nombre de métaux : l'or, l'argent, le cuivre, le fer, le plomb, le cobalt, l'antimoine, et des pierres précieuses : des corindons rouges et bleus, des rubis et des saphirs, de belles tourmalines vertes, etc.

La flore alpestre est célèbre : sur l'espace de quelques kilomètres, grâce à l'élévation des sommets, on voit croître la plupart des plantes appartenant à toutes les latitudes, depuis le 44e degré jusqu'au pôle. C'est, pour ainsi dire, le résumé de la végétation de la zone tempérée et de la zone glaciale arctique. Six régions principales de plantes de cultures distinctes s'étagent sur les rampes des montagnes; la première est celle des vignes, ne dépassant pas 600 mètres; — la seconde, celle des chênes, des blés, des beaux pâturages, allant jusqu'à 900 mètres; — la troisième, celle des hêtres, comprenant aussi des pâturages, des cultures d'orge et de seigle et ne dépassant pas 1,400 mètres; — la quatrième, la zone des sapins, des pins, des épicéas, des mélèzes, jusqu'à 1,800 mètres; — la cinquième, celle des hauts pâturages, région proprement dite des Alpes, s'avançant jusqu'à 2,700 mètres et ne possédant plus de grands arbres; — la sixième, enfin, la région des neiges éternelles, qui ne voit guère pousser que des lichens, de la mousse, des saxifrages.

Parfois, cependant, la limite de la végétation dépasse celle des neiges perpétuelles; au-dessus des glaciers, on rencontre encore des espaces qui ne sont pas dépourvus de toute apparence de vie : on voit sortir, pour ainsi dire, du milieu des neiges quelques pâles fleurs entourées de verdure; on appelle *courtils* ces prairies du désert.

Personne n'ignore qu'une foule de plantes médicinales poussent sur les rampes des montagnes et donnent lieu à un commerce assez lucratif pour les pâtres et les paysans.

La faune n'est pas moins riche que la flore : d'excellents pâturages favorisent puissamment l'élevage des bestiaux et surtout le développement des espèces laitières. Suivant les saisons, les vaches, les chèvres et les moutons pâturent, à différentes zones, dans les vallées, sur les versants des Alpes et près de leurs sommets.

On remarque un grand nombre d'oiseaux aquatiques, tels que les grèbes aux plumes soyeuses, et, dans les lacs, une variété infinie de poissons. Les montagnes servent aussi de retraite aux chamois, aux loups, aux renards, aux lynx, aux ours, aux marmottes, aux gypaètes et aux aigles.

Au-dessus des derniers vestiges de végétation et de vie, s'élève, dit Tschudi, une froide contrée où l'homme ne trouve aucun abri contre la tempête, la plante aucune terre pour s'épanouir, et où règne un éternel hiver. Jusqu'à ces dernières années, nul voyageur ne se hasardait dans ce labyrinthe de cimes et de glaciers resplendissants de lumière et de majesté, mais tranquilles et sévères comme la mort. Aujourd'hui, l'homme semble avoir voulu vaincre partout la nature et il est peu de sommets qui n'aient été foulés par lui.

Les phénomènes les plus captivants attirent, en effet, les voyageurs; au premier rang, sont les glaciers, amas considérables, sortes de coulées de glaces, formées dans les anfractuosités et quelquefois même dans d'assez larges vallées; plusieurs ont jusqu'à 2,000 kilomètres de superficie, et, sans doute, sur bien des points, plus de trente mètres d'épaisseur. Quelques-uns s'arrêtent à 2,700 mètres, limite normale des neiges éternelles, — d'autres descendent jusqu'à moins de 1,000 mètres. Du sein de ces glaciers sortent des torrents, réservoirs intarissables qui alimentent ensuite les principales artères de l'Europe.

Ces bancs immenses de glaces, comparés quelquefois à une mer agitée par la tempête et subitement congelée, avancent toujours dans le sens de leur pente, glissant sans doute sur leur fond et se portant ainsi beaucoup au-dessous de la limite des neiges éternelles. La base des glaciers se trouve même, en général, dans des vallées qui, durant la plus grande partie de l'année, jouissent d'une température relativement douce. Exemple : la mer de Glace, dans la vallée de Chamonix, et les grands glaciers de l'Oberland. De bruyants craquements se font entendre souvent dans ces masses congelées, des fentes énormes s'y produisent parfois, et des voyageurs y ont été engloutis.

Les Alpes sont aussi malheureusement témoins d'autres phénomènes terribles : les avalanches, les éboulements, les tourmentes de neige. Il semble que ces montagnes présentent le résultat des plus grandioses et des plus effrayants spectacles.

Les plus majestueuses vallées s'ouvrent dans le sens même de la chaîne. C'est, dans ces espaces, relativement larges, que coulent les torrents appelés à devenir de grands fleuves sous les noms de Rhin et de Rhône. Par une anomalie, le point de départ de ces artères, le mont Saint-Gothard, n'est pas, à beaucoup près, un des massifs les plus élevés de l'arête. La véritable citadelle des Alpes est plus à l'ouest.

En effet, le géant de l'Europe, le point culminant de toute la chaîne, est le mont Blanc, sur les limites des Alpes Grées et des Alpes Pennines, et dont l'altitude est de 4,810 mètres. Cette montagne, placée entre la France et l'Italie, a donné lieu à des études nombreuses. La première ascension remonte à 1786 : elle fut exécutée par le guide Jacques Balmat et le docteur Paccard. L'illustre Saussure eut, l'année suivante, l'honneur d'atteindre le sommet de la montagne et d'y faire d'importantes observations. Depuis cette époque, les ascensions se sont multipliées : l'une des plus remarquables, au point de vue des résultats scientifiques, fut celle de MM. Martins, Bravais et Le Pileur, en 1844.

Après le mont Blanc, le pic le plus élevé est le mont Rosa (mons Sylvius), 4,636 mètres (entre les Alpes Pennines et les Alpes Lépontiennes). La première ascension date de 1817, et les voyageurs ne dépassèrent pas 3,914 mètres. Quelques années auparavant, sans gravir ce sommet, Saussure en avait fait une bonne étude.

Viennent ensuite, par rang d'élévation dans les Alpes Pennines, le mont Cervin ou Matterhorn (4,600 mètres), d'un accès très-difficile, et témoin d'un accident des plus graves, en 1866; — dans les Alpes Bernoises, le Finster-Aarhorn (4,360 mètres) et le pic de la Vierge ou Jungfrau, d'une altitude à peu près égale; — dans les Alpes Dauphinoises, rameau des Alpes Cottiennes, le mont Olan (3,883 mètres); les pics des Écrins (4,105 mètres) et d'Arsine (3,660 mètres); le Grand Pelvoux (3,938 mètres); le mont Viso (3,838 mètres); — dans les Alpes Pennines, le grand Saint-Bernard, mons Jovis des anciens (3,600 mètres), célèbre par son passage taillé dans le roc et traversé par Charlemagne, en 773, et par Napoléon, premier consul, en 1800; à la hauteur de 2,420 mètres, on y remarque l'hospice fondé en 962, par

Bernard de Menthon ; — enfin, dans les Alpes orientales, le mont Ortler, le Gross-Glockner, le groupe de Bernina, qui atteignent tous près de 4,000 mètres.

Les principaux sommets d'une altitude moindre sont : les monts Genèvre (2,052 mètres) ; — Cenis (3,493 mètres); — Scalino (3,250 mètres); — Saint-Gothard (3,100 mètres), etc. Un des points les plus fréquentés, le Rigi (dans les Alpes d'Uri), qui se dresse entre les lacs des Quatre-Cantons et de Zug, semble être, du côté du nord, la sentinelle avancée des montagnes suisses.

Les Alpes ont leur histoire : la liberté, comme dans tous les pays de montagnes, y a eu depuis des siècles un asile. Le despotisme ne s'est, du moins, jamais appesanti longtemps au sein de ces contre-forts où l'homme, vivant à l'unisson avec une imposante nature, a voulu demeurer indépendant comme les éléments qu'il contemple.

Au pied des Alpes, au milieu des lacs de la Suisse, la science moderne a découvert ces curieuses cités lacustres, construites sans doute à une époque antérieure à celle qu'on assigne, dans l'histoire biblique, aux premières étapes de l'homme. Mais laissons de côté ces temps reculés. Des faits positifs constatent le passage des barbares et des Romains à travers les cols et par des routes pratiquées sur les rampes des montagnes; les armées romaines se transportèrent de l'Italie dans la Gaule, dans l'Helvétie, dans la Rhétie, dans le Noricum et dans l'Illyrie par dix routes principales. Les légions pénétrèrent d'abord en Gaule par les Alpes Maritimes. Quant aux autres voies créées et fréquentées par les Romains, ce sont : celle du mont Genèvre, où il est probable qu'Annibal passa la chaîne, sans chercher à triompher d'une difficulté inutile, en gagnant les Alpes Pennines ; celles du mont Cenis, du Petit Saint-Bernard, du Grand Saint-Bernard, du Saint-Gothard, de la Valteline, du mont Brenner, du col de Tarvis et des Alpes Juliennes.

Bien d'autres routes ont été tracées dans les temps modernes ; les meilleures sont : celle du mont Cenis, établie par Napoléon Ier, mais qui bientôt sera remplacée par un tunnel de chemin de fer de plusieurs kilomètres de longueur ; celle du Simplon, qui fut également faite par les ordres de Napoléon Ier; la route de Nice à Turin par le col de Tende ; celle de Chambéry à Aoste par le col du Petit Saint-Bernard. — Genève communique avec Aoste par le col du Grand Saint-Bernard ; Zurich avec Milan par le col du Saint-Gothard ; une double route relie Coire à la Lombardie et au Piémont, par le Splügen et le Bernardino; le Tyrol est joint à Milan par le col du Stelvio et par le col du Torral, etc.

Quelle que soit leur hauteur, les Alpes n'arrêtent pas plus les transactions commerciales que les armées envahissantes. Que de conquérants ont franchi ces montagnes dans le but d'illustrer follement leur règne au mépris du bonheur des peuples! Bien d'autres tentatives semblables surgiront encore, mais sans succès, nous pouvons l'affirmer, car cette grande muraille différencie les climats, les productions, et par conséquent délimite les races. Quant à la population alpine, elle n'a rien à redouter : elle est la seule qui comprenne la liberté sans dérèglement et qui conserve dans toute sa pureté le vrai culte de l'indépendance. Avec de pareils gages on n'a pas à craindre les oppresseurs. (Voyez *Suisse*, *Italie*, *Allemagne*, *Glaciers*, etc.) RICHARD CORTAMBERT.

**ALPHABET.** — Ce mot désigne l'ensemble des lettres ou caractères employés pour représenter les sons et articulations qui constituent les mots des diverses langues. Bien que formé des noms des deux premières lettres grecques, ἄλφα, βῆτα, il n'appartient pas à la langue grecque ancienne : ἀλφάϐητος, que donnent les diction-

naires, est un néologisme. Le latin *alphabetum* remonte cependant à la fin du
IIe siècle de notre ère et se rencontre dans Tertullien. Un bon nombre d'écrivains,
qu'on qualifierait tous volontiers de pédants, si parmi eux n'était Voltaire, ont
perdu bien du temps à attaquer cette dénomination. Le puriste Nodier, particulièrement acharné contre ce nom d'alphabet, avait proposé de le remplacer par
*grammataire;* « grammataire » n'a eu aucun succès.

Nous ne voulons pas rechercher ici à quelle époque et chez quelle nation furent
inventés les premiers artifices pour fixer et transmettre les idées autrement que par
la parole et le geste. Chez tous les peuples, l'invention de l'écriture fut vraisemblablement précédée par l'emploi de moyens plus ou moins grossiers, destinés non à
la représentation matérielle du langage, mais à la transmission de quelques idées
très-simples et d'une facile compréhension. Tels étaient les *Khé-mou*, bâtonnets
entaillés d'une manière convenue, dont les chefs tartares se servaient avant l'invention de l'alphabet ouïgour, suivant ce que rapportent les écrivains chinois, pour
annoncer dans leurs hordes les levées d'hommes et de chevaux (Abel Rémusat);
tels aussi les *quippos* ou cordelettes diversement nouées qu'employaient les Péruviens,
à l'époque des Incas. Ces quippos étaient déjà un instrument mnémonique assez perfectionné, si, comme l'assurent Garcilasso de la Vega, Calancha et autres historiens
espagnols, les *amautas* ou initiés pouvaient s'en servir pour conserver le souvenir des principaux événements historiques. Il n'y a rien là néanmoins qui ressemble, même de loin, à l'écriture. Celle-ci fut sans doute tout d'abord un simple
dessin, une représentation de l'objet ou de l'action dont on voulait communiquer
l'idée. De là naquit l'hiéroglyphe. (Voyez ce mot.) La représentation des sons par
des signes conventionnels dut être beaucoup plus tardive. D'abord syllabique, elle
ne put devenir vraiment alphabétique que par un effort d'analyse des sons, qui suppose chez les auteurs de ce progrès un état fort avancé de culture intellectuelle.
(Voir pour plus de développements l'article *Écriture.*) Par une série naturelle de
simplifications successives qu'a fort bien expliquées M. François Lenormand [1], les
Égyptiens étaient de bonne heure parvenus de l'hiéroglyphisme à l'alphabétisme.
« Aussi haut que nous fassent remonter les monuments de la vallée du Nil, dès le
temps de la IIIe dynastie, c'est-à-dire plus de quarante siècles avant l'ère chrétienne, les inscriptions nous font voir ce dernier progrès accompli... Que l'on juge
par là de la haute antiquité à laquelle il faut rapporter les différents états antérieurs
à l'apparition de l'alphabétisme, les degrés successifs de progrès et de développements qui avaient conduit l'écriture jusqu'à ce point! »

Les lettres alphabétiques de l'écriture égyptienne ne furent jamais employées
sans mélange de syllabisme, ni même d'idéogrammes, de signes figuratifs ou symboliques. La même articulation peut y être représentée par des signes différents : à
l'époque romaine surtout, les hiérogrammates, dans la transcription des noms des
empereurs, en étaient arrivés à employer jusqu'à quinze ou vingt caractères différents pour une même consonne. D'autre part, le signe qui peignait une articulation
pouvait aussi représenter à l'occasion une syllabe, un mot. C'est une confusion
inextricable. Il n'y a dans cette écriture à son plus haut degré de perfection rien
de comparable à l'admirable simplicité du véritable alphabet, l'alphabet primitif de
vingt-deux lettres, inventé par les Phéniciens, et d'où dérivent tous nos alphabets
modernes.

L'écriture alphabétique, dit M. Renan, ne fut pas, comme l'écriture hiéroglyphique, une invention de prêtres, mais une invention d'industriels et de marchands.

---

1. *Introduction à un Mémoire sur la propagation de l'alphabet phénicien.*

Pour une semblable découverte, ajoute M. F. Lenormand, appuyant sur la même idée, il fallait « un peuple qui fût très-peu religieux et au fond presque athée, » un peuple dont le génie fût « essentiellement *positiviste* »; autrement il n'eût pas été capable de briser les entraves religieuses qui s'opposaient au rejet absolu de l'antique symbolisme.

Il n'est pas facile de dire ni même de conjecturer avec quelque vraisemblance à quelle époque cette nation intelligente et active qui promena son commerce d'un bout du monde à l'autre, cette race des Chananéens, comme la nomme la Bible, accomplit l'immense progrès de la représentation fixe et exacte du langage. Mais, quant à l'invention elle-même, l'antiquité grecque et latine n'a qu'une voix pour leur en attribuer la gloire. Pomponius Mela, Pline, Lucain, Diodore de Sicile, Hérodote nous ont transmis l'opinion unanime de leurs contemporains.

Où les Phéniciens avaient-ils puisé les éléments de leur alphabet? Est-ce dans les hiéroglyphes égyptiens, comme le veulent MM. Hug, Seyffarth, Olshausen, Lenormand, de Rougé? ou dans les caractères cunéiformes de l'Assyrie combinés avec ces hiéroglyphes, suivant l'opinion de MM. Lœwenstern et Lepsius? L'auteur de l'*Histoire des langues sémitiques* s'est posé la question; il n'a pas dit encore en quel sens il la résolvait. M. François Lenormand, reprenant l'opinion d'une origine égyptienne émise par son père, l'accepte et la consolide, mais avec les importantes modifications suggérées par M. de Rougé.

Le système de M. de Rougé, appuyé, semble-t-il, de très-solides arguments, conduirait à admettre que les Phéniciens n'empruntèrent pas seulement à l'Égypte le principe de l'alphabétisme, mais encore les figures et les valeurs des lettres. Les vingt-deux caractères phéniciens seraient de simples modifications du même nombre de caractères hiératiques, qui sont eux-mêmes des tachygraphies d'anciens hiéroglyphes. Le *Daleth*, par exemple, proviendrait du cursif d'un hiéroglyphe représentant la *main,* dont le nom en égyptien commençait par cette articulation *d;* et de même pour les autres. Il y a à faire à ce système une objection d'une certaine valeur. C'est que la nomenclature des lettres, telle qu'elle nous a été transmise par les Grecs et les Hébreux, ne concorde pas du tout avec l'origine hiéroglyphique du signe : les noms sémitiques de ces caractères ne se rapportent aucunement aux figures hiéroglyphiques correspondantes. Ainsi *Aleph* ou ἄλφα signifie « bœuf », et l'hiératique qui lui correspond représente un aigle; *Daleth* (Δέλτα), que nous citions plus haut, veut dire « porte », ce qui ne rappelle en rien la « main » de l'hiéroglyphe. Il en est ainsi de chacun des vingt-deux caractères. Notons en outre que ces noms sémitiques des lettres ne s'accordent pas trop mal avec leurs figures les plus anciennes, comme nous le dirons plus loin. Aussi Gésénius supposait-il que les lettres phéniciennes, sans rapport avec aucun autre système graphique antérieur, découlaient directement des représentations plus ou moins grossières des objets que rappelle le nom de chacune d'elles, chaque caractère représentant d'ailleurs, comme dans l'écriture hiératique, l'articulation initiale du nom de l'objet figuré.

La tradition historique, chez les Grecs et chez les Romains, n'est point en désaccord, il s'en faut, avec une origine égyptienne des caractères phéniciens. Platon, Diodore, Plutarque citent Thoth-Hermès, qui est le représentant de la science égyptienne, comme le premier inventeur des lettres [1]. On connaît ce passage de Tacite : « Les Égyptiens surent les premiers représenter la pensée avec des figures d'animaux, et les plus anciens monuments de l'esprit humain sont gravés sur la pierre. Ils s'attribuent aussi l'invention des lettres. Les Phéniciens, disent-ils, plus

_____

1. Voir la préface de la traduction de l'*Iliade,* par M. Barthélemy Saint-Hilaire.

puissants sur mer, les portèrent dans la Grèce et eurent le renom d'avoir trouvé ce qu'ils avaient reçu [1]. » (Trad. Burnouf.)

Quoi qu'il en soit de l'origine primitive des éléments de l'alphabet, on ne peut douter que les hardis navigateurs qui les premiers établirent des colonies, des comptoirs sur toutes les côtes méditerranéennes, n'aient été les vrais propagateurs de l'alphabet destiné dans la suite des siècles à écrire toutes les langues du monde, l'extrême Orient excepté.

Un des premiers peuples qui reçurent l'alphabet phénicien furent sans doute les Hindous, si, comme semblent le prouver les récents travaux de M. Albrecht Weber, le dévanâgari y a puisé ses éléments, à moins que celui-ci ne soit au contraire le type primitif de celui-là, suivant l'opinion peu vraisemblable de M. Barthélemy Saint-Hilaire. Ensuite vinrent les Grecs. « Les Phéniciens, compagnons de Cadmus, dit Hérodote, en émigrant en Béotie, introduisirent chez les Grecs beaucoup de connaissances nouvelles, entre autres les lettres, que, selon moi, l'on n'y avait pas auparavant. Au commencement, les Grecs firent usage des caractères phéniciens ; ensuite, à la longue, ils en modifièrent le son et la forme. Les Ioniens étaient ceux des Grecs qui, en ces temps-là, demeuraient dans la plupart des contrées d'alentour ; après avoir appris des Phéniciens les lettres, ils s'en servirent et en changèrent un peu la configuration. Ils disent en les employant qu'on les appelle lettres phéniciennes, et c'est avec justice, puisqu'ils les doivent aux Phéniciens... J'ai vu moi-même, à Thèbes en Béotie, ces lettres cadméennes dans le temple d'Apollon Isménien, gravées sur trois trépieds, presque entièrement semblables à celles des Ioniens. » (Liv. V, 58, 59. Trad. Giguet.)

Ce témoignage si précis du vieil historien n'est pas même nécessaire pour établir la filiation de l'alphabet grec. La forme des lettres, leur ordre, leur nom concordent si parfaitement avec la forme, l'ordre et le nom des caractères sémitiques que tout témoignage devient ici superflu pour établir la parenté. Nous reviendrons plus loin sur cette concordance.

Les chronologistes font remonter la fondation de Thèbes par Cadmus au commencement du xv⁰ siècle avant J.-C. C'est peut-être reporter un peu loin l'initiation des Grecs à l'écriture phénicienne ; la vague tradition qui attribue à Palamède l'invention de plusieurs lettres nous amènerait tout au moins au commencement du xiiⁱ siècle, époque présumée du fabuleux siège de Troie. M. Renan pense que ce fut seulement vers le viiiⁱ, que l'alphabet fut transmis à tout le monde ancien, par l'action combinée de la Phénicie et de Babylone. « Semé, dit-il, sur toutes les côtes de la Méditerranée jusqu'en Espagne, porté vers le Midi jusqu'au fond de l'Éthiopie ; gagnant vers l'Orient jusque dans l'Inde, l'alphabet sémitique fut adopté spontanément par tous les peuples qui le connurent. » (*Hist. des lang. sém.*, p. 210.)

Voici, d'après les idées émises par M. Fr. Lenormand, comment il faut concevoir la filiation des divers alphabets issus de l'alphabet phénicien [2]. De la souche unique partent six troncs, inégalement féconds : 1⁰ un tronc occidental qui n'a guères donné que l'*ibérien* et le *punique* ; 2⁰ un premier tronc sémitique dont les seuls rejetons sont l'alphabet *hébreu primitif* et le *samaritain* ; 3⁰ un deuxième tronc sémitique, celui des alphabets *araméens* ; 4⁰ le tronc central ou hellénique ; 5⁰ le tronc septentrional ou runique que le savant Kirchoff rattache au latin ; 6⁰ le tronc indo-homérite.

---

1. *Ann.*, liv. XI, ch. xiv.
2. Voir aussi le tableau de cette filiation donné par Gésénius, dans ses *Monumenta Phœnicia*, p. 64. Les idées de ce savant offrent des divergences notables avec celles que nous exposons ici.

Le tronc araméen a donné naissance : d'une part, à l'*hébreu carré* des Bibles d'où dérive le *rabbinique;* d'autre part, au *pehlvi* père du *zend,* d'où sont sortis l'*arménien* et le *géorgien;* et enfin au *palmyrénien,* qui compte parmi ses descendants l'*estranghélo* et les divers alphabets *syriaques,* ainsi que le *coufique* et le *neskhi* des Arabes. C'est à la branche syriaque qu'il faut rattacher les alphabets *ouigour, mougol, kalmouk* et *mandchou.* L'alphabet arabe, adopté par toutes les nations musulmanes, a formé les alphabets *persan, turc, hindoustani, malay, madécasse.*

Du tronc hellénique sont sortis, par l'intermédiaire de l'alphabet grec éolodorien, l'*albanais,* l'*étrusque,* l'*ombrien,* l'*osque* et le *latin* d'où proviennent presque tous nos alphabets européens modernes (français, italien, espagnol, portugais, allemand, anglais, flamand, polonais, danois, suédois, etc.). L'alphabet *copte* est aussi fils de l'alphabet grec.

Le tronc septentrional a donné les *runes scandinaves,* et autres runes. L'alphabet *mœso-gothique* d'Ulfilas serait né d'une combinaison des runes avec l'alphabet grec. Combiné avec les *runes slaves,* ce même alphabet grec a produit l'alphabet cyrillien, d'où dérive le *russe* actuel.

Enfin, le tronc indo-homérite a poussé deux grandes branches : l'une, l'*hymiaritique,* d'où sortent le *ghez* ou *éthiopien,* l'*amharique* et le *tifinagh;* l'autre, le *dévanâgari,* père du *pâli,* du *barman,* du *siamois,* du *kavi,* du *javanais,* etc., des alphabets *dravidiens (carnatique, tamoul, telinga, cingalais,* etc.), du *guzarâti,* du *thibétain.*

D'après cette rapide énumération, on voit que l'alphabet phénicien est le type primitif de toutes les écritures anciennes et modernes, sauf celle des Égyptiens qui était antérieure, celle des Chinois qui est restée idéographique, celle des Japonais qui s'est arrêtée au syllabisme, sauf enfin les écritures cunéiformes dont il sera parlé ailleurs.

Nous donnerons quelques détails sur un petit nombre des alphabets précités.

*Alphabet phénicien.* — Nous ne connaissons l'alphabet phénicien que par des monuments d'une médiocre antiquité. La plupart appartiennent à l'époque des Séleucides et des Romains. D'après Gésénius, le plus ancien qui eût été découvert jusqu'en 1837, époque où ce savant sémitiste publiait ses *Monumenta Phœnicia,* ne daterait que de l'année 394 avant Jésus-Christ. Ceux qu'on a trouvés depuis ne peuvent guère remonter au delà du vi[e] siècle avant notre ère. La forme des lettres y présente une frappante analogie avec celle des plus anciens caractères grecs; ce qui porte à croire que ces caractères n'avaient point subi de grandes transformations depuis leur invention première.

Quant aux noms qu'on leur donne, ce sont purement ceux de la nomenclature hébraïque, dont l'antique origine est confirmée par la nomenclature grecque. Voici ces noms, avec le sens attribué à chacun d'eux :

| | | | |
|---|---|---|---|
| 1. *Aleph,* bœuf. | 9. *Teth,* serpent. | 17. *Fé,* visage. |
| 2. *Beth,* tente. | 10. *Yod,* main. | 18. *Tsadé,* javelot ou hameçon. |
| 3. *Guimel,* chameau. | 11. *Caf,* réchaud. | 19. *Qof,* nœud. |
| 4. *Daleth,* porte. | 12. *Lamed,* aiguillon (βούκεντρον). | 20. *Resch,* tête. |
| 5. *Hé,* • | 13. *Mem,* eaux. | 21. *Schin,* dents. |
| 6. *Vav,* clou, pieu. | 14. *Noun,* poisson. | 22. *Thav,* gazelle ou croix. |
| 7. *Zaïn,* • | 15. *Samek,* support. | |
| 8. *Cheth,* clôture. | 16. *Aïn,* œil. | |

La forme la plus ancienne des caractères phéniciens s'accorde parfois assez bien avec celle de l'objet désigné par le nom. Cependant quelques savants, loin de supposer que la lettre ait été primitivement une image grossière de l'objet nommé, pensent que le nom a été créé, postérieurement au caractère, d'après quelque vague analogie d'aspect; le caractère proviendrait, ainsi que nous l'avons dit plus haut, de l'hiératique d'Égypte.

Les vingt-deux lettres phéniciennes sont toutes des consonnes ou des aspirations. Les voyelles n'ont pas de représentants. Cependant il semble démontré que l'*aleph*, le *yod* et le *vav* faisaient à l'occasion le service des voyelles longues *ā, ī, oū*. Quant aux brèves, elles étaient entièrement oubliées dans l'écriture. Ceci tient peut-être au son flottant et peu distinct de ces voyelles, qui, dans les langues sémitiques, n'ont jamais dû avoir une importance comparable à celle qu'elles présentent dans les idiomes indo-européens. L'absence des voyelles brèves dans les textes sémitiques nuit certainement à la clarté des phrases; cependant il n'y a nulle comparaison à faire entre de pareils textes et ce que serait une page de latin ou de grec écrite avec les mêmes omissions.

*Alphabet hébraïque.* — L'écriture hébraïque la plus ancienne que nous connaissons, d'après les médailles des Macchabées, provient directement de l'alphabet phénicien. Elle a pu donner naissance à l'alphabet des Samaritains, mais non à l'écriture carrée des Bibles. Celle-ci, d'origine araméenne, date du III<sup>e</sup> siècle de notre ère. Les alphabets hébraïques n'ont rien ajouté aux vingt-deux lettres de l'alphabet phénicien; seulement, les Massorètes, désireux de fixer exactement la prononciation des mots hébreux, ont inventé des signes qui se joignent aux consonnes pour représenter les cinq voyelles brèves *a, é, i, o, ou* et les cinq longues correspondantes, ainsi que les *schevas*, qui sont les analogues de notre *e* muet ou mi-muet.

Dans l'alphabet syriaque, ces signes-voyelles n'étaient autres que les voyelles grecques à peine altérées : α pour *a*, ε pour *e*, η pour *i*, ο pour *o* et υ pour *ou*.

*Alphabet arabe.* — Il diffère de celui des Hébreux et des Syriens, non-seulement par la forme des caractères, mais encore par le nombre et l'ordre des lettres, du moins dans l'écriture actuelle nommée *neskhi*. Cette écriture paraît dater seulement du IV<sup>e</sup> siècle de l'hégire. Auparavant, les Arabes se servaient du *coufique* (ainsi nommé de la ville de Coufa), lequel a la plus grande ressemblance avec l'*estranghélo*, dont il est vraisemblablement dérivé. Toutefois, comme le fait remarquer Sylvestre de Sacy (*Gr. Ar.*, I, p. 5), ce nom même de coufique prouve que ce n'est pas le caractère employé par les Arabes du Hedjaz au temps de Mahomet, puisque Coufa ne fut fondé qu'en l'an 17 de l'hégire. Du reste, à cette époque, l'écriture devait être chez eux, d'après leurs traditions historiques, d'invention récente et de peu d'usage.

Dans le *Yémen*, où se parlait un dialecte sémitique, l'*himyarite*, assez différent de l'arabe, on employait, antérieurement à l'hégire, un alphabet duquel les Arabes ont conservé la tradition sous le nom de *musnad*. L'alphabet himyaritique est le prototype de l'alphabet éthiopien, dont nous parlerons plus loin.

Les lettres de l'alphabet arabe n'ont pas toujours été disposées dans l'ordre actuel, tel que nous le donnons à la fin de ce paragraphe. Les grammairiens et lexicographes arabes font mention d'un ordre plus ancien, qu'ils nomment *aboudjed*, comme nous disons *abécédé*. Dans cet ordre, dont l'existence est confirmée par la valeur numérale des lettres employées comme chiffres, les vingt-deux premières lettres ne diffèrent point de celles des Hébreux. Les six dernières ont dû être ajoutées postérieurement, à une époque difficile à préciser [1].

<hr/>

[1]. Un fait relevé par Pococke (*Specimen hist. Arabum*) donne quelque vraisemblance à cette hypothèse. Quelques historiens arabes rapportent que les anciens Arabes désignaient les jours de la semaine par des groupes de lettres de l'alphabet, prises suivant l'ordre de l'*aboudjed*. Les vingt-deux premières lettres, partagées en six groupes consécutifs, marquaient les six premiers jours; quant au septième, il portait un nom particulier, sans rapport avec les six dernières lettres, ce qui tend à prouver que ces lettres n'étaient pas encore inventées. Il pourrait se faire cependant que l'*aboudjed* fût seulement un système numéral calqué sur celui des juifs.

Les Arabes du Maghreb (Tunis, Algérie, Maroc) emploient un alphabet peu différent du neskhi; quelques lettres n'y occupent point la même place.

D'après M. François Lenormand, dont M. E. Renan [1] accepte l'opinion, l'écriture neskhi ne peut dériver du coufique, mais provient d'un caractère plus ancien, connu sous le nom de *sinaïtique*; celui-ci est le type employé dans des inscriptions assez nombreuses qu'on a trouvées gravées sur des rochers dans la presqu'île de Sinaï, à Pétra, à Bostra, dans le Hauran. Ces inscriptions remontent aux premiers siècles de l'ère chrétienne, et nous représentent la plus ancienne écriture arabe connue. Du reste, le sinaïtique se rattache à l'estranghélo comme le coufique.

L'alphabet arabe se compose de vingt-huit lettres. En voici l'ordre et le nom, avec la valeur numérale mentionnée plus haut :

| | | | | | | |
|---|---|---|---|---|---|---|
| 1, *Élif.* | 3, *Djim.* | 700, *Dzal.* | 300, *Chin.* | 900, *Zha.* | 20, *Kef.* | 50, *Noun.* |
| 2, *Ba.* | 8, *Ha.* | 200, *Ra.* | 90, *Ssad.* | 70, *Aïn.* | 100, *Caf.* | 5, *Hé.* |
| 400, *Ta.* | 600, *Kha.* | 7, *Za.* | 800, *Dhad.* | 1000, *Ghaïn.* | 30, *Lam.* | 6, *Ouaou.* |
| 500, *Tsa.* | 4, *Dal.* | 60, *Sin.* | 9, *Tha.* | 80, *Fa.* | 40, *Mim.* | 10, *Ya.* |

Les caractères dont la valeur numérale est supérieure à 400 sont ceux que les Arabes ont ajoutés à l'alphabet phénicien; ils servent à différencier des articulations voisines, qui se confondent dans les écritures phénicienne, hébraïque, syriaque.

Toutes ces lettres sont des consonnes ou des semi-voyelles. Comme le phénicien, l'hébreu et le syriaque, l'arabe n'a point de lettres voyelles proprement dites. Trois petits signes, qui se placent au-dessus ou au-dessous des consonnes (à la façon des accents que nous mettons sur nos voyelles), servent dans les manuscrits soignés à différencier les sons des trois voyelles brèves primitives *a, i, ou.* Ces mêmes signes doublés marquent les voyelles nasales *an, in, oun.* En admettant que ces signes fussent toujours écrits, et c'est au contraire le cas exceptionnel, l'alphabet arabe ne laisserait pas d'être fort incomplet sous le rapport des sons; il resterait toujours impossible de distinguer graphiquement par exemple *fèrèl* de *fàràl, forom* de *foùroùm.*

On a dit quelquefois que les alphabets sémitiques sont des alphabets syllabiques. Cette opinion, à peine soutenable pour l'éthiopien, n'est pas plus admissible pour les alphabets hébreu ou arabe que pour le dévanâgari : toute consonne, il est vrai, y est censée suivie dans les mots d'une voyelle brève, et pour indiquer qu'il n'en est rien, le scribe est obligé de joindre à la consonne un signe particulier, le *scheva* en hébreu, le *djezm* en arabe, dont le rôle est le même que celui du *viram* en sanscrit. Mais, pour que l'alphabet fût vraiment syllabique, il faudrait évidemment qu'il marquât par des formes différentes de la consonne les sons différents *ba, bi, bou,* ce qui n'a lieu en aucune façon.

*Alphabets persan, turc, hindoustani, malay.* — L'islamisme vainqueur, en imposant le Coran comme code religieux aux nations soumises, les contraignit en même temps à accepter le système d'écriture des conquérants. L'alphabet arabe, excellent pour une langue sémitique, convenait fort mal à tout autre idiome. L'adoption de ce système graphique, riche en sons gutturaux et dénué de voyelles, a été un accident fâcheux pour le persan, l'hindoustani, le malay et plus encore peut-être pour le turc.

Les Iraniens possédaient dans leur langue, qui fait partie du groupe indo-européen, plusieurs articulations inconnues aux Arabes; d'un autre côté, beaucoup de lettres arabes représentaient des sons impossibles à rendre pour une bouche

1. *Histoire des langues sémitiques*, I, p. 353.

iranienne. Aussi qu'arriva-t-il, quand le persan adopta l'écriture coranique ?
Tandis que, d'un côté, il fallut inventer de nouveaux caractères [1], pour sup-
pléer à l'insuffisance de l'alphabet arabe, d'autre part, plusieurs lettres de
cet alphabet se confondirent dans une même prononciation: le *tsa*, le *sin*, le *ssad*
furent indistinctement prononcés *s*; le *dzal*, le *za*, le *dhad*, le *zhad*, ne sonnèrent
plus que comme *z*. En même temps, il ne restait plus trace de cette échelle de
voyelles et de diphthongues qui, dans le zend, n'avait pas moins de dix-neuf
signes ou combinaisons de signes. Il faut convenir, il est vrai, que le persan moderne, bien que son écriture souffre encore beaucoup de la pénurie de signes-
voyelles, n'a plus besoin d'une si grande richesse de caractères phoniques. Notre
alphabet de vingt-quatre lettres, en accordant à l'*x* la prononciation du χ grec (celle
de la *jota*, qui, dans l'espagnol moderne, remplace l'ancien *x*), lui conviendrait
parfaitement.

Quoi qu'il en soit, l'alphabet persan actuel est composé de trente-deux lettres,
dont voici les noms :

| *Élif.* | *Sey.* | *Khey.* | *Zey.* | *Sad.* | *Aïn.* | *Kiaf.* | *Noun.* |
|---------|--------|---------|--------|--------|--------|---------|---------|
| *Bey.* | *Djim.* | *Dal.* | *Jey.* | *Zad.* | *Ghaïn.* | *Guiaf.* | *Vâou.* |
| *Pey.* | *Tchim.* | *Zal.* | *Sin.* | *Tây.* | *Fa.* | *Lam.* | *Hey.* |
| *Tey.* | *Hhey.* | *Rey.* | *Chin.* | *Zây.* | *Kaf.* | *Mim.* | *Ya.* |

Le système graphique des voyelles ne diffère pas du système arabe.

Les Turcs ont adopté l'alphabet persan sans autre modification que l'introduction après le *kiaf* d'un caractère nouveau, le *sagheur-noun* (*noun* muet), représentant
un *n* nasalisé à la façon française. De ces trente-trois consonnes ou semi-voyelles,
plusieurs font nécessairement double emploi. Mais, en revanche, il y manque un
signe pour représenter l'*l* dur (dans *oldoum*) particulier aux idiomes tartares et qui
se trouve aussi en russe. En outre, l'échelle des voyelles, aussi délicate en turc
que dans aucune de nos langues européennes, s'y trouve extrêmement mal représentée. Comment figurer avec les trois lettres *elif, ouaou, ya* (a, ou, i), cette riche
série de sons : *a, e, i, i* dur, *o, ou, eu, u* ? La loi d'harmonie particulière à cette
langue, au moins dans sa généralité, supplée peut-être un peu à une si regrettable
insuffisance. C'est là encore un de ces idiomes qui auraient tout à gagner dans
l'adoption de l'alphabet romain à peine modifié.

Autant en dirons-nous de l'*hindoustani*, qui a remplacé l'alphabet dévanâgari
(maintenu généralement pour le dialecte *hindoui*) par l'alphabet persan, en joignant
à celui-ci quatre caractères pour figurer les lettres *cérébrales* du sanscrit.

Quant au *malay*, sur les trente-deux lettres de l'alphabet arabo-persan, quatorze
au moins lui sont parfaitement inutiles. L'alphabet malay ne comporte au fond
que seize consonnes : *k, gh, ng, tch, dj, gn, t, d, p, b, m, n, l, r, s, h*, auxquelles il
faut joindre les voyelles *a, é, è, i, o, au, ou* et les semi-voyelles *w, y*.

*Alphabet éthiopien.* — Des alphabets sémitiques dont nous venons de parler à l'alphabet *ghez* ou éthiopien, la différence est grande, pour le nombre, l'ordre, le nom,
et la forme des lettres, si grande qu'on a longtemps douté de l'origine sémitique de
celui-ci. Sylvestre de Sacy a voulu démontrer qu'il dérivait de l'alphabet des Grecs
par l'intermédiaire de celui des Coptes ; W. Jones et Lepsius le tiraient du dévana-
gâri, qui offre en effet un système de voyelles assez semblable ; Ludolf enfin lui
trouvait des ressemblances avec l'alphabet des Samaritains. Toutes ces hypothèses
se sont évanouies après la découverte des inscriptions himyaritiques du Yémen ; il

---

1. Le *p*, le *tch*, le *j*, le *g*.

reste démontré aujourd'hui que l'alphabet éthiopien est identique à l'ancien alphabet hymiaritique ou *musnad*. Dans celui-ci, à la vérité, les voyelles manquent et l'écriture va de droite à gauche, tandis que l'éthiopien a un système complet de voyelles et s'écrit à la manière européenne, de gauche à droite. Mais ce dernier point, comme l'a fait observer M. Renan, a peu d'importance en paléographie, puisque les alphabets, à une haute antiquité, procédaient presque indifféremment dans l'un ou l'autre sens. Quant au système des voyelles, il semble d'invention assez moderne, soit qu'il faille l'attribuer, avec M. Albrecht Weber, à l'influence de l'Inde, soit qu'on le regarde, avec M. Dillmann, comme « sorti du génie même de l'Éthiopie. » L'alphabet ghez se trouve ainsi ramené, conformément à l'opinion de Gésénius, dans la série des alphabets dérivés du phénicien, dont le musnad n'est qu'une variante très-ancienne. Par là se trouvent expliquées ses ressemblances avec les alphabets grec, samaritain et dévanâgari, qui proviennent de la même source.

Il y a, dans l'alphabet éthiopien, vingt-six consonnes rangées et nommées de la manière suivante : *hoy, lav, havt, may, savt, res, saat, kaf, bet, tav, harm, naas, alph, caf, vave, ain, zay, yaman, dent, geml, toyt, payt, zaday, tzap, af, psa.* Les voyelles, au nombre de cinq, *a, e, i, o, ou,* auxquelles il faut joindre un *a* très-bref, analogue au *'fatach furtif* de l'hébreu, se marquent dans l'écriture par un signe joint à la consonne précédente, et qui en modifie quelque peu la forme. Phénomène remarquable, ces cinq voyelles sont toutes longues, soit que le ghez les eût de bonne heure allongées dans le langage, soit que l'inventeur de l'alphabet ait négligé, à l'imitation des autres alphabets sémitiques, de noter les voyelles brèves.

*Alphabet grec.* — L'alphabet grec définitif se compose de vingt-quatre lettres rangées et nommées de la manière suivante :

| | | | |
|---|---|---|---|
| A α, *Alpha.* | H η, *Éta.* | N ν, *Nu.* | T τ, *Tau.* |
| B β ϐ, *Bêta.* | Θ θ, *Thêta.* | Ξ ξ, *Xi.* | Υ υ, *Upsilon.* |
| Γ γ, *Gamma.* | I ι, *Iota.* | O ο, *Omicron.* | Φ φ, *Phi.* |
| Δ δ, *Delta.* | K κ, *Kappa.* | Π π, *Pi.* | X χ, *Chi.* |
| E ε, *Epsilon.* | Λ λ, *Lambda.* | P ρ, *Rho.* | Ψ ψ, *Psi.* |
| Z ζ, *Zéta.* | M μ, *Mu.* | Σ σ ς, *Sigma.* | Ω ω, *Oméga.* |

D'après la tradition adoptée par nos grammairiens classiques, seize seulement de ces lettres existaient dans l'alphabet primitif ; on les nomme les seize *cadméennes,* du nom de Cadmus, qui passait pour les avoir portées de Phénicie en Grèce. Les huit autres, savoir : les aspirées Φ, X, Θ ; les doubles Ψ, Ξ, Z, et les deux longues H, Ω, auraient été inventées dans le vie et le ve siècle avant notre ère par Simonide et Epicharme. Une autre tradition veut que les trois aspirées et le Ξ aient été imaginés par Palamède durant la guerre de Troie. « Les huit nouvelles lettres furent reçues d'abord par les Ioniens, ensuite par les Samiens, desquels elles passèrent aux Athéniens. Ceux-ci ne s'en servirent, dans les actes publics, qu'après la guerre du Péloponèse, sous l'archontat d'Euclide, 403 avant J.-C. L'alphabet de vingt-quatre lettres s'appelle, par cette raison, alphabet ionique, et celui de seize lettres, alphabet attique. » (J. L. Burnouf, *Gram. grecq.*)

La tradition des seize cadméennes ainsi présentée n'est pas d'une authenticité assez incontestable pour qu'on soit forcé de l'accepter dans tous ses détails ; l'étude et la comparaison du phénicien archaïque et des plus anciennes inscriptions grecques, ont montré qu'il existe entre les deux alphabets une connexion encore plus intime, et que les vingt-deux caractères phéniciens, sauf un seul peut-être, avaient passé dans le système graphique des Grecs. Au contraire, une des lettres dites cadméennes, l'Υ, n'a pas de représentant en phénicien.

Gésénius (*Monum. Phœnic.*, p. 65 et seq.) a fait voir qu'un parfait accord règne entre les vingt-deux lettres phéniciennes et les plus anciens caractères grecs de A à T, tant pour la figure et la valeur des lettres que pour l'ordre et le nom. L'ancienne écriture grecque de droite à gauche (laquelle avait passé aux Étrusques) offre une ressemblance frappante avec celle des plus antiques inscriptions phéniciennes.

Comment un alphabet, riche en signes d'aspirations et d'articulations gutturales et à peu près dénué de voyelles, a-t-il pu s'adapter à la transcription de la langue grecque qui abondait en voyelles et était fort pauvre en gutturales et aspirées? Par la transformation de celles-ci en voyelles. L'*aleph* devint *a*, le *hé* fut *e*, le *ain* représenta *o*; le *yod* n'eut aucune peine à devenir un *i*; enfin le *cheth*, employé d'abord comme *esprit rude*, finit par devenir la voyelle *éta*. Il est resté H en latin.

Outre les 24 lettres marquées ci-dessus, l'ancien alphabet grec avait en plus trois éléments d'origine phénicienne, savoir le *Bau* ou *Fau* (Ϝαῦ), le *coppa* (Κόππα) et le *san* (Σάν). 1º Le *fau* ou *digamma* des Éoliens, transcription du *vav* phénicien, et qui a passé chez les Latins sous la forme F (bien que dans la langue latine *v* corresponde le plus souvent au digamma éolique : Ϝοῖνος=*vinum*, ὄϜις=*ovis*), le *fau* est resté en grec comme signe de numération (ἐπίσημον) avec la valeur de 6, ce qui correspond bien au rang du *vav* dans l'alphabet sémitique. 2º Le *coppa*, autre signe de numération, marquant 90, est identique au *Qof;* comme lettre, il s'est fondu, en grec, avec le *kappa* ; mais il a passé en latin sous la forme Q. 3º Le *san*, combiné au *pi*, a donné le signe numéral *sampi* (σάμπι) qui valait 900. Il représentait le *schin* phénicien et s'est fondu avec le *sigma*. « Les noms des Perses, dit Hérodote (liv. I, cxxxix), finissent par la lettre que les Doriens appellent *san* et les Ioniens *sigma*. » Il semble qu'il y eût primitivement entre ces deux lettres une différence analogue à celle qui existe entre notre *ch* ou peut-être l's un peu chuintant des Espagnols (que les Arabes traduisent volontiers par *chin*) et notre *s* sifflant.

Le tableau de la concordance des alphabets grec et phénicien est présenté de la manière suivante par Gésénius :

| | | | | | | | |
|---|---|---|---|---|---|---|---|
| *Aleph,* | A. | *Zaïn,* | Ζ. | *Mem,* | M. | *Qof,* | *Coppa.* |
| *Beth,* | B. | *Cheth,* | E. | *Noun,* | N. | *Resch,* | P. |
| *Ghimel,* | Γ. | *Teth,* | Θ. | *Samech,* | Σ. | *Schin,* | *San.* |
| *Daleth,* | Δ. | *Yod,* | I. | *Aïn,* | O. | *Tav,* | T. |
| *Hé,* | E. | *Caf,* | K. | *Fé,* | Π. | | |
| *Vav,* | F (*digamma*). | *Lamed,* | Λ. | *Tzadé,* | ? | | |

*Alphabet latin.* — Les plus anciens alphabets de l'Italie dérivent de l'alphabet grec, comme l'enseignent les traditions historiques (Tacite, Denys d'Halicarnasse, Pline, etc.), et comme le prouve le parfait accord qui se voit entre les lettres grecques et les caractères des monuments étrusques, ombriens, osques, samnites. Ainsi que les premiers Grecs, les Étrusques, les Ombriens écrivaient tantôt de droite à gauche, à la manière orientale, tantôt de gauche à droite, tantôt en alternant (βουστροφηδόν). L'étrusque n'avait aucune des trois lettres B, Δ, O ; l'ombrien représentait le son de la dernière par V.

La transmission de l'écriture gréco-phénicienne aux habitants de la péninsule italique s'est faite à une époque certainement antérieure au VIIᵉ siècle avant J.-C. Durant les deux premiers siècles qui suivirent la fondation de Rome, les Romains n'employèrent d'autre alphabet que celui des Grecs ou des Étrusques. Plus tard, ils se créèrent une écriture propre dont ils empruntèrent les éléments aux habitants grecs de l'Italie ; ils leur prirent aussi le mode nouveau d'écrire de gauche à droite. Leur nouvel alphabet reçut plusieurs lettres, telles que B, O, Q, inconnues aux anciens Italiotes. Le C, qui représentait le Γ grec, prit chez eux, comme chez les Étrusques, la valeur du *Kappa*. Jusqu'à la deuxième guerre punique, cette lettre s'écrivit indifféremment pour C et G. On lit sur la colonne duilienne des mots tels que MACESTRATOS, CARTACINIENSIS. (En grec Κ et Γ se remplaçaient aussi quelquefois, voyez Lucien, *le Jugement des voyelles*.) Le G fut, vers cette époque, inséré à la septième place, correspondant au *Zéta* ; car cette lettre Z n'existait pas encore chez les Romains, et lorsqu'ils la prirent aux Grecs, ils la placèrent à la fin de leur alphabet. Nous avons déjà dit que le F latin est, quant à la forme, le *digamma* éolique, venu du *Vav*, que le H est l'*éta* grec, primitivement employé comme esprit rude, et que le Q est le *Coppa*, disparu de bonne heure de l'alphabet hellénique. Le J ne différait point de l'I ; de même V consonne et U voyelle se confondaient dans l'écriture. Les aspirées θ, φ, χ n'eurent pas de représentants ; X, malgré sa forme, n'est point le *chi* grec, mais une lettre double, le ξ. L'Y est l'Υ, et ne se trouve que dans les mots d'origine grecque. (Voyez *Orthographe*.)

L'empereur Claude voulut ajouter trois lettres à l'alphabet romain, une pour distinguer V de U, une autre pour exprimer *ps*, à l'imitation du ψ des Grecs ; la valeur de la troisième n'est pas connue. Ces lettres ne survécurent pas à leur inventeur. Une tentative pareille, faite plus tard en Gaule par Chilpéric Ier, n'eut pas plus de succès. Ce roi franc avait imaginé quatre caractères nouveaux, dont aucune tradition certaine ne nous a même conservé la valeur.

L'alphabet romain, par l'influence de l'Église latine, se répandit dans tout l'Occident. Maître de l'Europe, il a conquis entièrement l'Amérique et gagne sans cesse du terrain en Asie, où il remplacera tôt ou tard l'écriture arabe, trop défectueuse pour toute langue non sémitique, et les écritures indiennes, qui manquent de simplicité.

*Alphabets mongol et mandchou.* — L'alphabet mongol provient du syriaque, c'est, à peu de chose près, l'ancien alphabet autrefois *ouïgour*, dont les Turcs ont fait usage. Il fut introduit dans une vaste région de l'Asie à la suite des nestoriens, lorsque ceux-ci propagèrent le christianisme dans la Perse et dans les contrées qui s'étendent depuis la Tartarie jusqu'aux Indes. Dans ce système d'écriture, les voyelles prennent un corps et s'écrivent concurremment avec les consonnes. Mais l'échelle des consonnes, notablement réduite, semble bien pauvre pour figurer toutes les articulations des idiomes tartares.

L'alphabet mandchou n'est qu'une modification du mongol.

Ces deux genres d'écriture s'écrivent en colonnes verticales, comme le chinois.

*Alphabets de l'Inde.* — L'alphabet hymiaritique, en passant de l'Arabie méridionale dans l'Inde, est devenu, non sans des modifications profondes, le caractère *magâdhi*, qui passe pour le plus ancien type d'écriture de cette contrée. De celui-ci sont sortis, par des transformations moins radicales, un très-grand nombre de dérivés, qu'on peut subdiviser en quatre types principaux : le *dévanâgari*, le *pâli*, le *thibétain*, et les écritures *dravidiennes*, auxquels il faut joindre le groupe *océanien*.

L'alphabet dévanâgari, entre les mains des Hindous, cette race d'analyseurs et d'abstracteurs par excellence, est devenu un des systèmes graphiques les plus parfaits qui aient jamais existé. Les inventeurs de l'*écriture divine* (c'est le sens du mot *dévanâgari*) ont voulu représenter par des signes distincts tous les sons que leur bouche pouvait articuler ; ce qui ne veut pas dire que cet alphabet soit propre à figurer les divers sons de tous les langages humains, tant s'en faut : la bouche d'un arabe, celle même d'un français émettent des articulations que l'hindou n'a pu songer à rendre, ne les ayant pas dans son idiome. D'autre part, l'habitant de l'Inde en a toute une série, celle des lettres dites *cérébrales*, qui lui appartiennent en propre, parmi tous les peuples de la race indo-européenne, outre les deux voyelles *ri* et *lri*, dont nous n'avons aucune idée.

Les grammairiens de l'Inde classent leurs quarante-six lettres de la manière suivante :

Voyelles : *ă, â, ĭ, í, u* (ou), *û* (oú), *ri, rî, lri*.

Diphthongues : *ê, âi, ô, âu* (*âou*).

|  | Consonnes sourdes |  | sonores |  | nasales |
|---|---|---|---|---|---|
| 1º Gutturales........ | *k* | *kh* | *g* | *gh* | *n* (nasal) |
| 2º Palatales......... | *tch* | *tchh* | *dj* | *djh* | *ñ* |
| 3º Cérébrales........ | *ṭ* | *ṭh* | *ḍ* | *ḍh* | *ṇ* |
| 4º Dentales ......... | *t* | *th* | *d* | *dh* | *n* |
| 5º Labiales ......... | *p* | *ph* | *b* | *bh* | *m* |
| 6º Semi-voyelles..... | *y* | *r* | *t* | *v* | |
| 7º Sifflantes......... | *ch* | *sh* | *s* | *h* | |

Les cinq premières classes sont partagées chacune en trois groupes : la *sourde* ou *forte* avec son aspirée, la *sonore* ou *douce* avec son aspirée, et enfin la *nasale*. Cette classification, sur laquelle nous n'avons pas à insister ici, est assurément très-remarquable; mais sa trop parfaite symétrie pourrait faire soupçonner qu'elle a eu quelque chose d'artificiel, et que tel caractère, peut-être absolument inutile, ne s'y trouve que pour compléter un agréable arrangement. Les Hindous ont toujours été de ces rêveurs qui se plaisent à confondre l'idéal et la réalité.

Le *thibétain* peut être regardé comme une modification du dévanâgari. Il a été porté dans le Thibet par les missionnaires bouddhistes, probablement vers le VIIIᵉ siècle. Les voyelles y sont représentées par des signes qui se joignent aux consonnes. Il faut vraisemblablement rattacher à ce type l'alphabet mongol dit *pa-sse-pa*, qui faillit, au XIIIᵉ siècle, remplacer l'écriture idéographique des Chinois. (Voir un intéressant travail de M. L. Feer, sur la *Civilisation mongole*.)

La série de types d'alphabets que nous donnons ici comme spécimen nous est fournie par l'Imprimerie impériale, si riche en types de tous les temps et de tous les pays.

*Alphabet universel.* — Si l'invention d'une langue universelle, qui a tenté plus d'un bon esprit, est généralement regardée comme un rêve chimérique, l'invention d'un alphabet universel, c'est-à-dire capable de transcrire toutes les langues du monde, semble rentrer dans le domaine des choses réalisables. Étudiée de près, la question offre pourtant de sérieuses difficultés. En voyant autour de nous l'alphabet latin, à peine modifié, servir à écrire toutes les langues européennes, sauf le grec et le russe, nous pourrions croire le problème à demi résolu. Ce serait une grande erreur. Outre que nos alphabets sont presque tous passablement défectueux pour la langue même à laquelle ils sont destinés, il ne faut point oublier que la même lettre est souvent employée avec des sons tout différents d'une langue à l'autre. Pour prendre un exemple au hasard, dans l'italien *citare*, l'espagnol *citar*, l'allemand *citiren*, l'anglais *to city* (tous mots qui représentent le français *citer*), la même lettre *c* figure les sons *tch, th* (anglais dur), *tz, s*. Il est clair que, dans un alphabet universel, cette uniformité d'écriture ne serait pas admissible, et que, pour ce seul groupe de langues, il faudrait déjà notablement augmenter le nombre des caractères. Mais que sera-ce si, sortant de l'Europe, nous prétendons distinguer toutes les articulations du langage humain, avec toutes les variétés d'émissions faibles ou fortes, claires ou sourdes, d'aspirations, de sons gutturaux, de chuintements, de grasseyements, les zézaiements des Océaniens, les clapements de certaines peuplades américaines, les nasillements des nègres, les gloussements des Cafres?

A la rigueur, le nombre des signes nécessaires n'est point un obstacle absolu; un alphabet de deux cents lettres et plus n'arrêterait pas le savant. Mais la question, pour être résolue d'une manière vraiment pratique et utile, doit être prise à un point de vue différent, ainsi indiqué par Max Müller (*Nouvelles leçons sur la science du langage*, trad. Harris et Perrot, p. 196) : composer un alphabet qui puisse rendre toutes les variétés de son susceptibles d'une détermination physiologique, *sans exiger un seul caractère nouveau ou artificiel*. La solution du problème est ainsi esquissée par le savant professeur : « Comme dans la plupart des idiomes, nous ne trouvons, outre les sons ordinaires qui peuvent être exprimés au moyen des caractères ordinaires, qu'une ou au plus deux modifications spéciales qui affectent certaines classes de lettres, j'ai proposé d'employer les italiques comme signes d'un premier degré de modification, et de petites capitales comme signes de modifications plus radicales, d'un second degré de modification... Si, pour certaines lettres, il faut noter plus d'une modification, alors on aurait recours aux minuscules, et ce serait seulement dans des cas très-rares et, si l'on peut ainsi parler, à la dernière extrémité, qu'une marque diacritique additionnelle aurait été exigée pour une troisième modification d'un type commun. » — Ce système appliqué, par exemple, à l'arabe ou au sanscrit, suffirait, sans les embarrasser, à ceux qui ne connaissent point ces langues, et en même temps ne laisserait aux arabisants ou indianistes aucun doute sur la nature des lettres ainsi modifiées. Nous croyons qu'il offrirait plus d'avantages, par exemple, que le système, d'ailleurs très-ingénieux, employé dans la traduction française de la *Grammaire comparée* de Bopp par M. Bréal : ici, la symétrique minutie des accents, des esprits, des points qui distinguent les classes des consonnes, peut avoir son utilité au point de vue des comparaisons philologiques; ailleurs, elle aurait le tort de tromper constamment sur le son des mots quiconque n'aurait pas d'avance étudié le système.

C'est à l'étude physiologique des fonctions des organes vocaux, que Max Muller et Lepsius demandent la base d'un alphabet universel. Il y a encore beaucoup à faire dans cette direction, même après les travaux de ces savants, appuyés sur les belles découvertes de Helmoltz et de ses émules.

BIBLIOGRAPHIE. — *Bibliothèque des artistes et des amateurs*. Paris, 1766. 3 vol. in-4º (dans le troisième volume, les caractères et les alphabets des langues mortes et vivantes). — *Mémoires de l'Académie des Inscriptions* : tome II, *Mém.* de l'abbé Renaudot sur l'origine des lettres grecques; tome XXXVI, *Mém.* de Guignes sur l'origine des alphabets sémitiques. — Gésénius, *Monumenta phœnicia*. Leipsig, 1836, in-4º. — Ernest Renan, *Hist. des langues sémitiques*. Paris, 1864, in-8. — François Lenormand, *Introduction à un Mém. sur la propagation de l'alph. phénicien*. Paris, 1866, in-8. — *Comptes rendus de l'Acad. des Inscript. et Belles-Lettres*, tome III (1859), analyse d'un Mém. de M. de Rougé, sur l'origine de l'alph. phén. — Barthélemy Saint-Hilaire. *Journal des Sav.*, 1857. — Sur l'origine sémitique du dévanâgari, voir Lepsius, *Palæographie als Mittel für die Sprachforschung*. Berlin, 1834; et Albrecht Weber, *Indische Skizzen*. — Eichhoff, *Parallèle des langues de l'Europe et de l'Inde, avec un essai de transcription générale*. Paris, 1836, in-4º. — Max Muller, *Nouvelles leçons sur la science du langage*. Trad. Harris et Perrot. Paris, 1867, in-8º. L.-MARCEL DEVIC.

**ALSACE.** — Cette province, située dans la partie occidentale de la riche et pittoresque vallée que traverse le Rhin, et qui s'étend entre la Forêt-Noire et les Vosges, le Jura et le Palatinat, était resserrée par les Vosges et les monts d'Allemagne. La Suisse et la Franche-Comté la bornaient au midi, le Palatinat au nord, le Rhin à l'est, et la Lorraine à l'ouest.

Son nom franko-tudesque, latinisé dans Frédégaire qui donne aux Alsaciens la dénomination d'*Alsaciones* ou d'*Alsacii*, et à leur pays celle d'*Alesatia*, dérivait très-probablement des mots allemands *Ell* ou *Ill* (en latin *Ellus, Alsa*), nom d'une rivière qui arrose une grande partie de la province, et *Sass*, qui signifie habitants. Toutes les dénominations employées dans les anciens ouvrages pour désigner l'Alsace, *Elisatia, Elisatium, Elisata, Helisatia, Alsecinse, Alsacinde*, etc., confirment cette étymologie.

La province, dès les temps anciens, se divisait en *Haute* et *Basse-Alsace*, séparées par le ruisseau d'Eckenbach, ou plutôt par un fossé ou *Landgraben*, creusé dans la direction de ce ruisseau. La Haute-Alsace se subdivisait, elle-même, en *Sund-gau* ou pays du Sud, que traversait la petite rivière de la Thur, et en territoire qui comprenait la principauté de Montbéliard. La Basse-Alsace, qui portait aussi le nom de *Nord-gau* sous les Carlovingiens, s'étendant jusqu'à la rivière de la Queich, renfermait le bailliage de Haguenau, la principauté de Lutzelstein ou de la Petite-Pierre, le comté de Hanau ou de Lichtemberg, et quelques autres petites seigneuries du *Was-gau*.

Cinq villes avaient de l'importance dans la Haute-Alsace : c'étaient Colmar, Kayserberg, Munster, Turckeim et Mulhausen (Mulhouse) ; dans la Basse-Alsace, plus considérable et plus peuplée, on comptait neuf villes remarquables à divers titres, — Strasbourg, Haguenau, Schlestadt, Wissembourg, Obernay, Rosheim, Seltz, Landau et Hagenbach.

De nombreuses montagnes, aux sommets assez élevés, ayant presque tous la forme paraboloïdale (d'où leur nom de Ballons, *Belchen*), faisaient de la Haute-Alsace une contrée facilement défendable, quoique généralement accessible. Celles de la Basse-Alsace, dont le sommet le plus élevé est le Hochfeld (1,095 toises), présentaient moins de remparts naturels. Elles furent plus souvent occupées par des troupes rivales, se disputant un beau territoire placé au centre de l'Europe, entouré des nations française, suisse, allemande et belge.

D'après leur climat tempéré, sous l'influence d'un air pur mais variable, exposés à de longs hivers et à des étés orageux, les habitants de l'Alsace naissaient, naissent encore robustes et bien constitués. La vie guerrière ne leur répugnait point, et, toutes les fois que les souverains voisins tentèrent de les assujettir, les Alsaciens montrèrent quelque énergie pour se défendre et repousser les agressions injustes.

Leur histoire se divise en cinq périodes. Sous la première, celle des Celtes, l'invasion d'Arioviste exposa à de longues souffrances les Rauraques, les Séquanais et les Médiomatrikes, qui occupaient la terre d'Alsace. Ils luttèrent contre les Romains, toujours victorieux, mais forcés de compter avec les populations aguerries de ces forêts et de ces montagnes. Déjà, la ville d'Argentorat (depuis, Strasbourg) et celle de Brisiac (depuis, Vieux-Brisach), la première appartenant d'abord aux Médiomatrikes, puis aux Triboques, d'origine germanique, la seconde appartenant aux Séquanais, venus du territoire franc-comtois, se distinguaient parmi quelques localités aujourd'hui oubliées, lorsque César vint conquérir la Gaule.

Sous la période romaine, la Haute-Alsace fut comprise dans la Gaule lyonnaise, et dans la grande Séquanaise, successivement ; la Basse-Alsace fut comprise d'abord dans la Germanie supérieure. La révolte de Civilis troubla seule l'Alsace entière, pendant la domination des Romains, aux deux premiers siècles de notre ère. Mais les Allemands et les Franks apparurent sur les bords du Rhin. L'empereur Julien les défit plusieurs fois; ils avaient néanmoins frayé la route aux Barbares, et les Vandales, les Alains, les bandes d'Attila, venant après eux, ravagèrent le pays, jusqu'à ce que la victoire de Tolbiac les subjuguât.

Le triomphe des Franks constitue la troisième période de l'histoire d'Alsace; celui des Alemans en forme la quatrième.

Sous la domination franke, la province se repeupla quelque peu, fit partie pendant un temps du duché d'Alémanie, figura comme duché particulier dans le grand royaume d'Austrasie, et, cinquante ans après le traité de Verdun, dépendit du royaume de Lothaire, c'est-à-dire de la Lorraine.

Nous sommes arrivés à la longue période allemande, qui dura depuis l'année 925, époque où l'Alsace fut placée sous l'autorité des ducs de Souabe et appartint au royaume de Germanie, jusqu'à la paix de Munster (1648).

De 925 à 1080, l'Alsace et la Souabe avaient été gouvernées par des ducs bénéficiaires, conséquemment amovibles. C'étaient Burcard Ier, en 925; Hermann Ier, en 926; Ludolf, en 949; Burcard II, en 954; Othon, en 973; Conrad Ier, en 982; Hermann II, en 997; Hermann III, en 1004; Ernest Ier, en 1012; Ernest II, en 1015; Hermann IV, en 1030; Conrad II, en 1031; Henri Ier, en 1039; Othon II, en 1045; Othon III, en 1047; Rodolphe de Rheinfeld, en 1057.

Après Lothaire, l'Alsace, vivement disputée aux Alemans par les Franks, était demeurée aux derniers. Elle avait eu des destinées fort agitées; elle avait subi tous les maux que peuvent engendrer l'ignorance et la faiblesse des gouvernants; elle avait principalement souffert de ces invasions normandes dont l'Europe entière se ressentit. Cependant, Arnoul de Germanie avait réuni l'Alsace à la Lorraine, pour donner ces deux provinces à son fils Zwentibald, bientôt détrôné, et l'Alsace était rentrée sous la domination des Empereurs d'Allemagne, auxquels la France avait essayé vainement de l'enlever, à différentes reprises.

Durant trois siècles, l'Alsace resta à peu près paisible. Mais la querelle des investitures livra cette province aux agitations perpétuelles, d'autant plus vives que, parmi les seigneurs du pays, les uns marchèrent avec l'empereur Henri IV, et les autres avec le pape Grégoire VII, soutenant Rodolphe, duc de Souabe et d'Alsace (1077), élu anti-empereur. Du côté de Henri IV s'étaient mis les évêques de Bâle et de Strasbourg; Werner, comte de Habsbourg, Hugues, comte d'Égisheim, et Berthold, comte de Zähringen, avaient embrassé le parti de Rodolphe, c'est-à-dire de Grégoire VII. Les seigneurs se pillaient réciproquement leurs villes, ravageaient les terres, commettaient contre les paysans toutes sortes d'exactions.

Vinrent les croisades. Elles imprimèrent un nouveau mouvement à l'Alsace, dont beaucoup d'habitants suivirent Godefroi de Bouillon jusqu'en Palestine (1099). Sous Henri V d'Allemagne, les Alsaciens eurent quelque repos, malgré les désordres commis par les soldats de ce prince. L'administration à la fois prudente et vigoureuse du duc Frédéric le Borgne apaisa les troubles naissants. De 1080 à 1268, les Hohenstauffen gouvernèrent la Souabe et l'Alsace par droit héréditaire. Ce furent Frédéric Ier, en 1080; Frédéric II, en 1105; Frédéric III, en 1147; Frédéric IV, en 1152; Frédéric V, en 1169; Conrad III, en 1191; Philippe, en 1196; Frédéric VI, en 1208; Henri II, en 1219; Conrad, en 1235, et Conradin, en 1254. Parmi ces noms, il faut remarquer seulement ceux de Frédéric le Borgne, de son frère Conrad III, et de son fils Frédéric Barberousse. L'élévation de Conrad à l'Empire donna un véritable éclat à l'Alsace. Haguenau devint bientôt la principale résidence impériale.

Un château avait été construit dans ce bourg, que Frédéric Barberousse éleva au rang de ville, dont il embellit le palais en l'agrandissant, et où il fit garder, dans la chapelle impériale, l'épée, la couronne et le sceptre de Charlemagne. Un hôpital, une paroisse, un bureau de recette pour les revenus publics, une magistrature chargée de veiller à la liberté et aux priviléges des bourgeois, furent les fondations de Frédéric Barberousse à Haguenau. A Strasbourg, précédemment, Conrad avait confirmé le privilége par lequel aucun citoyen strasbourgeois ne pouvait être traduit devant un juge étranger.

La guerre de prétendants, qui suivit la mort de Frédéric Barberousse, bouleversa encore l'Alsace. Les seigneurs du pays étaient divisés sur la question de l'Empire; ils brûlèrent, saccagèrent, ruinèrent plusieurs villes. Frédéric II de Souabe, que ses nombreux partisans proclamèrent définitivement Empereur, rendit un peu de prospérité à la province. Les bourgs de Colmar et de Schlestadt acquirent le rang de villes ; on agrandit Kayserberg, et les montagnes se hérissèrent de châteaux forts.

Une nouvelle guerre civile résulta des projets ambitieux de l'évêque de Strasbourg, qui voulait s'emparer des comtés de Linange et de Ferrette ; elle résulta surtout des intrigues du pape Innocent IV, qui suscitait des rivaux à l'empereur Frédéric de Souabe. Quand celui-ci eut expiré, son fils Conrad IV occupa le trône quatre années seulement, et eut pour successeur Conradin, enfant de deux ans, que dépouilla le pape, et qui, plus tard, revendiquant les royaumes de Naples et de Sicile comme son héritage paternel, fut battu à Tagliacozzo, pris et décapité juridiquement par Charles d'Anjou. En Conradin s'éteignit la maison de Hohenstauffen. Le duché de Souabe resta vacant. Les grands de l'Alsace constituèrent leur indépendance, et la province devint pays immédiat de l'Empire. Dès lors, il n'y eut plus de dignité ducale, mais des comtes ou landgraves continuèrent à gouverner à peu près héréditairement, et à s'attribuer tous les droits régaliens. Les villes impériales se firent immédiates ; quelques-unes s'intitulèrent villes libres : telles Strasbourg, Colmar et Haguenau, qui battirent monnaie, élurent leurs magistrats, et jouirent du droit d'asile.

L'époque si confuse du moyen âge, et celle de la Renaissance, si troublée par la question religieuse, virent les Alsaciens se débattre au milieu des guerres civiles et privées. Tantôt l'évêque de Strasbourg, les députés des villes, et quelques seigneurs s'unirent (1349) pour châtier ou plutôt pour persécuter les Juifs ; tantôt, après la bataille de Poitiers, il fallut résister aux bandes anglaises qui s'étaient jetées sur le pays, et y exerçaient des brigandages. Ou bien, ce fut Enguerrand de Couci, gentilhomme français, qui éleva sur la Haute-Alsace des prétentions mal fondées, et dont on dut refréner l'ambition féodale. Enfin, une lutte sérieuse recommença entre la noblesse et les villes, et ne se termina qu'à la bataille de Sempach (1386), où périrent quelques gentilshommes alsaciens. La noblesse était vaincue; mais les populations payèrent les frais de la guerre. Une ligue défensive des villes impériales, conclue pour dix années, et plusieurs fois renouvelée, s'appela « Décapole » ou « Landvogtey » de Haguenau. Outre cette cité, où résidait, depuis le xII° siècle, un « Landvogt, » délégué impérial pour toute l'administration, ce qui lui valut le rang de chef-lieu de la confédération, Strasbourg, Colmar, Kayserberg, Munster, Turckeim, Schlestadt, Wissembourg, Obernay et Rosheim, entrèrent dans la Décapole, représentée aux États de l'Empire par les députés de Haguenau et de Colmar.

Au xv° siècle, vers le temps où l'imprimerie paraissait dans Strasbourg, les Armagnacs ravagèrent l'Alsace pendant cinq semaines en 1437, et y reparurent en 1444, sous la conduite du dauphin Louis (depuis, Louis XI). Celui-ci, dont les soldats étaient surnommés bourreaux (*schinder*) par les Alsaciens, troubla la province à ce point qu'elle demeura pour un temps séparée de l'Empire. Elle y fut réintégrée seulement après la victoire que les Suisses et les Alsaciens, alliés, remportèrent à Héricourt (octobre 1474) sur les troupes de Charles le Téméraire.

A peine la réforme eut paru, qu'elle obtint de bons résultats en Alsace. On continua à dire la messe, mais en langue allemande, depuis 1524. Bientôt les prédications sur l'Évangile firent de nombreux prosélytes, et les luthériens abondèrent. On supprima la plupart des couvents; on permit aux moines et aux religieuses de se marier. La doctrine évangélique se répandit rapidement dans les campagnes. La liberté religieuse plaisait aux habitants de l'Alsace, qui avaient su fonder parmi eux la liberté civile. Anabaptistes, Luthériens, Calvinistes, etc., toutes les sectes anti-catholiques apparurent à la suite de la réforme. Elles eurent, en Alsace, des fortunes diverses, aujourd'hui le triomphe, demain la défaite; elles commirent çà et là des excès, par fanatisme ou cupidité; mais, en définitive, le protestantisme y poussa des racines profondes, et il survécut à la guerre de Trente ans qui, dès 1609, releva son influence un moment abattue.

Lorsque la France prit ouvertement la direction de la guerre contre la maison d'Autriche, elle ne manqua pas l'occasion de s'approprier l'Alsace, de s'assurer ainsi le libre passage du Rhin. Le traité de Westphalie lui céda « Brisach, les deux landgraviats de la Haute et Basse-Alsace, la préfecture provinciale des dix villes impériales, et tous les villages et autres droits dépendant de ladite préfecture; plus tous les vassaux, landsasses, sujets, hommes, villes, places fortes, villages, châteaux, forêts, mines de toute sorte, fleuves, rivières, pâturages, et tous les droits régaliens, toute espèce de juridiction et supériorité et domaine suprême. » Mais le roi de France ne put prétendre à « aucune supériorité royale. »

Pendant la cinquième période de son histoire, depuis sa réunion à la France, l'Alsace resta allemande tant que dura la monarchie absolue. En jurant fidélité à Louis XIV, elle conserva ses droits, privilèges et libertés séculaires. Son commerce et son industrie prospérèrent; elle jouit d'une paix non interrompue. Mais elle ne devint française, en réalité, que durant la révolution de 1789, époque où elle commença de prendre part au mouvement magnifique de l'Assemblée constituante. L'Alsace forma alors deux départements, Haut-Rhin et Bas-Rhin, le premier ayant pour chef-lieu Colmar, le second ayant pour chef-lieu Strasbourg. Fondue dans la grande unité française, qui fut une œuvre capitale de la Révolution, l'ancienne province d'Alsace fournit un brillant contingent aux armées républicaines. Elle contribua puissamment à défendre, contre les despotes étrangers, les droits des Français libres. Elle nous donna Kellermann, Kleber et Rapp, généraux de mérite incontestable, et, ce qui vaut mieux encore, elle augmenta notre force industrielle d'une manière très-sensible.

La population de l'Alsace, — 260,000 âmes environ en 1697, 500,000 en 1789, et plus de 900,000 aujourd'hui, — est énergique, patiente, laborieuse et ordonnée. Dans la plaine, les Alsaciens se livrent à l'agriculture. Le blé, le tabac, la garance, la vigne, y sont convenablement cultivés. De nombreuses prairies artificielles aident à l'élevage des chevaux et des bêtes à cornes. A Mulhouse, à Thann, les populations tissent le coton et fabriquent les toiles peintes. Les manufactures de tabac florissaient partout, quand Napoléon Ier tua d'un coup cette branche de l'industrie alsacienne en établissant le monopole. A Sainte-Marie-aux-Mines, les habitants exploitent d'importantes teintureries, forgent le fer et font le commerce des produits de toute la province.

BIBLIOGRAPHIE. — B. Hertzog, *Chronique d'Alsace.* — Le P. Laguille, *Histoire d'Alsace.* — Schœpflin, *Alsatia illustrata*, *Alsatia diplomatica.* — Chauffour, *Histoire d'Alsace.* — De Golbéry et Schweighœuser, *les Antiquités de l'Alsace.* — Aufschlager, *l'Alsace.* — Strobel, *Histoire d'Alsace,* etc.       AUGUSTIN CHALLAMEL.

**ALTITUDE.** — GÉOGRAPHIE ET MÉTÉOROLOGIE. — On entend par *altitude* la hauteur d'un lieu au-dessus du niveau de la mer. Ce mot est employé quelquefois au pluriel, comme synonyme de *hauteurs,* de *montagnes;* mais alors il désigne plus spécialement les localités élevées où l'homme peut séjourner plus ou moins longtemps.

Les hautes montagnes sont disséminées d'une manière fort irrégulière à la surface du globe. Les Alpes en Europe, les Cordillères en Amérique et l'Himalaya en Asie sont les trois chaînes qui offrent les pics les plus élevés. Le mont Blanc, situé, depuis l'annexion de la Savoie, sur le territoire français, a 4,810 mètres de haut. On trouve dans les Andes de la Bolivie un pic de 7,810 mètres, et, dans la chaîne de l'Himalaya qui longe le Thibet, le mont Everest n'a pas moins de 8,840 mètres.

Cette hauteur, vraiment considérable, si on l'envisage d'une manière absolue, n'est rien ou presque rien, si l'on tient compte en même temps de l'étendue de notre globe. Pour le mont Everest, par exemple, elle est à peine la sept-centième partie du rayon de la terre. On a calculé que, sur une sphère de quatre décimètres de diamètre, la plus haute montagne serait représentée par un grain de sable d'un quart de millimètre.

En dehors ou plutôt à côté de la hauteur absolue ou relative des montagnes, il est, dans leur étude comparative, deux points intéressants à examiner, nous voulons parler de la limite inférieure des neiges perpétuelles, et de la hauteur des localités habitées ou habitables par l'homme. Ces deux points varient suivant différentes circonstances topographiques, mais surtout suivant la latitude du lieu d'observation. Ainsi, pour ce qui concerne la limite des neiges, on a trouvé les hauteurs suivantes :

| | | | |
|---|---|---|---|
| 720ᵐ | Île Magéroe (Norwége)............... | latitude, | 74°15′ |
| 1060ᵐ | Sur le mont Storvans-Field (Norwége). | — | 70° |
| 2592ᵐ | Monts Carpathes.................... | — | 49° |
| 2670ᵐ | — Alpes.................... | — | 45-46° |
| 2729ᵐ | — Pyrénées................... | } | |
| 3246ᵐ | — Caucase.................... | } | 42-43° |
| 5000ᵐ | — Himalaya (pente septentrionale). | — | 26-36° |
| 5200ᵐ | — Cordillère orient. du haut Pérou. | — | 14-19° |
| 5646ᵐ | — Cordillère occidentale......... | — | — |

La hauteur des lieux habités ou habitables par l'homme suit à peu près les mêmes variations; elle croît, d'une manière générale, en raison inverse de la latitude. Ainsi, dans les Alpes, le village de Chamounix est à 2,364 mètres au-dessus du niveau de la mer, et le couvent du Grand-Saint-Bernard, le point le plus élevé qui soit habité, mais qui est toujours entouré de neige, est à une hauteur de 2,428 mètres. A cette hauteur, et même sur des plateaux bien plus élevés, on rencontre en Asie et en Amérique des champs cultivés et des villes florissantes. Le plateau de l'Anahuac a presque la même altitude que Chamounix. La ville de Quito est à plus de 3,000 mètres au-dessus du niveau de la mer. Dans la Bolivie, la métairie d'Antisana est située à une hauteur de 4,101 mètres, et la ville de Potosi à 4,166 mètres. D'autres localités s'élèvent jusqu'à 4,500 mètres. De même sur les versants de l'Himalaya, les Anglais ont fondé des *Sanatorium* à plus de 2,500 mètres de hauteur (Landur). Enfin, sur le versant opposé de la même chaîne, V. Jacquemont a traversé des villages situés à 4,000 et 5,000 mètres, et il a pu séjourner lui-même à une hauteur de 5,000 à 6,200 mètres.

Ces différences dans la hauteur des lieux habités ou habitables tiennent principalement à la température moyenne qui y règne, température qui dépend elle-même à la fois et de la latitude et de l'altitude. Si maintenant on isole l'une de l'autre ces deux influences et qu'on étudie plus spécialement l'action de l'altitude, on voit que les modifications qu'elle entraîne dans les conditions météorologiques suivent à peu près partout la même loi et sont en rapport avec l'élévation du lieu observé. On doit examiner à ce point de vue la température, la pression atmosphérique et l'état hygrométrique.

Tout le monde sait qu'à mesure qu'on gravit une montagne, on constate un abaissement progressif de la température. Cette diminution n'est pas exactement proportionnelle au degré d'altitude; elle varie suivant une foule de circonstances. C'est ainsi que le nombre de mètres correspondant à un décroissement de température de 1° est de : 191 sur les flancs des montagnes et 243,5 sur les plateaux de l'Amérique du Sud (Humboldt) ; 195 sur les montagnes de l'Amérique du Sud et 247 en Sibérie (Boussingault); 188 en hiver et 129 en été sur le mont Ventoux, en Provence (Martins); 139,14 à deux heures de l'après-midi et 200,91 à quatre heures du matin sur le col du Géant (de Saussure); 139 à quatre heures du soir et 200 à trois heures du matin sur le sommet du Faulhorn (Bravais), etc.

On voit par ces chiffres que, d'une manière générale, le décroissement de la température est d'autant moins rapide que la température moyenne du lieu d'observation est moins élevée, que cela tienne à la latitude, à l'altitude, à la saison, à l'heure de l'expérience. On s'explique ainsi pourquoi la différence entre la moyenne de l'hiver et celle de l'été est d'autant moindre qu'on s'élève plus haut dans les montagnes.

Si, au lieu d'examiner la température de l'atmosphère, on observe celle du sol, on remarque que les variations diurnes de celle-ci sont l'inverse des variations diurnes de celle-là, ou, en d'autres termes, que la température du sol des montagnes est supérieure à celle de l'atmosphère pendant le jour et inférieure pendant la nuit. Ce fait, constaté par tous les observateurs, est dû à diverses causes parmi lesquelles la faible densité de l'air, l'intensité calorifique de la radiation solaire et la puissance du rayonnement nocturne dans les hautes régions jouent le rôle le plus important.

Tout en tenant compte des différentes circonstances qui viennent d'être passées en revue, on peut résumer l'action de l'altitude en disant qu'elle produit les mêmes variations de température que la latitude. Que l'on suppose deux voyageurs partant de l'équateur, dont l'un gravit une haute montagne, et l'autre se dirige vers le pôle : ils traverseront tous les deux des climats identiques, et observeront en passant les mêmes flores, les mêmes faunes, jusqu'au terme de leur voyage où les neiges éternelles d'un côté, la zone glaciale de l'autre, leur montreront également la limite où la mort, dans la nature, succède à la vie. Ce n'est donc pas sans raison qu'on a comparé la terre à deux hautes montagnes qui auraient les pôles pour sommets et qui seraient adossées l'une à l'autre par leurs bases suivant le plan de l'équateur.

La pression atmosphérique diminue à mesure qu'on s'élève au-dessus du niveau de la mer. Cette diminution est beaucoup plus régulière que celle de la température ; elle l'est même assez pour servir de base à la mesure de la hauteur des montagnes. A la hauteur de 3,000 mètres, la pression atmosphérique n'est que les deux tiers environ de ce qu'elle est au niveau de la mer : telle est à peu près la pression observée à Quito. Dans les stations que V. Jacquemont a faites sur certains sommets de l'Himalaya à 5,600 mètres de hauteur, la pression atmosphérique était réduite de moitié. Mais c'est dans les ascensions aéronautiques qu'on a pu observer la hauteur barométrique la plus faible : Gay-Lussac, dans sa seconde ascension, a vu le baromètre descendre à 328mm,8, et plus tard, MM. Barral et Bixio à 315mm,02.

L'influence de l'altitude sur l'état hygrométrique est moins bien déterminée, parce qu'en général on choisit un beau temps, soit pour s'élever en ballon, soit pour gravir le sommet d'une haute montagne. Mais si, d'une manière générale, l'opinion de Saussure, de Humboldt et de Gay-Lussac qui regardaient la sécheresse comme plus grande dans les régions supérieures que dans les régions inférieures, n'est pas justifiée, il n'en est pas moins vrai qu'au sommet des montagnes on observe, par les beaux jours, un degré de sécheresse qu'on ne constate jamais dans les plaines et les vallées.

HYGIÈNE. — Au point de vue hygiénique la question de l'altitude présente à étudier : 1º les phénomènes produits par l'ascension des montagnes (mal des montagnes); 2º les modifications physiologiques qu'entraîne le séjour sur des lieux élevés (acclimatement de l'individu et de la race); 3º l'influence que ce séjour exerce sur la production, la prophylaxie ou la cure de certaines maladies.

1º *Mal des montagnes.* Ce nom a été donné au xvº siècle, par Da Costa, à l'ensemble des phénomènes que l'on éprouve quand on gravit le sommet d'une haute montagne. Ces phénomènes, aujourd'hui mieux connus et surtout mieux interprétés, consistent en des troubles du côté de la respiration, de la circulation, de l'innervation, de la locomotion et des fonctions digestives. Ils peuvent se résumer ainsi : accélération et gêne de la respiration; anhélation au moindre mouvement; — palpitations; fréquence du pouls; battement des carotides; tendance à la syncope; transsudation du sang par les surfaces muqueuses; — céphalalgie, vertiges, somnolence, prostration; — douleurs musculaires, faiblesse dans les membres inférieurs; — sécheresse de la bouche, soif intense, nausées, vomissements, inappétence pour les aliments solides, etc.

Ces troubles fonctionnels sont très-variables en nombre et en intensité suivant les personnes et suivant les hauteurs auxquelles on s'élève. Pendant bien longtemps on en a rapporté la cause à la diminution de la pression atmosphérique et à la raréfaction de l'air qui en est la conséquence. Mais, s'il en était ainsi, on devrait observer des accidents analogues, même à un degré plus considérable, chez les aéronautes qui se sont élevés bien plus haut que les ascensionistes : or il n'en est rien, et c'est à peine si Gay-Lussac, ainsi que MM. Barral et Bixio, ont éprouvé, à 7,000 mètres, quelques légers malaises. D'un autre côté, les symptômes cessent chez les ascensionistes pendant les intervalles de repos. Ces deux faits, rapprochés l'un de l'autre, montrent que dans l'étiologie du *mal des montagnes* la dépense des forces physiques joue le rôle principal. Voici l'explication qui, depuis l'extension à la biologie du principe de la transmutation des forces, est de toutes la plus accréditée.

L'homme, pour maintenir sa température constante au milieu des objets qui l'entourent, brûle les matériaux organiques de son sang. On a calculé que la combustion du carbone entre pour les huit dixièmes dans la production de la chaleur totale développée. A l'état normal l'homme brûle par heure 12 grammes de carbone qui produisent environ 22 litres d'acide carbonique et sont éliminés sous cette forme par les poumons. Cette quantité de carbone brûlé, ou d'acide carbonique à éliminer, varie d'un côté avec la température ambiante, de l'autre avec le travail mécanique que l'homme doit accomplir; elle doit être d'autant plus grande que la température est plus basse et que le travail mécanique est plus considérable.

Cela posé, dans les ascensions aéronautiques, l'homme n'accomplit aucun travail; il a simplement à lutter contre l'abaissement de la température. Pour maintenir sa chaleur normale il doit sans doute brûler plus de carbone, éliminer plus d'acide carbonique; mais la suractivité des fonctions respiratoire et circulatoire qui en résulte, n'atteint pas un degré suffisant pour produire une grave perturbation.

Au contraire, l'homme qui gravit une montagne doit développer de la chaleur, non-seulement pour maintenir sa température, mais encore pour fournir en calories l'équivalent du travail mécanique effectué, travail qui est représenté par l'élévation de son propre poids à la hauteur à laquelle il se trouve. Il doit par conséquent brûler plus de carbone et éliminer plus d'acide carbonique que l'aéronaute. Aussi, il peut arriver que, malgré leur accélération, les mouvements respiratoires et circulatoires aient de la peine à suffire à l'absorption de l'oxygène nécessaire à cette combustion, et à l'élimination d'une si grande quantité d'acide carbonique produit : de là les phénomènes du *mal des montagnes*, phénomènes qui cessent lorsque, pendant le repos, la combustion devient moins active et l'élimination de l'acide carbonique plus facile. A un degré plus intense, les symptômes du *mal des montagnes* traduisent fidèlement ceux de l'intoxication par l'acide carbonique ; c'est qu'ils résultent en effet des fortes proportions de ce gaz non éliminé et qui reste dissous dans le sang.

*2o Acclimatement de l'individu et de la race sur les altitudes.* On a vu précédemment que l'homme ne peut supporter, sans de graves inconvénients, une diminution considérable de la pression atmosphérique; mais il est important de savoir si, après être né et avoir vécu dans les pays de plaine, il peut s'acclimater sur les hauts plateaux et y voir prospérer sa famille et sa descendance. Cette question est diversement jugée par les auteurs. Pour les uns, les exemples qui démontrent la possibilité de ce double acclimatement de l'individu et de la race ne laissent aucune prise au doute; on n'a, pour s'en convaincre, qu'à parcourir les plateaux du Chili, du Pérou, du Mexique, de l'Himalaya, etc., où se développe une nombreuse population d'anciens immigrants. Les autres objectent que sur ces mêmes plateaux, par suite de la raréfaction de l'air et d'une consommation moindre d'oxygène, il se produit une anémie spéciale qui diminue la longévité de l'individu et s'oppose à la prospérité de la famille et à l'acclimatement de la race. La question du reste est complexe, et il est difficile de faire la part exclusive de l'altitude. Il est évident que la latitude du lieu, son exposition, sa composition géologique, et, d'un autre côté, la constitution de l'individu ou des individus, les caractères de la race à laquelle ils appartiennent, etc., sont autant de conditions dont il faut aussi tenir le plus grand compte. Bien que l'opinion générale soit favorable à l'idée de l'acclimatement, le problème n'a donc pas encore reçu une solution complétement satisfaisante.

*3o Influence pathogénique, prophylactique et curative des altitudes.* L'anémie dont il vient d'être question ne serait pas la seule maladie propre aux altitudes; leur séjour favoriserait également le développement des inflammations de l'appareil respiratoire, inflammations franches sous les latitudes un peu froides, adynamiques dans les contrées plus rapprochées de l'équateur. L'asthme, l'emphysème, certaines hémorrhagies seraient aussi des maladies plus fréquentes sur les montagnes que dans les plaines. Le typhus fait des ravages sur les hauts plateaux d'Amérique; les affections intestinales (diarrhée des montagnes) et diphthéritiques sont fréquentes sur le versant de l'Himalaya.

La phthisie, au contraire, semble devenir plus rare et même disparaître sous l'influence de l'altitude : c'est là un point qui demande à être confirmé d'une manière plus positive. Mais le séjour des lieux élevés offre un autre avantage bien moins contesté, celui de préserver des miasmes qui se dégagent dans les contrées basses des pays chauds. En Italie, des localités situées de 400 à 800 mètres de hauteur échappent à l'action des marais. D'après de Humboldt, la fièvre jaune ne dépasserait pas, au Mexique, 900 ou 1,000 mètres d'altitude. Dans plusieurs épidémies de peste qui ont sévi au Caire, la citadelle a été complétement préservée. Le choléra a aussi une limite qu'il ne dépasse pas, et on a pu dire, avec raison, qu'il sévit d'autant moins que le lieu où on l'observe est plus élevé.

Sans doute on a constaté et l'on constate chaque jour des faits contradictoires de ceux qui précèdent, mais l'exception n'infirme pas la règle. Aussi les Anglais, fortement imbus de ce principe que l'habitation des points élevés est la meilleure prophylaxie des affections miasmatiques qui déciment leurs troupes dans les Indes, ont-ils fondé sur le versant de l'Himalaya, et sur d'autres montagnes, des établissements, appelés *Sanatorium*, qui sont à la fois des postes militaires recevant des troupes pendant la saison où l'influence des miasmes est le plus à craindre, et des hospices où des personnes affaiblies ou convalescentes viennent réparer leurs forces et leur santé. Là encore peuvent croître et se développer les enfants d'Européens nés dans l'Inde et qu'on peut dire condamnés fatalement par l'inclémence du climat. On trouve de ces *Sanatorium*, en plus ou moins grand nombre, dans toutes les possessions anglaises, dans la présidence de Bombay, dans celle de Calcutta, dans la province de Delhi, à Ceylan, à la Jamaïque, etc. Plusieurs sont échelonnés, dans la province de Madras, sur les monts Nilgherrys; et ce qui prouve l'utilité de ces établissements, c'est qu'on voit la mortalité générale décroître à mesure qu'on passe d'un Sanatorium à un autre Sanatorium plus élevé. Ainsi, tandis que la mortalité est de quatre-vingt-quatorze décès sur mille hommes au niveau de la mer, elle n'est que de vingt décès sur mille au dernier Sanatorium des monts Nilgherrys. Le gouvernement français a essayé de fonder des établissements analogues à la Guyane, à la Martinique, à la Guadeloupe, et à la Réunion; il n'en existe plus que dans ces deux dernières îles. On a lieu d'être surpris de cette indifférence, de cette apathie, que bien des auteurs déjà se sont en vain efforcés de secouer, surtout si on la compare à l'activité déployée dans les Indes par l'administration anglaise. Si c'est un devoir, pour le gouvernement, de s'inspirer de toutes les conquêtes de l'hygiène propres à assurer la santé publique, ce devoir devient encore plus impérieux quand il s'agit de protéger la vie d'hommes qu'on envoie d'autorité, sous les climats parfois les plus meurtriers, défendre les intérêts du pays ou soutenir l'honneur du pavillon national. Assainir des contrées plus ou moins vastes peut paraître une entreprise impossible; mais cantonner les troupes sur des points élevés d'où elles viendraient par détachements faire le service dans la plaine, constitue une mesure très-simple, et l'on comprend difficilement que, faute de la mettre en pratique, une administration consente à assumer sur elle une lourde responsabilité et s'expose ainsi à de graves et de justes reproches.                          Dr F. DE RANSE.

**ALUMINIUM.** — MÉTALLURGIE. — L'histoire de ce métal offre un intéressant exemple de l'action féconde de la science pure sur le progrès des arts industriels. L'aluminium était, il y a quelques années à peine, une des raretés coûteuses dont les chimistes conservent des échantillons dans leurs collections; il est aujourd'hui fabriqué en grandes masses, à bas prix, et employé à de nombreux usages. Pour l'obtenir, il a fallu créer une autre industrie, celle de la fabrication du sodium, qui se produit maintenant sur une grande échelle et à un prix qui permet de l'employer comme matière première. Ces deux créations_sont dues à M. Henri Sainte-Claire Deville.

Sous une impulsion intelligente et éclairée, les découvertes se multiplient, et la pratique gagne plus à consulter la science qu'à attendre du temps seul des progrès lents et incertains. L'aluminium avait à peine pénétré dans les ateliers qu'il devenait, entre les mains de M. Debray, le point de départ d'une industrie nouvelle, celle du bronze d'aluminium (Voir *Alliages*), dont l'importance dépasse aujourd'hui celle même du métal qui lui a donné naissance.

L'aluminium existe dans la nature en quantité pour ainsi dire illimitée, puisqu'il est l'élément principal des argiles et d'un grand nombre de roches et de minéraux; mais il s'y trouve à un état de combinaison qui se prête mal à son extraction, et l'un des côtés les plus originaux de la découverte de M. Deville a été précisément la préparation d'un minerai artificiel, le chlorure d'aluminium, qui se laisse facilement décomposer par le sodium, en donnant d'une part l'aluminium métallique et d'autre part du sel marin. Il existe au Groënland un gisement considérable de cryolithe (fluorure double de sodium et d'aluminium), qui a été essayée et pourrait être employée comme minerai naturel de l'aluminium; mais les réactions sont plus difficiles à obtenir avec cette matière, et, comme elle renferme des phosphates, la pureté du métal se trouve altérée. Actuellement, la matière première de la métallurgie de l'aluminium est le minerai de fer des Baux, près Tarascon, pauvre en fer et très-alumineux.

Ce minerai, pulvérisé, est calciné avec du carbonate de soude, sur la sole d'un four à réverbère; il se produit un aluminate de soude, que l'on sépare de l'oxyde de fer par lixiviation. Dans cette liqueur on fait arriver de l'acide carbonique obtenu en attaquant du calcaire par l'acide chlorhydrique; il se forme ainsi du carbonate de soude soluble et il se dépose de l'alumine hydratée à l'état gélatineux.

La formation directe du chlorure d'aluminium constituait dans le principe une opération assez difficile à réussir; M. Rousseau a imaginé de chauffer au rouge, dans des cornues verticales, des boules composées d'alumine, de sel marin et de charbon de bois; un courant de chlore arrive dans les cornues, et il se forme un chlorure double d'aluminium et de sodium, dont les vapeurs se dégagent par un tuyau et vont se condenser dans un récipient.

Cette substance est mélangée avec du sodium coupé en fragments de trois à quatre centimètres environ, et une certaine quantité de cryolithe en poudre; le tout est introduit rapidement dans un four à réverbère, dont on ferme immédiatement toutes les ouvertures, pour empêcher la rentrée de l'air. Le commencement de la réaction s'annonce par une série de petites explosions; quand elles ne se font plus entendre, l'opération est terminée, mais on laisse reposer le bain en fusion pendant une heure avant de procéder à la coulée; dans cette période, on ouvre les registres pour réchauffer le four et permettre au métal de bien se rassembler. Les scories formées sont de deux sortes: les unes, fluides et légères, sont très-riches en sel marin et recouvrent le bain; les autres, plus lourdes et pâteuses, sont en contact avec le métal.

Pour purifier l'aluminium, on le refond dans un creuset de plombagine, sans couvercle, en le maintenant longtemps au rouge au contact de l'air. On retire le creuset du feu, et avec une écumoire en fonte on enlève des crasses blanchâtres et scoriacées formées par les impuretés du métal; on coule ensuite celui-ci dans une lingotière. Cet affinage doit être recommencé trois ou quatre fois pour donner l'aluminium bien pur.                                                 ED. GRATEAU.

**AMATEUR.** — Un vieillard était accusé d'avoir dérobé un médaillon enrichi de diamants dans la collection du Louvre. Et, comme le président de la cour d'assises lui reprochait amèrement son crime :

— J'espère, dit-il aussitôt, que vous m'excuserez quand vous saurez que je suis amateur.

Amateur est un terme assez vague, qui vient du latin, et qui pourrait servir à désigner quantité de personnes ayant des passions très-diverses. L'habitude fait qu'on l'applique plus spécialement aux gens qui aiment la peinture et la sculpture, qui protègent les arts, et qui vendent et qui achètent des tableaux. Le mot : Amateur, dans l'argot des peintres, signifie, surtout, un homme riche, qui a une galerie et qui fait travailler les artistes. On a vu des amateurs pousser leur passion jusqu'à la folie. Il en est qui se sont ruinés et d'autres qui sont morts à Bicêtre. Je me hâte de dire que c'est l'exception.

Ce serait une erreur de croire que la seule passion des arts peut amener un homme à devenir « amateur ». Du moins, il se mêle souvent beaucoup d'autres passions à celle-là, et la vanité est du nombre. Quelqu'un qui se dit « amateur, » se donne les gants de protéger la peinture et d'y entendre quelque chose. Il acquiert une sorte de supériorité sur ses amis ; ce n'est plus, enfin, un bourgeois comme les autres. Nous sommes devenus si avides de distinctions et notre amour-propre est en même temps si facile à contenter que j'ai vu le directeur d'un journal artistique offrir à ses abonnés, à titre de prime, un petit brevet qui les déclarait : « *protecteurs des arts* ». Et le plus triste, c'est qu'il se trouva des gens pour prendre le brevet.

L'amateur le plus habile est celui qui se sert de sa passion pour battre la grosse caisse, se faire connaître et arriver aux honneurs. Il en est quelques-uns de ce genre, et la chose est plus facile qu'elle ne paraît. Il s'agit d'avoir de la fortune et d'occuper une certaine position dans le monde. L'amateur, qui a cette chance, accueille chez lui les grands artistes de son temps ; il leur donne quelques châteaux à décorer ; il fonde un prix à l'École des beaux-arts, moyennant quoi il peut espérer d'être traité de « Mécène » et d'avoir son fauteuil à l'Institut. Comprend-il seulement quelque chose à la peinture et sait-il reconnaître un Michel-Ange d'un Rembrandt ? Qui peut le dire ? Son nom a figuré dans les journaux à côté de ceux d'Ingres et de Delacroix. Il est satisfait, il est célèbre. La gloire des autres lui a fait une réputation.

L'amateur, qu'on rencontre le plus souvent, est celui qui spécule sur sa galerie. C'est un marchand. Il accapare les peintres jeunes et qui ne demandent pas encore un prix élevé de leurs tableaux. Il court les ventes ; il amasse chez lui beaucoup de vieilles toiles, non signées, au bas desquelles il colle lui-même et de son autorité propre un petit écriteau sur lequel on lit : « attribué à Raphaël » ou « attribué à Pierre-Paul Rubens ». Il a aussi des tableaux de maîtres. Et son amour pour les arts se traduit tous les dix ans par une vente générale qui, si elle est bien tambourinée par la presse, lui rapporte cent ou deux cent mille francs de bénéfice net.

Il y a l'amateur « beau parleur, » qui recueille ce qui se dit dans les ateliers pour le répéter dans son salon. Il y a encore l'amateur qui a une passion spéciale. Celui-là n'aime que les maîtres du XVIIIe siècle, ou que ceux du XVIe, ou que ceux du XVIIe, ou que ceux du temps présent. Et vous ne lui feriez point avouer, pour un empire, qu'on a fait de bonne peinture à une autre époque que celle dont il est engoué. L'amateur éclairé est le plus rare de tous, et, j'ai le regret de le dire, en général il est pauvre. Il aime l'art pour l'art. Il se passionne pour un tableau comme on se passionne pour une maîtresse. Le type du véritable amateur est un vieillard que j'ai connu et qui disait ce mot charmant et plein de profondeur :

— Je n'ai point voulu étudier les arts, parce qu'il ne me serait plus resté assez de temps pour les aimer.

Quoi qu'on pense des amateurs, on est obligé de convenir qu'ils exercent sur l'art une influence énorme et qu'ils peuvent, suivant leur caprice ou leur goût, jeter dans telle ou telle voie une école de peinture. Les peintres ne sont pas seulement artistes, ils sont marchands, et, comme tels, ils doivent subir la loi de l'offre et de la demande. Selon ce qu'on leur commande, ils exécutent, et tel, qui rêvait les grandes toiles et les œuvres gigantesques, est réduit, pour satisfaire la pratique, à couvrir de petits tableaux de dix centimètres carrés.

Aujourd'hui que les appartements sont petits et petites les galeries, aujourd'hui qu'on ne bâtit plus guère de châteaux, les amateurs ne recherchent que :

Les tout petits tableaux qui ne sont pas meublants.

De là vient que la peinture dite « de genre » est très-cultivée et par les plus illustres artistes, tandis qu'on abandonne presque complétement la grande peinture, dite « peinture d'histoire. » Nous ne manquons point de peintres pour l'entreprendre; nous manquons surtout d'endroits où la loger.

D'où vient que les Italiens de la Renaissance ont produit tant d'œuvres, dont les dimensions énormes nous frappent presque autant, aujourd'hui, que leur incompa rable beauté? C'est que les amateurs s'appelaient alors Jules II et Léon X; c'est qu'ils étaient princes et nobles et qu'ils avaient des palais immenses à mettre à la disposition des artistes. Il faut dire aussi que les princes de cette époque témoignaient d'un goût artistique élevé et fin, qui manque absolument aux princes du temps présent.

Les maîtres hollandais et flamands n'ont guère produit, au contraire, à part Rubens, Van Dyck et quelquefois Rembrandt, que de petites toiles, dont les sujets sont empruntés à la vie ordinaire. C'est que les amateurs étaient, en Flandre, de bons gros bourgeois, négociants pour la plupart, dont l'imagination n'était point très-développée et qui aimaient à accrocher dans leurs chambres des toiles représentant les paysages de leur patrie et les cabarets où ils s'attardaient parfois plus que de raison.

Si le goût des amateurs guide celui des artistes, en revanche le goût des artistes commande parfois celui des amateurs. Les deux influences se combinent, et elles donnent naissance à un goût moyen qui devient le goût public. Celui-là règne en maître, et tout le monde subit ses lois. Un homme apparaît de temps en temps, qui s'y soustrait et qui le heurte de front. Cet homme, d'habitude, a du génie; mais cet homme de génie n'est jamais un amateur. ÉDOUARD LOCKROY.

**AMAZONES.** — Dans les récits que les anciens nous ont transmis au sujet des amazones, le mythe et la fable se mêlent à la tradition et à l'histoire, de sorte que sur cette question, comme sur tant d'autres, il sera à jamais impossible de séparer les rêves poétiques de l'imagination du fond de réalité qui leur a servi de base. Selon Diodore, les femmes de diverses nations scythes, telles que les Saces, les Massagètes, les Arimaspes, prenaient part à la guerre comme les hommes, les égalaient en courage et exerçaient même chez ces peuples l'autorité royale. Ce fut une de ces reines, nommée Tomyris, qui défit Cyrus dans une bataille, le fit périr en croix selon Diodore, ou le tua de sa main selon Hérodote.

Mais, bien antérieurement à cette époque, une de ces reines scythes, établie avec sa tribu sur les bords du Thermodon, se distingua, entre toutes les autres, par sa force et son courage. Ayant formé une armée entièrement composée de femmes, elle s'en servit pour soumettre d'abord quelques peuplades limitrophes. Encouragée par le succès, elle se dit fille de Mars, et entreprit d'assujétir les hommes de sa nation aux travaux domestiques, réservant aux femmes la guerre et la chasse. A cet effet, les enfants mâles étaient mutilés d'un bras ou d'une jambe dès leur naissance. Quant aux filles, on leur brûlait la mamelle droite, gênante pour tirer de l'arc. C'est, dit Diodore, à cause de cet usage que les Grecs leur donnèrent le nom d'amazones, c'est-à-dire sans mamelle. Mais, selon Vesseling, il faudrait plutôt chercher dans la langue scythe l'étymologie de ce nom qui, dans certains dialectes hongrois, signifie femme robuste et virile, *viraginem robustamque mulierem*. Hérodote nous apprend, d'autre part, que les Scythes eux-mêmes nommaient les amazones αιορπατα, nom que les Grecs rendaient par ανδροκτονες, tueuses d'hommes. Selon Diodore, cette première reine des Scythes bâtit, à l'embouchure du Thermodon, une ville nommée Thémiscyre ou Thermiscyre, et, ayant étendu sa domination jusqu'au Tanaïs, périt les armes à la main. Sa fille poussa ses conquêtes jusqu'en Thrace. De retour dans sa patrie, elle bâtit des temples à Mars et à Diane, surnommée Tauropole, et institua des sacrifices solennels en l'honneur de ces dieux. Elle étendit ensuite sa domination en Asie jusqu'en Syrie. Sa postérité lui succéda avec gloire, jusqu'à ce que la renommée des amazones s'étant répandue dans toute la terre habitable, Eurysthée imposa à Hercule, parmi ses autres travaux, la tâche de s'emparer de la ceinture de l'amazone Hippolyte. Le récit du combat d'Hercule et des amazones est fabuleux dans ses détails, mais repose sans doute sur une tradition vraie devenue le fondement d'un mythe solaire, comme tous les autres travaux d'Hercule. Hercule ayant vaincu Mélanippe, qui commandait l'armée des amazones, et obtenu d'elle la fameuse ceinture, fit prisonnière la jeune Antiope que d'autres auteurs appellent Hippolyte, et la donna à Thésée qui la ramena à Athènes. Selon Hérodote, d'autres amazones prisonnières se révoltèrent pendant la traversée et, ayant tué les Grecs qui montaient le vaisseau, abordèrent sur le rivage des Palus-Méotides où, s'étant unies à de jeunes Scythes, elles donnèrent naissance à la nation des Sauromates, ou Sarmates, chez lesquels les femmes faisaient la guerre avec leurs maris.

La nation des amazones, affaiblie par cette défaite, s'en releva néanmoins, et, unie aux Scythes, vint attaquer les Grecs et camper sous les murs d'Athènes, où elle fut défaite par Thésée et sa femme Antiope qui mourut dans la bataille. Enfin, au siége de Troie paraît une dernière reine des amazones, Penthésilée, alliée des Troyens, qui, après la mort d'Hector, tombe glorieusement sous les coups d'Achille.

Mais Diodore a recueilli la tradition d'une autre nation d'amazones, encore beaucoup plus ancienne, établie en Libye, vers le lac Tritonis, et qui, sous le commandement de sa reine Myrina, fit la guerre aux Atlantes (voyez *Atlantide*) à l'occident, défit les Gorgones, autre tribu d'amazones, et, à l'orient, ayant envahi l'Asie, soumit les nations du Taurus et vint fonder, sur le rivage de l'Ionie, Cymes, Pitane, Pryène et Mitylène dans l'île de Lesbos. Myrina, poussée par une tempête dans l'île de Samothrace, y fonda le culte de la grande déesse, d'où cette île fut appelée l'île sainte. Mais Mopsus de Thrace et le Scythe Sipylus, tous deux bannis de leur patrie, entrèrent, avec une armée d'exilés comme eux, dans les pays soumis aux amazones, et, Myrina ayant été tuée dans le combat, le reste de son armée retourna en Libye. Plus tard, Persée vint combatre l'autre nation des amazones, les Gorgones, qui avaient alors pour reine Méduse. Il semble évident encore ici qu'un mythe solaire est venu se joindre au fait historique et l'obscurcir en le dénaturant; mais la priorité de tradition paraît appartenir à Persée sur Hercule, et aux Gorgones sur les amazones scythiques.

Du reste, chez les amazones libyennes, les filles vierges prenaient seules part à la guerre; et après un certain nombre d'années, durant lesquelles elles devaient s'adonner exclusivement aux exercices militaires, elles se mariaient, et exerçaient les différentes magistratures de l'État, tandis que les hommes vaquaient aux occupations domestiques et prenaient soin des enfants qu'ils nourrissaient de lait ou d'aliments cuits. Il est curieux de rapprocher cette tradition du singulier usage de la *couvade* constaté chez les Guaranis et autres peuples de l'Amérique méridionale, de même que chez les Ibères et persistant aujourd'hui chez les Basques, parmi lesquels la mère à peine accouchée se lève, tandis que le mari garde le lit avec le nouveau-né. Diodore ajoute que les jeunes amazones ne se mariaient qu'après avoir tué trois ennemis; un usage semblable existe encore parmi certaines peuplades sauvages des îles polynésiennes. Il existait chez certains peuples scythes, au dire d'Hérodote.

Au fond de ces traditions, en partie fabuleuses, il y a certainement un problème ethnique. Si l'on ne peut guère croire que, pendant longtemps, des nations entières aient pu subsister avec les mœurs et coutumes que Diodore, avec les anciens, prête aux amazones, il faut au moins admettre qu'à une époque très-reculée, le nord de l'Afrique et l'occident de l'Asie ont été occupés par une race chez laquelle les filles, sinon toutes les femmes, étaient dressées au métier de la guerre, et formaient des corps d'armée exclusivement conquérants, distincts des armées d'hommes, peut-être réservées à la défense du pays et à la chasse. Que ces armées féminines et leurs chefs aient parfois abusé de leur influence pour s'emparer de la prépondérance sociale, il n'y aurait là qu'un fait d'accord avec toutes les analogies historiques. La femme peut, aussi bien que l'homme, être dressée au courage guerrier. Encore de nos jours, certains rois de la péninsule indo-chinoise ont une garde toute composée de jeunes filles qui, au besoin et même sans besoin, savent faire preuve de ce courage et de cet honneur particuliers qui sont les vertus professionnelles de nos soldats européens. D'ailleurs, de tous temps les femmes scythes ont suivi leurs maris à la guerre, exercé une grande influence dans l'État et régné par droit de primogéniture.

Quant aux mutilations qu'on prête aux amazones, elles n'ont rien de plus extraordinaire que les cicatrices que se font hommes et femmes chez diverses peuplades sauvages actuelles, sans autre nécessité qu'un ridicule point d'honneur. Un des instincts les plus généralement répandus chez les peuples sauvages, est celui qui les porte à provoquer la douleur afin de la supporter.

La tradition des amazones peut donc reposer simplement sur l'exagération et la généralisation de faits vrais, mais particuliers et temporaires, et sur lesquels des mythes ou des légendes sont venus se surajouter. CLÉMENCE ROYER.

**AMBULANCE.** — (Du mot latin *ambulare.*) Nom sous lequel on désigne la réunion d'un personnel de santé et d'administration, ainsi que le matériel nécessaire pour suivre un corps d'armée, une division et même une subdivision. La composition de chaque ambulance varie selon l'importance du corps de troupes. On en distingue de deux sortes : 1º les ambulances mobiles destinées à se transporter et à suivre les mouvements et toute évolution militaire afin de recueillir et de panser les blessés sur le champ de bataille. Outre ces ambulances mobiles ou volantes, chaque régiment, même chaque bataillon, possède un matériel suffisant pour appliquer, si le temps et l'ennemi le permettent, un appareil provisoire en attendant le transport des blessés à l'ambulance voisine.

2° L'ambulance du quartier général est sous les ordres immédiats du médecin en chef de l'armée où le nombre des médecins et la composition du matériel sont en raison de l'importance de l'armée. Cette ambulance, toujours attachée au quartier général, dont elle suit les mouvements, reçoit les blessés ou autres malades que les ambulances mobiles lui envoient tous les jours, et au fur et à mesure de leur déplacement, afin d'être constamment prêtes à marcher. Là, les malades sont installés sous de grandes tentes ou dans des baraques qui forment des hôpitaux provisoires, où ils reçoivent les soins les plus complets. La rapidité avec laquelle ces services sont installés et organisés tient du prodige et fait le plus grand honneur à notre administration militaire. S'il se trouve à proximité du champ de bataille une ville ou quelque village, on se hâte d'y faire approprier des locaux où les malades sont toujours mieux. Quand les blessés appartiennent à l'armée victorieuse, on comprend qu'ils continuent à jouir du bénéfice de cette première installation ; tandis que ceux de l'armée vaincue sont chargés à la hâte sur des fourgons pour suivre le mouvement de retraite, ou bien sont abandonnés forcément à la merci de l'ennemi. A la suite de chaque grande bataille, malades, médecins et infirmiers de l'armée vaincue étaient faits prisonniers et retenus comme tels jusqu'à ce que des stipulations ultérieures provoquassent leur reddition. C'est afin d'éviter cet inconvénient et de laisser à chaque belligérant la faculté de soigner ses malades en pays ennemi et l'entière liberté de rapatriement à tout le personnel hospitalier, qu'a été signée cette sage stipulation entre les puissances principales, au congrès sanitaire international réuni à Genève en 1866.

C'est là une décision essentiellement humanitaire, qui atteste un progrès réel de notre civilisation, et qui fait autant d'honneur aux puissances qui l'ont acceptée et signée qu'aux personnes qui ont été les premières à la proposer. Puisqu'il est fatalement écrit que les peuples, même ceux qui se placent à la tête de la civilisation, ne peuvent vivre entre eux, sans que l'abominable fléau qui se nomme la guerre menace constamment la société, il faut du moins savoir gré aux gouvernements de toutes les mesures qu'ils prennent pour en diminuer les horreurs. Celle-ci marquera comme une des plus glorieuses de ce siècle.

La guerre de l'Algérie, à cause de la mobilité et de la rapidité des mouvements des Arabes, exigea bien vite des réformes dans les manœuvres et dans l'équipement de notre armée, afin de poursuivre un ennemi le plus souvent insaisissable. Tout dut subir de radicales et importantes modifications. Les voitures, même celles imaginées par les deux célèbres chirurgiens Percy et Larrey, ne purent suivre les mouvements rapides de l'armée dans un pays si accidenté et complètement dépourvu de routes. On dut transporter le matériel à dos de mulet et créer pour cela de nouveaux engins. Dès lors, l'ambulance réellement volante fut constituée. Il est vraiment admirable de voir la rapidité avec laquelle cette organisation permet de porter les secours aux blessés, quelle que soit la nature du terrain où ils ont été frappés. Ce matériel a encore subi depuis de nombreuses modifications ; et je m'estime heureux d'avoir, comme membre d'une commission nommée ad hoc par le ministre de la guerre, en 1845, conjointement avec mes savants et respectables chefs Moizin et Begin, concouru puissamment à rendre ce matériel plus léger, plus commode et plus facilement transportable. Cette nouvelle organisation a servi de base à celle des ambulances de tous les gouvernements européens.

Les Grecs n'avaient pas de chirurgie militaire ; leurs chirurgiens étaient belligérants eux-mêmes. Alexandre avait des médecins autour de lui; mais leurs services lui étaient consacrés, et les soldats n'y avaient point droit. Aussi les hommes, destinés chez les anciens au métier des armes, étudiaient-ils de bonne heure les traitements généraux qui conviennent aux blessures.

Les Romains, vainqueurs de la terre, sentant le besoin de conserver leurs guerriers, introduisirent des chirurgiens dans leurs armées; ils en avaient un par légion; ils les appelaient *medici vulnerarii*. Ces chirurgiens avaient rendu de si grands services aux troupes de la république que, sous Auguste et malgré les lois et le préjugé national contre la médecine ou les médecins, ils obtinrent le droit de cité dans Rome. Auguste ajouta à ce bienfait d'éclatantes faveurs; les chirurgiens de ses légions furent décorés de l'anneau des chevaliers; il les exempta même du logement des gens de guerre, de toutes taxes et charges publiques.

Sous les deux premières dynasties des rois de France et au commencement de la troisième, non plus que dans le reste de l'Europe, on ne voit aucun vestige de cette chirurgie militaire des armées romaines. Les rois avaient auprès d'eux leurs médecins ou physiciens; les barons et autres seigneurs se faisaient accompagner de leurs clercs ou chapelains qui possédaient quelques éléments empiriques de l'art de guérir : l'usage de la succion dans les plaies pénétrantes, né chez les anciens Grecs, s'était propagé chez nos aïeux. On voyait les femmes de tous les rangs sucer les blessures des guerriers : les unes par profession, les autres par dévouement amoureux. *C'est ainsi que la damoiselle suçait la plaie de son damoiseau.* Le célèbre *Ambroise Paré* n'avait même aucun grade dans l'armée; il y accompagna d'abord le général de Montejean, puis M. de Rohan, et tout le monde sait le service qu'il rendit à l'armée et l'ascendant qu'il acquit sur les soldats qui, avant de marcher au combat, s'informaient si Paré était avec eux. Ce ne fut que sous Henri IV que les ambulances commencèrent à s'organiser et que les premiers hôpitaux militaires furent établis, et sous Louis XIII le personnel de santé fut constitué. L'extension que prit la guerre sous Louis XIV et l'emploi des armes à feu obligèrent de donner une plus grande importance aux ambulances et aux hôpitaux militaires, qui reçurent un immense perfectionnement pendant les guerres de la république et de l'empire sous l'influence de deux hommes dont s'honorera toujours la chirurgie militaire : les barons Percy et Larrey.

On voit, d'après ce qui vient d'être dit, que les ambulances peuvent être considérées sous deux points de vue différents : d'abord, comme des corps de chirurgie militaire, créations particulières de l'état de guerre, dont une sage prévoyance fait pressentir la nécessité dès qu'on met des troupes en campagne, mais dont les fonctions ne doivent réellement commencer qu'aux jours de bataille; en second lieu, comme de petits hôpitaux improvisés, d'une très-courte durée, et dans lesquels ces mêmes corps se vouent au soulagement des blessés. Aussitôt qu'une affaire est engagée, les ambulances sont établies un peu en arrière de la ligne et hors de la portée du boulet, par les soins du chirurgien en chef ou des officiers de santé principaux ou divisionnaires. On les place, autant que faire se peut, dans les villages, les fermes, les couvents, les granges ou les maisons isolées qu'on trouve quelquefois à peu de distance : mais toujours de manière à ce qu'il soit facile de communiquer en avant avec le lieu où se passe l'action, et en arrière avec le parc des équipages de l'armée, où sont les réserves de linge et de charpie, et d'où l'on fait venir les voitures nécessaires pour transporter les blessés loin du théâtre de la guerre, à mesure qu'ils sont pansés. Un ordre du jour de l'armée indique communément la position exacte de ses ambulances aux différents corps qui doivent y envoyer leurs blessés. Le quartier général de l'ambulance ainsi que chaque section sont désignés par un drapeau rouge flottant à l'extrémité d'une longue hampe de manière à être facilement aperçu.

C'est dans l'exercice de ces importantes fonctions que le chirurgien militaire attaché aux ambulances passe quelquefois plusieurs jours et des nuits entières, au milieu des scènes les plus déchirantes, avant de terminer la tâche pénible qui lui est imposée. Tant qu'il reste un seul blessé réclamant ses soins, qu'il soit Français ou du nombre des étrangers que le sort des armes a privés de leur liberté, il renonce au repos, et prend à peine le temps de réparer ses forces par quelques aliments grossiers. Mais, à moins de l'avoir vu, personne ne peut se figurer les fatigues et les misères de tout genre que les chirurgiens attachés aux ambulances mobiles ont à supporter, durant et surtout après une bataille importante.

Bien que les ambulances, à cause du matériel qu'elles exigent, soient un impédiment qui gêne et qui ralentit souvent le mouvement des armées, il n'est pas moins vrai que sans elles il n'y aurait pas d'armée possible, car, si le soldat marche bravement à l'ennemi avec la triste perspective d'être blessé, il sait que, derrière lui, et le suivant de près, se trouvent des moyens de panser ses blessures et de calmer ses douleurs. De grandes preuves à l'appui viennent d'être fournies par la dernière guerre de sécession de l'Amérique, où les succès de l'armée du Nord n'ont commencé que du jour où l'administration, les ambulances et les hôpitaux ont été organisés. Et, à cet égard, il faut convenir que les Américains ont fait des prodiges, et qu'ils ont montré, une fois de plus, ce que peut l'intelligence individuelle quand elle n'est pas entravée par des règlements qui, en limitant les facultés, leur ôtent toute initiative et l'instantanéité de toutes les mesures.     Dr BONNAFONT.

**AME.** — Il n'y a pas, dans la langue philosophique, de mot dont les définitions soient aussi nombreuses et aussi contradictoires. Chaque métaphysicien, chaque faiseur de systèmes a mis un sens différent dans ce terme vague. Cependant une analyse complète permet de grouper ces innombrables définitions sous deux bannières : celle du spiritualisme et celle de la science expérimentale, qu'elle se nomme matérialisme ou positivisme.

Pour le spiritualisme, le monde est composé de deux substances parfaitement distinctes, irréductibles l'une à l'autre. D'un côté le corps ou la matière qui a pour attribut l'étendue, de l'autre l'esprit, qui a pour attribut la pensée. L'esprit peut s'unir à la matière. Cette substance spirituelle, une, simple, indivisible, identique, consciente d'elle-même, active et libre, se manifestant par des facultés innées ou acquises, c'est l'âme. Dieu a mis dans l'homme les deux principes, et composé ainsi ce parfait dualisme que Linné appelait *homo sapiens*. Le corps a été créé par Dieu périssable : l'âme a été créée immortelle afin qu'elle pût être, dans une autre vie, punie ou récompensée selon qu'elle aura, dans sa vie terrestre, mérité ou démérité.

Pour le matérialisme et le positivisme, doctrines ou plutôt méthodes aussi vieilles que le monde, et dont la science moderne travaille tous les jours à confirmer expérimentalement les inductions, il n'y a pas de force sans matière ou mieux — matière et force n'étant que deux commodes abstractions verbales, — il n'y a que de la substance étendue en mouvement. L'âme n'est donc pas un principe distinct de l'organisme matériel, une force inétendue destinée à survivre à l'agrégat de fibres et de cellules qu'on appelle un individu. C'est une résultante des mouvements moléculaires de la substance cérébrale ou, pour préciser davantage, des cellules nerveuses du cerveau.

Comment la pensée humaine est-elle arrivée à ces conceptions si diamétralement opposées? Un examen historique des théories sur l'âme peut seul répondre à cette question.

L'antiquité grecque, romaine et même chrétienne, n'a jamais eu une notion bien nette de la pure spiritualité de l'âme. Cette imagination d'un être immatériel et inétendu, sorte de point mathématique au sein duquel existe une activité consciente et volontaire, est tellement singulière, tellement contraire aux faits les plus habituels d'observation qu'on peut dire qu'elle ne fut jamais pleinement réalisée jusqu'à Descartes. L'esprit (en grec πνεῦμα, de πνεῖν, respirer, en latin *animus*, de ἄνεμος, vent) n'était que le souffle même de la vie et on dit encore en ce sens : rendre l'âme. Or le souffle, pour tant subtil et raréfié qu'on veuille le faire, est chose matérielle. Il n'y a que l'embarras du choix dans les théories des philosophes grecs à ce sujet. Empédocle faisait consister l'âme dans le sang, Zénon le stoïcien dans un feu éthéré. Xénophane la pétrissait d'un mélange de terre et d'eau. Dicéarque l'identifiait absolument au corps. Aristoxène, — dont on dédaigne peut-être trop le système, — y voyait la résultante harmonieuse du jeu de tous les organes comme l'harmonie, dans la musique vocale ou instrumentale, naît de la proportion des accords.

Les notions ne sont pas beaucoup plus claires à l'égard de ce que les Grecs appelaient νοῦς ou ψυχή et les Latins *mens*. Dans Platon, la ψυχή ou âme est incorporelle sans doute, mais elle est en même temps étendue et divisible. En effet, si la partie la plus pure et la plus subtile de cette ψυχή forme l'âme rationnelle qui réside dans la tête, les autres parties forment l'âme passionnée qui réside dans le cœur et l'âme végétative ou sensible qui réside dans l'abdomen. « Les sauvages, disait l'abbé Raynal, mettent une âme partout où ils aperçoivent un mouvement qu'ils ne peuvent expliquer. » On voit que le divin Platon, qui n'était pas sauvage, prodiguait aussi les âmes à l'occasion. Un philosophe platonicien, Sévérus, avait beau dire au maître : « Mais si l'âme est composée, elle est mortelle. » (Voir Eusèbe, *Prép. évang.*, XIII, 17.) Platon, enivré de rêveries, n'y regardait pas de si près. (Voir *Platonisme.*)

Pour Aristote, la ψυχή n'est point le corps, mais elle en est inséparable. Elle n'est pas substance, elle est forme, moteur et fin du corps. Elle est l'*entéléchie* ou acte du corps. Cependant, dans cette âme si barbarement qualifiée, intervient, on ne sait comment, un principe qui n'a rien d'humain, la Raison, élément mystérieux qui éclaire et qui transforme, qui survit au corps, mais qui perd, en lui survivant, la conscience et la mémoire. Tout cela est fort obscur et nous ne voyons là ni une spiritualité ni une immortalité de bon aloi. Aristote, qui était un autoritaire prononcé, disait : « Il faut que le disciple croie (Δεῖ πιστεύειν τὸν μανθάνοντα) », mais on doit avouer qu'avec ses entéléchies et sa raison qui ne devient immortelle qu'à condition d'être idiote, il mettait la foi de ses disciples à rude épreuve.

Chez les Latins, Cicéron, en vingt passages, nie et affirme tour à tour l'existence de l'âme. Il semble, en dernière analyse, jouer la partie de Pascal : est-il plus avantageux de croire que de ne pas croire? C'est surtout dans le traité *De amicitiá* qu'il hésite, car ce traité est adressé à son ami Atticus, matérialiste renforcé, et Cicéron n'aimait pas à faire de la peine à ses amis. Puis il entrevoyait les éternelles objections que lui formulait si rigoureusement son correspondant Memmius : « un être incorporel qui meut un corps! un être intangible qui touche mes organes! un être simple qui augmente avec l'âge! un être incorruptible qui dépérit par degrés! » Nous n'avons pas besoin de rappeler que Sénèque, Pline l'Ancien, Ovide, Lucain nient également l'immatérialité et l'immortalité de l'âme. Virgile professe une sorte de vague panthéisme. A notre sens, c'est Plutarque qui a le mieux résumé les opinions des anciens sur l'âme dans cette phrase traduite par Amiot avec une si ravissante naïveté : « L'âme est une certaine température de je ne sais quoi de feu, de je ne sais quoi d'air, de je ne sais quoi de vent et d'un autre quatrième je ne sais quoi qui n'a pas de nom. » Ce quatrième je ne sais quoi, qui n'a pas de nom, est surtout admirable.

Les chrétiens primitifs ne comprirent pas non plus grand'chose au pur esprit. Saint Justin (*Dial. cum Try.*) dit nettement : « il ne faut pas appeler l'âme immortelle, car ce qui est immortel est incréé. » Saint Irénée est du même avis. Tertullien s'exprime de la façon suivante : « L'âme est matérielle et composée d'une substance différente du corps et particulière. Elle a toutes les qualités de la matière, mais elle est immortelle. Elle a une figure comme les corps. Elle naît en même temps que la chair et reçoit un caractère d'individualité qu'elle ne perd jamais. » Il raconte même que sa sœur, en extase, a vu une âme, et que cette âme était d'une belle couleur bleue. Ce bleu-là est encore préférable au bleu métaphysique où tant de spiritualistes ont fait la course à la chimère. Arnobe déploie une vraie éloquence contre ceux qui ne veulent pas que l'âme soit périssable. Lactance fait de l'âme une lumière qui se nourrit de l'humeur du sang comme la lumière d'une lampe se nourrit de l'essence de l'huile. La scolastique du moyen âge a bien de la peine à accorder les formes aristotéliques avec la notion de la spiritualité pure, et saint Thomas d'Aquin a fort à faire de déployer à cet égard toutes ses subtilités.

Nous arrivons enfin à Descartes, le vrai père du spiritualisme moderne, le véritable constructeur de la doctrine des deux substances. Voyons comment raisonne cet ancêtre d'une trop nombreuse lignée, qui a jeté l'esprit humain dans de si regrettables aventures intellectuelles. Descartes, énumérant toutes les objections que l'on peut faire à l'idée de la certitude, arrive à cette objection suprême : Ne se pourrait-il pas qu'un Dieu, qu'un être subtil et malin, prît plaisir à nous tromper et à nous déguiser l'erreur sous le costume de la certitude et de l'évidence ? Il faut donc douter de tout ; mais par cela même que je doute de toute chose, je pense. Le doute est une pensée. Si je pense, je suis. Le dieu malin dont je viens de parler peut bien encore me tromper, mais par cela même qu'il me trompe et que je sais qu'il peut me tromper, j'existe. Savoir cela, c'est penser. Je pense, donc je suis. Penser, c'est connaître, douter, affirmer, pouvoir. Or, je n'ai pas besoin de connaître mon corps et mes organes pour me connaître moi-même. Je n'ai besoin que de la conscience et de la réflexion. Je pourrais même dire que je connais mieux mon âme que mon corps. Donc l'existence de l'âme simple et spirituelle est fondée sur l'autorité de la conscience. Tout ce qui est révélé par la réflexion et par la conscience appartient à l'esprit, tout ce qui est révélé par les sens ou par l'imagination appartient à la matière. La substance esprit a pour attribut fondamental la pensée et la substance corps l'étendue.

C'est ainsi que furent fondés du même coup le dualisme cartésien et la méthode psychologique de l'observation interne. Mais cette série de déductions contenait un principe dangereux. L'âme est une substance pensante, mais absolument passive, sans force intérieure qui la pousse au développement. D'où reçoit-elle donc alors le mouvement ? Pour tourner la difficulté, les Cartésiens furent obligés d'admettre que l'âme recevait le mouvement de Dieu qui intervenait perpétuellement dans toutes ses modifications. Il faut voir dans Sylvain Régis, dans Geulinx, dans Clauberg, dans Malebranche surtout, à quelles conséquences grotesques aboutit cette théorie de la passivité de la substance. Spinoza en tira facilement le panthéisme. Mais Leibnitz coupa court au danger en inventant la monadologie. Pour lui ce n'est plus l'étendue ; c'est la force qui est l'essence de toute substance, la force active et libre faisant sans cesse effort pour entrer en action par une virtualité propre. Ces substances individuelles, douées d'activité, sont les monades. Les monades ornées d'une conscience sont les âmes. Descartes et Leibnitz se partagent ainsi l'honneur d'avoir créé le spiritualisme moderne. L'un a séparé les deux substances, l'autre a introduit l'idée de force.

Il est aisé de voir que la méthode scientifique de l'observation et de l'expérience n'a pas présidé à la formation de ces divers systèmes. Ils partent tous de ce principe idéaliste si malheureusement posé par Platon, que tout ce qui est rationnel est réel, c'est-à-dire que tout ce qui existe *a priori* dans l'entendement humain doit exister dans le monde, que la vérité logique équivaut à la vérité matérielle. Comme le dit l'obscur analyste du moi, Maine de Biran, dans son étrange phraséologie : « Les lois de la logique pure, les lois de l'entendement s'identifient avec les lois de la nature; le possible est avant l'actuel, l'abstrait avant le concret, la notion universelle avant la représentation singulière. » L'observation interne, le sens intime a toujours été prodigue d'abstractions qu'il élève à la dignité de réalités malgré leur caractère purement subjectif. Mais il y a eu toujours, dans le genre humain, une suite de solides esprits qui ont protesté contre les constructions fantaisistes des métaphysiciens. Des objections formidables ont été de tout temps opposées aux partisans de l'hypothèse âme, avant et depuis Lucrèce jusqu'aux grands hommes du xviiie siècle, Voltaire, d'Holbach, Diderot, Lamettrie, Collins, Toland, Helvétius, Buffon, etc. La science a confirmé leurs inductions, et le dualisme cartésien s'écroule de toutes parts devant les envahissantes et indéniables conquêtes de la physiologie. Les spiritualistes ont même été forcés de changer leur position de combat. Ils comptent avec la biologie. Plusieurs d'entre eux (MM. Janet, Bersot, etc.) ont reconnu que le cerveau était la condition indispensable de la pensée. Ils s'empressent d'ajouter sans doute que « l'âme se prouve par des raisons morales et psychologiques indépendantes de la physiologie, » et encore « que condition et organe ne sont pas la même chose. » Mais c'est une contradiction, et cet aveu, que la pensée et la manière d'être de l'âme sont intimement liées aux dispositions cérébrales, n'en sépare pas moins profondément ces honorables philosophes de leurs prédécesseurs. N'oublions pas que Descartes écrivait : « Je n'ai pas besoin de mon corps et de mes organes pour me connaître moi-même; je n'ai pas besoin des sens qui ne peuvent y atteindre; je n'ai besoin que de la conscience et de la réflexion, » et que Royer-Collard, Maine de Biran, Cousin, les Écossais, ne voulaient même pas entendre parler de la biologie.

Voyons donc quelles difficultés soulève l'hypothèse âme, combien cette hypothèse complique inutilement les questions les plus simples et comment au contraire les solutions de la science moderne dénouent tous les problèmes et triomphent de toutes les objections.

L'action de l'âme sur le corps est la première de ces difficultés. Gassendi opposait déjà à Descartes les arguments suivants qui n'ont rien perdu de leur solidité : « Sera-ce l'âme qui mettra les organes en jeu? Mais l'âme n'a aucunes parties par le moyen desquelles elle puisse toucher et pousser ces organes qu'elle anime. Or, le mouvement des organes ne se peut faire sans quelque impulsion; si c'est l'âme qui en est le principe, qu'on démontre donc comment elle peut agir sur une autre substance sans une pulsation réelle et lui communiquer le mouvement, s'il n'y a un mutuel contact entre le mobile et le moteur : la lumière naturelle nous démontre évidemment, en effet, qu'il n'y a qu'un corps qui puisse toucher et être touché. » D'Holbach ajoute à ces objections: « Si l'âme fait mouvoir mon bras quand rien ne s'y oppose, elle ne fera plus mouvoir ce bras si on le charge d'un trop grand poids. Voilà donc une masse de matière qui anéantit l'impulsion donnée par une cause spirituelle qui, n'ayant nulle analogie avec la matière, devrait ne pas trouver plus de difficulté à remuer le monde entier qu'à remuer un atome et un atome que le monde entier. D'où l'on peut conclure qu'un tel être est une chimère, un être de raison. » L'objection est solide, mais que voulez-vous ! Descartes est un génie et d'Holbach un écrivassier qui ne mérite même pas la discussion. Toujours est-il que, pour venir à bout de cette difficulté de l'action d'une substance immatérielle sur une substance matérielle, les métaphysiciens se sont jetés dans les systèmes les plus extravagants. Selon Leibnitz, il n'y a pas action d'une substance sur l'autre : elles agissent chacune d'après leur loi propre. Seulement Dieu a établi dès l'origine du monde une harmonie telle entre les lois du corps et les lois de l'âme que leurs actions sont toujours d'accord à un moment donné. (In hoc systemate corpora agunt ac si per impossibile nullæ darentur animæ ; et animæ agunt ac si corpora nulla darentur et ambo agunt ac si unum influeret in alterum. — Leibnitz, *Principia philosophiæ*.) C'est ce qu'on appelle *l'harmonie préétablie*. Mais cette ingénieuse invention supprimant le libre arbitre si cher aux spiritualistes, il a fallu promptement y renoncer. On a eu alors *l'influx physique* perfectionné par Euler. On n'a jamais pu savoir ce que c'était. « Ce système, dit Émile Saisset qu'on décora pour enseigner la saine philosophie, ne propose aucune explication intelligible du comment de la communication des substances. C'est donc un système vraiment dérisoire... qui consiste au fond à résoudre le problème sans l'apercevoir et à couvrir son aveuglement ou son ignorance du grand mot d'influx physique ». Cudworth à son tour descend dans l'arène avec son *médiateur plastique*. C'est bien simple : il y a entre l'âme immatérielle et le corps matériel un principe qui est à la fois matériel et immatériel et qui les aide, en vertu de sa nature double, à agir l'un sur l'autre. Le médiateur plastique dit à l'âme : je suis oiseau, voyez mes ailes ! et au corps : je suis souris, vivent les rats ! Ce rêve naïf d'un métaphysicien en délire fit abandonner le problème qu'on déclara sagement insoluble.

Gassendi disait encore, à propos du siége de l'âme : « Quelque petite que soit cette partie que l'âme occupe dans le cerveau, cette partie est néanmoins étendue et l'âme l'est nécessairement autant qu'elle. L'âme n'est donc point sans extension et elle a des parties, quelque déliées qu'elles soient, qui correspondent aux parties du lieu qu'elle occupe ». Descartes se contentait de répondre à Gassendi par des injures.

Autre difficulté : D'où viennent toutes ces âmes immatérielles unies aux corps et à quelle époque leur sont-elles unies ? Est-ce à l'instant même de la conception ? Alors il faut que Dieu se tienne, comme dit Voltaire, à l'affût de tous les rendez-vous. Rude besogne que de lancer juste l'âme où il faut pour qu'elle forme la cellule initiale qui deviendra le corps humain et besogne peu digne d'un Dieu, quand il doit préparer une âme pour une copulation adultère ou incestueuse ! D'autres prétendent que l'âme se perfectionne peu à peu, à mesure que le corps achève de s'organiser dans le sein de la mère : mais cette âme une, simple et indivisible, qui progresse avec les organes, est bien difficile à comprendre dans le système du pur esprit. D'autres encore ont avancé que l'embryon était inanimé jusqu'au quarantième jour. C'est après ce délai seulement qu'il est assez formé pour être digne de donner l'hospitalité à son âme immortelle. D'aucuns affirment que l'âme tire son origine des père et mère par les vertus séminales ; que d'abord elle n'est qu'âme végétative, puis après sensitive et qu'enfin elle devient raisonnable par la coopération de Dieu. Mais alors les âmes paternelle et maternelle se dédoublent et il faut dire adieu à ces attributs essentiels : l'unité et l'indivisibilité. De même, si l'âme coïncide spontanément avec l'apparition de la vie, on est forcé d'avouer qu'elle n'est qu'un attribut de la substance.

L'hypothèse âme est donc plutôt source d'insurmontables difficultés qu'explication satisfaisante. Mais que dirons-nous si nous touchons à la question de l'âme des bêtes. Il y a là une terrible pierre d'achoppement. On connaît et on ne se donne plus la peine de réfuter les impertinentes allégations de Malebranche à cet égard. Un spiritualiste, M. Janet, l'avoue ingénument : « Tant d'actes dans les bêtes semblent dériver de la sensibilité, de la passion, de la volonté même et d'une sorte de raison qu'on se trouve entraîné à reconnaître en elles, comme en nous, deux principes distincts. Or, une pareille hypothèse cause au métaphysicien bien de l'embarras. Une difficulté qu'elle entraîne tout d'abord et qui a particulièrement frappé le xviie siècle, c'est que si les bêtes ont une âme immatérielle et indivise comme la nôtre, elle doit être par là même, comme la nôtre, immortelle. » La difficulté, en effet, n'est pas mince. Mais allons plus loin. Cette âme, qu'on est forcé d'accorder aux animaux, ne l'accordera-t-on qu'aux animaux supérieurs? la refusera-t-on à l'huître, à l'éponge, au polype? A quel point précis de la série animale s'arrêtera le refus d'une âme? où est le critérium ? « En descendant de l'homme aux derniers animaux, dit M. Littré, on voit s'obscurcir cette faculté de sentir et de connaître jusqu'à ce qu'elle ne soit plus que le mouvement vital de composition et de décomposition, sans qu'il soit possible, dans ce vaste développement, d'assigner un point précis où l'esprit se montre distinct de la substance organisée à laquelle il appartient. » Et les végétaux? que peuvent répondre les spiritualistes à M. Boscowich, quand il dit dans son livre sur l'âme des plantes : « Nous ne jugeons de l'individualité et de l'activité des animaux et même de nos semblables que par leurs gestes et leur conduite. Nous ne leur accordons une âme que parce qu'ils se comportent à peu près comme nous. Pourquoi donc en refuser une aux végétaux qui croissent, se meuvent, aiment, engendrent, vivent enfin? Si nous sentons, ils sentent, si nous raisonnons, ils raisonnent, puisqu'ils figurent par leurs actes le sentiment et le raisonnement. » Mais voici les minéraux et autres objets qui réclament à leur tour : M. Vacquerie s'est fait leur interprète : « Les animaux ont le mouvement, mais les âmes des minéraux sont immobiles et muettes. Ayons pitié d'elles... j'en veux aux maçons qui chargent trop un vieux mur, et je ne ferais pas de mal à une allumette. Je plains les clous rouillés, je bénis les charrues, je remercie avec effusion les chenets qui se mettent au feu pour nous, j'admire les chaudrons. » C'est là une exagération comique, mais logique pourtant, de spiritualisme. En effet, M. Ravaisson avoue, dans son rapport sur l'état de la philosophie en France « que la tendance des spiritualistes contemporains est de considérer la matière *comme de l'esprit qui dort*. » Méditez bien cette assertion et vous en ferez sortir cette vérité : que les spiritualistes finiront par arriver au matérialisme et par réunir en un seul être la force et la matière.

Ils y auraient tout avantage : avantage de comprendre et de se faire comprendre et de n'avoir pas besoin de recourir à une vaine entité. La science moderne donne de l'âme cette définition que nous empruntons à un dictionnaire célèbre : « Ame, terme qui en biologie exprime l'ensemble des fonctions du cerveau ou de l'innervation encéphalique, c'est-à-dire la perception tant des objets extérieurs que des sensations intérieures; la somme des besoins, des penchants qui servent à la conservation de l'individu et de l'espèce et aux rapports avec les autres êtres; les aptitudes qui constituent l'imagination, le langage, l'expression; les facultés qui forment l'entendement, la volonté, et enfin le pouvoir de mettre en jeu le système musculaire et d'agir par là sur le monde extérieur. »

Cette définition, que tous les savants peuvent accepter, est basée sur cette grande vérité expérimentale et non métaphysique que la science vérifie chaque jour : « Pas de force sans matière, ou mieux force et matière sont la même chose : de la substance en mouvement. C'est là un fait à *posteriori*. Peut-on séparer la gravitation du corps pesant et lui donner ainsi une existence indépendante, l'électricité des particules électrisées, la contractilité du muscle? Peut-on concevoir l'ouïe sans l'oreille, la vision sans l'œil, la fonction sans l'organe? Ces forces, qui réunissent pourtant tous les caractères que les métaphysiciens accordent à leurs substances spirituelles, planent-elles, libres et détachées, au-dessus de la matière qu'elles précéderaient et à laquelle elles survivraient? On n'a jamais osé le dire. »

« Il n'est jamais venu à l'idée de personne, dit Carl Vogt, de prétendre qu'il existe une faculté sécrétoire indépendamment de la glande, une faculté contractive indépendamment de la fibre musculaire. » Pourquoi séparer la pensée de son substratum étendu? Mais, dira-t-on, la pensée diffère par un point capital des forces que vous venez d'énumérer : elle a conscience d'elle-même, ce qui n'est pas dans la gravitation ni dans l'électricité. A cette objection on répond facilement par un autre fait d'expérience, réponse entrevue par le xviiie siècle et rendue évidente par la science moderne : la pensée est la propriété de la substance nerveuse et non de toute matière.

Quelle plus légitime induction que celle qui fait de la pensée une propriété inhérente au cerveau! A quel nombre immense de faits elle s'appuie! L'observation et l'expérience constatent partout et toujours que l'intégrité de la pensée est en rapport constant avec l'intégrité du cerveau, qu'une lésion de celui-ci ne saurait se produire sans entraîner l'amoindrissement ou la destruction de celle-là. Au-dessous d'une certaine limite de volume cérébral, — 1,049 grammes chez l'homme et 907 chez la femme, — la pensée s'abolit. L'âme n'a-t-elle donc pas daigné venir habiter ce cerveau trop étroit pour la recevoir? Il est également certain que le cerveau croît de vingt à quarante ans pour décroître ensuite lentement jusqu'à la mort. (Voir Broca, *Bulletin de la Société d'anthropologie* du 21 mars 1861), et que la science confirme ainsi les beaux vers de Lucrèce sur cette âme qui croît avec le corps et qui dépérit avec lui. Ce qui est vrai pour les âges est vrai pour les races. Plus une race est intelligente, plus le volume de son cerveau est considérable. Celui de l'Australien, du dernier des hommes, est de 1,228 centimètres cubes, et celui du Parisien de 1,461. De plus, il y a la forme : chez le nègre, la substance cérébrale se groupe vers l'occiput ; chez le blanc, elle se masse surtout dans les lobes frontaux que Gratiolet appelait la fleur du cerveau. Rappelons encore les expériences de Flourens abolissant l'intelligence chez divers animaux par l'amputation des hémisphères cérébraux et découpant pour ainsi dire par tranches cette faculté une et indivisible. Et quand ces faits et bien d'autres encore, qu'il nous faudrait un volume pour énumérer, établissent si clairement que la pensée est en rapport avec le nombre, la composition et l'énergie des cellules cérébrales, on ose dire qu'il n'y a là qu'un rapport de coïncidence et non une pure et simple identité! Que les spiritualistes donnent donc de l'indépendance absolue de la pensée une preuve équivalente à celle que les biologistes donnent de sa dépendance organique absolue!

Mais ne leur demandons pas trop. La concession qu'ils font qu'entre les phénomènes de l'activité intellectuelle et les mouvements moléculaires de la matière cérébrale, il y a rapport intime et constant, est énorme. Elle suffit à ruiner toute la vieille et orgueilleuse psychologie. Ce qui empêche les spiritualistes d'aller plus loin est une fausse conception de cette idée de cause si bien battue en brèche par Hume. Il n'y a pas de causes : il n'y a que des antécédents et des, conséquents que des phénomènes déterminés par d'autres phénomènes qui les précèdent ou qui les accompagnent. Il est donc légitime de conclure de tous les faits observés, que les phénomènes de l'intelligence sont déterminés par ceux de l'activité cérébrale.

La matière est incapable de penser, dit-on, parce que la matière est une substance étendue. Le xviii⁰ siècle avait déjà répondu en ces termes à cette spécieuse objection : Qu'y a-t-il au fond de cette affirmation ? simplement ceci : que vous ne connaissez de la matière que l'étendue. De quel droit concluez-vous qu'elle ne renferme que cela ? En avez-vous jamais pénétré la nature ? en connaissez-vous toutes les propriétés et toutes les énergies ? De deux choses l'une : la pensée est un mode ou une substance. Si ce n'est qu'un simple mode, pourquoi ne conviendrait-elle pas à la matière comme à l'esprit ? Le mouvement n'est ni long, ni large, ni étendu : cependant on ne peut nier que le mouvement, qui est une propriété de l'esprit, ne convienne également à ce que nous connaissons sous le nom de corps. Si c'est une substance, comment en prouvez-vous l'existence ? par cette pétition de principe : la pensée ne peut convenir à la matière, donc l'esprit existe, et pourquoi la pensée ne peut-elle pas convenir à la matière ? parce qu'elle est spirituelle. Donc de la nature de la pensée vous concluez l'existence de l'esprit, et de l'existence de la pensée vous inférez que telle est la nature de l'esprit. Objecterez-vous que le sentiment dès lors doit être aussi essentiel à la matière que l'étendue et par conséquent se trouver dans toute la matière depuis l'animal jusqu'à la pierre ? Nous répondrons à cet argument, que Bayle trouvait invincible, que le sentiment est une propriété non de la matière en général, mais de telle matière en particulier, par exemple de la matière organisée. Nous ajouterons que toutes ces objections contre la possibilité de la pensée dans la matière viennent de cette vue fausse que la matière est inerte et que les forces sont des êtres distincts et séparés d'elle qui lui donnent le mouvement. La matière n'est pas inerte et toute la science expérimentale démontre que les forces, si facilement transformables les unes dans les autres, ne sont que le résultat du mouvement de la matière éternellement active. (Voyez article *Force*.)

Ferons-nous au vieil argument d'école : l'identité du moi, l'honneur d'une réfutation ? Les spiritualistes eux-mêmes ne s'en servent plus. Déjà Collins, au nom seul de la raison, répondait sur ce point à Clarke, dont les traités classiques de philosophie ne font que reproduire les arguments. Nous examinerons ces problèmes de l'identité du moi, du sens intime, de l'observation interne, à l'article : *Origine des idées*. Les questions relatives à l'immortalité de l'âme seront traitées à l'article *Vie future*. Nous avons hâte d'exposer quelles sont les vues les plus récentes de la science sur le fonctionnement du cerveau en tant que producteur des phénomènes intellectuels.

L'âme, avons-nous dit, est l'ensemble de toutes les facultés intellectuelles, et pour mieux préciser cette définition, et lui donner plus de rigueur scientifique, nous dirons : l'âme est la mise en activité des cellules cérébrales. Nous n'entendons pas dire par là que l'âme se manifeste à l'aide des cellules cérébrales, mais bien que l'activité de ces cellules est elle-même l'âme, qu'aucune de ces cellules ne peut entrer en activité sans qu'il y ait une manifestation intellectuelle, de même qu'aucune d'elles ne peut être détruite sans qu'une partie des attributs de l'âme soit également détruite.

En employant le mot général de cellules cérébrales, nous ne voulons désigner que celles qui appartiennent au cerveau proprement dit, et non toutes celles qui sont renfermées dans le crâne, comme par exemple celles du cervelet. Ces dernières, en effet, ont des usages bien différents, et servent surtout à régulariser et à entretenir les fonctions de l'organisme tout entier.

Un mot sur la disposition des cellules cérébrales ; elles sont de deux ordres :

les unes très-petites et les autres plus grandes, ressemblant aux cellules motrices de la moelle. Les premières constituent toute la surface extérieure du cerveau. Il est impossible de se faire une idée exacte de la multitude infinie de ces cellules. M. le docteur Luys en a compté près de soixante à soixante-dix dans une tranche excessivement mince, de 1 millimètre carré. Si l'on se reporte ensuite au nombre de tranches minces que l'on peut faire en un seul point du cerveau, et à l'étendue de la surface du cerveau, on arrive à un nombre incalculable. Ce nombre est d'autant plus grand que l'on examine le cerveau d'un animal supérieur. Chez les idiots, la masse des cellules cérébrales est beaucoup diminuée; chez les aliénés elle est altérée, et souvent complétement détruite par places.

Les grandes cellules cérébrales, qui ressemblent à celles de la moelle épinière, sont situées dans les régions profondes du cerveau.

Toutes ces cellules présentent des prolongements excessivement fins, qui les rattachent, soit les unes avec les autres, soit à la continuité des nerfs venant des organes des sens ou de la moelle. Elles paraissent avoir, selon leur forme, des usages différents; les petites cellules de la couche corticale du cerveau ont probablement pour fonction la réception et l'élaboration des impressions sensorielles; les grandes cellules paraissent, au contraire, être affectées aux manifestations motrices volontaires.

Nous voyons donc qu'il existe dans le cerveau des organes qui reçoivent, élaborent, conservent les impressions qui viennent du dehors; que ces petits organes ont entre eux des communications intimes, et qu'ils sont également en rapport avec d'autres organes, qui transmettent au dehors l'impression première, qui alors apparaît sous une forme sensible et définie. Ainsi s'explique la perception, la mémoire, l'association des idées, les mouvements et les actes volontaires, c'est-à-dire les manifestations les plus importantes de l'âme.

Il y a dans l'organisme un trajet continu de substance nerveuse qui, dans chaque organe, transforme l'impression extérieure. A la périphérie de chacun de nos sens, il existe des cellules nerveuses de forme et de disposition spéciale pour chaque sens; de ces cellules partent des filets nerveux qui ne sont que de simples conducteurs d'impression entre les différentes cellules nerveuses. En quittant les organes périphériques, ces nerfs viennent aboutir à un petit centre nerveux chargé uniquement de coordonner les mouvements propres à chaque sens, mais qui n'a pas sous sa dépendance les phénomènes de perception; ce centre, d'ailleurs, n'est pas situé dans le cerveau proprement dit, mais dans des organes nerveux voisins. De ce premier centre l'impression ou la vibration périphérique est transmise à une cellule cérébrale, qui, étant mise en activité, nous donne une des manifestations de l'âme, la perception, et cette impression, y restant conservée, s'y dépose à l'état de souvenirs et s'y transforme en idées. Puis, quand cette idée veut se manifester, ou, physiologiquement, lorsque cette cellule se remet en activité, elle transmet, par ses connexions, sa vibration aux cellules qui l'avoisinent (association d'idées, mémoire, jugement), ou bien aux cellules profondes motrices qui, excitées à leur tour, agissent sur un organe extérieur et manifestent leur activité en déterminant des mouvements dans lesquels il faut comprendre le langage et le jeu de la physionomie.

Nous avons ainsi une chaîne continue qui renferme, pour ainsi dire, comme premier anneau, un petit centre nerveux qui préside au fonctionnement des sens, c'est-à-dire aux mouvements de coordination, et à tous les phénomènes qui constituent la vie végétative. Ce premier anneau est en communication avec un second centre nerveux qui reçoit l'impression, la perçoit et la conserve. C'est l'activité de ce centre qui constitue les phénomènes intellectuels. Enfin de ce second anneau partent des filets nerveux qui vont se rendre à un troisième centre nerveux qui, lui, agit sur les mouvements extérieurs, et dont l'activité, par conséquent, correspond aux phénomènes de volition.

Cette relation intime entre l'impression périphérique de nos sens et les actes volontaires, est donc due à une succession d'activité de petits centres nerveux, qui ont chacun leur propriété spéciale et caractéristique. Ce n'est point l'impression première, la vibration initiale qui parcourt ainsi un cercle non interrompu de substance nerveuse, mais elle vient exciter d'abord un groupe de cellules nerveuses qui, entrant en activité, excitent à leur tour un second groupe de cellules nerveuses dont l'activité se manifeste par de nouveaux phénomènes, et ainsi de suite.

Le premier groupe de ces cellules ne sert qu'à transmettre l'impression des nerfs sensitifs aux nerfs moteurs qui se rendent aux mêmes organes; ils agissent ainsi indépendamment de toute autre action centrale. Aussi les mouvements des organes des sens sont conservés lors même que les cellules cérébrales sont altérées ou détruites.

Le second groupe cellulaire est formé par les cellules cérébrales, et leur relation avec le premier groupe cellulaire montre nettement que leur activité dépend de nos sens, car si on vient à supprimer leur communication avec les nerfs sensitifs, elles ne reçoivent plus aucune impression extérieure et cessent de fonctionner. Il arrive alors pour elles, ce qui arrive pour le premier groupe cellulaire, lorsque leurs nerfs afférents sont détruits ; ne recevant plus d'excitation, elles restent inactives, et il ne se produit plus aucun mouvement réflexe, ni aucune sensation. Ce fait est bien net pour le sens de la vue.

De même, si le groupe des cellules cérébrales vient à être altéré, les actes volontaires subiront aussitôt, et par contre-coup, une influence désorganisatrice. Car les actes volontaires qui sont le résultat de notre troisième groupe de cellules, ne sont déterminés que lorsque les cellules du deuxième groupe se mettent en activité. Si celles-ci n'existent plus, la volition disparaît, de même que la perception est anéantie lorsque les cellules ou les nerfs des sens sont détruits. On voit donc que la moindre interruption dans cette continuation d'organes nerveux, dont chacun a ses fonctions spéciales, fait cesser la manifestation normale des actes dont l'ensemble constitue l'âme. Si le premier chaînon est détruit, tous les autres le sont par le fait. Si, au contraire, le dernier chaînon est détruit, les deux autres peuvent subsister, mais l'ensemble des phénomènes est modifié. Ainsi le troisième groupe de cellules étant altéré, les actes volontaires sont par cela même empêchés, mais la perception, la mémoire et la coordination des fonctions des sens, peuvent très-bien subsister ; le second groupe est altéré, le troisième l'est consécutivement, mais le premier reste complet, et tous les actes mécaniques, qui président au fonctionnement des sens, continuent à se faire normalement.

La volition est donc à la fois sous la dépendance de nos idées et de nos sens, et nos idées sous la dépendance directe de ceux-ci. Mais cette connexion intime montre en même temps que l'influx nerveux, en suivant le même trajet en sens inverse, permet à la volition d'agir directement sur nos idées, et à celles-ci, comme dans l'hallucination, d'influer sur nos sens.

Il est un autre principe de physiologie que nous retrouvons également dans l'étude des cellules cérébrales. Ce principe est le suivant : tout élément anatomique est dépendant de phénomènes généraux, ou mieux concourt à donner à un système les propriétés qui lui sont spéciales, mais il possède en même temps une certaine indépendance. On pourrait presque dire d'eux qu'ils ne sont ni complètement socialistes ni complétement individualistes ; ils ont à la fois leur vie et leurs fonctions communes et en même temps ils possèdent leurs propriétés particulières et leur indépendance fonctionnelle. Ce phénomène existe, nous le répétons, pour tous les éléments anatomiques, car la fibre musculaire, qui ne se contracte en général que sous l'influence de l'excitation des nerfs, se contracte quelquefois isolément, partiellement, et sans l'action du système nerveux. Mais ce phénomène est surtout très-marqué pour les cellules cérébrales, et constitue leur automatisme. Elles peuvent se mettre spontanément en action, sans que leur activité soit provoquée par des impressions sensorielles, ce qui explique la plupart des actes volontaires. Mais, dans ces conditions, il est important de remarquer que leur activité est presque toujours subordonnée à la stimulation provocatrice d'autres cellules cérébrales (association des idées, jugement, etc.).

L'activité des cellules cérébrales, de même que celle de tous les éléments anatomiques, donne lieu à un dégagement de chaleur. Récemment, le docteur Lombard (d'Amérique) a fait des recherches très-intéressantes sur l'influence du travail intellectuel sur la température. Il a trouvé qu'à l'état de repos relatif du cerveau les variations de température de la tête paraissent liées aux changements dans le degré d'inactivité de ce centre nerveux ; ainsi, quand l'inactivité devenait moins complète, la température s'élevait. Toute cause attirant l'attention (un bruit, la vue d'un objet ou d'une personne, etc.) produit une élévation de température. Il en est de même d'une émotion ou de la lecture. Le travail intellectuel très-actif produit une élévation de température bien plus marquée que dans les cas précédents.

D'un autre côté, M. Byasson a montré que l'exercice de l'activité cérébrale proprement dite, ou de la pensée, s'accompagne de la production plus abondante et de l'apparition simultanée dans les urines, d'urée, de phosphates et de sulfates alcalins, tandis que, dans l'activité musculaire, l'urine renferme plus d'urée, d'acide urique et de chlorure de sodium.

Ces faits expérimentaux démontrent d'une manière nette que la pensée se rattache directement à l'activité des cellules cérébrales, que les phénomènes intellectuels sont dus au fonctionnement et à la nutrition de ces éléments nerveux, de même que la contraction, par exemple, est due au fonctionnement et à la nutrition des fibres musculaires.

Qu'arrive-t-il, lorsque ces cellules sont altérées ou détruites ? L'expérience de tous les jours le prouve, les phénomènes intellectuels sont aussitôt diminués ou complétement anéantis, l'âme est amoindrie ou a disparu. Flourens, en enlevant chez des animaux les parties supérieures du cerveau, a en même temps, aboli pour toujours toutes les sensations et toute volition. Chez l'homme, la folie, où ces mêmes cellules sont lésées, montre combien l'âme est modifiée par les lésions de ses éléments. Le délire, d'un autre côté, nous enseigne combien un simple trouble dans la circulation, c'est-à-dire une légère altération de nutrition de ces cellules, change aussitôt leurs fonctions.

On connaît l'expérience célèbre de Brown-Sequard. En injectant dans les artères du cerveau d'un chien décapité du sang oxygéné, ce savant a vu revenir les propriétés vitales des nerfs et des muscles. La tête de l'animal qui était insensible, dont les yeux étaient immobiles et recouverts par les paupières fermées, reprenait aussitôt sa sensibilité et exécutait des mouvements de la face qui paraissaient dirigés par la volonté ; les paupières se soulevaient, et les yeux se mouvaient et reprenaient l'expression de la vie. Que conclure de cette expérience ? Que les fonctions cérébrales disparues au moment de la mort réapparaissent lorsqu'on rend au cerveau les conditions que nécessite la vie. L'animal avait perdu la sensibilité, la volonté, la conscience de ses sensations, et voilà que, plusieurs minutes après, toutes ces fonctions peuvent de nouveau se manifester sous l'influence d'une circulation artificielle. Chez l'homme, on peut constater dans beaucoup de cas des faits qui se rapprochent de celui-ci. Dans l'asphyxie, la syncope, les fonctions cérébrales disparaissent, et pour toujours, si l'on ne parvient à ramener les contractions du cœur et les mouvements respiratoires, ce qui a pour résultat de faire arriver dans le cerveau du sang oxygéné. L'âme avait donc été anéantie momentanément, et sa réapparition n'a été possible que lorsque le sang est venu de nouveau circuler dans les artères du cerveau.

« Pour le physiologiste, dit M. Claude Bernard, qui se fait une juste idée de la nature des phénomènes vitaux, le rétablissement de la vie et de l'intelligence dans une tête, sous l'influence de la transfusion du sang oxygéné, n'a rien absolument qui soit anormal ou étonnant; ce serait le contraire seul qui serait surprenant pour lui. En effet, le cerveau est un mécanisme conçu et organisé de façon à manifester les phénomènes intellectuels par l'ensemble d'un certain nombre de conditions. Or, si on enlève une de ces conditions, le sang, par exemple, il est bien certain qu'on ne saurait concevoir que le mécanisme puisse continuer de fonctionner. Mais si l'on restitue la circulation sanguine avec les précautions exigées, telles qu'une température et une pression convenables, et avant que les éléments cérébraux soient altérés, il n'est pas moins nécessaire que le mécanisme cérébral reprenne ses fonctions. Les mécanismes vitaux, en tant que mécanismes, ne diffèrent pas au fond des mécanismes non vitaux. Si dans une montre on enlevait un rouage, on ne concevrait pas que son mécanisme continuât de marcher; mais si l'on restituait ensuite convenablement la pièce supprimée, on ne comprendrait pas non plus que le mécanisme ne reprît pas son mouvement. Cependant, on ne se croirait pas pour cela obligé de conclure que la cause de la division du temps en heures, en minutes et en secondes manifestée par la montre, réside dans les propriétés du cuivre ou de la matière qui constitue ses aiguilles ou les rouages de son mécanisme. De même si l'on voit l'intelligence revenir dans un cerveau et dans une physionomie auxquels on rend le sang qui leur manquait pour fonctionner, on aurait tort d'y voir la preuve que l'intelligence est dans le sang ou dans la matière cérébrale. Il ne faudrait donc pas tirer de ces expériences des conclusions qu'elles ne comportent pas. » (*Rapport sur les progrès et la marche de la physiologie générale*, p. 56 et 57.)

Nous regrettons de nous trouver en désaccord avec un physiologiste aussi éminent que M. Claude Bernard, mais la comparaison elle-même que fait ce savant nous permettra de montrer en quoi consiste l'erreur de sa conclusion. Certes, il est faux de dire que l'intelligence est dans le sang ou dans la matière cérébrale; elle n'est ni dans l'un ni dans l'autre, mais elle est le résultat des mouvements nutritifs et moléculaires qui se font entre la matière cérébrale et le sang. L'âme n'est pas dans les cellules cérébrales, mais elle est le résultat de *l'activité* des cellules cérébrales, c'est-à-dire des conditions vitales et des rouages organiques de ces cellules ; et, pour maintenir la comparaison avec une horloge, nous dirons que dès que le rouage est altéré, toute manifestation fonctionnelle disparaît. Ce n'est pas de telle ou telle substance organique que dépend l'existence de l'âme, mais c'est de la constitution moléculaire spéciale de ces substances, ainsi que des mouvements et des rapports qui ont lieu entre elles. La vie, pour ce fonctionnement, représente la disposition spéciale d'un mécanisme d'horlogerie ; ce ne sont pas, cela est évident, les propriétés du cuivre qui sont la cause de la division du temps, mais bien l'arrangement de ces pièces de cuivre, arrangement qui implique la marche de l'horloge, de même que les conditions de l'activité cérébrale amènent les diverses.

manifestations intellectuelles. La cause de la division du temps, manifestée par la montre, réside non dans les propriétés de la matière qui constitue ses rouages, mais dans ce rouage même, c'est-à-dire dans *l'activité* des différentes pièces qui forment la montre; de même, la cause de l'âme réside non dans les éléments constituants de la cellule cérébrale, mais dans le rouage, pour ainsi dire, de la cellule cérébrale, c'est-à-dire dans son activité organique.

Cette comparaison entre la montre et l'organisme a toujours été employée avec une certaine prédilection par les vitalistes, et leur argument favori consiste à dire que de même que la montre a besoin d'une influence étrangère pour remonter son ressort, de même l'organisme pour entretenir son mouvement nutritif a besoin d'une cause supérieure et indépendante de la matière organique, laquelle ne serait autre que l'âme. Mais cet argument est paradoxal, car il identifie deux substances complétement différentes au point de vue dynamique, la substance inorganique et la substance organisée. Celle-ci renferme en elle-même la force qui entretient son mouvement, et elle remonte incessamment par la nutrition « le ressort de son rouage. » Si l'organisme cesse d'assimiler des aliments, le rouage s'arrête, par la même raison que la montre cesse de marquer l'heure quand le ressort est détendu. (Voir l'article *Vie*.)

Il importe beaucoup de se faire une idée très-exacte de la matière organisée; c'est le seul moyen de bien concevoir les phénomènes les plus compliqués de la vie, tels que ceux qui sont le résultat de l'activité cérébrale. M. Tyndall a récemment, dans un article très-important du reste, commis l'erreur de vouloir identifier les phénomènes physiques et les phénomènes vitaux. Ce point de départ l'a conduit à des conclusions très-fausses au point de vue des fonctions cérébrales. La matière organisée ne doit pas être confondue avec la matière organique; elle est, celle-ci, en activité et possède des propriétés spéciales, qui sont le résultat de combinaisons qui n'ont lieu que pendant l'état de vie. De même, le zinc et l'acide sulfurique, considérés isolément, ont des propriétés toutes différentes de celles qu'ils possèdent lorsqu'ils sont réunis. Leurs molécules, dans ce cas, agissent les unes sur les autres, elles entrent en activité, et donnent pour résultat un dégagement d'électricité. A ceux qui nous demanderaient pourquoi la cellule cérébrale et le sang oxygéné donnent lieu à des phénomènes intellectuels, nous demanderons pourquoi le zinc et l'acide sulfurique donnent lieu à un dégagement d'électricité? Ici encore, ni le zinc, ni l'acide sulfurique ne sont l'électricité, mais ils la produisent s'ils sont en contact. Le *pourquoi?* des phénomènes physiques est aussi difficile à résoudre que celui des sciences biologiques, mais, pour les uns comme pour les autres, ce sont les mêmes lois immuables, les mêmes conditions de production, les mêmes relations de causes à effets.

Qu'est-ce d'ailleurs que l'âme pour les spiritualistes et que peut-il subsister après la destruction des cellules cérébrales? Un souffle, qui non-seulement ne peut être apprécié par aucun de nos sens, mais que notre intelligence ne peut comprendre. Qu'est-ce qu'une force qui ne peut se manifester par aucun phénomène, par aucune propriété palpable, qu'est-ce qu'un pur esprit qui n'a aucun organe à son service?

Nous avouons volontiers que les manifestations intellectuelles sont le plus beau et le plus incompréhensible des phénomènes que nous présente l'étude de la matière organisée, mais ce que notre esprit ne saurait concevoir et ce que la logique refuse d'admettre, c'est qu'on puisse adopter pour ces phénomènes des lois particulières que rien, absolument rien ne démontre, et qui sont en opposition complète avec tout ce que nous voyons, avec tout ce que nous savons. La contractilité aussi est un phénomène incompréhensible et merveilleux : faut-il donc aussi admettre qu'elle existe par elle-même et qu'elle ne fait que s'unir momentanément à un substratum matériel ? Notre raison peut-elle comprendre l'essence de la lumière et de l'électricité ? Certes non ; mais ce qu'elle est obligée d'avouer hautement, c'est que ni la lumière, ni l'électricité, ne sont des forces existant par elles-mêmes, indépendantes de la matière, préexistant à tout substratum et pouvant lui survivre après sa destruction. Et ce sont ces mêmes lois qui nous obligent d'admettre qu'il n'y a aucune force intellectuelle indépendante d'un substratum. De même que la lumière est une manifestation des propriétés de la matière inorganique, la contractilité et la neurilité sont une manifestation des propriétés de la matière organisée : les phénomènes intellectuels ne sont autres qu'une des formes de la neurilité, ils sont dus à l'activité des cellules cérébrales, ils s'altèrent lorsque celles-ci sont lésées, et disparaissent pour toujours lorsque celles-ci viennent à se désorganiser, cessant d'être substance vivante pour aller, sous d'autres formes et dans d'autres combinaisons moléculaires, donner naissance à de nouvelles et aussi mystérieuses propriétés de la matière.

L. Asseline. — D<sup>r</sup> Onimus.

**AMENDEMENTS.** — ÉCONOMIE RURALE. — Amender un sol, c'est l'améliorer de façon à poursuivre avec succès le but cultural qu'on se propose d'atteindre. L'amendement, dans l'acception la plus large du mot, est donc le moyen ou la chose qui sert à amender. C'est tout à la fois l'action et la substance améliorante. Ainsi, par exemple, un certain nombre d'auteurs vous diront que le labourage, l'air, le soleil, le drainage, sont des amendements au même titre que la chaux, le plâtre, les cendres, le sable siliceux, le falun, etc. Cette définition nous paraît juste ; cependant elle pèche par excès d'ampleur et ne peut que jeter une confusion regrettable dans les écrits qui traitent de l'économie rurale. Et, en effet, il devient réellement impossible de parler des amendements sans ouvrir tout aussitôt une parenthèse afin de bien préciser sa pensée. On a compris dès lors qu'il fallait restreindre la portée du mot et ne plus l'étendre au delà des substances améliorantes. C'est, au reste, ce qu'ont toujours fait et ce que font encore nos cultivateurs de profession.

Mais, même en se renfermant dans ces limites, nous nous heurtons à un nouvel obstacle que voici. En tête des substances améliorantes se placent naturellement les fumiers de ferme, la colombine, les matières fécales. Doit-on les ranger les uns et les autres parmi les amendements ? La raison dit oui, l'usage dit non, et c'est la raison que l'on sacrifie. Nos cultivateurs sont tellement persuadés que les fumiers sont la *graisse* de la terre, qu'il n'y a pas moyen de biffer le mot *engrais* de leur vocabulaire. Et voilà pourquoi on s'est vu forcé d'établir deux catégories de substances améliorantes : 1° celle des amendements auxquels on attribue soit une action mécanique, soit une action stimulante ; 2° celle des engrais proprement dits auxquels on reconnaît une faculté physiologique ou nutritive.

Cette distinction n'est certainement pas heureuse ; nous verrons tout à l'heure qu'elle n'a pas de raison d'être. A qui la doit-on ? Nous n'en savons rien, et nous avons mieux à faire que d'aller à la recherche de son origine. D'ailleurs on ne la maintient plus que comme un dernier hommage à la routine ; personne, parmi les hommes de progrès, ne la prend au sérieux et n'ose la défendre ; la science l'a positivement condamnée. Il devait en être ainsi. On sait aujourd'hui qu'il n'existe pas d'amendement qui ne soit un engrais et pas d'engrais qui ne soit un amendement ; et on le sait si bien que les auteurs qui se cramponnent le plus aux vieilles dénominations, en sont réduits à capituler et à mettre au titre d'*amendement* le sous-titre d'*engrais minéraux*. C'est un pas en avant, une planche pour aller de l'expérience à la science.

En somme, parmi les gens qui se donnent la peine de raisonner, il est reconnu que les substances classées sous la désignation générique d'amendements ne remplissent exclusivement ni un rôle mécanique ni le rôle d'un stimulant pour éveiller l'appétit des plantes, comme font le poivre, le piment et le sel chez les êtres d'un autre règne. Il est reconnu que les amendements en question, qui sont la chaux, le plâtre, le falun, les cendres de bois, les cendres pyriteuses, la marne, le sel marin, la silice, les phosphates, etc., servent à l'alimentation des végétaux, et l'analyse chimique n'est point en peine de le prouver.

La preuve ainsi faite, le titre d'engrais se substitue nécessairement à celui d'amendements, et nous ne voyons pas qu'il soit nécessaire de les qualifier de minéraux. Est-ce que dans les fumiers de ferme, les matières fécales, les déjections de la volaille, les plantes vertes que l'on enfouit ; est-ce que dans toutes les matières qui, sous le nom d'engrais, servent à fertiliser le sol et à nourrir les récoltes, il n'y a pas de la potasse, des phosphates, des nitrates, de la chaux, de la silice, du soufre, du chlorure de sodium, aussi bien que dans les matières groupées sous le nom d'amendements ? Donc, il devient nécessaire d'établir une nouvelle classification, et c'est ce que nous tenterons de faire en traitant des engrais en général.

Quant à présent, selon nous, il reste acquis à l'économie rurale que les amendements n'ont plus droit à un chapitre à part, qu'ils sont des engrais et que ces engrais ne sont pas caractérisés d'une manière satisfaisante par l'adjectif qu'on leur a accolé.

Toutefois, il nous paraît utile, au point de vue de l'historique de l'agriculture, d'expliquer la distinction établie par nos prédécesseurs entre les divers engrais. C'est évidemment l'opinion des praticiens qui, dans cette circonstance, a eu force de loi. Pour eux, toute substance qui, employée isolément, entretient bien la fertilité du sol, est une *graisse* ou un *engrais*, c'est-à-dire une nourriture substantielle. Toute substance, au contraire, qui, employée seule, fatigue et ruine plus ou moins le sol, passe pour *dégraissante*, et doit entrer dans une catégorie à part.

En cette affaire, les écrivains spéciaux n'ont pas été moins empiriques que les cultivateurs ; ils ont accepté purement et simplement la division établie et reçue chez ces derniers, sans le moins du monde la discuter. Le mot *engrais* se trouvant consacré par l'usage, ils l'ont adopté pour désigner certaines substances complexes ; quant aux autres substances, qui avaient tout à la fois la réputation de favoriser les récoltes et de dégraisser la terre, il devenait difficile de les dénommer, et on les a appelées tantôt amendements, à cause de leurs bons effets incontestés, tantôt stimulants à cause de leur action épuisante. Il est parfaitement clair, après cela, que d'aucun côté on ne s'était rendu compte de leur manière d'agir. On s'en est tenu aux faits, on n'a pas cherché ou on n'a pas réussi à les expliquer.

Quoi qu'il en soit, les faits en question avaient été bien observés. Les substances fertilisantes par excellence sont les engrais complets, ou à peu près ; les substances dites stimulantes et épuisantes sont les engrais incomplets, c'est-à-dire ceux dans lesquels les éléments constitutifs ne sont point assez variés.

Entre ces deux sortes d'engrais, il y a justement la différence qui existe entre les fumiers de ferme et ce que nous appelons aujourd'hui les engrais chimiques simples. Amendements et engrais chimiques simples, c'est tout un ; ceux-ci comme ceux-là sont insuffisants, mais dès que nous les complétons en les associant au fumier de ferme ou en les répandant sur un champ riche en vieux terreau, ils donnent des récoltes vigoureuses, et ils les donnent naturellement aux dépens du terreau et du fumier qui se trouvent largement entamés.

Ainsi s'expliquent les propriétés stimulantes et épuisantes qu'on leur attribue. Le fait est qu'ils épuisent promptement un terrain en bon état, lorsqu'on les y ramène plusieurs fois de suite sans les compléter avec le fumier de ferme. C'est ce qui a fait dire de la marne et de la chaux entre autres, qu'elles enrichissaient les pères et ruinaient les enfants. Les choses se passent ainsi, en effet, quand on les emploie d'une façon inintelligente, mais lorsque l'emploi a lieu convenablement, les enfants ne sont jamais ruinés.

Un mot encore pour détruire une idée fausse très-répandue chez les cultivateurs à l'endroit de la chaux. Trompés par le nom de la chose, ils ont cru et ils croient que la chaux *réchauffe* la terre, et cette croyance est d'autant plus tenace que les terres compactes qui ont été chaulées, deviennent moins humides, moins froides, et nous pouvons ajouter, conséquemment, plus faciles à travailler. De là l'opinion que non-seulement la chaux réchauffe, mais encore qu'elle divise ou ameublit le sol. Nous ne contestons pas la justesse de ces remarques ; pour ce qui est des explications, elles ne sont point admissibles.

Voici ce qui se passe. La chaux, répandue sur une terre argileuse compacte, ne l'est jamais en quantité assez considérable pour y opérer une division appréciable. Nous ne voyons en elle qu'un élément nouveau ajouté aux substances fertilisantes du sol. Cette chaux, en contact avec le fumier qu'on lui associe habituellement ou bien avec l'humus ou terreau, se dissout peu à peu sous l'influence de l'acide carbonique et devient assimilable. Les récoltes font fête alors et vivent mieux que lorsqu'elles étaient privées de l'élément calcaire. Leurs racines prennent par suite un grand développement ; elles consomment plus qu'à l'ordinaire et absorbent plus d'eau par conséquent puisque l'eau est le véhicule obligé de la nourriture des plantes. Il en résulte une sorte d'assainissement ; chaque tige de plante fonctionne à la manière d'un drain, et fonctionne plus activement qu'avant le chaulage.

Il est donc tout naturel, après cela, que la terre moins humide soit moins compacte aussi et puisse être travaillée plus aisément que par le passé.

Quoi qu'il en soit, la chaux ne réchauffe rien et ne divise rien directement. Elle favorise tout simplement la végétation, et les plantes vigoureuses prennent beaucoup d'eau. C'est cet assèchement qui empêche la température de s'abaisser et qui facilite la désagrégation des particules du sol. En définitive, ce double résultat n'est pas obtenu mécaniquement ; il l'est physiologiquement.

En résumé, les amendements ne peuvent ni ne doivent être distraits des engrais. C'est à ce mot que nous prenons la liberté de renvoyer nos lecteurs. Nous n'avons voulu ici que donner une définition, critiquer une distinction déraisonnable et combattre des préjugés trop répandus.　　　　　　　　　　　P. JOIGNEAUX.

**AMÉRICAINS INDIGÈNES.** — Quoique, dans le langage usuel, on désigne surtout sous le nom d'*Américains* les descendants des colons européens et plus particulièrement ceux qui habitent les États-Unis, l'ethnologie comprend sous cette dénomination tous les indigènes du Nouveau-Monde qui l'occupaient à l'époque de l'invasion européenne. Il faut cependant reconnaître que l'emploi du mot *Américain* dans ce dernier sens donne lieu à de nombreuses confusions ; cet inconvénient ira croissant à mesure que les races européennes qui habitent l'Amérique du Nord prendront un caractère de plus en plus particulier et que les indigènes de cette région auront à peu près disparu par la destruction ou le mélange. Quant aux Européens et aux indigènes de l'Amérique du Sud, il est rare qu'on leur applique la qualification d'Américains, quoique ce terme ait servi de titre au bel ouvrage d'Alcide d'Orbigny, *l'Homme américain* (Paris, 1839). Mais, comme pour l'ensemble des races indigènes il n'existe point d'autre terme, nous continuerons à nous en servir dans son sens ethnologique.

En Amérique, on donne aux indigènes le nom d'Indiens, dernier vestige de l'erreur des premiers navigateurs qui croyaient avoir abordé à la côte occidentale des Indes.

Avant la conquête, les races indigènes des deux Amériques étaient, dans leur ensemble, réparties à peu près comme elles le sont de nos jours; toutefois des émigrations, spontanées ou forcées, de province à province ont été, on le conçoit, très-fréquentes, principalement dans l'Amérique du Nord.

A l'extrémité septentrionale, on rencontre, au sein des neiges perpétuelles, les Esquimaux au teint foncé, chasseurs et pêcheurs. Les anthropologistes s'accordent en général à les séparer des Américains; toutefois l'un des plus récents écrivains, Daniel Wilson, les en a au contraire rapprochés. Guérault a nettement établi (*Mémoires de la Société d'Anthropologie*, I, p. 77) la différence craniologique des Lapons et des Esquimaux. Leur langue est de la famille américaine.

A l'extrémité nord-ouest, dans l'Amérique russe, se trouvent les *Kolushes* et les *Ttoutchis* qui paraissent être d'origine asiatique.

Les *Athabascans* sont répandus entre les rivages de la baie d'Hudson et les montagnes Rocheuses. Ils renferment, selon Gallatin, plus de vingt tribus à dialectes différents. Mackensie les avait désignés sous le nom de Chippavays, et c'est sous ce nom que de nombreuses bandes émigrées figurent aux États-Unis. On connaît encore parmi eux les Soshee, les Castors, les Tacallis, etc.

D'après les écrits récents de B. Ross, W. Hardisty et Strachan Jones résumés dans les *Smithsonian Reports* (1866), les Athabascans, qui se donnent eux-mêmes le nom de *Tinneh*, se retrouvent sous les noms de Navajoes et d'Apaches dans l'Arizona et le Nouveau-Mexique. La couleur de leur peau, loin d'être rouge, est, d'après Ross, qui parle des Tinneh de l'Est, *ocre jaunâtre*; d'après Hardisty, celle des *Loucheux est brun blafard* jaunâtre; d'après Jones, celle des tribus *Kutchin est brun foncé* ou *bronzé*. M. W. Bollaert estime la population des indigènes des possessions anglaises de l'Amérique, à 180,000.

Les *Algonquins*, qui parlent la langue la plus répandue parmi les indigènes, sont séparés des Chippaways par le Mississipi. Ils comprennent les Knistenaus, et les Lenni Lennapes ou Delawares, et se trouvent encore cantonnés dans la région orientale de l'Amérique anglaise; race affaiblie par les longues guerres et sa soumission finale aux cinq nations qui formaient la confédération iroquoise.

Les *Iroquois* forment une confédération de six nations : les Mohawks, les Oneidas, Cayuyas, Senecas, Onondagas et Tuscaroras. Les premiers habitent tous le Canada. Les autres habitaient le territoire des États-Unis. Cinq tribus habitaient l'État de New-York, les autres ont été transportées à l'ouest. Le grand chef des six nations, d'après le même auteur, est le colonel Ely Parker, qui fut chef de l'état-major du général Grant pendant la guerre civile. Leur grand orateur, P. Wilson, est un excellent chirurgien militaire. On en compte environ dix mille. Il faut encore citer ici les *Hurons* ou Wyandots, qui habitent certaines îles du lac Huron et certains territoires du Kansas; ils sont au nombre de treize mille, selon R. de Semallé, qui a reproduit récemment dans divers recueils (*Bulletin de la Société de géographie*, septembre 1868, et *Illustration*, numéros 1349, 1350, 1352, 1869), un grand nombre de documents authentiques sur les races américaines.

Les *Sioux* ou Dacotahs forment une confédération de trois nations, les Yanctons, les Yanctonais et les Titans. Ces derniers comprennent sept nations, parmi lesquelles il faut citer les Brûlés, les Pieds-Noirs; ils sont cantonnés dans le Dacotah et au nord-ouest du Mississipi. Ils sont au nombre de vingt mille. Les Winebagoes, les Assiniboins qui, au nombre de cinq mille, se sont réfugiés sur le territoire britannique, et les Minetaries sont des Sioux. On range souvent parmi les Sioux, les Mandans aux yeux bleus, aux cheveux blonds et au teint clair, aujourd'hui presque détruits par la petite vérole, qui constituent une exception si étrange parmi les indigènes.

A l'ouest, se trouvent en ce moment cantonnées, sous la direction de surintendants nommés par le président des États-Unis, de nombreuses peuplades qu'il est difficile de rattacher aux souches principales. Ce sont, dans l'État de Washington, les Tullalipes, Yakamas, Colvilles, etc., au nombre de quatorze mille; dans l'Orégon, les Walla-Walla, Cayuses, etc., au nombre de dix mille; dans l'Utah, les Soshonnes, Utah, Piedes, au nombre de vingt-cinq mille; les *Californiens*, au nombre de trente-trois mille, etc. On sait que les Californiens se distinguent profondément des autres indigènes par la coloration noir-vert de la peau. Cook les appelait « des nègres aux cheveux plats. » La Pérouse les compare aux nègres des Antilles. Dans le Nouveau-Mexique, on compte vingt-quatre mille *Apaches*, Pueblos, Utah. Dans l'Idaho, six mille Nez-Percés, Pend.-d'Oreilles; dans le Montana, environ quinze mille Flathears, Pieds-Noirs, etc. Au nord des États-Unis, dans le Dakota et le Nebraska, la surintendance surveille 17,000 Sioux et Pawnis.

Les *Cherokées*, les *Creeks*, les *Choctaws* (ou *Chactas, Têtes-Plates*) et les *Chickasaws* étaient répandus au sud des États-Unis et le sont encore. On les désigne souvent du nom de races *alleghaniennes*. On en compte aujourd'hui environ 50,000. Ils constituaient les peuplades les plus civilisées de cette région du Nouveau-Monde.

L'ensemble des indigènes de cette région offre, on le voit, une répartition géographique des plus difficultueuses à déterminer. Nous sommes loin d'avoir énuméré toutes les tribus, même parmi les importantes. Mais nous croyons qu'il serait fastidieux d'augmenter la liste que nous venons de donner et reviendrons plus loin sur la condition passée et présente de ces Américains. Renvoyons, pour plus amples détails, aux ouvrages spéciaux de Gallatin, Pickering, Nott, du Ponceau, Pike, et surtout à la carte ethnographique de Waitz.

Quant au Mexique et à l'Amérique centrale, je me bornerai à citer ici les *Nahualts*, les *Mayas*, dont nous dirons plus loin quelques mots; les *Otomis*, les *Totonaques*, les *Olmecas*, qui paraissent être les aborigènes les plus anciens; les *Tarascas*, qui habitaient le Michiocan avant l'arrivée des Aztèques, et qui ne furent soumis que par les Espagnols.

L'Amérique du Sud nous offre trois grandes races subdivisées en sept familles ou rameaux, savoir : 1° le *péruvien*, composé des races civilisées *Quichuas* et *Aymaras*; 2° le rameau *antisien*, composé des nations à peau blanche du versant oriental des Andes péruviennes et boliviennes; les *Yurécares, Mocétéens*, etc.; 3° le rameau *araucanien*, qui habite vers les confins du Chili et de la Patagonie; 4° le rameau *pampéen*, qui s'étend du détroit de Magellan au sud du Chili, et qui comprend les Patagons, les Peulches et les Charruas; 5° le rameau *moxéen*, qui s'étend sur les confins de la Bolivie, du Pérou et du Brésil; 6° le rameau *chiquitéen*; et enfin 7° la race *brésilio-guaranienne*, de beaucoup la plus nombreuse, qui s'étend de la mer des Antilles jusqu'au Rio de la Plata, et dont les Caraïbes, aujourd'hui presque détruits, faisaient partie.

Ces populations indigènes offrent, à tous les points de vue, des variations très-étendues; la conformation du système osseux, la taille, la couleur de la peau, des cheveux et des yeux, sans donner des contrastes aussi marqués qu'il en existe entre les Américains et les Africains ou les Australiens, subissent de profondes modifications. Si l'on en croit les recherches de M. Daniel Wilson et de M. Aitken Meigs, toutes les formes de crânes que l'on trouve dans l'ancien continent, se rencontrent dans les deux Amériques.

Dans le travail de ce dernier auteur, on trouve résumées en quinze propositions ses études sur 575 crânes indigènes. Nous croyons devoir reproduire ici cet important document dont la traduction a été donnée par M. Pruner bey dans les *Bulletins* de la Société d'anthropologie (1866, page 626).

1º On peut diviser les crânes des Américains aborigènes en groupes dolichocéphaliques, mésocéphaliques et brachycéphaliques.

2º Les crânes dolichocéphaliques prédominent de beaucoup sur les deux dernières formes.

3º Toutefois, en ce qui concerne les crânes péruviens de la collection (de Philadelphie), les têtes courtes et carrées sont plus nombreuses que les formes allongées.

4º Dans l'Amérique du Nord, à l'époque de la découverte, ni les crânes longs, ni les courts, n'étaient, dans leur distribution géographique, limités à des localités particulières. Tandis que les premiers étaient dispersés par tous les degrés de latitude et de longitude du continent, les derniers, à en juger par les pièces du Muséum étaient nombreux autour des grands lacs, en diverses localités de l'intérieur, au midi près le golfe du Mexique dans l'aire dite des Padulad, et notamment sur la côte du nord-ouest. On peut dire en général que du côté oriental ou Atlantique, les dolichocéphales paraissent avoir prédominé, tandis que, du côté occidental ou Pacifique, les brachycéphales étaient en nombre majeur. Ceci paraît avoir été vrai et l'être encore dans l'Amérique méridionale.

5º Des races ou tribus à crâne allongé ou court se rencontrent assez fréquemment interposées dans les deux Amériques. Ainsi, au nord, le contraste entre les dolichocéphales et les brachycéphales est établi par les Esquimaux et leurs voisins les Konaegi ou Aleutians.

6º Ce contraste des formes crâniennes existait parmi les races éteintes, de même que parmi les tribus actuelles.

7º En comparant le Nouveau-Monde avec l'Ancien, relativement à leurs formes crâniennes, nous constatons qu'en Europe et en Asie la brachycéphalie prédomine, tandis que dans l'Amérique septentrionale la dolichocéphalie l'emporte.

8º Tandis qu'en Afrique tout le monde est dolichocéphale, dans l'Amérique méridionale les deux formes sont en équilibre.

9º En Europe et en Asie, les peuplades arctiques ou circumpolaires sont principalement brachycéphales, tandis qu'en Amérique elles sont entièrement dolichocéphales.

10º Les différents crânes d'Europe, d'Asie et d'Afrique, comme par exemple les Norwégiens, les Suédois, les Anglo-Saxons, les Germains à crâne allongé, les Goths ou Germains à crânes courts, les Finnois, les Turcs, etc... Les nègres prognathes trouvent leur représentant parmi les formes crâniennes indigènes de l'Amérique.

11º Cette représentation d'homœocéphalie ne se limite pas à des formes crâniennes normales. On la rencontre également sur des crânes anormaux ou artificiellement déformés.

12º Les dolichocéphales peuvent être divisés au moins en six formes ou types bien accusés, à savoir : le type pyramidal, scaphoïde, ovale, cylindrique, oblong et voûté.

13º Les brachycéphales peuvent être divisés en arrondis ou globulaires et en cuboïdes ou carrés.

14º Les mésocéphales consistent également en deux sous-groupes dont l'un forme la transition au brachycéphale carré ou cuboïde, et l'autre au rond ou globulaire.

15º Les groupes ethniques et typiques sont fondés sur des différences ostéologiques aussi grandes et apparemment aussi constantes que celles qui, en Europe, suffisent à séparer d'une part les souches germaniques et celtiques et de l'autre les Ongriens, des Turcs et des Slaves.

Toutefois, il est avéré que rarement un anthropologiste exercé ne confondra un crâne américain complet avec un crâne de l'ancien continent. Voici, d'après Nott, les caractères anatomiques qui rendent toute confusion fort difficile. Petit volume d'une capacité d'environ 1,294 centimètres cubes (la capacité moyenne des crânes parisiens du XIXe siècle est, selon Broca, de 1,461 centimètres cubes), front bas et fuyant, occiput aplati, vertex proéminent, pommettes hautes, mâchoires massives et légèrement saillantes. Selon Morton, l'aplatissement caractéristique de l'occiput constitue la règle chez la grande majorité des indigènes. Il admet cependant quelques exceptions, notamment pour les Osages, les Missouris et les Guaraniens. Sur 341 crânes dont se compose la collection américaine réunie par Morton, 152 péruviens ont donné une capacité moyenne de 1,233; 25 mexicains, moyenne 1,338; 164 sauvages, moyenne 1,376. Les deux crânes de chefs américains qui appartiennent au musée de la Société d'Anthropologie de Paris, offrent une capacité plus élevée (1,525 et 1,550 centimètres cubes.) Mais il est évident qu'on ne peut rien inférer de ces deux exemples isolés. En outre, dans la comparaison des capacités crâniennes, il faut tenir grand compte de la taille, qui est très-élevée chez les indigènes du Nord. Quoi qu'il en soit, le trait le plus caractéristique des crânes américains, est, à coup sûr, celui qui a été signalé par Morton, et que nous venons d'indiquer, l'aplatissement angulaire de l'occiput. La face offre des particularités peut-être plus nombreuses, mais l'espace ne nous permet pas d'entrer dans de plus amples détails anatomiques. Renvoyons sur ce point aux écrits spéciaux cités plus loin, et principalement au beau travail de Daniel Wilson, *On Physical Ethnology*, inséré dans le *Rapport annuel de l'Institut Smithsonien pour* 1862, Washington, 1863. On trouvera là, discutés à fond, la plupart des caractères crâniens des nombreuses races du Nouveau-Monde.

La couleur de la peau varie considérablement, depuis le blanc très-clair de quelques tribus des Cordillères et des Mandans du nord, jusqu'au noir mulâtre des Charruas et des Californiens. Les nuances intermédiaires sont désignées, par les observateurs, par les termes *blanc hâlé, cuivré, bronzé, brun olivâtre, enfumé, jaune rougeâtre*, etc. Quant aux cheveux, à l'exception des Li Pawnes et des Mandans du nord et des Boroanos du sud, ils sont uniformément noirs, lisses, plats ; la barbe, absente ou rare, est généralement disposée par touffes ; toutefois, les Guarayos du Brésil ont, d'après d'Orbigny, « une barbe longue qui couvre la lèvre supérieure, le menton et même les côtés des joues. »

Quant à la taille, de la petite stature de l'Esquimau et du Papou (1 mètre 299 millimètres) à la taille élevée du Patagon ou de l'Assiniboin, il y a tous les échelons des hauteurs humaines. Toutefois, l'indigène de l'Amérique du Nord peut être considéré comme d'une moyenne plus élevée que l'Européen et le nègre. A. d'Orbigny a, d'ailleurs, réfuté les fables que l'on a débitées sur la taille extraordinaire des Patagons, dont la moyenne ne dépasse pas 1 mètre 730 millimètres, le maximum étant 1 mètre 925 millimètres, le minimum 1 mètre 595 millimètres.

La population des indigènes des deux Amériques, au moment de la conquête européenne, a été diversement évaluée, de 30 à 100 millions. Elle n'est actuellement, selon M. Bollaert, que de 12 millions, — chiffre probablement très-exagéré, — sur lesquels on compte à peine 600,000 indigènes dans l'Amérique du Nord. Le *Rapport annuel du commissaire des affaires indiennes pour* 1865 comprend 307,682 indigènes cantonnés dans les agences du gouvernement, et auxquels il faut ajouter 35,000 citoyens américains, qui ne sont pas compris dans le Rapport. Il est probable que l'Amérique anglaise et russe comptent au moins 250,000 Américains. M. Mac Grégor Allan avance que sur le territoire des États-Unis il existait, il y a deux cents ans, 5 millions d'indigènes. Mais Bancroft, au contraire, dans son *Histoire de l'Amérique*, soutient, contre toute vraisemblance, que la population indigène de cette région ne dépassait pas 180,000. (*Hist. of The United States*. Londres, 1851, page 879.) C'est pousser loin le patriotisme yankee aux dépens de la vérité.

Au Mexique et dans l'Amérique centrale, il existe de 5 à 6 millions d'indigènes de pur sang ; dans l'Amérique du Sud, d'Orbigny n'a trouvé, il y a une quarantaine d'années, que 1 million 685,270 indigènes de sang pur, chiffre qui peut être porté à 2 millions si l'on y joint les Indiens insoumis du Brésil et de la Plata. En sorte que l'évaluation de M. Bollaert paraît exagérée, et qu'il est difficile d'estimer à plus de 8 millions l'ensemble de la population indigène des trois Amériques.

A la fin du xve siècle, l'état général des populations du Nouveau-Monde offrait des différences considérables. Deux grands centres de civilisation s'étaient développés, l'un au Mexique, sur le plateau de l'Anahuac, l'autre au Pérou, sur les rives du lac de Titicaca, d'où il s'était déplacé sur le plateau des Andes vers Cusco. Un troisième centre était vraisemblablement en voie de formation sur les rives du Mississipi et aux côtes de la Floride. D'après Brasseur de Bourbourg, l'origine de la civilisation mexicaine doit être rapportée aux Nahoas qui, partis de la Floride, vainquirent les populations autochthones du Mexique, et furent à leur tour renversés par une révolution nationale au iie siècle après Jésus-Christ. Ces Nahualts se dispersèrent en deux groupes ; l'un traversa l'isthme de Panama et fut s'établir au Pérou ; l'autre remonta le long de l'Océan Pacifique jusque dans les régions voisines de la Californie, où ils fondèrent plusieurs royaumes et étendirent leurs ramifications jusque sur les bords du Mississipi, tandis que le gros de la nation se fixa dans la Sonora d'où, au viie siècle de notre ère, ils retournèrent au Mexique sous le nom de Toltèques, et fondèrent un empire qui dura quatre cents ans. Cet empire fut détruit au xie siècle par les Chichimèques, qui émigrant du nord prirent la place et le rang des Toltèques. Enfin les Aztèques succédèrent aux Chichimèques et fondèrent Mexico au xive siècle. C'est aux Aztèques qu'appartenait l'empire détruit par Fernand Cortez. (Brasseur de Bourbourg, *Le livre sacré et les mythes de l'antiquité mexicaine*, 1861.)

A. d'Orbigny est peu disposé à rattacher la civilisation des Quichuas ou Péruviens indigènes à des émigrations. Il la fait remonter à une époque d'une antiquité indéfinie, « perdue dans la nuit des temps, » et bien antérieure aux Incas, que les Espagnols trouvèrent solidement établis d'un côté jusqu'à l'équateur, de l'autre jusqu'au 35e degré de latitude sud, au Chili. La période historique ne commence qu'au xie siècle, avec Mancocapac; depuis cette époque jusqu'à l'arrivée des Espagnols, douze Incas se succédèrent, dont on connaît les noms et les actes.

Tel est, sommairement, le tableau que nous offrent les races américaines ; on a vainement cherché à les rattacher aux autres races du genre humain, et jusqu'à ce jour elles restent isolées, de même que leur civilisation et leurs langues, leur faune et leur flore. Il est bon de remarquer ici que, quelque différence qu'elles puissent offrir, elles se ressemblent toujours plus entre elles, à l'exception des Esquimaux peut-être, qu'elles ne ressemblent à l'une quelconque des autres races humaines.

L'anthropologie pose à leur égard d'innombrables problèmes, et, tout d'abord, ceux qui ont trait au contact des races très-diverses qui se sont trouvées en présence lors de l'invasion européenne et lors de l'introduction des nègres africains en Amérique. Or, les résultats de ce contact ont été très-divers, sans toutefois que l'on puisse sûrement attribuer les différences à des influences physiologiques toutes spontanées. Ainsi, tandis que les Cherokées, les Creeks, les Seminoles, les Osages ont réussi à entrer en plein dans les voies de la civilisation moderne, les Iroquois, Hurons, Sioux, Chippeways, ont peu changé leur manière d'être, quoique des efforts identiques, à vrai dire d'inégale durée, aient été tentés sur les uns et sur les autres : la même remarque peut se faire au sujet des Mexicains et des Guaraniens, d'une part, et des Pampéens (Patagons, Puelches), d'autre part. Quoi que l'on puisse penser du degré de civilisation du Mexique et du Paraguay, il reste toujours une énorme lacune entre l'état social qu'ils représentent et celui des Sioux ou des Araucaniens.

La condition présente des indigènes diffère sensiblement dans les diverses contrées de l'Amérique. Aux États-Unis, il avait été souvent question de les exterminer complétement; la guerre civile, qui a désolé ces États et dans laquelle certaines tribus avaient pris parti pour le Nord ou pour le Sud, n'avait pas peu contribué à donner du terrain à ce système. La destruction totale des Indiens, dit le *Rapport* officiel du commissaire pour les affaires des indigènes (1865), a souvent été proposée par des hommes d'une position, d'une intelligence et d'un caractère élevés ; mais aucune nation éclairée ne saurait adopter ou sanctionner une telle mesure... De plus, des considérations financières l'interdisent complétement. Ces considérations financières figurent sans doute page 467 du même Relevé, pour ce qui concerne tout au moins certains Indiens Serpents insoumis; il y est dit que dix bons soldats au moins sont nécessaires pour combattre avec succès un seul indigène, et que chaque indigène pris ou tué a coûté au gouvernement au moins 50,000 dollars, soit 250,000 francs. « L'économie nous prouve donc, ajoute le Rapport, qu'il est moins cher de les nourrir que de les combattre. »

Cependant, la grande majorité des Américains qui vivent sur les territoires réservés, avec l'aide et les subsides du gouvernement de Washington, donne des espérances considérables. Le nombre de ces indigènes était, en 1865, de 307,842. Il n'est plus, en 1867, que de 295,899. L'administration spéciale à laquelle ils ressortissent comprend un commissaire en chef et quatorze surintendances. La plus considérable de ces surintendances est certainement celle du Sud, qui comprend 53,166 indigènes, dont 17,000 Cherokées cantonnés dans les territoires réservés, au sud du Kansas. Ces Cherokées étaient parvenus, avant la guerre civile de 1860, à un degré élevé de civilisation, en tout comparable à celui des colons européens. La moitié des Cherokées prit fait et cause pour le Sud; l'autre moitié resta fidèle au Nord, c'est-à-dire au gouvernement fédéral; de là, une guerre implacable qui aboutit à la destruction complète de leur ville et de leur organisation. Les mêmes événements se sont produits chez les Creeks et chez les autres tribus du Sud. Il faudra sans doute un temps considérable pour réparer les désastres de cette guerre. Néanmoins, il y a tout lieu d'espérer que les Cherokées et les Creeks se relèveront, et qu'ils assureront pendant un certain temps la conservation d'une race indigène au sein des nombreux éléments ethniques qui ont envahi l'Amérique.

Les autres surintendances n'ont pas donné lieu jusqu'à ce jour aux mêmes succès. Les Indiens des plaines, qui vivent principalement de la chasse du buffle, et qui sont disséminés, à l'ouest et au nord, sur les territoires de Nebraska, Dacotah, Matana et Colorado, ont sérieusement gêné pendant plusieurs années les communications entre la vallée du Mississipi et les États du Pacifique. Dans le Minnesota, une guerre d'extermination s'est déclarée contre les indigènes et ne paraît pas être à son terme. Tout récemment (26 novembre 1868), une grande bataille a eu lieu sur la frontière du Texas; elle a coûté la vie à plusieurs centaines de soldats des États-Unis; les Indiens y ont été entièrement défaits. Dans cette campagne, les Osages étaient alliés aux États-Unis.

Ce n'est pas notre rôle d'examiner ici ce que l'on peut appeler la moralité de l'histoire de la conquête du Nouveau-Monde par les Européens qui, au nom du christianisme, se prétendaient supérieurs à leurs vaincus en humanité et en charité, non moins que dans les arts de la civilisation. Qu'il nous soit cependant permis de dire que, du XVe siècle au XIXe, les envahisseurs ont fait preuve d'une monstrueuse cruauté. Jamais contradiction ne fut plus éclatante entre les principes professés et les actes accomplis. La manière dont la dépopulation des deux Amériques a été exécutée, l'Évangile à la main, peut compter parmi les plus grands crimes de l'humanité. A cette heure même, les rapports des agents des États-Unis constatent courageusement que la plus grande partie des actes de révolte ou d'insoumission des indigènes ont pour origine quelque violente injustice, quelque massacre, impitoyable et soudain, commis par les colons européens ou par les soldats en expédition. Le massacre commandé par le colonel Chivington (1864) et l'expédition désastreuse du général Hancock (1867) ont été les causes trop légitimes du dernier soulèvement des Cheyennes et des Arapahoes. Nous recommandons à ceux que cette question intéresse la lecture des *Reports on Indians affairs*, publiés officiellement, et en particulier le document n° 108 du *Report* de 1867.

Une autre question se présente ici, trop intéressante pour que nous puissions négliger d'en indiquer les traits principaux : c'est celle du croisement des races indigènes avec les blancs d'une part, avec les Français, Allemands, Italiens, Espagnols, Portugais, etc., qui ont peuplé le Nouveau-Monde. Selon M. Hepworth-Dixon, le mélange du sang indigène à l'Européen a, plus que l'on ne le croit, modifié l'ensemble des populations des États-Unis; nous sommes fort disposé à étendre ce jugement aux deux Amériques et nous regrettons d'ajouter que c'est en abaissant sensiblement son niveau. La question s'est encore compliquée, surtout depuis l'abolition de l'esclavage du Nord, par l'introduction à l'état de citoyens de 4 ou 5 millions de noirs, et de près de 100,000 Chinois, qui seront assurément fondus après une centaine d'années dans la masse de la population. L'Amérique se présente donc à nous comme un immense creuset anthropologique où viennent se fondre les éléments les plus disparates de l'humanité. Peut-on espérer que des races nouvelles pourront se constituer dans cette expérience gigantesque, et imprimer un mouvement imprévu à l'évolution du genre humain ? ou faut-il croire seulement, qu'avec le temps les éléments inférieurs finiront par s'affaiblir, et que de ce grand conflit sortiront avec éclat les races les plus aptes à la survivance ? ou bien encore doit-on craindre que l'inextricable mélange dont sera constituée la population future de l'Amérique ne produise cette agitation perpétuelle, cette instabilité permanente, ces guerres féroces, dont les colonies hispano-américaines nous ont offert l'invariable tableau ? Renvoyons, pour la discussion de ces problèmes, aux travaux spéciaux de Waitz, Nott et Glidon, de Gobineau, N. Périer, M. de Moussy, Hepworth-Dixon, Mac Grégor Allan, A. Murray Hyde Clarke Bollaert et à une controverse importante qui s'est produite devant la Société anthropologique de Londres, dans le courant de 1868. De cette controverse, à laquelle ont pris part un grand nombre de savants et de voyageurs anglais et américains, il résulte que, sans aucun doute, les races européennes ont subi en Amérique des modifications que M. Hyde Clarke a proposé de désigner sous le nom de *Créolisme* et qu'il résume ainsi qu'il suit : Visage plus étroit, taille plus élevée, front plus haut et plus étroit, perte précoce des dents, son nasonné de la voix.

E. DALLY.

**AMÉRIQUE DU NORD. — GÉOGRAPHIE. —** Ce continent se rattache à l'Amérique méridionale par un isthme très-étroit que les eaux de la mer recouvraient sur plusieurs points pendant les périodes géologiques antérieures. Sa forme actuelle, car tout change incessamment, est celle d'un triangle dont la base coïncide à peu près avec le cercle polaire boréal et dont le sommet se trouve à 9° environ au nord de l'équateur. La superficie de son territoire est évaluée à 20,600,000 kilomètres carrés, c'est-à-dire à plus de deux fois la surface de l'Europe et à la moitié environ de la surface de l'Asie. Ses côtes sont très-richement découpées de golfes et de baies ; sans compter les petites indentations, le développement total des rivages continentaux est de 48,230 kilomètres. Une seule partie du monde, l'Europe, a, proportionnellement à son étendue, une longueur de côtes plus considérable.

L'Amérique septentrionale n'a point, ainsi qu'on le répète souvent, une ossature de montagnes se développant sans interruption du nord au sud, du détroit de Behring à l'isthme de Panama. Les contrées de l'isthme, dont l'ensemble est connu sous le nom d'Amérique centrale, présentent plusieurs massifs distincts, séparés par de larges plaines. Au sud, dans l'état de Panama, des massifs de collines trachytiques s'élèvent au-dessus des plaines. Le Costa-Rica, plateau revêtu en grande partie de forêts inexplorées, sert de base à une chaîne de montagnes qui se termine au nord par une rangée transversale de volcans, dominant la profonde vallée du San-Juan et le bassin du lac de Nicaragua. Au nord de cette dépression, où passera peut-être un jour un canal interocéanique, s'élève le groupe des montagnes de Chontales, tandis que, parallèlement aux rives du Pacifique, se dressent de distance en distance quelques volcans terribles dans leurs éruptions, le Masaya, le Momotombo, le Coseguina, puis, à l'ouest de la baie de Fonseca, les nombreux cônes isolés du San-Salvador, et, dans le Guatemala, le plateau de 1,500 à 2,000 mètres, que couronnent les superbes montagnes coniques du Feu et de l'Eau, de Pacaya, d'Atitlan, de Quezaltenango. Vers l'occident, ce plateau s'abaisse par degrés et finit par se confondre avec les plaines basses de l'isthme de Tehuantepec.

Au delà de ce seuil, le terrain se relève de nouveau pour former le haut plateau du Mexique ou d'Anahuac, d'une hauteur moyenne de 2,000 à 2,500 mètres. Une rangée transversale de volcans, parmi lesquels se trouvent le Jorullo, qui fit son apparition en 1759, le Tolima, l'Istacihuetl, le Popocatepetl et l'Orizaba, la plus haute montagne de l'Amérique du Nord, domine ce plateau, mais sans constituer de chaîne proprement dite. Au nord de Mexico, le continent s'élargit peu à peu ; mais le relief du sol diminue en proportion, les montagnes s'abaissent, les hautes plaines deviennent plus monotones et se continuent par d'immenses solitudes parsemées de lacs salins et coupées de gorges profondes ou *cañons*, que parcourent de maigres ruisseaux. Aux déserts du Chihuahua, du Sinaloa, succèdent, au nord-est, les vastes plateaux du Texas appelés Plaines, jalonnés par les Trappeurs, et, au nord, le désert argileux du Colorado, dont toute la végétation consiste en *pitahayas* ou cierges gigantesques, semblables à d'énormes candélabres.

Les Montagnes-Rocheuses, qui se prolongent du sud-est au nord-ouest, entre les plaines du bassin mississipien et les déserts du Nouveau-Mexique et d'Utah, ne sont pas une simple chaîne, mais un ensemble de rangées parallèles appuyées çà et là sur de grands massifs. Ce système montagneux se développe sur une longueur d'environ 5,000 kilomètres, des confins de la république mexicaine aux bords de l'océan Polaire, et plusieurs de ses pics se dressent à 4,000 et même 5,000 mètres de hauteur. La Sierra Nevada, qui court parallèlement aux côtes du Pacifique et domine les vallées fertiles de la Californie, offre dans sa partie méridionale des sommets neigeux encore plus élevés que ceux des Montagnes-Rocheuses. Une autre chaîne, appelée Coast-Range, a des cimes également très-hautes ; enfin, tout le long de la côte jusqu'à la péninsule d'Aliaska, se succèdent des chaînes et des massifs, en partie volcaniques, d'une grande altitude ; le mont Saint-Elie, dans le territoire d'Aliaska, atteint 5,400 mètres d'élévation. Tout l'espace compris entre les Montagnes-Rocheuses et les divers soulèvements du littoral est très-accidenté et coupé de chaînons transversaux ; seulement, au sud de la vallée du fleuve Columbia, s'étend un vaste plateau, en partie désert, connu sous le nom de bassin d'Utah. C'est la région des États-Unis qui semblait destinée par la nature à être la plus triste et la plus désolée ; mais l'homme, en s'en emparant par l'agriculture et l'industrie, sait la transformer peu à peu et la parsemer de campagnes riantes.

Les systèmes montagneux du rebord atlantique de l'Amérique du Nord ont beaucoup moins d'importance que ceux de la région voisine du Pacifique. Ils commencent à l'est du Mississipi par quelques remparts calcaires orientés dans le sens du sud-ouest au nord-est et se redressent peu à peu pour former le massif des Black-Mountains, dans la Caroline du Nord. Au delà de ce massif se prolongent les rangées parallèles des Alleghanys, du même âge et de la même structure que les murailles du Jura, et souvent comparées, comme ces montagnes d'Europe, à des chenilles rampant sur le sol en longues processions. Aux Alleghanys succèdent les monts Adirondack, dans l'Etat de New-York, puis les White-Mountains de la Nouvelle-Angleterre, dont les principales cimes n'atteignent pas 2,000 mètres. Les autres systèmes de hauteurs dans l'Amérique du Nord, les monts Ozark, les Mauvaises-Terres, à l'ouest du Mississipi, les Laurentides, au nord du fleuve Saint-Laurent, n'ont qu'un faible relief. D'après Humboldt, dont les évaluations n'ont qu'une valeur approximative, l'élévation moyenne de tout le continent serait de 228 mètres.

Considérée dans son ensemble, l'Amérique septentrionale peut être regardée comme une vallée à double pente, l'une inclinée au sud vers le golfe du Mexique, l'autre au nord vers l'océan Glacial ; les Montagnes-Rocheuses à l'ouest, les Alleghanys à l'est bordent cette immense vallée et par leur disposition symétrique sur les deux côtés du triangle continental donnent une remarquable régularité à l'architecture de toute cette partie du monde. Autrefois, une grande méditerranée d'eau douce emplissait le milieu de la dépression centrale jusque vers les contrées où se trouvent aujourd'hui les confluents du Missouri, du Mississipi, de l'Ohio. Cinq lacs étagés sont les restes de cette ancienne mer, et chacun d'eux, malgré son état actuel d'amoindrissement, peut encore être considéré lui-même comme une véritable mer intérieure. A l'est, le lac Supérieur, ou Kitchi-Gami des Indiens, la plus vaste des nappes d'eau douce du monde entier, n'a pas moins de 82,800 kilomètres carrés de superficie, soit environ le double en étendue de la Suisse. Il s'épanche par un fleuve coupé de rapides dans le lac Huron, à peine moins vaste, qui communique lui-même par un large détroit avec une autre mer intérieure, le lac Michigan. Le trop-plein de ces trois bassins lacustres, s'écoulant par la rivière de Saint-Clair ou de Détroit, se déverse dans le lac Érié qui, à son tour, alimente le Niagara, bien connu par sa chute, la plus célèbre du monde. Réunies dans le lac Ontario, les eaux surabondantes des quatre mers supérieures s'épanchent dans l'Atlantique par le déversoir commun du fleuve Saint-Laurent. Jadis, ainsi que le prouve la configuration générale de la contrée, le Mississipi emportait comme le Saint-Laurent le trop-plein de la Méditerranée américaine, et non loin de l'endroit où se trouve aujourd'hui Saint-Louis, plongeait en une puissante cataracte, semblable à celle du Niagara. Actuellement le Mississipi ne communique plus que par des ruisseaux temporaires avec le lac Michigan, et, pour assurer le passage des bateaux de l'un à l'autre bassin, il a fallu creuser un canal de navigation à travers les plaines basses de l'Illinois. Dans tout son énorme développement, constituant avec le cours du Missouri un tronc fluvial de 7,250 kilomètres de longueur, le plus considérable de la terre entière, le « Père des Eaux » ne traverse qu'un petit nombre de lacs sans importance ; mais, en nombre d'endroits, surtout dans la partie inférieure de son bassin, il est bordé de vastes marécages. Quant aux fleuves qui s'écoulent en diverses directions par la pente septentrionale des grandes plaines du continent, le Saskatchewan, le Mackenzie, ils traversent un grand nombre de lacs et d'étangs, emplissant de leurs eaux claires des vasques de granit. Les plus grands de ces bassins lacustres, comparables en étendue à ceux du Saint-Laurent, se développent en une longue rangée du sud-est au nord-ouest. Aux plateaux de la Nouvelle-Bretagne, tout parsemés de nappes lacustres, succèdent les mers polaires, remplies d'îles et d'îlots qu'un dédale de détroits sépare du Groënland et de ses montagnes chargées de glaces.

En outre des fleuves qui coulent dans sa grande dépression centrale, l'Amérique du Nord n'a que des cours d'eau d'une importance secondaire, le Hudson, le Susquehanna, sur le versant de l'Atlantique, et sur le versant du Pacifique, le Yucon, le Frazer, le Columbia, aux belles cataractes, le Colorado, dominé par des parois de rochers à pic. Au nord du bassin de cette rivière, le plateau d'Utah a aussi un bassin hydrographique, dont le centre est occupé par le grand lac Salé, l'une des mers intérieures les plus remarquables du globe. Elle n'a pas moins de 400 kilomètres de tour, mais elle est peu profonde ; le degré de salure de ses eaux varie suivant la durée des pluies ou des sécheresses, mais il est toujours beaucoup plus fort que celui de l'Océan. Dans quelque ancienne période géologique, le Grand Lac Salé était une mer d'eau douce dont le trop-plein se rendait vers le Pacifique, par-dessus les montagnes environnantes. Partout on aperçoit, à une grande hauteur au-dessus du niveau actuel du lac, d'anciennes plages d'alluvions et des falaises entourant les vallées de leurs anneaux concentriques tracés sur les flancs des monts. L'apparition relativement récente de la Sierra Nevada et des autres chaînes voisines du Pacifique a eu pour conséquence l'assèchement graduel de la mer d'Utah et la concentration du sel dans ses eaux.

Les vents qui viennent frapper les cimes du Coast-Range et de la Sierra Nevada arrosent abondamment le versant tourné vers le Pacifique, mais au delà de ces rangées de hauteurs, ils sont presque complétement desséchés. Les déserts d'Utah et du Colorado, de même qu'à l'est des plateaux, les plaines de l'Arkansas et du Texas, seraient absolument sans eau, si les moussons du sud n'y apportaient quelque humidité. La quantité moyenne d'eau pluviale qui tombe dans les contrées situées à la base orientale des Rocheuses, est évaluée à cinq centimètres seulement. Au Mexique, le régime des pluies offre des phénomènes inverses. Là, les vents dominants ne sont pas, comme sous les latitudes tempérées, les courants du sud-ouest ou contre-alizés, ce sont les alizés du nord-est plus ou moins déviés de leur route normale et transformés d'ordinaire en moussons soufflant dans la direction de l'est à l'ouest. Les nuages pluvieux qu'apportent les vents ne viennent donc pas frapper les pentes occidentales des monts comme sur les côtes de Californie; au contraire, ils vont se fondre en eau sur les pentes orientales du plateau du Mexique et des monts qui le bordent ; l'humidité qui s'y trouve en est exprimée comme l'eau d'une éponge, et quand les vents, au delà des hautes terres, passent sur les côtes occidentales du Mexique et sur les mers voisines, ils sont complétement secs; les pluies sont donc fort rares dans ces parages. Les contrées de l'Amérique du Nord où il pleut avec le plus d'abondance sont les régions du territoire d'Aliaska, qui se recourbent en demi-cercle au nord du Pacifique. Là, les vents qui soufflent presque constamment du sud-ouest sont arrêtés brusquement par l'hémicycle de hautes montagnes ; ils ne peuvent monter dans l'atmosphère qu'en laissant tomber le fardeau de vapeur dont ils sont chargés, et des averses torrentielles s'abattent sur les pentes des monts et les plaines du littoral. C'est à cette grande abondance de pluies qu'est due la végétation forestière si riche d'Aliaska, de l'île Vancouver, de la colonie anglaise de Victoria, de l'Orégon et de la Californie du nord.

Un tiers environ de l'Amérique septentrionale est presque sans habitants à cause de la rigueur du froid. C'est dans le voisinage de l'île Melville, au nord du continent, que les navigateurs ont observé les températures moyennes les plus basses, et pendant la plus grande partie de l'année, tous les détroits, tous les golfes de l'archipel polaire sont bloqués par les glaces. Même sur le littoral du continent, le climat est tellement rigoureux que les arbres manquent complétement; les premières forêts se trouvent seulement à 200, à 500 et, en certains endroits, à 1,000 kilomètres plus au sud. Au bord du grand lac de l'Esclave, dans une contrée où se montre déjà la végétation forestière, les froids de l'hiver sont encore vraiment terribles : le capitaine Back y a subi une température de $-56°,74$, à peine inférieure à celle que l'on croit régner dans les espaces interplanétaires. Au sud de ces régions inhospitalières, la température moyenne de l'année et celle de l'hiver s'accroissent rapidement; mais il est à remarquer que le climat nord-américain, considéré d'une manière générale, est plus extrême que le climat européen, c'est-à-dire que les froids y sont plus intenses et les chaleurs plus fortes. Ce phénomène doit être attribué surtout à la disposition des plateaux et des chaines de montagnes. Dans l'Amérique du Nord, le vent polaire peut souffler sans obstacle de la mer Glaciale au golfe du Mexique, et le souffle équatorial peut aussi remonter librement vers le nord, parce que les Rocheuses et les Alleghanys ne leur barrent pas la route; en Europe, au contraire, les monts Oural, les plateaux de la Scandinavie, les massifs montagneux de l'Allemagne arrêtent les vents froids de la Sibérie, et l'Atlas, les Pyrénées, les Apennins, les Alpes se dressent comme des remparts devant les courants atmosphériques du Sahara. Un autre fait très-remarquable est la douceur relative du climat à l'ouest du continent. A égale latitude, les côtes de la Californie et de l'Orégon jouissent d'une température plus élevée en moyenne et beaucoup plus égale que les rivages de l'Atlantique. Ce sont évidemment les courants atmosphériques et maritimes qui adoucissent ainsi le climat des côtes occidentales : les eaux tièdes venues des mers de la Sonde et les vents du sud-ouest dégagent constamment des effluves de chaleur sur les rivages qu'ils baignent de leurs ondes. Sous ce rapport, la Californie, déjà si favorisée de tant d'autres manières, est la contrée la plus heureuse de l'Amérique du Nord. Au sud des États-Unis, le climat est tropical, mais beaucoup moins chaud que celui des contrées africaines situées sous les mêmes latitudes de l'autre côté de l'Atlantique. D'ailleurs, sur le continent, la plupart des contrées habitées, le Mexique, le Guatemala, le Costa-Rica sont des plateaux élevés, sortes de jardins suspendus qui se dressent par-dessus la région brûlante (*caliente*) du littoral dans la fraîche atmosphère des hautes régions. Quant aux Antilles, elles sont baignées par les flots de la mer, à la température toujours égale, et les vents alizés, venus du nord-est, renouvellent incessamment l'atmosphère. Parfois aussi, une fois tous les dix ans en moyenne, un conflit local des courants aériens fait naître dans le voisinage des Antilles un de ces formidables ouragans qui se développent en une immense courbe, d'abord vers le nord-est, puis vers le nord-ouest, parallèlement aux côtes orientales des États-Unis et à la direction du Gulf-stream.

HISTOIRE. — L'origine des populations indigènes de l'Amérique du Nord est complétement inconnue, et l'on ne sait point s'ils se rattachent par la filiation aux habitants de l'Asie, ou bien s'il faut y voir une ou plusieurs races distinctes nées sur le sol du Nouveau-Monde. On ne saurait douter qu'il n'y ait eu sur les côtes orientales de la Californie, de l'Orégon et de l'Aliaska, des immigrations de l'Asie et des mélanges de sang entre les tribus des deux continents; mais le contraste est grand entre ces indigènes et ceux des plaines du Mississipi et du versant de l'Atlantique. Le nom de Peaux-Rouges qu'on a pris l'habitude de donner aux aborigènes américains est d'ailleurs tout à fait inexact, car, parmi les nombreuses tribus, il en est qui ont la peau grise, jaune, brune, presque noire; elles diffèrent par la couleur du *pigmentum* comme par les cheveux, les yeux, la taille, la structure corporelle. En outre, il est certain qu'en Amérique, comme dans l'ancien monde, les habitants actuels ont été précédés par d'autres hommes contemporains du mastodonte, du mégathérium et d'autres grands animaux aujourd'hui disparus. On ne saurait dire si ces aborigènes appartenaient aux races existant encore de nos jours ou bien à d'autres souches humaines depuis longtemps éteintes. Parmi ces nations, dont les ustensiles et les travaux existent encore, la plus remarquable était celle des « constructeurs de tumulus » (*mound-builders*), qui semblent avoir dépassé de beaucoup en civilisation leurs successeurs les Indiens.

Les tribus connues sous le nom général d'Eskimaux, c'est-à-dire « mangeurs de poisson cru, » habitent en petits groupes nomades les côtes glacées de l'Amérique polaire, celles du Groënland et du Labrador, et, pendant la plus grande partie de l'année, ils ne voient que l'eau, les neiges et les glaces. Comme le phoque dont il se nourrit, l'Eskimau semble lui-même un lourd cétacé, mais, comme le phoque aussi, il est doux, tendre, dévoué à sa famille. Les tribus d'Aliaska et de la partie orientale de l'Amérique anglaise, Koloches, Yukualt, Koltchanes, Loucheux, et les familles diverses des Athabascans, sont plus sauvages, plus fières, plus rebelles à la civilisation. Vivant de chasse, il faut un vaste territoire à chacun de ces groupes et tout empiétement d'une tribu limitrophe sur leur champ de chasse est vengé par la guerre. Le même genre de vie, sur un continent dont les traits généraux sont d'une si grande simplicité, donne à toutes ces tribus une ressemblance étonnante d'une extrémité à l'autre du continent. Les transitions sont insensibles entre les indigènes du nord-ouest et les Peaux-Rouges proprement dits, qui habitent principalement le territoire des États-Unis, à l'ouest du Mississipi, Nez-Percés, Pieds-Plats, Cyheennes, Utahs, Sioux, Choctaws, Creeks, Cherokees, Seminoles, Chippeways, Iroquois, Algonquins et tant d'autres encore. La légende est faite sur les hommes de la forêt et de la prairie. On voit en eux des héros comme le dernier des Mohicans : le fait est qu'ils sont en général rusés, cruels, vindicatifs, mais nobles d'attitude, pleins de courage, et chérissant la liberté plus que la vie. Nulle part dans le monde l'éparpillement des races n'est plus grand que dans l'Amérique du Nord. Les tribus sont composées de quelques milliers, de quelques centaines ou d'un nombre d'individus moindre encore, et pourtant chacune d'elles à sa langue.

Gallatin classe les idiomes du continent en trente-sept familles, comprenant ensemble plusieurs centaines de dialectes, et son énumération est loin d'être complète.

Vers les frontières méridionales des États-Unis, dans cette âpre nature des plateaux déserts du Haut-Texas, du Colorado, de l'Arizona, vivent en bandes les Indiens les plus féroces, Navajos, Apaches et Comanches, et précisément ils se trouvent en contact avec les populations mexicaines qui, par leur propre vertu, s'étaient élevées au plus haut degré de civilisation sur le continent. Grâce aux monuments et aux chroniques de ces peuples on connaît leurs traits généraux pendant une période de douze siècles. On sait que les Zapotèques, les Huaxtèques, les Mixtèques, les Totonaques étaient les anciens maîtres du pays, qu'ils ont été soumis par les Toltèques, peuplade venue du nord, que ceux-ci, à leur tour, ont été vaincus par les Chichimèques; puis vinrent, au xv⁰ siècle, les conquérants nahualtèques, dont la tribu dominante est bien connue sous le nom d'Aztèques, et qui devait, un siècle plus tard, succomber devant les Espagnols. Les habitants indiens du plateau d'Anahuac, du Yucatan et du Guatemala, diversement fondus les uns avec les autres, sont, parmi les aborigènes, ceux qui ressemblent le plus aux Mongols, et leurs monuments offrent une ressemblance étonnante avec certains édifices des bouddhistes de l'Asie. Quelques anthropologistes croient que ces Américains sont croisés de sang chinois; quoi qu'il en soit, il semble prouvé par les documents trouvés à Péking, et discutés avec une grande passion par les savants, que des missionnaires bouddhistes ont bien réellement visité les côtes du Mexique et de l'Amérique centrale, connues en Chine sous le nom de Fousang, du nom de la belle plante, *agave americana*.

L'Amérique du Nord n'a été découverte que plus tard par les Européens; ils la connaissent depuis environ dix siècles. Dirigés par le vol des oiseaux, des Norvégiens d'Islande cinglèrent en 877 vers les côtes orientales du Groënland, et l'un d'eux, Gumbjörn, se perdit sur un écueil qui porte encore son nom. En 986, Erik Rauda, ou le Rouge, banni d'Islande pour cause de meurtre, se fit colon comme tant d'autres criminels avant lui et s'établit sur l'Eriksfjord, au sud du Groënland. En l'an 1000, son fils Leif, poussé par l'amour de la gloire, navigua vers le sud et découvrit Helluland, ou « le pays des Rochers » (Terre-Neuve), le Markland, ou « pays des Forêts » (l'Acadie ou la Nouvelle-Écosse), le Vinland, ou « pays de la Vigne » (Massachusetts). Divers documents rendent aussi très-probable que d'autres navigateurs poussèrent encore plus avant, au moins jusqu'à l'embouchure de la Chesapeake et aux chutes du Potomac, en amont de Washington. Pendant trois siècles les voyages d'Islande au Vinland continuèrent : des colonies s'établirent sur le nouveau continent, des Norvégiens se marièrent avec les filles des Skralingor, et nul doute que le vieux sang scandinave ne se retrouve encore dans la population aborigène de l'Amérique du Nord. Les deux mondes séparés par l'Atlantique seraient entrés en communication durable si la Norvége était restée libre; mais il plut à un roi, Hakon VI, de « protéger » le commerce en le réglementant à outrance, et les colonies d'outre-mer furent abandonnées. Le Nouveau-Monde replongea dans l'Océan.

C'est le grand Génois, Christophe Colomb, qui le fit surgir une seconde fois hors des flots. Le 12 octobre 1492, il mettait le pied sur l'une des Bahama, l'île de Guanahani, dont il changeait le nom en celui de San-Salvador; mais, chose curieuse, on ne sait plus même quelle est cette terre dont la découverte a servi de point de départ à toute l'histoire moderne; on ignore s'il faut la chercher dans la petite île de Wattling, dans celle de Mayaguana ou dans quelque autre des îlots de ces parages. D'ailleurs, Guanahani était bien peu de chose en comparaison des autres terres où le grand navigateur aborda le premier, Hispaniola, connue aujourd'hui sous les noms de Haïti et de Saint-Domingue, Cuba, la Jamaïque, presque toutes les petites Antilles, la Côte-Ferme, les rivages du Honduras. Il eût certainement pu reconnaître en entier la mer des Antilles et le golfe du Mexique si la « faim sacrée de l'or » n'avait fini par étouffer chez lui l'amour des découvertes. En outre, il avait cru, en débarquant à Cuba, toucher la terre ferme du continent asiatique, et peut-être craignait-il d'avoir à se dédire. En 1494, après avoir exploré une partie des côtes de Cuba, il fit dresser un acte pour établir qu'il avait bien réellement longé les rivages de la Chine et, sous menace du fouet, fit jurer à ses matelots qu'ils partageraient son opinion. Bien plus, il obtint, en 1497, la promulgation d'un décret, heureusement illusoire, qui défendait aux particuliers tout voyage d'exploration libre, comme une insigne violation de son droit de trouvaille sur l'or, les perles et les pierres précieuses du Nouveau-Monde. Aussi n'est-il pas étonnant qu'il ait perdu l'honneur de donner son nom aux terres qu'il avait découvertes. C'est un autre explorateur, le Florentin Amerigo Vespucci, qui, sans le vouloir, devint le parrain des deux continents accouplés de l'Amérique du Nord et de l'Amérique du Sud. Grâce à ses récits de voyages, devenus rapidement populaires, surtout en Allemagne, son nom finit par remplacer la désignation erronée d'Indes-Occidentales, appliquée aujourd'hui et de plus en plus rarement aux seules Antilles.

En 1497 et 1498, avant même que Colomb eût terminé ses découvertes, le Vénitien Cabot, qui croyait aussi voir le continent de l'Asie, avait découvert les côtes orientales de l'Amérique du Nord, de l'entrée de la baie de Hudson jusqu'à la Floride. Bientôt après, d'autres navigateurs, Costereal, Ponce de Leon, reconnaissaient sur divers points les rivages du monde nouveau, et le pilote Antonio de Alaminos, découvrant le Gulf-stream, traçait ainsi aux vaisseaux, pour revenir d'Amérique, un chemin plus rapide et plus sûr. En 1513, Balboa traversait le continent dans sa partie la plus étroite et s'avançait au loin dans les flots de l'océan Pacifique, comme pour en prendre possession. C'est lui qui constata le premier que l'Amérique est un monde à part, et non point, comme le supposait Colomb, une simple péninsule de l'Asie. Quelques années après, les expéditions envoyées par Cortez, le conquérant du Mexique, longeaient les côtes occidentales de l'Amérique du Nord jusqu'au fond du golfe de Californie.

A la première période, celle de la découverte, du pillage et de la brutale exploitation des mines d'or, succéda pour le continent septentrional l'âge de la colonisation proprement dite. Sous ce rapport, l'œuvre des Espagnols fut à peu près nulle dans la partie du continent située au nord du golfe du Mexique. En 1539, Hernando de Soto, affolé de rêves insensés comme tant d'autres conquérants, s'était élancé dans l'immense région qui s'étend des côtes de la Floride au Mississipi ; mais, dans sa course de trois années, rendue terrible par les batailles et par la faim, il ne cherchait que la fontaine de Jouvence pour devenir immortel et des montagnes d'or pour s'enrichir à jamais : il ne put même terminer son voyage et mourut de fatigue sur le grand fleuve qu'il avait découvert. Ce ne sont pas les conquérants, mais d'humbles travailleurs anglais, français, suédois, hollandais, allemands, presque tous réfugiés, pour cause d'hérésie politique ou religieuse, qui ont rattaché l'Amérique du Nord à l'Europe et en ont fait, de progrès en progrès, la contrée la plus prospère du monde. Les huguenots français de la Caroline du sud, les puritains anglo-saxons de la Nouvelle-Angleterre, les Hollandais, puis les Anglais de New-York, les Suédois du Delaware, les Allemands du Maryland et de la Pensylvanie, les déshérités, les exilés, les aventuriers de tous les peuples d'Europe, mais principalement ceux de la Grande-Bretagne, ont établi le long de la mer, au pied des Alleghanys, une série de colonies distinctes, « comparables, dit Löwenberg, à des nids d'hirondelles sous le rebord d'un toit. » De leur côté, les Français, pour la plupart Normands et Saintongeois, ont colonisé, au nord, les terres riveraines du Saint-Laurent, au sud, le delta du Mississipi, et, poussant graduellement leurs avant-postes dans les solitudes de l'ouest, ont reconnu toute la région des grands lacs, puis toute la vallée mississipienne. Leurs établissements, disposés en forme d'un demi-cercle autour des colonies anglo-saxonnes du littoral, s'étendaient sur un espace d'environ 3,500 kilomètres ; mais, précisément à cause de cet énorme développement, la zone trop mince et trop faiblement peuplée des possessions françaises devait être rompue dès le premier conflit avec les groupes plus compactes des habitants de la côte. La vallée de l'Ohio, le Canada, furent enlevés à la France ; puis, la Louisiane, qu'il eût été facile de conquérir, lui fut achetée. La confédération primitive des treize colonies du bord de l'Atlantique s'est peu à peu fortifiée, et maintenant la république américaine, devenue la puissance prépondérante du continent, possède, du détroit de Behring à la pointe de la Floride, et de l'embouchure du Colorado à la baie de Fundy, un territoire de plus de 9 millions de kilomètres carrés, soit environ un quatorzième de la superficie des terres.

Grâce aux progrès rapides de la colonisation, non-seulement aux États-Unis, mais aussi dans les possessions anglaises de la Nouvelle-Bretagne, et dans les républiques espagnoles, les voyages de découvertes proprement dites ont cessé sur le continent ; les trappeurs, les chercheurs d'or, les ingénieurs de chemins de fer explorent le pays dans tous les sens ; des villes surgissent comme par enchantement du milieu des solitudes, et des milliers d'hectares, qui se trouvent encore en blanc sur nos cartes, ont été déjà cadastrés par les arpenteurs et livrés à la culture. Toute l'Amérique du Nord est connue dans ses grands traits géographiques : il ne reste plus qu'à dessiner les contours des îles de l'archipel polaire et à longer les rivages de la mer libre qui s'étend probablement au delà dans la direction du pôle arctique. On sait avec quel acharnement, depuis Frobisher, en 1576, les marins anglais ont exploré les détroits à l'ouest du Groënland, dans l'espérance de trouver un passage qui eût abrégé de moitié la traversée de l'Angleterre en Chine. Plus de quatre-vingt expéditions ont été dirigées vers ces mers et les plus importantes ont rendu célèbres les noms de Davis, de Baffin, de John Ross, de Parry, de Franklin. Enfin Mac Clure découvrit en 1851 le fameux passage, et deux années plus tard, Morton, compagnon de l'Américain Kane, pénétra par le détroit de Smith jusqu'à la mer libre du Nord, que le docteur Hayes a revue récemment. Nul doute que dans un avenir prochain la géographie de ces contrées, si longtemps défendues par les barrières de glace, ne soit complétement révélée par les navigateurs.

Dans toute sa partie tempérée, le continent de l'Amérique du Nord est admirablement disposé pour devenir l'un des principaux rendez-vous des nations. Situé à moitié chemin entre l'Europe et la Chine, il deviendra certainement le grand chemin du commerce de l'extrême Occident à l'extrême Orient. A l'intérieur, la méditerranée des grands lacs et les plaines mississipiennes, faiblement accidentées, offrent à la colonisation et aux échanges des facilités qui ne sont égalées dans aucune autre partie du monde. Au sud, le golfe du Mexique et la mer des Antilles, pénétrant au loin entre les deux continents américains, sont parsemés d'îles d'une merveilleuse richesse, auxquelles on ne peut comparer que ces autres « perles de la mer, » les Moluques et les îles de la Sonde. Enfin, dans sa partie tropicale, là où le climat torride pourrait repousser les colons, la terre se redresse en plateau et s'amincit en isthmes étroits où les ingénieurs construisent des chemins de fer et se préparent à creuser des canaux d'un Océan à l'autre.

La population actuelle de l'Amérique du Nord, y compris les Antilles, est seulement de 57 millions d'habitants, mais, depuis la seconde moitié du siècle, elle s'accroît au moins de 1,200,000 individus chaque année : lors de la découverte de Colomb, c'est à 8 ou 10 millions au plus que devait s'élever le nombre des habitants. Les émigrants de l'ancien monde, volontaires ou forcés, constituent de beaucoup la plus grande part de la population totale : dans les Antilles, les nègres d'Afrique et leurs descendants sont, avec un dixième de blancs de toutes les nations, les uniques possesseurs des îles ; dans l'Amérique centrale, le Costa-Rica est peuplé de fils d'Espagnols, tandis que le Nicaragua et le Salvador sont habités par des mulâtres et des métis à la fois Castillans, Africains, Aztèques et Chirotegans par la descendance. Dans le Bas-Canada, la plupart des colons sont d'origine française ; dans le Haut-Canada ils sont en grande majorité anglais et écossais. Aux États-Unis, le mélange entre les émigrants de toutes les nations d'Europe est beaucoup plus intime : la langue dominante est l'anglais ; mais le nombre des Anglo-Saxons n'y dépasse point, ainsi qu'on l'affirme souvent, celui des colons de toutes les autres nationalités réunies, Écossais, Irlandais, Allemands, Français, Espagnols, Italiens et Slaves : en remontant encore plus haut, jusqu'aux races elles-mêmes, il est probable que la souche celtique l'emporte sur la souche germanique dans la formation du peuple américain. En outre, quatre millions de noirs, naguère esclaves, sont groupés principalement dans les États du Sud, et cinquante mille Chinois, avant-garde de millions d'Asiatiques, travaillent déjà dans les villes et sur les chemins de fer de la Californie. Les noirs du Sud serviront d'intermédiaires entre la république actuelle des États-Unis et la fédération des libres Antilles qui ne peut manquer de se former tôt ou tard ; quant aux Chinois établis sur le bord du Pacifique, à l'extrémité du grand chemin de fer de jonction entre les deux Océans, ils aideront à relier l'une à l'autre la civilisation de l'Europe et celle de l'extrême Asie.

Récemment encore, les représentants des diverses races qui peuplent l'Amérique du Nord étaient divisés par des haines brutales et l'on pouvait douter que la réconciliation eût jamais lieu. Aux Antilles, la race indigène a été exterminée presque en entier, et il n'en reste plus aujourd'hui que de rares métis. Aux États-Unis, au Canada, nombre de tribus ont été également massacrées jusqu'au dernier homme. Au Mexique, dans l'Amérique centrale, les Indiens étaient condamnés au plus dur esclavage, et même lorsque la servitude fut officiellement abolie, elle se continua longtemps sous une forme à peine adoucie. Quant aux nègres, tous avaient été importés d'Afrique comme des bêtes de somme et de labour ; tous, à l'exception de quelques affranchis, couverts d'un stupide mépris à cause de leur couleur, devaient travailler sous le fouet et se laisser troquer comme des marchandises. Aujourd'hui les restes de ce hideux état social disparaissent rapidement. L'esclavage n'existe plus que dans les îles espagnoles de Cuba et de Puerto-Rico, où la mère patrie maintient des forces considérables ; partout ailleurs, dans les Antilles anglaises, françaises et hollandaises, au Mexique et dans les républiques de l'Amérique centrale, aux États-Unis, l'esclavage est aboli et la fusion des races entre les fils des anciens maîtres et les filles des anciens esclaves commence à constituer une nouvelle race où la justice et l'égalité sont enfin reconnues.

Même aux États-Unis, où la haine instinctive entre les blancs, noirs et rouges était plus forte qu'ailleurs, le mélange s'accomplit assez rapidement ; les hommes de couleur y sont au nombre de plus d'un demi-million, et près de 40,000 Peaux-

Rouges, cessant de vivre en tribus isolées, font partie, comme citoyens, de la grande république américaine ; en comptant ces Indiens, devenus Yankees, et ceux qui se sont graduellement fondus par les croisements avec les familles européennes, il est probable que les descendants des aborigènes ne sont pas très-inférieurs en nombre aux Indiens chasseurs qui, lors de la conquête, peuplaient le territoire actuel des États-Unis. Et, quoi qu'on en dise, les fils des anciens possesseurs du continent ne sont point réfractaires à la civilisation. Déjà les Eskimaux publient des journaux ornés de cartes et de gravures, les Cherokees, les Creeks, les Choctaws ont des écoles où l'on enseigne les droits de l'homme et des livres qui parlent de justice et de fraternité. Les Aztèques, les Toltèques étudient comme nous les arts et les sciences, et comme nous comprennent ce qu'est la liberté. Juarez et Porfirio Diaz, de pure descendance zapotèque, ne peuvent-ils donc être comparés à leurs adversaires de noble race âryenne, les Forey, les Dupin, les Dubois de Saligny ?      Élisée Reclus.

**AMÉRIQUE DU SUD.** — géographie. — Le continent méridional du Nouveau-Monde présente une régularité des plus remarquables dans son architecture et ses contours. C'est une masse de forme à peu près triangulaire, dont la base oblique à l'équateur, est tournée au nord-est, vers l'Atlantique boréal, et dont le sommet se prolonge jusqu'à 55 degrés au sud de la ligne équinoxiale dans l'océan Antarctique. La superficie de ce continent est d'environ 18 millions de kilomètres carrés, soit à peu près la septième partie de toutes les terres émergées. Par sa disposition générale, l'Amérique du Sud offre une frappante analogie avec le continent du nord, auquel le rattache l'isthme étroit de Darien ; seulement, il est un peu moins grand et ses côtes sont moins profondément découpées. L'Amérique méridionale ressemble aussi à l'Afrique, dont la sépare l'Atlantique équatorial; toutefois elle est d'un tiers plus petite, et n'a point la même massiveté de formes. Entre ces deux parties du monde la symétrie est remarquable. Les plus hauts plateaux et les montagnes les plus élevées de l'Afrique se dressent dans les régions orientales de ce continent, tandis que la chaîne des Andes domine les rivages occidentaux de l'Amérique du Sud. Les plus grands fleuves africains déversent leurs eaux dans le bassin de l'Atlantique, où vont se jeter également les fleuves immenses du continent colombien, la Plata, le courant des Amazones, l'Orénoque. De même les déserts sahariens qui s'inclinent vers l'océan Atlantique répondent aux llanos du Venezuela et aux pampas de la Plata, tournés vers le même bassin océanique. Enfin, les deux isthmes de Suez et de Panama occupent chacun à l'angle de leur continent une position symétrique, mais opposée. Quant à l'élévation moyenne de l'Afrique, elle n'est pas connue; celle de l'Amérique méridionale serait, d'après Humboldt, d'environ 351 mètres.

Le trait le plus remarquable de l'Amérique du Sud est la longue chaîne des Andes, qui constitue pour ainsi dire le squelette du continent : c'est un système de montagnes vraiment unique, au point de vue de la géographie, par son admirable harmonie avec l'ensemble des terres qui complètent l'architecture de la partie méridionale du Nouveau-Monde. Toutefois, cette arête de montagnes et de plateaux, si étonnante par son énorme longueur de plus de 7,000 kilomètres et par la grande hauteur à laquelle se maintiennent ses pics sur un espace d'environ 50 degrés de longitude, est moins régulière qu'elle ne le semble à première vue. Ce qui caractérise les Andes parmi tous les autres grands systèmes de montagnes, ce sont les nombreuses bifurcations ou, pour mieux dire, les épanouissements de la Cordillère. Huit fois, entre les frontières du Chili et celles du Venezuela, les Andes se partagent pour former de grandes enceintes ovales enserrant de larges plateaux entre leurs deux ou même leurs trois rangées de pics. L'ensemble de l'arête s'élargit de distance en distance comme pour former des vertèbres à l'ossature continentale.

De la pointe méridionale de l'Amérique jusqu'au delà de l'Aconcagua (6,834 mèt.), le géant des Andes chiliennes, la grande chaîne ne projette, à l'est, que des massifs sans importance; seulement quelques rides s'allongent au-dessus des pampas, parallèlement à l'arête principale. Vers le 30e degré de latitude, ces rides augmentent en nombre et en hauteur, puis forment un vaste plateau duquel se détache la puissante Sierra d'Aconquija. D'autres sierras se dressent sur l'énorme masse du plateau entre les montagnes d'Aconquija et la grande bifurcation des Cordillères de Bolivie, au 22e degré de latitude. La rangée occidentale, composée de larges dômes à la forme régulière, se rapproche du littoral du Pacifique, tandis que la chaîne orientale, projetant plusieurs chaînons importants dans les plaines de l'est, recourbe autour du grand plateau de la Bolivie sa longue série de pics dentelés et neigeux, parmi lesquels se dresse l'Illampu ou Sorata (7,494 mètres), le mont le plus élevé de l'Amérique. Au nord du lac de Titicaca, les deux chaînes sont unies par un rempart transversal, mais elles continuent de se développer parallèlement dans la direction du nord-ouest. Bien que la Cordillère orientale soit percée en un grand nombre de points par des fleuves tributaires du courant des Amazones, il est facile de la reconnaître à l'orientation générale des tronçons qui la composent.

Au massif de Cerro de Pasco, les deux Cordillères se rejoignent de nouveau, mais pour se diviser immédiatement en trois chaînes, dont l'une va se perdre au nord-est dans le pampa del Sacramento, tandis que les deux autres, entre lesquelles se trouve la haute vallée du Marañon, vont se réunir à l'angle le plus occidental du continent, près des frontières de l'Équateur et du Pérou. Plus au nord, se succèdent divers petits plateaux couverts de forêts vierges, puis, au delà du massif de Loja, les deux Cordillères séparent de nouveau leurs deux rangées parallèles de cimes neigeuses : c'est là la magnifique terrasse de l'Équateur et de Tuquerres que les massifs transversaux de l'Assuay, de Chisinche et d'Ipiales partagent en quatre plaines distinctes. De chaque côté se dresse une chaîne de volcans, les uns encore actifs, les autres assoupis ou complétement éteints, et tous d'une admirable régularité de contours. A l'ouest, s'élèvent le Chimborazo, le Carahuarizo, l'Illinissa, le Corazon, le Pichincha, le Cotocachi, le Chiles, le Cumbal, l'Azufral; à l'est, le Sangay, volcan le plus redoutable du monde, le Tunguragua, le Cotopaxi, l'Antisana, le Cayambe. Ce ne sont point les seuls volcans des Andes. Plusieurs évents volcaniques s'ouvrent aussi dans les Cordillères du Chili, de la Bolivie, du Pérou, et, plus au nord, dans la Nouvelle-Grenade.

Au nord de la vallée du Patia et d'un massif que domine le volcan de Pasto, commencent trois Cordillères distinctes, qui ne doivent plus se rejoindre. La chaîne occidentale va se perdre près du golfe de Darien, entre la vallée de l'Atrato et celle du Cauca; la Cordillère centrale, sur laquelle s'élèvent les puissantes cimes du Puracé, du Huila, du Tolima, sépare le bassin du Cauca de celui du Magdelena; enfin, la Cordillère orientale se courbant à l'ouest du plateau où s'étendait l'ancien lac de Bogotà, va se bifurquer elle-même, près de Pamplona, en deux chaînes dont l'une se termine dans le voisinage de Maracaybo, sous le nom de Sierra Negra ou de Parija, tandis que l'autre, diversement ramifiée, limite au nord les *llanos* du Venezuela, puis, après avoir formé la superbe Silla de Caracas, longe le littoral, s'avance en promontoire jusqu'au détroit de la Bouche du Dragon, puis reparaît dans les montagnes de l'île de Trinidad. C'est là que finit la grande chaîne andine, la plus importante du monde entier, non par la hauteur de ses cimes, quoique les sommets de l'élévation du Mont-Blanc s'y comptent par centaines, mais par l'énorme longueur et par la masse de tous ses terrains supérieurs au niveau de la mer. La prodigieuse chaîne semble si bien faire partie de l'architecture même du continent que nombre des habitants de ses plateaux et de ses pentes voient en elle l'épine dorsale du monde entier: ils ne peuvent, dit M. Jules Remy, se figurer un seul pays qui ne soit dominé par la Cordillère.

Dans la partie occidentale du continent, le seul massif de montagnes indépendant des Andes est le système isolé de la Sierra Nevada de Santa Marta, qui se dresse, immédiatement à l'est des bouches du Magdalena, à près de 6,000 mètres de hauteur, et qu'une faible dépression des plaines environnantes transformerait en îlot. Ce petit massif offre quelques glaciers, de même que deux ou trois montagnes des Andes de la Nouvelle-Grenade, de l'Équateur et de la Bolivie. Toutefois, ces faibles glaciers, comparés à la vaste étendue des neiges et aux dimensions des chaînes elles-mêmes, sont très-peu de chose. C'est au centre du Chili seulement, vers le 35e degré de latitude, que commencent les vastes champs de glace. Au sud du Descabezado de Maule, les glaciers deviennent de plus en plus nombreux; déjà sous la latitude de 46o,50, les fleuves de glace atteignent le bord de la mer et les fragments qu'en détachent les vagues vont flotter au loin vers le nord. La limite des neiges persistantes est très-élevée en moyenne dans toutes les régions des Andes dépourvues de glaciers. Chose remarquable! elle est même beaucoup plus élevée vers le 20e degré de latitude méridionale que sous la ligne de l'équateur. A 5,000 et jusqu'à 5,600 mètres, la neige ne se maintient point d'une manière permanente sur les versants occidentaux des Andes boliviennes, tandis que, sur les Andes de Quito, la limite des neiges se trouve à 1,000 mètres plus bas. C'est à l'inégale répartition des pluies qu'il faut sans doute attribuer ce contraste.

Dans la partie orientale de l'Amérique du Sud, tous les systèmes montagneux sans exception sont complétement séparés par de larges plaines de la Cordillère andine et en diffèrent par la formation géologique. De même que dans l'Amérique du Nord, les Alleghanys contrastent avec les Montagnes Rocheuses, de même les chaînes du Brésil et des Guyanes contrastent avec les Andes par leur isolement, leur faible importance relative et leur direction générale. Sous ce rapport, l'analogie est complète entre les deux continents. Chacune des deux masses triangulaires incline sa pente rapide du côté de l'ouest et sa longue pente du côté opposé, chacune a ses plaines dans sa partie centrale, et, dans l'un comme dans l'autre continent, ces plaines sont bordées à l'est par des montagnes d'élévation moyenne, coupées sur un grand nombre de points par les embouchures des fleuves.

Les montagnes des Guyanes ou de Parime, entre les bassins de l'Amazone et de l'Orénoque sont peu connues, si ce n'est dans le voisinage immédiat des fleuves qu'ont visités de savants voyageurs, Humboldt, Schomburgk, Martins. En plusieurs endroits, les chaînons rayonnants et le massif central de la Sierra Parime dressent leurs cimes jusqu'à 2,000 et 3,000 mètres; mais, nulle part, ils ne s'élèvent à la limite des neiges persistantes, comme les Andes tropicales. Les monts du Brésil sont encore moins élevés que ceux des Guyanes; les plus élevés n'atteignent pas même une hauteur de 2,500 mètres. Dans son ensemble, le système des monts brésiliens se dirige du sud-ouest au nord-est, parallèlement au littoral. La principale arête se continue sur une distance de 25 degrés de longitude: elle est connue dans sa partie méridionale sous le nom de Serra do Mar (de la mer) ou dos Orgãos (des Orgues) et dans sa partie septentrionale sous le nom de Serra do Espinhaço, employé pour la première fois par le voyageur Von Eschwege, pour désigner cette chaîne comme l'épine dorsale du Brésil. Les autres chaînons situés plus à l'ouest sont de simples arêtes portées sur un plateau d'une hauteur moyenne de 1,000 mètres qui s'abaisse par degrés vers les grandes plaines et les marécages du Matto Grosso, où naissent les premiers affluents du Madeira et du Paraguay. Au sud de l'estuaire de la Plata, les massifs de montagnes n'ont que peu d'importance ; mais, au milieu des pampas, entourées par d'anciennes mers desséchées, s'élèvent quelques sierras plus remarquables, celles de Cordova et de San Luis, qui n'appartiennent pas non plus au système des Andes.

La grande dépression centrale de l'intérieur du continent, encadrée pour ainsi dire d'un côté par la longue arête des Cordillères, de l'autre par les monts des Guyanes et du Brésil, se divise, par suite du régime des pluies et des autres phénomènes du climat, en trois régions parfaitement distinctes. Celle qui s'étend sous l'équateur et qu'arrosent le fleuve des Amazones et ses principaux affluents, est la contrée de la terre la plus remarquable par la splendeur de sa végétation. Nulle part ne se trouvent plus admirablement réunies sur une aussi vaste surface la richesse alluviale du sol, l'abondance des pluies et l'activité des rayons solaires. Aussi les plaines amazoniennes, sur plusieurs milliers de kilomètres dans tous les sens, ne sont-elles qu'une forêt sans bornes, interrompue seulement par les larges canaux du fleuve et de ses tributaires, par les marécages et les lagunes de leurs bords, et çà et là par des clairières de hautes herbes, où s'élèvent quelques arbres épars. Au nord de cette vaste région des *selvas* (forêts) ou *mattos* (bois) de l'Amazone, s'étendent les *llanos* du Venezuela et de la Colombie ; au sud, les *pampas* se prolongent vers la péninsule de Patagonie.

Les llanos, si bien décrits par Humboldt, sont probablement de toutes les plaines du monde celles qui offrent dans leur apparence le contraste le plus frappant, suivant les diverses saisons de l'année. Après l'époque des pluies, ces plaines, qui s'étendent sur une zone d'environ 400,000 kilomètres carrés, comprises entre le cours de l'Orénoque et les Andes de Caracas, de Mérida et de la Nouvelle-Grenade, sont recouvertes d'une herbe touffue, graminées ou cypéracées, au milieu desquelles les mimosées épanouissent leur feuillage délicat. Des bœufs et des chevaux errent alors par millions dans ces magnifiques pâturages ; mais le sol se dessèche peu à peu, les cours d'eau tarissent, les lacs se changent en mares, puis en bourbiers où les crocodiles et les serpents s'enfouissent dans la fange ; les plantes se flétrissent et se réduisent en poussière ; les bestiaux, chassés par la soif et la faim, se réfugient dans le voisinage des grands fleuves. Les pâturages se sont changés en déserts. Tout à coup, les orages de la saison pluvieuse inondent le sol, la multitude des plantes jaillit de la poussière, et l'immense espace jaunâtre se transforme en une prairie de fleurs. Les rivières débordent, et parfois les inondations s'étendent sur des centaines de kilomètres en largeur ; les anciennes îles, appelées « tables » ou *mesas,* sont les seules terres qui se montrent au-dessus de la nappe troublée des eaux.

Les pampas argentines, dont la superficie dépasse probablement 1,300,000 kilomètres carrés, s'étendent sur une longueur de 3,000 kilomètres au moins, des régions brûlantes du Brésil tropical aux froides contrées de la Patagonie. Sur un territoire aussi vaste, les climats et la végétation diffèrent beaucoup, et cependant il y règne une grande monotonie à cause de l'horizontalité du sol et du manque d'eau. Les fleuves Pilcomayo, Vermejo, Salado, qui prennent leur source dans les Andes et dans la Sierra d'Aconquija, finissent par atteindre la grande artère fluviale du Parana, mais non sans avoir perdu en route une grande partie de leurs eaux, par suite de l'évaporation dans les lagunes et les marécages. Plus au sud, le Rio Dulce, également descendu des ravins de l'Aconquija, va se perdre dans un lac salé, à une assez grande distance à l'ouest du Parana ; de même, tous les cours d'eau des provinces de Catamarca, de Rioja, de San-Juan, de Mendoza, de Cordova, s'affaiblissent à mesure qu'ils s'éloignent des montagnes, puis s'étalent en marais ou se fractionnent en flaques; le sable du désert les absorbe peu à peu. En certains endroits, notamment à l'ouest du massif de Cordova, les plaines sont occupées par des espaces salins, complétement dépouillés de verdure, fonds dénudés d'anciens bassins lacustres. La pampa proprement dite s'étend immédiatement à l'ouest du cours du Parana, entre le Salado et les plateaux de la Patagonie : c'est là l'immense et célèbre pâturage qui a fait la richesse de la république Argentine, à cause des bestiaux qui le parcourent par centaines de mille et par millions. Au nord du Salado, la grande mer d'herbes est remplacée par des fourrés de mimosas et d'autres arbustes épineux entourant de petites savanes. Enfin, au delà des méandres du Pilcomayo, les bouquets de palmiers se montrent çà et là parmi les massifs, et la pampa, appelée en cet endroit le *Gran-Chaco*, va rejoindre, par des terrains noyés et par des isthmes de forêts, le Grand-Bois (*matto grosso*) du bassin de l'Amazone.

Par suite de la continuité des grandes plaines des Andes, du Venezuela aux plateaux étagés de la Patagonie, les principaux bassins fluviaux de l'Amérique du Sud communiquent les uns avec les autres. Ainsi le haut Orénoque se partage en deux fleuves, dont l'un va s'unir à l'Atlantique, immédiatement au sud de la grande rangée des Antilles, tandis que l'autre, connu sous le nom de Cassiquiaae, descend au sud-ouest vers le Rio-Negro, affluent des Amazones. La rivière qui recueille les eaux du bassin supérieur de l'Orénoque est donc tributaire des deux mers à la fois; elle contribue à transformer toutes les Guyanes en une grande île, entourée d'un côté par l'Océan, de l'autre par un canal navigable à double pente, ayant son bief de séparation à 280 mètres au pied de la haute montagne de Duida. Les communications naturelles entre les affluents de l'Amazone et ceux de la Plata sont moins complètes, mais on peut les observer sur un grand nombre de points. Les sources du Tapajoz et celles du Paraguay sont tressées pour ainsi dire, et se déversent en filets d'irrigation, tantôt dans l'un, tantôt dans l'autre bassin. Plus à l'ouest, le Rio Guaporé, affluent du Madeira, et le Jauru, tributaire du Paraguay, prennent leur origine commune dans une plaine périodiquement inondée pendant la saison des pluies. Au pied des Andes boliviennes, la même confusion des bassins se reproduit entre le Mamoré et le Pilcomayo. La mer des Caraïbes et l'embouchure de l'Orénoque se rattachent donc à l'estuaire de la Plata par une série de fleuves, de rivières et de marécages.

Ainsi les trois systèmes de fleuves les plus importants de l'Amérique du Sud sont reliés les uns aux autres par des eaux courantes. Le bassin du San-Francisco, qui prend sa source dans le plateau brésilien, à l'est du Parana, et ceux des deux fleuves colombiens, le Magdalena et l'Atrato, compris entre les chaînes divergentes des Andes, restent en dehors de cet entrelacement des systèmes fluviaux. Le San-Francisco, le Magdalena, l'Atrato, sont des rivières très-abondantes à cause de la grande quantité d'eau que leur apportent les vents pluvieux; mais il est probable que leur masse liquide, unie à celle de l'Orénoque, de la Plata et de tous les fleuves du continent, serait encore inférieure à celle que roule à lui seul dans son lit le puissant courant des Amazones. Ce fleuve, non le plus long, puisqu'il est dépassé sous ce rapport par le Nil et par le Missouri-Mississipi, mais le plus considérable de la terre entière, roule en moyenne environ 80,000 mètres cubes d'eau par seconde, soit à peu près la huitième partie de toutes les eaux qui se déversent dans la mer. Après la longue arête de la chaîne des Andes, il forme le trait principal du continent. Cette mer d'eau douce en mouvement, qui prend sa source à une petite distance du Pacifique et s'unit à l'Atlantique par un estuaire de 300 kilomètres de largeur, sert de ligne de partage entre les deux moitiés de l'Amérique du Sud, et, comme un équateur visible, sépare l'hémisphère du nord de celui du midi, sur une longueur de 5,000 kilomètres environ. Connu sous plusieurs noms dans les diverses parties de son cours, comme s'il était composé de rivières distinctes et mises bout à bout, le grand fleuve offre à la vapeur, avec ses affluents, ses *furos* ou fausses rivières, ses *igarapés* ou bras latéraux, plus de 50,000 kilomètres de navigation. En maints endroits, ses deux rives servent de limites à deux faunes distinctes, et même de nombreuses espèces d'oiseaux n'osent en franchir la vaste nappe. Récemment encore, nous dit Bates, la plupart des riverains de l'Amazone, blancs, noirs ou rouges, se figuraient que le grand fleuve entoure l'univers entier et que tous les peuples du monde en habitent les bords. A une époque géologique antérieure, le courant des Amazones, déjà si considérable, roulait encore une quantité d'eau beaucoup plus grande. Les observations d'Agassiz ont prouvé que son niveau était alors bien supérieur en élévation. En outre, son embouchure se trouvait beaucoup plus à l'est, et le Tocantins, le Maranhão, le Paranahyba, qui se déversent aujourd'hui directement dans la mer, étaient ses affluents. Les érosions de l'Océan et peut-être aussi l'affaissement graduel du sol ont pour conséquence d'ouvrir de plus en plus largement l'estuaire de l'Amazone. De ce côté, la mer empiète sur les terres, tandis qu'à l'ouest du continent, l'étroite plaine qui borde le pied des Andes semble gagner sur les flots du Pacifique.

La grande quantité d'eau que roulent les fleuves de l'Amérique équatoriale s'explique par la marche des vents alizés. La direction générale de ces courants atmosphériques, au-dessus du bassin de l'Amazone, est celle de l'est à l'ouest. Arrêtés par les pentes orientales des Cordillères, ils déversent une assez grande abondance de pluies pour former le Japura, le Putumayo, le Haut Marañon, l'Apurimac, le Mamoré et tant d'autres tributaires du puissant fleuve des Amazones; mais, après avoir franchi les cols des Andes, les vents alizés, allégés de leurs vapeurs, et réchauffés par la réverbération des rochers blancs et de la terre nue, ne laissent que très-rarement tomber une averse et presque toujours absorbent avec avidité le peu d'eau qui coule dans les vallées. Il se passe quelquefois cinq, dix et même vingt années sans qu'il tombe une seule goutte de pluie à Payta et en d'autres villes du littoral péruvien. Sur les côtes méridionales du Chili, le régime des vents se trouve interverti, et les courants chargés de la vapeur des eaux marines viennent frapper la pente occidentale des Andes; il en résulte une énorme précipitation de pluies et de neiges, et, par suite de cet excès d'humidité, la limite inférieure des neiges persistantes et celle des glaciers s'abaisse rapidement dans la direction du sud. Quant au versant oriental de cette partie des Andes, il ne reçoit qu'une faible quantité d'eau, puisque les vents se sont déchargés de leur fardeau de vapeurs sur les pentes opposées. La zone de déserts, qui dans le Pérou et la Bolivie s'étend à la base occidentale des monts, en longe donc la base orientale dans la république Argentine. D'ailleurs, sur l'un comme sur l'autre versant, elle n'a point une étendue assez considérable pour former une barrière sérieuse entre les peuples. Dans son ensemble, l'Amérique du Sud est, après l'Europe, le continent le mieux arrosé, et par conséquent celui qui se prête le mieux à être mis en culture et peuplé dans toute son étendue.

HISTOIRE. — Lorsque les navigateurs d'Europe découvrirent l'Amérique méridionale, une grande partie de ce continent était habitée par des populations relativement civilisées. De même que dans l'Amérique du Nord, ces peuples policés vivaient sur les plateaux situés à l'occident, tandis que les plaines basses et les montagnes des régions orientales ne donnaient asile qu'à des peuplades de chasseurs sauvages. En Colombie, sur les plateaux de Cundinamarca, de Tunja, d'Antioquia, les Muyscas et autres peuples parlant des langues de même famille, s'étaient élevés à une civilisation assez haute pour savoir tracer des hiéroglyphes sur les rochers, observer les solstices et les équinoxes, construire des routes pavées, arroser les champs, peser leurs denrées dans les balances. Plus au sud, les Quichuas de l'Équateur et du Pérou, les Aymaras de la Bolivie étaient encore plus avancés, et leurs villes fortifiées, leurs monuments, leurs grandes routes témoignent du haut degré de développement social auquel ils s'étaient élevés par leur propre initiative. Au commencement du xvie siècle, l'empire des Incas, qui comprenait avec les Quichuas et les Aymaras, des centaines de peuplades parlant diverses langues, s'étendait des Andes de la Colombie à celles de l'Araucanie, sur un espace de 4,500 kilomètres, du nord au sud, et des courriers parcouraient régulièrement cet immense trajet. Par delà ces bornes, l'influence des Incas se faisait encore sentir, puisque des mots quichuas se retrouvent dans les langues des indigènes jusqu'au sud de la Patagonie; toutefois, dans son ensemble, la civilisation autochthone était nettement limitée par la base des plateaux andins : les forêts immenses, les marécages et les déserts qui s'étendent à l'est des montagnes de l'Équateur, du Pérou, de la Bolivie, du Chili, offraient un obstacle insurmontable à la culture des peuplades aborigènes.

Les tribus sauvages qui peuplaient et qui, pour la plupart, peuplent encore les régions du centre et de l'est du continent, étaient vraiment innombrables et se fractionnaient à l'infini en sous-tribus et en familles. Nulle part, dans le monde, les hommes ne se trouvaient plus éparpillés, plus étrangers les uns aux autres; quelques dizaines de familles ayant leur dialecte spécial et leurs mœurs constituaient à elles seules toute une peuplade, sans lien social avec les autres groupes. Les langues diverses existaient par centaines et se fractionnaient, se modifiaient, disparaissaient avec les tribus. On connaît l'histoire de ce perroquet, qui, resté seul, après un massacre, parlait encore la langue d'une race disparue. Il est fort difficile de classer par groupes naturels ces Indiens de l'Amérique du Sud, si différents les uns des autres par l'aspect, les mœurs, les dialectes; les séries qu'on en a faites doivent toutes être considérées comme provisoires. D'après toutes les probabilités, il semble que les principaux groupes étaient les Caraïbes ou Caribes sur les côtes de la mer des Antilles et au nord du fleuve des Amazones, les Guaranis au centre du continent et jusqu'à l'embouchure de la Plata, les Tupis et les Tapuyos dans le Brésil, les Antes au pied des Andes péruviennes, les Moxos et les Chiquitos dans les plaines orientales de la Bolivie, les Araucans du Chili et les tribus des Pampas et de la Patagonie. Parmi les peuplades qui composent ces groupes, plusieurs, tels que les Botocudos et les Bugres du Brésil, sont encore dans l'état de la plus complète sauvagerie; il en est même, sur les bords des affluents de l'Amazone, qui vivent partiellement de chair humaine.

C'est en 1498, six ans après la découverte des Antilles, que Colomb aperçut pour la première fois les rivages de cette partie de l'Amérique du Sud qui portait, avant de se scinder en trois républiques différentes, la désignation si bien méritée de Colombie. L'année suivante, le navigateur dont le nom est devenu celui du nouveau monde tout entier, Amerigo Vespucci, suivit les côtes des Guyanes jusque dans le voisinage de l'équateur. En 1500, Vincent Pinzon découvrit l'embouchure de l'Amazone et longea jusqu'au cap Saint-Augustin les côtes du Brésil, que Diego de Lepe, puis Alvarez Cabral et Amerigo Vespucci reconnurent à leur tour dans la même année. Ce dernier, cherchant un détroit vers les mers de la Chine et de l'Inde, suivit le littoral jusqu'au delà du Brésil, et peut-être jusqu'à la Patagonie, mais il dut rebrousser chemin sans avoir découvert le passage. C'est à Magalhaens que devait, vingt années plus tard, échoir l'honneur de trouver le détroit qui porte son nom et de faire le premier la circumnavigation du globe. Les conquérants espagnols du Pérou, de la Bolivie, du Chili, complétèrent la reconnaissance du littoral de l'Amérique du Sud, et, dès l'année 1640, Orellana traversa le continent de l'ouest à l'est en descendant le cours du fleuve des Amazones. De proche en proche, les colons et les voyageurs apprirent à connaître les traits généraux de la contrée, puis, dans le courant du xviiie siècle et au commencement du xixe, des astronomes, des géographes, la Condamine, Bouguer, Ulloa, Azara, Càldas, Mùtis, Humboldt, Bonpland, entreprirent sur divers points des voyages d'exploration vraiment scientifiques. Depuis les guerres d'indépendance qui ont délivré les colonies américaines du joug imposé par les gouvernements de Madrid et de Lisbonne, ces voyages sont devenus de plus en plus fréquents, et déjà certains pays, le Chili notamment, sont, dans leurs détails topographiques, aussi bien connus que la plupart des contrées d'Europe. Quelques régions de la Nouvelle-Grenade, des Andes Orientales, du Brésil, des Guyanes, sont les seules parties du continent où les grands linéaments géographiques restent encore douteux.

A l'exception d'une partie du littoral des Guyanes, que l'Angleterre, la Hollande, la France, se sont appropriée pour y fonder trois colonies, d'ailleurs sans grande importance, toutes les contrées de l'Amérique du Sud se sont affranchies de la tutelle de l'Europe. Les anciennes colonies espagnoles de la Côte-Ferme, des Andes, des Pampas, sont devenues des républiques, tandis que le Brésil, colonisé par des Portugais, s'est constitué en empire. Le contraste entre l'occident et l'orient de l'Amérique, déjà si grand par la différence du relief continental, s'accuse bien davantage encore par la différence des populations au point de vue de l'origine, des mœurs, des institutions. Les colons espagnols de la Colombie, du Pérou, du Chili, de la Plata, se sont croisés presque partout avec les populations indigènes. Même pendant les premières années de la conquête, alors que les nouveaux venus, poussés par leur affreuse rage de convertisseurs et de chercheurs d'or, massacraient les Indiens par centaines de mille, ils s'unissaient aux femmes et aux filles des vaincus et créaient ainsi une nouvelle race tenant à la fois des rouges et des blancs. Puis, quand, à l'ère sanglante des exterminations en masse eut succédé l'époque de la dure oppression coloniale, pendant laquelle du moins les créoles blancs et les Indiens avaient la communauté de la souffrance, le contact eut pour résultat d'adoucir graduellement les haines, et quand ils se levèrent ensemble pour conquérir leur indépendance commune, ils apprirent à se reconnaître comme frères. Dans la Nouvelle-Grenade, dans l'Équateur, dans certaines parties du Pérou, au Paraguay, où le fond de la population est d'origine indienne, le mélange entre les deux races est à peu près complet, les fils des aborigènes revendiquent le titre de citoyens avec le même orgueil que les fils des conquérants, et du reste, il n'est probablement pas un habitant qui par son origine n'appartienne aux deux races à la fois. C'est là le grand bonheur des populations hispano-américaines; les premières dans l'histoire moderne, elles ont mis en pratique le principe de la fraternité des races, et par une conquête plus sûre que celle de l'épée, elles ont fait entrer la race rouge dans le giron de l'humanité civilisée. Quichuas et Guaranis s'instruisent maintenant dans les mêmes écoles et les mêmes universités que les Européens. Un bien petit nombre de tribus sont encore restées dans leur sauvage isolement d'autrefois.

Dans l'ancienne colonie portugaise, devenue aujourd'hui l'empire du Brésil, les Européens se sont aussi croisés avec les Indiennes, notamment dans la province de São-Paulo; mais, par suite de la traite des noirs, plus facile et plus profitable au

Brésil que dans les autres contrées de l'Amérique, les éléments de la population se trouvèrent changés : au lieu de se trouver en contact avec les anciens aborigènes, qui se réfugiaient dans les forêts de l'ouest, les planteurs se donnèrent eux-mêmes pour compatriotes forcés les esclaves africains, et, par conséquent, c'est entre blancs et noirs que s'est opéré surtout le mélange. Tandis que la plupart des Hispano-Américains sont métis, la majorité des Lusitano-Américains se compose d'hommes de couleur à différents degrés : malheureusement, la réconciliation n'est pas faite pour cela entre les fils des Portugais et ceux des Africains, car, parmi ces derniers, plus de 2 millions sont encore esclaves; en outre, 500,000 sauvages aborigènes parcourent les solitudes brésiliennes. Ainsi, une sérieuse guerre des races n'est plus à craindre dans les républiques hispano-américaines; elle est en permanence dans l'empire lusitanien.

Plus favorisées que le Brésil par l'étendue du territoire, par le climat, par le relief du sol, les républiques espagnoles sont aussi plus peuplées, bien qu'en moyenne elles soient plus éloignées des ports d'Europe où s'embarquent les émigrants. Actuellement (1869) la population s'y élève à 17 millions d'habitants; au Brésil, elle est de près de 11 millions, sur lesquels 9 millions ont le titre de citoyens. Ce nombre total de 28 millions est bien minime encore pour un continent deux fois plus grand que l'Europe; mais il s'accroît chaque année d'au moins 500,000, par l'excédant des naissances sur les morts. L'immigration n'entre que pour une faible part relative dans cet accroissement de population; toutefois, elle augmente peu à peu et maintenant on l'évalue à près de 40,000 par an. Chose remarquable! la plupart des émigrants se portent vers les républiques platéennes et dans les provinces méridionales du Brésil. La population, en se condensant sur les limites des deux pays, augmente les points de contact entre l'empire et les États voisins. Or, entre des pays de race, de mœurs et d'institutions différentes, ces points de contact sont en même temps des causes de guerre : aussi la lutte, impossible sur les autres frontières du Brésil parce que d'immenses solitudes le séparent des républiques andines, sévit-elle presque toujours sur les bords de la Plata. Assouvie parfois à cause de l'épuisement des deux partis, elle se réveille sous le moindre prétexte, et ne s'éteindra certainement point, tant que les races ne se seront pas mélangées, que l'esclavage et les monopoles ne seront pas abolis et que la liberté commune n'aura pas confondu les intérêts.                    ÉLISÉE RECLUS.

**AMÉRIQUE.** — GÉOLOGIE. — Pour les géologues, l'Amérique c'est l'ancien monde. Quand les emplacements sur lesquels ont été bâtis Paris, Londres, Vienne, Berlin, Berne, Bruxelles, étaient encore enfouis pendant des millions d'années sous les vagues de l'Océan; New-York, Boston, Québec, Montréal, Cincinnati, Saint-Louis, Cuzco, La Paz, Rio de Janeiro étaient depuis longtemps émergés du sein des mers et faisaient partie des *terra firma* des époques géologiques. Tandis que, dans ce que l'on nomme la vieille Europe, il n'y avait que quelques petites îles disséminées depuis l'Irlande et le pays de Galles, jusqu'aux confins de la Russie d'Asie, que la Scandinavie seule formait une terre ferme de quelque importance, la jeune Amérique avait déjà deux grands massifs, presque deux continents, dont l'un probablement tenait à l'Afrique par la Côte-d'Or de Guinée et le Benguela, et dont l'autre s'étendait depuis les bords du Mississipi et de la rivière Mackensie, jusqu'aux montagnes de l'Écosse, du Cornouailles et de la Galice.

Tout le Groënland, toutes ces îles des régions arctiques dont nous devons la connaissance aux persévérants efforts des navigateurs, le Labrador, le territoire de la baie d'Hudson, Terre-Neuve que l'on devrait appeler Terre-Vieille, le cap Breton, la Nouvelle-Écosse et le Nouveau-Brunswick, c'est-à-dire l'ancienne Acadie de nos pères, les deux Canadas ou la nouvelle France, la nouvelle Angleterre, les vastes territoires de New-York, de l'Illinois, du Missouri, de l'Arkansas, les Alléghanys ou Apalaches, toutes les régions septentrionales et orientales de l'Amérique du Nord, sont formées des roches cristallines ou sédimentaires les plus anciennes de notre globe. Les granites, les syénites, les porphyres, les diorites, les gneiss, les micaschistes, forment les noyaux, c'est-à-dire, les points centraux, les points les plus élevés, l'ossature en un mot de ces régions; puis par-dessus s'appuient les roches sédimentaires souvent très-tourmentées, renversées, brisées, métamorphiques, presque méconnaissables; et à mesure que l'on s'éloigne de ces centres de roches éruptives ou tout au moins cristallines, les dépôts de terrains stratifiés sont moins accidentés, et même ils forment de vastes plateaux à couches presque entièrement horizontales. C'est dans ces anciens terrains d'origines sédimentaires, que l'on trouve les premières traces de la vie sur notre planète ; c'est aussi là que se trouvent d'une manière complète les restes des premières phases biologiques par lesquels les organismes ont passé; et c'est là où existent les plus grands bassins houillers du monde, les plus grandes réserves de combustibles et de lumières. Les terrains taconiques, les terrains siluriens, dévoniens et carbonifères, c'est-à-dire ce qu'en géologie l'on nomme les terrains de transition ou paléozoïques, constituent presque en entier cet immense territoire, à l'exception des massifs cristallins dont j'ai parlé précédemment, et de quelques taches disséminées çà et là de terrains plus récents; comme du trias dans la vallée du Connecticut, sur les bords de la baie de Fundy, et dans quelques îles du golfe Saint-Laurent; du jurassique sur les bords de la Mackensie et dans les îles du prince Patrick, de Cornwallis et d'Exmouth; du tertiaire à l'île de Disco, à Atanekerdluk, sur la terre de Banks, à l'île Melville et sur les rives de la Mackensie.

Le nouveau territoire d'Aleaska, ou ancienne Amérique Russe, est encore inconnu géologiquement, à l'exception de quelques points de la côte, surtout dans le voisinage du détroit de Behring et aux îles Aléoutiennes, où se trouvent des volcans en activité et éteints, et où des indications des terrains carbonifères, jurassiques et tertiaires ont été signalées. Il faut arriver à l'île de la Terre Vancouver et à la colonie britannique de Columbia pour avoir des documents géologiques certains. Là, commence une région géologique dont les deux types se trouvent aux deux extrémités des pays qui bordent les côtes américaines de l'océan Pacifique, c'est-à-dire en Californie et au Chili. On a une longue bande de terre, qui va plus ou moins en s'élargissant, et qui s'étend sans interruption depuis les placers de Frazer river, jusqu'aux îles Chiloë et aux sources du Rio-Negro de Patagonie. Cette bande comprend les Cordillères des Andes, les montagnes de l'Amérique centrale, le haut plateau mexicain, la basse Californie, la sierra Nevada, et le cascade Range. C'est là où se trouvent les montagnes les plus élevées du nouveau monde et presque du globe entier, à l'exception de l'Himalaya. Le centre de cette bande est formé de roches cristallines, tels que : granites, diorites et porphyres; de nombreux volcans, dont beaucoup encore en activité, la jalonnent d'un bout de l'hémisphère septentrional à l'autre extrémité de l'hémisphère méridional, et les coulées de laves se sont étendues sur de grandes surfaces des roches cristallines et des terrains meubles quaternaires qui les recouvrent. Des roches anciennes ont été amenées au jour par les roches éruptives; cependant, à l'exception de quelques points isolés en Bolivie où l'on a trouvé le dévonien et le silurien, on n'a pas encore reconnu de bandes bien suivies de l'époque paléozoïque. Le terrain carbonifère a été signalé sur les bords du lac Titicaca, au Mexique et en Californie. Puis vient le terrain triasique, qui, lui, paraît se présenter sur de longues bandes étroites à droite et à gauche des chaînes de roches cristallines et éruptives. Ainsi, on l'a trouvé en Californie, dans l'État de Névada, dans l'Arizonie, au Mexique et dans le Guatemala. Puis il reparaît au Pérou, s'étend en Bolivie, au Chili et dans la république Argentine. Les terrains jurassiques ont été reconnus par petits lambeaux en Californie, au Guatemala, au Pérou et au Chili. Le terrain crétacé est plus développé en Californie, il a des représentants au Monte-Diablo et à Chicocreek, il en a à l'île de Vancouver; mais c'est surtout au Mexique et dans la Nouvelle-Grenade, la république de l'Équateur et au Pérou qu'il présente de grands développements. C'est même le terrain qui sert de lien entre les couches des régions occidentales et des régions orientales de l'Amérique, ou mieux entre les versants du Pacifique et ceux de l'Atlantique. Cette union se fait par le Mexique et le Texas; et par le Venezuela, Caracas, l'île de la Trinité et la Jamaïque. Enfin le terrain tertiaire se trouve disséminé, çà et là, de l'Orégon au Chili, tout le long de la côte. Naturellement, les terrains quaternaires sont très-développés dans toutes ces régions montagneuses; et c'est même, au point de vue industriel, le terrain le plus important, puisque c'est lui qui renferme les pépites et les sables aurifères. C'est dans le centre de cette bande, dans les terrains cristallins que se trouvent les filons de quartz aurifère, les mines d'argent, de cuivre, de mercure, etc.

Le centre de l'Amérique du Nord, connu sous les noms de Far-West, Haut-Missouri, Great-Basin, Nouveau-Mexique, Colorado, Idaho, Montana, Uta, est formé principalement de roches granitiques vers la partie occidentale, et de terrains carbonifères, triasiques, jurassiques crétacés et tertiaires d'eaux douces dans les parties orientales. Le trias surtout occupe et forme de grands plateaux qui s'avancent, depuis les Black hills au nord du fort Laramée, jusque vers la ville de Mexico. Le pourtour du golfe du Mexique est formé par des terrains modernes, qui surtout à l'embouchure du Mississipi et dans la Floride atteignent de vastes proportions en étendue et en épaisseur. Le delta du Mississipi est un des plus grands connu dans les deux hémisphères.

Dans les Indes occidentales, les grandes îles telles que Cuba, la Jamaïque, Haïti, Porto-Rico, et la Trinité sont formées de roches anciennes cristallines et sédimentaires; tandis que les petites îles, telles que la Guadeloupe, la Martinique, la Désirade, Saint-Thomas, Saint-Vincent, les Bahamas sont d'origine volcanique ou madréporique, c'est-à-dire tout à fait récentes.

Pour la partie orientale de l'Amérique du Sud, on a d'abord le massif des Guyanes, entre l'Orénoque et l'Amazone, où l'on rencontre de grandes quantités de roches granitiques et dioritiques formant le centre du pays, et des terrains d'alluvions de l'époque quaternaire dans les vallées et les parties basses, sur les côtes de la mer. L'immense vallée de l'Amazone n'est qu'un grand estuaire, où l'on ne trouve que du terrain quaternaire. M. Agassiz qui l'a exploré dernièrement, pense même que ce ne sont que des dépôts glaciaires. Les parties élevées et centrales de l'empire brésilien, et même les côtes à partir du cap Saint-Roch, sont formées de roches cristallines, avec des schistes probablement très-anciens. Enfin les Pampas de la république Argentine, Corrientes, Entre-Rios et Montevideo sont de l'époque tertiaire, et renferment, comme les Mauvaises Terres du Nébraska, un véritable ossuaire des animaux vertébrés, miocènes et pliocènes.

La Patagonie n'est pas connue. Au détroit de Magellan, et sur la Terre-de-Feu on a trouvé le terrain crétacé. Les îles Falklands sont très-anciennes et paraissent formées entièrement de terrains paléozoïques, de l'époque dévonienne ou silurien supérieur. Enfin le peu que l'on connaît des terres antarctiques, a donné quelques échantillons de granite et de quartzites. Les Gallapagos sont volcaniques et d'origine récente.                                                   Jules Marcou.

**AMIDES.** — Corps appartenant au type ammoniaque, dont ils dérivent par la substitution de radicaux acides à l'hydrogène. Lorsque la substitution a lieu dans une seule molécule d'ammoniaque, l'amide est dite *monamide*; quand la substitution a lieu dans deux molécules d'ammoniaque réunies en une seule par des radicaux polyatomiques, l'amide prend le nom de *diamide*, et ainsi de suite.

L'hydrogène de l'ammoniaque peut être remplacé en totalité ou en partie, et la substitution se fait par tiers. Quand un tiers de l'hydrogène seulement est remplacé, on a des amides primaires; on a de même des amides secondaires et tertiaires, lorsque la substitution porte sur les deux tiers ou sur la totalité de l'hydrogène.

Toute monamide dérive d'un sel ammoniacal correspondant qui en diffère par les éléments d'une ou de plusieurs molécules d'eau que le sel contient en plus. Aux sels ammoniacaux neutres correspondent des amides neutres, et aux sels ammoniacaux acides correspondent des amides acides.

Pour plus de détails, voy. *Ammoniaque.*                          A. Naquet.

**AMMONIAQUE.** — Non-seulement l'ammoniaque présente un vif intérêt au point de vue de son histoire chimique, et des applications industrielles de la solution aqueuse, et des sels qu'elle forme, mais encore elle est le type d'un grand nombre de composés organiques, qui s'y rattachent étroitement par l'analogie de leurs fonctions. Ces dérivés, qui constituent les *amines* ou *ammoniaques composés*, les *amides* et les *alcalamides*, renferment presque la totalité des corps azotés étudiés par la chimie organique; avoir réussi à classer ces corps, à les rapporter à un type aussi simple que l'ammoniaque, c'est une de ces heureuses généralisations, qui, débarrassant la science des faits de détail, permettent d'embrasser d'un coup d'œil les vérités qu'elle a conquises.

Il nous faut donc, avant d'étudier le type ammoniaque, faire connaître les propriétés générales de l'ammoniaque et de ses sels.

L'ammoniaque est un gaz incolore, d'une odeur piquante, bleuissant le papier de tournesol, liquéfiable à une température de moins de 40°. Sa densité est de 0,5895 : un litre de gaz à 0°, à 0$^m$76 de pression, pèse 0$^{gr}$7655. Ce gaz est excessivement soluble dans l'eau (un volume d'eau à 10° en dissout 670 volumes); la solution aqueuse constitue l'*ammoniaque liquide* du commerce ; et c'est sous cette forme que l'ammoniaque est employée dans les laboratoires et l'industrie; concentrée, l'ammoniaque liquide renferme 36 grammes pour 100 de gaz ammoniac, et sa densité est de 0,884.

*Préparation.* — Tous les procédés de préparation de l'ammoniaque sont basés sur la même réaction; décomposition d'un sel ammoniacal par la chaux, sous l'influence de la chaleur. Autrefois, on employait le chlorhydrate d'ammoniaque, venu d'Égypte, où on le préparait en sublimant, dans de grands matras en verre, la suie formée par la combustion de la fiente de chameau. Dans le pays où manque le bois de chauffage, on combure en effet les excréments desséchés des animaux domestiques; ces substances donnent par la combustion une suie riche en sels ammoniacaux, qu'on en peut retirer par la sublimation. Longtemps ce fut la seule source des sels ammoniacaux; aujourd'hui, ils s'obtiennent en très-grande quantité et à bas prix, comme produits secondaires de diverses industries, la préparation du gaz d'éclairage et la fabrication du noir animal.

Les os, pendant leur carbonisation opérée en vases clos, la houille dans sa distillation dégagent de grandes quantités de carbonate d'ammoniaque, qui sont condensées dans l'eau où elles se dissolvent.

Les eaux ammoniacales sont transformées en chlorhydrate ou en sulfate, par saturation avec l'acide chlorhydrique ou l'acide sulfurique. Le chlorhydrate est purifié par concentration des liqueurs, cristallisation et sublimation. — Le sulfate n'étant pas sublimable est toujours coloré; on l'obtient à l'état de pureté en additionnant les eaux ammoniacales de chaux ordinaire, les chauffant et dirigeant le gaz ammoniac qui se dégage dans de l'acide sulfurique étendu. Si on reçoit le gaz simplement dans des bonbonnes remplies d'eau, on obtient ainsi à très-bon marché l'ammoniaque liquide du commerce. Ainsi préparée, l'ammoniaque liquide renferme quelques impuretés. Dans les laboratoires, on se procure le gaz ammoniac pur, en chauffant le chlorhydrate d'ammoniaque avec deux fois son poids de chaux vive pulvérisée; ce gaz reçu dans l'eau distillée donne une solution, entièrement privée de substances étrangères.

*Composition.* — L'ammoniaque est formée de trois volumes d'hydrogène, et de un volume d'azote; la composition en volume répond à la composition en atomes; on la représente par la formule $AzH^3$.

*Théorie de l'ammonium.* — Nous ne rapporterons pas ici les nombreuses réactions de l'ammoniaque; nous n'avons à insister que sur sa propriété caractéristique; c'est qu'en présence de l'eau, elle constitue une véritable base. Sa saveur est caustique et alcaline, sa réaction sur le papier de tournesol est celle de la potasse et de la soude. Elle s'unit directement aux acides en les neutralisant et fournissant de véritables sels, semblables par leurs propriétés aux sels de potassium avec lesquels ils sont isomorphes. Le chlorhydrate d'ammoniaque $AzH^3HCl$ est comparable au chlorure de potassium $KCl$; le sulfate $(AzH^3)^2H^2SO^4$, comparable au sulfate de potassium $K^2SO^4$.

On voit que, dans les formules des sels ammoniacaux, il y a un groupement $AzH^4$, qui joue le rôle d'un métal; puisqu'il *vaut* le potassium, et donne des combinaisons semblables à celles de ce dernier. Ampère, le premier, fit ce rapprochement ingénieux; il appela le groupe $AzH^4$, *ammonium*, et le considéra comme un véritable métal; il ramena aussi toutes les formules des sels ammoniacaux aux formules des sels potassiques; dans les premiers fonctionne l'*ammonium*; dans les seconds, le potassium. Le gaz ammoniac en solution dans l'eau constitue l'hydrate d'ammonium, $AzH^4,OH$ analogue à l'hydrate de potassium $KOH$. Cette théorie, appelée théorie de l'*ammonium*, est repoussée par un certain nombre de chimistes; ils objectent qu'on n'a pu isoler l'ammonium, qu'au moment de sa mise en liberté, il se scinde en hydrogène et en gaz ammoniac $AzH^3$ et que l'hydrate lui-même $AzH^4OH$ ne peut être séparé de l'excès d'eau, dans laquelle on suppose son existence. A notre avis, cela importe peu; la théorie de l'ammonium n'affirme pas l'existence isolée de l'ammonium et n'en a pas besoin; elle dit simplement que le remplacement du potassium des sels potassiques par un groupement $AzH^4$, n'altère ni la forme cristalline, ni la plupart des propriétés, et à ce groupement elle donne le nom d'ammonium.

L'ammonium, du reste, n'existe pas seulement dans les sels; on connaît une combinaison d'ammonium et de mercure, *ammoniure de mercure*, dont les propriétés physiques sont celles des amalgames, de ces composés qui résultent de l'union du mercure et des autres métaux; cet ammoniure de mercure, enfin, prend naissance dans des conditions telles qu'on voit pour ainsi dire le groupe AzH$^4$, ammonium, se substituer au potassium ; on le prépare, en effet, par l'agitation de l'amalgame de potassium, avec une solution concentrée de sel ammoniac.

La théorie de l'ammonium doit être admise, et rester dans la science ; car, n'allant pas au delà des faits, elle permet de les classer et de les simplifier. Nous verrons qu'elle a reçu une nouvelle sanction par l'étude des *amines* ou *ammoniaques composées*.

TYPE AMMONIAQUE. — *Amines.* — Qu'on substitue, dans l'ammoniaque AzH$^3$, un groupe hydrocarboné à l'hydrogène, on obtient de nouveaux composés, possédant toutes les propriétés caractéristiques de l'ammoniaque, basiques comme elle, comme elle se combinant aux acides et donnant des sels parfaitement définis. Et non-seulement les propriétés chimiques se conservent, mais encore les termes dont les groupes carbonés sont les moins riches en charbon, présentent avec l'ammoniaque une telle similitude de caractères physiques, qu'une étude approfondie est nécessaire pour les en distinguer.

C'est M. Wurtz qui découvrit ces nouveaux composés si semblables à l'ammoniaque, et auxquels on donna le nom d'ammoniaques composées ou d'amines. Cette belle découverte fut l'origine de travaux nombreux et remarquables, et, peu de temps après les travaux de M. Wurtz, M. Hofmann fit connaître de nouvelles séries d'ammoniaques composées.

Si, dans l'ammoniaque, un atome d'hydrogène est remplacé, soit par le méthyle CH$^3$, soit par l'éthyle C$^2$H$^5$, par le butyle C$^4$H$^9$ ou l'amyle C$^5$H$^{11}$, on aura les amines suivantes, dont les relations avec l'ammoniaque sont mises en évidence par la simple inspection des formules suivantes :

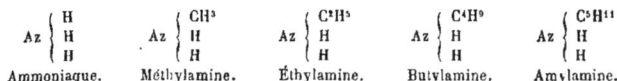

$$\text{Az} \begin{cases} \text{H} \\ \text{H} \\ \text{H} \end{cases} \quad \text{Az} \begin{cases} \text{CH}^3 \\ \text{H} \\ \text{H} \end{cases} \quad \text{Az} \begin{cases} \text{C}^2\text{H}^5 \\ \text{H} \\ \text{H} \end{cases} \quad \text{Az} \begin{cases} \text{C}^4\text{H}^9 \\ \text{H} \\ \text{H} \end{cases} \quad \text{Az} \begin{cases} \text{C}^5\text{H}^{11} \\ \text{H} \\ \text{H} \end{cases}$$

| Ammoniaque. | Méthylamine. | Éthylamine. | Butylamine. | Amylamine. |

Comme le groupe hydrocarboné peut varier, la formule générale de ces ammoniaques sera Az H$^2$(R) ; R étant un radical hydrocarboné quelconque.

Ces ammoniaques composées se comportent comme l'ammoniaque, s'unissent directement aux acides, et fournissent des sels dont on obtient facilement la formule, en remplaçant leur atome d'hydrogène par un groupe hydrocarboné dans la formule des sels ammoniacaux. De même que pour ceux-ci, on admet un groupement Az H$^4$ ammonium, fonctionnant comme métal, de même on admettra un groupement AzH$^3$(R) ; ce sera par exemple l'éthylammonium AzH$^3$(C$^2$H$^5$) dans les sels d'éthylamine.

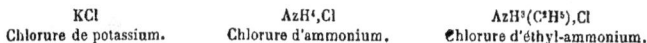

| KCl | AzH$^4$,Cl | AzH$^3$(C$^2$H$^5$),Cl |
| Chlorure de potassium. | Chlorure d'ammonium. | Chlorure d'éthyl-ammonium. |

Ces bases ne renferment qu'un atome d'azote ; elles correspondent entièrement à l'ammoniaque, on les appelle *monamines* ; mais, puisque un atome d'hydrogène de l'ammoniaque est remplacé par un groupe hydrocarboné, on comprend qu'on puisse remplacer deux ou trois atomes d'hydrogène de AzH$^3$ par des groupes hydrocarbonés, et on aura ainsi de nouvelles ammoniaques composées. Ce sont celles que découvrit M. Hofmann.

Deux atomes d'hydrogène de l'ammoniaque sont remplacés par deux groupes hydrocarbonés ; on aura des ammoniaques de la formule générale AzH(R$^2$) ; soit la diéthylamine, elle est AzH(C$^2$H$^5$)$^2$. — Si les trois atomes d'hydrogène sont remplacés, on a Az(R³), soit la triéthylamine; elle devient Az(C²H⁵)³; remarquons que ces radicaux que nous représentons par R, introduits dans une même molécule d'ammoniaque, peuvent être identiques ou différents, et que, par suite, le nombre des ammoniaques composées possibles devient réellement immense.

$$\text{Az} \begin{cases} \text{H} \\ \text{H} \\ \text{H} \end{cases} \quad \text{Az} \begin{cases} \text{C}^2\text{H}^5 \\ \text{H} \\ \text{H} \end{cases} \quad \text{Az} \begin{cases} \text{C}^2\text{H}^5 \\ \text{C}^2\text{H}^5 \\ \text{H} \end{cases} \quad \text{Az} \begin{cases} \text{C}^2\text{H}^5 \\ \text{C}^2\text{H}^5 \\ \text{C}^2\text{H}^5 \end{cases} \quad \text{Az} \begin{cases} \text{CH}^3 \\ \text{C}^2\text{H}^5 \\ \text{C}^5\text{H}^{11} \end{cases} .$$

Ammoniaque.   Éthylamine.   Méthylamine.   Triéthylamine.   Méthyléthylamylamine.

Les monamines forment donc trois classes : les *primaires*, les *secondaires* et les *tertiaires*, suivant qu'il y a un, deux, trois groupes hydrocarbonés substitués à un, deux ou trois atomes d'hydrogène.

De même que les monamines primaires, les monamines secondaires et les tertiaires se combinent directement aux acides, en donnant des sels, dans lesquels on admettra l'existence de métaux analogues à l'ammonium; aussi, la combinaison de la triéthylamine et de l'acide chlorhydrique est un chlorure de triéthylammonium, entièrement analogue au chlorure d'ammonium.

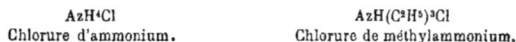

<table>
<tr><td>AzH⁴Cl</td><td>AzH(C²H⁵)³Cl</td></tr>
<tr><td>Chlorure d'ammonium.</td><td>Chlorure de méthylammonium.</td></tr>
</table>

Nous voyons que, dans le chlorure de triéthylammonium, il reste encore un atome d'hydrogène de l'ammonium; cet atome d'hydrogène peut également être remplacé, et nous aurons une série de corps rapportables non plus à l'ammoniaque, mais à son hydrate et à ses sels, c'est-à-dire rapportables à l'ammonium.

Qu'on traite une amine tertiaire, soit la triéthylamine, par le chlorure d'éthyle C²H⁵Cl, il y aura combinaison directe, et le produit de la réaction sera le chlorure de tétréthylammonium (C²H⁵)⁴ Cl, c'est-à-dire du chlorure d'ammonium, dont tous les atomes d'hydrogène sont remplacés par l'éthyle.

Ces sels présentent un caractère spécial, par la stabilité plus grande de leurs éléments constituants. En effet, nous avons admis dans la solution aqueuse d'ammoniaque l'existence de l'hydrate d'ammonium, AzH⁴,OH; mais cet hydrate ne peut être isolé du sein de l'eau dans laquelle il se trouve. Quand on veut enlever l'excès d'eau, l'hydrate lui-même se scinde en eau et en gaz ammoniac, qui se dégage ¹. Il en est de même lorsqu'on décompose par un alcali les sels d'ammonium, comme le chlorhydrate; l'hydrate peu stable se détruit au moment de sa mise en liberté. Avec les sels d'ammonium quaternaires, comme le chlorure de tétréthylammonium, l'hydrate existe à l'état isolé, et, si l'on ajoute à ce chlorure de l'oxyde d'argent, on aura une double décomposition : formation de chlorure d'argent et d'hydrate de tétréthylammonium Az (C²H⁵)⁴, OH. La réaction est toute semblable à celle que donnerait le chlorure de potassium avec l'oxyde d'argent; de même qu'on obtiendrait ici l'hydrate de potassium, de même on obtient là un hydrate d'ammonium quaternaire. Cet hydrate, de plus, présente *tous les caractères*, *toutes les réactions* de la potasse; on pourrait facilement les confondre si le composé organique ne se détruisait par une forte chaleur.

La formation de ces hydrates apporte un nouvel appui à la théorie de l'ammonium; elle montre que des groupes complexes peuvent jouer le rôle d'un métal simple, que la non-existence de l'hydrate d'ammonium à l'état libre ne saurait

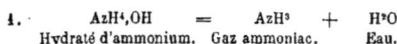

1.   AzH⁴,OH   =   AzH³   +   H²O
  Hydrate d'ammonium.   Gaz ammoniac.   Eau.

suffire à repousser l'analogie des sels ammoniacaux et des sels potassiques, qu'il y a là seulement une question de stabilité relative, et enfin que peut-être, avec d'autres éléments constituants, on arrivera un jour à isoler un métal organique, à avoir un ammonium à l'état de liberté.

Dans une molécule d'ammoniaque, le groupe qui se substitue à l'hydrogène peut renfermer de l'oxygène ; si celui-ci s'y trouve à l'état d'oxyde de carbone CO, le groupement est fortement électronégatif, c'est un radical d'acide, et le composé qui en dérive, tout en appartenant au type ammoniaque, présente un ensemble de propriétés un peu différentes ; c'est une *amide*, nous en parlerons plus loin ; mais si ce groupe renferme l'oxygène à l'état d'oxhydrile (OH), comme dans les alcools (Voyez *Alcools*), il est électropositif, et les corps qui dérivent de cette substitution sont de véritables amines, donnant des sels parfaitement définis ; telle est l'amine oxyéthylénique Az $\begin{cases} (C^2H^4, OH) \\ H^2 \end{cases}$

L'existence de ces amines présente le plus grand intérêt, car elles semblent analogues aux alcaloïdes naturels, et font prévoir, dans un temps relativement peu éloigné, la synthèse totale de ces alcaloïdes, si précieux pour l'art de guérir ; déjà la névrine, base retirée du cerveau, a été refaite de toutes pièces par M. Wurtz ; la névrine étant l'hydrate d'un ammonium triméthyloxéthylénique, c'est-à-dire d'un ammonium dont trois atomes d'hydrogène sont remplacés par trois groupes méthyle, et le quatrième par de l'oxéthyle $C^2H^4$, OH.

Ces bases sont également des monamines, puisqu'elles dérivent d'une seule molécule d'ammoniaque ; elles peuvent être des hydrates d'ammonium primaires, secondaires, tertiaires ou quaternaires, elles ne diffèrent de celles dont nous avons parlé d'abord que par la nature de un ou de plusieurs des radicaux électropositifs, renfermant de l'oxygène.

La substitution de l'hydrogène s'est opérée dans tous ces composés par des groupes monoatomiques, c'est-à-dire qui se combinent pour se saturer à un seul atome d'hydrogène, ou se substituent à un seul atome de ce métalloïde.

Mais si l'on a un groupement diatomique, comme l'éthylène $C^2H^4$, qui dans ses substitutions remplace deux atomes d'hydrogène, ou se combine à ceux-ci dans sa saturation, ce groupement peut prendre la place de deux atomes d'hydrogène dans une seule molécule d'ammoniaque, ou dans deux molécules différentes.

Dans le premier cas, on aurait : Az H $(C^2H^4)$, mais ce mode de substitution n'est pas connu pour les radicaux hydrocarburés ; il existe seulement pour les radicaux acides, comme nous le dirons en parlant des amides [1].

Dans le second cas, le groupement diatomique prenant la place d'un atome d'hydrogène à deux molécules d'ammoniaque différentes, soude les résidus entre eux ; et l'ammoniaque composée obtenue est appelée *diamine*, car elle se dérive de deux molécules d'ammoniaque.

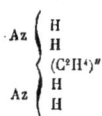

$$Az \begin{cases} H \\ H \\ H \end{cases} \qquad Az \begin{cases} H \\ H \\ (C^2H^4)'' \\ H \\ H \end{cases}$$
$$Az \begin{cases} H \\ H \\ H \end{cases}$$

Deux molécules ammoniaque.

[1].
$$Az \begin{cases} H \\ H \\ H \end{cases} \qquad Az \begin{cases} (CO)'' \\ H \end{cases} \qquad Az \begin{cases} (C^4H^4O^2)'' \\ H \end{cases}$$

Ammoniaque.      Carbimide.      Succinimide.

Ces diamines sont dites *primaires*, parce qu'elles ne renferment qu'un groupement alcoolique; on comprend, d'après ce que nous avons dit pour les monamines, qu'il existe aussi des diamines secondaires ou tertiaires, qui représentent la diamine primaire dont les quatre atomes d'hydrogène restants sont remplacés par des groupements alcooliques, monoatomiques ou diatomiques.

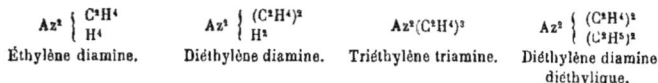

$$Az^2 \begin{cases} C^2H^4 \\ H^4 \end{cases} \qquad Az^2 \begin{cases} (C^2H^4)^2 \\ H^2 \end{cases} \qquad Az^2(C^2H^4)^3 \qquad Az^2 \begin{cases} (C^2H^4)^2 \\ (C^2H^5)^2 \end{cases}$$

Éthylène diamine.     Diéthylène diamine.     Triéthylène triamine.     Diéthylène diamine diéthylique.

Elles forment aussi des hydrates d'ammonium quaternaires; elles se combinent directement aux acides, et tandis que les monamines se combinent à une seule molécule d'acide, elles se combineront à deux, car elles conservent les propriétés basiques des deux molécules d'ammoniaque dont elles dérivent [1].

On connaît enfin une triamine, dérivant de trois molécules d'ammoniaque soudées par un groupe triatomique, et une tétramine dérivant de la même manière de quatre molécules d'ammoniaque.

A ces amines organiques, se rattachent des composés, qui dérivent de une ou plusieurs molécules d'ammoniaque, non plus par substitution de groupes organiques, mais par substitution de différents métaux, zinc, cuivre, platine, etc. Leurs sels, qui avaient été considérés autrefois comme des sels doubles d'ammoniaque et du métal, sont semblables aux sels d'éthylène diamine.

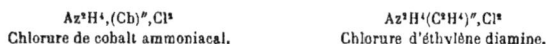

Az²H⁴,(Cb)″,Cl²                     Az²H⁴(C²H⁴)″,Cl²
Chlorure de cobalt ammoniacal.     Chlorure d'éthylène diamine.

Les sels de cuivre ammoniacaux, de platine ammoniacaux, etc., sont de même des sels de cupramine, de platosamine, etc.

Au type ammoniaque se rattachent encore des composés, qui ne renferment pas d'azote. Le phosphore, l'arsenic, l'antimoine se combinent à trois atomes d'hydrogène, pour donner l'hydrogène phosphoré, PhH³, l'hydrogène arsénié AzH³, l'hydrogène antimonié SbH³, dont la constitution est analogue à celle de l'ammoniaque; de même par substitution de radicaux hydrocarbonés à l'hydrogène, ils donnent des arsines, des phosphines, des stibines qui, par leurs formules, leurs modes de production, se rapprochent des amines, mais auxquelles la nature du métalloïde, qui remplace l'azote, imprime une physionomie générale et des réactions bien différentes de celles des amines.

*Amides.* — Par la substitution des radicaux oxygénés, radicaux électronégatifs, à l'hydrogène de l'ammoniaque, on obtient les amides. Ainsi le radical de l'acide acétique ou *acétyle* C²H³O donne l'acétamide Az $\begin{cases} C^2H^3O \\ H^2. \end{cases}$ De même que les amines, les amides seront divisées en *monamides, diamides* ou *triamides*, selon qu'elles dérivent de une, deux ou trois molécules d'ammoniaque. Chacune d'elles sera *primaire, secondaire* ou *tertiaire*, suivant le nombre d'atomes d'hydrogène remplacés dans l'ammoniaque. Remarquons qu'il existe des monamides secondaires, dont les deux atomes d'hydrogène sont remplacés par un groupe diatomique; telle est la succinimide Az $\begin{cases} (C^4H^4O^2)″ \\ H. \end{cases}$ Nous avons vu que ce mode de substitution n'existe pas pour les amines.

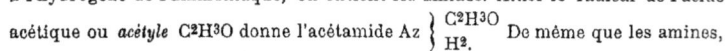

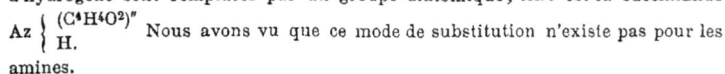

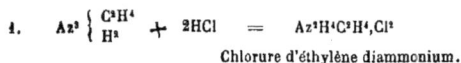

1.   $Az^2 \begin{cases} C^2H^4 \\ H^2 \end{cases} + 2HCl = Az^2H^4C^2H^4,Cl^2$
Chlorure d'éthylène diammonium.

Quant aux propriétés de cette classe de corps, le radical oxygéné qui y intervient les modifie considérablement; les amides n'ont plus le caractère basique, et se combinent difficilement aux acides; de plus un certain nombre d'entre elles, à cause de la nature du radical qui les constitue, jouent le rôle d'acides. Enfin un grand nombre se combinent également aux bases et aux acides, tel est le glycocolle; et on comprend facilement ce double rôle, puisqu'elles appartiennent aux acides d'une part, et de l'autre à l'ammoniaque. A mesure que les radicaux acides s'accumulent, le caractère basique des amides disparaît, et l'on ne peut avoir de composés analogues aux dérivés de l'ammonium.

Le caractère principal des amides, c'est qu'elles dérivent d'un sel ammoniacal par perte d'une molécule d'eau, et, sous l'influence des divers agents, elles s'assimilent de nouveau cette molécule d'eau, et reconstituent le sel, qui leur avait donné naissance [1].

*Alcalamides*. — Les alcalamides dérivent de l'ammoniaque par l'introduction simultanée, dans la molécule, de radicaux les uns alcooliques, les autres acides. Nous n'avons pas à entrer dans de plus grands détails sur cet ordre de composés.

(Voyez pour plus de détails, Gerhardt, *Traité de chimie organique*, t. IV; Naquet, *Principes de chimie*, t. II, et les articles *Ammoniaque* (dérivés de l'), *Amides*, *Amines*, *Alcalamides*, dans le *Dictionnaire de chimie pure et appliquée*.) E. GRIMAUX.

**AMNISTIE.** — L'amnistie est un acte solennel par lequel le pouvoir souverain déclare qu'une classe de crimes, délits ou contraventions, qu'une série d'actes coupables ou réputés tels, sont et demeurent oubliés, sont, en un mot, comme s'ils n'avaient jamais existé.

« L'amnistie diffère de la grâce, a dit la Cour de cassation dans son arrêt du 11 juin 1825, en ce que l'effet de la grâce est limité à tout ou partie des peines, tandis que l'amnistie emporte l'abolition des délits, des poursuites ou des condamnations, tellement que les délits sont, sauf l'action civile des tiers, comme s'ils n'avaient jamais existé. »

La grâce fait remise de la condamnation, l'amnistie la prévient ou l'annule. La grâce spécifie les individus; l'amnistie est collective. L'amnistie emporte de plein droit la réhabilitation; elle exclut la récidive. Elle est par-dessus tout un acte politique qui intéresse la nation tout entière.

L'amnistie doit être générale et sans conditions d'aucune sorte, sinon elle n'est plus l'amnistie. Si le pouvoir ne l'applique pas à tous les faits auxquels elle se rapporte et à tous les hommes qui ont pris part à ces faits, si l'amnistie comporte une seule exception, son principe même est vicié. Ce n'est plus la loi souveraine qui proclame l'oubli absolu, c'est l'arbitraire qui, au gré de son caprice, établit des catégories. Si le pouvoir impose des conditions à ceux qui doivent bénéficier de l'amnistie, s'il prétend les obliger à un témoignage quelconque de soumission ou d'allégeance, s'il réclame d'eux-mêmes une reconnaissance tacite, il reprend d'une main ce qu'il donne de l'autre. Ce n'est plus l'amnistie, c'est la grâce octroyée. La grâce, précisément parce qu'elle est individuelle, est ou du moins est censée être un acte de générosité. L'amnistie, qui est collective, qui porte sur un parti ou sur une classe nombreuse de citoyens, est un acte de politique et de justice. Le pouvoir qui

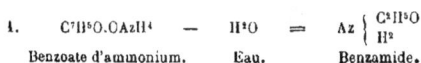

1. $C^7H^5O.OAzH^4$ — $H^2O$ = $Az \begin{cases} C^3H^5O \\ H^2 \end{cases}$

Benzoate d'ammonium. Eau. Benzamide.

amnistie, reçoit autant qu'il donne. S'il est légitime, c'est-à-dire s'il est l'expression vraie, libre, non frelatée de la souveraineté nationale, il agit dans un but d'apaisement et de concorde. S'il est illégitime, c'est-à-dire s'il a usurpé tout ou partie des droits du peuple, il espère en amnistiant ses adversaires être lui-même amnistié, faire oublier ses origines, et se concilier des ennemis irréconciliables.

On a souvent examiné à qui appartient le droit d'amnistie. Question oiseuse. Dans un pays libre, j'entends un pays où le peuple est effectivement souverain, il n'y a pas de débat possible; l'amnistie ne peut émaner que de la nation elle-même ou de ses représentants; c'est un acte législatif. D'après la constitution de 1848, l'amnistie ne pouvait être accordée que par une loi. Aux États-Unis, la constitution autorise le président à accorder des ajournements d'exécution des sentences judiciaires et des grâces, *reprieves and pardons*, pour tous les crimes commis contre les États-Unis, excepté dans les cas d'*impeachment*, c'est-à-dire de mise en accusation par le Congrès lui-même. Le Congrès des États-Unis peut ainsi, quand il lui plaît, lier les mains au président; on l'a bien vu dans les discussions qui ont signalé la fin de la présidence de M. Johnson. Donc, en principe, pas de doute : le pouvoir d'amnistier est l'un des droits inaliénables de la nation. En fait, l'exécutif s'est presque toujours attribué ce pouvoir. Le sénatus-consulte de 1852 porte : « L'empereur a le droit de faire grâce et d'accorder des amnisties. »

On retrouve quelques-uns des caractères de l'amnistie dans les lettres d'abolition générale émanées des rois de France. « Le roi, dit le légiste Rousseaud de Lacombe, accorde quelquefois des lettres d'abolition à une ville, à une province, à une communauté d'habitants, pour faits ou crimes commis contre les intérêts, les ordres et la volonté du roi, ou contre l'autorité royale. On appelle cette grâce amnistie. » Depuis 1789, les pouvoirs qui se sont succédé ont eu fréquemment recours à l'amnistie, ou plutôt à des amnisties partielles. Napoléon, après le retour de l'île d'Elbe, accorda une amnistie pleine et entière dont il n'excepta que treize personnes! Les Bourbons, après Waterloo, exceptèrent aussi de l'amnistie quelques citoyens parmi lesquels Ney, Labédoyère, Lavalette, Bertrand, Rovigo. Ils avaient déclaré que nul ne pourrait être poursuivi pour ses opinions politiques, et cependant les régicides furent exilés!

En 1837, à l'occasion du mariage du duc d'Orléans, le roi Louis-Philippe proclama une amnistie générale, dont bénéficièrent les légitimistes condamnés à la suite des troubles de la Vendée et les républicains frappés après les insurrections de 1832 et de 1834. C'est à cette époque que purent rentrer en France Godefroy Cavaignac, Armand Marrast et tous ceux des accusés du procès d'avril qui s'étaient évadés de Sainte-Pélagie.

L'Assemblée constituante de 1848 avait décidé que l'amnistie ne pouvait être accordée que par une loi. Elle s'était ainsi réservé à elle-même le plus noble des privilèges. Elle pouvait, en amnistiant les condamnés et les transportés de juin, réparer un grand crime de lèse-justice et de lèse-humanité, réconcilier la nation divisée, mettre fin à un divorce fatal entre la bourgeoisie et le peuple, sauver la République! L'Assemblée constituante ne le voulut pas! Pourtant, ce n'était pas seulement la politique et le bon sens qui lui commandaient cette mesure d'apaisement, c'était l'éternelle justice qui lui en faisait un devoir. Les citoyens condamnés par les conseils de guerre, en contradiction de ce grand principe qui veut que nul ne soit distrait de ses juges naturels, les transportés frappés sans jugement en violation de toutes les lois, avaient *droit* à l'amnistie. La justice avait été outragée en leurs personnes; l'Assemblée constituante leur devait non pas une grâce, mais une **réparation**; elle ne le comprit pas. Le 1er février, le 2 mai, le 26 mai 1849, les propositions d'amnistie furent rejetées, la dernière fois à la majorité de quatre voix seulement. Jamais, plus lourde responsabilité ne fut assumée devant l'histoire.

Le 16 août 1859, lorsque parut le décret d'amnistie générale, un certain nombre de transportés de juin étaient encore à l'établissement de Lambèse [1]. D'autres étaient internés dans les villes d'Algérie. Dix années, dix cruelles années s'étaient écoulées depuis le jour où l'Assemblée constituante s'était séparée, et les victimes de la réaction et de la peur attendaient toujours l'heure de la liberté et d'une justice tardive.

Le décret du 16 août 1859 est ainsi libellé : « Amnistie pleine et entière est accor- » dée à tous les individus qui ont été condamnés pour crimes ou délits politiques, » ou qui ont été l'objet de mesures de sûreté générale. »

L'amnistie comprenait diverses catégories : 1° les détenus de Corte, du Mont Saint-Michel et des maisons centrales, c'est-à-dire les citoyens qui avaient été condamnés soit par les conseils de guerre, soit par les hautes cours de Bourges et de Versailles, soit enfin par les cours d'assises ou les tribunaux de police correctionnelle ; 2° les transportés, les internés, les exilés de décembre; 3° les transportés de juin ; 4° les citoyens transportés en Algérie ou à Cayenne, à la suite de condamnations pour sociétés secrètes, conformément au décret du 8 décembre 1851 ; 5° les citoyens transportés en Algérie en vertu de la loi de sûreté générale.

Sauf une exception sur laquelle nous reviendrons tout à l'heure, le décret fut appliqué sans mesures restrictives.

Dès que la nouvelle fut connue, un débat grave s'engagea au sein de la proscription. On se demanda si l'on devait accepter ou refuser l'amnistie. Cas de conscience un peu puéril. On n'avait ni à accepter ni à refuser. Il ne s'agissait pas de grâce. Un fait de force majeure disparaissait ; un obstacle matériel qui arrêtait les exilés à la frontière était enlevé. Cette barrière renversée, les exilés rentraient ou ne rentraient pas à leur gré, sans rien devoir à personne, sans rien avoir à demander, sans rien avoir à promettre. Certes, le pouvoir n'avait pas plus le droit d'amnistier qu'il n'avait eu celui de frapper. L'illégalité des peines entraînait l'illégalité des mesures de réparation. Mais précisément à cause de cela, les exilés ne devaient point se sentir troublés. La frontière fermée longtemps en violation de la justice s'ouvrait tout d'un coup. Ceux à qui il convenait de la franchir n'avaient qu'à passer tête haute, en toute égalité d'âme. Quelques-uns, en très-petit nombre, n'en jugèrent pas ainsi. Individuellement, hâtivement, sans en avoir délibéré avec la proscription, qui dans son ensemble avait peut-être le droit d'être consultée et entendue, ils protestèrent. Pour se donner une satisfaction personnelle, ils rendirent impossible une déclaration générale dont l'effet aurait été immense. Cette déclaration aurait porté en substance, que le fait du prince, quel qu'il fût, n'avait pas d'action sur la conscience ; qu'après l'amnistie, les exilés étaient les mêmes qu'auparavant, et que chacun agirait au gré de ses convenances, dans la plénitude de sa liberté, de sa dignité, de son indépendance.

J'ai parlé tout à l'heure d'exception. En effet, le bénéfice de l'amnistie a été refusé à deux hommes, à un italien, M. Tibaldi, qui est détenu à Cayenne; à un français, M. Ledru-Rollin, à qui on voudrait imposer de purger sa contumace. En 1857, M. Tibaldi fut renvoyé devant la cour d'assises de la Seine, sous l'accusation de complot contre la vie ou contre la personne de l'empereur, avec cette circonstance que ledit complot avait été suivi d'un acte commis ou commencé pour en préparer l'exécution. M. Tibaldi fut condamné à la déportation. M. Ledru-Rollin

---

[1]. Lambessa est une orthographe défectueuse.

fut condamné à la même peine par contumace, comme complice. Sans entrer dans l'examen des faits, on peut assurer que la question de droit n'est pas douteuse. Voici comment la résout un jurisconsulte, M. Hubbard :

« La déportation n'est-elle pas une peine exclusivement politique? Les crimes » prévus par les art. 86 et 89 du code pénal ne sont-ils pas tous des crimes exclu-
» sivement politiques? Des docteurs ont essayé des distinctions; mais nous ne vou-
» lons soumettre à nos concitoyens que des solutions incontestées; et personne ne » s'est jamais avisé de soutenir que le complot n'était pas un crime politique, eût-
» il été suivi d'un acte préparatoire, toutes les fois que cet acte préparatoire ne » constitue pas un attentat.

» L'opinion publique a été récemment émue par le récit d'un complot contre la » vie ou contre la personne du prince de Beauffremont; un commissaire de police, » nommé Crépy, procédait à l'arrestation d'un comte polonais et d'un étudiant en » médecine; il saisissait des bonbons destinés à empoisonner le prince; complot, » actes préparatoires, tout était raconté par les journaux judiciaires, et cependant » la justice rendait contre les inculpés une ordonnance de non-lieu.

» En matière ordinaire, le complot n'est pas un crime; en droit commun, les » actes préparatoires ne sont pas punissables; il n'y a qu'en matière politique qu'on » punit une résolution arrêtée ou concertée; il n'y a qu'en matière politique qu'on » punit les actes préparatoires notre législation en matière de complot permet » ainsi d'atteindre, quand on le veut, tous ceux que l'on considère comme suspects » en matière politique.

» Le crime dont M. Tibaldi a été déclaré convaincu le 7 août 1857 était donc un » crime politique; s'il en était autrement, comment les citoyens condamnés à la » déportation, dans les affaires de l'Hippodrome et de l'Opéra-Comique, auraient-ils » été admis sans contestation au bénéfice de l'amnistie ? »

Donc l'exception qui frappe MM. Tibaldi et Ledru-Rollin ne se peut justifier; donc le décret du 16 août 1859 est adultéré dans son essence, et le second Empire ne peut réclamer l'honneur d'avoir proclamé une amnistie générale, sans condi- tions, sans restrictions.                                                    A. RANC.

**AMORTISSEMENT.** — On désigne par ce mot les opérations destinées à diminuer graduellement les charges d'une entreprise. Ainsi un industriel, outre le prix des matières premières, le salaire des employés et ouvriers, et toutes les dé- penses qui se reproduisent au fur et à mesure du travail, doit faire face à des dé- penses dont le résultat est plus durable, par exemple aux prix des bâtiments et des machines. Chaque année, il devra prélever sur ses bénéfices une certaine por- tion calculée de manière à ce que les machines, notamment, soient payées avant qu'il soit besoin de les remplacer. Cette série de sommes distraites des bénéfices constitueront le fonds d'amortissement des machines. Si, pour commencer son entreprise, l'industriel a dû emprunter une partie de son capital, un fonds d'amor- tissement devra aussi être constitué pour éteindre, dans un temps plus ou moins long, la dette contractée.

On voit que le mot ne s'applique pas au remboursement fait en une seule fois d'une somme empruntée. Il suppose une suite d'opérations destinées à diminuer régulièrement, peu à peu, la somme des engagements.

Un industriel ou un négociant qui ne fait pas de bénéfices pourra-t-il amortir ? Non; il pourra bien être obligé de rembourser ce qu'il doit à une personne déter- minée; mais, à moins qu'il ne lui survienne un héritage, il faudra, pour parer à ce remboursement, qu'il emprunte d'un autre côté. On peut même ajouter ceci : par cela même qu'il ne fait pas de bénéfices, il est probable qu'il empruntera alors à des conditions plus onéreuses que la première fois.

Il y a longtemps que les États ont commencé à emprunter comme les particuliers. Ils l'ont fait quelquefois pour se procurer le capital d'entreprises productives. Mais c'est là, dans l'histoire, la rare exception. C'est presque toujours pour subvenir à des œuvres de destruction, à des guerres, que les gouvernements ont fait appel au crédit. Mais, après qu'ils eurent imaginé de faire des dettes, l'une des premières idées qui vinrent aux gouvernants fut de ne pas les payer. Ce n'est pas ici le lieu de retracer les banqueroutes partielles plus ou moins déguisées dont l'histoire de l'ancien régime est émaillée à chaque page. Ces manques de foi avaient l'inconvénient de rendre les prêteurs de plus en plus récalcitrants. Aussi trouva-t-on ce terme moyen d'emprunter sans fixer un terme pour le remboursement; on convint que l'État ne serait jamais obligé de rembourser le capital, mais qu'il en servirait la rente tous les ans. Cette combinaison, qui fut qualifiée de rente perpétuelle, fut inaugurée dans notre pays, sous François I<sup>er</sup>, par la constitution de 60,000 livres de rente au denier douze sur l'Hôtel-de Ville. Depuis lors, ce genre de dette s'accrut fort rapidement, sans préjudice des dettes de toute forme et de toute échéance qui subsistaient à côté et faisaient aussi la boule de neige.

Aucune tentative ne se fit, jusqu'au règne de Henri IV, pour réduire les dettes de l'État, du moins par des moyens honnêtes. Sully songea à rembourser les rentes sur l'Hôtel-de-Ville ; mais les rentiers parisiens protestèrent par l'entremise du prévôt des marchands. Sully se rabattit alors sur un autre ordre de dettes, celles qui étaient garanties par une délégation spéciale sur les produits de tel ou tel impôt. Il remboursa de ce côté environ 147 millions, ce qui ne l'empêcha pas de faire faire de grands travaux et d'amasser un trésor, qui devait s'élever à 40 millions à la mort d'Henri IV : réserve stérile, du reste, car elle fut promptement dissipée par Concini, qui dut payer très-cher la tolérance de la cour. L'état des finances recommença à empirer jusqu'à Colbert. Ce ministre, dans les premières années de son administration, fit de grandes choses ; il unifia le système d'impôts, refréna les pilleries des traitants, diminua un grand nombre de charges publiques, et arriva à produire un excédant de recettes annuel d'une trentaine de millions. Il allait donc pouvoir s'attaquer aux charges anciennes du budget, quand l'influence de Louvois devint la plus forte, et décida en même temps de la guerre et de l'emprunt. Après s'être épuisé à faire face à cette nouvelle situation, Colbert s'avisa un jour de faire des remontrances au roi sur « l'extrême misère des peuples, » et fut naturellement disgracié. On sait dans quel état d'épuisement le grand roi laissa la France.

Le régent, en dehors de l'appui qu'il donna au système de Law, voulut essayer des réformes financières, et, entre autres idées, il eut celle de faire faire une révision générale des titres de la dette. Ici prennent place les opérations de la Chambre ardente qui, sur des données plus ou moins sérieuses, prononça des réductions ou des annulations; on opéra aussi des réductions dans le taux de l'intérêt, et, par un ensemble d'opérations de ce genre, on réduisit la dette, c'est-à-dire on fit banqueroute de plus de 250 millions. Le cardinal Fleury, dans les premiers temps de son ministère, prit quelques bonnes mesures financières; il lui arriva quelquefois d'avoir à sa disposition des excédants de recettes. Il est vrai qu'il fallut emprunter pour la guerre de Pologne, plus encore pour la guerre de la succession d'Autriche. C'est après cette guerre qu'il fut question, pour la première fois en France, de former un fonds d'amortissement. Un nouvel impôt, dit du vingtième, fut créé à cet effet sur la proposition du contrôleur général Machault. L'impôt subsista, mais

sa destination fut oubliée. Sous le même règne, l'abbé Terray organisa une nouvelle banqueroute partielle; il fit sur la rente de fortes réductions; il consolida
des arrérages au lieu de les payer; il mit la main sur les caisses des villes : malgré des procédés aussi vifs, la dette s'était encore augmentée sous le règne de
Louis XV.

Louis XVI, à son avénement, proclama son désir de s'occuper du remboursement de la dette (édit du 30 mai 1774). Cette promesse fit éclore quantité de projets,
la plupart proposant l'établissement de tontines, dont les rentiers seraient actionnaires; un de ceux qui furent le plus discutés, celui d'un certain de Marsay, consistait à transformer les titres de rente en billets transmissibles par endossement,
à frapper chaque endossement de 1 pour 100, et à exiger un minimum de douze
endossements par an pour chaque titre. Turgot ne goûta point ces idées ingénieuses; mais il sut faire quelques économies et les employer à des annulations de
rente. Calonne fit sans succès un essai d'amortissement systématique. Quant à
Necker, il parla en fort bons termes, dans ses écrits, de l'énormité de la dette
publique, mais il l'augmenta avec une facilité qui fut vivement critiquée par
Mirabeau.

On le voit par ce très-bref aperçu, l'ancien régime connut l'art d'emprunter,
mais fort peu celui de rembourser ses dettes, et Sully est le seul homme d'État
dont les efforts dans ce sens aient eu de l'efficacité. Mais, à l'époque où nous arrivons, l'Angleterre commençait la mise en pratique d'un système qui avait conquis
peu à peu tous les esprits et dont on attendait de merveilleux résultats. C'était la
création d'une caisse distincte de l'amortissement, pourvue d'une dotation annuelle, et qui devait en outre conserver tous les titres qu'elle aurait rachetés et en
toucher les arrérages, pour employer également à des rachats l'accroissement ainsi
obtenu. Cette opération devait être poursuivie jusqu'à la parfaite extinction de la
dette ; c'était l'amortissement à intérêt composé, et on se flattait ainsi d'abréger
beaucoup le temps nécessaire pour le remboursement de la dette. Quelques économistes font remonter la paternité de cette idée à un Génois du xvie siècle, nommé
Arnold Grimaldi. En Angleterre, la première consolidation avait été faite en 1672,
sous le règne de Guillaume d'Orange; mais le crédit de l'État avait été rudement
atteint par une banqueroute de moitié, et n'était point tout à fait rétabli, malgré
l'appui précieux de la banque Paterson, quand, en 1716, le parlement ordonna la
création d'un fonds d'amortissement. Mais Robert Walpole ne tarda pas à employer
ce fonds aux dépenses de l'État, donnant pour raison son désir de diminuer les
impôts.

Cependant, le système de l'amortissement à intérêts composés fut préconisé
dans la suite par Nathaniel Gould, par lord Stanhope, et surtout par le docteur
Price, dont les ouvrages eurent, vers 1770, un grand retentissement, et qui finirent
par entraîner l'adhésion déterminée de William Pitt. Ce ministre créa, en 1786, une
caisse dont la dotation annuelle primitive fut d'un million sterling et devait s'augmenter, outre les arrérages des rentes rachetées, des rentes viagères éteintes et des
économies à opérer par des conversions. Il y eut deux fonds; l'un pour les dettes
antérieures à 1786, l'autre pour toutes les dettes postérieures. En 1792, on augmenta
la dotation et on décida qu'un fonds spécial serait formé pour chaque emprunt par
l'émission de 1 pour 100 en sus affecté à ce fonds. Cette disposition resta inappli-
quée jusqu'en 1802, époque à laquelle elle fut renouvelée par le ministre Addington,
sous l'inspiration de Pitt ; le maximum des recettes annuelles de la caisse, primitivement fixé à 4 millions sterling, fut écarté; c'était désormais l'amortissement sans
limites. En 1807, il y eut une courte modification qui disparut l'année suivante.

En 1813, on adopta un plan de Vansitters, qui modérait un peu l'emploi du fonds, et permettait des réductions, mais qui en même temps créait un ordre dans le remboursement des avances, les plus anciennes devant être remboursées les premières. Ces distinctions créaient des obligations spéciales envers chaque catégorie de créanciers, de sorte que l'amortissement ne pouvait plus être suspendu, et qu'à défaut de ressources disponibles, il fallut emprunter pour subvenir à l'amortissement ; c'est uniquement pour cet objet qu'on emprunta 12 millions sterling en 1816, autant en 1817, qu'on dut recommencer des opérations semblables en 1819, en 1820. La combinaison ne pouvait plus se soutenir qu'au moyen d'emprunts annuels ; cela devenait chronique. On tournait le dos au but primitivement visé : le remboursement de la dette. Les publicistes commençaient à protester, Hamilton et Ricardo à leur tête. Ils démontrèrent que les rachats se faisaient régulièrement à des taux plus élevés que les emprunts destinés à les alimenter, et que, pendant la durée du système, le capital nominal de la dette avait plus que triplé. Dès 1819, une partie des revenus de l'amortissement fut retirée. En 1822, la question fut portée au parlement. L'amortissement n'absorbait pas loin d'un demi-milliard par an. Cette charge, jointe aux arrérages de la dette, menaçait d'absorber tous les revenus de l'État. La crise devint de plus en plus pressante. En 1826, une commission parlementaire condamna l'amortissement. En 1828, une enquête fut décidée à la demande de sir R. Peel, et, l'année suivante, sur le rapport de ses commissions, le parlement, tout en émettant le vœu qu'un minimum de 3 millions sterling y fût affecté chaque année, proclama ce principe que l'amortissement ne devait être demandé qu'à des excédants de recettes, sans préférence pour la dette fondée sur la dette à terme ; de plus, il fut décidé que les rentes rachetées seraient immédiatement annulées. L'amortissement est donc devenu variable et même intermittent. En 1863, il a été réduit à 5 millions sterling, depuis même à 3. M. Gladstone, le chancelier de l'Échiquier le plus remarquable que l'Angleterre ait eu depuis longtemps, a su réaliser, dans chaque année de son administration, des excédants importants ; il en appliquait une partie à la réduction de la dette ; mais les excédants qui semblaient devoir se reproduire régulièrement par suite du développement de la production étaient supprimés, pour l'avenir, par une diminution équivalente d'impôts. Malgré cette décadence, le fonds d'amortissement n'en continue pas moins à figurer au budget anglais, et à être administré par une commission spéciale. Il possède en propre quelques sommes provenant de dons et de legs.

Le système du docteur Price, décrié et abandonné dans sa patrie, s'est implanté chez nous et y a la vie plus dure. La Révolution n'eut guère la possibilité de songer à l'extinction de la dette. Elle avait à faire face à de trop exigeantes destinées. Elle fit beaucoup déjà en mettant l'ordre dans les charges du présent et du passé, en créant le grand-livre, dont l'institution ne fut régularisée que sous le Directoire, par la fameuse liquidation Ramel. Cependant, l'amortissement, pratiqué en Angleterre par Pitt, exerçait un prestige sérieux sur les esprits, et les avantages en paraissaient alors indiscutables. Une loi préparée par les Conseils et promulguée peu de temps après le coup d'État de brumaire, la loi du 11 frimaire an VIII, créa une caisse d'amortissement, lui assigna comme recettes les cautionnements des receveurs généraux, les arrérages des rentes viagères et des pensions éteintes. Le 5 pour 100 descendit alors jusqu'à 7 francs. Une loi de l'an IX affecta à cette caisse la plus grande partie du produit d'une aliénation de biens nationaux, devant monter à environ 90 millions de capital, plus une rente de 5,400,000 francs. La loi de floréal an X fixa à la dette le maximum de 50 millions de rente ; toutes les fois que ce maximum serait dépassé, on devait constituer un fonds capable d'amortir le surplus en quinze ans, à intérêt composé. A partir de l'an XII une somme annuelle de 10 millions devait être consacrée, ainsi que le produit des postes, à ramener la rente à ces limites; mais ce fonds n'opéra pas bien sérieusement. En 1811, après l'inscription de la dette hollandaise, le maximum des rentes fut porté à 60 millions. Mais cette caisse servit simplement aux besoins guerriers de Napoléon, et ne fut qu'un moyen de trésorerie très-onéreux, sur la liquidation de laquelle on perdit environ 240 millions, constituant un véritable emprunt forcé.

Ce n'est que par la loi du 28 avril 1816 qu'une caisse d'amortissement à intérêts composés fut sérieusement constituée et placée sous la surveillance et la garantie de l'autorité législative. Sa dotation fut fixée à 20 millions, dont quatorze fournis par les postes et le reste par le Trésor. La loi du 25 mars 1817 porta la dotation à 40 millions, affecta à la caisse les bois de l'État et autorisa l'aliénation de 150,000 hectares qui produisirent, frais déduits, un peu plus de 83 millions. Les premiers résultats ne furent pas mauvais. La rente était à 59; il est vrai qu'au même moment on empruntait à un taux plus bas; mais c'était la conséquence de la liquidation des désastres de 1814 et de 1815. Les exercices budgétaires de 1819, 20 et 21 se soldèrent en excédant, de sorte que la caisse s'alimenta sans efforts. En 1824, la rente 5 pour 100 toucha le pair, c'est-à-dire que le cours des titres égala le capital nominal; les charges de l'amortissement montaient à 77 millions et demi. La loi du 1er mai 1825 autorisa la conversion du 5 pour 100 en 4 1/2 et en 3 pour 100; en même temps, elle décida qu'on n'amortirait pas les rentes au-dessus du pair, et que les rentes rachetées à l'avenir seraient annulées, ce qui suspendait l'accroissement de la dotation par l'intérêt composé. On annula ainsi 16 millions de rentes jusqu'en 1830. La gestion financière de la Restauration fut bonne ; car il ne convient pas de lui imputer les charges qu'elle a dû accepter pour liquider la situation ruineuse laissée par le premier empire; il est cependant constant que, de 1816 à 1830, on a constitué plus de rentes qu'on n'en a amorti, et le taux moyen de la constitution n'a été que de 71,88 pour 100 du capital nominal, non déduites les charges de l'amortissement, tandis que le taux moyen des rachats a été de 78,01.

Le bénéfice de l'opération est clair. On a vendu à bon marché des valeurs d'une main, et de l'autre on les a rachetées plus cher.

En 1830, la caisse continua ses opérations sous le même régime que par le passé, si ce n'est qu'elle cessa d'annuler les titres nouvellement rachetés, et qu'elle reprit le système de l'intérêt composé. En 1833, le 5 pour 100 ayant dépassé le pair, et le 4 1/2 l'ayant touché à son tour, la loi du 10 juin modifia les conditions de l'amortissement. Elle répartit le fonds entre les divers types de rentes, et porta que la réserve affectée à chaque type ne serait employée que lorsque son cours serait au-dessous du pair. Elle prescrivit que tout emprunt, au moment de son émission, serait augmenté d'un fonds spécial d'amortissement qui ne pourrait être moindre qu'un pour cent du capital nominal. Elle permit en outre au gouvernement, en cas de négociation de rentes, de convertir en rentes les bons du Trésor que la caisse aurait en sa possession. Enfin, elle annula une portion des rentes rachetées. Une nouvelle annulation, ordonnée en 1834, fit descendre l'annuité à 63 millions.

La réserve constituée pour des rentes qui se maintenaient au-dessus du pair, comme le 5 pour 100 et le 4 1/2, devenait sans emploi. Aussi y puisa-t-on souvent : en 1835, pour éteindre des découverts ; en 1840, pour des travaux extraordinaires ; en 1841, pour les besoins du budget. La loi du 25 mai 1841 décida, une fois pour toutes, que chaque année les fonds de la réserve seraient consacrés à diminuer les découverts budgétaires. Aussi n'a-t-on employé, de 1833 à la révolution de Février, que 24 millions par an à amortir, tandis que l'annuité nominale s'élevait graduellement à 118 millions. Le gouvernement de Juillet, comme le précédent, a émis plus de rentes qu'il n'en a amorti ; il a négocié ses emprunts au taux moyen de 69,56 pour 100 du capital nominal, et a racheté en moyenne à 78,12 pour 100.

En 1848, le rachat fut tout à fait suspendu. La caisse d'amortissement existait toujours pour ordre ; elle recevait des bons du Trésor ; à chaque semestre, pour régulariser la situation, ces bons étaient échangés contre des rentes, qui étaient ensuite annulées. Cet expédient, que les difficultés d'une crise ont pu excuser la première fois, mais qui, renouvelé régulièrement, devenait une dérision, n'en fut pas moins pratiqué jusqu'en 1859, époque où il recommença à fonctionner, grâce à un reliquat de l'emprunt contracté pour la guerre d'Italie, reliquat qui procura des excédants de recettes à deux budgets. Mais une loi du 5 mai 1860 vint couper court à cette tentative de résurrection.

Enfin, en 1866, on s'est décidé à abroger des lois qui n'étaient plus exécutées. On a constitué à nouveau la caisse d'amortissement avec un budget spécial. On lui a affecté les produits nets des forêts, de l'impôt sur les places de chemins de fer, et un certain nombre d'autres minces revenus ; on lui a aussi donné la nue propriété des chemins de fer concédés, ce qui est une ressource un peu lointaine ; mais, entre autres choses, on a mis à sa charge, ce qui est beaucoup plus proche, les avances pour la garantie d'intérêts consentie par l'État en faveur des compagnies de chemins de fer. On s'est interdit d'annuler avant un délai de dix ans aucune des rentes rachetées. Quand on a discuté cette loi, il fut hautement déclaré que le grand-livre allait être fermé ; le gouvernement et la commission ont reconnu que l'amortissement n'opérerait avec efficacité qu'autant que le budget se solderait en excédant. Or les exercices terminés depuis lors ont présenté des déficits considérables, et, dès 1868, il a fallu emprunter 420 millions, sans autre objet que de remédier aux découverts budgétaires.

Comme on voit, l'institution de la caisse d'amortissement, imaginée par Price, n'a eu, en Angleterre et en France, que des effets funestes. Elle a produit une suite d'opérations à perte ; et de plus, arrivée à un certain point de son développement, elle impose des charges insoutenables. Presque tous les pays qui ont usé de ce système ont emprunté d'autre part, à un taux moins élevé que le taux des rachats. On ne pourrait guère citer que la Hollande qui, sans faire appel au crédit, ait pu maintenir l'amortissement et en profiter pour réduire très-largement sa dette. Mais elle ne l'a pu faire qu'à la condition d'avoir toujours des budgets en excédant, et, dans cette situation, le système n'a rien ajouté à ses facultés. Elle eût même gagné à modeler exactement le remboursement de sa dette sur le montant de ces excédants.

Le principal argument des partisans des caisses d'amortissement consiste à supposer que quiconque en conteste les vertus est partisan des emprunts, ou tout au moins ennemi du remboursement de la dette. C'est étrangement dénaturer la question.

Nous croyons que l'emprunt public à long terme est l'un des plus dangereux fléaux des États ; que chaque génération doit faire son œuvre et en payer les frais. Un grand homme d'État de la démocratie américaine, Jefferson, a posé ce principe qu'un peuple ne devrait jamais contracter une dette qu'il ne puisse amortir en dix-neuf ans ; et jamais les États-Unis n'ont emprunté sans se préoccuper du remboursement de la dette contractée. En 1837, ils avaient à peu près éteint les dettes engendrées par la guerre de l'Indépendance; à la veille de la guerre civile, ils étaient venus à peu près à bout des emprunts nouveaux survenus depuis lors. Enfin, cette guerre terrible était à peine terminée, que, sans se rebuter de l'énormité d'une dette qui atteignait presque 14 milliards de notre monnaie, ils remboursaient, dans les quinze premiers mois, 290 millions de dollars, et poursuivaient cette œuvre avec une ardeur admirable, avec trop d'ardeur peut-être, puisqu'en ces derniers temps elle a subi un recul forcé.

Nous sommes donc, non-seulement pour l'allégement de la dette, mais pour le remboursement complet. L'État n'a point mission, à nos yeux, de fournir « un bon placement » aux capitalistes sans intelligence ou sans hardiesse. Dans une démocratie libre et vivante, il n'y a pas d'autre rôle pour le capital que la commandite du travail.

Seulement, pour payer ses dettes, il faut avoir de l'argent disponible; si un État n'a même pas la somme nécessaire pour assurer les services, si son budget est en déficit, il ne peut payer une dette qu'à la condition d'en contracter une autre; et rien ne l'y force, quand il s'agit d'une dette pour le remboursement de laquelle aucun terme ne lui est assigné, et dont tous les titres ont la même valeur. Pour qu'il eût quelque intérêt à faire ce changement de mains, il faudrait qu'il pût espérer racheter à meilleur marché qu'il ne vend. Or, une expérience constante le prouve, c'est le contraire qui se produit. On allègue que l'amortissement systématique sert à soutenir les cours des fonds publics; mais si chaque titre que la caisse rachète doit être remplacé par l'émission d'un titre nouveau, l'emprunt pèsera autant sur les cours pour les entraîner, que l'amortissement pour les soutenir.

D'autres défenseurs de la caisse d'amortissement, plus jurisconsultes que financiers, refusent d'entrer dans l'examen des résultats matériels du système et font appel au respect des engagements. On a promis d'amortir quand on a emprunté; on n'a pas le droit de diminuer le gage du créancier. A cela la réponse est simple : si l'État rembourse, selon sa promesse, 200 millions, et qu'il en emprunte 400, il diminue autant le gage de son créancier que s'il n'empruntait que 200 millions sans rien amortir; et s'il subit en outre une perte par suite de la double opération inutilement faite sur 200 millions, ledit gage est encore diminué d'autant.

Si donc l'État a des excédants de recettes, qu'il diminue sa dette, rien de plus désirable, et il n'a pas besoin pour cela d'une caisse spéciale; s'il n'a pas d'excédants, il ne peut point amortir sérieusement, et le système inexorable de Price ne peut servir qu'à aggraver ses embarras. Quant à la panacée des intérêts composés, elle aurait sa puissance si les arrérages qui s'accumulent naissaient d'eux-mêmes; mais elle n'est qu'une puérilité, parce que ces arrérages sont prélevés comme le reste sur le revenu public, parce que c'est en somme l'État qui se paye des arrérages à lui-même, diminuant par là l'excédant de son budget, ou en accroissant le déficit, sans autre utilité que de compliquer les écritures. (Voir *Budget, Conversion, Dette flottante, Dette consolidée, Emprunts, Rentes.*)

BIBLIOGRAPHIE. — Chaque année, les administrations des caisses d'amortissement de France, d'Angleterre et de divers autres pays, publient leurs comptes à part. (Voir au *Moniteur* la discussion des diverses lois que nous avons citées.) — Presque tous les livres qui traitent de finances, ou plus spécialement de la dette publique, contiennent des renseignements sur la matière. Parmi les travaux plus spéciaux, nous citerons : *Idées d'un citoyen sur l'administration des Finances du roi* (l'abbé Baudeau), 1763. — Price, *Observations on reversionary payments, annuities*, etc., 1769. — *An appeal to the public on the subject of the national debt*, 1774. — De Marsay, *Mémoire concernant la liquidation et le remboursement des dettes de l'État*, 1774. — *Arithmétique politique*,

Mémoire sur la liquidation générale des dettes de l'État, 1774. — Weber, *Plan pour amortir les dettes de l'État*, 1775. — Hamilton, *An inquiry concerning the rise and progress, the redemption and present state and the management of the national debt*, 1813. — Ricardo, article du supplément de l'*Encyclopædia britannica*, 1820, traduit, éd. Guillaumin, sous ce titre : *Essai sur les emprunts publics.* — F. Lequien, *De la dette inscrite et de son amortissement*, 1852. GUSTAVE ISAMBERT.

**AMOUR.** — PHYSIOLOGIE. — Pour ne pas trop déraisonner sur un sujet aussi épineux, il faut de toute nécessité, négligeant les poëtes, les mystiques, les platoniciens, se cantonner d'abord scrupuleusement dans l'observation biologique, et ne pas oublier que, pour être le plus intelligent des animaux terrestres, l'homme ne diffère pas essentiellement des autres citoyens du règne animal. Or, l'analogie d'organisation entraîne nécessairement l'analogie des besoins, des désirs, des sentiments, des passions, etc.; aussi, pour éclairer ou plutôt pour créer la psychologie humaine, il est indispensable de faire de la psychologie comparée en la reliant étroitement à la physiologie dont elle n'est qu'une branche. Chez l'homme, à cause de la complexité, de la variabilité, de l'intrication des phénomènes moraux et intellectuels, l'analyse psychologique est extrêmement difficile; mais, prenons un fait moral ou intellectuel important et étudions-le dans la série animale, aussitôt tout se simplifie. Le feuillage touffu, luxuriant, qui nous cachait les rameaux de l'arbre psychologique, disparaît; le système de ramification lui-même devient de plus en plus rudimentaire, et sans peine nous dégageons ce qui est accessoire de ce qui est primordial. C'est ce que nous allons tenter de faire pour la très-intéressante question qui nous occupe, en jetant un rapide coup d'œil sur la fonction de reproduction, de génération dans la série animale, depuis les chaînons les plus humbles jusqu'au chaînon humain, de l'alpha à l'oméga.

Tous les êtres organisés se reproduisent, mais tous ne sont point amoureux. En effet, qui dit amour dit impression sentie, désir conscient ; or, tout ce que nous savons en histoire naturelle, tout ce que nous savons en physiologie, nous autorise à affirmer que la condition anatomique d'un système nerveux est indispensable à la sensation, à la vie de conscience. Les amours des planètes n'ont pas d'existence en dehors d'une certaine mythologie fouriériste. Les astres s'attirent; ils ne s'aiment pas plus que l'aimant, en dépit de son nom, n'aime l'aiguille aimantée. Chassons encore du domaine de l'amour tout le règne végétal, malgré les rêveries trop de fois imprimées sur les prétendues amours des plantes. Les plantes se reproduisent: elles n'aiment point, car elles sont incapables de sentir et de désirer.

Le Cupidon hellénique n'a rien à faire non plus chez ces êtres infimes logés au rez-de-chaussée du règne animal, chez la monade, la vorticelle, même chez le polype à bras, et chez beaucoup de radiés où le système nerveux est absent, problématique ou rudimentaire. Ces êtres se multiplient, souvent par bourgeonnement ou scissiparité; parfois, comme chez les polypes, une sorte d'ovulation s'associe à la reproduction par bourgeonnement, mais tout cela est végétatif et inconscient.

Plus haut dans la série, nous trouvons le premier degré de spécialisation génératrice. Voici bien des organes mâles et des organes femelles, seulement ils sont portés par le même individu, qui est androgyne et se suffit à lui-même (huître.) Nous pouvons accorder à ces androgynes inférieurs une conscience plus ou moins vague du besoin reproducteur, mais d'amour point. Il est d'ailleurs des androgynes mieux doués, supérieurs aussi par l'organisation générale. Ceux-ci se fécondent réciproquement, jouant alternativement ou simultanément le rôle masculin et le rôle féminin. Telles sont, par exemple, la plupart des hirudinées (sangsues.) Chez certains androgynes, l'accouplement, la fécondation réciproque seraient facultatifs seulement, si l'on en croit Baër qui a trouvé, chez un *Limnœus auricularis*, le pénis, engagé dans l'ovicanal de l'animal.

Chez les androgynes qui s'accouplent, les conditions primordiales de l'amour sont remplies, puisqu'il y a séparation des sexes, besoin de la génération, désir de satisfaire ce besoin et nécessité, pour l'assouvir, d'employer à la recherche d'un autre individu les facultés extrêmement rudimentaires dont l'animal est doué. Besoin génital et contrecoup de ce besoin sur les centres nerveux, telle est, en effet, la formule de l'amour, du *Limnœus auricularis* à *l'homo sapiens*. Naturellement, la part intellectuelle est d'autant plus grande que les centres nerveux sont plus parfaits, mais, du simple accouplement chez les animaux inférieurs à l'amour-passion de l'homme intelligent des races supérieures, la transition est assez graduée.

Il est d'abord une condition générale commune à tous les animaux sans exception, c'est que la phase amoureuse de leur existence correspond au plein épanouissement de l'individu ; c'est la floraison animale, assez comparable en cela à la floraison végétale consacrée aussi à la reproduction.

Chez beaucoup d'insectes, la durée de cette floraison amoureuse est relativement très-courte. Certains, comme le hanneton, vivent plusieurs années dans cet état quasi embryonnaire qu'on appelle état de larve chez les insectes et qui, à de rares exceptions près, est incompatible avec la faculté génératrice. Puis les organes, les ailes, d'abord rudimentaires et cachés sous le tégument de la nymphe, se développent en faisant éclater leur enveloppe ; l'insecte parfait s'envole, s'accouple plus ou moins promptement, et meurt après avoir pourvu à sa descendance. Cette brièveté de la période amoureuse est surtout frappante chez l'éphémère qui, après avoir vécu et logé un an ou deux, à l'état de larve sans ailes, puis de nymphe pourvue d'ailes rudimentaires, dans des trous, des galeries creusées dans les berges des fleuves, sort comme d'un fourreau de son tégument qui se fend dans la région du thorax, s'envole, tournoie dans l'air avec une vertigineuse rapidité, aime, s'accouple, et meurt, le tout en une ou deux heures, après avoir assuré, par une ponte de plusieurs centaines d'œufs, la perpétuité de son espèce.

Ce besoin amoureux est tellement impérieux chez les insectes, que Swammerdam a pu voir un papillon s'accoupler avec une femelle morte. L'accouplement, chez les insectes, a presque toujours lieu le jour, surtout quand un soleil éclatant grise l'animal et surexcite la fonction génésique. Il a lieu habituellement quand la femelle est posée; pourtant, l'abeille mâle, et plus généralement le mâle de beaucoup de diptères, emporte sa femelle dans les airs et s'accouple à de grandes hauteurs. A l'énorme et rapide dépense vitale qui préludé et préside chez les insectes à l'union amoureuse succède une dépression non moins excessive et bientôt la mort, mort si prompte parfois chez le mâle qu'il succombe avant de s'être séparé de sa femelle. Alors celle-ci porte quelque temps sur son dos le cadavre de son amant (abeilles)[1]. C'est la réalisation du rêve hyperbolique de certains amants humains, « mourir dans un baiser. » L'accouplement est si bien l'acte terminal de la vie pour beaucoup d'insectes mâles, que, chez certains, le pénis se rompt et reste engagé dans l'appareil femelle. Huber a constaté chez les abeilles ce fait étrange, qui a été aussi observé chez des coléoptères et des lépidoptères[2]. Mais la femelle, qui généralement ne s'accouple qu'une fois, survit assez pour effectuer la ponte.

1. Milne Edwards, *Leçons de physiologie*, t. IX, p. 171.
2. Milne Edwards, *Leçons de physiologie*, t. IX, p. 176.

Certaines espèces d'insectes, les fourmis et les abeilles par exemple, chez qui l'instinct social, fils de l'amour, est arrivé à maîtriser son père, ont subordonné à l'élevage des jeunes toute l'organisation de leurs républiques. Le plus souvent une seule femelle, qui pond successivement des centaines, des milliers d'œufs (la femelle termite pondrait 80,000 œufs en vingt-quatre heures), est chargée de fournir des citoyens à la république. Les mâles, une fois leur besogne accomplie, s'envolent, sont expulsés ou mis à mort. La communauté est composée principalement d'ouvriers laborieux, dédaignant les plaisirs de l'amour, et ayant fait un vœu de chasteté dont l'observance leur est facile, car ce sont habituellement des femelles, parfois des mâles, dont les organes reproducteurs n'ont pris qu'un développement rudimentaire. Donc point de lutte ici entre le besoin et le devoir. Exemple instructif qui profitera peut-être un jour aux talapoins, aux mounis d'Asie, et même aux moines d'Europe.

Hâtons-nous d'arriver à l'embranchement qui a l'honneur de compter l'homme parmi ses espèces, à l'embranchement des vertébrés.

L'intime liaison des faits cérébraux, des désirs amoureux avec certaines modifications physiologiques des organes génitaux est bien plus évidente chez les autres vertébrés que chez l'homme; car, chez eux, la fonction génésique, franchement intermittente, sommeille une grande partie de l'année, pour se réveiller impétueusement et transitoirement, quand la saison, le milieu extérieur sont le plus favorables au développement de l'animal et à l'élevage de ses petits.

Sans vouloir faire ici minutieusement la physiologie du rut, nous devons noter que toujours il est occasionné par des phénomènes congestifs, par une surexcitation nutritive des organes de la génération. Chez le mâle, la prostate se tuméfie, les testicules grossissent, des spermatozoaires apparaissent dans les canalicules séminifères. Chez la femelle, les ovaires se congestionnent, se gonflent parfois, surtout chez les mammifères supérieurs (chiennes, juments, vaches, buffles, singes, etc.), on constate un écoulement sanguin.

Cette hypertrophie des glandes génératrices est surtout énorme chez les poissons. La laitance du mâle, les ovaires de la femelle se développent au point de distendre le corps, de comprimer les viscères voisins. Une tuméfaction analogue, mais moins excessive, des testicules, se produit chez les oiseaux, chez la plupart des mammifères (cerf, renne, bouquetin, taupe, etc.). Chez beaucoup de rongeurs, d'insectivores, de cheiroptères, les testicules, logés dans l'abdomen pendant la période frigide, traversent au moment du rut le canal inguinal, constamment ouvert, et vont se placer dans le pli de l'aine.

Dugès fait remarquer, avec beaucoup de justesse, que chaque époque de rut est pour les animaux comme une nouvelle puberté. Le pelage des uns, le plumage des autres acquièrent des teintes plus riches, plus variées. Parfois des productions épidermiques spéciales apparaissent chez le mâle et lui servent d'armes ou d'ornement.

Des modifications morales coïncident avec cette jeunesse temporaire, avec ce luxe de parure. Les animaux, qui pour la plupart vivent habituellement solitaires, se recherchent. Les plus farouches deviennent sociables. Beaucoup se mettent en quête d'un abri pour leur future famille. La plupart des oiseaux en construisent, et certains poissons les imitent (épinoches, etc.), quoique chez eux pourtant la fécondation ait lieu sans accouplement; tout l'office amoureux du mâle se bornant à arroser de sa laite (sperme) les œufs pondus par la femelle avant toute fécondation[1].

1. L'accouplement, tout à fait exceptionnel chez les poissons, a lieu pourtant chez certaines espèces (requins, anguilles, etc.).

Presque jamais de véritable accouplement non plus chez les batraciens. Souvent le mâle répand sa liqueur séminale en nageant autour de sa femelle. Pourtant, chez le crapaud et la grenouille, par exemple, le mâle se cramponne sur le dos de sa femelle, sans s'accoupler, mais en fécondant les œufs au fur et à mesure de la ponte. Quoique cette besogne dure parfois des semaines, le mâle s'en acquitte avec une telle ardeur, il est tellement enivré de volupté que Spallanzani a pu mutiler des grenouilles et des crapauds mâles accouplés, leur amputer les cuisses, sans réussir à leur faire interrompre leur amoureux emploi[1].

On a aussi prétendu que la grenouille en rut résistait mieux aux effets toxiques de l'arsenic. Il est certain que chez beaucoup de mammifères il y a une sorte d'exagération, d'exaltation de la vie pendant la période du rut. Les plus timides deviennent hardis, farouches. Ils ont moins besoin de sommeil et parfois oublient de manger. Un seul désir les mord et un désir tyrannique, celui d'aimer. Les cerfs se livrent de terribles combats pour la possession des femelles, qui attendent paisiblement le vainqueur. Le cerf en rut serait plus difficile à tuer, supporterait mieux les blessures, aurait parfois des accès convulsifs, presque tétaniques. Burdach raconte qu'en touchant les testicules d'un cerf mort criblé de blessures, on provoqua sur le cadavre des convulsions violentes et générales[2].

Mais, chez les animaux sauvages, cette exubérance vitale est passagère, surtout dans les pays froids et tempérés, car l'éclosion des désirs amoureux est subordonnée à la température, à la saison, à l'abondance de l'alimentation. Cette subordination est si rigoureuse que l'époque du rut varie, pour les mêmes espèces, dans les deux hémisphères. Ainsi le chien entre en rut à la fin de l'hiver en Europe, au mois de juillet en Australie. C'est que l'amour, même l'amour animal, est une fonction de luxe, réclamant des conditions exceptionnellement favorables. Que ces conditions soient artificiellement prolongées, comme il arrive pour les animaux domestiques, bénéficiant d'un abri que l'homme leur bâtit, d'une nourriture abondante qu'il leur fournit, alors l'heureuse époque du rut se prolonge ou se multiplie. Elle reparaît plusieurs fois l'an (chèvre, cochon, chat, etc.), parfois tous les mois, tous les quinze jours chez la femelle, s'il n'y a point eu fécondation (brebis, truies, vaches, singes, etc.). Chez le mâle, elle devient souvent à peu près constante.

L'homme civilisé, étant le plus *domestiqué des animaux*, celui qui souffre le moins des intempéries, qui pare le mieux les coups du monde extérieur, qui sait le mieux trouver une nourriture abondante, variée, excitante, s'est à peu près affranchi de cette dure loi naturelle qui mesure parcimonieusement l'amour aux animaux et même à l'homme sauvage, qui les en sèvre pendant la plus grande partie de leur vie. Pourtant le lien, pour être très-relâché, n'est nullement rompu. Dans nos sociétés européennes, le plus grand nombre des conceptions correspond au printemps, augmente dans les années d'abondance, diminue quand une calamité publique s'abat sur l'association, que cette calamité soit une disette ou une guerre, le choléra ou un conquérant.

C'est que l'homme n'est point un être à part dans la nature. Il est simplement le plus intelligent des animaux terrestres. Chez lui, aussi bien que chez les autres membres du règne animal, les impressions, les désirs, les passions, sont en étroite corrélation avec l'état de la trame organique. L'amour humain n'est point un sentiment spécial, inexplicable, divin, c'est-à-dire inintelligible. C'est le rut chez un être intelligent. Lisons les poètes; ne dédaignons pas les amoureux et observons-

---

1. Spallanzani, *Expériences pour servir à l'histoire de la génération.*
2. Burdach, *Physiologie*, t. II, p. 44.

les ; mais pour avoir une explication rationelle des faits de la vie, quels qu'ils soient, adressons-nous d'abord aux physiologistes.

Ces hommes prosaïques nous diront que, chez l'homme comme chez l'animal, l'amour a pour cause initiale certains phénomènes congestifs et hypertrophiques des glandes génératrices ; que, chez lui, avant la puberté, l'amour est absent, parce que testicules et ovaires sont encore rudimentaires, parce qu'il n'y a pas de spermatozoaires dans les canalicules spermatiques de l'enfant. Toutes les femmes savent et beaucoup d'hommes n'ignorent pas que la période menstruelle est signalée moralement par l'épanouissement de sentiments tendres. Or, nos physiologistes nous affirmeront que les faits biologiques menstruels chez la femme sont identiques à ceux du rut chez les femelles des mammifères supérieurs ; que, chez ces dernières, comme chez la femme, chaque accès amoureux correspond à une congestion ovarienne, au gonflement et à la rupture d'un ou de plusieurs follicules de Graaf, rupture que suit une ponte ovulaire [1] et qu'accompagne souvent une congestion de la muqueuse utérine avec écoulement sanguin. Les accès seulement sont plus fréquents. Si donc on a pu dire que, chez les animaux, le rut était une puberté intermittente, on peut dire que chez l'homme cette puberté du rut est presque permanente, pendant la période moyenne de la vie.

Cet afflux génital est donc la cause primordiale de l'amour chez l'homme. Il le produit en provoquant dans le cerveau des impressions spéciales. Les fibres nerveuses reliant les organes de la génération aux centres nerveux servent de conductrices. Ces fibres gagnent d'abord la moelle épinière, puis le cerveau. Par leur intermédiaire, des désirs naissent dans les hémisphères cérébraux, et ces désirs mettent en jeu toutes les facultés. Le rôle de ces fibres nerveuses a été constaté expérimentalement chez les animaux. En les irritant, chez un cochon d'Inde, dans la région lombaire, le docteur Ségalas a provoqué une émission spermatique, et le même résultat s'obtient sur des chiens en excitant ces fibres immédiatement avant leur arrivée au cerveau, sur le plancher du quatrième ventricule où elles s'étalent.

Si la communication est interrompue, les désirs amoureux meurent ou plutôt ils ne naissent plus. A plus forte raison en est-il de même, quand les hémisphères cérébraux manquent. Une poule à qui Flourens avait amputé les lobes cérébraux et chez qui la guérison parfaite avait été obtenue, était indifférente aux caresses amoureuses du mâle. Elle ne les percevait plus [2].

Inversement, chez l'adulte, déjà expert en amour, des actes amoureux locaux peuvent être excités par des phénomènes purement cérébraux, des sensations visuelles, même des souvenirs, des faits d'imagination reproduisant idéalement, par cette sorte d'hallucination normale qu'on appelle la mémoire, des impressions voluptueuses jadis perçues. Nous négligeons les faits d'observation vulgaire, mais il faut citer ici le fait si curieux d'une femme âgée de plus de cinquante ans, ayant depuis longtemps passé la période de la ménopause et chez qui une passion amoureuse, purement cérébrale, pour un jeune homme, provoqua la réapparition des règles qui durèrent ensuite plusieurs années [3].

Quelques mots sur la relation que Gall a voulu établir entre le cervelet et le sens génésique. Cette relation, comme beaucoup d'autres indiquées par le hardi

1. Fait établi *de visu* par nombre d'observations sur les animaux, par quelques observations accidentellement faites sur la femme. On a aussi constaté le gonflement périodique de l'ovaire chez des femmes atteintes de hernies ovariennes.

2. *Recherches expérimentales sur les propriétés et les fonctions du système nerveux dans les animaux vertébrés.* 1824.

3. Observé par Esquirol (*Maladies mentales*).

novateur, paraît peu fondée. Les reptiles si frénétiquement amoureux, le crapaud, la grenouille, dont nous avons parlé, ont un cervelet extrêmement petit. Le cervelet ne paraît pas augmenter à l'époque du rut chez les animaux. Il est plus développé chez les chevaux hongres que chez les chevaux entiers [1]. Enfin, fait plus probant encore, on a constaté une absence à peu près complète de cervelet, à l'hôpital de Saint-Antoine, chez une jeune fille qui se livrait avec fureur au vice d'Onan.

Les physiologistes se sont bornés à établir l'étroite union entre les modifications biologiques des organes génitaux et les actes cérébraux amoureux. Ils en sont restés là, car jusqu'ici la psychologie semble les effrayer. Si donc nous voulons analyser la partie mentale de l'amour, il nous faudra quitter les anatomistes, les biologistes pour nous adresser, cette fois, aux moralistes, aux poëtes, aux romanciers, aux amoureux et surtout aux biographies et aux lettres des amoureux, qui, seuls jusqu'ici, ont fait, sciemment ou non, la psychologie analytique de l'amour. Ils nous montreront les impressions, les désirs érotiques naissant au sein des centres nerveux, puis grandissant, dominant tout l'être moral, exagérant la sensibilité, l'impressionnabilité, activant l'imagination qui dès lors travaille incessamment à parer l'idole adorée, activant aussi l'intelligence qui obéit, docilement ou non, à l'impulsion irrésistible, et combine les moyens les plus propres à rendre l'aimant possesseur du bien convoité dont l'importance, dont la valeur sont démesurément grandies. Ils nous décriront les assauts que livre le désir passionné à la conscience de plus en plus chancelante. Ils nous peindront aussi les morsures du remords, le désillusionnement qui suit trop souvent la fin de la féerie, quand l'ennui, la satiété, parfois le dégoût ont succédé à l'ivresse du désir, quand en outre une forte dépense du fluide générateur, de ce fluide que le grec Alcméon appelait du cerveau liquide, a atténué les forces intellectuelles.

Notons en terminant, que cette fièvre amoureuse où l'intelligence a une si large part, que ce feu d'artifice de la passion, tout en étant simplement l'énorme amplification de ce qui advient chez l'animal, paraît propre à l'homme seul. Mais c'est un privilége dont tous les hommes ne jouissent pas ou ne souffrent pas. Il paraît inconnu à la plupart des sauvages et aussi à beaucoup de soi-disant civilisés. Les uns et les autres, qu'ils soient Parisiens ou Néo-Calédoniens, servent de trait d'union entre les Pétrarques et les mammifères supérieurs, car pour eux, l'amour n'est, suivant l'expression brutale du Plutarque d'Amyot, que « une faim et une soif ayant pour son but l'intention de se saouler seulement. »     Ch. Letourneau.

**AMOUR.** — philosophie. — Ce serait sans doute une histoire bien curieuse et bien instructive que celle de l'amour, si on la traitait d'une certaine manière ; si, par exemple, on s'attachait à dire exactement quels mérites particuliers en chaque temps, en chaque pays, les amants ont demandé à leurs maîtresses, et celles-ci à leurs amants. Ce ne serait rien moins que l'histoire des différentes manières dont l'homme a conçu l'idéal de la femme, et la femme l'idéal de l'homme. Cette histoire, pour être complète, contiendrait nécessairement, avec l'histoire des idées et des sentiments, celle des goûts esthétiques, celles des modes, etc. Nous ne pouvons tenter ici un si grand ouvrage, où tout est à faire. Nous nous contenterons de signaler certains faits d'une importance capitale, et qui sont pour nous comme une ligne de faîte divisant l'histoire de l'amour en deux grandes régions, en deux versants.

1. Leuret, dans son *Anatomie comparée du système nerveux*, cite à ce sujet des poids comparatifs tout à fait décisifs.

L'amour a pour support, pour point de départ, un besoin physique, mais ce besoin n'est pas l'amour. L'amour, c'est d'appliquer l'attraction générale qu'on sent pour un sexe à une personne de ce sexe, si fortement et si exclusivement qu'on ne veuille point satisfaire ses désirs avec une autre ; cela peut même aller jusqu'au dégoût anti-naturel de l'union sexuelle, si l'union n'est pas possible avec la personne préférée. Remarquons ce fait étrange que l'amour peut se retourner ainsi et qu'il se retourne en effet parfois contre la fin à laquelle il tend naturellement.

Dès qu'il y a préférence, il y a amour ; du moins, cette espèce d'amour que j'appellerai l'amour passion. Mais il a été donné à l'homme d'en connaître un autre, formé de l'amour passion et d'un nouvel élément. J'appellerai ce dernier l'amour religion, mais il est plus connu sous le nom d'amour chevaleresque, ou amour idéal. Quel est l'élément particulier qui constitue l'amour religion ? Nous le verrons tout à l'heure.

Ce phénomène de préférence, dont je parlais, est déjà observable chez les animaux ; on pourrait citer, même dans des espèces ordinairement vagabondes, des traits de choix, de préférence exclusive et obstinée. On observe aussi chez les animaux un phénomène très-remarquable : *l'être préféré s'efforce de se rendre réellement préférable*. Au moment du désir, les animaux se parent de couleurs, d'accents, de qualités corporelles, morales mêmes tout à fait inopinées.

Chez l'homme, ce phénomène a une bien autre portée ; parce que chez l'homme les efforts de la personne préférée sont des efforts *conscients* pour s'élever au-dessus d'elle-même, pour être meilleure que toutes. Mais que dis-je, meilleure? On la veut parfaite, elle essayera de l'être ; elle le sera, au moins à l'égard de *l'autre*. Quoi d'étonnant, si celle-ci se sent éblouie ? elle rencontre la perfection, une perfection qui est pour elle, et par elle. Aimer, posséder la perfection, la créer, voilà la source naturelle des suprêmes enivrements. Avons-nous là, dans tous ses éléments, l'amour religion ? Non, il y manque encore quelque chose, il y manque une idée.

Platon est le premier, ce semble, qui l'ait eue, cette idée. Partant du fait dont nous venons de parler, Platon conçut cet espoir qu'on pouvait, qu'on devait tirer de l'amour un secours pour la morale et d'énergiques excitations à bien faire. Il exposa, développa cette idée avec une ampleur superbe dans son *Banquet*. La postérité l'a récompensé de l'invention, en appelant de son nom (avec un peu d'inexactitude) l'amour réduit à la seule exaltation, sans désirs, ou sans égard aux désirs. On voit par là que les anciens ont senti et pensé l'amour avec tout autant de plénitude que les modernes. Aussi bien qu'eux, mieux qu'eux peut-être, ils ont connu ces désirs aveugles, opiniâtres, ces obsessions, ces possessions d'un être par l'image d'un autre être, qui sont les effets extrêmes de l'amour passion. Pas plus que les amants modernes, les amants antiques n'ont ignoré d'autre part ces ambitions, ces efforts de l'être aimé pour se rendre parfait aux yeux de l'être aimant. Enfin, c'est un Grec, c'est Platon qui a donné la théorie de l'amour pris comme force et instrument de moralisation. Qu'y a-t-il donc que les anciens n'aient pas eu et qui soit exclusivement propre aux modernes? Pour n'exagérer dans aucun sens, il faut dire, je crois, que l'amour religion a été chez les anciens un cas rare; tout semble l'indiquer ; avec le temps, il est devenu le partage d'un nombre d'individus de plus en plus grand, et c'est en cela qu'a consisté le progrès.

Bien des gens voudraient nous faire croire que le catholicisme a amené ce progrès. C'est une assertion qui n'a pas encore été prouvée. Pour moi, je trouve quelque chose d'étrange à penser que la religion catholique (laquelle se résume dans le mépris de toutes les affections terrestres) a fait l'éducation des amants.

D'autre part, est-ce le *Banquet* de Platon qui a converti l'humanité? Non; il a influé sans doute, mais pas à ce point. Le progrès, dont on va chercher si loin les causes, est sorti tout naturellement d'un changement dans la forme des sociétés.

Les femmes, dans l'antiquité, vivaient plus ou moins enfermées chez elles, tandis que les hommes passaient leurs journées dans les rues, sur les places publiques, tout entiers à la guerre, à l'éloquence, à la politique. Un Grec épousait une jeune fille presque sans l'avoir vue; il ne l'aimait pas avant le mariage. Après le mariage, après la possession, l'amour aurait pu lui venir à la rigueur; mais d'abord, le mariage est un milieu très-défavorable pour la naissance de cette belle plante : cela a été constaté de tous temps, et cela s'explique, la première racine de l'amour étant le désir; et puis, la jeune fille, déplorablement élevée, se trouvait trop inférieure à cet homme, développé, affiné par des discussions continuelles sur de larges sujets. Seules les courtisanes, libres et déniaisées par la liberté, avaient en elles de quoi attacher un homme intelligent; mais il leur manquait, pour être aimées à la moderne, une chose essentielle, l'estime. Quand l'empire romain eut partout détruit la liberté, ôté partout à l'homme le pouvoir, le soin de faire les affaires de sa ville, de son pays, il fallut bien que l'homme, sevré des préoccupations politiques, nationales, se retournât vers le foyer, vers la maison, pour y chercher de nouvelles émotions morales, car c'est là une chose dont l'homme ne saurait se passer. Le changement qui détruisit la cité, la liberté, profita à la femme, à la famille. Chacun s'occupa davantage de sa maison. On reçut chez soi ceux qu'autrefois on rencontrait uniquement sur la place publique. Les femmes alors conversèrent avec les hommes et s'y dégourdirent. Jeunes gens et jeunes filles se virent, les désirs eurent le temps de naître, de s'irriter, de produire l'amour. Lisez Plutarque, et vous verrez s'il n'eut pas les plus hautes et les plus saines idées de l'amour.

Après cela arrivent le christianisme, l'ascétisme, le catholicisme, les barbares; plus de société, ou s'il y en eut quelque part, ces sociétés n'ont pas laissé de traces. Au xiie siècle seulement, les communes du midi de la France, à peu près libres, relativement riches et pacifiées, et les châteaux voisins de ces villes, voient renaître les assemblées, les fêtes, les réunions des deux sexes. Aussitôt l'amour renaît, et, comme le goût même de la société, il renaît violemment pour avoir été longtemps et durement comprimé. L'amour chevaleresque, ou plutôt la théorie de l'amour chevaleresque, est alors professé non plus par un homme, par un philosophe, mais par toute une classe; influence du catholicisme, dit l'un; influence du *génie gaulois*, dit un autre, et les deux thèses se valent. Non. Il arriva au xiie siècle ce qui est toujours arrivé (et qui arriverait encore au besoin) : quand les deux sexes, après avoir vécu longtemps à part, se revirent, se mêlèrent de nouveau, la femme, dans le premier moment, étonna, charma son rude compagnon. Elle eut l'ascendant, elle dicta ce qu'il fallait faire, ce qui était bien, convenable. Elle imposa d'aimer; elle en fit une mode, puis bientôt un culte. Quoi d'étonnant à cela? Elle l'aurait fait bien plus tôt, si elle l'avait pu. L'idée de Platon a toujours été au fond de toute âme féminine. L'amant, pour plaire, ne s'efforce-t-il pas de devenir meilleur, de devenir parfait? Si l'amour lui inspire exactement la même idée que la religion, l'amour est donc lui-même une religion; comme toute religion, il doit avoir sa morale. La femme promulgua le code de l'amour.

L'idée première de ce code était donnée nécessairement par l'état de la société. L'amant sera brave, d'abord; d'un courage à toute épreuve, un brillant cavalier, **expert aux armes.** De son courage, de son adresse il se servira pour protéger les faibles, qui ont tant besoin de protection, les femmes surtout. Et tout ce qu'il fera de bien, il le fera en pensant à sa dame, pour la glorifier et pour l'attendrir. Il rapportera tout à elle, comme le croyant, qui jamais ne fait le bien pour le bien et rapporte tout à Dieu.

Toute religion tombe dans la dévotion, il y eut la dévotion de l'amour. D'abord, hors de l'amour, pas de salut; le bien qu'on ferait par esprit de justice pure serait inutile, ce ne serait pas le bien. Et puis, les devoirs envers le dieu, envers l'amante, priment de beaucoup les devoirs envers le vulgaire des créatures. La fidélité, l'obéissance, l'adoration, passent toutes les autres vertus. Et si, par rencontre, il y a incompatibilité entre deux devoirs, c'est ce qu'on doit à l'amante qui sera acquitté en premier lieu. Voilà l'amour religion définitivement formulé; cette idée vraie et fausse ne périra plus.

Cependant, la civilisation méridionale croule dans le sang (guerre des Albigeois). Puis vient le xiv⁰ siècle avec la guerre de Cent ans; le xv⁰, avec les querelles des Armagnacs et des Bourguignons et d'autres guerres encore. On ne recommence à respirer, à se revoir, à se réunir, qu'à la fin du xv⁰ siècle. La veine interrompue des romans de chevalerie, la mode des sentiments chevaleresques recommencent sous Louis XII, François I⁰ʳ. Puis, tout à coup, voici les guerres de religion; elles durent plus d'un demi-siècle. Puis Henri IV pacifie à peu près le pays, et l'*Astrée* paraît avec un succès immense.

L'*Astrée* apporte-t-il une nouvelle manière d'aimer? Non. Le fond des sentiments est à peu près le même, mais le milieu où ils s'expriment, le décor de la scène et les costumes des acteurs sont changés; il n'en faut pas plus en littérature pour avoir la vogue et le renom d'inventeur. Les amants, ici, ne sont plus des guerriers, mais des bergers; ils vivent non dans les camps, mais à la campagne. Du reste, l'amour est toujours pour eux une religion, et ils la poussent à peu près aux mêmes excès que les chevaliers du xiiᵉ siècle. Cependant, ce décor rustique, ces costumes bergeresques ont une signification; ils indiquent un changement moral considérable. On commence à voir, à comprendre que la guerre ne sera plus l'état normal de la société. C'est ce qu'exprime involontairement le poète par le caractère de ses héros, braves sans doute et chevaliers, mais à l'occasion seulement et non pas tous les jours.

Après l'*Astrée*, le *Cyrus* et la *Clélie*. Ici, il y a du changement, dans la forme et au fond. Les personnages n'habitent ni des châteaux, ni des chaumières; ils sont rentrés en ville, ils y vivent extérieurement comme de simples mortels. Il n'y a qu'un détail qui dépayse encore un peu le lecteur, c'est qu'ils portent des noms de l'histoire ancienne. Ils ne pourfendent plus de géants, ils ne se jettent plus dans le Lignon pour un regard maussade de leurs belles; ils s'efforcent d'être d'honnêtes gens; c'est-à-dire des gens réservés, modestes, courtois, obligeants, spirituels, cultivés; c'est un idéal moins brillant à première vue, mais en réalité plus profond, plus solide, et surtout plus immédiatement praticable, bien qu'entaché encore de quelque exagération.

L'amour passion n'était pas mort cependant, il était demeuré l'amour du plus grand nombre. Il n'avait pas cessé d'y avoir une littérature pour l'exprimer. Aux romans de chevalerie répond durant tout le moyen âge, comme un écho dérisoire, la série des fabliaux, des contes, des soties. Cette littérature même prend plaisir à se moquer de l'autre. Elle raille avec trop d'avantage, hélas! les ambitions morales des chevaliers et des belles dames, que la nature malicieuse se plaît souvent à confondre. Plus les amants romanesques sont purs, plus ils montent et se perdent dans l'empyrée, plus les autres, par réaction, s'attachent obstinément au sol et se roulent dans les désirs terrestres.

Au XVIII<sup>e</sup> siècle, les romans se multiplient et le genre achève de se transformer. Quant aux aventures, aux faits, aux habitudes, le roman devient de moins en moins romanesque ; il tend à peindre exactement le milieu social. Les amants, tout en restant des chercheurs de perfection, sont plus avisés, plus raisonnables. Le roman licencieux s'amende en sens contraire. Il est en somme moins cru, il fait çà et là des concessions à l'idéal. Peu à peu les deux veines opposées se fondent, se mêlent, composent un genre intermédiaire, où cependant l'amour idéal conserve la première et la meilleure place.

Aujourd'hui, lequel des deux a la prééminence, de l'amour idéal ou de l'amour réaliste ? C'est encore le premier. Témoin l'immense renommée de M<sup>me</sup> Sand.

Ce qu'il faut bien remarquer, c'est qu'en amour, comme en bien d'autres choses, les sentiments élevés ou la prétention aux sentiments élevés ne forment plus le monopole d'une ou deux classes privilégiées. La chevalerie s'est humanisée de toute manière ; elle a familiarisé, modéré beaucoup ses allures, et en même temps elle s'est universalisée; elle englobe, à présent, tout ce qui dans une classe quelconque a atteint un certain degré de culture.

Reste à dire ce que l'amour ou plutôt l'idéal de l'amour devrait être dans l'avenir. Il faudrait qu'il cessât d'être une dévotion. Les amants devraient s'habituer à considérer les vertus purement relatives à eux-mêmes, la fidélité par exemple, non comme peu importantes assurément, mais comme moins importantes que les vertus générales ; la raison veut qu'un amant infidèle soit encore préféré à un amant égoïste. Elle demande surtout que l'aveuglement, tant vanté dans l'amour, fasse place à l'idéal contraire; la vérité est toujours et en tout cas supérieure à l'erreur. Les amants s'efforceront donc d'être clairvoyants. Ils ne croiront pas avoir rencontré l'un dans l'autre la *perfection*, et ils ne l'exigeront plus l'un de l'autre ; mais ils continueront à exiger l'un de l'autre la volonté de *s'améliorer* chaque jour : cela suffira pour conserver à l'amour son caractère esthétique, pour qu'il reste en un mot une religion.

Conçu ainsi, l'amour serait applicable au mariage. Aujourd'hui, c'est encore un idéal faux qu'on peut à peine soutenir quelques instants, durant la fièvre aiguë du désir.　　　　　　　　　　　　　　　　　　　　　　　　PAUL LACOMBE.

**AMPHICTYONIES.** — Un des caractères les plus remarquables parmi ceux qui distinguent le monde moderne du monde ancien, c'est l'existence, chez nous, de grandes nations dont toutes les parties sont unies par une communauté d'origine et de langage, par l'habitation dans un même bassin géographique et par un gouvernement central possédant un pouvoir plus ou moins considérable.

Dans l'antiquité, nous rencontrons bien d'immenses empires, comme ceux des Perses ou des Romains; mais ce sont des agglomérations factices, composées d'éléments hétérogènes rassemblés en un même corps par la guerre, la conquête et la compression. En dehors de ces vastes dominations, nous ne trouvons que la désagrégation ; du reste, ces deux faits sont corrélatifs; les grands empires comme ceux de l'antiquité ne peuvent s'établir que sur des peuples sans cohésion, n'offrant qu'une faible résistance aux entreprises des conquérants.

Dans aucun des pays qui renferment aujourd'hui des nations, ni en Gaule, ni en Espagne, ni en Italie, nous ne trouvons alors d'unité. Les peuples de l'antiquité avaient quitté depuis trop peu de temps cette vie active, libre, indépendante, qui caractérise l'état pastoral. Suivant Hérodote, les populations grecques ne furent définitivement fixées au sol qu'après l'invasion dorienne, au retour des Héraclides, c'est-à-dire après la guerre de Troie. L'indépendance et la liberté formèrent donc le caractère principal de la vie politique dans l'antiquité.

Cependant, en vertu de la sociabilité humaine, il y eut chez les peuples de même race, habitant le même pays, un besoin de se rapprocher et de se sentir vivre, comme les éléments d'une nation. Mais le lien, qui vint unir les cités d'une province ou les provinces d'un pays, fut en quelque sorte tout moral et fondé principalement sur la communauté d'un même culte religieux. Ce fut là le caractère des Amphictyonies de la Grèce, aussi bien que de celles qui existèrent en Italie. C'est de même autour du temple de la Kaaba que les Arabes, de tout temps, ont trouvé le centre qui les relie.

Les Amphictyonies, ou associations de peuples voisins, furent très-nombreuses dans toute la Grèce d'Europe et d'Asie. Il s'en forma partout où la réputation d'un temple attirait un grand concours de dévots. On peut dire que chaque province avait la sienne; celle des Béotiens se tenait à Onceste; l'Argolide avait pour centre religieux l'Heræum ou temple de Junon, situé entre Mycènes et Argos, c'était là que se célébraient les jeux Néméens; le temple de Neptune, dans l'isthme de Corinthe, était le siége d'une Amphictyonie et des jeux Isthmiques; les sept villes d'Epidaure, d'Hermione, de Nauplie, de Prasies, d'Egine, d'Athènes et d'Orchomène en Béotie, se réunissaient autour d'un sanctuaire de Neptune, situé dans la petite île de Calaurée; le célèbre temple d'Apollon, dans l'île de Délos, devint un centre amphictyonique pour les îles qui l'entourent. Les Ioniens d'Asie avaient leur assemblée autour du temple d'Ephèse, et les Doriens à Triopium, lieu situé dans le territoire de Cnide et consacré à Apollon.

Mais les plus célèbres Amphictyonies de la Grèce furent celles qui se tenaient au printemps autour du temple d'Apollon, à Delphes; et, à l'automne, autour d'un temple de Cérès, près des Thermopyles. Ces deux Amphictyonies passent même pour n'en faire qu'une seule, car elles se composaient des mêmes peuples. Elles durent leur prééminence à la célébrité de l'oracle Pythien et sans doute aussi à la situation des lieux où elles se tenaient et que les anciens regardaient comme le centre de la Grèce; elles avaient la même organisation que les autres, le même sens et la même portée; nous allons donc, en les décrivant, faire connaître l'organisation de toutes ces assemblées.

Les deux assemblées de Delphes et des Thermopyles étaient composées des douze peuples suivants : les Thessaliens, les Béotiens, les Doriens, les Ioniens, les Perrhèbes, les Magnètes, les Delphiens, les Locriens, les Œtéens, les Achéens-Phthyotes, les Maléiens et les Phocéens; chaque peuple, petit ou grand, avait deux voix; l'assemblée s'appelait πυλαία et les députés πυλαγόραι; ces noms venaient de ce que le défilé, nommé Thermopyles (portes des Eaux-Chaudes) par la majeure partie des Grecs, était connu simplement sous celui de πυλαι (portes) par les habitants voisins de ce défilé.

Le tribunal des Amphictyons se composait de trois sortes de membres, les Hiéromnémons, les Pylagores et les Synèdres; il y avait en outre les prêtres chargés de présider aux cérémonies du culte et de faire parler le dieu.

Les Hiéromnémons avaient l'administration des temples et de leur trésor; ils vérifiaient les comptes et fixaient l'époque des sacrifices. Présidents de l'assemblée, ils en recueillaient les voix; ils dénonçaient les délits concernant la religion et poursuivaient les coupables. Chaque peuple avait son Hiéromnémon, élu annuellement.

Dans l'origine, les Pylagores étaient les membres de l'assemblée qui se tenait au défilé du mont Œta, aux Thermopyles; ils y commandaient et présidaient aux jeux publics; on sait, par Eschine, qu'Athènes choisissait trois Pylagores; chacun des douze peuples avait sans doute le même droit. Ce nom de Pylagore, le lieu de la réunion, tout indique que l'assemblée amphictyonique des Thermopyles avait été, au début, encore plus politique que religieuse. Les douze peuples qui en faisaient partie étaient les plus voisins du défilé, qui seul permettait à une armée d'entrer en Grèce.

Les habitants du Péloponèse en étaient exclus, et si plus tard les Doriens y furent admis, ce fut à cause de leur parenté avec les Doriens de la Doride. Tout indique que cette Amphictyonie eut pour origine la garde du défilé des Thermopyles. Une poignée d'hommes suffisait pour le défendre, surtout après que les Phocéens l'eurent fermé d'un mur dans lequel on avait pratiqué une vraie porte. (Hérodote, VII, 201 et 276.)

Les cinq mille hommes qui accompagnaient les trois cents Spartiates de Léonidas, auraient suffi pour arrêter la marche des deux millions d'hommes de Xercès, si le Trachinien Ephialte n'avait, par trahison, indiqué le sentier détourné qui permit aux Perses de prendre les Grecs par derrière.

On comprend donc facilement pourquoi l'Amphictyonie des Thermopyles devint la plus importante de toutes. Fréret pense qu'elle est plus ancienne que celle de Delphes.

Les Synèdres ou conseillers semblent avoir été inférieurs aux Hiéromnémons et aux Pylagores ; un scoliaste d'Eschine dit que par ce nom on entendait les députés des peuples alliés.

Les trésors accumulés à Delphes étaient immenses. Depuis l'époque où Xercès s'en empara jusqu'au temps où les Phocéens les pillèrent, il ne s'écoula que cent vingt-huit ans, et cependant on estima ce qu'enlevèrent ces derniers à plus de 10,000 talents ou 54 millions de francs, somme colossale pour cette époque. Toutes ces richesses étaient le produit des dons de ceux qui venaient consulter le dieu, des dépouilles enlevées aux ennemis, enfin des dîmes que les Grecs avaient coutume de consacrer à Apollon. Les prêtres de Delphes persuadèrent aux Grecs qu'Apollon avait besoin pour vivre de la dîme de tous leurs biens, même, et surtout sans doute de celle des mines d'or et d'argent. Les habitants de Siphnos ayant cessé d'envoyer leur tribut accoutumé, la punition suivit de près le délit, Apollon lança un fléau pour ramener ce peuple à la pratique de la religion ; la mer inonda leurs mines et les ruina. (Pausanias, *Phocide*, ch. XI.) Ce fut par de tels miracles que le crédit de ce dieu se soutint et que ses prêtres, suivant Lucien, continuèrent de recueillir des richesses dans leur terrain pierreux sans avoir la peine de l'ensemencer. Cet argent était prêté à gros intérêts aux cités comme aux individus; Thucydide rapporte que les Corinthiens se proposaient d'emprunter de l'argent à Delphes et à Olympie pour équiper une flotte, au commencement de la guerre du Péloponèse. (Thuc., liv. I, 121.)

Le serment des Amphictyons, que nous a conservé Eschine, indique bien le caractère essentiel de leurs assemblées; ils juraient de ne renverser aucune des villes amphictyoniques; de ne pas détourner, même en temps de guerre, les eaux qui les alimentaient; de protéger le temple de Delphes et tout ce qu'il renfermait; enfin, de prendre les armes contre ceux qui auraient violé ce serment et de détruire leurs villes; en outre, les Amphictyons prononçaient des condamnations et des amendes contre tous ceux qui n'observaient pas les prescriptions religieuses dans les guerres, comme de ne pas laisser ensevelir les morts après une bataille, ou de ne pas respecter ceux qui s'étaient réfugiés dans les temples, après la prise d'une ville.

La plupart des historiens modernes, avant la rénovation des études historiques au XIXᵉ siècle, faisaient, de l'assemblée amphictyonique de Delphes, les États-

Généraux de la Grèce. Cette croyance est erronée. Pendant vingt-huit ans que dura la guerre du Péloponèse, les Amphictyons ne s'occupèrent pas une seule fois d'apaiser les esprits, de concilier les intérêts ; Thucydide ne prononce pas même leur nom. Lorsque Philippe de Macédoine voulut se faire élire général de la Grèce, il convoqua une assemblée à Corinthe et non à Delphes; Alexandre fit de même. Au reste, les guerres sacrées indiquent assez que les Amphictyons ne prenaient les armes que pour défendre les intérêts qui touchaient à la religion; la première de ces guerres fut faite contre la ville phocéenne de Cyrrha; cette ville était comme le port de Delphes ; ses habitants percevaient sur les pèlerins un droit de passage onéreux, qui diminuait d'autant les recettes du dieu. On prétexta que Cyrrha s'était approprié une partie du domaine d'Apollon, pour appeler contre elle l'armée des Amphictyons; la ville fut rasée, et les plus terribles anathèmes furent lancés contre ceux qui oseraient labourer son territoire.

La deuxième guerre sacrée eut pour motif la dispute des Phocéens et des habitants de la Doride, qui réclamaient chacun de leur côté la garde du temple de Delphes.

Les Amphictyons fournirent eux-mêmes le prétexte de la troisième guerre sacrée, la plus sanglante de toutes, en condamnant à une trop forte amende les Phocéens qui avaient défriché une partie du sol de Cyrrha. Toute la Grèce prit part à cette guerre. Pour aider à leur défense, les Phocéens mirent la main sur les trésors du temple. Cette guerre fut la cause de l'intervention de Philippe de Macédoine dans les affaires de la Grèce ; appelé et appuyé par les Thessaliens et les Thébains, il se posa comme le vengeur de la religion, fit raser toutes les villes de la Phocide, convoqua les Amphictyons et se fit adjuger les deux voix que possédaient les Phocéens. A partir du jour où l'assemblée fut sous le protectorat des rois de Macédoine, elle devint une nullité honorifique.

L'Amphictyonie de Delphes aurait pu devenir le conseil commun, les États-Généraux de la Grèce, formant le point central d'une vaste république fédérative; mais l'amour de l'indépendance, la rivalité qui divisa les cités empêchèrent toujours la réussite des efforts tentés pour constituer les Grecs en une seule nation. Il était trop tard lorsque les Achéens, sous Aratus, « essayèrent les premiers, suivant » Plutarque (*Vie de Philopœmen*) de réunir la Grèce faible et divisée, de s'attacher les » villes circonvoisines par les secours qu'ils leur envoyaient pour chasser les tyrans » et pour leur donner à toutes une même constitution, afin de les réunir par une » étroite union. Ils avaient dessein de former de tout le Péloponèse un même corps » et une seule puissance. » Mais la ligue Achéenne n'eut pas le temps de se solidifier avant l'arrivée des Romains; d'ailleurs, les Grecs étaient entrés dans l'ère de la décadence et de la corruption; le patriotisme avait fait place à l'égoïsme le plus complet; ils invitèrent eux-mêmes les Romains à intervenir dans leurs affaires, et la Grèce fut bientôt réduite à l'état de province romaine.

Si les assemblées amphictyoniques ne parvinrent pas à constituer l'unité politique de la Grèce, elles eurent néanmoins une influence très-considérable et très-heureuse sur le développement de la civilisation. Non-seulement les guerres étaient suspendues pendant tout le temps nécessaire pour aller à l'assemblée et pour en revenir, mais les fêtes religieuses donnaient lieu partout à des jeux qui établirent des rapports nationaux entre les peuples de la Grèce. Les plus renommés de ces jeux furent les jeux Isthmiques près de Corinthe, en l'honneur de Neptune; les Néméens dans l'Argolide, en l'honneur d'Hercule; les Pythiques à Delphes, en l'honneur d'Apollon et les Olympiques dans l'Elide, en l'honneur de Jupiter. Ces fêtes ne donnaient pas seulement lieu à des courses, à des luttes et à tous les exercices qui développaient chez les Grecs l'adresse et la vigueur du corps, mais encore à des combats de musique et de poésie. Pausanias rapporte que les premiers poëtes couronnés aux jeux Pythiques furent Chrysothémis, Philammon et Thamyris; ce dernier fut privé de la vue par les Muses parce qu'il les avait provoquées dans un combat poétique. Dans le temple de Delphes, on voyait un trépied de bronze portant l'inscription suivante : « Echembrote Arcadien a dédié ce » Trépied à Hercule, après avoir emporté le prix aux jeux des Amphictyons, où il » accompagna de la flûte les élégies qui furent chantées dans l'assemblée des » Grecs. »

On vit Pindare, à ces mêmes jeux, forcé de s'asseoir sur un siége élevé, la couronne sur la tête, la lyre à la main et soulevant par ses chants l'enthousiasme des Grecs. Archiloque, Simonide eurent des honneurs semblables.

Les jeux qui accompagnaient les assemblées amphictyoniques eurent une grande action sur les Grecs pour établir entre eux une communauté de sentiments, de coutumes, de langue et d'arts. Ces assemblées fondèrent, au moins, l'unité morale au sein de la nation, à défaut de l'unité politique.

BIBLIOGRAPHIE. — Sainte-Croix, *Anciens gouvernements fédératifs.*— Grote, *Histoire de la Grèce*, voir t. III, p. 142 et suivantes; t. V, p. 210 et suivantes.

H. DE FERRON.

**AMPUTATION.** — Opération par laquelle on enlève un membre ou une partie saillante, en totalité ou en partie. Appliqué en général exclusivement aux sections des membres, ce mot est un terme générique, car il y a deux espèces d'amputations: les unes faites au niveau des articulations, dans lesquelles on ne fait que séparer les os et qui sont *les désarticulations* ou amputations dans la contiguïté; les autres faites au niveau du corps des os que l'on scie, et qui sont des *amputations* proprement dites ou dans la continuité. On doit confondre ces deux espèces dans la même description générale.

Les chirurgiens des premiers âges ne pratiquaient pour ainsi dire jamais d'amputations; ils se bornaient, dans les cas de gangrène d'un membre, à imiter les procédés de la nature en retranchant la partie mortifiée sans verser une goutte de sang. C'est que pour eux, les hémorrhagies immédiates, qui ne manquent pas de se montrer après la section d'un membre, constituaient un obstacle insurmontable. Et, tant qu'on ne sut pas se rendre maître du sang, pendant et après l'opération, personne ne s'appliqua au perfectionnement du manuel opératoire. Il y a, en effet, quel que soit le lieu d'une amputation, deux conditions à remplir : 1º empêcher l'hémorrhagie; 2e conserver des parties molles en quantité suffisante pour bien recouvrir l'os. La première de ces conditions seule peut, si elle n'est pas remplie, entraîner un danger immédiat. A. Paré imagina de suspendre le cours du sang dans l'artère principale du membre par une constriction circulaire énergique ; puis, la section terminée, de substituer à la cautérisation du moignon, la ligature des bouts artériels coupés. Cette dernière découverte, ou, pour parler au gré de certains historiens, la vulgarisation de cette pratique, est le plus beau titre du chirurgien français.

Aujourd'hui, la compression de l'artère doit être faite par les doigts d'un aide expérimenté, ou, à son défaut, par le tourniquet de J.-L. Petit, qui présente, sur le lien circulaire de Paré, l'immense avantage de ne comprimer que le vaisseau et de bien le comprimer.

Deux méthodes principales sont employées pour la section des parties molles, aussi bien dans les désarticulations que dans les amputations proprement dites.

Dans l'une, on conserve les parties charnues de toute la périphérie du membre : la peau et les muscles sont coupés circulairement et successivement, puis attirés fortement vers le tronc par les mains d'un aide; l'os est ensuite désarticulé ou scié le plus haut possible. De cette façon, l'on obtient un moignon creux en forme d'entonnoir; l'os caché au fond est parfaitement recouvert par les chairs lorsqu'on les a rapprochées et réunies, soit à l'aide de points de suture, soit avec des bandelettes agglutinatives. Le fait principal qui résulte de l'emploi de cette méthode appelée circulaire et de ses dérivées, c'est que la cicatrice est médiane et recouvre directement l'extrémité des os, circonstance fâcheuse lorsque le moignon doit prendre un point d'appui sur un appareil.

L'autre méthode consiste à tailler, d'un côté du membre qu'on choisit si l'on peut et que souvent la lésion impose, un lambeau charnu de dimension telle que, le reste du membre étant coupé perpendiculairement à sa direction, ce lambeau puisse se rabattre sur la surface saignante et la recouvrir parfaitement. Ici, la cicatrice se trouve rejetée sur le côté, et c'est le lambeau lui-même qui recouvre les os.

On peut être obligé de recourir à un procédé mixte, soit à cause de l'état des parties malades, soit à cause de la conformation du lieu de l'amputation. Le chirurgien doit toujours être prêt à improviser afin de se conformer à cette loi : amputer le plus loin possible du tronc.

Un couteau, une scie, quand on ampute dans la continuité, une pince à artères, une aiguille et des fils ou des bandelettes agglutinatives, tels sont les instruments rigoureusement nécessaires pour faire une amputation. Quatre aides sont généralement indispensables, l'un pour donner le chloroforme, l'autre, pour comprimer l'artère, le troisième, pour retirer en haut les parties molles coupées, le quatrième enfin, pour soutenir la portion du membre à retrancher, et ensuite lier les artères.

Dans les petites et les moyennes amputations, surtout si l'on opère un malade isolé, à la campagne, il est permis d'espérer que la cicatrisation des bords des téguments affrontés se fera immédiatement sans suppuration, c'est-à-dire qu'il y aura réunion immédiate; mais, dans nos hôpitaux, une guérison aussi rapide est l'exception. La plupart du temps, au lieu d'affronter parfaitement les lèvres de la plaie, on se borne à les rapprocher en conservant de larges ouvertures pour donner issue à la suppuration abondante et longue qui ne manque presque jamais de se montrer.

Les fils qui ont servi à lier les artères et que l'on réunit en un faisceau, se détachent au bout d'un temps variable avec le volume du vaisseau lié; on peut alors les retirer, et, si la réunion s'est faite par première intention, il ne reste plus à guérir que l'étroite fistule qui donnait passage à ces fils. Lorsqu'une amputation est terminée, on enveloppe le moignon dans un appareil composé généralement de linges et de charpie recouverte de cérat ou imbibée d'un liquide antiseptique tel que l'alcool.

Des tentatives analogues à celles des prédécesseurs d'Ambroise Paré ont été renouvelées, ces temps derniers, dans le but d'amputer à sec les sujets très-débilités. On a employé de minces couteaux, chauffés au rouge par un fort courant électrique, pour couper les parties molles. On s'est encore servi, pour la même fin, de l'écraseur linéaire et même des caustiques chimiques; mais, il faut le dire, l'indication de recourir à ces procédés est tout à fait exceptionnelle, et, si le chirurgien dispose d'un aide expérimenté pour comprimer l'artère, il peut couper une cuisse sans verser plus de 50 grammes de sang, abstraction faite bien entendu de celui qui s'écoule de la partie que l'on enlève.

Les causes de mort après l'amputation sont de deux ordres : les unes résultent de l'opération elle-même : l'hémorrhagie si fréquente autrefois et si rare aujourd'hui, le tétanos, l'érysipèle, l'infection purulente, etc.; les autres tiennent à l'état général du malade, et se montrent plus souvent chez les sujets amputés pour une affection.organique, carie, tumeur blanche, cancer, que chez les amputés pour lésion traumatique, fracture compliquée, blessure de guerre, etc.

Les complications des amputations sont d'autant plus fréquentes que les conditions hygiéniques sont plus mauvaises. Il meurt en effet bien plus d'opérés d'érysipèle, d'infection purulente et putride dans les hôpitaux que dans la ville, dans la ville que dans la campagne. Lorsqu'au lendemain d'une grande bataille, il y a encombrement de blessés et d'amputés en un point, la mortalité est épouvantable. Toutes choses égales d'ailleurs, la gravité d'une amputation varie à peu près proportionnellement au volume du membre coupé. Ainsi, tandis que les amputations des doigts et des métacarpiens donnent environ treize morts pour cent, celles du bras donnent quarante-sept, et celles de la cuisse dans l'articulation quatre-vingt sept pour cent. En thèse générale, les amputations pour cause organique donnent un plus grand nombre de succès que les amputations traumatiques. Celles-ci doivent être pratiquées dans les vingt-quatre heures qui suivent l'accident, si elles sont reconnues nécessaires. Mais je me hâte d'ajouter que je ne connais rien de plus difficile que de juger de l'opportunité d'une amputation traumatique dans bien des cas. Ce n'est pas trop de la sagacité et de l'expérience des plus grands chirurgiens pour saisir l'indication vraie. L'exécution, qui frappe tant les gens du monde, n'est rien pour le chirurgien à côté des perplexités qui ont dû précéder sa détermination.

Le moignon d'un amputé, lorsqu'il est cicatrisé, peut recevoir un appareil prothétique destiné à remplacer, autant que possible, le membre perdu. Ainsi, les amputés de jambe ou de cuisse reçoivent un appareil rigide ou articulé, destiné à supporter le poids du corps. Les amputés du bras peuvent se faire adapter ou bien un simple crochet pour soulever les fardeaux, ou bien un bras mécanique compliqué, masquant parfaitement la difformité et rendant quelques autres services.

L.-H. Farabeuf.

**AMYLACÉES** (substances), — On a donné le nom de substances amylacées à toute une série de substances qui existent dans les végétaux, telles que l'*amidon* de froment, *la fécule* de pommes de terre, *la fécule* de riz, l'*amidon* de sagou, l'*amidon* de maïs, l'*amidon* des légumineuses, l'*arrow-root*, etc.

Toutes ces substances sont identiques par leur composition. Desséchées, elles correspondent à la formule $C^6H^{10}O^5$ ou à un multiple de cette formule. Elles sont des anhydrides de glucoses ou d'alcools polyglucosiques. Tout en ayant la même composition, elles pourraient différer les unes des autres par la complication de leurs molécules. Il serait en effet possible que l'une d'elles correspondant, je suppose, au triple de la formule $C^6H^{10}O^5$, une autre correspondit au quadruple ou au quintuple de cette formule. On ne sait encore rien de précis sur ce point, et, dans l'impossibilité où sont actuellement les chimistes de fixer la constitution de la matière ou des matières amylacées, ils représentent indistinctement tous les corps de ce groupe par la formule $C^6H^{10}O^5$ qui, sans exprimer leur constitution, exprime leur composition centésimale à toutes.

Que les différentes substances amylacées soient ou ne soient pas identiques au point de vue chimique, il est certain qu'elles diffèrent au point de vue physiologique. Ces substances constituent en effet de véritables corps organisés dont l'organisation varie d'un végétal à l'autre. Ainsi, dans le riz et dans la pomme de terre, la fécule n'affecte pas la même forme et les mêmes dimensions que l'amidon dans le froment.

Vue au microscope, la matière amylacée apparaît comme formée par une masse de petits grains ou *granules*, ordinairement arrondis ou ovoïdes, quelquefois sinueux, contournés comme ceux des pois ou même bifurqués irrégulièrement. Dans tous les cas, ils sont formés de couches concentriques se terminant par un canal appelé *hile* par où arrivent les sucs destinés à la nutrition et à l'accroissement du granule. Ces couches ont toutes la même composition, mais présentent une condensation, une densité décroissant à mesure que l'on va de la périphérie au centre. M. Raspail, un des premiers savants qui se soit occupé de la forme des grains d'amidon, admettait une différence essentielle entre l'extérieur et l'intérieur de ces graines. Il comparait ces petits organismes à des sacs formés par une enveloppe solide et remplis par un liquide. Toutefois, cette opinion, qui a été également défendue par Guibourt, Saussure, Caventou et d'autres encore, a été démontrée fausse depuis par les travaux de M. Payen. Ce chimiste est, en effet, parvenu à faire ouvrir les granules de manière à rendre les couches successives visibles au microscope. Pour cela, il dessèche les grains d'amidon à 180° ou 200° et les plonge ensuite pendant un instant dans l'alcool aqueux. L'alcool, en s'évaporant, laisse une goutte d'eau qui perce l'enveloppe extérieure. On mouille alors les grains avec de l'alcool très-étendu : les couches intérieures se distendent plus que les couches extérieures et les granules s'étalent en laissant voir des couches séparées les unes des autres.

Quelquefois, plusieurs granules étant soudés et s'accroissant simultanément, il se dépose au-dessus d'eux une nouvelle couche de matière amylacée qui les réunit en un globule unique dans lequel on aperçoit plusieurs *hiles*.

Dans ces dernières années, plusieurs physiologistes ont rencontré l'amidon dans les tissus de l'organisme animal. Le foie, la rate, les reins en renferment.

Vue en masse, la matière amylacée constitue une poudre ou des grumeaux blancs, inodores, insipides, insolubles dans l'eau, l'alcool et l'éther. Lorsqu'on la comprime entre les doigts, elle produit une espèce de grincement. Elle est inaltérable à l'air lorsqu'elle est bien sèche. Elle présente la même composition centésimale que la dextrine et la cellulose, dont elle se différencie probablement par sa constitution.

L'amidon et les diverses fécules se gonflent dans l'eau vers 75°; la partie extérieure du grain reste indissoute, mais les couches intérieures se gonflent, crèvent l'enveloppe et forment avec l'eau un épais mucilage. On a longtemps admis que ce mucilage était constitué par une véritable dissolution, mais M. Payen a montré qu'il n'en est rien. En effet, lorsqu'on filtre le liquide à travers un bulbe de jacinthe, l'eau passe seule et l'amidon s'arrête sur la paroi extérieure du bulbe. Le mucilage d'amidon porte le nom d'*empois*.

L'*empois* est bleu par l'iode, tandis que les grains d'amidon intacts ne présentent que faiblement cette réaction. La cause en est que l'enveloppe extérieure dense n'est pas bleuie, tandis que les couches intérieures le sont. En effet, lorsqu'on broie la fécule de pomme de terre, dont les grains sont volumineux, dans un mortier d'agate, on parvient à briser l'enveloppe des granules et à communiquer à la matière broyée la propriété de bleuir par l'iode. Avec l'amidon de blé rien de tel ne se produit, parce que les granules sont ici de trop petite dimension pour qu'on puisse les broyer mécaniquement. Cette réaction sert, par suite, à découvrir la fécule de pomme de terre frauduleusement introduite dans la farine de froment. L'iodure bleu d'amidon se décolore lorsqu'on chauffe, et se colore de nouveau par le refroidissement. Si l'on opère en tubes clos de manière à empêcher la déperdition de l'iode, ce phénomène se reproduit indéfiniment.

Chauffée à 100°, la matière amylacée se transforme en un corps soluble de même composition, *la dextrine*, qui présente toutes les propriétés physiques de la gomme. La même transformation s'opère lorsqu'on chauffe l'amidon avec l'acide sulfurique chlorhydrique, ou azotique étendu, ou avec le ferment particulier, connu sous le nom de *diastase*, qui existe dans l'orge germée.

Dans ces dernières réactions, on doit arrêter l'opération dès que la liqueur ne se colore plus en bleu par l'iode. Si, en effet, on prolonge l'action de la chaleur sur le mélange de matière amylacée et d'acide étendu ou de diastase, la dextrine formée d'abord fixe les éléments de l'eau et se transforme en une espèce de sucre auquel on a donné le nom de sucre d'amidon ou de *glucose*.

M. Musculus admet que, dans la transformation dont nous venons de parler, il y a deux phases distinctes. L'amidon serait, suivant ce chimiste, un anhydride triglucosique répondant à la formule $(C^6H^{10}O^5)^3$. Dans une première phase de la réaction, il se transformerait en glucose $C^6H^{12}O^6$ et en dextrine, ou anhydride d'alcool diglucosique $(C^6H^{10}O^5)^2$, par absorption d'une molécule d'eau. Dans une seconde phase, la dextrine formée d'abord absorberait une seconde molécule d'eau et se convertirait intégralement en glucose. M. Musculus appuie son opinion sur ce que jamais il ne se forme de dextrine aux dépens de l'amidon sans qu'une certaine proportion de glucose prenne naissance en même temps. Cette opinion, toutefois, bien qu'extrêmement probable, n'est point assise jusqu'à ce jour sur des preuves suffisantes pour la faire passer au rang de vérité démontrée.

Certains liquides de l'organisme, la salive et le suc pancréatique par exemple, contiennent des ferments qui ont, comme la diastase de l'orge germée, la propriété de saccharifier l'amidon.

La matière amylacée se dissout dans l'acide azotique monohydraté. Lorsqu'on ajoute de l'eau à la liqueur, il se précipite une poudre blanche nommée xyloïdine, qui brûle avec déflagration lorsqu'elle est sèche, et qui résulte de la combinaison de la matière amylacée et de l'acide azotique avec élimination d'eau. La quantité d'acide azotique, qui entre ainsi en réaction avec une molécule d'amidon, peut être variable. On connaît une fécule monoazotique $C^6H^9(AzO^2)O^5$ et une fécule diazotique $C^3H^8(AzO^2)^2O^5$ [1].

EXTRACTION INDUSTRIELLE DE L'AMIDON ET DE LA FÉCULE. — Ce sont les diverses espèces de blé qui servent dans l'industrie à la préparation de l'amidon, et les pommes de terre qui servent à la préparation de la fécule.

Les diverses variétés de blé renferment de l'amidon, des matières azotées diverses parmi lesquelles domine le *gluten*, de la dextrine, du sucre, des graines, de la cellulose et des sels minéraux. La proportion de ces divers principes diffère suivant l'espèce de blé que l'on examine. Mais, dans tous les cas, l'amidon et le gluten y dominent de beaucoup. Pour en donner une idée, nous citerons l'analyse d'une espèce de blé prise au hasard, le blé dur d'Afrique. Ce blé renferme 64,47 p. 100 d'amidon ; 19,50 de gluten et de matières azotées diverses; 7,60 de dextrine et de sucre réunis; 2,12 de graines ; 3,50 de cellulose et 2,31 de sels minéraux.

Dans la fabrication de la farine, on parvient à isoler assez exactement la cellulose et les substances minérales qui, avec une portion de farine entraînée, constituent le son. La farine ne contient donc plus guère que l'amidon et le gluten intime-

---

1. Ces deux dérivés nitrés de l'amidon se forment d'après les équations suivantes :

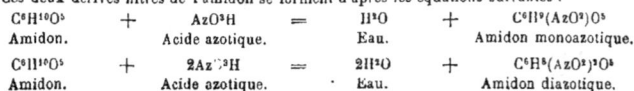

| $C^6H^{10}O^5$ | + | $AzO^3H$ | = | $H^2O$ | + | $C^6H^9(AzO^2)O^5$ |
|---|---|---|---|---|---|---|
| Amidon. | | Acide azotique. | | Eau. | | Amidon monoazotique. |
| $C^6H^{10}O^5$ | + | $2Az^3H$ | = | $2H^2O$ | + | $C^6H^8(AzO^2)^2O^4$ |
| Amidon. | | Acide azotique. | | Eau. | | Amidon diazotique. |

ment mélangés, dont la séparation constitue le point important de la fabrication de l'amidon.

Deux procédés permettent d'effectuer cette séparation, le *procédé ancien*, ou *procédé chimique* et le *procédé nouveau* ou *procédé mécanique.*

Dans l'ancien procédé, on abandonnait la farine, en présence de l'eau, à une fermentation particulière qui avait pour résultat de rendre le gluten soluble. Il ne restait plus ensuite qu'à laver le résidu et à le dessécher. Pendant la fermentation, il se dégageait de l'ammoniaque et de l'hydrogène sulfuré. Aussi, l'odeur infecte qui en résultait a-t-elle fait ranger les amidonneries travaillant d'après ces principes dans la catégorie des industries les plus insalubres, et les a-t-elle fait reléguer le plus loin possible des lieux habités.

Dans ce procédé, le blanchiment de l'amidon s'obtient par des méthodes tenues secrètes le plus souvent et qui consistent dans des lavages opérés soit avec des liqueurs acides, soit avec des liqueurs alcalines faibles, soit alternativement avec des liqueurs acides et avec des liqueurs alcalines.

Dans le nouveau procédé, on conserve à la fois l'amidon et le gluten. Mais il paraît que l'amidon obtenu fait moins corps que celui que l'on obtient par le procédé chimique, ce qui a empêché d'abandonner complétement l'ancienne méthode.

La méthode nouvelle est des plus simples. On transforme la farine en pâte au moyen d'une addition d'eau suffisante (45 à 50 p. 100), et on rend cette pâte aussi homogène que possible en la broyant, pendant trente minutes en été et pendant soixante minutes en hiver, dans un pétrin mécanique, semblable à ceux que l'on emploie dans les boulangeries. On introduit ensuite la pâte par portion de 38 kilogrammes à la fois dans un appareil nommé amidonnière, où on la soumet au lavage.

L'amidonnière est une auge semi-cylindrique, garnie latéralement de deux bandes en toile métallique. Un cylindre cannelé plein, animé d'un mouvement de rotation alternatif de droite à gauche et de gauche à droite, travaille constamment la pâte pendant qu'un tube parallèle à l'axe de l'amidonnière laisse tomber de l'eau sur la masse. Pour éviter que les toiles ne s'empâtent, on les tient sans cesse plongées dans l'eau et il devient ainsi très-facile de les dégager au moyen d'une brosse.

L'amidon entraîné par l'eau se dépose au bout d'un certain temps. Il entraîne toutefois avec lui de petites parcelles de gluten dont on ne parvient à le débarrasser que par la voie des fermentations.

Le lavage de la pâte dure environ une heure pour chaque portion de 38 kilogrammes.

L'extraction de la fécule de pomme de terre s'exécute toujours par une méthode mécanique, qui, vu les différences considérables qui existent entre le blé et la pomme de terre au point de vue de la composition et de la structure, n'est plus la même que pour l'amidon. Il faut ici faire d'abord tremper les pommes de terre pour ramollir la terre qui les enveloppe; puis les laver pour enlever aussi complétement que possible la terre ramollie et le sable. On les râpe ensuite aussi parfaitement qu'on le peut, afin de déchirer les cellules et de mettre les grains de fécule à nu. Enfin, on soumet la pulpe à l'influence d'un courant d'eau sur un tamis. L'eau laisse le tissu cellulaire comme résidu et entraîne la fécule. Cette dernière, toutefois, reste toujours mélangée avec des substances siliceuses et terreuses que le lavage n'a pas complétement éliminées. On sépare ces dernières par lixiviation. A cet effet, on agite vivement le tout dans de grandes cuves et on abandonne au repos pendant quelques instants. Les matières terreuses se déposent les premières, et la liqueur décantée qui renferme la fécule, abandonne celle-ci par un repos plus prolongé.

La fécule déposée est toujours recouverte d'une couche grise, composée de grains de fécule et de débris de tissu cellulaire. Cette couche, nommée *gras de fécule*, est enlevée au moyen d'un racloir; on remet ensuite ce qui reste en suspension dans l'eau et on le passe à travers un tamis de soie. Quant au gras de fécule, on le soumet à un lavage mécanique sur une table inclinée pour en séparer les grains de fécule qu'il renferme. Les mailles du tissu cellulaire, plus légères que la fécule, sont entraînées jusqu'au bas du plan incliné, tandis que la fécule se dépose tout le long du parcours, d'autant plus pure qu'elle est restée à un point plus élevé.

La bouillie de fécule, obtenue par le tamisage au tamis de soie de la fécule du premier dépôt et de la fécule extraite du gras, est placée dans des baquets percés et garnis de toile, où elle s'égoutte en partie. On porte ensuite la matière sur des plaques poreuses en plâtre où elle finit de s'égoutter. On achève la dessiccation des pains ainsi obtenus dans des étendages à l'air libre et dans des étuves chaudes. Enfin, on écrase les masses entre des cylindres, on passe la poudre au blutoir et on l'embarille.

On opère de même la dessiccation, dans le cas de l'amidon de blé.

On extrait encore l'amidon industriellement du riz et du sagou. Comme le gluten de riz n'est pas fermentescible, l'ancienne méthode chimique n'est pas applicable à la fabrication de la fécule de riz. M. Orlando Jones a toutefois réussi à préparer cette fécule très-pure, en faisant intervenir une solution étendue de soude caustique.

Dans le cas du sagou, on lave deux fois la farine mise en pâte, avec de l'eau très-pure, puis on la fait macérer pendant trois ou quatre heures dans une solution diluée de chlorure de chaux. Enfin, on la lave à l'eau pure. On neutralise les dernières traces de chaux par de l'acide sulfurique étendu, et on lave jusqu'à élimination complète de l'acide et de la chaux. Pendant le dernier lavage, on ajoute une dose convenable d'azur, qui fait disparaître la légère teinte jaune de la masse et rend celle-ci d'un blanc pur.

Les parties centrales seules sont employées pour l'usage alimentaire. Celles de la périphérie sont réservées à des usages industriels, ou sont mises de côté pour subir un nouveau lavage. A. NAQUET.

**ANABAPTISTES.** — HISTOIRE MODERNE. — Ce mot, grec dans sa composition, signifie *rebaptisants*. Il désigne une secte de chrétiens qui n'admet pas les enfants au baptême, et ne le confère qu'aux adultes précédemment instruits des dogmes et des mystères du christianisme, y attachant leur foi, et désireux de recevoir le sceau de l'initiation chrétienne. Ces conditions, évidemment, ne sauraient convenir à des enfants nouveau-nés. La parole du Christ est formelle : *Celui qui croira sera baptisé.* Il faut croire avant tout ; la foi avant le baptême. Il est absurde de prétendre qu'on peut croire par procuration. Ni le Christ et les apôtres, ni les pères et docteurs, ni les fidèles de la primitive Église n'ont pratiqué cette absurdité. — Ainsi pensaient, ainsi disaient les Anabaptistes, qui parurent d'abord en Allemagne aux premiers temps de la Réforme de Luther, et qui rebaptisaient, en conséquence, ceux qui demandaient à entrer dans leur communion ; ainsi avaient dit et pensé, avant eux, les Wicléfites en Angleterre ; en Suisse et en France, les Vaudois, les Albigeois, les Pétrobrusiens ou disciples de Pierre de Bruys, les Cathares, les Piccards et autres sectes qui, à différentes époques du moyen âge, ont fait effort pour ramener le christianisme à la pureté de doctrine et de mœurs des temps apostoliques. Le jour était encore loin où la philosophie, appréciant la question d'un point de vue plus étendu et plus élevé, et considérant le choix d'une religion comme étant de droit l'acte le plus spontané et le plus libre, proclamerait que dévouer par le baptême ou la circoncision un enfant nouveau-né au culte du Christ ou à celui de Jéhovah constitue, de la part des parents et du prêtre qui circoncit ou qui baptise, un attentat à la liberté humaine, un crime de lèse-humanité.

On nomme comme les pères de l'anabaptisme en Allemagne, au xvıe siècle, un teinturier, Nicolas Storch, et Thomas Münzer, ancien curé d'Allstædt. Ils procédaient du principe de Luther, *Ce ne sont pas les sacrements, c'est la foi qui sauve;* mais ils portaient plus loin que lui les conséquences de ce principe. S'abandonnant à toutes les extravagances de l'enthousiasme religieux, ils se glorifiaient aussi d'apparitions et de révélations surnaturelles; ils se faisaient appeler *prophètes*, et annonçaient la fondation prochaine d'un royaume visible du Christ sur la terre. C'était le rêve des anciens millénaires.

Quelques autres visionnaires, parmi lesquels Martin Cellarius (ou Keller), s'adjoignirent à eux tout d'abord. Carlstadt fut quelque temps séduit, et Mélanchthon lui-même, pour ne pas être entraîné, eut besoin que Luther employât à le retenir toutes les forces de son éloquence.

La parole des chefs anabaptistes, en se propageant par toute l'Allemagne, tombait sur un sol qui n'attendait qu'une étincelle pour entrer en combustion. Le peuple des campagnes y gémissait, depuis des siècles, sous le joug le plus dur et le plus abrutissant. Nous fatiguerions le lecteur à raconter toutes les vexations imaginées par les grands et petits seigneurs, séculiers ou ecclésiastiques, pour réduire le paysan à l'état de bête de somme.

On comprend la commotion que durent éprouver des hommes grossiers, exaspérés par toutes les souffrances qu'impose la tyrannie, quand des bouches, enflammées de toute l'éloquence du fanatisme, leur firent entendre des paroles de liberté, d'égalité et de fraternité évangéliques. Nous savons aujourd'hui que ces mots ne peuvent avoir leur complète signification et une vertu réelle que s'ils se présentent au nom du droit et de l'humanité; mais il leur suffisait alors de se réclamer de l'Évangile et de la Bible pour exciter les esprits aux espérances les plus naïves et les plus chimériques.

A cet égard, la voie avait été précédemment frayée aux idées de réforme sociale et politique propagées par les Anabaptistes, et dont la réalisation leur paraissait le complément nécessaire de la réforme religieuse. Déjà, en 1476, en 1502, en 1513 et 1514, aussi sous l'influence des prédications de certains illuminés, les paysans, adoptant pour enseigne le soulier lacé du vilain (*Bundschuh*), en opposition à la botte du chevalier, s'étaient soulevés, en Alsace, dans les contrées de Würzbourg et de Spire, dans le Brisgau et le Würtemberg, contre les évêques et les seigneurs. Ces mouvements avaient été comprimés par la force, et le paysan, remis en servage, ou de nouveau assujéti à toutes les sortes d'impôts, de redevances, de tailles et de corvées, sentait chaque jour encore s'accroître son fardeau, quand la voix des prophètes anabaptistes, dont les doctrines le pénétrèrent rapidement, lui rendit du même coup l'espoir et le courage.

Alors retentit le plus horrible cri de détresse sorti jusque-là des entrailles de l'humanité opprimée. Le souvenir s'en est conservé dans l'histoire sous le nom de *Guerre des paysans* (1524-1525).

Avant de recourir à la force des armes, les insurgés rédigèrent par écrit et publièrent en douze articles leurs griefs et leurs réclamations. Ils revendiquaient :

1° le droit d'élire et de déposer leurs pasteurs; 2° l'abolition de la petite dîme sur les animaux, et l'emploi de la grande, sur les terres, à des objets d'utilité publique; 3° la suppression du servage; 4° la liberté de la chasse et de la pêche; 5° celle d'aller quérir dans les forêts le bois nécessaire pour se chauffer et préparer la nourriture; 6° l'allégement des charges imposées; 7° une fixation équitable des services et corvées; 8° le droit de posséder des fonds de terre; 9° la limitation des impôts; 10° le retour à la commune des champs et prairies illégalement usurpés; 11° l'abolition du tribut payé au seigneur après la mort d'un père de famille, pour racheter de la mendicité la veuve et l'orphelin. — Ils demandaient, par le douzième article, que, s'ils étaient mal fondés dans leurs doléances, on les éclairât à l'aide de la parole de Dieu.

Pour toute réponse à ces plaintes, qui n'étaient, dans leur ensemble, que la revendication bien modeste des droits stricts du genre humain, on jeta au feu le prédicateur Jean Heuglin de Lindau, faussement accusé d'avoir rédigé les douze articles.

La guerre aussitôt éclata, et les vœux des paysans, dépassant bientôt ceux qu'ils venaient d'exprimer, appelèrent un nivellement général où se distingueraient deux têtes seulement, celle du peuple et celle de l'Empereur, *César* ayant été reconnu par l'Évangile. Princes, nobles et prêtres, ces oppresseurs nés de toutes les nations, à toutes les époques, devaient à la fois disparaître. Plusieurs même demandaient la suppression de César, et la république comme en Suisse.

Outre la souveraineté du peuple, les Anabaptistes prêchaient aussi la communauté des biens, la suppression de tout culte extérieur, de toute loi civile, de toute science humaine, le règne des prophètes et des *voyants* sous l'inspiration de l'Esprit-Saint, et, par leurs déclamations, ils exaltaient encore les tendances farouches et destructives qu'inspiraient les traditions du judaïsme, depuis que la Bible en langue vulgaire était dans toutes les mains.

La fureur des paysans tomba d'abord sur les terres de l'évêque de Würzbourg, objet d'une vieille haine. De là, le fer et la flamme à la main, ils promenèrent le meurtre, la dévastation et l'incendie par toute la Franconie, dans la Souabe, en Bavière et dans le Tyrol, en Lorraine et en Alsace, enfin dans la Thuringe et dans la Saxe, partout détruisant les châteaux, pillant les monastères, et se livrant à d'horribles vengeances. Dieu, disaient-ils, leur avait ordonné de ne s'arrêter que lorsqu'il ne resterait plus debout que des chaumières.

Ces sanglantes représailles, exercées en mémoire d'une longue et cruelle oppression, ne tardèrent pas à réunir contre leurs auteurs les princes et seigneurs allemands, catholiques ou luthériens, de l'Église ou du siècle. Dès lors, on put prévoir que les bandes désordonnées des paysans, malgré le courage furieux dont elles étaient animées, ne résisteraient pas longtemps à la tactique plus savante et mieux armée de leurs adversaires. Après plusieurs combats, dans lesquels ils perdirent plus de 50,000 des leurs, les paysans succombèrent en effet à la bataille de Frankenhausen, en Thuringe (15 mai 1525). Münzer, qui les commandait, y fut fait prisonnier et décapité.

Les vainqueurs furent sans pitié; ils s'abandonnèrent à toutes les cruautés de l'orgueil, de la cupidité et de la peur. Il y eut des exécutions en masse; on vit des évêques, ceux de Trèves et de Würzbourg par exemple, exercer en personne l'office de bourreau.

Ni ce désastre cependant, ni les persécutions longtemps prolongées qui suivirent, n'arrêtèrent les progrès de la secte anabaptiste. En vain des décrets de l'Empereur et de la diète impériale menaçaient de mort ses adhérents; en vain cette menace était souvent mise à exécution : l'anabaptisme se propageait rapidement, surtout dans les provinces rhénanes, en Westphalie, dans le Holstein, en Suisse et dans les Pays-Bas.

Quelques troubles ayant été excités par ces sectaires dans l'Ost-Frise, la Hollande et l'Over-Yssel, les magistrats sévirent aussitôt avec une extrème rigueur. La bourgeoisie des grandes villes, redoutant les doctrines et les extravagances de ces pieux fanatiques, s'armait pour les repousser. La gouvernante des Pays-Bas, Marie de Hongrie, et le comte de Hoogstraten en firent mettre à mort un grand nombre.

Les chefs de la secte continuaient néanmoins d'envoyer de nombreux missionnaires dans toutes les directions. Deux de ces apôtres, venus dans la Frise, y convertirent à leur doctrine un certain Obbe Philipps, qui lui-même eut pour disciple Menno-Simonszonn. Celui-ci devint plus tard le fondateur des Anabaptistes pacifiques, appelés de son nom *Mennonites*. Deux autres, le boulanger Jean Matthyszoon et le tailleur Jean Bockold, connu plus généralement sous le nom de Jean de Leyde, se rendirent à Münster en Westphalie, où bientôt, grâce à eux, devait s'ouvrir dans l'histoire un de ces chapitres trop nombreux, qui font le découragement des sages, et la honte de l'humanité.

A Münster, au commencement du xvie siècle, comme dans la plupart des grandes villes allemandes, qui étaient en même temps siéges épiscopaux, de fréquentes querelles, grave embarras pour le conseil municipal, avaient lieu entre les bourgeois, jaloux de leurs droits à l'administration et au gouvernement de la cité, et l'évêque, dont les attributions et la puissance n'étaient pas exactement définies. Ces querelles, depuis 1524, s'étaient quelque peu apaisées. Elles se ravivèrent, lorsqu'en 1529, Bernard Rothmann, envoyé par le landgrave Philippe de Hesse, vint à Münster prêcher la Réforme. On accourut en foule pour l'entendre à l'église de Saint-Maurice, située hors des murs de la ville. Ces prédications, accueillies avec faveur par le peuple et la bourgeoisie, le chapitre de la cathédrale voulut les empêcher, et, quand Rothmann exprima le désir que sa profession de foi devînt l'objet d'une discussion en règle, les chanoines repoussèrent sa demande. La bourgeoisie dès lors appela dans la ville le prédicateur, et s'empara de la plupart des églises. A la suite d'une longue lutte, intervint un accord, en vertu duquel il fut décidé que l'église cathédrale demeurerait au chapitre, mais que les six autres églises seraient abandonnées aux prédicateurs protestants.

L'année suivante, des essaims d'Anabaptistes, que la persécution chassait des Pays-Bas et des diverses contrées de l'Allemagne, vinrent à Münster chercher un refuge. C'était la lie des populations. Jean Matthyszoon et Jean de Leyde, par des discours emphatiques où, se glorifiant eux-mêmes d'une inspiration immédiate de l'Esprit-Saint, ils déversaient le mépris sur toute science humaine et sur tous les autres prédicateurs qu'ils appelaient faux prophètes, ne tardèrent pas à exercer sur ces masses grossières, avides de désordres, une influence de sinistre présage. Rothmann, qui s'était, au commencement, déclaré contre eux, se prononça bientôt en leur faveur. Ce ne fut pas d'abord Jean de Leyde, mais le bourgmestre Bernard Knipperdolling, qui, dans les premières scènes de ce drame insensé, joua le principal rôle. Ce fut lui qui, le 1er février 1534, après avoir expulsé de Münster les nobles, les prêtres et tous les bourgeois propriétaires, fit élire un nouveau conseil municipal et se fit nommer lui-même bourgmestre de la ville.

Jean de Leyde devint peu après, au spirituel comme au temporel, le maître absolu de la cité. Un des premiers actes de sa souveraineté fut d'ordonner, sous peine de mort, de transporter à l'hôtel de ville tout ce que chacun possédait en or, en argent, en objets précieux de toutes sortes, pour être ensuite appliqué, par des diacres choisis à cet effet, à l'usage commun de tous les habitants de la Montagne de Sion : c'était le nom désormais consacré pour désigner la ville de Münster. En même temps, tous les livres trouvés dans la ville, parmi lesquels de très-anciens et précieux manuscrits, furent entassés sur une place publique et devinrent la proie des flammes. On n'épargna que la Bible. A côté de Jean de Leyde, chef de la nouvelle Sion, devaient siéger douze juges, ainsi qu'autrefois les Anciens des douze tribus d'Israël avaient siégé à côté de Moïse. Enfin, le tailleur de Leyde, obéissant à un ordre de Dieu, alla jusqu'à se proclamer roi de Sion, et, après son couronnement, s'affubla de tous les insignes de la dignité royale.

Cependant l'évêque de Münster, après avoir rassemblé une armée, était venu mettre le siège devant la ville. Jean Matthyszoon fit contre lui une première sortie; elle fut heureuse. Se croyant dès lors appelé, dans cette guerre, au rôle de Gédéon, il parcourt la ville et somme par leur nom trente habitants de le suivre, sans autre arme que celle qu'il portait lui-même en ce moment, une simple pique. Tous marchèrent aussitôt à l'ennemi et furent tués jusqu'au dernier (mai 1534).

Mais rien ne peut ouvrir les yeux aveuglés par le fanatisme. La confiance s'affermit encore quand un orfèvre de Wahrendorf, Jean Tausenschuer, vint à Münster, et proclama hautement, ainsi que Dieu le lui avait révélé, que Jean de Leyde parcourrait en vainqueur toute la terre; qu'il anéantirait tous les rois, princes et royaumes, et ne laisserait subsister que le menu peuple.

Le roi de Sion, Jean de Leyde, avait alors organisé sa maison. On peut voir tous les détails de cette organisation dans un livre publié en 1725 et qui a pour titre en allemand : *Dénombrement de tous les conseillers, serviteurs et officiers de cour du roi anabaptiste Jean de Leyde.* Knipperdolling était institué lieutenant du roi, Rothmann orateur, Krechting chancelier. Le roi-prophète, en cette qualité, s'entourait d'une pompe et se livrait à des débauches de prince. A l'exemple de David et de Salomon, il s'était composé un harem de quatorze femmes. L'une d'elles ayant un jour osé lui résister en face, il la fit mettre à genoux et lui trancha la tête; puis il entonna un hymne d'actions de grâces auquel se joignirent en chœur les autres reines. Ainsi se passa l'année 1534. Münster ressemblait à un hôpital de fous.

Les forces de l'Empire étaient alors occupées ailleurs, et l'évêque assiégeant ne recevait de ses alliés que de trop faibles secours. On se bornait en conséquence à des menaces.

Déjà cependant la ville était en proie à toutes les horreurs de la famine, et, parmi les enthousiastes qui s'y trouvaient réunis, il s'était formé un parti de modérés qui, confiants dans le landgrave Philippe de Hesse, étaient entrés en correspondance avec lui. Dans le même temps, les bourgeois, voyant que les prophéties de Jean de Leyde n'étaient pas justifiées par les faits, méditaient de s'emparer de sa personne et de le livrer aux assiégeants. Il sut néanmoins se préserver de toute embûche, grâce au fanatisme de ses adhérents, jusqu'à ce qu'enfin, au mois d'avril 1535, le roi Ferdinand dirigea contre la ville des forces militaires imposantes. Suivant un accord passé avec le landgrave Philippe de Hesse, celui-ci mit en campagne, sous la conduite de Sigemond de Boynebourg, un corps d'armée, auquel se joignit ensuite la milice du cercle de Westphalie, et Münster se trouva bientôt serré de près. Les habitants, refusant de se rendre à aucune condition, l'évêque eut recours à deux traîtres qui, dans la nuit du 24 au 25 juin 1535, livrèrent secrètement la ville. On se battit avec fureur dans les rues. Rothmann trouva la mort en combattant; Jean de Leyde fut fait prisonnier. A cette nouvelle, le courage de ceux qui se défendaient encore fut brisé. Il y eut un **massacre général** : tous ceux qui échappèrent au sabre furent abandonnés à la hache. Les femmes, qu'on avait d'abord réservées pour les livrer à la brutalité des soldats, s'étant révoltées, furent également envoyées au supplice. Quant à Jean de Leyde, on le traîna, enchaîné, aux pieds de l'évêque : « Vois, lui dit le prélat, en quel abîme de maux tu as plongé ce peuple! — Waldeck, répondit l'Anabaptiste, de quoi peux-tu te plaindre? Ta ville était démantelée, je te la rends fortifiée. Quant à l'argent que t'a coûté le siége, veux-tu suivre un bon conseil? Enferme-moi dans une cage de fer que tu promèneras par toutes les villes; en n'exigeant qu'un florin par personne pour voir le roi de Sion, tu auras bientôt de quoi payer tes dettes et accroître ton revenu. » L'évêque suivit ce conseil.

On frémit d'horreur au récit des tortures infligées, lors de leur retour à Münster, à Jean de Leyde et à ses compagnons, Knipperdolling et Krechting, avant de les mettre à mort. Le bourreau, pendant une heure, leur déchira les chairs sur toutes les parties du corps avec des tenailles rougies au feu, et finit par les éventrer. Leurs restes furent ensuite enfermés séparément dans trois cages de fer et hissés au haut de la tour de Saint-Laurent, où les trois cages, dit-on, se voient encore.

Les Anabaptistes restèrent partout en butte à une cruelle persécution. Les décrets de l'Empire prononçaient contre eux la peine de mort. Seul, le landgrave de Hesse se refusa à faire exécuter cette loi, et défendit expressément que personne fût mis à mort dans ses États pour cause d'anabaptisme. Luther lui en exprima par écrit son mécontentement.

La secte n'en continua pas moins de se recruter et de s'accroître; mais ses adhérents, devenus plus prudents et plus modérés, se soumirent enfin, en 1536, à la réforme que le pieux et doux Menno Simonszoon tentait d'opérer dans leurs doctrines, dans leur discipline et dans leurs mœurs. Ils rejetèrent dès lors la polygamie et la communauté des biens; ils adoucirent leur intolérance et renoncèrent à établir par la violence le royaume du Christ sur la terre. La persécution dont ils étaient l'objet se calma aussi peu à peu. Il se produisit bien encore de temps en temps, jusqu'après le milieu du XVIe siècle, quelques fanatiques, se disant prophètes, qui excitèrent des troubles, et par là augmentèrent le nombre des martyrs de leur secte; mais, en général, on laissa vivre en paix, dans les pays protestants, ceux qui respectaient eux-mêmes le repos public et ne prétendaient pas se placer au-dessus des lois.

Organisés dès lors en communautés, les Anabaptistes, qui s'appelaient eux-mêmes *Mennonites*, fondèrent ainsi dans l'Allemagne septentrionale et surtout dans les Pays-Bas une société religieuse indépendante, scrupuleusement modelée, à beaucoup d'égards, sur l'ancienne Église apostolique, telle que nous la font connaître les *Actes* et les *Épîtres* des apôtres.

Ils se divisèrent cependant, dès 1554, malgré les efforts de Menno, sur une question de discipline. Les plus *rigides* punissaient d'excommunication toute faute contre les mœurs et les règlements de l'Église, et ils poussaient si loin les conséquences de cet arrêt que les époux même et les parents des excommuniés devaient renoncer à toute accointance avec eux : les *modérés* entendaient n'appliquer l'excommunication que dans les cas de désobéissance opiniâtre aux commandements de la sainte Écriture; ils voulaient aussi qu'avant de prononcer l'arrêt d'excommunication, on usât, pour ramener le pécheur à résipiscence, de toutes sortes de réprimandes et d'admonitions (*gradus admonitionis*); ils supprimaient toutes conséquences de cet arrêt en dehors des relations avec l'Église. Aucun des deux partis ne voulant céder, les *rigides* en vinrent à prononcer contre les *modérés* eux-mêmes une sentence d'excommunication. De là date la séparation des Anabaptistes en deux partis principaux. Les *modérés*, auxquels leurs adversaires ont souvent appliqué certaines appellations d'une grossièreté toute flamande, se nommèrent *Waterländer*, parce que leurs premières communautés s'étaient établies dans le Waterland (Hollande septentrionale); les *rigides*, composés de Frisons, de Flamands exilés (*Flaminger*), et d'Allemands, se donnaient à eux-mêmes le nom de *Feine* (fins, délicats), en opposition à celui de *Grobe* (grossiers), par lequel ils désignaient ordinairement les *modérés*.

Ce n'est pas tout. En 1566, cinq ans après la mort de Menno, un nouveau dissentiment éclata : les *rigides*, à leur tour, se divisèrent en trois partis, toujours au sujet de l'excommunication ecclésiastique : les Flaminger s'opiniâtraient à l'entendre dans le sens le plus rigoureux; les Frisons ne voulaient pas, du moins, qu'on l'infligeât à des communautés entières ; quant aux Allemands, ils ne se distinguaient des Frisons que par une réprobation plus marquée pour toute espèce de luxe. Dans la suite, des intérêts de commerce rapprochèrent successivement, d'abord ceux-ci de ceux-là, puis, en 1649, les *Flaminger* eux-mêmes des uns et des autres. Les dissidents, ceux qui blâmaient ces sortes d'accords, formèrent, sous différentes directions et différents noms (Jeanjacobites, Ukewallistes, Dompelers, etc.), des communautés particulières, fondées sur les principes les plus sévères, mais qui ne furent jamais bien nombreuses. Les Jeanjacobites ne subsistent aujourd'hui en communauté que dans l'île d'Ameland. Les Ukewallistes, en dehors de la Frise, ne se sont répandus, en petit nombre, que dans la Lithuanie et à Dantzig. Ils offrent, notamment par la sévérité de leurs mœurs, une grande analogie avec les Anabaptistes de la Galicie, reste des anciens Moraves, que leur costume a partagés en *Knöpfler* (qui boutonnent leurs habits), et *Heftler* (qui, au lieu de boutons, font usage d'agrafes et portent de la barbe).

Il ne reste aujourd'hui des anciens *Flaminger* que deux communautés : l'une, au village de Balk, dans la Frise; l'autre, que nous avons nous-même autrefois visitée, à celui d'Aalsmeer, près d'Amsterdam. Ils ont quelques opinions dogmatiques particulières, et font d'ailleurs peu de cas de la science humaine. Il est toujours défendu parmi eux de prêter serment, de revêtir aucune magistrature, de protéger par la force son bien, sa liberté, sa vie même. Ils frappent d'excommunication immédiate, sans *gradus admonitionis*, et avec les conséquences les plus désastreuses pour la vie domestique, toute faute contre les mœurs, l'action de porter les armes, le mariage contracté avec une personne en dehors de la communauté, le luxe dans les meubles ou les habits. S'il est aujourd'hui, quelque part sur la terre, de vrais et purs chrétiens, assurément ce sont ceux-là ! Nous les retrouverons en Amérique.

Il serait, croyons-nous, sans intérêt de prolonger le récit des querelles, toujours d'ailleurs de moins en moins sérieuses, qui agitèrent parfois encore la secte des Anabaptistes. Rappelons seulement qu'en 1664 certains dissentiments sur quelques points de dogme, dans la grande communauté d'Amsterdam, partagèrent les Anabaptistes des Pays-Bas. Les uns, sous la direction progressiste et libérale d'un savant médecin, Galenus Abrahamssohn de Haen, parce qu'ils se réunissaient dans le voisinage d'une ancienne brasserie ayant pour enseigne un agneau (*by't Lam*), furent appelés la communauté des *Lammistes*. Les autres, sous la direction traditionnelle et rétrograde d'un autre médecin, Samuel Apostool, parce qu'ils se rassemblaient dans un édifice particulier, au fronton duquel ils avaient adapté, comme symbole, une image du soleil (*Sonne*), reçurent le nom de communauté des *Sonnistes*. Ces dénominations, d'abord particulières aux Anabaptistes d'Amsterdam, devinrent ensuite communes à tous ceux des Pays-Bas, suivant qu'ils se prononçaient dans le sens d'Apostool ou dans celui de Galenus. Cette distinction était la seule qui subsistât encore en ce pays, à la fin du xviiie siècle. Elle a disparu tout à fait en 1800 : les deux communautés se réunirent alors, et, à l'exception des petites communautés dont nous avons parlé, établies dans l'île d'Ameland et dans les villages d'Aalsmeer et de Balk, tous les Anabaptistes, oubliant leurs anciens discords, pacifiés par l'action du temps, et plus encore par la vertu latente de l'idée philosophique, mère de l'indifférence religieuse, ne formèrent plus qu'un seul corps, une seule Église. Ils ne se querellent plus entre eux, mais c'est que leur foi est en décadence.

Il faut en dire autant des Anabaptistes d'Allemagne : bien que nombreux encore, surtout dans les pays du Rhin, en Prusse, en Suisse, en Alsace et en Lorraine, ils se sont peu à peu rapprochés, dans les choses du culte, des autres protestants et réformés.

L'anabaptisme a été importé en Angleterre sous Henri VIII et ses successeurs; il y fut longtemps poursuivi par le fer et le feu. C'est seulement au commencement du xviie siècle que les *Baptistes*, ainsi qu'on les nomme dans la Grande-Bretagne, réussirent à fonder quelques communautés, composées en grande partie de transfuges du presbytérianisme. De là, la distinction, qui s'opéra vers 1630, en *particular-baptists*, ou *Antinomiens*, attachés aux doctrines de Calvin, même en ce qui touche la prédestination, et *general-baptists*, ou Arminiens, qui, sur ce point, abandonnaient la doctrine calviniste, et même ouvraient la porte au socinianisme. Dans la seconde moitié du xviie siècle, un certain Franz Bampfield fonda encore parmi les Baptistes une troisième secte, en introduisant la solennité du samedi ou sabbath : d'où ses adhérents ont été nommés *sabbathaires*. On n'en rencontre plus aujourd'hui que dans l'Amérique du Nord.

Les Baptistes anglais n'ont tout d'abord accepté des Anabaptistes que la réprobation du baptême des enfants et l'usage de ne baptiser que les adultes : ce qu'ils font par une immersion complète trois fois répétée. Ils permettent le serment et l'exercice des magistratures publiques. Depuis 1689, ils jouissent, en Angleterre, où leurs communautés, surtout celle des *particular-baptists*, malgré la sévérité de leur discipline, sont en très grand nombre, de la liberté religieuse. Ils entretiennent des missions aux Indes orientales et dans les îles.

Les Baptistes sont aussi fort répandus dans l'Amérique du Nord, où ils possèdent environ mille églises. Ils vivent en paix, dans ce pays de liberté, à côté d'autres sectes anabaptistes, venues originairement de l'Allemagne ou des Pays-Bas, et parmi lesquelles se distingue celle des *Dompelers*, que nous avons déjà nommés au nombre des Anabaptistes les plus *rigides*. Ils n'ont point dégénéré ici de leurs ancêtres. D'accord avec les Baptistes en ce qui touche les conditions et l'administration du baptême, ils en diffèrent sur plusieurs autres points : ils tiennent pour illicite de plaider, de porter les armes et de combattre, de faire un serment et de prêter à intérêt. Dans leurs assemblées, les sexes se tiennent constamment séparés, excepté le jour du sabbath. Chacun peut y prier et parler à haute voix, selon l'inspiration de l'Esprit-Saint. Leur liturgie est des plus simples. Ils célèbrent la cène pendant la nuit, et la font suivre d'une agape, où ils se lavent les pieds les uns aux autres, se donnent le baiser fraternel et une poignée de main. Celui ou celle qui se marie n'appartient plus à la société des *parfaits*, mais continue néanmoins de prendre part aux assemblées hebdomadaires de la communauté. Ils sont persuadés, — et c'est là leur premier article de foi, — que la félicité dans une vie future ne peut s'obtenir que par des expiations, des privations, des mortifications dans la vie présente.

Il faut avouer que de toutes les sources, hélas! si nombreuses, où peut puiser celui qui écrit l'histoire des égarements de l'esprit humain, les religions sont de beaucoup la plus abondante.

BIBLIOGRAPHIE. — Henr. Ottius, *Annales anabaptistici*, Bâle, 1672. — Fr. Catrou, *Histoire du Fanatisme des religions protestantes, de l'anabaptisme*, etc., Paris, 1733. — Krohn, *Geschichte der fanatischen und enthusiastischen Wiedertäufer*, Leipzig, 1758. — Jochmus, *Geschichte der Wiedertäufer in Münster*, Münster, 1825. — Reisniz et Wadzeck, *Beiträge zur Kenntniss der mennonitischen Gemeinden in Europa und Amerika*, Berlin, 1821-1829. — Zimmermann, *Geschichte des Bauernkrieges*. — Crosby, *History of the english baptists from the reform to the reign of George I*, Londres, 1738. — Irimey, *A History of the english baptists*, Londres, 1811. — A. Michiels, *les Anabaptistes des Vosges*, 1 vol. in-18.                                                M.-L. BOUTTEVILLE.

**ANALYSE.** — MATHÉMATIQUES. — Le rôle de l'analyse, dans chaque science, est de préparer la subordination de toutes les questions relatives aux faits étudiés dans cette science à des questions abstraites de logique pure. Les seuls procédés auxquels elle puisse avoir recours sont l'observation et l'expérience. La méthode y est surtout inductive, aussi les progrès y sont-ils lents et difficiles. Il faut un génie véritable pour y faire quelques pas ; car il ne s'agit de rien moins que de la découverte de ces lois naturelles auxquelles leur importance d'une part, et de l'autre leur rôle dominateur, ont fait donner le nom de principes. L'humanité, au reste, ne s'y est pas trompée ; elle a décerné le nom de grands à tous les hommes qui ont fait faire à l'analyse des progrès appréciables : à Cuvier pour la découverte du principe de la subordination des caractères ; à de Jussieu pour sa méthode de classification, et à Linnée pour l'analyse de la génération dans les plantes ; à Lavoisier pour sa théorie de la combustion, et à Davy pour la découverte opposée du chlore ; à Faraday pour les découvertes du diamagnétisme et de l'induction ; à Ampère pour l'analyse des phénomènes électro-magnétiques, et à Volta pour l'invention de la pile ; à Young, Fresnel, Malus et Arago pour l'analyse des phénomènes d'interférence et de polarisation ; à Melloni et Herschell pour celle du spectre en dehors de ses limites apparentes ; à Descartes pour l'analyse de l'arc-en-ciel ; à Torricelli pour la découverte de la pesanteur de l'air ; à d'Alembert pour l'invention du principe qui porte son nom ; à Lagrange pour la mise en œuvre du principe des vitesses virtuelles, et à Huygens pour celle du principe de l'égalité entre l'action et la réaction ; à Galilée pour la découverte du principe de l'indépendance des effets des forces simultanées, et à Archimède pour celle du principe du levier ; à Newton pour la découverte du principe de la gravitation universelle ; à Laplace pour son hypothèse cosmogonique ; à Képler pour l'invention des lois qui portent son nom ; à Copernic pour son intuition des mouvements réels, et à Hipparque pour son analyse des mouvements apparents des astres qui composent notre système ; à Leibnitz pour l'invention de l'analyse infinitésimale ; à Fermat, Descartes et Archimède pour avoir ouvert les voies à cette révolution capitale ; à Descartes encore pour l'invention de la méthode analytique des coordonnées ; à Viète et à Diophante pour avoir donné un corps à l'instrument analytique par excellence, l'algèbre ; à Pappus, à Euclide et à Platon pour avoir jeté les bases de la méthode analytique de recherches en géométrie ; à Pythagore pour l'analyse des propriétés du triangle rectangle ; enfin à Thalès pour celle des propriétés des figures semblables.

L'analyse a pour premier objet, dans chaque science, la réduction des phénomènes à leurs causes, c'est-à-dire leur classification d'après la nature des agents qui les produisent ; dans cette phase, elle n'a guère d'autres ressources que celles que fournit l'esprit d'observation ; l'obstacle à vaincre réside principalement dans des idées préconçues, des habitudes invétérées, des croyances imposées.

Lorsque les phénomènes sont rapportés à leurs causes, la question est alors d'isoler artificiellement les causes les unes des autres, afin de pouvoir apprécier directement leurs effets propres. Il n'est pour ainsi dire pas de phénomène naturel dont l'accomplissement ne soit dû à l'action simultanée d'un nombre ordinairement fort grand de causes diverses ; l'art analytique consiste à découvrir et au besoin à créer les circonstances dans lesquelles elles agissent seules. L'expérience intervient ensuite pour fournir une formule de la relation de chaque effet à la cause unique qui l'a produit; dans les cas les plus compliqués, cette formule ne pouvant être obtenue, on y supplée par une table; dans d'autres plus simples, on représente assez bien les lois, dont on n'a pas pu saisir l'expression exacte, par des formules empiriques construites de façon à comprendre le mieux possible les faits observés; enfin quelquefois on parvient à saisir la formule exacte de la loi cherchée. Cette formule, d'abord purement inductive, s'affirme ensuite de plus en plus par la conformité des conséquences éloignées qu'on en tire avec l'ensemble des faits. C'est ainsi que se sont inébranlablement assises les lois des proportions définies et des équivalents chimiques; de la réfraction, des interférences et de la polarisation; de la gravitation universelle et de l'indépendance des effets des forces simultanées.

Enfin, quand les causes ont pu être appréciées isolément dans leurs effets, il reste encore à connaître les lois suivant lesquelles les effets s'associent lorsque les causes correspondantes coexistent. C'est, dans chaque science, le dernier terme de l'analyse. Lorsque ce pas est franchi, l'expérience a achevé son œuvre, l'induction n'a plus aucun rôle à jouer, la synthèse logique de la science peut être entreprise.

L'analyse ne s'est guère encore exercée, en histoire naturelle, qu'à la recherche préliminaire des principes de classification; en physiologie humaine, qu'aux descriptions anatomiques, à l'observation des diagnostics, et à la recherche empirique de quelques agents thérapeutiques ; en chimie organique, qu'à la recherche des principes constitutifs composés des principales substances animales ou végétales. Mais elle a, pour ainsi dire, achevé son rôle en chimie inorganique; les fonctions importantes que jouent, dans les phénomènes dépendant de cette science, les agents physiques, lumière, chaleur et électricité, restent encore toutefois complétement inexplicables.

En acoustique, l'analyse est terminée depuis Bernouilli ; en optique, les travaux de Fresnel paraissent y avoir mis le sceau.

En astronomie, la découverte de la loi de la gravitation universelle, déduite des lois de Képler et vérifiée depuis dans toutes ses conséquences, a permis de ramener à des questions de calcul même la découverte de nouveaux astres, signalés seulement par leurs effets perturbateurs.

En mécanique, depuis l'invention par Galilée du principe de l'indépendance des effets des forces simultanées, toutes les recherches imaginables ne dépendent plus que de spéculations mathématiques ou géométriques.

En géométrie, l'analyse, achevée dès le début, ne pouvait consister que dans la formulation des quelques axiomes sur lesquels repose toute cette science.

Nous venons de chercher à fixer le rôle de l'analyse dans chacune des grandes sections qui composent l'ensemble de nos connaissances, et s'il est clair que la même méthode d'investigation trouvera son emploi dans chaque recherche particulière. Une question ressortissant à une science dont les principes sont déjà formulés n'est pas pour cela immédiatement résolue; elle est soluble, mais il restera à discerner, parmi l'ensemble des faits connus, ceux qui auront avec celui qui est en question des relations assez intimes pour qu'une combinaison simple des lois qui les régissent puisse fournir celle qui doit servir à résoudre la question proposée elle-même. Les recherches de ce genre ressortissent encore à l'analyse.

L'esprit analytique a surtout à s'exercer sous ce rapport dans les sciences peu avancées, et l'analyse des questions circonscrites y est même ordinairement la seule voie par laquelle on puisse arriver à quelques progrès dans l'analyse générale des phénomènes qui en dépendent. Mais alors chaque opération particulière ne correspond qu'à une des étapes, plus ou moins prolongée, de l'ensemble de la marche en avant, dans la voie du progrès. Dans les sciences plus avancées, au contraire, l'analyse préalable de chaque question se réduit en quelque sorte à une inspection rapide des conditions de cette question, et à un choix, le plus souvent facile, et qu'un peu d'habitude suggère aisément, entre les différents moyens de solution.

Les Grecs faisaient honneur à Platon de la découverte de la méthode analytique en géométrie. Il est, en effet, le premier qui ait enseigné, pour la solution des problèmes, la méthode qui consiste à supposer la question résolue et à s'aider de la figure, supposée faite, pour trouver, par déductions, le moyen de la résoudre.

L'habitude bientôt prise de se conformer à cette méthode suggéra d'abord l'idée de formuler entre les éléments inconnus des figures et les éléments donnés, les relations soit acquises, c'est-à-dire résultant de théorèmes connus, soit renfermées dans l'énoncé de la question; puis à essayer quelques combinaisons entre les formules de ces relations. C'est à cet art nouveau, que leurs promoteurs désignèrent avec raison sous le nom d'analyse, que furent dus les rapides progrès accomplis par Apollonius dans l'étude des propriétés des sections coniques, par Archimède dans la métrie des surfaces et volumes limités par des lignes ou surfaces courbes; enfin, par Hipparque dans l'invention des méthodes propres à la solution des questions trigonométriques; d'un autre côté, c'est en vue de faciliter l'usage de cette méthode qu'Euclide et plus tard Pappus enrichirent la géométrie de cette foule de remarques, connues sous le nom de lemmes, qui, sans concourir directement au but propre de la géométrie, devaient contribuer à fournir des moyens de rapprochement entre des questions en apparence étrangères les unes aux autres.

L'usage de plus en plus commun de la méthode analytique ayant peu à peu donné naissance à l'algèbre, on s'habitua à donner à cette science, véritable instrument analytique en effet, le nom même d'analyse; et si la géométrie, la mécanique analytiques ont été qualifiées ainsi, ç'a été bien plutôt, parce que les méthodes d'investigation y avaient été réduites à des combinaisons ou résolutions d'équations, que pour marquer leur degré de perfectionnement en indiquant que l'analyse y était complètement achevée.

L'algèbre élémentaire a depuis cédé son nom d'analyse au calcul infinitésimal, non pas tant parce que les principes du calcul différentiel fournissent d'eux-mêmes le moyen presque immédiat de mettre en équation les questions même les plus inabordables, que pour faire en quelque sorte honneur à la nouvelle invention. Quoi qu'il en soit, le nom d'analyse transcendante convenait bien à une méthode capable de permettre soit de déduire de la loi d'un phénomène celles de son accomplissement continu, soit inversement de repasser de la formule du mode d'accomplissement à la loi du fait accompli.

*Analyse transcendante.* Cette branche de la science mathématique, qui en forme aujourd'hui le couronnement, se compose essentiellement des deux calculs différentiel et intégral dont les objets viennent d'être indiqués. M. MARIE.

**ANALYSE.** — CHIMIE. — Le mot analyse possède en chimie un sens précis et déterminé. L'analyse est le contraire de la synthèse. Il existe plusieurs degrés dans l'analyse chimique, d'où les noms d'analyse immédiate et d'analyse élémentaire. Nous essayerons, par des exemples tirés soit de la chimie minérale, soit de la chimie organique, de faire comprendre exactement le sens qu'il faut attribuer à ces expressions. Nous montrerons ce qui sépare l'analyse de la synthèse, ce qui différencie les différents degrés de l'analyse, et enfin nous nous efforcerons de montrer quel est le rôle de l'analyse en chimie.

Supposons que nous ayons entre les mains un échantillon de terre arable. Si nous le passons au tamis, nous en extrayons d'abord des pierres, tandis que nous recueillons de l'autre côté du tamis de la terre proprement dite.

Plaçons cette terre dans l'eau, agitons vivement, décantons le liquide après que la matière solide sera déposée, et évaporons-le; il laissera un résidu formé par tous les constituants solubles de la terre. La partie séparée par décantation de la liqueur sera, au contraire, formée par l'ensemble des matériaux insolubles.

Incinérons cette dernière partie après l'avoir desséchée, elle diminuera de poids par suite de la disparition d'une certaine proportion de matière organique.

Enfin, soumettons les matériaux solubles, les matériaux insolubles et les pierres à certaines méthodes analytiques que nous ne pouvons pas décrire ici [1]. Nous y trouverons un certain nombre de corps tels que des sulfates, des chlorures, des phosphates, des silicates et des carbonates de potassium, de sodium, d'aluminium, de calcium, de fer, de magnésium, de manganèse, etc.

Parvenus là, nous aurons accompli le premier degré de l'analyse. Nous aurons divisé la terre en un certain nombre de composés définis ou, comme on dit plus spécialement en chimie organique, de *principes immédiats*. Nous aurons accompli une *analyse immédiate*.

Nous pouvons cependant aller plus loin. Nous pouvons prendre chacun de ces composés définis et rechercher de quels éléments il est formé. Nous trouverons ainsi que le sulfate de calcium renferme du soufre, de l'oxygène et du calcium; que le silicate d'aluminium contient du silicium, de l'oxygène et de l'aluminium, etc. Ce second degré de l'analyse ne pourra plus être dépassé. Nous aurons poussé la division chimique aussi loin qu'il était possible de la pousser. Les éléments, en effet, sont indécomposables. C'est là une vérité de définition, puisque nous donnons le nom d'*éléments* à tous les corps que nous ne réussissons pas à décomposer. Ce second et dernier degré de l'analyse qui nous fait connaître les constituants élémentaires des corps porte le nom d'*analyse élémentaire*.

Jusqu'ici nous n'avons point employé la balance. Nous nous sommes bornés à rechercher la nature des principes immédiats, des corps élémentaires que la terre arable renfermait; aussi cette analyse porte-t-elle le nom d'*analyse qualitative*. Mais nous pouvons aussi rechercher quelle est la quantité de chaque élément ou de chaque principe immédiat que contient un poids connu de terre. Nous faisons alors une *analyse quantitative*. L'analyse qualitative précède naturellement l'analyse quantitative, parce qu'il faut d'abord connaître quels sont les corps que renferme une substance complexe avant d'en déterminer la proportion.

Nous prendrons maintenant un second exemple tiré de la chimie organique, l'exemple du lait.

Le lait est un liquide blanc excessivement complexe. Abandonné pendant quelque temps à lui-même après addition d'un peu de raclure de la membrane

---

1. Voir Frésénius, *Analyse quantitative*. Savy, éditeur.

muqueuse d'un estomac de veau, il se coagule et se divise en deux parties dont l'une a reçu le nom de *fromage* et dont l'autre se nomme petit-lait. On peut facilement séparer ces deux parties l'une de l'autre au moyen de la filtration.

Si, maintenant, reprenant le fromage, on le dessèche et on le traite par l'éther, celui-ci laisse un corps azoté nommé *caséine* et dissout plusieurs corps gras qui, par leur mélange, forment le beurre. On aurait pu extraire directement le beurre du lait, en battant vivement ce liquide avant de le coaguler. Ce beurre, soumis à des dissolutions réitérées dans l'alcool, à des fusions partielles, et à plusieurs autres opérations en général fort délicates, peut être divisé en plusieurs corps de composition définie tels que la *butyrine*, la *valérine*, la *caproïne*, la *copryline*, la *palmitine* la *stéarine*, l'*oléine*, etc.

Enfin, chacun de ces composés définis se dédouble, sous l'influence des alcalis, en un acide : l'*acide butyrique*, l'*acide valérique*, l'*acide caproïque*... l'*acide stéarique*, l'*acide oléique*, et en *glycérine*.

Si, d'autre part, nous distillons le petit-lait, nous obtenons beaucoup d'eau et il reste un résidu solide dont nous parvenons à extraire une espèce particulière de sucre, le *sucre de lait*, et des sels divers tels que *chlorure de sodium*, *phosphate de calcium*, etc.

*Caséine, glycérine; acides palmitique, stéarique, oléique, butyrique, valérique, caproïque, caprylique; sucre de lait; phosphate de calcium; chlorure de sodium... eau...* sont les *principes immédiats du lait*. Ce sont des corps de composition définie, que l'on ne peut plus diviser à moins de les réduire en leurs éléments respectifs. Les opérations qui nous ont permis de les séparer les uns des autres sont des opérations d'*analyse immédiate*.

Mais chacun de ces principes est composé de plusieurs éléments unis en certaines proportions définies. La *glycérine* renferme du *carbone*, de l'*hydrogène* et de l'*oxygène*, il en est de même des différents acides et du sucre de lait. Le chlorure de sodium renferme du *chlore* et du *sodium*; la *caséine*, de l'*azote*, du *carbone*, de l'*oxygène* et de l'*hydrogène*... etc. Les opérations à l'aide desquelles nous arrivons à déterminer et à doser ces éléments sont des opérations d'*analyse élémentaire*.

Nous avons dit que l'analyse est le contraire de la synthèse. L'analyse, nous venons de le voir, prend un corps complexe et le divise successivement en principes immédiats, puis en corps élémentaires. Elle va du composé au simple. La synthèse, au contraire, va du simple au composé; elle prend les éléments, les combine de façon à en former des composés définis; puis, elle combine entre eux les composés définis de manière à en former des composés plus complexes. Enfin, elle réunit ces composés complexes pour en former des mélanges divers.

Supposons qu'il s'agit de faire la synthèse du lait :

Nous aurions d'abord à unir le carbone avec l'oxygène et avec l'hydrogène dans les proportions voulues pour former la *glycérine*, l'*acide stéarique*, l'*acide palmitique*, l'*acide oléique*, l'*acide butyrique;* après quoi, nous combinerions chacun de ces acides avec la glycérine pour obtenir la *stéarine*, la *palmitine*, l'*oléine*, la *butyrine*.

D'autre part, nous combinerions le carbone avec l'oxygène et avec l'hydrogène dans d'autres proportions pour obtenir le *sucre de lait*. Nous unirions ces trois éléments à l'azote pour avoir la *caséine*. Nous préparerions l'*eau* par l'union de l'oxygène et de l'hydrogène; le *chlorure de sodium* par l'union du chlore et du sodium... etc.

Après avoir préparé tous ces corps définis qui sont les constituants immédiats du lait, nous les mêlerions ensemble dans les proportions voulues, qui nous auraient été indiquées par l'analyse immédiate quantitative.

Dans le cas spécial que nous avons choisi, la synthèse du lait ne serait pas encore faite. Le corps obtenu aurait la même composition que le lait, mais ne serait pas du lait. Le lait, en effet, est un liquide physiologique. Les divers principes immédiats n'y existent pas à un état quelconque. Le beurre, par exemple, y affecte une forme déterminée. Il se trouve à l'état de petits globules entourés d'une enveloppe de matière albuminoïde. Il faudrait encore lui communiquer cette forme pour avoir fait réellement du lait, et c'est là une chose impossible dans l'état actuel de la science.

Si le lait, au lieu d'être un liquide physiologique, eût été un liquide purement chimique, la synthèse, telle que nous l'avons exposée, aurait permis de le reconstituer avec toutes ses propriétés premières. Il en résulte que jusqu'à ce jour la synthèse, comme l'analyse, est applicable à l'étude de tous les composés purement chimiques; mais que la synthèse des corps organisés est encore impossible et le sera probablement pendant longtemps encore, sinon toujours.

Les limites et la nature de cet ouvrage ne nous permettent pas d'entrer dans aucun détail sur les méthodes qui servent aux chimistes pour effectuer l'analyse immédiate ou l'analyse élémentaire, soit en chimie minérale, soit en chimie organique. Nous nous bornerons à dire un mot sur la valeur respective de ces deux grandes méthodes dont l'emploi caractérise la chimie.

A nos yeux, et quoi que certains savants aient pu en dire, l'analyse et la synthèse ont, au point de vue des connaissances chimiques, une valeur égale. L'analyse précède sans doute naturellement la synthèse, puisqu'on ne peut faire la synthèse d'un corps, que lorsqu'on sait de quoi il est composé. Mais la synthèse vient corroborer, compléter les résultats que l'analyse nous fournit sur la constitution des corps, et seulement alors que nous avons ces deux éléments de la question nous pouvons arriver à la certitude ou, tout au moins, au plus haut degré de probabilité qu'il nous soit permis d'obtenir en chimie.

Supposons, par exemple, qu'il s'agisse de fixer la constitution de l'alcool méthylique ou esprit de bois. Nous ferons d'abord l'analyse élémentaire de ce corps et nous le trouverons formé de carbone, d'oxygène et d'hydrogène dans des proportions qui correspondent à un atome du premier et du second de ces corps et à quatre atomes du troisième.

De plus, en traitant cet alcool par l'acide chlorhydrique (composé de chlore et d'hydrogène), nous donnerons lieu à une double décomposition. L'oxygène et l'un des quatre atomes d'hydrogène de l'alcool méthylique s'uniront à l'hydrogène de l'acide chlorhydrique pour former de l'eau. Et le chlore s'unissant à ce qui restera de la molécule d'alcool, donnera un composé nouveau formé d'un atome de carbone, de trois atomes d'hydrogène et d'un atome de chlore.

Si nous faisons agir l'hydrogène naissant (au moment même où il se dégage d'une combinaison) sur ce corps chloré, le chlore forme avec lui de l'acide chlorhydrique et abandonne le carbone qui, à son tour, fixe un atome d'hydrogène pour remplacer le chlore éliminé.

Le corps ainsi préparé est le gaz des marais qui renferme un atome de carbone et quatre atomes d'hydrogène. Il ne diffère de l'alcool méthylique que par un atome d'oxygène qu'il contient en moins.

Si nous considérons attentivement cette série d'opérations, nous voyons qu'au lieu d'éliminer directement l'oxygène de l'alcool méthylique pour passer de cet alcool au gaz des marais, nous avons employé un procédé détourné. Nous avons d'abord enlevé l'oxygène en même temps qu'un atome d'hydrogène que nous avons remplacé par du chlore; puis, nous avons substitué de l'hydrogène à ce chlore. Or, quel que soit le procédé par lequel on désoxyde l'alcool méthylique, on observe toujours le même phénomène. Jamais on ne peut enlever simplement l'oxygène. Dans tous les cas, il faut éliminer un atome d'hydrogène en même temps que l'oxygène, et restituer ensuite cet hydrogène au produit.

On a conclu de ces expériences *analytiques* que, dans l'alcool méthylique, trois atomes d'hydrogène sont directement unis au carbone *tétratomique* (voyez *atomique* théorie), tandis que le quatrième lui est uni immédiatement, par l'intermédiaire de l'oxygène *diatomique*, lequel, tenant au carbone par l'un de ses centres d'attraction, tient à l'hydrogène par l'autre. On s'explique ainsi fort bien comment l'oxygène en s'éliminant entraîne avec lui l'hydrogène auquel il est attaché.

Ceci ne suffirait cependant pas encore pour convaincre les chimistes que la constitution de l'alcool méthylique est bien celle que nous supposons. Il se pourrait, en effet, que, pendant la réaction analytique, il se produisit, dans la molécule, des bouleversements dont rien ne nous avertirait. La preuve synthétique est absolument nécessaire et peut seule faire cesser les doutes, dans la limite où les doutes peuvent cesser lorsqu'il s'agit de ces questions de structure.

On combine donc directement le carbone à l'hydrogène, pour obtenir le gaz des marais, puis on fait agir le chlore sur ce gaz et l'on y remplace un atome d'hydrogène par un atome de chlore. Enfin on fait agir la potasse sur ce composé chloré.

La potasse renferme un atome d'hydrogène uni à un atome d'oxygène qui, par son second centre d'attraction, est combiné avec un atome de potassium. Lorsque cet alcali est en contact avec le gaz des marais monochloré, le potassium de l'un de ces corps se combine au chlore de l'autre. Il en résulte que le carbone d'une part et l'oxygène de l'autre ont chacun un de leurs centres d'attraction qui n'est plus saturé ; n'étant plus saturés, ils se combinent et il se produit un corps formé par un atome de carbone dont trois atomicités sont saturées par de l'hydrogène, la troisième l'étant par de l'oxygène qui, lui-même, est combiné à de l'hydrogène par son second centre d'attraction.

Ce corps est tout à fait identique par sa composition et ses propriétés avec l'alcool méthylique. Ce qui vient corroborer l'idée que nous nous étions faite, *d'après l'analyse*, de la constitution de ce corps.

Analyse et synthèse, répétons-le, sont donc deux méthodes également fécondes en résultats, également indispensables au progrès chimique, et l'on ne saurait considérer ni l'une ni l'autre comme supérieure ou comme inférieure. A elles deux seulement, elles constituent une méthode complète, la méthode chimique, c'est-à-dire la méthode qui sépare la chimie des autres sciences et en fait une science distincte. A. Naquet.

**ANALYSE SPECTRALE.** — physique. — On sait qu'un rayon lumineux éprouve, en traversant un prisme de verre, une série d'importantes modifications. Non-seulement il est dévié de sa direction primitive et rejeté vers la base du prisme (voyez *Réfraction*), mais il est encore décomposé; les différentes couleurs qui, par leur réunion, forment le blanc, sont séparées, et le rayon solaire, au lieu de donner l'image d'une fente longitudinale et étroite, si telle était l'ouverture qui limitait le faisceau lumineux, s'étale en un long ruban aux vives couleurs et aux propriétés très-multiples. C'est là le *spectre* (voyez *Dispersion*, *Spectre*). En s'entourant de certaines précautions, en faisant en sorte que les différentes couleurs ne puissent pas empiéter les unes sur les autres, un savant artiste de Munich, Frauenhofer, reconnut que ce spectre était sillonné d'une multitude de lignes noires, parallèles entre elles, et occupant des positions bien déterminées, comme si les barreaux très-déliés et irrégulièrement distribués d'une grille avaient été placés devant l'image pour arrêter toujours les mêmes rayons et laisser passer les autres. (*Mémoires de l'Académie de Munich*, 1814-1815.)

Les divers savants se mirent aussitôt à l'œuvre pour poursuivre ces observations et étendre, chacun de leur côté, ce fait si inattendu. Les uns se servirent des raies du spectre comme de repères pour fixer la position des zones auxquelles se rapportent des propriétés particulières de la lumière. D'autres étudièrent attentivement les rayons lumineux émis par les corps en combustion, et créèrent peu à peu l'*analyse spectrale*, dont le but est de reconnaître les substances qui brûlent dans une flamme éloignée.

Déjà Frauenhofer lui-même avait étudié diverses sources lumineuses. La lune et les planètes donnèrent des images prismatiques identiques à celle du soleil; les étoiles parurent avoir des lumières généralement différentes les unes des autres, l'ensemble des raies ayant des dispositions spéciales pour chacune d'elles; mais les flammes artificielles présentèrent toutes, entre le rouge et le jaune, une ligne brillante, coïncidant toujours avec la double raie noire, D, du spectre solaire. Quelques années après (1822), Brewster, à Édimbourg, découvrit que la lumière de l'alcool salé, dont se servaient les alchimistes des siècles précédents, était monochromatique, c'est-à-dire formée par la seule couleur jaune, débarrassée de toutes les autres teintes. Telles sont les deux observations fondamentales, bien précises, qui servirent de point de départ à de nombreux travaux, exécutés de 1822 à 1860, travaux souvent peu différents les uns des autres, sortes de matériaux épars, réunis enfin par les auteurs de l'analyse spectrale.

J. Herschell décrit les spectres des flammes de l'alcool chargé de sels de chaux et de cuivre; M. Talbot, après avoir étudié quelques lumières artificielles, affirme que les raies brillantes sont caractéristiques des substances enflammées; M. Wheatstone analyse l'étincelle électrique jaillissant entre divers métaux; M. Miller étudie les mélanges des sels, et M. Swann les gaz hydrocarburés; M. Masson, puis M. Plucker observent les étincelles traversant des gaz raréfiés; enfin, en 1860, MM. Kirchhoff et Bunsen, en apportant une grande rigueur aux procédés expérimentaux, et en recherchant les conditions nécessaires à la production des raies brillantes, dégagèrent la méthode de l'analyse spectrale, enfermée en germe dans tous les travaux antérieurs. (*Ann. de Poggendorf*, t. CX et CXIII.)

Dans leurs études, les savants allemands s'assurèrent que le même corps fait toujours apparaître les mêmes raies, quelle que soit la température de la flamme; ils recherchèrent ensuite les conditions les plus favorables pour apercevoir très-nettement les raies et pour que les plus faibles ne fussent pas obscurcies par les plus brillantes. Ils remarquaient en même temps l'excessive sensibilité de ce procédé analytique : en faisant détonner, dans une grande chambre, trois milligrammes de chlorate de soude mélangé de sucre de lait, un spectre continu, placé à l'extrémité du laboratoire, donnait presque immédiatement la raie caractéristique du sodium, et la conservait environ pendant dix minutes. Par un calcul approximatif, connaissant la capacité de la chambre et la quantité d'air brûlé par la flamme en une seconde, on trouve que l'œil peut apprécier distinctement la présence d'un tiers de millionième de milligramme de sel de soude ! Ainsi, la présence constante de cette raie jaune, dans toutes les lumières artificielles, indique la grande diffusion de ce métal dans la nature ; tous les corps en contiennent, l'air en est imprégné, la terre en est saturée, et ce n'est qu'avec les plus grandes difficultés qu'on peut purger les différents corps de cette substance qui échappe à tout autre moyen d'investigation, et dont on ne connaît pas encore le véritable rôle.

Les appareils dont on se sert pour ces recherches, ont été appelés des *spectroscopes*. Devant une fente étroite brûle une flamme qu'on rend aussi chaude et aussi incolore que possible, et dans laquelle on mettra la substance liquide ou solide qu'on veut examiner. La lumière, pénétrant dans la fente, traverse ensuite une lentille, faisant fonction de *collimateur*, c'est-à-dire rendant les rayons parallèles, comme si la fente était très-éloignée. Puis, se trouvent une série de prismes qui décomposent la lumière, et une lunette qui reçoit et agrandit le spectre formé à son foyer. Selon l'objet que l'on se propose, il est bon de mettre un ou plusieurs prismes dans le spectroscope, pour avoir une plus grande intensité lumineuse ou une plus grande dispersion. On construit des appareils ayant jusqu'à six prismes, et M. Gassiot même s'est servi de onze prismes de sulfure de carbone, le liquide le plus dispersif qui soit connu, pour découvrir douze raies entre les deux raies D du spectre solaire.

A cet instrument est jointe encore une pièce auxiliaire portant un micromètre, c'est-à-dire une petite règle très-finement divisée et éclairée par une seconde lampe. L'image des divisions renvoyée sur une des faces du prisme y arrive sous l'angle de la réflexion totale (voyez *Réflexion*), et elle vient s'étaler en même temps que le spectre au foyer de la lunette. On peut alors apprécier exactement la position de la raie étudiée; par ce procédé, MM. Kirchhoff et Bunsen, en faisant arriver sur une moitié de la fente un rayon solaire, et sur l'autre moitié les lumières des différentes flammes, ont déterminé minutieusement la correspondance des raies brillantes données par les corps en combustion avec les raies noires du spectre solaire.

C'est ainsi qu'ils ont trouvé que le sodium était caractérisé par la double raie jaune, coïncidant avec D; le potassium, par une raie rouge placée en A, et une violette, auprès de H; le lithium, par une raie rouge entre B et C et une raie jaune, très-difficile à voir, auprès de D; etc. Les corps alcalins et terreux ne présentent qu'un petit nombre de lignes brillantes; mais les métaux proprement dits ont un spectre formé par un grand nombre de lignes pareilles : ainsi, le spectre du fer en contient plus de 70. Aussi la méthode d'analyse spectrale, très-facile à appliquer aux premières substances, devient longue et laborieuse pour les autres.

On peut maintenant comprendre l'application de l'analyse spectrale à la fabrication de l'acier Bessemer. Tant que brûlent les matières étrangères, carbone, silicium, soufre, la flamme est rougeâtre et longue, mais elle tombe peu à peu en devenant blanche et éclatante. A ce moment, la première phase de l'opération est terminée, et l'analyse spectrale décèle la combustion de grandes quantités de fer; c'est alors qu'on ajoute de la fonte pour désoxyder le métal.

Dès le début de leurs études, MM. Kirchhoff et Bunsen furent assez heureux pour vérifier d'une manière éclatante l'excellence de leur méthode analytique. Une dissolution de lépidolite de Saxe, débarrassée préalablement de tous les métaux, sauf les alcalis, leur donna un spectre composé des lignes caractériques de ces dernières substances. Mais, en regardant attentivement, ils aperçurent un système de raies brillantes entièrement inconnues, deux rouges, deux orangées, deux vertes et deux violettes; ils soupçonnèrent alors la présence d'un nouveau métal et l'appelèrent *rubidium* (corps rouge): après quelques tentatives, ils isolèrent et étudièrent ce nouvel alcali. Le même procédé, appliqué aux eaux mères des salines de Durkheim, leur révéla l'existence du *cæsium* caractérisé surtout par deux belles raies bleues.

La légitime émotion causée par ces découvertes amena tous les chimistes à poursuivre la voie qui venait d'être si brillamment ouverte. M. Crookes (1861) annonce l'existence d'un nouveau corps simple, le *thallium*, dont il avait vu la raie verte. Ce métal, qui ne put être isolé immédiatement, a été trouvé en abondance, à Lille, dans les boues des chambres de plomb, et M. Lamy a étudié cette substance étrange, qui tient le milieu entre le plomb et le potassium, et qui paraît appelée à un certain avenir industriel (fabrication des verres d'optique). Enfin, MM. Reich et Richter (1863) ont découvert un quatrième métal l'*indium* (raie indigo), qui jusqu'à présent est excessivement rare, puisqu'on n'a pas encore pu en rassembler un kilogramme dans les différents minerais naturels qui le contiennent.

Mais ce ne fut pas seulement la découverte de ces métaux nouveaux qui attira l'attention publique sur le travail de M. Kirchhoff. Celui-ci eut en effet la hardiesse d'étendre sa méthode d'analyse spectrale à l'étude des astres, et de rechercher, dans la lumière qu'ils nous envoient, les traces des substances brûlant dans ces foyers célestes. Un grand nombre de raies obscures du spectre solaire correspondent exactement à certaines lignes brillantes caractéristiques des métaux, et il fut évident pour le savant allemand que ceux-ci existent à l'état de vapeur dans l'atmosphère solaire. M. Brewster, en 1833, puis M. Jansson, en 1866, avaient reconnu que les vapeurs d'acide azotique et d'eau, répandues dans l'atmosphère terrestre, produisaient certaines lignes noires dans le spectre solaire (raies atmosphériques). Pourquoi le même phénomène ne se présenterait-il pas dans l'atmosphère solaire? Comment douter par exemple que le fer ne se trouve en vapeur dans le soleil, quand les 70 lignes brillantes de sa flamme coïncident rigoureusement avec autant de raies noires du spectre? M. Kirchhoff a donc conclu que le sodium, le bismuth, le fer, le magnésium, le nickel, se trouvent en vapeurs dans l'atmosphère du soleil, tandis que l'or, le mercure, l'étain, le plomb, etc., en sont absents.

Cette dernière conclusion était prématurée. M. Mitscherlich (1863), puis M. Diacon (1865) ont montré en effet que les combinaisons d'un même métal ne donnaient pas nécessairement un spectre. Il faut que le composé soit facilement réduit, comme le sont les chlorures, de sorte que dans la flamme analysée au spectroscope doit se trouver la vapeur du métal, car c'est à elle seule que sont dues les lignes brillantes observées.

Mais cette légère erreur de détail, provenant d'une conclusion trop hâtée, ne suffit pas pour infirmer les autres conséquences, et laisse la méthode tout aussi précieuse et remarquable. Aussi, depuis l'apparition de ce travail, un grand nombre d'astronomes ont dirigé leurs recherches dans cette voie, et aujourd'hui la constitution des astres commence à être connue presque aussi bien que celle des différents minerais analysés dans les laboratoires. M. Donati à Florence, M. Huggins à Londres, le Père Secchi à Rome, MM. Wolf et Rayet à Paris, n'ont pas cessé d'observer les étoiles, d'en noter les raies brillantes ou obscures, et de tirer des présomptions curieuses, soit sur la constitution, soit même sur l'âge de ces astres. Le directeur du Collège romain, le Père Secchi, qui a étudié un très-grand nombre d'étoiles, les divise en trois types : les unes (α de la Lyre ou Wéga, α du grand chien ou Sirius), les plus nombreuses parmi les étoiles du ciel, présentent trois grosses raies plus ou moins nettes, une dans le bleu coïncidant avec F et indiquant une atmosphère d'hydrogène; deux autres dans le violet de part et d'autre de H ; les autres (notre soleil, α du Bouvier ou Arcturus) offrent un spectre sillonné d'un grand nombre de lignes très-fines et très-nettes; les autres enfin (α d'Hercule, α du Scorpion ou Antarès) présentent un spectre cannelé, formé de zones claires séparées par de larges espaces obscurs. Un petit nombre d'étoiles, parmi celles des grandeurs inférieures, ont un spectre formé de lignes noires et quelques raies brillantes, comme si ces corps célestes, incomplétement formés, n'étaient pas encore arrivés à une condensation suffisante : ainsi γ de Cassiopée, appartenant au premier type, donne cependant une ligne bleu clair coïncidant avec F. Parmi les étoiles variables, les unes, comme β de Persée ou Algol, ont un spectre fixe, c'est-à-dire que les variations d'éclat proviennent probablement de la présence de corps opaques qui éclipsent l'astre, ce qu'indique suffisamment encore la régularité des variations ; d'autres, au contraire, comme o de la Baleine ou Mira et, en général, les étoiles variables du troisième type, ont un spectre à période irrégulière, comme si les vastes atmosphères déterminant par absorption les cannelures du spectre, éprouvaient des crises perturbatrices dans leur température ou leur constitution, selon que les raies noires varient d'éclat ou de position. Les nébuleuses et les comètes présentent des lignes brillantes séparées par des espaces obscurs ou faiblement colorés, ce qui est la marque d'une vive incandescence ; la masse entière de l'astre est gazeuse et n'entoure pas un noyau solide, caractère que La Place attribue aux astres en voie de formation : ainsi, la fameuse étoile qui, en mars 1866, brilla tout à coup dans la Couronne boréale, et s'éteignit peu à peu au bout de quelques jours, montra un spectre à raies noires présentant cependant quatre lignes brillantes, comme si une incandescence temporaire, peut-être une subite combustion d'hydrogène, avait produit ce singulier phénomène.

Ces études sont très-laborieuses à cause de la faible lumière envoyée par les astres. L'appareil que nous avons décrit plus haut serait d'un emploi très-incommode, à cause de la difficulté qu'on éprouverait à le diriger. Aussi se sert-on d'un spectroscope à vision directe, c'est-à-dire tel que le rayon lumineux soit dispersé sans être dévié. Cette condition, inverse de celle qui a été résolue dans l'achromatisme, s'obtient par un prisme à réflexion totale, qui renvoie les rayons dispersés dans leur première direction. Il existe un grand nombre de ces appareils, car chaque observateur a donné une disposition spéciale pour ses propres recherches, selon qu'il préférait une grande intensité lumineuse ou une grande dispersion.

Il reste à montrer comment les raies d'un même métal, brillantes dans nos flammes artificielles, sont noires dans le spectre solaire, et c'est cette explication qui est certainement la partie la plus importante du travail de M. Kirchhoff. Une ancienne expérience, due à M. Foucault (1849), servit de point de départ au savant allemand. Pour démontrer la coïncidence absolue entre la raie brillante de l'alcool salé et la raie D noire du spectre, M. Foucault faisait arriver à travers la même fente les rayons provenant des deux sources. Il remarqua alors que la raie noire était très-accusée ; et, en général, la ligne brillante donnée par une lampe isolée d'alcool salé devient subitement noire, lorsque cette flamme jaune est traversée par un rayon arrivant d'une source plus intense, du soleil ou de l'arc voltaïque par exemple. Cette expérience de M. Foucault est célèbre sous le nom de *renversement des raies ;* on lui donne souvent une forme encore plus saisissante : sur les charbons entre lesquels jaillit la lumière électrique on place un fragment de sel marin (chlorure de sodium); la lumière étant analysée par un prisme, le spectre présente aussitôt une ligne très-brillante dans le jaune; mais, peu à peu, le sel disparaît; l'atmosphère, entourant la flamme et douée d'une intensité lumineuse bien plus faible que l'arc voltaïque, se charge de vapeurs de soude; la ligne claire s'éteint, et se trouve remplacée par une ligne noire coupant nettement le spectre multicolore. Ce fait, inexpliqué jusque-là, a conduit M. Kirchhoff au raisonnement suivant, très-remarquable par son originalité et sa précision.

D'anciennes expériences, qui semblaient n'avoir aucune relation avec le sujet actuel, avaient montré que le pouvoir absorbant d'un corps pour la chaleur est numériquement égal à son pouvoir émissif : c'est-à-dire que, si l'on prend le rapport entre les quantités de chaleur absorbées dans les mêmes circonstances par un corps et par le noir de fumée (pouvoir absorbant), le nombre trouvé est exactement égal au rapport entre les quantités de chaleur émises, toujours dans les mêmes conditions, par le même corps et par le noir de fumée (pouvoir émissif). Cette loi, démontrée seulement pour de faibles quantités de chaleur, M. Kirchhoff l'étendit à toutes les températures et à toutes les radiations, qu'elles soient calorifiques, lumineuses ou chimiques, et il admit hardiment que la faculté possédée par un corps d'émettre un certain rayon était égale à celle qu'il avait d'absorber ce même rayon. Ainsi, par exemple, les caisses d'harmonie qui vibrent sous l'action d'une note, ont la propriété d'en éteindre rapidement le son, tandis qu'elles restent indifférentes sous les vibrations des autres notes.

Il suit évidemment de là, qu'un gaz incandescent, c'est-à-dire une flamme, si elle a la propriété d'émettre des rayons jaunes, aura également le pouvoir d'absorber la même radiation lui venant de l'extérieur. Quand on met la flamme de l'alcool salé devant le spectre solaire, on substitue le rayon artificiel bien moins intense, au rayon jaune qui reste absorbé par la vapeur du sodium. Parmi toute la série des radiations envoyées par le soleil, celle qui se place à la raie D, est considérablement affaiblie tandis que les voisines ne le sont pas ; et on observe, par un effet de contraste, une ligne noire à la place du rayon presque anéanti. Voilà pourquoi les vapeurs métalliques donnent des lignes brillantes ou obscures, selon qu'elles brûlent elles-mêmes ou qu'elles sont traversées par un rayon plus intense ; voilà pourquoi encore M. Fizeau, brûlant du sodium métallique, observa d'abord une raie noire, puis bientôt une ligne brillante, lorsque la combustion fut devenue assez vive pour que toute la vapeur brûlât (1862), expérience inverse de celle de M. Foucault.

Tous les astronomes admettent depuis longtemps que le soleil est formé d'un noyau obscur, formant le fond même des taches, autour duquel bouillonne la *photosphère*. Aujourd'hui cette opinion est appuyée sur l'observation même des faits. Nous savons en effet qu'en chauffant un corps solide ou liquide, les radiations envoyées par ces corps deviennent de plus en plus réfrangibles et acquièrent à chaque instant des propriétés inhérentes à leur nouvelle réfrangibilité. A un certain moment, lorsque la température est assez haute, la radiation est rouge, puis elle devient jaune, puis blanche ; et le corps émet alors à peu près la même série de rayons que le soleil : mais le spectre fourni par les corps solides ou liquides est continu et ne présente aucune raie noire. Le spectre donné par les gaz enflammés, au contraire, est formé de zones brillantes séparées par de grands intervalles noirs : ainsi l'hydrogène donne trois raies claires, l'une rouge C, une bleue F, une violette près de G ; ainsi les vapeurs des corps solides donnent les raies étudiées par MM. Kirchhoff et Bunsen. Donc, les particules solides incandescentes en suspension dans la photosphère du soleil forment un spectre continu : mais ces rayons, traversant une atmosphère moins lumineuse et moins chaude, sont partiellement arrêtés ; et, en arrivant sur la terre, ils donnent un spectre rayé de noir.

Cette explication a reçu naguère une éclatante confirmation. Lors de l'éclipse de soleil du 18 août 1868, un assez grand nombre de savants allèrent étudier ce grand phénomène céleste, dans le sud de l'Asie, l'Inde et la Cochinchine, d'où l'observation était possible. Lorsque le disque fut obscurci, on aperçut une immense protubérance, sorte de colonne gazeuse projetée par le soleil à des millions de lieues de sa surface ; et les spectroscopes braqués sur ce point, montrèrent aussitôt des raies brillantes à la place occupée par les raies noires du spectre solaire. Dans toutes les stations échelonnées sur le parcours de l'éclipse, cette observation fut faite.

M. Janssen à Guntoor, et M. Rayet à Malacca trouvèrent les mêmes résultats. M. Janssen, dans l'Inde, et M. Lockyer, en Angleterre, songèrent alors et simultanément à un moyen commode de voir les effets en plein jour : en dirigeant un spectroscope sur la tranche même du soleil, de façon à recevoir dans la fente le rayon non plus du disque mais de l'atmosphère qui l'entoure, on devait pouvoir observer les lignes brillantes. Effectivement, de nombreuses expériences, faites depuis cette époque, ont montré dans le spectre ordinaire dû à la lumière diffuse, quelques lignes brillantes correspondant à des raies noires : ainsi, on voit très-nettement les lignes brillantes C et F, mais plus difficilement la raie violette, dues toutes les trois à l'hydrogène. Cet aspect du spectre solaire, formé de ses raies noires ordinaires et des deux lignes brillantes C et F, se retrouve sur tout le pourtour du soleil jusqu'à une distance du disque de 15″ à 20″, ce qui prouve l'existence d'une atmosphère gazeuse incandescente, formée en grande partie d'hydrogène, tout autour du soleil, s'étendant à une distance d'environ 4,000 à 5,000 lieues des confins de la photosphère, et formant cette auréole lumineuse qu'on avait déjà observée dans les anciennes éclipses. Ces observations récentes ne sont autre chose que l'expérience du renversement des raies, faite avec le soleil sans le concours des sources artificielles.

Jamais, depuis que la méthode d'observation a été introduite dans les sciences physiques, jamais résultats aussi prompts et aussi nets n'avaient confirmé une théorie; jamais conception plus hardie, ne découlant pas d'idées préconçues, mais appuyée sur des raisons solides, ne s'était présentée avec plus de sûreté et plus de preuves expérimentales. Tant il est vrai que les phénomènes naturels sont toujours produits par les mêmes causes, et que, pour savoir ce qui existe dans les régions lointaines de l'espace, il suffit d'observer ce qui se passe autour de nous.

J. B. Baille.

**ANARCHIE.** — D'Alembert, après avoir défini l'anarchie « un désordre dans l'État qui consiste en ce que personne n'y a assez d'autorité pour commander et faire respecter les lois, et que par conséquent le peuple se conduit comme il veut, sans subordination et sans police, » conclut ainsi :

« On peut assurer que tout gouvernement en général tend au despotisme ou à l'anarchie. »

Cette pensée qui, au premier abord, semble placer les sociétés politiques entre deux alternatives également désolantes, n'est au fond, et à y regarder de près, qu'une conception irréfléchie de la théorie formulée ainsi par Proudhon : « le premier terme de la série gouvernementale étant l'*Absolutisme*, le terme final, fatidique, est l'*Anarchie*. »

L'erreur apparente de d'Alembert vient de ce qu'il conçoit l'Autorité comme un principe d'ordre, tandis que, dans les sociétés modernes, l'ordre ne peut découler que de l'élimination successive et raisonnée de l'Autorité. « L'anarchie, ou absence de maître, de souverain, dit encore Proudhon, telle est la forme de gouvernement dont nous nous approchons tous les jours, et qu'une habitude invétérée d'esprit nous fait regarder comme le comble du désordre et l'expression du chaos. » Proudhon s'exprimait ainsi dans son premier *Mémoire sur la propriété*. Plus tard, poursuivant sa pensée et la formulant avec sa rigueur accoutumée, il a affirmé que le but de la Révolution c'était la suppression même de l'Autorité, c'est-à-dire du gouvernement.

Anarchie s'entend donc sous deux acceptions, non-seulement différentes, mais absolument contradictoires. Pour les uns, c'est l'absence de gouvernement, d'autorité, de principe, de règle, et par conséquent c'est le désordre dans les esprits et dans les faits. Pour les autres, c'est l'élimination de l'autorité sous ses trois aspects politique, social et religieux, c'est la dissolution du gouvernement dans l'organisme naturel, c'est le contrat se substituant à la souveraineté, l'arbitrage au pouvoir judiciaire, c'est le travail non pas organisé par une force étrangère mais s'organisant lui-même, c'est le culte disparaissant en tant que fonction sociale et devenant adéquat aux manifestations individuelles de la libre conscience, ce sont les citoyens contractant librement non pas avec le gouvernement mais entre eux, c'est enfin la liberté, c'est l'ordre.

Proudhon l'a dit encore : « La liberté adéquate et identique à l'ordre, voilà tout ce que contiennent de réel le pouvoir et la politique. »

Le problème n'est pas de savoir comment nous serons le mieux gouvernés, mais comment nous serons le plus libres.

Nous pouvons maintenant reconnaître que la théorie de d'Alembert est parfaitement juste. Oui, tout gouvernement doit nécessairement aboutir au despotisme ou à l'anarchie entendue, soit au sens vulgaire, soit dans son acception philosophique. Entre l'absolutisme et la liberté, pas de conciliation possible, pas de moyen terme, telle est la conclusion à laquelle nous amènent la théorie et la pratique, la philosophie et l'histoire. Le désordre est le fait des gouvernants; le trouble dans la société, le tumulte dans l'État proviennent des injustes résistances qu'oppose le pouvoir sous sa double forme temporelle et spirituelle, aidé et soutenu par les privilégiés, aux légitimes revendications du citoyen, du libre penseur, du prolétaire.

Pour les oisifs, pour les exploiteurs, pour les privilégiés, pour les jouisseurs, toute idée de justice est une idée de désordre, toute tentative contre le privilége est une manifestation anarchique. La pensée seule de se soustraire à l'exploitation est une pensée coupable. Les oisifs, les privilégiés veulent jouir en paix. Le meilleur gouvernement est celui qui assure à leurs jouissances le plus de sécurité. Agioteurs, jeunesse dorée, muscadins, amis de l'ordre, faiseurs d'affaires, c'est la race maudite qui, depuis quatre-vingts ans bientôt, se livre au despotisme, race de prostitués qui ont besoin de souteneurs. Le Paris idéal pour eux, c'est une ville de plaisirs, une immense Corinthe, avec des filles très-chères, car ils ont beaucoup d'argent, et une police bien faite. Ce sont eux qui, après le 9 thermidor, fouettaient les femmes et assommaient les patriotes — dix contre un — sur la place publique. Ce sont eux qui, en juin, après la bataille, fusillaient les vaincus dans les rues dépavées. Ceux-là sont les vrais anarchistes, si anarchistes veut dire fauteurs de désordre. Ce sont eux qui, pour satisfaire en paix leurs basses passions, pour se vautrer à l'aise dans l'orgie des repus, épouvantent les intérêts, enfièvrent les bourgeois de peur, organisent la panique et finalement, entraînant avec eux la masse inconsciente, se jettent à plat ventre devant le pouvoir absolu.

Or, le despotisme est impuissant même à assurer la sécurité des intérêts. Qu'a-t-on vu pendant le premier Empire ? Quelques mois de prospérité chèrement payés, puis la tyrannie silencieuse, le despotisme cauteleux, la police maîtresse absolue de la vie et de la liberté du citoyen, les survivants de l'idée révolutionnaire poursuivis par une haine implacable, l'ancien régime rétabli, la France rendue au clergé, l'aristocratie reconstituée, les mœurs patriotiques détruites dans l'armée, les cohortes républicaines envoyées de parti pris à Saint-Domingue comme à la mort, les lettres de cachet rétablies, les prisons d'État encombrées, trois millions d'hommes transformés en chair à canon, le commerce anéanti, l'agriculture ruinée, le paysan livrant son dernier homme, et, au bout de tout cela, le couronnement de l'édifice, l'invasion!

Oui, si on entend par anarchie désordre poussé à son comble, despotisme et anarchie sont deux termes identiques, car le despotisme comprimant la meilleure partie de la nature humaine, arrêtant le développement social, sacrifiant tout à l'ordre matériel, crée l'antagonisme des intérêts et maintient la société dans un état de guerre latent.

N'y a-t-il pas, par exemple, désordre et anarchie dans un pays où les fonctionnaires sont placés en dehors du droit commun et ne peuvent être traduits devant les tribunaux, où le principe d'égalité devant la loi est méconnu, où le pouvoir judiciaire et l'exécutif sont confondus? N'y a-t-il pas anarchie lorsque le pouvoir législatif, réduit à l'état de corps consultant, n'a pas la faculté de présenter des lois et ne peut qu'amender celles qui sont élaborées par un conseil dont les membres sont à la nomination de l'exécutif? lorsque la Constitution ne peut être modifiée que du consentement de l'exécutif qui seul a le droit d'en appeler à la nation, tandis que la nation n'a aucun moyen légal et constitutionnel de faire connaître sa volonté spontanément et sans y être conviée par l'exécutif? lorsque le principe de responsabilité de l'exécutif n'a pas de sanction et qu'aucune procédure n'existe par laquelle une action en responsabilité puisse être constitutionnellement introduite?

N'y a-t-il pas anarchie, trouble et désordre lorsque le corps électoral est organisé de sorte que les groupes urbains soient divisés en tronçons dont chacun est arbitrairement uni à un groupe plus considérable d'électeurs campagnards, lorsque par ce système leurs votes sont annihilés, et que les villes et les campagnes sont constituées en état d'antagonisme violent?

Donc, absolutisme est synonyme de désordre et synonyme aussi d'anarchie, entendu au sens vulgaire du mot.

De même, liberté et ordre sont deux termes corrélatifs qui se résolvent dans un troisième terme plus général, celui d'anarchie, tel que l'a défini Proudhon, c'est-à-dire dans l'élimination radicale du principe d'autorité sous toutes ses formes.

A. RANC.

**ANATOMIE.** — (ἀνάτεμνω, découper). C'est, d'une manière générale, *la science de l'organisation*.

Tous les êtres de la nature se partagent en deux grandes classes : les *corps minéraux* et les *corps organisés*.

Les premiers constituent le *règne minéral* et sont l'objet de la physique, de la chimie et de deux sciences naturelles, la géologie et la minéralogie.

Les êtres organisés se subdivisent en êtres organisés du *règne végétal* et en êtres organisés du *règne animal*.

L'organisation des végétaux fait l'objet d'une étude anatomique étrangère à notre sujet. C'est l'*anatomie végétale*, qui rentre dans la BOTANIQUE.

Mais, de même que les végétaux ont pris naissance dans le milieu naturel qui leur est constitué par les formations géologiques, ainsi nous voyons se produire de nouvelles formes organisées qui nous apparaissent, dans la totalité de leurs caractères, comme distinguées nettement des végétaux. Dans leur aspect d'ensemble elles obéissent, comme les végétaux, à la loi de symétrie; leur enveloppe générale, également curviligne, exprime de même, sous la diversité des parties, encore plus concentrées dans l'unité individuelle, la simplicité d'un plan fondamental; comme les productions végétales, elles sont constituées par des *éléments figurés*, où se retrouve encore *la cellule*, groupés et distribués en organes, qui sont eux-mêmes coordonnés en un ensemble harmonique. Ces êtres, comme les végétaux, naissent, fonctionnent, se reproduisent et puis rentrent dans la nature. C'est-à-dire qu'ils sont également, pour autant qu'ils fonctionnent, des *organismes*. Mais, à la différence des végétaux, ces organismes réalisent une faculté nouvelle, la sensibilité volontaire. Ils ont, à des degrés variables et dans une mesure qui répond exactement à leur perfection organique, la conscience d'eux-mêmes, et en eux-mêmes, du milieu qui les enveloppe; ils sont dans le tout, à des points de vue sans nombre, la pensée du tout : c'est en eux que le monde, sous toutes les formes possibles, vit pour soi : les actions qui s'exercent à l'infini dans l'univers viennent de toutes parts converger, retentir en eux, comme en autant de centres d'impression, et ils réagissent contre elles; sous l'excitation intérieure, immédiate ou prolongée, qu'elles déterminent, ils se contractent, ils se meuvent, ils se déplacent. Aussi, n'est-ce plus dans le milieu inerte et par un simple mécanisme physique et chimique qu'ils absorbent leur nourriture : elle leur est préparée par le règne précédent et c'est surtout à la végétation qu'ils la demandent. Ces êtres se repaissent des végétaux ou se dévorent les uns les autres. A cette activité différente et supérieure correspond nécessairement une constitution intime, une substance chimique différente. Celle qui fait la base de leur organisation est plus complexe que dans les végétaux : à la substance ternaire de l'organisme végétal s'est joint un quatrième élément: l'azote qui, en pénétrant dans la combinaison, l'a transformée en une matière plus active, *l'albumine* ; celle-ci, plus ou moins modifiée par l'introduction de quelques principes minéraux, comme le soufre et le phosphore, est le point de départ de tout l'organisme et détermine ses propriétés. Ces êtres organisés, soumis à l'évolution naturelle de la naissance, du développement, de la reproduction et de la mort; qui vivent principalement aux dépens de substances elles-mêmes organisées; qui sont composés de substance quaternaire, doués de sensibilité, capables de contracter et de mouvoir leurs parties ; ces êtres sont des *animaux* et composent le *règne animal*, dont l'homme est l'expression la plus complexe et la plus élevée.

Nous venons de signaler les oppositions qui distinguent le règne animal; mais nous devons également noter que l'être organisé, animal ou végétal, peut se réduire effectivement, par une série de simplifications, à la forme la plus élémentaire que comporte l'idée d'organisation, à la simple cellule. C'est le point commun où les deux règnes, au dernier degré de l'organisation, paraissent s'unifier et se confondre, en dérision de nos catégories. Ainsi la *sphærella nivalis* et la *monade* ne sont, l'une et l'autre, qu'une cellule isolée : mais la première végète, la seconde se contracte et se meut : l'une est une cellule végétale et l'autre une cellule animale. C'est que, dans la sphérule des neiges, nous retrouvons la substance ternaire dite *cellulose*, tandis que la monade est constituée chimiquement par de l'albumine. Ainsi, le caractère fondamental de la distinction entre l'animal et le végétal réside dans la constitution chimique : la nature de la molécule chimique est la véritable origine de toutes les différences qui peuvent se montrer par la suite. Nous en voyons un exemple frappant dans ce qui arrive pour les corpuscules reproducteurs des algues. Ces petits corps sont des cellules munies de prolongements vibratiles : ils se distinguent à peine des corpuscules reproducteurs qui donnent naissance aux animaux : ils sont comme eux doués de mouvements énergiques et d'une active locomotion : mais, dans leur constitution chimique, existe la substance des cellules végétales et l'activité passagère qui se montre en eux va disparaître sans retour, saisie et comprimée dans les liens de la végétation.

Il ne faudrait pas non plus imaginer que la matière azotée soit absolument exclue des organismes végétaux. Elle s'y montre au contraire, hâtons-nous de le mentionner, dans leurs parties les plus importantes; mais ce n'est jamais que sur des points limités, enveloppés dans une trame de cellulose et dans une faible proportion relativement à la masse entière du végétal. Il n'en est pas moins du plus grand intérêt de la signaler, car elle est la source principale de l'azote qui s'accumule sous forme d'albumine dans les tissus des animaux.

C'est aux êtres organisés du règne animal, dont nous venons de donner le caractère distinctif, que se rapporte l'anatomie qui nous occupe.

Elle est, dans sa définition précise, *la science qui décrit les organes des différents animaux sous leurs rapports complexes de configuration, volume, couleur, poids, structure, situation relative, connexions et groupements en appareils.*

Qu'est-ce qu'un organe?

Qu'est-ce qu'un appareil?

. Quelle signification rigoureuse attacherons-nous à ces deux expressions?

La substance chimique d'un organisme animal entre, comme nous l'avons dit, dans sa constitution sous des formes élémentaires généralement déterminées, cellules, granulations, fibres d'aspect varié. En un mot, elle s'y trouve, presque sur tous les points, à l'état *d'éléments figurés* qui sont les dernières parties distinctes de l'organisme. Chaque espèce d'éléments possède des propriétés particulières, un mode d'activité qui lui est propre, en rapport avec sa nature chimique et sa forme. Ces divers éléments se rassemblent, se combinent entre eux, s'ordonnent en de certains modes de relation, et constituent de la sorte des groupements plus ou moins complexes, déterminés et figurés, au sein desquels chaque élément garde son activité propre et l'exerce pour son propre compte, mais en coordination avec celle de tous les autres, comme un individu dans une armée ou comme un citoyen dans la cité. Le groupement complexe, ainsi formé par l'assemblage des éléments, est un *organe*, et du concours de toutes les activités élémentaires qui sont en jeu dans la masse de l'organe résulte une activité d'ensemble, qui est la *fonction* de l'organe. Ainsi le rein est formé par l'assemblage d'une multitude d'éléments figurés, dont les uns se pelotonnent sur eux-mêmes en glomérules, et dont les autres, qui sont droits, embrassent chaque glomérule dans leur extrémité terminée en cul-de-sac et renflée en ampoule. Il résulte de cette disposition une multitude *d'organes* primaires dont la réunion constitue un *organe* complexe, qui n'a comme eux d'autre fonction que de filtrer l'urine. — Prenons un autre ordre d'exemples : adressons-nous, dans la série zoologique, aux animaux les plus simples; nous voyons que chez les derniers zoophytes, les *sertulaires*, les *hydres* d'eau douce, l'animal est constitué par un simple tube en doigt de gant. La surface extérieure, munie de prolongements appendiculaires, est l'instrument simplifié de la vie de relation ; la cavité du doigt de gant est *l'organe* rudimentaire de la digestion. Mais si nous remontons dans la série, nous verrons ce *tube digestif* se développer, se contourner, se replier sur lui-même et prendre une seconde ouverture. Nous verrons le premier de ces deux orifices se munir d'un instrument de préhension, destiné à saisir les aliments et aussi, le plus souvent, à les diviser; c'est *la bouche*, à laquelle fait suite une dilatation infundibuliforme, un *pharynx*, qui les reçoit et les engage dans un *conduit œsophagien* plus ou moins allongé, d'où ils sont précipités dans une portion dilatée, renforcée de muscles, où ils se trouvent brassés d'un mouvement régulier, et ramollis par l'action chimique du liquide que sécrètent les parois. Cette dilatation, *l'estomac*, se continue avec le reste du tube digestif, un *intestin*, généralement contourné plus ou moins sur lui-même. Là des organes glandulaires, comme le *foie* et le *pancréas*, déversent leurs produits, dont l'action chimique achève l'élaboration des substances nutritives, qui deviennent ainsi susceptibles d'être complétement absorbées ; enfin, les résidus s'accumulent dans la portion inférieure, d'où ils sont expulsés de l'organisme par *l'ouverture anale*. Ainsi, le travail physiologique de la fonction digestive, tout à l'heure accompli par un organe simple, s'est progressivement distribué entre plusieurs organes, qui tous se coordonnent en vue de cette fonction générale. Au lieu de n'avoir qu'un *organe*, nous avons maintenant un *appareil*.

Un appareil n'est en effet qu'un système d'organes, dont les fonctions particulières sont reliées entre elles dans une fonction commune.

Il résulte de notre définition de l'anatomie, que cette science, quant à son objet, et si loin que pénètre son observation, ne considère jamais que des *formes*. Là où la forme s'évanouit, là aussi se termine l'anatomie. Lorsque les parties constituantes de l'organisme, liquides ou solides, cessent d'être figurées, elles échappent à l'anatomie pour rentrer dans le domaine de la chimie, car elles ne peuvent plus alors être différenciées que par leurs réactions chimiques. Il en est de même des mouvements et des fonctions de l'organisme; leur étude fait l'objet d'une autre science, qui se fonde sur l'anatomie, mais qui s'en distingue; c'est à la *physiologie* qu'elle appartient. La physiologie est la science du corps vivant, du corps en fonction, de l'organisme proprement dit. L'anatomie est la science du corps à l'état de repos, des organes à l'état statique, comme on les voit sur le cadavre, la science de l'organisation. Elle est, — on l'a dit depuis longtemps, — à la physiologie ce que la statique est à la dynamique.

Mais, si l'anatomie est nettement distincte de la physiologie, dont elle prépare et construit la base, il est également vrai de dire qu'en échange de ses données et par une réaction facile à concevoir de la science la plus élevée sur celle qui la précède, elle reçoit à son tour de la physiologie sa *méthode* et, par suite, sa constitution définitive.

C'est qu'en effet l'anatomie, ainsi que toute science d'observation, débute nécessairement par le simple empirisme. Pendant longtemps, elle se borne à décrire les parties de l'organisation comme la nature les lui présente, topographiquement. Plus tard, elle arrive à les rapprocher par groupes, d'après certaines similitudes de forme extérieure, apparentes ou réelles. De, là certaines divisions dont les noms sont encore dans la science et dont plusieurs sont définitives, parce qu'elles se sont trouvées conformes à l'ordre physiologique : — Anatomie des os, des articulations, des muscles, des vaisseaux, des nerfs, des glandes, des organes des sens, des viscères, des téguments ; — ou *ostéologie*, *arthrologie*, *myologie*, *angéiologie*, *névrologie*, *adénologie*, *œsthésiologie*, *splanchnologie*, *dermatologie*. Enfin, — et c'est l'achèvement de la science, — elle en vient aujourd'hui à décrire les organes dans l'ordre de leurs rapports fonctionnels, c'est-à-dire dans celui où ils se coordonnent pour constituer les appareils. En d'autres termes, sans négliger les rapports topographiques et les similitudes de forme, elle subordonne ses descriptions à la connaissance des relations physiologiques. C'est ainsi que les différentes *glandes*, qui étaient autrefois rapprochées et décrites dans une même division de l'anatomie, sont maintenant étudiées avec les divers appareils auxquels ces organes de sécrétion sont annexés. Et si, par le progrès de son observation, elle passe de la figure extérieure des parties à la structure intérieure de chacune d'elles, ce sera toujours le même ordre ; après quelques indications préliminaires qui se résument en une classification du petit nombre d'éléments dont les arrangements diversifiés composent tous les organes, la marche de *l'histologie* — nous en parlerons bientôt — sera nécessairement la même que celle de l'anatomie descriptive.

Entre la méthode primitive de description anatomique et la méthode physiologique, il existe la même différence qui se produirait entre la description d'une machine dont on ne connaîtrait pas encore la destination, qu'il s'agirait précisément de déterminer d'après l'analyse de ses parties, et la description de la même machine après connaissance obtenue de son emploi et du jeu de ses organes. On débuterait par un inventaire minutieux, simplement topographique, exact, mais inintelligent, par conséquent aride et pénible, des pièces juxtaposées qui composent le système ; et, quand on serait parvenu, en opérant sur ces données matérielles, à dégager la théorie du mécanisme, on exposerait alors sa construction sous un aspect plus large et dans l'ordre des corrélations dynamiques. On voit que la science de l'organisation, comme toutes les autres sciences, après avoir pris son point de départ dans les notions confuses et purement imaginatives de l'empirisme, est aujourd'hui en voie d'effectuer son passage des vues systématiques, abstraites, plus ou moins arbitraires, fondées sur des généralisations partielles, aux conceptions dynamiques basées sur une interprétation méthodique de faits plus nombreux et mieux observés ; — conceptions qui sont la conquête de notre siècle, sa gloire aux yeux de l'avenir, l'élimination péremptoire de toutes les idées ténébreuses, l'illumination de la science et la révélation de la nature.

Les définitions que nous avons précédemment établies, avec le commentaire dont nous avons cru devoir les accompagner, nous rendent maintenant facile d'esquisser le plan général de notre science anatomique. La distribution en est assez complexe, et cette complication tient à celle de l'objet auquel la science se rapporte, en même temps qu'à la diversité des sujets qui lui présentent ce même objet.

C'est toujours et partout, ainsi que nous l'avons dit, l'organisation animale. Nous allons tâcher d'établir les divisions de l'anatomie zoologique — *zootomie* — telles qu'elles existent réellement comme études spéciales, cultivées à notre époque, ou du moins telles que l'esprit peut les concevoir dans l'idée générale de la science anatomique.

Tout animal peut être étudié dans l'état d'intégrité de ses organes, alors que la période de formation qui les a constitués est définitivement achevée, et cette étude est susceptible de porter indifféremment, soit sur l'homme, qui nous intéresse de plus près et dont l'organisation est la plus complexe, soit sur tout autre terme de la série zoologique. Il existe, par conséquent, une anatomie normale de l'homme et une anatomie normale des animaux, une *anthropotomie* et une *zootomie* proprement dite.

L'anatomie normale de l'homme est celle que l'on désigne habituellement sous le nom d'*anatomie descriptive*. Fidèle à la méthode physiologique dont nous avons parlé, c'est d'après l'ordre des considérations fonctionnelles qu'elle poursuit l'analyse de son sujet. Elle commence par les organes de la vie de *relation* et passe en revue successivement les différents *appareils :* c'est-à-dire l'appareil de la locomotion — *ostéologie, arthrologie, myologie,* — l'appareil de l'innervation — *névrologie,* — y compris les centres nerveux — et les cinq appareils des sens — *dermatologie, ophthalmologie, appareils de l'audition, de l'olfaction, de la gustation.* — Ensuite elle passe aux organes de la vie dite *organique* et décrit successivement l'appareil de la circulation et de la respiration, les appareils de la digestion, de la reproduction et de l'urination, — reproduisant ainsi, sous une forme plus scientifique, l'*angéiologie* et la *splanchnologie* de l'ancienne méthode.

Il faut cependant avouer que l'ordre didactique, habituellement suivi dans les amphithéâtres où se font les dissections, est loin de se conformer entièrement à cet ordre physiologique basé sur la classification de Bichat. Les exigences de la pratique, la nécessité de sérier les difficultés, obligent dans certains cas à l'intervertir, et alors la méthode ancienne, purement anatomique ou descriptive, reprend en partie ses droits.

En dépit de cette restriction toute pratique, la méthode suivie par l'anatomie descriptive de l'homme n'en est pas moins fondamentale, car elle s'applique ensuite à toutes les autres parties de la science et nous sert aujourd'hui de fil conducteur dans les divisions multipliées d'une étude aussi vaste que le règne animal lui-même.

Si intéressante que puisse être à ses yeux l'analyse de son propre corps, l'homme n'est en définitive qu'un cas particulier dans l'ensemble des études anatomiques. C'est en lui que l'idée de l'organisation se réalise dans sa plus haute puissance; mais, à la suite de l'homme, s'échelonne et descend dans les profondeurs de la nature une longue série d'êtres animés, chez lesquels l'organisation, distribuée sous quatre types généraux, les *vertébrés*, les *articulés*, les *mollusques* et les *rayonnés*, se réduit et se simplifie, par une suite de dégradations pour ainsi dire continue. Il est une science qui descend aussi cette série zoologique depuis les *primates quadrumanes* qui nous suivent immédiatement, bien qu'à une certaine distance, jusqu'à la simple cellule animale, jusqu'à la *monade*. Cette science, — nous l'avons déjà nommée, — est la *zootomie* proprement dite, désignée plus ordinairement sous le nom d'*anatomie comparée*, et qui serait sans doute mieux appelée *anatomie comparative*. C'est dans cette étude comparée de l'organisation animale, envisagée dans ses conditions normales et son état d'intégrité, que la méthode physiologique trouve le plus bel exemple de son emploi.

Mais, à côté de l'ordre, si l'ordre existe, est toujours le désordre; à côté de la fonction régulière est la fonction troublée; à côté de l'organe à l'état d'intégrité, est l'organe altéré dans sa constitution. La nature est féconde en variations organiques; elle les a multipliées, chez tous les êtres qu'elle enfanta, avec une sorte de complaisance et il semblerait qu'à cet égard l'homme ait été l'objet spécial d'une ironique sollicitude. C'est que plus l'organisation s'élève et devient susceptible, en se compliquant davantage, d'admettre des déterminations variées, et plus sera sujette à s'altérer cette machine vivante, impressionnable et muable que le monde extérieur doit finir par absorber. On conçoit que l'étude de ces altérations, aussi bien dans un but pratique qu'au point de vue spéculatif, ne peut manquer d'être pour nous du plus haut intérêt. Le champ est vaste pour une seconde application de la science. A la *pathologie*, qui prenant charge d'éclairer l'art de guérir, n'est, dans l'ordre des considérations fonctionnelles, que la physiologie de l'organisme altéré, va correspondre une anatomie de ces organes altérés, une *anatomie pathologique*. L'anatomie pathologique est à la pathologie exactement comme l'anatomie normale est à la physiologie. Par conséquent il doit de même exister deux espèces d'anatomie pathologique, celle de l'homme et celle des animaux. La première, qui est pour nous une question de salut personnel, est l'*anatomie pathologique* proprement dite. La seconde, qui devrait s'appeler l'*anatomie pathologique comparée*, n'a guère porté jusqu'à ce jour que sur les animaux domestiques, et rentre ainsi dans l'*art vétérinaire*, mais l'anatomie pathologique de l'homme y pourrait recueillir de très-précieuses indications.

Que l'organisation soit à l'état d'intégrité ou qu'elle se trouve altérée dans la constitution de ses parties, elle n'est jamais une œuvre improvisée, une création subite qui apparaîtrait tout à coup, faite de toutes pièces. Aujourd'hui, comme à l'origine, l'état complet et définitif des organismes est précédé d'une époque embryonnaire pendant laquelle l'organisation s'élabore et se développe sous des lois assurément bien différentes de celles qui président à la formation d'un cristal, mais qui ne sont pas déterminées avec moins de rigueur. Il existe donc une étude anatomique des êtres en voie de formation, une anatomie des *embryons* : on aperçoit que cette science descriptive, dont le but est d'établir l'ordre d'apparition successive et le mode de développement des organes que produit l'intérieure activité, se trouve, en raison même de son objet, confondue avec l'étude physiologique. Elle s'appellera donc, à peu près indifféremment, ou *l'embryotomie*, ou *l'embryogénie*, ou *l'embryologie*. Et, comme elle peut également prendre pour sujet de son étude soit l'homme en formation, soit le développement des différents animaux, elle sera tantôt *humaine* et tantôt *zoologique* ou comparée. D'ailleurs un organisme, à l'époque de sa formation, autant ou plus qu'à l'état définitif où il vit de sa vie autonome, peut subir des altérations, et comme elles portent nécessairement sur le fait même de son développement, il en résultera des productions d'un aspect anormal, viables ou non viables dans les conditions ultérieures, que nous appelons des monstruosités et dont l'étude suivie constitue la *tératologie*.

La tératologie n'est que la pathologie ou l'anatomie pathologique du développement embryonnaire, ici encore la science fonctionnelle s'identifiant avec l'étude purement descriptive. On conçoit aussi l'existence d'une *tératologie humaine* et d'une *tératologie comparée*.

Telles sont les divisions théoriques de la science, envisagée quant aux divers sujets chez lesquels peut s'offrir à son investigation l'universel objet dont elle s'occupe, le système des organes dont se compose l'être animé. Or les organes, distingués comme ils le sont dans la nature, peuvent être examinés par nous à deux points de vue différents. En premier lieu, nous pouvons les décrire au point de vue de leurs formes grossièrement apparentes, qui est celui de l'anatomie descriptive, l'anatomie des anciens, la seule connue, on peut le dire, jusqu'au commencement du XIXe siècle. En second lieu, nous pourrons les analyser quant à leur structure intime, c'est-à-dire déterminer les éléments figurés, ou éléments anatomiques, qui les constituent et les distributions que ces éléments affectent dans la texture des organes ; et comme un petit nombre de ces éléments, diversement assemblés, composent en définitive toutes les parties de l'organisation, il se trouve que la détermination de la structure des organes va se résumer, par ce fait même, en une généralisation de l'anatomie : aussi l'a-t-on appelée, quand elle est prise à ce point de vue, l'*anatomie générale*.

L'anatomie générale comprend deux parties : 1° la détermination des éléments anatomiques pris en eux-mêmes — ils sont au plus une trentaine — et l'exposition de la manière dont les éléments homologues se rassemblent pour composer les tissus généraux ou systèmes, tissus de cellules, tissus de fibres, tissus mixtes de cellules et de fibres ; c'est l'*anatomie des éléments* — ou *mérologie* — autrement dite *histologie générale* — ou anatomie générale des tissus (de ἱστός, trame ou tissu) ; 2° la description des modes de combinaison que présentent les éléments pour former la trame de tel ou tel tissu particulier, celle de la distribution variée qu'éprouvent ces tissus eux-mêmes dans la constitution de chacun des organes que nous propose l'*anatomie descriptive;* cette description, disons-nous, établit une seconde division de l'anatomie générale, qu'on a nommée l'*histologie spéciale* ou l'histologie proprement dite.

Toutes ces parties de l'anatomie spéculative, qu'elles aient rapport au sujet anatomique ou bien à l'objet, sont étroitement solidaires. Il est impossible de suivre l'anatomie comparée, si l'on ne connaît tout d'abord, dans une mesure suffisante, le terme habituel de comparaison, qui est l'homme. D'autre part, il est difficile d'avoir sur l'organisation humaine et la signification de ses parties des idées justes, à moins de posséder des notions plus étendues qu'on ne le suppose généralement en anatomie comparée. On en peut dire autant de l'embryogénie, normale ou pathologique. Il est clair qu'elle serait inintelligible sans la connaissance préalable de l'organisation complète; il n'est pas moins certain qu'elle jette à son tour une grande lumière sur les parties les plus obscures de l'anatomie descriptive. Il est même à prévoir qu'une détermination complète de l'ordre évolutionnel des systèmes d'éléments aura dans l'avenir une grande part dans la constitution définitive de la méthode anatomique. De même, l'anatomie pathologique proprement dite suppose l'anatomie normale et lui rend en partie ce qu'elle a reçu d'elle. Enfin, si nous passons du sujet à l'objet pour considérer l'anatomie descriptive et l'anatomie générale, il nous faudra reconnaître que la première, sans l'anatomie de structure, n'est après tout qu'une étude préliminaire, qui peut bien amuser l'imagination par la diversité des formes qu'elle lui présente, mais qui ne dira jamais rien à l'intelligence sur la vraie nature des organes et leurs adaptations réelles : et si nous voyons de son côté l'anatomie générale oublier, comme il est trop aisé de le faire, de prendre pour base et pour cadre les données classiques de l'anatomie descriptive, en même temps qu'elle négligerait les synergies physiologiques, nous penserons également de l'anatomie générale qu'elle n'est plus qu'un parlage abstrait et vide, sans portée scientifique.

Nous ferons maintenant observer que le double objet de l'anatomie, la forme apparente et la structure, en se retrouvant dans les divisions qui précèdent, relatives à la diversité des sujets, va nécessairement dédoubler chacune de ces divisions. Ainsi l'anatomie normale de l'homme peut être descriptive ou générale ; et même aussi son anatomie pathologique ; et de même encore l'anatomie comparée peut mettre en parallèle, tant à l'état normal qu'à l'état pathologique, soit les organes et les appareils des différents êtres, soit leurs éléments et leurs tissus. L'embryogénie comporte également cette division : on peut comparer chez les embryons des différents animaux la formation des éléments et la construction progressive des tissus aussi bien que le développement des organes et la constitution des appareils. Enfin, la tératologie nous doit également compte et des modifications qui se produisent dans les organes développés en mode anormal et des altérations d'éléments et de tissus qui peuvent être en rapport, dans l'intimité des mêmes organes, avec ces troubles de développement. On aperçoit à la lumière de cette classification méthodique que le champ des études anatomiques est immense, que plusieurs de ses régions sont encore inexplorées, et que toutes, si l'on met à part l'anatomie descriptive de l'homme, peuvent encore offrir à l'activité des observateurs bien des horizons nouveaux. Il est à croire, si ce domaine était exploité comme il ne peut manquer de l'être un jour, que nous verrions s'évanouir bien des obscurités qui paraissent envelopper d'un voile impénétrable la vie et ses problèmes.

En présence de ce tableau de la science, qui l'expose jusqu'ici dans son aspect purement théorique, nous ne devons pas perdre de vue que l'anatomie, pas plus qu'une autre science, ne saurait avoir en elle-même sa propre fin. De toutes celles que nous étudions, aucune ne vaudrait assurément la peine et le temps qu'elle nous coûte, si toutes n'avaient pour but de révéler à notre esprit, dans ses diverses fonctions générales, le mécanisme universel des choses, et, pour ce qui regarde notre corps, d'améliorer, avec le secours des indications obtenues, les conditions passagères de notre existence. Ainsi, la science anatomique, avec l'ensemble de ses données expérimentales, converge tout entière vers une étude spéculative qui la résume et l'interprète, en même temps qu'elle comporte des applications relatives à l'utilité et même aux distractions de la vie.

*L'anatomie philosophique*, dont il nous faut parler d'abord, doit-elle vraiment être considérée comme une espèce particulière dans le groupe des études anatomiques ? C'est à ce titre, nous ne l'ignorons pas, qu'on a coutume de la présenter ; mais un savant qui dépose le scalpel et abandonne le microscope pour faire de l'anatomie philosophique, est-il encore anatomiste, dans l'expression stricte du mot ? N'est-il pas plutôt un philosophe, qui, possédant les données de l'anatomie, spécule sur ces données, comme il méditerait sur celles de l'économie politique ou de l'histoire ? En d'autres termes, il nous semble évident que l'anatomie dite *philosophique* est au delà du domaine purement scientifique. Sa tâche n'est plus d'acquérir, distinguer, rassembler les faits ; elle s'occupe de les généraliser et d'en obtenir l'intelligence, en tant qu'ils auront été ramenés par ses comparaisons à des lois qui les gouvernent et qu'elle travaille à dégager. C'est-à-dire qu'elle n'est plus la science elle-même ; elle en est l'interprétation ; elle est *la philosophie anatomique* ou *la philosophie de l'anatomie ;* elle appartient aux philosophes, à cette condition qu'ils possèdent parfaitement tous les résultats de l'expérience. Si ces données sont assez complètes et s'ils opèrent sur elles avec toute la rigueur de la vraie méthode baconienne, la science sortira de leurs mains transfigurée et lumineuse ; sinon ils se perdront dans des divagations sans fin et n'accumuleront que les ténèbres.

Nous passons aux applications pratiques de l'anatomie.

La première de ces applications est *l'anatomie chirurgicale*, autrement dite *anatomie topographique* ou *des régions*. On l'appelle ainsi parce que, se plaçant au point de vue pratique de l'opérateur, elle décrit les différentes parties du sujet anatomique, après avoir partagé celui-ci en un certain nombre de *régions chirurgicales*. Ainsi les organes sont décrits, ou plutôt délimités, dans l'ordre où l'instrument les aborde, en procédant de la surface vers les profondeurs : c'est-à-dire que les organes de chaque région sont distingués en couches superposées, et minutieusement déterminés quant à leurs formes, dimensions, connexions, situations, rapports, séparations et moyens de communication. C'est une étude de la plus haute importance pratique, et cette importance ne pouvait manquer d'être universellement reconnue, au point que le public imagine volontiers que l'anatomie chirurgicale est le but principal des observations anatomiques. Nous venons de voir ce qu'il faut penser de cette opinion vulgaire ; sans aucun doute, pour ne parler que de la médecine, les altérations organiques dont s'occupe la pathologie interne nécessitent, surtout aujourd'hui, avec nos moyens perfectionnés de diagnostic, des connaissances anatomiques pour le moins aussi précises que toutes les affections dont peut traiter la pathologie externe. D'ailleurs, l'anatomie chirurgicale aborde nécessairement le sujet de son étude à un point de vue tout particulier : des parties auxquelles l'anatomie scientifique n'accorde qu'à peine son attention prendront aux yeux du praticien un intérêt considérable : par exemple, les membranes aponévrotiques, dont les cloisons circonscrivent les abcès ; les nappes de tissu cellulaire qui, au contraire, leur donnent issue ; les anneaux fibreux où passent les nerfs et les vaisseaux, et qui livrent aussi passage aux anses intestinales dans la formation des hernies. En revanche, des organes d'ordre supérieur, et sur lesquels se concentrent tous les efforts de la science pure, comme les centres nerveux, par exemple, pourront fort bien n'être que superficiellement connus du chirurgien.

Parvenue à l'achèvement de son œuvre, la science se recueille en un dernier effort, afin de s'élever en quelque sorte au complément de la perfection. Non contente, après avoir éclairé notre esprit, de conserver et de soulager notre existence, elle veut encore l'embellir, et c'est alors que, sur le tronc d'une science qui se montrait comme aride d'aspect et même rebutante, prend naissance un dernier rameau où s'épanouit la fleur de l'esthétique. C'est une seconde application de la science, *l'anatomie* des beaux-arts, dite autrement *anatomie des formes* ou *anatomie plastique*.

Le point de vue de l'anatomie plastique est plus éloigné de la science pure que celui de l'anatomie chirurgicale. Elle ne considère dans l'homme ou dans l'animal que la forme extérieure, l'enveloppe, sous le triple rapport des proportions, du mouvement et de la physionomie. Une de ses parties les plus importantes, et aussi les plus difficiles, est l'étude et le rendu des articulations ou des *attaches*, comme on dit dans les ateliers. La connaissance de l'anatomie plastique est tout à fait indispensable aux artistes, et c'est seulement par elles que leurs œuvres posséderont ce caractère de beauté vraie qui les empêchera de vieillir.

Le côté pratique d'une science ne consiste pas seulement dans ses applications aux usages de la vie. A côté des moyens qu'elle met en œuvre pour atteindre un but d'agrément ou d'utilité, il existe un ensemble de procédés dont elle-même est la raison finale, qui servent à sa démonstration ou concourent à son développement. En un mot, toute science a sa *technique*, comme elle a ses applications. La technique de l'anatomie est *l'art de la dissection*. C'est, comme l'indique son nom, l'art de diviser et d'isoler les différentes parties dont l'organisation se compose, soit que l'analyse s'exécute par des procédés mécaniques ou qu'elle ait recours aux agents de la chimie. A la dissection proprement dite, dont les instruments habituels, en dehors du traitement chimique, sont le scalpel, les pinces à disséquer, l'érigne, la scie, le marteau et quelques autres outils fort simples, il faut joindre la *microscopie*, à laquelle on est obligé de recourir toutes les fois que l'objet anatomique, en raison de sa ténuité, échappe à la simple vue. On comprend quelle doit être l'étendue de son emploi. Au point où la science en est venue aujourd'hui, on pourrait presque dire que le règne du scalpel est terminé et que l'avenir est au microscope. Il serait seulement à désirer que l'œil de verre fût toujours doublé d'un œil intelligent. Les instruments que la microscopie anatomique met en usage sont nécessairement moins grossiers que ceux qui servent aux dissections d'amphithéâtre : les plus ordinaires sont de fines aiguilles, fixées à l'extrémité de porte-aiguilles. Les moyens chimiques sont ici d'un usage incessant et constituent une pratique très-étendue. Nous regrettons de ne pouvoir entrer dans les détails.

Les moyens dont nous venons de parler, c'est-à-dire la dissection proprement dite, l'emploi des réactifs et celui de la loupe ou du microscope, s'appliquent à tous les sujets de la science que nous avons passés en revue. Ils sont par conséquent relatifs à l'anatomie pathologique aussi bien qu'à l'anatomie normale. — Quand le médecin ouvre un cadavre en vue de constater les lésions dont les organes peuvent être affectés, il fait ce qu'on appelle une *autopsie*. C'est une espèce toute particulière de dissection, dans un but immédiat, clinique et nosographique.

A côté de la dissection proprement dite, il faut ranger tous les moyens accessoires dont l'anatomie peut disposer : *l'art des injections*, qui distinguent les parties en les colorant ou conservent les pièces préparées ; *l'anatomie artificielle*, qui arrive à les reproduire avec une singulière fidélité ; *l'anatomie clastique* — de κλάω, fragmenter — dont l'invention, fort utile pour les démonstrations, rappellera toujours le nom du Dr Auzoux ; — c'est la construction de mannequins et pièces artificielles, susceptibles de se démonter, de manière à faire voir séparément les différentes parties superposées ; — enfin *l'iconographie*, qui représente, avec l'art du dessin et tous les procédés qui s'y rapportent, les préparations anatomiques.

Après avoir essayé, dans cette esquisse trop incomplète, de donner une idée générale de la science, nous terminerons par un historique abrégé de sa marche depuis les temps les plus reculés.

L'histoire de l'anatomie peut se résumer en quatre époques.

La première est l'époque de préparation, celle du simple empirisme et des notions confuses, à partir de l'origine des sociétés. Nous voyons l'esprit humain conduit à l'étude de l'organisation sous l'inconsciente impulsion du besoin matériel ou religieux. Les Égyptiens, les Hébreux, les anciens Grecs, les Romains n'eurent en anatomie que des notions d'ensevelisseurs, de sacrificateurs et de bouchers, ou bien encore de praticiens empiriques et d'hommes de guerre. Les chirurgiens homériques s'occupent surtout du pansement des plaies : ils ont une sorte d'anatomie des régions, distinguent déjà les nerfs des ligaments et des tendons, connaissent par expérience des blessures l'existence du plexus brachial, savent que les plaies du cou sont mortelles à cause de la moelle épinière, etc.

Plus avancées furent les connaissances de cette vieille société hindoue, berceau de toute civilisation, où la pensée de l'homme obtint, par le travail accumulé des siècles, son illumination primitive. Antérieurement aux époques historiques, les Aryas des bords du Gange avaient déjà leurs anatomistes dont les travaux nous ont été conservés dans les *Védas*. Ils avaient énuméré les os, classé les articulations, distingué et compté les muscles ainsi que les tendons. C'était même par excès de complication que péchait naturellement leur catalogue. Ils possédaient de plus des notions en angéiologie et en névrologie ; mais ici leurs observations, faussées par des vues arbitraires, n'ont plus de valeur scientifique. C'est ainsi qu'ils font provenir les nerfs, au nombre de vingt-quatre, distingués en ascendants, descendants et obliques, du plexus épigastrique : détail curieux et dont l'idée génératrice se retrouve d'ailleurs chez tous les hommes primitifs, qui ont, selon le dire d'Homère, *l'âme dans le cœur et dans la poitrine*. Toutefois les anatomistes de l'Inde avaient aussi étudié, fort mal il est vrai, les nerfs crâniens.

Ces anticipations de l'anatomie, une fois déposées dans les livres sacrés, y restèrent ensevelies, comme toutes les acquisitions primitives de l'Inde, et pour jamais immobilisées dans les formules de la tradition religieuse.

La seconde époque de la science est celle de son établissement dans notre monde occidental. C'est un mouvement tout hellénique, qui débute avec les sages de la Grande-Grèce, environ quatre siècles avant Jésus-Christ, et se termine après Galien, dans la décadence chrétienne du Bas-Empire.

Le plus ancien anatomiste connu serait Alcméon de Crotone.

Empédocle compara les organes de la reproduction chez les végétaux et chez les animaux et donna le nom d'amnios aux enveloppes du fœtus ; Dioclès écrivit sur les préparations anatomiques ; Démocrite fit un traité sur l'*anatomie du caméléon* ; d'autres, après lui, jusqu'au temps d'Aristote, examinèrent aussi les animaux.

Il faut arriver à l'école d'Alexandrie, au III⁰ siècle avant l'ère chrétienne, pour voir la science de l'anatomie se constituer définitivement chez les Grecs.

Protégé par les rois d'Égypte, — Ptolémée Soter et Ptolémée Philadelphe, Érasistrate de Cos, disciple d'Aristote et de Chrysippe, disséqua le premier des cadavres humains — vers 280 avant Jésus-Christ. Il établit que les veines et les artères viennent du cœur, décrivit et nomma les valvules tricuspides et sigmoïdes, observa les vaisseaux bronchiques, aperçut la veine azygos. C'est à lui que remonte l'expression de *parenchyme*, aujourd'hui vieillie. Enfin, il découvrit, sur des chevreaux à la mamelle, les vaisseaux chylifères, retrouvés dix-neuf siècles après par Aselli ; mais il les prit pour des artères.

Érasistrate fut suivi par Hérophile, qui distingua les nerfs de mouvement et de sensibilité ; il connut le nerf optique (qu'il imaginait être creux) et la rétine ; il fit une étude suivie des enveloppes du cerveau, comme le témoigne le nom de *pressoir d'Hérophile* sous lequel on désigne encore aujourd'hui le confluent postérieur des veines de la dure-mère ; il démontra l'arachnoïde, étudia la veine et l'artère pulmonaires, examina le duodénum, aperçut la prostate, indiqua l'épididyme.

Ces antiques fondateurs de l'anatomie descriptive n'eurent pas une tâche exempte de difficultés, même extérieures. Le grand obstacle fut, ici comme partout, l'autorité des idées religieuses. Si l'homme vivant était peu respecté, en revanche son cadavre était entouré d'une vénération superstitieuse, et les recherches des anatomistes étaient regardées comme une profanation. De plus, ils avaient devant eux une école de médecins *empiriques* qui niaient résolûment, Sérapion en tête, l'utilité des études anatomiques. Ces praticiens objectaient que les organes, dans les conditions où ils étaient analysés par les observateurs, devaient avoir subi des modifications considérables qui rendaient l'étude illusoire ; objection singulière, qu'on a renouvelée de nos jours au sujet des vivisections.

Après la mort de Ptolémée Philadelphe, l'école anatomique d'Alexandrie, en butte à ces oppositions, ne put résister, et la science subit une éclipse jusqu'au $11^e$ siècle de l'ère chrétienne.

Ce fut alors que parut Galien de Pergame, médecin de Marc-Aurèle — cent trente et un ans après Jésus-Christ. — Ce grand homme consacra sa vie tout entière à l'étude du corps humain. Il résuma les travaux des anatomistes qui l'avaient précédé, en y ajoutant ses propres observations. Nous avons de lui jusqu'à cinq ouvrages, très-remarquables pour le temps, où il aborde la science anatomique à tous les points de vue : d'abord un véritable *manuel, Des os, ad tyrones* ; puis un traité d'anatomie pratique et chirurgicale, *Manipulations anatomiques*, 9 livres ; un *Traité de la dissection des muscles* (chez le singe) ; un autre sur la *dissection des artères, des veines et des nerfs* ; enfin son œuvre capitale : *De l'usage des parties*, un monument scientifique. Galien resta pendant quatorze siècles comme la personnification de la science. Il est pourtant douteux qu'il eût jamais disséqué des cadavres humains, et il n'avait pu rassembler une collection ostéologique qu'avec des peines infinies. Il peut être intéressant d'observer que Galien termina son traité par les *os :* c'est l'ordre empirique.

Après Galien, sous l'influence croissante de l'invasion barbare et surtout du christianisme, hostile par sa nature à tout esprit scientifique, l'anatomie eut le sort de toutes les sciences inaugurées par le génie de l'antiquité : elle subit, à partir de la dissolution de l'empire, une décadence longue et profonde. La tradition de Galien, obscurément suivie par les chirurgiens du Bas-Empire, s'évanouit avec Paul d'Égine. Il faut pourtant noter un premier essai d'anatomie vétérinaire : la *Description des os, nerfs et vaisseaux du cheval*, de Végétius, vers le $7^e$ siècle de l'ère chrétienne.

La décadence se prolongea pendant tout le moyen âge. Toute cette époque est nulle au point de vue de la science anatomique. Comme il lui fallait, en tout ordre de connaissances, un évangile, elle ne put mieux prendre, pour l'anatomie, que l'œuvre de Galien. Mais elle subit Galien avec l'esprit de servilité qui la caractérise : il fut accepté sans intelligence, commenté à l'infini sans contrôle expérimental, étudié, enseigné pieusement, comme un catéchisme ; et, si de rares observations venaient de loin en loin le contredire, plutôt que d'admettre que le maître se fût trompé, on avait pour réponse que l'organisation humaine avait pu se modifier.

L'anatomie fit aussi peu de conquêtes chez les Arabes que chez les chrétiens. Leurs prescriptions religieuses leur interdisaient d'ailleurs de toucher les cadavres. Leur science, comme leur civilisation brillante et passagère, fut toute d'emprunt et de fiction. Conformément à l'esprit sémitique, au lieu de penser, ils commentèrent, et, au lieu d'observer, ils firent une nomenclature, dont les vestiges, empruntés à Rhasès, Avicenne, Averrhoès, Albucasis, se retrouvent chez quelques-uns de nos vieux auteurs, comme Guy de Chauliac et Paracelse.

La troisième époque de l'anatomie commence vers le xvie siècle, alors que le génie indo-germanique, renaissant à la conscience de lui-même, commence à se dégager des entraves du sémitisme.

Le mouvement avait débuté en Italie avec Mundini de Luzi — 1250-1326 — qui peut être regardé comme le restaurateur de la science et le précurseur de Vésale. Mundini reprit la vraie tradition hellénique, c'est-à-dire la méthode d'observation. Sans s'écarter de Galien, il le contrôla par ses propres dissections, le rectifia sur plusieurs points, le compléta sur d'autres. Ainsi, il aperçut que la pointe du cœur est déviée vers la gauche, au lieu de regarder directement en bas, comme l'avait cru le médecin de Pergame d'après ses observations zootomiques. Il parle des ventricules du cerveau de l'homme; c'est à lui que l'orifice utérin doit le nom de museau de tanche, sous lequel il est connu; enfin il étudia, également sur les cadavres humains, le canal digestif et remarqua les valvules conniventes du colon.

Mundini laissa une école qui fit quelques observations pendant le cours du xve siècle. Le plus connu de ces anatomistes fut Bérenger de Carpi, l'inventeur des frictions mercurielles, plus célèbre encore comme médecin.

Ces travaux préparatoires des observateurs italiens ouvrirent la voie définitive où devait entrer *André Vésale.*

André de Wesel — Andreas Vesalius — était Belge d'origine et d'une famille de médecins érudits. Déjà célèbre à vingt-huit ans, il rompit définitivement avec l'autorité galénique : son existence, fort agitée, fut tout entière dévouée à la science. Dérobant ses travaux à la réprobation publique, il vécut enfermé avec les cadavres humains, et quand il mourut, dans sa cinquantième année, naufragé sur la côte de Dalmatie au retour d'un voyage d'expiation en Palestine, on peut dire qu'il avait constitué dans leur ensemble les bases de l'anatomie descriptive.

Vésale avait enseigné à Pavie, à Bologne, à Pise. Il laissa dans les principales villes de l'Italie une école qui se répandit bientôt en Allemagne, en France, en Angleterre, en Espagne, et continua vaillamment son œuvre. Les différentes parties de l'édifice anatomique commencèrent à se distinguer. Aranzi en Italie et Michel Marescot à Paris, élève du galéniste Sylvius, perfectionnent la description et la nomenclature des muscles. Fabrice d'Aquapendente étudie le système vasculaire et signale les valvules des veines — 1574 — découverte importante par ses conséquences. Varole s'occupe du système nerveux, Cassérius des organes des sens. Les mêmes Fabrice et Varole entreprennent les premières recherches d'embryogénie. Un Saxon, Bokel, aborde l'anatomie physiologique. L'anatomie comparée se fonde avec Coiter, disciple de Fallope, qui rapproche les squelettes de l'homme et du singe, et Aldrovande, qui dissèque à Bologne des animaux et lègue à cette ville le premier cabinet d'histoire naturelle. Enfin, Michel Servet, l'antitrinitaire condamné au bûcher, découvre la circulation pulmonaire.

Le xvie siècle avait jeté les fondements de la science : il appartenait au xviie de coordonner les matériaux, d'exécuter la construction et d'en aborder les détails. Ce siècle débute par une découverte anatomique et physiologique de premier ordre. Celle-ci ne fut, du reste, comme toutes les grandes découvertes, qu'une interprétation rationnelle de faits antérieurement observés, mais qui étaient demeurés jusque-là sans aucun lien philosophique.

Galien avait autrefois prouvé contre Érasistrate, que les artères, en dépit de leur nom, contiennent du sang aussi bien que les veines. Vésale avait soutenu contre Galien, Mundini, Vasseus, Béranger de Carpi, etc., que la cloison interventriculaire est imperforée. Servet, Colombo, Cesalpin avaient saisi la circulation pulmonaire; Fabrice d'Aquapendente, faisant un dernier pas, avait décrit les valvules des veines, opposées par leur disposition à tout reflux du courant sanguin; enfin, — et ce n'est ici que justice de rappeler son nom trop ignoré, — Charles Ruini, de Bologne, conçoit le premier l'idée non-seulement de la circulation pulmonaire, mais de la grande circulation. Elle se trouve nettement indiquée au livre II, chap. xiv, de son traité d'anatomie vétérinaire, *Anatomia del cavallo*, Bologne, 1590. Ainsi toutes les données étaient acquises : il ne restait plus qu'à rendre universellement et démonstrativement intelligible le langage de la nature ; ce fut l'œuvre de *Harvey*. Le physiologiste anglais rassemble les faits, les discute, les interprète, soumet la théorie qu'il en dégage au contrôle de l'expérimentation, suit en un mot la marche nécessaire de toute investigation sérieusement philosophique, et il découvre la circulation du sang — 1628. — Non content de l'avoir mise en évidence sur l'homme, il couronne son immortel travail en la suivant chez le fœtus. On connaît, grâce à lui, la signification de ces particularités déjà signalées par Galien, Vésale, Aranzi, Carcani, Botal : on comprend le trou ovale, le canal artériel; on sait que la circulation pulmonaire manque chez l'enfant jusqu'à sa sortie de l'utérus.

La découverte de Harvey eut pour complément celle d'Aselli. Le premier avait fait connaître la marche du liquide nourricier dans l'économie; l'anatomiste de Crémone montra comment les matériaux qui le renouvellent y pénètrent; il retrouva, en procédant à la vivisection d'un chien, ces vaisseaux *lactés* qui absorbent le chyle, oubliés depuis Érasistrate. Vingt-huit années après, un jeune homme de Dieppe, Jean Pecquet, suivit les chylifères jusqu'au réservoir ou confluent qui porte encore son nom, et démontra que le chyle remonte de là, sur le côté de la colonne vertébrale, jusque dans la veine sous-clavière gauche. En 1650, Olaüs Rudbeck aperçoit les vaisseaux blancs du foie, et Bartholin, généralisant les indications de ses trois prédécesseurs, poursuit les *lymphatiques* dans les différents organes.

Telles sont les deux grandes découvertes anatomiques du xviie siècle. Il faut mettre à côté les magnifiques travaux de Willis sur le système nerveux, ceux du danois Nicolas Sténon sur les glandes, et ceux d'une pléiade d'illustres investigateurs dans toutes les parties de l'anatomie descriptive. Bellini parvient à démêler la myologie compliquée de la langue; Richard Lower analyse les fibres spiroïdales du cœur; Glisson décrit la capsule du foie; Densingius, Drelincourt, Regnier de Graaf, Van Hoorne, sondent les mystères de la génération; Jean Vesling, Malpighi, Ruysch, Swammerdam, observateurs incomparables, inventent l'art précieux des injections, pénètrent dans les complications les plus minutieuses de l'anatomie humaine, dans celles de l'anatomie comparée, de l'entomologie, de l'anatomie végétale.

La tâche du xviiie siècle fut surtout de perfectionner dans ses détails l'anatomie descriptive, constituée désormais dans toutes ses parties par l'énergique initiative du xvie siècle et l'investigation laborieuse du xviie. Le microscope, dont l'usage fut introduit par Leuwenhoeck, et qui n'était alors qu'une simple loupe, permit d'entrer dans les intimes délicatesses de la fine anatomie, comme on l'appelle dans les amphithéâtres. Il serait trop long de citer tous les noms : ces infatigables chercheurs furent dignes de leurs devanciers ; c'est tout dire. Sœmmerring, Morgagni, créèrent l'*anatomie pathologique* ; les Albinus, Du Verney, les Hunter, Isenflam, Lancisi, Lieberkund, Littre, Mascagni, Santorini, Spallanzani, le botaniste Trew, l'entomologiste Vallisnieri, Daubenton, le laborieux zootomiste Vicq-d'Azyr, qui prépara l'anatomie philosophique, Valsalva, Winslow, Wolff, Wrisberg, etc., etc., consignèrent dans leurs écrits une somme énorme d'observations dont le siècle qui les a suivis n'a pas su toujours profiter.

La quatrième époque de l'anatomie commence avec notre XIXᵉ siècle. La tâche de cette dernière époque est nécessairement d'achever la science et d'en faire sortir la solution philosophique. C'est l'âge de la synthèse, après le travail prolongé d'analyse. Aussi, l'anatomie contemporaine a-t-elle pour caractère de se résumer dans les généralités les plus hautes, en même temps que l'observation descend dans les dernières profondeurs de l'existence organisée. En dépit de l'amollissement fatal et trop évident des caractères, la richesse des acquisitions léguées par des générations plus énergiques, le perfectionnement des procédés d'observation, l'introduction, non moins féconde en résultats, de cette méthode physiologique sur laquelle nous avons insisté, et plus encore que tout le reste la diffusion des moyens généraux d'instruction, nous ont procuré, en moins d'une vie d'homme, autant ou plus d'acquisitions que nos prédécesseurs n'avaient pu en obtenir depuis l'époque de la Renaissance.

Bichat, avec son traité d'*anatomie générale*, inaugure cette ère nouvelle. Désormais, la science n'aura plus seulement pour objet des formes imaginatives : elle va saisir la réalité, telle qu'elle est dans la nature, les éléments actifs de l'organisme. Le travail du physiologiste français est suivi, quelque vingt ans après, par celui de Schwann, l'illustre inventeur de la *théorie cellulaire*. Après eux, une multitude d'observateurs dont nous ne citerons pas les noms, car ils sont trop nombreux, et le choix serait difficile, interrogent avec l'ardeur la plus louable toutes les parties de l'organisation.

Nous pouvons dire qu'aujourd'hui il n'en est pas une, si minime soit-elle, qui n'ait passé, avec des résultats plus ou moins heureux, sous l'objectif du microscope. Nous pouvons mentionner particulièrement le système nerveux central, qui, grâce aux patientes recherches des Ovsjannikow, des Stilling en Allemagne, des Jacubovitsch à Moscou, des Leuret, des Gratiolet en France, — sans parler de tant d'autres travaux également remarquables et dont quelques-uns sont tout récents — est aujourd'hui scruté jusque dans ces profondeurs où la vie se retire et se concentre dans son activité la plus élevée. D'un autre côté, les observations nécroscopiques, dispersées jusque-là, ont pris corps dans les ouvrages de Cruveilhier, Jean Müller, Vogel, Lebert, etc., et l'*anatomie pathologique* s'est constituée. Elle est aujourd'hui, chez toutes les nations avancées de l'Europe, l'objet d'une immense activité scientifique. En même temps l'*embryogénie*, à peine entrevue par les anatomistes de l'époque précédente, s'est en quelque sorte improvisée par les travaux accumulés d'excellents investigateurs, tels que Purkinje, Baër, Reichert, Coste, etc., etc. Les faits les plus bizarres qui puissent s'offrir à l'observation, ceux qui n'étaient aux yeux des anciens que des caprices de la nature, l'expression même du désordre, la négation de la science et le scandale de l'esprit, les *monstruosités* en un mot, sont venus s'ordonner sous un petit nombre de lois, aussi simples que précises, dans le bel ouvrage d'Isidore Geoffroy Saint-Hilaire, qui restera dans l'avenir comme le fondement de la *tératologie*. Enfin des savants de premier ordre, unissant la puissance de la pensée à la profondeur de l'érudition, Cuvier, Étienne Geoffroy Saint-Hilaire, Lamarck, Meckel, Oken, Carus, de Blainville, etc., ont jeté les bases de *l'anatomie philosophique*, qui, travaillant à dégager les lois de l'organisation, nous conduit, par un progrès méthodique, jusqu'au seuil d'une spéculation plus haute, vers la solution régulière de ce problème tant et si mal débattu, LA NATURE INTIME DE LA VIE, but suprême de la science.                    E. LEVERDAYS.

**ANATOMIE GÉNÉRALE ET PATHOLOGIQUE.** — Après l'introduction de Bichat à son grand ouvrage, écrire un chapitre sur l'anatomie générale est une des tâches les plus ardues et des plus délicates que l'on puisse s'imposer. Je l'ai acceptée néanmoins, et avec empressement, lorsqu'elle m'a été offerte, séduit par la grandeur du sujet, qui n'est rien moins que l'introduction indispensable à l'étude des sciences biologiques. Je réunis dans le même article l'anatomie générale et l'anatomie pathologique, suivant ainsi les règles d'une saine philosophie et l'exemple de l'illustre auteur que j'ai cité, en me plaçant sous ses auspices.

Cet hommage rendu, et il est légitime, disons tout de suite que Bichat avait été précédé dans la voie qu'il a si glorieusement suivie. Je l'ai dit ailleurs, et on ne saurait trop souvent le répéter : point de grandes découvertes qui soient absolument le fait d'un seul homme. Elles se préparent de longue main, jusqu'à ce que le génie les illustre en les proclamant. Le germe du traité de Bichat se trouve dans l'œuvre du premier anatomiste de génie. On dit et on répète d'une façon banale que Galien avait signalé déjà la distinction des parties en similaires et non similaires : les auteurs se repassent cette phrase les uns aux autres, et plus d'un l'écrit sans essayer seulement de s'en rendre compte et de la comprendre. Ouvrons le 1er commentaire *de Natura humana :* voici comment s'exprime le médecin de Pergame, parlant de la composition et de la texture du corps humain :

« Ex quibus (elementis) minimis, sive magnitudine, sive forma efficitur prima » corporum, qua gignuntur, compositio : quæ, Aristoteles et nos, *similaria* nuncu- » pamus. Mox vero, ex his altera fit compositio corporum, quæ *organica* nominamus, » ut sunt manus, oculi, pulmo, cor, etc.; prima enim hujusmodi instrumentorum » natura ex primis ac similaribus, composita est. Similare autem, est os, cartilago » et ligamentum, etc. » Entre l'auteur de ces lignes et celui du *Traité des membranes*, au point de vue scientifique, il n'y a pas un siècle : en réalité, et grâce à la barbarie du moyen âge, il y a eu quinze cents ans ! On comprendra que j'aie tenu à citer cette phrase, qui renferme véritablement l'anatomie générale dans ce qu'elle a de plus fondamental : les organes proprement dits sont composés de parties simples ou similaires, appelées actuellement *tissus*.

Avant d'aller plus loin, et malgré les définitions données dans l'article précédent, il est indispensable de limiter au moins le sujet qui nous occupe. Si l'anatomie générale étudie la texture intime et la structure élémentaire des corps organisés, et particulièrement des animaux, il importe avant tout de définir les uns ou les autres : d'autant que l'anatomie végétale doit être l'objet d'un article particulier. Je ne reviendrai pas sur les caractères de la substance inorganique; ils ont été exposés ailleurs, ainsi que les différences qui la distinguent de la substance organisée.

Celle-ci, en tant que matière vivante (une fois morte, elle passe rapidement à l'état brut), se caractérise surtout par la *forme* de ses éléments irréductibles. Cette notion fondamentale et que Bichat ne pouvait connaître, a été introduite dans la science presque en même temps, en Allemagne, par Schleiden pour les végétaux (1837), par Schwann pour les animaux (1839). Ils ont montré que l'élément essentiel et constitutif des corps organisés est la cellule. Telle est la découverte qui, fécondée par le génie de Virchow, a renouvelé les bases de l'anatomie et de la médecine.

Quel que soit du reste le mode de formation, sur lequel nous reviendrons, il est acquis actuellement que les corps vivants consistent essentiellement dans l'assemblage de cellules, petites masses ordinairement arrondies, à forme déterminée, et ayant en moyenne $0^{mm},01$ de diamètre. Du reste, cette découverte n'a fait que confirmer la vérité déjà entrevue et affirmée par l'illustre de Blainville : l'absence de démarcation tranchée entre les règnes animal et végétal, et l'impossibilité de les distinguer. L'esprit de routine scientifique, propre au caractère français, avait fait méconnaître jusqu'ici et considérer presque comme une absurdité ou un paradoxe, un fait proclamé depuis 1820 par un de nos savants les plus remarquables. On ne saurait trop féliciter Auguste Comte de l'intuition dont il a fait preuve en prenant de Blainville pour guide dans la partie biologique de son cours de philosophie positive.

La cellule animale, comme la cellule végétale, se compose, d'après les derniers travaux, et dans ce qu'elle a d'essentiel, d'une masse arrondie de matière azotée, éminemment colloïde et visqueuse, appelée aujourd'hui *protoplasma*. Cette masse entoure, dans l'immense majorité des cas, une vésicule plus petite, claire, appelée *noyau*, renfermant quelquefois une ou plusieurs vésicules beaucoup plus petites encore, appelées *nucléoles*. Le protoplasma est la partie essentielle, quelquefois seule constituante de la cellule.

La composition chimique, pas plus que la texture, ne constitue de différence sérieuse entre la cellule animale et la cellule végétale. Le protoplasma est azoté dans l'une et l'autre. C'est la membrane ou écorce de la cellule végétale, partie posthume et non essentielle, qui renferme surtout la cellulose, si abondante dans les plantes. Quant à la nutrition et à l'accroissement, on a renoncé depuis longtemps à y rechercher les caractères distinctifs des deux règnes. Tout le monde admet, surtout depuis Bichat, l'identité de processus de ces deux fonctions, ainsi que de celle de la reproduction dans les deux règnes : l'auteur de l'anatomie générale insiste justement sur cette identité qui lui sert en partie à établir sa distinction de la *vie organique*, commune aux végétaux et aux animaux. L'exhalation elle-même, si fréquemment invoquée, ne peut fournir d'éléments à la solution du problème : car si les parties vertes des végétaux exhalent de l'oxygène, ce fait n'a lieu que sous l'influence de la radiation solaire : la nuit ces parties mêmes se consument à la façon des animaux.

Ayant épuisé les faits relatifs à la vie organique, trouverons-nous dans les propriétés caractéristiques de la vie animale, dans la sensibilité et la contractilité, dans l'excitabilité, cette démarcation tant cherchée? Mais il nous suffira de citer, entre mille exemples, la sensitive, qui, sous l'influence du moindre contact, replie non-seulement la foliole effleurée, mais la feuille entière sur la tige. Bien plus : versez de l'acide sulfurique à la racine, très-rapidement vous verrez la plante tout entière s'infléchir, se recoqueviller et se replier enfin sur elle-même, sous l'influence de cette irritation aiguë si vite transmise et si vivement sentie.

Veut-on des mouvements non provoqués? Avec M. le professeur Gavarret, nous citerons la *Rue*, dans laquelle on voit s'incliner sur l'organe femelle, pour y déposer la semence fécondante, tour à tour les étamines du verticille supérieur, puis celles du verticille inférieur, par un ensemble de mouvements réguliers et comme coordonnés. Qui ne connaît enfin les zoospores aux cils vibratiles, se mouvant et se dirigeant absolument à la façon des rhizopodes, des amibes, dont ils ont, à peu de chose près, l'apparence, la structure et les propriétés? Pas plus chez les uns que chez les autres, celles-ci ne sont en rapport avec un système nerveux quelconque.

Donc, si l'on veut absolument une définition de l'animal, on dira tout au plus qu'il constitue un être organisé, fortement azoté, digérant par l'intermédiaire d'un canal intestinal et percevant d'une *façon marquée* ses rapports avec le monde extérieur. Rien de bien net, on le voit, et il faut admettre, avec de Blainville, entre l'animal proprement dit et le végétal, une série d'êtres intermédiaires qui sont à la fois l'un et l'autre. C'est ainsi que certaines bactéries, qui passaient jusqu'ici pour des animaux, viennent d'être attribuées tout dernièrement au règne végétal, rectification qui nous semble d'ailleurs tout à fait insignifiante. En somme, et au vrai point de vue, deux règnes, deux ordres de corps : les corps bruts et les corps vivants.

Nous sommes donc autorisés à dire avec Virchow, en parlant de la cellule existant ainsi dans toute la série, qu'elle constitue « un élément simple, partout
» conforme, toujours analogue, qui se retrouve dans les organismes vivants
» avec une remarquable constance. Cette constance nous permet d'affirmer de la
» manière la plus positive que la cellule est bien cet élément caractérisant tout ce
» qui a vie, sans la préexistence duquel aucune forme vivante ne peut exister, et
» auquel sont liées la marche et la conservation de la vie. » Il résulte aussi de l'exposé précédent que la distinction des deux vies de Bichat est infiniment trop absolue, et, en ce sens, inexacte. Les propriétés, qu'il appelle vitales, appartiennent à la cellule en général, à des degrés divers, et on les retrouve jusque dans les végétaux considérés par lui comme exclusivement doués de la vie et des propriétés organiques.

C'est ainsi que l'anatomie et la physiologie, dans ce qu'elles ont de plus général, se trouvent ramenées à l'étude de la cellule, dont les agrégats constituent l'individu. Simplicité sublime, on peut le dire, qui permet d'embrasser d'un coup d'œil l'organisation et la vie, et dont il faut rendre hommage au Bichat de l'Allemagne, à M. Virchow. « La vie, dit l'illustre auteur de la *Pathologie cellulaire*, c'est l'activité de la cellule ; ses caractères sont ceux de la cellule. Son activité varie avec la substance qui la forme et qu'elle contient : sa fonction varie, croît et diminue, naît et disparaît avec le changement, l'augmentation et la diminution de cette substance. »

Mais cette activité de la cellule n'est pour ainsi dire qu'en puissance, et il faut pour la mettre en jeu une excitation, une irritation quelconque, en un mot un milieu approprié. Et ainsi se trouve justifiée cette définition : *La vie est le résultat des activités propres de la matière organisée dans un milieu convenable.* Ce milieu, disons-le tout de suite, c'est non-seulement l'air ambiant, mais encore et surtout ce sont les *fluides* qui baignent incessamment les tissus solides. Le sang est, au premier chef, un milieu, un intermédiaire entre l'organisme proprement dit, les cellules et l'extérieur. C'est pourquoi, malgré son rôle indispensable, il ne doit figurer qu'accessoirement dans un traité d'anatomie générale, et seulement au point de vue des cellules qu'il renferme et que fabriquent précisément les tissus proprement dits. Son étude appartient, quoi qu'on en dise, en ce qui concerne le plasma, plus au chimiste qu'à l'anatomiste. D'ailleurs, la chimie organique relie d'une façon insensible la physique et la chimie proprement dites à la biologie. Les lignes de démarcation ne sont rien moins que tranchées, et il est également contraire à la science et à la philosophie de le prétendre.

Plus nous avançons, au contraire, et plus il est démontré que la vie et les propriétés vitales dérivent, bien que différentes, des propriétés du monde extérieur. Tout se réduit en dernière analyse à la chaleur et au mouvement, empruntés par les végétaux à la radiation solaire et transmis, par leur intermédiaire, aux animaux. Il y a là des considérations d'un immense intérêt et que nous ne pouvons qu'effleurer, en renvoyant aux articles *Vie* et *Biologie*.

Nous ne pouvons non plus nous étendre sur les propriétés de la cellule. (Voir ce mot.) Mais ce qu'il nous faut indiquer surtout, c'est son mode de formation et de reproduction : il s'agit là d'un fait qui domine non-seulement l'histoire de l'anatomie générale, mais encore l'anatomie pathologique et la pathologie tout entière.

« Omnis cellula e cellula, » tel est l'axiome entrevu par Remak, formulé par Virchow, et qui a renouvelé de fond en comble la pathologie. Schwann croyait à la formation libre de la cellule dans un liquide organisable. « De nos jours, dit Kölliker dans sa » dernière édition (1868), grâce surtout aux efforts de Virchow, les derniers supports » de cet édifice ont été brisés, de sorte qu'aujourd'hui la multiplication des cellules » par des cellules doit être regardée comme la seule réelle. » Acceptons le verdict de la science, quel que soit l'échec apparent qu'il fasse à nos convictions : dans l'organisme, une cellule naît d'une autre, et ainsi de suite jusqu'à l'ovule, né lui-même d'une cellule, etc. Si la génération spontanée existe, ce n'est point là qu'il faut la chercher. Allons plus loin : avec la fin de non-recevoir (les germes préexistants), opposée par M. Pasteur et ses adhérents aux hétérogénistes, la génération spontanée n'a pu jusqu'ici être prouvée expérimentalement ; car les températures extrêmement élevées, nécessaires pour détruire ces germes, s'ils existent, détruisent forcément les principes immédiats nécessaires à l'animalité.

Ajoutons d'ailleurs avec M. Vulpian (cours de 1868), avec Kölliker, que ces faits ne démontrent nullement l'impossibilité d'une génération primitive et spontanée à un moment quelconque. « Est-ce donc à dire, s'écrie M. le professeur Gavarret, » que la cellule n'aurait pu se faire sans une intervention étrangère et par le seul » concours des forces cosmiques? Pas le moins du monde : voyez le minéral, qu'on » regarde comme produit par ces seules forces, le diamant, le saphir, l'émeraude, » a-t-on pu les reproduire? Non, et, partant, on n'est pas en droit de dire que la » cellule, parce qu'on ne la reproduit pas, n'ait pas pu se produire elle-même. Cette » cellule primitive, animale ou végétale, n'est pas composée d'autre chose que de » corps minéraux et organisés, groupés d'une certaine manière. Ou cette cellule a » une activité propre, dérivant des agents cosmiques, de ses propres éléments, et, si » vous l'admettez, vous êtes en plein dans la génération spontanée : ou cette acti- » vité lui vient d'ailleurs, n'est pas une modalité de l'agent cosmique, lui est sura- » joutée, et alors, comme vous ne disposez pas de cette influence étrangère, vous » devez nier et exclure la génération spontanée. » Le professeur conclut, après démonstration, à la première supposition qui devient une réalité, les activités étant évidemment liées à la composition des éléments.

Ainsi la base et le substratum de l'organisme vivant, c'est la cellule, partout semblable à elle-même et se reproduisant par divisions successives de sa propre substance. Existent-elles en grand nombre, accolées les unes aux autres, sans intermédiaire, on aura le *tissu de cellules* proprement dit, formant les épithéliums et les glandes. Sont-elles éparses dans une gangue ou substance intercellulaire plus ou moins abondante, se creusant des cavités dans cette substance plus ou moins amorphe, ou granuleuse ou fibrillaire, on aura le *tissu de substance connective* (*Bindegewebe substanz*), l'élément générateur de Blainville. Si, dans ce tissu, la gangue intercellulaire est fibrillaire et molle, on a le *tissu connectif* proprement dit (ancien tissu cellulaire) avec ses variétés; les cellules se recouvrent-elles de parois épaisses, séparées par une gangue amorphe, le tout donnant de la chondrine par l'ébullition, c'est le *tissu cartilagineux*; incrustées de sels calcaires, avec une certaine disposition des éléments, on a le *tissu osseux*. C'est à Reinhert, à Donders et surtout à Virchow que revient la gloire d'avoir établi l'analogie et presque l'identité des tissus de substance conjonctive : là est évidemment le progrès, parce qu'il réside avant tout dans la simplicité, non dans la multiplication à l'infini d'espèces et de variétés factices rendant impossible toute généralisation. En dehors du tissu de cellules et de la substance conjonctive, il n'y a plus à signaler dans l'organisme que deux tissus irréductibles : le musculaire et le nerveux.

S'il est vrai, comme l'a dit Broussais, et comme il faut le reconnaître, que l'état pathologique ne diffère point radicalement de l'état physiologique, on comprend combien une pareille révolution dans l'anatomie générale a dû modifier, en la simplifiant, l'anatomie pathologique et la médecine. On comprend aussi pourquoi, au point de vue vraiment philosophique, Virchow pas plus que Bichat et Broussais ne séparent l'anatomie générale de l'anatomie pathologique. Bien plus, et tel est l'enchaînement intime de ces deux branches : le professeur de Berlin proclame lui-même qu'il a remonté de la pathologie à la physiologie; c'est par l'étude de la cellule malade qu'il est arrivé à la conception claire et définitive de la cellule saine. Peu importe que ses découvertes aient été modifiées dans le détail, que le protoplasme et le noyau, comme l'a démontré M. Schultze, soient la partie essentielle et l'élément fondamental : les faits n'en restent pas moins dans leur généralité, et l'on ne peut nier que les immenses travaux accomplis depuis quinze ans en Allemagne, y compris ceux de M. Cohnheim, ne l'aient été sous l'influence et l'impulsion justement prépondérante de Virchow. Pourtant, il n'a fallu rien moins que les dernières transformations dans la Faculté de Paris, il n'a fallu rien moins que l'enseignement consciencieux de M. le professeur Vulpian, exposant, comme cela se doit, l'état même de la science, pour répandre un peu en France une doctrine depuis longtemps classique, même en Angleterre et au Nouveau Monde. Qui pourrait nier d'ailleurs les immenses progrès réalisés récemment par l'anatomie générale (ou histologie) pathologique, sous l'influence de la théorie cellulaire? « Que savait-on de la pneumonie, dit M. Vulpian, avec la description de Laënnec? Que nous apprenait la fameuse distinction des plaques de la fièvre typhoïde, en molles et en gaufrées? Rien : tandis que ces lésions sont maintenant connues dans tous leurs détails, par les seuls effets de l'histologie pathologique. » (Cours de 1869.)

Certes, aux premiers pas, il y eut bien des chutes, bien des déceptions. Méconnaissant l'idée de Broussais, la liaison naturelle entre l'état physiologique et l'état morbide, entraînés par la doctrine des anatomo-pathologistes de l'école de Laënnec, les micrographes voulurent absolument saisir l'élément caractéristique de la spécificité. Il fallait une cellule cancéreuse, on la trouva ; des corpuscules tuberculeux, on s'en procura. Pendant cette période, qui fut surtout française et se trouve caractérisée dans le livre de Lebert (1846), l'Allemagne et surtout Virchow, au moment de la discussion de l'Académie (1854), protestèrent énergiquement. Ce dernier, appliquant les saines idées proclamées par Broussais qui prêchait ici dans le désert, démontra sans peine qu'il n'y a point d'éléments véritablement nouveaux, spécifiques, absolument différents de ceux de l'organisme. Ou les cellules prolifèrent sur place, formant des tissus analogues au tissu préexistant : c'est l'*hyperplasie* simple ou *homœoplasie* (tumeurs, néoplasmes *homœoplastiques* ) ; ou ce tissu est différent du premier, tout en ayant son analogue dans un autre point de l'économie, ou chez l'embryon : c'est l'*hétéroplasie* (néoplasmes hétéroplastiques). C'était couper court aux idées de spécificité et de parasitisme, théories déplorables et filles de l'empirisme, qui ne tendaient à rien moins qu'à jeter la science et la médecine dans une voie funeste et sans issue. Et Virchow n'eût-il que cette gloire d'avoir remis les pathologistes sur le chemin de la

physiologie, elle serait déjà immense : car il les a arrachés à la routine, et il a pu
réussir, là où le génie de Broussais avait échoué.

Enfin, service immense rendu par la théorie cellulaire, l'humorisme, déjà si fortement ébranlé par le médecin du Val-de-Grâce, a disparu définitivement, grâce à
elle, du cadre nosologique. Les altérations du sang ne sont jamais que consécutives,
soit à l'introduction d'un poison venu de l'extérieur, soit à une lésion de tissu ; et
encore, même dans le cas d'intoxications les plus violentes, le miasme n'agit
guère qu'après s'être localisé sur quelque organe, devenant alors le point de
départ des accidents. Et c'est ainsi que M. Virchow a pu formuler cette loi, qui
fait une nouvelle révolution dans la pathologie générale : point de dyscrasie
durable qui ne soit entretenue par l'altération durable d'un tissu ou d'un
organe. La théorie, maintenant élucidée, de la leucémie en est une éclatante
confirmation.

En somme, et pour résumer l'état actuel de la science, on peut dire que toutes
les lésions, tous les troubles de l'économie se réduisent à deux grandes classes,
avec combinaisons possibles : troubles de la *nutrition*, — troubles de la *circulation*
— pouvant réagir sur l'organisme entier pour y produire la fièvre, le marasme,
la septicémie, etc. Qu'on se garde bien d'ailleurs de confondre la lésion avec la
maladie : non pas qu'il faille en faire deux êtres à part. La lésion est une réalité,
la maladie n'est qu'une abstraction, ou plutôt, comme la vie et la santé, elle est
une résultante, elle est un ensemble ; mais, dans cet ensemble, la lésion joue évidemment le rôle indispensable et *sine quâ non*. Qu'il s'agisse de l'épilepsie, de l'hystérie
ou du diabète, nous dirons avec M. Vulpian : Il est clair qu'il ne peut y avoir
un trouble fonctionnel sans un changement matériel et moléculaire correspondant.
Du reste, et pour me renfermer dans les limites qui me sont imposées, je renvoie
le lecteur aux articles *Biologie* et *Maladie*, compléments indispensables de ces
notions.

BIBLIOGRAPHIE. — Galien. — *De naturâ humanâ comm. prim.* — Fallope, *Tractatu*
*quinque de partibus similaribus.* Francfort, 1600. — Bichat, *Anatomie générale*, 1801. —
De Blainville, *De l'organisation des animaux*, 1822. — Broussais, *De l'Irritation et de*
*la Folie*, première édit., 1827. — Schleiden, *Abhandlung, ueber die Pflanzenzelle*, in
*Müller's Archiv*, 1837. — Schwann, *Mikroskopische Untersuchungen ueber die Uebereins-*
*timmung in der Structur and dem Wachsthum der Thiere und Pflauzen.* Berlin, 1839
— Todd et Bowman, *The Physiological Anatomy and Physiology of Man.* Londres, 1856.
— Virchow, *Die Identitat von Knochen, Knorpel und Bundegewebskorperchen*, etc. Würtz-
bourg, 1851. — Donders, *in Nederl. Lancet.*, 1851. — Kölliker, *Traité d'histologie*, tra-
duction Béclard et M. See, 1856. — Virchow, *Pathologie cellulaire*, trad. Picard, 1858.
— M. Schultze, *Ueber Muskelkorperchen und das, was man eine zelle zu nennen habe*, in
*Müller Archiv*, 1861. — Von Rechlinghausen, *Ueber Eiter und Bindegewebskorperchen*, in
*Virchow Archiv*, 1862. — Robin, *Programme du cours d'histologie*, 1864. — W. Kühne,
*Protoplasma und Contractilitat*, 1864. — A. Comte, *Cours de philosophie positive*, t. III,
3ᵉ édition, 1864. — O. Weber : *in Handbuch der Allgemeine und Spec. Chirurgie*, v.
*Pitha und Billroth.* Erlangen, 1865. — Frey, *Traité d'histologie et d'histochimie*, trad.
française, 1868. — Cornil et Ranvier, *Manuel d'histologie pathologique*, 1869.

A. REGNARD.

**ANATOMIE COMPARÉE.** — L'anatomie comparée, mieux appelée anatomie comparative, est cette branche de la biologie qui étudie les organes des animaux en eux-mêmes en les comparant les uns aux autres. Il pourrait y avoir une
anatomie comparée végétale comme il y a une anatomie comparée des animaux,

l'usage ne l'a pas voulu. On pourrait même comprendre à la fois sous cette dénomination l'anatomie des plantes et des animaux. C'est avec ce sens que le terme anatomie comparée se trouve employé pour la première fois dans la dissertation inaugurale de B. S. Albin, *De Anatome comparata*, Leyde, 1719.

L'anatomie comparée est généralement regardée comme ayant pour objet spécial l'étude statique des animaux. Elle observe la forme des organes, les rapports dans l'espace, le volume, le poids, la couleur qu'ils ont, en un mot toutes leurs propriétés d'ordre mathématique, physique et chimique. Elle se borne à la connaissance superficielle des organes, et abandonne à l'histologie le soin d'en déterminer la structure. Elle néglige également toute propriété d'ordre vital comme un domaine réservé à la physiologie. Elle pourra bien noter le fonctionnement d'un organe, mais alors presque exclusivement au point de vue de la mécanique. En décrivant les articulations, tous les traités d'anatomie ont soin de spécifier quels mouvements sont possibles par chacune d'elles et quels ne le sont point. L'anatomie comparée procède exactement comme un ingénieur décrivant les différents organes d'une machine ou rapprochant dans une description commune le même organe de deux mécanismes assez semblables. La comparaison est rigoureuse.

Ainsi réduite à l'étude qui lui est propre, on comprend que l'anatomie comparée n'est qu'une nomenclature assez sèche. Rien de plus aride que les traités spéciaux d'anatomie comparée. On peut s'en convaincre en parcourant le manuel de MM. Siebold et Stannius (*Lehrbuch der vergleichenden Anatomie*, 1846-1848) qui est un modèle. Mais l'anatomie comparée, dès le début, s'est détournée de sa voie. Ceux-là même qui l'ont instituée ont déjà senti la nécessité de la fondre dès l'origine dans d'autres branches de la biologie d'un intérêt plus grand, la physiologie et la zoologie; tandis qu'à sa place s'élevait vigoureuse l'anatomie générale qui fait de nos jours de si rapides progrès. Cette évolution, mieux que toute chose, fera comprendre ce qu'a été l'anatomie comparée, ce qu'elle est devenue, et pourquoi, souveraine avec Cuvier, elle ne joue plus aujourd'hui qu'un rôle secondaire dans les préoccupations scientifiques du temps. Suivre les phases de cette révolution, est le meilleur moyen de se bien rendre compte de la place qu'occupent, dans l'ensemble de nos connaissances, les différents objets qui d'abord avaient paru le propre domaine de l'anatomie comparée.

Aristote déjà avait aperçu quelques lois générales et fait quelques descriptions qui ont permis à des esprits complaisants de faire remonter jusqu'à lui les premiers pas de l'anatomie comparée. Elle est née en réalité au xviii° siècle, elle a atteint son apogée avec Cuvier. Le xvii° et le xviii° siècle n'ont laissé aucun traité didactique, mais nous voyons déjà d'admirables monographies, comme le *Traité anatomique de la chenille qui ronge le bois de saule* (1760) par Lyonet. L'anatomie comparée est plutôt une aspiration. Dès 1600, Pétrus Paw à l'université de Leyde dissèque plusieurs animaux et peut-être fait sur eux des leçons publiques. (Voyez Sandiford, *Museum Anatomicum.*) Mais c'est de France que part le grand mouvement. Claude Perrault en est l'instigateur; avec toute l'Académie, il dédie au roi ses *Mémoires pour servir à l'histoire naturelle des animaux* (1676); on dissèque en grande cérémonie un éléphant. Le xviii° siècle fut peut-être l'époque la plus brillante de l'anatomie comparée, quoiqu'elle n'eût pas encore de nom. Daubenton, Camper, Pallas, Hunter, en France, en Angleterre, en Hollande et jusque sur les bords de la Baltique, font un grand nombre de dissections. En même temps, d'importants musées, où l'anatomie comparative occupe une large place, couvrent l'Europe; et les généraux de la République ne dédaignent point d'en rapporter les trésors à Paris, comme de dignes trophées d'un peuple affranchi.

Cuvier et Geoffroy Saint-Hilaire donnent un corps à toutes ces aspirations. On peut dire qu'ils créèrent l'anatomie comparée dans ces belles années de concorde et d'union où « chaque matin, avant de déjeuner, ils avaient fait une découverte! » C'est qu'en réalité tout était à trouver : en portant leurs recherches sur les animaux invertébrés, ils virent s'ouvrir devant eux le champ le plus vaste qui se soit jamais offert aux regards de deux chercheurs jeunes et également actifs, avec des aptitudes cependant si différentes. Geoffroy, l'aîné et le maître de Cuvier, fut en réalité le précurseur. Il eut l'intuition de l'avenir. Ses travaux, d'abord méconnus, reprennent aujourd'hui un éclat nouveau. Ceux de son rival, d'une réalité plus tangible, ont fait du vivant même de Cuvier toute la gloire qu'il aura. Ce qu'avaient entrepris de Jussieu pour la botanique et Linné pour la zoologie, Cuvier et Geoffroy rêvèrent de le réaliser pour l'anatomie. Cuvier réalisa seul le projet grandiose de donner le tableau complet — aussi complet qu'on pouvait le souhaiter alors — de l'organisation des animaux. Les *Leçons d'anatomie comparée* (an VIII-1805) marquent cette grande date dans l'histoire des sciences biologiques.

Il faut distinguer, dans les *Leçons*, le plan réel, qui est assez peu satisfaisant, de ce qu'on pourrait appeler le plan idéal. Un traité général d'anatomie comparée, conçu d'après les idées que se faisait Cuvier et qu'il a lui-même suivies dans l'étude du squelette où il était particulièrement versé, devrait prendre tour à tour chaque organe ou chaque appareil et le comparer à lui-même dans toute la série des êtres vivants. On conçoit que, tant que ces comparaisons s'arrêtent à des animaux construits sur un type identique, on les suive sans fatigue et qu'elles parlent facilement à l'esprit. On rapproche sans difficulté la mâchoire de l'homme, par exemple, à molaires aplaties pour broyer, de la mâchoire du loup à dents aiguës pour déchirer une proie. Mais il n'en est plus de même si les objets comparés sont très-différents, comme une mâchoire de baleine ressemblant vaguement à une côte, et celle des oiseaux, des reptiles et des poissons formée d'un certain nombre de pièces distinctes. Quand elle veut faire rentrer dans une description commune les groupes que les zoologistes séparent nettement les uns des autres, l'anatomie comparative perd son intérêt avec son exactitude. Autant elle peut être utile, appliquée aux groupes dits naturels, autant elle est vaine quand elle envisage des animaux d'un type même assez peu différent. Nous ne pouvons, en effet, connaître que par comparaison. Pour savoir, il faut comparer. Pour avoir la signification vraie d'un phénomène, il est indispensable de le rapprocher des phénomènes de même ordre afin de les mesurer l'un par l'autre. La science n'est que l'ensemble des rapports perçus. On prend un type. Pour les mammifères, c'est ordinairement l'homme. Son anatomie est mieux connue que toute autre. C'est donc à lui qu'on peut le mieux rapporter les différences offertes par les animaux qui le suivent dans l'échelle animale. Le résultat est que nous acquérons à la fois la connaissance de ceux-ci et par contre-coup une notion plus précise de l'homme lui-même, où quelques détails d'organisation, difficiles à comprendre ou à expliquer chez lui, se trouvent éclaircis par ce qui existe chez les animaux. Mais il ressort de là aussi, que la condition expresse des avantages d'un tel procédé est de ne pas comparer à l'homme des animaux trop éloignés de lui. L'étude comparative de l'homme et des singes anthropomorphes, très-étudiés de nos jours, est un excellent exemple des avantages que ce genre de recherches peut fournir, quand on l'applique dans les limites voulues. Que si l'on vient, sans aller plus loin, à comparer l'homme aux carnassiers, aux ruminants, ou même aux derniers quadrumanes, il est aisé de voir que ces rapprochements, en perdant de leur rigueur, perdent toute leur importance. L'anatomie comparée est donc réduite dans la plupart des cas à enregistrer une série de descriptions conçues sur le même plan, mais qui n'ont de commun que le plan même sur lequel elles sont faites, les objets comparés n'ayant de commun entre eux que les traits les plus généraux et, par conséquent, les moins précis. Ce défaut éclate à toutes les pages des *Leçons d'anatomie*.

Aussi, les anatomistes, pour parer à cet inconvénient, ont-ils senti la nécessité de multiplier les coupes et d'envisager successivement un plus grand nombre de types. M. R. Owen dans son traité tout récent, *On the Anatomy of vertebrates*, 1866-1868, fait trois divisions : 1° les Reptiles et les Poissons, 2° les Oiseaux, 3° les Mammifères. MM. Siebold et Stannius, dans leur manuel, pour l'ensemble des animaux, n'en avaient pas fait moins de dix-huit : 1° Infusoires et Rhizopodes, 2° Polypes, 3° Acalèphes, 4° Echinodermes, 5° Helminthes, 6° Turbellaries, 7° Rotifères, 8° Annélides, 9° Acéphales, 10° Céphalophores, 11° Céphalopodes, 12° Crustacés, 13° Arachnides, 14° Insectes, 15° Poissons, 16° Reptiles, 17° Oiseaux, 18° Mammifères. Ces coupes ne répondent peut-être plus très-exactement à l'état de la science. Elles suffisent du moins à montrer le nombre de types différents que MM. Siebold et Stannius ont cru nécessaire de distinguer, en donnant de l'organisation du règne animal un aperçu même élémentaire. Ils procèdent pour chacun de ces groupes, comme avait fait Cuvier pour l'ensemble. Ils décrivent tour à tour tous les appareils d'un même groupe et passent au groupe suivant, sans même chercher à les relier l'un à l'autre. Et cependant, en lisant leur œuvre, on s'aperçoit bien vite que ce grand nombre de divisions est encore insuffisant. Même pour une seule classe, comme les mammifères ou les reptiles, on s'aperçoit aussitôt que le nombre des phénomènes essentiellement et directement comparables est assez restreint, de l'homme au cétacé, par exemple, chez les mammifères, ou de la tortue au serpent, chez les reptiles.

Le sentiment de cette insuffisance de toute description embrassant à la fois des animaux même qui ont entre eux d'évidents rapports, devait pousser les anatomistes vers les monographies. On en cite déjà d'anciennes. La plus complète, la plus belle que l'on connaisse est celle de Lyonet. Nous ne saurons d'une manière suffisante l'organisation du règne animal que quand un nombre considérable de ces monographies auront été faites. C'est un travail de patience réservé à l'avenir. Il avancera lentement. Il faut du dévouement pour consacrer des années à étudier, décrire, figurer toutes les particularités que présente le corps d'un animal. Ces travaux si arides sont cependant ceux qui créent les titres les plus sérieux. Ils profitent à celui qui les fait, parce que les descriptions anatomiques, toujours difficiles, sont à cause de cela même un exercice excellent. Ils profitent à la science parce que chaque animal offre toujours un certain nombre de faits spéciaux, propres à lui, que les groupes voisins ne laissaient pas soupçonner. On peut citer, parmi les monographies les plus célèbres, après celle de la chenille du saule, celle du chat (incomplète) par Straus-Durckheim, celle de la tortue de terre par Bojanus, celle de l'hippopotame (inachevée) par Gratiolet. M. Ecker a commencé celle de la grenouille, mais il n'a donné que le squelette et les muscles, un volume; il s'est arrêté, momentanément, nous l'espérons, au même point où Straus-Durckheim a abandonné l'étude du chat. Pour les animaux inférieurs, nous citerons la monographie du hanneton due également à Straus-Durckheim, et celle du ver à soie par Cornaglia. Beaucoup d'autres monographies d'animaux inférieurs ont été faites dans les recueils périodiques. Mais la tâche est ici beaucoup plus facile. A mesure que l'on descend l'échelle des êtres, les organismes se simplifient, les organes diminuent de nombre et de rapports, les monographies deviennent beaucoup plus courtes, sans cesser d'être aussi complètes.

Tel est aujourd'hui le seul objet que l'anatomie comparée puisse revendiquer comme étant le sien : des monographies soit d'un animal, soit d'un organe ou d'un appareil, l'animal décrit dans son ensemble, l'organe ou l'appareil envisagés dans un groupe d'animaux aussi étroit que possible. Il nous reste maintenant à montrer comment, dès son berceau, entre les mains de Cuvier, l'anatomie comparée s'est écartée de ses voies pour prendre, il faut le reconnaître, un intérêt qu'elle n'eût jamais offert par elle-même, et qui surgit dès que nous commençons à envisager l'être vivant en fonction de son milieu, l'individu par la physiologie, l'espèce par la zoologie. L'anatomie comparée devait être fatalement entraînée dans ces deux directions.

Point d'ouvrage moins homogène que les *Leçons* de Cuvier. Les premiers volumes, où l'auteur étudie le squelette, sont d'un anatomiste consommé; les derniers, où il passe rapidement en revue tous les autres organes du corps, sont d'un physiologiste médiocre. Le point de départ n'est plus l'organe comme au début; Cuvier prend la fonction et groupe autour de son histoire toutes les modifications de l'appareil qui la remplit. De là, une inexprimable confusion. Au grand dommage de la science, la manière des derniers volumes des *Leçons* a fait école, non-seulement en France, mais partout. Il est sorti de là une science bâtarde, anatomie comparée et physiologie comparée mêlées. Les *Leçons sur la physiologie et l'anatomie comparée* de M. Milne Edwards (1857-1869) en sont l'expression la plus élevée. Sans contester les services qu'une telle œuvre est appelée à rendre de toute façon, sans nous permettre de juger la partie physiologique, nous ne pouvons nous dissimuler l'absence de toute méthode anatomique dans ce livre. Le moindre inconvénient qu'il ait, est de rapprocher les uns des autres des organes qui peuvent fonctionner de même, mais qui, aux yeux de l'anatomiste, n'ont absolument rien de commun; ainsi : les poumons des mammifères, les branchies des poissons, les trachées des insectes, le canal digestif de quelques animaux inférieurs, la peau d'un grand nombre, autant d'organes qui n'ont que cette propriété commune, qu'ils partagent d'ailleurs avec des substances inertes, de se prêter à l'osmose des gaz. Nous savons aujourd'hui que tout acte physiologique, quand on serre de près le sujet, est essentiellement l'attribut de certaines parties microscopiques des organes appelées *éléments anatomiques*. Un organe ne fonctionne d'une manière déterminée qu'en raison des éléments qui le constituent. Or, l'école de Cuvier fait précisément profession de ne tenir point compte de la composition élémentaire des organes. Ne donnant son attention qu'à la forme, aux dimensions, aux rapports de contact ou de voisinage, elle ne peut prétendre à une réelle compétence que dans l'étude des conditions mécaniques de la fonction, subordonnées aux propriétés d'ordre mathématique et physique des organes. L'admirable ouvrage des frères Weber sur les mouvements du corps humain est un exemple des seules spéculations physiologiques qu'on puisse solidement fonder sur l'anatomie comparée, telle que la comprend l'école de Cuvier.

A côté de cette tendance à rapprocher l'anatomie comparée de la physiologie, d'autres prétentions ne visaient à rien moins qu'à la rejeter tout entière dans la zoologie. C'était principalement l'anatomie comparée des animaux supérieurs qui était revendiquée par la physiologie; c'est surtout l'anatomie comparée des animaux inférieurs que les zoologistes ont eu la prétention de s'attribuer. Lamarck, Geoffroy, Cuvier, malgré de très-belles et très-nombreuses observations, avaient laissé tout à faire dans le monde des derniers êtres. Un étrange assemblage de crustacés, de plantes, de mollusques, de morceaux et de fragments d'animaux constituaient, avec les rayonnés proprement dits, l'embranchement que Cuvier avait désigné sous le nom de zoophytes. Cuvier n'avait eu entre les mains que des échantillons desséchés ou conservés dans l'alcool. Après lui, les zoologistes en masse vont étudier la mer. Nous trouvons tour à tour au bord de la Méditerranée : Johannes Müller, Henri Müller, MM. Milne Edwards, de Quatrefages, Blanchard, Gegenbaur, Kölliker, Hæckel, Vogt, Lacaze, Dulhiers. Une faune entière, que Cuvier avait seulement entrevue, est complétement décrite en quelques années. Ce sont en général des animaux assez simples, avec peu d'organes, et qui ne prêtent pas à de longs développements. On en fit l'étude complète, on les classa d'après l'ensemble des particularités d'organisation qu'ils offraient. Par opposition au petit nombre de caractères extérieurs dont les autres zoologistes continuaient à se contenter pour classer les animaux plus élevés, la nouvelle école proclamait la nécessité d'une étude approfondie de chaque animal envisagé dans toutes ses parties, à tous ses âges, à travers ses métamorphoses. Elle oubliait trop peut-être qu'une telle étude est d'autant plus facile que l'animal est plus simple, et que la vie d'un homme n'a pas toujours suffi à décrire un animal vertébré ou articulé, aussi complétement qu'ils l'ont pu faire pour les zoophytes ou les derniers mollusques.

Toutefois, cette revendication de l'anatomie comparée par les zoologistes a une bien autre portée que l'union bâtarde qu'on avait tentée entre elle et la physiologie. Ici du moins, aucun inconvénient; la méthode anatomique subsiste. Les zoologistes, dressant de là une série de monographies, contribuent à l'accroissement de nos connaissances positives en anatomie : ils fournissent à l'anatomie comparée des animaux inférieurs un contingent considérable, soit dans les *Archives de Müller* devenues celles de Reichert et Du Bois-Reymond (depuis 1858); soit dans le journal de Siebold et Kölliker dont le titre (*Zeitschrit für wissenschaftliche Zoologie*) rappelle le nom que se décerne à elle-même la nouvelle école; soit enfin dans les *Annales des sciences naturelles*, où les beaux travaux de M. de Quatrefages en particulier caractérisent très-bien les tendances de ce qu'on appelle aujourd'hui la zoologie scientifique.

Nous ne séparons pas la paléontologie de la zoologie; la paléontologie n'est que la zoologie appliquée aux animaux éteints. S'il est vrai que l'anatomie comparée des animaux inférieurs ait dû ses plus rapides progrès aux zoologistes, on peut dire de même que, si l'anatomie comparée des animaux supérieurs jeta un tel éclat entre les mains de Cuvier, c'est que, d'instinct et du premier coup, il l'avait appliquée à la zoologie des animaux fossiles. Ce fut son véritable titre de gloire, c'est là qu'il a laissé les plus utiles travaux et les plus solides. Il établit les affinités des vertébrés fossiles par le procédé même qu'appliquent les zoologistes scientifiques. L'animal fossile, réduit en squelette, devient un être relativement simple que Cuvier étudie soigneusement dans son ensemble, compare dans toutes ses parties, et classe d'après ses rapports multiples, absolument comme la moderne école procède pour les animaux inférieurs.

Il importe seulement d'être bien mis en garde contre une exagération très-répandue. Le paléontologiste, entend-on répéter, avec un os, une dent, reconstruit un animal dont il n'a entre les mains que cet unique fragment. Ceci est absolument inexact. Sans doute, si l'anatomiste trouve dans la terre un os ou une dent *semblables de tous points* au même os ou à la même dent d'un animal aujourd'hui vivant, il peut reconstruire par la pensée cet animal, en assigner les formes, en mesurer la taille. Mais la condition même de cette reconstruction est l'identité du fossile et de l'animal contemporain. Le problème se pose alors comme en mathématiques : étant donnés trois termes d'une proportion, déterminer le quatrième ; les trois termes sont l'os découvert, l'os correspondant de l'animal vivant, le squelette entier de celui-ci. Il y a loin de là comme on voit à reconstruire un animal inconnu d'après une de ses parties. Le nombre est considérable des fossiles dont nous ne pouvons, même sur des fragments importants, deviner les formes véritables. L'histoire de la science est pleine de ces exemples. On a longtemps ignoré si le dinotherium était un morse ou un éléphant. Certaines mâchoires entières et garnies de toutes leurs dents ont été contradictoirement attribuées à des reptiles et à des mammifères.

Une autre erreur d'anatomie comparée tout aussi répandue et encore plus grave consiste à croire que la forme d'un organe renseigne toujours exactement sur le rôle fonctionnel de cet organe. Il faut pour cela que nous l'ayons vu fonctionner, lui ou un autre semblable à lui. On n'abuse que trop en anatomie comparée de la considération des causes finales. Cuvier lui-même a montré l'exemple, et nous voyons aujourd'hui quelques-uns de ses disciples s'abandonner, avec une confiance presque naïve, à ce genre de raisonnement. Pour eux, la Nature a fait chaque animal en vue du genre de vie auquel elle l'a destiné, si bien que l'étude, même superficielle, de ses organes nous instruit exactement sur ce qu'il fait, ce qu'il mange, ce qu'il hante. Tel de ces savants veut que la forme des pattes d'un insecte dise à coup sûr le corps où l'animal a l'habitude de se poser. Il faut se bien défier de ces aperçus. Sans doute, la manière de vivre de chaque animal est conforme à son organisation; en pourrait-il être autrement? Mais il n'est pas vrai que l'organisation d'un animal nous apprenne si bien que cela ses mœurs, son habitat. Certains vers s'accommodent également bien de l'existence dans la terre, ou dans le corps d'un animal; ce sont pourtant des milieux assez différents : leur organisation ne nous renseigne donc pas. Le partisan des causes finales devine à la trompe du papillon qu'il se nourrit de sucs, et aux vigoureuses mandibules du ver blanc qu'il attaque les racines; mais, que dit-il des mandibules vingt fois plus fortes du cerf-volant? quelle appropriation voit-il à ces organes qui font peut-être le quart du poids de l'insecte? On tourne dans un cercle vicieux : on ne peut dire qu'un organe est adapté à une fonction que quand on a vu cette fonction accomplie par l'organe. C'est encore une proportion : nous ne connaissons le quatrième terme, ou la finalité de l'organe, qu'à la condition d'avoir les trois autres, l'organe envisagé, le même organe sur un animal identique, le fonctionnement de l'organe sur cet animal identique. — En face de Cuvier, Lamarck. Tandis que l'un, cherchant à donner à la théologie un point d'appui scientifique, s'efforçait de démontrer cette adaptation providentielle des organes, l'autre, Lamarck, suivi en cela par Geoffroy, renversait la question, et proclamait l'adaptation naturelle des organes au milieu ambiant. Ce qui sera pour Cuvier le but du Créateur, est pour Lamarck, enfant du xviiie siècle, le résultat des activités du monde extérieur. De là, une série toute nouvelle de recherches qui sont aussi bien du ressort de l'anatomie comparée que de la zoologie générale.

L'animal n'est plus comparé aux autres espèces contemporaines, mais aux individus antérieurs à lui, immédiats ou lointains, connus ou inconnus, qu'on sait ou qu'on suppose être la souche d'où il descend. L'anatomie, ainsi mêlée à la grande question de la mutabilité, mesure les modifications subies par l'organisme sous les influences multiples (hérédité, climats, domesticité) qui constituent le milieu. On comprend même que l'anatomie comparée puisse devenir, dans cette voie, une science expérimentale. — Elle va plus loin. Devant les modifications infinies entre des êtres qu'on suppose de même origine, elle recherche la loi de ces écarts. Elle voit certains organes prendre ou perdre de l'importance, se compliquer à l'extrême

ou se simplifier jusqu'à disparaître. Alors elle imagine, comme l'a fait en dernier
lieu M. R. Owen dans ses *Principes d'ostéologie* (1855), une sorte de prototype ou
d'être absolument simple, dont on peut supposer tous les autres dérivés par une
série de modifications toujours peu considérables, mais s'accumulant sans cesse et
en tel nombre que, par une gradation infinie de nuances imperceptibles, les mammifères supérieurs se relient aux derniers vertébrés. Mais, ici encore, nous retom-
bons dans le domaine d'une science différente de l'anatomie comparée. Ces sortes
de spéculations, parfois désignées sous le nom d'anatomie philosophique, appartiennent en réalité à l'anatomie générale. On en peut dire autant de l'embryogénie,
qui étudie le développement graduel du jeune être, et l'apparition successive de
tous les organes s'ajoutant les uns aux autres.

En résumé, l'anatomie comparée telle que la comprenait Cuvier, déjà mêlée par
lui à la physiologie, revendiquée depuis par les zoologistes et les paléontologistes,
amoindrie de toute l'importance qu'a prise l'anatomie générale; l'anatomie comparée, disons-nous, est aujourd'hui une science à peu près morte et qui n'occupe
plus, dans le mouvement scientifique contemporain, qu'une place secondaire
à côté de la physiologie, de la zoologie et de l'anatomie générale. Celle-ci l'a
supplantée.

BIBLIOGRAPHIE. — Les ouvrages cités dans le cours de cet article sont les suivants : B. S. Albin, *Oratio inauguralis de anatome comparata*, in-4º, Leyde, 1719. —
Lyonet, *Traité anatomique de la chenille qui ronge le bois de saule*, 1 vol. in-4º, La Haye,
1760. — Perrault, *Mémoires pour servir à l'histoire naturelle des animaux*, in-fol., Paris,
1676. — Straus-Durckheim, *Anatomie descriptive et comparative du chat, type des
mammifères en général et des carnivores en particulier*, 2 vol. in-4º, atlas, Paris, 1845.
— Bojanus, *Anatome testudinis europææ*, 11 Fasc., 40 pl., Vilna, 1819-1821. —
Gratiolet, *Recherches sur l'anatomie de l'hippopotame*, publié par le Dr Alix, in-4º,
Paris, 1867. — Ecker, *Die Anatomie des Frosches, I. Abth., Knochen und Muskellehre*,
1 vol. in-8, Brunswick, 1864. — Straus-Durckheim, *Considérations générales sur
l'anatomie comparée des animaux articulés, auxquelles on a joint l'anatomie descriptive
du Melolontha vulgaris, donné comme exemple de l'organisation des coléoptères*, in-4º,
pl., Paris, 1828. — Cornaglia, *Monografia del Bombice del Gelso*, in-4º, Milan, 1856.
— Wilh. et Ed. Weber, *Mechanik der menschlichen Gehwerkzeuge*, in-8º, atlas in-4º,
Goettingue, 1836. — Cuvier, *Leçons d'anatomie comparée*, 5 vol. in-8º, Paris, an
VIII-1805. — Von Siebold et Stannius, *Lehrbuch der vergleichenden Anatomie*, 2 vol.
in-8, 1846-1848. — R. Owen, *On the Anatomy of Vertebrates*, 3 vol. in-8, 1866-1868.
— Milne Edwards, *Leçons sur la physiologie et l'anatomie comparées de l'homme et
des animaux*, 9 vol. in-8, Paris, 1857..... — R. Owen, *Principes d'ostéologie
ou recherches sur l'archétype et les homologies du squelette vertébré*, in-8, Paris, 1855. —
*Archiv für Anatomie und Physiologie*, dirigées par Meckel, de 1826 à 1832 ;
deviennent *Archiv für Anatomie, Physiologie und wissenschaftliche Medicin* et sont
dirigées par Johannes Muller, de 1834 à 1858; sont aujourd'hui sous la direction
de Du Bois-Reymond et Reichert, Berlin. — *Annales des sciences naturelles*, par
MM. Audouin, Ad. Brongniart et Dumas, 1824-1833; rédigées pour la zoologie
par MM. Audouin et Milne Edwards de 1834 à 1843, et par M. Milne Edwards,
depuis 1844. — *Zeitschrift für wissenschaftliche Zoologie*, par C. T. von Siebold et
A. Kölliker, 1848... Leipzic.                        GEORGES POUCHET.

**ANATOMIE VÉGÉTALE.** — Il y a deux manières de traiter de la structure
des plantes. L'une, qui va de l'inconnu au connu (et c'est malheureusement la
plus suivie dans les traités élémentaires et dans quelques cours publics), commence

par les organes composants, dits organes simples ou microscopiques, — cellules, vaisseaux, fibres, pour passer aux organes composés, qui s'offrent immédiatement à la vue, — nervures, Feuilles, rameaux, etc. La seconde manière va du connu à l'inconnu : c'est celle que nous croyons devoir suivre, comme la plus conforme au fonctionnement naturel de l'esprit humain. Nous rapporterons donc succinctement les notions générales, acquises principalement en notre siècle, — relativement à l'anatomie de la FEUILLE, du PÉTIOL, de la TIGE, de la RACINE, en insistant, — autant que l'espace nous le permettra, sur les organes qui établissent et maintiennent les RELATIONS DE LA FEUILLE AVEC la TIGE, parce que cette partie de la science en est l'acquisition la plus récente, grâce à la méthode d'investigation organogénique. Nous n'aurions pu, sans étendre démesurément cet article, y donner les définitions des termes scientifiques dont l'emploi y est obligé. Ces définitions seront d'ailleurs et mieux placées et plus faciles à retrouver à chacun des termes qu'elles concernent.

Nous commencerons par l'esquisse des principaux traits qui distinguent, à notre avis, le règne végétal de son puîné, le règne animal.

I. Quelques naturalistes, dévoués à l'étude de l'un ou de l'autre des deux règnes organiques, ont recherché un *caractère absolu*, qui pût distinguer respectivement ces deux règnes et les délimiter. Ce genre de travail nous paraît en dehors de la méthode et de la science. Laissons la recherche de l'absolu aux métaphysiciens et aux romanciers. Dans la nature sensible, tout est relation, tout est transition, tout est lien. Les divisions tranchées sont l'œuvre de notre esprit, œuvre nuisible toutes les fois qu'elle n'est pas indispensable pour mettre l'ordre dans nos connaissances. Nous distinguerons suffisamment les deux règnes, en établissant les caractères différentiels qui nous sont offerts par les êtres les plus apparents et les plus connus appartenant à chacun d'eux.

Le règne végétal offre quatre caractères d'une grande généralité, et qui lui appartiennent exclusivement. 1° Tous les organes qui opèrent les fonctions vitales sont réductibles à un seul, qui est la FEUILLE. 2° Tous les organes, soit extérieurs soit intérieurs, sont disposés en VERTICILS autour d'un axe idéal. 3° Le liquide qui charrie les principes nourriciers de la plante, n'est point emprisonné, comme le sang, dans des veines ou des vaisseaux destinés à le contenir et à le distribuer; mais il se répand en liberté dans la Feuille et ses dépendances, inégalement toutefois, et avec plus d'abondance dans des courants séveux spéciaux. 4° La notion de l'*individu*, qui est si claire et si précise en zoologie, n'est pas applicable au règne végétal; ou, si l'on tient absolument à la lui appliquer, elle diffère radicalement du sens qui en est fourni par le règne animal.

La plante n'est pas seulement un composé d'organes dont le fonctionnement combiné tend à un but unique de développement et de multiplication. C'est un composé d'êtres vivants, complets, semblables entr'eux, et enchaînés l'un à l'autre par un lien nécessaire. La loi de répétition, qui régit la nature entière, arrive ici à son plus haut degré de puissance, puisque ce ne sont pas seulement des éléments, ou des organes élémentaires, ou des organes complexes et fonctionnants, qui s'associent en se répétant, mais des êtres parfaits, doués de facultés vitales complètes. Toutes les fonctions de la floraison et de l'inflorescence, toutes celles de nutrition et de reproduction, s'accomplissent sur un seul rameau feuillé, qui est d'abord le rameau central et primordial de la plante. Les rameaux subséquents répètent les phénomènes qui se sont accomplis sur le premier, les répètent dans le même ordre, et n'en produisent point de nouveaux.

Si donc on voulait appliquer ici l'idée de l'individu (qui est née de l'observation des animaux les plus communs), ce n'est pas la cellule, comme voulait Turpin, ni la fibre [1], ni la Feuille [2], c'est le rameau feuillé qu'il faudrait reconnaître comme l'individu végétal, puisque le rameau est un être défini, complet, non divisible en êtres qui lui ressemblent, et puisqu'il accomplit *chez lui-même* toutes les fonctions de la vie. Mais il lui manque une qualité sans laquelle nous ne concevons guère l'individu : c'est, si l'expression nous en est permise, l'indépendance personnelle. L'union nécessaire des rameaux est à nos yeux le trait le plus éclatant qui distingue le règne végétal du règne animal. L'homme sent sa propre individualité, parce qu'il sent son unité complète. Quand nous voyons un cheval, un oiseau, un poisson, un reptile, un insecte, nous y reconnaissons une individualité semblable à la nôtre : aucune fraction de cet être ne remplirait les fonctions qui sont propres à l'entier. Les individus du règne animal vivent en général séparés ; et, s'ils forment des associations, elles sont morales et volontaires. Au contraire, les rameaux, quoique doués d'une vie propre, sont unis par la nature elle-même, d'une union physique et organique, qui persiste inévitablement pendant toute leur durée, ou qui ne cesse que dans des cas particuliers et pour produire de nouvelles agrégations.

Le rameau a trois périodes distinctes d'existence. La première est sa *période d'incubation :* il naît bourgeon, au sommet d'un rameau préexistant ou à l'aisselle d'une de ses Feuilles. Cette première période dure quelques jours, même quelques semaines, chez les plantes annuelles, quelques mois chez les plantes bisannuelles ou vivaces et chez les arbres. L'histoire comparée en est à faire. La seconde période commence quand le bourgeon brise ou écarte ses enveloppes : c'est la période d'*accroissement en longueur*, de feuillaison, de fleuraison, de fructification ; elle dure une saison, très-rarement plus (Conifères). Quand ces fonctions sont remplies, et à mesure que la saison décline, le rameau cesse de croître, cesse de produire ; il perd ses Feuilles ; son rôle actif est en quelque sorte accompli : il en lègue l'exercice ultérieur aux rameaux qui sortiront des bourgeons qu'il a produits. Pour lui, il entre dans sa troisième période d'existence, qui est sa période de repos et d'*accroissement en grosseur*. Cette période peut durer un nombre indéfini d'années. La vie ne s'éteint pas en lui : il continue de servir au passage et à la transmission des sucs nourriciers ; il continue d'en prendre sa part. Ses facultés actives ne sont point mortes ; elles sommeillent, pour se réveiller dans certains cas spéciaux. Il ne reprendra jamais de nouvelles Feuilles ; les Feuilles sont le privilége exclusif des jeunes rameaux, et ils ne jouissent qu'une fois de ce privilége. Mais il pourra produire, même dans une vieillesse avancée, ou de nouveaux bourgeons ou des rameaux floraux, selon les besoins de la société vivante à laquelle il appartient.

II. *Anatomie de la Feuille*. — Au point de vue indiqué par Gœthe, adopté généralement par les botanistes, et justifié par de nombreuses observations, la Feuille est l'unique organe qui, diversement transformé pour des fonctions spéciales, et répété pour former différents verticils, compose tout le végétal. Ces verticils ont chacun leur nom spécial, qui répond à leur emploi : le *calice* est le verticil formé par les Sépals ; la *corolle* est le verticil formé par les Pétals ; celui que composent les Étamines est l'*androcée* ; celui que forment les Carpels, très-souvent incomplet, souvent même absent, est le *gynécée*. Le verticil formé par les Feuilles proprement dites et non transformées est de quatre, six, huit, ou très-rarement dix Feuilles, dans les plantes à Feuilles décussées ; — dans les plantes à phyllotaxie alterne, il se développe en une spirale de cinq à huit ou treize Feuilles.

1. Petit-Thouars.
2. Ch. Bonnet, Gaudichaud, Germain de Saint-Pierre.

La Feuille n'est pas seulement une lame se balançant en l'air sur un pétiol isolé : elle a des prolongements inférieurs, soudés en un cylindre; et le verticil formé par ces prolongements s'appelle rameau, branche, tige ou racine, suivant son degré. Qui ferait l'histoire absolue de la Feuille ferait donc l'histoire complète du végétal. Nous ne nous occupons ici que de son anatomie.

La Feuille se produit sur un bourgeon rudimentaire enfermé dans un bourgeon préexistant. Elle n'est d'abord qu'un très-petit mamelon d'une matière muqueuse, homogène, formée de cellulettes à peine distinctes au microscope, uniformément imprégnées de sève. Le mamelon grossit, et bientôt s'aplatit en *lame* ovale. Alors un courant séveux commence à se déterminer dans le milieu de la largeur de la lame, dont il indique le partage en deux *lamelles* égales et semblables. Bientôt, dans ce courant médian apparaît une première trachée. Cet organe spiralé se forme au milieu de la Feuille rudimentaire, ou quelquefois vers le haut, plus souvent dans le bas, selon les espèces. La figure de cette trachée est celle d'un lombric, conique aux deux bouts; sa longueur est à peine d'un centième de millimètre, sa grosseur à peine d'un millième. D'autres trachées semblables se produisent ensuite en contact avec les deux cônes de la première; d'une part, elles atteignent le haut de la Feuille, de l'autre, elles plongent dans le bourgeon. Et la *nervure dorsale* est tracée. Les deux lamelles de la Feuille se développent simultanément et parallèlement. Des courants séveux secondaires s'y forment, affluent au courant médian, et se ramifient en divers sens. Ils se garnissent de trachées comme le premier courant, et tracent ainsi les nervures propres à chaque lamelle. Les lignes trachéennes se rendent toutes, médiatement ou immédiatement, à la nervure dorsale, sans passer d'une lamelle à l'autre, sans s'unir ni s'embrancher aux trachées de la dorsale, mais en côtoyant celles-ci, et en plongeant comme elles dans le bourgeon d'abord, puis dans le rameau qui succède au bourgeon.

La parité des deux lamelles, qui s'observe non-seulement dans la Feuille proprement dite, mais aussi dans les organes floraux, y compris l'Étamine, le Carpel et la Graine, offre une analogie évidente avec la parité des membres chez les êtres les plus connus ou les plus parfaits du règne animal.

La nervure dorsale, fortifiée par l'accession des nervures collatérales, se complète ensuite, selon les cas, par la formation de tous les autres organes élémentaires qui fonctionnent dans le végétal. Cette formation se proportionne à la destination de durée, relative aux Feuilles de chaque plante. Elle reste incomplète dans celles qui ne doivent durer qu'une saison; elle est moins complète pour les plantes annuelles que pour les vivaces, moins pour celles-ci que pour les arbres, et moins pour les arbres à Feuilles annuelles que pour ceux à Feuilles persistantes. Pour nous faire l'idée de la structure complexe d'une nervure dorsale, considérons celle du *Rhododendron maximum* L. Autour d'une moelle axile, composée de cellules épaisses, rayonnent des files trachéennes, contiguës, serrées, formant verticil; chaque file a jusqu'à dix trachées, subcylindriques ou diversement comprimées, dont le diamètre maximum atteint 0,02 ou 0,03 de millimètre. Derrière chaque file sont deux ou trois *tubules* ligneux, qui rayonnent comme.les trachées. Cet appareil est plongé dans un manchon séveux homogène. Autour de ce manchon s'étend le *liber*, qui forme lui-même un manchon réniforme, plus épais au dos et sur le devant que sur les côtés: ses tubules, qui n'affectent jamais la disposition rayonnante, sont épais et à demi incrustés d'une matière protéique qui jaunit sous une goutte d'acide chlorhydrique. Le liber est entouré d'une zone *herbacée*, formée de cellules, qui sont pourtant dépourvues de chlorophylle. Dans cette zone sont creusées des lacunes, circonscrites par des cellules charnues faisant réseau.

Chez beaucoup de plantes, le courant trachéo-séveux ne produit dans la Feuille aucuns tubules, soit libériens, soit ligneux. Pour un grand nombre de familles, les files trachéennes, au lieu de former un verticil entier, ne forment qu'un demi-verticil ou un arc plus ou moins courbé et plus ou moins entier ou divisé; dans d'autres, elles sont séparées, deux à deux, trois à trois, etc., par des cellules opaques alignées en rayonnements; dans d'autres enfin, les trachées et vaisseaux, au lieu de s'aligner régulièrement, se groupent sans ordre apparent. Telles sont les variétés principales, constantes, observées dans la nervure primaire qui fait le lien des deux lamelles de la Feuille. Les nervures secondaires la répètent affaiblie.

Ces nervures, en se multipliant dans la lame de la Feuille, la divisent en trapézoïdes très-nombreux, dans lesquels sont logées les cellules qui contiennent les granules verts de la chlorophylle. La grandeur et le nombre de ces îlots varie en proportion de l'anastomose des nervures : dans la Feuille du Lierre, ils ont un millimètre de côté; la Feuille du Noyer nous en a offert 4 au millimètre carré; celle du Peuplier d'Italie, 7; du Noisetier, 15; du *Tilia americana*, 36; du *Cocculus leptostachyus*, 50; du *Rubus cœsius*, jusqu'à 100; etc.

Les cellules chlorophyllées sont suspendues à la cuticule supérieure de la Feuille; elles ne tiennent point à la cuticule inférieure, ce qui fait que celle-ci se détache et s'enlève facilement. C'est principalement dans la cuticule inférieure que s'ouvrent les *stomates*[1], dont la grandeur, assez uniforme dans chaque plante, peut descendre au-dessous de millim. 0,01 et s'élever à 0,07, et dont le nombre proportionnel varie dans des limites très-étendues. La loi générale des stomates est que leur nombre est en raison inverse de leur grandeur : ainsi, un *Cycas* n'a au millimètre carré que 30 stomates, mais leur Diamètre est de 0,07; une Protéacée en a 45, de D. 0,055; le Genévrier en a 300, de D. 0,04; l'Oranger 500, de D. 0,025; une Sapindacée (*Euphoria*) 1500, de D. 0,006. Les stomates ne proportionnent point leur grandeur à celle de la Feuille qui les porte : ils ont millim. 0,045 *sur* la petite Feuille du *Montia fontana*, et n'ont que 0,02 *sous* la vaste feuille de la Courge.

Les nervures secondaires de la Feuille sont ou *pennées* ou *basilaires*; comme basilaires, elles sont ou *palmées* ou parallèles à la dorsale et *s'incurvant* pour la rejoindre au sommet. La première disposition (pennées) est la plus fréquente chez les Dicotylées; la seconde (palmées) l'est moins; la troisième (basilaires convergentes au sommet) caractérise presque absolument les Monocotylédonées. La famille des Dioscorées fait transition du second système au troisième, ses nervures étant à la fois palmées et incurves. La Feuille du Liseron des haies fait transition du premier au second système, ayant à la fois des nervures pennées et trois nervures palmées dans chaque lamelle. Les nervures pennées sont en général réunies, à une distance variable des bords de la Feuille, par des courants arqués qui dessinent une bordure submarginale plus ou moins profondément festonnée; de cette bordure partent des nervures courtes, qui se réunissent semblablement par des festons plus petits, en bordure marginale, ou qui se dirigent droit au sommet ou au fond des dentelures. Les observations de cette sorte, qui pouvaient se multiplier avec grand bénéfice de clarté et de précision, ont été omises, dans le détail, par les anciens descripteurs de plantes, faute d'un langage approprié aux besoins et d'une nécessité suffisamment sentie; cette omission jette de l'incertitude sur un certain nombre des espèces qu'ils ont voulu déterminer et nommer. On reconnaît aujourd'hui la grande utilité de la portraiture structurale. L'imprimerie impériale de Vienne a donné en 1861 un beau et utile volume in-4º. (*Blatt-Skelete*

---

1. Petites bouches ovales que l'on regarde comme des organes de respiration.

*der Dicotyl.*), illustré d'une centaine de planches offrant 1,500 à 2,000 figures de Feuilles imprimées sur nature, sous la direction du D$^r$ Constantin Ritter. Ce bon exemple a été ensuite imité à Lyon. Il mérite d'être répété et poursuivi.

III. *Anatomie du pétiol.* — Les parties constituantes de la nervure foliale se retrouvent dans le pétiol avec la même disposition concentrique et le même ordre de succession : moelle centrale, moelle annulaire, groupes des trachées, groupes des tubules ligneux souvent mêlés de vaisseaux et traversés de rayonnements celluleux, zone séveuse (cambium), tubules libériens, enveloppe herbacée, enveloppe subéreuse et cuticule. Comme dans la Feuille, et plus nettement encore, ces organes anatomiques, ainsi liés entre eux par un ordre invariable, forment des faisceaux qui, selon leur nombre et leur position respective, constituent ou un verticil complet, ou un demi-verticil, ou un arc simple et plus ou moins étendu. De là, une répartition des pétiols en quatre classes, qui offrent un caractère anatomique important, à cause de sa constance et de sa généralité dans chaque famille de plantes.

1º Si les faisceaux du pétiol sont disposés en verticil, soit qu'ils restent isolés ou qu'ils s'unissent en un cercle continu, leur ensemble offre la parfaite image de l'intérieur d'une tige. C'est la classe des pétiols *cauloïdes.*

2º Si les faisceaux, restant isolés l'un de l'autre, sont disposés en demi-cercle, ils offrent l'image d'une moitié de tige. C'est la classe des pétiols *hémicaules.*

3º Si les faisceaux pétiolaires se réunissent et se disposent en un arc indivis, dont la grandeur égale au moins la moitié ou les deux cinquièmes du diamètre du pétiol, c'est la classe des pétiols à *grand arc.*

4º Si la même disposition donne un arc moins grand que le tiers du diamètre du pétiol, c'est la classe des pétiols à *petit arc.*

Cette classification des pétiols, fondée sur leur structure intime, concorde d'une manière remarquable avec la distribution des plantes en familles que l'on appelle *naturelles,* quoique cette distribution n'ait été faite que sur les caractères extérieurs et physiques. Ainsi, chez les Monocotylées, le pétiol cauloïde appartient à toutes les Graminées[1]; — le pétiol hémicaule, aux Orchidées, Scitaminées, Broméliacées, Mélanthacées, Amaryllidées. (Quand le pétiol est inaperçu, on prend le bas de la nervure dorsale.) On ne signale pas, chez les Monocotylées, de pétiol des troisième et quatrième classes. Chez les Dicotylées, le pétiol *cauloïde* appartient à la très-grande majorité des familles à Pétals libres (Choripétales, polypétales), à ovaire supère et cloisonné, et *tricohortées*[2], — ou à Carpels libres[3]; — aux principales familles, Amentacées[4]. Le pétiol *hémicaule* signale un certain nombre de familles à ovaire pariétal et inadhérent ou supère[5] — ou à placenta central libre[6], — de familles à ovaire infère et cloisonné, Ombellifères, Aristolochées, Cucurbitacées; — ou monocarpées, Composées, Dipsacées, Valérianées; — les Protéacées, etc. Le pétiol *grand-arc* caractérise la grande et brillante classe des familles sympétales à ovaire supère cloisonné[7]. Le pétiol *petit-arc* ne caractérise qu'un nombre très-restreint de

1. Et aux Cypéracées, Joncées, Aroïdées, Palmées, Dioscorées, Pontédéracées.
2. Tiliacées, Malvacées, Géraniacées, Oxalidées, Zygophyllées, Rutacées, Anacardiacées, Méliacées Acérinées, Ésculacées, Sapindacées, Ampélidées.
3. Renonculacées, Dilléniacées, Magnoliacées, Ménispermées, Lardizabalées.
4. Quercinées, Juglandées, Salicinées, Platanées, etc.
5. Crucifères, Capparidées, Papavéracées, Fumariacées, Violariées.
6. Caryophyllées, Salsolacées, Amarantacées.
7. Asclépiadées et Apocynées, Boraginées, Solanées, Scrofulariées, Verbénacées, Éricinées, etc.; — de plus, les Campanulacées, Lobéliacées, Lonicérées, Rubiacées, Philadelphées, Hydrangées, Cornées et Garryacées, OEnothérées, Myrtacées et Granatées, qui ont l'ovaire cloisonné mais infère; — les Rosacées, Lythrariées, Erythroxylées, Malpighiacées, Grossulariées, etc.

familles, Dicotylées, choripétales ou apétales [1] ; mais il signale aussi l'importante classe des Conifères.

Les pétiols de la troisième classe ont très-souvent, outre leur grand arc bien caractérisé, un ou deux très-petits faisceaux trachéo-séveux, situés à distance et en face de chaque extrémité de l'arc. C'est ainsi, notamment, dans presque toutes les familles que nous avons désignées comme sympétales-hypogynes. Ces *nervules* pétiolaires proviennent des nervures (collatérales) secondaires de la Feuille, qui, au lieu de s'unir à la dorsale comme elles font en d'autres familles (Pomacées, Éléagnées, Rhamnées, etc.), en restent distinctes et séparées dans la longueur du pétiol.

IV. *Relation anatomique de la Feuille avec la tige.* — L'enveloppe cellulaire de la Feuille s'étend sans intermission au pétiol et à la tige. Il en est de même des courants séveux, nonobstant les divisions et réunions auxquelles ils sont assujétis. Il en est de même aussi des lignes trachéennes qui s'y montrent par formations successives, répétées, et qui n'existent jamais hors de ces courants. Mais il n'en est pas ainsi des autres organes qui se sont formés, après les trachées, dans ces mêmes courants séveux. Lorsque les faisceaux, communément dits fibro-vasculaires, sont arrivés de la Feuille jusque vers le bas du pétiol, ils s'y dépouillent de leurs fibres et de leurs vaisseaux, — de leurs fibres ligneuses et de leurs fibres libériennes. Ainsi simplifiés et ne retenant plus que les trachées dans les colonnes séveuses, ils se rendent dans l'écorce du rameau pour prendre ensuite leur rang au verticil caulinaire. Dans ce passage, ils ne peuvent plus être appelés fibro-vasculaires, puisqu'ils ne conservent ni fibre ni vaisseau ; ils ont reçu le nom de *Cohortes foliales*, qui exprime à la fois l'origine, le nombre ordinairement fort grand, la subordination et l'arrangement souvent très-régulier des lignes trachéennes qui les constituent. On peut les nommer aussi courants trachéo-séveux ou courants séveux trachéifères, ou simplement et pour abréger, courants séveux.

Pour l'accession des courants trachéo-séveux au verticil raméal, la nature suit deux systèmes différents. Par le premier, ces courants se réunissent en un seul courant, ils entrent au verticil par une seule voie, ils y occupent une seule place et y forment une seule et unique colonne. Par le second système, les courants trachéoséveux se forment ou subsistent au nombre de trois dans le pétiol ou à sa base : chaque Feuille en a trois dans l'écorce de la tige ; ils s'y écartent plus ou moins l'un de l'autre, et se rendent, suivant un ordre déterminé, au verticil raméal, dans lequel ils forment trois colonnes séparées. Dans le premier système la plante et sa famille sont *unicohortées* ; dans le second système elles sont *tricohortées*.

Les diverses classes des familles phanérogames se répartissent inégalement entre les deux systèmes. Parmi les dicotylées, sur 16 familles *basifères* (à placenta central libre, il y en a 14 unicohortées. Mais sur 36 à placentas pariétaux, le second système en a 21 ; sur 53 syncarpées à Pétals libres, il en a 33 ; sur 35 à Carpels libres (choricarpées et monocarpées), il en a 25. Le premier système a toutes les sympétales à ovaire inadhérent, belle classe déjà signalée. Il a aussi les Conifères. Au total, le partage des familles dicotylées est presque égal : il y en a 120 unicohortées et 112 tricohortées. Mais, quant au nombre des genres, comme les deux familles qui en ont le plus (les Composées et les Papilionacées) appartiennent au second système, on comptera à peine 2400 genres unicohortés contre 3000 tricohortés.

Parmi ces derniers, il y en a quelques-uns qui dédoublent les deux courants séveux latéraux, en sorte qu'au lieu de 3 la tige en reçoit 5 [2]. Elle en reçoit

1. Crassulacées, Paronyquées, Basellées, Limnanthées, Coriariées, Thésiacées, Cératophyllées.
2. Chez le Sureau, le Sorbier, le Platane, le Lierre, le *Begonia*, le *Cunonia*, les Ampélidées etc.

même 7 dans le figuier, le tulipier. On en peut compter de 16 à 20 chez l'*Aralia*, et 25 chez certaines Polygonées, etc. Ces genres sont pluricohortés : nous les classons avec ceux du second système, pour ne pas multiplier les divisions.

C'est surtout chez les Monocotylées que les courants séveux trachéifères se multiplient; ce qui tient chez elles à la fréquence des Feuilles engainantes ou embrassantes, soit complétement soit incomplétement. Un bien petit nombre reste dans la mesure ordinaire aux Dicotylées : Dioscorées, Potamées, 3 courants; Hydrocharidées, 3 à 9; Roxburghiées, 5; Butomées, 7. Mais les Joncées [1] en offrent de 10 à 20; les Graminées [2], de 20 à 50; les Amaryllidées, de 30 à 60; les Palmiers vont plus loin; les Orchidées, avec de grandes variations, atteignent jusqu'à 80; certaines Liliacées jusqu'à la centaine.

Les familles unicohortées se peuvent grouper en cinq catégories : la première enferme cette belle classe des Sympétales hypogynes que nous avons déjà signalée, et aux limites de laquelle les Ilicinées et les Sapotées, qui entrent à peine dans cette classe, font la transition aux familles tricohortées. La deuxième catégorie comprend les familles basifères (où les placentas s'élèvent de la base de l'ovaire sans s'attacher à ses parois [3]). La troisième catégorie comprend le plus grand nombre des familles qui ont les Feuilles décussées (opposées ou verticillées) [4]. L'unité du courant trachéen s'y maintient même lorsqu'il s'y rencontre des genres ou des espèces à Feuilles alternes, comme dans les Crassulacées, les Célastrinées. Ainsi, ce caractère est plus constant que la phyllotaxie. La quatrième catégorie se forme de quelques familles monocarpées et apétales [5]. Enfin, la cinquième catégorie se forme de genres qui ont les Feuilles *petites et accumulées :* telles sont, entre autres, les trois familles des Conifères [6]. Ces plantes ont un autre lien commun qui paraît se rattacher à la multiplication des feuilles : c'est la faculté de produire dans une seule saison plusieurs degrés de végétation, plusieurs générations de rameaux foliacés, faculté remarquable et rare dans nos arbres. Ainsi, l'on peut voir sur les Thuia, les Bruyères, des rameaux *axillaires d'axillaires* jusqu'au quatrième degré, produits par des branches qui sont évidemment de l'année, car leur jeunesse est démontrée au dehors par la fraîcheur de leurs feuilles, au dedans par l'unité de leur zone ligneuse, et ces plantes sont de celles où les couches annuelles successives se distinguent facilement. Elles ont donc réellement produit, en une seule année ou, pour mieux dire, en une seule saison, ce que nos grands arbres ne donnent qu'en plusieurs années.

V. *Caractères des courants séveux trachéifères.* — Ces courants, dont l'importance n'a pas besoin d'être démontrée, puisque aucune action vitale n'est possible sans eux, donnent lieu d'observer : *A* leur mode de formation, *B* leur composition, leur grandeur et leur forme, *C* leur ordre d'annexion au verticil caulinaire, *D* leur écart, c'est-à-dire l'étendue qu'ils embrassent du segment de ce verticil.

*A.* La formation des cohortes foliales au bas ou au-dessous du pétiol donne lieu

1. Les Commélynées, Mélanthacées, Flagellariées.
2. Cypéracées, Aroïdées, Iridées.
3. Caryophyllées, Paronyquées, Utriculariées, Portulacées, Chénopodées, Amarantacées, Basellées, Nyctaginées, Phytolaccées. Il n'y a d'exception que pour les Polygonées, les Plombaginées et quelques genres de Myrsinées.
4. Calycanthées, Hippocratéacées, Combrétacées, Mémécylées, Myrtacées, Forestiérées, Coriariées, Hypéricées, Clusiacées, Lythrariées, Pénéacées, Vochysiées, Haloragées.
5. Santalacées, Laurinées, Thymélées, Anthobolées, Gyrocarpées, Éléagnées, Monimiées.
6. Les Bruniacées, Stylidiées, Reaumuriées, Polygalées, Tamaricées, Linées, plusieurs Dilléniacées, etc.

à des phénomènes variés. Nous en donnerons l'idée par quelques exemples particuliers, à défaut d'études générales qui n'ont pas encore été faites.

Les familles unicohortées ont, en général, le pétiol *arciforme*. Il y en a plus de
soixante offrant ce double caractère. Les exceptions, nombreuses, sont fournies
surtout par les Ablamollaires (quelques Pariétales et plusieurs Cyclospermées). Le
*grand arc* est seul dans le pétiol, ou bien il est accompagné de nervules bilatérales.
S'il est seul, comme chez les Œnothérées, l'Olivier, la Pervenche, etc., il entre dans
la tige sans se transformer. C'est le cas de formation le plus simple, mais ce n'est
pas le plus fréquent. Si le grand arc est escorté de nervules, elles se rapprochent
de lui au bas du pétiol, puis se soudent à chacune des cornes de l'arc. Cette unification s'opère le plus souvent dans l'écorce du rameau, ou même à l'entrée du verticil
raméal (Caryophyllées, *Jasione*). Dans le genre *Galium*, les courants trachéens des
Feuilles et des stipules, arrivés au nœud, se réunissent par un circuit horizontal,
qui est à la distance d'un demi-diamètre du verticil, grâce au gonflement du nœud;
et immédiatement ce cercle disparaît, remplacé par les deux cohortes opposées qu'il
a formées.

Les Crucifères et les familles de leur parenté[1] ont le pétiol *hémicaule*. Chez les
*Bunias*, les *Camelina* et autres, il y a cinq petits faisceaux ou manipules également
espacés et disposés en demi-cercle. A la base du pétiol (ou de la Feuille sessile), le
manipule dorsal et ses deux acolytes se rapprochent de manière à figurer un seul
faisceau. L'introduction à l'écorce du rameau s'opère dans cet état, qui semble
annoncer trois courants trachéifères. Mais, dès que l'ouverture du verticil se manifeste par un courant séveux éclairci qui le traverse jusqu'à la moelle annulaire, le
quatrième et le cinquième manipules se rapprochent à leur tour des trois premiers,
s'y annexent, et tous ensemble, formant un arc unique, se précipitent dans le
courant qui les absorbe. Les Caryophyllées et autres familles voisines[2], qui ont
aussi pétiol hémicaule se résolvant en un courant unique, offrent des phénomènes
analogues, avec des diversités caractéristiques, dans le détail desquelles nous ne
pouvons pas entrer ici. Nous signalerons seulement, en passant, les Nyctaginées,
dont la nervure dorsale, dessinant deux demi-cercles concentriques, peut être
appelée *di-hémicaule* (*Belle-de-Nuit*, *Oxybaphus*, etc.).

Le pétiol *cauloïde* est propre aux familles tricohortées ou pluricohortées. Il ne se
résout pas en un courant unique. Cette vaste loi naturelle, qui régit au moins
soixante familles, tant dicotylées que monocotylées, ne reconnaît jusqu'ici que deux
exceptions : les Fraxinées (le Frêne et l'Orne) et les Bignoniacées. Le *Frêne* affecte
le verticil cauloïde jusque dans la dorsale de ses folioles. Dans son pétiol, on trouve,
outre ce verticil, qui y est cylindrique et continu, 3-6 manipules discoïdes, placés
en dehors, le long du canalicule. Ainsi, ce pétiol, qui porte, il est vrai, de nombreuses folioles, est, au point de vue de ses faisceaux trachéens, plus complexe que
la tige, et peut être appelé *hypercauloïde*. Ses manipules extérieurs sont dus aux
folioles les plus basses. Ils s'incorporent successivement au verticil, en sorte qu'ils
disparaissent avant même d'arriver au bas tuméfié du pétiol. Puis ce verticil
s'entr'ouvre par devant, s'étend, et entre au rameau sous la forme d'un courant
trachéifère unique et arciforme. Les Bignoniacées ont dorsale et pétiol cauloïdes.
A la base du pétiol, le verticil, s'ouvrant par devant, s'allonge en forme de diapason
(*Bignonia*, *Tecoma*); bientôt il se divise en trois groupes, dont le médian est de beaucoup le plus faible; et ces trois faisceaux inégaux, ne se séparant pas, ne forment
qu'un seul courant.

1. Capparidées, Papavéracées, Fumariées, Datiscées.
2. Amarantacées, Chénopodées, Nyctaginées, Plombaginées.

C'est lorsque le pétiol cauloïde se résout en trois courants trachéo-séveux qu'il subit les métamorphoses les plus variées, — métamorphoses qui peuvent offrir de bons caractères anatomiques des familles. Chez les Malvacées, le verticil pétiolaire se forme de faisceaux bien distincts, isolés même, disposés symétriquement de manière que le dorsal, qui est prépondérant, a en face de lui un manipule *antérieur*, et, de chaque côté, des manipules secondaires régulièrement en nombre égal. A la base du pétiol ou dans l'écorce raméale, le manipule antérieur se divise en deux moitiés, qui se joignent aux deux faisceaux les plus voisins pour contribuer à la formation des deux courants latéraux : ceux-ci s'avancent, en traversant l'écorce, à droite et à gauche du courant médian, et, en passant sous la base des stipules, ils reçoivent leur tribut. Dans l'Érable, le manipule antérieur se divise en deux, comme chez les Malvacées; mais ce n'est pas pour former les courants latéraux, c'est pour fortifier le médian. Dans le Tilleul, la petite colonne médullaire, enfermée dans le verticil du pétiol hypercauloïde, est garnie de quelques petits faisceaux trachéens de forme irrégulière. Vers le tiers inférieur du pétiol, ces petits faisceaux s'unissent par devant au verticil, qui se trouve alors voluté, et qui, presque aussitôt, se divise en deux arcs collatéraux et inégaux, le plus grand étant du côté du pédoncule axillaire; puis, cet arc le plus grand se divise en deux, et prépare par cette division les trois courants trachéo-séveux, avec cette circonstance singulière que le médian semble devoir être moins étoffé que les latéraux. Mais, quand le pétiol est uni à l'écorce du rameau, les deux manipules collatéraux, en s'allongeant pour aller embrasser la moitié du verticil raméal, abandonnent une partie de leur substance au courant médian, qui se trouve ainsi composé de trois manipules, et demeure en définitive plus fort que les latéraux, selon la loi la plus commune.

Dans la Capucine (*Tropæolum majus*), le verticil pétiolaire offrant 9 courants distincts, disposés symétriquement, à savoir 4 à la droite et 4 à la gauche du courant dorsal, les 6 manipules antérieurs se réunissent 3 par 3 pour former les deux cohortes latérales. Mais, en s'avançant vers le verticil raméal, ils laissent en arrière une dérivation de leur courant séveux trachéifère, dérivation que le courant médian, formé des trois manipules restants, recueille à son passage, pour entrer, le dernier, au corps interne du rameau.

*B.* La cohorte foliale se compose essentiellement de trachées plongées dans un courant séveux. Dans la grande majorité des familles, les trachées sont alignées en files rayonnantes, qui se dirigent à l'axe de la tige, du pétiol ou de la nervure foliale, suivant l'organe où elles se trouvent. Les files sont le plus souvent formées de 5-6 trachées, quelquefois moins, rarement plus, 10, 12, très-rarement 15 ou 20. Dans chaque file, les trachées sont le plus souvent de diamètres divers : les plus fines sont devant, et la grosseur va régulièrement croissant de l'avant à l'arrière, de la moelle à l'écorce. Cette disposition est la plus commune, mais elle n'est pas universelle; et il en existe trois autres, qui caractérisent certaines plantes.

Ainsi, dans la *Germandrée des Bois*[1], dans le pétiol du *Myrica cerifera*, la disposition est inverse de celle que nous venons de dire : la plus grosse trachée est devant, et le Diamètre diminue de devant en arrière. Dans les faisceaux de l'*Anarrhine*, du *Podocalyx*, la trachée la plus grosse est au milieu de la file, qui va s'amincissant aux deux bouts. Dans quelques plantes enfin, les trachées sont d'un Diamètre sensiblement égal dans chaque file, 0,01 millimètre chez l'*Œillet barbu*, 0,008 chez le *Borbonia* (un Laurier de l'océan Indien).

Le nombre des files trachéennes dans chaque courant séveux varie de 2-4 (*Erica*

---

1. *Teucrium Scorodonia.*

*Tetralix, Empetrum*) à 60 (*Ilex Dipyrena, Elœsdendron*). La proportion la plus fréquente est moins éloignée du premier que du dernier de ces deux extrêmes. L'ampleur du courant trachéifère n'est pas en rapport avec la grandeur de la plante : une petite herbe des Pyrénées, *Ramondia,* charie 68 files dans ce courant; notre Pin silvestre n'en a que 6 à 8, et nos grands Sapins seulement 3 ou 4. Il y a peut-être un peu plus de rapport entre la richesse du courant et la grandeur de la Feuille ; on peut au moins l'induire des exemples que nous citons.

Les files sont tantôt contiguës, tantôt rapprochées 2 à 2 comme dans le haricot (*Phaseolus*), ou 3 à 3 (*Sida*), rarement tout à fait isolées et indépendantes l'une de l'autre (*Malvaviscus*). Elles sont souvent d'inégale longueur et entremêlées, ou alternant grandes et petites (Liseron).

La disposition respective des files détermine la forme du faisceau. On l'observe bien par une section transversale pratiquée au nœud et précisément au plan où le courant trachéifère est près d'entrer au verticil raméal. La section, vue de la sorte, offre généralement l'image d'un *arc* de cercle, dans les familles unicohortées, et aussi dans les autres quant au faisceau médian. La courbure et l'étendue de cet arc varient selon les plantes. Il reçoit d'ailleurs des modifications nombreuses et caractéristiques. La plus fréquente est celle qui en fait un *croissant,* lorsque les files du milieu sont les plus fournies, et qu'elles vont en s'exténuant graduellement vers les deux bouts ; exemples : Lobéliacées, Apocynées, beaucoup de Crucifères. Si le croissant allonge ses deux cornes sans les écarter l'une de l'autre, il prend la forme d'un *fer à cheval* ou d'un diapason, comme dans le Noyer[1]. Si l'arc est plein, resserrant ses files par devant et les écartant par derrière, la section figure un éventail, comme dans la Glycine[2], etc.; — ou un coin, comme dans les Sumacs[3]. Si l'arc recourbe brusquement ses deux bouts en dedans, c'est un crampon[4]. L'arc se courbe en dehors chez les Boraginées; cette courbure extrorse, qui persiste même dans le verticil, est caractéristique de cette famille. Si au contraire, l'arc s'étend sans courbure, c'est un pan, une bandelette[5] ; — ou une chenille[6] ; — ou une olive, s'il est oval apprimé, c'est-à-dire, plus épais au milieu qu'aux deux bouts[7]. Enfin, la section peut figurer un disque (Protéacées); — un demi-disque (la Vigne) ; — un baldaquin (beaucoup de Composées), etc.

Les courants latéraux sont quelquefois égaux et semblables au médian, comme dans les Bombacées, les Balsamifluées. Mais cette égalité et cette similitude ne sont pas fréquentes. Presque toujours les courants latéraux sont notablement plus faibles, ils ont quelques files de moins que le médian; et, comme ils se présentent obliquement sur les côtés du verticil, leur section offre le plus souvent une forme de coquille ou de coin. C'est ainsi, entre autres, chez les Chênes, qui ont le faisceau médian en fer à cheval, chez plusieurs Malvacées, qui l'ont en éventail, etc.

*C.* L'ordre dans lequel les trois courants trachéo-séveux pénètrent au verticil raméal, offre encore un caractère distinctif des familles. Il est rare qu'ils s'annexent tous trois en même temps (*Malva, Liquidambar*). Chez les Papilionacées, etc.[8], le

---

1. Le Hêtre, *Ochna, Clusia, Paulownia.*
2. *Crescentia, Bumelia, Wistäria,* les Érables, etc.
3. *Rhus, Pistacia, Paliurus, Liriodendron, Canavalia,* etc.
4. Laurinées, quelques Myrtacées, *Oxalis, Penthorum,* Frêne, Digitale.
5. Tilleuls, Millepertuis, Nerprun, Pourpier, Pariétaire.
6. Caprier, *Dirca, Leonotis.*
7. Sorbier, Cornées, *Planera, Weigelia.*
8. Protéacées, Amygdalées, Pomacées, Bétulinées, Crucifères, etc.

courant médian s'interne avant les deux autres. Chez les Mimosées, etc. [1], il s'interne le dernier.

Les deux courants latéraux s'internent généralement de concert. Cependant, chez le Coudrier et quelques autres, ils s'annexent l'un après l'autre, et chez le *Paliurus*, l'un des latéraux s'annexe avant le médian, et l'autre après.

Dans quelques genres de Papilionacées[2], les deux courants latéraux demeurent dans l'écorce tout un entre-nœud, avant de s'introduire au verticil. Chez les Cucurbitacées, les 3 courants trachéifères demeurent dans l'écorce d'un mérithal à l'autre : en sorte que, seule parmi les Dicotylédonées, cette famille offre aux yeux l'image du double verticil qui caractérise les Monocotylédonées. (Voyez plus bas, VI.) Enfin il y a quelques familles où le courant médian prend seul rang au verticil raméal ; les deux latéraux décourent verticalement dans l'écorce et s'y éteignent. Ce phénomène extraordinaire, qui caractérise la famille des Myrsinées, celles des Calycanthées, des Belvisiées, signale aussi quelques genres de Mélastomées[3].

*D.* L'écartement respectif des courants de communication et l'étendue du segment raméal qu'ils embrassent, paraissent liés à la phyllotaxie. L'ordre phyllotaxique 2/5 étant le plus fréquent, les courants trachéifères embrassent ordinairement deux cinquièmes du cercle ligneux. Si la spire foliale est plus considérable, les courants latéraux s'écartent moins l'un de l'autre : par exemple, dans quelques *Alisiers*, ils n'embrassent qu'un quart du cercle ligneux, et dans le *Pittosporum* qu'un sixième. Si, au contraire, la spire est moindre de 5, ils s'écartent davantage : dans les plantes tricohortées à F 2 (Feuilles opposées), l'écart est d'un tiers du cercle, les trois faisceaux trachéens dessinant les deux côtés adjacents de l'hexagone interne[4]. Lorsque les Feuilles sont distiques, les trois faisceaux embrassent la moitié du cercle[5] ; — Dans les Asarées, un peu plus de la moitié[6] ;— dans les Tilleuls, les trois cinquièmes ; dans l'Aune, les deux tiers ; dans les Chlénacées, les trois quarts, et jusqu'aux cinq sixièmes (*Sarcolœna*).

Le segment de cercle embrassé par les courants latéraux est surtout fort grand lorsqu'ils se dédoublent, ou dans les familles pluricohortées : avec 5 faisceaux trachéens, le Platane embrasse les 2/3, le Sarrazin[7], les trois quarts du verticil caulinaire ; pour embrasser le cercle entier, l'Ombellifère *Ammi majus* a 10 faisceaux, l'*Angelica silvestris* en a 40.

VI. *Anatomie de la tige.* — La tige (qui n'est autre chose que le rameau primordial de la plante) a précisément la même structure que nous avons décrite pour le pétiol complet, page 176. Lorsque les courants trachéifères ont passé de la Feuille dans l'écorce de la tige, et qu'ils ont traversé cette écorce, ils se rangent en cercle autour ou au dedans de la moelle centrale : — autour de la moelle et en un seul verticil pour les Dicotylédonées, — dans la moelle et en deux ou plusieurs verticils pour les Monocotylédonées. Cette différence fondamentale entre les deux grands embranchements phanérogames du règne n'est pas plus absolue, mais elle est aussi générale et aussi constante qu'aucun des autres caractères, intérieurs ou extérieurs.

1. Malpighiacées, Cornées, Staphyléacées, la plupart de nos grands arbres, Noyer, Marronnier, Orme, Érable, Tilleul.

2. *Lathyrus, Vicia, Ervum, Calycotome, Serjania.*

3. *Osbeckia, Lasiandra, Spennera.*

4. Esculacées, Acérinées, Malpighiacées, Viburnées, Cornées, Philadelphées.

5. *Ulmus, Fagus, Homalium.*

6. *Aristolochia, Asarum.* — *Antidesma*, etc.

7. *Polygonum Fagopyrum.*

Les faisceaux trachéens se modifient dès qu'il sont près du verticil où ils doivent s'ensevelir. Leur arc de tubules libériens reparaît très-souvent dans l'écorce même (surtout aux courants latéraux). Puis, quelques vaisseaux rayés, se formant derrière leurs trachées, remplacent une partie de ces organes spiralés; puis des tubules, de nature soit ligneuse soit quasi-ligneuse, se forment autour de ces vaisseaux et derrière eux. Ces formations vasculaires et tubulaires appartiennent à l'un et à l'autre embranchement. Les Dicotylées ont de plus quelques phénomènes anatomiques qui sont communs à la plupart de leurs familles. Ainsi, l'intervalle entre les faisceaux verticillés, de plus en plus resserré par leur accession successive, y reste marqué par des rayonnements celluleux, formés de cellules épaisses, comprimées, courtes; et ces rayonnements s'étendent de la moelle annulaire au Liber. Ainsi rapprochées, les colonnes séveuses, qui subsistent derrière les trachées, vaisseaux et tubules, s'unissent et se confondent en une nappe circulaire (zone du cambium), qui entoure le corps ligneux et dans laquelle il reçoit ses accroissements. Un autre caractère également propre aux Dicotylédones (sans leur être commun à toutes) est la disposition rayonnante des trachées et des tubules ligneux.

En considérant les faisceaux fibro-vasculaires verticillés dans la tige, on est frappé de leur grande inégalité. On se demande comment il peut arriver que ces faisceaux qui représentent, dans chaque plante, des Feuilles de forme semblable et de grandeur à peu près égale, offrent des dimensions aussi disproportionnées. Mais un examen attentif et répété fait reconnaître que les courants trachéifères ne conservent pas dans la longueur de la tige la complexité qu'ils avaient au plan où ils se sont séparés dans la Feuille. Ils ne conservent pas davantage les éléments qu'ils ont acquis dans la tige elle-même. Ils commencent à s'atténuer le plus souvent dès leur entrée au verticil; et l'on trouve leur atténuation de plus en plus grande à mesure qu'on les observe plus loin de leur entrée. Un ou deux exemples suffiront pour représenter ce phénomène, le plus considérable de ceux qui modifient l'aspect intérieur de la tige et des rameaux. Le courant médian du Chêne-rouvre a, en section faite au nœud, la figure d'un fer-à-cheval, qui offre jusqu'à 50 files de 3-4 trachées. Ces trachées, très-fines, sont d'abord de diamètre presqu'égal, 0,005 millim. Un peu plus bas, quelques-unes prennent tout à coup un diamètre double, triple, et passent à l'état de vaisseaux. Au bas du premier mérithal, le faisceau a perdu la moitié de ses files. Au bas du second, il n'en a plus que 7, incomplètes. Plus bas encore, il s'introduit entre deux courants latéraux, provenus des Feuilles aînées et séparés par un mince filet séveux; il est alors réduit à 1 ou 2 files de 2-3 vaisseaux, qui ne tardent pas eux-mêmes à disparaître. Cet affaiblissement successif de chaque courant est accompagné et signalé par le rétrécissement graduel de son arc libérien, qui disparaît avec lui au cinquième nœud au-dessous de son entrée.

Le faisceau médian de l'Orme s'interne avec 15-18 files de 7-9 trachées. Ces files sont espacées et peu parallèles. A peine en place avec sa grosse colonne séveuse vers la moelle annulaire, le faisceau est déjà réduit à 10 files, d'un parallélisme plus correct. Puis, la colonne séveuse se resserre et s'efface; les files s'appauvrissent et n'ont plus que 5 trachées. Au bas du premier mérithal, le faisceau a encore 7 files; au second, ces files n'ont plus que 3 trachées, et 2 vaisseaux qui grossissent derrière elles. Plus bas, on ne trouve que 4-5 files de 2 trachées et 2 vaisseaux. Au troisième mérithal, le faisceau n'a plus que trois files; bientôt il s'annexe à un faisceau qu'il rencontre, affaibli comme lui; il s'y confond et disparaît.

Cette loi de l'atténuation et de l'exténuation des faisceaux trachéo-vasculaires, venus des feuilles dans la tige, est la plus générale de celles que nous avons eu à formuler ici. Elle est applicable à toutes les plantes phanérogames : du moins on ne lui connaît pas d'exception. La loi se vérifie directement, en suivant, par des sections successives de haut en bas, un courant trachéifère depuis la base de la Feuille jusqu'au plan où, après des déperditions plus ou moins rapides, il cesse d'exister ou d'être discernable. La même loi se vérifie par un simple calcul, lorsque, prenant une longueur déterminée de branche et comptant les feuilles qu'elle porte et le nombre des faisceaux que ces feuilles ont fournis, on en trouve, au bas de la branche, infiniment moins qu'il n'en est entré (*Mercurialis, Sedum*).

Les courants trachéo-séveux, qui unissent la Feuille à la tige, commandent les formes, diverses et caractéristiques, du verticil interne de la tige; ils les commandent en raison du nombre des faisceaux que la Feuille envoie, de leur figure, de leur écartement respectif, et de la lenteur ou de la rapidité de leur internement. Lorsque les Feuilles sont opposées-décussées, si chacune ne donne qu'un courant trachéen, le verticil raméal pourra être carré sous le nœud, sauf à s'ovaliser plus bas (*Labiées*). Si la plante est à F 2 (voyez *Feuille*) et à 3 cohortes, le verticil raméal est hexaèdre[1]. Le Charme a F 1/2, et le verticil tétraèdre; l'Aune a F 1/3, et le verticil triangulaire. Dans la plupart des familles tricohortées à F (alternes) 2/5[2], la section transversale du verticil offre un pentagone, dont on trouve trois têtes d'angles alternativement plus ou moins saillantes, plus ou moins émoussées, selon que l'on tranche plus près ou plus loin de l'annexion des courants trachéifères.

VII. *Anatomie de la racine.* — On se rendra compte de la formation de la racine, si l'on conçoit le végétal comme soumis à une loi de développement *bipolaire*, c'est-à-dire, agissant à la fois en deux sens opposés et perpendiculaires à l'horizon. La tige tend au zénith, elle se développe de bas en haut; la racine tend au nadir, elle se développe de haut en bas. La tige et la racine se réunissent au *collet*, terme par lequel on désigne le plan d'où elles partent toutes deux. Le collet n'a pas offert de caractère anatomique spécial. La racine n'a pas d'autres éléments que ceux de la tige, et elle ne les a pas tous : elle manque le plus souvent de liber, de moelle, de trachées. Elle n'est d'abord qu'un cylindre séveux, enfermé dans sa cuticule. A mesure qu'elle s'allonge, des vaisseaux rayés et ponctués se forment entre ses cellules, puis des tubules autour de ces vaisseaux. Chez les Dicotylées, ces tubules s'alignent en rayonnements, même dans certaines plantes où ils ne s'alignent pas dans la tige, par exemple chez les Crucifères, les Ombellifères. Il se forme ainsi un cylindre axil-tubulo-vasculaire, qui est le corps ligneux de la racine. Ce cylindre est souvent traversé, comme dans la tige, de rayonnements celluleux, que nous n'appelons point *médullaires*, quoiqu'ils partent de l'axe, mais il n'y a pas de moelle à cet axe (Saules). Il y a aussi, comme dans la tige, des rayonnements celluleux plus courts, qui partent de la périphérie du cylindre, et qui pénètrent en dedans, mais qui restent incomplets (Cerisiers). Le cylindre est plongé dans une enveloppe celluleuse et séveuse, qui est souvent plus ample que lui-même (*Achillea*), et de laquelle partent les *radicelles*, qui sont comme les rameaux de la racine. A l'extrémité des radicelles se trouvent les *spongioles*, organes suceurs.

La racine des Monocotylées, organisée d'une manière fort différente et plus variée, rappelle mieux la structure de leurs tiges. Elle conserve plus souvent un peu de moelle centrale (Palmiers, Balisiers, Orchidées). Son cylindre tubuleux n'est ni rayonnant ni entouré d'un manchon séveux; mais il est percé, à sa périphérie, d'un certain nombre de colonnes séveuses, étroites, accompagnées d'un petit

1. Acérinées, Viburnées, Cornées, Philadelphées.
2. Rosacées, Cupulifères, les Peupliers, les Noyers, etc., etc.

nombre de vaisseaux, et disposées en un ou plus rarement deux et même trois verticils. Le cylindre tubuleux, ainsi échancré de colonnes séveuses, est contenu dans un manchon, très-mince, de cellules tubuliformes : l'épaisseur de ce manchon est formée seulement par une ou deux de ces cellules, dont l'une est le plus souvent carrée ou rectangulaire-apprimée, et l'autre a pour caractère fréquent et singulier d'avoir la paroi épaissie et opaque du côté de l'axe, mince, molle et peu visible du côté extérieur, en sorte que chaque cellule offre l'image d'un croissant extrorse, et leur ensemble celle d'une élégante dentelure.

VIII. *Phytotomie.* — L'art du phytotomiste a pour objet les organes des plantes et les éléments de ces organes, pour agent l'observation par la dissection, pour outils le scalpel, la forte loupe et, comme confirmation, le microscope. Cet art, auquel on doit l'anatomie végétale, s'aide des réactifs chimiques (eau distillée, acides, iodures, potasse, azotate mercurique, glycérine), s'éclaire par les études organogéniques, s'affermit par le développement progressif du langage théorique, et se contrôle par la répétition des faits observés et par les résultats des expériences. Car, l'imperfection du langage est l'entrave de la science, et le défaut de contrôle est la source de toutes les erreurs, comme de tous les abus.

ACH. GUILLARD.

**ANCIENS ET DES MODERNES (QUERELLE DES).** — Nulle question littéraire n'est plus importante que cette querelle des anciens et des modernes ; elle passionna tout un siècle, elle divisa, il y aura bientôt quarante ans, la littérature entière, elle reparaît, de temps à autre, sous des noms ou des pseudonymes nouveaux, et que ce soit Perrault qui plaide contre Boileau, Lamotte contre madame Dacier ou H. Beyle contre M. Auger, le procès est toujours le même, et toujours pendant : il s'agit éternellement de savoir si le lendemain vaut mieux que la veille, et si la libre recherche d'une vérité nouvelle est préférable à l'imitation servile et au respect de la tradition. A mon avis, il suffit de bien établir la question pour la résoudre.

Tout esprit libre, intelligent du temps où il est né et des conditions du progrès, tiendra sans hésiter pour les modernes. C'est là, c'est de leur côté qu'est la vie. La littérature doit se renouveler comme toutes les choses du monde. Les admirateurs des anciens, les Dacier de tous les temps, ressemblent un peu à des gens qui seraient satisfaits de posséder les plus belles fleurs dans un herbier. ils demeurent en contemplation devant ces reliques, tandis que, sous le lourd mais vivifiant soleil, les autres creusent le sillon et, comme Candide, cultivent le jardin qui refleurit tous les printemps.

Il faut en tout des renouveaux. Au fonds éternel de l'esprit humain, chaque génération doit ajouter une obole nouvelle. Se prononcer pour l'esprit moderne, pour toute tentative et toute audace littéraire, c'est proclamer la nécessité du mouvement et du progrès universels. Cette dispute des modernes et des anciens qui n'est point finie, qui ne le sera de longtemps, est une querelle politique et philosophique autant qu'une querelle littéraire. Pourquoi tant de fakirs littéraires, s'hypnotisant dans la contemplation de l'antiquité ? Pourquoi tant de gens attachés à la tradition comme par des chaînes ? Mardoche répondrait plus gaiement et plus justement que nous :

> ..... Nous n'avons pas, dit Mardoche, le crâne
> Fait de même.

Oui, cherchez dans les cerveaux humains le secret de ces deux courants qui partagent l'humanité, et dont l'un descend quand l'autre remonte. Encore ai-je grand tort de comparer l'esprit de tradition à une eau mobile. C'est au contraire quelque chose de stagnant et d'inquiétant, jadis un lac, un marais aujourd'hui.

Au XVIIe et au XVIIIe siècle la querelle des anciens et des modernes était beaucoup plus circonscrite qu'elle ne peut l'être maintenant. La bataille se livrait sur quelques points seulement et n'intéressait guère que la gent lettrée : il s'agissait de savoir si, devant les Latins et les Grecs, les écrivains français devaient à jamais céder le pas. Boisrobert et ceux qui suivirent, prêchaient en quelque sorte une espèce de Réforme. Ils réclamaient au nom de la littérature vivante contre la littérature morte, et jetaient spirituellement leur encrier au nez de marbre du buste vénéré d'Homère. Querelles de gratteurs de papier qui rappellent parfois celle de Vadius et de Trissotin, mais il y avait dans cette pluie d'écrits et de factums une idée ardente, l'idée reprise et proclamée par nous, de la liberté dans l'art. Que faisaient en somme Desmarets, Boisrobert et après eux Ch. Perrault et Fontenelle ? Ils affirmaient la nécessité pour l'écrivain (nous dirions aujourd'hui, car cette question littéraire est également une question esthétique, pour l'artiste) de s'inspirer — afin de les satisfaire — des besoins moraux de son siècle. Or, c'est précisément là ce que nous réclamons énergiquement, aujourd'hui, de tout homme qui tient la plume ou le pinceau.

Nous n'en sommes plus à nous écrier avec Berchoux :

Qui nous délivrera des Grecs et des Romains?

Nous demandons qu'on nous délivre de toute imitation, de tout pastiche. Il y a une vérité dans la légende de la femme de Loth et, comme elle, se pétrifient les littératures et les arts qui regardent imprudemment en arrière.

Avant Berchoux, Fontenelle, dans sa *Digression sur les anciens et les modernes*, avait résolu finement la question : « Un temps a été, dit-il, que les Latins étaient » modernes, et alors ils se plaignaient de l'entêtement que l'on avait pour les Grecs » qui étaient les anciens. » Nous laissons de côté ces querelles de pédants. Eschyle, Sophocle, Euripide ne nous gênent pas plus que Térence ou Plaute. Nous les respectons, nous les étudions, nous les admirons, mais nous ne pensons pas que personne puisse essayer de galvaniser ces grands morts. La question est beaucoup plus vaste aujourd'hui qu'au temps de Boileau ou de Racine. Il s'agit de proclamer bien haut et de persuader à tous, que l'écrivain et l'artiste doivent absolument être de leur temps.

On hésite d'ailleurs à soutenir sérieusement le droit des modernes, tant ce droit paraît incontestable. Il est banal, ce semble, d'écrire aujourd'hui que toute littérature, toute manifestation d'art est soumise à la loi du progrès. Les lettres doivent se perfectionner fatalement comme les machines et comme les sciences. Un élève de l'École polytechnique donnerait des leçons de mathématiques à Pythagore, et M. Augier ou M. Dumas fils enseignerait l'art du théâtre à Ménandre. Tout écrivain nouveau (j'entends par là tout véritable écrivain) apporte un nouveau procédé qui a sa raison d'être et son utilité. Il serait aussi ridicule d'enfermer l'esprit humain dans le cercle ancien qui serait bien cette fois le cercle de Popilius, que de prétendre refuser au corps le bénéfice de tant de découvertes dues au monde moderne. La pensée a trouvé, elle aussi, depuis les anciens, ses excitants, ses stimulants. Cicéron ne connaissait point le café dont vécurent Voltaire et Balzac : physiquement et intellectuellement l'homme a changé, s'est transformé, et (pour matérialiser l'argument), si l'on veut nous condamner à l'imitation, pourquoi ne pas nous conseiller aussi d'ôter nos bas ou nos chemises, sous le prétexte que Virgile et Horace, qui furent de grands poëtes, n'en portaient point?

C'est que tout se tient dans une civilisation et dans un siècle. L'art doit marcher avec le temps. Il traîne souvent le pied malheureusement et trébuche. Je m'étonne qu'à une époque où, par exemple, les chemins de fer ont été créés, il ne se soit pas trouvé des artistes, des Ghirlandajo modernes, pour couvrir de fresques toute une gare, et des poëtes pour chanter ces invèntions. C'est que les poëtes et les peintres semblent marcher parmi leurs contemporains sans les voir, et ne se donnent point la peine d'étudier et de comprendre le temps où ils vivent. Entendons-nous d'ailleurs sur ce mot : *Il faut être de son temps.* Il faut être de son temps bien souvent pour réagir contre lui. Dans les époques de tyrannie, les esprits mâles et convaincus passent pour n'être point de leur temps puisqu'ils soufflettent, pour ainsi dire, l'époque qu'ils traversent. Mais il y a comme deux caractères dans une époque : l'esprit apparent (j'entends l'esprit triomphant), celui-là délétère et haïssable; — l'autre qui est, au contraire, comme le feu sacré qu'une génération entretient avec acharnement et que rien ne peut éteindre. C'est à cette flamme-là qu'il faut se réchauffer. C'est de cet esprit vivant qu'il faut s'inspirer. Tacite est de son temps en flétrissant son temps, Juvénal est de son temps en en marquant au fer rouge les lâchetés et les infamies.

Nous disions que la querelle des anciens et des modernes n'était jamais finie. Elle s'est par deux fois renouvelée (je pourrais dire de nos jours) : à l'heure du *romantisme* ou du *romanticisme*, et, plus tard, quand on parla de réalisme. Le réalisme, qui n'est point parfait, certes, comprit du moins son temps beaucoup mieux que le romantisme : sous prétexte de réagir contre l'antiquité, le romantisme voulut surtout nous imposer le goût de l'antiquaille; sur les ruines du rococo, il rétablit le culte du bric-à-brac. Et pourtant il avait eu son utilité; il dégagea la littérature de cette poésie héroï-comique de l'école impériale qui menaçait d'ôter toute vigueur à cette langue française, claire et polie comme l'acier.

Les romantiques se croyaient naïvement modernes. Leur point de départ, après tout, était juste. Que réclamaient-ils? que voulaient-ils? — La liberté dans l'art. En cela, ils avaient raison. Les liens dont on les garrottait, ils faisaient leurs efforts pour les briser. Ils s'insurgeaient non-seulement contre les Campenon et les Baour-Lormian, mais encore contre cette littérature aristocratique du grand siècle qui n'accepte par exemple dans ses vers (l'observation est de la Harpe) que *le tiers des mots de la langue.* Ils n'admettaient pas qu'il y eût ce qu'on appelait les mots nobles. Mais leur révolution démocratique se borna malheureusement à affranchir le dictionnaire. Toute cette belle prise d'armes amena, quoi? la liberté du lexique, *Des mots, des mots, des mots,* comme dit Hamlet. Et, en vérité, c'était trop peu.

L'école tout entière avait oublié, dès son entrée en campagne, les munitions les plus importantes : les idées. Il n'y a pas, dans tout ce que Musset appelait *la grande boutique romantique,* autant d'idées que dans une page du *Dictionnaire philosophique* de Voltaire. Et ce Voltaire en particulier, comme ils le bafouaient alors! Au surplus, le XIXe siècle à son aurore semblait n'avoir pas de plus grand ennemi que le XVIIIe, celui qu'on appellera quelque jour, et à juste titre, *le grand siècle.* En littérature comme en politique, la réaction continuait, et de tout ce qu'avaient fondé et pensé nos pères, on eût dit, tant était grand l'acharnement, que rien n'allait survivre. Chateaubriand ouvre la marche avec son *Génie du christianisme.* Le livre attendri fait pâmer les gens sensibles au son des cloches qu'il évoque. C'est un poëme langoureux qui succède à ces nets et profonds ouvrages où les droits de l'homme avaient été inscrits par des philosophes, des écrivains, de simples littérateurs, avant d'être proclamés par des faiseurs de lois. A la suite de Chateaubriand, la jeunesse marche sur le même rhythme et du même pas. Les odes catholiques fument partout comme un encens. Les figures énergiques et accentuées des Diderot, des Voltaire, des Helvétius, des Condorcet, sont enveloppées soudain comme d'un nuage opaque et parfumé. La maladie devient à la mode, les anémies et les phthisies prennent le haut rang dans les lettres : ce n'était plus, on le voit, l'heure de ces positifs esprits du siècle passé qui réclamaient à la fois la santé physique et la santé intellectuelle de l'homme. Et ces jeunes gens armés contre *la routine* se disent des modernes qui, loin de reprendre les travaux du xviiie siècle, interrompus par le mélodrame militaire de l'empire, vont demander leurs inspirations aux vieilles cathédrales en ruines, aux fabuleux récits, aux légendes, aux sanglantes chroniques du moyen âge, aux littératures nuageuses des peuples enfants!

Ce fut leur erreur. Leur révolution même était une réaction. S'ils brisaient violemment les temples de carton-pâte des poëtes de l'empire, s'ils renvoyaient à leur Parnasse les chantres en habits bleu-barbeau et à abat-jour verts, ils rappelaient de leur exil toute une fantasmagorie inutile. Ils remplacèrent le Pinde par le Brocken. Ils furent allemands, espagnols, anglais; ils imitèrent Schiller, Calderon ou Byron; ils n'apportèrent, dans la littérature qu'ils prétendaient régénérer, aucune connaissance nouvelle. S'inquiétaient-ils de l'homme et de sa destinée? Dans ce siècle qui naissait, ils arrivaient, comme autant d'enfants terribles, revêtus de costumes exotiques, promenant à travers la littérature effarée leur audace bruyante et leurs formules à grands fracas.

Ces *modernes* ne s'inspiraient que des *anciens.* Seulement ils choisissaient la date et le pays de leur antiquité. Ils ne remontaient pas jusqu'au siècle d'Auguste, le xvie siècle leur suffisait. Ils s'arrêtaient à la pléiade, ils *ronsardissaient* en plein xixe siècle. Au lieu de dire, comme l'*Arlequin* de Fuzelier au théâtre de la Foire :

> On me nomme Bouquinidès
> Je suis le défenseur d'Homères.

ils s'écriaient : — Je suis l'ami de Lope et je viens d'au delà des monts! Et puisqu'ils voulaient renouveler, rafraîchir la veine patriotique de notre littérature, rien ne leur eût été plus facile que de puiser à larges traits dans ces poëmes du temps passé, dans les fabliaux, dans les satires populaires où l'esprit gaulois court comme un sang généreux : non, ils dédaignèrent ce fonds immense qui est la propriété même du peuple, chanson du pataud affamé, raillerie du paysan opprimé, plainte du petit et du faible écrasés par le fort; — ils s'inquiétaient bien peu, au surplus, de la politique, et voilà pourquoi ce mouvement romantique n'aboutit pas. Ces jeunes gens, amis de la liberté dans l'art, eurent justement pour adversaires d'autres jeunes gens qui rêvaient, eux, l'affranchissement politique et la liberté dans l'État. Les deux groupes eussent pu n'en former qu'un. Mais les romantiques chantaient le roi à l'heure où les politiques demandaient la république. Mouvement littéraire avorté. L'esprit moderne n'était point là.

Les romantiques avaient réhabilité le moyen âge; quinze ans plus tard, au lendemain de la révolution de 1848, un groupe de nouveaux venus — des néo-romantiques — réhabilitait le paganisme. La littérature et la peinture furent inondées de pastiches. Aux vitrines des libraires, comme sur les murs du Salon, on ne rencontrait guère que des Pompéiens, de ces Pompéiens qui devaient être bientôt et qui étaient par nature du parti de César. Une sorte de Grèce efféminée, assez semblable à cette Attique de la rue de Bréda qu'avait découverte Pradier, fit irruption dans Paris. Les faunes prirent leurs ébats en plein Paris, on vit des chœurs de nymphes sur les boulevards. Ce fut comme une mascarade. Et pourtant, ceux-là encore se prenaient pour des révolutionnaires : ils amalgamaient l'antiquité et la renaissance, l'anthologie et la pléiade, et ils se croyaient des modernes. Il dura peu, cet essai de résurrection. Un coup de pinceau d'un peintre sincère valait tous les lavis de ces Pompéiens attardés, une strophe de Dupont, toute parfumée d'une odeur de terre retournée ou de foin coupé, faisait oublier ces fausses idylles. Il n'en est pas moins vrai qu'à ce moment encore on agita la question éternelle, et que la *fantaisie* et le *réalisme* remirent les anciens et les modernes à l'ordre du jour.

Les modernes, au surplus, avaient déjà gagné du terrain. On comprenait, après l'avortement de tant d'espoirs, que l'écrivain et l'artiste n'ont de chances d'être écoutés qu'en s'adressant à la passion contemporaine (je ne dis pas au goût ni à l'engouement contemporains). Ceux qui nous ont précédés ne nous semblent si vivants et n'ont duré que parce qu'ils reflètent l'existence même des milliers de gens qui vécurent à côté d'eux. Tout homme qui, fût-ce dans une heure seule de sa vie, a été la conscience ou le porte-voix de sa génération, peut être assuré de l'avenir. Il y a, dans chaque époque, une source féconde d'inspiration, une poésie, un art, qu'il faut dégager et traduire. Au lieu de fixer les yeux là-bas sur le passé, que ne jetez-vous autour de nous vos regards ? Soyez de votre temps, étudiez, voyez, cherchez, jetez sur le papier ou sur la toile ce que vous avez observé, vécu, senti, souffert, et ne vous inquiétez pas du lendemain. Votre temps se reconnaîtra dans votre œuvre, et ceux qui viendront après nous retrouveront là ce qui donne à toutes choses la durée, c'est-à-dire la palpitation et la vie. Avons-nous connu les Florentins de Masaccio, les bourgeois d'Holbein, les cavaliers de Velasquez ? Et pourtant, parce que l'artiste les a faits tels qu'il les a vus, nous ne pouvons les oublier.

L'humanité d'ailleurs a comme un fonds de richesse qu'il ne faut chercher ni à compromettre ni à vouloir détruire. Il en est justement des anciens comme de ces chefs-d'œuvre des maîtres qu'on étale aux murailles de nos musées pour servir d'études et de renseignements aux peintres à venir. Qui voudrait brûler un Holbein, et qui pourtant s'aviserait de copier et d'imiter Holbein sous peine d'être accusé de pastiche ? Telle tragédie est admirable ; mais essayez de faire une tragédie, vous passerez pour un antiquaire. Les bibliothèques sont les musées de la pensée. Il faut leur demander l'histoire des développements, des hésitations, des tâtonnements, des efforts et de la grandeur de l'esprit humain, il ne faut leur demander ni la tradition, ni le mot d'ordre. Tout homme reçoit de ceux qui l'ont précédé dans la vie un héritage d'idées, qu'il est condamné à accroître. On n'arrête point la marche du monde comme d'un coup de pouce on arrêterait une horloge.

Et c'est bien parce que j'aime les lettres que je voudrais les voir suivre l'impulsion du siècle. Un peuple ne saurait se passer de littérature. Quelque grand que la science puisse le rendre, il est — je ne crains pas de le dire en un temps où la science est la souveraine maîtresse — il est petit dès qu'il a perdu le sens et le goût des lettres. Et la science elle-même n'a-t-elle pas besoin, pour remplir tout à fait son but, pour être à la fois accessible à tous et pour longtemps accessible, pour être vulgarisée et pour être durable, n'a-t-elle pas besoin des règles de cet auxiliaire tout puissant qui n'est pas seulement la *forme*, forme adorée des Brid'oison, mais le vêtement ou plutôt l'armure de la pensée ?

Il faut le répéter, à une époque où les lettres cèdent le pas à la science, où les seuls chefs-d'œuvre que voit éclore le monde sont des découvertes scientifiques ou d'étonnants travaux publics, il faut le répéter hautement, que le salut même de la science est dans les lettres, que tout savant éminent a été un grand écrivain, et que si la France doit durer, c'est encore dans les lettres qu'elle trouvera le plus de grandeur et le plus d'éclat. Mais à une condition toutefois, c'est que la littérature ne restera point comme étrangère au mouvement de l'époque, c'est qu'elle n'essaiera pas de demeurer ce qu'elle était au temps jadis, la distraction ou l'occupation d'une caste privilégiée, c'est qu'elle suivra et qu'elle guidera au besoin l'humanité dans sa marche ascendante. Et nous aurons alors, au lieu d'une littérature théocratique et aristocratique, une littérature démocratique, puisée au cœur même des nations et dont la voix retentira jusqu'aux entrailles des peuples lorsqu'elle parlera de toutes ces choses que les meilleurs des anciens ne purent entrevoir et qui sont, au contraire, comme l'existence des modernes, la raison, le droit, la liberté, la justice. JULES CLARETIE.

**ANDORRE** (vallée et république d'). — On appelle ainsi un petit État neutre et indépendant, situé au cœur des Pyrénées, entre le département de l'Ariége et la Catalogne. Bien plus étendu que la république de Saint-Marin — autre atome politique — il est peuplé, comme elle, de 7 ou 8,000 habitants, tous cultivateurs ou pasteurs, étrangers à la civilisation, aux progrès des temps modernes et menant une vie essentiellement patriarcale.

On se serait moins occupé sans doute de cette contrée — resserrée, pauvre, montagneuse et rocheuse, généralement aride, peu accessible, et que l'on ne visiterait guère — s'il n'y avait pas quelque chose de singulier, d'extraordinaire même, dans la longévité d'une république presque imperceptible que presse d'un côté le colosse de la France, et, de l'autre, celui de l'Espagne. Évidemment, c'est la faiblesse absolue de l'Andorre et des Andorrans qui fait leur force.

Le chef-lieu de l'État — nous allions dire la *capitale* — a nom Andorre-la-Vieille. C'est une bourgade chétive, misérable, mal bâtie, qui ne renferme guère qu'un millier d'habitants. Elle occupe un rocher baigné par la Valira (Embulire) au pied du mont Anclar (*Aarus mons*).

Cette république de bergers — qui rappelle assez les petits cantons forestiers de la Suisse — reconnaît deux suzerains : le souverain de la France, *quel qu'il soit*, et l'évêque d'Urgel, en Espagne.

Ces suzerains nomment deux *viguiers* (prévôts ou juges d'épée), chargés de connaître conjointement des causes criminelles; leur autorité ne dépasse point la sphère judiciaire. Le viguier de la France est, d'ordinaire, un Français, un des notables habitants de l'Ariége où il réside; celui de l'Espagne est toujours un Andorran domicilié dans les vallées.

Le pouvoir législatif se compose d'un *conseil général* ou *souverain* de vingt-quatre membres, formé des *consuls* ou maires en exercice, plus, d'un certain nombre de consuls sortants qui prennent le titre de *conseillers*. La présidence de ce rustique sénat — de ce *sénat à houlettes*, comme l'appelle George Sand — et le pouvoir exécutif, sont dévolus à un magistrat qualifié *syndic-procureur-général des vallées*, une sorte de préfet ou de président de république au petit pied. Ces fonctions, n'exigeant pas une bien haute capacité politique, nous semblent faciles à remplir.

Les causes civiles sont jugées par un *bayle* (batle), dont le nom dérive de celui de *bailli*, usité dans les temps féodaux. Un médecin, rétribué par l'État, ne peut exiger aucuns honoraires des malades auxquels il doit ses soins. C'est, pour ceci, tout comme à Saint-Marin.

Il n'y a en Andorre ni armée permanente, ni conscription, ni fisc, ni dette publique. L'impôt, de quelques centimes seulement par feu, sert à entretenir un clergé assez ignare, à payer la dîme modique due à l'évéque espagnol, et à solder à la France un abonnement annuel de 960 francs pour exemption des droits de douane sur le bétail ou les denrées tirées du département de l'Ariége.

La population andorrane est très-attachée à son maigre sol, à son culte, à ses habitudes séculaires, et paraît rivée à la misère, à la superstition et à l'ignorance. Elle est encore régie par la charte des *pariatges*. L'indépendance du pays date de Charlemagne ou de Louis le Débonnaire. Dernièrement, il fut question de créer des voies de communication — qui manquent *tout à fait* — de fonder un établissement thermal à Las Escaldas, — où il y a des eaux sulfureuses très-chaudes, très-riches et très-abondantes — mais le spéculateur qui offrait de se charger de ces travaux voulait pouvoir établir un casino de jeux, comme à Hombourg ou à Monaco. Il paraît que les Andorrans auraient déchiré le contrat signé à la légère par leurs gouvernants; de là, une sorte de révolution intérieure... Nous n'entrerons pas dans les détails... Cette tempête dans un verre d'eau ne saurait intéresser personne de ce côté-ci des Pyrénées.

L'Andorre n'a pas d'histoire proprement dite. Sa chronique féodale a occupé plusieurs écrivains tant français qu'espagnols — surtout des Ariégeois et des Catalans.

Les communes — appelées toujours *paroisses* — sont, outre Andorre-la-Vieille, Canillo, Encamp, Ordino, La Massana et San-Julia-de-Loria.

Peu ou point de commerce. L'industrie se borne à l'exploitation de quelques mines, forges et forêts. Les ouvriers qu'on y emploie sont, en général, des Français de l'Ariége.

BIBLIOGRAPHIE. — *De l'Andorre* (par M. Roussillou, ex-viguier français). Paris, 1824, in-8°. — *La vallée d'Andorre*, par M. Sans (de Bourg-Madame), in-12. — *Histoire d'Ax et de la vallée d'Andorre*, etc., par M. Castillon (d'Aspet), in-8°. — *De l'Andorre*, par M. Victorin Vidal (de Foix), in-12. — *Andorre et Saint-Marin*, par Alfred de Bougy (avec préface de George Sand), in-12. — De nombreux articles dans les recueils français. A cette liste, nous pourrions ajouter cinq ou six brochures en espagnol ou en catalan.                                    ALFRED DE BOUGY.

**ANÉMIE.** — (De ά privatif et αἶμα, sang.) Longtemps le mot anémie n'a pas eu d'autre signification que celle indiquée par son étymologie. Anémie signifiait simplement diminution dans la quantité normale du sang; mais l'analyse scientifique a fini par éclairer cette question comme tant d'autres. Elle a déterminé nettement quelle est la composition chimique du sang, quelle est sa constitution histologique; elle a constaté que le sang est un liquide vivant, se formant et se détruisant sans cesse, charriant aux innombrables éléments anatomiques, dont le groupement constitue les organes et les tissus du corps humain, les matériaux indispensables à leur rénovation, reprenant simultanément les résidus de la combustion vitale pour les céder enfin aux glandes chargées de les éliminer. Ce cycle du mouvement nutritif à travers les organes étant bien connu, il est devenu facile d'indiquer les causes diverses de l'anémie, d'en décrire le mécanisme et de rattacher à des états morbides bien définis les variétés de l'anémie et leurs symptômes.

La composition du sang sera étudiée complètement dans un article spécial (voyez *Sang*). Aussi, nous bornons-nous à rappeler ici que le sang est constitué par une masse liquide (plasma), formée par de l'eau contenant en dissolution des gaz, des sels, des substances albuminoïdes. Les gaz sont l'oxygène, l'acide carbonique, l'azote; les sels sont des chlorures, des carbonates, des sulfates et des phosphates alcalins, du lactate de soude, des urates de soude, de potasse, de chaux, etc.;

les substances albuminoïdes ou protéiques sont principalement représentées par la fibrine et l'albumine, ou plutôt par la plasmine et la sérine. Ces substances albuminoïdes jouent un rôle capital dans la nutrition, s'incorporent aux tissus, s'y brûlent au contact de l'oxygène, et de leur combustion résultent l'urée, la créatine, la créatinine, etc., produits organiques inférieurs, résidus destinés à l'élimination.

Ce n'est pas tout. Dans cette masse liquide déjà si chargée, flottent des éléments anatomiques figurés; les uns blancs, sphériques (globules blancs, leucocytes); les autres rosés, discoïdes, déprimés à leur centre, ce sont les globules sanguins proprement dits (hématies), si petits et si nombreux qu'un millimètre cube de sang en logerait normalement 4,180,000 à 5,551,000. Des glandes nombreuses (foie, rate, corps thyroïde, glandes lymphatiques, thymus, follicules, etc.), seraient les laboratoires chargés de fabriquer ces globules aux dépens des substances albuminoïdes dissoutes dans le sang [1].

La fonction principale des globules rouges est de s'imprégner d'oxygène en traversant le réseau capillaire des poumons, de porter cet oxygène qu'ils ozonisent aux tissus qui sans lui ne pourraient vivre, de se charger en retour de l'acide carbonique que produit la combustion vitale, et de l'exhaler à travers la paroi des capillaires pulmonaires.

Le sang est donc vraiment, suivant l'heureuse expression de Cl. Bernard, un milieu physiologique pour les fibres et cellules de l'économie. C'est là que celles-ci puisent par endosmose les matériaux dont elles ont faim; c'est là qu'elles déversent les résidus qu'elles ne pourraient garder sans périr. Toutes les modifications dans la quantité ou la qualité du fluide sanguin ont donc nécessairement un contre-coup sur le jeu des fonctions organiques. Mais ces modifications sont diverses, d'où diverses variétés d'anémie.

A la suite d'une saignée, d'une blessure, d'une hémorrhagie, il se produit une anémie portant sur l'ensemble des éléments du sang; mais cette anémie est ordinairement transitoire, et, dans tous les cas, elle ne tarde pas 'à revêtir un caractère particulier. En effet, la tension du système circulatoire étant diminuée, l'équilibre des fluides de l'économie est rompu. De toutes parts, les liquides affluent dans le sang appauvri. Ce sont les humeurs extra-vasculaires baignant la trame des tissus, c'est la lymphe qui prennent la place du sang épanché. D'autre part, le malade, cédant à une soif ardente, ingurgite de grandes quantités de liquides aqueux qui sont énergiquement absorbés. Bientôt, le système vasculaire est de nouveau distendu, l'équilibre est rétabli, mais l'équilibre mécanique seulement. Les troubles fonctionnels de l'anémie persistent, car le sang a perdu une énorme quantité de globules, et il ne les remplacera que lentement. A l'anémie totale a succédé l'anémie globulaire, qui est d'ailleurs la variété anémique la plus commune et la mieux décrite.

On a déterminé approximativement la quantité normale de globules au dessous de laquelle commence l'anémie globulaire. Ce chiffre est naturellement variable suivant l'âge. D'une manière générale, on peut dire que plus le mouvement nutritif est intense, plus les globules sont nombreux dans le sang, et plus ils ont besoin d'être nombreux. Chez l'homme adulte, pour 1 kilogramme de sang, 302 milligrammes de globules suffisent. Chez l'adolescent, chez l'enfant, le poids globulaire s'élève à 400. A la naissance, ce poids atteint 600, 680, 700 même, et, chez le fœtus,

---

1. C'est surtout dans les globules rouges que sont fixées les minimes quantités de métaux contenues dans le sang (fer, manganèse, cuivre, etc., environ un gramme de fer pour toute la masse sanguine.)

ce chiffre énorme est encore dépassé. Vie active, sanguification énergique : l'acquêt se règle sur la dépense.

Parfois, au lieu de porter principalement sur le chiffre des globules, l'anémie frappe les substances protéiques, notamment l'albumine. L'anémie albumineuse commence quand le chiffre de l'albumine, qui normalement est 75, tombe à 60 ou 55. Avec la déperdition albumineuse coïncide toujours une augmentation considérable des chlorures en dissolution dans le sang (8 parties de chlorure remplacent 1 partie d'albumine). Or, ces chlorures ont besoin, pour se dissoudre, d'une quantité d'eau déterminée. Le sang devient donc très-aqueux, et les globules tendent à s'y dissoudre. Enfin, et c'est le symptôme caractéristique des anémies albumineuses, le sang trop aqueux transsude facilement à travers les parois des vaisseaux capillaires, d'où des hydropisies de toutes sortes.

La nature de l'anémie étant connue, il est facile de décrire le mécanisme de sa production. Tout ce qui dérange gravement le bilan de la nutrition, soit en exagérant la dépense, soit en diminuant le revenu, peut occasionner l'anémie. Tantôt, c'est une alimentation insuffisante ou mal choisie qui renouvelle insuffisamment les principes constituants du sang, au fur et à mesure de leur emploi (V. *Abstinence, Alimentation*); tantôt, c'est un séjour prolongé dans un air confiné, par exemple celui des mines, celui des appartements mal ventilés, ou bien dans une atmosphère raréfiée, par exemple celle des pays chauds, qui ne fournit plus aux globules sanguins la quantité d'oxygène indispensable aux incessantes réactions chimiques de l'économie. Parfois, c'est une suractivité cérébrale prolongée, travail intellectuel excessif ou émotions réitérées, qui relâche le lien nécessaire entre les centres nerveux et le système circulatoire. Alors, les vaisseaux capillaires, siège principal des échanges nutritifs entre le sang et les tissus, se contractent imparfaitement; le torrent sanguin les traverse trop vite; le sang artériel passe dans les veines en conservant une bonne partie de sa rutilance, c'est-à-dire de sa provision d'oxygène, et la vie générale languit.

Toute dépense organique exagérée et insuffisamment réparée produit l'anémie, par exemple, une fatigue musculaire excessive, des excès vénériens, etc., etc.; car, dans le corps humain ou plutôt dans tout corps organisé, il n'est pas un acte qui se puisse accomplir sans une consommation matérielle, sans une usure des tissus.

D'autres fois, c'est la formation des globules sanguins ou l'épuration du sang qui est entravée par un agent toxique introduit dans l'économie; c'est, par exemple, un sel de plomb qui, introduit dans la circulation, s'est fixé dans le tissu des glandes, surtout du foie et des reins. Les émanations des marais produisent l'anémie et les fièvres intermittentes par un mécanisme analogue, en agissant spécialement sur la rate, etc.

L'anémie est si commune, surtout dans les grandes villes, que tout le monde en connaît les principaux symptômes; aussi, nous les énumérerons brièvement. Pas un organe, naturellement, qui ne se ressente de l'appauvrissement du réservoir commun où tous les organes doivent trouver leurs vivres. Parfois, les extrémités sont congestionnées, mais c'est une congestion passive, suite de l'atonie des vaisseaux capillaires, aussi coïncide-t-elle ordinairement avec un refroidissement de la partie engorgée. Le plus souvent la peau est blême, jaunâtre, l'épiderme sec; parfois, il y a dénutrition du derme ou des glandules pilifères, d'où calvitie, même destruction des dents. Les muscles diminuent de volume, et, à la longue, s'atrophient; ils sont souvent dans un état de fatigue extrême.

La digestion est pénible, douloureuse, parfois impossible, car la muqueuse stomacale est mal nourrie; les glandes digestives sécrètent imparfaitement; le mouvement endosmotique des substances alimentaires se fait difficilement vers un sang dont la densité est diminuée. Le pouls est fréquent, large, mais faible; le stéthoscope appliqué sur les gros vaisseaux du cou, ou sur la région du cœur, y décèle des bruits anormaux, dits *bruits de souffle*. Il y a des palpitations souvent, des syncopes parfois. Le patient respire péniblement; il étouffe, même au milieu d'une atmosphère normale, car le défaut de globules équivaut au défaut d'oxygène.

Le système nerveux est profondément troublé. Souvent, la peau des extrémités devient insensible. Le cerveau mal nourri fonctionne mal. Il y a des vertiges. On est incapable de toute application soutenue de l'intelligence, de toute résolution énergique. Tel caractère, jadis vigoureux, devient pusillanime. A elle seule, l'étude de l'anémie prouverait surabondamment que l'âme n'est point une entité indépendante des organes dont elle daigne se servir, mais qu'elle est simplement l'ensemble des fonctions cérébrales.

L'anémie était-elle moins commune il y a un demi-siècle? La preuve en est à peu près impossible à faire. Pourtant, il est bien certain qu'aujourd'hui la sanglante thérapeutique de Broussais tuerait un grand nombre de malades. Mais, nous la soupçonnons bien fort d'en avoir toujours fait autant. On a même voulu rapporter à cette fréquence hypothétique de l'anémie l'atonie morale, dont notre génération a donné maintes preuves. Il n'est pas besoin d'invoquer de telles raisons. Ce n'est pas ici le lieu de rappeler d'autres causes, nullement médicales, et que tout le monde connaît; mais, on peut dire d'une façon générale que les caractères énergiques, fermes et honnêtes, ont toujours formé dans l'espèce humaine une infime minorité, qui se montre dans les temps favorables, et, dans les autres, attend son heure.

Bibliographie. — Parmi les nombreux travaux relatifs à l'anémie et à la composition du sang, nous n'en voulons citer que deux, les plus importants, les plus récents : le livre de M. Ch. Robin, sur les *Humeurs*, et le traité des *Anémies*, de M. Sée. Tout est résumé dans ces deux ouvrages.          Ch. Letourneau.

**ANÉMOMÈTRE.** — On désigne sous le nom d'anémomètres des instruments destinés à mesurer la vitesse des courants d'air. Les girouettes, qui indiquent l'existence et la direction du vent et que, pour cette raison, l'on pourrait nommer des *anémoscopes*, ne donnent aucune indication sur sa rapidité.

Les anémomètres se divisent en deux catégories, suivant le principe sur lequel ils sont fondés : les *anémomètres de pression* et les *anémomètres de rotation*.

Les premiers consistent essentiellement en une lame verticale que l'on place perpendiculairement à la direction du courant que l'on veut mesurer ; cette lame s'appuie contre un ressort à boudin dont l'autre extrémité est maintenue fixe. La lame s'écarte de sa position première en comprimant le ressort d'autant plus que le courant est plus intense et cette intensité est liée elle-même à la rapidité du fluide en mouvement. En somme, la vitesse cherchée est donnée par une formule dans laquelle entre le déplacement observé de la lame verticale, et dont les coefficients varient avec l'instrument employé.

La partie principale des anémomètres de rotation est une roue très-légère, présentant un certain nombre d'ailettes inclinées, hémisphériques, ou gauches, sur lesquelles le courant agit comme sur les ailes des moulins à vent, en leur communiquant un mouvement de rotation dont la vitesse est en rapport avec celle du courant même. Une roue d'engrenage, mue par une vis sans fin, montée sur l'arbre de la roue à ailettes, met, à volonté, en mouvement un compteur indiquant le nombre de tours effectués en un temps donné : ce nombre, substitué dans une formule dont les coefficients varient avec le modèle employé, permet de trouver la vitesse cherchée.

On détermine la valeur de ces coefficients ou, suivant l'expression usuelle, la *tare* de chaque instrument, en même temps que l'on vérifie la formule, employée de la même manière dans les deux systèmes : l'anémomètre est placé à l'extrémité d'une longue tige horizontale, à laquelle on communique un mouvement de rotation autour d'un axe vertical situé à l'autre extrémité. L'anémomètre, mû ainsi avec une vitesse connue dans un air calme, se trouve dans les mêmes conditions que s'il était au repos dans un air animé précisément de cette même vitesse. L'expérience est répétée dans des conditions variées, et chaque fois la vitesse doit satisfaire à la formule ; on obtient ainsi autant d'équations qu'il ʼen faut pour déterminer les coefficients et faire les vérifications.

Les anémomètres de pression, qui donnent à chaque instant la vitesse du vent, peuvent être employés avantageusement dans l'étude de la météorologie, si l'on fait usage d'appareils enregistreurs : ils ne sont point avantageux si, dans ce cas, on doit avoir recours à l'électricité pour inscrire les indications, tandis que les anémomètres à rotation se prêtent à ce mode de transmission ; ceux-ci sont aussi exclusivement employés dans le cas où l'appareil en expérience ne peut être observé directement, comme cela se présente dans les recherches sur la ventilation ; il suffit de faire marcher le compteur pendant un temps déterminé, pour avoir la vitesse moyenne du courant ; deux fils, mus à distance, suffisent alors pour embrayer et débrayer la vis motrice au commencement et à la fin du temps indiqué.

Les anémomètres de pression, plus ou moins semblables au tachomètre de Brünigs, ont été employés dans l'anémographe d'Osler et dans celui de M. du Moncel, entre autres.

Les anémomètres de pression, à ailes planes, imités en principe du moulinet de Woltman, sont particulièrement celui de M. Combes et celui de M. le général Morin, qui a été construit de manière à offrir une grande sensibilité et à pouvoir marcher pendant un assez long temps, son compteur pouvant enregistrer jusqu'à 500,000 tours. M. Baumgarten a fait construire un appareil analogue, mais dont les ailes sont des surfaces hélicoïdales gauches : enfin, dans l'anémomètre du Dr Robinson, les bras de la roue sont terminés par de petites surfaces hémisphériques.

Ces appareils peuvent tous, en principe, être employés à la recherche de la vitesse des courants d'eau ; d'autres instruments spéciaux (tubes de Pitot, etc.), qui ne pourraient servir pour mesurer la vitesse du vent, trouvent dans ce cas leur application immédiate.                                                  C. M. GARIEL.

**ANESTHÉSIE.** — On trouve dans les centres nerveux des éléments anatomiques destinés spécialement aux fonctions de la sensibilité générale, ce sont des cellules auxquelles aboutissent des filets nerveux, dont l'origine est à la périphérie dans la peau ou les muqueuses. S'il y a destruction ou altération d'une partie quelconque de cet appareil (cellules nerveuses, nerfs, terminaisons), la sensibilité est abolie, c'est l'anesthésie. Il faut noter que l'insensibilité ne remonte pas au-dessus de la lésion nerveuse ; les terminaisons sont-elles seules altérées ? les troncs nerveux restent sensibles. La perte de la sensibilité est complète dans les cas où il y a abolition des propriétés des cellules nerveuses. On conçoit qu'il puisse exister des anesthésies superficielles, locales, généralisées, temporaires ou définitives, complètes ou incomplètes, suivant le genre de lésion. On distingue encore l'insensibilité au contact, de l'insensibilité au froid ou à la douleur (analgésie), mais je ne fais qu'indiquer les divisions principales ; je passe également sous silence les lésions et les affections qui ont une influence sur la diminution ou la perte de la sensibilité (voir *Sensibilité*), pour m'occuper de l'anesthésie provoquée, une des belles conquêtes de notre époque.

Depuis longtemps, les chirurgiens avaient cherché à diminuer la douleur dans les opérations, et, dans ce but, ils avaient songé aux médicaments stupéfiants, à l'opium, par exemple ; ils avaient également tenté de supprimer la contraction des muscles qui augmente les difficultés de la réduction des luxations, et ils s'étaient arrêtés à un moyen qui ne pouvait être employé qu'en cas d'absolue nécessité, la saignée prolongée jusqu'à la syncope.

Aujourd'hui, grâce au chloroforme et à l'éther sulfurique, on parvient aisément à rendre le malade inerte et insensible pendant le temps voulu ; l'anesthésie provoquée de cette façon offre des phénomènes qui intéressent autant la psychologie que la physiologie, et que nous allons indiquer rapidement.

Dès les premières inspirations des vapeurs de chloroforme ou d'éther, il y a une sensation désagréable, qui porte quelques malades à retenir leur respiration et provoque une sorte de spasme ; c'est au pharynx et au larynx qu'il faut attribuer cet effet, observé chez les animaux comme chez l'homme. Pour le démontrer, il suffit de faire arriver les vapeurs de chloroforme dans une fistule pratiquée à la trachée d'un chien, l'animal ne se débat point, il respire régulièrement.

Après une excitation passagère, débutent les symptômes dus à l'absorption de la substance employée. Le malade ressent d'abord un engourdissement des extrémités qui se rapproche peu à peu du tronc, et l'intelligence commence à se troubler ; le patient prononce des mots sans suite, ou poursuit une idée délirante qui varie d'après la préoccupation du moment, le caractère ou les habitudes, enfin on n'entend plus que des phrases dénuées de sens ou même des fragments de mots, des sanglots ou des éclats de rire, puis l'insensibilité et l'immobilité font du malade une sorte de cadavre vivant.

Le plus souvent, l'immobilité est précédée d'une période d'agitation, quelquefois il y a des vomissements ou des efforts de défécation, ou bien le patient urine involontairement.

Quand l'anesthésie est complète, les actions réflexes disparaissent, on peut toucher la cornée sans provoquer un mouvement des paupières, le bras que l'on soulève retombe inerte, et les opérations les plus cruelles peuvent être pratiquées sans exciter la moindre douleur ; lorsque le malade se réveille, il ignore qu'il a été opéré.

Si l'anesthésie n'est pas poussée trop loin, les fonctions de la vie organique ne sont nullement troublées, le cœur bat, les inspirations se font régulièrement ; elles sont seulement un peu prolongées comme dans le sommeil physiologique. Tous les muscles de la vie organique peuvent se contracter, bien qu'il y ait un peu de paresse ; mais, si l'on continue l'action de l'agent anesthésique, les actions réflexes de la vie organique se perdent comme celles de la vie animale, le cœur et la respiration s'arrêtent.

On a longuement discuté la question de la mort par les anesthésiques, les uns soutenant qu'il y avait asphyxie, d'autres que c'était une syncope. Il est certain que, dans les accidents de ce genre, on a remarqué tantôt la pâleur, tantôt une congestion énorme de la face. S'il m'est permis de conclure d'après de nombreuses expériences personnelles sur les animaux, je dirai que la mort peut arriver tantôt par l'arrêt de la respiration, tantôt par l'arrêt du cœur ; il est surtout remarquable de voir que, chez quelques-uns, les rats par exemple, c'est ordinairement la respiration qui s'arrête d'abord, tandis que chez d'autres (chiens), c'est la circulation. Il n'est donc pas juste de prétendre que la mort soit toujours causée par la syncope; elle peut également être due à l'asphyxie, non point par privation d'air, mais par cessation brusque des fonctions respiratoires.

Depuis que Jackson (de Boston) a, pour la première fois, rendu un malade insensible par l'éther sulfurique, un grand nombre de moyens ont été proposés. L'éther sulfurique est encore en usage, surtout à Lyon; il exige l'emploi d'appareils spéciaux; son action est lente, et, comme il ne met pas à l'abri des accidents, on lui préfère le chloroforme, qui agit rapidement et dont l'administration est fort simple : il suffit d'en verser quelques gouttes sur un mouchoir que l'on place devant la figure du malade; généralement dix à vingt inspirations donnent l'insensibilité.

Depuis quelque temps, pour les opérations de courte durée, l'extraction des dents, par exemple, on emploie avec succès les inhalations de protoxyde d'azote (gaz hilarant).

Je n'insisterai pas sur les diverses autres substances dont on a tenté l'emploi; la plupart présentent des inconvénients qui ne sont compensés ni par la sûreté, ni par la rapidité d'action; on a successivement proposé l'amylène, l'éther acétique, l'éther formique, l'éther chlorhydrique. Disons enfin que l'alcool à haute dose est un anesthésique; les hôpitaux offrent de fréquents exemples de gens ivres qui supportent de graves opérations pendant leur ivresse sans manifester de douleur.

On avait, il y a quelques années, proposé l'hypnotisme, qui consiste à faire fixer un objet brillant placé à une certaine distance et dans une direction déterminée; on provoque ainsi des phénomènes analogues à ceux que l'on obtient avec le magnétisme, c'est-à-dire un état nerveux particulier qui revêt différentes formes, suivant les individus; le moyen réussit rarement.

Je ne passerai pas sous silence un perfectionnement qui a été apporté dans l'emploi des anesthésiques, et qu'il est regrettable de ne pas voir adopté en France, après les heureux essais tentés en Amérique; on administre simultanément le chlorhydrate de morphine par la méthode endermique et le chloroforme en inhalations, on obtient de cette façon une anesthésie de longue durée, et on est dispensé de recourir à chaque instant au chloroforme pendant une opération laborieuse; en outre, le sommeil est plus calme. Les physiologistes n'ont pas repoussé cette précieuse ressource, qui leur permet d'immobiliser les animaux et de les rendre insensibles pendant de longues et délicates expériences. A ce propos, je veux rappeler ici que la plupart des vivisecteurs emploient largement les anesthésiques, et que, dans les laboratoires, les animaux sont certainement traités avec plus d'humanité que dans les abattoirs.

C'est surtout dans les opérations ou manœuvres chirurgicales que l'anesthésie rend de fréquents services; mais, on l'emploie également dans d'autres cas, dans les douleurs atroces qui accompagnent certaines névralgies, les coliques hépatiques ou néphrétiques, etc. On a voulu populariser son usage dans les accouchements, de sorte que la parole de l'Écriture : « La femme enfantera dans la douleur », pourrait cesser d'être exacte, grâce à l'anesthésie. Sans discuter cette pratique nouvelle, nous pensons qu'on doit réserver le chloroforme pour les manœuvres obstétricales difficiles ou douloureuses.

On a essayé, sur les animaux, d'administrer le chloroforme autrement que par les voies respiratoires, soit par l'estomac, soit par le rectum; on a obtenu le sommeil, mais il faut des doses énormes et une absorption énergique, car le poumon élimine alors rapidement la substance à l'état de vapeurs. Les animaux dont la peau absorbe facilement, comme les batraciens, ou ceux qui ont des branchies comme les poissons, sont rapidement endormis dans une eau à laquelle on ajoute quelques gouttes d'éther ou de chloroforme.

Une application originale des anesthésiques a été faite récemment, dit-on, en Amérique. On a donné du chloroforme à un criminel qu'on allait pendre ; il est un moyen meilleur encore pour éviter au condamné les angoisses du supplice, c'est d'abolir la peine de mort.

Comme l'anesthésie complète expose à des dangers, et qu'elle est, sinon une souffrance, du moins une cause de malaise et d'inquiétude, on a songé à diminuer la sensibilité des parties seules sur lesquelles on doit opérer. C'est ce qu'on a nommé l'anesthésie locale. Au lieu d'agir sur les cellules sensitives des centres nerveux, on se propose de paralyser momentanément les extrémités nerveuses. Or, nous savons que les anesthésiques ordinaires n'ont aucune action sur les extrémités nerveuses, et ne produisent leur effet qu'en atteignant les centres nerveux ; il faut donc recourir à d'autres procédés. L'ignorance de l'action physiologique du chloroforme et de l'éther a fait admettre l'efficacité de leur emploi local ; on obtient en effet une insensibilité limitée au moyen de l'éther, surtout si l'on favorise sa vaporisation ; mais ce n'est plus la substance qui est active par elle-même, c'est par le refroidissement que le réseau nerveux périphérique est paralysé. Le froid, de quelque manière qu'il soit produit, détermine toujours ce résultat. On emploie généralement dans ce but un mélange de glace et de sel ; malheureusement ce moyen n'est pas souvent applicable. La chaleur, au contraire, rend les sensations douloureuses plus vives, du moins chez l'homme et les animaux à sang chaud ; au contraire, sur les animaux à sang froid, les grenouilles par exemple, il est singulier de voir une température de 39°, maintenue pendant quelque temps, provoquer une anesthésie complète que l'on fait cesser par le refroidissement.

Comme anesthésique local, on a encore proposé l'électricité. C'est surtout pour l'extraction des dents que ce moyen a été tenté ; il est vrai que si le courant est intense, l'avulsion est à peine sentie ; mais on peut soutenir, non sans quelque raison, que la douleur de l'opération est remplacée par la douleur que cause le passage de l'électricité. On a également préconisé l'acide carbonique pour anesthésier les surfaces douloureuses ; des douches de ce gaz ont été dirigées avec un certain succès sur la cornée, le col de l'utérus, la muqueuse vésicale, etc. — Il est facile de concevoir de quelle importance serait la découverte d'un moyen anesthésique local facile à manier, car ce n'est jamais sans une certaine appréhension que l'on fait respirer du chloroforme ou de l'éther. On doit alors s'entourer de toutes les précautions, et la surveillance doit être incessante. La chambre où le chirurgien opère sera vaste et pourra facilement être aérée ; le malade sera couché et débarrassé de ses vêtements ; on refusera toujours de donner le chloroforme au malade assis, à cause de l'imminence de la syncope ; enfin, il vaut mieux, surtout au début, employer de faibles doses ; tous les chirurgiens ne sont pas de cet avis ; il en est qui préfèrent administrer de suite une quantité considérable, afin d'arriver rapidement à l'insensibilité complète en évitant la période d'excitation.

Pendant l'anesthésie, on doit surveiller sans cesse le pouls et la respiration ; malgré toutes ces précautions, on sait que des accidents terribles n'ont pas toujours été évités. Dans ces cas malheureux, la mort survient brusquement ; le plus souvent la figure pâlit et le pouls cesse d'être perceptible : c'est une syncope ; d'autres fois, la face se congestionne, et la respiration s'arrête avant le cœur. Devant ces symptômes effrayants, la décision du chirurgien doit être prompte ; il faut peu compter sur les excitations qui s'adressent à un corps insensible ; si la face est pâle, on soulèvera les jambes et les bras du patient ; on ôtera les oreillers qui soutiennent la tête; si la face est rouge, on fera respirer artificiellement le malade par l'insufflation ou par des pressions sur le thorax; de toutes façons, on éloignera le chloroforme, et on ouvrira les fenêtres et les portes. Nous avons proposé dernièrement, M. Onimus et moi, un moyen facile de stimuler artificiellement les centres nerveux avec des courants électriques continus; nous avons pu ainsi rappeler à la vie des animaux empoisonnés par le chloroforme ou l'éther. Ce procédé n'est pas infaillible, mais c'est bien certainement le meilleur de ceux qui sont connus jusqu'ici.

Dr CH. LEGROS.

**ANGE.** — PHILOLOGIE. — Du mot grec ἄγγελος, *messager*, par lequel les Septante ont traduit l'hébreu *malach*.

Presque toutes les religions ont admis des puissances intermédiaires entre Dieu et l'homme. On a divinisé, plus ou moins, les forces de la nature, aussi longtemps qu'on ne les a point connues; et, comme ces forces apparaissaient, dans leur action, tantôt douces et bienfaisantes, tantôt terribles et destructives, on a imaginé de bons et de mauvais démons ou génies, de bons et de mauvais anges, comme on avait imaginé un Dieu bon et un Dieu méchant, sous l'empire desquels ils agissaient. L'ignorance, avant la peur, a fait les dieux.

Dans les pays soumis à un pouvoir despotique, en Orient, par exemple, on s'est aussi représenté le Dieu suprême comme le roi du ciel : à ce titre, on le gratifiait, comme les rois de la terre, d'un grand état de cour et d'un cortége nombreux de serviteurs, empressés autour de lui et dociles à ses ordres. Ainsi, la théologie des Parsis, ou zoroastrienne, nous montre les Amshaspands aidant Ormuzd à créer l'univers; les Elohim de la Bible rendent le même service à Jéhovah; chez les Égyptiens, ce sont également deux divinités secondaires, Cnouphis et Phtah, qui organisent le monde. Platon, lui aussi, dans son *Timée*, quand il essaie d'expliquer la formation des êtres réels, nous représente son dieu abandonnant à des dieux inférieurs, issus de lui, le soin de présider à la naissance et à la constitution des animaux mortels, l'homme y compris.

Les angélophanies sont fréquentes dans la Bible. Toutefois, il convient de remarquer que, chez les Juifs, la théorie des anges ne se précisa qu'aux temps de la captivité de Babylone, alors que la postérité de Jacob fut mise en contact avec les doctrines du Zend-Avesta, beaucoup plus explicites sur ce point que ne l'étaient les livres hébraïques. Il fut aisé aux Juifs de se les approprier : les anges, dès lors, ne furent plus, pour eux, ce qu'ils avaient été, ce semble, jusque-là, de simples émanations de Jéhovah; ils devinrent des êtres personnels; on leur donna des noms particuliers; ils eurent une hiérarchie. Ils furent revêtus, auprès de Jéhovah, de fonctions toutes semblables à celles que remplissaient, auprès d'Ormuzd, selon les idées mazdéennes, les Amshaspands et les Izeds. Alors aussi, pour la première fois, les Juifs entendirent parler de la révolte et de la chute d'une partie des anges, et ils reportèrent sur leur Satan, dont le caractère était encore mal défini, ce qu'ils avaient appris d'Ahriman et de ses Dews.

Jésus-Christ et ses apôtres, en leur qualité de juifs, ont partagé, au sujet des anges et des démons, les croyances prêchées de leur temps dans toutes les synagogues de la Judée. Transportées dans l'Église chrétienne, ces croyances y ont rapidement prospéré. Ce fut l'un des thèmes favoris des élucubrations des Pères. Ils l'enrichirent de développements empruntés surtout au fameux livre d'Hénoch, cité dans l'épitre de saint Jude (versets 14 et 15), et que plusieurs regardaient comme inspiré. L'engouement se prolongea pendant bien des siècles, il pénétra les populations jusqu'à la moelle · la doctrine des bons et des mauvais anges était devenue l'un des dogmes les plus importants du christianisme, le plus fécond peut-être en toutes sortes d'aberrations et de démences.

On a longtemps, à propos des anges, entassé volumes sur volumes : on s'est enquis avec le plus grand soin, et dans les détails les plus minutieux, de leur création, de leur nature, de leur âge, de leurs noms, de leur demeure, du rang occupé par chacun d'eux, de leurs fonctions, etc. L'auteur, en particulier, de la *Hierarchia cœlestis*, attribuée à saint Denis l'Aréopagite, semble avoir passé en revue leurs innombrables légions dans les vastes plaines de l'empyrée, tant il en décrit avec exactitude les divisions et les subdivisions : les Séraphins, les Chérubins, les Trônes; les Dominations, les Vertus, les Puissances ; les Princes, les Archanges, les Anges. Car il n'y a pas plus d'égalité au ciel que sur la terre.

Selon la plupart des angélologues, les anges ont été créés longtemps avant le monde visible; d'autres enseignent qu'ils sont nés en même temps que le ciel et la terre, alors que Dieu, dont l'esprit planait encore sur les eaux, prononça le célèbre *Fiat lux*. L'opinion de Lactance sur ce point, opinion qui sûrement ne lui était pas personnelle, mérite d'être ici mentionnée. Comparant la génération du Fils, de celui qu'on appelle le Verbe, avec celle des anges, il y constate cette différence, que le Fils, — le premier des anges dans la doctrine de ce Père comme dans celle de plusieurs autres, — a été produit de la bouche de Dieu comme une parole prononcée à haute voix (*cum voce ac sonitu ex Dei ore processit*), tandis que les anges, au contraire, sont sortis du nez de Dieu comme de légers éternuments (*taciti spiritus, qui non uti sermo ore sed naribus proferuntur*).

Les anges n'ont pas été considérés d'abord comme de purs esprits : les Pères de l'Église leur attribuaient un corps, corps subtil, il est vrai, éthéré, igné, mais corps matériel enfin, et cette doctrine, consacrée, en 787, par une décision du concile de Nicée, devint celle de toute l'Église, jusqu'au jour où le concile de Latran, en 1215, sans respect pour son aîné, en décida autrement, et décréta l'immatérialité substantielle des anges. A partir de ce moment, les anges, qui, suivant les diverses opinions des hommes, se sustentaient précédemment de manne, d'ambroisie ou de je ne sais quel pain céleste, n'eurent plus d'autre nourriture orthodoxe que l'éternelle contemplation de Dieu. Quant aux démons, il est probable que, dans les contrées où ils sont encore honorés, ils continuent, en se matérialisant un peu, de se repaître de l'odeur de l'encens et de la fumée des sacrifices.

Saint Thomas, saint Anselme, saint Bernard, saint Bonaventure, une foule d'autres saints docteurs nous ont révélé les fonctions spéciales des différents ordres de la hiérarchie angélique : les simples Anges, ou anges gardiens, veillent sur les individus et les églises; les Archanges sont chargés de l'administration des empires et des royaumes; les Princes ont à répondre de l'humanité tout entière; les Vertus protégent les corps ; les Puissances surveillent les démons; les Dominations prennent soin des hommes de bonne volonté; les Trônes contemplent l'Éternel et sont sans cesse en adoration devant lui; les Chérubins admirent sa sagesse et ne se lassent pas de compter et de célébrer devant lui ses perfections ; les Séraphins, les plus rapprochés de Dieu, brûlent de son amour et participent de sa bonté. Quant aux noms des anges, l'Église n'en reconnaît que trois comme authentiques : Michel, Gabriel, Raphaël.

Il est au moins douteux que les anges aient été, de la part des chrétiens, l'objet d'aucun culte avant le ive siècle. Origène déclare, en termes formels, qu'il n'est pas permis d'adresser des prières à des créatures de Dieu, non pas même au Christ (*Contra Celsum.*, l. V, c. iv. et seq. — *de Orat.*, c. xv). Le concile de Laodicée, tenu vers 363, anathématisait encore, par son 35e canon, le culte des anges comme une idolâtrie.

Ceci prouve que ce culte se pratiquait alors; déjà même on y joignait celui de la Vierge, comme le témoigne saint Épiphane, quand il s'écrie (*Panarium*, LXXIX, § 5 et 7) : « Puisque les anges eux-mêmes ne doivent pas être adorés, combien moins la fille d'Anne ! »

Nous n'avons de données ni bien précises ni bien certaines sur l'origine et la chute de Satan. Voici comment Lactance, le plus sensé sur ce point de tous les Pères de l'Église, expose l'une et l'autre : « Ce monde que Dieu, dit-il, se préparait à créer, devait être nécessairement composé d'éléments contraires; car on ne comprend pas la lumière sans les ténèbres, le bien sans le mal. Tous deux, bien qu'opposés entre eux, sont si inséparablement unis ensemble, qu'on ne peut supprimer l'un, sans faire en même temps disparaître l'autre. Mais, comme il était indigne de Dieu qu'il produisît lui-même le mal, il fit avant tout deux sources ou principes des choses contraires entre elles, je veux dire ces deux esprits, l'un bon, l'autre mauvais, dont le premier est comme la main droite, le second comme la main gauche de Dieu, afin que les contraires fussent en leur puissance. Dans sa prudence et sa sagacité, avant de commencer ce monde, il produisit d'abord un esprit semblable à lui, le Verbe ou Logos, qui serait doué des qualités de Dieu son père. Ensuite, il en fit un autre, dans lequel ne persista pas le caractère de sa divine origine. Celui-ci se laissa infecter du poison de l'envie, il délaissa le bien pour le mal. »

D'autres anges suivirent tout d'abord Satan dans sa révolte ; mais le nombre de ses adhérents s'accrut ensuite de beaucoup, lorsque, selon les croyances primitives de l'Église, fondées à la fois sur les versets 2 et 4 du chapitre VI de la Genèse, sur l'interprétation fournie par Josèphe et Philon, par le livre d'Hénoch et le testament des douze patriarches, et enseignées avec une unanimité d'opinion fort rare chez les docteurs de ce temps-là, les anges ou fils de Dieu, séduits par la beauté des filles des hommes, eurent commerce avec elles, et que, de ces accouplements, cause de proscription pour les anges qui s'en étaient rendus coupables, naquirent des géants, véritables démons, ceux-là, dont les âmes, depuis lors, en compagnie de leurs pères, errent incessamment dans les airs ou sur la terre, exerçant partout leur formidable puissance.

Satan, en effet, et ses anges ont aussi leurs fonctions. Ils ne sont ni oisifs ni tenus enfermés. Selon l'opinion, à peu près unanime, des Pères de l'Église, les châtiments réservés aux démons ne commenceront qu'au dernier jugement. Afin de leur laisser jusque-là toute liberté de persécuter les hommes, d'opérer ou d'exciter le mal, Dieu ne les soumet à d'autre tourment qu'à celui qu'ils éprouvent en voyant de temps en temps quelque pécheur se convertir; ce qui devient plus rare de jour en jour : « La foi, dit le doux et pieux Nicole, dans son traité *de la Crainte de Dieu*, chapitre V, la foi nous fait voir les démons répandus par tout le monde, qui tourmentent et affligent tous les hommes en mille manières, et qui les précipitent presque tous, premièrement dans les crimes, et ensuite dans l'enfer et dans la mort éternelle. »

Aujourd'hui, même auprès des croyants les plus dévots, les anges, bons et mauvais, ont beaucoup perdu de leur ancien prestige. On ne fait guère intervenir ni les uns ni les autres dans les événements de ce monde. Dieu n'a plus de ministres responsables; son gouvernement, à lui aussi, est devenu un gouvernement personnel. On se moquerait aujourd'hui de Tertullien, s'il venait dire aux magistrats de Paris ce qu'il disait autrefois, dans son *Apologétique*, à ceux de Rome : « Qu'on fasse venir devant vos tribunaux un homme qui soit reconnu pour être possédé du démon ; qu'un chrétien, quel qu'il soit, n'importe, commande à cet esprit de parler; il confessera et qu'il est véritablement démon, et qu'ailleurs il se donne faussement pour un dieu. S'il ne fait pas cette confession, répandez sur le lieu même le sang de ce téméraire chrétien. Qu'y a-t-il de plus manifeste et de plus sûr qu'une pareille preuve de la vérité de notre foi ? »

Deux réflexions seulement, pour servir de morale à toutes ces fables :

Premièrement, on ne saura jamais jusqu'où peut aller, même chez les forts, sous l'empire de la superstition, l'imbécillité humaine.

Secondement, il faut plaindre l'Église chrétienne de son immutabilité. Certains dogmes sont aujourd'hui pour elle ce qu'était pour Hercule la robe du centaure Nessus : il ne pouvait tenter de la dépouiller sans déchirer aussi sa chair et répandre son sang.

BIBLIOGRAPHIE. — *Mémoires de l'ancienne Académie des inscriptions et belles-lettres*, tome XXXI; mémoire de l'abbé Mignot. — Voltaire, *Dictionnaire philosophique*, article ANGE. — J. Fr. Cotta, *Dissertationes duo, succinctam doctrinae de angelis historiam exhibentes*, Tubingue, 1765. — J. G. Maier, *Historia Diaboli*, Tubingue, 1780. — Keil, *De angelorum malorum et daemoniorum cultu apud gentiles.* — J. B. Carpzovii *Varia historia angelicorum ex Epiphanio et aliorum veterum monumentis eruta*, Helmstedt, 1772.— F. Nork, *Biblische mythologie des Alten und Neuen Testamentes*, Stuttgard, 1842. — D. F. Strauss, *Die christliche Glaubenslehre in ihrer geschichtlichen Entwicklung*, Tubingue, 1840. — W. Münscher, *Handbuch der christlichen Dogmengeschichte*, Marbourg, 1818. — K. R. Hagenbach, *Lehrbuch der Dogmengeschichte*, Leipzig, 1857. — Alfred Maury, *Encyclop. moderne*, article ANGE.— Le cardinal Gousset, *Théologie dogmatique*, Paris, 1857.— A. Morel, *Histoire du Diable d'après les documents officiels, les travaux des publicistes et les monuments de l'art*, Paris, 1861.

La liste des Pères, théologiens et docteurs de l'Église, sur cette matière, serait infinie.                                                                     M.-L. BOUTTEVILLE.

**ANGIOLOGIE** ou **ANGÉIOLOGIE.** — (ἀγγεῖον, vaisseau, et λόγος.) — Description des vaisseaux. C'est une partie considérable de l'anatomie descriptive.

Les *vaisseaux* sont des conduits qui régularisent le cours du sang ou de la lymphe.

Ils ne forment qu'un système général, le *système vasculaire*, distingué en quatre ordres de canaux.

Le premier ordre de canaux s'étend de l'appareil respiratoire à toutes les parties de l'organisation : il est parcouru par le sang rouge. Ce sont les *artères*.

Le second s'étend de toutes les parties du corps à l'appareil de la respiration : il y ramène le sang noir. Ce sont les *veines*.

Le troisième se compose de canalicules microscopiques, qui s'anastomosent dans la profondeur de tous les tissus, où ils font communiquer les artères et les veines : ce sont les *capillaires*.

Les vaisseaux du quatrième ordre ne contiennent plus du sang, mais de la lymphe : ils l'absorbent dans tous les organes, jointe aux matériaux de la nutrition puisés à la surface du canal digestif, pour la déverser dans la masse du sang veineux. Ce sont les *lymphatiques*.

Le système vasculaire est constitué dans l'ensemble de ses canaux par trois tuniques superposées :

L'interne est formée de fibres lamineuses ou élastiques fines, en longueur. La moyenne présente les mêmes éléments transversalement disposés, plus une substance homogène lamelleuse, criblée de trous, élastique, et, à sa face interne, une couche de fibres musculaires de la vie organique, transverses également : cette couche augmente à mesure que l'on s'éloigne des gros troncs; c'est le contraire pour l'élastique. La tunique la plus externe est adventice, empruntée au tissu cellulaire des interstices où cheminent les vaisseaux.

De ces trois tuniques, les capillaires ne présentent jamais que les deux premières ou même l'interne seulement. Une substance homogène tient lieu des fibres longitudinales: toutefois des noyaux allongés font déjà pressentir la direction que celles-ci affectent dans les canaux plus développés.

Dans les veines, la tunique interne à fibres longitudinales se distingue en deux couches dont la seconde, sur les grosses veines, peut être vasculaire. C'est à cette double couche de tissu cellulaire condensé, que la paroi veineuse est réduite dans les *sinus*.

Sur les gros troncs veineux, ou même lymphatiques, il s'ajoute souvent à la tunique adventice des trousseaux musculaires de fibres-cellules, étendus le long du vaisseau. Cette enveloppe d'emprunt est la seule couche des artères qui puisse devenir vasculaire, tandis que dans les veines toutes les tuniques peuvent l'être, excepté l'interne.

Sauf dans les capillaires et dans les veinules dont le calibre n'atteint pas un millimètre, toute la membrane séreuse du système vasculaire, y compris l'endocarde qui n'en est qu'une dilatation, est tapissée d'un épithélium pavimenteux.

L'élastique lamelleuse de la couche moyenne fait défaut dans les lymphatiques : les deux premières tuniques du *canal thoracique* se dédoublent chacune en deux couches.

L'ensemble des canaux artériels peut être envisagé comme un arbre vasculaire, qui aurait ses racines dans les poumons pour aller se ramifier dans toutes les parties de l'organisme. L'ensemble des canaux veineux peut être également considéré comme un arbre, dont les racines se prolongeraient au contraire à partir des organes et dont les branches, beaucoup plus courtes, seraient dans l'appareil de la respiration.

Directement ou indirectement parties du cœur, qui se développe sur ce double tronc à peu de distance des organes respiratoires, les *artères* se placent ordinairement dans les intervalles celluleux de l'organisme, aussi profondément que possible, vers les os, qu'elles contournent très-obliquement ou qui les contournent. Elles passent, en différentes régions, sous des arcades fibreuses qui les défendent des compressions. Leur trajet, presque toujours longitudinal, est en même temps plus ou moins flexueux. C'est au voisinage des grandes segmentations du squelette que se produisent leurs divisions principales. Celles-ci se font presque toujours à angle aigu, même dans les derniers rameaux. Il en est de même des anastomoses : toutefois quelques-unes, fort importantes il est vrai, se font en arcades, disposition nécessitée en de certaines régions, comme aux abords de l'intestin, à la paume de la main ou à la plante du pied, par l'étalement des surfaces de distribution. L'anastomose transversale est tout à fait exceptionnelle.

Les artères se terminent par des ramifications multipliées dans la profondeur des organes ou sur l'étendue des surfaces libres ; — ou plutôt elles s'y continuent, par l'intermédiaire des capillaires, avec les radicules, encore plus nombreuses, de l'arbre veineux.

Elles se présentent comme des troncs régulièrement cylindriques, de consistance rigide, cassante, élastique, transversalement striés quand on les dénude.

Les anomalies de disposition que peuvent offrir les artères sont fréquentes; souvent même elles échappent à la loi de symétrie. Il n'est aucun tronc dont l'origine ne puisse varier, et ces variétés sont d'autant plus fréquentes que le calibre est plus réduit. Aussi le lieu et le mode précis de leur origine ont-ils en définitive peu d'importance.

Au point de vue pratique du chirurgien, il est intéressant d'observer que les principales artères suivent les bords de muscles déterminés, dont la saillie se fait sentir sous la peau et qu'on appelle leurs muscles *satellites.*

Les *veines* se distinguent en deux plans ; les unes superficielles et les autres situées au-dessous des aponévroses.

Les superficielles rampent sous la peau, entre les deux feuillets du *fascia super-ficialis* : leur distribution est indépendante de celle des artères. Ces veines naissent de réseaux cutanés ; elles échangent de nombreuses anastomoses et communiquent avec les veines profondes, surtout au voisinage des articulations.

Les veines profondes accompagnent les artères. Leurs branches, surtout aux membres, sont fréquemment disposées par paires et recouvrent le tronc artériel. Elles proviennent de toutes les parties sous-jacentes aux aponévroses. C'est sur elles, plus encore que sur les artères, que viennent se rassembler les troncs lymphatiques.

Celles qui correspondent aux grosses artères de l'intérieur du tronc sont simples. Au moment de leur pénétration ¦dans la cage respiratoire, elles adhèrent aux plans fibreux qu'elles traversent par tout le pourtour de leur calibre, lequel, maintenu par cette adhérence, ne cesse jamais d'être béant.

Les veines sont, en général, moins flexueuses que les artères ; elles ont en même temps plus de volume, surtout à mesure qu'on s'éloigne des gros troncs ; et, comme leur nombre est aussi plus considérable, il en résulte que la capacité totale de l'arbre veineux est supérieure à celle de l'arbre artériel. Elles se différencient encore des artères par la disposition de leurs anastomoses, qui sont très-fréquemment transversales : ce genre de communication est habituel entre les veines profondes et disposées par paires qui accompagnent les artères des membres. Ces vaisseaux offrent de plus une tendance à se dédoubler, pendant un certain trajet, en deux branches, qui marchent parallèles pour se fusionner de nouveau.

Il est, dans l'économie, certaines régions ou surfaces, tant cutanées que viscérales, où les anastomoses se multiplient entre des branches divisionnaires assez volumineuses et forment ainsi des *plexus,* à mailles plus ou moins nombreuses, d'où procèdent de nouveaux troncs.

Toutes les veines finissent par se réunir et se terminer en deux troncs séparés dans l'oreillette du cœur droit. Il existe donc, au point de vue simplement anatomique, deux arbres veineux, l'un au-dessus du diaphragme et l'autre au-dessous, unis seulement par l'oreillette.

Les conduits veineux se présentent comme des troncs cylindriques, mais irréguliers, offrant de loin en loin des renflements.

Les parois sont minces, demi-transparentes, molles et lisses, très-extensibles, surtout transversalement.

Les renflements extérieurs répondent à des valvules qui se produisent irrégulièrement, tantôt simples, rapprochées plus souvent par paires, à l'intérieur du calibre.

Ce sont des replis de la membrane interne. Ils sont disposés en paniers à pigeons, en opposition au reflux du sang ; plus nombreux dans les veines ascendantes et dans celles qui sont sujettes aux compressions musculaires, surtout vers les embouchures.

Les valvules sont souvent insuffisantes : tel est le grand repli valvulaire connu sous le nom de valvule d'Eustachi qui se trouve à l'embouchure de la veine cave ascendante. Rares dans les veines de la tête et dans les azygos, elles disparaissent totalement dans les veines caves, rénales, rachidiennes, intercostales, dans les anastomotiques des plans profond et superficiel, dans les veines pulmonaires et dans tout le système porte.

Les anomalies de distribution sont perpétuelles dans les conduits du sang noir, sans exception pour les gros vaisseaux, comme la veine cave supérieure. A chaque instant, les veines se multiplient, manquent, se suppléent, s'échangent, se dérobent à la symétrie.

Les troncs des veines et des artères, quand ils atteignent un gros volume, — et nous pouvons ajouter ceux des lymphatiques, dont nous parlerons tout à l'heure — peuvent être eux-mêmes vascularisés par des artérioles, des capillaires et des veinules, qui sont alors les *vaisseaux des vaisseaux, vasa vasorum*, comme on les appelle en anatomie. C'est à cet ordre qu'appartiennent les vaisseaux du cœur; on peut même les prendre pour type.

Les *vaisseaux lymphatiques* sont incomparablement plus nombreux que les veines et les artères et aussi moins volumineux, car le plus gros de tous, où se rendent presque tous les autres, n'excède pas le diamètre d'une plume de corbeau.

Ils naissent d'une infinité de canalicules, moins ténus que les derniers capillaires sanguins, anastomosés en réseaux plus ou moins serrés, soit sur les différentes régions des surfaces cutanées et muqueuses, soit dans la trame des organes. Ces capillaires du système lymphatique ne sont nulle part en communication avec les capillaires à sang rouge.

Les lymphatiques sont, comme les veines, sous-cutanés ou profonds. Les premiers convergent vers les trajets des veines superficielles, les autres se rassemblent sur les troncs des vaisseaux profonds, qui servent ainsi de substratum à leur distribution, en même temps qu'à celle du système nerveux ganglionnaire. Leur trajet est plus direct que celui des veines; ils échangent peu d'anastomoses et celles-ci se font par simple bifurcation.

Tous les vaisseaux lymphatiques finissent par se réunir en un petit nombre de conduits de déversement, qui rapportent la lymphe dans la masse du sang veineux. Chez l'homme, il en existe deux principaux : un *canal thoracique*, qui remonte le long de la colonne vertébrale, du côté gauche, et une *grande veine lymphatique droite*, souvent double ou même triple. Ces troncs s'abouchent dans les veines sous-clavières.

Les *lymphatiques* se présentent comme des canaux cylindriques, à calibre presque uniforme dans l'étendue de chaque trajet, très-minces de paroi et fort extensibles, avec des nodosités régulières, que séparent des intersections équidistantes. On dirait à les voir des tuyaux de drainage. C'est que les valvules auxquelles répondent les nodosités ne sont plus seulement des replis de la membrane séreuse. C'est la paroi elle-même dans toute son épaisseur, — ou du moins ses deux tuniques propres, — qui se replie et s'enfonce pour les former. Elles sont ainsi constituées par une série d'invaginations, figurées en croissant, rapprochées par couples et d'ailleurs opposées au reflux du liquide. Une autre particularité non moins remarquable est offerte par ces vaisseaux : tous rencontrent sur leur parcours et traversent, avant de se réunir en conduits de déversement, un ou plusieurs *ganglions*. Ces ganglions sont des agglomérations ovoïdes de très-petites vésicules closes : chaque vésicule est remplie de cellules épithéliales : des fibres de tissu cellulaire relient et enveloppent toute la masse : les vaisseaux lymphatiques, un ou plusieurs, y pénètrent en général par une extrémité de l'ovoïde, s'y ramifient, enlacent ainsi les vésicules, communiquent ensemble et, reconstitués de nouveau, sortent par l'autre extrémité. Ces ganglions sont nombreux et s'échelonnent en séries dans le mésentère au passage des lymphatiques chylifères. On les voit s'accumuler dans d'autres régions. Il n'en existe point sur le parcours du canal thoracique, où les valvules sont aussi moins fréquentes et moins régulièrement espacées.

Quant aux anomalies, on peut dire que, dans la distribution du système lymphatique, la régularité n'est qu'une vue générale de l'esprit. Pas une partie n'échappe aux variations, qui portent sur le nombre et la disposition des ganglions aussi bien que des vaisseaux.

Les lymphatiques paraissent exister dans presque tous les tissus de l'organisation : on n'en trouve pas dans les séreuses, du moins qui leur soient propres, ni, en général, dans le tissu cellulaire, dont les séreuses ne sont qu'une condensation.

E. LEVERDAYS.

**ANGLE.** — MATHÉMATIQUES. — Le but essentiel de la Géométrie est la mesure, presque toujours indirecte, de l'étendue : *longueurs, surfaces* et *volumes*, se rapportant aux trois grandes théories des *rectifications*, des *quadratures* et des *cubatures*. (Voir au mot *Géométrie*.) Mais cette mesure se ramène systématiquement à celle des lignes droites et de leurs inclinaisons mutuelles. L'étude des *angles* est donc un élément fondamental de la science de l'espace.

La notion d'angle, comme celle de *ligne droite*, de *perpendiculaire*, de *plan*, de *cercle*, etc., nous est fournie par l'observation immédiate du monde extérieur : car, il ne faut pas l'oublier, la Géométrie est une science dont les premières bases sont purement inductives et expérimentales, quoique la déduction y joue un rôle dominateur.

Toutefois la *notion angulaire* exige un certain degré d'abstraction pour être saisie dans son entière généralité. Le monde extérieur ne nous fournit directement que des êtres étendus dans tous les sens. Par une première réduction mentale, nous en tirons l'idée de *surface*, et, par un deuxième degré d'abstraction, celle de ligne, quand nous ne considérons plus que les contours qui limitent les surfaces d'avec l'espace ambiant. Pareillement, nous ne percevons dans les formes géométriques que des angles *solides*, formés par des plans qui se coupent. Si nous portons notre attention sur l'intersection de deux plans seulement, nous avons l'image des angles appelés *dièdres*, et finalement d'angles *rectilignes* en supposant les angles dièdres coupés par des plans perpendiculaires à leurs arêtes. Mais cette suite d'éliminations mentales est tellement simple et facile pour les cerveaux les plus rudimentaires, qu'il faut une certaine attention pour en démêler la marche analytique.

L'aperçu logique précédent nous fournit aussitôt une nomenclature des angles, et nous indique l'ordre didactique de leur étude, ordre qui a été spontanément suivi par l'esprit humain, dans l'institution abstraite de la Géométrie.

Parmi tous les angles rectilignes il faut remarquer ceux qu'on qualifie de *droits* et qui résultent de la rencontre de deux perpendiculaires. Les angles plus petits que l'angle droit sont dits *angles aigus* et les angles plus grands que l'angle droit sont appelés *angles obtus*. Conçu tantôt comme somme, tantôt comme différence d'angles aigus ou obtus, l'angle droit constitue à la fois le type et l'unité autour desquels se coordonne la théorie angulaire en une suite de proportions presque évidentes, fondement de la Géométrie des lignes, sur laquelle on construit ensuite celle des *surfaces* et des *volumes*.

Mesurer une grandeur c'est la comparer à une autre de même espèce supposée connue et qui sert d'étalon. Primitivement, le moyen le plus naturel de mesurer un angle a été de prendre un autre angle, très-petit, et de le porter autant de fois que possible dans l'angle à mesurer. Mais, presque jamais cette méthode ne pourrait être appliquée, quand même l'angle à mesurer serait accessible. Alors surgit un artifice logique remarquable, fréquemment mis en usage dans plusieurs théories scientifiques, par exemple, dans la mesure des températures, et qui a été inspiré par l'observation directe. Lorsque, du sommet d'angles pris comme centre et à l'aide d'un compas, on décrit des arcs de cercle qui coupent leurs côtés, on remarque que les angles sont proportionnels aux arcs décrits du même rayon : ces derniers se comparent comme des lignes droites. *Les angles au centre ont donc pour mesure les arcs compris entre leurs côtés* : énoncé trop abstrait, mais dont l'application aboutit à des résultats numériques exacts. Pourvu qu'on prenne pour unité d'arc celui qui correspond à l'unité angulaire adoptée, une suite de déductions élémentaires ramène à ce dernier cas normal la mesure des angles dont le sommet est situé en un point quelconque, en dehors ou en dedans de la circonférence.

C'est ainsi que le cercle nous permet la mensuration indirecte des angles et leur évaluation numérique. Mais, pour cela, il faut mesurer des arcs; or, il n'y a de facilement mesurable que des lignes droites. Voilà pourquoi, à la mesure directe des arcs, on a dû substituer bientôt l'évaluation de certaines droites, dites lignes trigonométriques et qui se lient aux arcs par des relations déterminées. Hipparque, dans l'antiquité, a ainsi remplacé les arcs par leurs cordes dont il a formé des tables, cordes auxquelles les Arabes ont plus tard substitué les sinus et les cosinus (voir *Trigonométrie*).

La mesure des angles dièdres est facilement déduite de celle des angles rectilignes, proportionnels à l'écartement de leurs plans; et enfin, celle des *angles sphériques* se ramène à la mesure de l'inclinaison des tangentes respectives tracées par le point d'intersection des deux arcs.

On voit ainsi que la mesure des lignes droites et de leurs inclinaisons aboutit à des résultats numériquement formulés, d'où résulte finalement l'évaluation des formes géométriques, conformément à l'étymologie du mot Géométrie. On comprend encore comment un problème, aussi simple en apparence que la mensuration de l'espace, a donné lieu à une science aussi vaste, aussi difficile, et dans laquelle la force intrinsèque de l'esprit humain s'est manifestée avec tant d'éclat.

Dr S. BAZALGETTE.

**ANGLES CÉPHALIQUES.** — Analyser et exprimer nos sensations, et par suite en fixer les impressions fugitives afin de pouvoir les retrouver, et, à notre ordre, les rappeler à notre imagination, les communiquer à nos contemporains, les transmettre à la postérité, c'est une des plus grandes difficultés qu'aient à surmonter les sciences d'observation et souvent les beaux-arts eux-mêmes. La gamme des sons, en déterminant et en permettant d'écrire une des qualités fondamentales des ondes sonores, a marqué un des progrès les plus frappants dans cette voie, sans pourtant atteindre le but tout entier, puisque le timbre, dont la mystérieuse cause ne nous est connue que d'hier, échappe encore complétement à toute notation, malgré la merveilleuse puissance de cet élément du son sur nos impressions intimes. Au mot *Couleur*, on dira comment la perspicace analyse de M. Chevreul est parvenue à déterminer et à désigner le nombre infini des nuances. Celui qui parviendrait à débrouiller le chaos des impressions olfactives rendrait aux sciences naturelles un service non moins signalé, puisque tout cet ordre de sensations est perdu pour elles, par l'impuissance où nous sommes de les déterminer, de les classer, de les désigner. Les formes non géométriques ne sont pas plus faciles à saisir, ni à désigner que les sons, les couleurs ou les odeurs. — Nous avons pourtant un merveilleux moyen de les reproduire : c'est le dessin. Sans doute, le dessin a d'immenses avantages mnémoniques et scéniques; mais il reproduit d'un bloc; il n'est pas analytique; il ne sépare guère les éléments dont l'enchevêtrement constitue la forme concrète. Saisir dans cet ensemble un des traits élémentaires, constitue donc un progrès important, quelquefois le point de départ d'une investigation, d'une branche nouvelle dans la science (cet article en est la preuve); or, vers le milieu du xviiie siècle, un laborieux anatomiste hollandais, P. Camper, eut cette bonne fortune. A la fois artiste et savant (trop rare assemblage pour les progrès et de l'art et de la science), faisant abstraction des mille différences qui diversifient la physionomie humaine, et dont la mobile et variable complexité déroute toute description quelque peu précise, il nota un des traits qui contribuent le plus fortement à donner à la physionomie humaine un caractère de bestialité, à savoir, la proéminence des parties inférieures de la face, siége des organes de l'olfaction et de la nutrition, sur les parties supérieures ou frontales, siége des organes de la vue et surtout de la pensée; et, non-seulement, en artiste, il saisit fortement ce trait caractéristique, mais, en savant, il emprunta à la géométrie une méthode simple et précise de le déterminer. Pour cela, il plaçait la tête et la face de profil et dans leur position normale, le regard fixé à l'horizon; puis, s'aidant d'un diagramme triagé et d'un crayon d'ailleurs fort précis dans son habile main, il traçait la projection de ce profil (qui, aujourd'hui, serait obtenu avec la dernière précision par la photographie); sur le dessin ainsi obtenu, il menait *une horizontale* qu'il faisait passer au niveau de l'oreille; puis, sur ce même dessin, il menait une autre ligne tangente à la partie la plus saillante du front et venant s'appuyer sur la lèvre supérieure. Cette seconde ligne, qu'il appelle la *faciale*, coupe la partie saillante du nez, et est plus ou moins oblique sur l'horizontale qu'elle vient rencontrer sous le nez; l'angle plus ou moins aigu qui résulte de cette intersection est l'*angle facial*.

Camper montra que cet angle, très-ouvert chez les Européens, devient plus aigu chez le nègre, plus aigu encore chez le singe, plus encore chez les autres mammifères; enfin, chez l'herbivore dont l'appareil masticateur est si développé, il est plus aigu que chez le carnassier, généralement aussi plus intelligent; de sorte qu'il y avait là une sériation fort heureuse qui rangeait les êtres précisément dans l'ordre de leur développement intellectuel : de là, la fortune de cet angle facial; sa valeur n'a rien perdu au point de vue du dessin, auquel le médecin hollandais voulait surtout l'appliquer; mais une science nouvelle, encore embryonnaire du temps de Camper, et que les recherches que sollicitait son angle facial commençaient à développer, l'*Anthropologie* (voyez ce mot), fut une des premières à s'emparer de cette mesure angulaire, et à l'appliquer à ses investigations. Mais bientôt elle s'aperçut qu'il fallait imposer à son tracé une précision qui lui manquait dans les travaux du savant hollandais. Camper plaçait la tête horizontalement, et, cela fait, il tirait « une horizontale » passant indifféremment au-dessus ou au-dessous ou par le trou auditif; peu lui importait, en effet; puisque toutes les horizontales sont parallèles, elles font un angle identique avec la ligne faciale.

Mais, comment savoir quand une tête est horizontalement placée? Qu'est-ce qui détermine cette position? Si rien n'est formulé, si c'est là une notion vague, laissée à l'appréciation de chacun, elle variera certainement avec les secrètes tendances de l'observateur, et l'angle facial manquera d'une base indiscutable. C'est pour cela qu'on ne tarda pas à remplacer cette horizontale par une droite qui, sur la projection partant du *centre* du trou auditif, aboutissait sous le nez : *soit* immédiatement sous la cloison nasale, *soit* sur le bord des gencives, *soit* sur le bord tranchant des dents incisives; de là, *trois angles faciaux différents*. Il y a encore d'autres incertitudes dans le tracé de la faciale; elle est menée tangente au front, mais d'aucuns, hommes, singes ou bêtes, ont, au-dessus du nez, des arcades sourcilières très-développées et fortement proéminentes en avant; la faciale doit-elle s'appuyer sur ces assises *osseuses* du front? Généralement, et avec raison, on ne l'a pas compris ainsi, et l'on a cherché un point osseux du front dont le relief traduisit immédiatement celui du cerveau lui-même, tandis que les saillies sus-orbitaires (arcades sourcilières des anatomistes) ne traduisent que des *sinus vides*, dépendances des fosses nasales. Le lieu adopté pour faire passer la faciale doit donc être la partie la plus saillante du front, au-dessus des arcs sourciliers, point (soit X, ce point) généralement situé à deux centimètres au-dessus de la *Racine* du nez, mais quelquefois plus haut, vers le niveau des bosses frontales. Cependant, il faut un second point pour déterminer la position d'une droite : il se prend sur le point le plus élevé de la lèvre supérieure; mais cette lèvre, épaisse, charnue chez quelques-uns, souvent surchargée d'une moustache, est mince et nue chez d'autres; ne doit-elle pas (pour l'anthropologiste) être déprimée afin de s'appuyer solidement sur un plan osseux? et quel sera le degré de cette compression? Il s'agit d'un crâne; ne doit-on pas négliger la petite pointe osseuse, dite épine sous-nasale, fort irrégulièrement développée et, le plus souvent, accidentellement rompue? Voilà autant de motifs d'incertitude, autant de tracés, et, par suite, autant d'angles faciaux différents. L'anthropologie a laissé aux artistes la méthode de Camper, dont le degré de précision repose entièrement sur la fidélité d'un tracé artistique, et différentes méthodes ont été proposées pour déterminer cet angle avec la précision que réclame la science. L'une de ces méthodes, fort bonne, n'a besoin que d'un compas d'épaisseur courbe comme en ont les accoucheurs et les anthropologistes; elle a deux illustres parrains : G. Saint-Hilaire et Cuvier : mais elle exige une petite construction graphique [1]; d'autres procédés pour obtenir cet angle exigent le jeu d'instruments compliqués; le plus spécial est le *goniomètre*; il a été imaginé par un célèbre anthropologiste américain, Morton, rendu plus précis par M. Jacquart, et moins coûteux mais moins précis par le professeur Broca. Quoi qu'il en soit, des nombreux travaux auxquels a donné lieu l'angle facial (et sans toucher à sa grande valeur physionomique), il est résulté que sa valeur anthropologique s'est fort amoindrie. En effet, pour avoir une signification

---

1. Décrivons succinctement cette méthode fort simple et très-précise. Il faut d'abord bien concevoir qu'il s'agit de la construction d'un triangle rectiligne ayant son sommet en un point O, situé *au centre* de la tête et *au milieu* de la ligne fictive qui du centre O' du trou auriculaire droit va au centre O'' du trou auriculaire gauche, et ayant pour base la ligne faciale qui, du point X, le plus saillant du front (presque toujours 2 centimètres au-dessus de l'angle rentrant qui constitue la Racine du nez), va au point E situé immédiatement sous le nez, sous la cloison médiane, la lèvre médiane, la lèvre étant déprimée assez fortement (mais sans aller jusqu'à la douleur), pour arriver à la base de cette cloison. Ainsi, en mesurant directement avec le compas la distance XE (du point frontal adopté, au point sous-nasal) on a la base du triangle; il s'agit de trouver les deux autres côtés XO et EO. On y parviendra facilement en remarquant que la ligne XO est la hauteur d'un triangle, ordinairement isocèle, ayant pour base l'axe bi-auriculaire O'O'' et pour côtés (égaux dans les têtes symétriques), les distances XO' et XO'', trois longueurs que l'on peut mesurer directement; on peut donc construire le triangle O'XO'', dont la hauteur XO (O étant le pied de la perpendiculaire) est un des côtés du triangle facial; de même, le troisième côté EO est aussi la hauteur d'un triangle isocèle O'EO'', ayant pour base le même axe bi-auriculaire, et pour côtés les distances O'E et O''E, également faciles à mesurer; dès lors, les trois côtés du triangle O'EO'' étant connus, on construira le triangle dont la hauteur EO sera le troisième côté du triangle facial cherché XOE, et dont l'angle E donnera l'angle facial.

uniforme, il emprunte ses éléments constitutifs à la position respective d'organes trop différents.

Ainsi, une diminution de l'angle facial pourra tenir : à un avancement *soit* de la lèvre, *soit* de l'arcade osseuse qui la soutient, ou encore, *soit* à un exhaussement du trou auditif par rapport à la face, *soit* à un allongement du nez, *soit* enfin à un aplatissement du front, ou à son inclinaison en arrière; et, des modifications aussi profondément différentes se traduiront par une expression univoque : la diminution de l'angle facial ! C'est ainsi que les Basques sont généralement remarquables par le peu de développement de leurs arcades alvéolaires : de là, un angle facial sous-nasal très-ouvert qui, mesuré sur les crânes, atteint en moyenne 80° et va jusqu'à 86° et 88°, tandis que les Parisiens, dont le nez est allongé, le développement de l'arcade dentaire et sa projection en avant notables, ont un angle facial sous-nasal d'autant moins ouvert et seulement de 76°, mesuré sur 104 crânes parisiens; et cependant si, par d'autres procédés, on mesure le développement frontal, on trouve qu'il est notablement supérieur chez les Parisiens. Ainsi, sans rejeter absolument l'angle facial de Camper, il faut savoir que sa signification est complexe. Aussi, les anthropologistes ont senti la nécessité de l'associer à d'autres mesures qui en déterminent la valeur. Nous allons énumérer la plupart de ces mesures qui sont des mesures angulaires; mais finissons ce qui touche l'angle campérien. Mesuré avec les procédés et les précautions ci-dessus mentionnés, il a été trouvé sur 104 crânes parisiens de 76° avec un écart probable de ± 2°, c'est-à-dire que la moitié des crânes était comprise entre (76 — 2) 74° et (76 + 2) 78°, et un écart possible de ± 9°, c'est-à-dire, que le plus ouvert avait un angle facial de 84° et le plus étroit de 68°. Les mêmes mesures, prises par nous sur 35 *chasseurs* vivants, étaient de 77°, 4, avec un écart probable de ± 1°, 2, et possible de ± 5. Ces angles sont plus petits que ceux que l'on attribue généralement au type dit caucasique [1]. Mais, vingt mesures, prises sur des Parisiens, appartenant à des professions libérales, nous ont donné un angle facial moyen de 81°; il semble donc légitime de conclure de cette trop petite exploration que, pour un même type humain, on peut présumer qu'il y a une liaison de causes et d'effets entre l'ouverture angulaire et l'activité intellectuelle, et ce sera légitimement qu'un artiste donnera un angle facial plus ouvert à celui qui travaille avec le cerveau qu'à celui qui travaille avec ses muscles.

Cependant, il ne paraît plus en être de même quand on passe d'un type, d'un groupe humain à un autre. Ainsi, bien que l'activité intellectuelle des Basques ne puisse être regardée comme supérieure à celle des Parisiens, nous avons trouvé l'angle facial de leur crâne, de 79° avec des maximum de 86° et 88°, écart que n'atteignent jamais les crânes parisiens. Mais, d'un autre côté, 35 crânes de nègres africains et océaniens du Muséum ne nous ont donné un angle facial que de 71° avec des écarts, maximum de + 5 et minimum de — 9.

Toutefois, M. Broca a fait remarquer avec raison que ce n'était pas vraiment l'angle campérien que l'on obtenait par les procédés décrits ci-dessus, puisque Camper mesura l'angle de la ligne faciale avec l'horizontale tracée sur la tête, tenue dans sa position normale.

---

1. Nous prévenons le lecteur qu'il ne doit ajouter aucune créance aux angles faciaux qui se rencontrent çà et là dans les auteurs : tantôt ces angles sont sous-nasaux, tantôt alvéolaires, tantôt dentaires, et, le plus souvent encore, ce sont des nombres qu'on se passe de main en main, sans aucune critique. Un angle facial ne vaut quelque chose que si l'auteur a minutieusement expliqué par quels procédés il l'a obtenu, et s'il a répété plusieurs fois sa mensuration afin de se mettre à l'abri des erreurs d'exécution.

Pour donner aux vues de Camper une réalisation scientifique, le problème était de déterminer la position normale de la tête. Quelques anthropologistes l'ont essayé sans tomber parfaitement d'accord ; M. Broca croit avoir trouvé qu'un crâne qui, placé sur un plan horizontal, repose sur les deux condyles du trou occipital et sur le bord alvéolaire (et non dentaire) de la mâchoire supérieure, est horizontal. Malheureusement, cette horizontale ne peut être déterminée sur une tête vivante. Mesuré sur cette horizontale, l'angle facial s'ouvre notablement, et, pour les crânes parisiens, il s'élève à 77°,5 avec un écart probable de $\pm$ 1°,6 et pour les Basques à 82°.

Cependant, les indéterminations et les insuffisances de l'angle facial et en même temps sa juste célébrité lui ont suscité de nombreux rivaux. Quelques-uns ont pris pour point fixe l'apophyse occipitale (soit $\omega$ ce point fixe), petite saillie osseuse située à l'occiput vers le milieu de l'os occipital ; cette saillie, très-manifeste sur les crânes, est, sur le vivant, ordinairement très-appréciable à travers la peau ; on peut donc s'en servir pour placer la pointe mousse d'un compas d'épaisseur dont l'autre extrémité, s'arrêtant successivement sur les points *singuliers* de la face ou de la tête : à la naissance des cheveux (C), à la racine du nez (R), au bout du nez ($n$), au-dessous (E), sur le bord alvéolaire (A), sur le bord des dents incisives (I), au menton (K), etc., donne la longueur des rayons $\omega$C, $\omega$R, $\omega$A, etc., tandis que les distances de chacun de ces points (de C à R, de R à $n$, à E, à A, à I, à K, etc.) donnent une série d'ouvertures angulaires en éventail. J'ai exécuté cette triangulation *occipito-faciale* sur 35 chasseurs, et j'ai trouvé que l'angle total de la face R$\omega$M était de 37°, avec des longueurs $\omega$R = 180$^{mm}$ ; $\omega$K 194$^{mm}$, et la ligne ou longueur de la face RK 120$^{mm}$.

Pour être complet, nous citerons très-succinctement les autres mesures angulaires qui n'ont pas été l'objet de recherches suffisantes, et qui, pour être bien comprises, exigeraient des connaissances anatomiques plus minutieuses que celles que nous pouvons enseigner ici.

1° L'angle de Daubenton, du plan du trou occipital avec la face, très-différent chez l'homme et chez les animaux.

2° L'angle méta-facial de Serre, qui forme les ailes ptérygoïdes avec le plan inférieur et basilaire du crâne, angle plus ouvert chez le nègre et chez l'enfant.

3° Angle bi-pariéto-zygomatique du professeur de Quatrefages, formé par les deux lignes qui, des points les plus saillants des arcades zygomatiques, sont menées tangentes à la suture coronale ou pariéto-frontale, angle qui résulte de la relation des deux diamètres transverses, l'un pris sur la face (d'une arcade zygomatique à l'autre) et l'autre sur le crâne aux lieux indiqués. Cet angle peut être nul, ou ouvert en bas comme chez l'enfant et le plus souvent dans la race blanche, ou ouvert en haut comme chez les peuples mongoliques et polaires.

4° L'angle corono-facial de Gratiolet, angle du plan mené suivant la suture coronale avec la ligne faciale.

5° L'angle palatin de Cuvier et de G. Saint-Hilaire, de la ligne médiane du palatin avec la ligne auriculo-sous-nasale O E (Voy. la note p. 209).

6° L'angle sphénoïdal de Welker : c'est un angle qui a son sommet dans l'intérieur du crâne en un point médian situé sur le corps du sphénoïde au *milieu* de la petite gouttière qui joint les deux trous optiques, dont un côté va de ce point (S) au point médian de la racine du nez (R), et l'autre au point médian de l'apophyse basilaire (B), sur le bord antérieur du trou occipital. Il en résulte que l'ouverture de cet angle obtus s'ouvre en avant et en bas et embrasse tous les organes de la face de la racine du nez jusqu'au fond de l'arrière-bouche, et que le complément de cet angle (ce qui lui manque pour remplir tout l'espace, ou faire 180°) est tourné vers le cerveau : donc, plus l'ouverture tournée vers la face sera rétrécie, plus le cerveau sera développé d'avant en arrière; aussi l'angle sphénoïde est-il plus petit chez l'homme que chez la femme; moindre encore chez l'enfant et chez le singe, où il devient une ligne droite. Tel est au moins le dire du savant anthropologiste Welker. Mais nos recherches particulières nous ont montré cet angle plus aigu chez les Cafres que chez les Parisiens; sa signification n'a donc pas le degré de généralisation que lui attribue Welker.

Enfin il y a les angles, soit antéro-postérieurs, soit transverses, *basilo-faciaux et crâniens*, et *auriculo-faciaux et crâniens* formant un éventail antéro-postérieur et ayant leur sommet, les premiers au point B, milieu du bord antérieur du trou occipital, sur l'apophyse basilaire, les autres au point O, point imaginaire intra-crânien sur le milieu de l'axe bi-auriculaire; si, de l'un de ces points pris comme sommet, on mène des droites aux divers points singuliers de la face ou du crâne, on obtient un vaste réseau angulaire fort propre à faire apprécier le développement comparé de chaque partie de la face ou du crâne: un compas d'épaisseur suffit pour obtenir ce réseau *sur un crâne* quelconque, si l'on prend le point B comme sommet; il suffit pour cela de mesurer successivement les distances du point B aux points singuliers dont on veut déterminer la distance angulaire, et de prendre ensuite la distance qui sépare entre eux chacun de ces points.

On a ainsi les trois côtés du triangle; une simple construction graphique fera connaître les angles en B; mais cette triangulation ne peut s'effectuer que sur le crâne. Celle, au contraire, qui place le sommet des angles au point inter-auriculaire O, et dont fait partie l'angle facial de Camper modifié par G. Saint-Hilaire et Cuvier, peut être rapidement exécutée, soit sur les crânes, soit sur le vivant par le céphalomètre d'Antelme et, plus laborieusement, avec le compas d'épaisseur, en généralisant le procédé que nous avons indiqué dans la note précédente (p. 209). Mais, sur des crânes, la précieuse méthode des projections de M. Broca permet d'avoir très-rapidement et les angles auriculo-faciaux crâniens, et les angles basilaires, ou tel autre qu'on voudra imaginer.

C'est en nous servant de ces tracés que M. Broca et moi avons constaté ce fait, si gros de conséquences, que les ouvertures angulaires de la partie antérieure du crâne, par exemple ceux de l'angle auriculo-frontal, vont se développant; ainsi, l'ouverture de l'angle du front est de près de 58° chez les Parisiens du xix° siècle, mais seulement de 55° chez ceux antérieurs au xii° siècle, et de 54° chez les nègres africains. Ainsi, les parties antérieures du cerveau des Parisiens se développent rapidement, soit par le fait d'une sélection darwinienne, soit parce que cette grande capitale va attirant, absorbant de plus en plus les meilleures têtes de France.

Dans ce rapide exposé, nous ne nous flattons pas d'avoir fait comprendre à notre lecteur, ni toutes les difficultés pratiques, ni tous les enseignements des mesures angulaires; si même, il n'est nullement anatomiste, s'il n'a pas entre les mains un crâne pour suivre notre description au fur et à mesure, il est probable qu'il ne pourra placer plusieurs de ces angles; mais, nous espérons lui avoir donné une idée suffisamment nette d'une mesure angulaire faciale ou crânienne, et des notions les plus importantes qui sont issues de ces recherches. Ceux d'entre eux qui seraient curieux d'approfondir cette étude auront, dans cette *Encyclopédie* même au mot *Crâne*, des notions complémentaires de celles-ci; mais, surtout dans le *Dictionnaire encyclopédique des sciences médicales*, aux articles : *Angles céphaliques* et *Crânes*, ils trouveront des monographies complètes sur ce sujet. Consultez aussi les *Bulletins* et les *Mémoires* de la *Société d'Anthropologie de Paris*.          D^r BERTILLON.

**ANGLETERRE.** — HISTOIRE. — L'histoire d'un peuple, dans le plan que nous nous sommes tracé, ne commence que le jour où il a conscience de lui-même, où il se sent vivre et penser, où il est capable de s'unir volontairement et librement en vue d'un but commun, le jour où il a mis le pied dans la voie au bout de laquelle il doit trouver la civilisation, la perspicacité et la liberté. Nous passerons donc rapidement sur ces premiers temps auxquels d'autres historiens ont pu et dû peut-être s'arrêter plus longtemps, mais qui ne forment à nos yeux que la préface de l'histoire du peuple anglais.

Séparée par la mer du reste de l'Europe, la Grande-Bretagne ne fut pourtant pas à l'abri de ces immigrations violentes, de ces invasions qui, dans l'antiquité, renouvelaient et bouleversaient à tout moment la population de chaque pays. Habitée, à l'époque la plus ancienne où l'histoire puisse remonter, par des peuples d'origine celtique, elle subit, comme la Gaule, autre pays celtique, l'invasion romaine. Mais la Gaule fut conquise en entier : plus d'un tiers de la Grande-Bretagne échappa à la domination étrangère. Les Celtes du nord, protégés par leurs montagnes, par leur courage et, sans doute aussi, par leur éloignement, restèrent indépendants. Ainsi commença la séparation de la Grande-Bretagne en deux parties, dont l'une devait un jour s'appeler l'Angleterre et l'autre l'Écosse.

La séparation ne fit que se maintenir et s'accuser de plus en plus lorsque, après l'abandon de la Grande-Bretagne par les Romains, les Angles et les Saxons, peuples d'origine germanique, vinrent à leur tour s'y établir et y fonder sept royaumes, qui devaient plus tard se fondre en un seul. Les Angles et les Saxons n'occupèrent que la partie de l'île précédemment soumise aux Romains. Ils ne l'occupèrent même pas tout entière. L'ouest leur échappa, et, redevenant purement celtique, forma ce qu'on appelle le pays de Galles. A l'invasion anglo-saxonne succéda l'invasion dano-normande, à des conquérants de race germanique, des conquérants de race scandinave. La lutte fut longue entre les premiers envahisseurs et ceux qui venaient prendre leur place. Enfin, en 1066, Guillaume le Conquérant, duc de Normandie, par sa descente en Angleterre, assura définitivement la victoire des Dano-Normands sur les Anglo-Saxons, et ferma pour la Grande-Bretagne l'ère des invasions étrangères.

Dès lors, le royaume d'Angleterre existait. Mais le peuple anglais n'existait pas encore. Tous les éléments qui devaient le former étaient réunis, mais n'étaient point encore soudés et en quelque sorte fondus entre eux. Le royaume d'Angleterre lui-même n'était pas encore ce qu'il devait être. Il avait trop de possessions continentales et pas assez de possessions insulaires. Guillaume le Conquérant et ses successeurs directs attachaient presque autant d'importance au duché de Normandie qu'à l'Angleterre proprement dite. Ce fut bien autre chose quand, à la dynastie normande, eut succédé une dynastie angevine, les Plantagenets, qui, par des héritages ou des mariages, ajoutèrent à la Normandie l'Anjou, le Maine, la Touraine, le Poitou, la Guyenne, la Gascogne et même, à un certain moment, la Bretagne. Si cet état de choses avait duré, les Plantagenets se seraient toujours considérés moins comme des princes anglais que comme des princes français établis en Angleterre. Ils auraient continué à parler la langue française et à essayer de l'imposer à leurs sujets. Ils n'auraient jamais pu adopter une politique nationale; et le pays, de son côté, ne les aurait jamais adoptés comme des souverains nationaux.

Philippe-Auguste rendit, sans s'en douter, un grand service à l'Angleterre en enlevant à Jean Sans-Terre la plus belle partie de ses possessions continentales, la Normandie, l'Anjou, le Maine et la Touraine. Il ne resta aux rois d'Angleterre que la Guyenne et quelques autres provinces situées au sud de la Loire. Ce pouvait être encore un embarras pour eux, mais non plus une sujétion absolue. En même temps que leurs possessions continentales diminuaient, leurs possessions insulaires s'agrandissaient. Henri II, père de Jean Sans-Terre, avait conquis la plus grande partie de l'Irlande. Les Plantagenets pouvaient et devaient dès lors adopter une politique plus particulièrement anglaise. Leurs possessions continentales passaient au second plan. Il était évident qu'il leur fallait désormais être rois d'Angleterre avant d'être ducs de Guyenne.

Ce n'est pas le seul service que Philippe-Auguste, dans cette circonstance, rendit à l'Angleterre. Les échecs qu'il fit subir à Jean Sans-Terre, en diminuant le prestige et l'autorité de ce prince, encouragèrent ses sujets dans leurs tentatives de résistance contre la royauté, et exercèrent par conséquent une influence considérable, quoique indirecte, sur le premier événement dans lequel la nation anglaise ait fait acte d'initiative et de volonté, sur le premier événement capital et décisif de l'histoire d'Angleterre. Nous voulons parler de la promulgation de la Grande Charte.

La plupart des nations de l'Europe occidentale, au moyen âge, jouissaient de certaines libertés, incomplètes sans doute et fréquemment contestées, mais qu'elles revendiquaient chaque fois qu'une occasion favorable se présentait. Ces libertés étaient d'origine diverse. Les libertés municipales venaient surtout des Romains. D'autres libertés avaient une origine germanique. Par exemple, il était d'usage, chez les Germains, de ne décider de la guerre, de la paix, ou des autres questions d'intérêt général que sur l'avis d'un conseil composé des hommes les plus expérimentés de la tribu. Cet usage avait été transporté dans la Grande-Bretagne par les Anglo-Saxons. Dans les cas graves, le roi devait convoquer et consulter le *wittenagemot* (assemblée des sages). Cette institution s'était établie d'autant plus aisément dans la Grande-Bretagne, que les Celtes possédaient déjà une institution analogue. Un autre usage établi chez les tribus germaniques voulait qu'aucune condamnation n'eût lieu, sans que le crime ou le délit eût été constaté par le serment de douze hommes du pays, jouissant d'une bonne réputation. Nous touchons là aux deux bases de la constitution anglaise. Le *wittenagemot* : voilà l'origine du parlement. Les douze hommes de bonne réputation dont le serment était nécessaire pour qu'une condamnation fût prononcée : voilà l'origine du jury.

Les libertés, dont jouissaient les Anglo-Saxons sous leurs rois nationaux, furent fréquemment oubliées ou méconnues sous les rois normands et sous les premiers rois angevins. Mais, chaque fois que la royauté se trouvait sous le coup d'un embarras ou d'un danger, on venait lui rappeler les anciens droits du pays et lui en demander la confirmation. La royauté cédait ; elle promettait ce qu'on voulait, elle donnait même à ses promesses une forme solennelle et en quelque sorte authentique. Elle publiait une proclamation ou une *charte* dans laquelle étaient reconnus et confirmés les droits que revendiquait le pays. Une fois le danger passé, les promesses étaient oubliées ; la charte était mise de côté ; parfois même on essayait d'en détruire les exemplaires, afin de ne laisser subsister aucun témoignage du manque de foi de la royauté. N'importe : la prescription avait été interrompue ; un précédent avait été créé en faveur de la liberté. C'est ainsi qu'en 1066, Guillaume le Conquérant, encore mal affermi sur le trône et menacé par un prétendant anglo-saxon, dut consentir, sur les instances de la corporation des bourgeois de Londres, à publier une proclamation dans laquelle il confirmait les lois d'Édouard le Confesseur, le dernier roi saxon. C'est ainsi qu'en 1100, Henri Ier Beauclerc, en montant sur le trône, publia une charte qui confirmait de nouveau ces mêmes lois.

Sous les premiers rois angevins, sous Henri II, sous Richard Cœur-de-Lion, sous Jean Sans-Terre, ces engagements avaient été violés. Jean Sans-Terre surtout avait poussé l'arbitraire jusqu'à ce point où il ne peut plus être toléré. Il ne rachetait même pas sa tyrannie par une administration et par une politique heureuses. Il avait perdu, presque sans résistance, quelques-unes des plus belles possessions de la couronne d'Angleterre. Il était aussi haï que méprisé. Ses sujets, après lui avoir présenté plus d'une fois des suppliques respectueuses, adoptèrent, pour agir sur lui, un moyen plus énergique et plus décisif. En 1214, peu de mois après la bataille de Bouvines, où les Anglais et les Allemands coalisés avaient été vaincus par Philippe-Auguste, un certain nombre de prélats et de barons, exaspérés par le mauvais gouvernement de Jean Sans-Terre, se réunirent à Edmundsbury pour délibérer sur la situation du royaume. Étienne Langton, archevêque de Cantorbéry et primat d'Angleterre, produisit au milieu de cette réunion un exemplaire de la charte de Henri Ier, le seul, dit-on, qui eût échappé à la destruction. Les prélats et les barons pouvaient dès lors appuyer leurs réclamations sur un titre respecté. Jean essaya vainement de lutter contre eux. Abandonné par tous ceux sur lesquels il croyait pouvoir compter, il vit ses adversaires, qui avaient pris le titre d'*Armée de Dieu et de la sainte Église*, entrer triomphalement dans Londres, et, le 19 juin 1215, dans la prairie de Runnymead, à deux lieues de cette capitale, il dut signer l'acte demeuré à jamais célèbre sous le nom de Grande Charte.

Depuis cette époque, bien des contrats du même genre ont été conclus entre les peuples et les rois. Quelques-uns sont encore exécutés et respectés. D'autres ont été déchirés et réduits à néant. La vieille charte de Jean Sans-Terre subsiste toujours. Elle occupe, par ordre chronologique aussi bien que par ordre d'importance, la première place dans la législation anglaise. On lit encore aujourd'hui, avec un respect mêlé d'étonnement, ces formules naïves, et cependant précises, dans lesquelles sont en germe les libertés modernes :

Art. 14. — *Nous n'établirons aucun écuage ni aucun autre impôt d'aide dans notre royaume sans le consentement de notre commun conseil du royaume*, si ce n'est pour le rachat de notre personne, pour armer notre fils chevalier et pour marier une fois seulement notre fille aînée, auquel cas nous lèverons seulement une aide raisonnable.

Art. 15. — *Il en sera de même à l'égard des subsides que nous lèverons sur la ville de Londres, et la ville de Londres jouira de ses anciennes libertés et coutumes, tant sur terre que sur eau.*

Art. 16. — *Nous voulons et accordons encore que toutes les autres cités, villes et bourgs.... jouissent de toutes leurs libertés et coutumes.*

Art. 25. — ..... *Aucune amende ne sera imposée que sur le serment de douze hommes du voisinage, loyaux et de bonne réputation.*

Art. 48. — *Aucun homme libre ne sera pris, ni emprisonné, ni dépossédé de ce qu'il tient librement, ou de ses libertés, ou de ses coutumes, ni ne sera mis hors la loi, ni exilé, ni privé de quelque chose en aucune façon,.... que par le jugement légal de ses pairs ou par la loi du pays.*

Art. 49. — Nous ne vendrons, ne différerons ni ne refuserons le droit et la justice à personne.

Art. 52. — *Il sera permis désormais à toutes personnes de sortir du royaume et d'y revenir en toute sûreté et liberté, par terre et par eau,* sauf le droit de fidélité qui nous est dû.

Dans les quelques articles que nous venons de citer se trouvent posés les principes du gouvernement représentatif : vote de l'impôt par une assemblée délibérante (art. 14); liberté municipale (art. 15 et 16); jugement par jury (art. 25 et 48); liberté individuelle (art. 48, 49 et 52). Ce ne sont encore que des germes. Mais les germes sont tombés sur un sol favorable. Ils ne sont pas destinés à rester stériles.

En effet, sous les quatre premiers successeurs de Jean Sans-Terre, sous Henri III (1216-1272), sous Édouard I<sup>er</sup> (1272-1307), sous Édouard II (1307-1327), et sous Édouard III (1327-1377), les libertés accordées au peuple anglais par la Grande Charte se consolident et se développent. En 1258, le *commun conseil* du royaume, réuni à Oxford par Henri III, reçoit pour la première fois le nom de *Parlement*. Sous l'influence de Simon de Montfort, comte de Leicester, cette assemblée s'efforce de poser de nouvelles bornes à l'autorité royale. Elle établit, auprès du roi, pour contrôler et partager son pouvoir, un conseil de vingt-quatre membres : premier et imparfait essai de ministère responsable. Les vingt-quatre rédigent, pour compléter la Grande Charte, les statuts d'Oxford, dans lesquels ils ont stipulé, entre autres points importants, que le Parlement devra être convoqué au moins tous les trois ans. La royauté, après avoir subi de mauvaise grâce ces conditions, veut s'en affranchir. Une guerre civile éclate. Après des alternatives de succès et de revers, Simon de Montfort est vaincu et tué à Evesham, en 1265. Avec lui, la cause de la liberté succombe momentanément. Mais, avant de périr, il a posé un grand principe. Il a appelé un certain nombre de chevaliers des comtés et de bourgeois des communes à siéger dans le Parlement à côté des prélats et des barons. Par là, il a associé la petite noblesse des campagnes et la bourgeoisie des villes à la lutte de l'aristocratie et du haut clergé contre la royauté. Il a transformé une assemblée purement aristocratique en une sorte de représentation nationale.

Le successeur de Henri III, Édouard I<sup>er</sup>, malgré son goût pour le pouvoir absolu, se voit forcé, par le besoin d'argent, de convoquer fréquemment le Parlement. Chaque fois il y appelle, comme l'avait fait Simon de Montfort, un certain nombre de représentants des comtés et des villes. Édouard II en fait autant. Peu à peu, les barons et les prélats se séparent des autres membres du Parlement et finissent par former la chambre basse ou la chambre des communes. Cette séparation devient définitive sous Édouard III. En même temps, les droits du Parlement s'accroissent. Dès la seconde année du règne d'Édouard II, cette assemblée met des conditions au vote des subsides qui lui sont demandés. Sous Édouard III, elle fait constater et confirmer par la royauté la nécessité du concours des deux chambres pour le vote des impôts et pour les changements à apporter aux lois du royaume. Enfin, elle revendique et obtient le droit de mettre en accusation les conseillers du roi. Les principes fondamentaux du gouvernement représentatif sont posés.

Cette période de progrès à l'intérieur est aussi une période de conquêtes au dehors, et de conquêtes utiles. Édouard I<sup>er</sup> soumet la partie occidentale de l'île, le pays de Galles, resté indépendant des Anglo-Saxons aussi bien que des rois normands et angevins. Il entreprend également la conquête de la partie septentrionale, c'est-à-dire de l'Écosse. En persistant dans cette voie, les rois d'Angleterre seraient arrivés à réunir sous leur autorité tout le territoire des îles Britanniques. C'était là le but qu'ils devaient poursuivre. Malheureusement, Édouard III s'en laisse détourner par l'ambition chimérique de réunir la couronne de France à la couronne d'Angleterre. Il fait passer l'intérêt dynastique avant l'intérêt national. Il revient ainsi à la politique regrettable des premiers Plantagenets. Pendant plus de cent ans (1336-1453), les forces de l'Angleterre se consument dans une entreprise dont le succès même aurait été plus funeste qu'utile au pays. Enfin, en dépit des victoires de Crécy (1346), de Poitiers (1356) et d'Azincourt (1415), les Anglais, heureusement pour eux, sont expulsés du territoire français, où ils ne conservent plus que Calais.

Plus d'un siècle a été perdu dans cette guerre, dite de Cent ans. Trente années vont être encore perdues dans la guerre des Deux-Roses (1455-1485). Elle commence par une rivalité entre deux branches de la maison royale des Plantagenets. Elle se termine par l'extinction de toute la descendance mâle de cette maison. Une famille galloise, celle des Tudors, alliée seulement par les femmes à la maison des Plantagenets, monte sur le trône dans la personne de Henri VII et gouverne l'Angleterre pendant plus de cent ans (1485-1603). Trois grands faits marquent cette nouvelle période. Le protestantisme, après une lutte qui a duré plus de trente ans, triomphe définitivement sous Élisabeth (1558-1603). Une marine nationale est créée : les premières victoires navales sont remportées et les premières colonies anglaises fondées. Enfin, l'union de l'Écosse à l'Angleterre et à l'Irlande est préparée par une alliance de famille entre les Tudors et les Stuarts. A la mort d'Élisabeth, cette union se réalise. Jacques Ier, fils de Marie-Stuart et arrière-petit-fils d'une fille de Henri VII, Marguerite Tudor, se trouve à la fois l'héritier des deux maisons. Déjà roi d'Écosse, il devient roi d'Angleterre. Un des grands buts de la politique anglaise est atteint. L'archipel tout entier des îles Britanniques est réuni sous une seule main.

Avec les Stuarts, une nouvelle scène s'ouvre. Sous les Tudors, la constitution anglaise n'avait point fait de progrès. Les luttes religieuses et la gloire du règne d'Élisabeth avaient fait oublier tout le reste. La nation semblait n'avoir plus le souci de ses libertés. Le Parlement se réunissait, mais pour enregistrer docilement les volontés de la Couronne. Des tribunaux exceptionnels, parmi lesquels il faut citer la chambre étoilée, rendaient illusoires, dans bien des cas, les garanties stipulées par la Grande Charte et par les lois ultérieurement établies, en faveur de la liberté individuelle et du jugement par jury. Sous les Stuarts, princes incapables, tantôt faibles et tantôt violents, jamais fermes ni modérés, l'opinion publique se réveille. Sous Jacques Ier (1603-1625), les dissentiments commencent entre la Couronne et le Parlement, soutenu par la nation. Sous Charles Ier (1625 1649), ils deviennent plus profonds. Un riche propriétaire du comté de Buckingham, John Hampden, donne l'exemple de la résistance légale aux prétentions arbitraires de la couronne. Il refuse de payer vingt schillings (vingt-cinq francs) qui lui étaient réclamés pour sa part d'une taxe qui n'avait point été votée par le parlement. Mis en prison, traduit devant la cour de l'Échiquier, condamné après de longues discussions, il occupe pendant plus d'un an l'opinion publique de ce procès, qui était en définitive celui de la nation contre la royauté, et crée une agitation qui va bientôt devenir une révolution.

Nous n'avons pas à entrer ici dans les détails de la lutte qui s'engagea, à partir de ce moment, entre la nation et la dynastie. Commencée dans le parlement, poursuivie ensuite sur les champs de bataille, elle parut terminée en 1649 par la condamnation et l'exécution de Charles Ier, par l'expulsion des Stuarts, et par la proclamation de la République. Mais le gouvernement républicain n'eut qu'une courte durée en Angleterre. Cromwell, sous le titre de Protecteur, concentra tous les pouvoirs entre ses mains. Sous sa main de fer, l'Angleterre eut autant de gloire que sous Élisabeth, mais aussi peu de liberté. Une réaction momentanée se fit en faveur des Stuarts, et, peu de temps après la mort du Protecteur, Charles II, fils de Charles Ier, était rappelé en Angleterre. C'est ce qu'on appelle la Restauration (1660). Mais l'incompatibilité des idées et des sentiments était trop grande entre une dynastie séduite par l'exemple de Louis XIV et une nation imbue des principes de Hampden. La lutte recommença bientôt. Une nouvelle révolution était imminente. Le séduisant et roué Charles II parvint à l'éviter ou tout au moins à l'ajourner (1660-1685). L'incapable et insensé Jacques II la fit éclater (1685-1688).

Guillaume d'Orange, gendre de Jacques II et stathouder des Pays-Bas, avait pris une part importante à cette révolution. C'était lui qui avait été appelé en Angleterre par les chefs de l'opposition pour les aider à défendre contre le roi la religion protestante et la liberté politique. Après la fuite de son beau-père, il est mis sur le trône, sous le nom de Guillaume III (1689-1702). Avec lui, l'Angleterre entre enfin dans la voie dont elle ne doit plus s'écarter. Tandis que Guillaume conduit les négociations et commande les armées, tandis que sa ferme et habile politique défend l'équilibre européen contre l'ambition de Louis XIV, au dedans les membres les plus importants des deux chambres, Sunderland, Danby, Shrewsbury, les deux Halifax, Somers, Godolphin, fondent définitivement le gouvernement constitutionnel. En 1693, le premier cabinet parlementaire est formé. Le rêve fait, trois siècles auparavant, par Simon de Montfort est réalisé. Les ministres seront désormais les mandataires du Parlement et de la nation, en même temps que les conseillers de la Couronne. Tout se crée à la fois. De la liberté naît le crédit. Le contrôle parlementaire, en garantissant la rigoureuse exécution des engagements de l'État, met fin au système des banqueroutes, pratiqué à cette époque par presque toutes les monarchies. Une refonte générale des monnaies leur donne un titre uniforme et définitif. La banque d'Angleterre est fondée. Enfin, à côté de la royauté et du Parlement, une puissance nouvelle apparaît. La presse, bien qu'elle ne jouisse encore que d'une liberté précaire et contestée, commence à prendre de l'influence sur les affaires publiques. Daniel de Foé, l'auteur de *Robinson Crusoé*, après avoir défendu, dans de nombreux pamphlets, la révolution de 1689, fonde, en 1704, la première *revue* périodique.

A ce moment, Guillaume III était déjà mort. Sa belle-sœur, Anne Stuart, lui avait succédé (1702-1714). Ce règne n'est que la continuation du précédent. La reine Anne suit la politique de Guillaume. Elle emploie les ministres et les généraux qu'il lui a laissés. Marlborough commande les armées. Halifax, Somers, Godolphin, conduisent le cabinet et le Parlement. L'Angleterre dirige encore la coalition européenne. Elle triomphe enfin de Louis XIV, et la paix d'Utrecht (1713) pacifie le monde pour quelque temps.

Fille de Jacques II, sœur du prétendant Jacques III, la reine Anne aurait voulu laisser le trône à sa famille. C'était un projet irréalisable. Un de ses ministres, Bolingbroke, pour s'y être prêté, perdit à jamais son avenir. La révolution contre les Stuarts était consommée, bien qu'une Stuart fût encore sur le trône. Anne avait été acceptée pour une double raison : elle était protestante et elle respectait les libertés nationales. Ces deux conditions ne se seraient trouvées réunies dans aucun autre membre de sa famille. L'ordre de succession au trône fut changé par le Parlement. Les Stuarts furent exclus. On alla chercher en Allemagne, pour l'appeler au trône, une famille protestante qui, par les femmes, descendait des Stuarts et des Tudors. C'était la famille de Hanovre.

Sous les princes de cette famille, sous Georges Ier (1704-1725), sous Georges II (1725-1760), sous Georges III (1760-1820), sous Georges IV (1820-1830), sous Guillaume IV (1830-1837) et enfin sous la reine Victoria, l'Angleterre s'est élevée au plus haut point de gloire et de prospérité. Et pourtant, aucun des souverains dont nous venons de citer les noms n'a eu le génie d'un Guillaume III ou d'une Élisabeth. Quelques-uns d'entre eux ont même eu des faiblesses, des vices qui, avec une autre constitution que celle de l'Angleterre, auraient pu entraîner le pays dans les plus grands malheurs. Heureusement, le pouvoir royal était déjà singulièrement restreint

lorsque la maison de Hanovre monta sur le trône : il l'est davantage encore aujour-
d'hui. Georges III a bien pu prolonger la guerre contre les colonies américaines
longtemps après que la nation aurait voulu y mettre fin. Le même Georges III et
son fils Georges IV ont pu retarder pendant de longues années l'émancipation des
catholiques. Mais ce sont là des circonstances exceptionnelles et qui, selon toute
apparence, ne se renouvelleront plus. Jusqu'à l'avénement de Guillaume IV (1830),
le Parlement et la nation ont lutté presque sans relâche pour renfermer le pouvoir
royal dans les limites les plus étroites. L'histoire intérieure de l'Angleterre, pendant tout le xviiie siècle et le commencement du xixe, n'est guère que le récit de
cette lutte, qui s'est terminée de nos jours par l'annulation à peu près complète de
la royauté. Aujourd'hui, l'Angleterre, on peut le dire, est une république avec un
président héréditaire.

Cette république a commencé par être aristocratique. La grande propriété foncière et le haut commerce, la richesse, en un mot, sous ses deux formes principales,
dominait dans la chambre des lords comme dans la chambre des communes. Cette
prépondérance s'appuyait sur tout un ensemble de priviléges politiques, sociaux,
religieux, économiques. Depuis quarante ans, elle s'affaiblit de jour en jour et tend
à disparaître. Après la liberté, les Anglais veulent avoir en outre l'égalité. Ils y
marchent peu à peu, sans révolutions nouvelles, par des réformes successives que
leur Constitution leur donne la possibilité d'accomplir quand ils veulent et comme
ils veulent. En 1829, les catholiques ont été *émancipés*, c'est-à-dire appelés à jouir des
droits politiques jusque-là réservés aux seuls protestants. En 1858, les Juifs à leur
tour ont été admis dans la chambre des communes. L'abolition des *corn laws* ou
lois sur les céréales a porté un coup décisif à la prépondérance de l'aristocratie foncière. L'acte de réforme de 1832 a rendu moins rigoureuses les conditions du droit
électoral et augmenté, dans des proportions considérables, le nombre des électeurs.
Les actes de réforme de 1867 et de 1868 ont complété l'œuvre commencée par l'Acte
de 1832. En 1832, on avait associé au gouvernement du pays la petite bourgeoisie.
En 1867 et 1868, on est allé plus loin. Les classes ouvrières, sinon en totalité, du
moins en partie, se sont vues appelées au pouvoir.

Au dehors, l'Angleterre n'est pas restée inactive pendant cette période. Au
xviiie siècle, sous un grand ministre, lord Chatam, elle a lutté contre la France
de Louis XV pour la prépondérance maritime et coloniale. A la suite de cette lutte,
elle était restée maîtresse de deux magnifiques empires coloniaux, situés l'un dans
l'Inde, et l'autre dans l'Amérique du Nord. Le second de ces deux empires a été
presque complétement perdu, à la suite de la guerre de l'indépendance américaine
(1775-1783). Mais l'Angleterre a trouvé des compensations à la perte de ses colonies
américaines sur plus d'un point du globe, et surtout en Australie, où elle a fondé
des colonies aussi libres et aussi prospères que la métropole. A la fin du xviiie siècle
et au commencement du xixe, elle a soutenu contre la France une lutte terrible,
d'abord pour s'opposer à la propagande révolutionnaire, ensuite pour défendre
encore une fois l'équilibre européen contre un nouveau Louis XIV (1793-1815). La
politique de Guillaume III a été reprise par William Pitt et par Castlereagh. Le
duc de Wellington a été un nouveau Marlborough, avec moins d'éclat peut-être,
mais avec infiniment plus de droiture et d'honnêteté. Les traités de Vienne (1815),
comme ceux d'Utrecht un siècle auparavant, ont pacifié l'Europe pour un certain
temps. Aujourd'hui, l'Angleterre n'est plus en lutte avec la France. Sa véritable
adversaire est la Russie, contre laquelle elle a fait, avec notre concours, la guerre
d'Orient (1854-1856).

Au milieu des guerres contre la Révolution et l'Empire, l'Angleterre a étendu et consolidé sa prépondérance maritime et commerciale. Le *blocus continental*, à ce point de vue, lui a été plus utile que funeste. Par le blocus continental, Napoléon Ier, chaque fois qu'il mettait la main sur un État du continent, détruisait le commerce maritime de cet État et livrait ses colonies à l'Angleterre. Il exerçait sur l'Europe une domination passagère et stérile : mais, en même temps, il abandonnait à nos rivaux la domination plus fructueuse et plus durable des mers. L'Angleterre a pu ainsi, pendant près de dix ans, sans craindre aucune concurrence, accaparer le commerce maritime du monde entier (1806-1815). C'est ce qui explique pourquoi la politique guerrière de Pitt et de Castlereagh a été si énergiquement soutenue par la Cité de Londres et par tout le commerce anglais. La paix une fois faite, les résultats acquis n'ont pas été perdus. L'Angleterre avait pris sur les autres nations européennes, au double point de vue du commerce et des relations maritimes, une avance qui n'a pas encore pu être regagnée jusqu'à ce jour. En même temps, elle avait renouvelé son outillage industriel par l'emploi de la machine à vapeur, inventée ou du moins perfectionnée, en 1785, par James Watt. La production se trouvait donc stimulée tout à la fois par le perfectionnement des procédés et par la multiplication des débouchés. Elle a encore été excitée depuis par l'abondance et le bon marché des transports, dus surtout à la création des chemins de fer. Sous l'empire de toutes ces causes réunies, l'Angleterre est devenue un des deux grands ateliers de travail et de production qu'il y ait dans le monde. L'autre est la république des États-Unis. Si l'Angleterre, à ce point de vue, est un jour dépassée, elle ne le sera que par une nation sortie de son sein, par une autre Angleterre en quelque sorte, par une *plus grande Bretagne (greater Britain)*, pour emprunter l'expression pittoresque d'un jeune écrivain anglais, M. Charles Dilke.

Ce rapide tableau de l'histoire d'Angleterre serait incomplet, si nous ne rappelions pas, avant de terminer, que ce peuple de marins, de commerçants, d'industriels et d'agriculteurs, a une littérature comparable aux plus riches de l'antiquité ou des temps modernes, qu'elle compte des philosophes comme Bacon, Hobbes, Locke, Berkeley, des savants comme Newton et Faraday, des historiens comme Hume, Robertson, Macaulay, des orateurs comme lord Chatam, Burke, Pitt, Fox, Sheridan, Canning, sans parler des vivants, des polémistes comme Daniel de Foé, Bolingbroke, Sydney, Smith et le mystérieux Junius, des conteurs romanciers comme Swift, Johnson, Richardson, Fielding, Goldsmith, Walter Scott, Thackeray, Dickens, des poëtes comme Spencer, Milton, Pope, Byron, Shelley, et enfin le plus grand de tous, le peintre de tous les sentiments, de toutes les joies, de toutes les douleurs, de toutes les aspirations de l'humanité, celui pour lequel, comme pour Homère, les formules de l'admiration ont été épuisées, William Shakespeare.

Bibliographie. — Hume, *Histoire d'Angleterre*. — Lingard, *Histoire d'Angleterre*. — Rapin-Thoiras, *Histoire d'Angleterre*. — Buckle, *Histoire de la civilisation en Angleterre*. — Léon Galibert et Clément Pellé, *Histoire d'Angleterre*. — E. de Bonnechose, *Histoire d'Angleterre*. — Fleury (J. A.), *Histoire d'Angleterre*. — Massey's *History of England*. — Macaulay's *Story of England*. — Lord Campbell, *Lives of the chancellors*. — Augustin Thierry, *Histoire de la conquête de l'Angleterre par les Normands*. — Guizot, *Histoire de la révolution d'Angleterre*. — Gaillard, *Rivalité de la France et de l'Angleterre*. — Filon, *Histoire comparée de la France et de l'Angleterre*. — De Rémusat, *l'Angleterre au xviiie siècle*. — Alison's *History of Europe from 1815 to 1852*. — Adolphus, *Histoire du règne de Georges III*. — Robert Peel, *Mémoires*. — Stanhope, *Vie de Pitt*. — Cornwall-Lewis, *Histoire gouvernementale de l'Angleterre de 1770 à 1830*. — Napier, *History of the war in the Peninsula*. — Mathieu-Pâris, *la Grande Chronique*, traduite par M. Huillard-Bréholle. — Raumer, *l'Angleterre en 1835*. — Mac-Intosh, *History of*

*England.* — Walter Scott, *Histoire d'Écosse.* — Thomas Moore, *Histoire d'Irlande.* — Fratzer-Tittler, *History of Scotland.* — Robertson, *Histoire d'Écosse.* — Laing, *Histoire d'Écosse.* — Sordon, *Histoire d'Irlande.* — Leland, *Histoire d'Irlande.* — Prévost-Paradol, *Élisabeth et Henri IV.* — Ledru-Rollin, *la Décadence de l'Angleterre.*

ÉDOUARD HERVÉ.

**ANGLETERRE.** — CONSTITUTION. — Le peuple anglais n'a pas de constitution écrite. Ses droits et ses devoirs politiques ne sont pas consignés dans un seul et unique document. La constitution de l'Angleterre n'est autre chose que l'ensemble de ses lois. Il faut donc la chercher dans des milliers de documents dont le plus ancien est la *Grande Charte* de Jean Sans-Terre (voir l'article précédent). Ces documents se complètent, se modifient, s'abrogent les uns les autres. Chaque loi politique votée par les deux chambres et sanctionnée par la Couronne apporte un changement à la constitution anglaise. Cette constitution est donc perpétuellement en voie de formation. On peut dire ce qu'elle est aujourd'hui. On ne peut dire exactement ce qu'elle sera demain. Cependant, il y a, au milieu de cette vaste et complexe organisation, certains grands principes que le temps, la raison et l'expérience ont mis en quelque sorte hors de discussion et qui, selon toute apparence, ne sont plus destinés à être ébranlés ou renversés. Ce sont surtout ces principes que nous allons exposer brièvement.

Le principe fondamental de la constitution anglaise, c'est que le pouvoir souverain réside dans le Parlement. Le Parlement, selon un vieux dicton anglais, peut tout faire, excepté un homme d'une femme. Le Parlement, dans le sens le plus large de ce mot, comprend le roi et les deux chambres. Il faut l'accord de ces trois pouvoirs pour faire, pour modifier ou pour abroger une loi. Toute proposition soumise à l'une des deux chambres porte le nom de *bill*. Un *bill* n'est considéré comme adopté par l'une des deux chambres que lorsqu'il y a subi victorieusement l'épreuve de trois lectures successives. Ordinairement, la première lecture ne soulève pas de discussion approfondie et passe sans difficulté : elle a surtout pour objet de faire connaître à la chambre la mesure qui lui est soumise. C'est à l'occasion de la seconde lecture qu'a lieu la discussion générale, suivie du vote sur le principe du bill. L'examen et le vote des amendements précèdent la troisième lecture. Lorsqu'un *bill* a été adopté successivement par les deux chambres et sanctionné par la Couronne, il devient un *Acte du Parlement.* Il prend place à son rang dans les *statuts* du royaume, et il a force de loi. Tous les Actes du Parlement promulgués dans une même année sont censés ne former qu'un seul statut. Chacun de ces Actes est considéré comme formant un chapitre dudit statut.

Passons maintenant en revue chacun des trois pouvoirs, chacune des trois branches du Parlement. Commençons par la royauté. La royauté est héréditaire. Les femmes sont admises à succéder, à défaut d'héritiers mâles. Le roi doit être protestant. Il est le chef de la religion anglicane ; il n'exerce le pouvoir législatif qu'avec le concours des deux chambres. Il possède officiellement la plénitude du pouvoir exécutif. Mais ce n'est qu'une fiction légale. Nous expliquerons, un peu plus loin, par quels moyens la royauté se trouve dépendante des chambres pour l'exercice du pouvoir exécutif, aussi bien que pour l'exercice du pouvoir législatif.

La chambre des lords est également héréditaire, ou du moins l'élément héréditaire y domine. Elle se compose : 1º des princes du sang royal ; 2º des pairs héréditaires du royaume ; 3º des archevêques et évêques anglicans d'Angleterre et d'un certain nombre d'archevêques et évêques anglicans d'Irlande, à tour de rôle ; 4º de pairs électifs chargés de représenter la pairie d'Écosse et la pairie d'Irlande (ces deux dernières étant héréditaires). Enfin un *bill* tout récent, qui est sur le point de devenir un acte du Parlement, va donner à la couronne le droit de créer un petit nombre de pairies viagères (deux par an). Les pairs, même de sang royal, ne peuvent prendre séance dans la chambre des lords qu'à dater de leur majorité. Les femmes peuvent, par disposition spéciale, être élevées personnellement à la pairie. Elles portent le titre, mais ne siègent pas dans le Parlement. Après leur mort, l'héritier de la pairie, si c'est un fils, vient prendre séance. Les pairs jouissent du privilége d'être jugés par la chambre des lords, mais seulement en cas de félonie ou de trahison. En toute autre matière, ils relèvent des tribunaux ordinaires. Ce privilége leur est rigoureusement personnel. Il ne s'étend point aux membres de leur famille. Les pairs ont le droit de voter par procuration. La chambre des lords se compose aujourd'hui d'environ 450 membres, savoir : 3 pairs de sang royal, 2 archevêques anglais, une vingtaine de ducs, autant de marquis, environ 110 comtes, une vingtaine de vicomtes, 24 évêques anglais, plus de 200 barons, 16 pairs électifs d'Écosse, 24 pairs électifs d'Irlande, 1 archevêque irlandais et 3 évêques irlandais.

La chambre des communes est élective. Elle se compose de 658 membres, savoir : 493 élus par l'Angleterre et le pays de Galles, 60 par l'Écosse et 105 par l'Irlande. Les conditions du droit électoral ne sont pas les mêmes partout. La législation électorale de l'Angleterre diffère de celle de l'Écosse et de l'Irlande. La législation électorale des bourgs ou cités diffère de celle des comtés, aussi bien que de celle des universités. Les détails en cette matière seraient ici hors de saison. Quelques indications générales suffiront. Dans les universités, il n'y a point de cens électoral. Sont électeurs tous les gradués de l'université inscrits sur la liste de la *Convocation* de la dite université. Dans les bourgs ou cités et dans les comtés il y a un cens électoral ; mais il n'y a point de cens d'éligibilité. Le cens électoral est très-peu élevé. Par exemple, dans les comtés de l'Angleterre et du pays de Galles, pour être électeur, il suffit d'occuper, soit à titre de propriétaire, soit en vertu d'un bail d'au moins soixante ans, une terre ou un immeuble d'un revenu net de 125 francs. Si le bail est de moins de soixante ans, le revenu net doit être de 300 francs. Dans les cités ou dans les bourgs, il suffit d'occuper, comme propriétaire ou comme locataire, une maison soumise au payement de la taxe des pauvres. Si l'on occupe, comme locataire, un appartement meublé, il faut que la valeur locative de cet appartement, déduction faite des meubles, soit de 250 francs par an. Cette dernière disposition confère le droit électoral à un grand nombre d'ouvriers. La législation n'est pas tout à fait la même en Écosse et en Irlande : mais elle est fondée sur des principes analogues.

Entre la Couronne et les chambres il y a un lien : c'est le ministère ou plutôt le *cabinet*, pour employer l'expression anglaise. Le *cabinet* n'a point d'existence légale. Le nombre de ses membres n'est pas fixé. Ordinairement, le cabinet se compose du premier lord de la Trésorerie (premier ministre), du chancelier de l'Échiquier (ministre des finances), du lord grand chancelier (président de la chambre des lords et chef de la magistrature anglaise), du président du conseil privé, des secrétaires d'État de l'intérieur, des affaires étrangères, de la guerre, des colonies et de l'Inde, du premier lord de l'amirauté (ministre de la marine), du président du bureau de commerce, et de quelques autres fonctionnaires moins importants. Les ministres sont nommés à leurs fonctions par la Couronne ; mais ils ne peuvent y être maintenus, nous le verrons tout à l'heure, que s'ils ont la confiance des deux chambres. C'est donc l'opinion des deux chambres qui règle, en cette matière, les choix de la Couronne ; par conséquent, les ministres, bien que n'étant pas nommés directement par les chambres, sont bien plus encore les délégués des chambres auprès de la Couronne que les mandataires de la Couronne auprès des chambres.

Nous avons dit qu'en fait les chambres partageaient avec la Couronne le pouvoir exécutif, tout aussi bien que le pouvoir législatif. En matière législative, nous l'avons vu, elles agissent directement. En matière exécutive, elles agissent par l'intermédiaire du *cabinet*. Voilà toute la différence.

Légalement, la Couronne possède tous les droits de la puissance exécutive. Mais, elle ne peut les exercer qu'avec le concours de conseillers responsables. Or, ces conseillers responsables, les ministres, ont besoin, pour conserver leurs fonctions, d'avoir l'approbation et l'appui des chambres. Si cette approbation et cet appui leur sont refusés, ils sont obligés de se retirer. D'autre part, si leur avis n'est pas écouté par la Couronne, ils ont le droit de lui refuser leur concours et de se retirer. Les chambres peuvent donc, par l'intermédiaire des ministres, exercer une action constante sur les actes du pouvoir exécutif. Ce n'est pas tout : pour exercer la puissance exécutive, il faut deux choses : un budget et une force armée. Or, le budget et la force armée sont entre les mains des deux chambres. Le *mutiny-bill* (loi sur la mutinerie), qui assure le maintien de la discipline dans l'armée, n'est voté que pour un an. Si, une seule fois, il n'était pas renouvelé, l'armée n'aurait plus d'existence légale. Pour le budget, la situation est la même, ou peu s'en faut. Certains impôts sont bien établis pour une période assez longue. Mais le *bill d'appropriation*, la loi qui fixe l'emploi des revenus publics, n'est votée que pour un an. Or, en Angleterre, on ne peut pas dépenser un shilling sans l'autorisation du Parlement. Les virements mêmes y sont inconnus. Il dépend donc des deux chambres, chaque année, d'arrêter la marche de tous les services publics, en supprimant l'armée et le budget. Aucun roi, aucun cabinet, depuis deux cents ans, ne s'est exposé à pareille aventure. On le voit, nous avons raison de dire que les deux chambres partagent le pouvoir exécutif aussi bien que le pouvoir législatif. Et encore, le mot de *partager* est-il trop modeste. Nous ferions mieux de dire que les chambres exercent directement le pouvoir législatif et indirectement le pouvoir exécutif. En cas de conflit, en effet, entre la Couronne et les chambres, le dernier mot reste à celles-ci. D'autre part, en cas de conflit entre les deux chambres, le dernier mot reste à la chambre élective, à la chambre des communes. La théorie fameuse de la pondération des trois pouvoirs se réduit donc, dans la pratique, à la prépondérance d'un seul.

Cette prépondérance de la chambre des communes risquerait de se changer en tyrannie, si elle n'était contenue et contre-balancée par une immense liberté. D'abord, en Angleterre, pas de centralisation. La chambre des communes est toute-puissante, sans doute ; mais elle n'exerce sa toute-puissance que sur les affaires d'intérêt général. Elle ne tient pas dans sa main, comme le gouvernement de tel pays du continent, tous les intérêts locaux ou particuliers. D'autre part, la liberté individuelle est garantie par l'Acte célèbre d'*Habeas corpus* et par un ensemble de lois qui le complètent.

Les particuliers sont protégés contre les abus d'autorité par la faculté de mettre directement en cause les fonctionnaires et de les citer devant les tribunaux ordinaires. Aucun agent de l'autorité ne peut se réfugier derrière ce que nous appelons en France la garantie administrative. Le principe de la responsabilité existe à tous les degrés de l'administration. Il s'étend aux plus humbles fonctionnaires aussi bien qu'au premier ministre. Les juges sont inamovibles en fait, bien qu'en droit ils puissent être révoqués par la Couronne, *mais seulement sur la demande des deux Chambres du Parlement*. Au surplus, leur autorité ne peut pas devenir dangereuse pour la liberté, le pays intervenant directement dans l'administration de la justice par l'institution du jury. Le rôle du jury, en Angleterre, est beaucoup plus étendu qu'en France. Le jury intervient dans l'instruction (grand-jury ou jury de mise en accusation); il ne connaît pas seulement des affaires criminelles ; il connaît aussi de la plus grande partie des affaires que nous appelons correctionnelles et même d'un certain nombre d'affaires civiles. Tous les cultes sont libres, bien qu'il existe deux religions d'État : en Angleterre et en Irlande, la religion anglicane, en Écosse, la religion presbytérienne [1]. Chacun a le droit, non-seulement de croire ce qu'il lui plaît, mais de pratiquer librement et publiquement sa croyance, sans avoir besoin d'aucune autorisation. La liberté la plus complète de la presse, des réunions, des associations, des élections, complète ce vaste système de garanties destiné à préserver la nation, non-seulement contre les abus de pouvoir de la royauté, qui ne sont plus guère à craindre aujourd'hui, mais même contre ceux du Parlement. En résumé, la chambre des communes gouverne l'Angleterre ; mais elle la gouverne sous la surveillance constante, attentive, vigilante, d'une nation investie de toutes les libertés.

BIBLIOGRAPHIE. — Blackstone, *Commentaire sur les lois anglaises*. — Hallam, *the Constitutional history of England from Henri VII to the death of Georges III*. — De Franqueville, *Institutions de l'Angleterre*. — De Montalembert, *l'Avenir politique de l'Angleterre*. — Louis Blanc, *Lettres sur l'Angleterre*. — Sir E. Coke, *Institutions du droit d'Angleterre*. — W. Bagehot, *la Constitution de l'Angleterre*. — Gneist, *la Constitution communale de l'Angleterre*.                                     ÉDOUARD HERVÉ.

**ANGLETERRE.** — COLONIES. — Les premiers établissements coloniaux des Anglais remontent au règne d'Élisabeth. Déjà sous Henri VII, le vénitien Sébastien Cabot, envoyé par ce prince à la recherche de nouvelles terres, avait exploré une grande partie des côtes de l'Amérique du Nord. Mais c'est seulement en 1584 que le célèbre Walter Raleigh prit possession, au nom de l'Angleterre, d'une terre qu'il appela *Virginie*, en l'honneur de la *reine-vierge*. Pendant près d'un siècle et demi, de nouvelles colonies anglaises se groupèrent autour de la Virginie. Les unes durent leur fondation à des dissidents qui fuyaient la persécution religieuse, d'autres à des courtisans qui avaient reçu de la Couronne, par chartes spéciales, le droit d'occuper et d'exploiter certains territoires. Ainsi se formèrent les treize colonies que l'on désigna sous le nom commun de *Nouvelle-Angleterre*.

Vers le milieu du XVIIIe siècle, les possessions coloniales de l'Angleterre reçurent un accroissement considérable. La guerre de la succession d'Autriche et la guerre de Sept ans furent, pour les Anglais, des guerres d'influence maritime, commerciale et coloniale, plus encore que des guerres continentales. La magnifique colonie française du Canada passa aux mains de l'Angleterre par le traité de Paris (1763). Dans l'Inde, nos rivaux n'étaient pas moins heureux. Clive fondait à leur profit un empire que Dupleix avait rêvé pour nous. Warren Hastings complétait l'œuvre de Clive. L'Inde devenait pour la marine et le commerce anglais une source d'immenses profits.

Un grand échec allait suivre ces brillants succès. Les plus anciennes colonies anglaises, celles qui dataient des jours d'Élisabeth, les colonies de la Nouvelle-Angleterre, indignées de se voir soumises à des impôts qu'elles n'ont pas votés, se révoltent (1775). Soutenues par la France, elles parviennent enfin à faire reconnaître leur indépendance et deviennent le noyau des États-Unis (1783).

---

[1]. Cet état de choses est sur le point de changer en Irlande. L'Église anglicane va y perdre son caractère d'Église officielle, par suite d'un bill qui se discute en ce moment (juin 1869).

Depuis cette époque, l'Angleterre a trouvé de larges compensations à la perte de ses treize colonies primitives. Elle a gardé le Canada et les territoires environnants, dont elle a tiré un immense parti. Elle a étendu, de jour en jour, les limites de sa domination dans l'Inde. Elle a colonisé l'Australie, la terre de Van-Diémen et la Nouvelle-Zélande (1787-1839), et a fondé là des établissements dont quelques-uns, par leur étendue, leur richesse et leur vitalité, sont de véritables États, protégés plutôt que gouvernés par la mère patrie. Enfin, à la suite des guerres de la République et de l'Empire, elle s'est fait céder quelques-unes des colonies les plus précieuses de la Hollande ou de la France, comme le cap de Bonne-Espérance, une partie de la Guyane et l'île de France ou île Maurice. Elle avait déjà, depuis le milieu du xviiᵉ siècle, de fort belles possessions dans les Antilles, notamment la Jamaïque, conquise sur les Hollandais en 1655.

En somme, l'Angleterre possède aujourd'hui un empire colonial sans rival dans le monde. Le chiffre total de la population de ses colonies ou établissements divers, en y comprenant l'Inde, atteint près de 150 millions d'habitants. La possession de ces vastes territoires est pour l'Angleterre la source d'avantages de plus d'un genre. C'est vers les colonies que s'écoule, par l'émigration, le trop-plein de la population anglaise. C'est là que les déshérités de toutes les classes de la société vont chercher fortune. C'est aussi dans les colonies que l'industrie et le commerce anglais trouvent quelques-uns de leurs débouchés les plus importants.

Ces avantages seraient perdus, sinon en totalité, du moins en partie, si l'Angleterre irritait ses colonies et les poussait à de nouvelles insurrections, semblables à celle qui a créé la république des États-Unis. Aussi, s'en garde-t-elle bien. Sauf dans l'Inde, sa politique à l'égard des colonies est aujourd'hui non-seulement humaine, mais même libérale. Partout où se rencontrent les éléments d'un gouvernement libre, partout où la population d'origine européenne est assez nombreuse et assez éclairée pour pouvoir prendre en main la conduite des affaires publiques, le gouvernement anglais favorise la création d'institutions politiques analogues à celles de la mère patrie. Les colonies de l'Amérique du Nord (Canada et territoires environnants), les colonies australiennes, etc., ont été ainsi dotées de toutes les libertés essentielles : liberté individuelle, liberté de la presse, des réunions, des associations. Elles ont le jury ; elles ont des parlements, des cabinets responsables, etc. En un mot, elles se gouvernent elles-mêmes et le gouverneur y joue le même rôle que le roi constitutionnel dans la métropole. Ce sont, comme le disait un homme d'État anglais, « autant de libres et heureuses Angleterres. »

ÉDOUARD HERVÉ.

**ANGLETERRE.** — ARCHÉOLOGIE, ARCHITECTURE. — Les premiers édifices chrétiens dans l'île de Bretagne (iiiᵉ siècle) furent sans doute bâtis à la romaine; l'expression *mos romanus*, dans les auteurs de l'Heptarchie, se rapporte toujours à des constructions en pierre. Mais les malheurs, qui précédèrent ou suivirent l'invasion saxonne, la rareté de la pierre qui, même au xiiiᵉ siècle, était encore à Londres l'objet d'un grand commerce, réduisirent les architectes à l'emploi du bois.

Le type des églises saxonnes en charpente nous a été conservé par certains sceaux cotés, à la bibliothèque d'Édimbourg, sous les nᵒˢ 1103, 1105, 1106. L'un d'eux, qui a appartenu à l'abbaye d'Holyrood, représente la façade d'un édifice qui ressemble trait pour trait à une basilique romaine, avec un rudiment de transept et une lanterne de deux étages percés de fenêtres inégales, le tout en bois de charpente, et recouvert d'une toiture de bardeaux. On bâtissait encore en bois longtemps après la conquête normande, témoin l'église de Bridcesworth, élevée en 1136. Dans les lieux où se trouvaient des couches d'argile suffisantes, on recouvrait, suivant M. Wilson, le bois d'une chemise de briques. D'autres fois, on remplissait avec de la blocaille l'intervalle laissé entre les poutres. Telles furent les églises saxonnes dont il n'est resté aucune trace.

Dès le VIIe siècle pourtant, l'évêque Wilfrid ayant fait venir du continent des ouvriers pour élever sur pilotis l'abbaye de Croyland, quelques basiliques de pierres, ornées de portiques, furent construites, semble-t-il, d'après leurs enseignements; mais les ruines mêmes en ont péri, et il faut descendre jusqu'au XIe siècle pour trouver quelques restes de l'art anglais primitif. A celui-ci appartiennent : la tour d'Earl's Barton (998) avec ses quatre étages, dont un normand, avec ses grossiers bossages, ses arcatures en plein cintre et angulaires et ses petites fenêtres inégales surmontées d'une croix informe; l'église de Saint-Peters à Barton-sur-Humbert; l'église de Brixworth (suivant Kugler) avec sa colonnade antique, ses deux tours tétragones et ses petites fenêtres à arcades trilobées; l'église de Burg à Douvres, etc.

L'introduction du roman sous le règne d'Édouard le Confesseur, et la conquête de 1066, viennent étouffer, dès sa naissance, le développement de cette architecture nationale. On construit alors de magnifiques édifices qui, par leur plan, se rapprochent beaucoup des églises de Normandie. « Ce sont, dit M. Kugler, de grandes basiliques avec tribunes et bas-côtés. Le chœur est fort simple et rarement entouré par le collatéral et les chapelles d'abside. En revanche, le transept est presque toujours muni, du côté de l'est, d'une nef latérale qui le relie au chœur, et au point d'intersection s'élève une tour considérable et richement ornée; l'autre bras du transept n'est point calculé de manière à permettre cette construction. » Mais la décoration a été profondément influencée par l'art primitif. Si l'on remarque dans les moulures, le chevron, la frette crénelée, les billettes, les têtes à bec, les nébules, etc., d'origine française et normande, les arcades en plein cintre ou brisées, entourées d'une ornementation en zigzag, l'aspect lourd et massif des colonnes sculptées en forme de fuseau, les cannelures étranges des chapiteaux plats et angulaires, que Kugler appelle chapiteaux plissés (Gefaltet Kapitale), l'étroitesse des fenêtres, divisées d'ordinaire par une mince colonne sans chapiteau, tout cela appartient aux Saxons. Parmi les plus belles églises du temps nous citerons : les cathédrales d'Exeter, de Norwich, de Pétersbourg et de Durham; en partie, celles de Rochester et de Canterbury. Toutes ces églises furent commencées après la conquête et subsistent encore aujourd'hui.

L'art gothique pénétra en Angleterre dans le même temps et se développa dans les mêmes conditions qu'en France. Il y a produit des ouvrages justement renommés, par exemple, la cathédrale d'York, commencée en 1171 et terminée dans les premières années du XVe siècle; l'église de Saint-Botolph, dont la tour est une des merveilles du XVe siècle. Malgré notre admiration pour ces deux types de l'architecture gothique en Angleterre, nous ne craignons pas d'affirmer que, pour l'agencement des grandes lignes, elles restent loin de nos cathédrales de Paris et de Reims. York et Saint-Botolph manquent surtout de silhouette et de ce pittoresque qui vous saisit tout d'abord dans les grandes églises du continent. Quelques mots, pour terminer, sur une classification scientifique fort usitée en Angleterre. Les savants de ce pays divisent les monuments depuis Guillaume le Conquérant en *style normand* (1066-1099), style anglais primitif (1199-1307), décoré (1307-1399), perpendiculaire (1399-1630). Il est facile de voir que le style normand correspond à notre roman, que le style anglais primitif comprend le style de transition et la première époque du gothique, le décoré, son plein épanouissement, le perpendiculaire, le gothique avec toutes ses déformations jusqu'à la Renaissance.

L'architecture civile et militaire, dont il nous reste à esquisser l'histoire, ne fut sans doute, aux premiers temps de l'heptarchie, ni majestueuse ni compliquée. D'après les Sagas, les princes saxons habitaient des palais de bois composés de deux seules chambres, l'une pour dormir, l'autre pour manger. D'après le code Vénédotien (art. 16), le palais des rois gaëls comprenait une salle, une chambre à lit, une laiterie, une étable, un chenil, une grange, un four, une garde-robe et un dortoir pour les courtisans. Au viiie siècle pourtant, les Saxons avaient fait quelques progrès dans l'art architectural, puisque Beowulf le poëte (traduction de Kemble, iie vol. p. 51), parlant d'un manoir orné de tours, ajoute : « Il monta les degrés et considéra le toit aux pans rapides et ornés d'or. » Quoi qu'il en soit, au xe siècle, la plupart des habitations étaient encore de bois et couvertes de chaume, de tuiles ou de bardeaux. C'est vers le temps d'Édouard le Confesseur que l'on commença à construire des édifices à la mode normande. Une forteresse saxonne consistait en un manoir placé en contre-bas d'une muraille crénelée où s'appliquaient des tours d'une hauteur médiocre, aux toitures pyramidales. Le seul château d'Angleterre, qui paraisse remonter à la période saxonne, est le château d'Arundel, bâti par Édouard le Confesseur. Les châteaux de Bemborough et de Coningsburg sont normands. Au nombre des plus beaux châteaux construits après la conquête, on compte ceux de Kilkenny et de Ballymahow, surtout celui de Hurstmonceux, dont le donjon aux quatre tourelles, les cinq tours de défense et les courtines sont encore dans un état suffisant de conservation. Le comté de Chester et celui de Sussex offrent aussi à l'étude de l'archéologue un grand nombre de belles maisons à étages surplombants qui paraissent dater du xve siècle.

*Mobilier.* — Les documents font à peu près défaut pour l'histoire du mobilier pendant l'heptarchie. On peut croire qu'il devait être exigu. Beowulf (Kemble, trad. v. II, p. 51) nous montre les courtisans d'un roi, dormant dans la grande salle du manoir sur de la paille fraîche ou des bancs rembourrés de coussins. Pour les temps qui ont immédiatement suivi ou précédé la conquête, le Bénédictionnaire d'Éthelwood et la Vie manuscrite de saint Cuthbert nous fournissent quelques détails. Le mobilier étant alors parfaitement semblable à celui du nord de la France, il est inutile d'en parler.

Suivant Necham (*de naturis rerum*), les murs de la chambre à coucher étaient couverts de tapisseries ou polis à la truelle, et présentaient aux regards des épistyles peints et dorés. Au xiiie siècle, le luxe augmente. Les tables sont de deux sortes, ou fixes, comme la belle table de Chapter-House (Salisbury), ou mobiles. Les chaises et les formes sont ordinairement fixes; la première chaise mobile date de Henri III; à cette époque appartient la *chaise du couronnement*, conservée à Westminster. Les lits ne sont encore que de simples bancs (*bancus ad lectum regis*), comme dit le *Liberate Roll* (ch. vi, Henri III). Sur ces lits, on place des coussins richement ornés et des courtes-pointes en étoffes précieuses. Au-dessus, est un ciel d'où pend une courtine appelée *testier*. L'usage du linge est répandu jusque dans la classe inférieure. Richard Labbe, petit fermier, laisse après sa mort (1293) un coussin, une couverture et deux bons draps. Il en est de même des nappes et des cuillers d'argent. Benoît, juif de Bristol, qui fut pendu, possédait cent quarante cuillers d'argent, valant ensemble 70 l. st. 7 1/2 d. Les fourchettes étaient plus rares; Édouard Ier, mort en 1307, en possédait sept d'argent et une d'or. On les remplaçait par des couteaux de chasse aux manches de corne, d'argent ou d'or émaillé, suivant les fortunes. Au XIVᵉ siècle, le mobilier se développe dans ses plus petits détails. Les tapis, introduits en Angleterre par Éléonor de Castille, femme de Henri III, deviennent plus nombreux; on voit apparaître les premières horloges, les murs sont décorés de boiseries basses et de peintures. Lady Jeanne, fille d'Édouard IV, possédait, quand elle partit pour l'Espagne, un nécessaire de toilette fort complet, où figuraient deux mille épingles d'acier, des peignes d'ivoire, des parfums, etc. Le XVᵉ siècle est la belle époque pour le mobilier du moyen âge. Les lits deviennent immenses et prennent le nom d'*estendarts;* ils sont ornés de colonnes torses et des étoffes les plus précieuses (testament de T. Mussendum, 1402); les couvertures portent des devises héraldiques (testament du duc d'Exeter, 1447); les chambres, peintes ou sculptées, sont tendues de soie blanche; on commence à se servir de linge de nuit; les coffres deviennent énormes et sont enrichis de panneaux sculptés, comme le coffre de Rockingam-Castle, qui porte les armes d'Angleterre ; d'autres plus petits, montés sur quatre pieds et fermés par un couvercle conique, sont destinés aux choses précieuses. Les siéges d'honneur sont travaillés à la mode gothique, pignonnés et ajourés ; on les recouvre de drap bleu doré ou de satin pourpre. Les pommeaux sont de cuivre, de cristal ou d'or émaillé. (Voy. *Coll. ms. de Douce,* B. Bodléienne et les *William's Inventories from the Registers of Bury S. Edmund's.*)

*Blason anglais.* — Dans le blason anglais, l'écu affecte les formes les plus nombreuses et les plus étranges. Toutefois, on peut dire qu'en général la forme carrée est particulière aux chevaliers bannerets, le losange aux femmes veuves ou non mariées, l'ovale aux ecclésiastiques. On présume que cette dernière forme est une importation italienne. Les divisions de l'écu sont aussi plus nombreuses que dans le blason français. Au chef et à la base, on distingue une gauche, un centre et une droite; au centre, le point d'honneur, le point de fasce et le nombril. Le nombre des couleurs est aussi augmenté. On compte deux métaux, or et argent, et sept couleurs : sable, gueules, azur, vert (sinople), pourpre, orangé, sanguine. Le pourpre s'indique par des lignes diagonales partant du chef gauche pour aboutir à la base droite; pour l'orangé, on se sert des mêmes lignes, mais en les traversant de lignes horizontales. La sanguine emploie aussi les lignes diagonales de gauche à droite et de droite à gauche. Les couronnes offrent des particularités remarquables. Elles consistent toutes en un cercle d'or fermé et bordé d'hermines. Les ducs surmontent ce cercle de huit feuilles de fraisier ou de persil; les marquis font alterner à hauteur égale les perles et les feuilles de fraisier. Dans la couronne de comte, on observe huit rayons pyramidaux portant aussi, mais à des hauteurs inégales, des perles et des feuilles de fraisier. Dans la couronne de vicomte, les perles, en nombre illimité, sont posées directement sur le cercle. Les barons, depuis Charles II, ne portent que six perles, dont quatre seulement sont visibles dans les peintures héraldiques. Les casques étaient grillés ou ouverts. Le heaume du roi était fermé de six barres de fer. Les princes, ducs et marquis, avaient droit à cinq barres ; les casques grillés, de quatre barres, indiquent tous les autres degrés de noblesse et de pairie. Les heaumes ouverts appartiennent aux baronnets et aux chevaliers. Ceux qui sont fermés et non grillés sont l'apanage des écuyers et des simples gentilshommes. Quand un casque grillé est vu de face sur l'écu, c'est marque de puissance souveraine. La vue de profil est l'indice de la pairie. Le heaume placé droit sans barres et la visière entre-bâillée dénotent un baronnet ou un chevalier. Ceux placés de côté et la visière close désignent les écuyers et les simples gentilshommes.

*Émaillerie.* — L'émaillerie n'a point formé d'école en Angleterre. Le petit nombre d'émaux qu'on y rencontre provient, soit de la fabrication étrangère, soit de l'imitation de cette fabrication. Des faits nombreux viennent à l'appui de cette assertion. Le premier ouvrage en émail que l'on connaisse en Angleterre est un coffret de Limoges en cuivre, donné vers la fin du xii⁰ siècle, à Saint-Paul de Londres par l'évêque Gilbert et mentionné dans l'inventaire de 1295 (*Mon. angl.*, t. III, p. 309); parmi les dons que fit à son Église Gilbert de Granville, évêque de Rochester en 1214, se trouvent des coffres de Limoges. Dans le livre des visites pastorales de Guillaume, évêque de Cantorbéry, il est question de croix de procession en émail de Limoges (*cruces processionales de opere lemovicensi*); Walter de Bleys et Walter de Cantilupe, dans leurs réglements sur les vases sacrés destinés à recevoir la sainte hostie, ordonnent de se servir de ciboires d'argent, d'ivoire ou d'émail de Limoges. Enfin vers 1267, l'évêque de Rochester, Walter Martin, étant mort, il fallut appeler de Limoges un artiste, nommé maître Jean, pour exécuter en émail son tombeau et son effigie. La science du dessin et des procédés techniques n'avait pas pénétré en Angleterre. Des croix, des fleurs, les armes royales, voilà tout ce savaient exécuter les ouvriers, tout ce qu'on trouve mentionné dans la liste des présents envoyés au Saint-Siége vers 1295 (*Inv. de rebus inventis in thes. sed. apost.*) et dans l'inventaire du trésor de la chapelle de Windsor, fait en 1377. Émaux et émailleurs étaient d'autant plus appréciés en Angleterre. Dans les inventaires des xiii⁰, xiv⁰ et xv⁰ siècles, la vaisselle d'argent émaillé est mentionnée comme un objet sans prix. L'émaillerie anglaise suivit le sort de l'émaillerie en Europe et disparut complétement vers la fin du xv⁰ siècle.

*Histoire de l'archéologie.* — De bonne heure les Anglais se sont plu à étudier dans les monuments l'histoire de leur passé. Dès les premières années du xvii⁰ siècle (1603), G. Camden publie en latin sa *Britannia topographica*, ouvrage capital, traduit dans toutes les langues d'Europe, notamment en anglais par Gibson et par Richard Gough en 1789. Au commencement du xviii⁰ siècle, le mouvement archéologique s'accentue de plus en plus. En 1719, Leland donne son *Itinéraire* en neuf volumes in-8°. De nombreux antiquaires décrivent, dans leurs moindres détails, les belles églises de Cantorbéry, de Salisbury et d'York. Vers 1770, la Société des antiquaires de Londres commence la publication de ses Mémoires, dont la collection complète comprend plus de 60 volumes in-4°. De 1780 à 1796, Richard Gough écrit sa *Topographie d'Angleterre et d'Irlande* et ses *Monuments funéraires de la Grande-Bretagne*. Le xix⁰ siècle se signale par d'innombrables travaux. De 1807 à 1835, J. Britton met au jour les cinq volumes de ses *Antiquités architecturales*. De 1820 à 1825, Clarke fait paraître son *Architectura ecclesiastica Londini*, Wilkinson, sa *Londinia illustrata*, et Preston-Neale ses *Vues des églises les plus intéressantes de la Grande-Bretagne*. De 1836 à 1840, Henri et Robert Winkles publient leurs *Illustrations architecturales*; T. Richman, dans son essai sur la *Distinction des différents styles* de l'architecture anglaise, s'efforce vainement de faire remonter jusqu'au viii⁰ siècle la naissance du gothique. En 1840 et 1853, James et Fergusson étudient dans ses moindres détails l'histoire des variations de l'architecture. On ne saurait passer sous silence l'excellent ouvrage d'Hudson Turner sur l'*Architecture domestique*. Le dernier volume a paru en 1859. L'Écosse et l'Irlande ne sont point restées en arrière; qui ne connaît l'*Archéologie écossaise* de Wilson et le savant livre du docteur Petrie sur les tours rondes de l'Irlande? Il semble inutile de parler des publications périodiques, il n'est pas de savant qui n'ait feuilleté au moins une fois dans sa vie l'*Archeologia Cambrensis*, le Journal de Camden et les Rapports annuels de l'Association pour les progrès de l'archéologie.

BIBLIOGRAPHIE. — H. G. Knight, *Uber die Entwicklung der Arkitektur vom X⁰ bis*

*XIVᵉ Jahrhundert unter den Normannen in Frankreich, England, Unteritalien und Sicilien* Von Lepsius. — Hefner, *Traeger des christlichen Mittelalters.* — Cicognara, *Istoria della scultura dal suo risorgimento.* — Emeric David, *Histoire de la peinture du moyen âge.* — Hope, *Essay on the history of architecture,* 3ᵉ édition. London, Murray, gr. in-8º, 2 vol., qlq. pl., 1840. — James Fergusson, *Handbooke of Architecture an history and description of all styles and in all ages.* London, 1853, 2 vol. in-8º, fig. — *Londinia illustrata,* by T. Wilkinson, 1819-25, 2 vol. in-4º, 207 pl. — *H. and B. Vinkles and picturesque illustrations of the cathedral churches of England and of Wales with descriptions,* by Th. Maule. 1836-38, 3 vol. gr. in-8º. — Clarke, *Architectura ecclesiastica Londini.* London, 1820, gr. in-4º, 122 pl. — Preston Neale and Lequeux, *Views of the most interesting churches in Great Britain.* London, 1824-25, 2 vol. gr. in-8º. — Eyton, *Antiquities of Shropshire.* — Suckling, *The Antiquities and History of Suffolk.* — Bloxam, *the Principles of gothic Architecture.* — *Archæologia or Miscellaneous tracts relating to the antiquity and Medieval, published by the Society of the Antiquaries of London,* 1770-1857, 57 vol. in-4º. — T. Rickman, *An attempt to discriminate the styles of architecture in England, from the Conquest to the Reformation.* London, 1835. — Britton, *The Architectural Antiquities of Great Britain,* 4 vol. in-fol., 1807-1814 and a vol. publ. 1835. — Petrie, *The Ecclesiastical Architecture in Ireland anterior to the anglo-norman Invasion.* — Wakeman, *Archæologia Hibernica.* — Wilson, *The prehistoric Annals of Scotland.* — Billings, *The Baronial and Ecclesiastical Antiquities of Scotland.* — H. Turner and H. Parker, *Some account of domestical Architecture in England.* Oxford, 1851-57. — Waagen, *Kunstwerke und Künstler in England.* — Flaxman, *Lectures on the sculpture.* — J. Labarte, *Histoire des arts industriels.* — *Baronia anglicana,* by Th. Madox. London, 1736, in-fol.                                                    Francis Molard.

**ANGLETERRE.** — philologie. — L'anglais est un idiome germanique (du groupe bas-allemand) dont la conquête franco-normande a profondément modifié le vocabulaire et même la grammaire, sans en altérer la physionomie primitive. C'est que l'accentuation et le système phonétique sont une fois donnés et qu'ils soumettent à la même discipline les éléments les plus divers; ainsi, un organisme vivant s'assimile les substances qu'il absorbe.

Avant de suivre dans toutes ses vicissitudes, dans tous ses progrès, l'idiome d'Hengist et de Horsa, depuis Beowulf jusqu'à Chaucer et de Shakespeare à Byron, nous devons jeter un coup d'œil sur les langues qui ont occupé avant lui son domaine et déterminer dans quelle mesure il leur est redevable.

Les premiers habitants connus de l'Angleterre, Pictes du nord, Bretons ou Kymris du centre et du sud, Erses ou Gaëls d'Irlande, peuples de même famille, parlaient des dialectes assez rapprochés qui semblent avoir résisté à la longue occupation romaine (55 ans avant Jésus-Christ — 412 après). Si le latin avait triomphé, ne se serait-il pas, comme en Gaule, imposé aux conquérants germains ? et c'est ce qui n'eut pas lieu. Le celte fut supplanté directement par l'anglo-saxon. L'idiome vaincu recula devant l'idiome vainqueur. Il est remarquable qu'ici, comme sur le continent, les dialectes celtiques se refusèrent à toute assimilation. Unis par des origines lointaines, mais communes, aux groupes latin et germanique, ils ne se mêlèrent ni à l'un ni à l'autre. La place du celte n'est pas plus grande dans l'anglais que dans le français; elle se réduit à une cinquantaine de mots accueillis déjà par l'anglo-saxon ou rapportés des guerres d'Écosse et d'Irlande. Tels sont : *berfa* (kymr.) et *barpa* (gaël.), qui se retrouvent dans l'anglo-saxon *bearu* et dans l'anglais *barrow,* colline; *clwt* et *clut,* anglo-saxon *clût,* anglais *clout,* pièce de toile; *cyl* et *cyln,* anglo-saxon *cylene,* anglais *kiln,* fournaise; *króg,* anglais *crook,* croc. Tels encore, sans intermédiaire anglo-saxon : *gwiced*, anglais *wicket*, guichet; *clann*, anglais *clan*, tribu; *cleadheamh-more*, anglais *claymore*, épée, etc. Ajoutez quelques noms de lieu et vous aurez tout ce que l'anglais tient du celte. D'ailleurs, notre bas-breton et les débris kymriques et gaéliques qui ont trouvé un refuge dans le pays de Galles, en Écosse, en Irlande, sont là pour nous mettre en garde contre l'erreur de certains philologues, enclins à exagérer la part des idiomes celtiques dans la formation des langues de l'Occident.

L'occupation romaine, qui déposa dans les Gaules les germes vivaces du français, n'eut, dans la Grande-Bretagne, ni la même solidité, ni les mêmes résultats. Intermittente, superficielle, elle n'entama sans doute pas les couches profondes de la population; et la *romanité* n'eut prise que sur les fonctionnaires, les lettrés et les avocats :

> *Gallia causidicos docuit facunda Britannos.*
> MARTIAL.

Le latin, s'il fut parlé dans quelques villes, dans quelques colonies, s'éteignit sous la terreur des invasions successives. Tandis que la Gaule immense, traversée ou exploitée par d'infimes minorités barbares, demeurait gallo-romaine, la population antérieure de la Grande-Bretagne était étouffée et supplantée entièrement dans le sud et le centre de l'île par l'accumulation rapide de la race envahissante. C'est pourquoi l'élément latin disparut comme l'élément celtique. Le sol a gardé des débris de cités et des traces de voies romaines; mais, dans l'anglo-saxon primitif, on ne trouverait pas plus de trois mots d'origine latine : *coln*, par exemple *(colonia : Lindi colonia, Lincoln), caestre (castrum)* et *stræt (stratum)*.

L'établissement du christianisme introduisit quelques termes liturgiques et put réveiller de faibles souvenirs de la civilisation romaine. C'est à son influence qu'il faut rapporter l'emploi d'un certain nombre de mots transmis par l'anglo-saxon à l'anglais moderne et qu'une érudition postérieure a quelquefois rapprochés de leur forme originelle : *ancor* (anglais *anachoret*), *apostol*, *postol* (*Durham-book*, anglais *apostl*), *biscop*, *ælmœsse* (*elemosyna*), *calic*, *candel*, *clustor* et *claustre*, *discipul*, *deofol* (*diabolus*), *deacon* (*diaconus*), *engel*, *mynster*, *pistol* (*epistola*), *predicyan* (*prædicare*), *profost* (*præpositus*), *purpur*, *sanct*, *ymn*, *culufre* (*columba*), *castell*, *douhter* (*doctor*), *gigant*, *meregreot* (*margarita*), *pund*, *plant*, *ylp* (*vulpes*), *ynce* (*uncia*).

Les lettres latines étaient d'ailleurs peu cultivées dans l'heptarchie. On voit Bède engager l'archevêque Egbert (732-766) à faire traduire le *Pater* et le *Credo* par le plus instruit des clercs ou laïques de son diocèse. Sous Alfred le Grand, pas un prêtre ne comprenait la messe. L'invasion normande releva le niveau des études classiques. Le latin devint la langue du droit, de la théologie, des actes publics, où il alternait avec le français. Après la Renaissance, il fut quelque temps de bon air de parler grec et latin en anglais (Th. Wilson, *System of rhetoric*, 1553); Shakespeare railla ce ridicule, et Th. Brown (1604-1682, *Chamber's Cyclop*) prétendit plaisamment qu'il fallait apprendre le latin pour comprendre l'anglais. Qu'un certain nombre de mots soient dus à cette formation savante, cela est indubitable; mais beaucoup étaient d'importation normande; la Renaissance les a seulement corrigés d'après l'étymologie : *Vertew* est devenu *virtue*, *confermi to confirm*, *acorde accord*, *onour honour*, *vilenye villany*, *doute doubt*, *paum palm*, *dette debt*.

Venons à la base principale de l'anglais, aux dialectes germaniques des Jutes, des Saxons et des Angles, qui ont constitué l'anglo-saxon.

Vers 586, nous trouvons la population immigrante répartie par groupes inégaux des montagnes de Galles à l'embouchure de la Tamise et des côtes méridionales aux frontières d'Écosse. Les Jutes en petit nombre occupaient l'extrême sud, les Saxons tout le centre, et les Angles le nord. Au moment où les rois du Wessex venaient de réunir toute l'heptarchie sous leur sceptre saxon (ixe siècle), l'invasion germanique, après un temps d'arrêt, redoubla d'intensité. Les hommes du Nord qui, venus de Frise, de Danemark, de Norwége, s'abattaient sur l'empire carolingien et s'emparaient de la Normandie, fondèrent dans le pays des Angles un royaume de Northumbrie. Malgré les victoires d'Alfred le Grand et d'Athelstan (871-900, 925-941), l'élan ne fut pas arrêté. Les rois danois, Swenon et Knut, se rendirent maîtres de l'Angleterre, jusqu'à ce qu'une révolte heureuse (1035) rétablit pour quelque trente ans l'autonomie saxonne. C'est donc pendant une période d'environ cinq cents ans (586-1035) que l'anglo-saxon se constitua assez fortement pour absorber en lui et soumettre à ses lois intimes tous les éléments linguistiques postérieurs.

On ne sait rien des Jutes; Scandinaves ou Bas-Allemands, ils se fondirent de bonne heure dans la masse saxonne; et leur dialecte n'a pas laissé de trace appréciable dans le Kent, le Hampshire et l'île de Wight. Originaires du sud-est du Slesvig, les Angles parlaient un dialecte voisin du saxon et que l'on croit retrouver dans quelques documents que nous indiquerons tout à l'heure. Les Saxons envahisseurs habitaient au nord de l'Elbe, auprès des Angles et des Jutes. Tandis que ces Nord-Albingiens s'établissaient en Angleterre, leurs frères, les vieux Saxons, demeurés en Allemagne, subissaient, après mille vicissitudes, le joug des Francs. Ces destinées, si opposées, de deux tribus d'un même peuple, expliquent les différences qu'on remarque entre la langue de Beowulf et l'idiome des Saxons continentaux.

Les deux groupes principaux qui constituèrent l'anglo-saxon primitif mirent plusieurs siècles à se fondre et à effacer dans leur sein même plusieurs variétés dialectales. Dans la littérature assez riche que nous ont conservée des manuscrits du xe siècle, on retrouve, sous l'uniformité grammaticale qui lui fut imposée par Alfred et ses successeurs, des traces non équivoques de cette diversité.

Parmi les dialectes saxons, celui du Wessex, parlé sous Egbert et même encore sous Alfred, a tout naturellement pris le pas sur les autres, à mesure que le royaume de Wessex englobait tous les États de l'heptarchie. C'est à lui que l'on rapporte les plus importants monuments littéraires que nous possédions : les poëmes de Beowulf (*Chant du voyageur*, *Bataille de Pinnesburg*), la *Paraphrase* de Cœdmon, *Andreas et Elene*, le Recueil ou *Codex exoniensis*, le *Cronicon saxonicum*, les versions anglo-saxonnes de l'historien Rosius, par le roi Alfred, et de l'*Histoire ecclésiastique* de Bède, les *Lois anglo-saxonnes*, le *Gospel*, version de l'Évangile, et les *Homélies* d'Aelfric.

Les dialectes angles sont représentés par les manuscrits A et G du *Cronicon saxonicum* que l'on croit originaires de Mercie, et par le *Durham-book*, rédigé en northumbrien sous Knut le Grand. C'est dans ce dernier texte que l'on retrouve le plus de traces de l'immixtion danoise, des mots comme *afledd*, procréé (scandinave *afla*, engendrer), *agede*, luxure (scandinave *agaeti*), *beggse*, amer (scandinave *beiskr*), *bradda*, colère (scandinave *braedi*), *bule*, taureau (scandinave *boli*, anglais *bull*), *blunt*, sot (scandinave *blunda*, dormir), *bulaxt*, hache (scandinave *bolöxi*, c. p. πόλκυς), *flictenn*, s'en aller, partir (scandinave *flyt*), *kide*, anglais *kid*, chevreau (scandinave *kid*). On attribue à l'élément scandinave les désinences ou suffixes *legge*, *sunnd*, *agg*, *egg*, *eunde* (participe présent), *inn* et *enn* (troisième personne pluriel indicatif présent). Son influence aurait donc moins porté sur le vocabulaire, qui était, en somme, commun à tous les groupes aryens du Nord, que sur la forme des mots.

Le caractère des dialectes angles, c'est l'assourdissement et l'uniformité du

vocalisme. Au contraire, le west-saxon, type de la famille, possède un mécanisme plein de raffinement et de complication, plus varié que celui du gothique
même, dans ses flexions et dans sa syntaxe. Il a conservé dans les verbes certaines
traces de redoublement, et distingue encore le passé du présent par une apophonie
(*ablaut*) plus ou moins constante, dont les verbes dits irréguliers en anglais
moderne nous offrent de nombreux exemples : *I do*, ɪ *dɪd, done*; bɛar, bʌre ou
*bore, born* ou *borne*; *begɪn, begʌn, begʊn*, etc. Ce qui a le plus souffert en saxon,
c'est la déclinaison, qui est toute bouleversée, comme celle de l'allemand moderne,
et tend à disparaître.

La langue, enfin, était assez fortement constituée pour braver la conquête et
mettre sa marque sur tous les mots intrus dont les Normands pensaient la
submerger; encore ne les accueillit-elle que lentement ; et ce n'est que deux siècles
environ après Guillaume Iᵉʳ, que l'assimilation fut un fait accompli. C'est la
période du demi-saxon, représentée par Layamon (*Paraphrase du roman de Brut*) et
Orm (*The Ormulum*). Layamon, prêtre du comté de Worcester, vivait à la fin du
xɪɪᵉ siècle; sa langue est celle du sud et de l'ouest, le vrai saxon. Dans cinquante-
huit mille vers, il n'emploie pas plus de quatre-vingt-dix mots français. Bien qu'il
conserve deux déclinaisons et se préoccupe encore des genres, le duel chez lui
devient rare et les désinences du génitif singulier et pluriel commencent à flotter
et à disparaître. Les formes s'affaiblissent. Les voyelles finales, changées en *e*, ne se
prononcent plus. L'assourdissement de la langue est surtout sensible dans Orm,
texte northumbrien du xɪɪɪᵉ siècle; suffixes et flexions y laissent à peine une trace.
En revanche, les lois de l'apophonie dans la conjugaison y sont mieux observées
que chez Layamon.

C'est au moment où l'anglais va naître avec Robert de Gloucester et Langtoft,
qu'il est utile d'esquisser ici un aperçu de la phonétique anglo-saxonne, dont les
lois n'ont cessé de présider à toutes les destinées des mots, germaniques, français,
latins, qui constituent la trame et la syntaxe. La grammaire et la syntaxe sont
choses trop délicates pour entrer dans ce peu de pages. Ce sont d'ailleurs des
caractères moins particuliers et moins frappants que les habitudes phonétiques.
Tous les cerveaux de famille aryenne raisonnent à peu près dans le même ordre
logique; mais la diversité des gosiers est infinie; et c'est la prononciation, à n'en
pas douter, qui fait la physionomie d'une langue. L'anglo-saxon, le gothique, le
zend, le latin, le grec sont en effet constitués par les mêmes racines et construits
sur le même plan, avec des différences secondaires dans l'emploi des suffixes. Ce qui
les sépare, c'est la phonétique, la substitution constante de telle voyelle ou de telle
consonne à telle lettre adoptée par un autre idiome ou par un groupe entier de
langues.

La fluidité des voyelles, surtout dans une langue qui en note très-imparfaitement la prononciation, ne permet guère d'établir ici des lois précises. Voici
quelques remarques appuyées d'exemples.

L'*A*, en anglais, se prononce *ă*, devant une consonne finale : *man, hat, that*, et
correspond alors à un *ă* primitif : sanscrit *mănu*, gothique *thăta*. Il sonne *ā*
devant *r* final et *th* : *far, father*; *é* dans la plupart des cas; *eŭ* dans *ăn, măny*, etc.; *ē*
devant une consonne suivie d'*e* muet : *we are*; *ō* devant ou après *w, lk, ll*, etc. : *water,
talk, fall, hall*. En outre l'*a* primitif se fait quelquefois précéder, en anglo-saxon,
d'un *e*, et prend en anglais un son indéterminé : anglo-saxon *earm*, anglais *arm*.
Parfois l'*ā* long, devenu *ē* en gothique, reparaît en anglo-saxon, et s'altère en
anglais en *ea, ee*, avec la valeur d'*ī* long : gothique *dēds*, anglo-saxon *dăd*, anglais
*dead*. Il a encore pour équivalents, dans une foule de cas, *ĕ, ŏ*, et pour affaiblisse-

ments *ĭ* et *ŭ*; *ă* final devient presque toujours en anglais un *e* muet, lorsqu'il n'a pas disparu. Nous donnerons pour exemple général de ces variations infinies : ancien perse *păru* de la racine *par*, emplir, grec πολύ, latin *po-pulu-s* (avec redoublement), gothique *filu*, allemand *fiel*, anglais *fill* (emplir).

*Ĭ* se conserve d'ordinaire dans les mots devenus monosyllabes ; et la prononciation double alors la consonne suivante : gothique *kinnus*, scandinave *kinn* (joue) ; anglo-saxon *cĭñne*, anglais *chin*, menton (latin *gena*).

*Ĭ* long, conservé par l'anglo-saxon, se diphthongue en anglais, dans la prononciation, à partir du XIVᵉ siècle. C'est un retour au gothique : ancien haut-allemand *swīn* (gothique *swein*), anglo-saxon *svīn*, anglais *swine* (prononcez *souaïne*). En allemand moderne l'orthographe répond à la prononciation : *schwein*. Ajoutez : anglo-saxon *bītan*, mordre, anglais *bīte* (prononcez *baïte*); au contraire, *bĭte*, morceau, est devenu *bĭt* (prononcez *bitt*).

*Ŭ* se conserve : gothique *fŭlls*, anglo-saxon *fŭll*, anglais *full* (prononciation *foŭl*); s'adoucit en *o* ou s'abrége encore : gothique *sŭnnō*, anglo-saxon *sŭnne*, anglais *sŭn* prononcez *săn*).

*Û*, conservé en anglo-saxon, se diphthongue en anglais, *ou*, *ow*, comme en allemand, *au* (prononcez *aou*) : *hŭs*, maison, anglais *house*; *mŭs*, anglais *mouse* (allemand *maus*).

Un équivalent d'*ŭ* et d'*ū*, c'est *ỹ* et *ȳ*, qui se prononcent *ĭ* ou *ī* (*aï*) : *fyllau*, remplir, anglais *fill*; *mys* (pluriel de *mŭs*), anglais *mice* (*maïce*). D'ailleurs, *i* et *y* sont employés indifféremment dans les manuscrits saxons.

Les diphthongues primitives *ĕ*, pour *ai*, *ō* pour *au*, ont souvent pour équivalents : *eo*, *ea*, *ā*, *ī* et *oo* : *stern*, anglo-saxon *steoria*, *sterre*, anglais *stăr*; *erde*, anglo-saxon *eordhe*, anglais *earth*, etc., etc.; *gŏds* et *gōd*, anglais *good* (l'allemand écrit *gŭt*).

L'*ĕ*, altération d'un *ă* primitif, se conserve quelquefois; souvent aussi il s'allonge en *ea* = *ē* ou *ī* : anglo-saxon *hano*, coq, *henne*, poule, anglais *hĕn*; racine *ăd*, manger, latin *edo*, ancien haut-allemand *ezzan*, gothique *ĭtan*, anglais *eat* (*ī*); racine *bhar*, porter, *fero*, anglo-saxon *beran*, anglais *bear* (*ē*).

Les renforcements *ăi*, *ău* sont traités à peu près comme *ē* et *ō*; l'un devient *ā* en anglo-saxon et *ō* en anglais : gothique *draib*, je conduisais, anglo-saxon *drāf*, anglais *drove*; gothique *stains*, anglo-saxon *stān*, anglais *stone*; *bains*, *bān*, *bone*; ailleurs *ai* = *ea* = *ī* : gothique *saivs*, lac, anglo-saxon, *sœ*, anglais *sea*; l'autre se change en *ea* = *ī* ou *e* : gothique *ausō*, oreille, anglo-saxon *ears*, anglais *ear* (*ī*); gothique *dauthus*, mort, anglo-saxon et anglais *death* (*e*).

L'ancien groupe *iu*, renforcement de *ū* (comme *uo* : *guot*), garde en anglais sa valeur tout en s'écrivant *u* : *use*, *huge* (énorme), *tube*; ou bien passe de *eo* (anglo-saxon) en *ie*, comme en allemand : gothique *thiubs*, voleur, anglo-saxon *theof*, anglais *thief* (de même, ancien haut-allemand *diob*, allemand *dieb*); ou encore un *o* correspond en anglais à l'*ie* allemand : *liuba*, *ich liebe*, anglais *love*; *biuga*, *ich biege*, je plie, anglais *bow*.

Le caractère général du vocalisme anglais est l'assourdissement des brèves et une sorte de tendance au dédoublement des longues, compliquée d'iotacisme. Les seules voyelles franchement prononcées sont *o*, *ī* et *u* (ou).

Les consonnes germaniques sont assujéties à des lois fort compliquées que J. Grimm a formulées et qui portent son nom. Il s'opère dans des degrés de leurs diverses classes, surtout dans les dentales et les gutturales, une interversion simple ou double qui nous empêche de retrouver la racine dont nous connaissons mieux la forme latine ou sanscrite. On peut établir ainsi la loi de substitution des **consonnes** :

Les douces, fortes, aspirées (gréco-latino-sanscrites),
deviennent fortes, aspirées, douces en gothique et en bas-allemand,
— aspirées, douces, fortes en haut-allemand.

Ex. : sanscrit *svădu* (latin *sua(d)vis*; gothique *suts*, anglo-saxon *swet*, anglais *sweet*; ancien haut-allemand *suozi*, allemand *süss*.

Sanscrit *tad*, grec τό (τ); gothique th*ata*, anglo-saxon th*at*; ancien haut-allemand *daz*, allemand *das*.

Grec θυγάτηρ; gothique *dauhtar*, anglais *daughter*, allemand *tochter*.

Ces exemples suffisent pour faire voir comment, dans ce mécanisme de substitutions, l'étage haut-allemand est à l'étage gothique ou anglo-saxon comme celui-ci est à l'étage classique. La phonétique anglaise est donc beaucoup plus simple que la phonétique allemande, d'autant que beaucoup de substitutions opérées par l'ancien allemand ayant été rejetées par le nouveau, sont irrégulièrement remontées jusqu'au degré gothique. Nous prendrons d'ailleurs pour point de départ l'état des consonnes en gothique.

GUTTURALES. *K* persiste en anglo-saxon, sous la forme *c*; il se palatalise quelquefois en anglais devant les voyelles faibles : *kuni* (*genus*), anglais *kind*; *qiman*, anglais *come*; *kunnan*, anglais *can*; *kan*, anglais *know*; *kniu*, anglo-saxon *cneoo*, anglais *knee* (scandinave *knä*); *qinō* (γυνή), anglais *queen*; *kalds* (*gelu*), *cold*; *kinnus*, *chin* prononcez *tchin*); *Karl*, *Charles* (importation normande, prononcez *tch*).

*G* dur se conserve en anglais : anglo-saxon *gōd*, anglais *good*; *giban*, anglo-saxon *gifan*, anglais *give*. Quelquefois il disparaît au commencement des mots : *genug*, *enough*. Dans les mots d'importation française, il se palatalise : *Georges* (*dj*). Il s'affaiblit aussi en *j* ou *y* : *gistra*, anglo-saxon *gystran* ou *gyrstandæg*, anglais *yesterday*.

*H* gothique initial, équivalent d'un *k* primitif, se conserve en anglo-saxon et en anglais, parfois avec interversion, s'il est suivi d'un *w* : *hairtō*, cœur (grec καρδ-ία, latin *cord-is*), anglais *heart*; anglo-saxon *heorot* (grec κερ-αός, latin *cer-vus*), anglais *hart*; gothique *hvas*, *hvō*, *hva* (sanscrit *k(v)as*, *k(v)ā*, *k(v)at*, grec κός et πός, latin *quis*, *quæ*, *quod*), anglo-saxon *hva*, *hvæt*, anglais *who*, *what*.

*H* gothique médial, avec la valeur du *ch* allemand, s'adoucit, en anglais, en *gh* et cesse de se prononcer : gothique *nahts* (νυκτ-ος, *noct-is*, allemand *nacht*), anglo-saxon *niht*, anglais *night* (prononcez *naït*); ou bien il devient *f* : anglo-saxon *hleahtor*, anglais *laughter* (*lafteur*); *enough* (*énöf*).

DENTALES. *T* gothique se conserve : *taihun* (sanscrit *daçan*, latin *decem*), anglo-saxon *tyne*, anglais *ten*; *tvai*, anglais *two* (*duo*); *triu* (sanscrit *dru*, arbre), anglais *tree*.

*D* gothique, également : *drinkan*, demi-saxon *drinken*, anglais *drink*. Quelquefois il se mouille en *th* : *fadar*, *father*.

*Th* prend un son demi-sifflant : *threis* (latin *tres*), anglo-saxon *thrī*, anglais *three*.

LABIALES. *P* gothique ne change pas, ni *B* initial. *B* médial devient *f* et s'adoucit en *v* : *giban*, anglo-saxon *gifan*, anglais *give*. *F*, qui joue le rôle d'aspirée labiale, est familier à l'anglais; il s'adoucit dans l'intérieur des mots : *fōtus* (πος ς) anglais *foot*; *fimf*, *five*; *faihu* (*pecus*), anglo-saxon *feoh*, anglais *fee* (salaire, *fief*); *fav-s* (*pau-cus*), *feawa*, *few*, peu; *frijon* (*prī*, aimer), *friend*. Parfois *f* devient *w* : anglo-saxon *hafoc*, anglais *hawk*, faucon; ailleurs, il disparaît par contraction : anglo-saxon *hlaford*, *hlafdige* (pour *hlafweard*, *hleafweardige*), anglais *lord*, *lady*; *wīf-man*, anglais *woman*; *heafod* (*caput*), *head*.

NASALES; elles se maintiennent. On sait l'abus anglais de la nasale gutturale *ng*, assez voisine de notre *gn*. Les deux lettres se prononcent dans *young*.

LIQUIDES et SIFFLANTES conservent leur valeur respective : gothique *reiks*, anglo-saxon *rīc*, anglais *rich* (dans le courant des mots, l'*r* ne se prononce plus (*lo'd*), devant une consonne); gothique *leitils*, anglo-saxon *lytel*, anglais *little*; gothique *ist*, anglais *is*; gothique *vas*, anglo-saxon *vâs*, anglais *was*, j'étais. L'anglais possède la sifflante aspirée *sh* (prononcez *ch*) et la sifflante molle *s* ou *z* : *shore*, *sharp*, *ship* (σκαφις), *ease*, etc. L'*s* doux prend volontiers le son de notre *j* : *azure* (*äjeur*), *pleasure*, etc.

Enfin, l'anglais possède une sifflante particulière, amollissement de l'aspirée dentale ténue ou moyenne, le fameux *th*, parfois voisin de l'*f*, comme dans *nothing*, du *d* comme dans *the*, du *t* et de l'*s*, comme dans *breath*, du *z*, dans *to breathe*.

SEMI-VOYELLES. Le *j* sanscrit, gothique, allemand, existe en anglais; la lettre qui le représente est l'*y*, que nous avons déjà vu voyelle ou affaiblissement d'une gutturale : *jungs* (latin *juvenc-us*), anglais *young*.

Le *v* simple initial se prononce nettement; il provient d'ordinaire de mots français ou latins; médian, il est fluide et disparaît : *over* (prononcez *oer*) du gothique *ufar*.

Le *w*, qui représente en allemand le *v* simple, est ici un son voyelle *'ou : wonder*; il n'a qu'une légère résonnance à la fin des mots, où il remplace parfois une gutturale : *to follow*, de *fol-g-ian*, *morrow*, de *mor-g-en*.

Tel est dans l'anglo-saxon et l'anglais le mécanisme des sons. Pauvre en voyelles distinctes, l'anglais est riche en consonnes; il possède et il emploie jusqu'à l'abus une sifflante ou plutôt un zézaiement qui lui est commun avec le grec moderne; il prodigue le *w*; il remplace l'*r* médial par un trille guttural; il affectionne les intonations sourdes qui semblent enfler le gosier au passage. Joignez à ces caractères, dont quelques-uns, fort désagréables, déparent une très-belle langue, la volubilité infinie de l'accent qui, escamotant le corps du mot au profit de sa tête, produit les contractions les plus violentes, et vous concevrez dans leur ensemble les agents phonétiques, les principes d'altération graduelle qui ont travaillé à la formation de l'anglais.

Gardons-nous toutefois de penser que l'*anglo-saxon*, livré à lui-même, eût produit la langue si claire et si riche que nous connaissons; il lui aurait bien donné la force et la poésie dont elle déborde, mais où aurait-il pris cette netteté et cette simplicité de structure qui en font la langue analytique par excellence? Qui l'aurait délivré de sa grammaire, de ses flexions compliquées? C'est l'infusion du sang et de l'esprit français qui ont fait l'anglais ce qu'il est, et l'ont si complétement dégagé des ambages germaniques.

Le mélange fut lent d'abord; la langue nationale résista énergiquement à la langue étrangère; toutes deux demeurèrent côte à côte deux siècles entiers; les seigneurs, les moines, les soldats venus du continent apprenaient plus ou moins le saxon pour parler à leurs vassaux, à leurs ouailles, à leurs victimes; les vaincus refusaient de lire les lois normandes de leurs oppresseurs. Mais le temps, les mariages, la prudence des rois préparaient la lente fusion des mœurs. L'élément saxon, plus nombreux, était sûr de la victoire définitive. Il commença d'accepter et de faire siens les mots français. Layamon, en soixante mille vers, en employa quatre-vingt-dix; à la fin du XIII^e siècle, on en relève cent dans les cinq cents premiers vers de Robert of Gloucester; la proportion s'est élevée de trois à cent.

La conquête de la Normandie par Philippe Auguste, en séparant la Grande-Bretagne du continent, avait arrêté l'immigration française et fondé la nationalité anglaise (1205). Henri III se vit obligé de publier en langue vulgaire les délibérations du parlement (1248). Dès 1350, au témoignage de Chaucer, l'usage du français est restreint à la Cour et aux actes publics. En 1363, Édouard III ordonne de plaider en anglais devant tous les tribunaux. Enfin, en 1483, le parlement abandonne la langue étrangère; dès lors tout le monde parle anglais.

Une première période, dite du vieil anglais, représentée par les *Chroniques* de Robert de Gloucester et de Langtoft, et par un ancien *Psautier*, comprend environ un siècle (XIII<sup>e</sup>). Elle est marquée par l'introduction de mots nouveaux de toute espèce qui doublent les ressources de la langue, et aussi par des changements graves dans la prononciation et dans la grammaire. La conjugaison s'appauvrit, le domaine de l'apophonie diminue, les formes anglo-saxonnes, comme *lufode, luvede*, j'aimais et *gelufod*, aimé, se confondent en *loved*. Les terminaisons plurielles des personnes, jusque-là conservées, tombent. La déclinaison perd successivement tous ses cas; le génitif singulier en *es, is*, bientôt remplacé par *'s*, alterne avec les prépositions *of* et *to*; quant au génitif pluriel *ene*, il résiste encore, mais bientôt il n'en restera plus trace.

La période du vieil anglais a été une longue crise désorganisatrice. Dans la seconde, celle du moyen anglais, du XIV<sup>e</sup> au XVI<sup>e</sup> siècle, l'anglo-saxon a pris son parti, il a accepté ses acquisitions et ses pertes, abandonnant les vestiges grammaticaux qui n'avaient plus de raison d'être, content de ranger sous la loi de son accentuation le vocabulaire normand. Tout ce qui persistera des anciennes formes germaniques, affaiblissements qui marquaient le pluriel, différences apophoniques de l'imparfait et du participe passé, sera désormais considéré comme exception, irrégularité; cependant l'adjectif n'est pas encore indéclinable, il forme souvent son pluriel en *e*. Les principaux monuments du moyen anglais sont la *Bible de Vycliffe* (1324-1384), les *Poésies de Chaucer* (1328-1400), les *Voyages de Maundeville* (1300-1371).

Le travail analytique se poursuit dans le nouvel anglais; la déclinaison est définitivement supprimée sauf l'*s* génitif; l'adjectif est invariable; la plupart des verbes n'ont plus que trois personnes en tout, la première, la deuxième et la troisième du singulier de l'indicatif, et que deux formes, l'infinitif et le prétérit. L'orthographe encore indécise, la présence de nombreux *e* muets finaux, l'emploi du *th* pour le *s*, distinguent seuls la langue de Surrey et de Thomas Morus, de Spenser et de Shakespeare, de Milton et de Pope, de l'anglais littéraire en son état présent.

Il serait intéressant de rechercher dans quelles proportions se sont mêlés le saxon et le français, l'élément germanique et l'élément latin, où l'un a supplanté l'autre ou bien l'a simplement doublé. Les pertes du saxon ont été grandes, il ne faut pas se le dissimuler. Dans trois pages du roi Alfred, l'historien des Anglo-Saxons, Turner, a relevé ici soixante-dix-huit mots sur cinq cent quarante-huit, là deux cent trente sur neuf cent soixante-neuf, qui ont disparu de l'usage. La nomenclature germanique prédomine dans tout ce qui est relatif aux produits de la nature, minéraux, plantes, animaux, à la structure du corps humain, à la température et aux phénomènes atmosphériques; de même pour les meubles, ustensiles, instruments quelconques. Tout ce qui marque les rapports des mots entre eux, articles, prépositions, conjonctions, est également saxon, au moins en grande majorité. La politique, le droit, les fonctions sociales, biens, dignités, la philosophie, l'art, la science, les métiers, la cuisine, empruntent leurs termes au français et au latin. La poésie se contente volontiers du fonds national, et c'est ce qui la rend si difficile à comprendre; il y a deux langues en anglais et il faut les savoir toutes deux pour lire Shakespeare et Byron.

Les dialectes abondent dans l'anglais, comme ils abondaient dans l'anglo-saxon. Il est à croire que les nouveaux répondent aux anciens et que leur étude éclairerait particulièrement les questions de phonétique jute, saxonne et angle. Nous ne pouvons signaler ici que leurs traits les plus saillants :

Au sud, on écrit et on prononce volontiers *ea* pour *a* : *neame* (*name*); *oa* et *wo* pour *o* : *aloane, whoale, choak; stwory, gwo, cwoat; ee* pour *i* : *cheem, sheen* (*chime, shine*). On mouille *s* : *zet, zend, bezide,* etc.; on amollit *f* : *to vind, vor, vrom;* on supprime nombre de consonnes finales : *nothin, wheepin, lovin*(*g*), *boun*(*d*), *child* (*d*), *han* (*d*). On dit : *daiy* et *dee* pour *day, plaiy, waiy,* etc. On prononce le *th d* : *den, dat.* A Wight, on trouve un iotacisme particulier : *neyame* (*name*), *meyastur* (*master*).

Au centre, on chante; on prononce avec une telle mollesse les voyelles finales que *sah* équivaut à *say* et à *saw;* on dit *oi* pour *i* : *foire, moine.* Les liquides tendent à disparaître, *r* surtout : *weetha* = *wether, wold* = *word.*

Dans le nord, *ee* vaut *ay* et *aï* (*wee* = *way, neet* = *night*); *o* vaut *a* (*mon* = *man, monny* = *many*); *oo* vaut *ou* (*hoose, aboot, roond*); *aa,* vestige scandinave ou hollandais, remplace souvent *a* (*faace, plaace, paaper*). Une particularité bizarre, c'est le changement de *not* en *ner* à la fin des verbes négatifs : *dunner* (*do not*), *didner, canner, hanner,* (*have not*), *schanner* (*schall not*), *wonner* (*will not*). Non contents de supprimer la liquide *r* et de l'assimiler au besoin à la lettre suivante (*hoss* pour *horse*), les gens du nord remplacent *l* par *w* : *bowd, bawk, bawm* (*bold, balk, balm*), *awways, cawwe* (*always, calf*). Le dialecte du Lancashire est à ce point défiguré par ses vices de prononciation, qu'un Anglais du sud ou du centre ne le comprend ni écrit ni parlé.

L'écossais des basses terres n'est guère différent du northumbrien et des dialectes voisins ; il est curieux par ses rapports avec l'anglais moyen, et a retenu beaucoup de formes contemporaines de la conquête anglaise. Il a gardé l'*a* dans *langer, blaw, gane,* pour *longer, blow, gone,* etc., *ai,* pour *o* dans *baith, mair* (*both, more*); *au* pour *o* et *ou,* dans *auld, saul; u,* pour *oo* : *blude* (*blood*), *gude* (*good*), etc. *L* disparaît : *sma' ca', fa',* pour *small, call, fall. I canna, winna, dinna,* répondent aux formes citées plus haut, moins *r* final. L'écossais repousse la palatale *ch* (*tch*) et écrit, pour *church, birch,* etc., *kirk, birk,* etc. Enfin, de ses longues relations avec le continent, il a gardé quelques mots français qui n'ont pas leurs équivalents en anglais.

Nul doute aussi que l'australien, l'anglo-indien, l'américain, ne renferment des particularités fort intéressantes; mais il nous faut terminer, en concluant par notre exorde : l'anglais est une forte végétation germanique, nourrie et renouvelée par les éléments franco-latins qu'elle s'est assimilés. Langue essentiellement analytique, l'histoire de sa formation n'en est pas moins impossible si l'on n'a recours à la grammaire et à la phonétique compliquées du groupe bas-allemand.

Bibliographie. — *Englische Grammatik,* von Eduard Mätzner, drei Bände. Berlin, 1860. — *The English Language,* by R. G. Latham. London, 1841. — Goold Brown, *the Grammar of English Grammars* New-York, 1851. — *Wissenschaftliche Grammatik der Englischen Sprache,* von Eduard Siedler, (1 Bd.) Zerbst, 1850; — (2 Bd.), von D<sup>r</sup> Karl Sachs. Leipzig, 1861. — *De rectâ et emendatâ linguæ anglicæ scriptione dialogus, Thoma Smithio equestri ordinis anglo authore.* Lutetiæ, 1568. — *Joannis Wallis S. T. D. Geometriæ professoris saviliani in celeberrima Academia Oxoniensi Grammaticæ linguæ anglicæ.* Editio tertia. Hamburgi, 1672. — *Deutsche Grammatik,* von D<sup>r</sup> Jacob Grimm, vier Theile. Göttingen, 1822-37. — *Compendium der Vergleichenden Grammatik der Indogermanischen Sprachen,* von August Scleicher, zwei Bände. Weimar, 1861-62. — *Historische Grammatik der Englischen Sprache,* von Friedrich Koch. Weimar, 1863. — *Guide to the Anglo-Saxon tongue,* 2<sup>e</sup> édition in-12. Londres, 1860. J.-E. Vernon. — *Die Angelsæchsische Sprache, das Fundament der Englischen.* In-12. Leipzig, 1848. — Ebeling. *Angelsæchsisches Lesebuch.* In-4o. Leipzig, 1848. — Marsh. *Origin and History of the English language.* In-8. London, 1862. — Halliwell J.-O. *Dictionary of archaic and provincial Words, obsolete phrases, proverbs and ancient customs from the 14th century, fourth édition,* 2 volumes in-8. London, 1860.

ANDRÉ LEFÈVRE. — FRANCIS MOLARD.

**ANGLETERRE.** — DÉMOGRAPHIE. — La démographie est l'étude d'une population : 1° dans ses *états* successifs (nombre absolu et relatif des vivants; rapport des sexes, des âges, des professions, etc., etc.); 2° dans ses mouvements divers (naissances, mariages, morts, migrations) par lesquels elle se renouvelle sans cesse. (Voyez *Démographie.*) En un mot, la Démographie est la tenue des Livres de l'humanité et, nulle part, cette tenue de livres n'est aussi complète, aussi régulièrement à jour qu'en Angleterre; la France est bien loin d'occuper même le second rang sous tous ces rapports. La supériorité de la Démographie anglaise a sa source dans les mœurs politiques de la nation; ce n'est point chez elle, comme chez nous, un ministre parfaitement incompétent et irresponsable qui signe ces énormes volumes dont il n'est ni l'auteur ni même le lecteur; ce n'est pas à un souverain plus incompétent encore en ces matières qu'ils sont présentés : c'est leur véritable auteur, le très-savant docteur W. Farr qui en rend compte au parlement, c'est-à-dire à la nation. Ces procédés sont plus francs, et ils contribuent, nous n'en doutons pas, à rendre la statistique anglaise si parfaite et si riche, trop riche pour que nous puissions, en si peu de place, fournir la preuve complète de sa supériorité. La population des trois Royaumes-Unis est aujourd'hui (1868) de 30,764,000 habitants sur lesquels 21,649,400 pour l'Angleterre et le pays de Galles. Cela fait une densité moyenne de **133** habitants par kilomètre carré. Il n'y a que la Belgique (**162** habitants par kilom. carré) qui dépasse ce nombre; en France, il est seulement de **70**. Dans aucun pays, la population n'a crû avec une aussi grande énergie. On a pu calculer approximativement la population anglaise depuis le milieu du XVIIᵉ siècle. Elle était alors de 5,500,000 habitants; en 1701, de 6,121,000; en 1750, de 6,336,000. Enfin, le premier census (1801) compte, en Angleterre et Galles, 9,062,000 habitants. Ainsi, malgré une émigration considérable, tel a été l'accroissement de cette population qu'en 67 ans, 100 habitants sont devenus **221** habitants.

Et pourtant, depuis 1815, 6,000,000 d'Anglais se sont expatriés (plus de la moitié pour les États-Unis), ce qui fait, en moyenne, 150,000 émigrants par an. C'est beaucoup, et ce nombre va plutôt en croissant. Il était devenu de 300,000, en moyenne, pendant la période 1849-54. Depuis, cependant, il s'est abaissé à 200,000. Les Irlandais sont, en partie, cause de cette augmentation.

Cette énorme émigration anglaise n'est point, comme ailleurs, un indice de misère (je ne parle point de l'émigration irlandaise), mais l'effet de cet esprit aventureux et hardi qui caractérise l'Anglo-Normand, et qui vaudra, peut-être, à sa race la conquête du monde. Car, pour être sorti de son pays, il ne perd point ses caractères typiques, comme le doux Allemand; partout, il porte son âpre énergie, son idiome et son esprit national.

Cependant, une autre nation s'épuiserait vite à fournir une si énorme émigration, car ces adultes tout élevés qui émigrent et vont porter ailleurs leur travail, leur activité, sont en fin de compte des créanciers de leur mère patrie qui lui font faillite, et qui, au lieu de lui rembourser les avances faites à leur enfance par l'excédant actuel de leur production sur leur consommation, vont en faire bénéficier les nouveaux territoires où ils s'établissent (États-Unis, Australie, etc.). Si l'on estime à 4,000 francs le prix du travail d'un homme adulte (et un esclave vaut 4 à 5,000 fr.), les 150,000 émigrants, tant Anglais (64,000) qu'Irlandais, représentent un capital vivant de 600 millions de francs, non compris les outils et le petit capital que possède chaque émigrant, tribut annuel que l'Angleterre paie à l'émigration. Peu de nations, dis-je, supporteraient, sans en être bientôt épuisées, un si lourd tribut. L'Angleterre n'a pas l'air de s'en apercevoir, et son capital.... c'est-à-dire l'excès de sa production sur sa consommation, ne continue pas moins à grandir : c'est que l'Angleterre a deux sources immenses de richesses, 100 millions d'Indiens qui travaillent pour elle et de puissants bancs de houille dans son sous-sol.

*Habitation.* — En Angleterre, comme en France, les hommes vont agglomérant de plus en plus *leurs habitations* en villes, en grandes villes[1], mais les deux nations y procèdent d'une manière absolument différente : tandis qu'en France ce mouvement a pour conséquence l'agglomération *des personnes*, il a le résultat contraire en Angleterre : les maisons se rapprochent, mais les habitants d'une même maison se divisent ; l'Anglais n'aime pas les grandes casernes que l'on nous fait à Paris; aussi tandis qu'en France une maison contient en moyenne 3 à 4 personnes au-dessus de 20 ans (**3,44**), en Angleterre moins de 3 (**2,9**) adultes, suffisent pour en emplir une, et pourtant environ la *moitié* de la population anglaise demeure dans des villes de plus de 2000 habitants, tandis que, chez nous, à peine plus du *quart* (27 pour 100) peuvent au même titre être dits citadins, et cette différence entre les deux nations va s'accentuant toujours plus en Angleterre ; en 1851, pour 1000 personnes (*de tout âge*), il y avait **177** maisons, et, en 1861, il y en a **186**, tandis que c'est le mouvement inverse qui se prononce en France ; nous allons perdant notre chez-nous, l'Anglais va conquérant le sien !

*Mariages.* — Le nombre des mariages et leur âge moyen ne révèlent pas moins clairement combien l'Anglais a hâte d'avoir son foyer, son *home*. Ainsi, pour 1000 habitants *au-dessus de 15 ans*, il y eut, année moyenne, **13** mariages pendant la période 1851-60. On n'en comptait que **10,85** en France pendant la même période. Cet amour de la famille va sans cesse en gagnant du terrain : toutefois, cette progression est irrégulière ; car ici, comme partout, on voit la remarquable influence qu'exercent sur le nombre des mariages le prix du pain, les espérances diverses qui agitent le pays, et même les lois libérales qui lui sont concédées (Voyez *Bavière*). Ainsi, la matrimonialité anglaise était, en 1842, de **7,7** (7,7 mariages annuels pour 1000 habitants de tout âge), en 1851-55, elle est devenue peu à peu de **8,58**. La crise cotonnière (1862-63) l'a fait descendre à **8,1**. Enfin, en 1865-66, elle atteint son maximum **8,8**. Mais, résultat bien inattendu ! Ceux qui sont assez riches pour se marier avec licence (1 sixième des mariages se fait ainsi) se marient de préférence dans les années de cherté. La cherté serait-elle donc pour le riche une source de profits et de joie ! On le dirait presque.

Non-seulement on se marie beaucoup en Angleterre, mais on s'y marie jeune. Ainsi, en faisant abstraction des secondes noces qui, dans les deux pays, se font à peu près à l'âge moyen de **42** ans pour les hommes, de **39** pour les femmes, les Anglais se marient à **25** ans et demi, et les filles anglaises à **24,4** ans, tandis que les Français ne se marient (âge moyen) qu'à **28,4**, et les filles à **25** ans. La conscription a certainement une grande influence sur le retard, d'ailleurs peu considérable, du mariage des filles ; mais, à coup sûr, c'est à elle qu'on doit attribuer le retard du mariage des hommes. On s'en convaincra si l'on remarque qu'en France, un peu plus du **quart** (**0,27**) des hommes seulement se marie avant 25 ans, tandis que plus de la **moitié** des époux anglais (**0,503**) contractent mariage avant cet âge.

---

[1] Londres **2,804,000** habitants; Liverpool **444,000**; Manchester **358,000**, etc.

On inscrit l'âge des mariés depuis trop peu de temps (1851) en Angleterre pour qu'on puisse voir clairement quels changements le temps lui fait subir. Toutefois, il est déjà bien apparent qu'on s'y marie de plus en plus jeune. Et c'est ce que le census rend plus visible encore. En 1851, sur 1000 hommes de 20 à 40 ans, on comptait **453** célibataires, **531** époux et **16** veufs; en 1861, **422** célibataires, **563** époux et **15** veufs. Ainsi, le nombre des époux, toujours supérieur à celui des célibataires, va sans cesse croissant. Et maintenant, comparez avec la France : sur 1000 hommes de 20 à 40 ans, **494** célibataires, **492** époux et **14** veufs. Ainsi, dans notre pays, à cet âge de fécondité par excellence, le nombre des célibataires est plutôt supérieur à celui des hommes mariés.

Ce parallèle entre la France et l'Angleterre est, on le voit, tout à fait favorable à nos voisins. On s'y marie plus, et plus jeune : or, on sait combien l'homme devient plus laborieux, plus entreprenant, plus digne dans sa conduite et dans ses mœurs, lorsqu'il se sent chef de famille et responsable de ceux qu'il s'est engagé à soutenir et à diriger. Si la France subit cette infériorité qui l'empêche de s'accroître, de s'enrichir dans la proportion de son puissant voisin, à quoi l'attribuer? sinon à cette cruelle et inutile conscription qui pèse si lourdement sur sa fécondité et sur son travail — je dis inutile; car les peuples libres savent très-bien s'en passer et se faire respecter.

*Natalité.* — Si, plus que nous, les Anglais prouvent leur amour de la famille et du foyer, il paraît surtout, à en juger par les nombres, qu'ils en aiment bien autrement le plus solide lien : les enfants; car, bien qu'en Angleterre les inscriptions des nouveau-nés (non compris les mort-nés qui ne sont pas relevés en Angleterre) ne soient pas encore exemptes de notables omissions (on peut les estimer de 5 à 6 pour 100), cependant la natalité s'élève à **34** naissances annuelles par 1000 habitants; elle dépasse donc de beaucoup la nôtre qui n'est que de **26**; et encore ce rapport dissimule une partie de l'exubérante fécondité de nos voisins, à cause du nombre plus considérable de leurs impubères. Aussi il y a lieu de distinguer la *fécondité* de la natalité, car, si celle-ci est le rapport des naissances à la population générale, j'appelle *fécondité* le rapport des mêmes naissances à la population apte à la reproduction, soit de 15 à 60 ans; or, cette fécondité est, en Angleterre, de **61** naissances par an et par 1000 habitants de 15 à 60 ans, soit **4** naissances par famille, et, en France, seulement de **42**, soit **3** naissances par famille.

Ainsi la *fécondité* anglaise l'emporte environ d'un tiers sur la nôtre. Aussi, sur 1000 habitants, l'Angleterre en compte **354** au-dessous de 15 ans et la France seulement **275**. Cette différence si profonde s'aggrave encore à notre détriment, quand on étudie la natalité dans la succession des temps. En France, depuis le commencement du siècle, notre natalité va en diminuant; celle de l'Angleterre augmente incessamment, et sa *fécondité* de **58,4** en 1845-50, s'est élevée progressivement à **61** en **1861-65**.

On comprend que c'est à cette puissante natalité que l'Angleterre doit l'accroissement si considérable de sa population, quoiqu'en partie dissimulé par l'incessante émigration déjà signalée. — Pour se faire une idée de la distance qui sépare sur ce point la France de l'Angleterre, il suffit de noter dans les deux pays le rapport d'accroissement par l'excès des naissances sur les décès : or, 100 décès sont remplacés, en France, par environ **115** naissances, en Angleterre, par **156** naissances!

En Angleterre, comme partout, l'influence des saisons sur la natalité est très-marquée. Ainsi, pour 4000 naissances survenues pendant l'année entière, il y en a **1050** pendant le premier trimestre (1er janvier — 31 mars), **1040** pendant le second, **959** pendant le troisième et **951** pendant le quatrième.

*Illégitimité.* — L'état civil d'Angleterre paraît fort inexact en ce point. Comment admettre, en effet, que l'illégitimité soit moins grande dans les villes que dans les campagnes, tandis que partout ailleurs c'est le contraire qui a lieu? Je refuse de croire que, les campagnes donnant **67** naissances illégitimes (en France **70**) contre **1000** naissances générales, cette immense ville de Londres, si connue pour la dépravation des mœurs, n'en fournisse que **44**. Autant qu'on peut s'en rapporter à des documents aussi incomplets, le nombre des naissances illégitimes tend à diminuer en Angleterre.

*Mortalité.* — On peut estimer que la mortalité générale est à peu près la même en France qu'en Angleterre : environ de **23** décès par **1000** habitants. Les documents anglais en annoncent un peu moins (22,5), il est vrai ; mais, en Angleterre plus qu'en France, les décès des premiers jours de la vie échappent aux registres, car notre état civil, quoiqu'encore imparfait, est bien supérieur à celui de nos voisins. Quoi qu'il en soit, pour se faire une idée exacte de la mortalité d'une nation, ce n'est pas sa mortalité générale qu'il faut étudier, mais sa mortalité par âge. (Voyez *Mortalité.*) Parcourons donc rapidement la mortalité de chaque âge en Angleterre, en la comparant à la nôtre.

*De 0 à 1 an*, nous estimons que les omissions d'inscriptions sont trop considérables pour que la comparaison soit possible à ce premier âge. Si l'on en croyait les documents anglais, la *mortalité* de leurs enfants, dans la première année de la vie, ne serait que de **174** décès de 0 à 1 an pour 1000 enfants de cet âge ; ou encore **154** décès de 0 à 1 an par **1000** naissances vivantes, rapport que j'appelle *dîme mortuaire*, et qu'il ne faut jamais confondre avec la *mortalité* proprement dite ; en France, la mortalité de la première année de la vie est environ de **200**, et la dîme de **175** ; mais, nous avons prouvé ailleurs (*Dictionnaire encyclopédique des sciences médicales*) que cette différence réside plutôt dans l'imperfection des registres anglais que dans la mortalité réelle de nos nouveau-nés.

*De 1 à 5 ans*, en effet, la *mortalité* des deux nations est à très-peu près identique : soit de **35** par 1000 en France et **36** en Angleterre. *La mortalité de 0 à 5 ans* est de **70** décès par 1000 vivants pour les deux sexes ; mais les variations suivant les districts sont très-considérables et prouvent l'extrême influence des milieux sur la mortalité, et, par suite, ces milieux, étant sous notre dépendance, nous donnent la mesure de notre pouvoir d'affaiblir cette mortalité, quand nous voudrons créer des milieux plus favorables à la vie. Ainsi, la mortalité ne dépasse pas **24** à **25** décès dans les districts de Bellingham, de Rothbury ; dans les 63 districts les plus salubres (il y a, en Angleterre, 623 districts), la mortalité moyenne est de **40** pour les deux sexes (43 pour les garçons et 37 pour les filles) ; mais, dans 36, elle s'élève au-dessus de **90** ; dans 10, au-dessus de **100** ; ainsi elle est de **132** à Liverpool ! Et ce qui n'est pas moins caractéristique, c'est l'extrême différence de mortalité selon les classes ; ainsi, la mortalité des enfants de la pairie anglaise est seulement de **22** chez les garçons, de **19** chez les filles ; dans les familles du clergé, elle est de **30** environ pour les deux sexes ; de **50**, dans les familles composant les sociétés mutuelles, tandis que nous l'avons vue de **70** pour tout le monde et de **100** à **130** dans les grandes cités manufacturières.

*La mortalité, de 5 à 10 ans,* est de **8,5** décès par 1000 enfants de cet âge ; en France, elle s'élève à **9,5**. En Angleterre, les différences selon les localités sont très-considérables : de **4,5** dans cinq à six districts, elle s'élève à **13**, à **14** ou **15** dans les grandes cités de Bristol, Manchester, Liverpool, etc.

*La mortalité, de 10 à 15 ans,* est moindre qu'à tout autre âge ; en Angleterre, elle est à peine de **5** pour 1000 ; mais, en France, elle s'élève à **5,6** ; les différences selon les districts sont toujours considérables : de 2 à 3 dans les plus favorisés; ne dépassant pas 3,5 dans 95 districts, elle s'élève à 8 et 9 dans les moins favorisés et à 11 dans Merthyr-Tydfil.

*De* 15 *à* 20 *et* 25 *ans, la mortalité* recommence à croître, mais avec beaucoup moins d'énergie en Angleterre qu'en France; ainsi, de 15 à 20, elle est en Angleterre de 6,69 pour les garçons et de 7,28 pour les filles; mais, en France, de 7 pour les premiers et de 7,8 pour les secondes; de 20 à 25 ans, elle est chez nos voisins de 8,8 pour les hommes et de 8,5 pour les femmes; mais, chez nous, de 11,4 pour nos jeunes hommes et de 8,9 pour nos femmes. A l'article *France*, nous reviendrons sur cette forte mortalité de nos jeunes hommes; elle est un des traits caractéristiques les plus regrettables de la population française. Les différences selon les districts sont encore prononcées; de 15 à 20 ans, la mortalité, de 4 décès annuels par 1000 vivants dans 33 districts les plus favorisés, dépasse 8 dans 85 les moins favorisés; de 20 à 25 ans, la mortalité, à peine de 5 décès dans 13 districts, s'élève à 12 décès dans 42 districts.

*Mortalité de* 25 *à* 35 *ans;* elle est de 9,57 pour les hommes et de 9,92 pour les femmes; elle est un peu moindre en France : de 8,44 pour les hommes et de 9,34 pour les femmes. Les variations sont telles que, chez 33 districts plus favorisés, elle est au-dessous de 6,5, tandis qu'elle excède 15 dans les 11 plus chargés. Elle s'élève à 16 dans Liverpool, à 20 dans Gravesend.

*La mortalité, de* 35 *à* 45 *ans,* est de 12,48 pour les hommes (seulement 9,87 en France), et 12,15 pour les femmes (seulement 10,34 en France). Dans 71 districts, elle reste au-dessous de 6, mais, dans 25, elle excède 18.

*Mortalité de* 45 *à* 55 *ans;* elle est de 17,96 pour les hommes (15,38 en France), et de 15,2 pour les femmes (14 en France). Dans 23 districts, elle reste au-dessous de 10, mais, dans 26 (dont 15 à Londres), elle dépasse 26 et s'élève quelquefois à 30 (Cité et Whitechapel).

*Mortalité de* 55 *à* 65 *ans;* elle est de 30,86 pour les hommes (30,45 en France), et 27 pour les femmes (27,5 en France). Dans 49 districts, elle est au-dessous de 20, mais s'élève à 50 dans plusieurs districts de Londres; à 53 à Manchester et Liverpool; à 68 à Alston !

*La mortalité de* 65 *à* 75 *ans* est de 65,33 pour les hommes (65,5 en France), et de 58,66 pour les femmes (de 65,85 en France); elle oscille, suivant les districts, de 40 à 117 (Alston).

*Enfin, au delà de* 75 *ans,* la mortalité est de 195 décès annuels par 1000 vieillards de cet âge, mais seulement de 167 en France.

*Causes de mort.* — Nous serons très-bref sur *les causes,* parce que c'est un sujet d'un intérêt trop exclusivement médical. Disons seulement qu'en Angleterre, comme partout dans l'Europe centrale et méridionale, la phthisie est la grande moissonneuse, mais pas plus en Angleterre qu'ailleurs; à elle seule, elle enlève, à très-peu près, la **moitié** de ceux qui succombent de 20 à 25 et à 30 ans, et, pour tous les âges, environ le **huitième** de tous les décès lui est dû. La rougeole et surtout la scarlatine paraissent être beaucoup plus dangereuses en Angleterre qu'en Belgique, qu'en Bavière (la connaissance des causes de décès nous manque en France), etc.

*Mortalité par âge et par profession.* — Voilà un des documents les plus précieux et que la seule Angleterre nous fournit, et encore son enquête nouvellement instituée ne nous donne-t-elle qu'un résultat de deux années. Au mot *Profession,* nous reviendrons sur les résultats de cette précieuse enquête. Indiquons-en ici très-sommairement les prémisses les plus remarquables. Ainsi, par ordre de gravité croissante, je nommerai parmi les professions sur lesquelles pèse une lourde morta-lité : les boulangers, les mineurs et les ouvriers des manufactures en métaux. Ceux qui savent le labeur ingrat, les émotions tristes, et les dangers de contagion qui pèsent sur la profession médicale, s'étonneront peu de la voir encore plus mal placée; mais ce qui est plus inattendu, c'est de voir venir dans les derniers rangs la profession de bouchers, puis celle d'aubergistes et de marchands de spiritueux. Ainsi, pour toutes ces professions, la mortalité de 45 à 55 ans, qui est en moyenne de **15** à **17** pour 1000, atteint et dépasse **20**, et même s'élève à **27** pour 1000 chez la dernière. Au contraire, parmi les professions sur lesquelles pèse une moindre mortalité, je trouve, au premier rang, les ministres de toute religion (**11,5** décès annuels de 45 à 55 ans par 1000), c'est-à-dire surtout du clergé protestant qui en forme la grande majorité; c'est le cas de dire avec le rat du *bonhomme* :

> Dieu prodigue ses biens
> A ceux qui font vœu d'être siens,

et même, si nous osons en juger par le petit nombre de magistrats observés, leur mortalité, à chaque âge, les placerait dans un rang encore plus favorable que les prêtres. Nous sommes persuadé que, grâce au modeste bien-être qui est leur partage, les habitudes de moralité du clergé protestant et de la magistrature, moralité qui est à la fois dans les goûts et dans les obligations professionnelles de ces classes, sont les principales conditions sanitaires qui abaissent d'une façon si marquée leur mortalité. Immédiatement après eux, se manifeste l'action puissante de la vie rustique chez les fermiers-maîtres et chez leurs valets. Si l'on compare la mortalité si supérieure des domestiques citadins (et encore ici, il ne s'agit que des domestiques mâles, c'est-à-dire de ceux de l'aristocratie) avec celle des valets de ferme, on voit, par exemple, que de 45 à 55 ans, tandis que les valets de ferme ne donnent que **11** à **12** décès annuels par 1000, les valets de chambre, etc., presque tous citadins, en ont **18** à **19**, etc. Un fait qui sans doute étonnera, c'est que les classes élevées, noblesse et gros rentiers, ne viennent qu'après les fermiers et leurs valets; mais ce qu'il importe de signaler c'est que cette place, relativement médiocre, ne leur appartient que de 15 à 65 ans; et, fait bien significatif, c'est notamment à l'âge de 35 à 45 ans, âge d'élection, de force, de volonté, d'indépendance, et ordinairement d'intelligence, que les millionnaires anglais occupent la place la plus mauvaise par leur mortalité, car, à cet âge de leur vie, elle s'élève à **11,6** décès annuels par 1000; elle dépasse celle des petits commerçants (**9,3**); des charpentiers et menuisiers (**9,8**); des manœuvres (**10,4**); des forgerons (**10,9**); des cordonniers (**11**); et avoisine celle des professions décidément insalubres, telles que celle des ouvriers des manufactures de laine et de coton (**12**). D'autre part, nous avons dit plus haut (p. 242), la très-faible mortalité de l'enfance de ces hauts personnages; eh bien, leur vieillesse n'est pas moins heureusement partagée! C'est au delà de 65 ans qu'ils reprennent leur avantage, quand les impuissances de l'âge les ont obligés de consacrer désormais au souci de la restauration et de la conservation de leur santé les ressources de la fortune employée, pendant leur virilité, à solder leurs excès; cette hygiène tardive a néanmoins d'autant plus de succès que les plus faibles n'arrivent pas à cette favorable impuissance de se nuire, et qu'ils ont été abattus avant l'heure par la volupté et par l'orgie.

Ainsi, si la *libre activité* est salutaire aux travailleurs, et la mortalité plus grande de ceux qui en sont privés (prisonniers, militaires) en est la preuve; elle est funeste à l'homme riche, car sa richesse devient tour à tour pour lui, ou un élément destructif lorsque, dans sa force, il en a la libre disposition, ou un élément de santé et de longévité lorsque, pendant sa minorité ou sa caducité, la faiblesse ou les dépendances de l'âge le protégent contre lui-même !

La *profession militaire* apparaît en Angleterre ce qu'elle est partout, une profession funeste au moral comme au physique. Ainsi les recrues, dues ici seulement à l'engagement volontaire contracté en majorité avant 20 ans, sont triées avec le plus grand soin ; car, contrairement à ce qui se fait en France, les médecins ont voix prépondérante, de sorte que toute santé menaçante est rejetée. Le résultat de ce choix apparaît de suite, et dès les premières années, par une mortalité bien moindre que la mortalité civile. Mais les mauvaises conditions de la profession ne tardent pas à reprendre le dessus et, malgré des réformes très-nombreuses, à donner la significative progression suivante :

*Décès annuels à chaque âge pour 1000 vivants de chaque catégorie.*

De 17 — 19 ans, la mortalité civile est de  7,41, et militaire de 3,13 ;
20 — 24        —                8,42,        —        5,73 ;
25 — 29        —                9,21,        —        8,01 ;
30 — 34        —               10,23,        —       12,26 ;
35 — 39        —               11,63,        —       16,35 ;
40 — 44        —               13,55,        —       19,62.

Ainsi la mortalité militaire augmente beaucoup plus vite que la mortalité civile.

Nous verrons (voyez *Armée*) que cette faible mortalité des nouvelles recrues anglaises est un fait opposé à ce qui se passe en France, où nos jeunes conscrits sont tout de suite décimés par une mortalité rapide ; c'est que, chez nous, *d'une part* le choix des hommes n'est pas une opération médicale, mais surtout administrative, et la mort prématurée des conscrits indûment déclarés bons pour le service vient rapidement rectifier les erreurs des conseils de révision confiés au pouvoir administratif ; et, *de l'autre*, l'enrôlement n'étant pas volontaire comme chez nos voisins, mais obligé, il en résulte une contrainte, une dépression des forces morales qui rend fatales des affections bénignes dans d'autres circonstances ; et l'on peut dire, au moins au point de vue moral et sanitaire, que l'odieux de la conscription s'ajoute à l'odieux d'une profession, exclusive de la famille et de la liberté.

*Infirmes.* — En Angleterre, on compte par 100,000 habitants, **9,64** aveugles, **61** sourds-muets, **228** aliénés, dont à peine 116 sont traités dans les asiles. Comme partout, l'aliénation est en voie d'accroissement, car, en 1857, le même document n'annonçait que 176 aliénés! Est-ce l'enquête ou l'infirmité qui progresse? Sans doute, l'une et l'autre.

On sait que le *paupérisme* est considérable en Angleterre ; mais il faut dire que la tenue exacte et la publicité des livres démographiques mettent ici en lumière cette plaie sociale qui se cache ailleurs ; quoi qu'il en soit, et, malgré une incessante émigration à laquelle les Anglais convient leurs misérables, on compte, aujourd'hui, en Angleterre, environ **5** pauvres pour 100 habitants, et plus de **8** par **100** adultes au-dessus de 20 ans. 13 à 14 pauvres pour 100 sont logés dans les maisons des pauvres ; le reste est secouru à domicile.

*Criminalité.* — Les infirmes nous amènent aux criminels qui n'en sont peut-être qu'une variété pathologique. Ici, quel que soit l'intérêt qu'il y aurait à comparer l'Angleterre à la France, nous n'osons entreprendre ce rapprochement, car, malgré la prétendue unité morale que quelques métaphysiciens supposent parmi les hommes, les crimes et les délits ne sont ni poursuivis de même, ni punis de même, ni surtout qualifiés et classés de même en Angleterre et en France, de sorte que le célèbre criminaliste A. Guerry, qui a publié un atlas fort réputé, mais aussi fort difficile (souvent impossible) à comprendre, ayant pour titre : *Statistique morale de l'Angleterre comparée à la statistique morale de la France*, n'a en réalité rien comparé du tout; il s'est contenté d'étudier parallèlement les deux nations; il s'est même bien gardé de comparer les nombres absolus d'accusés ou de criminels des deux pays à leur population respective, de peur de permettre des rapprochements que la diversité des catégories eût rendus fautifs. C'est peut-être pousser trop loin la prudence, car il résulte invinciblement de la comparaison des deux pays que si, en France, il y a plus de délits et plus encore de contraventions, plus d'atteintes à la propriété qu'en Angleterre et même beaucoup plus de condamnations, il y a certainement en Angleterre un nombre bien plus considérable d'attentats sanglants contre les personnes. Ainsi, tandis que, *par million* de personnes au-dessus de 15 ans, il y a annuellement en France : **19** assassinats ou tentatives (parricides, infanticides et empoisonnements compris), il y en a **148** en Angleterre, ou 7 à 8 fois davantage; en France, **6** à **7** (6,8) meurtres; en Angleterre, **115**, ou 17 fois davantage; en France, **35** viols, et en Angleterre, **99**, ou presque trois fois plus[1]; mais il paraît que nous nous rattrapons sur les délits et les contraventions, car, en somme, en réunissant crimes, délits et contraventions (l'ivresse exceptée qui, en France, n'est pas contravention), il y a annuellement, par 1000 habitants âgés de plus de 15 ans : en France, environ **28** accusés et **26** condamnations, et en Angleterre **26** accusés, mais seulement **15** condamnations; car, tandis que nos tribunaux correctionnels ou de simple police acquittent très-rarement (8 sur 100 les premiers, et 6 les seconds), et beaucoup moins que le jury (25 pour 100), les juges anglais acquittent beaucoup plus que le jury (39 pour 100).

Quoi qu'il en soit, le haut degré de criminalité sanguinaire de la nation anglaise est fort remarquable et nous paraît être la conséquence pathologique de la vigoureuse énergie de la race anglo-saxonne. En 14 ans (1847-60), il y a eu 787 condamnations à mort et seulement 141 exécutions, soit par an 56 condamnations et à peine le cinquième, soit 10 exécutions, soit encore par million d'habitants au-dessus de 20 ans, **5,35** condamnations et **0,95** exécutions; en France, par an et par million d'adultes au-dessus de 20 ans, il y a eu (1850-60) **2,15** condamnés, dont environ la moitié, **1,07** ont été exécutés (à peu près 25 par an). Ainsi, il est certain que criminels ou délinquants sont bien plus sévèrement traités en France qu'en Angleterre puisque, par exemple, en ce qui concerne les crimes, ayant 6 à 7 fois moins d'assassinats et 17 fois moins de meurtres, nous avons plus de condamnations et plus d'exécutions à mort. Le nombre relatif des femmes qui paraissent devant le jury est environ de **21** pour 100 avec tendance à augmentation; du reste, la même tendance se montre en France, où la part des femmes n'est que de **17** à **18**; cette moindre proportion résulte sans doute de l'inégale compétence du jury des deux nations.

Bibliographie. — Voir l'article *Grande-Bretagne* du *Dictionnaire encyclopédique des sciences médicales* et surtout les nombreux et excellents documents officiels de la statistique anglaise : *Census, Reports*, etc., du *Registrar-General*.

Dr Bertillon.

**ANGLETERRE.** — musique. — L'histoire de la musique est beaucoup moins riche, moins fournie d'événements en Angleterre qu'en Allemagne, en France et en Italie. Elle n'est pourtant pas aussi complètement nulle qu'on paraît le croire, et n'est point sans donner lieu à quelques remarques intéressantes. En constatant que les Anglais sont, à part de très-rares exceptions, dépourvus du génie de la

---

1. Il s'agit ici des accusés; mais les condamnés doivent se rencontrer à peu près dans le même rapport, car le jury anglais, comme le jury français, acquitte, à très-peu près, le même nombre de prévenus, environ 25 pour 100.

création et de l'exécution musicales, il faut bien reconnaître aussi qu'ils sont doués d'un très-grand amour de l'art, amour dont les manifestations peuvent même sembler parfois exagérées. A quelles causes donc attribuer, d'une part, cette absence de facultés créatrices ou d'interprétation, de l'autre, ce goût singulier, cette sympathie ardente pour un art dans lequel ils n'ont jamais été appelés à briller? C'est ce qu'il est difficile de savoir, et ce qui a été jusqu'ici recherché sans succès. Si les Anglais ne sont, en musique, ni créateurs ni interprètes, on n'en saurait cependant point accuser leur désir de bien faire, car plus d'un a tenté de s'élever au-dessus de l'ordinaire; mais les efforts, malheureusement isolés, des Humphrey, des Purcell, des Wallace et de quelques autres, n'ont pu réussir à enfanter une musique nationale. On ne peut davantage s'en prendre à leurs habitudes, car il n'est point de peuple qui fasse plus de sacrifices, qui dépense plus d'argent pour jouir intelligemment, avec un véritable dilettantisme, des bienfaits d'un art auquel il reste, par lui-même, presque complétement étranger. Faut-il donc voir dans le double fait que nous avons signalé le résultat d'un vice d'organisation physique qui, tout en permettant à l'individu de ressentir tout le charme de beautés qu'il admire, le laisse néanmoins dans l'impuissance d'en produire de semblables? Est-ce manque d'expansion dans la sensibilité, manque de goût dans l'intelligence? Il est, nous le répétons, fort difficile de rien affirmer à ce sujet, sur lequel les Anglais eux-mêmes ne paraissent pas plus fixés que nous. Nous devons donc nous borner à constater ce qui est, sans nous lancer inconsidérément dans des hypothèses qui ne nous mèneraient à aucune conclusion.

Ce qu'on ne peut nier, c'est que la culture et l'amour de la musique sont très-anciens chez le peuple anglais. Les bardes gaëliques, semblables à leurs frères les bardes bretons, comme eux poëtes et musiciens, jouissaient, dans les premiers siècles de l'ère chrétienne, d'une très-grande renommée et étaient admis à la cour des princes. Lors de l'invasion des Saxons, ceux-ci introduisirent en Angleterre et leurs bardes et leur musique, laquelle contrastait fortement avec celle des Celtes : « Les mélodies saxonnes, dit Stafford, se font remarquer par une simplicité et une énergie qui va droit à l'âme et l'affecte de sensations agréables; la musique des Celtes, au contraire, expression du caractère national, est ardente, impétueuse, et empreinte d'une sorte de mélancolie sauvage qui fait naître la tristesse. » Dès le IXe siècle, la musique constituait en Angleterre l'une des parties essentielles de l'éducation, à ce point que, selon les auteurs contemporains, Alfred le Grand, qui lui-même jouait de la harpe avec habileté, fonda une chaire de musique à Oxford. L'invasion des Normands ne porta point tort à l'art musical. On sait que l'armée de Guillaume le Conquérant était accompagnée d'un certain nombre de ménestrels, et que l'un d'eux, Taillefer, aussi renommé pour son courage que pour son talent, ayant obtenu la permission de commencer le combat à la bataille d'Hastings, s'avança vers l'ennemi en chantant la chanson de Roland, se jeta dans la mêlée et y trouva la mort. D'après ce que rapporte le poëte Chaucer, la musique était généralement cultivée en Angleterre au temps où il vivait. Chaque prince, d'ailleurs, chaque gentilhomme entretenait un corps de ménestrels, ce qui fait supposer qu'à l'époque de la réformation il avait dû être composé déjà beaucoup de musique profane, bien qu'on n'en connaisse aujourd'hui que fort peu. Il existe cependant un volume très-ancien, contenant un certain nombre d'airs écrits, avant la réformation, par plusieurs musiciens absolument oubliés : William de Pewark, Tudor, Edmond Turges, Sheryngham, Gilbert Banester, Richard Davy, Browne, William Cornyshe, Thomas Phelyppes et Robert Fayrfax. En ce qui concerne la musique sacrée, l'école de musique d'Oxford renferme une collection de messes et de services écrits sur des paroles latines, composés aussi avant la réformation et particulièrement sous le règne d'Henri VII, par Jean Taverner, D. Fayrfax, William Kafar, Avery Burton, Thomas Ashwell, J. Marbeck, Hugh Ashton, Jean Normand, Jean Shephard et Tye. Selon Burney, ces compositions ont une couleur originale, essentiellement distincte et dépourvue de toute imitation des productions chorales du continent.

On sait que la reine Élisabeth encouragea beaucoup la musique dans ses États; elle jouait elle-même de la virginale, instrument qui précéda l'épinette et le clavecin, et plusieurs compositeurs, parmi lesquels le docteur Bull, William Bird et Gilles Farnaby, collaborèrent au recueil connu sous le nom de *Queen Elisabeth's virginal Book.* De son temps, d'ailleurs, on avait recours même aux moyens extrêmes lorsqu'il s'agissait de trouver des musiciens pour le service du souverain. « Dans les établissements royaux au moins, dit Stafford, le recrutement des chanteurs s'opérait d'une façon quelque peu arbitraire; les ménestrels et les jeunes gens qui avaient de la voix pouvaient être *pressés* pour le service de la couronne, et les parents couraient le risque de voir leurs enfants arrachés de leurs bras pour devenir choristes dans la chapelle du souverain. Warton signale une ordonnance du temps d'Henri VI, relative à la *presse* des ménestrels, et Strype rapporte qu'en 1550 une commission fut délivrée à Philippe van Wilder, gentilhomme particulier de la chambre, afin de prendre *pour l'usage du roi,* dans toutes les églises et chapelles de l'Angleterre, tous les enfants et les choristes qu'il jugerait convenable. Dans le cours de l'année suivante, le maître de la chapelle royale reçut la permission de prendre de temps en temps autant d'enfants qu'il en serait besoin pour le service de cette chapelle. » Encouragée, ainsi que la musique sacrée, la musique profane brilla, sous le règne d'Élisabeth, d'une sorte d'éclat. Les compositions vocales étaient alors le canon, le *catch,* espèce de ronde à plusieurs voix qui fut longtemps très-populaire en Angleterre, la *canzone* et la *canzonetta,* son diminutif, qui toutes deux tenaient essentiellement du madrigal, genre très-cultivé à cette époque en France et en Italie, enfin la villanelle, et le ballet, ou air de danse. A cela il faut ajouter le genre de pièce connue sous le nom de *Freemen's song* (chant des hommes libres), dont la musique était arrangée pour trois ou quatre voix, et dont les paroles, presque toujours satiriques ou bachiques, se faisaient souvent remarquer par leur caractère obscène. Quant à la musique instrumentale, outre les pièces de divers genres usitées alors sur le continent, pavane, gaillarde, courante, *passamezze,* les Anglais avaient deux espèces d'airs indigènes, la gigue et le *hornpipe.* Ces divers morceaux étaient écrits soit pour le luth et l'épinette, dont l'usage était général alors, soit pour la viole, le psaltérion, la harpe, la guitare ou la vielle.

Délaissée sous le protectorat de Cromwell, par suite de l'agitation politique qui envahit le pays, la musique retrouva ses franchises et ses partisans lors de la mort de cet homme extraordinaire. De nouveaux artistes se firent jour, et l'art ne fut pas sans faire quelques progrès. Vers la fin du dix-septième siècle, un certain nombre d'instrumentistes se fit remarquer, on vit se produire, par l'initiative de Banister, les premiers essais de concerts publics, et une chaire de musique fut établie à l'Université de Cambridge au profit de Thomas Tudway, qui y eut pour successeurs Maurice Green, John Raudall, Charles Hague, J. Clarke Whitfield, etc. Il est assez singulier que l'Angleterre soit précisément le seul pays qui ait songé à introduire des chaires de musique dans ses universités, et le seul où l'on conférât, dans ces établissements, des grades de bachelier et de docteur en musique qui ne pouvaient être obtenus par les candidats qu'à la suite d'examens et de concours très-rigoureux et très-sévères. C'est vers la même époque que l'usage du violon se répandit en Angleterre, et que Charles II fit organiser une bande de vingt-quatre violons, à l'imitation de celle du roi de France.

En ce qui concerne le théâtre, la musique semble avoir été mêlée aux représentations dramatiques anglaises à une époque fort reculée. Dans les mystères et dans les moralités, dans les fêtes publiques et dans les mascarades, elle occupait une place plus ou moins importante. Elle trouva son emploi dans *Gorboduc*, première tragédie régulière, écrite en 1561 par lord Buckhurst; les auteurs anglais nous apprennent qu'avant le premier acte de cette pièce la musique de violons se faisait entendre, avant le second la musique de cornets, avant le troisième la musique de flûtes, avant le quatrième la musique de hautbois, enfin avant le cinquième les tambours et les flûtes réunis. Dans un grand nombre d'anciennes pièces anglaises on chantait des airs, et l'on peut constater qu'il est peu de drames de Shakespeare dans lesquels on ne trouve, avec des allusions assez fréquentes à la musique, un ou plusieurs morceaux de chant. Mais c'est à Henri Purcell, musicien d'un talent incontestable, quoique sa valeur ait été évidemment exagérée par ses compatriotes, qu'il faut attribuer les premiers essais tentés en vue d'amener la formation d'un opéra national; aussi les Anglais conservent-ils pour la mémoire de cet artiste une vénération tellement profonde qu'elle va jusqu'au fétichisme, et qu'elle les pousse à le comparer inconsidérément aux plus grands maîtres, même à Händel, leur idole sacrée.

Dès 1677, et à peine âgé de dix-neuf ans, Purcell avait révélé son talent par une ouverture et des airs composés pour un drame intitulé *Abelazor*. Dans l'espace de dix-huit ans il fit représenter une vingtaine d'ouvrages dramatiques, écrits sur des paroles anglaises, parmi lesquels on remarqua surtout *King Arthur, Indian Queen, Bonduca* et *Dioclétien*. Ces ouvrages, il n'est pas besoin de le dire, furent accueillis avec enthousiasme par les Anglais, qui croyaient avoir enfin trouvé leur messie musical. Il est juste de déclarer que Purcell, qui s'est aussi distingué dans la musique d'église, est l'un des meilleurs musiciens qui aient vu le jour de l'autre côté du détroit; malheureusement, il mourut jeune, en 1695, et n'eut point le temps nécessaire pour fonder une école et former des élèves qui lui pussent succéder. Il en fut de même de Humphrey, son contemporain, qui mourut à 27 ans seulement, après avoir donné des preuves d'un véritable talent dans la musique d'église, et de Roland Gibbons, qui, avant eux, s'était acquis une grande et juste renommée comme organiste et compositeur. Le célèbre historien de la musique anglaise, le D. Burney, s'exprime ainsi au sujet de ces trois artistes : « Sans leur mort prématurée, ils auraient pu former une école nationale, qui nous aurait permis de développer le culte de la musique sans le secours de l'étranger, et peut-être aurions-nous eu une aussi bonne musique que les Allemands. » Nous pensons qu'il ne faut point prendre à la lettre ce que dit Burney, mais peut-être en effet la fin précoce de ces trois artistes distingués porta-t-elle un coup fatal à l'art anglais. Parmi les musiciens qui vivaient de leur temps, il faut citer Anmer, Tucker, Henry Lawes, Blow et Wise.

C'est à l'époque de l'arrivée de Händel à Londres, vers 1710, qu'il faut faire remonter l'apparition des premiers opéras italiens représentés en cette ville, sur le théâtre de Haymarket. Ce n'est aussi qu'à partir du séjour de Händel en Angleterre, que la musique dramatique y prit un véritable essor. On sait que cet artiste admirable, quoique né en Allemagne, est considéré par les Anglais comme un des leurs, d'abord parce qu'il a passé la plus grande partie de sa vie au milieu d'eux, ensuite parce qu'il a écrit à leur intention expresse la plupart de ses chefs-d'œuvre, enfin parce que c'est lui qui porta à sa plus grande intensité leur goût pour la musique. Directeur pendant longues années du Théâtre-Italien, il composa pour cette scène un grand nombre d'ouvrages de premier ordre, que nous n'avons pas à énumérer ici; mais il mit surtout le comble à sa gloire, et à l'affection que lui portaient les Anglais, par les oratorios qu'il écrivit ensuite sur des poëmes conçus dans leur langue. Tandis que son compatriote Jean-Sébastien Bach produisait en Allemagne des œuvres colossales en ce genre, *la Nativité du Christ, la Passion*, etc., Händel faisait exécuter à Londres ses incomparables chefs-d'œuvre : *Josué, le Messie, Judas Machabée, Salomon, Samson, Saül, Jephté*, etc., etc. Aussi est-il juste de dire que l'un ne put imiter l'autre, et doit-on constater que les œuvres des deux grands artistes diffèrent essentiellement par les qualités qui les distinguent. L'oratorio de Händel, vaste conception aux proportions gigantesques, se fait remarquer par la grandeur, la noblesse et l'élévation des pensées, par la richesse de la sonorité, l'immense éclat des chœurs et de l'orchestre, la puissance et la majesté de l'ensemble, la splendeur et la solidité de l'harmonie, enfin la couleur antique et l'austérité mâle qui dominent le sujet. Et ce qu'il y a de plus remarquable, c'est que ces résultats surprenants étaient obtenus à l'aide de moyens presque élémentaires. Aussi comprend-on l'admiration des Anglais, et l'immense succès qui accueillait chacun des chefs-d'œuvre que Händel produisait successivement à Covent-Garden, et dont il avait soin d'augmenter encore l'attrait par l'exécution de ses magnifiques concertos d'orgue; il possédait sur cet instrument un talent de premier ordre, et dans chaque exécution de ses oratorios, il introduisait un concerto d'orgue, placé d'ordinaire avant le chœur final, et qui mettait le comble à l'enthousiasme du public.

Händel provoqua donc un grand développement dans le goût musical des Anglais, et de son vivant plusieurs tentatives furent faites encore pour l'enfantement d'un art national. Un musicien de talent, Thomas-Augustin Arne, renouvela les efforts faits par Purcell un demi-siècle auparavant, et, dans l'espace de trente années, donna au théâtre de Drury-Lane une vingtaine d'opéras anglais qui presque tous furent reçus avec faveur : *Comus, Britannia, King Arthur, Thomas and Sally, the Syren, Temple of Dulness, Fall of Phaeton*, etc., etc. Les productions dramatiques d'Arne, bien que dépourvues jusqu'à un certain point d'originalité mélodique et d'expression, se faisaient remarquer néanmoins par l'élégance et la grâce des chants, la correction de l'harmonie et des détails piquants d'accompagnement. Après lui, il faut citer Samuel Arnold, qui n'écrivit pas moins de cinquante-cinq opéras anglais, et, de même qu'Arne, un certain nombre d'oratorios. La carrière active du premier s'était écoulée de 1733 à 1764; celle du second commença en 1765 pour se terminer en 1801. Mais, tandis qu'Arne s'était uniquement voué à l'opéra sérieux, Arnold composa presque uniquement des opéras-comiques, des farces et des intermèdes, qu'il faisait représenter tantôt à Haymarket, tantôt à Covent-Garden ou à Drury-Lane. Ces ouvrages, du reste, ne s'élevaient point au-dessus du médiocre. Il en est de même de ceux de Bishop, élève de l'Italien Bianchi, qui succéda dans la faveur de ses compatriotes aux deux artistes précédents, et qui, de 1806 à 1840, fit représenter environ soixante-dix opéras ou pastiches, écrits sur des paroles anglaises; mais la plupart de ces ouvrages, donnés sous le nom d'opéras, n'étaient guère que des vaudevilles ou mélodrames, dans lesquels il introduisait nombre d'airs anglais, irlandais ou écossais; souvent aussi, peu scrupuleux sur les moyens, il ne se faisait point faute de travestir ou de dénaturer des morceaux importants choisis dans telles partitions françaises, allemandes ou italiennes, et adaptés par lui aux situations qu'il avait à traiter. Enfin, plus récemment, nous avons à mentionner trois artistes de mérite divers, et qui tous trois se sont fait dans leur pays une renommée véritable : MM. Balfe, Bénédict et Wallace. Le premier, fort inférieur aux deux autres, s'est cependant fait jouer, non-seulement dans sa patrie, mais en France et en Italie, dont il a imité servilement le style musical, sans y joindre aucune qualité personnelle ; à Londres il a donné *the Maid of Artois*, dont le rôle principal fut créé par la Malibran, *Jane Grey*, *Amalia*, *Falstaff*, *Kéolanthe*, *Jeanne d'Arc*, *the Bohemien Girl*, *the Bond-man*, *the Maid of honour*, *Satanella* ; à Paris, il a produit *le Puits d'amour*, *les Quatre Fils Aymon*, *l'Étoile de Séville* ; enfin, en Italie, il a fait représenter *i Rivali*, et *Enrico IV al passo della Marna*. Bien que quelques-unes d'entre elles ne soient pas absolument sans mérite, toutes ces productions ne sortent guère de l'ordinaire. M. Bénédict, qui est un pianiste fort distingué, a plus de souffle que M. Balfe comme compositeur dramatique et semble parfois s'inspirer du souvenir de Weber, son maître et son compatriote, et des romantiques allemands ; il s'est fait connaître par plusieurs opéras anglais donnés à Londres, *the Gypsy's Warning*, *the Crusaders*, *la Fiancée de Venise*, et par quelques opéras italiens : *Ernesto e Giacinta*, *un Anno ed un Giorno*, *les Portugais à Goa*. Wallace, mort récemment, était certainement supérieur à ces deux artistes, ses contemporains ; s'il eût été plus fécond au point de vue dramatique, peut-être ce musicien extrêmement remarquable, et malheureusement inconnu en France, aurait-il provoqué un grand mouvement, et réussi à former des disciples. Ses trois opéras les plus estimés sont *Mathilde de Hongrie*, *Maritana* et *Lurline* ; les deux derniers sont très-populaires, et à juste titre, non-seulement en Angleterre, mais aussi en Allemagne, et *Lurline* peut être considérée comme une œuvre de premier ordre. Wallace était un esprit éclectique, résumant à la fois les aspirations musicales de l'Allemagne, de la France, de l'Italie, s'inspirant successivement des grands maîtres de ces trois pays, et, par cela même, manquant un peu d'originalité ; mais quelques-unes de ses œuvres sont pleines de couleur, de grandeur et d'éclat. En ce qui concerne quelques musiciens contemporains, MM. Henry Leslie, Sullivan, Adolphe Schlosser, Macfarren, etc., qui ont fait représenter plusieurs ouvrages dramatiques, leurs noms n'ont pas réussi à passer le détroit.

On a pu voir, par ce résumé rapide, que si les Anglais n'ont pu parvenir à se créer un opéra national, ce n'est point du moins faute de bonne volonté. A quoi ce fait doit-il être attribué ? à plusieurs causes sans doute. La première réside peut-être dans le caractère anti-musical de la langue anglaise, gutturale et peu harmonieuse comme on sait, et aussi peu favorable que possible au chant. La seconde, et non l'une des moins importantes, tient au peu d'encouragement que les arts ont toujours obtenu en Angleterre, et à l'impuissance de l'initiative privée en matière artistique. On remarquera qu'ici nous ne prétendons critiquer ni juger en aucune façon ; nous nous bornons à constater une situation. Enfin, si c'est là qu'apparaît la raison prédominante, les efforts faits par certains artistes ont toujours été isolés ; on n'a jamais vu à Londres, comme à Paris, à Vienne, à Naples ou à Venise, de ces luttes fécondes, de ces rivalités d'artistes auxquelles sont dues tant de chefs-d'œuvre. Il résulte de l'isolement dans lequel se trouvaient ces rares producteurs que, lorsque l'un disparaissait, l'art n'avait fait aucun progrès, puisqu'aucun adepte ne s'était formé. Ceci, joint à la valeur très-secondaire de ces producteurs, et à leur défaut presque complet d'originalité, explique leur impuissance à rien fonder de durable.

Les Anglais n'ont pas plus brillé dans le genre de la composition instrumentale que dans celui de la composition dramatique. On peut cependant mentionner, aux xvie et xviie siècles, les noms de quelques musiciens distingués : le D. John Bull (nom assez remarquable pour un Anglais, comme l'a fait remarquer Stafford), à qui l'on attribue la composition du chant célèbre : *God save the King*, Nathaniel Giles,

Pierre Philips, Thomas Morley, William Damon, Giles Farnaby, Jean Milton (le père du poëte), Matthew Locke, qui écrivit la musique de *Macbeth*, Thomas Tomkins, William Lawes, John Wilson, John Wilton, John Playford, Henry Cooke, William Turner, Benjamin Rogers et Holden. Aujourd'hui, la musique instrumentale est exclusivement celle de piano, mais les productions des auteurs contemporains sont, quoique très-nombreuses, de qualités fort relatives, et signées des noms parfaitement inconnus de MM. Felder, Johnson, Gits, Brinley Richard, Toms, Rhodes, Sterndale Bennett, Kuhe, Richard Levey, T. Cooke, Sidney Smith, etc., etc.

Dans l'exécution vocale et instrumentale, les artistes anglais ne se sont pas beaucoup plus distingués. Cependant, dans cet ordre de faits, on peut citer chez eux, bien qu'en petit nombre, plusieurs virtuoses d'un vrai mérite. Dans le chant, le célèbre ténor Braham, dont la carrière embrassa presque un demi-siècle, et la fameuse cantatrice Mme Billington, qui tous deux ont joui jadis d'une renommée européenne, puis miss Paton, miss Lowe et miss Betts; aujourd'hui Mme Lemmens-Sherrington, Mme Sainton-Dolby, miss Louisa Pyne, possèdent une réputation méritée. Quant à la musique instrumentale, John Field a été, pour le piano, leur virtuose le plus remarquable ; Mathews Dubourg, Salomon, Mari, Ourry, étaient des violonistes habiles; Linley, Crosdill, des violoncellistes d'un talent véritable; pour les instruments à vent, on ne peut guère citer que Nicholson pour la flûte, Willman pour la clarinette et Harper pour la trompette.

Ne pouvant produire par eux-mêmes rien de supérieur dans l'ordre musical, les Anglais se sont accoutumés depuis longtemps à mettre à contribution les pays plus favorisés qu'eux sous ce rapport. Il n'est point de grand virtuose qu'ils n'aient su attirer chez eux, et, depuis plus d'un siècle et demi, ils ont toujours entretenu à Londres, un, deux, jusqu'à trois théâtres d'opéra italien, et cela à grands frais, car leur goût raffiné et aussi quelque ostentation ne leur permettent point de se contenter d'artistes médiocres; on peut donc dire qu'il n'est presque pas un seul grand chanteur auquel ils n'aient fait un pont d'or pour lui faire traverser la Manche. C'est ainsi qu'ils ont joui successivement du talent de tous les meilleurs artistes produits par l'Italie, la France et l'Allemagne: Caffarelli, Merighi, Farinelli, Carestini, Senesino, Montagna, Guadagni, de Amicis, Sabelloni, Millico, Rauzzini, Pacchiarotti, Crescentini, Viganoni, Tenducci, Rubinelli, Lablache, Rubini, Tamburini, Mario, Delle-Sedie, Nicolini, Faure, la Cuzzoni, la Miugotti, la Sestini, la Mara, la Storace, la Banti, la Grassini, Mmes Catalini, Mainvielle-Fodor, Crivelli, Garcia, Sontag, Malibran, Cinti-Damoreau, Alboni, Grisi, Jenny Lind, Caroline Duprez, Miolan-Carvalho, Artôt, Adelina Patti, Christine Nilsson, etc., etc.

Non-seulement les Anglais montrent un grand enthousiasme pour l'opéra italien et pour les grands virtuoses qui leur procurent de pures jouissances, mais, comme on l'a vu, la musique sérieuse, même austère, s'est depuis longtemps acclimatée chez eux, et le genre de l'oratorio, si dédaigné en France où on le connaît à peine de nom, y est encore aujourd'hui l'objet des plus grands soins. Il ne se passe pas une saison où les grandes œuvres religieuses des Bach, des Händel, des Mendelssohn, n'y soient exécutées en grande pompe, par des artistes de premier ordre, accompagnés d'orchestres excellents (orchestres qui, il faut le constater, sont généralement composés de virtuoses français ou allemands). Au reste, les Anglais sont aussi friands de concert que de théâtre, et l'on peut même dire que leur estomac robuste supporte ce qui effraierait certainement les Français les mieux doués; il n'est pas rare, à Londres, de voir un programme de concert contenir vingt-quatre ou trente morceaux, parmi lesquels des symphonies, des ouvertures, des fragments d'opéras fort développés; et le dilettante anglais, aussi jaloux de la quantité que de la qualité (ce qui n'est pas la preuve d'un goût fort délicat), se donnerait bien de garde de laisser échapper un seul de ces morceaux, et absorbe jusqu'au bout ce menu musical pantagruélique.

Il n'existe pas à Londres moins de *soixante-dix* associations musicales régulièrement constituées, composées d'artistes et d'amateurs, et donnant chaque année un certain nombre de concerts, souvent fort brillants. Parmi elles, il en est d'une valeur très-réelle, entre autres la *Royal Academy of Music,* la *Bach Society,* la *Choral fund Society,* fondée en 1791, la *Sacred harmonic Society,* la *Madrigal Society,* créée en 1741, le *Catch Club,* qui remonte à 1761, la *Musical Society of London,* la *Musical Union,* la *Tonic sol-fa Association,* la *National choral Society,* la *Philarmonic Society,* la *Vocal Association,* etc., etc. Ces sociétés poursuivent, pour la plupart, des buts aussi différents que le sont leurs moyens d'action. La *Royal Academy of Music* est une sorte de Conservatoire, de grande école musicale privée, établie naguère à l'aide de souscriptions, et entretenue aujourd'hui avec le produit des concerts annuels et le prix de la pension payée par les élèves, car l'instruction n'y est pas gratuite, comme cela a lieu d'ordinaire dans les établissements de ce genre. Les élèves se distinguent en internes et externes, les premiers, en nombre limité, payant dix guinées de droit d'entrée et cinquante guinées de pension annuelle; les seconds, en nombre illimité, payant une rétribution annuelle de trente guinées avec cinq guinées d'admission. Les professeurs y sont au nombre de cinquante-sept, dont huit d'harmonie et de composition, onze de chant, seize de piano, trois de harpe, un d'orgue, quatre de violon, un d'alto, deux de violoncelle, deux de contre-basse, deux de clarinette, et un pour chaque classe de flûte, de hautbois, de basson, de trompette, de saxhorn, de langue italienne et d'élocution.

Le *Catch club,* fameux au XVIII siècle, fut fondé en 1761 par plusieurs personnages de haut rang; il compta parmi ses membres le prince de Galles, qui fut Georges IV, le duc de Cumberland, le duc d'York, le duc de Glocester, le duc de Clarence, qui fut Guillaume IV, le duc de Cambridge, le duc de Sussex, etc., etc. Cette société était destinée, comme elle l'est encore, à entretenir le goût des pièces musicales nommées *catches,* genre de pièces vocales à plusieurs parties, en forme de canon, et d'un caractère humoristique. Les diverses sociétés de *glees,* fondées aussi pour la plupart pendant le XVIII siècle, époque de la grande floraison des sociétés musicales en Angleterre, poursuivent un but de même nature, et sont destinées à ne point laisser périr le *glee,* qui est un genre particulier de mélodies nationales avec refrain choral; parmi elles, on compte le *City glee Club,* l'*Euterpean glee Union,* la *London glee and madrigal Union,* la *Glee Society,* la *Quartett glee Union* et quelques autres encore. La plupart des sociétés musicales, ainsi existant à Londres, sont dans un état très-florissant. Il n'est pas inutile de faire remarquer que, d'après un document publié en cette ville en 1866, on n'y comptait pas moins de treize cents professeurs de musique.

Pour compléter cet historique très-rapide du mouvement musical en Angleterre, il nous reste à parler des productions littéraires dues à des écrivains de ce pays, et qui ont la musique pour objet. Dès le XVI siècle, on peut signaler en ce pays l'apparition d'un certain nombre de traités sur la théorie et la pratique de l'art, traités qui avaient pour auteurs Thomas Morley, Thomas Campion, Charles Butler, Simpson, Mace, Wallis, Birchensha, Holder, Playford, lesquels vécurent du XVI à la fin du XVII siècle. Au XVIII, la littérature musicale prend un grand développement, et les publications spéciales se multiplient, grâce aux efforts d'un petit groupe d'artistes intelligents. C'est alors que, selon M. Fétis, Bedford et Mason font paraître des livres sur l'usage de la musique dans le service divin; que

Pepusch, Lampe, Geminiani, Antoniotti, Stillingfleet, Frick, Keeble et Miller traitent de l'harmonie et de l'accompagnement; que Tansur, Smith, Holden, Hales, Overend et Young travaillent à perfectionner la théorie du son et des proportions musicales; que Malcolm, Harris, Avison, Webb, Jones et Robertson écrivent sur la musique en général; que Galliard, Nares et Bayley traitent du chant, Brown des effets de la musique dans la médecine, Steele de la mélodie et du rhythme, enfin que Brown, Jones, Walker, Hawkins et Burney publient des histoires générales ou particulières de la musique. Ces deux derniers surtout ont rendu un grand service à l'art en mettant au jour chacun un ouvrage considérable fait avec un soin scrupuleux, une véritable élégance et une rare érudition : le livre de Hawkins était intitulé : *General History of the science and practice of music* (Londres, 1778, 5 vol. in-4°); celui de Burney portait pour titre : *A general History of music, from the earliest ages to the present period* (Londres, 1776-1789, 4 vol. in-4°). En dehors des écrivains que nous venons de mentionner d'après M. Fétis, il faut citer encore pour le XVIII⁰ siècle : Arthur Bedford, James Beattie, Dibdin, James Grassineau, et pour le XIX⁰ : Thomas Busby, William Stafford, Parke, Percy, Joel Collier, Michel Kelly, Frederik Faber, Hamilton, Burgh, Schœlcher... — Ajoutons enfin qu'il se publie à Londres deux journaux spéciaux qui sont faits avec soin et rédigés avec talent : *the Musical World* et *the Orchestra*.          ARTHUR POUGIN.

**ANGLETERRE.** — ANGLICANISME. — À première vue, le spectacle de l'activité religieuse en Angleterre est quelque chose de vraiment formidable. Trois grandes Églises — l'*Episcopale*, la *Presbytérienne*, et la *Catholique* — se surveillent, se jalousent et se tiennent mutuellement en éveil. Sans cesse aiguillonnées par une centaine de sectes, dont les trois plus importantes (*Méthodistes, Indépendants, Baptistes*) égalent à elles seules en nombre et dépassent en ferveur l'Église établie, elles couvrent le sol britannique d'un triple réseau, dans des entrelacements duquel il est bien difficile de se reconnaître. Toutes les fois, en effet, qu'on veut dresser la statistique des opinions religieuses, on aboutit à ce résultat absurde, que le nombre des fidèles des diverses Églises — sans compter celui notoirement considérable des infidèles — est de beaucoup supérieur au chiffre de la population totale du Royaume-Uni.

C'est ainsi que la *Chambers's Encyclopædia*, publiée en 1833, à l'article *Professions religieuses*, porte le nombre des protestants à. . . . . . . . . . . . .          23,000,000
et celui des catholiques à. . . . . . . . . . . . . . . . . · . . . . .          6,000,000

Total. . . . , . . . .          29,000,000

Chiffre ridicule, puisque la population totale du Royaume-Uni n'est que de. . . . . . . . . . . . . . . . . . . . . . . . . . . . . . .          28,887,385
et que, de ce chiffre, il faudrait encore retrancher les juifs, les infidèles, et la masse énorme des indifférents.

Mais l'erreur sur le nombre, à laquelle le manque de statistiques dignes de foi nous expose, est bien peu de chose auprès de l'erreur sur la qualité.

Lorsqu'on proposa, en 1868, de faire le recensement des opinions religieuses, anglicans, dissidents, tous s'y opposèrent, et le *Times* [1] alla jusqu'à écrire : « Nous ne concevons pas qu'on puisse avoir l'idée de poser une pareille question à tout le monde, quand nous songeons à ce qu'est tout le monde. Ou les réponses ne seront pas universellement vraies, et le recensement sera sans valeur; ou elles seront

---

1. *Times*, 10 juillet 1860.

vraies, et le recensement montrera que, dans cette métropole du moins, la profession religieuse est égale à zéro. (*The religious profession is nil.*) »

Le *Times* aurait-il raison? Serait-il possible que la religieuse Angleterre ne méritât après tout que d'être appelée la sanctimonieuse Angleterre? C'est ce que la suite de ce travail éclaircira.

Ce qui est certain, c'est que, animées d'un égal fanatisme pour leur propre agrandissement, et d'une haine égale pour celui de leurs voisins, les nombreuses sectes qui divisent l'Angleterre se livrent une guerre incessante dans laquelle, ainsi qu'on l'a fort bien remarqué déjà, *les sublimes vérités de la religion* servent surtout à écraser les champions du parti opposé. Offices religieux, meetings, *revivals*, missions à l'intérieur et à l'extérieur, livres, journaux, brochures, agences cléricales, agences laïques, sermons à l'église, sermons au théâtre, sermons en plein vent, conversations, lectures, thés religieux, petits traités dont on est poursuivi dans les parcs, les jardins publics, les musées, et jusqu'en omnibus et en chemin de fer : ici, il n'est pas de moyen de propagande qui ne soit poussé jusqu'à l'abus. Quant aux quêtes, et aux demandes de donations et de souscriptions, littéralement elles pleuvent. Aujourd'hui, c'est l'Espagne à laquelle il faut, de toute nécessité, envoyer seize millions de bibles (version protestante); hier, c'étaient les petits Chinois ou les *street Arabs*, enfants des rues, à l'éducation spirituelle desquels on était sommé de pourvoir; avant-hier, c'était la conversion des adorateurs de Mumbo Jumbo ou de toute autre divinité africaine qui réclamait l'attention particulière des fidèles. Bref, tous les jours c'est quelque appel nouveau au zèle et à la bourse du public religieux. Et tous ces appels sont entendus, et c'est par centaines de mille livres sterling que se compte l'argent que les missions de toute sorte recueillent ici de toutes mains.

Certes, il n'y a rien d'impossible à ce qu'un peuple soit l'innocent complice d'une gigantesque hypocrisie religieuse ou politique; cela s'est vu et se voit tous les jours; mais, quelque indiscret, dangereux même que soit un zèle qui faisait dire il y a peu de jours au duc de Somerset, que « si l'on voulait réduire la marine britannique, il fallait d'abord que le gouvernement cessât de soutenir les missionnaires en Orient, parce que, pour la sûreté de chacun de ces messieurs, il fallait entretenir une chaloupe canonnière[1]; » et au comte de Clarendon : « que ce ne sont pas tant les querelles politiques et les difficultés commerciales que les efforts intempestifs et inconsidérés des missionnaires, pour propager la religion chrétienne, qui mettent sans cesse l'Angleterre à deux doigts de la guerre; » quelque indiscret, disons-nous, que soit un tel zèle, on ne peut guère l'accuser d'être hypocrite. Quant à l'affluence des fidèles, et notamment des hommes dans les églises les jours de dimanches et fêtes, elle est bien de nature à nous faire dire, avec Mme Francis Power Lobbe : « Entrez dans quelque vaste et populaire église orthodoxe, voyez la foule qui s'y presse (des centaines de personnes, pour un seul individu, que le plus noble discours philosophique attirerait en un lieu ouvert à un culte libre), notez le profond respect et l'évidente sympathie que ces foules manifestent pour ce culte grandiose et cette majestueuse liturgie, et ne serez-vous pas tenté de vous écrier : C'est un rêve! aucun changement n'est proche. La religion des pères est encore celle des enfants. La vieille et vaste Église repose toujours sur l'assentiment des peuples, et les orages qui nous semblaient devoir la renverser ne sont que les brises caressantes qui sifflent en passant dans les ouvertures de ses vieilles tours. »

1. Voir les débats de la Chambre des lords du 9 mars 1869.

Aussi ne manque-t-il pas de gens que le spectacle de tant de puissance et de liberté enivre. « Nous avons résolu », s'écriait naguère M. Disraeli, « deux des plus grands et des plus beaux problèmes de la politique. Nous avons assuré la liberté personnelle la plus complète, et uni, sans sacrifier l'une à l'autre, la liberté religieuse et la foi[1]. »

La liberté religieuse est-elle bien aussi complète qu'elle le paraît aux satisfaits du conservatisme anglais? Nous ne le croyons pas. Car, si une certaine somme de liberté existe, s'il est permis à qui bon cela semble de se prendre et de se donner pour un Messie, de forger un nouvel Évangile ou d'en retaper un vieux, de bâtir des temples, ou, faute de mieux, de se faire suivre, non plus sur le *mont des Oliviers*, mais au prochain carrefour, par une congrégation ambulante, hâtons-nous de dire que cette belle liberté n'existe que pour les sectes qui reconnaissent l'autorité de l'Écriture sainte, et que, parmi ces sectes, il en est deux, l'Église épiscopale d'Angleterre et d'Irlande, et l'Église presbytérienne d'Écosse, qui jouissent, comme Églises d'État, d'émoluments et de priviléges dans l'existence desquels les autres sectes sont loin de voir, avec M. Disraeli, une garantie de leur indépendance et de leur liberté.

L'Église épiscopale est essentiellement l'Église des classes riches, l'incarnation de la *respectability*. Elle légifère par ses représentants à la Chambre des Lords, elle siége sur les bancs de la justice de paix dans la plupart des bourgs et des comtés, elle distribue, dans les écoles nationales, l'instruction primaire et, dans les universités, l'instruction supérieure.

Sur cent enfants qui vont à l'école, en Angleterre et dans le pays de Galles,

| | |
|---|---|
| Elle en instruit.............................. | 78 |
| Les indépendants........ .................... | 4 |
| Les méthodistes.............................. | 3 1/2 |
| Les catholiques romains...................... | 3 1/2 |
| Les écoles de la Société britannique et étrangère.. | 7 |
| Toutes les autres sectes, y compris les baptistes.. | 4 |
| Total..................... | 100 |

Cette énorme disproportion tient, d'une part, à la position acquise par l'Église établie en ce qui concerne les écoles nationales, et à la pauvreté relative des dissidents, notamment des Baptistes.

Avec tous ces avantages, l'Église épiscopale est impuissante à empêcher les progrès des dissidents et des libres-penseurs. La plupart des enfants qui vont aux écoles nationales n'y vont pour rien moins que pour l'instruction religieuse qu'on y donne, comme le prouve la statistique des écoles du dimanche, d'après laquelle, sur 2,369,039 enfants qui, en 1861, allaient à ces écoles, 935,892 seulement allaient à celles de l'Église établie.

Au premier abord donc, et à ne considérer que la multiplicité des sectes, il semble que l'on se trouve en présence de la liberté la plus illimitée. A y regarder de près, on s'aperçoit bientôt, au contraire, que cette liberté est faussée par l'absence de l'égalité, qui ne règne ni entre les sectes chrétiennes, puisqu'il y en a d'officielles et de libres, ni entre celles-ci et les sectes philosophiques, puisque les philosophes n'ont pu encore réussir à persuader à la législature que la liberté de croire implique celle de ne pas croire, et qu'incrédules et croyants ont également droit à la protection des lois qui, pour être justes, ne devraient faire acception des opinions de personne.

1. Débats de la Chambre des communes, 18 mars 1869.

Il est même vrai de dire que les philosophes sont, vis-à-vis de la loi anglaise, dans une position moins favorable que les Juifs, les Indous ou les Musulmans. Ceux-ci, en effet, peuvent, en vertu de lois spéciales, suivre dans les actes de la vie publique les prescriptions de leur foi religieuse, et leur simple déclaration, faite conformément aux prescriptions de leur culte, a en justice la même valeur que le serment prêté sur la Bible par les chrétiens. Pour les libres-penseurs, il en est tout autrement : la loi ne les connaît pas, ou plutôt ne voit en eux que des chrétiens rebelles tout à la fois aux commandements de leur Église et aux prescriptions de la loi civile.

« Il est vrai, » dit à ce sujet John Stuart Mill, « que nous ne mettons plus à mort les hérétiques, et que les peines dont le sentiment moderne tolérerait l'application, même aux opinions les 'plus détestées, ne seraient pas suffisantes pour les extirper. Mais ne nous flattons pas encore d'être pour toujours hors de l'ère honteuse des persécutions légales. Il existe encore dans la loi des pénalités dont l'expression de certaines opinions est passible, et leur application n'est pas, même de notre temps, à ce point insolite que nous puissions regarder comme absolument incroyable la possibilité de les voir un jour remettre en pleine vigueur [1] ! » Il y a dix ans que M. Mill écrivait ce qui précède, et l'on peut juger combien ses craintes étaient fondées, par ce fait qu'à l'heure où nous écrivons, M. Bradlaugh, rédacteur en chef du *National Reformer*, est poursuivi par le gouvernement actuel — le gouvernement libéral de MM. Gladstone, Bright, Lowe, etc.! — pour refus de donner caution qu'il ne commettra pas dans son journal le délit de blasphème ou de sédition. L'abrogation de la loi, en vertu de laquelle ces poursuites ont lieu, a été deux fois votée par la Chambre des communes, mais rejetée par celle des lords, et la loi elle-même, tombée pratiquement en désuétude, n'a été récemment fourbie à neuf et remise en vigueur qu'à l'intention de M. Bradlaugh et du parti séculariste dont il est un des plus actifs représentants.

L'inégalité qui pèse en Angleterre sur les libres-penseurs est donc flagrante, et il est de notre devoir de signaler ici un fait qui jette une ombre si noire sur le tableau d'ailleurs assez brillant de la liberté religieuse en Angleterre. Mais, ce devoir rempli, il faut bien reconnaître que l'égalité devant la loi en matière de religion, pour ne s'étendre encore complètement qu'aux sectes chrétiennes et aux Juifs, n'en a pas moins fait d'énormes progrès, auxquels la séparation complète de l'Église et de l'État et l'égale protection garantie par la loi à toutes les opinions, religieuses ou anti-religieuses, viendront quelque jour mettre le sceau. Mais ne nous faisons pas d'illusions, l'Église anglicane, dont l'abolition comme Église d'État en Irlande, adoptée par la chambre des communes, n'attend plus que la sanction de la chambre des lords, jouit en Angleterre d'une puissance telle que, jusqu'à présent, le parti libéral n'a même pas pu affranchir les universités d'Oxford et de Cambridge du joug de cette Église. Divers bills destinés à remédier à cet état de choses ont été, à diverses reprises, soumis au Parlement, et il est possible que celui qui est actuellement en discussion finisse par passer, amendé peut-être de façon à dégoûter, en fait, de l'exercice de leur droit, les dissidents auxquels la loi concéderait enfin l'éligibilité à tous les grades et à toutes les fonctions universitaires. Du reste, excepté pour ces universités elles-mêmes, que cette réforme relèverait peut-être de l'état d'infériorité intellectuelle relative où elles se trouvent, ce bill n'a pas une souveraine importance. Nous ne sachons pas, en effet, que les hommes les plus éminents dans les sciences, les Darwin, les Lyell, les Huxley,

---

[1]. *John Stuart Mill. On Liberty*, p. 54 et suiv., où l'on trouvera les faits à l'appui cités par M. Mill.

les Owen, les Tyndall, soient des Agrégés (il est impossible de rendre exactement le mot *fellow*) d'Oxford ou de Cambridge; mais ce que nous savons, c'est que les Colenso et les auteurs des *Essays and Reviews*, jouissent, dans le monde, d'une réputation d'autant plus grande que leur orthodoxie est plus questionnable et plus questionnée. Ajoutons, en passant, que cet état de tutelle religieuse, où l'Église anglicane tient les universités, explique comment, au rebours de ce qui se passe sur le continent, les étudiants anglais commencent généralement par se signaler par le plus étroit conservatisme. Bon nombre d'entre eux, heureusement, deviennent jeunes en prenant de l'âge et de l'expérience.

Quant à la séparation de l'Église et de l'État en Angleterre, nous pouvons juger combien cet événement si désirable est encore éloigné, par ce fait que non-seulement M. Gladstone, qui est anglican, mais M. Bright, qui est quaker et, comme tel, partisan des Églises libres, défend l'Église d'Angleterre, sous ce prétexte spécieux qu'elle n'est pas, comme celle d'Irlande, une Église imposée par des conquérants étrangers.

De ce côté donc, à moins d'événements imprévus, mais qu'il ne serait pas impossible de prévoir, une révolution européenne, par exemple, le progrès sera lent. Quoi qu'il en soit, pour se rendre compte de l'immensité des progrès accomplis, ce n'est pas tant en avant qu'en arrière qu'il faut regarder. Comparons donc l'état religieux de l'Angleterre, il y a deux siècles, à ce qu'il est aujourd'hui. Alors l'Église et la société ne faisaient qu'un, et toute dissidence, qu'elle portât sur le dogme ou sur les cérémonies du culte, était regardée comme une rébellion, non-seulement contre la puissance religieuse, mais contre le pouvoir civil et politique, et était, comme telle, passible de tous les châtiments. Amendes, emprisonnement, bannissement, pilori, échafaud, bûcher, rien n'était trop cruel quand il s'agissait de ramener les gens à l'uniformité de croyance, et d'affirmer l'identité absolue de l'Église et de la société. De Henri VIII à Jacques II, on avait passé par bien des péripéties ; mais que le catholicisme triomphât avec Marie, ou le protestantisme avec Élisabeth, la prétention de ramener tous les esprits à l'uniformité était la même des deux côtés : au sein même du protestantisme triomphant en apparence, c'était le papisme qui l'emportait, et un papisme d'autant plus redoutable que le nouveau pape, souverain temporel et spirituel, était là, sur le trône, présidant lui-même à l'œuvre d'unification, d'identification de l'Église et de l'État.

Vint enfin la révolution de 1688, et le célèbre Acte de Tolérance qui ne mit plus hors la loi que les catholiques et ceux des dissidents qui niaient la trinité. A dater de cette époque, les choses commencèrent à changer; peu à peu, la sévérité des lois répressives fit place à une tolérance plus intelligente et plus humaine, couronnée en 1829 par l'émancipation définitive des catholiques ; et, aujourd'hui, l'uniformité de croyance, quelque précieuse qu'elle soit toujours aux yeux d'incorrigibles dévots, est reléguée par tous les hommes de sens au rang des chimères dont la réalisation n'est pas plus désirable qu'elle n'est possible.

Quelle révolution immense que celle que nous venons d'indiquer en quelques lignes ! Le triomphe de la liberté n'est cependant encore ni complet ni définitif, mais il semble tout à la fois certain et prochain, et plus la route a été longue, plus elle a été semée d'horreurs et de crimes de toute sorte, plus nous devons nous féliciter d'être enfin arrivés en vue du but à atteindre.

Après le fait général de l'acheminement progressif de l'Angleterre vers la liberté et l'égalité religieuse, le fait le plus considérable et le mieux constaté est l'indifférence à peu près générale des classes ouvrières en matière de religion et leur répugnance croissante pour toutes les cérémonies du culte.

Lorsque, en 1851, on voulut se rendre compte de l'état religieux de l'Angleterre, sachant bien que le simple recensement des réponses faites à cette question : *quelle est votre religion?* n'aurait aucune valeur, on fit la statistique des églises, temples et chapelles appartenant aux diverses sectes, du nombre de fidèles que ces édifices pouvaient contenir, et de ceux qui, le dimanche 30 mars, se rendirent à l'église. On obtint par ce moyen un recensement approximatif, dont les tableaux suivants offrent le résumé.

ANGLETERRE ET PAYS DE GALLES

| Communions. | Édifices destinés au culte. | Nombre de personnes qu'ils peuvent contenir. | Nombre de fidèles présents le 30 mars 1851. |
|---|---|---|---|
| Église établie............................ | 14.077 | 5.317.915 | 3.773.474 |
| Méthodistes wesleyiens (sept sectes)....... | 11.207 | 2.194.298 | 1.385.382 |
| Indépendants ou congrégationalistes........ | 3.244 | 1.067.760 | 793.142 |
| Baptistes (six sectes)..................... | 2.789 | 751.343 | 587.978 |
| Méthodistes calvinistes .................. | 937 | 250.678 | 180.725 |
| Presbytériens (rites écossais et irlandais)... | 161 | 86.812 | 60.131 |
| Congrégations isolées.................... | 539 | 104.481 | 63.572 |
| Catholiques romains..................... | 570 | 186.111 | 105.393 |
| Société des Amis (quakers)................ | 371 | 91.599 | 18.172 |
| Unitairiens.............................. | 229 | 68.554 | 37.156 |
| Saints des derniers jours (mormons)........ | 222 | 30.783 | 18.800 |
| Saudemaniens........................... | 6 | 956 | 587 |
| Juifs.................................... | 53 | 8.438 | 4.150 |
| Frères................................... | 132 | 18.529 | 10.414 |
| Moraviens............................... | 32 | 9.305 | 7.364 |
| Nouvelle Église.......................... | 50 | 12.107 | 7.082 |
| Église apostolique (irwingistes)........... | 32 | 7.437 | 4.908 |
| Églises étrangères (protestante, catholique et grecque) ............................. | 16 | 4.457 | 2.612 |
| ÉGLISE ÉTABLIE.......................... | 14.077 | 5.317.915 | 3.773.474 |
| AUTRES COMMUNIONS...................... | 20.590 | 4.892.648 | 3.287.568 |
| TOTAUX ............... | 34.667 | 10.210.563 | 7 061.042 |

ÉCOSSE

| | | | |
|---|---|---|---|
| Église établie (presbytérienne)............. | 1.183 | 767.088 | 713.567 |
| Église libre (presbytérienne).............. | 889 | 495.335 | 438 363 |
| Presbytériens unis....................... | 465 | 288.400 | 273.551 |
| Presbytériens réformés................... | 39 | 16.969 | 15.055 |
| Première sécession....................... | 36 | 16.424 | 15.781 |
| Épiscopaliens écossais................... | 134 | 40.022 | 35.709 |
| Indépendants ou congrégationalistes........ | 192 | 76.342 | 70.851 |
| Union évangélique....................... | 28 | 10.319 | 10.589 |
| Baptistes................................ | 119 | 26.086 | 24.330 |
| Méthodistes wesleyiens.................. | 82 | 22.441 | 21.768 |
| Glassites ou saudemaniens................ | 6 | 1.068 | 890 |
| Nouvelle Église.......................... | 5 | 710 | 630 |
| Société des Amis......................... | 7 | 2.152 | 2.153 |
| Catholiques romains..................... | 117 | 52.766 | 48.771 |
| Unitairiens.............................. | 5 | 2.437 | 2.438 |
| Congrégations isolées.................... | 61 | 11.402 | 9.401 |
| Moraviens............................... | 1 | 200 | 200 |
| Juifs.................................... | 1 | 67 | 67 |
| Mormons................................ | 20 | 3.182 | 3.177 |
| Église apostolique....................... | 3 | 675 | 675 |
| ÉGLISE ÉTABLIE.......................... | 1.183 | 767.088 | 713.567 |
| AUTRES COMMUNIONS...................... | 2.210 | 1.066.697 | 974.462 |
| TOTAUX................... | 3.393 | 1.833.785 | 1.688.029 |

Différence de la population recensée au chiffre total de la population :

ANGLETERRE

| | |
|---|---|
| Population en 1851.......................... | 17.927.609 |
| Gens qui sont allés à l'église le 30 mars 1851..... | 7.061.042 |
| Différence.................. | 10.866.567 |

ÉCOSSE

| | |
|---|---|
| Population en 1851......................... | 2.888.742 |
| Gens qui sont allés à l'église le 30 mars 1851..... | 1.688.029 |
| Différence.................. | 1.200.713 |

En regard de ces statistiques, fort incomplètes sans doute, mais au moin
dignes de foi en ce qui concerne le nombre des fidèles présents à l'église le 30 mar.
1851, et la force respective des diverses sectes religieuses, nous placerons l
ridicule recensement fait en Irlande en 1861.

| | |
|---|---|
| Catholiques romains.......................... | 4.505.414 |
| Église établie.............................. | 691.509 |
| Presbytériens............................. .... | 523.300 |
| Méthodistes. .............................. | 45.390 |
| Indépendants............................. ..... | 4.530 |
| Baptistes.................................. | 4.225 |
| Quakers.................................... | 3.695 |
| Juifs....................................... | 386 |
| Autres communions. ......................... | 19.784 |
| Total...................... | 5.798.233 |

c'est-à-dire 33,690 âmes de plus que la population totale de l'Irlande, laquelle
d'après le même recensement, n'est que de 5,764,543.

Revenons au recensement de 1851.

« Le fait le plus important que nous présente cette investigation, » dit le rapporteur, après avoir, à l'aide de calculs trop compliqués pour trouver place ici
évalué à 5,288,294 le nombre de ceux qui, sur les 10,866,567 non recensés, auraien
pu aller à l'église le 30 mars 1851, mais s'en abstinrent, « est incontestablement l
nombre alarmant de ceux qui ne vont jamais à l'église. Même en interprétant de la
façon la moins défavorable les chiffres fournis par ce recensement, et en tenan
pour certain que ce ne sont pas les mêmes individus qui s'absentent chaque dimanche de l'église, il n'en reste pas moins évident qu'une portion vraiment formidabl
de la nation néglige habituellement les cérémonies du culte. Et il n'est pas difficil
de dire à quelle classe de la communauté appartient principalement cette portion
Les classes moyennes ont en effet cultivé, de notre temps, plutôt que laissé dépéri
les sentiments de dévotion et les habitudes de stricte observance des cérémonies du
culte, par lesquels depuis plusieurs siècles elles se sont si éminemment distinguées.
De la part des classes supérieures, la religion a été aussi récemment l'objet d'un
degré très-marqué d'attention, et la présence régulière à l'église est aujourd'hui au
rang des convenances sociales les mieux reconnues. C'est pour satisfaire aux
besoins de ces deux classes que le nombre des édifices consacrés au culte a, duran
les dernières années, sensiblement augmenté. Mais, quant aux myriades de notre
population laborieuse, si elles ont crû et multiplié en raison même de l'augmentation de notre prospérité matérielle, on ne peut, hélas! affirmer qu'elles se soien
distinguées par une augmentation correspondante de ferveur religieuse. C'est particulièrement dans les villes, dans les grandes villes surtout, qu'il est facile d'obser-

ver combien est absolument insignifiant le nombre des artisans qui vont à l'église. Sans doute, ce sont les ouvriers qui, dans leur enfance, remplissent en majeure partie les écoles nationales et les écoles du dimanche, et y reçoivent les éléments d'une éducation religieuse ; mais, ils ne se mêlent pas plutôt à la vie active et au monde du travail, que, soumis sans cesse à des influences contraires, ils deviennent aussi étrangers que des païens aux devoirs de la religion. Quelle que soit la cause de ce phénomène, qu'elle tienne à l'état d'esprit des ouvriers ou à la façon dont les ministres des cultes se conduisent avec eux, il est malheureusement certain que cette vaste, intelligente et tous les jours plus importante portion de notre population reste complétement à l'écart de nos institutions religieuses. Probablement la prévalence de l'infidélité a été exagérée, si l'on entend par infidélité un état d'esprit qui suppose un certain degré d'effort intellectuel et de volonté ; mais il est bien certain que l'indifférence qui prévaut dans cette classe, pour être inerte et négative, n'en produit pas moins les mêmes effets que l'infidélité. Il existe une secte d'origine récente, fondée sur un système auquel ses adhérents donnent le nom de *Sécularisme*, et dont le principal point de doctrine est que le fait d'une vie future étant suscep- tible d'un certain degré de doute, tandis que le fait et les nécessités de la vie pré- sente sont des objets de certitude matérielle, il est sage de s'occuper exclusivement des affaires de cette vie qui est certaine et actuelle, et de ne pas dissiper en pure perte, en vue d'un avenir éloigné et incertain, les facultés dont l'emploi est requis pour l'accomplissement des devoirs présents. Telle est la doctrine qui probable- ment résume le plus exactement la foi que, virtuellement sinon ouvertement, pro- fesse l'immense majorité de notre population ouvrière. »

Quant aux causes de cet athéisme pratique des classes ouvrières, nous n'irons pas si loin que le rapporteur pour les trouver. Elles se résument toutes, selon nous, dans ce fait, que les doctrines chrétiennes sont depuis longtemps arrivées à cet état si bien décrit par J. S. Mill, où la foi, extérieure pour ainsi dire à l'esprit qu'elle encroûte et pétrifie, le ferme hermétiquement à toutes les influences qui s'adres- sent aux plus nobles facultés de notre nature : elle ne manifeste plus son pouvoir qu'en empêchant toute conviction nouvelle et vivifiante de pénétrer : elle monte la garde autour de l'esprit et du cœur et ne sait que crier à toute idée nouvelle : *On ne passe pas.*

Il y a longtemps que les ouvriers s'en sont aperçus, et qu'ils ont jugé, comme les jugent les philosophes, ces chrétiens qui professent, en paroles seulement, que la pauvreté, l'humilité et la persécution sont des bénédictions du ciel ; qu'il est plus aisé à un chameau de passer par le trou d'une aiguille que d'entrer dans le royaume de Dieu ; que ceux-là ne doivent pas juger qui ne veulent pas être jugés ; que nul ne doit faire de serments ; que chacun doit aimer son prochain comme soi-même ; qu'à celui qui prend votre manteau il faut donner aussi votre habit ; que l'on ne doit pas penser au lendemain, mais vendre tout ce que l'on a et le mettre en commun, etc., etc.; il y a longtemps, dis-je, que les ouvriers savent à quoi s'en tenir sur la valeur d'une doctrine que tous les chrétiens prêchent, mais que nul ne met en pratique. Quant aux ravages que l'impossibilité de réconcilier la science et le dogme fait au sein même des diverses Églises, il suffit, pour en donner une idée, de mentionner le fait, que les esprits, dans lesquels la religiosité n'a pas obs- curci l'intelligence, en sont venus à poser ainsi le problème de la révolution reli- gieuse aujourd'hui imminente : « *Est-il bien certain que l'humanité doive continuer à croire à un Dieu quelconque ?* [1] »

1. Francis-Power Cobbe, *Dairning Lights*, p. 56.

Quelque réponse que l'on fasse à cette question, ce que l'on peut affirmer, c'est que, malgré les progrès apparents de certaines Églises[1], le christianisme lui-même, en Angleterre comme partout ailleurs, est en complète décadence. Sans doute, cette décadence sera longue et entremêlée de crises et de recrudescences religieuses de toute espèce. M. Bright, en citant, dans son discours du 19 mars, le succès étonnant des cinq cents ministres qui, en 1843, se séparèrent volontairement de l'Église établie d'Écosse pour fonder l'Église presbytérienne libre, et qui, depuis, ont élevé 900 temples, 650 presbytères, 500 écoles, et recueillent des souscriptions montant à 9,250,000 fr. par an, a bien montré quelle est la puissance du système volontaire. Il n'est donc point impossible que l'acte d'abolition de l'Église d'État en Irlande soit pour cette Église le point de départ d'une vie nouvelle, et, si nous ne nous trompons, cet acte est en même temps le coup le plus terrible que l'on pût porter au catholicisme en Irlande. Ce n'est que la persécution qui a fait du catholicisme, en Irlande, non-seulement une foi mais un patriotisme. Que le clergé catholique, non content de l'hostilité qu'il a montrée au fénianisme, fasse définitivement sa paix avec le gouvernement anglais, et l'on verra avec quelle rapidité disparaîtra son prestige.

Mais, demandera-t-on peut-être, les ritualistes ne sont-ils pas, au sein même du protestantisme, les alliés du catholicisme? Non, le ritualisme, c'est le catholicisme, moins le pape. Ces gens-là, en effet, ne veulent pas retourner à Rome, comme l'ont fait, en petit nombre, les plus sincères d'entre eux. Les ritualistes sont tout simplement des gens très-fins, mais peu profonds, qui, voyant que la religion protestante perd de son influence sur le peuple, s'approprient le rituel et les sacrements de l'Église romaine pour faire échec d'une part au catholicisme et reprendre de l'autre, pour leur propre compte, l'influence toute personnelle que la confession et les enivrantes cérémonies d'un culte théâtral donnent au clergé romain sur ses fidèles. Cette lutte à coups de chasubles et d'encensoirs entre revenants du moyen âge ne nous offre aucun intérêt. La seule lutte qui nous fasse battre le cœur est celle de la science et de la liberté contre toutes les superstitions réunies.                                                    ALFRED TALANDIER.

APPENDICE. — Trois sectes protestantes principales se partagent l'Angleterre : L'Église anglicane ou épiscopale a été constituée par la confession, en 39 articles, approuvée en 1562, sous Élisabeth, par le synode de Londres. Cette église reconnaît la plupart des dogmes du calvinisme, mais elle conserve l'Episcopat et la hiérarchie sacerdotale. Le roi, ou la reine, est le chef de l'église : il institue les évêques et veille avec leur concours sur le maintien du dogme et sur l'observation de la discipline. Le clergé de l'Angleterre et du pays de Galles se compose de 11478 membres (2 archevêques, 25 évêques, 29 doyens, 58 archidiacres, 355 prébendiers, 291 chanoines, 10715 curés). Les évêques ont à leur disposition 1290 nominations, les doyens et les chapitres 1108, les universités d'Oxford et de Cambridge 530, la couronne 1015, les laïques propriétaires de fiefs 6858. Les revenus du clergé anglican sont de 240 millions. L'archevêque de Cantorbery a un revenu de 692,000 fr., de York 503,525 fr., l'évêque de Londres 337,975 fr., de Durham 560,400 fr., de Lichfield 237,500 fr., de Winchester 289,975 fr., de Salisbury 321,975 fr., etc., tout ceci sans compter les perceptions extraordinaires, qui, pour certains évêchés, doublent le revenu.

1. Les progrès du catholicisme en Angleterre ont été, de 1821 à 1851, de 87.2 pour 100 du nombre de ses membres; ceux de toutes les sectes protestantes réunies n'ont été que de 66.8 pour 100. Ces progrès sont tout relatifs et n'ont pas grande valeur.

Les Presbytériens ou Indépendants sont les réformés qui n'ont pas voulu se conformer à la liturgie et à la hiérarchie de l'église officielle. Pour eux, tous les prêtres ou ministres sont égaux entre eux. L'église est gouvernée par des consistoires ou presbytères composés de ministres et d'anciens.

Les Méthodistes, fondés en 1720 par John et Charles Wesley, se partagent en deux branches : les adhérents de Wesley qui ont adopté les doctrines d'Arminius, et ceux de Whitefield qui ne sont guère que des calvinistes purs.      L. A.

**ANGLETERRE.** — PHILOSOPHIE, LITTÉRATURE, THÉATRE. — On ne s'attend pas à trouver ici un catalogue des écrivains anglais et des ouvrages qu'ils ont produits. L'objet du travail qu'on va lire est fort différent. La littérature anglaise est à cette heure un des organes principaux de la civilisation; l'étude de ses chefs-d'œuvre fait partie de la culture savante chez tous les peuples éclairés de l'Europe : du Canada jusqu'au golfe du Mexique, des îles Lucayes et des Antilles jusqu'aux îles Falkland, sur les bords du Niger et au cap de Bonne-Espérance, dans la presqu'île de l'Inde, sur les côtes du continent austral et de la Nouvelle-Zélande, les livres de l'Angleterre et surtout ses journaux, forme populaire, monnaie courante de la pensée moderne, sont répandus partout, et satisfont aux besoins intellectuels de populations immenses qui participent, par eux seulement, aux lumières occidentales. Nous nous proposons d'exposer rapidement par quels degrés la littérature anglaise s'est élevée au rang qu'elle occupe, de fixer la part qui revient au génie anglais dans l'inventaire des richesses littéraires de l'humanité, de déterminer ce qui lui appartient en propre et ce qu'il a emprunté d'ailleurs, de distinguer ce qui dans ses productions n'a pas cessé de vivre et a chance de durer d'avec ce qui n'est plus dès à présent qu'un objet d'érudition.

La littérature anglaise ne date vraiment dans l'histoire que de la seconde moitié du XVIᵉ siècle, du moment où, sortant de sa longue enfance, elle entra dans l'âge adulte. Il serait inutile de nous étendre sur la période de formation qui a précédé. On attache de nos jours à l'étude des origines une juste importance; les premières manifestations poétiques d'un peuple jettent parfois sur le génie de la race de vives lumières, elles peuvent en traduire le caractère sous des formes d'autant plus claires qu'elles sont plus naïves, et en faire pressentir les destinées ultérieures. En ce qui concerne la littérature anglaise, l'observation appliquée avec rigueur ne justifie pas suffisamment cette théorie. Le peuple anglais s'est formé par la fusion d'éléments fort divers; des invasions successives ont déposé sur le fond celtique, au delà duquel nous n'apercevons rien, plusieurs couches dont le mélange ne s'est achevé qu'assez tard; Celtes, Romains, Saxons, Danois et Normands, ne se sont assimilés de manière à former une masse homogène qu'avec une extrême lenteur; et c'est seulement au terme de cette longue élaboration que le génie anglais s'est dégagé, qu'il a pris possession de lui-même et manifesté sa puissance sous une forme littéraire. On ne saurait donc rien imaginer de plus arbitraire que d'en chercher la révélation dans les œuvres grossières de son premier âge. Le poëme où sont chantés les exploits de Beowulf, l'Achille du Nord, cette rude épopée, découverte et publiée pour la première fois à Copenhague au commencement de ce siècle, ne se rattache pas directement à la littérature anglaise ; quelle qu'en soit la date, elle appartient par l'esprit à l'histoire continentale des Anglo-Saxons. Le héros Beowulf, fils de Ecgtheow, seigneur des Scyndilgi, est de la nation des Geata ou des Jutes ; il s'embarque pour porter secours à Hrothgar, fils et successeur de Halfden, roi des Danes, dont le palais est dévasté par les méfaits nocturnes d'un mauvais génie; Beowulf l'attaque inutilement jusqu'à ce qu'il soit mis par le hasard

en possession d'une épée enchantée à l'aide de laquelle il triomphe de son ennemi ;
cette fable, les détails de festins et de réjouissances qui s'y trouvent mêlés, n'ont
rien de particulièrement britannique; on n'y voit que des traits communs à tous
les barbares, une imagination et des mœurs aussi étrangères aux Anglais qu'aux
Français de nos jours. Les ouvrages latins et anglo-saxons répandus dans une
période de cinq siècles, qui relient sans discontinuité l'époque saxonne à l'époque
normande; les écrits de Gildas, de Nennius, de saint Colomban, le poëme sur la
Création du moine de Whitby, Cœdmon, en qui l'on a cherché bien gratuitement
un devancier de Milton, les nombreux ouvrages du roi Alfred, la *Chronique*
*saxonne* commencée sous ce prince et poursuivie jusqu'à la fin de la maison de Blois,
en 1154, n'appartiennent pas plus à la littérature proprement dite que la traduction
en vers anglais du *Brut d'Angleterre* de maître Wace, normand de Jersey, entreprise
et exécutée par le prêtre Layamon vers la fin du XIIᵉ siècle, et que les travaux des
autres imitateurs ou traducteurs des chroniques normandes et latines. Cet amas
d'écrits sans valeur appartient exclusivement au domaine de l'érudition; l'art en
est absent; on n'y saurait découvrir aucune portée générale.

Si, dans cette masse confuse, quelques écrits méritent d'être distingués, c'est
seulement parce que la langue anglaise y apparaît avec sa physionomie actuelle,
fixée dans les traits qui la caractérisent. L'usage dominant du français dans les
classes supérieures à la suite de l'invasion et la suprématie officielle de la langue des
conquérants avaient donné naissance, par le mélange de cette langue étrangère avec
celle du pays, à un odieux jargon qui finit pourtant par céder à la résistance de
l'idiome national; mais cet idiome conserva dans sa constitution un élément
français considérable qui forme le tiers de ses vocables : cette juxtaposition, restée
jusqu'à ce jour à l'état inorganique, qui n'est jamais parvenue à une combinaison
parfaite, est peut-être le trait essentiel de la langue anglaise ; elle offre à l'écrivain
deux claviers distincts, l'un d'origine gothique, l'autre de provenance néolatine,
dont l'assemblage hybride contraste étrangement avec la forte originalité du génie
anglais. La langue était arrivée, dès la fin du XIIᵉ siècle, au point de pouvoir servir
d'instrument littéraire, et cependant le XIIIᵉ siècle n'a rien en Angleterre de cette
fécondité d'invention qui assure à la littérature française de cette époque une prépondérance à laquelle l'Europe entière rend hommage en l'imitant. L'interminable
énumération des poëmes du temps n'apprendrait rien ; ils sont aujourd'hui reconnus
pour être des emprunts faits à nos trouvères, mais des emprunts dans lesquels on
ne retrouve jamais la poésie quelquefois si originale des imitations germaniques.
Cette richesse de génie qui éclatait en France à la fois par une littérature épique et
par une littérature populaire, cet élan qui allait porter du premier coup à la perfection la poésie italienne, n'existent pas en Angleterre ; on n'y découvre rien
d'analogue ; la littérature ne fait que balbutier et ne s'élève pas dans ses efforts les
plus heureux au-dessus des tâtonnements de la barbarie. Si, par l'école francis-
caine, où brillent, après Alexande de Hales, Duns Scot et Roger Bacon, elle contribue à l'agitation stérile de la scolastique, elle reste étrangère à ce qu'il y a de
laïque et d'humain dans le mouvement du moyen âge.

La personnalité n'apparaît véritablement dans la littérature anglaise qu'à la
fin du XIVᵉ siècle. Encore ne faut-il la chercher ni dans les petits poëmes composés
par Laurence Minot, vers le milieu du siècle, sur les victoires d'Édouard, ni dans le
grand poëme du *Bruce*, où l'archidiacre d'Aberdeen, Barbour, raconte en dialecte
écossais la délivrance de son pays, ni même dans le poëme satirique de Longlande,
où *Pierre Ploughman*, la personnification du pauvre peuple, le Jacques Bonhomme
anglais, devenu dans la suite le héros de plusieurs autres pœtes, décrit dans une

série de visions la société du temps et la profonde corruption des ordres religieux. Ces ouvrages et le dernier surtout annoncent le sourd travail des intelligences, ils offrent mille indices précurseurs d'une révolution inévitable ; on y chercherait en vain une inspiration personnelle, un véritable talent. Ce talent, cette inspiration se rencontrent pour la première fois dans Chaucer, et c'est ce qui lui vaut la gloire de figurer en tête des écrivains qui font honneur à la littérature anglaise. Ce n'est pas un écrivain de génie ; c'est à peine un poëte ; l'abondance, l'esprit, la malice, qualités qu'on ne saurait lui refuser, ne sont pas des traits qui le distinguent parmi les conteurs du moyen âge ; ni le poëme allégorique de *Fleur et feuille*, ni celui de *Troïle et Crussida*, ni les *Contes de Canterbury*, qui par le cadre et le fond rappellent directement le Décaméron, ne peuvent passer pour des chefs-d'œuvre. S'il a écrit en prose un plaidoyer pour se défendre contre des imputations injurieuses, il avait été précédé par plusieurs autres prosateurs, par Wycliffe, le traducteur de la Bible, par le voyageur Mandeville, qui, vingt ans avant lui, avait raconté en prose ses voyages parmi les nations orientales et mahométanes. Mais Chaucer porte au front un reflet de la renaissance française et italienne ; contemporain de Froissard, il lui ressemble par la variété, le goût du pittoresque, la bonne humeur, comme par le vagabondage et l'agitation de sa vie, qui étend son horizon ; il rend un écho de Boccace et de Pétrarque en même temps qu'il reproduit les fabliaux français, et il ajoute à tout cela quelque chose de personnel qui le fait reconnaître à première vue.

Dans Chaucer comme dans ses disciples Jean Gower et Jean Lydgate, la culture française n'a pas cessé de lutter contre l'esprit indigène, contre la langue nationale, et souvent elle l'emporte. Il arrive encore à beaucoup d'auteurs d'écrire leurs ouvrages en français ou en latin pour les traduire ensuite en anglais. On remarque alors une curiosité plus vive, une recherche plus éclairée de la forme, toutes sortes d'ambitions nouvelles ; mais le génie anglais sommeille toujours. Le xvᵉ siècle tout entier et la plus grande partie du xviᵉ s'écouleront avant qu'il sorte de cet engourdissement. La fin des guerres de l'Angleterre avec la France, le tumulte meurtrier de la lutte entre les maisons de York et de Lancastre, les troubles religieux qui suivirent de près l'avénement des Tudors et favorisèrent leur despotisme naissant, expliquent cette stérilité. Nous pourrions charger ces pages d'un assez grand nombre de noms d'auteurs et de titres d'ouvrages, parmi lesquels il n'en est aucun d'une véritable importance. On a beaucoup exagéré le mérite du livre de Fortescue sur la *Différence entre la monarchie absolue et la monarchie limitée* ; tout le mérite de l'ouvrage est dans sa date, le principal titre de l'auteur est d'ouvrir l'interminable série des panégyristes de la constitution anglaise ; et pourtant il l'ouvre dans des circonstances malencontreuses, puisque cette constitution allait précisément être impuissante à défendre les franchises nationales et que la liberté était à la veille de subir une longue éclipse. Des poëmes comme l'*Histoire de Grandamour et de la belle pucelle*, par G. Stéphen Hawes, comme le *Vaisseau des fous* d'Alexandre Barclay, traduction du poëme allemand de Sébastien Brandt, les satires de Skelton, la *Complainte du Papingo* par l'écossais David Lindsay, n'étaient pas de nature à exercer une influence bien profonde. On vit naître, vers la fin du règne de Henri VIII, une poésie de cour qui eut pour promoteur deux hommes ordinairement associés dans l'histoire littéraire : Henri, duc de Surrey, traducteur du second chant de l'Énéïde, auteur de poésies satiriques et amoureuses, qui fut décapité en 1547 ; et Thomas Wyatt qui, bien qu'ayant été amoureux d'Anne Boleyn, eut le bonheur d'échapper à la hache de Henri VIII ; leurs poésies ne font qu'annoncer les approches d'une époque plus heureuse. Les écrits en prose, tels que la *Concordance des histoires* de Robert Fabian, l'*Union des deux familles de Lancastre et de York* par Edward Hall, les pamphlets religieux de Thomas More, ceux de Fischer, les sermons de Latimer, appartiennent également à une période de préparation. On peut dire que jusqu'à ce moment l'Angleterre n'a contribué en rien ou n'a du moins coopéré que pour une part bien faible à l'initiation intellectuelle du monde moderne.

Tout à coup, vers le milieu du règne d'Élisabeth, il se fait une levée en masse d'hommes de génie. La littérature sort à l'improviste de l'état de puérilité où elle avait langui si longtemps ; elle atteint d'un bond une maturité véritable qui conserve les avantages de la jeunesse. On qualifie la période qui commence alors du nom de classique ; il ne faut pas oublier toutefois que l'art, entendu comme observation des règles du goût, sentiment délicat des convenances littéraires, discernement du bon et du mauvais, y fait presque entièrement défaut. Cette littérature, qui ensevelit avec tant d'éclat le moyen âge, s'y rattache encore, jusque dans ses représentants les plus élevés et dans Shakspeare lui-même, par bien des côtés. Mais si elle garde une empreinte un peu barbare, elle déploie une puissance de création, dont l'ascendant plus ou moins contesté s'est fait accepter chez les peuples les plus cultivés de l'Europe ; alors apparaît, pour la première fois, quelque chose d'assez original et d'assez fort pour faire équilibre à l'admiration inspirée · par l'antiquité et lutter, quelquefois avec avantage, contre son autorité. Les écrivains de cette période ont pour caractères communs la hardiesse, la liberté, l'éclat des images, la fécondité, l'âpreté, l'énergie. Après les grands bouleversements sociaux, la tranquillité fait habituellement éclore les germes semés dans les âmes par ces agitations. C'est une loi qui souffre peu d'exceptions. L'éclat du règne d'Élisabeth, le souffle plus vif de la renaissance, les premiers essais de la liberté religieuse, agissaient simultanément sur les intelligences. Une égale absence d'esprit critique chez les auteurs et dans le public permettait aux premiers de tout oser ; ils pensaient, ils écrivaient dans la plénitude de leur indépendance. Grâce à la pauvreté antérieure de la littérature, il n'existait encore ni de ces lieux communs, ni de ces moules tout faits, si favorables à la médiocrité. Ignorants et robustes, les esprits ne connaissaient pas le joug d'un idéal factice et convenu, tel que celui qui était admis sur le continent, qui allait bientôt y dominer complètement et que l'Angleterre devait elle-même accepter à la fin du XVIIe siècle. Ces circonstances et beaucoup d'autres, que nous ne pouvons énumérer, font comprendre jusqu'à un certain point la vigueur et le caractère de cette puissante génération.

Les noms de Bacon et de Shakspeare, deux génies si éminemment anglais, témoignent par leur universalité qu'à partir de cette époque la littérature anglaise étend son influence sur toute l'Europe. Par eux, mais par eux seuls, l'Angleterre contribue efficacement au développement de la civilisation moderne. Car si ces deux noms résument tout un monde, ce monde auquel ils survivent n'a eu qu'un éclat local et temporaire, il est resté presque entièrement ignoré du continent. La première partie du règne d'Élisabeth n'avait offert que des versificateurs clair-semés et d'un ordre inférieur ; la seconde vit éclore comme en un jour une immense légion de poëtes. On a dressé une liste, certainement incomplète, qui renferme plus de deux cents noms d'auteurs ; il en est peu qui ne soient profondément oubliés et dont les œuvres méritent d'intéresser quiconque n'est pas anglais. Le plus vanté, Spencer lui-même, dont le *Calendrier du berger*, publié en 1579, ouvre en quelque sorte cette fête poétique, est et restera, malgré l'admiration rétrospective que professent pour lui les critiques de son pays, une réputation toute locale. Ce poëme, pastorale mêlée d'allusions politiques et religieuses et adaptée aux douze mois de l'année, le poëme plus fameux encore de la *Reine des fées*, longue allégorie théologique où figurent la

Foi, l'Espérance, la Charité, l'Église protestante sous le nom de *Duessa*, le papisme sous celui d'*Una*, et où l'on reconnaît, affublés de masques plus ou moins transparents, des personnages contemporains, entre autres sir Arthur Grey, le patron du poëte, et la reine Élisabeth elle-même, ces deux ouvrages qu'on s'est plu à rapprocher de l'*Aminta* et de l'*Orlando furioso*, sont revêtus en quelques parties d'une poésie éclatante, mais n'ont rien qui leur assure une place parmi les chefs-d'œuvre d'un caractère humain. Les sonnets de Philippe Sidney, les poëmes de Walter Raleigh, seraient perdus dans la foule des productions du temps, sans l'intérêt que le rang que ces personnages ont occupé, le rôle qu'ils ont joué, leur caractère, leur histoire, attachent aux écrits qui portent leur nom. Cette multitude d'écrivains, cette curiosité littéraire jusque chez les hommes publics, attestent qu'une fermentation générale agitait alors les imaginations. Il fallait que la société morale fût remuée à une bien grande profondeur, que la séve y circulât bien abondamment, puisque tout chante alors, comme en un printemps des esprits, et que du sein des masses elles-mêmes des voix s'élèvent et se mêlent à ce chœur universel. Les ballades écossaises et anglaises, recueillies par Percy en 1774, dont le fond légendaire ou historique est fort antérieur à cette époque, appartiennent, au moins sous la forme qu'elles ont gardée, au mouvement que nous signalons. Tout indique l'effort que l'Angleterre, restée si longtemps en arrière de plusieurs nations dans le champ intellectuel, fait pour se mettre au pas de la civilisation méridionale, à l'heure même où elle vient de secouer le poids de l'autorité religieuse. On en trouve la preuve dans l'imitation souvent peu discrète de l'Italie, dans la vogue du sonnet et des autres formes poétiques qu'on lui emprunte, dans le goût des sujets mythologiques. On la trouve dans le succès du roman de Sidney, l'*Arcadie de la comtesse de Pembroke*, et plus encore dans celui de l'ouvrage de Lilly, *Euphuès, anatomie de l'esprit*, bientôt suivi d'un autre ouvrage, *Euphuès et son Angleterre*, qui est la suite du premier et qui obtint plus de succès encore. Euphuès est un jeune Athénien que l'auteur place à Naples dans le premier livre, amène en Angleterre dans le second, et dont l'histoire sert de prétexte à une peinture à la fois moqueuse et galante de la cour d'Élisabeth ; l'ouvrage, qui se distingue par la recherche de l'expression, la subtilité des tours, l'obscurité des allusions mythologiques, les sentences, les antithèses, devint aussitôt le modèle du grand style et du beau parler. Tout le monde dut obéir à la mode ; Shakspeare essaya d'en faire sentir à ses contemporains le ridicule (voir Holopherne dans *Peines d'amour perdues*), mais il ne put échapper à la contagion. Cette génération sentait la grossièreté de celles qui l'avaient précédée ; elle se jetait, pour faire montre de délicatesse, dans des affectations puériles. De là, des défauts communs à tous les écrivains du temps, qui dissimulent sous le fard leur vigueur native.

L'histoire présente peu de phénomènes plus singuliers que le développement soudain de la littérature dramatique sous Élisabeth. Rien ne l'avait préparé. Les *Jeux de miracles* dont parle Chaucer, les *Moralités* qui suivirent, ne valaient pas mieux que les essais analogues tentés sur le continent. L'année 1561 avait vu naître la première tragédie, *Ferrex et Porrex* ou *Gorboduc*, par Thomas Sackville, et quatre ans après avait paru la première comédie régulière, l'*Aiguille*, de Gammer Gurton. Dans l'intervalle quelques auteurs avaient mis en scènes grossièrement enchaînées des histoires prises dans la mythologie, et Shakspeare était né. Comment le théâtre passa-t-il, presque sans transition, de cet état de misère à un degré de richesse qu'on n'avait pas vu depuis la Grèce ? Après les règnes des souverains bigots et persécuteurs qui précédèrent Élisabeth, le goût littéraire et l'esprit de société s'éveillèrent du même coup à la faveur d'un règne relativement tranquille ; ils se

marièrent en quelque sorte et, par cette heureuse rencontre, donnèrent l'impulsion à l'art dramatique, qui est par excellence la littérature de société. D'ailleurs
la simplicité primitive de la mise en scène laissait libre carrière aux imaginations;
elles se permirent tout et créèrent des chefs-d'œuvre. Mais il ne faut pas tout vouloir expliquer ; si ces circonstances font comprendre la vogue si promptement
acquise aux représentations théâtrales, elles n'éclaircissent pas ce que la question
a de plus obscur ; elles ne disent pas pourquoi, dans l'abondance de génie qui
signale ces vingt-cinq ou trente ans, un si grand nombre d'hommes appliquèrent
au théâtre des qualités qui semblent indiquer une vocation exclusive et qui constituent des personnalités si fortes.

En effet, la plupart de ces auteurs ont une physionomie très-distincte. Marlowe
est le plus grand avant Shakspeare : le génie de l'extravagance habite son cerveau,
il se plonge à plaisir dans l'abîme des combinaisons les plus sombres, il remplit la
coupe d'horreur jusqu'à ce qu'elle déborde ; si *Tamburlaine* n'est que frénésie et
emphase de matamore, si l'*Empire du désir* semble écrit par l'auteur pour exorciser
les démons qui le tourmentent, si *Éléazar le More* semble fait pour être enfermé dans
une cage de bête fauve, on reconnaît à travers tout cela une puissance incontestable ; Marlowe a dans son style le magnifique, le tendre et le terrible; son docteur
*Faustus*, recueilli dans une légende qui courait les foires du temps, est sublime en
plus d'un passage et a la gloire d'avoir en partie inspiré Gœthe. — Ben Jonson, lié
avec Shakspeare et membre comme lui du club de la Sirène, fondé par W. Raleigh,
a l'esprit sarcastique et mordant; il manie la langue en maître, il connaît à fond les
secrets de l'effet théâtral ; il crée la comédie domestique et, malgré le pédantisme
dont ses pièces abondent, il amuse toujours. — Fletcher et Beaumont ont attaché
leurs noms inséparables à cinquante-deux drames, comédies ou tragédies; Fletcher
invente, et c'est à lui que revient la plus grande part dans le travail commun. Beaumont juge, élimine, arrange; ils parlent une langue trop souvent elliptique et obscure,
mais l'agrément des caractères et la finesse dans la satire indirecte des mœurs les
distinguent entre tous. — Massinger a plus d'éloquence que d'invention, plus de
coloris que de pathétique ; ses dix pièces, qui reproduisent avec une vérité quelquefois choquante les mœurs des classes inférieures, sont versifiées avec une remarquable facilité.

Bien d'autres noms pourraient être cités, Middleton, Marshton, Dekker, Rowley,
Chapman ; mais il faut une place à part pour Webster, écrivain inégal, imagination sinistre et forte : un malheur ordinaire, une vengeance commune sont au-dessous de lui ; sa plume distille du sang ; la mort, la folie, l'image des plus profondes
misères de l'âme, hantent son esprit; ses visions sortent de la tombe; rien ne dépasse l'atrocité de ses dénoûments pour lequel les petites maisons semblent vider
leurs cellules ; la *Duchesse de Malfy*, le *Diable blanc*, sont des chefs-d'œuvre d'horreur
et d'épouvante. — Ford, au contraire, excelle dans la peinture de l'amour; il a de la
hardiesse, sinon toujours de la profondeur ; une de ses pièces, dont le titre « *'tis
pity the is a whore* » est trop cru pour être traduit, présente l'anatomie d'une difformité sociale qui a défrayé presque exclusivement le théâtre parisien dans ces dernières années ; elle renferme telle scène qui soutient la comparaison avec les plus
hauts chefs-d'œuvre.

Shakspeare résume les qualités, les défauts, les facultés énergiques et variées
de ses contemporains : il les dépasse tous infiniment, c'est le plus grand nom de la
poésie. Comme pour représenter plus parfaitement le génie du théâtre dans toute sa
puissance et l'impersonnalité complète du poëte dramatique, Shakspeare est un
nom, rien de plus; on ignore sa vie, dont tous les détails généralement admis, sauf

deux ou trois faits matériels, sont à peu près légendaires; l'orthographe de son nom même est discutée, et sa personne disparaît entièrement derrière le monde qu'il a créé. Cependant, jamais intelligence n'a vu plus avant dans l'organisation et dans la vie humaine; jamais contemplateur n'embrassa d'un regard plus tranquille et plus large toutes les faces de la destinée, funèbres ou riantes, comiques ou solennelles; jamais peintre, dans l'horreur de ses tableaux, ne conserva un plus parfait équilibre de jugement et plus de sérénité; la poésie, la sagesse marchent chez lui du même pas. Il ne se distingue pas de ses contemporains par les procédés, il s'en distingue par le génie; ses pièces, à les considérer au point de vue du métier, sont de la construction la plus savante, et quand on veut bien oublier les règles d'une architecture dramatique convenue, admirables de régularité. N'eût-elle à produire que le nom de Shakspeare, l'Angleterre aurait payé son tribut à la civilisation humaine. Que le lecteur réfléchi de Shakspeare se rappelle l'ébranlement qu'à de certaines heures telle pièce a produit dans sa pensée, le retentissement que ces émotions répétées ont eu dans tout le système de ses sentiments et de ses notions sur la vie, et qu'il juge d'après cela de l'action qu'un poëte, lu sous toutes les latitudes, feuilleté chaque jour par des millions d'hommes, médité, commenté, cité à tout instant, exerce dans le royaume des intelligences. Il est une autre action plus facile à mesurer, c'est celle qui se manifeste par les modifications que l'influence de Shakspeare a produites dans la direction du mouvement littéraire chez différents peuples. Quoique le monde littéraire ait reconnu pendant près d'un siècle et demi une autre souveraineté que la sienne, aujourd'hui toutes les littératures se rattachent à lui; l'Allemagne du xviiie siècle, la France et l'Italie depuis quarante ans, procèdent plus ou moins de cette inspiration. Cette action, propagée de proche en proche, a peu à peu atteint toutes les branches de la littérature, et introduit dans la conception générale du beau des modifications dont tous les arts témoignent actuellement. On peut dire en un mot que, depuis Shakspeare, quelque chose d'anglais est entré dans la substance de l'esprit humain. Ses contemporains et lui présentent ce caractère qu'en puisant librement dans l'histoire, dans la légende, dans la mythologie, dans la fable, ils n'ont pourtant rien d'exotique et d'emprunté, ils restent parfaitement anglais, l'érudition chez eux ne porte aucune atteinte à l'originalité, et c'est ce quelque chose, trouvé par eux dans les profondeurs de l'esprit national, dont Shakspeare a enrichi l'humanité.

Un fait non moins remarquable que le développement extraordinaire du génie dramatique sous Élisabeth, est le déclin persistant du théâtre en Angleterre depuis cette époque. Malgré diverses tentatives effectuées pour arrêter ce déclin, le théâtre anglais est arrivé de chute en chute au dernier degré de l'anéantissement : il ne vit plus aujourd'hui que de plagiats, d'importations étrangères, de farces et de pièces à machines. Le triomphe du puritanisme sous Cromwell explique la suppression instantanée de la littérature dramatique à l'avénement de la République; les mœurs nouvelles la proscrivaient, les représentations théâtrales furent interdites sous des peines sévères. Le retour de Charles II avec une cour formée aux mœurs françaises, enivrée de l'élégance qui régnait à Versailles, remplie de ce besoin de luxe et de plaisir propre aux dynasties restaurées, fit rouvrir les théâtres; mais le fil de la tradition était brisé et perdu; la littérature dramatique ne retrouva rien de l'originalité qu'elle avait eue un demi-siècle auparavant. Les nombreuses pièces de Dryden, pièces héroïques, tragédies, comédies, sont de maladroites copies de Corneille et de Molière, dans lesquelles le savoir-faire et l'art du style ne dissimulent pas l'impuissance. Dryden fit plus que de mauvaises pièces, il entreprit de raccommoder Shakspeare. Rien ne donne une plus triste idée de la déviation de l'esprit anglais que les abominables travestissements qu'on fit subir alors à ces chefs-d'œuvre pour les approprier au goût du temps; car l'exemple de Dryden fut suivi par cent autres, lord Landsdowne, Cibber, Dennis, Leveridge, Ch. Johnson, le duc de Buckingham, Worsdale, J. Miller, Lampe, etc., qui travaillèrent à l'envi à cette dévastation impie. Les efforts d'Otway, qui écrivit dans le système français une œuvre à certains égards supérieure; les comédies plus ou moins libertines, mais également dépourvues de mérite, de Shadwell, d'Etheredye, de Wycherley; celles de Congrève, qui, avec tout son esprit et sa connaissance des règles, n'est comme les autres qu'un imitateur; les pièces de Moore et de Lillo, peintres vulgaires de la vie commune qu'il ne savaient pas transformer par l'imagination, marquent les degrés successifs d'un dépérissement ininterrompu. Le théâtre continue à végéter tristement en dépit des tentatives de Murphy, de Jephson, de Walpole, de Baillie; les comédies de Shéridan, toutes spirituelles qu'elles soient, attestent la disparition de tout sentiment dramatique : l'allégorie s'y dénonce elle-même, jusque dans les noms des personnages, Mss *Bévue*, le capitaine *Absolu*, *Olivier Surface*, sir *Benjamin Mordentraître*, M. *Duplagiat*; la satire y remplace l'observation désintéressée de la nature. Vers 1770, l'acteur Garrick était parvenu à remettre Shakspeare en honneur; à la fin du siècle, le théâtre allemand, s'abreuvant à cette grande source, produisait quelques chefs-d'œuvre dont l'écho retentit en Angleterre. Sous cette double impulsion, la génération poétique contemporaine de la révolution, Southey, Coleridge, un peu plus tard Byron et Shelley semblent vouloir rentrer dans la voie; ces écrivains composèrent en dépit de leur génie des poëmes dialogués où le lyrisme remplace à leur insu tout élément théâtral. Après eux, M. Shéridan Knowles obtint quelques succès qui ne prouvent qu'une chose, la pauvreté excessive de la scène. Il y a vingt ans, MM. Bulwer et Th. Noon Talfourd entreprirent une régénération qu'ils ne réussirent pas à effectuer. Les pièces de Douglas Jerrold, et à l'heure qu'il est, celles de MM. Brooks, Wilkie Collins, Boucicaut et autres, malgré des qualités diverses et des succès d'argent qui ne doivent pas faire illusion, ne s'élèvent pas même jusqu'à la littérature.

Comment ce qui a été le don merveilleux d'une génération littéraire vient-il à manquer ensuite si complétement à toutes les autres, quelles causes morales ou matérielles peut-on assigner à cette décadence irrémédiable, c'est ce qui vaudrait la peine d'être examiné, si nous pouvions nous livrer ici à cette recherche. Ce que nous devons dire, c'est qu'on a eu tort d'attribuer exclusivement cette déchéance à l'invasion du goût français. L'ascendant qu'il prit en Angleterre à la fin du XVIIe siècle n'était pas aussi accidentel qu'il le paraît au premier abord; il répondait au besoin d'art et de discipline qui se fait sentir à un certain moment dans toutes les littératures, et ce moment était venu pour la littérature anglaise, même avant la restauration. Quoique languissant sous les premiers Stuarts et sous la République, l'esprit littéraire reste encore essentiellement anglais: un trait cependant y apparaît, par lequel cette époque diffère de celle qui la précède et ressemble à celle qui la suit, c'est la réflexion, le respect de certaines règles, la recherche d'un art délicat; elle n'a plus la spontanéité sans frein de la génération antérieure. Milton, qui la domine et qui a sur tous ses contemporains la supériorité du génie, laisse voir à chaque ligne ce besoin nouveau. Ses premiers poëmes, conçus et écrits dans la manière de Spencer, affectent l'harmonie musicale et la gentillesse des cinquecentistes italiens. Le *Paradis perdu*, étincelant de beautés de style incomparables et tout brûlant des passions qui remplissaient l'âme du vieux révolutionnaire, est une œuvre de pure réflexion; par le sujet c'est un *mystère* du moyen âge, par la forme il appartient à l'ordre des compositions les plus raffinées; cette contradiction dans une œuvre impérissable, quoiqu'elle n'ait jamais eu beaucoup de lecteurs, la condamne à ne donner à ceux qui l'admirent le plus qu'une satisfaction incomplète. Ainsi la littérature en Angleterre arrivait, par son mouvement naturel, à la recherche de la correction extérieure, de la dignité, de l'élégance qui distinguaient la littérature française; l'imitation s'imposait d'elle-même, et Dryden n'est pas un traître qui a introduit l'étranger dans son pays. L'inspiration subordonnée au bon sens terre à terre, la fougue du génie réprimée par le frein des règles, l'imagination emprisonnée dans des cadres inflexibles, c'étaient là des nécessités que la littérature anglaise devait subir à son heure. Dryden, dont les aptitudes variées embrassaient tout le champ de la poésie sans s'élever dans aucune partie à la perfection, poëte satirique, lyrique, dramatique, fabuliste et conteur, traducteur et controversiste, écrivain fécond et habile, mais dans des genres factices, porta le premier le poids de ces nécessités avec une aisance qui lui fait honneur. Il aurait acclimaté la littérature de cour en Angleterre, si elle avait pu l'être. Mais les classes supérieures n'exerçaient pas sur les masses un ascendant assez marqué, elles ne s'en distinguaient pas assez par les mœurs et par la culture pour qu'il se formât d'une manière définitive une littérature à leur usage. En outre, on aperçoit, dès le commencement et jusqu'à la fin du XVIII° siècle, chez les écrivains une tendance d'abord peu sensible mais de plus en plus manifeste à recouvrer la liberté du génie anglais temporairement aliénée. Si Addison, Prior, Pope surtout, ne s'éloignent pas beaucoup de la route tracée et s'enferment dans des moules qu'ils ne songent ni à élargir ni à briser, à côté d'eux J. Swift, et avant lui De Foë, deux esprits qui portent au plus haut degré la marque nationale, déploient plus d'indépendance dans leurs écrits. Il serait difficile et superflu de faire un choix dans la multitude des versificateurs qui remplissent les deux premiers tiers du siècle; on voit trop que la poésie n'est pas un fruit naturel de l'époque, elle n'est qu'un exercice rétrospectif et un passe-temps; s'il fallait en nommer un, ce serait Gray, dont les poëmes exquis méritent d'être étudiés ligne par ligne et charment par un goût de terroir tout nouveau.

Deux choses alors vivifient la littérature en Angleterre, la philosophie et la politique; et c'est par là que le XVIII° siècle anglais mérite, ainsi que le nôtre, mais à un moindre degré, d'être considéré comme une des époques de l'esprit humain.

Bacon, un des créateurs de la prose anglaise par ses *Essais*, est le véritable initiateur de la philosophie en Angleterre; personne ne l'avait précédé, car il est puéril de chercher, comme on l'a fait quelquefois, la moindre analogie entre lui et son homonyme, l'auteur de l'*Opus majus*, le franciscain du XIII° siècle. Ses idées constituent non pas un système, mais une méthode qui mérite un article à part, et c'est par cette méthode qu'il a exercé une influence si étendue et si durable. En ce qui concerne les questions philosophiques proprement dites, il reste encore empêtré dans le moyen âge; les livres qui composent l'*Instauratio magna* renferment bien des chimères, des aperçus faux, des conceptions bizarres; mais ils sont pleins de germes que le temps a fécondés. Sur toutes choses Bacon jette un regard profond, et l'idée de ne pas seulement observer la nature, mais de l'interroger méthodiquement pour la soumettre au service de l'homme, si elle ne lui appartient pas exclusivement, est du moins formulée dans ses ouvrages avec une force qui en fait sa propriété : depuis qu'il l'a énoncée, le monde est devenu et resté baconien. En donnant à la philosophie en Angleterre une impulsion qui dure encore, il lui a imprimé les deux traits qui n'ont pas cessé de la caractériser, l'esprit positif et analytique d'une part, la recherche constante de l'application, soit morale, soit industrielle, de l'autre. Son disciple et son ami Hobbes, tout diffamé qu'il soit à raison des conséquences politiques hautement déclarées auxquelles il a poussé les principes matérialistes qu'il professait, est au nombre des grands penseurs qui ont contribué à l'émancipation de la pensée philosophique. On sait qu'ayant principalement en vue d'affermir la première, selon lui, des utilités sociales, l'ordre matériel, et voulant à tout prix couper court aux querelles religieuses qui rendent la paix impossible, il déduit de la violence et de l'égoïsme naturels à l'homme la légitimité du pouvoir le plus absolu : ces affirmations tranchées, soutenues avec une logique imperturbable et avec une perspicacité rarement en défaut, servent plus à l'avancement de la science que les théories louches et timides. Locke, auquel on pourrait donner pour devise le mot de Newton : « Prenez garde à la métaphysique,» marche avec plus de prudence dans la même voie que ses devanciers ; il procède des mêmes principes puisés dans l'expérience, il· multiplie les applications, il développe avec une simplicité lumineuse des idées contre lesquelles les arguments du spiritualisme, répétés sous des formes variées jusqu'à nos jours, n'ont pas prévalu. Tandis que quelques-uns à sa suite s'arrêtent dans un déisme plus ou moins voilé, d'autres, comme Toland et Priestley, obéissant à la logique et acceptant les conséquences extrêmes de la philosophie de l'expérience, professent hardiment le matérialisme, que Toland s'amuse à revêtir d'une forme religieuse; et dans le même temps le subtil Berkeley aboutit à un système d'idéalisme absolu. Enfin paraissent les *Essais politiques, moraux et littéraires* de Hume : œuvre capitale, où la clarté d'une forme toute française laisse à peine remarquer la force d'une intelligence supérieure. Ici se montrent les derniers résultats des principes baconiens ; la philosophie tout entière est réduite à un théorème fondamental qu'on peut énoncer ainsi : — Il n'y a pas de causalité perceptible, ni même concevable au point de vue métaphysique, il n'y a que des conditions, la science consiste à les constater. — Par cette conclusion, Hume est le véritable ancêtre du positivisme.

Au xviiiᵉ siècle, le développement de la vie publique, l'intervention quotidienne de l'opinion dans la direction des affaires, la lutte plus ardente des partis donnent une importance nouvelle à la presse et multiplient les recueils périodiques, organes des passions politiques en même temps qu'instruments de critique morale et littéraire. La *Revue* de Daniel De Foë inaugure, en 1704, cette forme de littérature; elle est remplacée bientôt par le *Tatler*, le *Spectator*, le *Guardian*, auxquels collaborent Addison et Steele. Les *Essais* moraux, genre où les Anglais déploient des qualités d'observation remarquables et gardent jusqu'à présent la supériorité, tiennent dans ces recueils la plus grande place, et en soutiennent d'abord la vogue; après être tombé quelque temps, ce genre se relève bientôt, sans atteindre la même hauteur qu'entre les mains d'Addison et de Steele ; il est repris avec succès par le docteur Johnson, lourdaud original, dont l'action s'explique moins par son talent d'écrivain que par une autorité toute personnelle. Peu à peu, des pamphlets, où des hommes comme De Foë et Swift, avaient déployé un incomparable génie, la politique passe dans les recueils périodiques et envahit par degrés la place réservée primitivement à la critique et à la morale; elle y domine de plus en plus, en même temps qu'elle donne naissance à l'éloquence parlementaire, dont les discours de Bolingbroke, discours perdus, mais restés fameux par l'impression qu'ils produisaient sur les auditeurs, ceux de Chatam, et un peu après ceux de Burke, de Sheridan, de Fox, offrent les premiers modèles et rappellent les monuments de l'éloquence antique. Enfin la politique et la philosophie président à de grandes compositions historiques, parmi lesquelles il faut distinguer au premier rang les ouvrages de Robertson, de Hume et de Gibbon. L'histoire ne revêt pas encore chez eux, chez les deux premiers surtout, le caractère scientifique qu'une critique plus attentive et une méthode plus rigoureuse lui ont donné depuis ; elle est encore un genre littéraire, où les faits sont plus ou moins ouvertement mis au service d'un dessein particulier et coordonnés en vue d'établir une thèse politique ou morale.

La Révolution française marque en Angleterre comme partout le commencement d'un nouvel âge, pendant lequel la littérature anglaise va exercer pour la troisième fois sur l'esprit européen une profonde influence. La Révolution produit d'abord un double effet : elle porte jusqu'au cœur des nations les plus hostiles à ses principes le retentissement des idées dont elle était le triomphe, et, du même coup, elle émancipe le génie captif des différentes races, elle rend les peuples à leur originalité native; suite inévitable, trop peu remarquée, des principes de liberté proclamés par elle. Il n'est pas douteux qu'au delà de la Manche comme au delà du Rhin la littérature ne soit depuis la Révolution, ici bien plus allemande, là bien plus anglaise qu'elle ne l'avait été pendant le siècle précédent, quoique les relations des peuples entre eux soient bien plus fréquentes, et que le rayonnement des diverses littératures, les unes sur les autres, ne soit pas moins intense ni moins continu.

La poésie semblait, en Angleterre, arrivée à l'épuisement. Les *Reliques d'ancienne poésie*, publiées par Percy, en 1774, lui avaient bien ouvert une source nouvelle où se retremper et se rafraîchir. Un poëte, dont l'esprit plein de grâce fut obscurci par les atteintes réitérées de la démence, Cowper, trouvait, loin des routes battues et dans le seul sentiment de ses propres souffrances, une inspiration sincère. Le poëte paysan de l'Écosse, R. Burns, très-cultivé quoi qu'on en ait dit, mais gardant malgré cette culture une spontanéité depuis longtemps inconnue, dégageait, des plus humbles réalités et des situations les plus tristes, la poésie qu'elles recèlent. Ce n'étaient là pourtant que des accidents individuels, tout au plus de simples préludes; des voix innombrables allaient bientôt s'élever. La poésie se reprit, dès le lendemain de la Révolution française, à couler à pleins bords, comme si cet ébranlement eût été nécessaire pour en rouvrir les écluses. Le contre-coup que la Révolution exerça sur la poésie en Angleterre ne peut être nié : les promoteurs de cette poésie nouvelle, Wordsworth, Coleridge, Southey, gagnés par l'espérance universelle, consacrent leurs premiers essais à célébrer la Révolution. Il fallut la réaction produite par la catastrophe de Thermidor, par l'usurpation militaire, par les dangers qu'elle fit courir à l'Europe, pour les ramener sous le joug de la correction britannique; il fallut que l'Allemagne, entraînée comme l'Angleterre à lutter contre la France, et s'abandonnant à une irritation plus légitime, leur inoculât quelque chose de l'esprit germanique qu'une génération d'hommes supérieurs représentaient alors dans la poésie, pour les jeter dans une autre voie. Encore le génie de la Révolution ne cesse-t-il pas pour cela d'agir sur la littérature anglaise. Il éclate dans les œuvres d'une famille de poëtes indépendants et se fait sentir pendant trente ans. Les écrits de lord Byron sont une longue protestation contre l'hypocrisie de l'Angleterre officielle, une guerre déclarée aux excès d'un puritanisme tyrannique, une rébellion contre les lois de l'opinion. Le lyrisme de la forme, les fictions sinistres sous lesquelles le poëte exprime ses sentiments, ne voilent nullement le fond de sa pensée réelle; l'amour de l'indépendance, la colère et le dédain sont ses muses habituelles, et il lègue son inspiration à toute une génération de poëtes, à la tête desquels il faut placer Shelley. Cette protestation contre des préjugés intolérants, élevée au nom d'une humanité plus large et plus franche, se prolonge dans des ouvrages de tout genre, dans des romans qui commencent à Godwin et finissent à Trelawney. La vraie littérature de l'Angleterre est alors cette littérature dissidente; elle a pour elle le génie, l'éclat, le succès, et l'influence de la Révolution française ne saurait y être méconnue. Des protestations analogues en faveur des libertés naturelles de l'homme s'étaient sans doute fait entendre en France (Rousseau, Diderot, Châteaubriand, dans l'*Essai sur les révolutions, Oberman*), et en Allemagne (*les Brigands* de Schiller); mais, nulle part, cet antagonisme de l'individu et de la société, cette revendication de l'indépendance personnelle contre les conventions morales, intellectuelles et politiques, n'avaient pris un tel accent. Cette revendication était fort mêlée de déclamation, d'emphase et d'artifice; elle renfermait toutefois un fonds de vérité suffisant pour faire comprendre l'immense influence de l'école qui s'en fit l'organe. Tombée non dans l'oubli mais dans le discrédit, cette école garde son importance comme moment historique; elle est la dernière qui ait exercé une véritable action sociale. Lorsque, sous l'impulsion de la révolution de Juillet, l'Angleterre, abjurant enfin son étroit conservatisme, fut entrée, quoiqu'avec répugnance, dans le mouvement de rénovation européenne, cette école disparut. Depuis lors et jusqu'aujourd'hui, la poésie s'est tenue loin des intérêts publics; elle est retombée à l'état de jeu d'esprit individuel. Quel que soit le mérite de quelques-uns de ceux qui la cultivent, elle n'a produit aucune œuvre d'une portée réelle; à côté de la science, de la philosophie, de la politique, son influence est nulle. Les Tennyson et les Browning sont des virtuoses aussi inoffensifs qu'impuissants. Ils ne sont ni des descendants ni des ancêtres.

Ce que la poésie a perdu, le roman l'a gagné. Il règne en Angleterre; il y déploie une fécondité qui ne le cède qu'à la théologie: on a compté qu'il y paraît un roman par jour. Le roman moderne peut être considéré à certains égards comme d'origine anglaise; il répond en effet singulièrement aux aptitudes du génie de ce peuple, à cet esprit d'analyse porté jusqu'à la minutie d'où résulte l'intérêt, à ce vif sentiment de la réalité qui saisit et rend la physionomie propre de chaque objet, à ce goût excessif des détails qui fait la vraisemblance du récit. L'esprit français, sommaire et généralisateur, toujours pressé de courir au but, dominé d'ailleurs par les convenances du goût, par le besoin de dignité dans le langage et dans le récit, était moins propre à inaugurer ces fictions familières. C'est l'Angleterre qui en a fourni les premiers modèles. Personne n'eut jamais à un plus haut degré que D. De Foë le don d'inventer et de combiner les détails en vue de l'illusion à produire: *Robinson Crusoë*, œuvre tardive d'un esprit qu'on aurait pu croire épuisé par des travaux si différents, doit à cette qualité prestigieuse la gloire de compter dans le petit nombre des livres que tout le monde a lus; il est de ceux dont l'influence secrète, d'autant plus profonde et plus durable qu'il est la première lecture d'un nombre immense d'enfants, ne saurait être appréciée. On sait par l'enthousiasme qu'ils inspiraient à Diderot combien les romans de Richardson ont charmé le XVIIIe siècle: monotones et prolixes, ils renferment des scènes fortes et dramatiques, ils sont assaisonnés de moralités qui ont fait alors leur fortune; ces récits, écrits au courant de la plume par un imprimeur fort occupé, dans les intervalles de loisir que lui laissaient ses clients, nous paraissent aujourd'hui dénués d'art; ils nous choquent par la vulgarité du style et par un défaut devenu celui de la plupart des romans anglais contemporains, l'hypocrisie de la morale et la préoccupation d'édifier, qui ne laissent pas une suffisante liberté d'esprit à l'observateur. Ces défauts et le dernier surtout suggérèrent à Fielding la première pensée de ses chefs-d'œuvre, parodies restées jusqu'à présent hors de pair, dans lesquelles la puissance créatrice, l'art d'approfondir les caractères s'unissent à une observation sympathique de la vie humaine et à une veine comique incomparable. Un seul roman, mais exquis, a placé Goldsmith parmi les maîtres. Quant à Sterne, il y figure bien moins comme conteur qu'à titre d'initiateur (après Arioste) d'un procédé par lequel, mêlant la sensibilité à la raillerie, se jouant de l'émotion qu'il vient d'éveiller, l'auteur se plaît à dérouter le lecteur pour l'amuser : cette manière à bâtons rompus, séduisante pour l'auteur qu'elle met toujours en scène et d'un emploi plus facile qu'on n'imagine, est devenue promptement très-vulgaire et a été poussée, en Allemagne et en France, jusqu'au plus ridicule abus par d'innombrables imitateurs. — Lorsqu'au terme de la Révolution française, on en vint à rétrograder jusqu'au moyen âge, le roman de mœurs et de passion déclina rapidement, et on vit paraître un genre nouveau, dont le *Moine* de Lewis et les *Mystères d'Udolphe* d'Anne Radcliffe présentent des types différents : entassement absurde des violences, des crimes, des horreurs, des pompes, des surprises de l'époque féodale, à quoi l'on ajoutait toutes sortes de visions et d'effets de clair de lune. Walter Scott commençait dans le même temps à puiser à pleines mains aux sources de l'histoire, et il en tirait des tableaux plus brillants qu'exacts, dont l'histoire proprement dite a depuis emprunté le coloris. Cependant des causes diverses contribuaient à l'extension du roman : la nature flexible de ce genre qui se prête facilement à tout, la diffusion de la lecture, la divulgation des procédés littéraires mis à la portée de tout le monde, les demandes croissantes de la librairie, le progrès continu d'une révolution qui met à l'ordre du jour les questions sociales et fixe de plus en plus l'attention sur les conditions morales ou matérielles et sur le conflit des différentes classes. Ajoutez que les obscurités de la législation anglaise favorables aux procès d'État, la dureté des mœurs et des coutumes, la tyrannie de l'opinion, la fréquence de certaines excentricités dans le caractère national, fournissent en Angleterre plus encore qu'en d'autres pays matière à ces fictions. On connaît ceux qui de nos jours y ont soutenu ou y soutiennent la gloire du roman, Thackeray, Dickens, Bulwer, et parmi les plus récents, George Eliot, Anthony Trollope, Wilkie Collins, talents très-inégaux que ce n'est pas ici le lieu de caractériser. Après ceux-là et quelques autres vient la foule des auteurs étrangers à l'art, qui ne s'élèvent pas au-dessus d'une reproduction servile de la vie et des procès de cour d'assises ; multitude qui a cependant son influence et dont le trait le plus ordinaire est un culte souvent très-plat des préjugés sociaux et religieux du pays et la médiocrité du niveau moral.

L'histoire et les voyages, genres qui confinent de plus en plus à la science, produisent de nombreux ouvrages d'une valeur, jusqu'à un certain point, indépendante de l'exécution littéraire, et qui pèchent trop souvent par la composition et le style. L'histoire avait cependant atteint un remarquable degré de perfection dans la forme entre les mains de Macaulay : cet écrivain, d'ailleurs fort entaché de rhétorique et trop enclin à garder en écrivant les habitudes de l'avocat, dominé en outre par des idées exclusives qui doivent mettre en défiance contre la justesse de ses aperçus, avait du moins dans ses portraits, dans ses descriptions, le fini d'un peintre hollandais. Il est, avec Hallam, le seul historien qui ait acquis sur le continent une notoriété étendue. Parmi ces innombrables travaux, dont diverses parties de l'histoire ancienne et moderne ont été le sujet, et qui portent les noms des Cornewal Lewis, des Marivale, des Milman, des Grote, des Froude, des Palgrave, des Kinglake, etc., il n'en est pas un qui jouisse d'une autorité européenne. Un livre pourtant, demeuré malheureusement inachevé, conçu d'ailleurs sur un plan démesuré qui le rendait inexécutable, s'est distingué par des vues originales ; l'auteur, M. Buckle, avait entrepris d'appliquer à l'étude de la civilisation générale les lois plus ou moins démontrées qui constituent la doctrine positiviste. — Au moment où la philosophie tarissait en France et en Allemagne, elle se renouvelait en Angleterre. Unissant pour la première fois la tradition du xviii° siècle français à la spéculation germanique, et les réunissant l'une et l'autre par des vues empruntées aux sciences positives, elle a apporté dans les recherches métaphysiques une liberté qu'elle ne connaissait plus depuis longtemps. Moins préoccupée qu'autrefois de la question d'utilité sociale, sans la perdre toutefois entièrement de vue, elle a gardé l'esprit d'analyse qui est sa force. Des systèmes très-variés se sont fait jour, depuis l'idéalisme de M. Ferrier jusqu'au positivisme de MM. Stuart Mill et Herbert Spencer, et au naturalisme physiologique de M. Alexandre Bain; des généralisations nouvelles ont pénétré dans la science avec les Tyndall, les Darwin, les Huxley. Il n'est pas douteux que l'Angleterre est en voie d'émancipation philosophique en même temps que d'évolution démocratique, et qu'avec la lenteur et les ménagements propres au génie anglais, ce double mouvement doit réagir tôt ou tard sur la littérature en général.

A envisager la littérature anglaise dans l'ensemble de son histoire, on voit qu'elle ne présente ni la centralisation et la discipline académique de la littérature française, ni la dispersion et le caractère éminemment spéculatif de la littérature allemande : le génie particulier de l'écrivain y a toujours gardé une indépendance à laquelle nulle institution, nulle loi imposée par l'opinion n'apportaient de sérieuses entraves; et d'un autre côté, la littérature y a toujours côtoyé la réalité, touché de près aux intérêts généraux et pris souvent une part active aux grandes batailles de la vie publique. Quel avenir son état présent permet-il de prévoir pour elle? Une telle question ne comporte pas de réponse bien précise. En présence d'une production annuelle aussi abondante qu'en aucun temps et en aucun pays, il y aurait de l'absurdité à parler soit de décadence, soit d'épuisement. On cherche vainement aujourd'hui les grandes œuvres qui font époque; mais comment s'étonner jamais de l'absence du génie? Qui sait d'ailleurs si ces œuvres souveraines ne doivent pas être désormais de plus en plus rares? En Angleterre comme ailleurs, la littérature est en proie à une crise qui présage peut-être une révolution : la presse quotidienne et périodique, les journaux, les revues, tendent, sous l'influence de la liberté et par l'effet d'un mouvement plus actif dans la vie intellectuelle, à détrôner le livre. Ce changement marque la prépondérance croissante de la pensée anonyme, impersonnelle, collective, sur l'autorité de quelques-uns; il répond à la fluidité de la science et de la politique, dont les données comme les résultats, se modifiant de minute en minute, ont besoin d'être connues et recueillies au fur et à mesure. On ne peut méconnaître ici le commencement d'une nouvelle ère, celle de la collaboration universelle, de la sécularisation de la littérature comme de la science, chacun pouvant instituer une expérience, écrire un article, s'il ne peut construire une théorie ou composer un livre. Dans le monde de l'esprit comme dans le domaine de la production et de la politique, l'isolement fait place à la solidarité, le cumul des fonctions à la division du travail; et, d'autre part, les spécialités ne peuvent plus rester enfermées dans un cercle infranchissable, il existe une communication incessante entre les divers départements de l'encyclopédie intellectuelle. Pour combien l'Angleterre a-t-elle contribué à développer ces tendances? Pour beaucoup, sans doute, car nulle part la littérature périodique et quotidienne n'a pris une telle extension. De là des avantages considérables, mais qui ne sont pas sans compensation. La suprématie de la littérature des journaux et des revues, à laquelle si peu d'esprits résistent, en diminuant la responsabilité de chacun et en astreignant l'écrivain à des conditions extérieures qui ne sont pas de son choix, précipite le travail, nuit au recueillement, discrédite l'art, embarrasse et décourage le génie, rend de plus en plus difficiles les lentes et vastes conceptions. Il est impossible de ne pas sentir dès à présent dans la littérature anglaise quelques-uns de ces effets.

P. CHALLEMEL-LACOUR.

**ANGLETERRE.** — ART. — Race industrieuse et positive, confinée dans une île marécageuse, obligée de chercher au dehors les éléments de son bien-être, écrasée d'ailleurs et empêchée dans son développement par plusieurs siècles de guerre, la nation britannique n'a pas connu cette belle période d'activité intellectuelle qui, pour l'Europe continentale, va du XIIe au XVe siècle, et dont nous avons marqué les états divers au chapitre de l'*Allemagne*. Les centres multipliés, d'où s'était élancé l'esprit créateur de la Renaissance, n'ont point eu leurs analogues chez elle. Son moyen âge est une nuit; son XVe siècle, à peine une lueur. Il faut dépasser les premiers Tudors (1485), et arriver à la constitution d'une monarchie puissante, à l'installation d'une cour somptueuse, pour voir se dessiner, non pas dans la nation, mais au sein de la cour même, les premières velléités de l'élégance et du goût. Parti d'en haut au lieu d'en bas, répondant aux nécessités artificielles du luxe royal plutôt qu'aux réalités positives des besoins populaires, le mouvement ne pourra être bien profond, ni se propager bien loin. La cour a pris l'initiative de l'art : l'art sera au début et restera longtemps œuvre et délassement de cour.

I. — On n'avait pas de peintres indigènes sous la main, on en appela de l'étranger. Henri VIII donna l'impulsion. Pour rivaliser avec les magnificences de François Ier et de Charles-Quint, il fit venir de Gand Gérard Horembault (1523) et sa fille Suzanne, dont le talent, non moins que la beauté, avait frappé Albert Durer lors de son voyage à travers les Flandres. Henri VIII était musicien, compositeur à ses heures, versé dans les langues latine, française et espagnole, surtout excellent cavalier et lutteur admirable; pour tout dire en un mot, sa jeunesse avait ce degré de dilettantisme qui tourne si aisément en férocité chez les despotes. Le peintre flamand agréa-t-il à l'aimable maître? Nous avons tout lieu de le croire, puisque Gérard s'établit en Angleterre et que sa fille Suzanne y prit époux.

Mais Henri VIII eut la main plus heureuse le jour où il conquit Holbein. Holbein, ennuyé de Bâle et surtout de sa femme, était venu à Londres, muni d'une lettre d'Érasme pour Thomas Morus. Accueilli par l'illustre chancelier, logé dans sa maison, il y travaillait solitairement depuis deux ans et plus, quand, un jour, Morus invita le roi à venir visiter chez lui les surprenantes peintures qu'était en train d'exécuter un jeune peintre arrivé du fond de l'Allemagne. L'effet fut foudroyant : « L'artiste vit-il encore, demanda le visiteur, et peut-on l'avoir pour de l'argent? » Passé au service d'Henri VIII, Holbein fit à la cour l'œuvre immense que nous connaissons. Pendant un quart de siècle, il peignit son temps, les rois, les reines, les courtisanes, les guerriers, les législateurs, les bouffons, et les grands faits, et les grandes batailles, et ces entrevues mémorables où le monarque anglais se rencontrait tour à tour avec François Ier de France et Maximilien d'Allemagne : — œuvre extraordinaire, où le dessin et la couleur ne sont que le revêtement de la vie, et où l'artiste, traduisant sans parti pris ce qu'il avait sous les yeux, a, par la seule puissance du pinceau, donné l'immortalité à une société mortelle comme lui-même.

Les tableaux d'Holbein se voient aujourd'hui dans la galerie d'Hampton-Court, dont ils sont, avec les cartons de Raphaël, la grande originalité. Quant au peintre, il mourut à Londres en 1554, et, comme plus tard Titien, de la peste. Son influence lui survécut quelque temps dans la personne de pâles imitateurs, mais il ne laissa point d'élèves. Génie solitaire, tout fait d'énergies spontanées, il n'avait point eu d'aïeux, il n'eut point de descendants.

Le règne de Marie vit arriver (1554) le hollandais Antonis de More, que Charles-Quint envoyait faire le portrait de la jeune reine avant de la marier à son fils Philippe II. Antonis de More était un portraitiste fameux en son temps. Bien accueilli de la reine, recherché, fêté et largement payé par l'aristocratie, il ne se pressa point de s'en aller et peignit un grand nombre des personnages de la cour. La mort de la reine, arrivée en 1558, put seule le déterminer à regagner le continent et à rentrer en Espagne.

Sous Élisabeth, la cour eut pour peintres l'italien Federigo Zuccheri et l'allemand Lucas de Heere.

Même sous ce grand règne, l'Angleterre ne produisit point d'artistes indigènes, car on ne peut compter comme tels les miniaturistes Hilliard et Oliver, dont les ouvrages un moment à la mode servaient de parures aux élégantes. L'art continua d'être, au moment où Shakespeare et Bacon portaient si haut le génie de la nation, une plante exotique, transplantée dans un sol réfractaire, et ne trouvant guère à y développer ses racines.

Les raisons qui rendirent cet acclimatement si difficile furent diverses sans doute; mais il n'est pas téméraire de placer au premier rang, d'abord le caractère même de la race, plus portée à l'activité qu'à la contemplation, ensuite l'exceptionnelle lenteur de la civilisation.

C'est sous Élisabeth seulement que, l'industrie étant devenue prospère et le commerce florissant, le luxe prit son essor et influença peu à peu les usages de la vie. On commença par perfectionner l'habitation. Sous Marie, les maisons, construites pour la plupart en bois, pavées d'argile et couvertes de chaume, avaient étonné les ambassadeurs espagnols par leur rusticité; on se mit à les bâtir en briques, et des carreaux de verre, remplaçant les anciennes jalousies, laissèrent pénétrer la lumière. De la construction, le confortable s'étendit à l'ameublement. Des tapisseries de haute lice, sur lesquelles étaient transcrites des sentences morales et représentés des sujets empruntés à la légende religieuse, vinrent décorer les murs. Pour la première fois, les tables se couvrirent de linge blanc; et, quoique l'usage des fourchettes ne dût venir que cent ans plus tard, on poussa tout de suite à l'excès l'ostentation de la vaisselle et de l'argenterie. La soie s'introduisit dans le costume; on peut juger du nombre et de la richesse des toilettes féminines par les trois mille robes qu'Élisabeth laissa à sa mort. Pendant ce temps, le commerce importait une foule d'objets nouveaux, les montres d'Allemagne, les glaces de Venise, les premiers carrosses. A cet exhaussement matériel correspondait naturellement un exhaussement moral. La culture des lettres se répandait. La reine, « qui lisait en un jour plus de grec qu'un chanoine ne lit de latin dans une semaine, » avait donné l'exemple. La noblesse et la haute bourgeoisie suivirent. Rarement explosion intellectuelle monta aussi haut en aussi peu de temps. Entre Shakespeare qui résume toutes les poésies, et Bacon qui remet en mouvement toutes les sciences, Élisabeth apparaît, comme dans une apothéose de féerie, entourée d'un cortège de législateurs, de guerriers, de marins, de penseurs, d'écrivains. C'est la Renaissance qui, un siècle et demi après avoir illuminé l'Europe, vient éclairer à leur tour les brouillards de la Tamise. Mais, il faut le dire, dans cet élan de toutes les facultés surexcitées, dans ce concert de toutes les forces vivantes, il y a une lacune : admirablement façonnée pour les sciences, la philosophie, les lettres, la politique, la nation anglaise demeure inhabile pour l'art.

II. — Le xviie siècle s'est ouvert. Avec l'urbanité des mœurs et l'élégance de la vie, le goût s'est assoupli et étendu. Si le moment n'est pas encore venu pour l'Angleterre de produire, du moins elle peut collectionner. Elle est riche, et elle sait, comme Philippe, qu'il n'est point de galerie si fermée dans laquelle un mulet chargé d'or ne puisse s'introduire. Alors commence l'œuvre tant de fois interrompue des grandes collections nationales. Jacques Stuart donne l'exemple; et, après lui, son fils Charles Ier, le décapité de White-Hall. C'est pour Charles Ier, que Rubens acheta ces fameux cartons de tapisseries que Raphaël avait dessinés et coloriés sur la demande du pape Léon X. Ils arrivèrent dans des caisses à Hampton-Court, où le roi, fuyant la peste qui ravageait Londres, s'était établi en 1625, et avait déjà installé un important musée. Plus tard, Charles Ier acquit, au prix de 80,000 livres sterling (2 millions), la galerie des ducs de Mantoue, la plus riche et la plus magnifique qui existât alors en Italie; c'est ainsi que, pour la première fois, les Anglais connurent Léonard de Vinci, Raphaël, le Corrège, André del Sarto, Titien, Véronèse, le Tintoret, tous ces étonnants génies de la renaissance italienne qui ont jeté sur l'histoire de leur temps un éclat impérissable. Animé d'une passion généreuse pour les arts, dirigé dans ses choix par Rubens et plus tard par Van Dyck, Charles Ier multiplia tellement ses achats qu'à sa mort, lorsque le parlement ordonna la vente de sa collection, on n'inventoria pas moins de 1387 tableaux et de 399 statues distribuées entre les diverses résidences royales.

Le grand artiste de cette période fut Van Dyck. Rubens était venu en Angleterre en 1628, plutôt comme ambassadeur que comme peintre, et n'y avait fait qu'un bref séjour; Van Dyck s'y fixa et s'y maria. Comblé de faveurs et de distinctions par le roi, il menait à Londres le train fastueux d'un prince. Son atelier était le rendez-vous habituel de la société élégante, qui venait y converser et y faire de la musique. A quatre heures tous les jours, il y avait table ouverte, et le reste de la soirée était consacré aux plus galants divertissements. Van Dyck mourut de la phthisie en 1641, laissant la réputation du plus brillant portraitiste qu'on ait jamais vu. La partie anglaise de son œuvre cosmopolite n'est pas la moins renommée; on y voit sourire la délicate beauté des ladies et se cambrer la fière tournure des gentilshommes.

Cet art monarchique et importé n'avait pas d'existence indépendante, il ne pouvait guère avoir de durée. Quand vint la révolution qui emporta le trône des Stuarts, il fut balayé avec lui. Au moment où tomba la tête de Charles Ier, le peintre qui avait succédé à la vogue de Van Dyck était un certain Peter Van der Faës, plus connu sous le nom du chevalier Lely. Cromwell lui tint ce redoutable discours : « Faites mon portrait avec exactitude et sans flatterie; remarquez bien mes rugosités, mes bourgeons, mes verrues, enfin tous les détails de mon visage. Si tout cela n'est pas rigoureusement rendu, vous n'aurez pas un liard. » C'était signifier congé à l'exotisme. A partir de ce moment, l'immigration des étrangers s'arrête. Nous ne retrouverons plus d'artistes en Angleterre que le jour où, la société issue de la révolution s'étant constituée dans l'équilibre de ses propres forces, la nation aura définitivement primé la royauté. Mais alors, ces artistes seront des Anglais; ce qu'ils s'efforceront de manifester, avec les différences résultant de leur éducation ou de leur génie, ce sera l'idée anglaise; et ainsi, à l'art de cour, aura succédé l'art national.

III. — C'est au commencement du xviiie siècle, que l'Angleterre prit le pinceau en main et essaya de s'exprimer pour son propre compte dans cette redoutable langue des couleurs, qu'avaient parlée tour à tour et avec tant d'éclat la païenne

Italie, la catholique Espagne, la protestante Hollande. Son début ne fut pas heureux. James Thornill (1676-1734), du comté de Dorset, le premier représentant de l'art national, qui décora Saint-Paul et Greenwich, ne sut faire autre chose que d'imiter, ici, le coloris de Rubens et là, la pompe académique de Jouvenet, les deux seuls peintres qu'il eût voulu étudier dans ses voyages.

Pour un peuple sentant son originalité et sa force, ce commencement était fâcheux. A la vérité, et quoique dans le premier engouement elle lui fît une réputation colossale, l'Angleterre ne méritait guère son Thornill. C'était, à l'époque où nous sommes parvenus, une nation puissante et libre, tranchant singulièrement sur le fonds banal des monarchies européennes. Elle se gouvernait elle-même, grâce à de solides institutions parlementaires. L'opinion, représentée par les journaux et par les clubs, y était souveraine. On traitait en commun les affaires de toute nature, religieuses, politiques, littéraires, artistiques ; et, quoique les mœurs fussent encore imprégnées d'habitudes grossières, restes d'un âge inculte persistant à côté des raffinements d'une civilisation plus avancée, un courant de vie extraordinaire circulait dans tous les membres du corps social.

Le premier homme qui répondit à cette activité morale et celui qui ouvre véritablement la série des maîtres, fut William Hogarth (1697-1764). Anglais et homme du peuple, ayant toutes les ardeurs de sa nationalité et toutes les passions d'une foule, Hogarth se trouva en parfaite conformité d'idées avec son temps. Plébéien, il eut la haine des nobles et du riche ; moraliste, la haine du luxe et de la débauche. On était trop près des agitations qui avaient préparé la société nouvelle pour que l'art pût se désintéresser encore de la politique. Hogarth fit du sien une arme de combat. Ses gravures sont des pamphlets ; ses tableaux, des satires. Ils se lisent autant qu'ils se voient ; et, grâce à l'habitude prise par l'artiste de poursuivre à travers une série d'épisodes le développement de son idée, l'œuvre peinte conclut avec autant de précision et d'énergie que le pourrait faire une œuvre écrite. Ce n'est pas là un contemplateur ; c'est un juge, et un juge sans pitié. Agressif, violent, bouffon, cynique, Hogarth ne recule devant aucune audace. Ne lui parlez pas de résignation : il a dans le cœur les amertumes du vaincu, les colères de l'opprimé. La société qui l'entoure et qui foule aux pieds tant de misères imméritées, il veut la marquer au front d'un fer rouge. Il met en scène les douleurs de la fille du peuple séduite et abandonnée, aboutissant, après quelques années d'opulence, au cloaque abject où se tordent dans une même orgie le jeu, la prostitution et le vol (les *Progrès d'une Courtisane*). Il flagelle le libertinage des beaux-fils de la bourgeoisie, se sauvant de l'usure par le proxénétisme, et passant des fièvres du brelan aux divagations de la folie (les *Progrès d'un Libertin*). Il flétrit la cupidité de l'aristocratie féodale venant, après une vie crapuleuse, redorer son blason dans le mariage avec les filles ingénues des vaniteux marchands de la Cité (le *Mariage à la mode*). Rien ne le trouble, rien ne l'arrête. Son regard est aussi implacable que sûr. Il analyse en observateur, il met en scène en dramaturge. Chacune de ses séries est une comédie complète qui se poursuit depuis l'exposition jusqu'au dénoûment. Tout y est, les caractères, l'action, les larmes, le rire ; le rire surtout, le rire franc, loyal, poignant, amer, trivial, grossier même, rappelant tour à tour Molière, Shakespeare ou Rabelais. On dirait un tribunal devant lequel comparaissent, pour y être mises en accusation ou relaxées, les misères, les hontes et les infamies contemporaines.

Philosophe, patriote, honnête homme intrépide et vengeur, Hogarth fut tout cela. Fut-il peintre ? Burke le nie ; Reynolds l'affirme. Que nous importe ? Si l'on examinait son exécution un peu molle et lâchée, peut-être trouverait-on que son

dessin fut quelquefois aventureux, sa couleur souvent terne; et que, comme praticien, il atteignit tout au plus au faire de notre Greuze. Mais il a été lui-même le
créateur de son art, et lui-même il en a trouvé l'application sociale. Qu'en exprimant ses idées, il se soit trompé sur le mode d'interprétation qui leur convenait
le mieux, qu'il ait pris la peinture comme un moyen plutôt que comme une
fin, le point devient secondaire. Il a été original et il a combattu le bon combat.
Jugeons-le comme un soldat qui s'est précipité au fort de la mêlée et y a vaillamment rempli son devoir. L'humanité a des peintres quand il lui faut; elle n'a pas
toujours des soldats armés pour la cause du droit.

Deux hommes se rencontrèrent alors, qui, nés à dix ans de date et ayant vécu
le même espace de temps, consacrèrent leur vie à l'étude de l'univers coloré et
méritèrent d'être considérés comme les fondateurs de l'art anglais. J'ai nommé
Richard Wilson (1713-1782) qui régénéra le paysage; et Joshua Reynolds (1723-
1792) qui essaya de faire revivre la peinture d'histoire.

Thornill avait évité l'Italie et Hogarth l'avait blasphémée : c'est à l'Italie que
Wilson et Reynolds allèrent demander tous les deux l'inspiration et le savoir.

Wilson y arriva le premier, vers 1749. Il n'avait été jusqu'alors qu'un médiocre
faiseur de portraits. Mais, lorsqu'il se trouva en présence de ces grands horizons
baignés de soleil, de cette atmosphère dorée, de ces feuillages détachés en vigueur
sur des fonds transparents, ce fut comme si des écailles lui tombaient des yeux.
Lui, l'homme des horizons restreints et des brouillards épais, il eut la révélation de
la lumière et des belles ondulations de terrain. Le paysage italien l'enivra de ses
aspects solennels; et, avec une passion qui ne devait plus se démentir, il s'adonna
au paysage italien. Il en comprit si bien le caractère intime, qu'à Rome il avait
une cour d'admirateurs, et que Raphaël Mengs, alors dans tout l'éclat de la renommée, tint à honneur de fixer son portrait sur la toile. Que n'a-t-il, comme notre
Claude, qu'il rappelle parfois, adopté pour patrie définitive la terre de Raphaël! Il
retourna, mais l'âme pleine des paysages qu'il venait de contempler, emportant dans
son cerveau l'indestructible image de la contrée qui l'avait subjugué à tout jamais.
Même dans les verdoyantes prairies d'Angleterre, au bord des lacs tranquilles, en
face des molles vapeurs qui montent insensiblement des herbes mouillées, il a le
ressouvenir de la campagne romaine et cherche le grandiose de l'effet dans la combinaison des lignes; ses perspectives sont noyées d'une poussière d'or ou se perdent
dans les ondes bleuâtres du lointain; à chaque instant quelque ruine, quelque
débris, quelque bas-relief antique vient étonner le spectateur anglais, l'avertir que
ce peintre si franc, si sincère, si vibrant d'accent et si profond d'harmonie, est possédé d'une vision antérieure, et qu'il mêle à son observation locale le souvenir
d'une autre nature, toujours vivante dans son esprit! Les bourgeois de Londres,
enchaînés aux réalités visibles de leur pays, ne comprirent rien à ces réminiscences
exotiques. Le roi Georges III, qui avait demandé au peintre une vue de ses jardins
de Kew dont il aimait fort le feuillage et les massifs, ne retrouva point dans
l'œuvre faite la ressemblance de son domaine préféré et refusa le tableau. Wilson
savoura jusqu'à la lie les deux misères qui peuvent le plus affecter un artiste : il
vécut pauvre et incompris. Mais la postérité vengea sa mémoire. Dès après sa
mort, la réaction se fit en sa faveur; et aujourd'hui ses œuvres, objet de l'admiration universelle, sont couvertes d'or.

Plus énergique, plus volontaire, plus homme d'action, Reynolds se désinté-
ressa davantage de l'Italie et ne voulut voir dans cette mère des arts qu'un vaste
musée, où les maîtres de tous les temps étaient venus apporter leurs chefs-d'œuvre,

où les produits les plus divers ouvraient un champ sans limite à l'étude approfondie des tempéraments et des systèmes.

Dans l'analyse des tableaux, il chercha à surprendre le secret de chaque école; et, dans leur comparaison, la théorie même de l'art.

Comme peintre, Reynolds n'est guère original que dans les scènes de genre (*la Fille aux fraises*, *l'Age d'innocence*, *l'Enfant Samuel*), où il apporte le plus souvent un sentiment plein de charme; et dans le portrait (*lord Ligonier*, *lord Heathefield*), où il excelle à dégager le caractère de la physionomie. Dans la grande peinture, malgré la réputation de son *Ugolin*, il resta inférieur. Ses tableaux, exposés à Marlborough-Palace, ressemblent trop à ceux des maitres qu'il a étudiés. A première vue, on dirait, non des œuvres personnelles, mais des Rembrandt, des Van-Dyck, surtout des Titien et des Rubens. Ils présentent d'ailleurs plus de vigueur que de justesse, et, s'ils séduisent par l'extraordinaire puissance du coloris, ils pèchent le plus souvent contre les lois les plus élémentaires du dessin.

Quoi qu'il en soit, par sa vaillance au portrait et par sa capacité critique, non-seulement Reynolds se fit accepter de l'Angleterre, mais, plus qu'aucun autre de son temps, il y conquit l'autorité. Sa forte érudition, son goût cultivé, l'étendue de son esprit généralisateur, établirent nettement son influence, et lui valurent en peu de temps la direction de l'opinion. Il profita de cette situation exceptionnelle pour essayer de fonder en Angleterre une école nationale. A cet effet, il obtint du roi (1766) une charte qui créait une Académie des Beaux-Arts et une école d'enseignement, à l'imitation de celles qui existaient alors à Paris. Il ouvrit lui-même le cours d'esthétique qui y avait été joint; et, chaque année, pendant quinze ans, il prononça en séance solennelle un long discours sur l'art. Mais cette institution, quoique tout à fait dans les données du XVIIIe siècle, était trop en dehors du génie individualiste de la libre Angleterre, pour s'asseoir et pour durer. Reynolds mort, les théories de *self-supporting* reprirent le dessus. On ne reconnut pas que la peinture et la sculpture dussent être une charge pour la masse de la nation, mais que ceux-là qui les aimaient devaient seuls les encourager et les rétribuer. Une décision du gouvernement vint séparer l'art de l'État, et, le mouvement autoritaire avortant, l'initiative des particuliers resta souveraine maitresse.

Pendant que Reynolds s'essayait à centraliser l'enseignement et à gouverner l'in-gouvernable; pendant que Wilson, pour demeurer trop italien, vivait obscur et dédaigné, un peintre, tout pétri de dons naturels, se faisait gloire de rester à la fois personnel et anglais, et montait lentement vers la fortune et la célébrité. Ce peintre c'est Thomas Gainsborough. Ni l'Italie avec ses horizons décevants, ni l'antiquité avec sa tradition imposée, ne vinrent troubler son imagination naïve. Il se forma seul, loin des académies contestées et loin des maitres reconnus, au sein de la nature vraie, cette institutrice féconde de toutes les originalités. Jamais il ne sortit de son pays, jamais il ne demanda à d'autres contrées qu'à l'Angleterre ses inspirations et ses motifs. Génie simple et sans effort, il a la qualité souveraine : il charme et il entraine. Son paysage ne sent ni la convention, ni les influences d'école. Il peint les campagnes vertes, les gras pâturages, les troupeaux paissants, les chênes séculaires des forêts de Suffolck, et, pour toute fabrique, l'humble ferme où bêtes et gens seront rentrés le soir. C'est de la vérité anglaise; mais cette vérité restreinte vaut mieux qu'une vérité plus générale et plus banale, et, à notre gré, la peinture de paysage n'en comporte pas d'autre. Supérieur dans la représentation des scènes de la vie des champs, Gainsborough balance dans le portrait la réputation de Reynolds. Constable lui rendit hommage, et le rival que nous venons de citer, Reynolds, laissa tomber ces paroles sur sa tombe : « Si jamais l'Angleterre a l'honneur de posséder une école, c'est à Gainsborough qu'elle en sera en partie redevable. »

Après ces trois grands hommes, l'histoire de la peinture anglaise se trouble et prend l'aspect d'une mêlée confuse. L'influence des idées académiques, et par conséquent l'abandon de la nature, l'emporte avec Benjamin West et James Barry. Le portraitiste Thomas Lawrence a beau accaparer les faveurs de la renommée et de la fortune, sa grâce factice, son élégance maniérée, son genre de talent fade et conventionnel, le condamnent à déchoir du rang où ses contemporains le placent. David Wilkie ne fait que rapetisser et réduire aux dimensions de la chronique familière la véhémence dramatique de Hogarth. Turner supprime la vérité extérieure, et sous l'empire d'une exaltation dont il n'est pas le maître, poursuit en halluciné les rêves d'un esprit surmené par la fièvre. Richard Bonington meurt avant d'avoir réalisé les promesses que donnaient sa facilité prodigieuse et sa vivacité charmante. Seul, Constable se détache sur ce fond tumultueux, et se présente avec l'autorité d'un maître (1776-1837).

Quand Constable produisit ses premiers paysages, l'esprit de système voilait partout la vérité. De l'autre côté comme de ce côté du détroit, les tristes imitateurs des maîtres classiques avaient la voix haute. Le genre académique était enseigné comme le chemin direct du beau. Le premier, Constable s'insurgea, au nom de la nature et de la vie, contre ces influences mortelles. « Quoi ! s'écria-t-il, regarder toujours de vieilles toiles enfumées et crasseuses, et jamais la campagne, la verdure et le soleil ! Quoi ! toujours des galeries, toujours des musées, et jamais la création ! » Et il alla s'enfermer à Bergolt dans le moulin de son père, vivant seul, travaillant avec ardeur, « passant, comme il le dit lui-même, ses journées à errer, à admirer, à copier les beaux arbres qui l'entouraient. » C'était pratiquer la méthode autrefois suivie par Gainsborough ; comme à Gainsborough, elle réussit à Constable. Il arriva à peindre avec ampleur et franchise des paysages vrais, simples, émus, dans lesquels, grâce à la profondeur de l'observation et à l'énergie du sentiment, la plus humble des réalités revêt le caractère de la plus haute poésie. Les compatriotes de l'artiste n'étaient pas façonnés à cette interprétation rigoureuse; tout entiers tournés vers la fausse élégance ou la convention routinière, ils lui reprochèrent d'être vulgaire et trivial. Ceci se passait aux environs de 1822, après le *Naufrage de la Méduse* de Géricault, le *Dante et Virgile* d'Eugène Delacroix. « Le public anglais est stupide, écrivit Leslie à Constable. Une évolution intellectuelle est en train de s'accomplir à Paris ; envoyez à Paris vos tableaux. Si les amateurs français vous apprécient, de ce côté de la Manche on se doutera peut-être que vous avez quelque mérite. » Constable suivit cet intelligent conseil. Il vendit quelques-uns de ses tableaux à un marchand français, à condition qu'ils seraient exposés au grand salon du Louvre ; et, en 1824, à ce même salon où figuraient d'un côté le *Vœu de Louis XIII* de M. Ingres, de l'autre le *Massacre de Scio* de M. Eugène Delacroix, le novateur anglais était représenté par deux grands paysages : une *Charrette à foin traversant un gué au pied d'une ferme*, et un *Canal en Angleterre*. « Espérons, avait dit le peintre, que je saurai toucher le cœur de pierre des Parisiens : voyez-vous, au Louvre, les fermes et les vallées du comté de Suffolk ?... » Les fermes et les vallées de Suffolk firent plus que toucher le cœur de pierre des Parisiens ; elles émerveillèrent si bien les artistes français, qu'une révolution s'ensuivit. Eugène Delacroix retoucha à la hâte, d'après le maître anglais, son *Massacre de Scio*; Paul Huet fit du *Canal* et de la *Charrette à foin* des copies qui coururent les ateliers. Les aspirations encore flottantes de nos jeunes paysagistes se trouvèrent fixées, et toute une génération s'élança à la recherche de la nature familière, ayant en tête nos deux grands audacieux, Jules Dupré et Théodore Rousseau.

Ainsi que l'avait prévu Leslie, la réputation de Constable passa le détroit, et, jusqu'à sa mort, ses œuvres, où la richesse de l'exécution accompagne toujours la fraîche virginité des émotions rustiques, furent admirées du public anglais comme elles l'avaient été de nous-mêmes.

IV. — Constable meurt en 1837. Avec lui se termine la lignée des grands maîtres anglais. La période historique est close ; nous entrons dans l'époque contemporaine.

Sur ce terrain mouvant, l'appréciation devient difficile. Le temps n'a encore passé à son crible ni les théories ni les œuvres. Personne n'a été jugé, mis à sa place, déterminé dans sa valeur. Choisir des personnages dans cette armée qui lutte, assigner à des produits en formation un mérite que la postérité devra confirmer, est une entreprise aussi problématique qu'inutile. Rien ne vaut en art que par le consentement universel, et il n'est point de chef-d'œuvre sans une longue possession d'état.

Nous serons donc sobres de développements ; pour ne rien livrer à l'illusion ou à l'aventure, nous nous bornerons à quelques considérations générales.

L'art, tel que le pratique aujourd'hui l'indisciplinable Angleterre, n'a ni principes, ni méthode, ni but. Il ne dérive pas des maîtres puissants et incontestés, dont, chemin faisant, nous avons décrit la manière et caractérisé les tendances. Ni Hogarth avec sa philosophie violente, ni Wilson avec sa noblesse idéale, ni Reynolds avec son exécution heurtée, ni Gainsborough avec sa grâce profonde, ni Constable avec son énergie expressive, n'ont laissé de descendants. Wilkie seul, avec son genre anecdotique, pourrait paraître posséder une sorte de postérité, mais encore la parenté est-elle plus apparente que réelle. Pas davantage l'antiquité ne tourmente ces producteurs agiles. Ils traitent habituellement des scènes empruntées à la vie domestique. Ils se peignent eux-mêmes et, en se peignant, reproduisent avec fidélité leurs types, leurs costumes, leurs mœurs ; mais il n'est venu jamais à la pensée d'aucun de ces artistes de donner à ces épisodes familiers cette grandeur de tournure, cette intimité de vie, cette puissance de rendu, qui du plus humble sujet peut faire une œuvre haute et forte, ce qu'on appelle en peinture une œuvre d'histoire. Isolés les uns des autres, sans lien moral ni intellectuel, ignorants des conditions premières du métier, qui sont le dessin rigoureux, la couleur harmonieuse et juste, ils obéissent à la seule impulsion du caprice personnel, et laissent s'abîmer, dans une anarchie mesquine, des qualités d'observation qui, mieux dirigées, eussent du moins présenté le caractère d'une anarchie grandiose.

Tout ce que l'on peut dire de mieux en leur faveur, c'est qu'ils sont eux-mêmes et n'imitent personne. Le bras de mer qui les sépare du continent semble aussi les séparer de toute influence extérieure. Il est beau d'être arrivé là, surtout lorsque pendant deux siècles, depuis Gérard Horembault de Gand jusqu'à Goetfried Kneller de Lubeck, on n'a connu l'art que par l'intermédiaire des praticiens étrangers. Mais, se confiner dans son île, dédaigner les préoccupations du dehors, s'enfermer dans la représentation des habitudes nationales, peut suffire pour rester indigène : cela ne suffit pas pour devenir original. L'originalité, chez un peuple comme chez un individu, n'est pas une négation, l'abstention rigoureuse de tout ce qui pourrait rappeler autrui ; c'est l'affirmation énergique d'une force que l'on sent en soi, qui vous distingue des autres, et qui toujours, quoi qu'on fasse, demande à se produire dehors.

Cette force immanente, marque essentielle de la prédisposition artistique, l'Angleterre la possède-t-elle ? Ses peintres se proposent-ils de la manifester sur la toile ? Se sont-ils assigné pour tâche de révéler l'idée particulière, c'est-à-dire le génie intime de la nation ? Aucunement. Théoriciens et praticiens se consument à la recherche de la même chimère. Sous prétexte de rester fidèles à la vérité historique, les premiers ont inventé le *preraphaëlisme*, cette doctrine léthifère, qui a passé sur les imaginations comme une maladie sur les plantes, arrêtant court l'expansion des idées et desséchant sur place les fleurs du sentiment. Sous prétexte d'imiter la précision de la nature, les seconds sont tombés dans une exécution microscopique où la ténuité du détail absorbe l'attention et réduit à néant l'effet de l'ensemble. Nulle jeunesse, nulle ardeur, nul enthousiasme. La main des uns s'est trouvée aussi débile que le cerveau des autres était irrationnel ; et ce qui est sorti de toute une agitation de vingt ans, c'est un art rachitique et vieillot, tel, que les étrangers demeurent frappés de stupeur à le contempler, et se demandent si l'homme possède bien ce noble regard qui saisit la généralité des choses, ou s'il n'a pas plutôt ces yeux de fourmi qui sont faits pour apercevoir un fétu traînant à terre !

Éternelle solidarité des erreurs : ceux qui achètent les toiles ne voient pas plus haut que ceux qui les font. Que veulent-ils ? meubler leurs gracieux cottages, et vêtir les murs de leurs luxueuses résidences. D'un commun accord, on rejette les grandes dimensions qui cadrent mal avec l'étroitesse des appartements, et on repousse les nudités puissantes qui répugnent à l'austérité des mœurs. Ce qu'on recherche, ce qu'on couvre d'or, ce sont les verts paysages bien vernissés, les mignons tableaux de genre qui ne vont pas sans quelque idée ingénieuse, sans quelques jolies têtes d'expression ; et, pour en mieux conserver la fraîcheur, on met le tout sous un verre. Est-ce que si l'Angleterre sentait palpiter dans sa peinture son âme et son génie, elle les enfermerait ainsi sous une vitre ?

Les philosophes ont cherché la raison de ces petitesses et de ces frivolités. Ils ont mis en avant le climat, qui ne permet guère la belle et harmonieuse entente de la couleur ; le puritanisme des idées, qui proscrit l'étude du nu, sans laquelle il ne saurait y avoir de dessin sérieux ; la sévérité du culte, qui éloigne la pompe romaine et s'affligerait de l'admiration d'une image comme d'un acte d'idolâtrie ; l'absence d'une direction des Beaux-arts qui, ne commandant point, comme en France, de vastes travaux pour les palais, les églises, les musées, les édifices publics, laisse la peinture abandonnée à la dérive des appréciations individuelles. Toutes ces explications sont sans valeur et tombent devant cette considération de fait que l'Angleterre, avec son climat, son austérité, son anglicanisme et son manque de direction, n'en a pas moins produit Hogarth, Wilson, Reynolds, Gainsborough, Constable, tous artistes qui ne marquent pas seulement dans leur pays, mais encore dans l'art universel.

Or, ce que l'Angleterre a été en puissance de donner déjà une fois, rien ne l'empêche de le donner à nouveau. Le passé ici répond de l'avenir.

Une seule réflexion est à faire. L'Angleterre n'a eu de grands peintres qu'à l'état exceptionnel et en quelque sorte isolé. Pour qu'elle en ait désormais d'une façon continue, que lui faut-il ? Des idées communes sur l'origine, la nature et la véritable destination de l'art. Ces idées communes, l'Angleterre les a sur la politique, sur l'industrie, sur l'administration, sur les finances, sur la religion, sur le commerce : elle ne les a pas sur la peinture. Et pourtant quoi de plus nécessaire ? C'est pour avoir vu, chacune en leur temps, ces idées communes, que les sociétés florentine, milanaise, vénitienne, flamande, espagnole, hollandaise, ont brillé tour à tour et fourni quelquefois de si longues successions de grands hommes. Rien plus qu'elles n'est favorable au développement des talents. La permanence d'une poétique, consacrée par un long usage et à laquelle chacun se conforme sans réflexion, conduit à la permanence du goût; la permanence du goût emporte la multiplicité des belles œuvres.

Mais cette poétique définitive, cet ensemble de doctrines acceptées et qu'on suit sans discuter, chez quel peuple les trouverait-on aujourd'hui?

CASTAGNARY.

**ANGOUMOIS.** — La province d'Angoumois, avant 1789, était limitée au nord par le Poitou, à l'est par les montagnes du Périgord et du Limousin, à l'ouest et au sud par le pays de Saintonge : elle constitue maintenant en grande partie le département de la Charente. Le nom des populations qui l'habitaient avant l'occupation romaine est encore mal déterminé; cependant, de récentes études historiques font présumer que ce peuple est celui que Pline appelle Agesinates (*Agesinates Pictonibus juncti*). — Resserrés entre les Santons, les Limousins, les Périgourdins, unis aux Poitevins, les Agesinates durent, ainsi que ces peuplades, soutenir la guerre de l'indépendance gauloise et envoyer leur contingent à la suprème levée de Vercingétorix. La Gaule vaincue, l'Angoumois fut partagé entre les chefs des légions et ceux des chefs gaulois qui s'étaient ralliés au vainqueur. Le champ celtique, jadis libre, devint terre serve et celui qui le cultivait, désormais esclave, plia sous le joug d'un maître arrogant et impitoyable. Les principes d'égalité et de fraternité prèchés par les apôtres du christianisme et acceptés avec enthousiasme par les riches Gallo-Romains apportèrent un soulagement à l'état misérable des habitants de cette province. En sentant se desserrer leurs liens, ils purent un instant rèver des jours meilleurs, mais les invasions des barbares anéantirent leurs espérances.

Les campagnes furent dévastées, les habitations pillées et brûlées, la population décimée par les armes, par les maladies, par la faim. Clovis s'empare d'Angoulème (507), l'Angoumois subit la puissance tyrannique des Francs et le peuple, dont le sort est encore aggravé par les luttes désastreuses de Chilpéric, de Sigebert, de Théodebert, en vient à regretter les derniers jours de la domination romaine. A bout de souffrances, il essaie, à maintes reprises, de ressaisir son indépendance, mais toutes ses tentatives de rébellion sont noyées dans le sang.

Aux dures institutions romaines, qui avaient persisté sous les Mérovingiens, succéda un autre régime plus dur au peuple : le régime féodal. — Sous les Taillefer, en faveur desquels l'Angoumois a été érigé en comté par Charlemagne et maintenu sous ce titre par Charles le Chauve, comme sous les Lusignan, leurs successeurs, le laboureur n'a plus ni repos ni trève : tandis que le comte et les seigneurs comblent d'immunités les habitants de la cité et des bourgs, ils usent et abusent de l'habitant des campagnes, l'écrasent d'impôts et l'abreuvent de vexations.

Battus à Taillebourg et à Saintes par Louis IX, les Lusignan, alliés aux Anglais, perdent leur prestige, et, cinquante ans plus tard, Philippe le Bel s'empara du comté d'Angoumois et le réunit à la couronne. La Maltôte, œuvre de l'administration vénale de ce roi, vint encore enlever aux gens de ce pays leur dernier pécule.

Avec les Valois commença la guerre de Cent ans, si funeste à la province. Les Angoumoisins opposèrent aux Anglais la résistance la plus opiniâtre, et, quoiqu'ils eussent à supporter toutes les charges de la guerre, ils ne fléchirent point; ils ont l'honneur d'avoir protesté les premiers contre le honteux traité de Brétigni. Il fallut plier quand mème, et Chandos occupa Angoulème où le prince de Galles vint tenir sa cour. Un tel état ne pouvait durer : bourgs et villages se soulevèrent de nouveau contre l'Anglais et reprirent la ville. Les paysans profitèrent de leur victoire pour raser les châteaux féodaux devenus les derniers refuges de l'ennemi. En souvenir de ces faits, le roi Charles V octroya de nouveaux priviléges à la ville d'Angoulême.

Des mains de Louis d'Orléans qui le tenait de Charles VI, le comté devint tour à tour l'apanage de Jean le Bon et de sa femme Louise de Savoie. — En 1515, François Ier l'érigea en duché-pairie et l'abandonna en douaire à sa mère. Depuis cette époque, le duché d'Angoulême fut toujours l'apanage de quelque prince du sang. Il est inutile de faire figurer ici la liste de ces princes dont le nom importe peu à l'histoire du pays. Les malheurs de ce peuple relèvent désormais du roi, ils sont les mêmes que ceux qui accablent la France entière : lourdes charges qu'il s'efforce parfois de rejeter comme sous Henri II : une ordonnance relative à la Gabelle, impôt qui heurtait surtout l'Angoumois, l'Aunis et la Saintonge, donna le signal de la rébellion. Les paysans, sous le commandement de Puymoreau qu'ils avaient nommé *Coronal*, surgirent en armes de toutes les paroisses. Le mouvement fut formidable et gagna la Guyenne. Le connétable de Montmorency chargé de la répression usa de cruelles représailles : il mit tout à feu et à sang. Ses atrocités n'eurent d'autre effet que d'accroître la haine que les gens du pays portaient à la triple autorité du clergé, de la noblesse et de l'administration royale. — Calvin parut : ses doctrines s'enracinèrent aussitôt dans les campagnes d'Angoumois. A l'appel des chefs du parti protestant, le peuple accourut, pillant les églises, pillant les couvents, battant en brèche la ville d'Angoulême où les bourgeois comblés de priviléges défendaient ardemment la royauté et la religion. A la fin de ces guerres (1629), alors que, vaincu et las, il aspirait au repos, il se vit de nouveau harcelé, rançonné et pillé par les armées royales ; de nouveau il se releva en masse, « résolu de mourir plutôt que de vivre sous la tyrannie des *Parisiens* qui le réduisent au désespoir. » Au cri des Angoumoisins, les Poitevins, les Périgourdins, les Saintongeais se soulèvent aussi, et, prenant le nom des *Communes soulevées*, ils forment avec eux une alliance et comme un semblant de gouvernement révolutionnaire. L'armée du duc de Lavalette réunie à la noblesse du pays attaqua ces malheureux; ils furent massacrés et dispersés après une résistance désespérée (1636-37). — « Les chefs furent pendus et cette engeance tout à fait exterminée. »

Sous Louis XIV, l'Angoumois, pressuré par les seigneurs, par le clergé, par le roi, voit de plus son industrie locale ruinée par la révocation de l'*édit de Nantes* qui fait émigrer en Hollande les protestants, seuls possesseurs de l'important commerce des papiers.

Dans cette rapide esquisse, nous passons sous silence les cent ans de misère inouïe que ces populations nous ont racontée avec une âpre amertume, en exprimant leurs vœux dans les cahiers de 89. Il était donné à la Révolution de combler leurs espérances en proclamant enfin ces *droits de l'homme* qu'elles revendiquaient depuis des siècles avec une si mâle énergie.

Enrichi par la Révolution, le peuple d'Angoumois a conservé, malgré le bien-être, son esprit remuant, indépendant et sa haine instinctive des priviléges et de l'autorité arbitraire. Et, pour être l'un des plus fermes soutiens de la démocratie, il lui manque une seule chose, que, depuis le commencement du siècle, les gouvernements se refusent à donner à la France : l'éducation politique.

*Statistique.* — Le département de la Charente est formé de la province d'Angoumois et de quelques parties des provinces limitrophes. Il est borné au nord par le département de la Vienne et celui des Deux-Sèvres, à l'ouest par la Charente-Inférieure, à l'est et au sud par la Haute-Vienne et la Dordogne. — Sa superficie est de 588,803 hectares dont 250,000 en culture, 25,000 en forêts, 118,600 en vignes. Sa plus grande longueur est de 119 kilomètres et sa plus grande largeur de 78. — Population : 382,000 habitants.

Ce département est divisé en cinq arrondissements : Angoulême (chef-lieu), Ruffec, Cognac, Confolens, Barbezieux (sous-préfectures). Il compte 29 cantons et 427 communes. Il dépend de la 3e subdivision de la 14e division militaire, de la cour d'appel de Bordeaux, de l'évêché d'Angoulême, du consistoire de Jarnac, de la 21e conservation forestière, de la 11e inspection divisionnaire des ponts-et-chaussées, de l'arrondissement de Périgueux pour les mines et de l'académie de Poitiers pour l'instruction publique.

Le sol, généralement peu accidenté, est sillonné par de nombreux cours d'eau dont les principaux sont : la Charente — le plus beau ruisseau de France, — la Vienne, la Tardoire, le Bandiat, la Touvre, la Dronne et le Né.

Cette contrée, où se récoltent les céréales, le lin, le chanvre, le maïs, le colza, la châtaigne, la pomme de terre, la truffe, etc., doit surtout sa richesse à ses fertiles vignobles. Ses eaux-de-vie connues sous le nom générique de Cognac s'exportent dans toutes les parties du monde. Depuis 1789, grâce au morcellement de la propriété, la culture de la vigne a acquis un tel accroissement qu'elle ne produit pas moins de 10 millions de francs sur un revenu territorial de 20 millions. L'impôt foncier est d'environ 5 millions de francs.

En outre de ces richesses qui proviennent de son sol, de ses belles carrières, de ses mines de fer, le département de la Charente compte un grand nombre d'industries : faïenceries, pelleteries, etc., parmi lesquelles doit figurer en première ligne l'industrie des papiers. La papeterie d'Angoumois ruinée par la révocation de l'édit de Nantes n'a pu se relever qu'à la Révolution. Après diverses fluctuations, elle en est arrivée maintenant à fabriquer un chiffre minimum de 8 millions de kilogrammes, soit pour plus de 10 millions de francs. — A cette industrie se rattachent celles des feutres, des toiles métalliques qui, depuis vingt ans, ont pris un développement considérable.

L'État possède dans la Charente la fonderie de Ruelle-sur-Touvre et la poudrerie d'Angoulême.

L'Angoumois a vu naître François Ier, Marguerite de Valois, sa sœur, les frères Saint-Gelais, le sculpteur Jacques, le jurisconsulte Pierre de La Place, le jésuite et pamphlétaire Garasse, Guez de Balzac, le moraliste de La Rochefoucauld, l'académicien Chateaubrun, l'ingénieur Montalembert, le physicien Coulomb, le conventionnel Bellegarde et les généraux Chancel, Rivaud, de Bourgon et Chemineau.

BIBLIOGRAPHIE. — *Histoire de l'Angoumois*, par Vigier de La Pile. — *Recueil en forme d'histoire de ce qui se trouve par escrit de la ville et comtes d'Angoulême*, par François Carlieu. — *Mémoires sur l'Angoumois*, par Jean Gervais. — *Chronique protestante de l'Angoumois* par Victor Bujeaud. — *L'Angoumois en* 1789, par Charles de Chancel. — *Récits des temps mérovingiens*, par Augustin Thierry. — *Histoire de France*, d'Henri Martin. — *La Charente révolutionnaire*, par Victor et Jérôme Bujeaud, t. I. — *Charente communale, Almanach de Cognac*.                        JÉROME BUJEAUD.

**ANHYDRIDES.** — On donne généralement le nom d'*anhydride* à tout corps défini, qui peut s'assimiler les éléments de l'eau, et donner naissance à un nouveau composé également défini. Ainsi on dira que l'oxyde d'éthylène est l'anhydride du glycol, puisqu'il donne naissance à ce corps, en fixant une molécule d'eau. Mais la classe des *anhydrides* proprement dits, est plus circonscrite ; et ce nom ne s'applique d'une manière précise qu'aux acides anhydres ; c'est-à-dire à des composés qui deviennent de véritables acides en fixant les éléments de l'eau.

Ils sont aux acides ce que les éthers simples sont aux alcools, les oxydes aux hydrates [1].

Sous l'influence des divers réactifs, ils donnent des dérivés des acides auxquels ils correspondent. Par exemple, avec le perchlorure de phosphore, ils fournissent des chlorures d'acides; avec l'ammoniaque, des amides, etc. Ils appartiennent à des acides monoatomiques ou polyatomiques. (Voyez *Acides.*) Les anhydrides des acides monoatomiques ne s'obtiennent pas par la déshydratation directe de ces acides. Découverts par Gerhardt, ils prennent naissance dans la réaction des chlorures d'acides sur les sels alcalins des acides correspondants [2]. On voit qu'en faisant réagir le chlorure d'un acide sur le sel alcalin d'un autre acide, on peut obtenir de nouveaux anhydrides [3], qui, en fixant les éléments d'eau, régénéreront deux acides différents [4]. On les appelle des anhydrides mixtes.

Les anhydrides des acides polyatomiques s'obtiennent par la déshydratation directe de ceux-ci; déshydratation qui s'opère, soit sous l'influence de la chaleur, soit sous celle d'un corps avide d'eau. L'anhydride lactique, par exemple, s'obtient dans la distillation sèche de l'acide lactique [5].

La facilité avec laquelle les anhydrides se combinent avec l'eau varie beaucoup dans les diverses séries; les anhydrides monoatomiques fixent très-aisément les éléments de l'eau; il en est de même de plusieurs anhydrides polyatomiques, tels que l'anhydride sulfurique (acide sulfurique anhydre), l'anhydride phosphorique (acide phosphorique anhydre); d'autres, comme l'anhydride camphorique, exigent une longue ébullition avec l'eau, pour s'hydrater. Quelques acides enfin ont plus de stabilité à l'état d'anhydrides, et lorsqu'on les sépare de leurs sels, et qu'on les met en liberté, ils se scindent en anhydrides et en eau; ce sont le gaz carbonique et le gaz sulfureux; ces gaz, en effet, ne sont que des anhydrides, et non des acides, et l'on ne connait pas l'acide hydraté qui leur correspond. Ce sont cependant des anhydrides, car s'ils ne fixent pas les éléments de l'eau, ils se combinent directement aux bases (comme le font tous les anhydrides), en donnant des sels. Or les bases appartiennent au type de l'eau; elles diffèrent de celle-ci, comme

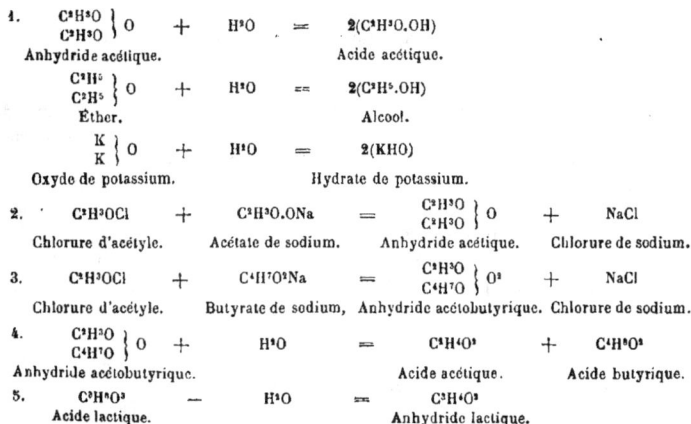

1.
$$\left.\begin{array}{l} C^2H^3O \\ C^2H^3O \end{array}\right\}O \quad + \quad H^2O \quad = \quad 2(C^2H^3O.OH)$$
Anhydride acétique.        Acide acétique.

$$\left.\begin{array}{l} C^2H^5 \\ C^2H^5 \end{array}\right\}O \quad + \quad H^2O \quad = \quad 2(C^2H^5.OH)$$
Éther.        Alcool.

$$\left.\begin{array}{l} K \\ K \end{array}\right\}O \quad + \quad H^2O \quad = \quad 2(KHO)$$
Oxyde de potassium.        Hydrate de potassium.

2.    $C^2H^3OCl \quad + \quad C^2H^3O.ONa \quad = \quad \left.\begin{array}{l} C^2H^3O \\ C^2H^3O \end{array}\right\}O \quad + \quad NaCl$
Chlorure d'acétyle.    Acétate de sodium.    Anhydride acétique.    Chlorure de sodium.

3.    $C^2H^3OCl \quad + \quad C^4H^7O^2Na \quad = \quad \left.\begin{array}{l} C^2H^3O \\ C^4H^7O \end{array}\right\}O^2 \quad + \quad NaCl$
Chlorure d'acétyle.    Butyrate de sodium.    Anhydride acétobutyrique.    Chlorure de sodium.

4.    $\left.\begin{array}{l} C^2H^3O \\ C^4H^7O \end{array}\right\}O \quad + \quad H^2O \quad = \quad C^2H^4O^2 \quad + \quad C^4H^8O^2$
Anhydride acétobutyrique.        Acide acétique.        Acide butyrique.

5.    $C^3H^6O^3 \quad - \quad H^2O \quad = \quad C^3H^4O^2$
Acide lactique.        Anhydride lactique.

les sels dérivent des acides par substitution des atomes de métal aux atomes d'hydrogène. (Voyez Gerhardt, *Traité de Chimie organique*, t. IV, et article *Anhydrides*, de M. A. Wurtz, dans le *Dictionnaire de chimie pure et appliquée*.)

E. GRIMAUX.

**ANILINE** (INDUSTRIE DE L'). — Depuis quelques années les couleurs employées dans la teinture des tissus sont, comme chacun a pu l'observer, bien plus vives et plus brillantes que celles qui servaient jusqu'alors. Il suffit de se reporter à dix ans en arrière et de comparer les étoffes teintes à cette époque avec celles qu'on teint aujourd'hui, en bleu, en violet, en cramoisi, pour voir combien cette différence est grande, et comprendre qu'il s'est fait un changement complet dans ces industries. En effet, jusqu'à ces dernières années, les seules matières colorantes employées dans la teinture et l'impression, étaient des produits fournis par la nature; aujourd'hui ces couleurs brillantes, si pures de ton, si séduisantes d'aspect, sont des produits fabriqués de toutes pièces par la main de l'homme, et sortis du laboratoire du chimiste. Cela est une véritable révolution et, disons-le tout de suite, une conquête importante pour le bien-être général de l'humanité, sinon dans ses résultats immédiats, du moins par la tendance qu'elle a développée chez les chimistes à remplacer les produits *naturels* par des produits *artificiels*. Ainsi, non-seulement la création de ces industries a produit une source de travail et de salaires considérable, elle a amené et amène journellement cet autre résultat important, c'est que les champs qui servent à la culture de la garance, de l'indigo, du carthame, de la cochenille, les forêts qui produisent le campêche et les bois jaunes, tous ces terrains immenses, absorbés aujourd'hui par l'industrie, pourront concourir directement à l'alimentation de l'homme, qui y cultivera le blé et la vigne. Nous n'assistons qu'au début de ces industries nouvelles, mais chaque jour fait éclore une découverte de plus, et hier encore nous avons applaudi au succès de deux chimistes allemands, MM. Graebe et Liebermann, qui ont réalisé la production artificielle de l'alizarine, l'une des matières colorantes de la garance. Les progrès sont si rapides, qu'il est hors de doute, pour nous, que dans un avenir prochain nous posséderons les moyens de fabriquer artificiellement toutes les matières colorantes.

Nous ne pouvons ici rendre compte de tous les travaux qui ont amené ces résultats intéressants : nous tâcherons seulement de faire comprendre la marche générale qui guide le chimiste dans les recherches de ce genre.

Il est, en effet, une idée très-répandue qui consiste à croire que nous devons tous nos résultats au hasard, et que la chimie industrielle n'a qu'à puiser dans les documents fournis par les hommes de science pure, pour y trouver une source de fortune. Ce n'est pas le hasard qui guide dans ces travaux; il faut savoir observer, interpréter les faits, puis les grouper, baser sur eux une théorie qui les explique et chercher alors seulement les moyens pratiques qui pourront transformer ces observations premières en procédés industriels : ce n'est qu'au prix d'essais mille fois répétés, avec une patience infatigable, qu'on arrive à atteindre ce dernier but.

*Historique.* — Les premiers essais, tentés dans cette voie, datent de 1847. A cette époque, M. Guinon, de Lyon, introduisit dans l'industrie l'acide picrique, matière colorante jaune, préparée par l'action de l'acide nitrique sur un des principes contenus dans le goudron de houille, le phénol.

Peu d'années après, en 1855, MM. Depoully et Lauth réalisèrent la fabrication industrielle d'un produit, connu sous le nom de *murexide*, et qui jusqu'alors était considéré comme une rareté de laboratoire : cette matière, avec laquelle on obtient des teintures pourpres très-brillantes, dérive de l'acide urique, que les inventeurs ont préparé, en quantités considérables, au moyen du guano du Pérou.

Ces premières tentatives, presque oubliées aujourd'hui, produisirent cependant une impression immense dans le monde des teinturiers et des imprimeurs : personne, en effet, ne songeait alors à la possibilité de fabriquer artificiellement des matières colorantes et les bois de teinture, la garance, la cochenille, l'indigo, seuls étaient connus des teinturiers.

En 1856, M. Perkin, faisant réagir divers mélanges oxydants sur une substance extraite du goudron de houille, l'aniline, observa, dans les produits de la réaction, une matière particulière qui communiquait à l'alcool une riche coloration violette. Ce fut l'origine de l'industrie des couleurs dites du goudron de houille, industrie qui se développa très-rapidement, et qui, dans ces dix dernières années, a pris une extension vraiment extraordinaire. Nous voyons, en effet, à partir de cette même époque, les découvertes se suivre pour ainsi dire journellement.

L'aniline découverte par Unverdorben, en 1826, avait été étudiée par Runge, Fritzsche, Zinin, Hofmann, Laurent et Gerhardt; chacun de ces habiles observateurs avait constaté la facilité avec laquelle, sous diverses influences, elle prend des colorations intenses et variables; ils avaient établi notamment qu'elle se transforme en une matière d'un cramoisi splendide, lorsqu'on la traite à une température élevée par des agents déshydrogénants. Verguin sut tirer parti de ces observations, et trouva les conditions dans lesquelles il fallait opérer pour que cette matière se produisît en quantité telle qu'il fût possible de la fabriquer industriellement (1859).

Le rouge d'aniline lui-même se prête merveilleusement aux transformations les plus diverses : c'est un Protée qui devient violet, bleu, jaune, brun, vert, selon la façon dont on le traite, et au gré de l'opérateur. M. Lauth, le premier, montra en 1860 la facilité avec laquelle on peut se servir du rouge d'aniline pour engendrer d'autres couleurs et l'utiliser ainsi comme matière première de nouveaux produits. Le violet qu'il obtint devint bientôt, entre les mains heureuses de MM. Cherpin et Usèbe[1], le générateur du vert lumière, de cette belle couleur si séduisante, surtout à la lumière du gaz ou des bougies. (1862.)

MM. Girard et de Laire, en 1861, découvrirent le moyen de transformer le rouge d'aniline en bleu, et leur découverte a été des plus importantes, puisqu'elle a fait substituer leur couleur à l'indigo dans un grand nombre d'emplois

Dans un court espace de temps, nous voyons apparaître les violets de méthylaniline (Lauth 1861), le noir d'aniline (Lightfoot 1863), le vert à l'iode (? 1866). — Nous ne faisons qu'esquisser ici, à grands traits, l'historique de ces découvertes, pour le détail desquelles nous renvoyons aux traités spéciaux qui ont été publiés sur ce sujet[2].

Nous allons exposer maintenant d'une façon succincte les points principaux de l'industrie de l'aniline, en laissant de côté tous les procédés anciens, et n'insistant que sur ceux qui sont généralement employés dans l'état actuel de cette industrie.

1. M. Cherpin, cherchant à donner au violet de M. Lauth une stabilité que cette couleur ne possède pas par elle-même, consulta un de ses amis, photographe, et sur son avis, essaya de *fixer* ce violet comme on *fixe* une épreuve photographique (!); il n'y réussit pas, mais il vit à son grand étonnement le violet se transformer en vert.

2. *Examen des matières colorantes artificielles*, par E. Kopp. — *Traité des matières colorantes*, par P. Schützenberger. — *Entwickelung der Anil. Industr.*, par M. Vogel. — *Dictionnaire de chimie pure et appliquée*, de Wurtz, article *Aniline*, par Ch. Lauth.

FABRICATION DE L'ANILINE

La matière première de toutes ces belles couleurs bleues, vertes, rouges, est un produit répugnant, noir, visqueux, doué d'une odeur pénétrante et désagréable, le goudron de houille. Lorsqu'on décompose le charbon de terre par la chaleur, pour fabriquer le gaz d'éclairage, il se produit, en même temps que ce gaz, une quantité considérable de goudron, qu'on recueille dans des appareils appropriés, et qui, jusqu'à ces dernières années, était pour les usines à gaz une source continuelle d'embarras et de désagréments : aujourd'hui cette matière est devenue si rare, qu'on cherche par tous les moyens possibles à la produire économiquement.

Le goudron renferme déjà lui-même une petite quantité d'aniline, mais cette proportion est si faible, que l'industrie des couleurs artificielles eût été réduite à peu de chose, si, fort heureusement, l'on ne possédait d'autres moyens de produire cette substance. Il existe en effet, dans le goudron, à côté d'un grand nombre de produits très-divers, un corps composé d'hydrogène et de carbone, la *benzine*, que Faraday trouva, en 1823, dans les produits de la distillation de l'huile, et dont Leigh constata, en 1842, la présence dans le goudron. On extrait cet hydrocarbure, en soumettant le goudron à des distillations répétées, puis à des traitements à l'acide sulfurique et à la soude, et on l'obtient ainsi sous la forme d'un liquide incolore, plus léger que l'eau et possédant une odeur forte et désagréable, lorsqu'il n'est pas chimiquement pur; chacun connaît cette substance que l'on emploie fréquemment, dans l'économie domestique, pour enlever les taches de graisse ou de résine qui souillent les étoffes.

Amenée à cet état de pureté, la benzine prend le nom industriel de *benzole* : elle constitue la matière première de l'aniline. En la traitant, en effet, par de l'acide nitrique, on observe une réaction violente, accompagnée d'un dégagement de vapeurs rouges, et si alors on verse de l'eau dans le mélange, on voit se déposer au fond du vase dans lequel on opère, une huile lourde, qui ne présente plus aucun des caractères de la benzine. Le nouveau corps constitue la *nitrobenzine*, découverte par Mitscherlich, en 1834 : c'est une substance liquide, jaune paille, dont l'odeur rappelle celle des amandes amères, ce qui la fait employer dans le commerce de la parfumerie.

La nitrobenzine est susceptible de se transformer en aniline, lorsqu'on la met en contact avec des agents réducteurs; c'est à M. Zinin que nous sommes redevables de cette importante découverte.

Le procédé qu'on emploie aujourd'hui, pour produire l'énorme quantité d'aniline qui se fabrique journellement, est dû à M. Béchamp : il consiste à introduire, dans une grande chaudière en fonte, de la nitrobenzine, de l'acide acétique, de l'eau et d'y ajouter ensuite de la limaille de fer par petites quantités. Sous l'influence d'une agitation constante, les substances mises en présence réagissent les unes sur les autres : la nitrobenzine disparaît peu à peu et se transforme en aniline. Il n'y a plus maintenant qu'à distiller le produit de la réaction, pour obtenir cette base à l'état de pureté [1].

On fabrique journellement, en Europe, 10 à 15,000 kilogrammes d'aniline. Pour

1. Voici les diverses réactions qui donnent naissance à l'aniline :

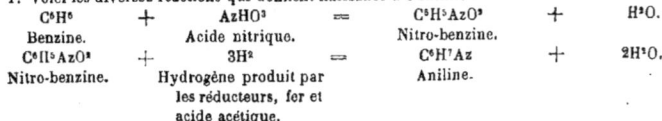

$$C^6H^6 \quad + \quad AzHO^3 \quad = \quad C^6H^5AzO^2 \quad + \quad H^2O.$$
Benzine.          Acide nitrique.          Nitro-benzine.

$$C^6H^5AzO^2 \quad + \quad 3H^2 \quad = \quad C^6H^7Az \quad + \quad 2H^2O.$$
Nitro-benzine.     Hydrogène produit par          Aniline.
                   les réducteurs, fer et
                   acide acétique.

arriver à une pareille production, il faut distiller environ 15 à 20,000 tonnes de houille : en effet, 100 kilogrammes de houille donnent environ 6 kilogrammes de goudron, 200 grammes de benzole, 260 grammes de nitro-benzole, 150 grammes d'aniline.

L'aniline commerciale n'est pas un corps pur : c'est un mélange de plusieurs bases, l'aniline pure ou phénylamine, la toluidine, la cumidine, etc. La présence de ces diverses substances se comprendra aisément, quand on saura que le benzole lui-même est un mélange de plusieurs corps, la benzine pure, le toluène, le cumène, etc. Ces corps, doués de propriétés analogues, se transforment en même temps en corps nitrés, et ces corps nitrés sont à leur tour transformés ensemble en substances basiques. Nous verrons plus loin que la présence simultanée de plusieurs de ces bases est indispensable pour la génération de certaines matières colorantes.

*Propriétés.* — L'aniline est un corps liquide, incolore, oléagineux, plus lourd que l'eau, doué d'une odeur forte, aromatique; il possède des propriétés basiques très-caractérisées et forme avec la plupart des acides des combinaisons cristallisables[1]. Son nom *aniline* vient du mot portugais *anil*, indigo, parce qu'on l'obtient également par la distillation de l'indigo en présence d'un alcali.

Exposée à l'action des agents oxydants, l'aniline prend toute espèce de coloration : ses sels, abandonnés au seul contact de l'air, s'altèrent peu à peu en se colorant.

Pour produire les dérivés colorés de l'aniline, il a donc suffi de bien établir les conditions dans lesquelles l'oxydation doit avoir lieu, et de pouvoir la diriger, la modérer, la limiter.

### COULEURS DÉRIVÉES DE L'ANILINE

VIOLET PERKIN (syn. *violet au chromate*, *rosolane*, *indisine*, *mauvéine*). — *Préparation.* — On traite 1 kilogramme d'aniline par 1 kilogramme d'acide chlorhydrique ou par 500 grammes d'acide sulfurique et 1 litre d'eau ; à ce sel d'aniline on ajoute, en évitant une trop grande élévation de température, 12 à 1,500 grammes de dichromate de potassium en solution aqueuse saturée. L'addition de ce corps oxydant détermine au bout de quelques heures la formation d'un précipité noir, assez abondant pour que le tout se prenne en masse : c'est dans ce précipité qu'existe la couleur violette. Pour l'en extraire, on peut, après lui avoir donné quelques lavages à l'eau, le dessécher et traiter la masse sèche, pulvérisée, par de la benzine ou d'autres huiles minérales possédant la propriété de dissoudre diverses matières étrangères, tout en n'agissant pas sur le violet lui-même; ces impuretés enlevées, on a un résidu que l'on épuise par l'alcool ou l'esprit de bois et qui cède à ces véhicules la matière colorante dans un assez grand état de pureté. (Perkin.) Mais ce procédé est dispendieux et l'on préfère généralement se servir d'une méthode inverse, qui consiste à employer comme dissolvant l'eau bouillante : celle-ci n'agit en aucune façon sur les matières autres que le violet qu'elle dissout avec une certaine facilité; ces solutions sont filtrées, puis additionnées de soude ou de sel marin, qui détermine la séparation du violet sous forme de flocons violacés; on les recueille sur un filtre et on les livre au commerce à cet état de pâte, plus ou moins concentrée. (Franc et Tabourin.)

Quelques fabricants emploient, au lieu de dichromate de potassium, une solution de chlorure de chaux ou certains sels de cuivre.

---

1. Voir pour ses propriétés le mot *Phénylamine*.

*Propriétés.* — Le violet au chromate, obtenu par le procédé de M. Perkin, est le sulfate d'une base auquel il a donné le nom de *mauvéine*; elle forme, avec la plupart des acides, des sels cristallisables, d'un aspect métallique. En solution aqueuse ou alcoolique, ces sels possèdent une belle couleur pourpre qui communique à la laine et à la soie, de même qu'au coton animalisé, des nuances variant du lilas au violet pourpre.

Traité par le chlorure de chaux ou par l'acide plombique, le violet au chromate se transforme en une couleur rouge-cerise, dite *safranine*.

L'emploi de la mauvéine, très-considérable il y a dix ans, est devenu d'une importance secondaire aujourd'hui, à cause de son prix de revient élevé (1 kilogramme d'aniline produit seulement 100 grammes de produit sec), et surtout parce que l'on est arrivé à produire des violets beaucoup plus brillants.

Le violet Perkin est, de toutes les couleurs d'aniline, celle qui, après le noir, résiste le mieux à l'action des rayons du soleil.

VIOLET DE PARIS (syn. *violet de méthylaniline*). — C'est le violet le plus employé en ce moment dans la teinture et l'impression; il permet de fabriquer des étoffes d'un éclat et d'une pureté de ton inconnus jusqu'alors.

*Préparation.* — On chauffe, dans un autoclave pouvant résister à une très-forte pression, un mélange d'aniline, d'alcool méthylique et d'acide chlorhydrique. L'aniline disparaît dans ces conditions et se trouve remplacée par le chlorhydrate de méthylaniline[1]; on décompose ce sel par la soude qui met la nouvelle base en liberté. (Poirrier et Bardy.)

Sous l'influence des agents d'oxydation ou de déshydrogénation, la méthylaniline se transforme en une masse bronzée, qui renferme, avec quelques impuretés, la nouvelle matière colorante. On épuise cette masse par l'eau bouillante dans laquelle le violet est extrêmement soluble, et on le précipite de sa solution par l'addition de sel marin; on obtient ainsi la couleur, sous la forme d'une masse très-fusible d'un beau vert-doré. (Ch. Lauth, Poirrier et Bardy.)

*Propriétés.* — Le violet de méthylaniline est le chlorhydrate d'une base incolore, qui forme, avec la plupart des acides, des sels extrêmement solubles dans l'eau, l'alcool, l'acide acétique. Il communique aux tissus des nuances éclatantes, variant entre le violet rougeâtre et le violet presque bleu, et qui, tout en étant moins solides que le violet au chromate, présentent cependant une résistance suffisante[2].

NOIR D'ANILINE. — Ce produit diffère essentiellement de ceux dont nous venons de parler.

La teinture des fibres textiles n'a lieu que lorsqu'elles se trouvent en présence d'une matière colorante, dans un état de division tel qu'elle puisse les pénétrer intimement; elle ne réussit réellement bien que lorsque la matière colorante est non pas en suspension, mais bien en dissolution. Le noir d'aniline est insoluble

---

1. Les relations qui existent entre l'aniline et la méthylaniline sont exprimées par les formules suivantes :

$$C^6H^5 \atop H \atop H \Bigg\} Az \qquad\qquad C^6H^5 \atop CH^3 \atop H \Bigg\} Az$$

Aniline.                  Méthylaniline.

qui font voir que la méthylaniline diffère de l'aniline par le remplacement d'un atome d'hydrogène par un groupe de *méthyle.*

2. Sa composition centésimale est probablement la même que celle du violet de méthylrosaniline. (Voir *Violet Hofmann.*) Ces deux corps sont sans doute isomériques comme le sont les éléments dont ils dérivent, la méthylaniline $C^6H^5.CH^3.H.Az$, et la toluidine $C^6H^4,CH^3.H.H.Az$.

dans presque tous les agents chimiques; il demande donc un mode d'application spécial.

*Fabrication.* — Comme on ne peut appliquer le noir d'aniline par voie de teinture directe, il n'y a pas d'intérêt à le préparer dans les ateliers de produits chimiques; aussi les imprimeurs d'étoffes le fabriquent-ils eux-mêmes, et c'est directement sur le tissu qu'ils le produisent. On imprime un mélange d'un sel d'aniline et de divers sels oxydants; ce mélange est absolument incolore au moment où on l'imprime, la couleur noire ne se formera que plus tard; mais, à ce moment, les éléments qui contribuent à sa formation sont solubles; ils peuvent par conséquent pénétrer la fibre. Après l'impression, on sèche les tissus, puis on les porte dans une chambre chauffée à 25 ou 30°, et alors on voit, sous l'influence de cette température, la couleur se développer peu à peu et arriver bientôt à une nuance vert foncé, qui, par un simple lavage à l'eau, devient d'un noir extrêmement intense. (Lightfoot.)

Le procédé généralement employé consiste à imprimer un mélange de chlorhydrate ou de tartrate d'aniline, de chlorate de potassium, de sel ammoniac et de sulfure de cuivre. (Ch. Lauth.)

*Propriétés.* — C'est un noir bleu intense, velouté, riche d'aspect. Il passe, au contact des acides, au vert foncé; mais un lavage à l'eau ou un passage en savon lui rend sa couleur primitive.

L'insolubilité du noir d'aniline est son caractère dominant; c'est aussi la qualité qui le fait tant rechercher, car elle est une garantie de sa solidité.

On l'applique à tous les genres d'impression sur coton; son emploi augmente journellement, et nous le verrons bientôt remplacer tous les autres noirs, sur lesquels il l'emporte par sa beauté et sa solidité.

Jusqu'ici on n'a pas encore réussi à l'appliquer sur laine et sur soie.

ROUGE D'ANILINE (syn. *fuchsine, magenta, solférino, roséine, azaléine*). — C'est de toutes les couleurs d'aniline la plus importante, parce qu'outre son emploi direct pour produire des teintures amarantes, elle est la base de diverses autres couleurs, telles que le bleu et le vert.

*Fabrication.* — Presque tous les agents oxydants transforment l'aniline en rouge, lorsqu'on les chauffe avec cette base à la température de 180 à 200° (point d'ébullition de l'aniline); le plus généralement employé aujourd'hui est l'acide arsénique. On chauffe dans une marmite en fonte, munie d'un agitateur, un mélange de 100 kilog. d'aniline et de 110 kilog. d'acide arsénique à 76° : la masse blanche d'arséniate d'aniline commence par fondre, puis elle se met à bouillir en dégageant beaucoup d'eau et d'aniline; lorsque l'on approche de la température de 180-190°, elle se colore peu à peu en rouge violacé, et il arrive un moment où elle est devenue d'un noir bronzé très-beau; en même temps elle est devenue si épaisse, que par le refroidissement elle se prend en un seul bloc très-dur.

La *fuchsine brute* renferme une petite quantité d'aniline non transformée, la matière colorante rouge à l'état d'arsénite et d'arséniate, et divers autres produits bruns ou violets. Pour la débarrasser de ces impuretés on la traite par l'eau bouillante, et on ajoute à la solution filtrée du sel marin; on précipite ainsi la couleur à l'état d'un chlorhydrate, débarrassé de tout l'arsenic que renfermait la fuchsine brute. Par diverses cristallisations fractionnées, en présence d'acide chlorhydrique, on obtient la matière colorante chimiquement pure. (Medlock.) Ce procédé est loin d'être parfait : outre les inconvénients qui résultent de l'emploi d'immenses quantités d'arsenic, il présente encore celui de ne rendre en matière colorante que le tiers de l'aniline consommée; il y a donc là un grand progrès à réaliser.

*Propriétés.* — La fuchsine se présente sous la forme de magnifiques cristaux vert doré, très-solubles dans l'eau, l'alcool, l'acide acétique : ses solutions sont, comme celles de toutes les autres couleurs d'aniline, précipitées par l'addition de divers sels, le chlorure et l'acétate de sodium, notamment. M. Hofmann a fait l'histoire chimique de ce corps; il a démontré que les diverses fuchsines du commerce constituent les sels d'une base à laquelle il a donné le nom de *rosaniline*; cette base, chose singulière, est incolore; aussi voyons-nous les solutions rouges de la fuchsine se décolorer lorsqu'on y ajoute un alcali, parce qu'à ce moment l'acide du sel est enlevé par cet alcali, et la rosaniline est mise en liberté; mais il suffit de rendre de nouveau la liqueur acide, pour que la belle coloration de la fuchsine se manifeste immédiatement.

Presque tous les sels de rosaniline sont solubles dans l'eau; le tannin détermine dans ces solutions la formation d'une combinaison insoluble (*tannate de rosaline*), qui est employée fréquemment dans l'impression des papiers de tenture.

Les *agents réducteurs* (le zinc et l'acide chlorhydrique, par exemple) transforment la rosaniline en une nouvelle base, la *leucaniline*; cette base, ainsi que ses sels, est incolore comme son nom l'indique, mais il suffit de la traiter par des corps oxydants pour régénérer la rosaniline.

Les *agents oxydants* l'attaquent énergiquement; si l'on arrête cette action en temps utile on peut obtenir, soit une matière ponceau, la *géranosine* (Luthringer), soit de belles couleurs marron, dont l'application a été réalisée par Horace Kœchlin.

Sous l'action de la chaleur, la rosaniline se décompose en donnant à la distillation de l'aniline et de la toluidine.

L'introduction, dans la molécule de la rosaniline, de radicaux alcooliques, modifie ses propriétés tinctoriales au point de la transformer intégralement; c'est la voie qui a été suivie pour produire le bleu, le violet Hofmann et le vert [1].

---

1. La composition de la rosaniline est représentée par la formule brute $C^{20}H^{19}Az^3,H^2O$; la leucaniline renferme deux atomes d'hydrogène en plus, $C^{20}H^{21}Az^3,H^2O$. Il existe entre ces deux produits les mêmes relations qu'entre l'indigo bleu et l'indigo blanc. On trouve dans la fuchsine brute une matière jaune, dite *chrysaniline*, et qui diffère, au contraire, de la rosaniline par deux atomes d'hydrogène en moins; sa composition est donc représentée par la formule $C^{20}H^{17}Az^3$.

M. Hofmann admet que la rosaniline ne peut se former que par le concours simultané de l'aniline et de la toluidine; il représente ainsi sa constitution : $C^{20}H^{19}Az^3 = \begin{array}{c} C^6H^{4\prime} \\ 2C^7K^{6\prime\prime} \\ H^3 \end{array} \Bigg\} Az^3$; la rosaniline, dans cette hypothèse, dériverait de deux molécules de toluidine, et d'une molécule d'aniline :

$$2C^7H^9Az \quad + \quad C^6H^7Az \quad = \quad C^{20}H^{19}Az^3 \quad + \quad 3H^2$$
$$\text{Toluidine.} \qquad\qquad \text{Aniline.} \qquad\qquad \text{Rosaniline.}$$

Les faits suivants viennent à l'appui de cette manière de voir : nous avons vu que dans la fuchsine brute il existe des matières bleues et violettes. MM. Girard et de Laire ont montré qu'elles renfermaient deux bases auxquelles ils ont donné le nom de *mauvaniline* et de *violaniline* : la mauvaniline dérive de deux molécules d'aniline et d'une de toluidine : $2C^6H^7Az + C^7H^9Az = C^{19}H^{17}Az^3 + 3H^2$.

$$\text{Mauvaniline.}$$

la violaniline dérive de trois molécules d'aniline $3C^6H^7Az = C^{18}H^{15}Az^3 + 3H^2$.

$$\text{Violaniline.}$$

Récemment M. Coupier a prouvé qu'on pouvait produire une matière colorante rouge, en partant d'une aniline commerciale dont le point d'ébullition est rigoureusement à 192°, ce qui exclut forcément la présence de l'aniline, et doit faire considérer son rouge comme dérivant uniquement de la toluidine qui bout à cette température. M. Rosenstiehl, en étudiant cette question de très-près, a établi que la toluidine de M. Coupier est un mélange de deux bases isomériques, bouillant à la même température, et dont la présence simultanée est aussi indispensable à la génération du rouge de M. Coupier que celle de l'aniline et de la toluidine est indispensable à la génération de la rosaniline.

*Couleurs dérivées de la rosaniline.* — La formation de ces couleurs est due au remplacement de

### MATIÈRES COLORANTES DÉRIVÉES DE LA ROSANILINE

BLEU D'ANILINE (syn. *bleu de Lyon*). — *Fabrication*. — On le prépare en chauffant la rosaniline avec trois fois son poids d'aniline, à la température de 190 à 200° (Girard et de Laire). Généralement on opère sur l'acétate ou le benzoate de rosaniline. (Monnet et Dury.) La réaction dure quelques heures, pendant lesquelles on observe un abondant dégagement d'ammoniaque. Lorsque la transformation est effectuée, le mélange a perdu son aspect primitif, il ne renferme plus trace de matière rouge, et s'est complétement transformé en bleu. On purifie ce dernier par des lavages à l'eau acide, et à l'alcool.

Lorsqu'on arrête la transformation à moitié chemin, on produit un violet plus ou moins bleu, auquel MM. Girard et de Laire ont donné le nom de *violet impérial*.

*Propriétés*. — Le bleu d'aniline, ou *rosaniline triphénylique*, constitue une poudre bronzée, insoluble dans l'eau et l'éther, soluble dans l'alcool et l'esprit de bois, auxquels il communique une riche coloration extrèmement pure. L'insolubilité du bleu dans l'eau oblige le teinturier à se servir de ses solutions alcooliques.

Sous l'action de la chaleur, la rosaniline triphénylique se décompose, en donnant, parmi les produits de sa distillation, une base nouvelle, la diphényl-lamine.

Les *agents réducteurs* transforment le bleu d'aniline en *leucaniline triphénylique*. (Hofmann.)

M. Nicholson a montré qu'en dissolvant le bleu d'aniline dans l'acide sulfu-rique concentré à une température de 120 à 150°, il se forme un acide sulfo-conjugué, qui est, ainsi que ses sels, très-soluble dans l'eau. Les mêmes réactions ont été observées sur le violet impérial. Les *bleus* et les *violets solubles* sont largement entrés dans la consommation, qui économise, en les employant, l'alcool nécessaire à la dissolution des bleus et des violets ordinaires.

VIOLET HOFMANN (syn. *violet d'éthylrosaniline*). — *Fabrication*. — On chauffe dans un autoclave, ou dans une chaudière émaillée, munie d'un réfrigérant à reflux, un mélange d'alcool, de rosaniline et d'iodure d'éthyle ou de méthyle, environ par parties égales. Après quelques heures de chauffage, la couleur rouge de la rosaniline a fait place à une belle nuance violette, qu'on peut pousser jus-qu'au violet très-bleu, par l'addition d'un peu de soude et de nouvelles quantités d'iodure alcoolique. Le produit de la réaction est décomposé par la soude, lavé et dissous dans un acide : en ajoutant à la dissolution, du sel marin, on précipite le chlorhydrate d'éthyl-rosaniline.

Les propriétés de ce violet le rapprochent beaucoup du violet de méthylani-line.

l'hydrogène de la rosaniline par des radicaux alcooliques. La préparation du violet Hofmann, ou rosaniline triéthylée, peut être représentée par l'équation suivante :

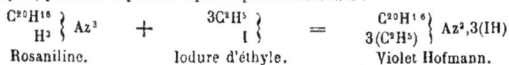

$$\left.\begin{matrix} C^{20}H^{18} \\ H^3 \end{matrix}\right\} Az^3 \quad + \quad \left.\begin{matrix} 3C^2H^5 \\ I \end{matrix}\right\} \quad = \quad \left.\begin{matrix} C^{20}H^{16} \\ 3(C^2H^5) \end{matrix}\right\} Az^3,3(IH)$$

Rosaniline.    Iodure d'éthyle.    Violet Hofmann.

Il en est de même pour le bleu de Lyon, qui est de la rosaniline triphénylée $\left.\begin{matrix} C^{20}H^{16} \\ 3(C^6H^5) \end{matrix}\right\} Az^3$; la formation du bleu est représentée par l'équation suivante :

$$\left.\begin{matrix} C^{20}H^{16} \\ H^3 \end{matrix}\right\} Az^3 \quad + \quad \left.\begin{matrix} 3C^6H^5 \\ H \\ H \end{matrix}\right\} Az \quad = \quad \left.\begin{matrix} C^{20}H^{16} \\ 3(C^6H^5) \end{matrix}\right\} Az^3 \quad + \quad 3AzH^3$$

Rosaniline.    Aniline.    Bleu de Lyon.    Ammoniaque.

La découverte du violet Hofmann est due à M. Émile Kopp : ses propriétés et sa composition ont été établies par M. Hofmann.

VERTS D'ANILINE. — I. *Vert à l'aldéhyde*. — Lorsqu'on dissout la rosaniline dans de l'acide sulfurique et qu'on y ajoute de l'aldéhyde, ou même de l'alcool impur, on voit le mélange changer de nuance, et devenir bientôt d'un beau violet bleu. (Ch. Lauth.) Si à cette solution, étendue d'eau, on ajoute de l'hyposulfite de sodium, instantanément on transforme ce violet en un beau vert. On filtre pour séparer une matière bleue qui se produit en même temps, et l'on précipite le vert par du tannin.

Le produit déposé constitue le *vert lumière* en pâte, avec lequel on produit, sur la soie et le coton, ces magnifiques teintures si éblouissantes à la lumière artificielle.

II. *Vert à l'iodure*. — On obtient un autre vert, qui tend de plus en plus à se substituer au vert à l'aldéhyde, en chauffant, sous pression, à 100° environ, de la rosaniline, de l'esprit de bois et un iodure alcoolique : il se forme d'abord du violet Hofmann, auquel vient sans doute s'ajouter une nouvelle molécule d'iodure, et cette addition détermine la formation du vert.

On dissout dans l'eau, on ajoute du carbonate de sodium pour séparer le violet non transformé, et on précipite la solution verte par de l'acide picrique.

Aucune communication n'a jusqu'ici été faite sur la composition de ces deux verts d'aniline.

Nous avons essayé de donner, aussi brièvement que possible, une idée de l'état actuel de l'industrie de l'aniline, et avons été obligé de passer sous silence bien des faits importants et des considérations théoriques intéressantes. Nous terminons en constatant ce fait qui aura sans doute frappé le lecteur, c'est que presque toutes les découvertes faites dans cette industrie sont dues à des chimistes français, et cependant c'est en France que cette industrie a le moins prospéré.

On fabrique actuellement, en Europe, environ pour soixante millions de francs de couleurs d'aniline : et nous pensons être dans le vrai en affirmant que la France n'en produit pas le dixième. Le reste est fabriqué en Allemagne, en Suisse et en Angleterre.

Nous attribuons ce résultat à la loi qui régit les brevets d'invention et à la jurisprudence qui en a découlé : avec beaucoup d'autres inventeurs, nous considérons cette loi comme déplorable pour l'industrie française, pour laquelle elle est devenue, surtout depuis le traité de commerce, une source de difficultés réelles et insurmontables. Des modifications radicales nous paraissent indispensables, et la suppression des brevets d'invention nous semblerait préférable au maintien d'une loi qui ne sauvegarde ni les intérêts des inventeurs, ni ceux de la société.

CH. LAUTH.

ANIMAL. — Comparés entre eux, les divers corps qui entrent dans la composition du globe terrestre, forment deux groupes parfaitement définis.

Dans le premier, se trouvent associés tous ceux qui, dépourvus d'organisation, résultent de l'assemblage de molécules similaires reliées entre elles par cohésion. Leur origine et leur fin sont dues à des circonstances fortuites; aucun terme n'est assigné à la durée de leur existence ; ils ne se développent pas, mais s'accroissent de dehors en dedans, par additions moléculaires ou juxtaposition. On nomme *Corps bruts, Corps inanimés, Minéraux, Corps inorganiques*, ces êtres qui n'ont d'individualité spécifique que dans leur molécule intégrante et qui forment la presque totalité de la masse terrestre.

Dans les *Corps vivants* ou *animés*, qui constituent le second groupe, l'individualité réside, non plus dans chacune mais dans l'ensemble des molécules composantes. Entièrement tirés du monde minéral, leur substance résulte de l'union moléculaire ou de la dissolution réciproque de composés chimiques peu stables. Ces principes immédiats y sont organisés en éléments anatomiques plus ou moins nombreux, disposés eux-mêmes en tissus, organes et appareils présentant une série de propriétés immanentes dont la manifestation constitue le phénomène de la *vie*. Les corps vivants tirent leur origine, soit de l'organisation directe de la matière ambiante organique placée dans des conditions spéciales [1], soit d'êtres semblables à eux, de parents; ils s'accroissent par intussusception, se développant du dedans au dehors au moyen de l'assimilation de matières introduites dans leur intérieur; ils ont enfin un terme assigné à la durée de leur existence, meurent par le fait même de la vie et retournent par la décomposition à l'état inorganique initial.

L'être organisé est entièrement soumis aux milieux qui l'environnent, il en tire ses éléments et représente « un mode particulier d'association moléculaire, » une manière d'être spéciale de la matière ambiante, à laquelle il reste toujours fatalement soumis. Par la présence de principes d'origine minérale dans toute substance organisée, dit fort bien M. Ch. Robin, par la présence d'une très-faible proportion de substances organiques dans les couches solides et liquides du globe, les êtres organisés se rattachent au globe terrestre au point de vue même de leur composition intime ou immédiate ; par là, se manifeste leur soumission fatale au monde extérieur, d'une manière aussi énergique qu'ils lui sont subordonnés physiquement par la pesanteur.

CARACTÈRES DISTINCTIFS DES ANIMAUX. — Les êtres multiples composant le Règne organique ont, de tout temps, été groupés en deux grandes sections : les *Végétaux* et les *Animaux*. Cependant, à l'intervalle immense qui sépare la nature minérale de la nature animée, correspond, entre l'animal et la plante, une simple ligne de démarcation, un point à peine sensible, sommet commun de deux pyramides opposées à partir duquel l'organisme douteux s'en va, d'un côté, s'animalisant et, de l'autre, se végétalisant de plus en plus. Les complications organiques ne suivent donc pas une progression constante de l'algue microscopique à l'homme, le végétal complet participant déjà de quelques-uns des attributs de l'animalité; l'analogie se rencontre, au contraire, entre les plus simples plantules et les animalcules les plus rudimentaires, entre ces êtres pour lesquels Bory-Saint-Vincent avait créé un règne à part, le *Règne psychodiaire*.

Donner de l'*animal* une définition exacte, qui ne s'applique qu'à lui et qui embrasse toutes les espèces rangées sous ce nom est donc chose difficile. On a écrit des volumes sur les caractères distinctifs des animaux et des plantes; mais, lorsqu'on a voulu les étudier ensuite sous le rapport de leurs ressemblances, les analogies se sont multipliées, la confusion est survenue. A l'extrémité des deux règnes, dit M. de Quatrefages, existent des familles entières que les botanistes et les zoologistes se disputent depuis des siècles et dont leurs efforts combinés n'ont pu déterminer encore la nature ambiguë.

Un parallèle plus complet, entre les animaux et les plantes, fera mieux concevoir les différences qui séparent ces deux règnes, ou les analogies qui les rappro-

1. GEORGES PENNETIER. *L'origine de la vie.* 1 vol. in-12, XVII-300 p. Paris, Rothschild, 1868, 3e édition.

chent. Nous les examinerons donc successivement au double point de vue anatomique et physiologique.

Réduite à sa plus simple expression, la matière organisée est formée de
composés chimiques peu stables. Le caractère le plus saillant, le seul nécessaire, en
effet, de toute parcelle de substance organisée, est d'être constituée par des *Principes*
*immédiats*, nombreux, appartenant aux trois groupes suivants : des principes minéraux cristallisables ou volatils sans décomposition, comme l'oxygène, l'eau, la
silice, les carbonates ; des principes tenant à la fois de la matière minérale et de la
substance organique proprement dite, comme l'acide urique, les alcaloïdes, les
graisses ; des principes enfin, non cristallisables, mais coagulables, comme la
fibrine et l'albumine. Ces principes immédiats, surtout ceux de la première classe,
ont longtemps servi à isoler les deux règnes. Ordinairement *ternaires* chez les
végétaux où ils se composent uniquement d'oxygène, d'hydrogène et de carbone, ils
sont, disait-on, *quaternaires* chez les animaux, où ils sont formés d'oxygène,
d'hydrogène, de carbone et d'azote. Les chimistes ont récemment montré le peu de
valeur de ce caractère (le gluten, en effet, contient de l'azote), et M. Payen a prouvé
que les jeunes tissus végétaux sont tout aussi fortement azotés que les tissus
animaux et ne s'incrustent qu'avec l'âge d'éléments carbonés. Les corps simples
qui entrent, comme accessoires, dans la composition de la matière organisée
(soufre, phosphore, sodium, potassium, calcium, fer, etc.), ne peuvent non plus
servir à établir un caractère sérieux : le Soufre, répandu en quantité notable chez
les animaux, se rencontre également, dans toutes les plantes peut-être, sous forme
de sulfate, ainsi que le prouve l'analyse chimique de leurs cendres ; il entre dans la
composition du gluten et se trouve également, selon Planche, dans les fleurs ou les
tiges d'un grand nombre de végétaux ; le Phosphore, signalé souvent comme
exclusivement propre à la nature animale, a été trouvé à l'état de sel par Bergmann
et Théodore de Saussure dans la farine des céréales, l'albumine végétale et le
gluten, et par Berthier dans la cendre d'un grand nombre de bois ; les Alcalis
existent également dans les animaux comme dans les végétaux..... On peut donc
dire d'une manière générale que le carbone prédomine dans les plantes et l'azote
chez les animaux, mais il faut chercher ailleurs que dans la composition chimique
des caractères différentiels.

Les principes immédiats forment la base des liquides organiques et la trame des
*Éléments anatomiques* dans lesquels la matière organisée s'individualise. Les tissus
sont, en effet, composés d'éléments microscopiques disposés dans un arrangement
spécial et auxquels revient le principal rôle dans les actes physiologiques. Ces
éléments anatomiques découverts par de Mirbel sur les végétaux ont été successivement reconnus et étudiés sur les animaux par Gruithuisen, Tréviranus, Turpin,
Hensinger, Ch. Robin. Il résulte de leurs travaux que l'élément fondamental, la
cellule, est le même dans les deux règnes avec cette différence cependant que la
cellule végétale a toujours une paroi bien distincte du contenu et se transforme en
d'autres éléments, fibres, tubes ; tandis que la cellule animale, dépourvue souvent
de paroi avec cavité et contenu (ces diverses parties ayant acquis une égale densité),
n'a rien de commun et ne fait que coexister avec les autres éléments, fibres ou
tubes.

Les éléments anatomiques présentent, indépendamment des propriétés qui leur
sont communes avec les minéraux, des propriétés immanentes spéciales d'ordre
organique et qui disparaissent avec l'état d'organisation. Au nombre de trois
seulement chez les végétaux : la *nutritivité*, le *développement* et la *genèse*, elles sont au
nombre de cinq dans certains éléments animaux tels que les éléments musculaires

et nerveux, car, aux trois propriétés végétatives précédentes se joignent deux propriétés spécialement animales, la *contractilité* et la *névrosité*. La nutritivité consiste dans un double mouvement de combinaison (assimilation) et de décombinaison (désassimilation) simultanées. Elle s'accompagne toujours de la propriété de développement et de celle de genèse par lesquelles la substance organisée s'accroît et détermine autour d'elle la naissance spontanée d'une matière semblable. La contractilité est la propriété qu'ont certains éléments de modifier alternativement leurs diamètres de telle sorte que, pendant que l'un se raccourcit, l'autre augmente; la névrosité enfin, propre aux éléments nerveux, présente trois modes d'activité, correspondant à trois variétés d'éléments anatomiques : la sensibilité, la motricité, la pensée.

Les éléments anatomiques, en se juxtaposant ou s'enchevêtrant, composent les *Tissus* qui jouissent de propriétés spéciales dites « propriétés de tissu. » Les unes, telles que la consistance, l'extensibilité, la rétractilité, l'élasticité et l'hygrométricité sont d'ordre purement physico-chimique et varient d'un tissu à l'autre ; les autres sont d'ordre organique, ce sont : la nutrition, le développement, la régénération, la contractilité et l'innervation. A la nutrition se rattachent les propriétés d'absorption et de sécrétion qui, à l'état d'ébauche seulement dans les éléments anatomiques, acquièrent dans les tissus leur summum d'intensité; en se développant, les éléments subissent un changement moléculaire complet; les tissus, au contraire, croissent par l'addition d'éléments nouveaux à ceux qui existent déjà ; la régénération n'a pas lieu pour les tissus musculaire et parenchymateux une fois détruits; la contractilité et l'innervation enfin sont exclusivement liées à la présence dans les tissus d'éléments contractiles ou nerveux. Lorsqu'un tissu est formé d'un seul élément anatomique, il fonctionne uniquement comme cet élément, son mode d'activité représente la somme des fonctions isolées de chaque élément ; lorsqu'au contraire le tissu, comme cela a lieu le plus souvent, est composé d'éléments divers, chacun d'eux vit isolément et la fonction du tissu devient non plus le total mais la résultante de toutes ces énergies élémentaires.

Un même tissu se retrouve souvent dans différents points de l'organisme et la réunion de ces parties similaires forme les *Systèmes* décrits par Bichat qui, par leur découverte et celle des tissus, posa les bases de l'anatomie générale.

La réunion de parties provenant de systèmes différents et constituant, selon l'expression de Bichat, un tout unique de conformation spéciale, compose les *Organes*; ceux-ci, associés pour l'accomplissement d'une fonction, forment les *Appareils* et, de l'ensemble de ces derniers, résulte l'individu.

Les animaux divers qui couvrent la surface du globe sont loin de présenter le même degré d'organisation ; l'animal supérieur, comparé au végétal parfait, nous offre également des différences notables, mais l'animal et le végétal inférieurs arrivent à présenter tant de points de contact qu'il devient presque impossible de les différentier. C'est uniquement pour nous conformer à l'usage et pour la facilité du style que nous conservons ces expressions d'animal inférieur, de végétal plus ou moins parfait, car la condition la plus essentielle de l'organisation, c'est, comme le dit J. Bourdon, que toutes les parties, simples ou compliquées, soient subordonnées de manière à rendre possible l'existence de l'être spécial, et sous ce rapport tout animal est parfait, l'infusoire aussi bien que l'homme.

Si nous mettons en parallèle deux organismes complets pris dans les deux règnes, l'animal nous présentera un bien plus grand nombre d'organes dont les principaux seront concentrés et renfermés dans des cavités intérieures ; les organes du végétal seront épanouis, situés tous à l'extérieur et différant si peu quant à leur degré d'importance qu'ils se transforment aisément les uns dans les autres.

Mais le nombre et l'importance des organes chez les animaux diminuent eux-mêmes insensiblement : les systèmes musculaire et nerveux sont déjà chez les actinozoaires réduits à l'état rudimentaire et cessent bientôt d'être perceptibles ; d'un autre côté, l'appareil digestif que Cuvier n'hésitait pas à considérer comme le caractère fondamental de l'animalité n'existe plus dans les derniers représentants du règne. Un végétal supérieur est toujours composé d'une collection d'individus semblables participant à une vie commune ; ce fait, au contraire, ne se rencontre que dans les échelons inférieurs du règne animal où l'individualité s'amoindrit de plus en plus et finit par disparaître. Déjà, dans quelques annélides et certains helminthes, chaque anneau présente toute une série d'organes vivant pour ainsi dire d'une vie propre, indépendante ; puis viennent les vorticelles rameuses adhérant les unes aux autres sans cependant former un corps commun et, enfin, les polypes agglomérés qui présentent par leur réunion une sorte de ramescence d'où leur est venu le nom impropre de zoophytes.

Les organes des animaux sont toujours en rapport avec leurs conditions d'existence et peuvent être, à la longue, modifiés par les milieux. Mais il s'en faut de beaucoup que toutes les combinaisons d'organes soient réalisables et il existe, entre eux, un état de corrélation, de subordination évidentes. Cuvier a parfaitement établi ce fait en comparant deux groupes distincts de la classe des mammifères, et il serait aisé de multiplier les exemples. « Si, dit-il, dans son Discours sur les révolutions du globe, les intestins d'un animal sont organisés pour ne manger que de la chair, et de la chair récente, il faut aussi que ses mâchoires soient construites pour dévorer sa proie ; ses griffes pour la saisir et la déchirer ; ses dents pour la couper et la diviser ; le système entier de ses organes de mouvement pour la poursuivre et pour l'atteindre ; ses organes des sens pour l'apercevoir de loin ; il faut même que la nature ait placé dans son cerveau l'instinct nécessaire pour savoir se cacher et tendre des pièges à ses victimes. Telles sont les conditions du régime carnivore ; tout animal destiné pour ce régime les réunira infailliblement, car sa race n'aurait pu subsister sans elles.... Les animaux à sabots doivent tous être herbivores, puisqu'ils n'ont aucun moyen de saisir une proie ; nous voyons bien encore que, n'ayant d'autre usage à faire de leurs pieds de devant que de soutenir leur corps, ils n'ont pas besoin d'une épaule aussi vigoureusement organisée, d'où résulte l'absence de clavicule et d'acromion, l'étroitesse de l'omoplate ; n'ayant pas non plus besoin de tourner leur avant-bras, leur radius sera soudé au cubitus, ou du moins articulé par ginglyme et non par arthrodie avec l'humérus ; leur régime herbivore exigera des dents à couronne plate pour broyer les semences et les herbages ; il faudra que cette couronne soit inégale, et, pour cet effet, que les parties d'émail y alternent avec les parties osseuses ; cette sorte de couronne nécessitant des mouvements horizontaux pour la trituration, le condyle de la mâchoire ne pourra être un gond aussi serré que dans les carnassiers : il devra être aplati et répondre aussi à une facette de l'os des tempes plus ou moins aplatie ; la fosse temporale, qui n'aura qu'un petit muscle à loger, sera peu large et peu profonde, etc. » Mais Cuvier, étendant ce principe de la *corrélation des organes*, à la reconstruction des animaux fossiles, avança qu'une partie du corps d'un animal étant donnée, toutes les autres pouvaient en être déduites. L'espèce, pour lui, est tellement fixe, invariable, que « la moindre facette d'os, la moindre apophyse, ont un caractère déterminé, relatif à la classe, à l'ordre, au genre et à l'espèce auxquels elles appartiennent ; au point que toutes les fois que l'on a seulement une extrémité d'os bien conservée, on peut, avec de l'application et en s'aidant, avec un peu d'adresse, de l'analogie et de la comparaison effective, déterminer toutes ces choses aussi sûrement que si l'on possédait l'animal entier. » Cette *méthode de détermination* qui a pu, par hasard, servir heureusement son auteur, peut conduire, dans la majorité des cas, aux plus grossières erreurs. Les fouilles de Pikermi, entre bien d'autres, en sont une preuve convaincante, puisqu'elles nous montrent des fossiles qui se rapprochent d'un genre par la forme de la tête et d'un autre genre par la disposition des dents ou des membres. « Si un seul échantillon, dit M. Alb. Gaudry, suffit pour déterminer un mollusque ou un rayonné, il n'en est pas de même pour les êtres supérieurs dont le squelette a des pièces multiples et variées. » M. P. Gervais partage également cette opinion : « une dent, un os quelconque tirés du cheval ou du bœuf ordinaires nous permettront sans doute de conclure à tous les autres caractères de ces deux quadrupèdes, parce que nous les connaissons déjà ; mais si cette pièce, tout en indiquant le genre cheval ou le genre bœuf, montre par quelque différence de valeur spécifique que nous n'avons affaire ni aux espèces déjà connues du genre cheval, ni à celles du genre bœuf, il ne nous sera pas possible de juger d'après elles des autres caractères différentiels de l'espèce dont cette seule partie est soumise à notre observation. »

La comparaison des différents organes d'un même animal entre eux a conduit Vicq d'Azyr et, après lui, plusieurs autres anatomistes à classer ces derniers en un certain nombre de groupes fondamentaux. Cette série de recherches a abouti, entre autres découvertes, à celle de la composition vertébrale du crâne, à celle de l'homologie des membres antérieurs et postérieurs; elle est connue sous le nom de *Théorie des homologues*.

Mais une partie plus importante encore de l'anatomie comparée et qui a donné lieu à la Théorie non moins célèbre de l'*Unité de composition*, défendue avec tant de supériorité par Étienne Geoffroy Saint-Hilaire, est celle qui s'occupe des modifications d'un même organe dans toute la série animale. Elle montre que, malgré la différence de leurs formes, les membres antérieurs des mammifères ou des reptiles, les ailes des chéiroptères ou des oiseaux, les nageoires thoraciques des poissons sont des *Organes analogues* formés des mêmes parties et composés des mêmes tissus.

L'ensemble des organes constitue l'individu dont la conformation extérieure, la *morphologie* est une des bases les plus importantes de la zoologie. Formés de solides et de fluides, les animaux diffèrent généralement des végétaux par la proportion de ces deux éléments ; les solides prédominent chez les végétaux et les fluides chez les animaux; la différence cependant cesse d'être apparente si, faisant abstraction du ligneux, on ne considère que la partie réellement vivante du végétal. Sous le rapport de la *Forme*, on constate également que si la forme paire ou symétrique est spéciale aux animaux supérieurs, la forme rayonnée ou circulaire est commune aux plantes et aux animaux, tels que les acalèphes et les actinies, et que les organismes amorphes, c'est-à-dire sans forme régulière, se rencontrent dans les deux règnes. Examinés enfin au point de vue du *Volume*, nous voyons bien que chez les animaux, le volume de chaque espèce ne peut osciller entre des limites aussi larges que chez les végétaux, mais les mêmes extrêmes se rencontrent et la comparaison de l'infusoire avec la baleine ne le cède en rien à celle de la moisissure microscopique avec le baobab gigantesque.

Si, maintenant, nous envisageons dans les corps vivants les *Fonctions* remplies par les organes, nous trouvons encore, à côté de différences sensibles, des analogies marquées. Les fonctions végétatives de nutrition et de reproduction sont en effet communes aux animaux et aux plantes, tandis que les fonctions de relation sont l'apanage exclusif des animaux; mais, ces dernières diminuant en importance et en nombre à mesure que les organismes se simplifient, c'est à peine s'il reste une particularité réellement différentielle pour caractériser l'animalité.

Les fonctions de nutrition d'où dépend la conservation de l'individu sont : l'*absorption*, la *respiration* et la *circulation*.

L'absorption, chez la plupart des animaux, est précédée d'une autre, la digestion, qui dissout et liquéfie les aliments venus du dehors afin de les rendre propres à être absorbés. Chez un certain nombre d'animaux, cependant, les Rhizostomes, les Eudores, les Physales, l'appareil digestif manque et il est évident qu'au bas de l'échelle zoologique, la gelée tremblante qui recouvre l'éponge, par exemple, et en est la partie réellement vivante, absorbe irrésistiblement et d'une manière continue par sa surface externe, les substances liquides ou gazeuses nécessaires à sa nutrition. Ces zoophytes se rapprochent ainsi des végétaux chez lesquels l'absorption se fait d'une manière continue et toujours à l'extérieur. Les vaisseaux absorbants de la cavité digestive pompent les produits de la digestion comme les radicelles végétales pompent dans le sol les liquides nutritifs; ce qui faisait dire à Hippocrate que « l'estomac est aux animaux ce que la terre est aux arbres, » et à Boërhaave que « les animaux ont leurs racines nourricières dans l'intestin. »

Le mouvement de désassimilation est le même dans les deux règnes; seulement, l'animal excrète des produits azotés comme l'urée ou l'acide urique, tandis que les baumes, gommes, résines ou essences rejetées par les végétaux, sont fortement hydrogénés.

Les animaux et les végétaux respirent d'une manière analogue quoique non identique et se fournissent l'un à l'autre les fluides nécessaires à l'accomplissement de cet acte. Par la digestion et l'urination sont absorbés et rejetés les solides et les liquides; par la respiration, sont absorbés et rejetés les fluides gazeux : la propriété d'endosmose et d'exosmose des tissus vis-à-vis des gaz permet l'accomplissement dans les organes respiratoires des deux actes essentiels et simultanés d'assimilation et de désassimilation. L'animal aspire constamment de l'oxygène et expire de l'acide carbonique; la plante, au contraire, absorbe, pendant le jour, l'acide carbonique de l'air, s'en approprie le carbone, le fixe et restitue à l'air l'oxygène de cet acide. La nuit, cependant, l'antagonisme cesse entre ces deux modes de respiration et les parties vertes des végétaux absorbent de l'oxygène comme les animaux et, comme eux aussi, émettent de l'acide carbonique résultant en partie de la combinaison de l'oxygène absorbé avec le carbone accumulé et en partie aussi, selon MM. Liebig et Dumas, de l'eau absorbée qui en contient toujours une certaine quantité. Si l'on met, toutefois, un végétal successivement à la lumière et à l'obscurité, il est facile de voir qu'il absorbe plus d'acide carbonique pendant le jour qu'il n'en émet pendant la nuit, de même qu'il absorbe moins d'oxygène qu'il n'en émet pendant le jour. Il est vrai que les parties colorées rejettent constamment de l'acide carbonique, mais remarquons qu'elles ne forment qu'une bien petite portion du végétal et que ce phénomène ne peut influer sensiblement sur le résultat de la respiration diurno-nocturne, c'est-à-dire la production d'oxygène et l'enlèvement d'acide carbonique. De même qu'il existe trois modes de respiration hez les animaux, de même aussi chez les plantes on constate des organes correspondants à la respiration pulmonaire des mammifères (feuilles pulmonaires), à la respiration branchiale des poissons (feuilles branchiales des potamogetons et des *ranonculus aquatilis*), à la respiration trachéenne des insectes (vaisseaux trachées). Ainsi donc, nous ne trouvons encore, ni dans le fluide respiré, ni dans les organes en action, ni dans l'action des organes, de caractère spécial aux animaux.

La Circulation qui, chez les animaux élevés, est fort complexe et nécessite un appareil composé d'un organe central ou cœur, de vaisseaux artériels et veineux, se réduit chez certains animaux inférieurs à une agitation vague du liquide nourricier et paraît moins compliquée que la circulation végétale elle-même.

On a longtemps admis un antagonisme de Nutrition entre les deux règnes et on disait : « les végétaux sont des appareils de réduction, des producteurs ; les animaux, des appareils de combustion, des consommateurs ; » les végétaux absorbent et les animaux fournissent de l'acide carbonique, de l'azote et de l'eau ; les premiers réduisent et les seconds brûlent du carbone, de l'hydrogène et de l'ammonium ; les uns fournissent et enfin les autres absorbent de l'oxygène et des matières amylacées, azotées et grasses. Or le végétal, au moment de la fécondation, devient comme l'animal un appareil de combustion et développe de la chaleur ; la plante ne crée pas seule les substances organiques pour les passer toutes formées, comme on l'a soutenu, dans les animaux herbivores, et de là dans les carnivores, mais les tissus animaux contiennent des principes immédiats qui n'existent pas ailleurs et que, par conséquent, ils fabriquent eux-mêmes ; les animaux, enfin, n'absorbent pas seulement, mais fournissent comme les plantes des principes amylacés et sucrés, ainsi que l'ont établi les récentes expériences de M. Claude Bernard.

Les fonctions de Reproduction d'où dépend la conservation de l'espèce, figurent également parmi les fonctions végétales. Communes aux animaux et aux plantes, elles présentent, chez les uns et les autres, les mêmes modifications et ne sauraient par conséquent servir à les caractériser. Plus l'organisation est simple, plus elle a de moyens de se reproduire. Les principaux modes de propagation sont la *scissiparité*, la *gemmiparité* et la *génération sexuelle*.

Dans la génération fissipare ou scissipare, l'organisme parent se divise, et chaque partie, devenue indépendante, constitue autant d'êtres nouveaux. Très-fréquente chez les végétaux, la scissiparité est infiniment plus rare qu'on ne l'a dit et qu'on ne le dit encore, chez les animaux. L'animalcule qui a le plus souvent figuré dans la constatation de ce phénomène, la *vorticelle*, est aussi celui sur lequel ont porté récemment les recherches de ceux qui croient pouvoir le nier absolument comme phénomène normal. M. Pouchet reconnaît avoir observé, quoique rarement, des microzoaires inférieurs, paraissant se partager en deux parties ; mais il assure que ce phénomène est fort rare. Jamais, en vingt années d'observation, il n'a pu rencontrer une seule vorticelle en train de se diviser.

L'un et l'autre règne nous offrent des exemples évidents de reproduction par gemmes ou bourgeons. Commune à beaucoup de zoophytes, on en a exagéré l'importance chez les infusoires où la *gemmiparité* est fort rare et restreinte à quelques groupes isolés, les vorticelles par exemple. Chaque bourgeon qui, au début, n'est qu'un appendice du corps du parent, se munit bientôt des organes propres à son espèce et, de cette existence presque végétative, passe enfin à la vie indépendante.

La *génération sexuelle* se rencontre sous ses deux modes, l'hermaphroditisme et la séparation des sexes dans les animaux et les plantes ; seulement, ordinaire chez les végétaux, l'hermaphroditisme est rare dans les animaux. Chez ces derniers les organes sexuels servent pendant toute la durée de l'existence de l'individu ; chez les plantes, au contraire, ces organes se reproduisent chaque année.

Enfin, il est un moyen de propagation qui comprend les deux modes précédents, la gemmiparité et la sexualité, je veux parler de la *génération alternante* caractérisée par la production d'animaux ne ressemblant en rien à leurs parents et qui, eux ou leurs descendants, engendrent à leur tour des individus semblables au type primitif. Un animal produit un œuf, de cet œuf sort un organisme différent du premier qui ne parvient pas à l'état adulte et donne, par gemmiparité, naissance à un nouvel individu qui ne ressemble à aucun de ceux qui l'ont précédé. Celui-ci peut en produire un troisième à organisation également spéciale, et ce dernier enfin, reproduire immédiatement ou par métamorphoses le type primitif sexué. De nouveaux œufs surviendront alors, de nouvelles générations sexuelles leur succéderont et ainsi de suite. Il résulte de cette alternance de générations, qu'un individu donné dans la série ne ressemble ni à sa mère, ni à ses enfants, mais est semblable à son aïeul et à ses neveux. Toutefois, l'un quelconque de ces individus agames peut donner naissance à des rejetons semblables à lui, et ceux-ci seulement, ou leurs fils, produire le type suivant. Un grand nombre d'animaux sont regardés comme se reproduisant par génération alternante ; les biphores, les ascidies composées, les naïs, beaucoup d'entozoaires, d'échinodermes, d'acalèphes et de polypes sont dans ce cas, et, suivant certains auteurs, plusieurs formes rangées parmi les infusoires ne sont probablement que des états particuliers de certaines espèces à métamorphoses ou à individus polymorphes. Le phénomène de l'alternance n'est pas spécial au règne animal, il est étendu aux plantes par un grand nombre d'observateurs.

Les fonctions qui permettent aux corps vivants de se mettre en relation avec le monde extérieur, nous présentent à examiner deux phénomènes souvent invoqués comme caractéristiques de l'animalité : la *sensibilité* et la *motilité*.

La sensibilité est une propriété organique spéciale aux éléments nerveux et ne peut être admise scientifiquement que dans les individus qui en sont pourvus. Nous n'en avons même conscience que dans notre propre *moi* et nous l'admettons par analogie dans tous les animaux qui, comme nous, ont des nerfs ; mais, au delà, tout criterium anatomique nous manque. La présence d'un système nerveux est donc, selon l'expression de Lamarck, « une condition de rigueur, » pour que le sentiment existe et puisse être constaté.

Considérant le mouvement comme l'expression fidèle de la sensibilité, on a étendu à tort cette faculté jusqu'aux animaux les plus inférieurs, jusqu'aux végétaux eux-mêmes, surtout ceux qui, comme la sensitive ou l'hedysarum girans, exécutent des mouvements si singuliers. Cuvier a été plus loin : « Si les animaux, dit-il, montrent des désirs dans la recherche de leur nourriture, et du discernement dans le choix qu'ils en font, on voit les racines des plantes se diriger du côté où la terre est plus abondante en sucs, chercher dans les moindres fentes où il peut y avoir un peu de nourriture ; leurs feuilles et leurs branches se dirigent soigneusement du côté où elles trouvent le plus d'air et de lumière. Si l'on ploie une branche la tête en bas, ses feuilles vont jusqu'à tordre leurs pédicules pour se retrouver dans la situation la plus favorable à l'exercice de leurs fonctions. Est-on sûr que cela ait lieu sans conscience ? » Mais Lamarck combattit cette assertion et montra que rien dans ces phénomènes n'indique de sentiment : « le cheveu de mon hygromètre qui s'allonge dans les temps d'humidité, et la barre de fer qui s'allonge dans l'élévation de sa température, ne me paraissent pas pour cela des corps irritables. » Le terme *irritabilité*, employé parfois comme synonyme de sensibilité ou de contractilité, ne désigne cependant aucune propriété vitale élémentaire, mais simplement les degrés divers d'activité de ces mêmes propriétés ; il importe donc, pour éviter toute confusion, de lui donner sa véritable signification. La sensibilité est donc fatalement liée à la présence d'un système nerveux : pas de nerf, pas de sentiment ; d'autres fonctions au contraire, telles que la respiration, peuvent être remplies par des organes différents, tels que poumons, branchies, trachées, et il en est de même de la locomotion.

La faculté de se mouvoir et de changer de lieu a été fort longtemps donnée comme la différence la plus apparente entre les animaux et les végétaux ; or, un grand nombre de mollusques et de zoophytes restent constamment fixés au même endroit ; ce caractère est donc sans valeur.

Les végétaux exécutent un grand nombre de mouvements. Ils sont partiels ou de totalité. Partiels, dans les mouvements météoriques de la fleur du Nénuphar par exemple ; dans les mouvements automatiques des organes sexuels de la Rue, des folioles du Sainfoin ou des tiges du Convolvulus ; dans les mouvements de la Sensitive résultant d'un choc ou d'une brûlure ; ils deviennent des mouvements de totalité dans les Conferves. Ainsi donc, les plantes sont *locomotiles*, le fait est évident, mais ces mouvements ne sont pas le résultat de la contractilité et, de même que beaucoup d'animaux se contractent sans se transporter d'un lieu à un autre, de même aussi une plante peut, sans se contracter, exécuter des mouvements de totalité. C'est donc à tort que Cuvier a dit que les feuilles de la sensitive se *contractaient* lorsqu'on les touche ; Lamarck lui objecta avec raison que les folioles et les pétioles de cette mimosée se reploient dans leurs articulations sans qu'aucune de leurs dimensions soit altérée et partant, sans se contracter, et il n'hésita pas à déclarer les végétaux « incapables de contracter subitement et itérativement, dans tous les temps, aucune de leurs parties solides, ni d'exécuter par ces parties des mouvements subits ou instantanés, répétés de suite autant de fois qu'une cause stimulante les provoquerait. » Ainsi donc, tout organe ou tout organisme contractile change tout à la fois, en se contractant, de forme et de dimensions, tandis que la sensitive et la fleur qui s'épanouit ou se ferme ne font que changer de forme sans modifier leurs dimensions.

En résumé, il y a des plantes qui peuvent facilement se transporter d'un lieu à un autre, tandis qu'un grand nombre d'animaux restent fixés au sol, mais, il n'y a pas de plante, ni de partie de plante, qui soit contractile dans le sens rigoureux du mot, tandis qu'il n'y a pas d'animal qui ne possède cette propriété. Il est vrai que Wrisberg, Mueller, Spallanzani, Schranck, entre autres, n'ont jamais aperçu ni changement de forme ni contraction pendant les mouvements des Monades, et que cette propriété n'apparaît qu'avec les Volvoces, les Cyclidies, les Paramécies, les Colpodes, les Protées ; mais, la nature des Monades, comme celle des Bacteries, est bien loin encore d'être déterminée et, d'un autre côté, la science est loin d'avoir dit sur eux son dernier mot.

Les corps organisés ont tous, nous l'avons vu, un terme assigné à la durée de leur existence. Tant que le mouvement vital persiste, le corps où il s'exerce est vivant ; lorsqu'il s'arrête définitivement, le corps meurt. La durée de la vie est fort variable pour chaque espèce, mais, le règne animal est loin de présenter des exemples de longévité aussi remarquables que le règne végétal. A côté de certains insectes dont l'existence éphémère dure quelques instants seulement, nous avons bien des animaux, le Cygne, par exemple, qui vivent cent cinquante ans ; mais à côté de la fragile moisissure qui vit quelques heures à peine, nous voyons le Baobab durer six mille ans. La décomposition est également plus lente chez le végétal où domine le carbone qui se convertit à la longue en tourbe ou en charbon de terre ; tandis que l'animal formé surtout de principes gazeux et putréfiables, se décompose très-facilement à l'air et se transforme rapidement dans la terre en une substance grasse, l'adipocire.

Si, après cet aperçu anatomique et physiologique, nous tentons de donner de l'animal une *définition* exacte, nous sommes arrêté par la difficulté.

Linné, en 1725, délimitait ainsi les trois règnes naturels : *Lapides crescunt ; Vegetabilia crescunt et vivunt ; Animalia crescunt, vivunt et sentiunt.* Quelque temps après, Gmelin, dans une nouvelle édition du *Systema naturæ,* ajoutait à cette définition de l'auteur deux caractères nouveaux : *Lapides corpora congesta; Vegetabilia corpora organisata et viva, non sentientia; Animalia, corpora organisata et viva, sentientia, sponteque se moventia.*

Rien, dit Cuvier, ne semble si aisé à définir que l'animal : tout le monde le conçoit comme un être doué de sentiment et de mouvement volontaire; mais, lorsqu'il s'agit de déterminer si un être que l'on observe est ou non un animal, cette définition devient très-difficile à appliquer. Cuvier s'en tint à cette constatation d'impuissance et les progrès de la zoologie, loin d'éclaircir la question, n'ont fait qu'augmenter le nombre des analogies et effacer le nombre des différences établies entre les deux règnes.

Toutefois, Lamarck nous semble avoir donné de l'animal l'idée la plus conforme à l'état actuel de nos connaissances en le définissant : « un corps vivant, doué de parties irritables, contractiles instantanément et itérativement sur elles-mêmes, » ou, par abréviation : *un corps vivant contractile.*

CLASSIFICATION DES ANIMAUX. Voir : *Classification.*

D<sup>r</sup> GEORGES PENNETIER (de Rouen).

**ANIMALIERS.** — BEAUX-ARTS. — M. Littré a accueilli dans son dictionnaire, à titre de néologisme, ce mot commode pour désigner les artistes peintres ou sculpteurs qui se sont adonnés d'une façon presque exclusive à reproduire l'image des animaux.

Il est assez probable que, dès que l'homme commença à tailler la pierre et le bois, il songea à représenter les animaux dont la vue l'avait frappé, soit qu'il eût eu à s'en défendre, soit qu'il les utilisât pour sa nourriture et ses travaux. On a même voulu voir un bas-relief authentique, représentant une chasse à l'élan, dans des sculptures grossières gravées sur le manche d'un poignard qu'on fait remonter aux premiers âges, et qui figurait à l'Exposition universelle de 1867. Il est certain que le génie panthéistique de l'Inde mêla, dès la plus haute antiquité, l'image des animaux à celle des dieux, au fond des pagodes. Des bas-reliefs, des statues isolées y représentaient des éléphants, des singes, des oiseaux, des lions, des bœufs sculptés dans la pierre et le porphyre. Souvent même l'artiste, obéissant à d'antiques conceptions religieuses auxquelles il donnait un corps, mêla intimement l'homme et la bête, créant des monstres dont il reste de nombreux spécimens, et dont quelques-uns, s'ils ne sont pas contemporains de la première civilisation de l'Inde, nous en apportent tout au moins la tradition. Il faut également croire que l'extrême Orient s'appliqua de bonne heure à reproduire les animaux. Cet art a été poussé à ses dernières limites par les Japonais, dont les peintures à l'eau, représentant des animaux et surtout des poissons, sont absolument irréprochables.

Les temples phéniciens contenaient aussi des images de monstres, en qui se réunissaient divers animaux et l'homme lui-même, telles que celle dont parle la Bible et qui était placée dans le temple de Dagon. Les Assyriens, non-seulement dans les temples, mais dans les palais, employèrent aussi à la décoration des figures d'animaux que l'on a retrouvées, et qui sont souvent d'un grand style et d'un bel effet. A côté des lions ailés, des chimères, on rencontre des animaux sculptés avec un assez vif sentiment de la nature. Personne n'ignore enfin que les Égyptiens, obéissant à la tradition indienne, donnaient à leurs dieux des formes empruntées aux animaux et peuplaient de sphinx et de béliers les avenues de leurs temples. En même temps, ils faisaient servir l'image des animaux à la représentation symbolique d'idées religieuses et gravaient sur les pierres dures les scarabées qui sont si communs encore aujourd'hui.

Le génie grec, si lucide, se dégagea assez vite des influences orientales. La chimère de Bellérophon, les centaures, tous les monstres enfantés par l'imagination des artistes, toutes les allégories rappelant peut-être l'histoire de l'homme émergeant de la bestialité pure, firent place à des reproductions strictes des animaux d'après le modèle. Le libre génie grec, faisant bon marché des traditions hiératiques, quand elles étaient contradictoires avec la notion du beau qu'il avait en lui, aida l'art à se dégager des conventions où il resta enfermé ailleurs. Avant même l'école éginétique, on trouve des lions sculptés, comme motif d'ornement, aux portes du monument désigné sous le nom de trésor des Atrides. Depuis, on rencontre des images d'animaux dans un grand nombre d'édifices et avec les statues des dieux et des héros. Mais les Grecs étaient trop préoccupés de la figure humaine pour ne pas lui laisser toujours la première place. Dans les chasses, dans les bas-reliefs représentant des batailles, les sangliers, les chiens, les chevaux, tous les animaux enfin, ne sont qu'un accessoire, servant quelquefois de caractéristique à l'image principale, et accompagnant le dieu ou le héros auquel ils étaient consacrés. Cependant on possède d'admirables images d'animaux isolés, notamment de chiens et de sangliers.

Les Latins suivirent en tout la trace des Grecs. Néanmoins ils paraissent avoir eu une école propre d'animaliers et de paysagistes, nés sans doute sous l'influence étrusque, antérieure même à l'école de Pompéi, qui a laissé tant de chefs-d'œuvre décoratifs dont les animaux fournissent le sujet. Avec l'école de Pompéi, on peut dire que toutes les façons d'employer les animaux dans les arts étaient connues. Tantôt seuls, tantôt réunis dans une action, tantôt mêlés les uns aux autres pour produire des êtres de fantaisie qui sont le plus souvent d'une admirable logique, tantôt, enfin, parodiant l'humanité, tout comme dans les dessins de Grandville. On les trouve à chaque instant dans les fresques napolitaines où Jules Romain et tous les artistes qui ont peint des grotesques après la Renaissance ont largement puisé.

Tandis que le mahométanisme proscrivait les images (excepté chez les Persans schismatiques, où l'on trouve de jolis tableaux de fleurs et d'animaux), le christianisme, qui d'abord était retourné au langage symbolique des Égyptiens, par l'emploi des figures sacrées du poisson, de la colombe, du lion, etc., etc., ouvrait une vaste carrière à l'imagination des artistes. Le moyen âge a mérité qu'on l'appelât l'âge du diable. La représentation du démon préoccupa tous les sculpteurs, et c'est aux animaux qu'ils empruntèrent ces formes hideuses qu'on a beaucoup trop admirées sur les murs de nos cathédrales ogivales et romanes.

Mais les animaliers proprement dits ont surtout brillé dans les Flandres depuis le XVIe siècle, et en France depuis le XVIIe. La Renaissance italienne fut principalement préoccupée de la beauté, de la dignité de la forme humaine. Léonard de Vinci, qui était l'esprit le plus universel de son temps, peignit bien une fois ou deux des animaux, notamment des serpents, avec une inimitable perfection et un soin de naturaliste. Mais ce fut un accident ; l'animal isolé ne fut guère copié que par les Flamands, qui, dès l'origine, ne conçurent pas l'emploi des arts de la même façon que les Italiens. Van Eyck, déjà, faisait figurer dans ses compositions de brillants oiseaux, et Cranach se plaisait à reproduire des chasses. Mais Breughel (le jeune) mit le premier à la mode ces « paradis terrestres » qui sont de véritables tableaux d'animaux, et qui furent imités dans toute l'Europe. Snyders conduisit du coup ce genre de peinture à son apogée. Ses paradis terrestres, ses arches de Noé, ses chasses l'ont placé au premier rang. Rubens, son contemporain, s'inspira de lui et traita les lions et les animaux fantastiques avec une fougue qu'Eugène Delacroix a seul dépassée. Ce qui caractérise Snyders et Breughel, c'est le plaisir qu'ils prennent à assembler des animaux ordinairement hostiles et de climats divers, faisant ainsi intervenir la fantaisie dans la représentation de la nature.

Les animaliers du xviie siècle, au contraire, furent les peintres sévères de la réalité. Albert Cuyp, le plus grand d'entre eux, se contente de copier les vaches qu'il voyait dans les polders. Avec lui, un sentiment qu'on ne trouve pas dans Snyders envahit l'art flamand qui devient rustique, local, intime et mélancolique. Les animaux de Snyders sont les jouets de quelque grand seigneur, dans les ménageries de son parc; ceux d'Albert Cuyp sont la propriété et comme la famille d'un libre paysan des Frises. Paul Potter suit cette voie, avec plus de sécheresse dans l'exécution et un soin minutieux du détail qui tombe dans l'exagération. A côté, et derrière ces maîtres, se groupent les artistes qui peignent les animaux un peu à la façon des natures mortes arbitrairement assemblées, et recherchent surtout les oiseaux, dont l'éclat des plumes est un motif à faire valoir leurs riches palettes. Nous ne ferons que citer, en laissant de côté ceux qui, comme Wouwermans, ont seulement mêlé des animaux à leurs tableaux, Weenix, Hondekoeter, et Jean Fyt, le plus merveilleux coloriste que ce genre de peinture ait formé.

En France, comme dans les Flandres, l'amour que les grands seigneurs portaient à leurs animaux, et spécialement à leurs bêtes de chasse, servit beaucoup au développement de la peinture d'animaux. Desportes et Oudry, comblés de bienfaits par Louis XIV et Louis XV, peignirent les meutes royales et excellèrent dans le portrait de chiens. Chardin, qui leur fut bien supérieur comme peintre, et dont le coloris est admirable, se plut à représenter des singes. Après ces maîtres, Carle Vernet et surtout Géricault se montrèrent grands peintres de chevaux. Mais déjà s'était faite, dans l'art français, une révolution analogue à celle que nous avons signalée dans l'art flamand avec Albert Cuyp. Les animaliers devenaient des rustiques. Troyon, MM. Millet, Courbet et quantités d'autres qu'il n'est pas nécessaire de citer, poussèrent aussi loin que possible l'interprétation des animaux. A côté d'eux, Eugène Delacroix continuait la tradition décorative de Rubens, tandis que Decamps et M. Philippe Rousseau, s'inspirant de Chardin, s'engageaient dans la voie dangereuse qui consiste à prêter aux animaux autant et plus d'esprit qu'aux hommes. La peinture des animaux exige au contraire, avant tout, de la naïveté et de la bonne foi, et si le mot réalisme voulait dire quelque chose, ce serait le cas de l'appliquer à cette branche de l'art. Parmi les artistes contemporains animaliers, il en est encore un qui mérite qu'on le nomme. C'est M. Barye. Ce sculpteur a complétement renouvelé le genre qu'il a traité. On avait inventé un lion, un tigre, un cheval soi-disant classiques, qui, d'atténuation en atténuation, avaient fini par s'écarter tout à fait de la vérité et de la nature. Il y est revenu. Ce sera son éternel honneur, et un exemple excellent à suivre pour les artistes animaliers.          Henry Fouquier.

**ANIMAUX SYMBOLIQUES.** — Les animaux ont joué un rôle capital dans notre destinée. Comme notre corps, notre intelligence s'est nourrie de leur substance. Notre langage est plein de nuances empruntées à leurs formes, à leurs aptitudes et à leurs mœurs. Aussi ne sont-ils pas seulement revendiqués par la zoologie ; les arts et les religions ne se sont point passés d'eux. Les animaux ne vivent pas seulement dans la nature ; ils ont vécu et vivent encore dans l'humanité, en statues, en idées, en symboles. A côté de leur histoire réelle, qui tous les jours se complète, il y a leur histoire idéale, œuvre digne de tenter les esprits les plus déliés et les plus savants, mais dont nous ne pouvons tracer ici qu'une très-rapide esquisse.

Entre toutes les familles animales, il n'en est pas qui soit plus mêlée à la vie humaine que la race bovine ; ce fut notre plus précieuse conquête. « Personne, dit le chantre Védique, ne raille ceux qui furent nos pères, qui combattirent parmi les vaches. » Les Aryas, par une métaphore naturelle, appelaient taureau et vache tout être fort et toute chose féconde. Indra est un taureau brillant ; l'aurore une génisse éclatante ; les nuées sont les vaches célestes, mères de la foudre et filles des vents. Enfin la substance (*Aditi*) qui a tout enfanté, est la vache par excellence. Notre ami M. Michel Bréal nous montre, dans son *Cacus*, comment un même mot (*gavas, boves*), qui signifie *errants*, a pu, dans le principe, servir d'épithète, puis de nom commun aux nuages et aux bœufs ; comment ce mot n'a gardé en sanscrit et dans toutes les langues aryennes que le second sens ; et comment cette confusion antique a doté la Grèce et le reste du monde d'une foule de légendes solaires où les troupeaux jouent un grand rôle. « Ces belles vaches au large front, ces troupeaux d'Hélios-Hypérion, les bœufs du dieu lumineux, du Soleil qui voit et entend tout, » volés par Mercure et par Cacus, tués par les compagnons d'Ulysse, gardés par Apollon chez Admète, et dans les cieux par Argus; Io, métamarphosée en génisse, Junon *Boôpis*, le taureau Jupiter enlevant la belle Europe (Vasurûpâ), ne sont tous que des moments et des épisodes personnifiés de la lutte variable qui se renouvelle à jamais entre le soleil et les nuées, et qui est la base de toute la mythologie. Mais quelle que soit l'autorité de la méthode philologique, il paraît difficile d'asseoir toute la symbolique bovine sur une confusion de mots, qui n'a existé que dans une famille de langues. La comparaison, passant par la métaphore à l'emblème, est un des procédés les plus naturels à l'esprit humain ; et c'est par elle qu'on expliquera aisément les cornes des dieux et des fleuves grecs, non moins que celles de Moloch ou d'Isis et de Hator.

Les Sémites, qui semblent avoir eu, quoi qu'en pense M. Renan, un polythéisme, ont adoré le veau d'or ; les Juifs confiaient la garde de l'arche à des bœufs ailés empruntés à l'Assyrie et connus sous le nom de chérubins. Quant à l'Égypte, qui ne connaît sa vénération pour Apis, Onuphis, Mnévis, ces vivants emblèmes d'Ammon, d'Osiris et de Phré ? La vache aussi était déesse sous le nom d'Isis et d'Hator, et la corne tombée du front de ces bêtes vénérables est demeurée l'image et l'attribut de l'abondance et de la fécondité.

Après les bœufs, les moutons. Que ne leur devons-nous pas? La musique et la poésie ont reçu d'eux les cordes de la lyre et les inspirations de l'églogue. Aujourd'hui nous nous servons de ces bêtes inoffensives sans les honorer. L'homme antique avait plus de reconnaissance. Le mouton n'a pas été une si facile conquête. Le bélier marchait à l'ennemi tête baissée et enfonçait l'obstacle ; il joignait à la furie la ténacité. N'a-t-il pas donné son nom à une machine de siége ? N'a-t-il pas, dans les temps fabuleux, sauvé Ulysse et ses compagnons dans l'antre de Polyphème ? Homère a pensé que le bélier était assez robuste pour emporter un homme lié sous son ventre. L'Égypte a fait du bélier l'emblème de la force, la figure du dieu suprême. Ammon est un sphinx *criocéphale*, au corps de lion et à la tête de bélier ; entre ses cornes rayonne le disque du soleil. Les Grecs ont vu Jupiter se déguiser en mouton pour fuir les Titans vainqueurs, et une toison d'or traverser l'Hellespont sur le dos d'un bélier.

Le christianisme ne pouvait manquer de sourire aux moutons. Mais, considérant l'homme comme un bétail exploité par des bergers, non sans chiens, de l'image de la force il a fait l'emblème de la docilité. Triste symbole et peu digne de la majesté d'un créateur ! Mesquine transformation d'une idée inexacte, mais grandiose. Au reste, l'incohérente et enfantine mythologie chrétienne n'a cherché dans cet emblème qu'une commémoration insignifiante ; elle s'est souvenue de l'agneau pascal des Juifs ; elle s'est rappelé que l'agneau revient sans cesse dans les paroles attribuées à Jésus; que, dans la communion, c'est la chair et le sang de son dieu, c'est son dieu même qui est absorbé par le fidèle, comme l'agneau l'était par les convives de la Pâque. Ces éléments se sont amalgamés en un mythe sans grandeur ; et voilà comment l'agneau préside dans le ciel, avec le bœuf de la crèche, la bizarre assemblée des bêtes apocalyptiques.

Parmi les autres ruminants, le bouc, la chèvre, le cerf tiennent quelque place dans la symbolique. Voici Mendès, le bouc sacré, le dieu des plaisirs féconds, frère peut-être de ce malheureux bouc émissaire chargé des péchés de tout un peuple. Voici la chèvre Amalthée, nourrice de Jupiter. Avancez, chèvre-pieds, et toi Pan, le berger, toi dont une confusion verbale a fait, aux environs de notre ère, le plus grand des dieux, le nom du Grand-Tout, rival longtemps heureux du stérile Jéhova sémitique, immortel *malin* dont le pied fourchu se trémoussait aux sabbats du moyen âge, et qui, de tes cornes aiguës, as déchiré la nuit de dix siècles et rouvert enfin l'esprit humain aux rayons de la renaissance ! Quel monde de pensées évoquent ta barbe pointue, ton nez camus, tes yeux bridés, si narquois, ta syringe et tes pattes capricantes ! L'amour, la grandeur et la force respirent dans ta libre allure qu'anime l'ivresse de la nature vivante.

Le cerf peut revendiquer la biche du Ménale et la métamorphose d'Actéon. Partout compagnon de Diane, il a partagé ses autels ; il l'a remplacée sur les médailles antiques frappées par les villes consacrées à la déesse. Les chrétiens ont fait du cerf à la fontaine l'emblème du baptême, et un évêque chasseur, saint Hubert, lui a mis la croix et l'auréole au front.

Si nous passons au cheval, de nombreuses légendes entourent son entrée au service de l'homme. Qui ne connaît les Centaures, ces chevaux si puissants et si sages ! Nul doute qu'il ne faille voir dans les Gandharvas de l'Inde à tête de cheval, célestes musiciens, le grossier prototype de l'élégant Centaure. Le cheval, pour les Indiens, était l'emblème noble du soleil, le coursier des cieux ; on dit qu'il parut le plus digne, après l'homme, d'être consacré au dieu dont il était l'image, et que le fameux *açva-medha*, sacrifice du cheval, remplaça les sacrifices humains. N'oublions pas le cheval ailé de l'inspiration, Pégase, qui, sous le nom d'hippogriffe, a servi de monture au divin poëte Arioste.

Que d'autres animaux, utiles ou hostiles à l'homme, sont entrés dans la conception des dieux, éléphants de Siam, lions de Cybèle, sanglier d'Érymanthe, Minotaure de Crète, hydre de Lerne, serpent Python, dragon Ophionée, monstres des Hespérides, griffons gardiens des richesses, aigle de Jupiter, emblèmes défigurés du chaos et de l'éternité, de la terre et du ciel, des ténèbres et de la lumière! Le sphinx tient du lion, de la femme et de l'oiseau. Dans la chimère il y a du dragon, de la chèvre, du lion. Au chien se rattachent Cerbère et Orthros, et la meute cachée dans le gouffre de Scylla. Le chacal est Anubis ; le cynocéphale, Tôt ; le loup, Fenris ; le crocodile, Sévek-Ra ; l'hippopotame, Typhon. Le serpent Uræus à la gorge enflée, la grenouille (pourquoi?) sont des représentants d'Ammon : le scarabée symbolise l'immortalité. Tout un monde ailé se joue, s'entrelace, imbriquant ses plumes dans les coiffures sans nombre des divinités. Ce ne sont que pintades, éperviers, vautours, coqs, ibis, corbeaux, cailles, chouettes. Nous en sommes réduits à deviner le sens de ces hiéroglyphes de l'art; mais on peut croire que chaque bête sacrée avait sa légende, comme la colombe de Vénus, le paon de Junon, les oies du Capitole et le pigeon de l'Esprit-Saint.

Nous avons vu que le chien, notre compagnon fidèle, n'était pas oublié dans la mythologie grecque. Sa vraie place n'est ni aux enfers, ni dans les abîmes de l'Océan ; elle est aux pieds de ses maîtres, sur les tombes du moyen âge. Quant à son rival, maître Mitis, le prudent amateur de nos foyers, si soigneux de sa personne fourrée, il a reçu des honneurs plus grands et plus directs. Non content de n'avoir pas de maître, le chat a eu des serviteurs et des ministres. Sa gloire est intimement liée aux destinées de l'Égypte. Acclimaté vers le xviie siècle avant Jésus-Christ, aussitôt il devient dieu ; Pacht, patronne de Bubastis, chatte géante assise sur le disque lunaire, parcourt les cieux nocturnes, présidant aux voluptés qui se dérobent au jour, et donnant à sa figure de Vénus féline je ne sais quelle sérénité digne de Diane ou d'Isis. Dans ses temples terrestres étaient adorées vivantes des tribus de chats sacrés, dont nous retrouvons à Thèbes et à Béni-Hassan les momies embaumées. « Au milieu des figurines de nos musées, dit M. Champfleury dans son amusant livre des *Chats*, on remarque souvent un chat accroupi, portant gravé sur son collier l'œil symbolique, emblème du soleil. » C'est lui sans doute qui parle ainsi dans le Rituel funéraire : « Je suis ce grand chat qui était à l'allée du Perséa, dans An, dans la nuit du grand combat ; celui qui a gardé l'empire dans les jours où les ennemis du seigneur universel ont été écrasés ! Ce grand chat, c'est Ra lui-même. »

Depuis bien des siècles, le chat, plus sensé que l'homme, a renoncé aux religions. Rodilard, Rominagrobis, le chat botté, toute la dynastie, ne demandent plus pour autels que les chenets de leurs pères et pour hécatombe qu'une bonne pâtée saupoudrée de petits os. Cependant la symbolique vient les chercher de temps à autre. La Liberté, selon Prud'hon, a choisi pour favori le chat, qui est le plus libre des animaux. Et puis, n'est-il pas de la race du lion ?

Nous arrêtons ici ce rapide aperçu, renvoyant le lecteur aux mythologies, aux *Bestiaires* et aux musées.                    André Lefèvre.

**ANIMISME.** — On désigne sous ce nom une doctrine médicale d'après laquelle l'âme gouverne et dirige toutes les opérations organiques, dans l'état de santé comme dans l'état de maladie. Elle a pour fondateur Stahl, professeur à l'Université de Halle, né à Anspach (en Franconie), en 1660, mort à Berlin, en 1734.

Les limites de cet article excluant nécessairement les détails trop spéciaux, j'esquisserai à grands traits les principaux aspects de cette doctrine ; puis, je tâcherai de déterminer exactement quel a été son rôle et quelle doit être sa place dans une histoire générale de la philosophie.

L'avènement de Descartes représente, dans le progrès des idées, une de ces dates capitales comme l'est la fondation d'une ère nouvelle. C'est la philosophie moderne qui se formule avec ses audaces négatives et son ardeur révolutionnaire.

Il ébranle tout le vieux système scolastique, nie résolûment les entités et les causes occultes et veut ramener tous les phénomènes de la nature à des questions de forme et de mouvement. Tout peut et doit s'expliquer d'une manière mécanique et le cartésien Leibnitz ajoute : Expliquer mécaniquement, c'est donner des preuves raisonnables. Il lui faut bien encore une cause première pour donner le choc initial ; mais une fois la matière et le mouvement donnés, le monde en résulte. Il organise ainsi le matérialisme le plus systématique qui ait jamais été : le matérialisme abstrait.

On sait avec quelle puissance Descartes a essayé de construire sa synthèse objective. En astronomie, en physique, il applique sa théorie mécanique : il invente l'automatisme pour arracher à l'inconnu et rattacher aux lois physiques tout ce qu'il peut de la science biologique. Il s'arrête seulement devant l'âme et devant Dieu. Était-il de bonne foi dans son inconséquence? Rien ne nous autorise à en douter. Disons toutefois que la situation commandait la prudence. Pendant que le grand philosophe préparait ces nouveautés hardies, il avait vu brûler Vanini par les officiels de l'époque et lui-même devait, un peu plus tard, être accusé d'athéisme par un théologien, dont j'ai oublié le nom; accusation bien ingrate, car il n'y avait de son temps que deux mauvaises preuves de l'existence de Dieu, et il leur en donna une troisième. Je ne veux pas dire qu'elle soit meilleure, mais enfin il faisait preuve de bonne volonté.

A la suite de Descartes on voit paraître, en médecine, les iatro-mathématiciens ou iatro-mécaniciens, matérialistes purs qui, partant des données scientifiques acquises de leur temps, considèrent le corps comme une machine et veulent tout expliquer par la mathématique. On compte, on mesure, on calcule. Borelli fait la théorie des mouvements musculaires en partant de ce principe, que les os sont des leviers mis en jeu par des cordes qui sont les muscles. Baglivi compare le cœur au piston d'une pompe, les viscères à des cribles, le poumon à un soufflet... La physiologie devient un appendice de la statique et de l'hydraulique.

On comprend facilement quel besoin de positivité poussait ces hommes à introduire, dans la science biologique, la précision plus grande des sciences inférieures; mais on doit comprendre aussi que si, de nos jours, malgré les progrès accomplis depuis Descartes, la physique ne peut parvenir à expliquer tout en biologie, elle devait souvent aboutir à des résultats ridicules ou se heurter à des difficultés insurmontables. C'est ce qui arriva.

Stahl représente le mouvement de réaction, légitime quoique exagéré, contre ces erreurs. Il revendique énergiquement l'indépendance des études vitales et rejette comme inutiles et dangereuses toutes les explications émanées du matérialisme physique ou chimique. Il base sa doctrine sur l'âme, se rattachant ainsi au courant spiritualiste, qui émanait aussi de Descartes.

On pouvait retrouver dans l'*énormon* d'Hippocrate et dans l'*archée* de Paracelse et de Van Helmont le point de départ de la doctrine stahlienne; mais l'énormon est bien vague et il serait injuste de méconnaître toute la supériorité logique de l'animisme sur les systèmes mystico-cabalistiques de Paracelse et de Van Helmont.

Stahl, comme Descartes, admet que la matière est inerte; il lui faut donc trouver une substance immatérielle pour mettre le corps humain en mouvement. Cette substance, c'est l'âme. L'âme faisait fort bonne figure en ce moment; les Cartésiens, en balayant toutes les autres entités, venaient au contraire de la consolider et de la remettre à neuf.

L'âme, c'est donc, à l'exclusion de tout autre agent (*Archée*, esprits animaux), le principe actif de l'organisme. C'est elle qui, dans la génération, se constitue elle-même son corps; c'est elle qui veille à la conservation de ce corps et détermine les mouvements nécessaires à ce but; c'est elle qui préside à la circulation et aux sécrétions; en un mot, c'est l'âme qui dirige, excite et meut directement et immédiatement le corps. La doctrine des causes finales ressort suffisamment de ce que nous venons de dire. Stahl la soutient en effet et définit l'organisme : un ensemble dont toutes les parties concourent au même but.

On objectait naturellement à Stahl les mouvements involontaires dont l'âme n'avait ni conscience, ni souvenir. Il répondait qu'on peut faire une chose raisonnable sans la raisonner (*De differentia logou kai logismou*), que l'âme ne sait pas non plus ce qu'elle est, ni où elle est, ni comment elle y est; qu'elle ne sait ni pourquoi ni comment elle veut ou ne veut pas, ni même comment elle pense, et que cependant sa participation est évidente dans ces différents cas. Ce n'est vraiment pas la peine d'être immatériel pour être si mal renseigné. Stahl ajoutait que l'habitude soustrait certains mouvements à la conscience, mais que nous avons une foule de sensations obscures et de désirs confus qui démontrent l'influence toujours présente de l'âme, et qu'elle connaît si bien l'état de nos organes que, dans nos rêves, elle nous annonce souvent d'avance nos maladies; enfin qu'avant le péché original, l'âme d'Adam en savait beaucoup plus long. Voilà ce que c'est que de lire la Bible ! Mais, même en laissant de côté cet argument de capucin en détresse, il est évident que nous touchons ici au côté faible de la doctrine de Stahl. Ajoutons, pour être juste, que ses réflexions ne laissent pas d'être très-profondes, et qu'il reste, à tout prendre, meilleur observateur que ses adversaires.

Car ils ne parlaient pas toujours d'or, ses adversaires, et Stahl les mettait bien souvent dans un grand embarras. Aux mécaniciens qui soutenaient que le sang, de même que l'eau d'une pompe foulante, ne porte seulement sur l'endroit où il éprouve le moins de résistance, il demandait : Comment se fait-il que, sous l'influence d'un stimulant, une congestion sanguine locale se forme et qu'elle disparaisse au moyen d'un dérivatif, sans que l'action du cœur soit modifiée? Il y a donc une action vitale différente de vos lois physiques.

Aux chimiatres qui voulaient tout expliquer par la théorie des ferments et l'âcreté des humeurs, il demandait : Comment se fait-il que les humeurs du corps, malgré leur grande tendance à s'altérer, s'altèrent si rarement et que la gangrène soit un fait exceptionnel? Comment se fait-il que tant de sels introduits journellement dans l'organisme ne donnent pas lieu plus souvent aux phénomènes résultant de l'âcreté saline? Il y a donc une action vitale conservatrice autre que vos lois chimiques? Stahl avait raison. Il ne faut pas, pour le juger, le mettre en face des physico-chimistes actuels, qui, du reste, ne répondraient pas à toutes ses objections; il faut le laisser dans son milieu, à l'époque où la chimie était encore à naître et où la physique bégayait à peine ses premières affirmations.

Il avait encore raison quand il disait qu'une frayeur subite ou un accès de colère provoquent, bien mieux que la pompe foulante, un changement soudain et notable dans l'acte circulatoire et les sécrétions; que les passions extrêmes peuvent occasionner des convulsions et la mort subite, enfin que les passions gaies favorisent la nutrition et la santé, tandis que les passions tristes leur sont nuisibles.

Comme on le voit, la discussion pendante entre les mécaniciens et les animistes ressemble à celle qui existe aujourd'hui entre les organiciens et les vitalistes, ou, si l'on préfère, entre les matérialistes, toujours abjects, et les spiritualistes, toujours vertueux, comme chacun sait, et elle ne finira que le jour où l'on voudra se décider à reconnaître, d'une part, que les phénomènes vitaux sont entièrement distincts des phénomènes physico-chimiques, et, d'autre part, que, pour expliquer ces phénomènes vitaux, il est inutile d'aller chercher des dieux et des entités, attendu que les dieux et les entités n'expliquent rien et sont eux-mêmes tout à fait inexplicables.

La pathologie de Stahl est une conséquence logique de sa physiologie. Il définit la maladie : un trouble dans la direction de l'économie animale (*Perturbata idœa regiminis ipsius œconomiœ animalis*). Ce trouble vient d'une affection de l'âme. Aussi, les maladies sont-elles beaucoup moins fréquentes chez les animaux que chez les hommes. Cette vue est fort juste, mais, comme le fait remarquer Broussais, il s'agirait d'expliquer pourquoi, n'ayant pas d'âme, les animaux sont encore exposés aux maladies. La pléthore sanguine est une des principales causes morbifiques, parce que l'homme mange généralement plus qu'il ne lui est nécessaire. L'âme combat la pléthore en provoquant des hémorrhagies. L'acte hémorrhagique ne peut s'expliquer par aucune raison physique; il est exécuté et dirigé dans le but de préserver le corps d'autres incommodités. La pléthore de la veine-porte est surtout la cause d'une foule de maladies chroniques. *Vena porta porta malorum*, disaient les stahliens. Aussi reconnaissaient-ils distinctement dans le bourrelet hémorrhoïdal le doigt de la Providence.

Qu'est-ce que la fièvre? Un effort de l'âme pour éliminer la matière morbifique par une série de sécrétions et d'excrétions opportunes. Bien loin de la troubler, le médecin doit la respecter, la diriger et la pousser sagement vers sa fin naturelle.

La thérapeutique de Stahl se devine presque par ce que nous venons de dire. Si l'âme agit intelligemment dans le but de conserver le corps, le médecin doit chercher surtout le but où elle tend et la seconder, au lieu de la troubler par des médications intempestives. C'est la vieille et grande tradition hippocratique. On peut dire de l'animisme que c'est de l'hippocratisme catholique.

Ce qui rend délicate pour un moderne l'appréciation impartiale de la doctrine de Stahl, c'est cette fâcheuse intrusion de l'optimisme théologique dans les choses qui, au fond, le comportent le moins. La grossière imperfection de la machine humaine saute aux yeux de quiconque l'étudie autre part que dans le catéchisme de persévérance, et nous médecins, qui voyons chaque jour, malgré nos efforts, mourir prématurément et dans des souffrances imméritées tant d'êtres aimés et tant d'êtres utiles, nous ne saurions voir, dans la maladie, en nous mettant au point de vue de Stahl, que le résultat d'une stupide imprévoyance, à moins qu'on ne préfère la considérer comme la forme théologique de l'assassinat.

Mais, en éliminant le côté providentiel, et il le faut bien si l'on veut parler raisonnablement, Stahl reste encore un grand observateur et un grand théoricien. Il comprend, en médecine, l'importance du point de vue synthétique et moral et, en rapportant tout à l'âme, il maintient la question sur son véritable terrain, le terrain biologique. Voilà pourquoi je le défends. Les lois vitales sont subordonnées aux lois physiques, mais tous les efforts des Cartésiens modernes n'ont pu réussir à démontrer qu'elles en résultaient. Elles sont, jusqu'à présent, distinctes et irréductibles. On compte beaucoup, pour changer tout cela, sur la fameuse théorie de la transformation des forces. Nous verrons bien; mais, que sont devenues, en attendant, les expériences faites pour rattacher les phénomènes nerveux aux phénomènes électriques, sous prétexte que les deux fluides étaient identiques, comme si les fluides n'étaient pas des bons cieux raréfiés?

Ne reprochons pas à Stahl de n'avoir pas résolu ce qui, de son temps, ne pouvait pas l'être. Le xvııe siècle était fatalement voué, en médecine, à des systèmes provisoires. Mais, si Stahl a eu le tort de baser le sien sur une entité, sachons-lui gré plutôt de n'en avoir reconnu qu'une et d'avoir sagement choisi celle qui contenait le plus de réalité et pouvait facilement être transformée en organe, tandis que toutes les forces abstraites des vitalistes qui le suivent ne sont, à mon avis, que la monnaie de l'âme et ne la valent pas.

Car, enfin, nous avons une âme. Le malheur est que les spiritualistes ont une manière à eux de simplifier les questions. Il leur faut absolument, pour élucider le problème de la nature humaine, un corps matériel et une âme immatérielle, et si, cédant à leurs instances, on leur accorde enfin ces deux points dans l'espérance qu'il va en résulter des clartés surprenantes, ils vous déclarent alors que c'est devenu bien plus incompréhensible qu'auparavant et que la difficulté se complique.

Le maladif Pascal a formulé ces contradictions dans une phrase très-admirée.
« L'homme, dit-il, est, à lui-même, l'objet le plus prodigieux de la nature ; il ne peut savoir ce que c'est qu'un corps, moins encore ce que c'est qu'un esprit et moins qu'aucune chose comment un corps est uni à un esprit : cependant, c'est là son être ! » S'il avait l'habitude de poser les problèmes de cette façon-là, il n'est pas étonnant qu'il ait fini par si mal tourner.

Stahl, toujours pour élucider, disait que le mouvement, bien que conçu dans la matière, était distinct de la matière et que l'âme, substance incorporelle, agissait sur le mouvement qui, lui, agissait sur la matière. Nous entrons ici dans la fantaisie sans limites, et quand on pense que Stahl argumentait ainsi contre Leibnitz, qui voulait absolument, lui, passer ses monades, on se sent pris d'un profond dégoût pour ce galimatias métaphysique qui fait déraisonner ainsi deux hommes de génie, et l'on s'estime heureux de vivre à une époque où toutes ces abstractions n'ont pas cours forcé et sont abandonnées aux personnes qui les trouvent consolantes.

La science positive, sans ajouter des difficultés illusoires aux difficultés réelles déjà trop nombreuses, accepte le problème tel qu'il se présente et prend les choses comme elles sont. Elle constate d'abord que la matière est toujours et partout active et non pas inerte ; elle n'admet donc pas la nécessité d'inventer des principes quelconques pour la mettre en mouvement, puisqu'elle y est et qu'il resterait encore à savoir comment un principe s'y prend pour mettre quelque chose en mouvement; elle ne voit dans les rapports entre le corps et l'âme que les rapports qui existent entre les viscères végétatifs et le cerveau et, sans se préoccuper de savoir s'il y a, en dehors de l'âme — cerveau, la seule qu'elle connaisse, une âme plus éthérée pour l'ébattement des raffinés, elle aborde directement l'étude de la nature humaine.

Certes, le problème, ainsi posé, n'est ni simple ni facile, mais du moins n'est-il pas, à priori, insoluble. Le corps agit sur l'âme de deux manières : par les vaisseaux il lui envoie le sang qui la fait vivre et la stimule ; par les nerfs sensitifs il lui transmet les impressions émanées des organes. L'âme, de son côté, influe sur le corps par deux autres séries d'agents : par les nerfs moteurs elle pénètre dans toute fibre musculaire volontaire ou involontaire, et provoque, excite ou régularise les contractions ; par les nerfs nutritifs, dont l'existence distincte tend à s'établir, elle prend part à tous les actes de la chimie vivante.

Nous reconnaissons tout de suite que nous avons affaire maintenant à un problème positif. Il s'agit d'étudier, d'après ces données, comment l'âme et le corps se modifient mutuellement et quelles conséquences en découlent pour le traitement des maladies, et surtout pour l'amélioration de notre nature morale. Or, tout le monde sait qu'à mesure qu'on s'élève dans la hiérarchie animale, l'âme prend une importance plus grande, et sa réaction sur les viscères est plus accusée. Stahl l'avait bien observé, et sa judicieuse remarque sur la moindre fréquence des maladies et le moindre développement des fièvres chez les animaux conserve aujourd'hui toute sa valeur.

Mais, ce n'est pas tout. A mesure que le mouvement de civilisation se développe et s'accélère, nous voyons augmenter l'influence de l'âme sur les viscères. La vie cérébrale du civilisé est plus active que celle du sauvage ; d'abord, parce que nos relations avec nos semblables sont plus étendues et plus compliquées, ensuite et surtout, parce que ces relations ne sont pas seulement avec les contemporains, mais avec tout l'ensemble du passé, qui nous domine malgré nous et nous a fait ce que nous sommes. Le progrès social tend à rendre notre organisation plus délicate, plus *nerveuse*. Nous tenons de nos ancêtres non-seulement l'héritage intellectuel et moral qu'ils nous ont laissé, mais encore une aptitude plus grande à comprendre et 'à aimer, et, par conséquent, *des cerveaux de meilleure qualité*. Aussi, quand Stahl cherche à établir que la maladie est un trouble de l'âme, il n'est pas aussi loin de la vérité que le croient les organiciens modernes. S'il avait vécu de nos jours, il aurait trouvé une formulation meilleure, en disant, par exemple, que : plus une espèce est éminente, plus le centre cérébral intervient dans les actes organiques, et qu'à mesure que nous nous civilisons la maladie devient de plus en plus cérébrale. Les académiciens en graine, qui encombrent la place de Paris, essayeront peut-être ici d'esquisser un sourire qui voudra être ironique. Si cela pouvait au moins leur apprendre la valeur physiologique de l'ironie! Le médecin, vraiment digne de ce nom, sait mesurer d'un regard l'homme tout entier, tandis qu'ils ne savent mesurer que des diamètres de cellules microscopiques et parfois subjectives.

J'aurai peut-être l'occasion de développer ailleurs une théorie qui ne peut trouver ici sa place. J'ai voulu seulement faire entrevoir quel rôle important la philosophie positive reconnaîtra à l'âme quand elle l'aura entièrement arrachée aux psychologues vaincus, qui ne savent plus ce qu'ils disent, et aux matérialistes vainqueurs, qui ne savent pas trop que dire et qui semblent se demander à quoi elle sert et comment on s'en sert. En remplaçant l'âme-entité par l'âme-cerveau, nous pouvons incorporer à la philosophie moderne la partie vraiment saine de l'animisme de Stahl, tout en restant rigoureusement scientifiques. L'âme de Stahl avait tous les attributs négatifs des divinités; la nôtre peut toujours être pesée, mesurée et disséquée. L'âme de Stahl était le seul principe actif dans un corps inerte; la nôtre est seulement l'organe principal, sans que nous méconnaissions jamais la vitalité particulière de chaque organe et de chaque tissu, ni la pesante domination des lois physiques et chimiques.

Dans ce moment de lutte ardente et nécessaire contre le charlatanisme des spiritualistes officiels, d'aucuns me reprocheront peut-être d'être trop sympathique à une doctrine si fortement spiritualiste. Une des plus grandes difficultés actuelles, je l'ai souvent constaté, est de faire pénétrer dans des cerveaux façonnés par dix-neuf siècles de monothéisme à l'étroitesse des orthodoxies absolues, l'ampleur et l'étendue des conceptions relatives. Laissons l'animisme dormir dans le vieil arsenal métaphysique, mais reconnaissons que Stahl était un grand médecin et un grand philosophe et que ce qu'il cherchait, à travers les ténèbres ontologiques, c'était une théorie réelle de la nature humaine, théorie que notre siècle devait construire et à l'édification de laquelle il a contribué pour sa part.

Mais ce que, pour rien au monde, je ne voudrais laisser ignorer, c'est que Stahl fut vertement traité de matérialiste, pour je ne sais quelle proposition malsonnante et pernicieuse qu'il avait émise. Je n'en connais pas beaucoup, même parmi les chefs du spiritualisme, qui aient échappé à cette fameuse imputation, dite calomnieuse, et le plaisant, c'est qu'elle est toujours juste, attendu qu'on n'a pas encore trouvé le moyen de raisonner sainement pendant cinq minutes sans entrer en plein dans l'hérésie. Ce qui n'est pas plaisant, c'est qu'il se trouve toujours, à point nommé, quelque misérable pour transformer l'accusation philosophique en une simple dénonciation de police et pour demander, au nom de la liberté, la plus forte punition possible. Aussi, quelque passion et quelque violence que je puisse mettre dans la défense de ma doctrine, j'estimerai toujours un adversaire, qu'il soit catholique, protestant, déiste ou athée, tant qu'il se servira des seules armes qui conviennent aux théoriciens, la plume et la parole, car il ne me déplaît pas qu'en France, le pays philosophique par excellence, toutes les variétés des opinions humaines, dans leur diversité féconde, soient représentées et même honorées.

Mais ceux avec qui il n'y a aucune conciliation possible, ceux qu'il faut combattre à outrance et poursuivre sans relâche, même quand on les croit vaincus, ce sont les Cléricaux, parce qu'ils ont conservé la sinistre manie de faire toujours appel à la force pour nous obliger à croire ce qu'ils ne peuvent pas démontrer, et parce que leur politique, dont nous ne pouvons pas être éternellement dupes, consiste à nous demander liberté et protection quand nous sommes au pouvoir, et à nous traquer comme des bêtes fauves quand ils y sont. Eugène Sémérie.

**ANJOU.** — L'Anjou, considéré au point de vue géographique, est composé, en grande partie, du département de Maine-et-Loire et de quelques petites fractions de territoire réunies aux départements d'Indre-et-Loire, de la Sarthe et de la Mayenne : l'Anjou était, avant 89, un des petits gouvernements de la France ; il forme aujourd'hui le département de Maine-et-Loire ; ce département a 104 kilomètres de longueur et 84 kilomètres de largeur : il est situé entre 46° 59' et 47° 47' de latitude nord ; entre 2° 6' et 3° 42' de longitude occidentale.

L'Anjou appartient tout entier au bassin de la Loire : il fournit, à ce fleuve, six affluents sur la rive droite : l'*Authion* et la *Maine*, qui est formée de la *Mayenne* grossie par l'*Oudon*, la *Sarthe* et le *Loir* ; sur la rive gauche, le *Thoué*, le *Layon*, l'*Erve* et le *Moine*, affluent de la *Sèvre Nantaise.*

Trois régions distinctes, la *Vallée*, la *Plaine* et le *Bocage*, modifient les aspects pittoresques de l'Anjou. La *Vallée* se compose des rives de la Loire et des nombreuses îles qui coupent son cours ; la *Plaine* comprend le pays découvert des environs de Saumur ; le *Bocage*, région boisée, embrasse les deux tiers du département au Sud-Ouest et au Nord-Ouest.

Il faut descendre la Loire depuis Saumur jusqu'à Ancenis pour admirer la richesse et la magnificence de l'Anjou. Le fleuve se déroule au milieu des collines plantées de vignes ; sur ses bords, s'étend un long rideau de peupliers ; ses îles sont de fertiles jardins où le chanvre, le lin, le froment, les céréales germent dans un sol fécondé par les inondations ; les vastes pâturages s'étendent de toutes parts en riants horizons. L'Anjou est, par excellence, le domaine de la Loire : il lui doit sa richesse, sa beauté ; d'elle aussi lui viennent parfois des désastres qui ruineraient à jamais une terre moins pleine de sève.

Les régions géologiques de l'Anjou se composent : de terrains d'alluvions, dans les vallées de la Loire et de quelques-uns de ses affluents ; de terrains primitifs, dans la partie méridionale ; à l'Est, se rencontrent surtout les terrains alluvionnels, les terrains tertiaires moyens et les terrains crétacés inférieurs.

Le département de Maine-et-Loire se divise en cinq arrondissements : celui d'Angers, chef-lieu du département, et ceux de Beaugé, Segré, Cholet, Saumur.

Les principales industries de ce département sont l'exploitation des carrières d'ardoise, les plus riches du monde, l'horticulture et l'arboriculture, la fabrication des toiles et des cordages.

L'Anjou a joué un rôle historique important depuis l'antiquité la plus reculée jusqu'à l'époque moderne. Les *Andes* (angevins) figuraient parmi les bandes celtiques, qui, six siècles avant Jésus-Christ, allèrent porter leurs colonies en Germanie, en Italie, en Grèce et jusque dans l'Asie Mineure. Une légende, chère aux Angevins et non dépourvue de vraisemblance, attribue à leurs ancêtres la fondation du bourg d'*Aades* situé près de Mantoue et qui vit naître Virgile.

Quand la Gaule, au lieu de pousser ses conquêtes au loin, dut combattre pour l'indépendance de son propre sol, les Andes prirent une part vaillante à la défense commune. Leur chef Dumnacus, digne émule de Vercingétorix, s'efforça d'arrêter

les légions romaines : César, dans les *Commentaires*, a constaté sa courageuse résis -
tance. Dumnacus fut vaincu à *Poitiers* et à la roche de *Mûrs*. Il dut quitter son
pays.

Le statuaire David (d'Angers), avec ce dévouement patriotique qui inspirait
toujours son ciseau, voulait élever un monument à Dumnacus sur cette même roche
de *Mûrs*, théâtre de sa défaite : la mort du grand artiste a empêché la réalisation de
ce projet.

L'Anjou servit de centre d'opérations à Jules César, dans son expédition contre
les Bretons : on voit encore, près d'Angers, les restes du camp, d'où, suivant
toutes les probabilités, sa flotte partit pour descendre la Loire.

Sous la domination romaine, Angers devint une ville importante : *Juliomogus,*
comme on l'appelait alors en l'honneur du conquérant des Gaules, vit s'élever dans
son sein des monuments dont quelques vestiges sont parvenus jusqu'à nous.

Au II⁰ siècle, après Jésus-Christ, le christianisme pénètre dans l'Anjou; au
v⁰ siècle, de célèbres abbayes commencent à couvrir le sol de la province ; ce sont
celles de Saint-Maur, Saint-Serge, Saint-Aubin, Saint-Florent.

De nouvelles invasions succèdent à l'invasion romaine; d'abord, les Francs
étendent leur domination sur le pays; puis, au IX⁰ siècle, les Northmans remontent
la Loire en ravageant les deux rives du fleuve. Période terrible, mais glorieuse pour
l'Anjou; tandis que le roi de France, Charles le Chauve, traite lâchement avec les
Barbares du Nord, les Angevins, sous la conduite de leur comte, Robert le Fort,
tiennent tête aux envahisseurs : Robert succombe dans une lutte contre eux à
Brissarthe, en 866; mais le prestige qu'il a acquis passera à sa famille, et son fils
Eudes montera sur le trône de France. Plus tard, un autre de ses descendants,
Hugues Capet, y établira de nouveau sa race. A côté de Robert luttait un obscur
fils de paysan, Tertulle le Rustique, que Charles le Chauve créa comte d'Anjou.
Ce Tertulle fut l'aïeul des Plantagenets; — Capétiens et Plantagenets, par ces deux
dynasties l'Anjou a donné des souverains presque à toute l'Europe.

L'Anjou, d'abord divisé sous les Mérovingiens en deux comtés : celui d'Angers
et celui de Sérone, fut ensuite réuni en un seul comté dont Ingelger devint le chef
héréditaire.

Dès lors, l'histoire d'Anjou se groupe autour de celle de ses princes successifs :
1⁰ dynastie Ingelgérienne; 2⁰ dynastie d'Anjou-Sicile; 3⁰ dynastie de Sicile-
Hongrie ; 4⁰ princes apanagistes.

A la dynastie Ingelgérienne se rattachent Foulques Nerra, qui couvre l'Anjou
de monuments; son fils Geoffroy, Foulques V, roi de Jérusalem, et enfin le plus
célèbre de tous, Henri Plantagenet. Ce prince, fils de Geoffroy Plantagenet et de
Mathilde, fille unique de Henri I⁰ʳ, roi d'Angleterre et duc de Normandie, hérita du
trône de son aïeul maternel; plus tard, il conquit l'Irlande, et, par son mariage avec
Aliénor, devint maître du Poitou, du Limousin et de la Guyenne. Singulière
situation faite à l'Anjou, qui devenait ainsi le centre d'un immense empire auquel
il avait donné un maître.

Avec saint Louis, une dynastie nouvelle prend la place des Plantagenets. Ce roi
donne le comté d'Anjou à son frère Charles, depuis roi de Naples et de Sicile : de
là, l'origine de la *Maison d'Anjou-Sicile* à laquelle (en 1356) succède la *Maison de
Sicile-Hongrie.* Louis I⁰ʳ, chef de cette nouvelle dynastie, était fils du roi de France,
Jean le Bon, et frère de Charles V qui érigea pour lui le comté d'Anjou en duché
héréditaire.

L'époque de la guerre de Cent ans est une des plus néfastes de l'histoire
d'Anjou : une partie de sa noblesse succombe à la bataille de Poitiers ; puis, durant

de longues années, les bandes anglaises passent et repassent sur cette malheureuse province, pillant les villes, les abbayes, ravageant les campagnes et soumettant les paysans aux persécutions les plus atroces. Enfin, en 1481, l'Anjou eut sa revanche : l'armée de Clarence fut écrasée à la bataille de Vieil-Baugé.

Après les rudes temps de la lutte contre les Anglais, viennent les jours du *bon roi René*, douce et poétique figure, aujourd'hui encore populaire et aimée parmi les Angevins. Moitié par force, moitié par ruse, son neveu, Louis XI, extorqua de ce vieillard trop faible son duché d'Anjou, son comté de Provence et ses droits sur le royaume de Naples, source des guerres insensées de la France avec l'Italie.

A partir de Louis XI, l'Anjou, dont les principales villes organisées en municipalités, n'a plus que de simples princes apanagistes, qui vivent loin de son sol, étrangers à sa population. Citons parmi eux : Henri, roi de Pologne, depuis roi de France, sous le nom d'Henri III; Gaston d'Orléans, second fils d'Henri IV; Philippe, second fils de Louis XIV, qui régna sur l'Espagne sous le nom de Philippe V; Louis-Stanislas-Xavier, comte de Provence, depuis Louis XVIII.

Les protestants et les catholiques se disputèrent l'Anjou au XVIe siècle : ces derniers triomphèrent. Bientôt la *Fronde* vint de nouveau agiter cette province, soulevée par son gouverneur Rohan-Chabot.

La Révolution française commença son œuvre : alors la partie vendéenne de l'Anjou, trompée sur la véritable portée de cette régénération sociale, se soulève à la voix du cardeur de laine Cathelineau, du garde-chasse Stofflet, et des gentilshommes Charette, Bonchamps, d'Elbée, La Rochejaquelein. Lutte déplorable, mais qui mérite, par l'héroïsme des deux partis, le titre que lui donnait Bonaparte, quand il l'appelait la *guerre des géants*.

Les hommes les plus célèbres de l'Anjou sont : l'historien du XVe siècle, Jean Bourdigné; les trois frères du Bellay; Jean Bodin, le publiciste du XVIe siècle, auteur de la *République*; les maréchaux de Brissac, de la Vieuville; le voyageur Jean Bernier; Gilles Ménages; Mme Dacier; l'amiral de Maillé-Brézé; le maréchal de Contades; l'amiral Du Petit-Thouars; Volney; les généraux vendéens nommés ci-dessus; le commandant républicain Beaurepaire; l'archéologue Jean Bodin; les chimistes Proust et Chevreul; le médecin Béclard; les statuaires David (d'Angers) et Maindron; Beulé (de l'académie des Beaux-Arts), etc.

BIBLIOGRAPHIE. — *Géographie du département de Maine-et-Loire*, par L.-F. Labessière; ouvrage très-complet, renfermant des indications historiques sur les moindres localités. — *Carte historique sur l'Anjou*, par le même.— *Recherches historiques sur l'Anjou*, par J. Bodin. — *L'Anjou et ses monuments*, par Godard Faultrier. — *Le Maine et l'Anjou*, par le baron de Wismes. — *La Réforme et la Ligue en Anjou*, par Ernest Mourin. — *Bulletin archéologique et monumental*, par Aimé de Soland. — *Répertoire archéologique de l'Anjou*, par la Commission archéologique de Maine-et-Loire, sous la direction de Godard Faultrier. — *La Revue d'Anjou*. ÉLIE SORIN.

**ANNEAUX COLORÉS.** — Les couleurs vives et brillantes qui se manifestent lorsque l'on expose à la lumière des lamelles minces de diverses natures et le plus souvent incolores par elles-mêmes, comme les bulles de savon, les lames de verre soufflé sont dues à un phénomène entièrement semblable à celui moins connu des anneaux colorés dont les lois ont été pour la première fois exposées par Newton, et que nous allons indiquer.

Les anneaux colorés se produisent lorsque l'on place devant une lumière une lentille plano-convexe de grand rayon reposant sur un plan de verre. Dans ce cas, on aperçoit au point de contact des deux surfaces une tache noire entourée d'anneaux concentriques présentant des couleurs et des intensités lumineuses très-variables ; ces anneaux s'étendent à une distance du centre qui dépend et du rayon de la lentille et de l'intensité de la lumière. Si, par une disposition spéciale, on peut soulever la lentille de quantités très-petites, le phénomène des anneaux persiste tout en s'affaiblissant, mais la tache centrale prend successivement les couleurs des anneaux voisins, tandis que le diamètre de chacun de ceux-ci diminue comme s'ils venaient se fondre en leur centre, puis disparaître : ce sont là les anneaux colorés par *réflexion*.

On observe également des anneaux colorés lorsque l'on regarde à travers la lentille et la lame de verre, un corps lumineux, ou mieux encore une feuille de papier blanc éclairé uniformément : ces anneaux, obtenus par *transmission*, présentent toujours une intensité moindre que les précédents ; en outre, la disposition des couleurs est différente et, par exemple, le centre paraît blanc lorsque l'on aurait aperçu une tache noire par réflexion.

On obtiendrait des résultats tout à fait analogues, en interposant entre la lentille et la plaque de verre des corps transparents quelconques, de l'eau, de l'alcool, du baume du Canada, etc.; les mêmes phénomènes se produiraient également en plaçant l'appareil dans le vide. Seulement, dans ces divers cas, les diamètres des anneaux changeraient suivant la nature de la lame interposée.

Pour exposer les lois des anneaux colorés, ainsi que pour en donner l'explication, nous supposerons que les expériences sont faites avec une lumière monochromatique, comme est celle de l'alcool salé ou celle obtenue en faisant passer un rayon de soleil à travers une lame de verre colorée en rouge par l'oxyde de cuivre. Nous indiquerons ensuite ce qui doit résulter pour le cas d'une lumière présentant une combinaison de rayons diversement colorés.

Le phénomène des anneaux se simplifie lorsque l'on opère avec une lumière monochromatique ; on distingue alors seulement des anneaux éclairés et des anneaux obscurs. Les diamètres de ces anneaux dépendent de la position de l'œil par rapport à leur centre ; nous supposerons d'abord que l'œil est placé à peu près normalement au-dessus de ce point.

Pour mesurer les diamètres, l'œil regardant au moyen d'une lunette fixe dans laquelle se trouve un réticule, et l'ensemble de la lentille et de la lame de verre pouvant se mouvoir par l'intermédiaire d'une vis micrométrique, on amène le centre de la tache obscure devant un fil du réticule, puis successivement chacun des cercles de plus forte ou de plus faible intensité à être tangent à ce même fil en notant à chaque fois le déplacement de la vis. Connaissant le pas de la vis, on déduit facilement les diamètres cherchés.

Newton a énoncé les deux lois suivantes, qui sont applicables à une même position de l'œil.

1º Les carrés des diamètres des anneaux obscurs sont entre eux comme les nombres pairs, 0, 2, 4, 6, etc.

2º Les carrés des diamètres des anneaux clairs sont entre eux comme les nombres impairs, 1, 3, 5, 7, etc.

On peut déduire de ces lois que les anneaux n'ont pas tous même largeur et qu'ils sont d'autant plus rapprochés les uns des autres qu'ils sont plus distants du centre.

En étudiant les anneaux obtenus par transmission de la même manière, on arrive à énoncer des lois complétement analogues aux précédentes ; seulement, les anneaux clairs sont ceux dont les diamètres suivent la première loi, et les anneaux obscurs ceux dont les diamètres obéissent au deuxième énoncé.

Si, d'autre part, on calcule les épaisseurs de la couche d'air comprise entre la lame et la lentille, on reconnaît facilement qu'elles sont proportionnelles aux carrés des diamètres des anneaux correspondants, parce que l'on ne considère que des points peu éloignés du point de contact. Par suite, nous pouvons conclure que les couches d'air, qui correspondent aux anneaux réfléchis obscurs, ont des épaisseurs proportionnelles aux nombres pairs, 0, 2, 4, etc., et que les épaisseurs des couches d'air correspondant aux anneaux réfléchis clairs sont entre elles comme les nombres impairs, 1, 3, 5, 7, etc.

Newton, s'appuyant sur cette remarque, avait institué la théorie des *accès* pour expliquer ce phénomène; cette théorie assez singulière a disparu avec l'hypothèse de l'*émission* (Voir ce mot) : l'explication découle tout naturellement, au contraire, de l'hypothèse des ondulations lumineuses que nous allons rappeler en quelques mots.

On considère actuellement la lumière comme produite par les vibrations des molécules de l'*éther*, nom que l'on a donné à une matière parfaitement élastique et remplissant tout l'espace : ces vibrations se propagent, à partir du corps lumineux qui leur a donné naissance, suivant des ondes qui sont sphériques dans un milieu homogène. Une molécule d'éther peut être soumise aux actions simultanées de deux ondes lumineuses et prendre alors un mouvement dépendant de plusieurs conditions : en particulier, si les ondes étaient telles que, agissant isolément, elles eussent produit des actions égales et contraires, la molécule d'éther considérée restera en repos, et l'œil placé en ce point ne percevra aucun phénomène lumineux; c'est là ce qui constitue le phénomène des *interférences* (Voir ce mot), dont les anneaux colorés ne sont qu'un cas particulier : l'intensité atteint, au contraire, sa valeur maxima, s'il se trouve que les ondes isolées eussent produit des effets égaux et dirigés dans le même sens; entre ces valeurs extrêmes, on peut observer toutes les intensités intermédiaires.

Le corps lumineux étant supposé vibrer d'une manière continue, on appelle *longueur d'onde* la distance à laquelle s'est propagé le premier ébranlement à l'instant où commence le second; ces longueurs d'ondes sont variables avec la couleur de la lumière et avec la nature du milieu qu'elle traverse. Il résulte de cette définition et de la nature du mouvement vibratoire que deux molécules distantes d'une ou plusieurs longueurs d'onde sont dans la même période de leur vibration, dans la même *phase* suivant l'expression propre; deux molécules distantes d'une demi-longueur d'onde ou plus généralement d'un nombre impair de fois une demi-longueur d'onde, sont dans des phases exactement opposées. Enfin, la réflexion d'une onde lumineuse à la surface de séparation de deux milieux d'inégale réfringence donne naissance à une onde réfléchie qui, suivant le sens de la propagation, est dans la même phase que l'onde incidente ou dans une phase opposée.

Les rayons lumineux qui viennent frapper la lentille se réfractent sur la première surface plane et vont subir en partie une réflexion sur la surface courbe en contact avec l'air; cette réflexion se fait sans changement de phase, et le rayon sort par la surface plane; les rayons qui n'ont pas été réfléchis traversent la couche d'air et vont en partie encore se réfléchir sur la face supérieure de la lame inférieure, mais avec changement de phase; ils traversent de nouveau la même couche, puis la lentille. En chaque point de la surface courbe de la lentille, on peut considérer deux rayons émergeant suivant la même direction, l'un après une réflexion sur la première surface, l'autre après une réflexion sur la deuxième. Si nous désignons par $e$ l'épaisseur de la couche d'air traversée et par $\lambda$ la longueur d'onde, on voit que le second rayon présente avec le premier une différence de phase, qui correspondrait à l'espace $2e + \frac{\lambda}{2}$, le terme $2e$ provenant du chemin parcouru dans l'air et $\frac{\lambda}{2}$ mettant en évidence le changement de phase provenant de la réflexion.

On voit que si $e$ prend des valeurs correspondant à $0,2\frac{\lambda}{4}$, $4\frac{\lambda}{4}$, $6\frac{\lambda}{4}$, $2n\frac{\lambda}{4}$, qui sont proportionnelles à 0, 2, 4, 6, la différence de phase correspond à un nombre impair de fois $\frac{\lambda}{2}$ et par suite à deux phases opposées des rayons qui interfèrent. Si, au contraire, on donne à $e$ des valeurs correspondant à $\frac{\lambda}{4}$, $3\frac{\lambda}{4}$, $5\frac{\lambda}{4}$, $(2n+1)\frac{\lambda}{4}$, proportionnelles à la série des nombres impairs, les rayons présentent des différences de marche marquées par un nombre pair de fois $\frac{\lambda}{2}$ et, par suite, étant dans la même phase, ajoutent leurs effets.

On retrouve donc bien les lois des diamètres de Newton, puisque, nous l'avons dit, les carrés des diamètres sont proportionnels aux épaisseurs de la lame d'air.

Les anneaux obtenus par transmission proviennent de ce que deux rayons, l'un direct, l'autre ayant subi deux réflexions et présentant la même phase que s'il n'en avait subi aucune, émergent de chaque point de la dernière surface; la différence de marche est donc seulement $2e$, et l'on conçoit sans peine que les conclusions précédentes soient renversées.

Partant de cette explication, on a pu prévoir que si, dans les anneaux obtenus par réflexion, chacun des rayons subissait un changement de phase, on aurait des anneaux présentant un anneau blanc au point de contact comme les anneaux précédents. On a vérifié cette prévision en employant pour la lentille et la lame deux corps d'indices différents et en interposant une substance ayant un indice de valeur intermédiaire aux précédents, car alors les deux réflexions se font toutes deux d'un milieu moins réfringent à un milieu plus réfringent, ou inversement.

Sans entrer dans les détails, nous devons dire que les lois auxquelles sont soumis les anneaux vus sous une incidence oblique, sont parfaitement conformes aux explications qu'en donne la théorie des ondulations.

Les rayons diversement colorés correspondent à des longueurs d'onde différentes dont la plus petite correspond au violet, la plus grande au rouge. L'épaisseur $e$ de la couche d'air qui correspond à $2n\frac{\lambda}{4}$ par exemple est donc plus petite pour le violet que pour le rouge; les diamètres des anneaux de même ordre sont donc aussi plus petits pour le violet que pour le rouge, ce que l'expérience confirme.

Enfin, on a de même vérifié la concordance entre l'expérience et les résultats prévus par la théorie, dans le cas où l'on remplace la couche d'air par une couche d'un corps transparent d'indice déterminé.

Nous pouvons donner l'explication des effets produits dans la lumière composée, la lumière solaire, par exemple. Chacun des rayons simples qui constitue cette lumière donne naissance à des anneaux successivement noirs et éclairés; mais les divers systèmes d'anneaux empiètent les uns sur les autres à cause de la différence de diamètre que nous avons indiquée; par suite de cette superposition de couleurs qui se recomposent en partie, on obtient des anneaux blancs et irisés, de la même façon qu'un corps que l'on regarde au travers d'un prisme donne une image blanche bordée de couleurs diverses par suite de la superposition partielle des images colorées qui correspondraient à chacun des rayons de lumière simple.

On voit également qu'en soulevant la lentille au-dessus du plan de verre on augmente l'épaisseur de la couche d'air, et qu'il doit se manifester en chaque point des anneaux qui précédemment avaient un plus grand diamètre.

Les couleurs variées des lames minces, dont nous avons parlé au commencement de cet article reconnaissent évidemment la même origine que les anneaux colorés, les conditions étant exactement semblables.

Nous avons dit que c'est Newton qui trouva les lois des anneaux colorés, mais c'est Young qui, le premier, attribua leur formation à l'interférence de rayons lumineux. Cette explication fut plus tard confirmée et étendue par Fresnel; nous devons citer encore, parmi les physiciens qui se sont occupés de cette question, Brewster, Biot, Pouillet, de la Provostaye et MM. Desains et Fizeau.

Le phénomène des anneaux colorés a été employé à diverses reprises pour mesurer de très-petites épaisseurs, par Newton, puis, plus tard, par Brewster et Wollaston, et par M. Fizeau pour la mesure de la dilatation des cristaux.

Les anneaux colorés, dont nous nous sommes occupés, ne sont pas les seuls que l'on ait à étudier en optique ; outre les anneaux produits par des lames épaisses dont les premières observations remontent à Newton et dont l'explication est analogue à celle que nous avons donnée, il faut citer les anneaux obtenus par le passage de la lumière polarisée à travers des cristaux possédant un ou plusieurs axes de double réfraction. Ils présentent tous des formes circulaires ou elliptiques, et par le centre de ces courbes passent des branches lumineuses ou obscures ayant l'aspect d'une croix ou d'une hyperbole. Ces figures ont été étudiées d'abord par Brewster, puis, par tous les physiciens qui, dans ce siècle, se sont occupés d'optique : elles ont donné lieu à de remarquables travaux, et l'accord absolu entre la théorie et les résultats si complexes de l'expérience est une présomption très-grande de la vérité des hypothèses admises dans l'étude de la lumière, et dont la science est redevable au génie de Fresnel.                    C. M. GARIEL.

**ANNÉE.** — ASTRONOMIE. — Les deux principales divisions du temps, le jour et l'année, sont aujourd'hui basées sur la connaissance précise des deux mouvements dont notre planète est animée, le jour correspondant à la durée d'une rotation entière de la Terre sur son axe, l'année comprenant tout le temps qui s'écoule pendant qu'elle accomplit une de ses révolutions périodiques autour du Soleil. Toutefois ces deux définitions sont insuffisantes, parce que les mots dont elles ont pour objet d'indiquer la signification rigoureuse s'emploient l'un et l'autre dans des acceptions diverses et désignent des périodes notablement inégales.

Écartons d'abord le mot jour pris dans le sens de journée, qui s'entend de la présence du Soleil au-dessus de l'horizon d'un lieu, depuis son lever jusqu'à son coucher, ou, ce qui revient à peu près au même, du temps pendant lequel la lumière directe ou indirecte du Soleil éclaire les objets situés sur cet horizon : sauf à l'équateur, la durée du jour ainsi entendu varie constamment et considérablement avec l'époque de l'année et avec la latitude. Il n'y a donc pas lieu d'en parler au point de vue d'une division régulière du temps. Ne nous occupons que de la période qu'on a l'habitude de diviser en 24 parties égales ou en 24 heures. Là, il y a lieu de faire une première distinction entre le *jour sidéral* et le *jour solaire.*

Le *jour sidéral* comprend, comme nous l'avons dit plus haut, tout le temps que la Terre met à faire une rotation intégrale autour de la ligne de ses pôles. On s'assure qu'une de ces rotations est accomplie, en prenant pour repère une étoile, c'est-à-dire un point qui peut, sans erreur appréciable, être considéré comme situé à une distance infinie. On observe l'instant où cette étoile coïncide avec le méridien du lieu ; le mouvement diurne l'entraîne à partir de ce moment, lui fait décrire une circonférence entière autour de l'axe terrestre, et c'est au moment précis où le point lumineux coupe une seconde fois le plan méridien que la rotation de la Terre est achevée. Ce qui caractérise le mouvement du globe terrestre autour de son axe, c'est sa parfaite uniformité, de sorte que le jour sidéral est une période de durée invariable[1] éminemment propre à servir d'unité fondamentale à la mesure du temps.

Il n'en est pas de même du *jour solaire*, c'est-à-dire de l'intervalle de temps compris entre deux passages consécutifs du centre du Soleil au méridien d'un lieu. Non-seulement cet intervalle est plus grand que le jour sidéral, ce qui est une conséquence nécessaire du mouvement de la Terre sur son orbite, mais encore il y a une inégalité notable entre les divers jours solaires dont se compose une année, ce qui est pareillement une conséquence nécessaire de l'inégalité de vitesse de la Terre, ainsi que de l'obliquité de l'écliptique.

Le jour sidéral pourrait à la rigueur servir aux usages scientifiques, aux observations et aux calculs astronomiques, et cette unité avec ses subdivisions, l'heure, la minute et la seconde sidérales, sont employées en effet en astronomie. Mais comme elles ne marquent point des phénomènes d'une observation immédiate et facile, comme l'origine du jour sidéral, de quelque manière qu'on la fixe d'abord, se trouverait parcourir successivement tous les instants de la journée et de la nuit, il est clair qu'on ne pouvait songer à l'adopter dans les relations civiles. De son côté, le jour solaire est une période dont les retours se constatent aisément, parce qu'ils correspondent à un phénomène que tout le monde peut observer, mais il a l'inconvénient d'avoir une durée variable. Voilà pourquoi les astronomes ont dû ramener les jours solaires de l'année à une durée constante en prenant pour la durée du jour solaire la moyenne rigoureuse entre les jours inégaux de l'année, c'est-à-dire en considérant les passages successifs au méridien d'un soleil fictif, se mouvant uniformément dans l'équateur. De là, le *jour moyen*, et ses subdivisions, l'heure, la minute et la seconde de temps moyen. Mais, pour trouver cette moyenne, il fallait connaître exactement le nombre des jours qui composent l'année, il fallait avoir la longueur même de l'année avec une précision véritablement scientifique.

Nous voilà donc amené à définir l'année comme nous avons défini le jour ; et là, une définition précise est d'autant plus nécessaire qu'il y a aussi plusieurs périodes différentes auxquelles on donne cette même dénomination.

Considérons d'abord l'*année sidérale*. Imaginons que le centre du Soleil soit joint au centre de la Terre par une ligne droite, ce qu'on nomme un rayon vecteur. Cette ligne prolongée jusqu'à la voûte céleste dans l'un ou l'autre sens parcourra successivement tous les points d'un grand cercle dont le plan est celui de l'orbite terrestre. En prenant une étoile de ce cercle pour point de repère ou de départ, c'est quand le rayon vecteur mobile sera revenu coïncider avec cette même étoile qu'une révolution sidérale sera accomplie : telle est la durée de cette révolution de la Terre qu'on nomme l'année sidérale.

Mais, de même que le jour sidéral est abandonné aux usages purement scientifiques, l'année sidérale n'est pas celle qui sert à fixer la longueur de l'année civile,

---

1. Il faut dire toutefois qu'on attribue une partie de l'accélération séculaire observée dans le mouvement de la Lune, à un ralentissement dans le mouvement de rotation de la Terre. Comme ce ralentissement ne produirait pas, au bout de cent mille ans, une augmentation de plus d'une seconde dans la durée du jour sidéral, on voit qu'il est permis de considérer cette durée comme actuellement constante.

et cela, pour une raison analogue. Il y a, en effet, un intérêt évident à ce que l'origine des années successives, à ce que les dates identiques des années correspondent toujours à des époques marquées par des phénomènes météorologiques semblables, à ce que, en un mot, les équinoxes et les solstices, points de départ des saisons, arrivent toujours, autant que possible, dans la suite des temps, aux mêmes dates de l'année civile. Or, si l'on eût pris la longueur de l'année sidérale pour celle de l'année civile, il n'en eût pas été ainsi. Peu à peu, l'on aurait vu les saisons avancer dans l'ordre des dates, le printemps de chaque année empiéter de plus en plus sur l'hiver qui le précède, de sorte qu'au bout d'un nombre de siècles, assez considérable il est vrai, chaque saison aurait successivement pris la place des trois autres et ainsi indéfiniment. La cause de ces changements réside dans le phénomène de la précession des équinoxes découvert, il y a deux mille ans environ, par Hipparque, ou, si l'on veut, dans l'inégalité de durée de l'*année tropique* et de l'année sidérale.

L'année tropique n'est autre, en effet, que la durée qui s'écoule entre deux passages consécutifs de la Terre par le même équinoxe. Or, notre planète, par suite d'un déplacement lent du plan de son équateur, ou, ce qui revient au même, d'un mouvement angulaire correspondant dans la direction de son axe de rotation, revient plus tôt au même équinoxe qu'à la position pour laquelle son rayon vecteur coïncide avec une même étoile. En un mot, l'année tropique est un peu plus courte que l'année sidérale.

Enfin, ni l'année tropique ni l'année sidérale ne mesurent rigoureusement le temps que la Terre met à revenir à un même point de son orbite, considérée comme une courbe de forme et de dimensions invariables. Tout le monde sait que cette courbe est une ellipse dont le centre du Soleil occupe l'un des foyers, et symétrique par rapport au grand axe, dont les extrémités marquent les points où notre planète se rapproche et s'éloigne le plus du Soleil, points qu'on nomme pour cette raison le périgée ou périhélie, et l'apogée ou aphélie.

Deux retours consécutifs de la planète au même point de son orbite, au périhélie par exemple, constituent une période qu'on nomme révolution ou *année anomalistique*. Or, la durée de cette année est plus grande à la fois que celle de l'année tropique et que celle de l'année sidérale. Cela vient de ce que le grand axe de l'orbite terrestre, celui qu'on nomme la ligne des apsides, n'est pas fixe dans l'espace. Il se déplace lentement dans le sens même du mouvement de la Terre, de telle sorte que la longitude du périhélie s'accroît en moyenne chaque année de 61″. De cet accroissement total il y a 50″2 à défalquer, provenant de la précession des équinoxes ; c'est un arc de 10″8 que la Terre doit parcourir en plus de sa révolution sidérale pour accomplir sa révolution anomalistique.

Voyons maintenant quels rapports numériques existent entre ces diverses périodes.

L'année tropique, évaluée en jours moyens, vaut 365$^{jm}$2422166. Ce nombre est déduit des observations comparées de l'équinoxe à de longs intervalles. La même année tropique, évaluée en jours sidéraux, vaut 366$^{js}$242256. Les rapports entre ces deux nombres donnent immédiatement ceux qui existent entre la durée du jour sidéral et celle du jour solaire. On trouve ainsi que :

1 jour solaire moyen = 1$^{js}$00273908 ou 1 jour 3$^m$ 56$^s$555 de temps sidéral ;

1 jour sidéral = 0$^{jm}$99726946 ou 0 jour 23$^h$ 56$^m$ 4$^s$09 de temps moyen.

Comme c'est le temps moyen qu'on adopte dans les usages civils, il est bon de se rappeler que le jour sidéral contient seulement 86164 secondes, au lieu de 86400 secondes qui composent le jour moyen.

Comparons maintenant les différentes années entre elles et indiquons leurs durées en jours et en temps moyens :

'Une année sidérale vaut 365jm2563744, c'est-à-dire 365j 6h 9m 10s63 ;

Une année tropique vaut 365jm2422166, ou 365j 5h 48m 47s52 ;

Une année anomalistique vaut 365jm2594204, ou 365j6h 13m 38s74.

On voit que l'année tropique est moins longue que l'année sidérale de 20 minutes, 23 secondes 11, et moins longue que l'année anomalistique de 24 minutes, 46 secondes 22.

Ce qui précède témoigne suffisamment de la nécessité où nous étions, pour définir l'année, de distinguer entre les diverses périodes comprises sous cette dénomination générale. Maintenant, pour bien fixer les idées, il suffira de rappeler que c'est le temps moyen et son unité, le jour moyen, subdivisé en heures, minutes et secondes, qui est généralement employé soit dans les usages ordinaires de la vie, soit dans les recherches scientifiques ; à moins que, dans certaines observations astronomiques, on ne fasse usage de la pendule sidérale, auquel cas on mentionne expressément que le jour sidéral, subdivisé en heures, minutes et secondes sidérales, est l'unité adoptée.

De même, quand on évalue le temps en années, c'est de l'année tropique qu'il s'agit, si l'on ne mentionne pas expressément le contraire ; et nous rappellerons que l'année tropique s'entend de l'intervalle de temps compris entre deux retours consécutifs de la Terre (ou du Soleil, c'est la même chose) au même équinoxe.

Le point de départ, ou le commencement de l'année tropique, est l'équinoxe du printemps ; mais, comme la durée de l'année n'est pas un nombre entier de jours moyens, qu'il y a une fraction excédante un peu moindre qu'un quart de jour, on s'est trouvé dans la nécessité de prendre un point de départ conventionnel, comme on l'expliquera plus amplement au mot *Calendrier*. Plus loin, nous dirons quelle origine les différents peuples ont donnée à l'année aux diverses époques.

Après avoir exposé, avec la rigueur que comportent les connaissances astronomiques actuelles, ce qu'est l'année, à quels phénomènes réels correspond cette période et quelle est sa durée, il nous reste à en faire brièvement l'histoire, en montrant comment cette notion, d'abord naturellement vague, s'est peu à peu précisée.

Il est probable que la période de la révolution de la lune ou lunaison a été la première employée par les peuples primitifs, et que sa détermination a précédé celle de l'année solaire. Ce mois ou année lunaire est en effet caractérisé par les apparences ou phases du disque de la lune, qui sont très-faciles à observer et reviennent à des intervalles plus courts que les saisons météorologiques. Aussi retrouve-t-on cette période dans les calendriers les plus anciens, et l'on sait qu'aujourd'hui nombre de peuplades sauvages supputent encore le temps en comptant par lunes.

De la lunaison, on s'éleva à l'année solaire, en remarquant qu'un ensemble de 12 mois lunaires ramenait, à peu de chose près, le Soleil à la même position dans le ciel, et par suite coïncidait avec le retour des mêmes circonstances météorologiques. Mais c'était là une approximation grossière, car 12 lunaisons ne font qu'un peu plus de 354 jours, 11 jours environ de moins que la durée réelle de l'année tropique. Telle était la longueur primitive de l'année juive, de l'année grecque, et telle est encore celle de l'année musulmane. Sous Romulus, l'année romaine était seulement de 304 jours ; mais elle fut portée par Numa à 366 jours.

Peu à peu, le besoin de faire concorder le retour des années successives avec celui des phénomènes qui intéressent l'agriculture, la navigation, détermina sans doute les peuples à trouver par l'observation du cours du Soleil une valeur de l'année plus rapprochée de sa valeur réelle. C'est pourquoi, dans l'ancienne Égypte, en Grèce, on substitua, à une époque qui n'est point historiquement déterminée, à l'année de 12 mois lunaires, une période de 360 jours, puis à celle-ci l'année de 365 jours, obtenue par l'addition de 5 jours complémentaires ou épagomènes. Mais alors même, on reconnaît la préoccupation de faire concorder l'ancienne supputation en mois lunaires avec l'année solaire. Chez les Égyptiens, celle-ci se composa de 12 mois de 30 jours, suivis des 5 jours additionnels. Chez les Grecs, elle fut d'abord composée de 12 mois de 30 jours, puis de 12 mois alternativement formés de 30 et de 29 jours; pour compléter la différence, et afin que les nouvelles lunes pussent coïncider avec les mêmes saisons de l'année, ils intercalaient un mois de 30 jours sur 8 années du cycle lunaire de 19 ans, dont la découverte avait été faite par Méton, l'an 433 avant notre ère. Les Juifs firent à leurs années de 12 mois, alternativement de 29 et de 30 jours, des intercalations analogues; puis, ils adoptèrent le cycle de Méton comme les Grecs, poussés par des préoccupations pareilles, c'est-à-dire par la nécessité de faire coïncider certaines cérémonies religieuses avec les mêmes dates de l'année et les mêmes jours de la lune. Le mélange de ces deux divisions du temps, et le besoin de les faire concorder autant que possible, donnèrent lieu aux mêmes usages et aux mêmes inconvénients.

Les Romains portèrent, sous Numa, leur année de 304 à 366 jours; elle fut ainsi, comme nous l'avons déjà dit, plus grande de trois quarts de jour que l'année réelle. De là un désaccord qui, en s'accumulant, produisit dans le calendrier les inconvénients les plus graves, et nécessita la réforme dont les historiens persistent à attribuer la gloire à Jules César, tandis que, scientifiquement parlant, elle est due légitimement à l'astronome égyptien Sosigènes. D'autres changements ont été faits d'ailleurs au calendrier romain, soit par Numa lui-même, soit à des époques subséquentes par les décemvirs et par les pontifes; mais l'histoire de ces changements, intéressants pour la chronologie, ne regardent que très-indirectement le point historique que nous avons en vue, c'est-à-dire la détermination astronomique de plus en plus précise de la durée de l'année.

Bien avant la réforme que César fit subir au calendrier sur les indications de Sosigènes, les astronomes égyptiens et grecs reconnurent que la période de 365 jours était moins longue que l'année solaire tropique. La différence, d'abord évaluée à un quart de jour, fut peu à peu calculée avec plus d'exactitude. Hipparque, comparant ses propres observations faites au solstice d'été avec une observation pareille due à Aristarque de Samos et faite 145 ans auparavant, trouva, pour la longueur de l'année tropique, 365 jours 5 heures 53 minutes, nombre trop fort de 4 minutes à peu près. Il paraît du reste certain que l'excès de un quart de jour était connu beaucoup plus anciennement des Chinois. Voici ce que dit à cet égard M. Biot, dans son *Précis de l'histoire de l'astronomie chinoise :* « La durée de l'année solaire, qui est l'élément fondamental du calendrier chinois, se mesure par l'intervalle du temps que le Soleil emploie, en moyenne, pour revenir à un même solstice, intervalle qui se détermine en fixant les instants absolus de ces phénomènes à l'aide du gnomon, et observant les passages méridiens du Soleil qui y correspondent. L'application suivie de ces deux procédés a fait très-anciennement connaître aux Chinois que l'année ainsi définie contient 365 jours et un quart, en appelant jour solaire l'intervalle moyen de temps compris entre ces deux retours consécutifs du Soleil au méridien. Mais, pour les usages vulgaires, on élude la fraction de jours, en employant trois années consécutives, chacune de 365 jours complets, auxquelles succède une quatrième qui en contient 366. Cette évaluation fractionnaire, et l'intercalation quadriennale qui s'y applique, sont formellement énoncées dans le premier chapitre de Chou-King, intitulé *yao-tien*, ce qui en reporte la connaissance à l'époque de l'empereur *Yao*, plus de vingt siècles avant l'ère chrétienne. »

L'année persane, avec ses intercalations, suppose une connaissance encore plus précise de l'année, plus précise même que celle qui résulte de l'adoption du calendrier grégorien. En effet, dans le calendrier persan, à 7 périodes de 4 années, dont les 3 premières sont de 365 jours et la 4e de 366, succédaient 5 années, dont les 4 premières avaient 365 jours, et la 5e seulement 366 jours. Il résulte de là, par un calcul facile, qu'entre 10,000 années persanes et 10,000 années solaires tropiques, la différence était seulement de 1 jour 834, au lieu de 2 jours 834, qui forment la différence avec 10,000 années grégoriennes.

Nous nous bornerons à ces quelques notions historiques, en renvoyant au mot *Calendrier* pour l'exposition des progrès plus modernes relatifs à cette question intéressante de la division du temps et de la détermination de l'année, considérée au point de vue des relations civiles et des usages sociaux.

AMÉDÉE GUILLEMIN.

**ANNÉLIDES.** — ZOOLOGIE. — (*De annellus*, petit anneau.) — Dénomination créée par Lamarck pour une classe d'animaux que Cuvier appelait *Vers à sang rouge*, et qui, por la plupart, offrent la réunion des caractères suivants : animaux invertébrés, mollasses, allongés, vermiformes, nus ou habitant dans des tubes ; ayant le corps partagé en segments annelés ou présentant des rides transversales ; souvent sans tête, sans yeux et sans antennes ; dépourvus de pattes articulées ; privés de membres ou munis de mamelons sétifères rétractiles disposés par rangées latérales ; bouche subterminale, soit simple, orbiculaire ou labiée, soit en trompe souvent maxillaire ; le système nerveux est ganglionnaire et symétrique, formant une double chaîne longitudinale et verticale d'où s'échappent les filets nerveux. Le sang qui circule dans les canaux fermés est sans globules, coloré ; rouge chez les Vers de terre, les Sangsues, etc., vert chez beaucoup de Sabelles, etc. D'après MM. Milne-Edwards et de Quatrefages, il existe, en outre, chez les Annélides, un système de cavités que remplit un sang incolore contenant des globules non colorés. Les globules sont rouges chez une espèce de Glycère (*Quatrefages*). La respiration est branchiale, parfois cutanée. La plupart des Annélides vivent dans l'eau.

Cuvier reconnaissait dans les Annélides les trois groupes suivants : 1o les *Tubicoles*, qui vivent dans des tubes qu'ils sécrètent ou qu'ils forment avec du sable et des débris de coquillages, tels sont les Serpules ou Tuyaux de mer, les Sabelles ou Pinceaux de mer, les Térebelles, les Amphitrites ; 2o les *Dorsibranches*, dont les organes respiratoires sont situés le long du corps, tels sont les Arénicoles, grands vers qui servent d'appât pour la pêche en mer, les Amphinomes, les Eunices, les Néréides, etc. ; 3o les *Abranches*, qui sont dépourvus de branchies et qui ont une respiration cutanée, tels sont les Vers de terre, communs dans le terreau et les terres humides, les Naïades, qui vivent dans les eaux douces, les Sangsues, les Aulastomes, les Trochètes, les Néphélis, qui vivent dans les étangs ou les eaux courantes.

Siebold et Stannius ont fait des Annélides une classification que nous présentons sous forme de tableau. Elle aura l'avantage de rappeler les différences extérieures qui caractérisent ces animaux.

|  |  | 1° NÉMERTIENS, | dont l'extrémité postérieure du corps est dépourvue de ventouse et l'extrémité céphalique munie de fossettes respiratoires latérales. Ex. : Némertes. |
|ANNÉLIDES.| A PODES ou corps sans soies. | 2° HIRUDINÉES, | dont l'extrémité postérieure du corps est munie d'une ventouse. Ex. : Sangsues. |
|  |  | 1° LOMBRICINS, | dont le corps est sans pieds. Ex. : Lombrics ou vers de terre, Naïades. |
|  | CHÉTOPODES ou corps munis de soies. | 2° CÉPHALOBRANCHES, | dont le corps est pourvu de pieds et porte des branchies sur l'extrémité céphalique. Ex.: Serpules, Sabelles, Térébelles, Amphitrites. |
|  |  | 3° DORSIBRANCHES, | dont le corps est pourvu de pieds, et dont les branchies sont situées sur les anneaux. Ex. : Arénicoles, Amphinomes, Néréides. |

Les animaux qui nous intéressent le plus, parmi les Annélides, sont les Sangsues. Elles habitent de préférence les étangs, les mares, les fossés pleins d'eau. Leur corps, allongé dans l'état de relâchement, prend, en se contractant, la forme olivaire; il est muni d'une ventouse à chaque extrémité; la postérieure est arrondie, à fond clos, l'antérieure est en bec de flûte, et est l'ouverture du tube digestif. Cette dernière ventouse porte sur ses parois, dans sa profondeur, trois pièces dures, dentées, équidistantes, appelées communément mâchoires et qui permettent à l'Annélide d'entamer, de scier la peau de l'animal sur lequel il vit. La disposition de l'appareil buccal de la Sangsue a fait employer cet Annélide pour faire des saignées locales. Les Sangsues sont androgynes, mais elles ne peuvent se féconder elles-mêmes, le rapprochement de deux individus est nécessaire; elles pondent des œufs enfermés au nombre de 3 à 30 dans des cocons à surface veloutée. Bien que les départements de l'ouest et du centre de la France fournissent une certaine quantité de Sangsues médicinales, la Hongrie, la Turquie en exportent chez nous, annuellement, plusieurs millions.

BIBLIOGRAPHIE. — Milne-Edwards, *Atlas du règne animal de Cuvier*. — Savigny, *Système des Annélides (Égypte, Hist. nat.)*. — Audouin et Milne-Edwards, Quatrefages, Dujardin, Dugès, *Mémoires insérés dans les Annales des sciences naturelles*. — Siebold et Sannius, *Nouveau manuel d'anatomie comparée*. — Owen, *Lectures on Comparative Anatomy*, etc., etc. Dr H. BOCQUILLON.

**ANNONCE.** — Documents et avis divers publiés dans les journaux et publications périodiques par les particuliers, à leurs frais et sous leur garantie; par extension, la partie du journal où ces documents et avis sont publiés.

A prendre le mot *annonce* dans son véritable sens, c'est une marchandise débitée par le journal et dont il n'accepte en rien la responsabilité; aussi, dans les pays où, comme en France, le journal doit avoir un gérant responsable, les annonces, sauf les faits divers dont nous parlons plus loin, sont-elles placées après la signature du gérant.

Les origines de l'annonce sont encore plus obscures que celles du journal. Faut-il en voir les premiers essais dans les *Ordinari-Zeittungen* et *Extraordinari-Zeittungen*, publiés vers 1568 par les Fugger, banquiers à Augsbourg? Dans ces correspondances, outre les nouvelles politiques, on trouve le cours des changes, des denrées et jusqu'à des annonces, dans un registre intitulé : *Comment et où toutes les choses sont maintenant à acheter à Vienne*. Nous ne le pensons cependant pas, car la correspondance établie par les Fugger et leurs nombreux agents était une chose particulière et nécessaire à leur immense commerce, et le public n'avait rien à y voir ; or, le caractère de l'annonce est surtout de devenir la chose de tous aussitôt qu'elle est publiée.

Quelles que soient les revendications des Allemands et des Anglais, car eux aussi ont réclamé la priorité, nous croyons que l'annonce industrielle et commerciale, ou particulière, a été créée, en France, par *Théophraste Renaudot*, le fondateur du premier journal politique connu. Cette création est même antérieure à la publication du journal, puisque l'établissement du *Bureau d'adresses*, véritable point de départ de l'annonce, est de 1630, un an avant l'apparition du premier numéro de la Gazette. Dans ce bureau, l'annonce était payée par l'annonceur et par le client qui en avait besoin : trois sous, tel était le tarif établi pour l'enregistrement ou l'extrait, par le privilége royal, sans lequel on ne pouvait rien faire alors. Dans le prospectus lancé par Renaudot pour l'établissement de son Bureau d'adresses, tout est prévu, et la classification de l'annonce, sous diverses rubriques, y fait déjà son apparition : *médecine, consultations gratuites, offices à vendre ou à acheter, capitaux à placer ou à emprunter, emplois demandés ou offerts, meubles et marchandises, transports*, etc., etc. Telle a été la forme primitive de l'annonce, forme qui s'est modifiée et agrandie au fur et à mesure des modifications du journal, mais dont les grandes lignes, tracées avec une merveilleuse sagacité par Renaudot, n'ont pas été changées.

L'annonce, instrument de circulation, ne peut se développer que dans les pays où les intérêts, fortement constitués, ont un incessant besoin de perfectionner leur outillage et de créer toujours de nouveaux débouchés. Aussi, est-ce aux États-Unis et en Angleterre qu'elle a été le mieux comprise et pratiquée. C'est surtout aux États-Unis qu'elle a pris la plus grande extension. Les Américains du Nord ont parfaitement compris que les entraves apportées à un droit naturel ne pouvaient aboutir qu'à une déperdition des forces sociales ou à une explosion; aussi, la presse est-elle pleinement et absolument libre chez eux. Cette liberté, sûre garantie de l'ordre réel, en définitive, tourne au profit des intérêts qui constituent partout les sociétés; aussi, la publicité aux États-Unis est-elle partout, dans tout, et accessible à tous; le premier venu peut y faire un journal, et, pour en couvrir les frais, établir une concurrence de prix pour ses annonces, avec les journaux existants. L'Angleterre, cette terre classique de l'industrie et du commerce, ne vient qu'en seconde ligne. La raison en est simple : le sol y est encore la propriété de quelques milliers de familles ; la bourgeoisie, exclue de la propriété terrienne, a constitué à son tour l'aristocratie financière, industrielle et commerciale, et a gardé pour elle, parmi les autres instruments de circulation, l'annonce, en en élevant le prix et en tolérant l'impôt sur le papier. Il est certain qu'il n'en sera plus longtemps ainsi; l'impôt sur le papier est déjà aboli, et le mouvement social, qui effraye si fort les myopes intellectuels, a jeté de si profondes racines en Angleterre qu'il faudra bien que les diverses aristocraties se décident à compter avec lui, pendant qu'il en est temps encore. Les classes laborieuses sont en marche pour conquérir leur droit de bourgeoisie, et, comme il n'y a pas de force humaine capable de les arrêter, le xixe siècle les verra participer à la propriété et à toutes ses dépendances : outillage, instruments de circulation, presse, publicité, etc., etc. Ce sera un des premiers effets d'une grande cause.

Dans l'Amérique méridionale, la presse est libre comme aux États-Unis, la publicité y est à bas prix par conséquent; si elle n'est pas plus abondante, c'est que les forces productrices y sont encore peu nombreuses.

Dans l'Europe continentale, sauf en Belgique et en Suisse, la presse étant plus ou moins subordonnée aux caprices ou aux frayeurs des gouvernements, leur liberté est précaire et leur expansion gênée ; aussi, leur publicité est-elle loin de ce qu'elle doit être ; trop d'obstacles s'opposent encore au développement des intérêts. Cependant, les prix de la publicité en Allemagne et dans les pays slaves sont généralement moins élevés qu'en France.

En France, l'annonce se divise en *annonces anglaises, annonces-placards, réclames* et *faits divers*. L'*annonce anglaise* est celle dont les premiers mots sont en caractères d'imprimerie plus saillants, elle est toujours disposée sur une seule colonne. — L'*annonce-placard* est celle qui est faite sur plusieurs colonnes en caractères différenciés, offrant souvent les dispositions les plus bizarres de la typographie, afin de mieux attirer l'œil du lecteur. — Ces deux catégories sont ordinairement comptées au client, comme étant faites sur caractère d'imprimerie de 7 points. Le prix de la ligne de 40 lettres varie de 75 centimes à 2 francs à Paris, de 15 centimes à 1 franc dans les départements.

La *réclame* est une ou plusieurs phrases louangeuses insérées avant les annonces et immédiatement après la signature du gérant. Le prix de la ligne, comptée sur caractère d'imprimerie de 8 ou 9 points, est à Paris de 2 à 3 francs ; dans les départements, de 50 centimes à 2 francs.

Le *fait divers* est inséré dans le corps du journal et se confond avec ceux fournis par la rédaction. Il est imprimé en même caractère et son prix varie entre 5 et 10 francs la ligne, à Paris ; dans les départements, moitié prix.

On a toujours le droit de faire insérer une annonce dans un journal, pourvu que cette annonce n'offre aucun danger de procès ou de contestation (*affaires Sourigues*, etc.) ; mais on ne peut forcer le journal à insérer une annonce contraire à ses intérêts directs ou à sa dignité (*affaire Loyau de Lacy*).

Les caractères de la publicité étant nettement définis, elle ne devrait avoir aucun point de contact, si ce n'est celui du domicile, avec ce qui constitue le journal proprement dit. En théorie, ceci est vrai, mais, dans la pratique, il n'en est pas ainsi : *nous avons changé tout cela*.

La presse a toujours été traitée en ennemie par les divers pouvoirs qui se sont succédé en France ; mais, comme elle est entrée profondément dans les mœurs, on n'a pu la supprimer, — les gouvernements les plus dépourvus de vergogne ne l'ont même pas essayé ; — seulement, ils se sont ingéniés pour lui rendre l'existence difficile, impossible même, si ce mot pouvait s'écrire pour la presse. C'est surtout dans les mesures fiscales que nos modernes Apédeftes se sont surpassés : cautionnement, timbre, droits de poste exagérés, brevet d'imprimerie, etc., tout s'est réuni pour entraver son développement. Il est résulté de ceci, que, pour créer et faire durer un journal, il faut avant tout un capital considérable, et qu'il a fallu, pour le réunir, établir de véritables sociétés financières, dont l'unique souci, et, en ceci, elles n'ont fait qu'obéir à la loi de leur création, a été de sauvegarder leurs intérêts. Le journal, tel qu'il existe, n'est donc pas en réalité l'œuvre de tels ou tels écrivains ; c'est une propriété exploitée au mieux des intérêts des actionnaires, et dans laquelle tels ou tels écrivains publient leurs élucubrations, pourvu toutefois qu'elles ne compromettent en rien les intérêts qui leur ont fait appel.

Malheureusement, un journal ne peut prospérer, vivre le plus souvent, avec le produit des abonnements, et il a fallu recourir à une source de revenus étrangère : l'*Annonce*. Il en est résulté, comme conséquence, que l'annonce est devenue la véritable maîtresse du logis, qu'elle y domine et que tout a fléchi devant elle.

La publicité est l'instrument le plus indispensable à l'industrie et au commerce ;

car le développement des routes, des canaux, des chemins de fer; la télégraphie, la navigation transatlantique, l'abaissement des tarifs douaniers, l'uniformité du droit postal, etc., ayant décuplé la production, il lui a fallu des consommateurs, que, seule, la publicité peut lui fournir; elle en crée même, en éveillant la curiosité et en irritant le désir. Aussi, les industriels et les commerçants intelligents en ont-ils compris tout de suite l'importance. Mais la publicité est chère, très-chère en France; la concurrence est, grâce au monopole, entre les acheteurs, contrairement à ce qui existe pour les autres intérêts. Qui peut la payer, l'accapare, et étouffe sous le bruit de ses fanfares ses rivaux moins fortunés, fissent-ils mieux et à meilleur marché : « *Au banquet de la publicité il n'y a pas place pour eux. Silence aux pauvres !* »

Le monopole créé par les gouvernements engendre celui du sac d'écus. Ce n'est encore là que le côté brutal. On peut s'ingénier pour vivre à côté de lui, le maudire et le combattre : il s'étale au grand jour ; mais, où il se révèle dans toute sa hideur, où il remplit en conscience son rôle de corrupteur de la morale publique, de destructeur de toute société, c'est lorsqu'il s'agit de la partie secrète de la publicité.

Même avec un nombre considérable d'abonnés, avec un affermage d'annonces très-élevé, le journal, vu ses frais énormes et tel qu'il est obligé de se constituer, ne peut donner aux actionnaires de bénéfices appréciables. Il a donc fallu, à côté du budget au grand jour, créer le budget occulte. Ce sont les affaires financières qui se chargent de l'alimenter. La finance achète tout : la louange, l'attaque, pourvu qu'elle la dirige, le silence même; et l'on ne peut se garer de ses atteintes, puisque, à côté de l'annonce ostensible et qu'on peut dédaigner, il y a l'article laudatif signé; et que le gros des lecteurs ne peut savoir s'il émane des intéressés ou s'il est le fait de la rédaction avec laquelle il sympathise. On a beaucoup plaisanté sur les actionnaires, mais comment ne l'auraient-ils pas été *actionnaires ;* puisque tous, tous sans exception, depuis le journal officieux, arborant cyniquement sa cocarde, jusqu'au journal le plus opiniâtre dans son opposition, se réunissent pour prôner les entreprises de tels ou tels génies providentiels de la finance. Qu'on se souvienne des emprunts mexicains, et des crédits, et des mines, et des chemins de fer, etc., etc. Quand la débâcle arrive, le budget occulte n'en chôme pas, au contraire : le *silence est d'or*, et les tripoteurs d'affaires le savent et ne lésinent pas.

La responsabilité d'un pareil état de choses ne peut incomber aux diverses sociétés commerciales établies pour exploiter la publicité des journaux : leurs fermages sont excessifs et d'ailleurs, en matière de commerce, on ne fait pas de l'art pour l'art; il faut faire honneur aux engagements pris et prospérer, si l'on ne veut faire perdre les tiers; elle n'est pas aux actionnaires : quand on place de l'argent, c'est pour qu'il rapporte; encore moins peut-elle être rejetée sur les rédacteurs qui, le plus souvent, ignorent tout et sont désintéressés dans les tripotages qui se font à côté d'eux; — cette responsabilité doit retomber tout entière sur ces gouvernements à courte vue, qui n'ont pas encore compris ou qui ont trop compris ce que doit être la presse : le plus puissant instrument de vulgarisation des idées et des principes qui doivent régir les sociétés modernes ; sur ces politiques de hasard, qui croient faire merveille en faisant régner partout le silence et qui ne savent pas encore que la compression est l'antipode de l'ordre réel, et que, si elle pouvait durer longtemps, son seul effet serait la décomposition de la société.

N'y a-t-il aucun remède à une situation aussi déplorable et aussi avilissante? Poser la question, c'est la résoudre.

La presse est indispensable : plus les sociétés se perfectionneront, et plus elle sera indestructible ; telle qu'elle est aujourd'hui : honnie, persécutée, avilie, on ne peut l'abattre et il faut compter avec elle. L'annonce, qui ne circule que par elle, est un instrument de première nécessité : la production et la consommation ne peuvent s'en passer. Mais la presse est écrasée par ses charges et forcément sa publicité, par son prix, constitue un véritable monopole en faveur de l'argent. Tout ceci est l'exacte vérité; mais si la presse et son annexe, l'annonce, sont indispensables à la vie des sociétés modernes, rassurons-nous, les sociétés ne périront pas pour le bon plaisir de quelques individus. — Saint-Simon a été bon prophète dans sa parabole.

Qu'y a-t-il à faire?

Abolir cautionnement, timbre, brevets, droits exagérés de poste, etc., etc. En peu de mots, pour la presse comme pour les nations : *la liberté, encore la liberté, toujours la liberté !* — Que chacun puisse faire son journal si bon lui semble, et tant pis pour ceux qui voudront se mêler d'écrire sur ce qu'ils ignoreront ou ce qu'ils connaîtront imparfaitement, l'indifférence du public en fera justice ; mais, au moins, ceux qui auront quelque chose en eux, qui comprendront les véritables lois et les intérêts de la société, n'auront plus besoin de s'humilier et de dissimuler leur pensée, ou de la tourner en haine pour arriver au grand jour. Ils resteront, et comme leur journal ne sera pas rendu impossible par les charges, leur publicité, au lieu de constituer le pain quotidien ou les bénéfices, comme à présent, servira seulement à couvrir une partie des frais généraux, et se vendra bon marché. D'ailleurs, les journaux se multiplieront et se spécialiseront; l'annonce se classera et ne se fera plus tout à fait à l'aventure, comme maintenant. De toutes façons, son prix baissera et deviendra accessible à tous, d'autant plus accessible qu'aucun monopole ne pourra s'établir, la liberté procurant l'abondance de la denrée et, par suite, la concurrence.

Nous ne connaissons pas d'autre remède à la situation actuelle.

P. Lelong.

**ANTHÉLIE.** — Le phénomène lumineux désigné sous le nom d'anthélie ne se présente jamais isolé; il accompagne le plus souvent les *halos, parhélies* et doit son origine à l'existence des mêmes conditions. Lorsque ces conditions se trouvent réunies, le soleil paraît entouré d'un ou plusieurs cercles concentriques plus ou moins colorés (V. *Halo*), auxquels sont tangents des arcs lumineux horizontaux d'une faible étendue; une ligne verticale lumineuse passant par le soleil, un grand cercle horizontal blanc divisant les halos en parties égales (cercle parhélique) et sur ce cercle, un point brillant situé à l'opposé du soleil, l'anthélie, complètent ce météore que l'on n'a que bien rarement l'occasion d'apercevoir en entier et dont les halos constituent la manifestation la plus fréquente. C'est dans les contrées du Nord que l'on a le plus souvent la vue de cet ensemble, quoiqu'il ait été observé quelquefois dans nos climats. On doit, en effet, rapporter l'origine commune de ces divers phénomènes à l'existence de cristaux de glace tombant en grand nombre et l'on conçoit que cette condition, jointe à la nécessité de la présence du soleil, peut se rencontrer plus fréquemment dans des climats froids que dans les pays tempérés.

L'eau cristallise sous la forme d'étoiles à six branches qui sont manifestes dans la neige, et quelquefois sous la forme de prismes hexagonaux en général de faible hauteur, ces deux formes étant des modifications d'un même type. Ce sont les cristaux prismatiques qui, d'après les explications admises maintenant, causent les apparences variées que nous avons indiquées, en réfléchissant et en réfractant les

# 336

rayons solaires. Les couleurs dont sont bordés les halos indiquent que ceux-ci prennent naissance par réfraction; l'anthélie et le cercle parhélique qui sont complétement blancs ne peuvent être produits que par des phénomènes de réflexion : il en est de même de l'arc vertical dont nous avons indiqué l'existence et qui n'a pas reçu de nom particulier. Nous donnerons simultanément l'explication de ces derniers effets, renvoyant au mot *Halo* pour l'indication de ceux dus à la réfraction.

Les cristaux de glace en tombant s'orientent de manière à éprouver de la part de l'air le moindre frottement possible; les prismes, par suite, ont leur axe vertical, leurs faces aussi verticales et leur bases horizontales : les tablettes hexagonales présentent leur axe horizontal et leurs bases verticales, les faces ont des inclinaisons diverses, mais, vu leur petite dimension, leur action est très-faible. L'action totale de ces cristaux sera sensiblement la même que celle de petits plans horizontaux et verticaux à cause du nombre très-prédominant des faces présentant ces directions sur celles ayant d'autres inclinaisons.

Les faces verticales donneront une série d'images du soleil situées à la même hauteur que celui-ci et qui, réparties en grand nombre dans toutes les directions, présenteront l'apparence d'un cercle lumineux qui est le cercle parhélique. On peut reproduire un effet analogue à celui dont nous parlons, soit en regardant une lumière à travers un cristal fibreux dont on dirige verticalement les fibres; soit en faisant tourner rapidement un miroir devant un point lumineux autour d'un axe vertical, le nombre des faces d'inclinaison diverse étant ici remplacé par les positions variées que prend le miroir.

L'arc vertical prend naissance dans les mêmes conditions par la réflexion du soleil sur les bases horizontales des aiguilles; mais, celles-ci étant en moins grand nombre que les faces verticales, l'arc doit être moins lumineux ainsi qu'on l'observe généralement. Les expériences que nous avons indiquées précédemment s'appliquent, on le conçoit, à ce cas, en plaçant horizontalement les fibres des cristaux ou l'axe de rotation du miroir.

Les explications précédentes font comprendre la formation des cercles blancs horizontaux ou verticaux, elles ne donnent pas la cause de l'anthélie proprement dite, de cette image lumineuse située sur le cercle horizontal à l'opposé du soleil. Il n'existe jusqu'à présent aucune hypothèse plausible applicable à la formation de ce météore, qui n'a jamais été observé aussi nettement, du reste, que les cercles parhéliques.

Nous devons ajouter que les mêmes apparences peuvent se présenter pendant la nuit, lorsque la lune est au-dessus de l'horizon, ainsi que le rapporte Hévélius : il se manifeste alors également des halos lunaires et des parasélènes.

Nous renvoyons au mot *Halo* pour l'indication des physiciens qui se sont occupés de cette question, nous bornant à dire que c est à Bravais qu'on en doit la théorie la plus complète.        C. M. GARIEL.

**ANTHROPOLOGIE**, ou science de l'homme, à prendre le mot dans son acception purement étymologique. Mais, au grand profit du langage, le sens de cette expression a cessé d'être à la merci des auteurs qui la prenaient pour étiquette, les uns de leurs fantaisies métaphysiques, les autres, d'études sans doute fort méritantes, mais purement descriptives et anatomiques. Aujourd'hui, l'Anthropologie a déterminé son domaine et, quelque vaste qu'il soit, l'a circonscrit avec précision ; cependant, ce n'est que d'hier qu'elle a trouvé sa méthode également purgée et des malfaisantes influences du mysticisme et des folles et périlleuses audaces de l'imagination.

Je te propose donc, Lecteur, l'impartiale observation de ta propre espèce; mais si tu as d'invincibles tendresses mystiques; si, énervé par les stériles voluptés de l'idéal, ton esprit est sans enthousiasme pour les palpables réalités de l'alme nature, tu n'es pas plus né pour cette science que ses amants ne le sont pour goûter les litanies que l'on psalmodie en l'honneur des dieux.

Mais tu persistes, la vérité est ton culte, et aucune épreuve n'est au-dessus de ton enthousiasme! Alors arrache ses voiles à ta maîtresse, anatomise ce corps splendide, et, par un long travail, découvre que chacun des traits de cette forme humaine, dont la beauté t'enivre, au lieu de surgir tout d'un coup des mains d'un divin artiste, comme le raconte la fable menteuse, s'est dégagée peu à peu, avec des hésitations extrêmes et des souffrances inouïes de la laideur, de la misère, de l'abjection première. Interroge longuement les nombreux témoins de cette primitive bassesse, et, jusque sous les formes élégantes de l'être humain, reconnais l'ossature simienne..... Si, par ce pénible labeur, par ces découvertes décevantes, ta virile ardeur n'a éprouvé aucun trouble; si la beauté et la science te restent aussi chères, alors, tu as subi l'épreuve des Sages, et ton ferme esprit peut s'élever à la science de l'homme, suivre, dès l'aube de sa naissance et dans sa misère native, les premières luttes de ce triste bipède appelé à de si étonnantes destinées et, par d'innombrables investigations, ayant reconstitué cet incommensurable passé, démêlé les complexités des types humains aujourd'hui existants, nul doute que, de même que l'astronome prévoit la marche ultérieure d'un astre dont il a saisi les positions premières, ainsi nous ne puissions présumer, et hâter peut-être, les triomphes que le lointain avenir réserve à notre espèce.

*Définition.* — Cependant reprenons le calme nécessaire à la science et précisons l'objet de l'Anthropologie, sa méthode, les limites qui la circonscrivent et lui assignent sa place parmi toutes les autres sciences. Au mot *Science*, on verra qu'il y a des *sciences abstraites* et des *sciences concrètes; des sciences pures* et des *sciences appliquées;* ces divisions sont, à la vérité, sans réalité objective, c'est-à-dire, ne se rencontrent pas dans les choses; mais elles sont en rapport avec la marche de notre esprit, et l'expérience a prouvé que le progrès est d'autant plus assuré et rapide qu'elles sont plus nettement observées. Il importe donc extrêmement que les sciences qui ont l'homme pour objet s'y conforment ; et nous allons montrer, par son rapprochement avec les autres sciences parfaitement constituées, que c'est le cas de l'Anthropologie telle qu'elle a été comprise par la Société d'Anthropologie de Paris.

Comme la Géométrie analyse les formes des corps sans souci de leurs propriétés physiques ou chimiques, — la Physique étudie leur gravité, leurs propriétés optiques sans se préoccuper de leur composition chimique, etc., ainsi font toutes les *Sciences abstraites;* elles ont pour objet l'étude, non d'un être déterminé, mais de l'une des qualités ou propriétés se rencontrant dans une série d'êtres, que l'on passe en revue seulement pour y saisir les modifications diverses de l'unique propriété étudiée, et indépendamment de son support.

Au contraire, la Minéralogie est une science *concrète,* car elle se propose de connaître nommément chaque minéral. Ici, l'étude consiste à savoir les qualités géométriques, physiques, chimiques, organoleptiques, inhérentes à chaque individualité que ces propriétés révèlent et déterminent.

De même, dans les sciences Biologiques (celles où l'investigation s'applique aux êtres vivants), il y a des *sciences abstraites,* telle que l'Anatomie qui va parcourant toute la série vivante pour y saisir, y comparer les formes, les couleurs, etc., des organes, tandis que la Physiologie passe la même revue pour s'informer de leurs usages ou fonctions.

Mais, qu'un naturaliste entreprenne d'étudier sous toutes ses faces (je dirai mieux : en toutes ses manifestations phénoménales) une espèce, un genre, une famille, il fera une *étude concrète*; car, ici, l'anatomie, la physiologie, la physique et la chimie, les propriétés organoleptiques (couleur, odeur, etc.), enfin toutes les données des sciences abstraites serviront tour à tour à l'investigation du groupe étudié. Or, l'Anthropologie est justement une science de cet ordre ayant l'homme pour objet; elle doit donc, pour rester en harmonie avec les autres sciences, ses aînées et ses modèles, étudier l'homme dans toutes ses manifestations.

Ajoutons que l'Anthropologie est une *science pure*, c'est-à-dire, dégagée de toute visée d'application comme de toute idée dogmatique; elle se propose de découvrir des faits précis et les rapports qui les enchaînent dans un ordre naturel, sans se soucier du plaisir ou du déplaisir que leur découverte ou leurs conséquences feront éprouver aux champions des diverses croyances, sans même se préoccuper des applications; au contraire, l'Économie, l'Hygiène, la Médecine, sont des sciences *appliquées*.

Ces notions préliminaires étant rappelées, résumons-les et complétons-les dans la définition suivante :

L'ANTHROPOLOGIE *est une science pure et concrète ayant pour but la connaissance complète du groupe humain, considéré :* 1º *dans chacune de ses divisions typiques (variété, race, espèce, s'il y a lieu) comparées entre elles et à leurs milieux respectifs; —* 2º *dans son ensemble et dans ses rapports avec le reste de la faune.*

Elle s'applique notamment à connaître (c'est-à-dire à analyser et à définir) : 1º les formes organiques, soit extérieures, soit intérieures, en s'attachant à établir et à comparer les diverses phases de leur évolution suivant les âges et les temps (embryologie et paléontologie); 2º les aptitudes physiologiques et pathologiques de chaque type, aptitudes qui se mesurent : *les premières* par la comparaison des idiomes, des mœurs, de l'industrie, des arts et beaux-arts, de l'état social, des législations et des religions, des notions morales et intellectuelles dans *leurs rapports avec les formes organiques* de chaque type; — *les secondes*, par les influences des divers milieux sur chaque type (acclimatation, etc.) et par les conditions pathologiques, causes de maladie ou de mort. Ajoutons enfin que chacune de ces études doit être poursuivie et comparée et dans chaque type et dans le reste de la faune, quand des phénomènes trouvés dans le groupe humain s'y rencontrent.

Si le lecteur a bien voulu lire attentivement ce vaste programme, il aura, nous croyons, une notion exacte du cadre immense de l'Anthropologie, cadre certainement trop vaste pour qu'une seule intelligence en étreigne et en fouille également toutes les parties; de là, l'utilité, la nécessité des sociétés d'anthropologie, et la première, fondée à Paris en 1859, par M. Broca, était une création si bien dans les besoins du temps, qu'elle a été, en peu d'années, imitée en Angleterre, en Russie, en Espagne, etc. Cependant, en sacrifiant la précision à la brièveté, on pourrait résumer en trois mots la longue définition que nous avons assignée à l'Anthropologie, en disant qu'elle est l'*histoire naturelle de l'homme;* mais nous croyons que cette définition, séduisante par sa brièveté, serait trop vague pour donner une idée précise de l'étendue de la science, si nous ne la placions après la détermination plus explicite qui précède.

La science nettement définie, il faut que nous en disions les grandes divisions; que nous signalions les principaux problèmes qu'elle agite de notre temps, afin de renvoyer le lecteur aux différents articles qui successivement traiteront ces sujets; il faut enfin que nous mettions en lumière les méthodes propres à cette science, car c'est surtout par sa méthode qu'une science acquiert autorité; et, comme l'équité fait la force du juge, la méthode fait celle du savant; l'une oblige la conscience, l'autre l'intelligence. L'Église, ayant la grâce et la foi, n'a pu connaître ces deux grandes forces qui entraînent les convictions; elle les a remplacées par l'Inquisition.

Dans la science, la *première place* étant aux faits, on doit désirer d'abord une étude complète, aussi complète que possible, des différents types humains; c'est l'objet de l'Anthropologie *analytique* ou ETHNOLOGIE.

La *seconde partie* de l'Anthropologie est *synthétique*; elle considère le groupe humain dans son ensemble, et, résumant les connaissances fournies par l'Ethnologie, présente le tableau complet des attributs du groupe humain et des questions qui s'y rattachent; on peut appeler cette seconde partie l'ANTHROPOLOGIE GÉNÉRALE.

La *troisième partie*, peut-être la plus séduisante, mais aussi la plus contestable et la plus variable avec le temps, tire les inductions qui résultent des connaissances précédentes, et propose des solutions *provisoires* aux grandes questions pendantes; elle peut s'appeler l'ANTHROPOLOGIE PHILOSOPHIQUE.

I. — L'ETHNOLOGIE, ou l'étude des races humaines, est la base de l'Anthropologie. C'est elle qui est appelée à fournir les matériaux à l'Anthropologie générale et aux conclusions philosophiques; aussi beaucoup la confondent-ils avec l'Anthropologie entière. Pour en donner une idée plus précise, signalons très-succinctement les principales différences qui existent entre les types humains, et que l'Ethnologie est appelée à constater.

Les traits les plus manifestes des divers types humains, et, par suite, les premiers et les plus connus, appartiennent aux organes extérieurs. La couleur de la peau : blanche, brune, jaune, rougeâtre, noirâtre ou noire; celle des yeux, non moins variable; la couleur et la qualité des cheveux : noirs, rouges ou blonds; lisses et droits, ou ondulés, bouclés, frisés, laineux ou crépus; leur forme microscopique, leur mode d'implantation, la dissémination du système pileux de la face et du corps, quelquefois clairsemé et rudimentaire, quelquefois d'une abondance extrême (voyez *Aïnos*); enfin, les traits et le volume, la largeur de la face et sa projection en avant, le développement de la stature, sont les caractères extérieurs les plus frappants, et qui, de tout temps, ont permis aux voyageurs de distinguer un certain nombre de types d'abord manifestes, tandis que leurs différents degrés de civilisation, d'état social, décèlent des aptitudes non moins divergentes.

Cependant des traits distinctifs, ni moins significatifs ni moins nombreux, se rencontrent dans le détail des formes et dans la profondeur des organes : ainsi, chez les peuples dont les formes crâniennes primitives n'ont pas été altérées par le croisement ou par des manœuvres artificielles, le modèle de la tête est plus ou moins uniforme; elle est : *ou* large et arrondie, on la dit alors *brachycéphale* (chez les *Lapons*, par exemple); *ou* allongée et ovale, et on la dit *dolicocéphale* (chez les nègres, les Australiens, etc.); etc.

La capacité moyenne du crâne, de 1,500 centimètres cubes chez quelques-uns, s'abaisse à 1,200 chez d'autres (Hottentots, Bochismans, Australiens, etc.); les plis cérébraux, ici très-nombreux et là notablement moins multipliés; différences non moins tranchées dans les membres; c'est ainsi que des bras plus courts, une main mieux ou autrement faite, le mollet plus développé, le talon moins proéminent, nous distinguent des races mélaniques d'Afrique ou d'Océanie; enfin, les formes respectives des fesses, des organes de la génération et de la lactation, de la mastication (dents et mâchoires), ne sont pas moins caractéristiques. Il faut, à ces différences organiques déjà assez bien connues, ajouter celles très-peu étudiées, mais déjà signalées, qui se rapportent aux autres organes profonds, tels que le volume et le poids des poumons, des reins, du foie, de la rate, des capsules surrénales et des diverses glandes; le volume des troncs nerveux et de la moelle épinière, la longueur des voies digèstives.

Mais les différences entre les types humains ne sont pas seulement dans les formes, les apparences extérieures et les volumes; elles existent dans la qualité des tissus; elles les pénètrent et imprègnent l'organisme tout entier; c'est ce que démontrent nettement les différentes *aptitudes* de certains types à contracter certaines catégories d'affections ou à jouir d'une immunité complète ou relative devant certaines autres. Ainsi, le nègre africain, transporté dans le climat des Antilles, jouit d'une immunité *relative* pour la fièvre jaune, tandis qu'il est infiniment plus frappé que les Européens par le choléra indien. La syphilis, importée par les Européens, s'éteint chez le Hottentot, chez le Bechuanas, tandis qu'elle éclate avec une énergie terrible chez la plupart des populations océaniennes qu'elle décime ; trait d'autant plus significatif, que l'on a fait avec assez de raison un caractère humain de l'aptitude à contracter la syphilis.

Je citerai enfin un fait physiologique, qui creuse peut-être un sillon encore plus profond entre les hommes, en disant combien est grande la différence de fécondité des divers types du genre humain dans leur croisement entre eux. Tandis que l'Espagnol et le nègre africain donnent une population métis nombreuse, vivace et paraissant apte à se reproduire, sans limite aujourd'hui assignable, on voit cette même race africaine, dans son croisement avec l'Anglais, présenter une fécondité beaucoup plus restreinte, et donner des métis beaucoup moins robustes, qui, en fin de compte, ne fournissent pas cette puissante population de sang mêlé, propre aux colonies espagnoles. Cette fécondité est encore bien plus bornée et misérable dans les croisements des Anglais avec les Australiennes. Sans doute, on ne peut pas dire qu'il y ait stérilité absolue; mais la fécondité est si limitée et fait si peu souche, que, dans l'Australie anglaise, pays où la langue est si riche pour exprimer les diverses catégories sociales, il n'y a pas même de mots pour désigner ce groupe social, car, à vrai dire, il n'existe pas.

Voilà donc, en quelques traits, les différences organiques profondes qui séparent les groupes humains. Mais combien nous paraissent plus grands encore les caractères tirés des aptitudes intellectuelles et morales, produit de cet organisme et dont, à bien prendre, elles ne font qu'exprimer sous une autre forme plus frappante les flagrantes inégalités. Par exemple, combien est considérable la distance qui sépare le plus élevé des types humains, l'Indo-Européen, de l'un des derniers, l'Australien! et l'infériorité de celui-ci est d'autant plus significative qu'il habite un climat tempéré et fort analogue au nôtre, de sorte qu'on ne peut attribuer à l'influence des milieux cette profonde différence. Et cependant, dans l'ordre moral, ces misérables humains de l'île australe ne se sont même pas élevés jusqu'à un rudiment de la vie sociale, et, dans leur industrie, jusqu'à l'invention de l'arc; enfin, comme les singes anthropomorphes, ces hideux sauvages se sont refusés à toute domestication. (Voyez *Australie*.)

Au-dessous de l'Australien, cependant, il faudrait sans doute citer, si on les connaissait mieux, et les *Tasmaniens*, dont la race va disparaître, et les *Mincopies* des îles Adamans, et les misérables habitants de la *Terre-de-Feu*. Cependant, ce qui est plus significatif encore que la laideur et la misère de ces derniers rangs de l'humanité, c'est leur inaptitude au progrès; car, jusqu'à ce jour, quels que soient les efforts des philanthropes, ces peuplades dites sauvages n'ont pu être civilisées. Ni l'effort ni la constance n'ont manqué pourtant; on dira l'un et l'autre à l'article *Civilisation*. Qu'il me suffise de citer les NÈGRES africains (et il s'en faut

qu'ils soient au dernier rang de l'humanité) qui, depuis plusieurs milliers d'années
en contact avec la puissante civilisation égyptienne, initiatrice de la Grèce elle-
même, n'ont rien su lui emprunter. Et pourtant, ils ont été, à titre d'esclaves, un
des instruments de cette grandiose civilisation, mais instrument aussi inerte que
le chameau !

Voilà une esquisse rapide, ou plutôt une nomenclature des traits physiques et
moraux qui séparent les hommes en un grand nombre de groupes distincts ; c'est
aux articles spéciaux *Angles céphaliques, Cerveau, Cheveux, Coloration, Crâne, Face,
Membres, Peau, Taille*, que sera présenté le tableau complet des variations de chaque
organe; aux articles *Ages primitifs de l'industrie, Athées* (peuplades), *Civilisation,
Industrie, Progrès, Psychologie* comparée, les diverses aptitudes intellectuelles et
morales ; au mot *Immunités et aptitudes morbides*, les maladies propres à chaque
type; mais, à l'article général *Ethnologie*, on donnera le tableau complet des
diverses races avec les caractères typiques qui les déterminent, et on renverra
aux articles spéciaux traitant isolément de chacun des types principaux qui auront
paru mériter une description d'ensemble et plus détaillée; c'est ainsi que les *Abys-
siniens*, les *Aïnos* ont été déjà décrits.

Cependant, j'ai à citer maintenant un trait distinctif des groupes humains aussi
nouveau qu'inattendu et dont le siècle passé n'avait aucune notion, et ce caractère
a d'autant plus de valeur pour le philosophe qu'il a été découvert et mis en lumière
par une autre classe de savants qui, sans entente préalable, sont venus confirmer
et quelquefois dépasser les conclusions des anatomistes sur les profondes dissem-
blances qui séparent les humains : il s'agit des diversités du langage. En suivant
des méthodes spéciales soigneusement décrites dans cette Encyclopédie, les linguistes ont groupé en familles naturelles les divers idiomes parlés par les hommes;
ils ont reconnu entre plusieurs des traits communs qui accusaient une parenté
plus ou moins rapprochée; tandis que d'autres ne leur ont offert, soit comme
racines, soit comme grammaire, que des éléments absolument irréductibles les
uns dans les autres.

J'ai dit que les conclusions de la linguistique en général confirmaient et quelquefois dépassaient celles de la biologie : c'est, par exemple, ce qui arrive pour les
*Indo-Européens*, les *Syro-Arabes*, les *Chinois* et *Tatares;* la conformation anatomique
de ces divers peuples est trop peu différente pour que les anatomistes aient cru
devoir tracer entre eux un sillon bien profond, et cependant, telle est la différence
de leur langage que la conclusion la plus modérée de la linguistique est que ces
peuples, s'ils ont jamais eu une origine commune, ne peuvent l'avoir eue qu'à une
époque où l'humanité ne s'était pas encore élevée jusqu'au langage articulé. D'un
commun accord, les linguistes déclarent impossible que les langues *Aryennes* (indo-
européennes), *Sémitiques* (syro-arabes), *Chinoises* (voyez ces mots) aient jamais pu
avoir un tronc commun, ni aient pu se former dans le voisinage les unes des autres.
La *Linguistique* (voyez ce mot) est si sévère dans sa méthode, le plus souvent si
prudente dans ses affirmations, que l'on ne peut refuser d'acquiescer à ses conclusions. Voilà donc un caractère d'un ordre tout à fait spécial, dont il importe
désormais de recueillir les éléments et de tenir grand compte. Il vient déposer avec
tous les autres des profondes différences qui séparent les groupes humains.

*Espèce ou race.* Cependant ces différences, qui paraissent et ne sont considérables
que quand on compare des termes éloignés, semblent s'affaiblir par l'effet des
nuances nombreuses, quelquefois presque insensibles, qui mènent des unes aux
autres.

De là, les difficultés qu'oppose aux savants la délimitation de ces groupes, de leurs nombres et de leur classement. Reste la question si controversée de savoir si les différences qui existent entre les types humains sont assez profondes pour y découper plusieurs espèces, ou assez superficielles pour n'indiquer que des races et des variétés. Disons seulement ici que cette discussion est au fond assez peu importante, car sa solution dépend entièrement de la définition de l'*Espèce* (voyez ce mot) dont la notion est encore très-imparfaitement déterminée. En effet, si, dans les êtres vivants, des intervalles naturels plus ou moins manifestes séparent le plus souvent les groupes dits *spécifiques*, que ces intervalles se soient produits selon la théorie darwinienne, ou qu'ils aient existé ainsi de tout temps (hypothèse que contredit la paléontologie), dans un grand nombre de cas, au contraire, du règne végétal comme du règne animal, ces lacunes n'existent pas (genre *canis*, le genre *rubus*, le genre *menta*, etc.) ; de sorte que, dans chacun de ces groupes, quelque manifestes que soient les différences entre les types les plus éloignés, des degrés insensibles mènent des uns aux autres; il en résulte que nos divisions et les noms que nous leur imposons sont nécessairement conventionnels. D'une autre part, l'on a proposé, pour éclairer la division en espèces, deux *criterium* : l'un est tiré de la fécondité *continue* devant exister entre les individus de même espèce, tandis qu'il y aurait ou stérilité ou fécondité limitée à une, et plus rarement à quelques générations, entre les individus d'espèces différentes.

Ce caractère, dont on ne peut nier l'importance, a séduit de grands naturalistes, et pourtant nous croyons qu'aujourd'hui il ne doit pas être pris comme *criterium* absolu, d'abord parce qu'en pratique cette caractéristique ne peut que très-rarement être constatée, et, quand elle peut l'être, elle nécessite, pour donner des résultats hors de contestation, une observation très-longtemps prolongée, permettant de suivre une longue descendance (voyez *Croisement*). De sorte que l'histoire naturelle serait singulièrement empêchée si elle devait attendre ce *criterium* pour constituer ses groupes spécifiques; ensuite, parce qu'une étude plus attentive des faits, notamment dans le groupe humain, dans le groupe *canis*, etc., a montré que cette fécondité elle-même a ses degrés, ses affaiblissements insensibles, laissant quelquefois celui qui est parvenu à l'interroger au moins aussi perplexe qu'il le serait par l'examen des autres caractères. Et d'ailleurs, ce caractère peut, dans quelques cas, donner des groupements beaucoup moins naturels qu'on ne le croirait, car, de très-légères différences dans la conformation des organes de la reproduction pourront rendre les rapprochements infructueux, tandis que des différences très-notables des autres organes n'entraineront point l'infécondité; ainsi, ce caractère, tout important qu'il soit, fût-il facilement constatable, il n'y aurait pas encore lieu de lui donner le pas sur l'ensemble de tous les autres. Mais, dans la grande majorité des cas, il ne peut être consulté ou poursuivi assez longtemps; c'est ainsi, par exemple, que, d'une part, les fruits des croisements entre Espagnols et Nègres d'Afrique paraissent indéfiniment féconds *entre eux;* cependant, dans le chassé-croisé des mélanges possibles, il est toujours loisible d'admettre que des individus de race pure sont intervenus, et que c'est cette intervention qui conserve et fait prospérer le groupe mulâtre; d'autre part, les métis résultant du croisement des Anglais avec les négresses, mais surtout avec les Australiennes, sont maladifs et peu nombreux, et ne paraissent pas appelés à faire jamais une souche vivace et durable; mais on peut toujours contester, et penser qu'avec des soins et une longue sélection se consoliderait, par la survivance des meilleurs, cette descendance chancelante.

Le second *criterium* du groupe spécifique est emprunté à l'origine : sont déclarés de même espèce ceux qui sortent d'un même couple; contenu dans cette généralité, la thèse est incontestable parce que l'on suppose que la descendance est un fait d'observation, c'est-à-dire qui s'est produit dans un temps très-limité; mais, quand la communauté d'origine n'a pas été scientifiquement constatée, toutes les fois, en conséquence, qu'elle remonte à un temps très-éloigné; *à fortiori*, quand il s'agit, comme pour l'homme, de l'hypothèse d'un même couple originel, il faut reléguer ce prétendu *criterium* parmi les plus détestables inspirations dont les mythes religieux aient infecté la science; car, d'une part, les hommes ne seraient-ils que des anthropomorphes perfectionnés par une longue sélection, ils n'en constitueraient pas moins un groupe générique des plus légitimes; et, de l'autre, si les astronomes, qui nous montrent aujourd'hui le fer, le cuivre, l'hydrogène, etc., dans l'atmosphère du soleil, parvenaient un jour à nous faire voir des hommes dans la planète Mars, dont la constitution atmosphérique, climatologique, est si voisine de la nôtre, faudrait-il nécessairement faire de ces hommes, quelle que soit leur identité organique avec nous, une espèce à part, sous prétexte qu'ils ne descendent pas du même ancêtre? Poser ces questions, c'est les résoudre; c'est prouver que la formation des groupes spécifiques doit reposer : *ou* sur une fécondité *scientifiquement constatée* et durable entre les individus qui les constituent; *ou*, dans tous les autres cas, sur un ensemble de rapports de ressemblance et d'intimité entre les êtres, de nature à faire admettre comme *actuellement* possible la reproduction durable du même type.

Par cette discussion, nous avons voulu indiquer seulement quelques-uns des éléments de la grande question de l'espèce, pour montrer combien on s'est égaré en la traitant, et combien, en histoire naturelle, notamment dans le groupe humain, la séparation des sous-divisions et leurs dénominations sont toutes conventionnelles, et méritent peu les longues discussions auxquelles elles ont donné lieu.

*Méthodes.* — Il conviendrait peut-être, avant de quitter ces généralités se rapportant à l'ETHNOLOGIE, ou étude des races, d'initier le lecteur aux méthodes générales qui doivent présider à cette étude, de dire, qu'en ce qui concerne la recherche des caractères physiques, l'anthropologie moderne a rejeté sur le dernier plan, et comme étant *et insuffisantes et souvent fautives*, les impressions des sens désarmés, et les descriptions purement pittoresques; qu'elle demande qu'on leur substitue, toutes les fois que cela est possible, l'instrument qui mesure et le nombre qu'il fournit, c'est-à-dire la détermination de l'impression et du langage qui la traduit. Pour que ce *desideratum* soit facilement atteint, la Société d'Anthropologie de Paris a rédigé, et tient à la disposition de ceux qui lui en font la demande, des instructions qui rendent ces investigations faciles, uniformes et comparables.

Il faudrait encore dire que l'expérience a prouvé que, pour déterminer les caractères d'un groupe humain, la considération d'un, de deux, de cinq... individus est presque toujours insuffisante; si le type que l'on étudie est extrêmement caractérisé et pur de tout mélange, peut-être que cinq à dix individus de chaque sexe en donneront une idée suffisante, mais si les caractères sont peu accusés, ou si des mélanges les ont altérés ou mêlés, il faudra examiner et mesurer un bien plus grand nombre d'individus (50..., 100, si c'est possible). Ce sera aux articles *Moyennes* et *Démographie* que nous montrerons par des exemples combien est puissante cette méthode des grands nombres et des moyennes pour isoler les caractères typiques.

II. — ANTHROPOLOGIE GÉNÉRALE OU SYNTHÉTIQUE. — Après l'étude analytique des divers types et leur classement, il y a lieu d'entreprendre une étude *synthétique* du groupe humain apprécié dans son ensemble. Il faudra reprendre, par exemple, chacune des qualités et propriétés constatées dans chaque type, et en présenter un tableau d'ensemble. Ainsi, pour éclaircir notre pensée par quelques exemples, la taille moyenne de l'homme que je suppose de 1 mètre 80 centimètres dans les tribus les plus grandes des Patagons, est à peine de 1 mètre 50 centimètres chez les Lapons. Ces nombres représenteraient l'*écart maximum des moyennes* des types humains, tandis que je suppose que 2 mètres 10 centimètres et 1 mètre pourront, par hypothèse (car ces travaux ne sont pas faits), représenter les écarts maxima des individus les plus grands et les plus petits.

De même la capacité moyenne du crâne, de 1450 à 1500 chez l'Européen, n'est que de 1200 à 1300 chez l'Australien, de 1100 à 1200 chez le Hottentot, etc. Ces nombres représenteront les écarts des valeurs moyennes, tandis qu'on peut présumer, d'après elles, que 1800 et 900 représenteront sans doute les écarts individuels extrêmes de la capacité crânienne. De même, on formera une gamme des colorations de la peau, des yeux, des cheveux, de la proportion des membres, des aptitudes physiologiques et pathologiques, et ainsi de tous les autres caractères présentés par les types humains.

*Homme et singe.* C'est seulement après ce travail que nous pourrons nous flatter de connaître vraiment l'étendue des variations du groupe humain, ce dont nous ne nous doutons pas aujourd'hui; alors, on ne commettra plus cette faute quotidienne, de prendre le type européen comme type moyen de l'humanité, tandis qu'il en est le plus élevé, et la distance considérable qui le sépare du singe, comme celle qui en sépare le groupe humain lui-même, car si, comme l'exige la méthode, on mesure la distance entre les derniers des hommes et les premiers parmi les singes, par exemple un crâne de 900 centimètres cubes et un crâne de 650 (gorille), la différence sera fort atténuée. Cette synthèse des études ethnologiques donnant les séries complètes des variations présentées par les divers types humains est donc une des parties les plus importantes de l'anthropologie; c'est elle qui résume les études ethnologiques, en forme le lien ou synthèse scientifique; elle est la seule qui permette de traiter méthodiquement l'épineuse question des analogies et des différences qui existent entre le groupe humain et le groupe simien.

Cependant, et malgré les immenses lacunes qu'offre cette synthèse de la science, nous croyons que la question des rapports qui relient le singe et l'homme serait de nature à pouvoir être à peu près résolue avec les matériaux dont nous disposons aujourd'hui, si le calme, la méthode et le rejet de tout parti pris présidaient à leur mise en œuvre; mais il est dans la nature de l'homme de se troubler dès qu'il se regarde lui-même; de là l'adage : « Que nul ne peut être juge et partie » : cependant, dans le cas en litige, nous ne pouvons en appeler à un autre tribunal; il faut donc nous-mêmes poser et résoudre le problème. Une grande sévérité dans la méthode, l'application des mêmes principes qui nous ont servi à étudier, à grouper, à classer tous les autres êtres, nous seront les premières et les meilleures garanties contre notre naturelle partialité. Puisque l'anatomie a été le guide exclusif de tous les naturalistes pour classer les êtres vivants, ne quittons pas ce guide fidèle et palpable. Si l'on eût suivi cette voie, le problème eût été unanimement résolu, car, de l'aveu de tous, notre organisme nous rattache de fort près aux grands vertébrés, mais surtout aux singes dits (par le fait même de cette ressemblance) *Anthropomorphes* (voyez ce mot). Non-seulement tous les organes, dans leurs plus minces détails anatomiques, sont communs aux deux groupes, mais leurs formes respectives se retrouvent en chacun d'eux et semblent dériver les unes des autres; cette similitude devient de plus en plus frappante, à mesure qu'on remonte vers l'enfance; aux premiers âges de la vie fœtale, elle va jusqu'à l'identité; le cerveau lui-même, organe dont le volume et l'activité donnent à l'homme une si manifeste et si écrasante supériorité, le cerveau, dis-je, des grands singes anthropomorphes ne diffère notablement du cerveau humain que par le volume, tandis que le cerveau du chien, de l'éléphant, du lion, c'est-à-dire, des premiers des animaux, s'en sépare par des traits anatomiques notables et multipliés. Il résulte donc de ces indications sommaires que le naturaliste, en suivant, pour s'observer et se classer lui-même dans la série vivante, une méthode identique à celle qu'une longue expérience l'a conduit à adopter pour classer tous les êtres, ne saurait éloigner beaucoup le groupe humain du groupe des singes anthropomorphes. Cependant, dit M. Broca, l'orgueil, qui est un des traits caractéristiques de notre nature, a prévalu dans beaucoup d'esprits sur le témoignage tranquille de la raison. Comme les Césars enivrés de leur toute-puissance finissaient par se croire des dieux, le roi de notre planète se plaît à imaginer que le vil animal soumis à ses caprices ne saurait avoir rien de commun avec sa propre nature. Le voisinage du singe l'incommode et l'humilie ; il ne lui suffit pas d'être le souverain des animaux, il veut qu'un abîme immense, infranchissable, le sépare de ses sujets. C'est pourquoi quelques-uns, contempteurs des similitudes organiques, inspirés par une vaine sentimentalité plus ou moins imprégnée de mysticisme, ont cru sauver la majesté de l'homme en mettant dans les mots la distance infranchissable qu'ils eussent voulue dans les choses.

Pour marquer les profondes différences organiques qui séparent les végétaux des animaux, les naturalistes avaient établi le règne végétal et le règne animal ; ces glorieux ont institué le *règne humain* ; par là ils ont déclaré qu'une différence de même ordre existe entre un chêne et un singe qu'entre un singe et un homme ! Mais l'anatomie, semblable à cet esclave qui suivait le char du triomphateur en répétant : *Memento te hominem esse*, l'anatomie vient les troubler dans cette naïve admiration d'eux-mêmes et leur rappeler la réalité visible et tangible qui les rattache à l'animalité. La Société d'Anthropologie de Paris vient, dans une discussion récente, d'établir une fois de plus, sur l'initiative de M. Dally, que les différences organiques qui existent entre les hommes et les singes ne sont pas plus grandes que celles qui existent entre les différentes familles simiennes, et sont moindres que celles qui séparent les Simiens des autres groupes vertébrés. Dans cette discussion remarquable, les partisans du règne humain se sont complu à analyser les différences, certainement nombreuses, souvent considérables, qui séparent l'homme et le singe : différences qui n'ont jamais été contestées par personne; mais aucun n'a seulement entrepris d'infirmer la proposition en discussion. Repoussés sur le solide terrain de l'anatomie et des formes organiques évidemment similaires, les partisans du règne humain ont invoqué quelques-uns des produits de ces organismes en fonction, produits qu'ils déclarent absolument dissemblables; obligés d'admettre que (*au volume près*) la plus grande similitude se rencontre entre le cerveau des singes anthropomorphes et celui de l'homme (leurs plus célèbres anatomistes l'ont constaté), ils ont hardiment prétendu qu'il n'y avait plus rien de comparable dans les produits de l'activité de ces encéphales similaires, si bien qu'on ne pouvait exprimer ces profondes divergences qu'en mettant entre l'homme et le singe la distance qui existe entre le singe et la plante! Ah qu'il me sera facile de prouver l'étrange partialité de cette thèse, si j'ajoute seulement que ces facultés intellectuelles et morales des singes anthropomorphes, jugées si disparates avec celles des hommes, nous sont à peine connues, et que nous ne savons guère mieux celles des derniers humains, que celles des premiers des singes dont on décide si arbitrairement la distance!

Cependant, puisque les facultés intellectuelles et morales, fruits de l'activité cérébrale, étaient désormais regardées comme pouvant être prises pour base de l'arrangement des êtres, il fallait au moins rester fidèle à ce principe, ne pas l'abandonner dès qu'il devenait contrariant. Puisqu'à la lueur de ce flambeau, on avait déclaré le groupe humain extrêmement éloigné des animaux, il fallait tenir compte de cette même caractéristique pour grouper les humains entre eux. Alors, si on avait jugé que la distance qui sépare le règne animal du règne végétal séparait aussi l'homme du chien, il fallait, au nom du même principe, mettre un intervalle considérable entre l'Australien ou le Hottentot et l'Européen; car, si les différences intellectuelles entre l'homme et le chien suffisent pour les placer dans deux règnes différents, ce sera bien peu que de placer les Australiens et les Européens dans deux genres ou, tout au moins, deux espèces distinctes. Par quelle singulière contradiction ces mêmes partisans du règne humain ne consentent-ils pas à faire deux espèces de ces groupes intellectuellement et moralement si éloignés?

Voilà les singulières contradictions où conduisent l'oubli de la méthode et les suggestions des mythes surannés! Cependant, pouvons-nous décider quelle dénomination il convient de donner aux deux groupes respectifs *humain* et *simien*? Seront-ils des *classes*, des *ordres*, des *familles* ou des *genres*? Nous avouons attacher, pour le moment, une médiocre importance à cette détermination; nous croyons même qu'elle n'est pas possible, moins par le fait de l'imperfection de nos connaissances des deux groupes que par le défaut d'entente entre les naturalistes sur la valeur quelque peu précise qu'il faut attribuer aux mots *genre, famille, ordre, classe*. Cependant, nous pensons qu'il ne peut y avoir d'hésitation qu'entre *ordre, famille* et *genre*; et pour nous, en adoptant les caractéristiques assignées par Agassiz à chacun de ces deux groupements (voyez *Classification* et *Famille*), nous estimons que les hommes et les anthropomorphes peuvent former soit deux familles, mais deux familles très-voisines, soit au contraire deux *genres*, alors très-distincts, et une seule famille, tandis que les autres singes constituent d'autres *familles* et l'ensemble de tous ces humains et Simiens, un *ordre* de frugivores plantigrades à mains prenantes; mais, discuter cette opinion, qui repose entièrement sur les définitions d'Agassiz, nous entraînerait trop loin, et il vaut mieux donner la place que cela occuperait à des notions plus importantes[1].

Cependant, s'il n'importe pas, pour le moment, que le groupe humain soit déclaré constituant un *genre* ou une *famille*, non plus que ses divers types, des espèces ou des races, il importe extrêmement que l'on hâte l'étude de plusieurs de ces types; car, d'une part, la paléontologie, en nous livrant des débris humains dont les formes sont étranges, nous avertit que bien des types ont déjà existé et se sont à jamais évanouis; et, d'autre part, il est certain que depuis les temps historiques, plusieurs races ont déjà disparu; encore, de nos jours, plusieurs ne vont pas tarder à céder la place aux races plus fortes; au moment où j'écris, il n'y a plus qu'une vieille femme pour représenter le misérable type Tasmanien. Plusieurs des races américaines, connues des Colomb, des Vespuce, sont déjà couchées dans la tombe; les autres s'éclaircissent rapidement; enfin, le même avenir a déjà commencé pour les populations océaniennes. Si donc les types qui aujourd'hui marchent à la tête du groupe humain sont curieux de connaître l'histoire de la famille humaine, de dévoiler son passé, afin de présumer ses futures destinées; si la vue d'un passé comme celle d'un avenir immense, quoique encore inassignable, si la conception nouvelle et flatteuse des progrès accomplis et à accomplir peut nous charmer, et, il me semble, prolonger l'exiguïté du temps dévolu à nos existences indivivuelles, hâtons-nous d'étudier à fond ces divers groupes humains, car la disparition rapide

---

1. On peut dire que telle est aussi l'opinion de la Société d'Anthropologie de Paris, car M. Broca et M. Alix, qui y représentent les tendances adverses, sont demeurés d'accord sur ce point que les hommes et les anthropomorphes doivent être considérés comme constituant deux familles voisines.

de leurs types les plus misérables creusent de plus en plus le sillon déjà profond qui nous sépare du reste de l'animalité, et nous empêche d'apprécier clairement les rapports qui ont existé et qui existent entre elle et nous.

III. — ANTHROPOLOGIE PHILOSOPHIQUE. — Ces pensées et ces désirs nous conduisent à la troisième partie de l'Anthropologie : *Anthropologie philosophique*, qui, s'armant des données de l'*Ethnologie*, des synthèses de l'*Anthropologie générale*, appelant à son secours la paléontologie, la linguistique, l'histoire, s'efforce de reconstituer l'histoire de l'humanité, d'en présumer les origines uniques ou multiples, d'en suivre les évolutions successives, d'en décrire les principales étapes, les progrès organiques individuels et sociaux, et qui enfin, appuyée sur ce long passé et sur l'état présent, cherche ce criterium et cette récompense de toute vraie science : prévoir les futures destinées de l'humanité, et, si faire se peut, les diriger dans la voie la plus favorable à notre félicité à venir.

Indiquons moins sommairement quelques-unes des questions qu'agite l'Anthropologie philosophique :

*Antiquité de l'homme.* L'une des plus considérables, et qui forme déjà une branche à part, se rapporte à l'antiquité du groupe humain, antiquité immense, aujourd'hui acquise à la science malgré de bibliques et désespérées résistances. A l'article *Ages primitifs de l'industrie*, on a traité des débris archéologiques; à l'article *Paléontologie humaine*, on dira les fossiles humains, incontestables documents de cette insondable antiquité; enfin, M. le D$^r$ Broca en a dit et pesé les preuves dans l'*Almanach de l'Encyclopédie générale* de 1869.

*Hypothèse de Darwin.* Cependant le génie d'un Anglais, continuant la voie indiquée par un Français (Lamark), vient d'ouvrir un avenir inespéré à l'ardente curiosité humaine; armés d'une audacieuse hypothèse, nous pouvons déjà plonger nos regards au delà de cette incommensurable antiquité de l'homme, rigoureusement constatée, et nous essayer au mystérieux problème des origines ! Il y a bien peu de temps, on pouvait regarder comme insensée une pareille tentative, car au delà des faits observés il n'y a plus de place pour la science. Mais l'hypothèse darwinienne, la plus hardie de toutes celles que l'on puisse citer, et en même temps la plus ingénieuse et la plus séduisante, a reculé le problème des origines jusqu'à l'apparition de la première monade et, en ce qui concerne l'Anthropologie, elle permet une hypothèse des plus saisissantes, et que l'observation ultérieure viendra infirmer ou confirmer, à savoir que l'homme se rattache très-probablement à une origine simienne, qu'il est un anthropomorphe perfectionné par une sélection d'une immense durée. A l'article *Sélection*, on montrera les moyens aussi simples que puissants qui rendent possible une pareille transformation. Sans doute, l'hypothèse ne repose pas encore sur une base scientifique incontestable; mais il faut avouer, d'une part, qu'elle est la seule hypothèse rationnelle possible de l'origine de l'homme, et, de l'autre, que, pourvu qu'on accorde à la terre habitable une durée assez longue (ce que la géologie concède de plus en plus), *cette hypothèse explique tous les faits connus ; beaucoup de faits nouveaux sont venus la confirmer et aucuns l'infirmer !* C'est surtout pour éclairer cette palpitante question que deux sciences encore bien peu avancées ont besoin de grandir : l'une est l'embryogénie comparée des singes anthropomorphes et des derniers types humains; car il n'est pas permis d'admettre (erreur commise par plusieurs) que l'*Embryogénie* (voyez ce mot) soit nécessairement identique chez ces derniers types et chez nous; il y a même quelque raison de croire que l'ordre du développement est quelquefois différent. Il est possible, disons-nous, il est même probable que cette embryogénie comparée découvrira bien des traits d'union entre le Boschiman et l'Anthropomorphe ;

mais enfin, cette science est encore à naître. L'autre est la PALÉONTOLOGIE. Elle découvre, chaque année, des restes fossiles qui, par les formes anatomiques qu'ils accusent, viennent combler les intervalles entre les espèces aujourd'hui existantes. De sorte que, à chaque découverte, la plus sérieuse objection à la théorie darwinienne se trouve amoindrie d'autant. Or, la paléontologie humaine a déposé dans le même sens que la paléontologie zoologique, presque chaque ossement humain fossile est venu diminuer, peu ou beaucoup, la distance qui sépare les formes humaines des formes simiennes. Il faut citer en premier lieu la célèbre mâchoire de la Naulette, dont les formes sont tellement ambiguës que ce n'est pas sans hésitation que les anatomistes l'ont admise comme mâchoire humaine ; le crâne de Néanderthal qui, quoique très-vraisemblablement humain, a des caractères simiens si prononcés. Cependant les ossements humains des Eyzies, également d'une très-haute antiquité, ont montré des hommes qui, bien que porteurs de quelques caractères simiens, avaient déjà revêtu à un haut degré de puissance les traits de l'humanité. A l'avenir appartient de décider du sort de la théorie darwinienne; mais, dès aujourd'hui, cette belle théorie excite puissamment à la recherche, et cela est déjà un service et une gloire.

Aux articles *Homme, Sélection* et *Paléontologie*, ces sujets seront traités plus spécialement ; dans un article général nous ne pouvons que les signaler.

C'est encore à l'anthropologie philosophique qu'appartient la question de la permanence des types humains et celle qui lui est corrélative du *monogénisme* et du *polygénisme*.

Rappelons seulement pour mémoire que le monogénisme suppose que tous les hommes descendent d'un couple unique, puis, sous les influences de milieu, se sont transformés en les nombreux types aujourd'hui existants. On comprend combien cette hypothèse a besoin de trouver le type humain facilement et promptement malléable, surtout quand elle est enserrée dans les étroites limites de la chronologie biblique. Le polygénisme suppose au contraire que le groupe humain est sorti de plusieurs types originairement distincts. Cette question sera traitée à l'article *Polygénisme*.

*La permanence des types* humains, étudiée dans les temps historiques, paraît extrême. Sur les monuments de l'Égypte, vieux de 4000 ans, les types nous représentent des nègres africains, des Fellahs, des Juifs, des Mongols, des Grecs, des Indous, avec les caractères respectifs que nous leur connaissons aujourd'hui, et le célèbre crâne de la Nouvelle-Orléans trouvé au-dessous des débris superposés de quatre forêts de cyprès gigantesques successivement enfouis sous les alluvions du Mississipi, et qui, selon les moindres évaluations, est vieux de plus de 15000 ans, représente le type actuel des peaux rouges du nord de l'Amérique; enfin, des Lydiens ou Kabyles *blonds, aux yeux bleus*, dont les hiéroglyphes égyptiens racontent les luttes contre l'Égypte, dès 1600 ans avant notre ère; que Scylax signale, 1200 ans plus tard, comme établis aux environs du mont Auress; que nos officiers ont retrouvés aujourd'hui précisément au même lieu, et que le général Faidherbe a étudiés, entre notre frontière algérienne et le Maroc, prouvent nettement combien sont tenaces les caractères des types humains ; et notamment, la persistance pendant 3 ou 4000 ans de ces populations blondes sur le sol africain, montre quelle énorme résistance les caractères de race opposent aux influences de milieu, quand celles-ci ne se combinent pas avec les effets autrement énergiques des croisements; elle prouve combien sont dénués de valeur les efforts tentés, il y a encore peu de temps, pour rendre seulement vraisemblable la biblique histoire classique, histoire qui, rapprochée des irréfragables monuments de l'Égypte, ne donnerait pas 2000 ans à l'humanité pour passer du blanc au noir, du type juif au type éthiopien, quand 4000 ans du soleil d'Afrique n'ont pas seulement pu brunir la peau, les cheveux ni les yeux des Kabyles blonds des monts Auress! Ainsi, tous les documents historiques et paléontologiques concourent à prouver la longue résistance des types, et combien l'empreinte de la race, c'est-à-dire l'HÉRÉDITÉ (voyez *Hérédité* et *Atavisme*), a de peine à être effacée par les influences de milieu.

Il en résulte que, si l'on ne sort pas des temps historiques, toutes les probabilités (il faut même dire la certitude) sont en faveur du polygénisme. Mais aujourd'hui qu'il est constant que l'homme a traversé plusieurs périodes géologiques, que déjà il était agissant durant la période tertiaire, que ce sont des millions d'années qu'il faut accorder à son histoire, on doit avouer que, dans de telles immensités de temps, le problème du monogénisme et du polygénisme se trouve supprimé ; d'un côté, il n'y a plus aucune raison pour nier qu'un type, même très-inférieur, ait pu, sous des influences heureuses et par une sélection d'une immense durée, se modifier, s'élever, par exemple, du type australien au type européen; mais, de l'autre, il n'y en a pas davantage pour refuser à la cause créatrice, ou évolutrice, du type humain, une action simultanée ou successive dans divers centres d'apparition; car des causes créatrices ou évolutrices, à peu près identiques, se rencontrant à mesure que les terres émergeaient, ont dû produire des créations et des évolutions fort voisines. Ainsi, les botanistes et les zoologistes s'expliquent les similitudes, les rapports et les différences des diverses flores et faunes, et il n'est pas moins rationnel de supposer différents centres d'évolution du type humain. Mais ne nous abandonnons pas aux dangereuses séductions de ces vaines hypothèses presque sans espoir de vérification.

L'anthropologie philosophique nous présente encore bien assez de sujets vraiment scientifiques et d'un haut intérêt ; étudier, par exemple, chacun des caractères du groupe humain depuis les temps les plus reculés, depuis les limbes du monde simien qu'il confine, et le suivre dans son développement jusqu'à nos jours ; on pourra même, par une légitime induction, étendre et présumer ce que devient ce caractère, un peu au delà des temps présents ; car, quand la loi d'une longue série est constatée, la probabilité de son existence, un peu en delà du terme observé, est fort grande. Je pourrais ainsi, m'occupant des caractères physiques, passer en revue la capacité de la boîte crânienne, l'ouverture de ses angles, la forme de la mâchoire, celle des membres, et montrer que l'homme paraît aller s'éloignant de plus en plus des formes simiennes. Mais il faut ajouter que ces mouvements ont été d'une lenteur extrême ; cependant, en ce qui touche le développement de la cavité crânienne, ils paraissent s'accélérer aujourd'hui (voyez *Crâne*), fait sans doute corrélatif à l'accroissement du travail cérébral et à sa plus grande importance dans le monde.

Je crois devoir, pour finir heureusement cet article et ouvrir une grande espérance, indiquer l'évolution singulière de cette étrange faculté, si caractéristique de l'homme des temps historiques, que ses admirateurs l'ont donnée comme unique raison de l'édification de ce prétendu *règne humain* dont nous avons déjà entretenu le lecteur : je parle de la *religiosité*, c'est-à-dire, non-seulement de toutes les hypothèses sur les dieux et sur les âmes; mais de toute croyance superstitieuse ou tendance mystique, états mentaux qui tous paraissent être de la même famille. Or, d'après les derniers et les plus éminents défenseurs du « règne humain » la *religiosité* (Voy. ce mot) serait le caractère *fondamental* de ce règne; sans lui, ils reconnaissent que, par notre organisme et même par le reste de nos facultés intellectuelles, l'homme peut être considéré comme un anthropomorphe perfec-

tionné ; mais la religiosité leur apparaît comme la clef de voûte de l'humanité.
Poursuivons donc cette importante caractéristique à travers les âges.

Il est bien certain aujourd'hui qu'un grand nombre de peuplades sauvages qui
peuvent, d'après les conclusions de la paléontologie, être considérées comme
des représentants de l'humanité primitive, n'ont aucun culte, aucune notion d'une
divinité quelconque. (Voyez ATHÉES (*Peuplades*.)

Cependant, les partisans de la sacrée caractéristique se sont rabattus sur les
moindres pratiques qui peuvent être *interprétées* comme superstitieuses. Il est certainement facile de prêter ou de refuser des croyances superstitieuses à tels actes
qui peuvent avoir tout autre origine; la discussion reste ouverte sur ce point; mais
ce qui est manifeste, c'est que les croyances superstitieuses et religieuses sont, ou
absentes ou fort rudimentaires au début de l'humanité et notamment tant que
domine la vie bestiale. Mais quelques inventions sont-elles venues faciliter la
recherche de la subsistance, bientôt, chez beaucoup de peuplades, s'éveille l'instinct du merveilleux [1] qui, se développant, se compliquant, servant de thème à
l'intelligence primitive, à la jeune poésie, se convertit en mythes religieux; ces
mythes d'abord multiples, facultatifs, flottent comme une vague poésie dans les
esprits ravis de ces créations des premiers chantres; cette naissante humanité,
encore si misérable, se repose des douleurs du monde réel dans les joies d'un
monde imaginaire où ses poètes ont déroulé les séduisants tableaux de toutes
les convoitises satisfaites, de toutes les aspirations comblées; alors les mythes se
fixent, les dogmes s'assoient, les cultes s'organisent et la religiosité devient vraiment la note dominante de l'esprit humain ; encore un peu, elle le conduirait jusqu'à la folie; mais alors un mouvement inverse se prononce, le formalisme des
derniers jours perd de sa rigueur ; le culte se relâche, les croyances reprennent leur
vague primitif, et la religion n'est plus, suivant une définition célèbre, que le
champ de l'idéal. Ce sont là sans doute des successions qui ne sont pas contestables ;
nous les avons vues se répéter successivement dans le même ordre dans chacun
des petits groupes qui ont été tour à tour les foyers précurseurs de la civilisation,
en Égypte, en Grèce, à Rome. Il est vrai que chaque fois les peuples nouveaux,
non encore arrivés à ce degré d'évolution sociale et empruntant à leur nombre
une prépondérance décisive, ont fait rétrograder cette évolution ; mais, à chaque fois
aussi, elle a repris son parcours régulier et fatal; de sorte que, pour les observateurs impartiaux, sa loi n'en est que plus solidement démontrée ; depuis plus de
deux siècles, ce déclin de la religiosité se manifeste selon un mouvement régulièrement accéléré, et, de notre temps, il marche si rapide et si dominateur, qu'il apparaît à tous les esprits non prévenus que nous assistons à l'agonie des religions et
des dieux.

Pour me résumer et conclure: j'accorde donc aux sectateurs du « règne humain »
que l'apparition de cette humanité religieuse, seconde étape de la grande humanité,
a été pour elle une des phases les plus singulières de sa vie; j'accorderai même
qu'elle a été une des formes initiatrices de son intelligence ; mais, grâce aux dieux
menteurs, nous assistons au rapide déclin de cette société dévote et guerrière.
Partout se prépare et s'annonce une troisième humanité qui ne sera plus le *règne
humain*; car, alors, il n'y aura plus sur la terre, délivrée de ses rois comme de ses
dieux, ni royaume, ni religion, ni armée, ni prêtres, mais une *famille* de sages, de
savants et d'artistes.

1. Ce serait pourtant une erreur que d'admettre que toutes les peuplades sauvages sont également
aptes à ce développement; ainsi les Cafres, les Bechuans, quoique dans un état de culture déjà notable,
sont fort mal organisés pour le merveilleux (Livingstone).

Le lecteur qui voudrait étendre ses connaissances anthropologiques devra consulter, après les divers articles de l'*Encyclopédie générale* qui formeront un cadre résumé mais complet de la science, les *Mémoires* et les *Bulletins* de la *Société d'Anthropologie de Paris*; les *Leçons* de C. Wogt; les ouvrages de Huxley (traduction de M. Dally); de Lubbock; de M^me Clémence Royer; et, dans un autre ordre d'idées (celui des défenseurs du *règne humain* et du monogénisme), le *Rapport sur les progrès de l'Anthropologie* par M. de Quatrefages, ouvrage exécuté sur la demande du Ministre de l'Instruction publique à propos de l'Exposition universelle de 1867. Voyez encore les articles de MM. Broca, Bertillon, Letourneau, etc., du *Dictionnaire encyclopédique des sciences médicales*, les articles de l'*Almanach* annuel de l'*Encyclopédie générale*; et enfin, les *Éléments d'anthropologie* des D^rs Bertillon et Letourneau.

D^r BERTILLON.

**ANTHROPOMORPHES.** — ZOOLOGIE. — Terme dérivé du grec (ἀνθρωπος homme, μορφή forme), employé d'abord par Linné pour désigner l'ordre le plus élevé des mammifères, comprenant avec l'Homme, les Singes, les Lémuriens, et les Chauves-Souris, mais auquel il substitua ensuite le nom, depuis généralement adopté, de *Primates.* Actuellement appliqué dans un sens plus restreint et plus conforme à son acception étymologique, ce nom est réservé au groupe peu considérable des singes qui, par leur conformation générale, se rapprochent le plus du type humain, et à ce titre occupent, après l'homme, la place la plus élevée dans l'échelle zoologique des mammifères. Les Anthropomorphes comprennent en effet les grandes espèces de singes, connus sous le nom de Chimpanzés, Gorilles et Orang-Outans, et auxquels on ajoute les Gibbons, encore trop analogues aux formes précédentes pour ne pas être rattachés au même groupe qu'elles, bien qu'en raison de quelques particularités caractéristiques qu'ils ont en commun avec les singes plus inférieurs, on puisse les considérer comme formant la transition entre ces derniers et les vrais Anthropomorphes. Les points essentiels qui rapprochent le plus les Anthropomorphes du type humain sont : — la taille ; — la conformation générale du corps, celle du squelette, dont, aux proportions relatives près, les diverses pièces sont par leur nombre et leur arrangement semblables aux parties correspondantes dans l'homme, et disposées de même ; — les proportions des membres, l'organisation de leurs extrémités, leur distinction possible en pied et main ; — leur station, qui sans l'atteindre tout à fait, s'approche de la verticale, et que permettent des dispositions spéciales des pièces du squelette qui sont en rapport avec le tronc et les extrémités, dispositions analogues à celles réalisées dans le squelette humain ; — leur marche sur le terrain, pendant laquelle, même lorsqu'ils ont recours à l'appui des membres antérieurs, ce qui est habituellement le cas, le corps repose principalement sur les membres postérieurs, dans une position un peu oblique, mais jamais horizontale ; — la conformation de la tête, de la boîte crânienne, renfermant un cerveau bien développé et tout semblable par les détails de structure au cerveau humain ; — les yeux dirigés en avant, rapprochés de la ligne médiane ; — les narines séparées par une mince cloison : — la forme et la position des oreilles ; — enfin les dents qui, par leur nombre, leur forme et leur disposition, rappellent entièrement les parties correspondantes de la conformation humaine. L'absence complète de toute queue, ainsi que des abajoues, organes caractéristiques des singes inférieurs, sont encore deux points qui, en les éloignant de ces derniers, les rapprochent du type humain.

Tels sont les caractères généraux qui, communs aux quatre genres Chimpanzé, Gorille, Orang et Gibbon, justifient leur séparation et leur réunion en un

groupe distinct et supérieur, celui des Anthropomorphes, que nous allons maintenant étudier avec quelques détails. La comparaison des diverses formes appartenant
aux quatre genres précités fait reconnaître que, tout en s'acheminant vers le type
humain, toutes ne le font pas au même degré ni de la même manière, et que, quant
au degré, les Gibbons sont évidemment inférieurs aux trois premiers genres, et
tendent, par quelques particularités de détails, à se rapprocher des singes non
anthropomorphes ; entre autres, par la présence de callosités aux fesses, circonstance qui a conduit l'auteur d'un ouvrage zoologique récent[1] à les séparer, sous le
nom de *Tylopyges*, des trois autres genres privés de ce caractère, et qu'il réunit
sous la qualification générale de *Dasypyges*. Nous conformant à l'usage adopté par
les zoologistes, nous suivrons, dans l'exposition des divers types anthropomorphes,
l'ordre, basé sur l'analogie de leur conformation, dans lequel nous les avons jusqu'ici présentés, et nous aurons successivement à nous occuper du Chimpanzé, du
Gorille, de l'Orang-Outan et des Gibbons. Cet ordre a l'avantage de concorder
avec la distribution géographique de ces animaux, dont les deux premiers genres
se trouvent exclusivement en Afrique, et sont limités à la région occidentale de ce
continent, la Guinée et le Gabon. Les deux derniers, au contraire, sont asiatiques;
les Orangs ne se rencontrant que dans les îles de Bornéo et de Sumatra; les Gibbons, plus nombreux et plus répandus, se trouvant à la fois sur le continent indien
et dans toutes les îles qui en dépendent.

LE CHIMPANZÉ. — *Simia troglodytes* (Blum.). — *Troglodytes niger* (Geoff.) —
ENJECKO ou ENCHÉEKO, JOCKO. — PYGMÉE de Tyson. — QUIMPEZÉ du voyageur Labrosse. — ORANG noir. — Le Chimpanzé adulte peut atteindre la taille de
un mètre et demi. Son corps, court et massif, est couvert de poils généralement
noirs, plus abondants sur le dos, les épaules et les jambes, mais manquant sur le
visage, les faces plantaires des extrémités, la partie dorsale des mains, et les
oreilles. Des poils allongés forment une espèce de barbe sur les joues. Sa tête est
forte, dolichocéphale, la partie crânienne rejetée en arrière, les oreilles détachées,
le nez petit et aplati, les lèvres minces et extrêmement mobiles. Au total, malgré
le développement que prennent avec l'âge les arcades sourcilières, ainsi que le
museau, celui-ci reste moins saillant que chez les autres anthropomorphes, et la
physionomie du Chimpanzé n'atteint jamais cet aspect de férocité brutale qui caractérise à un si haut degré le Gorille, dont il diffère encore par le moindre développement des poches laryngiennes et des canines, qui ne dépassent que de fort
peu le niveau des autres dents; ses bras, moins allongés que chez ses congénères,
ne descendent que peu au-dessous du genou. Comparées quant aux rapports avec
la longueur des membres inférieurs, celle-ci étant prise pour unité et représentée
par 100, les longueurs des membres supérieurs se trouvent être de 106 chez le
Chimpanzé; 120 chez le Gorille, et 145 chez l'Orang. La conformation générale de
son corps et surtout celle des extrémités qui constituent des organes de préhension
très-parfaits, éminemment propres à saisir les branches et à s'y cramponner, font
du Chimpanzé un excellent grimpeur et un habitant exclusif des forêts, dont les
arbres lui fournissent la nourriture dont il a besoin, le gîte pour la nuit, et un
abri contre le danger. La conformation toute préhensile de ses extrémités, beaucoup moins favorable à la locomotion terrestre, rend sa démarche lourde et incertaine; il paraît, toutefois, que, lorsqu'il n'est pas inquiété, il descend volontiers à
terre, où il se tient quelquefois debout, mais décampe à quatre pattes aussitôt qu'il
est aperçu. L'usage habituel de ses extrémités comme organes de préhension a
pour conséquence un état permanent de flexion des doigts, dont les plus externes

1. J.-V. Carus et Gerstaecker, *Handbuch der Zoologie.*, t. 1, p. 72; 1868.

portent sur le sol par la face supérieure de leurs dernières articulations repliées en dedans, le reste du pied, déjeté de côté, appuyant par son bord externe. Dans la marche à quatre pattes, les mains reposent également sur le sol par les articulations infléchies des doigts, qui, pour cette raison, ainsi que celles des orteils, sont revêtues de callosités. Dans la marche bipède, c'est-à-dire sur les membres postérieurs seuls, il assure son équilibre en relevant les bras, et en joignant ses mains sur la nuque. Il s'assied pour se reposer, et, la nuit, il se retire dans un nid construit sur un arbre, à 20 ou 30 pieds au-dessus du sol, au moyen de branches entrelacées, et garni de rameaux feuillus. Le Chimpanzé se nourrit de matières végétales, de feuilles tendres, fruits, noix, etc. Il vit par bandes, conduites toujours par un mâle, aussi puissant qu'il est vigilant. Les naturels du pays assurent qu'un Chimpanzé mâle adulte est assez fort pour briser une branche que deux hommes pourraient à peine plier, et pour résister aux efforts de dix ; mais qu'il n'agit que sur la défensive, et n'attaque jamais s'il n'est pas irrité. Il se défend au moyen de sa mâchoire et de ses bras. A l'approche du danger, un cri terrible du chef de la bande donne le signal de dispersion de ses membres, qui se réfugient aussitôt au sommet des arbres les plus voisins. Son cri ordinaire est une espèce de *wou-wou* rauque et guttural, mais modéré d'intensité. Le Chimpanzé habite les forêts qui occupent les grandes vallées et les côtes du golfe de Guinée.

D'après les observations qui ont été faites sur quelques jeunes individus apportés en Europe, le Chimpanzé paraît être intelligent, de mœurs douces et affectueuses ; malheureusement, on n'a jamais pu les suivre bien longtemps, tous ayant promptement succombé à l'affection de poitrine que développe fatalement, chez ces produits des chaudes régions du Midi, l'action du climat européen.

Le GORILLE. — *Gorilla gina* (I. G. St-H.). — *Troglodytes gorilla* (Sav.). — PONGO de Battell. — INGENA, ENGÉ-ENA. — Le plus grand de tous les Anthropomorphes, car on a constaté sur un mâle adulte conservé au Muséum de Paris, une hauteur de 1 mètre 67 centimètres, 0,67 centimètres de circonférence au cou, 1 mètre 35 centimètres de tour de poitrine, enfin une envergure de 2 mètres 18 centimètres, soit la distance totale des extrémités des membres antérieurs étendus horizontalement. Son corps massif, et remarquable par sa largeur d'épaules, est, à l'exception du visage, d'une partie de la poitrine et de la face interne des mains, recouvert d'un poil noir et passablement long. Sa tête, très-dolichocéphale, est remarquable par la petitesse relative de sa portion crânienne, comparée à sa partie faciale, qu'un développement excessif des mâchoires armées d'énormes canines rend très-saillante, et par la grosseur de ses arcades sus-orbitaires. Les yeux sont grands, et semblables par la couleur à ceux du Chimpanzé ; le nez large et plat, relevé vers sa racine ; le museau large aux lèvres proéminentes. La lèvre inférieure, très-mobile, est assez protactile pour pouvoir, quand l'animal est irrité, pendre par-dessus son menton. La peau nue de la face et des oreilles est d'un brun noirâtre foncé. La tête du Gorille présente une particularité très-singulière consistant en une forte crête de poils qui, longeant la suture sagittale, en rejoint une semblable s'étendant transversalement d'une oreille à l'autre, en entourant la partie postérieure de la tête. Le cuir chevelu, doué d'une grande mobilité, peut, lorsque l'animal est irrité, ramener en avant, par une forte contraction, la crête de poils hérissés qui, se dressant au-dessus des arcades sourcilières, et, surplombant ainsi un énorme museau largement fendu et armé de crocs menaçants, donne au Gorille en fureur un aspect d'une incroyable férocité.

Cou court et épais, épaules et poitrine très-larges ; les membres pectoraux, malgré un avant-bras très-court, sont plus longs que chez le Chimpanzé, et atteignent au-dessous du genou ; mains massives, pouces plus gros que les autres doigts. Jambes fléchies, plus courtes relativement que chez le Chimpanzé. Le pied, à doigts moins allongés, et fendus jusqu'à la deuxième phalange seulement, s'éloigne de celui de son congénère, et, sauf son insertion un peu oblique sur la jambe, et quelques différences dans les proportions relatives de quelques-unes de ses parties, se rapproche beaucoup du pied humain, et par la disposition, le nombre et la forme générale des os qui le constituent, est bien un véritable pied. « C'est, dit Huxley, un pied » préhensile, il est vrai, mais ce n'est en aucune façon une main, c'est un pied qui » ne diffère de celui de l'homme par aucun caractère fondamental, mais seulement » par ses proportions, son degré de mobilité, et l'arrangement secondaire de ses » parties. » Cette conformation particulière du pied, jointe à une moindre longueur des doigts de la main, semble indiquer chez le Gorille une moins grande aptitude pour grimper. C'est ce que confirme le voyageur Du Chaillu, qui constate qu'il a presque toujours trouvé les Gorilles à terre, et que, bien qu'ils aillent souvent chercher sur les arbres des fruits ou des noix, ils redescendent aussitôt qu'ils sont repus ; que d'ailleurs ils se nourrissent volontiers de cannes à sucre, de côtes de feuilles, et d'autres substances végétales que leur fournissent des plantes basses ; enfin même, que les adultes passent souvent la nuit à terre, les jeunes seulement dormant sur les arbres, pour s'abriter contre les bêtes féroces. La Gorille marche en s'aidant de ses mains comme le Chimpanzé, mais avec le corps moins penché, à cause de la plus grande longueur de ses membres antérieurs; comme lui, il avance les mains et, soulevant son corps sur ces deux points d'appui, lui imprime un mouvement de balancement. Il prend volontiers la position verticale, et alors relève les bras en les fléchissant pour équilibrer l'énorme masse de son corps. Le Gorille vit en bandes moins nombreuses que le Chimpanzé, mais dont chacune ne contient qu'un seul mâle adulte; lorsque les jeunes mâles grandissent, il y a lutte entre eux, jusqu'à ce que le plus fort, après avoir tué ou chassé ses antagonistes, reste seul chef de la communauté. Ils se construisent dans les arbres des nids grossiers, formés de branchages entrelacés, qui ne leur offrent aucun abri, et dans lesquels ils se retirent la nuit seulement. D'un naturel excessivement féroce, ils prennent toujours l'offensive aussitôt qu'ils sont découverts, et ne fuient jamais devant l'homme; aussi les indigènes, qui les redoutent beaucoup, les évitent autant que possible et ne les attaquent pas.

A la vue du chasseur, le Gorille mâle pousse un hurlement épouvantable, les individus qu'il accompagne se dispersent aussitôt, puis il s'élance vers l'ennemi en précipitant ses cris. Irrévocablement perdu s'il se laisse aborder par son féroce adversaire, le chasseur l'attend, l'arme en joue, et, pour plus de sûreté, saisit pour faire feu l'instant où l'animal, arrivé à portée, empoigne l'extrémité du canon du fusil pour le porter à sa bouche. Si le coup ne part pas ou que le Gorille ne soit pas mis hors de combat, il se jette sur l'homme, le renverse et le déchire avec ses crocs. Comme le Chimpanzé, le Gorille habite les régions de l'Afrique occidentale, comprises entre les 10e et 15e degrés de latitude sud, arrosées par le Gabon et le Danger; mais, tandis que le premier se rencontre près des côtes, on ne trouve le Gorille que dans les contrées situées plus à l'intérieur du pays.

Il est singulier qu'un animal, aussi remarquable par ses dimensions, ait pu échapper très-longtemps à l'observation, et que la constatation de son existence soit toute récente. C'est au docteur Savage, missionnaire américain, que nous devons, à la suite d'un séjour au Gabon, une excellente notice, publiée en 1847, sur ce grand singe, et contenant des renseignements dont les observations postérieures n'ont fait que confirmer l'exactitude. La comparaison des crânes et de quelques portions de squelettes, qui lui furent présentés comme provenant de singes remarquables par leur taille et leur férocité, fit reconnaître au docteur Savage que ces pièces devaient appartenir à une espèce différente mais voisine du Chimpanzé, et à laquelle il attribua le nom de *Troglodytes gorilla*. Le nom de Gorille se trouve mentionné dans le *Périple d'Hannon*, amiral carthaginois qui, 500 ans avant notre ère, avait accompli un voyage d'exploration sur les côtes occidentales d'Afrique, et y avait rencontré des *Hommes sauvages* et en beaucoup plus grand nombre des *Femmes velues sur tout le corps* que, dit-il, « nos interprètes appelaient *Gorilles*. » Trois de ces femmes velues purent être tuées, et leurs peaux, ramenées à Carthage, restèrent exposées pendant trois siècles dans le temple de Junon. Il s'agit évidemment là de femelles d'une grande espèce de singe; mais la question de savoir si l'expédition d'Hannon a réellement eu affaire au grand Gorille, ou seulement au Chimpanzé, reste controversée, le *Périple* ne contenant pas de renseignements assez précis pour la trancher en faveur de l'une ou de l'autre de ces deux opinions, qui ont chacune leurs partisans. Le Gorille habitant l'intérieur du pays, où il recherche les lieux les plus solitaires et les plus inaccessibles, et les naturels l'évitant à cause de ses habitudes féroces, on comprend que, malgré les rapports commerciaux qui, depuis une époque fort ancienne, ont existé entre l'Europe et l'Afrique occidentale, cet animal soit si longtemps resté inconnu aux zoologistes qui, faute de preuves matérielles de son existence, ont attribué à d'autres singes et mal interprété certains récits de voyageurs, récits qui, d'après ce qu'on connaît actuellement du Gorille, se rapportent incontestablement à cet anthropomorphe. Ainsi, André Battell, retenu, pendant plusieurs années, prisonnier à Angola, et dont les aventures furent publiées, en 1625, par Purchas, parle de deux singes de haute taille, dont le plus grand porte dans le pays le nom de « Pongo, » et qui, d'après la description qu'il en donne, répond tout à fait au Gorille. Il désigne, sous le nom local de « Engeco, » l'autre singe moins grand, qui se rapporte évidemment au Chimpanzé, auquel, comme nous l'avons vu, les indigènes donnent encore le même nom qui, altéré en Jocko, a été adopté et popularisé par Buffon. Quant à l'origine du mot Pongo, il parait, d'après le docteur Savage, provenir du nom de N'Pongo que les indigènes, qui s'appellent eux-mêmes N'Pongwes, donnent à l'estuaire du Gabon. Ce nom de Pongo, que Battell a introduit pour désigner le plus grand des singes du Gabon, maintenant reconnu pour être le Gorille, a ensuite, pendant la période où cette espèce a été perdue de vue et est restée inconnue aux zoologistes, été appliqué par Buffon et d'autres auteurs à des Anthropomorphes divers, et, ainsi détourné de sa vraie signification, il a jeté dans la désignation de ces animaux une très-grande confusion. Ce que le voyageur Jobson dit d'un grand singe, appelé par les Portugais *el savajo*, se rapporte au Gorille. Enfin Bodwich (1819) signale, d'après le récit des indigènes, l'existence d'un singe de forte taille, très-large d'épaules, qu'ils appellent Ingena, nom évidemment identique à celui de *Engè-ena*, sous lequel, d'après les recherches les plus récentes, les habitants du Gabon désignent actuellement le Gorille.

ORANG-OUTAN. — *Pithecus satyrus* (GEOFF.). — *Simia satyrus* (LINN.). — PONGO de Bornéo. — ORANG ROUX. — L'Orang-Outan adulte mâle atteint une taille de 4 pieds environ, les femelles étant généralement un peu plus petites. Son corps, dont les hanches sont larges et l'abdomen saillant, est couvert de poils d'un roux plus ou moins brunâtre, rares sur le dos et encore plus sur la poitrine, mais longs et serrés sur les côtés, et formant une espèce de barbe autour du visage. Ce dernier, les faces palmaires des extrémités, ainsi que le côté extérieur des doigts, sont nus. Les parties ainsi dénudées sont de couleur ardoisée. La tête, brachycéphale, a sa partie crânienne plus élevée et plus arrondie que chez les Anthropomorphes africains;

mais, par suite des dimensions des mâchoires, — armées de fortes canines, dont l'inférieure est plus longue que la supérieure, et de l'épaisseur des lèvres, qui sont très-renflées et ridées, — sa partie faciale est très-proéminente. Le nez est aplati; les yeux et oreilles petits, conformés comme dans l'espèce humaine. Le cou, court et gros, est garni de plis à sa base, par suite de la présence en ce point d'un grand sac laryngien sous-jacent, capable d'une dilatation considérable. Les membres pectoraux, très-longs, descendent chez l'animal debout jusqu'à la cheville[1]. Les os du poignet sont, comme chez les Gibbons, au nombre de neuf, par suite de la présence d'un os intermédiaire, qui n'existe ni chez les Anthropomorphes africains ni chez l'homme. Ce caractère, joint aux proportions relatives de ses membres, qui se trouvent assez différentes de ce qu'elles sont dans ses congénères, rappelle complétement la conformation des Gibbons. Ses extrémités allongées, éminemment appropriées à servir d'organes exclusifs de préhension, au moyen desquels l'animal se meut dans les arbres en se cramponnant aux branches, sont par cela même peu favorables à la progression sur le sol, où sa démarche est toujours lourde et embarrassée. Dans ces conditions, l'Orang marche à quatre pattes, les jambes fléchies, et son pied repose par terre, non sur sa face plantaire, mais par son bord externe, et sur le côté supérieur de ses doigts repliés, qui, à la suite de leur emploi habituel comme organes de préhension, conservent un état permanent de flexion. Quant aux membres antérieurs assez longs pour atteindre le sol sans que l'animal ait à pencher beaucoup son corps, ils appuient sur les articulations des deux premiers doigts et sur l'extrémité libre du pouce. Quoique se rapprochant beaucoup par sa conformation générale et ses proportions du type inférieur des Gibbons, et organisé pour vivre comme eux sur les arbres, l'Orang est loin de posséder l'agilité et la rapidité de mouvements qui les caractérisent. Il est, au contraire, paresseux, flegmatique, et met dans tous ses mouvements une lenteur et une prudence excessives, prenant toutes les précautions nécessaires pour s'assurer de la solidité d'une branche, avant de lui confier le poids de son corps; d'où, un air circonspect et réfléchi, une gravité qui contrastent avec la vivacité ordinaire des singes, et qui rappellent les habitudes humaines.

Il se nourrit de matières végétales, fruits, bourgeons, graines, écorces, etc., que lui fournissent les forêts qu'il habite, et se construit, soit dans les buissons, soit sur des arbres peu élevés, des nids formés de branchages entrelacés, tapissés de feuillages ou d'herbages, et dans lesquels il se retire la nuit. L'Orang, quoique doué d'une grande force physique, paraît être inoffensif, et fuit devant le chasseur sans chercher à l'attaquer. Il habite les forêts humides et touffues, peu accessibles à l'homme, qui croissent dans les terres basses et marécageuses, sur les côtes et dans l'intérieur de l'île de Bornéo et peut-être de Sumatra.

Les observations qu'on a pu faire sur quelques jeunes Orangs amenés en Europe ont permis de constater chez eux une grande douceur, une intelligence relativement supérieure, qui les rendaient facilement susceptibles d'éducation, et tout à fait en rapport avec l'organisation complexe et le développement remarquable de leur cerveau. Il est à regretter que la rigueur du climat européen n'ait pas permis de con-

---

1. Si on compare à la longueur de la colonne vertébrale prise pour unité, et représentée par 100, celle des membres antérieurs et postérieurs, chez les différents Anthropomorphes, on a les rapports suivants :

|  | Colonne vertébrale. | Membres antérieurs. | Membres postérieurs. |
|---|---|---|---|
| Chimpanzé............ | 100 | 96 | 90 |
| Gorille... ........ . . | 100 | 115 | 96 |
| Orang............... | 100 | 122 | 88 |

server quelqu'un de ces jeunes Orangs, et d'apprécier l'effet que doit avoir, sur leur caractère et leur intelligence, le développement rétrograde qui, avec les années, se manifeste chez tous les grands Anthropomorphes, par un renversement complet des proportions relatives existant, dans leur jeune âge, entre les parties crânienne et faciale de la tête. C'est à la prédominance considérable, — qu'ensuite d'un accroissement excessif des mâchoires, la partie faciale acquiert sur la partie crânienne, dont l'augmentation relative est beaucoup moindre, jointe au développement de certaines parties extérieures du crâne osseux, nécessaire pour fournir des surfaces d'insertion en rapport avec les puissantes masses musculaires qui s'y attachent, — que les Anthropomorphes adultes doivent cet aspect de férocité et de bestialité, sous lequel les caractères, encore assez nettement ébauchés dans leur jeune âge, qui les rapprochent du type humain, tendent de plus en plus à disparaître.

Dans l'exposition précédente des trois genres des grands Anthropomorphes, représentés chacun par l'espèce type qui a motivé leur création, nous n'avons pas mentionné des formes que quelques auteurs ont voulu introduire comme espèces distinctes dans les genres Chimpanzé et Orang. La place limitée dont nous disposons ne nous permettant déjà qu'une description très-sommaire des types bien définis généralement acceptés, nous ne pouvions la réduire encore au profit de formes incertaines, dont la valeur spécifique est d'autant plus contestable que les variations considérables que présentent dans leur taille, leur conformation extérieure, leur couleur, etc., suivant l'âge, le sexe et peut-être aussi le lieu, les grands Anthropomorphes, sont encore trop peu étudiées pour qu'on puisse affirmer que les formes, proposées comme distinctes, ne doivent pas, à un des titres précités, être rattachées aux formes déjà connues.

GIBBONS. — *Hylobates* (Illig.). — Ce genre, le dernier de la famille des Anthropomorphes, — à laquelle il se rattache encore par sa station à peu près verticale, l'absence de queue, la forme aplatie des os du sternum et la dentition, tandis que par sa taille, la présence de callosités aux fesses, et la longueur exagérée des membres antérieurs, il se rapproche de tous les autres singes de l'ancien continent, — renferme un certain nombre d'espèces, et présente une distribution géographique beaucoup plus étendue que les grandes espèces. Les Gibbons les plus grands ne dépassent guère un mètre de hauteur. Leur corps, grêle et mince, est couvert d'une fourrure épaisse; leurs membres antérieurs sont assez longs pour atteindre le sol sans que le buste ait à se pencher en avant, de sorte qu'ils peuvent marcher et même bondir avec leurs quatre extrémités appuyées sur le sol, sans sortir de la station verticale ; il leur arrive même souvent de se tenir debout sur leurs pattes de derrière, et de progresser ainsi par bonds successifs, leurs bras relevés leur servant de balancier pour conserver l'équilibre.

Les membres postérieurs sont beaucoup plus courts que les antérieurs; les mains très-allongées, à pouce détaché, ainsi que celui des pieds qui est opposable. Le poignet est pourvu d'un os intermédiaire distinct, qui en porte le nombre à neuf, comme les singes inférieurs. Le crâne des Gibbons, d'une petite capacité, se modifie moins avec l'âge, et ne présentant pas cet allongement de la partie faciale, ni ce développement de crêtes et de saillies osseuses qui caractérisent le crâne des grands Anthropomorphes adultes, la tête conserve à peu près toujours la même apparence. Aussi, contrairement à ce qui se passe chez les précédents, dont la férocité augmente avec l'âge, les Gibbons ne perdent pas, en vieillissant, la douceur et les habitudes soumises qui les distinguent lorsqu'ils sont jeunes.

Les Gibbons se trouvent dans le continent Indien et les îles environnantes, Sumatra, Java, Bornéo, Célèbes et Manille. On en connaît plusieurs espèces. Ils sont d'une agilité prodigieuse, et peuvent, grâce à la longueur de leurs bras, faire des bonds prodigieux de branche en branche, et franchir, en un clin d'œil, des espaces considérables. La présence d'un grand sac membraneux placé au bas du cou, et en rapport avec le larynx, donne à leur voix un développement d'une puissance hors de toute proportion avec leur petite taille, aussi leurs cris assourdissants peuvent-ils s'entendre à d'immenses distances. Ils habitent les collines boisées, et se tiennent habituellement au sommet des arbres élevés.

Les principales espèces de Gibbons sont le SIAMANG (*Hylobates syndactylus*), le plus grand, couvert de poils noirs, caractérisé par la réunion, au moyen d'une étroite membrane, des deuxième et troisième orteils sur toute la longueur de la première phalange, circonstance qui lui a valu son nom spécifique. — L'UNGHO (*Hylobates agilis*), remarquable en effet par sa prodigieuse agilité. — Le GIBBON LAR (*Homo lar*, Linn.), le GRAND GIBBON de Buffon. — Le GIBBON HOOLOCH, et quelques autres espèces qui n'offrent aucun intérêt particulier.

On rattache aux Gibbons un singe fossile, trouvé par M. Lartet à Sansan (Gers), le *Pliopithecus antiquus*, que sa dentition, étudiée sur une mâchoire inférieure bien conservée, rapproche de celle du genre Gibbon, mais qui, par les caractères que présentent quelques fragments de son squelette, paraît lui avoir été un peu inférieur. Un autre singe, dont les restes ont été trouvés à Saint-Gaudens (Haute-Garonne) par M. Fontan, et étudiés par M. Lartet, paraît aussi devoir être rattaché aux Gibbons, bien que par sa taille, qui égalait au moins celle du Chimpanzé, et la brièveté de sa face, il ait dû se rapprocher beaucoup des Anthropomorphes supérieurs. M. Lartet l'a décrit sous le nom de *Dryopithecus Fontani*.

En résumé, les Anthropomorphes, par certains points fondamentaux de leur organisation; le plan général de leur conformation; le crâne, le développement du cerveau, la dentition; le nombre, la configuration, les connexions des diverses pièces de leur squelette, tendent, d'une manière d'autant plus prononcée qu'ils sont plus jeunes, à se rapprocher du type humain, vers lequel tous convergent, à des degrés divers, et d'une manière un peu différente, suivant les espèces. Toutefois, à côté des points par lesquels ils paraissent s'acheminer vers un type supérieur à celui de la famille à laquelle ils appartiennent, ils n'en conservent pas moins, dans leur apparence générale, et les proportions relatives des différentes parties de leur corps, les grands traits caractéristiques des singes; et, par l'ensemble de leur organisation, adaptée aux conditions particulières d'existence et de locomotion que leur imposent leur genre de vie, ainsi que le milieu spécial qu'ils habitent, ils sont l'expression la plus complète du type grimpeur par excellence. Les caractères essentiels de ce type portant surtout sur les parties extérieures du corps, et se traduisant par des modifications importantes dans leurs proportions et leur conformation, sont par cela même les plus frappants, et ceux qui contribuent le plus à déterminer la physionomie générale, et à imprimer aux Anthropomorphes ce cachet simien, qui se prononce toujours plus a mesure qu'ils avancent en âge, et sous lequel tendent de plus en plus à se dissimuler les analogies moins apparentes, quoique réelles, qu'ils présentent avec le type humain, et que l'étude plus approfondie de leur organisation permet de constater.

Comparées à ce qu'elles sont dans le type humain, que par opposition on peut qualifier de *type marcheur*, les proportions du corps et des membres sont assez différentes chez les Anthropomorphes. Tandis que, chez l'homme, les membres abdominaux, seuls et exclusivement chargés de la locomotion, acquièrent, en raison de cette spécialisation de la fonction, un grand développement, et présentent, relativement au tronc et aux membres pectoraux, les proportions les plus fortes; chez les

Anthropomorphes[1], au contraire, la prédominance appartient aux membres pectoraux, qui, bien qu'ils ne soient pas seuls chargés des fonctions locomotrices, et
que les membres abdominaux y prennent aussi une part considérable, jouent cependant le rôle prépondérant,—car, c'est surtout sur eux que l'animal, dans l'ascension des arbres et les diverses évolutions auxquelles il est appelé à se livrer dans ce
milieu spécial, trouve son principal point d'appui. Mais, c'est particulièrement dans
la conformation des extrémités, que nous remarquons les différences capitales, auxquelles le type grimpeur doit ce cachet d'infériorité, encore si fortement empreint
chez les Anthropomorphes, et qui, malgré leurs tendances prononcées vers un type
supérieur, les maintiennent, sous ce rapport, presque au niveau des autres singes.
Dans le type humain, on peut distinguer dans les extrémités deux conformations
distinctes, correspondant aux fonctions définies et très-différentes des membres
auxquelles elles appartiennent, et qu'expriment les dénominations de main et de
pied. La localisation des fonctions locomotrices dans les membres inférieurs a déterminé, dans la conformation de leurs extrémités, des modifications qui en ont fait
des organes de sustentation capables de supporter le poids de l'organisme entier,
assez étendus pour reposer sur le sol par une surface suffisante pour assurer l'équilibre dans la station verticale, et doués d'une structure à la fois solide et élastique,
pour amortir les chocs successifs dont ils sont le siége à chaque temps de contact
avec le sol, instant pendant lequel chacun d'eux a alternativement à supporter le
poids total du corps animé d'une certaine vitesse. Ainsi modifiées, les extrémités
des membres postérieurs, ayant, par la réunion étroite et l'assemblage plus compacte de leurs parties constituantes, perdu la mobilité et la flexibilité qui sont les
conditions essentielles de la conformation préhensile, sont devenues des pieds,
organes exclusivement de sustentation. Celles des membres antérieurs, affranchies
désormais de toute participation à la locomotion, ou de fonctions de nature à
amoindrir leurs aptitudes préhensiles, se sont, sous l'influence des usages variés
auxquels se prêtait leur conformation, développées et perfectionnées, et sont devenues cet organe souple, mobile, cet instrument universel et délicat qu'on nomme
la main. Mais les améliorations dans son organisation physique qui distinguent
si profondément la main humaine, sont de peu d'importance à côté du perfectionnement physiologique capital qui, par le développement d'une exquise sensibilité nerveuse, en a fait le siége d'un des sens les plus importants, celui du tact,
l'organe des impressions directes, le contrôleur des données parfois trompeuses des
autres sens, dont il est souvent appelé à rectifier le témoignage. Ces modifications
de structure, que la localisation des fonctions locomotrices dans les membres
inférieurs a seule rendues possibles, et par lesquelles les extrémités antérieures,
de simples instruments mécaniques qu'elles sont dans les Anthropomorphes, ont pu,
dans le type humain, s'approprier à des fonctions si différentes et de l'ordre le
plus relevé, constituent un exemple remarquable des effets de la division du travail sur le perfectionnement des organes, et donnent la raison de cette perfectibilité
qui distingue si profondément l'homme de tous les animaux, et le place à une si
grande hauteur au-dessus de ceux même qui d'ailleurs se rapprochent le plus de lui
par le plan général de leur conformation, comme les Anthropomorphes. Chez ces
derniers, où les unes comme les autres participent aux fonctions locomotrices, les

---

1. La colonne vertébrale prise pour unité, et représentée par 100, on a les rapports suivants pour
les membres antérieurs et les membres postérieurs : Homme 80 et 117; Chimpanzé 96 et 90; Gorille,
115 et 96; Orang, 122 et 88. Les membres antérieurs comparés aux membres postérieurs dont la longueur est représentée par 100, donnent les chiffres suivants : Homme, 100 : 68,4; Chimpanzé, 100 :
106,6; Gorille, 100 : 120; Orang, 100 : 138.

différences si prononcées qui distinguent chez l'homme les extrémités inférieures
des supérieures, bien qu'encore reconnaissables lorsqu'on les soumet à un examen
approfondi, sont extérieurement bien moins apparentes, et tendent à disparaître
derrière leur conformation exclusivement préhensile, et la similitude d'aspect
général que leur imprime la similitude de leurs fonctions.

C'est moins par leur importance anatomique que par leurs conséquences
physiologiques, que les modifications que présente la conformation des Anthropomorphes contribuent le plus à les maintenir à leur état d'infériorité. Les
proportions relatives de leur tronc et de leurs membres, qui en font des animaux
essentiellement grimpeurs, ne réalisant pas les conditions d'équilibre nécessaires
à la station verticale et à la marche bipède, les Anthropomorphes sont peu appropriés à ce mode de locomotion, et conservent dans ces conditions les allures
simiennes. La conformation de leurs extrémités, grossièrement préhensile, rend
les inférieures également peu favorables à la locomotion terrestre, et, quant aux
supérieures, elle a des conséquences d'une immense importance. En effet, le rôle
considérable que les mains jouent dans la locomotion des Anthropomorphes, et leur
usage exclusif comme organes de préhension et de suspension, nécessitent une
solidité de structure, un développement musculaire en rapport avec l'énergie des
efforts que comportent leurs fonctions, et excluent cette mobilité et cette sou-
plesse, qui sont les attributs essentiels de l'organe préhensile parfait, propre à des
usages variés. Enfin, pour pouvoir résister à l'action des aspérités des corps durs
avec lesquels leurs fonctions locomotrices les mettent constamment en contact, les
extrémités antérieures des Anthropomorphes, revêtues d'une peau épaisse,
inerte, garnie de callosités protectrices, ne peuvent, en aucune façon, être le siége de
cette sensibilité qui, apanage de la main humaine, en fait l'organe d'un des principaux sens, et dont la privation seule suffit pour établir, entre les Anthropomorphes et l'homme, une infranchissable barrière.

Indépendamment des analogies générales de conformation, qu'ensuite de la
similitude de leur genre de vie, les Anthropomorphes présentent avec les autres
singes, on remarque que les trois grandes espèces du groupe paraissent, par
certains traits particuliers, se rattacher chacune, d'une manière plus étroite,
à quelques types qu'un ensemble de caractères permet de distinguer dans les
singes de l'ancien continent. Ceux-ci, d'après M. Gratiolet, peuvent être groupés
suivant trois séries, à chacune desquelles correspond une des espèces d'Anthropomorphes, qui en occupe le sommet, et en est le représentant le plus parfait. C'est
à la persistance de ces caractères de série, — au travers des modifications qu'a
subies leur conformation générale, qui, en la rapprochant à des degrés divers de
celle de l'homme, leur ont imprimé un cachet commun de supériorité sur les termes
inférieurs de leurs séries respectives, — qu'il faut attribuer les différences qui distinguent les trois espèces d'Anthropomorphes actuellement connues.

Ces considérations ont conduit leur auteur, M. Gratiolet, à regarder l'Orang
comme le représentant perfectionné de la série qui comprend les Cercopithèques,
les Semnopithèques, et les Gibbons; le Chimpanzé comme celui de la série des Ma-
caques; et le Gorille, comme le perfectionnement du type des Cynocéphales.

Inversement, en dehors de la tendance générale vers un type supérieur, commune aux trois espèces d'Anthropomorphes, on constate chez chacune d'elles
certaines affinités plus spéciales avec le type humain, mais qui portant sur des
points de l'organisation différents suivant l'espèce, ne permettent pas d'affirmer la
prééminence par l'ensemble de ses caractères d'aucune d'elles sur les deux autres.
Par les proportions générales des membres et des extrémités, le Chimpanzé et le

Gorille se placent au-dessus de l'Orang ; le premier occupant le premier rang par la forme de sa tête, le moindre développement de ses sacs laryngiens, et son intelligence. Relégué au troisième rang par sa conformation extérieure, l'Orang s'élève de beaucoup au-dessus des deux autres par l'organisation remarquablement développée de son cerveau et par son intelligence. Le Gorille enfin, le second par sa conformation extérieure, le dernier par la forme de son crâne, l'exagération de la partie faciale de sa tête, et l'intelligence, remonte au premier rang par sa structure ostéologique, et les analogies, bien plus fortement prononcées que chez ses congénères, que sa main et surtout son pied présentent avec les parties correspondantes de l'homme. En résumé, considéré dans son ensemble, le groupe des Anthropomorphes, se reliant par ses formes extrêmes aux singes d'une part, et au type humain de l'autre, est bien intermédiaire entre les deux. Mais l'étude des grandes espèces, les plus importantes du groupe, permet de reconnaître dans l'ensemble de leur plan de conformation et dans leurs caractères anatomiques essentiels, des analogies profondes avec le type humain, et qui sont restées prépondérantes sous le cachet d'infériorité que leur adaptation au même genre de vie que les autres singes a imprimé à leur apparence extérieure. De fait, il résulte de la comparaison des organes correspondants dans l'homme, les Anthropomorphes, et les singes proprement dits, que les différences entre ces deux derniers étant plus grandes qu'elles ne le sont entre l'homme et les Anthropomorphes, ceux-ci présentent avec le type humain des affinités plus intimes qu'avec les singes inférieurs, et, à ce titre, justifient complétement le nom sous lequel ils sont actuellement désignés dans la science, et qui exprime d'une manière heureuse le rang élevé qu'ils occupent, à la tête des Mammifères, dans la série zoologique.    J. J. MOULINIÉ (de Genève).

**ANTHROPOPHAGIE.** — On a nié longtemps et souvent qu'il y eût des anthropophages. Mais que n'a-t-on pas nié? Tout ce qui heurte les préjugés, les idées, les sentiments habituels, est si facilement décrété impossible par tous ceux, et le nombre en est grand, qui n'ont pas encore érigé en méthode le doute philosophique, par tous ceux qui verrouillent trop hâtivement la porte de leur esprit. Tout d'abord on nie que la terre puisse être sphérique, et pourtant elle l'est. On nie qu'elle se meuve et pourtant elle roule circulairement dans l'espace. On nie que le monde puisse être éternel et pourtant il l'est, bien vraisemblablement. On nie même qu'il y ait des athées et pourtant il en est, nos dernières informations nous permettent de l'affirmer. De même, toutes les dénégations sentimentales ne peuvent empêcher qu'il n'y ait eu des anthropophages. Bien plus, il y en a et il y en aura encore. Il est même on ne peut plus facile d'établir, preuves en main, que le cannibalisme a été ou est en vigueur dans toutes les contrées et chez toutes les races du globe.

Le naïf Plutarque et le verbeux J.-J. Rousseau ont beau nous affirmer, l'un en larmoyant, l'autre en déclamant, que manger des animaux est fort mal, que déchirer à belles dents de la chair qui a vécu, senti, palpité, est atroce, l'homme n'en continuera pas moins à obéir aux lois physiologiques qu'il ne peut transgresser sans souffrir ou périr. Or, il a besoin d'absorber des substances azotées quaternaires, facilement assimilables et il les empruntera autant que possible au règne animal qui les lui fournit condensées sous un petit volume, toutes prêtes à être absorbées et à revivre. C'est là une nécessité impérieuse; aussi, partout où les règnes animal et végétal seront par trop parcimonieux, partout où l'homme aura à subir des déficits alimentaires graves et fréquents, il deviendra, avec ou sans scrupule, un loup pour l'homme. C'est là la forme la plus commune de l'anthropophagie, c'en est aussi la forme primitive, l'anthropophagie par besoin.

Nous la voyons en pleine vigueur dans toutes les civilisations primitives, chez tous les groupes humains sans industrie, sans prévoyance, qui n'ont pas encore façonné le monde extérieur à leur usage, chez les races qui cueillent, mais ne savent pas semer, qui chassent, mais n'ont pas encore eu l'idée de domestiquer des animaux, particulièrement chez les insulaires des petites îles où les grands mammifères font défaut, ou bien chez les races très-inférieures habitant bien de grands continents, mais si peu intelligentes et si mal armées que pour elles toute émigration est impossible. A la Nouvelle-Calédonie, en Australie, à la Terre-de-Feu, le cannibalisme fleurit sans que personne songe à le trouver immoral. En temps de famine, les indigènes de la Terre-de-Feu prennent une vieille femme, lui tiennent la tête au-dessus d'une épaisse fumée qui provient d'un feu de bois vert, puis l'étranglent et la dévorent. Quand on leur demande pourquoi ils ne tuent pas plutôt leurs chiens, ils répondent : « le chien prend l'iappo, » c'est-à-dire la loutre[1]. En Australie, la mère mange souvent son enfant mort, et si l'opossum, le kangurou, les larves de fourmi deviennent trop rares, on y déterre, pour s'en repaître, les morts récemment inhumés. Après trois jours de sépulture, disaient les indigènes au père Salvado, un cadavre est encore un mets passable[2]. A défaut de cadavre, on en fait un en assommant une femme, une jeune fille, un enfant que l'on découpe et que l'on mange. Il faut bien vivre, et, de plus, on n'a pas encore de morale bien codifiée.

Les Néo-Calédoniens pourraient, à la rigueur, subsister sans s'entre-manger. Leur île est fertile, et ils ont quelques connaissances agricoles. La mer qui les environne est poissonneuse; mais il n'y a dans l'île d'autres mammifères qu'une grande chauve-souris, la roussette. D'autre part, la récolte d'ignames et de racines de taro manque parfois ; la pêche n'est pas toujours bonne. Enfin le Néo-Calédonien, imprévoyant comme tous les sauvages, ne songe jamais au lendemain. Se soûler d'aliments, c'est pour lui le plus vif et le plus rare des bonheurs, sans compter que, quand il s'agit de s'empiffrer, chaque insulaire ne manque jamais d'être aidé par ses voisins. La disette succède donc promptement à l'abondance, et il ne reste plus qu'à se ruer sur une tribu voisine pour se procurer un rôti d'homme, mets exquis que tout le monde désire, mais dont les chefs s'attribuent la plus large part. « Il y a longtemps, disent-ils, que nous n'avons mangé de la chair; allons en » chercher. » Le combat cesse dès qu'on a tué deux ou trois hommes, car on a hâte de les manger. On voulait simplement se procurer de la viande, et nullement acquérir de la gloire[3]. Certains de ces augustes princes ne se donnent pas la peine d'aller égorger des ennemis, au risque de recevoir quelques fâcheux horions. Ils prennent simplement un de leurs sujets qu'ils mangent en famille. Ainsi faisait le grande Bouarate, aussi glorieusement légendaire à la Nouvelle-Calédonie que Napoléon Ier en France[4]. Un autre chef faisait de même, mais avait imaginé de saler la chair de ses sujets trop aimés; ce qui lui permettait de manger tous les jours un plat de viande[5]. L'opinion publique est, à la Nouvelle-Calédonie, aussi bénigne pour ces festins de princes qu'elle est indulgente en Europe pour les vastes tueries guerrières, aussi la gloire de Bouarate, le grand chef, durera dans son île non moins longtemps que dure dans notre vieux continent la renommée des grands conquérants, des Attila, des César, des Tamerlan, des Napoléon, de

1. Fitzroy, *Voyages de l'Adventure et du Beagle.*
2. R. Salvado. *Mémoires sur l'Australie*, in-8°.
3. De Rochas, *Bulletins de la Société d'anthropologie*, t. I, p. 414.
4. Ch. Brainne, *Calédonie nouvelle.*
5. M. Bourgarel, *Des races de l'Océanie française (Mémoires de la Société d'anthropologie*, t. II).

tous ces héros à l'humeur féline, qui ont, à coups de griffes, gravé leur souvenir dans la mémoire des peuples.

Mais le cannibalisme des noirs pasteurs d'hommes néo-calédoniens n'est déjà plus le cannibalisme excusable, le cannibalisme par nécessité. C'est la seconde variété, le cannibalisme par gourmandise, au moins aussi répandu que le premier. Il est en vigueur notamment à Viti où, au milieu de la plus grande abondance, on engraisse des esclaves pour les manger. Ordinairement, on les mange fraîchement tués ou même rôtis tout vifs; mais certains gourmets attendent, pour festiner, que le cadavre ait commencé à se putréfier. « Tendre comme de l'homme mort » est, à Viti, la locution habituelle pour dire exquis [1]. Le voyageur anglais Earle (1827) nous raconte des faits analogues observés par lui à la Nouvelle-Zélande. « La chair humaine, lui disait un chef très-doux d'ailleurs et très-affable, est tendre comme du papier. »

Tout récemment encore, dans le midi de l'Afrique, quelques tribus de Cafres Bassoutos vivaient uniquement de cannibalisme, au milieu d'une contrée fertile et giboyeuse. Ils habitaient, comme les Troglodytes européens, nos ancêtres, de grandes cavernes naturelles où ils amenaient et mangeaient leur gibier humain quand la chasse avait été heureuse. M. Casalis nous dit bien que c'est là un fait de cannibalisme partiel, accidentel et qui ne dura guère [2]. Mais un Anglais qui visita les cavernes dont nous parlons, bien des années après M. Casalis, en 1868, y a vu des ossements humains, frais encore. Le cadavre était débité, raconte-t-il, d'après des procédés réguliers. La mâchoire inférieure était détachée à coups de hache, le crâne percé au sommet d'un trou par lequel on extrayait la substance cérébrale. Les côtes étaient séparées pour être cuites à l'eau dans des vases de terre. Les os longs étaient fendus et leur moelle enlevée [3].

Un vieil historien Espagnol, Pietro de Cieça, auteur d'une histoire du Pérou, affirme que les indigènes de la vallée de la Nore, les chefs du moins, élevaient soigneusement les enfants qu'ils avaient de leurs captives pour les manger quand ils avaient atteint l'âge de douze ou treize ans.

Après l'anthropophagie par gourmandise viennent diverses autres variétés : l'anthropophagie par piété filiale, par fureur guerrière, par religion, enfin l'anthropophagie juridique. Nous allons les passer rapidement en revue.

Nous avons vu les habitants de la Terre-de-Feu manger les vieilles femmes en temps de disette. Beaucoup d'autres peuples ont ou ont eu la coutume de se débarrasser des vieux parents par des moyens plus ou moins violents. Les Esquimaux les laissent mourir de faim dans une hutte de glace; les Vitiens les enterrent vivants; souvent les Néo-Calédoniens les assomment. D'autres peuples les mangent respectueusement et cérémonieusement. Ainsi faisaient, selon Hérodote, certaines nations de l'Europe orientale, notamment les Massagètes. Ces Scythes, après avoir tué leurs vieux parents par compassion, en utilisaient la chair dans un grand festin en la mélangeant avec celle de quelques pièces de bétail immolées du même coup. C'était, disaient-ils, pour épargner à leurs auteurs la honte d'être mangés par les vers. D'après le même historien [4], les Issédons, qui habitaient à l'est de la Scythie, avaient des coutumes analogues. Ils dévoraient leurs parents, tout à fait comme les Massagètes, mais les laissaient pourtant mourir de mort naturelle,

---

1. Lubbock, l'*Homme avant l'histoire* (d'après des relations originales).
2. Casalis, *les Bassoutos*.
3. *The cave cannibals of south Africa*. (*Anthropological review*. April 1869.)
4. *Histoires*, liv. IV, 26.

tandis que, si l'on en croit Strabon, les Massagètes considéraient comme des impies ceux d'entre eux qui avaient l'impudence de mourir sans l'aide de leurs proches, et, pour les châtier, ils jetaient leurs cadavres aux bêtes féroces. Selon le même Strabon, les Derbices de l'Asie septentrionale égorgeaient les vieillards qui avaient passé soixante-dix ans, et les plus proches parents se régalaient du cadavre. On ne faisait point, dit-il, aux vieilles femmes l'honneur de les manger, mais on les étranglait simplement.

On a quelquefois traité tous ces récits de fables, mais les historiens de l'antiquité grecque se sont beaucoup moins trompés qu'on ne l'a cru d'abord, et d'ailleurs le cannibalisme des Massagètes et des Derbices n'a rien de plus monstrueux que celui des Battas de Sumatra. Les Battas forment une nation nombreuse, policée, intelligente. Chez eux, l'agriculture est assez avancée; la propriété foncière individuelle, instituée. Ils ont une monnaie, un système régulier de lois et de gouvernement, un alphabet à eux, une littérature spéciale. Or voici, d'après l'Anglais Marsden, comment ils traitent leurs vieux parents [1] : Quand un homme devient vieux et est las de porter le fardeau de la vie, il prie ses enfants de le manger, et ceux-ci ne désobéissent pas à leur père. On choisit, pour célébrer la cérémonie, la saison où les citrons sont abondants et le sel à bon marché. Au jour fixé, le vieillard monte sur un arbre, au pied duquel se groupent en cercle parents et amis. Ce sont les convives. Ils frappent alors le tronc de l'arbre en cadence et en chantant un hymne funéraire dont le sens général est : « Voilà la saison venue. Le fruit est mûr, qu'il tombe. » Puis le vieillard descend. Ses plus proches parents, ceux qu'il chérit le plus, le tuent pieusement, et l'assemblée dévore ses restes. Ce n'est pas pourtant par gloutonnerie bestiale que les Battas agissent ainsi, mais pour accomplir un devoir. C'est aussi pour s'acquitter d'un devoir filial que les Vitiens enterrent leurs parents tout vivants [2]. Tous ces faits, et bien d'autres analogues, qui sont aujourd'hui de notoriété vulgaire, n'empêcheront pas, d'ici bien longtemps, nombre de docteurs soudés à leurs chaires de philosophie officielle, comme les centaures de la fable à leur croupe chevaline, de nous affirmer gravement que la morale est une et que, dans la conscience de tous les hommes, resplendit, comme un phare toujours allumé, la même idée du bien.

L'anthropophagie guerrière est bien autrement commune que l'anthropophagie par piété filiale. Par toute la terre, les prisonniers de guerre ont servi ou servent encore de pâture aux vainqueurs. A Viti, à la Nouvelle-Zélande, on dépeçait les cadavres ; les divers morceaux, méthodiquement séparés aux articulations, étaient enveloppés de feuilles de bananier et cuits au four océanien. Dillon vit ainsi préparer et manger ses amis à Viti [3]. Laplace [4], pendant son séjour à la Nouvelle-Zélande, assista au retour triomphal d'une grande flottille de pirogues. Les vainqueurs rapportaient les cadavres des vaincus, ou plutôt une partie de ces cadavres, car ils en avaient mangé en route. Ce qui restait suffit encore à défrayer un grand festin nocturne, avec accompagnement de danses et de chants.

Manger les prisonniers était une coutume extrêmement répandue en Amérique, du Nord au Sud. D'après Charlevoix, toutes les nations de l'Amérique septentrionale mangeaient leurs captifs. Le Père Brébœuf a vu les Hurons manger un de ses néophytes et Charlevoix raconte l'histoire de vingt-deux Hurons mangés par

1. *Asiatic researches*, t. X, p. 202. Cité par Pickering (*Races of man*), confirmé par Rienzi (*Océanie*).
2. Lubbock, *loco citato*.
3. Février 1813, *Aventures du Hunter*.
4. Voyage de *la Favorite*.

des Iroquois [1]. Dans l'Amérique du Sud, les Guaranis en général, les Tapuyas, les Tupinambas, les Aymorès, les Caraïbes en particulier dévoraient les vaincus. Le cordelier Thévet, aumônier de Catherine de Médicis, qui visita le Brésil vers le milieu du xvi° siècle, entendit un chef, qui se comparait au jaguar, se vanter d'avoir mangé sa part de plus de cinq mille prisonniers [2]. Il s'en glorifiait en ces termes, suivant Thévet : « J'en ai tant mangé, j'ai tant occis de leurs femmes et » de leurs enfants, après en avoir fait à ma volonté, que je puis, par mes faits » héroïques, prendre le titre du plus grand morbicha qui fût oncques entre nous. » J'ai délivré tant de peuples de la gueule de mes ennemis. Je suis grand, je suis » puissant, je suis fort, etc. » C'est qu'il est bien des façons de comprendre le mot gloire.

A mesure que l'intelligence et l'industrie progressent dans une race, l'anthropophagie y devient plus rare, car l'abondance augmente et les mœurs s'adoucissent. Mais, avant d'être abandonnée, la pratique du cannibalisme prend souvent la forme religieuse, et parfois la forme juridique.

Dans les temps modernes, l'anthropophagie était en horreur à Taïti, mais Cook y assista à un sacrifice humain, et vit le prêtre offrir au chef de la tribu l'œil gauche de la victime. Le cannibalisme n'étant plus dans les mœurs, le présent fut refusé et offert aux dieux avec le reste du corps. Ces dieux, au dire des prêtres, étaient on ne peut plus avides de chair humaine, et, après une offrande de ce genre, on pouvait tout leur demander et tout en obtenir [3]. Manger l'œil était autrefois, à Taïti, une prérogative royale. Le mot Pomaré signifierait « qui mange l'œil. » De même les Néo-Zélandais mangeaient l'œil gauche de l'ennemi vaincu. Dans cet œil résidait le *waidoua*, l'âme du défunt. Manger cet œil, c'était s'assimiler cette âme, doubler son être [4]. Il est curieux de rencontrer les mêmes pratiques et les mêmes croyances dans des îles si énormément distantes.

A la Nouvelle-Zélande, à en croire le révérend P. Marsden, qui est tout à fait digne de créance, s'il advient qu'un chef soit tué dans un combat, le droit des gens ordonne que la femme du défunt soit livrée aussitôt au parti qui a tué son mari, pour être aussi mise à mort. Puis les cadavres, préalablement rôtis, sont mangés avec recueillement dans une cérémonie religieuse. Les arikis ou prêtres donnent l'exemple en dégustant solennellement de petits morceaux des victimes. En même temps, ils doivent interroger les dieux afin de savoir d'eux quel sera le résultat définitif de la guerre [5].

Les horribles dieux des anciens Mexicains voulaient aussi des sacrifices humains et des actes de cannibalisme. On ne les apaisait qu'à ce prix. Tantôt, c'était un jeune captif immolé avec les plus grands égards, comme victime expiatoire, puis dépecé et partagé entre l'aristocratie du pays. D'autres fois, le peuple communiait en se disputant les parcelles d'une grande statue faite avec de la farine de maïs, des légumes, des fruits, le tout pétri avec du sang d'enfants immolés. Toutes les nations aztèques avaient des sacrifices analogues. Où trouver d'ailleurs à la surface du globe un coin privilégié où les croyances religieuses n'aient jamais inspiré aux hommes de folies sanguinaires ? Aucune liste ne serait plus longue que celle des sacrifices humains offerts aux dieux de tous les temps et de tous les pays, avec ou sans accompagnement d'anthropophagie. Vraiment, si, de nos jours, nombre de

1. Cité par Voltaire (article *Anthropophagie* du *Dictionnaire philosophique*).
2. Voir l'article *Affection*, t. I, p. 234.
3. Cook (*Troisième voyage*).
4. Dumont d'Urville, 1826.
5. Journal du révérend Samuel Marsden en 1819.

fidèles, appartenant à une grande religion qu'il est tout à fait inutile de nommer, mangent avec componction leur divinité, on ne les en saurait blâmer. Ce n'est qu'un juste retour des choses d'ici-bas.

Si l'anthropophagie juridique n'est pas moins atroce que l'anthropophagie religieuse, elle est au moins plus raisonnable, aussi est-elle plus rare. Nous la trouvons pourtant encore en vigueur chez les Battas de Sumatra. Chez eux, l'adultère, le voleur de nuit, ceux qui ont traîtreusement attaqué une ville, un village ou un particulier, sont condamnés à être mangés par le peuple. Le condamné est lié sur trois poteaux, les jambes et les bras écartés en croix de saint André, et à un signal donné on se rue sur lui, qui avec une hache, qui avec un couteau, beaucoup sans autres armes que leurs ongles et leurs dents. En un clin d'œil, le dépècement est achevé. Les exécuteurs y mettent même tant d'ardeur que souvent ils se blessent grièvement les uns les autres. Les morceaux sont mangés immédiatement, crus et sanglants. Pour toute préparation, on les trempe dans une sauce préparée à l'avance, et contenue dans une noix de coco. C'est une mixture composée de jus de citron, de sel et d'autres ingrédients. Si le condamné est un adultère, le mari outragé a droit au premier morceau qu'il choisit à sa guise[1]. La coutume de manger les condamnés n'est pas particulière aux Battas. A la Nouvelle-Calédonie, selon M. Bourgarel[2], la vindicte publique utilise de même les condamnés à mort, et Marco Polo affirme que le même usage était en vigueur chez les Tartares.

Jusqu'ici nous n'avons étudié l'anthropophagie que chez les races inférieures ou attardées sur le chemin de la civilisation, mais on la retrouve aussi chez les autres; car tous les peuples paraissent avoir eu leur phase de cannibalisme. Les preuves à l'appui abondent.

Juvénal nous raconte un fait d'anthropophagie, dont il paraît avoir été témoin dans la pentapole égyptienne, celui des habitants de Tentyre qui, assaillis par leurs ennemis religieux, les habitants de Coptos, en dévorèrent un tout cru[3]. Dans la Grèce antique, les festins d'Atrée, de Lycaon, etc., étaient célèbres. Nos ancêtres directs, les Européens préhistoriques, paraissent avoir pratiqué l'anthropophagie d'une façon moins exceptionnelle. A Chauvaux, sur les bords de la Meuse, dans une caverne, le docteur Spring a trouvé des ossements humains de jeunes individus mélangés à des ossements d'animaux. Les os longs des uns et des autres avaient été longitudinalement fendus pour en extraire la moelle. MM. Garrigou et Roujou pensent aussi avoir trouvé des reliefs de festins cannibales, l'un dans les grottes pyrénéennes, l'autre à Villeneuve-Saint-Georges[4]. Or, ces ogres de l'Europe primitive, plus ou moins croisés avec des immigrants asiatiques, sont nos indéniables ancêtres.

Dans les temps historiques, le cannibalisme est en Europe tout à fait accidentel, mais il ne disparaît pas complétement. Saint Jérôme affirme avoir vu, de ses yeux vu, dans la Gaule, des Écossais anthropophages, extrêmement friands des seins de jeunes filles et des fesses de jeunes garçons. C'est là cependant une des formes inférieures du cannibalisme, le cannibalisme par gourmandise, rare dans la période historique, où l'anthropophagie se peut habituellement rapporter à l'une des trois causes suivantes : la nécessité, la vengeance furieuse, la folie.

S'entre-manger est une ressource extrême à laquelle ont parfois recours même

---

1. *Malacca observer*, 1827. *Moore's papers on the indian archi-pelago* (cité par Pickering, *loco citato*). Voir aussi Rienzi (*loco citato*).

2. Bourgarel, *Des races de l'Océanie française*. (*Mémoires de la Société d'anthropologie*, t. II.)

3. Juvénal, satire xv.

4. *Bulletins de la Société d'anthropologie* (*passim*).

nos contemporains civilisés, comme l'attestent nombre d'histoires de naufrages. Douceur, humanité, bienveillance, abnégation, voilà de nobles sentiments, l'honneur, la parure de l'espèce, mais, chez la presque totalité des hommes, ils cessent de fleurir, quand un besoin nutritif crie trop fort. Aussi, l'histoire des longs sièges est riche en traits de cannibalisme. Pendant que le vertueux Titus bloquait et assiégeait avec férocité, dans Jérusalem, les derniers et intrépides défenseurs de l'indépendance judaïque, une mère tua son enfant, le fit cuire et le mangea. Flavius Joseph a rendu ce fait célèbre en versant à son sujet des larmes de plat rhéteur et de courtisan bien repu [1]. De même, nous voyons les Gaulois, attaqués dans Alesia par le bourreau des Gaules, décider, en grand conseil, qu'ils pratiqueront le cannibalisme, avant de se résigner à courber la tête sous le joug romain [2]. Mais, pour trouver des faits du même genre, pas n'est besoin de remonter si haut dans l'antiquité historique. Le chroniqueur Pierre de l'Estoile nous parle, en donnant de curieux détails, du cannibalisme des Parisiens pendant le siége de Paris par Henri IV, en 1590. C'est une mère, une femme riche, une dame, qui, ayant vu ses deux enfants mourir de faim, en fait saler les cadavres par sa servante, avec laquelle elle les mange. Ce sont des lansquenets qui chassent l'enfant dans les rues de Paris et font des festins de cannibales à l'hôtel Saint-Denis et à l'hôtel de Palaiseau. Les théologiens de Paris, dit Pierre de l'Estoile, estimaient qu'il était bien moins coupable de faire cuire des enfants que de se rendre à un hérétique, et toutes les personnes bien pensantes étaient de leur avis. « De quoi sont faits » vos enfants ? disait Anne d'Est, veuve de François de Lorraine. De boue et de » crachat. Ma foi voilà une belle matière pour en plaindre la façon. » Mme de Montpensier conseillait aux autres de faire du pain avec les os des morts, et ce conseil fut suivi. Mais Pierre de l'Estoile affirme que la conseillère ne voulut jamais tâter du pain qui portait son nom. La table de cette noble dame, celle aussi d'Anne d'Est, furent d'ailleurs bien servies pendant tout le siège, et Pierre de l'Estoile ne nous dit pas non plus qu'aucun théologien soit mort de faim, ni même ait notablement maigri. Dieu protège les siens.

Les grandes et longues guerres, si chères aux grands monarques, les grandes famines aussi, en résumé toutes les grandes calamités qui, de manière ou d'autre, épuisent la réserve alimentaire, réduisent parfois à l'anthropophagie des populations entières. Si l'on en croit la Bible, le peuple de Dieu fut plus d'une fois contraint de pratiquer le cannibalisme [3]. L'an dernier, nos Arabes de l'Algérie ont imité leurs cousins en Israël, et, au moyen âge, des faits du même genre n'étaient pas rares en France.

En 1030, une famine horrible y dura trois ans. Les hommes, retournés à la sauvagerie, allaient à la chasse des hommes. Un homme fut condamné au feu pour avoir mis en vente de la viande humaine au marché de Tournay, etc.

Schiller nous raconte aussi qu'à la fin de la guerre de Trente ans les Saxons étaient devenus cannibales.

En France, en 1662, la gloire du grand roi Soleil avait tellement épuisé la population, que l'on vit maintes fois des malheureux mourir de faim, après s'être rongé les mains, et, à Blois, on vit des enfants sucer et mordre les os des morts exhumés [4].

1. Guerre des Juifs, liv. VI, ch. xxi.
2. J. César, De bello Gallico, liv. VII.
3. Deutéronome, ch. xxviii, vers. 53; Jérémie, Lamentations, ch. ii, vers. 20, ch. iv, vers. 10; Ézéchiel, ch. v, vers. 10.
4. Bonnemère, la France sous Louis XIV.

Le cannibalisme par fureur vengeresse est plus rare, pourtant l'histoire en mentionne des exemples fameux. Le maréchal d'Ancre était tellement odieux au peuple de Paris, que, le lendemain de son assassinat, son cadavre fut exhumé et dépecé. L'un des exécuteurs posthumes suçait ses doigts sanglants. Un autre arracha le cœur, le fit cuire sur des charbons et le mangea publiquement, en l'assaisonnant avec du vinaigre[1].

Mais, sous la vieille monarchie, nos pauvres aïeux n'eurent pas moins à souffrir dans leur esprit que dans leur corps. Si leur détresse était souvent grande, leur ignorance et leur superstition ne l'étaient pas moins, aussi les cas d'anthropophagie monomaniaque, par lycanthropie, fourmillent dans les annales de l'Europe. Spranger relate une épidémie de lycanthropie anthropophagique qui sévit dans la haute Allemagne, vers l'an 1500. Alors, les histoires de sorciers et de loups-garous circulaient sans cesse, et la lueur des bûchers ne contribuait pas peu à leur faire trouver créance. Nombre de gens devenaient fous, se croyaient transformés en loup, et en prenaient les mœurs. Sans doute beaucoup de ces malheureux confessaient devant les juges des actes de cannibalisme qu'ils n'avaient commis que dans le rêve ou l'hallucination ; parfois, on leur attribuait une besogne que de vrais loups avaient accomplie, mais néanmoins certains furent pris en flagrant délit, la face et les mains ensanglantées, et pour eux le doute n'est guère possible[2]. De tels faits d'ailleurs ne peuvent étonner que les gens peu familiers avec l'histoire de l'aliénation mentale.

Nous terminons ici cette effroyable énumération qu'il eût été trop facile d'étendre encore, car nous possédons en ce genre une moisson de faits aussi abondante qu'elle est lugubre. Au point de vue sentimental, rien de plus atroce, mais au point de vue philosophique, si sombre que soit ce tableau d'ensemble, il en ressort une conclusion consolante. Car, aujourd'hui, à l'exception d'un groupe toujours trop nombreux d'esprits endormis ou ignorants, personne ne va plus demander aux mythes religieux, qui ont si longtemps amusé et abusé la crédulité de nos pères, quelle est l'origine, quelle est la nature de l'homme. Or, les documents scientifiques, chaque jour plus décisifs et plus éloquents, nous démontrent que l'homme n'est pas un demi-dieu déchu, mais qu'il est simplement le plus perfectible des animaux. Comment donc n'aurait-il pas eu d'abord les instincts et les mœurs de l'animalité d'où il sort ? Mais, peu à peu, nous voyons sa rude nature se policer et s'adoucir. Peu à peu, l'homme se dégage de la bête. D'abord cannibale par besoin ou par rage brutale, à la manière des fauves, il arrive à n'être plus guère anthropophage que par religion, c'est-à-dire par ignorance. Enfin le cannibalisme, à part les cas de détresse publique, de plus en plus rares à mesure que grossit le bagage intellectuel et industriel, rentre dans la pathologie.

L'humanité nous offre donc, même sous l'aspect restreint, partiel, où nous avons dû l'envisager dans cet article, une évolution progressive, et les aspirations qui nous montrent dans l'avenir un état social meilleur, qui nous y poussent, nous disent assez haut que cette évolution progressive n'est pas terminée. D'ailleurs, si l'Européen moderne a atteint un état de civilisation tolérable, il saute à tous les yeux un peu clairvoyants qu'il a encore bien des idées fausses à rectifier, bien des instincts grossiers à amortir, bien des conquêtes à faire dans le domaine indéfini de la vérité et de la justice.                                    CH. LETOURNEAU.

---

1. Legrain, *Décade de Louis XIII*, liv. IX; Bayle, *Dictionnaire*.
2. Voir L.-F. Calmel, *De la folie*.

**ANTILLES** (ARCHIPEL DES). — Dénomination donnée à une chaîne immense d'îles de toutes grandeurs situées entre l'Amérique du Nord et celle du Sud, dans l'océan Atlantique, depuis la Floride jusqu'au nord de l'embouchure de l'Orénoque, par 10° et 27° latitude nord , 62° et 87° longitude ouest. Elles donnent leur nom à une vaste étendue de mer, comprise entre elles et la terre ferme, et qui communique au nord-ouest avec le golfe de Mexique par un détroit de 200 kilomètres, et à l'est, avec l'Océan Atlantique, par seize détroits principaux. Cette mer, qu'on peut considérer comme une immense vallée sous-marine, a plus de 1,000 kilomètres d'étendue du nord au sud, et 2,000 kilomètres de l'est à l'ouest. Elle présente plusieurs phénomènes dignes d'attention. Le premier est le mouvement des eaux connu sous le nom de *courant du golfe (gulfstream)*. On appelle aussi *Mer des Caraïbes* la partie orientale de la *Mer des Antilles*, celle qui est la plus considérable, et *Mer de Honduras* celle qui baigne la côte de l'État de ce nom dans l'Amérique centrale.

Selon quelques écrivains, le mot *Antilles* serait composé de deux vieux mots espagnols *ante islas,* avant-îles, îles situées en vedette aux approches du continent américain. Mais, c'est là une erreur. On trouve sur de vieilles cartes, dressées avant que l'on connût l'existence du Nouveau-Monde et de l'archipel qu'il a devant lui à l'est, le nom d'*Antilia*, nom donné à l'une des îles fantastiques de l'Océan occidental au moyen âge. La croyance en l'existence de cette terre n'était qu'une réminiscence de l'île Atlantique, visitée par les Carthaginois suivant le livre aristotélique des *Récits merveilleux*, ainsi que le prouve ce passage de la *Vie de Christophe Colomb,* par son fils Fernand : « Quelques Portugais, dit-il, l'inscrivaient sur leurs cartes avec le nom d'Antilia, bien qu'on ne s'accordât pas avec la position donnée par Aristote ; aucun ne la mettait à plus de 200 lieues environ directement à l'occident des Canaries et des Açores. » De plus, un compagnon du grand navigateur, le gentilhomme milanais Pierre Martyr d'Anghiera, dans le premier livre de sa première Décade océanique, écrite en Espagne, et datée des ides de novembre 1493, dit : « Que Christophe Colomb, après la découverte de Cuba, crut avoir découvert l'île d'Ophir, où les vaisseaux de Salomon allaient chercher de l'or ; mais, ajoute cet historien, en considérant la description des cosmographes, il semble que cette île, et celles qui en sont voisines, sont les îles d'*Antilia.* » Or, à l'époque où ce passage remarquable fut écrit, il y avait seulement un mois que Colomb était parti pour son second voyage ; le continent d'Amérique n'était point découvert, et, puisqu'on ignorait son existence et, à bien plus forte raison, sa situation, on ne pouvait donner aux Antilles un nom signifiant que ces îles étaient en avant de son rivage. Plus d'un siècle après, Corneille Wytfliet, dans son *Histoire universelle des Indes,* et Herréra, dans sa *Description des Indes occidentales,* désignaient les petites Antilles par les noms d'*isles Antillaires* et d'*Antillarum archipelagus ;* appellations qui dérivent évidemment d'Antilia, et qui n'ont aucun rapport avec les mots *ante isla.* L'origine qu'on assigne communément aux noms particuliers de plusieurs des Antilles n'est pas plus fondée que l'étymologie adoptée pour leur appellation collective. En consultant les historiens espagnols contemporains, on acquiert la preuve que les noms de la Martinique et de la Jamaïque, par exemple, ne sont point, comme on l'a dit et comme on le croit généralement, des appellations patronymiques imposées à ces îles par les premiers navigateurs européens, en l'honneur de saint Martin et de saint Jacques. On apprend avec certitude que ce sont des dérivés des noms *Martinina* et *Xamaïca,* qui appartenaient à la langue des insulaires de l'archipel des Antilles, et remontaient sans doute à celle de la race aborigène exterminée par les Caraïbes.

Les Antilles ont été nommées aussi *Indes occidentales,* parce qu'à l'époque de leur découverte on les prit pour les îles des Indes les plus avancées à l'est. Les Anglais ont conservé cette dénomination (*West-Indies*). Dans de vieilles relations elles sont appelées *îles Camercanes,* et quelques géographes, comme pour honorer la mémoire de Christophe Colomb, les comprennent toutes sous le nom d'*Archipel Colombien.*

Cet archipel, dont la superficie est évaluée à 250,000 kilomètres carrés, renferme plus de 360 îles ou îlots, et se divise en *grandes* et *petites Antilles.* Les *Grandes-Antilles* sont : Cuba, Haïti ou Saint-Domingue, la Jamaïque et Porto-Rico. Les *Petites-Antilles* ou *îles Caraïbes* sont, du nord au sud-est : le groupe des îles Vierges (Saint-Thomas, Saint-Jean, Sainte-Croix, Tortola, Aneguada, etc.), les îles Anguilla, Saint-Martin, Saba, Saint-Eustache, Saint-Barthélemy, la Barboude, Saint-Christophe, Nevis, Antigue, Montserrat, la Désirade, la Guadeloupe, Marie-Galante, les Saintes, la Dominique, la Martinique, Sainte-Lucie, la Barbade, Saint-Vincent, les Grenadines, la Grenade, Tabago et la Trinité; celles-là ont été appelées, par les Espagnols, *îles du Vent;* les suivantes, de l'embouchure de l'Orénoque au golfe de Maracaïbo, sont les *îles Sous le Vent* : la Marguerite, Blanquilla, Tortuza, Avès, Bonaire, Curaçao et Arouba. Pour les Anglais, les îles du Vent, ou *Windward Island,* sont les îles entre la Martinique et Tabago inclusivement : les îles Sous le Vent, ou *Leeward,* les autres Caraïbes au nord. Cette dénomination d'*îles du Vent* et d'*îles Sous le Vent,* peu rationnelle, ne repose que sur la situation respective, vaguement déterminée, de celles des Antilles qui reçoivent les premières les vents alisés, soufflant sans cesse dans ces parages, et sur la position non plus certaine de celles sur lesquelles il n'arrive que plus tard. On considère généralement les îles Bahama ou Lucayes comme une annexe des Antilles.

La science n'a pas encore prononcé définitivement entre les nombreuses hypothèses auxquelles a donné lieu la formation de l'archipel des Antilles. Suivant le savant M. Moreau de Jonnès, qui les a visitées, les unes sont dues à des soulèvements volcaniques, les autres sont d'origine calcaire et plusieurs de formation primitive. Les polypes ont aussi fortement contribué à donner aux Antilles leur forme actuelle, en élevant autour d'elles des ceintures de récifs. Les rochers de corail ou de madrépore y sont aussi communs que les pierres ponces. Cuba et les îles Bahama sont environnées d'un même labyrinthe de rochers, qui s'élèvent au niveau des flots et qui se couvrent de palmiers; ce sont exactement les îles basses de l'Océan Oriental.

Les îles volcaniques constituent une chaîne qui s'étend dans un espace de 200 lieues, de la Trinité aux îles Vierges, dont le groupe les rattache aux grandes Antilles. Elles sont d'une formation pyrogène, partielle, successive, plus ou moins récente; tous les foyers auxquels elles doivent leur origine furent primitivement sous-marins; et c'est dans la déviation du sud vers le nord que l'incendie qui les alluma s'est propagé du 10e degré de latitude boréale jusqu'au 18e. Ces îles sont : Saba, Saint-Eustache, Saint-Christophe, Montserrat, Nevis, la Guadeloupe, les Saintes, la Dominique, la Martinique, Sainte-Lucie, Saint-Vincent, les Grenadines, la Grenade et la Trinité. On y trouve des pierres ponces, des laves, des basaltes. Elles renferment sept volcans, dont les foyers conservent, jusqu'à nos jours, quelque vestige de leur ancienne activité. Ce sont : la Soufrière de Saint-Vincent, la Montagne pelée de la Martinique, le Morne Misery de Saint-Christophe, la Soufrière de Sainte-Lucie, celle de la Dominique, celle de la Guadeloupe, celle de Montserrat. Les vestiges de l'activité de ces anciens volcans sont, outre des éruptions, des fumeroles plus ou moins abondantes qu'exhalent leurs derniers cratères, et d'où résulte continuellement la formation d'une quantité de soufre considérable; les eaux thermales qui sourdent dans tous les groupes de leurs montagnes; enfin les tremblements de terre qui, presque chaque année, agitent avec plus ou moins de violence le sol de ces îles.

Les îles calcaires sont situées à l'est des précédentes, et doivent primordialement, comme celles-ci, leur origine à des foyers sous-marins; mais, sur les éjections des volcans s'est superposée une vaste couche calcaire, dont l'épaisseur varie de 25 à 100 pieds. Ce sont : Sainte-Croix, Anguilla, Saint-Barthélemy, la Barboude, Antigue, la Grande-Terre de la Guadeloupe, la Désirade, Marie-Galante, la Barbade et Tabago. Plusieurs de ces îles ne sont que partiellement calcaires, et, dans presque toutes, les reliefs volcaniques de leur base percent à travers le banc de chaux carbonaté qui les recouvre, et apparaissent en plusieurs endroits de la surface du sol. Quant aux Grandes-Antilles, elles n'ont pas été formées originairement par des foyers volcaniques. Leur noyau paraît être granitique et recouvert de terrains de transition calcaires et pyrogènes.

L'aspect général de l'archipel est montueux; tantôt les cimes sont aiguës et décharnées, tantôt arrondies et boisées. Les Antilles volcaniques offrent des montagnes isolées, coniques, pyramidales, dont les sommets se perdent dans les nuages. Leur surface est hachée, coupée de ravins profonds et hérissée de rochers. Elles sont entourées de ports nombreux et commodes; les côtes sont espacées, les mouillages sûrs. Les calcaires présentent des plateaux ondulés, divisés en larges terrasses, et atteignent à peine, dans leur plus grande élévation, la moitié des monts volcaniques; les ports y sont sans abri, l'approche en est difficile, la côte est bordée de récifs et de brisants. Dans les îles volcaniques, le terrain est argileux, arrosé par une multitude de torrents et couvert en grande partie de bois impénétrables. Les îles calcaires sont à peine arrosées par quelques ruisseaux; la terre y est sans cesse altérée; il n'y a point de forêts; la sécheresse y est favorable à la santé des habitants et nuisible à la richesse des cultures.

On ne connaît aux Antilles que deux saisons : la sèche et la pluvieuse, mais dont la température ne diffère pas essentiellement, puisque le thermomètre n'y varie guère que de 22º à 32º cent. Elles suivent le cours du soleil, qui passe au zénith deux fois par an, l'une au mois d'avril et l'autre au mois d'août. La plus grande chaleur se fait sentir lorsque le soleil sort du cancer, au mois de juin, époque où commence la saison des pluies. Pendant les trois mois suivants, éclatent de fréquents orages accompagnés de tonnerre. Aux ondées, qui commençaient à cesser au mois d'août, succède la saison des ouragans, dont la puissance dévastatrice surpasse celle des *tornados* de la côte occidentale d'Afrique et des typhons des mers de l'Inde. Outre une pluie diluvienne et le fracas de la foudre, ils sont presque toujours accompagnés d'un mouvement tumultueux des eaux de la mer, connu sous le nom de *raz de marée*, et qui jette à la côte tous les navires qui s'y trouvent exposés. On attribue à ces ouragans une vertu régénératrice qui renouvelle la fécondité de la terre, incessamment occupée de produire; et l'on a remarqué que les récoltes qui les suivaient étaient plus abondantes, et que le sol reprenait un accroissement de force productive. Cette saison, qui dure jusqu'à la fin d'octobre, est aussi celle de la fièvre jaune, des fièvres endémiques et autres maladies, qui viennent joindre leurs ravages à ceux des éléments. Vers le mois de décembre, les vents, jusque-là déchaînés de tous les côtés, reprennent peu à peu leur direction accoutumée, c'est-à-dire de l'est à l'ouest. Le soleil commençant alors à tourner du sud vers l'équateur, les vents alisés, qui s'établissent toujours entre le nord et l'est, purifient l'atmosphère et répandent une vivifiante fraîcheur dans ces régions brûlantes. Mais quand, au mois de mars, le soleil est parvenu à l'équateur, le vent tourne progressivement au sud-est, et la chaleur va en augmentant jusqu'au retour de la saison pluvieuse, époque à laquelle elle est dans sa plus grande intensité. Dans cette saison, du point du jour jusqu'à neuf ou dix heures du matin, l'air est frais et doux; mais la chaleur augmente ensuite, à un degré à peine supportable, jusqu'à une heure avant le coucher du soleil.

Le ciel des Antilles est le plus radieux de la terre; celui de l'Italie, dans les beaux jours d'été, peut seul en donner une idée. Durant la saison sèche, cette sérénité est continuelle; les nuages, peu fréquents, ne sont que passagers; constamment isolés, ils n'occupent qu'un point dans l'espace du côté de l'est, et sont toujours plus beaux et plus denses qu'en Europe. Le ciel n'est voilé que momentanément, même pendant l'*hivernage* (la saison des ouragans), et ce n'est jamais que durant très-peu d'heures du jour ou de la nuit qu'on y est privé de la vue des astres. La longueur des jours diffère peu de celle des nuits. Les plus longs jours, dans la partie la plus méridionale des Antilles, sont de 12 heures 35 minutes, et dans la partie la plus au nord, c'est-à-dire au cap Sello, ils sont de 13 heures 8 minutes.

La nature est toujours en action sous le climat humide et brûlant des Antilles la végétation ne s'y arrête jamais, et des feuilles nouvelles remplacent successivement celles qui tombent. Le sol y est dix-huit fois plus productif que celui d'Europe Des végétaux identiques à ceux de la Guyane se trouvent dans la partie méridionale de l'Archipel, tandis qu'à l'extrémité opposée, les pins, les myricas, les chênes etc., de la Floride et de la Géorgie se retrouvent à Cuba, Haïti et Porto-Rico. Les forêts de ces grandes îles égalent en magnificence celles des régions équatoriales et sont caractérisées par les mêmes espèces d'arbres. Les côtes des îles, plus particulièrement celles Sous le Vent, et tous les endroits marécageux sont presque partout couverts de mangliers ou palétuviers. Le corosol des marais et une foule d'autres végétaux viennent réunir leurs tiges à des lianes sarmenteuses, et augmenter le méphitisme de ces terrains inondés, en y interceptant l'air nécessaire à la vie des animaux. De tous les arbres vénéneux, le plus dangereux est le mancenillier, qui se plaît sur les bords de la mer, et dont les fruits, d'un aspect séduisant causent une mort prompte à l'imprudent qui en fait usage. Des rangées d'arbres de Campêche et du Brésil entourent les plantations, qu'embaument de leur parfum les orangers, les citronniers, les figuiers, les grenadiers, surchargés de fleur ou de fruits. La pomme, la pêche, le raisin, et généralement tous les meilleurs fruit de l'Europe, ne mûrissent que dans les parties montagneuses, tandis que le plaines, où rien ne modère le feu du soleil, se parent de productions indigènes telles que la sapotille, le coco, la mangue, l'acajou (*cassuvium*), le tamarin, l pomme cannelle, le mamei, le monbin, la goyave, la pomme-rose, la papaye, le coros sol, la pomme de liane, les ananas, etc. Des fougères arborescentes, des sensitives et une foule de plantes curieuses par la singularité de leur feuillage ou l'agrémen de leurs fleurs remplissent les forêts. Parmi les plantes médicales on distingue l casse, le copahu, le ricin ou karapat, la spigèle ou brinvillière, l'ipécacuanha blan et gris. Les rosiers apportés d'Europe donnent des fleurs toute l'année. La canne sucre et le cafeyer, transportés dans ces contrées par les Européens, sont aujourd'hu leurs cultures principales et la base de leurs richesses. Le cotonnier y est moin répandu, quoiqu'il y prospère également, et le cacoyer y est presque abandonné. L tabac n'est guère plus cultivé qu'à Cuba, où sa qualité n'a point de rivale. L manioc, les patates, les ignames, les bananes, le maïs servent à la nourriture d l'homme, de même que l'arbre à pain et le jaquier. On trouve dans toutes les île une terre propre à faire des briques, des tuiles, et la poterie nécessaire aux sucre ries. Cuba et Haïti paraissent être les seules îles qui possèdent des mines d'or. On trouve aussi à Haïti des mines d'argent, de fer, de soufre et de houille, et des carrières précieuses de marbre et de pierres de taille.

Lorsque les Européens abordèrent aux Antilles, ils ne trouvèrent d'autres mammifères sauvages que ceux de la plus petite taille, tels que la chauve-souris fer de lance, le rat volant ou my-optère (*myosteris Daubentonii*), le kinkajou (*potos caudivolvulus*), le rat-piloris (*mus pelorides*). Les Espagnols introduisirent promptement dans la partie orientale d'Haïti le bétail d'Europe, les chevaux, l'âne, etc., qui depuis se sont répandus dans les autres îles au fur et à mesure de leur colonisation. Les oiseaux, surtout les espèces entomophages et granivores, sont nombreux, et appartiennent pour la plupart aux mêmes espèces que ceux du continent voisin. Chaque année, des légions de ces animaux, partis des bords de l'Orénoque et des forêts de la Guyane, viennent s'abattre sur les rivages de l'archipel, qu'ils abandonnent à l'arrivée de la saison sèche. Les lézards, les scorpions, les couleuvres sont très-communs, mais parmi les petites Antilles, la Martinique et Sainte-Lucie sont les seules qui renferment de véritables vipères et des scorpions venimeux. On aperçoit la nuit une grande quantité de mouches luisantes, qui, dans l'obscurité, brillent d'un éclat éblouissant. Les maringouins, les moustiques sont très-multipliés, et fatiguent extrêmement. Les fourmis causent de grands ravages dans les maisons et les plantations. Les poux de bois dévorent les charpentes, les réduisent en poudre, et font en peu de temps tomber un bâtiment en ruine.

L'archipel des Antilles est extrêmement poissonneux; on y trouve à peu près toutes les espèces de poissons d'Europe, et beaucoup d'autres particuliers à ces parages. La baleine se montre sur les côtes de ces îles, le plus ordinairement depuis mars jusqu'à la fin de mai; elle est plus petite que celle des mers du Nord. Le souffleur et le marsouin se rencontrent par bandes, et le requin est très-commun. La tortue-franche, la kahouane et le caret fréquentent la mer des Antilles. On remarque parmi les crustacés, le cancre, le homard; et parmi les coquillages, les moules, les burgaux, les huîtres, beaucoup plus petites que celles d'Europe, mais plus délicates, et que l'on arrache aux branches des palétuviers où elles s'attachent; le lambis, le casque, la trompette de mer ou bucin. Les rivières sont peuplées à peu près des mêmes poissons que les nôtres.

Les insulaires que les Espagnols trouvèrent dans les Grandes-Antilles et aux Lucayes, à l'époque de la découverte par Christophe Colomb, en 1492, étaient d'origine différente des Caraïbes, moins robustes, de mœurs plus douces, et non anthropophages; mais il est impossible de préciser leurs caractères particuliers, aujourd'hui que tous sans exception ont disparu, massacrés par les Castillans, ou très-lentement par la misère, la fatigue et les travaux des mines. De deux millions d'habitants que renfermait Haïti lors de la conquête, il n'en restait plus, suivant Las-Casas, que cent cinquante mille, vingt-cinq ans plus tard, et maintenant on chercherait vainement la trace d'un seul. Il en a été de même à Cuba, à la Jamaïque et à Porto-Rico. Quant aux Petites-Antilles, l'Europe ignorait encore dans quelles mers s'élevaient ces îles, qu'elles connaissaient déjà le courage indomptable de la race qui les habitait. En abordant à Saint-Domingue, Christophe Colomb y trouva la terreur du nom de ces insulaires, qui, dans leurs pirogues, portaient la guerre et la dévastation à 300 lieues de leurs carbets. Cette race belliqueuse était maîtresse de tout l'archipel des Petites-Antilles, depuis la Trinité jusqu'à Saba. Il ne paraît pas que cette chaîne d'îles, qui s'étend du sud au nord dans un espace de 200 lieues, fût depuis longtemps en sa possession, puisqu'elle conservait encore le souvenir d'une race aborigène, qui avait été exterminée. Elle s'honorait du nom de Caraïbe, qui, dans sa langue, signifiait peuple guerrier; mais elle prenait ordinairement celui de *Benarée*, qui exprimait des hommes venus d'au delà des mers. Il est vraisemblable que ces insulaires descendaient des nations américaines, qui, sous les noms de Galibis, Arrouages, Caraïbes ou Caribes, habitaient, vers la fin du xvie siècle, la partie du continent comprise entre les grands fleuves de l'Orénoque et de l'Amazone. Cependant, Labat et Herréra ont prétendu qu'ils tiraient plutôt leur origine des peuples nomades de l'Amérique septentrionale, que des nations qui semblent être descendues du vaste plateau de Quito pour habiter le littoral des parties méridionales du Nouveau-Monde. Si l'analogie du langage, appuyée par la ressemblance des mœurs, suffisait pour remplacer les documents historiques, on pourrait croire avec vraisemblance que les Caraïbes descendaient des peuples du Brésil; ils avaient les mêmes traits, les mêmes usages et la même manière de faire la guerre. Les Caraïbes ont défendu pied à pied contre les Européens toutes les îles qu'ils occupaient, et, à la fin du dernier siècle, il n'en restait plus que quelques centaines d'individus confinés dans l'île de Saint-Vincent, qui n'étaient pas même de la race primitive pure, mais nés du mélange de celle-ci avec des nègres échappés d'un négrier qui avait fait naufrage sur cette île au xviie siècle : ceux-ci étaient désignés sous le nom de *Caraïbes noirs*. En 1797, après une guerre contre eux, qui durait depuis deux ans, les Anglais les transportèrent en masse dans l'île de Roatan du golfe de Honduras, où la plupart sont morts.

Malgré la bulle d'Alexandre VI qui donnait toutes les Antilles en propriété aux Espagnols, celles qu'ils n'avaient pas occupées furent colonisées par les autres nations de l'Europe dans la première moitié du xviie siècle, à des époques différentes que nous indiquerons au mot *Colonies*.

Haïti est le seul État indépendant de l'archipel des Antilles. Parmi les îles Sous le Vent, Margarita, Tortuga, Blanquilla, Orchilla et Testigos dépendent de la république de Vénézuéla. — Les îles *anglaises* sont : les Bahamas, la Jamaïque, la plupart des îles Vierges, Anguilla, la Barboude, Saint-Christophe, Nevis, Antigue, Montserrat, la Dominique, Sainte-Lucie, Saint-Vincent, la Barbade, la Grenade, les Grenadines, Tabago, la Trinité. — A l'Espagne, Cuba et Porto-Rico. — Les îles *françaises :* la Martinique, la Guadeloupe et ses dépendances (la Désirade, les Saintes, Marie-Galante et la partie N. de Saint-Martin). — Les îles *danoises :* Sainte-Croix, Saint-Thomas, Saint-Jean. — Les îles *hollandaises :* la partie S. de Saint-Martin, Saba, Saint-Eustache, Curaçao, Bonaire, Aves et Arouba. — Saint-Barthélemy, enfin, est à la Suède.

La population de tout l'archipel s'élève à trois millions neuf cent treize mille habitants. Aujourd'hui, cette population est européenne et africaine, de sang pur ou de sang mêlé. Les nègres de race pure en forment à peu près les deux tiers, les sangs mêlés un cinquième, et les blancs purs environ un septième. Tout individu né dans les Antilles, de quelque couleur qu'il soit, est un *créole*. Autrefois, les blancs y jouissaient d'une suprématie que maintenaient les lois et les préjugés de couleur; mais cette suprématie n'existe plus que dans les colonies espagnoles, les seules de l'archipel où l'esclavage ne soit pas encore aboli.

S'il nous était permis, en finissant, d'émettre une opinion sur l'avenir de ces colonies jadis si puissantes, et dont le sort est aujourd'hui si précaire, cette opinion serait qu'un jour, avant longtemps peut-être, elles se détacheront complètement de l'Europe, soit pour se rallier aux États-Unis d'Amérique, soit pour former entre elles la république fédérale des Antilles.

BIBLIOGRAPHIE. — Pierre Martyr, *Extrait ou recueil des îles nouvellement trouvée en la grande mer Océane, au temps du roi d'Espaigne Fernand, et Elisabeth, sa femme, fa en latin par Pierre Martyr, de Milan, et depuis translaté en langage franceys.* — Item, *Trois narrations, dont la première est de Cuba, la seconde est la mer Océane, la troisième est la prise de Tenustitan,* Paris, Simon de Colonines, 1532, p. in-4º. (La première de ces narrations est traduite du latin de Pierre Martyr; les deux autres sont traduites du latin de Pierre Savorguan de Forville). — Herréra (Ant. de), *Descripcion de las Indias occidentales.* —[*Historia general de los hechos de los Castellanos en las islas y Tierra-Firma del mar Oceano, in cuatro decadas, Madrid, imprenta real,* 1601-1615, 2 vol. pet. in-fol. — Rochefort (de), *Histoire naturelle et morale des Antilles de l'Amérique,* Lyon, Christ. Fourniq, 1667, 2 vol. in-12. (Le premier vol. renferme l'histoire naturelle, le deuxième, l'histoire morale). — Dutertre (le P. J.-B.), *Histoire générale des Antilles, habitée par les Français,* Paris, Th. Jally, 1667, 1671, 3 vol. in-4º. — Wayfliet (Corneille) et Antoine Magin, *Histoire universelle des Indes occidentales et orientales, et de la conversion des Indiens,* Douay, Fr. Fabri, 1611, pet. in-fol. — Labat (le P.), *Nouveau voyage aux îles de l'Amérique, contenant l'histoire naturelle de ce pays, l'origine, les mœurs, la religion et le gouvernement, les guerres et les événements qui y sont arrivés pendant le long séjour de l'auteur, le commerce et les manufactures, avec une description de toutes ces îles,* Paris, Guillaume de Cavalier, 1722, 6 vol. in-12. — Touron (le P.), *Histoire générale de l'Amérique depuis sa découverte,* Paris, J.-Th. Hérissant fils, etc., 1768, 1770, 14 vol. in-12. — Raynal (G.-T.-F.), *Histoire philosophique et politique des établissements et du commerce des Européens dans les deux Indes,* La Haye, Gosse fils, 1774, 11 vol. in-8º. — Ledru, André-Pierre, *Voyages aux Îles de Ténériffe, la Trinité, Saint-Thomas, Sainte-Croix et Porto-Rico,* exécutés par ordre du gouvernement français, depuis le 30 septembre 1796 jusqu'au 7 juin 1798, sous la direction du capitaine Baudin, pour faire des recherches et des collections relatives à l'histoire naturelle; contenant des observations sur le climat, le sol, la population, l'agriculture, les productions de ces îles, le caractère, les mœurs et le commerce de leurs habitants. Paris, Arthus Bertrand, 1810, 2 vol. in-8º. — Dauxion Lavaysse (J.-J.), *Voyage aux îles de Trinidad, de Tabago, de la Marguerite et dans diverses parties de Vénézuela, dans l'Amérique méridionale,* Paris, F. Schœll, 1813, in-8º. — Moreau de Jonnès (Alex.), *Histoire physique des Antilles françaises; savoir : la Martinique, et les îles de la Guadeloupe,* Paris, imp. de Migneret, 1822, 2 vol. in-8º. (Le 1er vol. seul a paru.) — Leblond, *Voyage aux Antilles et dans l'Amérique méridionale.* — Boyer-Peyreleau (Eugène-Edouard), *les Antilles françaises, particulièrement la Guadeloupe, depuis la découverte jusqu'au 1er janvier 1822,* Paris, de Bressot-Thivars, 1823, 3 vol. in-8º. — Gurney, Joseph-John, *Un hiver aux Antilles, en 1839-40, ou Lettres sur le résultats de l'abolition de l'esclavage dans les colonies anglaises des Indes-Occidentales, adressées à Henri Clay, du Kentucky, traduites de l'anglais sur la troisième édition, par J. J. Pacaud,* Paris, Firmin Didot frères, 1842, in-8º. — Dessalles (Adrien), *Histoire générale des Antilles,* Paris, France, 1847-1848, 5 vol. in-8º. — Margry (Pierre), *Origine transatlantique. Belain d'Esnambuc et les Normands aux Antilles, d'après des documents nouvellement retrouvés,* Paris, Achille Faure, 1863, in-8º.                          MELVIL-BLONCOURT.

**ANTIMOINE.** — L'antimoine est un corps simple qui, jusqu'à ces dernières années, et encore aujourd'hui dans certains ouvrages, a été rangé parmi les métaux. En réalité, il doit être classé parmi les métalloïdes, comme je l'ai établi dans mes *Principes de chimie fondée sur les théories modernes.* L'antimoine fait partie d'une famille très-naturelle d'éléments, parmi lesquels se trouvent l'azote, le phosphore, l'arsenic, l'uranium et le bismuth. Entre tous ces corps, l'analogie est aussi étroite qu'on peut le désirer. Par conséquent, aussi longtemps que l'on conservera la division des éléments en métalloïdes et en métaux, il faudra ou bien ranger l'arsenic, le phosphore et l'azote parmi les métaux, ce qui est absurde, ou bien ranger l'antimoine parmi les métalloïdes.

L'antimoine a été découvert, vers la fin du xvᵉ siècle, par Bazile Valentin. Il était connu des anciens, mais, jusqu'à Bazile Valentin, personne ne l'avait obtenu à l'état de pureté.

C'est à l'état de sulfure qu'on le trouve ; toute sa métallurgie consiste donc à le séparer du soufre auquel il est combiné. A cet effet, on commence par le chauffer au contact de l'air, ou, comme on dit en termes de métallurgie, par le griller. Le soufre et l'antimoine s'oxydent alors en même temps. Le soufre passe à l'état d'anhydride sulfureux qui se dégage, tandis que l'antimoine reste à l'état d'oxyde ou, plus exactement, d'oxysulfure, parce que l'on ne parvient jamais à éliminer la totalité du soufre par le grillage.

Cet oxysulfure étant une fois obtenu, il s'agit d'en extraire le métalloïde lui-même, en en séparant l'oxygène et le soufre. Pour arriver à ce résultat, on fond le minerai grillé dans un creuset avec du charbon imprégné d'une solution de carbonate de sodium. Sous l'influence de l'alcali, l'oxysulfure d'antimoine se transforme intégralement en oxyde, tandis que le soufre passe dans les scories à l'état de sulfure sodique, et l'oxyde d'antimoine formé cède son oxygène au charbon et se réduit à l'état métalloïdique. L'antimoine réduit fond, et on le trouve, à la fin de l'opération, sous la forme d'un culot d'apparence métallique à la partie inférieure du creuset.

L'antimoine, obtenu comme nous venons de le dire, n'est pas encore pur. Il renferme quelquefois de l'arsenic, dont il est parfois très-important de le débarrasser, et presque toujours quelques métaux étrangers. Le plus sûr moyen de le purifier consiste à le chauffer avec un excès d'acide azotique. L'antimoine passe ainsi à l'état d'oxyde intermédiaire insoluble, tandis que l'arsenic et les divers métaux se transforment en acide arsénique ou en azotates solubles. On lave bien l'oxyde intermédiaire, on le dessèche et on le réduit par le charbon.

L'antimoine est d'un blanc d'argent ; il possède l'éclat métallique et il est assez cassant pour qu'on puisse le pulvériser avec une extrême facilité. Sa densité est de 6,702 ; il cristallise sous une forme qui se rapproche beaucoup du rhomboèdre.

L'antimoine fond à 430° et se volatilise sensiblement au rouge. Il ne s'altère pas à l'air à la température ordinaire, mais, au rouge, il brûle et se convertit en oxyde ; pulvérisé, il s'enflamme spontanément dans une atmosphère de chlore ou de vapeur de brome.

L'acide chlorhydrique ne le dissout qu'avec la plus grande difficulté, ce qui permet de le séparer de l'étain, lequel est très-soluble dans cet acide. L'acide sulfurique, concentré et bouillant, l'attaque en dégageant de l'anhydride sulfureux et donne naissance à du sulfate d'antimoine. L'acide azotique le transforme en un oxyde qui est intermédiaire, par sa composition, entre l'anhydride antimonieux ou protoxyde d'antimoine et l'anhydride antimonique. L'eau régale le fait passer, soit à l'état de protochlorure, soit à l'état de perchlorure, suivant que c'est l'antimoine ou l'eau régale qui est en excès.

Contrairement à ce qui a lieu avec la plupart des métalloïdes, l'antimoine forme un oxyde qui joue le rôle d'anhydride basique et qui réagit sur les acides en formant des sels. C'est surtout sur cette propriété que l'on s'était fondé pour ranger l'antimoine parmi les métaux. Mais, si l'on étudie bien attentivement cette question, on s'aperçoit bien vite que c'est là un argument insuffisant. Il n'y a pas, comme on pourrait le croire, séparation absolue entre les acides et les bases, il y a série. En partant d'un corps qui jouit de propriétés acides décidées, l'acide phosphoreux, je suppose, on arrive à un corps analogue par sa constitution, mais jouissant de propriétés exclusivement basiques, l'oxyde de bismuth, par exemple, en passant par une série de corps dans lesquels les propriétés acides vont s'éteignant, tandis que les propriétés basiques vont se développant graduellement. Ainsi, à côté de l'acide phosphoreux, nous placerons l'acide arsénieux, qui est encore un acide bien caractérisé, mais qui, dans certaines réactions, peut jouer le rôle de base (dans les émétiques arsénieux); puis l'oxyde d'uranium, qui est encore acide, mais chez lequel les propriétés basiques commencent à dominer; puis le protoxyde d'antimoine, chez lequel les propriétés basiques dominent davantage, quoique ce corps conserve encore la propriété de fonctionner à la manière d'un acide très-faible en présence des alcalis; puis enfin, l'oxyde de bismuth, qui n'a plus absolument que des propriétés basiques.

On voit par là que, dans une même famille naturelle, peuvent se trouver des corps très-différents par leurs propriétés basiques ou acides, et que ce caractère ne peut suffire à éloigner les uns des autres des éléments qui se ressemblent par la nature des composés auxquels ils donnent naissance.

L'antimoine a pour poids atomique 122. Son symbole est Sb, du latin *stibium*.

### COMBINAISON DE L'ANTIMOINE AVEC L'HYDROGÈNE.

On n'a jamais obtenu l'hydrogène antimonié à l'état de pureté, mais ce corps prend naissance toutes les fois qu'on fait agir l'hydrogène naissant sur un composé d'antimoine soluble. La chaleur le dédouble en ses éléments, et toutes ses propriétés le rapprochent de l'hydrogène arsénié, de l'hydrogène phosphoré et de l'ammoniaque, c'est-à-dire des composés hydrogénés de l'arsenic, du phosphore et de l'azote. Si l'on considère, d'autre part, l'extrême analogie qui unit l'antimoine aux divers corps que nous venons de citer, on ne pourra douter que l'hydrogène antimonié ne réponde à la formule $SbH^3$, c'est-à-dire ne soit formé d'un atome d'antimoine et de trois atomes d'hydrogène.

### COMBINAISONS DE L'ANTIMOINE AVEC LE CHLORE, LE BROME ET L'IODE.

L'antimoine se combine directement au chlore, au brome et à l'iode, comme le font le phosphore et l'arsenic. Avec le chlore, il se produit, selon que l'antimoine ou le chlore est en excès, un protochlorure répondant à la formule $SbCl^3$, ou un perchlorure répondant à la formule $SbCl^5$. Avec le brome et l'iode, on n'a étudié que les combinaisons correspondant au protochlorure, c'est-à-dire le protobromure d'antimoine $SbBr^3$ et le protoiodure $SbI^3$.

Le phosphore et l'arsenic forment également des chlorures et des bromures avec trois ou cinq atomes de chlore pour un atome de phosphore ou d'arsenic [1].

En présence de l'eau, le protochlorure d'antimoine échange d'abord deux atomes de chlore contre un atome d'oxygène et forme un produit insoluble, l'oxychlorure d'antimoine ou poudre d'Algaroth. Soumis à des lavages réitérés, et surtout sous l'action des alcalis, cet oxychlorure échange son dernier atome de chlorure contre l'oxhydryle (radical formé d'un atome d'oxygène et d'un atome d'hydrogène OH) et se convertit en un hydrate basique $SbO.OH$.

Le trichlorure d'antimoine, à cause de sa grande avidité pour l'eau, est un caustique énergique que l'on emploie en médecine sous le nom de *beurre d'antimoine*.

---

1. Le perchlorure d'arsenic étant très-instable est resté longtemps inconnu, mais M. Nicklès est parvenu à lui donner de la stabilité en le combinant avec l'éther et en a ainsi démontré l'existence.

L'azote et le phosphore forment un certain nombre de composés oxygénés, parmi lesquels on rencontre deux termes analogues, l'anhydride azoteux $Az^2O^3$ et l'anhydride azotique $Az^2O^5$, l'anhydride phosphoreux $P^2O^3$ et l'anhydride phosphorique $P^2O^5$.

L'arsenic donne seulement deux composés oxygénés, correspondant l'un au type $R^2O^3$ de l'anhydride azoteux ou phosphoreux, c'est l'anhydride arsénieux $As^2O^3$, l'autre appartenant au type $R^2O^5$ de l'anhydride azotique ou phosphorique, c'est l'anhydride arsénique $As^2O^5$.

A ces divers anhydrides correspondent des hydrates analogues entre eux.

L'antimoine, comme l'azote, le phosphore et l'arsenic, forme des oxydes correspondant aux deux types $R^2O^3$ et $R^2O^5$ et des hydrates qui en dérivent. Ce sont l'anhydride antimonieux ou protoxyde d'antimoine $Sb^2O^3$ et l'hydrate antimonieux $SbO.OH$, l'anhydride antimonique $Sb^2O^5$ et les hydrates antimoniques.

A l'anhydride phosphorique et à l'anhydride arsénique correspondent trois hydrates, qui sont : l'acide phosphorique normal $PH^3O^4$, l'acide métaphosphorique $PHO^3$, l'acide pyrophosphorique $P^2H^4O^7$, d'une part, et, de l'autre, l'acide arsénique normal $AsH^3O^4$, l'acide métaarsénique $AsHO^3$ et l'acide pyroarsénique $As^2H^4O^7$.

On a donc lieu de s'attendre à trouver trois hydrates correspondant à l'anhydride antimonique et répondant aux formules $SbH^3O^4$, $SbHO^3$ et $Sb^2H^4O^7$. Deux de ces hydrates sont actuellement connus, ce sont l'acide métaantimonique $SbHO^3$ (anciennement connu sous le nom d'acide antimonique) et l'acide pyroantimonique $Sb^2H^4O^7$ (anciennement décrit sous le nom d'acide métaantimonique).

En outre de l'anhydride antimonieux et de l'anhydride antimonique, l'antimoine forme un oxyde intermédiaire $SbO^2$, qui est analogue au bioxyde d'azote $AzO^2$.

On connaît deux sulfures d'antimoine correspondant aux deux oxydes. L'un d'eux, le protosulfure, a pour formule $Sb^2S^3$; l'autre, le persulfure, répond à la formule $Sb^2S^5$. L'un et l'autre sont des anhydrosulfides acides, qui se dissolvent facilement dans les sulfobases (comme le sulfure de potassium ou d'ammonium) en formant des sulfosels. Tous deux sont insolubles dans l'eau et se précipitent, soit lorsqu'on fait passer un courant d'hydrogène sulfuré, à travers une solution de protochlorure ou de perchlorure d'antimoine, soit lorsqu'on décompose leurs sulfosels par un acide. Le protosulfure peut être obtenu directement à chaud par la combinaison de l'antimoine et du soufre. Nous avons déjà dit qu'il se rencontre dans la nature, où il constitue le principal minerai d'antimoine.

En faisant bouillir le sulfure d'antimoine avec du carbonate de soude, filtrant et laissant refroidir, on obtient un mélange d'oxyde et de sulfure d'antimoine, qui se dépose au sein de la liqueur. Ce mélange est employé en médecine sous le nom de kermès.

L'émétique est un tartrate double d'antimoine et de potasse, que l'on prépare pour les usages de la médecine. Ce sel, comme la plupart des préparations d'antimoine, est doué de propriétés vomitives. On l'obtient en dissolvant de l'oxyde d'antimoine ou de la poudre d'Algaroth dans une dissolution aqueuse bouillante de bitartrate potassique (crème de tartre). On filtre et on laisse refroidir. L'émétique se sépare alors en cristaux transparents. C'est le seul sel d'antimoine qui ne soit pas décomposé par l'eau. Aussi, lorsqu'on ajoute à la solution un acide minéral capable de déplacer l'acide tartrique, le nouveau sel qui se forme se décompose aussitôt en acide libre et en sel basique insoluble. Il en résulte que l'émétique est précipité en blanc par les principaux acides minéraux.

Calciné, l'émétique laisse pour résidu un mélange de charbon, d'antimoine et de potassium métallique. Ce mélange, qui prend feu au contact de l'air, est connu sous le nom de *charbon de Sérullos*.

### AMMONIAQUES ANTIMONIÉES.

De même que dans l'ammoniaque $AzH^3$ et dans l'ammonium $AzH^4$, on peut remplacer un, deux, trois ou quatre atomes d'hydrogène par des radicaux d'alcools, de même, dans l'hydrogène antimonié $SbH^3$ et dans le stibium $SbH^4$, on peut remplacer trois ou quatre atomes d'hydrogène par des radicaux alcooliques. Les corps qui en résultent sont de véritables ammoniaques composées, qui renferment de l'antimoine substitué à l'azote. (Voy. *Ammoniaque*.)

RAPPORTS ENTRE LES DIVERS MEMBRES DE LA FAMILLE DE L'ANTIMOINE.

Tous les corps de cette famille sont pentatomiques; c'est-à-dire qu'un atome de l'un d'entre eux s'unit, au maximum, à cinq atomes monoatomiques.

Tous peuvent former, en même temps que des corps saturés du type R+5 des composés non saturés du type R+3.

Les composés saturés qui renferment de l'oxygène sont, dans tous les cas, des acides. Ceux du type $R^2O^3$ sont, au contraire, ou des acides faibles, ou des oxydes indifférents, ou des bases.

Tous forment, avec l'hydrogène et avec les radicaux alcooliques, des séries de composés, dont l'ammoniaque et ses dérivés sont les types.

### TOXICOLOGIE DE L'ANTIMOINE.

On a quelquefois à rechercher l'antimoine dans les cas d'empoisonnements. Mais, comme les procédés employés sont les mêmes que pour l'arsenic et que la toxicologie de l'arsenic est de beaucoup plus importante, nous renvoyons au mot *Arsenic*.                                                    ALFRED NAQUET.

**ANTIPODES.** — L'étymologie donne à la signification du mot Antipodes (ἀντί, opposé, πούς, ποδός pied) un sens qui ne peut plus servir de définition scientifique à ce mot. Ceux des anciens qui avaient soupçonné la sphéricité de la Terre, en concluaient naturellement que la verticale d'un lieu, prolongée, devait passer par le centre du globe, et, au sortir de la sphère, se trouver de nouveau la verticale du lieu d'émergence. En ce dernier point, supposé habité par des hommes comme nous (ce qui, par parenthèse, était une hérésie damnable aux yeux de Lactance, de saint Augustin, du pape Zacharie, et en général des premiers chrétiens), ces hommes devaient avoir les pieds opposés aux nôtres ou, comme on le dit encore vulgairement, la tête en bas, les pieds en haut. Les antipodes, ainsi rigoureusement considérés, c'est-à-dire regardés comme des lieux de la Terre ayant une verticale commune aux extrémités d'un même diamètre, n'existent point, sauf peut-être aux deux pôles, et la raison est que notre planète n'a point la forme d'une sphère : non-seulement ses méridiens sont des ellipses et même des ellipses inégales, mais l'équateur et par suite les parallèles sont des courbes de forme ellipsoïdale. Si donc, on veut continuer d'employer cette expression d'*antipodes*, qui n'offre après tout qu'une utilité bien contestable, voici dans quel sens il faut la comprendre :

Considérons une des ellipses méridiennes, dont l'un des axes est celui des pôles, et l'autre un diamètre de l'équateur. Prenons sur l'une et l'autre de ces moitiés deux points choisis de telle façon que la latitude boréale de l'un soit égale à la latitude australe de l'autre, et qu'ils aient 180° pour la différence de leur longitude, ce qui arrivera nécessairement, puisque nous supposons chacun d'eux situé sur une moitié du méridien. L'un de ces lieux sera l'antipode de l'autre. Il est aisé de voir que les verticales des deux lieux ainsi choisis, sont deux lignes distinctes, qui, en général, ne passent ni l'une ni l'autre par le centre de l'ellipse ou de la Terre. Néanmoins, on comprend qu'il s'en faut de peu que les habitants de ces deux régions aient les pieds opposés. Ils auront pendant l'année les mêmes variations dans les longueurs relatives des jours et des nuits, mais avec une différence de six mois de date. Quant aux saisons astronomiques, elles seront pareillement renversées, mais par cela même inégales en durée; et elles pourront différer beaucoup au point de vue de la température et des autres conditions météorologiques.

Il est superflu d'insister sur la possibilité physique de l'existence des antipodes, c'était jadis un monstrueux paradoxe pour les Pères de l'Église, ces lumières de la chrétienté; c'est une de ces vérités que la science a rendues désormais populaires. Tout le monde sait aujourd'hui que les notions de haut et de bas sont toutes relatives, qu'elles n'ont de sens que par rapport à la direction de la gravité en un lieu quelconque, laquelle est celle du point où l'action de la masse terrestre peut être considérée comme concentrée, et que ce point est à peu de chose près le centre de figure du globe terrestre.                    AMÉDÉE GUILLEMIN.

**AOUT 1789** (NUIT DU 4). — Dans l'histoire épisodique et philosophico-littéraire, cette date célèbre est le point culminant de 89; c'est la Révolution même dans sa péripétie la plus éclatante; c'est la fin du régime féodal, l'aurore du monde moderne et de la liberté, en même temps que le triomphe de la générosité nationale, la destruction des privilèges par les privilégiés eux-mêmes; enfin l'apothéose de la noblesse et du clergé, en ce sens que ces deux castes, justement fameuses par leur despotisme et leur cupidité, sont représentées comme allant spontanément au-devant du sacrifice et renonçant à leurs prérogatives dans un élan de pur enthousiasme pour la justice et pour le droit.

Une analyse un peu minutieuse, sans éteindre absolument tous les rayonnements de ce noble tableau, en tempère néanmoins l'éclat d'une manière assez sensible.

Le plus oratoire, et quelquefois le plus brillamment faux de nos historiens révolutionnaires, M. Louis Blanc, s'exalte jusqu'au délire en esquissant cette scène : « La pâleur des grandes inspirations, dit-il, couvrait tous les visages; une sorte de feu divin jaillissait de tous les regards; on s'encourageait mutuellement à être heureux par la justice, à être forts par l'amour : une invisible main semblait avoir, du moins pour un instant, écarté le voile qui dérobe aux sociétés imparfaites la vue des horizons lumineux. La séance était une fête sacrée, la tribune un autel, la salle des délibérations était un temple, etc. »

A la seule pensée qu'on pourrait rechercher si ce « sacrifice » des classes privilégiées n'a pas été un peu imposé par la nécessité, l'illustre écrivain laisse éclater une poétique indignation : « Nous ne tenons pas, s'écrie-t-il, la nature humaine en si petite estime qu'il nous plaise de n'assigner aux faits éclatants de l'histoire qu'une origine avilissante. Nous rougirions d'avoir à reconnaître que, toujours, inévitablement, la justice est inférieure en puissance à l'égoïsme ou à la peur. Non, non, il n'en va pas de la sorte, etc. »

Cette phraséologie pompeuse est-elle d'un critique et d'un historien, est-elle d'un poëte ou d'un romancier? Il s'agit bien de *feu divin, d'horizons lumineux, d'invisible main, d'autel,* etc.! Cette imagerie surannée est un ornement, mais elle n'est d'aucun secours pour la recherche de la vérité historique. Il s'agit simplement d'analyser un fait, de discerner les mobiles d'une action, sans parti pris comme sans fausse pudeur; l'historien n'a pas plus à *rougir* qu'à se glorifier pour le compte de la nature humaine du mal ou du bien qu'il découvre et qui s'impose à lui. Il recherche exactement ce qui est, et n'a pas à choisir ce qui devrait être; il s'interdit sévèrement les *à priori* moraux comme toutes les hypothèses; en un mot, il n'adopte pas systématiquement la version qui donne le plus de noblesse et d'élévation au récit, mais celle qui lui semble la plus vraie, fût-elle la moins poétique et la moins oratoire.

Dans l'épisode, d'ailleurs intéressant et curieux, de la nuit du 4 août, il y eut sans doute une espèce d'explosion, des élans de générosité, une contagion d'enthousiasme qui gagna même quelques-uns des hommes les moins disposés aux réformes; mais, il n'en est pas moins incontestable, 1º que les résolutions qui ont été prises étaient au-dessous de ce que réclamait l'opinion, de ce qu'avaient demandé les cahiers du peuple; 2º que ces *concessions* incomplètes étaient imposées par les plus impérieuses nécessités; 3º que les membres de la noblesse qui se sont faits les promoteurs du mouvement dans l'assemblée, ont surtout songé à sauver quelque chose dans l'inévitable débâcle, à faire habilement la part du feu, à sacrifier une partie de leurs priviléges pour préserver le reste; enfin que, dans l'esprit de quelques-uns, il n'y avait même qu'une pensée d'escamotage, qui d'ailleurs avorta misérablement.

Qu'on juge bien la situation. La presque totalité du pays était révolutionnaire, le mouvement était irrésistible; le 14 juillet avait été vraiment le coup de mort porté à l'ancien régime; le gouvernement, qui avait échoué plusieurs fois déjà depuis l'ouverture des États-Généraux dans ses informes projets de coups de force, était dès lors impuissant et désorganisé; le peuple et la garde nationale étaient maîtres des villes, où des embryons de municipalités, sans existence légale, exerçaient déjà le pouvoir avec autant de décision que d'énergie; enfin, en ce moment même, les paysans se soulevaient de toutes parts contre ce qui restait du système féodal, fouillaient les chartriers, brûlaient les actes qui consacraient leur servitude séculaire, et même, en beaucoup d'endroits, brûlaient couvents et châteaux et chassaient les seigneurs et les moines.

En présence d'une situation aussi menaçante, les propriétaires féodaux étaient remplis d'inquiétude et de terreur : donc admirablement préparés à faire l'abandon d'une partie de leurs prétendus droits pour conserver le reste, sauver la portion de leur fortune qui pouvait être sauvée.

On discutait en ce moment la déclaration des droits; les paysans en appliquaient les principes à leur manière, et peut-être un peu sommairement; mais, en brusquant les solutions, ils avaient, avec leur sûr instinct pratique, trouvé le vrai moyen de briser les résistances, de rendre les privilégiés souples et conciliants. C'était le contre-coup de la grande journée du 14 juillet, et l'effet en fut décisif. On eût disputé sans fin sur les différentes espèces de droits féodaux, on se fût noyé dans les distinctions subtiles, dans les cas et les espèces; les légistes, avec leurs méthodes admirables pour embrouiller tout et n'arriver à aucune conclusion, auraient longuement et doctement argumenté pour démontrer, d'une part, l'injustice des droits féodaux, de l'autre, la nécessité de s'y soumettre en attendant mieux, pour enseigner enfin le grand art de tourner sur place ou de se noyer dans un verre d'eau. C'est toujours l'éternelle histoire de l'âne de Buridan; dans toutes les circonstances analogues, il est certain que, si les hommes positifs et pratiques ne s'en mêlaient un peu, le monde resterait indéfiniment suspendu entre le sac d'avoine et le seau d'eau.

Donc, en intervenant brusquement dans le débat, avec la torche, le mousquet et la faux, les vieux Jacques ont plus fait pour la solution que les docteurs et les théoriciens.

Il y eut violence ; mais pourquoi fut-elle nécessaire? Ceux qui, depuis tant de siècles, ne vivaient que de l'oppression, de l'abjection de leurs semblables, n'avaient aucun droit de se plaindre qu'on employât la force pour triompher de l'injustice.

Les scènes de l'Assemblée, quel que soit l'intérêt qui s'y rattache, n'ont donc fait que donner la sanction officielle à des réformes que rien ne pouvait empêcher ni même retarder; elles ne sont en réalité que la petite pièce : le grand drame historique se jouait à côté, au dehors, au cœur même de la nation.

Peu s'en fallut même que l'Assemblée ne réagît contre le mouvement et ne l'étouffât dans le sang. Elle se fit du moins présenter un rapport sur les mesures à prendre pour obliger les populations à continuer de payer jusqu'à nouvel ordre les dîmes, impôts, cens, redevances seigneuriales, etc.

Mais il n'était plus possible de résister au torrent. Quelques « seigneurs » intelligents de l'Assemblée, d'Aiguillon, La Rochefoucauld et autres, d'ailleurs à demi-philosophes et vaguement constitutionnels, se concertèrent au *club breton* pour préparer des résolutions destinées à escamoter la question plutôt qu'à la résoudre, c'est-à-dire à faire décréter, non *l'abolition* des droits féodaux, mais leur *rachat*.

C'est ce que les historiens nomment le sublime sacrifice de la noblesse.

En réalité, ce sacrifice prétendu chevaleresque n'était qu'une sorte de maquignonnage, une tentative pour enrayer la Révolution, du moins pour la contenir dans de certaines limites.

Le duc d'Aiguillon, le plus riche seigneur de France en propriétés féodales, et qui avait à faire oublier son père et ses aïeux, fut chargé de prendre la parole à ce sujet, dans la séance du soir du 4 août. Par cette initiative habile, on avait la chance de populariser la noblesse tout en lui conservant une partie de ses prérogatives.

Cet épisode est si universellement connu, qu'il serait oiseux d'en reproduire ici tous les détails.

On sait que la fameuse séance s'ouvrit le 4, à huit heures du soir, par la lecture d'un nouveau projet d'arrêté pour assurer le « bon ordre », le respect des propriétés, c'est-à-dire le paiement de droits seigneuriaux, des redevances, dîmes, etc., et que le vicomte de Noailles, dérobant l'initiative à d'Aiguillon, avec la dextérité d'un procureur, se hâta de saisir la parole, et brisant la glace, proposa, pour rétablir la tranquillité publique, de permettre le rachat des droits féodaux, et d'abolir sans rachat les corvées seigneuriales, mainmortes et autres servitudes personnelles. Cette dernière clause dépassait la mesure des concessions que les nobles de l'Assemblée prétendaient faire; mais Noailles, cadet de famille et n'ayant aucuns droits féodaux, était d'autant plus porté à se montrer généreux et populaire, — avec le bien d'autrui.

D'Aiguillon, se voyant prévenu et dépassé, éclata en phrases sonores sur la liberté, l'égalité, en élans de sensibilité sur le sort misérable des vassaux; mais, au milieu de ses effusions, il n'oublia pas de consigner dans sa proposition que les droits féodaux et seigneuriaux étaient une propriété inviolable; réserve capitale qui escamotait la Révolution. Finalement, il demandait que ces droits pussent être *rachetés*, l'abolition sans indemnité lui paraissant la plus criante injustice; d'ailleurs ils devaient être exactement perçus et maintenus jusqu'à parfait remboursement.

Tout cela, présenté avec habileté, parut le comble de la générosité. En réalité, les conditions de rachat ne rendaient l'affranchissement accessible qu'aux vassaux relativement riches.

Toutefois, la nécessité poussait, pressait les solutions, et, sous cet aiguillon, les députés mêmes de la noblesse subissaient, de moment en moment, quelque chose d'analogue à ce qu'en terme de manége on appelle l'*entraînement*. Avec la facilité d'enthousiasme du caractère français, on abandonna peu à peu les réserves de l'intérêt privé; et, l'émulation aidant, une pluie de motions vint successivement battre en ruine les priviléges odieux et surannés de la société ancienne, dont le maintien d'ailleurs eût été absolument impossible en l'état des choses et devant la résistance énergique de tout un peuple. Ces priviléges, réprouvés par l'opinion, n'existaient pour ainsi dire plus en fait, puisque, de toutes parts, on refusait victorieusement de continuer à s'y soumettre. L'Assemblée ne faisait que suivre le mouvement et consacrer légalement les victoires du peuple et de la philosophie.

Telle fut son œuvre; on ne doit pas la rabaisser; mais nous pensons qu'on l'a trop exaltée, du moins qu'on lui en a fait trop exclusivement honneur.

On est tellement accoutumé à voir les pouvoirs publics résister aux volontés du véritable souverain, qu'on est tout émerveillé de les voir céder, quand, d'ailleurs, ils ne peuvent plus faire autrement.

Un trait qui ne doit pas être oublié, c'est l'attitude du haut clergé, prudemment silencieux et froid au milieu de l'effervescence générale. Le président Chapelier, invité à mettre aux voix les motions, fit remarquer spirituellement qu'aucun de Messieurs du clergé n'ayant encore pu se faire entendre, il se reprocherait de les priver de cette satisfaction en fermant les débats.

Ainsi mis en demeure, les évêques durent parler. Ils déplorèrent, en termes fort touchants, les misères du pauvre, mais naturellement ne soufflèrent mot du chancre des priviléges ecclésiastiques ; néanmoins, ils travaillèrent à leur manière aux réformes, en faisant des générosités aux dépens de la noblesse. « Puisque l'heure des *sacrifices* est arrivée, dit en substance l'évêque de Chartres, je propose l'abolition des droits de chasse. »

Le duc du Chatelet lui rendit immédiatement la pareille, en proposant le rachat facultatif des dîmes.

Il y eut quelques-uns de ces coups fourrés dans cette *fête sacrée* de la grande séance.

En résumé, vers la fin de la nuit, l'Assemblée avait adopté en principe les réformes suivantes : abolition de la qualité de serf, de la mainmorte, des juridictions seigneuriales, du droit exclusif de chasse, de tous priviléges et indemnités pécuniaires, des priviléges particuliers des provinces et des villes; faculté de rembourser les droits seigneuriaux, taxe en argent représentative de la dîme, rachat possible de toutes les dîmes; égalité des impôts; admission de tous les citoyens aux emplois; réformation des jurandes, etc.

La plupart de ces réformes étaient importantes et décisives; mais, répétons-le, ce n'était point le *rachat*, mais bien l'*abolition* des droits féodaux et des dîmes qu'exigeaient l'opinion publique, la justice et la raison. Ces classes privilégiées, qu'on nous représente comme emportées par une *sainte ivresse*, par un *délire d'abnégation et de générosité*, conservèrent néanmoins assez de sang-froid pour faire éluder la vraie, la seule solution. Le rachat, vieille pratique servile et féodale, inadmissible en principe et en droit, était en outre d'une application impossible. La Révolution ne pouvait pas l'accepter et ne l'accepta pas en effet. Sur ce point, comme sur beaucoup d'autres, l'Assemblée retardait.

Et, même en supposant que la combinaison fût pratique, n'eût-il pas été par trop scandaleux que le vieux monde expirant, à bout de violences et d'injustices, pût léguer à la France nouvelle la dernière insolence de cette dette honteuse et de cette humiliation ?                                                LOUIS COMBES.

**AOUT 1792** (DIX). — Les fêtes du despotisme durent des siècles; celles du peuple ne se comptent encore que par journées. On dit, d'une part : le siècle d'Auguste, le siècle de Louis XIV, etc., on a même dit : le siècle de Louis XV; on dit, de l'autre : le 14 juillet 1789, le 10 août 1792; les 27, 28 et 29 juillet 1830, le 24 février 1848. Ces dates sont les grandes Sans-Culottides de notre âge révolutionnaire : chacune nous rappelle un combat; mais ce qui nous les rend sacrées, c'est moins le sang répandu que l'idéal entrevu pendant ces quelques heures. En face de l'évidence d'un principe social, les consciences ont repris langue, les volontés se sont armées, elles ont fraternisé, et, quatre fois en moins d'un siècle et au même lieu, on a vu une collectivité d'hommes accomplir le plus saint des devoirs en s'insurgeant. Dans l'état de société, ces rappels aux principes ne produiraient qu'une agitation purement morale, car les gouvernants sont alors au service de tous; mais, dans l'état de rassemblement où l'on se trouve encore, la bataille s'ensuit toujours, car ceux qui nous dominent ne cèdent jamais qu'à la seule loi qu'ils reconnaissent, la force.

Des quatre révolutions citées plus haut, la plus grande assurément, dans son acte et dans ses résultats, c'est le 10 août. L'insurrection du 14 juillet 1789, qui éclata au soleil levant de la liberté, nous apparaît comme une aventure de jeunesse brillante, soudaine, enlevée, toute verte d'espérance, à la suite de laquelle la nation s'ordonne, et l'égalité devant la loi civile s'établit au milieu des chants, des danses et des embrassades de tous. Autre chose est le 10 août 1792 : c'est un acte d'homme, il arrive après trois années d'expérience. Réfléchi, discuté, annoncé, réglé, sévère, il fut accompli sous les menaces de mort non d'une simple poignée de gouvernants factieux, mais de toutes les puissances du vieux monde féodal, dont les bandes armées et bien disciplinées s'étaient levées et s'avançaient pour tuer les insurgents. Or, le principe qu'on proclama ce jour-là, l'égalité politique, sans laquelle l'égalité civile n'est qu'un leurre, était si bien dans l'ordre, que la plus vieille monarchie d'Europe fut balayée comme paille, et qu'à sa place, en dépit de l'invasion qui d'ordinaire provoque la dictature, ce fut le gouvernement des égaux, la République, que l'on fonda. Il ne s'agit donc pas ici d'un coup de main sans moralité. Nous sommes en présence d'un fait unique dans l'histoire. Analysons-le jusque dans son germe.

En juin 1791, l'ancien roi de France, Louis XVI, devenu, bien malgré lui, roi des Français, s'était enfui de Paris et avait essayé de gagner la frontière. Repris à temps et ramené à son poste, on avait demandé la mise en jugement du déserteur, ou tout au moins son remplacement. Mais l'Assemblée constituante, loin de se rendre au vœu des Parisiens, avait répondu aux pétitionnaires par la fusillade du Champ de Mars, et, pendant la déroute des patriotes, elle avait vite accentué davantage le royalisme de la Constitution à laquelle elle mettait la dernière main, et qui se trouvait viciée déjà par la division des citoyens en actifs et passifs. Ces retouches anticiviques avaient pour but de rapprivoiser Louis XVI en lui rendant moins amer le régime constitutionnel, et Louis XVI en effet, affectant d'être séduit, jurait solennellement fidélité au pacte social, mais, en secret, le sire n'en protestait pas moins contre sa parole, ainsi que contre tous les actes constitutionnels qu'il allait être forcé d'approuver comme chef du pouvoir exécutif. Le conspirateur se doublait d'un traître.

Ce n'est pas ici le lieu de dire comment la Cour essaya d'embarrasser le jeu de la Constitution dès que l'Assemblée législative fut en place; comment l'idée d'un congrès armé des vieilles puissances lui parut être un bon moyen de terroriser la nation ; comment l'idée de guerre vint ensuite à prédominer, avec la ferme résolution de faire provoquer cette guerre par l'Assemblée qu'on croyait ainsi rendre odieuse; comment la minorité constitutionnelle s'empara à son tour de la même idée pour tâcher, au contraire, de tout entraîner; comment, à la demande de la dispersion des émigrés en armes sur les frontières, l'Autriche répondit insolemment par la demande de la dispersion des Jacobins à Paris; comment s'effectuèrent les fameux enrôlements volontaires; comment le roi fit semblant de prendre à contre-cœur un ministère dit patriote; comment, d'accord avec les ennemis, il déclara la guerre, et comment, dès les premières rencontres, il y eut naturellement échec. Nous n'avons pas non plus à raconter les coups de tête que Louis XVI se permit alors, ses vétos répétés, son ministère chassé; ni la colère du peuple envahissant les Tuileries au 20 juin par manière d'avertissement, ni la réplique du roi suspendant le maire de Paris ; ni la coalition se formant à l'Est, ni la conspiration couvant dans l'Ouest et déjà éclatant dans le Midi. Nous dirons seulement qu'au mois de juillet la situation était aussi déplorable que les traîtres pouvaient la souhaiter : partout ébranlement, affolement, misère, et, chez toutes les autorités, impuissance. On ne savait plus si le roi avait des ministres, si Paris des administrateurs, si les armées des généraux ; les états-majors étaient suspects, suspects les juges, et l'Assemblée nationale elle-même, y compris sa minorité constitutionnelle, suspecte. La France enfin, livrée à l'Europe, se trouvait à la veille de tomber plus bas qu'au temps de Louis XV, et déjà l'assimilait-on à la Pologne. Qui donc la sauva du désastre, et lui refit, pour ainsi dire, une nature? ce fut Paris, et quand je nomme Paris, je n'entends pas le conseil de la commune, ni le maire, ni les seuls Jacobins, ni les seuls Cordeliers, ni le Palais-Royal; j'entends l'habitant du quartier, le bourgeois, le boutiquier, le savant, l'artiste, faisant cause commune avec l'ouvrier, avec le prolétaire, — mieux encore avec les femmes et les enfants.

Depuis trois ans, depuis 89, Paris avait vécu de la vie sectionnaire [1], c'est-à-dire que presque chaque semaine, sur quarante-huit points différents, les citoyens n'avaient cessé de délibérer de leurs affaires communales, et grâce à cet exercice, ils s'étaient habitués à voir les choses en face, à les manier sans peur et à se faire une opinion sur elles. Chaque tête avait sa volonté, sa vertu civique. Or, l'importance des choses du quartier avait grandi à proportion des embarras des questions générales : elles s'étaient même généralisées toutes. La composition des assemblées avait aussi perdu son caractère de stricte observance. Ce n'était plus seulement les citoyens actifs délibérant entre eux qu'on y voyait, mais les citoyens passifs y avaient entrée comme auditeurs, aussi bien que les femmes et les enfants. En juillet, tous ces tourbillons d'intelligences et de volontés se concentrèrent.

Il y avait un article de loi qui permettait aux sections de nommer des commissaires à l'Hôtel-de-Ville pour s'entendre sur un objet déterminé, mais de telles réunions ne pouvaient avoir lieu qu'avec l'autorisation du maire, et le maire Pétion avait toujours résisté aux demandes. C'est ainsi que, le 6 juillet, la section du Marché

---

1. Sous cette dénomination générale, nous comprenons aussi le temps où l'on se groupait par districts.

des Innocents ayant insisté de nouveau pour qu'une assemblée de commissaires rédigeât une adresse collective aux armées du Nord et du Centre qu'on excitait contre Paris à propos du 20 juin, Pétion faisait encore la sourde oreille. Mais, *la Patrie ayant été déclarée en danger*, le maire dut mettre un terme à son obstination. Le 17, trente-deux sections nommaient les commissaires pour se concerter sur le projet d'adresse aux armées, et c'est ici que commence, à vrai dire, le mouvement qui doit engendrer le 10 août.

Le matin du 23 juillet, à l'Hôtel-de-Ville, les commissaires se réunirent dans la salle dite de la Reine. Sur la façade de l'édifice flottait un drapeau noir ; on entendait d'heure en heure le canon d'alarme annonçant à tous le danger de la patrie, et, sur les places de la ville, les jeunes gens s'enrôlaient pour courir aux frontières. Avec quelle force le sentiment de la patrie menacée dut-il s'emparer des délégués sectionnaires ! Comme ils sentirent vite que c'était à eux d'accomplir l'œuvre de salut à l'intérieur, s'ils voulaient que ceux qui partaient en vinssent à bout de leur côté ! Aussi ces bourgeois, qui ne se connaissaient pas et dont la plupart ne s'étaient jamais vus, n'eurent en s'abordant qu'un seul mot aux lèvres : la déchéance ! la déchéance du roi ! et, tout en nommant un des leurs pour la rédaction de l'adresse projetée, ils reconnurent que cette adresse était insuffisante et que l'objet de leur mission ne se trouvait pas en rapport avec la gravité des circonstances. C'est ce qu'ils dirent le soir dans leurs quartiers.

Depuis longtemps la section de la Fontaine-Grenelle avait proposé de faire aussi deux adresses, l'une aux départements, l'autre à l'Assemblée nationale, sur les dangers de la patrie et les moyens d'y remédier. Toutes les sections convoquées extraordinairement par la municipalité reprirent le lendemain cette proposition. A la même heure, la population entière de Paris agita donc enfin la grande question du jour, et partout « les orateurs, pénétrés, comme dit un procès-verbal, de l'objet le plus important pour des hommes libres et citoyens, — les dangers de la patrie, — parlèrent avec l'énergie dont le saint ministère qu'ils exerçaient à la tribune était susceptible. » Ce soir-là, les quarante-huit sections moins une donnèrent pouvoir à des commissaires d'émettre le vœu tant de la suspension provisoire de Louis XVI que de sa déchéance. Pour cette haute mission, les mandataires de l'adresse aux armées ne furent pas tous réélus. Afin d'imprimer un caractère d'autorité incontestable à cette représentation parisienne, on choisit principalement cette fois les présidents et les secrétaires des sections elles-mêmes. Aussi, jamais assemblée ne réunit tant de talents, tant de patriotisme et si peu de prétentions. A l'exception de quelques-uns, tous les noms des commissaires de la déchéance mériteraient la mention civique. Les voici pour la plupart :

### ADMINISTRATEURS

J.-N. PACHE, ancien secrétaire général du ministère de la marine pendant la guerre d'Amérique. — Plus tard, ministre de la guerre et maire de Paris. — 46 ans.

DESTOURNELLES, directeur général de la régie de l'enregistrement. — Plus tard, ministre des finances. — 47 ans.

LAZOUSKI, ancien inspecteur des manufactures du royaume. — 36 ans.

RÉAL, chef de bureau au département des subsistances. — Plus tard, substitut de la Commune, puis conseiller d'État, et comte sous l'Empire. — 34 ans.

CONCEDIEU, contrôleur général au Mont-de-Piété.

BOULET, directeur de la petite poste. — 47 ans.

ROMAN, ci-devant receveur des fermes. — 48 ans.

FRANÇOIS, ci-devant contrôleur de la jauge des fermes. — 50 ans.

LAUGIER, receveur des rentes. — 27 ans.

GARNERIN jeune, employé à la municipalité. — 27 ans.

VARLET, employé aux postes. — 27 ans.

NOUET, sous-économe aux Invalides. — 26 ans.

REGNIER, employé à la liquidation (École militaire).

GORET, ancien inspecteur des approvisionnements de la Halle.

VEZINET, employé au bureau de liquidation. — 32 ans.

## SAVANTS

CHAMBON DE MONTAUT, médecin, docteur-régent de la Faculté, membre de la Société royale de médecine, président des assemblées primaires. — Plus tard maire de Paris. — 43 ans.

HASSENFRATZ, ingénieur, rédacteur du Dictionnaire de physique dans l'*Encyclopédie méthodique*. — Plus tard, directeur du matériel au ministère de la guerre; puis professeur à l'École des mines. — 39 ans.

FAYPOULT DE MAISONCELLE, ancien officier du génie. — Plus tard, ministre des finances, ambassadeur, etc.

ADET, médecin, docteur-régent de la Faculté. — 29 ans.

SORINET, médecin. — 42 ans.

TBILHARD, chirurgien. — 29 ans.

MARIN, pharmacien.

LÉONARD BOURDON, maître de pension. — Plus tard, membre de la Convention. — 39 ans.

VERDIER, maître de pension.

LAMAIGNIÈRE, maître de pension. — 47 ans.

AUZOLLES, maître de pension. — 47 ans.

BAUDRY, ingénieur-géomètre. — 52 ans.

## HOMMES DE LETTRES

COURNAND, ex-abbé, premier prêtre marié, professeur de littérature française au Collége de France. — 48 ans.

MARIE-JOSEPH CHÉNIER, premier poëte tragique de l'époque. — Plus tard, membre de la Convention, puis membre de l'Académie française. — 29 ans.

COLLOT-D'HERBOIS, auteur dramatique, lauréat des Jacobins pour son *Catéchisme constitutionnel*. — Plus tard, membre de la Convention et du Comité de salut public. — 42 ans.

FABRE D'ÉGLANTINE, premier poëte comique de l'époque. — Plus tard, membre de la Convention. — 36 ans.

CHAUMETTE, secrétaire de la section du Théâtre français. — Plus tard, procureur de la Commune. — 29 ans.

TALLIEN, journaliste. — Plus tard, membre de la Convention. — 26 ans.

JOLY, 28 ans.

CRUSSIER ou CRUCIÈRE, 59 ans.

YON.

## ARTISTES

RESTOUT, peintre, membre de l'Académie de peinture et de sculpture. — Plus tard, inspecteur général du Garde-Meubles. — 60 ans.

BRUNET, architecte, capitaine de la garde nationale volontaire, ancien notable adjoint. — 56 ans.

BOUTINOT, architecte. — 49 ans.

DAMAS, architecte. — 27 ans.

THIÉHARD, sculpteur. — 46 ans.

REGNAULT, peintre en miniature. — 58 ans.

BODSON, peintre-graveur. — 26 ans.

LELIÈVRE, graveur. — 39 ans.

DAUJON, 57 ans.

BERTRAND, musicien au Théâtre français. — 42 ans.

## HOMMES DE LOI (avocats, avoués, huissiers).

COLLIN, avoué. — 31 ans.

BRIFFAULT, avocat, capitaine de la garde nationale. — 43 ans.

CHÉPY, avocat, commissaire de police. — 51 ans.

LULLIER, licencié en droit. — Plus tard, procureur-syndic du département de Paris. — 45 ans.

CHENAUX, avoué.

PEPIN DESGROUETTES, avocat. — 39 ans.

LÉGIER, juge de paix de la section des Postes. — 36 ans.

HUGUENIN, avocat.

TRUCHON, avocat.

BOUIN.

ISAMBERT. — Plus tard juge. — 55 ans.

DUCLUZEAU, 29 ans.

COFFINHAL, avoué. — Plus tard, juge. — 29 ans.

LEBOIS, avocat, notable adjoint. — 34 ans.

DESVIEUX, avocat. — Plus tard, juge.

GODEAU, avocat. — Plus tard substitut au tribunal criminel.

MATTHIEU, notable adjoint. — Plus tard juge. — 28 ans.

LAFFITTE, 47 ans.

BERTHELOT, 47 ans.

JOURDEUIL, huissier. — Plus tard, adjoint au ministre de la guerre. — 31 ans.

LOUVET, avoué. — 32 ans.

MAIRE, 47 ans.

MARTIN.

## PRÊTRES

XAVIER AUDOUIN, premier vicaire de Saint-Thomas d'Aquin. — Plus tard, secrétaire général de la guerre, historiographe de la République, membre de la Cour de cassation, etc. — 27 ans.

CHASSANT, vicaire de Saint-Germain l'Auxerrois. — 31 ans.

DESEQUELLF, aumônier des Quinze-Vingts.

DANJOU, 57 ans.

TRASSART, 40 ans.

BERNARD (Claude), 32 ans.

## NÉGOCIANTS, FABRICANTS, BOUTIQUIERS

AVRIL, négociant. — 41 ans.

BEAURIEUX, horloger. — 43 ans.

BLONDELET, ciseleur-doreur. — 42 ans.

DEVAUDICHON, négociant, membre de la Commune. — 33 ans.

DEVÈZE, charpentier. — 52 ans.

Donnay, perruquier. — 29 ans.
Dupont, fabricant d'amidon. — 44 ans.
Faro, peintre-doreur. — 32 ans.
Folatre, fabricant de broderies. — 36 ans.
Huguet, orfévre. — 25 ans.
Jobert, négociant.
Legendre, boucher.
Lobier, épicier. — 53 ans.
Maréghal, menuisier. — 58 ans.
Martin, mercier. — 53 ans.
Michel, fabricant de rouge.
Minier, joaillier. — 40 ans.
Pagnier, maréchal ferrant. — 45 ans.
Patrix, imprimeur. — 39 ans.
Pelletier, marchand de vins. — 31 ans.
Poullenot, épicier. — 41 ans.
Profinet, perruquier. — 49 ans.
Rerocdon.
Renaudin, luthier. — 43 ans.
Renouard fils, fabricant de gaze. — 26 ans.
Reverand, orfévre. — 48 ans.
Roland Huguet, tanneur. — 35 ans.
Vasseaux, notable. — 65 ans.

RENTIERS ET DIVERS

Houchefontaine, 31 ans.
Bourdier, 34 ans.
Chevalier.
Cohendet, maître d'écritures. — 43 ans.
Coupdelance de La Rouvrelle, 52 ans.
Debierne, 42 ans.
Deffaux, 55 ans.
Duguet, 31 ans.
Ervy.
Garnier, 36 ans.
Hanriot, 32 ans.
Haroul-Romain.
Jams, géomètre.
Jircourt, 31 ans.
Lavalette.
Lavau.
Malhe.
Martin.
Moulin-Neuf.
Naudet.
Pinon, 47 ans.
Quenol, 32 ans, etc., etc.

Comme on le voit, il y a là peu de virtuoses politiques ; et c'est bien des entrailles mêmes de la bourgeoisie parisienne que sortent ces gens de tous états, qui, le 26 au matin, s'assemblèrent, à l'Hôtel-de-Ville, dans la même salle que les premiers délégués.

Collot d'Herbois, le catéchiseur constitutionnel, fut appelé au fauteuil, et l'on nomma pour secrétaires Xavier Audouin, Chénier, Joly, et Truchon l'avocat, si remarqué pour sa grande barbe.

Xavier Audouin proposa de rendre le peuple témoin des discussions; Lazowski résolut la question en ouvrant les portes.

Le même Lazowski se plaignit avec énergie d'apercevoir dans la salle l'infâme drapeau rouge qui, en 1791, avait servi au Champ de Mars de point de ralliement à tous les assassins du peuple. Une députation fut envoyée au Corps municipal pour lui annoncer que s'il ne se pressait de venir retirer ce signe affreux des malheurs de Paris, on allait jeter la chose par la fenêtre. Un officier municipal se présenta pour l'enlever. Il était revêtu de son écharpe. On lui fit observer qu'on ne voulait point que les séances fussent interrompues par l'admission d'un officier public. En conséquence, il mit son écharpe dans sa poche et emporta son drapeau aux applaudissements de tous.

Après les premiers élans, un orateur invita l'assemblée à régulariser ses mouvements, et proposa d'élire un comité qui fût chargé de présenter aux commissaires réunis les objets à discuter. La formation du comité fut adoptée. Le nombre des membres fut fixé à six. Leur élection se fit par appel nominal et pour la première fois à haute voix, exemple d'indépendance et de courage qu'on a suivi depuis. Les six membres nommés furent : Collot d'Herbois, X. Audouin, Chénier, Joly, Tallien et Mathieu.

Dès le soir, ces citoyens eurent rendez-vous dans la salle du comité de présentation des Jacobins, et discutèrent sur l'adresse aux armées et sur celle aux départements : Que leur annoncera-t-on ? Sera-ce seulement la déchéance du roi? Sera-ce aussi l'avénement de la République? Faut-il exiger la réunion d'une Convention nationale? Et si d'autre part l'Assemblée législative n'accueille pas notre demande faut-il en appeler au peuple? On examina toutes ces propositions; quant à la question de se contenter simplement d'un ministère patriote, on la rejeta sans discussion; et, le lendemain, Xavier Audouin rapportait à l'assemblée des commissaires la décision du comité qui s'était prononcé pour la déchéance pure et simple. L'assemblée conclut également à la déchéance en attendant le reste du temps, puis on chargea Chénier de l'adresse à la Législative; l'adresse aux départements échut à Audouin; et Collot eut à retoucher l'adresse aux armées, dont les premiers commissaires lui avaient déjà confié la rédaction.

Quelques sections avaient limité les pouvoirs de leurs délégués; toutes ne s'étaient pas concertées sur le nombre de ces représentants; plusieurs en comptaient trois et même plus, tandis que d'autres n'en avaient envoyé que deux. Afin de concilier tous les intérêts, il fut arrêté que les projets d'adresses qu'on adopterait seraient portés aux différentes sections par leurs commissaires respectifs pour y être sanctionnés de nouveau.

Une telle conscience du droit, un tel souci des formalités, un tel besoin de contrôle, ne méritaient que le respect; mais l'Assemblée législative se montra effrayée, non moins que la Cour, d'une allure aussi régulière. Les joueurs de rôle surtout, qui composaient le tiers-parti, se récrièrent. Dès la première nouvelle de l'adresse pour la déchéance, Guadet proposa d'en faire vite une autre au roi sous forme de mercuriale et de prière suprême, afin de paralyser le jeu parisien; mais, le 26, son projet d'adresse, où il invitait encore une fois Louis XVI à prendre le fameux ministère patriote, était rejeté par la droite et la Montagne réunies, et cette majorité décidait que l'Assemblée elle-même allait s'occuper de la déchéance. C'était là pour les aristocrates une tactique des plus habiles; elle faisait pièce au tiers-parti aussi bien qu'à la ville et permettait de gagner du temps.

Les conspirateurs du Château agirent sinon plus adroitement, du moins plus brutalement. Ils comptèrent sur l'éclat d'un coup de foudre. Le 28, fut lancée dans Paris la proclamation sanglante signée Brunswick, qui, au nom de la Prusse et de l'Autriche, annonçait à la ville qu'il y aurait massacre, si le roi de France n'était pas respecté.

Les commissaires parisiens ne furent pas plus intimidés par ces menaces de brigands que déroutés par les intrigues des faiseurs. Ce qu'ils avaient plutôt à craindre en ce moment, c'était l'exaltation du peuple qui pouvait tout compromettre par des mouvements inconsidérés et les entraîner eux-mêmes à des fautes. Les têtes s'échauffaient de plus en plus. Chaque jour il arrivait des départements non-seulement des adresses menaçantes, mais aussi des hommes en armes. Les fédérés bretons étaient entrés le 5; ce fut au tour des Marseillais le 30; et alors, on entendit à toute heure, par toute la ville, dans les rues, sur les places, dans les jardins, au théâtre, au café, retentir l'appel: « Aux armes, citoyens! » non comme des cris perdus, mais comme une harmonie terrible, refrain d'un chœur immense: Paris entier chantait la *Marseillaise!* Ajoutons encore qu'il y avait aux Jacobins un comité d'action; qu'il était, comme tout comité d'action, impatient d'agir, et qu'à propos d'un banquet de fédérés, il avait déjà voulu faire marcher les faubourgs. Disons enfin que, le 31 juillet, une section indisciplinée en vint à déclarer qu'elle irait en armes, le 5 août, faire sommation à la Législative d'avoir à décréter sur l'heure la déchéance. Et cela dit, nous ne pourrons qu'admirer la constance des commissaires qui, au milieu de cette agitation furieuse, restèrent inébranlablement attachés à leur œuvre, afin de moraliser l'action et de la rendre une et forte.

Le matin du 2 août, les adresses ou plutôt l'adresse pour la déchéance (car on ne songeait plus qu'à celle-là) était prête. Le soir, dans les sections, on fit lecture

du travail de Chénier, et presque toutes déclarèrent « qu'il rendait d'une manière
sublime la grandeur d'âme du peuple français. » Le lendemain, 3 août, Pétion fut
averti de venir, selon la loi, présider la réunion des commissaires ; il vint, et l'on
alla en corps à l'Assemblée nationale porter l'adresse. Un détachement de gendarmerie à cheval précédait cette grande députation parisienne que tout le peuple
escortait et que de leurs fenêtres les royalistes regardèrent passer avec une espèce
de fureur. Quelques députés de la Montagne se rendirent au-devant du cortége ;
l'Assemblée attendait, mais dans une disposition d'esprit aussi mauvaise que celle
des royalistes du dehors. Dès le matin, les ministres de Capet, voulant prévenir
l'attaque, avaient envoyé une lettre où le roi déclarait hardiment tenir pour apocryphe la déclaration de Brunswick et où il attestait avec non moins d'effronterie
son amour pour la Constitution. L'Assemblée avait refusé d'accorder l'honneur
de l'impression à ce message, mais ce n'était pas à cause du cynisme de la pièce ;
elle voulait tout bonnement s'autoriser de ce premier refus pour en faire un pareil
à l'adresse parisienne. Les commissaires furent donc admis à la barre ; le maire
lut le discours où le peuple accusait Capet ; le président répondit en accordant
simplement à la députation les honneurs de la séance, mais voilà qu'aussitôt il
lève cette séance afin d'escamoter encore le simple honneur qu'il accordait. Alors
eut lieu une scène épouvantable. Les aristocrates insultaient les commissaires que
les députés plébéiens et les tribunes complimentaient, applaudissaient. Il y eut
même des députés royalistes qui reconduisirent les représentants des sections
jusqu'au bout de l'avenue du Manége en leur prodiguant les menaces. Quand les
commissaires de la déchéance regagnèrent leurs quartiers, tous étaient pour
l'insurrection, le peuple ne pouvant plus attendre son salut que de lui-même.

Le soir, dans Paris, la bourrasque fut effrayante. Le faubourg Saint-Marceau
courut au faubourg Saint-Antoine pour s'entendre afin d'agir au plus vite. Celui-ci,
pressé par l'autre, déclara adhérer à l'arrêté de la section Mauconseil qui avait
fixé au 5 août la prise d'armes, et il vota sur l'heure l'embrigadement des citoyens
passifs. Mais, le lendemain, les commissaires tempérèrent ces ardeurs. Ayant
interrogé leurs collègues Huguenin et Lazowski, l'un sur les dispositions du faubourg Saint-Antoine, l'autre sur les préparatifs du faubourg Saint-Marceau, et
voyant que ces deux chefs faubouriens ne s'accordaient pas encore tout à fait sur
le moment précis de l'action, l'assemblée en fit son affaire. Solennellement, publiquement, elle déclara qu'il n'y aurait pas d'insurrection le 5, qu'on attendrait
jusqu'au 9, mais que si, ce jour-là, à minuit, la déchéance n'avait pas été prononcée,
on marcherait sur le Château.

Ce fut cette déclaration qui mit un terme aux affolements des différents groupes
décidés à agir, et fixa bien le point d'attaque et le but à atteindre. Aller aux Tuileries et non plus à l'Assemblée, s'emparer du roi, faire prononcer sa déchéance et
garder le décovronné comme otage afin d'empêcher les exécutions de Brunswick,
telle est dans son entière ingénuité, l'idée qui dès lors se logea dans les têtes. La
Cour elle-même, par la publication du sanglant manifeste, avait aidé à cette unité
de vues. Il était évident pour tous que la prise de Capet était devenue indispensable
au salut de la ville.

Mais, par contre, au Château, on songea sérieusement à fuir. Il s'agissait de
gagner la Normandie en se retirant par Rueil sous la protection des troupes suisses
qui s'y trouvaient casernées. On affectait ainsi de prendre une position indépendante des envahisseurs qui occupaient l'est et qu'on laissait, par cette manœuvre
même, libres d'agir à leur guise. Mais, le 6 août, les Parisiens obtiennent de la
municipalité que le Château sera gardé jour et nuit par deux réserves établies l'une

au Carrousel, l'autre à la place Louis XV, et voilà les conspirateurs cernés. Il ne leur restait plus qu'à jouer le rôle de factieux en groupant autour d'eux, soit pour la défense, soit pour la fuite à main armée, tout ce qu'il y avait dans la ville de parents d'émigrés, de tripoteurs d'argent, et de mercenaires ivres. C'est ce qu'ils firent.

Quant à l'Assemblée, la majorité s'apprêta à rejoindre le roi en cas de fuite, et la minorité songea, si la majorité fuyait, à déguerpir aussi, mais par delà la Loire, afin d'échapper tout à la fois aux armées étrangères, au roi et à Paris. Comme on le voit, l'ineptie des uns ne le cédait en rien à la trahison des autres. Cette minorité constitutionnelle, composée des plus beaux virtuoses politiques dont on ait gardé mémoire, ne songeait qu'à elle, qu'à sa distinction ; et l'affirmation de la moralité d'un mouvement populaire lui semblait une plaisanterie injurieuse à sa suffisance politique. C'est pourquoi, s'avisant encore, le 8, d'une manœuvre parlementaire, elle essaya de détourner sur La Fayette le coup que Paris destinait à Louis XVI. Mais les royalistes de l'Assemblée ayant rejeté la mise en accusation du général, la tactique des habiles n'eut pour résultat que d'apprendre aux Parisiens, trente heures à l'avance, que l'insurrection était inévitable.

Non, il n'y eut jamais dans l'histoire d'une ville trente heures pareilles à celles-là ! Les bourgeois avaient solennellement fixé le terme de leur patience ; ce n'était pas le secret d'un groupe, tous en étaient instruits, et l'honneur voulait qu'on attendît jusqu'au bout. On attendit pendant toute la soirée du 8, pendant toute la journée du 9, mais dans quelles agitations ! On préparait ses armes, on tâchait de se procurer de la poudre, on courait s'enquérir à toutes les portes des patriotes les plus ardents, ou bien on s'en allait rôder autour du Château. Chose curieuse ! Il y avait des minutes où, ne voyant que la justice de sa cause, ce peuple s'imaginait que les Suisses ne tireraient pas ; puis, soudain l'idée du coquinisme des chefs reprenant le dessus, on entrevoyait l'horreur de la bataille, et alors, malheur au député qui passait et qu'on reconnaissait ; on l'insultait, on le poursuivait, on le frappait. C'était s'aguerrir.

Le soir, dès que les assemblées de section furent formées, on annonça qu'à minuit le tocsin sonnerait, et des commissaires furent nommés pour s'entendre sur l'ordonnance du mouvement. Devait-on marcher la nuit ? Fallait-il attendre le jour ? Le rendez-vous était cette fois à la section des Quinze-Vingts, dans le faubourg Saint-Antoine, c'est-à-dire dans le quartier par excellence des citoyens passifs, devenus à cette heure de bataille plus actifs que tous les autres ensemble, si l'on en excepte les sans-culottes du faubourg Saint-Marceau et les fédérés marseillais logés aux Cordeliers. En venant chercher là le mot d'ordre suprême, la bourgeoisie prenait l'engagement moral de ne plus séparer sa cause de celle des prolétaires. Hélas ! que n'a-t-elle toujours eu les mêmes sentiments ! Jamais la dictature n'eût pesé sur la France.

Tout le faubourg était illuminé ; la grande rue regorgeait de monde ; les fiacres seuls amenant les commissaires fendaient la foule. Aux Quinze-Vingts, debout sur une table, l'avocat Huguenin présidait. A mesure que les délégués arrivaient, on criait les noms des sections adhérentes, mais le tumulte était si grand qu'on avait peine à les entendre. Quelques voix mêmes augmentaient le trouble à dessein, en ne cessant de demander qu'on marchât tout de suite. Quoi ! sans armes, avec des femmes et des enfants, et quand la nouvelle se répand que le Château a toutes ses mesures prises et que les fédérés de Marseille se trouvent déjà bloqués dans la section du Théâtre-Français par le bataillon royaliste du Pont-Neuf !... Un des commissaires de la section de la Fontaine-Grenelle, le rédacteur de l'adresse aux départements, Xavier Audouin, monte sur un banc, met son chapeau au bout de son sabre, et crie à Huguenin qu'il veut parler. Ayant, non sans efforts, obtenu le silence, il propose que la section cesse de délibérer et devienne force armée ; que tous les commissaires aillent dans leurs sections donner le même ordre, et qu'ensuite ils se rendent à l'Hôtel-de-Ville pour former un conseil révolutionnaire qui dirigera l'insurrection. Cela décida de tout. Trente sections avaient adhéré. On partit. Il était alors onze heures du soir.

En ce moment le rappel retentissait dans les rues de la ville pour le compte du Château. Les factieux s'étaient, en effet, préparés depuis vingt-quatre heures sourdement, silencieusement. Loin de songer à une fuite armée, ils ne voulaient même plus rester sur la défensive ; c'était l'attaque qu'ils méditaient, tant ils se croyaient forts. Ils avaient un plan nocturne qui, de leur repaire, s'étendait au dehors jusqu'à la limite des faubourgs, et ce plan avait été conçu par le commandant même de la force armée parisienne, un ancien marquis nommé Mandat, qui, à cette heure, faisant cause commune avec les rebelles et installé aux Tuileries, ordonnait, partout où son commandement pouvait s'étendre, de tirer sur le peuple. Ordre pour le poste de l'Hôtel-de-Ville de laisser passer la colonne du faubourg Saint-Antoine afin de la fusiller en queue ; même ordre pour cent hommes de gendarmerie à cheval, en réserve à la place de Grève ; ordre pour cinq cents autres gendarmes campés devant le Louvre de couper en deux ladite colonne en faisant un à-droite et un à-gauche ; ordre pour le bataillon des Petits-Augustins de défendre le Pont-au-Change contre les insurgés du faubourg Saint-Marceau ; ordre pour le bataillon d'Henri IV de fermer, comme nous l'avons dit, le Pont-Neuf aux Marseillais ; ordre pour le bataillon de la place Vendôme de balayer la rue Saint-Honoré ; ordre pour le bataillon royaliste de Saint-Roch de se tenir dans les cours du Palais-Royal, prêt à marcher sur le Carrousel de concert avec soixante gendarmes à cheval ; mêmes ordres de sang pour un escadron de la même arme posté sur le quai d'Orsay, au bout du Pont-Royal, et pour une centaine d'autres gendarmes dispersés sur différents points voisins du Carrousel. Fusiller, hacher, écraser, sans sommation aucune et dans la nuit, tout rassemblement d'hommes, de femmes et d'enfants, qui s'avancerait vers le Château, voilà ce qu'on avait résolu de faire avant toute agression.

Quant au Château lui-même, il avait pour sa défensive : dans les cours, douze canons en batterie et le régiment tout entier des gardes suisses ; dans les appartements, plusieurs centaines d'ex-nobles devant tirer des fenêtres, tant sur le Carrousel que sur les quais ; et c'était sur la terrasse, dans le jardin, les grenadiers royalistes du quartier Vivienne avec quelques autres détachements de gardes nationaux. Tous ces hommes armés n'avaient pas, à la vérité, le même esprit, mais, en les mêlant habilement, on pouvait avoir raison des mauvaises têtes, et les forcer tous à donner, comme on dit. Mandat venait même de faire appeler Pétion pour que la présence du maire au Château attestât la justice de la cause qu'on y défendait. Notons aussi que l'ex-marquis trouvait bon d'encager dans les Tuileries le plus grand nombre de gardes nationaux possible, afin d'affaiblir d'autant l'insurrection ; et c'est pourquoi le rappel était battu avec rage.

Mais ce rappel ne faisait pas merveille. Les sections mêmes qui n'avaient pas envoyé aux Quinze-Vingts s'y montraient presque indifférentes. Quant à celles qui étaient déterminées à l'attaque, leurs bataillons se trouvaient déjà en armes pour l'insurrection sur les places, dans les anciennes églises, n'attendant plus de mot d'ordre que du faubourg. Quelques municipaux passant dans la soirée pour inviter au calme, à la patience, avaient même été fort mal reçus ; mais quand les commissaires revinrent et dirent à leur tour qu'il fallait rester tranquille jusqu'au matin et attendre le signal de l'Hôtel-de-Ville, presque partout on se soumit sans murmurer; que dis-je? on s'exalta, on s'embrassa, en songeant qu'il allait y avoir un centre d'action. Les femmes, les mères étaient présentes. On voyait la pâleur sur leurs visages; mais aucune ne cherchait à retenir son mari, son fils, quoique tremblant pour leurs jours; toutes croyaient au succès, tant la cause à défendre leur paraissait juste.

On élut au plus vite les nouveaux commissaires; les uns furent munis de pleins pouvoirs; les autres eurent l'ordre de s'entendre avec le conseil municipal, à qui l'on se croyait obligé de faire politesse, et qui, du reste, prêchait le calme, comme faisait à cette heure le faubourg. La plupart des commissaires de la déchéance étant retenus, soit à la permanence des sections, soit à la tête des bataillons, ne furent pas désignés cette nuit pour l'Hôtel-de-Ville. On renomma Audouin, Lullier, Huguenin, L. Bourdon, Truchon, Goret, Louvet, Bernard, etc., qui eurent pour nouveaux collègues, l'acteur de la Comédie-Française Michot, les journalistes Hébert et Robert, le membre de l'Académie de peinture et de sculpture Foucou, le médecin Rigaud, l'avocat Boulay, et Rossignol, et Lenfant, et Duffort, et Cailly, Gomée le marchand de toiles, Tourasse le fabricant de faïences, Oger le maître de pension, le serrurier Delabarre, le libraire Mercier, etc., etc. Presque tous ces fondés de pouvoirs insurrectionnels se rendirent des différents points de Paris à l'Hôtel-de-Ville par groupes de trois, et chaque groupe escorté d'un détachement de force armée. Mais, comme ils couraient ainsi se centraliser pour agir, voilà le tocsin qui sonne au cœur même de Paris, et puis un autre lui répond. C'étaient les impatients qui, excités par les rappels multipliés du Château, ne pouvaient plus tenir en place et voulaient encore brusquer les choses. Vainement essaye-t-on d'arrêter le branle, il gagne toutes les autres sections; et bientôt le tambour, battant cette fois la générale, se mêle au bruit des cloches. Mais si, par malheur pour le Château, le rappel ne rendait pas, la générale et le tocsin, par bonheur pour la cause populaire, eurent le même résultat. Nul ne bougea de son quartier; il y eut même des sectionnaires qui s'endormirent à ce bruit, et les casse-cou durent attendre jusqu'au matin comme tout le monde.

Mais, à l'Hôtel-de-Ville, les représentants des sections éprouvèrent une contrariété bien plus grave. A côté de la salle des Gouverneurs, où les premiers arrivés d'entre eux s'établirent, le conseil général de la Commune était en permanence. Si la majorité de ce conseil, sous les cris des tribunes qui regorgeaient de monde, invitait toujours à la patience, ce n'était pas en vue de l'action du matin; c'est que, partisans de la seule initiative parlementaire, ces messieurs ne voulaient pas agir révolutionnairement. Martin, Truchon et Léonard Bourdon, munis de pleins pouvoirs pour sauver la patrie et encouragés par les citoyens présents qui criaient: Prenez leurs places! proposent de casser la Commune à l'instant; mais ceux de leurs collègues qui arrivaient, ayant mission de s'entendre avec la municipalité, s'opposent à cette exécution immédiate. Il n'y avait encore, du reste, que quinze sections de représentées; on résolut d'attendre qu'on fût en majorité, et les groupes de commissaires qui ne se sentaient pas en règle dépêchèrent chacun un membre à la permanence de leurs sections respectives pour redemander de pleins pouvoirs.

Cela toutefois n'empêcha pas qu'on ne se mît aussitôt à l'œuvre en essayant de se servir du Conseil avec l'appui du peuple des tribunes. Ce fut sous la pression des commissaires que la municipalité signifia au bataillon royaliste d'Henri IV, qu'il ne devait pas fermer le Pont-Neuf, que l'on dégarnit en effet; ce fut sur les instances des commissaires que la municipalité ne se lassa pas de redemander

Pétion retenu toujours au Château, et qu'enfin le Château relâcha ; ce fut encore grâce à l'énergie des commissaires que la municipalité enjoignit au traître Mandat de sortir des Tuileries pour venir s'expliquer à l'Hôtel-de-Ville, et que Mandat vint à l'ordre. Trois bonnes victoires que celles-là ! ou plutôt trois bonnes mesures qui pouvaient désorienter l'ennemi. Mais, au prix de quels efforts et avec quelle perte de temps les avait-on arrachées ! Il faisait grand jour, il était six heures du matin que les commissaires ne se trouvaient pas encore constitués révolutionnairement, Or, en ce moment, voilà le faubourg Saint-Antoine qui s'ébranle, et voilà la municipalité, qui ayant interrogé mollement le traître Mandat, s'apprête à relâcher ce chef militaire des factieux. Les délégués sectionnaires comprirent alors que, s'ils ne prenaient pas vivement la direction des choses, leur condescendance devenait trahison. Ils n'hésitèrent plus ; ils représentaient déjà avec pleins pouvoirs dix-sept des quarante-huit sections ; ils signifièrent à la municipalité qu'ils allaient agir révolutionnairement, et qu'elle eût à se retirer ; puis, dans la salle des Gouverneurs où, sous la présidence de Huguenin ils continuèrent de siéger, Mandat leur fut amené par Rossignol. S'assurer du commandant de service à l'Hôtel-de-Ville, procéder à un nouvel interrogatoire de Mandat, envoyer des gardes aux établissements publics et particulièrement à l'Arsenal où étaient les poudres, nommer Santerre commandant général, casser tous les chefs de bataillons, et dépêcher des commissaires aux sections pour que les bataillons fissent immédiatement des élections nouvelles, tels furent les premiers actes insurrectionnels de cette assemblée souveraine qui les expédia *au nom de la Liberté et de l'Égalité.*

C'est sur ces entrefaites qu'on découvrit, qu'on apporta l'ordre, signé Mandat, de tirer par derrière sur le peuple. On reprit vite l'interrogatoire du traître ; les ex-membres de la Commune, qui n'avaient pas encore détalé, essayèrent alors d'intervenir ; mais les commissaires, tenant avec raison cette ingérence pour un outrage, quittent leur salle, passent dans celle des ex-municipaux, prennent leurs places, et, après avoir constaté, par la vérification des pouvoirs, qu'ils représentaient à cette heure vingt-huit sections, qu'ils étaient donc enfin majorité et qu'ils avaient pleine franchise pour agir, ils ordonnent, à titre de commissaires réunis de la majorité des sections en insurrection, de transférer Mandat à la prison de l'Abbaye. Le traître avait à peine franchi la porte que la foule l'enveloppait et qu'un patriote lui cassait la tête d'un coup de pistolet. Cette exécution populaire mit fin à toute hésitation.

Le maire Pétion ayant été séquestré dans sa Mairie, il n'y eut plus dans la ville qu'une autorité supérieure reconnue, celle des commissaires dont le nombre s'accrut de quart d'heure en quart d'heure, et, à côté d'eux, Santerre qui, installé dans la salle de la Reine, expédiait les ordres multipliés que l'on demandait pour avoir de la poudre et des armes. A huit heures et demie, tout était prêt, et tous étaient en marche, n'ayant qu'un même esprit, faubouriens et bourgeois, Marseillais et Brestois. Autour du Château, dans les rues, sur les quais, on put voir avec une sorte de ravissement la terre couverte d'hommes armés. Le drapeau de la loi martiale déployait cette fois sa rouge couleur contre le pouvoir exécutif en rébellion.

Mais, qui le croirait ? Cette population, décidée à tout, allait se trouver dupe. Comme elle s'avançait, on lui escamotait sa proie. Le factieux couronné n'était déjà plus aux Tuileries.

Jusqu'à minuit, la Cour avait souhaité le combat, comptant sur une bonne **victoire,** c'est-à-dire bien sanglante, qu'elle devait mettre à profit pour dissoudre l'Assemblée nationale et, du même coup, rejeter la France dans son passé. Elle ne se souciait nullement du peuple sur lequel on allait tirer ; elle n'avait de haine que pour la minorité constitutionnelle et l'homme du Palais-Royal, le duc d'Orléans : eux seuls, à ses yeux, avaient tout fait, tout dirigé, tout payé. Qu'une population puisse se soulever d'elle-même, sans meneurs, sans intrigues, dans la toute-puissance de ses volontés concentrées, et que, d'une insurrection pareille, doivent se dégager des principes nouveaux d'ordre et de gouvernement, voilà encore aujourd'hui une chose inimaginable pour des têtes couronnées, voire même purement politiques. Jusqu'à minuit donc, on s'était bercé d'espoir, on avait espéré du sang ; mais, minuit sonne, et rien ne se montre ; on crut que c'était partie remise, et on le crut d'autant mieux que le tocsin ne fit non plus remuer personne. Capet se coucha. Ce ne fut qu'au matin et très-tard que le Château apprit qu'il y avait à l'Hôtel-de-Ville un comité directeur, que les insurgés avaient eux-mêmes un plan, que s'ils n'avaient encore bougé c'était par ordre, et qu'ils viendraient au grand jour. Où est Mandat ? Entre les mains des insurgés. Qu'est devenu son plan ? Tout désorganisé. On prit le roi, on le fit voir aux troupes, aux canonniers, aux gardes nationaux, dans les cours, dans le jardin ; Capet fut insulté. Cette désaffection présageait la défection ; on disait même déjà qu'on ne pouvait plus compter sur les gendarmes à cheval : l'opinion faisait son œuvre. Enfin, le procureur-syndic du département, Rœderer, qui était resté toute cette nuit du côté du roi, accourt prévenir Capet que les faubourgs arrivent, qu'il n'a pas de temps à perdre, qu'il doit se réfugier dans l'Assemblée nationale. Quoi ! dans cette Assemblée qui n'est composée à cette heure que de la minorité constitutionnelle, ses vrais ennemis ? Pourquoi pas alors au Palais-Royal ? Vaincu sans combat ! Capet hésita. Ne lui faisait-on pas trop peur des faubourgs ? Était-on certain de ne pouvoir résister ? Ce fut Marie-Antoinette qui dit cela. Puis, Capet résigné dit : Marchons !

A cette heure, en effet, la minorité constitutionnelle trônait presque seule dans la salle du Manége. Elle s'était réunie, la nuit, dès les premiers rappels, ne se manifestant en rien, gardant une stricte neutralité, mais comptant bien avoir le bénéfice de toute cette affaire. Elle avait su bien vite que l'insurrection ne pourrait être empêchée, mais qu'elle n'éclaterait pas avant le jour ; elle croyait que le Château ne pourrait résister à la violence du flot populaire, et que le roi serait forcé de se réfugier auprès d'elle. Que se passerait-il alors ? Qu'elle interviendrait comme puissance souveraine, que Pétion et l'ancienne Commune ressusciteraient pour rétablir le calme, que la minorité des sections qui n'avaient pas marché lui ferait rempart, que la régence serait proclamée soit avec un conseil à sa guise, soit sous le nom seul de Pétion, soit au besoin sous celui du duc d'Orléans, mais avec Pétion pour gouverneur de l'enfant royal ; et, si les bourgeois, les boutiquiers, les artisans insurgés ne rentraient pas chez eux au plus vite, alors malheur aux factieux ! l'exemple de la Constituante était à suivre. Comme on le voit, la Cour, avec son idée fixe qu'une intrigue orléaniste couvait derrière tout cela, n'avait pas tout à fait tort. Seulement, elle jugeait à rebours, comme il arrive en pareil cas, où l'on tient pour des meneurs ceux qui ne sont jamais que des escamoteurs, et où l'on donne au pis-aller toute l'importance d'une idée-mère. Quoi qu'il en soit, lorsque les virtuoses politiques apprirent que Louis XVI venait à eux, en suppliant, en vaincu, comme ils avaient espéré l'avoir, ils crurent que tout était fini puisqu'ils triomphaient ; et, dès qu'ils les tinrent lui, la reine et l'enfant, ils se transfigurèrent : ils agirent.

A la nouvelle que le Château, resté sur la défensive, allait être forcé par le peuple, l'Assemblée nomme immédiatement deux députations, l'une pour aller à l'Hôtel-de-Ville désorganiser le centre insurrectionnel et rétablir dans ses fonctions le traître Mandat qu'elle croit encore vivant; l'autre pour se rendre sur la place du Carrousel afin d'arrêter — le désordre! Mais ces piètres députations 'étaient à peine dehors que la fusillade se faisait entendre. Le peuple souverain se mesurait avec les mercenaires suisses et les privilégiés, autres mercenaires; il affirmait sa force afin d'avoir le droit de dicter sa volonté.

Nous ne raconterons pas ici la bataille. Tous les historiens de la Révolution en ont fait le récit détaillé. Nous nous bornerons à dire que le peuple fut d'abord mis en déroute, et que Louis XVI put un moment espérer reprendre le dessus, et être délivré par ses Suisses des mains de l'Assemblée. Mais, le canon gronda, l'incendie éclata, les gendarmes tournèrent; au bout de trois quarts d'heure, les patriotes étaient maîtres des Tuileries; et le président de la Commune insurrectionnelle, Huguenin, parti de l'Hôtel-de-Ville pendant la bataille avec Léonard Bourdon, Truchon, Desliens, Sigaud et Lullier, apparaissait à la barre de l'Assemblée législative, précédé de trois écriteaux où se lisait la devise sociale du peuple insurgé : *Liberté, Égalité, Patrie.* Huguenin dit : « Ce sont les nouveaux magistrats du peuple qui se présentent à votre barre. Les circonstances commandaient notre élection ; notre patriotisme nous en rendra dignes... Le peuple, qui nous envoie vers vous, nous a chargés de vous déclarer qu'il vous investissait de nouveau de sa confiance; mais il nous a chargés en même temps de vous dire qu'il ne pouvait reconnaître, pour juge des mesures extraordinaires auxquelles la nécessité et la résistance à l'oppression l'ont porté, que le peuple français, votre souverain et le nôtre, réuni dans ses assemblées primaires. »

Ce langage annonçait une ère nouvelle, un autre monde : il y avait révolution. Mais les virtuoses, incapables d'y rien comprendre, ne virent alors qu'une chose : c'est qu'ils se trouvaient, pour employer leur mot, débordés, et les commissaires des sections ne leur parurent être que des anarchistes. Rusant toutefois, ils n'en saluèrent pas moins ces anarchistes comme représentants provisoires de la commune de Paris, et demandèrent en retour la délivrance de Pétion dont la personne était si nécessaire au jeu qu'ils avaient projeté; mais on ne leur ressuscita le maire que le lendemain, c'est-à-dire lorsque la puissance des nouveaux magistrats parisiens se trouva bien assise. — Dès la prise des Tuileries, une autre lutte s'engagea donc avec ce qui restait de l'Assemblée, lutte sans grandeur, toute d'habiletés et de manœuvres, mais dans laquelle, le croirait-on, le peuple, malgré l'ivresse de sa victoire, montra plus de tact et de politique que tous ces prétendus hommes d'État sans caractère et sans principes. La révolution ne put être escamotée.

Le soir même du 10 août, la nouvelle municipalité, quoique reconnue par l'Assemblée, se fit encore rebaptiser par les sections, et elle les invita à doubler le nombre de ses membres, afin qu'en dépit des commissions multiples dont ils devaient se charger au dehors, il y eût toujours au conseil une majorité assez forte pour prendre des arrêtés valables. Grâce à cette sage mesure, on vit les commissaires de la déchéance, qui n'avaient pas siégé la nuit, revenir presque tous délibérer à l'Hôtel-de-Ville. Ainsi organisée, la Commune cassa les juges de paix, autorisa les assemblées sectionnaires à faire les arrestations, mit la main sur les ex-ministres et leurs secrétaires, veilla sur les subsistances, sur les hôpitaux, sur les prisons; que dis-je? elle fit même fouiller les bois et les châteaux des environs par une armée volante à ses ordres; et, tout en agissant ainsi, elle ne perdit pas de vue une seule minute les meneurs de l'Assemblée. Au Manége, deux de ses commissaires, munis d'instructions, se succédèrent, toutes les heures, sur les fauteuils des ministres; en leur présence, sous leur inspiration, on délibéra; aussi, nous pouvons dire que tous les bons décrets d'alors ne furent que l'adoption des arrêtés de la Commune. La réunion d'une Convention nationale fut décrétée, le suffrage universel fut proclamé[1]; et c'est assurément à la vue des joueurs de rôle recevant ainsi la loi des hommes du 10 août que l'autre vaincu de ce jour, Capet, eut une pointe de gaieté.

Les députés triomphèrent seulement sur deux points. Ils ne voulurent prononcer que la suspension de Louis XVI, en se déclarant sans pouvoirs pour la déchéance. Mais Paris, leur passant le mot, réclama énergiquement la remise du factieux entre ses mains, et, au bout de trois jours d'injonctions, les sans-culottes emmenaient en otages, dans la tour du Temple, roi, reine, prince et princesses, toute la famille : la déchéance était de fait.

L'autre avantage dont les virtuoses purent se glorifier, fut la restauration des ministres dits patriotes, Roland, Lebrun et Clavière. Paris, en voyant reparaître ces trois hommes flanqués du citoyen Danton, crut qu'il était sage de les accepter; mais, comme le ministre Roland usa aussitôt de son pouvoir en vue des intrigues et des rancunes de sa coterie, les Parisiens se remirent en garde contre celle-ci aux élections générales. Aucun membre de l'ancien tiers-parti ne fut envoyé par eux à la Convention. Et c'est ce dernier coup que les Brissotins-Rolandistes ne pardonnèrent jamais à la ville, car il les fit tomber un moment plus bas même que Louis XVI, lequel, du moins, avait encore pour lui les armées de la vieille Europe.

Disons vite, toutefois, que l'ex-roi n'eut pas à compter longtemps sur ces armées, grâce aux mêmes commissaires du 10 août. Non-seulement ces patriotes organisèrent et firent partir les bataillons parisiens, mais vingt-quatre d'entre eux s'abattirent sur la France, criant « aux armes! » entraînant les hommes, les conduisant eux-mêmes aux frontières, et, pendant que, sous les auspices de leurs camarades, la République des égaux était proclamée à Paris, ils se trouvèrent sur les champs de bataille, aux côtés des volontaires, pour les exciter à vaincre, et ceux-ci furent vainqueurs.

Telle est, dans son ensemble, l'histoire du mouvement révolutionnaire du 10 août, auquel nous avons dû l'essai d'une société vraiment régulière en Europe. Ceux de nos lecteurs qui désireraient connaître le jeu des différents groupes et le rôle de certains personnages dans ce grand événement, n'ont qu'à consulter les écrits des Carra, Pétion, Rœderer et autres, mais nous leur conseillons de les lire avec défiance.

Quant aux jugements portés sur cette journée, nous ne croyons devoir citer ici que celui de Napoléon Bonaparte, parce qu'il est bref et significatif. Ce dictateur qui, au rebours des hommes du 10 août, ne put jamais donner la liberté aux Français, ni garantir notre pays de l'invasion, disait, à Sainte-Hélène : « Le Château n'a été pris que par la canaille! »                                    GEORGES AVENEL.

APHÉLIE. — Les planètes et tous les autres corps qui circulent autour du Soleil en des temps périodiques, se meuvent en décrivant autour du centre de gravité commun des courbes qui seraient des sections coniques, c'est-à-dire des ellipses, des paraboles ou des hyperboles, si l'action réciproque de leurs masses n'entraînait des perturbations qui modifient à tout instant les orbites. Le Soleil, ou plutôt le centre de gravité du Soleil et du corps qui gravite autour de lui, serait

---

1. Suffrage à deux degrés. Mais Paris trouva le moyen d'appliquer le suffrage direct sans violer la loi. On soumit aux assemblées de sections les choix faits par les électeurs parisiens pour la Convention nationale.

alors le foyer de la courbe décrite. Mais, qu'on fasse ou non abstraction des perturbations, il n'en résulte pas moins que la distance de l'astre au foyer varie sans
cesse et passe par une série de valeurs, qui croissent ou décroissent insensiblement,
suivant des lois qui sont la conséquence de la théorie de la gravitation universelle.
On nomme *aphélie*, celle de ces distances qui est la plus grande possible dans le
cours d'une des révolutions. Ainsi, l'aphélie de la Terre s'entend, soit de la position
de notre planète, soit de sa distance même, quand elle se trouve à l'extrémité du
grand axe de son orbite la plus éloignée du Soleil, ce qui arrive ordinairement vers
le 1er juillet de chaque année. On disait autrefois, dans le même sens, l'apogée du
Soleil, parce qu'alors on considérait le mouvement apparent du Soleil relativement
à la Terre, au lieu du mouvement réel de notre planète. Le point opposé du grand
axe de l'orbite d'une planète est celui où, dans son mouvement, elle se rapproche
le plus du Soleil; c'est le périhélie. L'aphélie et le périhélie sont ainsi les extrémités
du grand axe, ou de la ligne qu'on nomme l'axe des apsides. Leurs positions sont
sujettes à des variations lentes, dues aux perturbations produites, sur la planète
considérée, par les masses des autres planètes. Voyez *Perturbations*.

AMÉDÉE GUILLEMIN.

**APHONIE.** — On désigne aujourd'hui, en médecine, par cette dénomination
l'abolition de la voix, et, par extension, les altérations qui atteignent un ou plusieurs
de ses caractères essentiels, tels que la sonorité, le timbre, le registre, l'étendue, etc.

La première bonne définition de l'aphonie date de la fin du xvie siècle (Baillou),
et cependant, depuis cette époque, et notamment au xviiie siècle, on confondit,
comme au temps d'Hippocrate, les altérations de la voix avec celles du langage
articulé, l'aphonie avec la mutité. La différence est facile à établir, et l'observation la plus vulgaire peut nous l'apprendre. Tous les jours, on voit des
individus privés du son de leur voix qui parlent en chuchotant; ils articulent
des mots intelligibles, entendus à une petite distance, et c'est ce langage aphone
qui, en physiologie, est désigné sous le nom de *mussitation*. Le mécanisme de la
mussitation est donc le même que celui du langage phonétique, à cette différence
près que, pendant celui-ci, la colonne d'air expiré produit dans le larynx un son
d'une valeur musicale déterminée, tandis que, dans le langage aphone, il ne se
produit qu'un bruit sans portée, espèce d'expiration âpre sans valeur musicale.
Mais, dans les deux cas, le langage, qu'il soit phonétique ou aphone, est constitué
par les organes qui articulent (langue, lèvres, voile du palais). Il n'y a donc aucunement lieu de confondre l'*aphonie* avec la *mutité*.

L'aphonie est due à des lésions diverses d'organes dont les uns sont essentiels à
la production de la voix, et les autres auxiliaires de ce mécanisme. Les organes
essentiels de la voix sont, avant tout, deux replis parallèles de la cavité du
larynx, appelés *cordes vocales*; ce sont les véritables générateurs du son; il faut nommer ensuite les muscles propres du larynx, qui meuvent et tendent les cordes
vocales, et, en dernier lieu, les nerfs qui animent ces muscles. Les organes auxiliaires sont constitués par tout l'appareil respiratoire : le tube aérien, depuis les
narines jusqu'aux dernières ramifications des bronches; le diaphragme et un
grand nombre des muscles du tronc, et les nerfs qui animent tous ces muscles.

Ce rapide aperçu des appareils producteurs du son permet de comprendre que
les lésions qui produisent l'aphonie doivent être divisées en deux classes distinctes,
suivant le rôle physiologique qui incombe aux organes qui servent à la fois à la
respiration et à la phonation.

Grâce à un instrument d'invention récente (1859), le laryngoscope, qui permet d'inspecter la cavité du larynx sur l'homme vivant, on possède aujourd'hui une bonne description des maladies qui atteignent la voix. Considérées en bloc, il faut nommer, parmi ces maladies, avant tout, les inflammations, depuis la plus légère injection qui produit l'*enrouement*, jusqu'aux ulcérations destructives, dont la conséquence, au point de vue de la voix, est l'aphonie absolue. Ces divers états inflammatoires peuvent avoir des causes extrêmement variées, depuis le simple refroidissement, cause *occasionnelle* de l'aphonie, jusqu'à ces dispositions particulières de l'organisme que l'on désigne, en médecine, sous le terme de diathèses, et qui, très-souvent, sont les causes *prédisposantes* des maladies du larynx.

Après les inflammations, ce sont les perturbations nerveuses qui donnent le plus fréquemment lieu à la perte de la voix; telles sont les paralysies des nerfs moteurs de l'organe vocal, même dans les cas où cette paralysie est incomplète. D'autres fois, sans qu'il y ait paralysie proprement dite, la voix est altérée, à la suite d'un défaut d'équilibre dans les organes phonateurs; cette affection, décrite pour la première fois par nous, a reçu le nom d'*asynergie vocale*. Parmi les lésions qui produisent l'aphonie, il faut nommer, en dernier lieu, les altérations dans la nutrition des organes de la voix; telles sont l'atrophie et l'hypertrophie, les dégénérescences et la formation des tumeurs et des végétations dans les diverses parties qui constituent le larynx.

En embrassant dans une expression d'ensemble ce que nous venons de dire, nous voyons que la voix, qui n'est autre qu'un geste phonétique, intelligent et expressif qui, chez l'homme, prend, en s'articulant, une importance fonctionnelle considérable, que la voix, disons-nous, est sujette à des altérations nombreuses et fréquentes, très-différentes de forme, d'intensité et de gravité, altérations comprises sous le nom collectif d'*aphonie*.

BIBLIOGRAPHIE. — Albers, *Pathologie des maladies du larynx*, en allemand. Leipzig, 1829. — Bennati, *Études physiologiques et pathologiques sur les organes de la voix humaine*. Paris, 1833. — Colombat, *Traité des maladies de la voix* (1839). — Ryland, *Traité des maladies du larynx et de la trachée*, en anglais. London, 1837. — Trousseau et Belloc, *Traité pratique de la phthisie laryngée*, ouvrage couronné par l'Académie de médecine. Paris, 1837. — Czermak, *le Laryngoscope et son emploi*, ouvrage traduit de l'allemand. Paris, 1861. — Lagarde, *Aphonie nerveuse*, thèse inaugur. de Paris, 1865. — Türck, *Traité clinique des maladies du larynx et de la trachée*, en allemand. Vienne, 1866. — Krishaber, *Laryngoscope et son emploi*, dans le *Dictionnaire encyclopédique des sciences médicales*, série 2, t. I. Paris, 1869. — Du même, *Pathologie chirurgicale du larynx*, même ouvrage. — Krishaber et Peter, *Pathologie médicale du larynx*, même ouvrage. Dr KRISHABER.

**APICULTURE.** — ZOOLOGIE. — Parmi les groupes nombreux et variés que renferme le grand ordre des Hyménoptères, un des plus remarquables par son organisation, ses instincts et ses mœurs, est certainement celui des insectes mellifères, ou producteurs de miel, dont l'abeille commune, jointe à quelques espèces exotiques qui forment avec elle le genre *Apis*, constitue le type le plus complet. Le genre *Apis* appartient à la famille des APIARIENS, la première dans le groupe des Porte-aiguillon (Aculeata).

L'abeille domestique (*A. mellifica*), qui paraît avoir été connue et recherchée pour ses produits, et même domestiquée, dès une haute antiquité, a suivi l'homme dans toutes ses migrations, et, sauf les Indes orientales où elle est remplacée par d'autres espèces, s'est répandue sur presque toutes les parties du globe. Mais, c'est principalement en Europe que, grâce aux perfectionnements qu'a permis d'apporter aux procédés d'éducation une connaissance plus approfondie de ses mœurs et de son activité, la culture de cet insecte a pris le développement le plus considérable, et que, par l'importance des résultats de son exploitation industrielle comme productrice de miel et de cire, l'abeille occupe le premier rang parmi les insectes utiles. C'est surtout aux travaux de deux observateurs célèbres, Réaumur et Huber, que nous devons les premières connaissances précises et scientifiques, qui, en faisant justice d'une foule d'idées erronées répandues avant eux, ont élucidé les divers phénomènes que présentent les abeilles dans leurs associations, les fonctions des formes diverses qui les constituent, les phases de leur existence, et nous ont transmis un tableau aussi fidèle qu'intéressant des manifestations si remarquables de leur activité et de leur instinct. Les observations sur les abeilles, de F. Huber, qui sont un modèle de sagacité et de persévérance, autant que d'exactitude, ont en particulier été pendant fort longtemps la source principale de nos connaissances sur l'ensemble du sujet; et, par les notions exactes qu'elles ont apportées sur les mœurs et les travaux de cet utile insecte, ont contribué d'une manière importante aux perfectionnements qu'une connaissance plus exacte de l'économie de ces associations a permis d'apporter à leur culture.

Plus récemment, à la suite de recherches faites en Allemagne, où l'apiculture a pris un grand développement, la génération de l'abeille a été l'occasion d'une découverte fort inattendue et doublement remarquable, en ce que, tout en éclaircissant certains faits singuliers déjà bien observés et connus, relatifs à la reproduction de cet insecte, mais jusqu'alors restés inexplicables, — elle portait une grande atteinte à la théorie générale de la reproduction, en établissant une exception au principe, « que la fécondation préalable de l'œuf est la condition absolue et nécessaire de son développement ultérieur. » L'œuf de l'abeille présente, en effet, ce caractère exceptionnel, de pouvoir se développer normalement et régulièrement, même lorsqu'il n'a pas été fécondé; et de produire, dans ce cas, une *larve parfaite*, mais qui se transforme invariablement en abeille du sexe *mâle*. L'œuf fécondé, par contre, donne toujours un produit du sexe opposé, et sa fécondation préalable est la condition nécessaire et absolue de la production de toute femelle. Cette hypothèse de la non-fécondation de l'œuf mâle, fut formulée pour la première fois par un apiculteur allemand, le pasteur Dzierzon [1], de Carlsmarkt en Silésie, comme

1. Habile apiculteur autant que sagace observateur, Dzierzon, auquel l'art d'élever les abeilles doit un grand nombre de perfectionnements pratiques qui, en améliorant les résultats de leur exploitation, ont en même temps facilité leur observation, fut conduit à la conviction que : 1° l'œuf d'abeille pouvait se développer sans l'intervention de l'élément mâle, et, dans ce cas, donnait un produit mâle; 2° que l'œuf fécondé produisait toujours une femelle, et que sa fécondation était une condition absolue de la production des individus de ce sexe. Cette théorie, émise déjà, en 1845, par son auteur comme une hypothèse à soumettre à toutes les vérifications nécessaires, attira l'attention des apiculteurs sur la question, et il en résulta bientôt diverses observations confirmant, sur plusieurs points importants, les idées de Dzierzon. Un apiculteur éminent, M. de Berlepsch, a en particulier apporté à leur démonstration des documents importants, parmi lesquels deux expériences, aussi ingénieuses que concluantes, méritent d'être remarquées. Se basant sur le fait que, sous l'influence d'une basse température, les spermatozoïdes perdent, avec la mobilité, leurs propriétés fécondantes, il conçut l'idée d'exposer au froid intense d'une glacière, trois abeilles femelles fécondées et ayant déjà pondu des œufs femelles. Après un séjour de trente-six heures dans la glacière, d'où il les retira complétement gelées et raides, il les soumit ensuite à l'action d'une douce chaleur pour les rappeler à la vie. Une seule, sur les trois, ayant résisté, fut, après rétablissement complet, rendue à sa ruche, où elle recommença à pondre comme auparavant. Mais, depuis ce moment, tous ses œufs ne produisirent que des mâles, montrant par là qu'ils n'avaient pas été fécondés, à cause de la destruction par le gel des spermatozoïdes contenus dans la vésicule séminale. Des essais de croisements, opérés entre des abeilles de la race du pays et d'autres de la race italienne récemment introduite en Allemagne, ont fourni aussi à M. de Berlepsch

pouvant seule fournir une explication satisfaisante des singularités exceptionnelles qui caractérisent la reproduction de l'abeille. Une fois l'attention des apiculteurs attirée sur ce point, et bientôt, appuyée par diverses expériences favorables, la réalité de la théorie de Dzierzon fut définitivement démontrée par les recherches de M. le professeur C. de Siebold, qui la fit connaître comme un cas incontestable de vraie parthénogénèse[1] ou de génération par un œuf vierge, sans fécondation préalable. L'abeille domestique, la plus répandue et la plus généralement cultivée en Europe, est noirâtre, d'un aspect velu dû à la présence de poils d'un gris roussâtre, abondants sur la partie antérieure du corps, et disposés en rangées ciliaires sur le bord postérieur des derniers anneaux de l'abdomen. Deux autres variétés qui s'en distinguent par une coloration plus claire de l'abdomen, l'abeille italienne (*Apis ligustica*, Spin.) et l'abeille égyptienne (*A. fasciata*, Lat.), ont été successivement introduites dans le centre de l'Europe; la culture de la première paraît avoir pris, en Allemagne surtout, une notable extension. L'abeille vit en sociétés nombreuses, constituées par trois catégories d'individus qui y entrent dans des proportions numériques fort différentes, et qui, bien que présentant tous les caractères généraux de l'espèce, sont nettement reconnaissables entre eux par la taille, et certaines modifications dans la conformation de divers points de leur organisation, lesquelles, les adaptant plus particulièrement aux fonctions spéciales qu'ils sont appelés à remplir dans l'association, entraînent quelques différences dans leur apparence extérieure. Les trois formes, qui ainsi constituent l'espèce, sont les deux formes sexuelles, femelle et mâle, et une troisième non sexuelle, connue sous les noms de *neutres* ou *ouvrières*.

Femelle. — L'abeille femelle, la plus grande par sa taille, a l'abdomen plus allongé que les deux autres formes, et armé d'un aiguillon venimeux et rétractile. Désignée par les anciens observateurs sous le nom de *reine*, en raison des soins et des attentions dont elle est l'objet de la part des autres abeilles, et que, dans l'origine, on avait comparés aux hommages rendus par des sujets à leur souverain, elle a aussi reçu celui de mère-abeille, beaucoup plus juste, en ce qu'il exprime précisément la nature de ses relations avec les autres membres de l'association. En effet, chaque association d'abeilles ne renferme normalement qu'une seule femelle, qui y reste en permanence, et dont le rôle unique est de pondre des œufs, au fur et à mesure des

l'occasion de vérifier l'influence du mâle sur les produits des œufs femelles, chez lesquels les caractères des deux ascendants sont apparents, tandis que les produits mâles sont toujours de la race maternelle. Une reine italienne, croisée avec une abeille mâle de race indigène, produisit un certain nombre d'ouvrières, mixtes ou métis, le reste ayant le caractère soit de la race maternelle, soit de la race paternelle; mais tous les mâles étaient de race maternelle pure; — preuve qu'ils n'avaient subi aucune action croisante du mâle, et par conséquent que les œufs dont ils provenaient n'avaient pas été fécondés. Les déductions qu'on pouvait tirer de ces diverses observations, sur la vraisemblance de l'hypothèse de Dzierzon, engagèrent le professeur de Siebold à entreprendre quelques recherches anatomiques directes de nature à contrôler scientifiquement et rigoureusement sa réalité. Ces recherches, fort difficiles par leur nature, et qui ont consisté à soumettre à un examen microscopique minutieux une série d'œufs fraîchement pondus des deux sexes, ont définitivement apporté à la solution de la question les éléments positifs de démonstration qui lui manquaient, en fournissant la preuve matérielle de la présence de spermatozoïdes dans les œufs déposés dans les cellules femelles, et de leur absence constante dans ceux qui provenaient de cellules de mâles.

1. C'est pour désigner le mode spécial de reproduction des Aphidiens que le professeur Owen a créé cette expression de *parthénogénèse*, qui n'a pas été conservée, comme ne convenant pas au cas particulier qui avait motivé sa création, et n'est qu'un cas de génération alternante. Mais ce terme, exprimant exactement, par sa signification étymologique, le cas de l'abeille, vraie femelle produisant un véritable œuf vierge, c'est avec raison que M. de Siebold l'a réintroduit pour le lui appliquer. (C. von Siebold, *Wahre Parthenogenesis*, bei Schmetterlingen und Bienen, 1856.)

besoins ; elle est ainsi littéralement la mère de toute la colonie, dont elle est le centre d'activité, et dont la prospérité et l'avenir dépendent surtout de l'accomplissement régulier et soutenu de ses fonctions de pondeuse. Aussi les organes internes de son appareil générateur dans lesquels se forment les ovules, ou les ovaires, présentent un grand développement, et sont doués d'une activité qui leur permet de produire successivement dans le cours de sa vie, qui est de quatre ou cinq ans, une quantité d'œufs considérable, et qu'on estime pouvoir être de plusieurs centaines de mille.

Placés à l'intérieur de l'abdomen, les ovaires sont en communication avec l'extérieur par un conduit, l'oviducte, qui se termine à l'extrémité du corps de l'insecte, et par lequel les œufs, détachés de l'ovaire, passent pour arriver au dehors. A côté de l'oviducte, et communiquant avec lui par un petit canal qui débouche dans son intérieur, se trouve une petite vessie ou poche creuse, destinée à recevoir les spermatozoïdes nécessaires à la fécondation, qui y sont déposés par le mâle pendant l'accouplement. La présence de cette vésicule dite séminale, — dans laquelle les spermatozoïdes conservent pendant toute la vie de la femelle leur vitalité et leurs propriétés fécondantes, — a pour conséquence importante de rendre la fécondation des œufs tout à fait indépendante de l'acte même de l'accouplement, qui n'est qu'un simple transfert de l'élément fécondant, du corps du mâle à celui de la femelle, où il reste entreposé dans un réservoir spécial. Cette disposition anatomique a une importance toute particulière, en ce qu'elle est la condition d'un des faits les plus remarquables de la génération de l'abeille, la faculté qu'a la femelle de produire, à volonté et suivant les besoins, des individus de l'un ou de l'autre sexe. L'abeille femelle ne s'accouple qu'une seule fois dans sa vie. Par suite de la conformation anatomique spéciale de l'appareil copulateur du mâle, dont le jeu dépend d'une compression que doit exercer sur lui une forte dilatation du système trachéen qui ne peut se produire que dans l'état de vol, et sous l'influence d'une diminution dans la pression extérieure, l'union des sexes n'est possible qu'en plein air, et, selon toute apparence, à une certaine hauteur dans l'atmosphère. C'est pour cette raison que, peu après sa naissance, la femelle quitte la ruche, s'élance dans les airs à la recherche d'un mâle, et y revient après quelque temps, rapportant avec elle l'appareil copulateur du mâle, qui, restant engagé dans son abdomen, fournit la preuve certaine que l'union des deux sexes a été réellement accomplie. Environ 46 heures après sa rentrée, la femelle se met à parcourir les rayons de cire contenant les cellules de deux grandeurs, petites et moyennes préparées par les ouvrières, et dans chacune desquelles, après l'avoir examinée, elle dépose un œuf dont le produit est invariablement une ouvrière ou un mâle, suivant qu'il a été pondu dans une cellule de la première ou de la seconde catégorie. Cette faculté qu'a l'abeille femelle de déterminer ainsi le sexe de l'individu qui doit sortir de chacun des œufs qu'elle pond, et à laquelle se rattache, ainsi que nous le verrons plus loin, l'organisation particulière des sociétés dont elle est le centre, est donc la conséquence du fait physiologique, exceptionnel et remarquable, en vertu duquel le sexe du produit dépend de la fécondation ou de la non-fécondation de l'œuf dont il provient, et de la disposition anatomique qui, plaçant la fécondation de l'œuf sous la dépendance de la femelle, lui permet ainsi de produire à volonté l'un ou l'autre sexe. En effet, la fécondation ne pouvant s'opérer que dans l'oviducte, au point où aboutit le canal de la vésicule et où il déverse les spermatozoïdes, ce n'est que lorsque la femelle a reconnu, d'après les dimensions de la cellule dans laquelle elle veut pondre, le sexe de l'individu qui doit en sortir, qu'elle féconde à son passage, par une émission de spermatozoïdes, l'œuf destiné à une cellule de femelle ou d'ouvrière, et laisse descendre dans l'oviducte, sans le féconder, tout œuf destiné à une cellule mâle.

Ce fait de la non-fécondation des œufs donnant des produits mâles, et leur développement par parthénogénèse, explique divers phénomènes normaux et caractéristiques des sociétés d'abeilles, en même temps qu'il rend compte de certaines anomalies qui se présentent parfois, et que tous les apiculteurs ont remarquées et signalées sans pouvoir en trouver une explication satisfaisante. La faculté singulière, que possède l'abeille femelle, de pouvoir, après un accouplement unique, pondre pendant plusieurs années, par intermittences, des œufs tantôt d'un sexe, tantôt de l'autre, suivant les besoins de l'association, dont les ouvrières témoignent par la nature des cellules que leur instinct les pousse à construire, et que la femelle peuple aussitôt de l'élément approprié, cette continuité des pontes est rendue possible par l'approvisionnement des spermatozoïdes dans la vésicule séminale, qui est très-considérable, et peut, avant d'être épuisé, fournir à la fécondation d'un nombre prodigieux d'œufs femelles, répartis sur un grand nombre de pontes successives. Cependant on conçoit qu'un épuisement complet de la provision de spermatozoïdes, contenus dans la vésicule, puisse avoir lieu, d'autant plus qu'ils y sont en quantité déterminée et non susceptible d'augmentation, tandis que l'ovaire peut encore continuer à produire des œufs. D'après ce que nous savons actuellement, tous les œufs ainsi produits après l'épuisement des spermatozoïdes, n'étant pas fécondés, ne peuvent donner que des produits mâles. Or, c'est là précisément un fait fréquemment observé et connu depuis fort longtemps des apiculteurs, que les reines très-âgées, bien que douées encore d'une grande prolificité, finissent quelquefois par ne plus procréer que des mâles.

On a souvent constaté des cas de femelles d'abeilles qui, privées de leurs ailes, ou empêchées, par une raison quelconque, de sortir de la ruche et de prendre leur vol nuptial, ont cependant pondu comme à l'ordinaire des œufs, mais qui tous ont donné des produits mâles. Il en est de même des cas bien connus d'ouvrières qui, par suite d'un développement exceptionnel de leurs ovaires, deviennent capables de pondre quelques œufs, mais dont les produits sont toujours du sexe mâle. Dans l'un et l'autre cas, cette production exclusive d'œufs mâles est due à la même cause, l'absence d'accouplement qui, impossible ailleurs qu'en plein air, n'a pu s'accomplir ni dans le cas des femelles condamnées à ne pas sortir de la ruche, ni dans celui des ouvrières pondeuses, privées qu'elles sont de tout appareil générateur externe. Les œufs, que les unes ou les autres ont pondus, n'ont pu par conséquent, faute de l'élément fécondant nécessaire pour déterminer le sexe femelle, que donner des produits mâles. Les abeilles femelles proviennent toujours d'œufs fécondés et déposés par la reine dans des cellules toutes spéciales, que les ouvrières construisent à leur intention sur les bords des rayons, et qui, toujours en très-petit nombre, sont formées de grosses masses de cire, stalactiformes, et très-spacieuses. Pendant leur état larvaire, elles sont l'objet de soins tout particuliers de la part des ouvrières, et reçoivent d'elles, jusqu'à leur transformation en nymphes, une nourriture spéciale, qui paraît être la condition déterminante du développement de leur appareil générateur et de leur aptitude à la reproduction. Leur incubation est de seize à dix-sept jours.

MALES. — Généralement désignés par les anciens auteurs sous le nom de faux-bourdons, à cause d'une certaine ressemblance avec le bourdon, les mâles sont un peu plus petits que la femelle, et se distinguent des deux formes de ce dernier sexe, par leur apparence plus massive, le rapprochement de leurs yeux et l'absence d'aiguillon.

Exclusivement destinés à la fécondation des quelques femelles qui, aux époques d'essaimage, prennent naissance dans chaque ruche, le nombre des mâles qu'on y rencontre n'est jamais bien considérable, et reste limité à quelques centaines. L'accouplement a toujours lieu dans les hauteurs de l'atmosphère. Inutiles à toute autre fonction dans l'association, et leur présence n'étant nécessaire qu'aux époques où de jeunes femelles doivent naître et être fécondées, les ouvrières, qui règlent leur production, les font éclore à peu près en même temps que les nouvelles reines, et les détruisent sans miséricorde aussitôt que chaque colonie a son avenir assuré par la présence d'une reine fécondée. En dehors des époques d'essaimage, il n'y a pas de mâles dans les ruches, et leur vie ainsi limitée entre le moment de la naissance des jeunes reines, et celui, qui le suit de près, où, après l'accouplement, celles-ci rentrent dans leurs ruches respectives, n'est que de très-courte durée. Les mâles proviennent d'œufs non fécondés, déposés dans des cellules spéciales, qui, en raison de la plus forte taille des individus qui doivent y naître, sont plus grandes que celles destinées aux ouvrières. Leur incubation dure vingt-quatre jours.

Ouvrières. — Les abeilles non sexuées, ou ouvrières, sont, des trois formes qui constituent les associations d'abeilles, la plus importante par le nombre, par son organisation, son instinct, sa prodigieuse activité, la variété des fonctions et la prévoyante intelligence avec laquelle elle prend l'initiative des mesures que les besoins ordinaires de la ruche peuvent réclamer, et sait même, dans des circonstances exceptionnelles, parer à certaines éventualités par des modifications dans son mode de faire instinctif et habituel.

Plus petite que les formes sexuelles, et, sauf quelques modifications dans l'apparence de plusieurs de ses organes, en rapport avec les fonctions particulières qu'elle remplit dans l'association, l'abeille ouvrière, par l'ensemble de sa conformation, ressemble à la femelle, et porte comme elle un aiguillon venimeux. L'arrêt de développement qui de bonne heure frappe son appareil générateur, et le rend incapable de toute reproduction, en laisse cependant subsister des rudiments assez distincts pour qu'on les reconnaisse pour des ovaires atrophiés ; les cas assez fréquents d'ouvrières dont l'appareil interne, s'étant exceptionnellement développé, a pu produire quelques œufs, ne laisse aucun doute sur la détermination de leur sexe. Mais cette imperfection, qui les empêche de fournir les éléments directs nécessaires à la propagation de l'espèce, est largement compensée par l'étendue de leur instinct, et par les perfectionnements apportés à la conformation de plusieurs de leurs organes, condition des travaux variés et compliqués, dont dépendent à la fois l'existence actuelle de la colonie et le développement des générations futures. Chargées de la récolte des matériaux, nécessaires pour leurs constructions et leur nourriture, que leur fournit le règne végétal, une disposition fort curieuse de leurs pattes postérieures, dont le tarse est conformé en brosse, et la jambe en une espèce de corbeille, leur permet de recueillir à la fois une quantité relativement considérable du pollen des fleurs, qui joue un si grand rôle dans leur alimentation. Les organes de leur bouche, plus développés que ceux des formes sexuelles, sont modifiés dans leur conformation, de manière à leur permettre de recueillir les jus sucrés des fleurs que, rentrées à la ruche, elles dégorgent sous forme de miel ; ou qui, lorsqu'elles ont des rayons à construire, se transforme dans leur intérieur, et reparaît entre les anneaux de leur abdomen, sous forme de lamelles blanchâtres, qui ne sont autre chose que de la cire, matière avec laquelle elles construisent ces admirables gâteaux à cellules, servant de berceau aux générations futures et de magasins de nourriture pour l'hiver.

C'est surtout dans leurs fonctions de nourrices, par la prévoyance, la vigilance, la sollicitude et l'instinct maternel dont elles font preuve, dans les soins dont elles entourent les jeunes larves depuis l'instant de leur éclosion, et pendant toute leur évolution, — que se manifeste le mieux cette supériorité de leur organisation, comparée à celle des individus sexuels, qui leur assure, dans l'association, au point de vue essentiel de la propagation de l'espèce, le rôle prépondérant, puisque, sans leur concours, les produits des individus sexuels ne pourraient pas se développer. Les ouvrières sont donc, par leurs fonctions, comme elles le sont par leur conformation anatomique, de véritables femelles. Aussi, la prospérité d'une association d'abeilles est-elle d'autant plus assurée qu'elle possède une plus grande quantité d'ouvrières, dont le nombre peut varier de dix à vingt mille en moyenne, chiffre qui peut même être dépassé de beaucoup.

Les ouvrières naissent, comme les femelles, d'œufs fécondés, mais déposés dans les petites cellules hexagonales. La durée de leur incubation totale est de vingt-et-un jours. Elles reçoivent, à partir du troisième jour de leur sortie de l'œuf, une nourriture différente de celle des jours précédents, modification qui paraît avoir pour résultat l'arrêt du développement qui frappe leur appareil générateur, et les rend inaptes à produire des œufs. C'est pour cette raison, ainsi qu'on l'a fréquemment observé, que les ouvrières d'une ruche, accidentellement privée de sa reine, peuvent la remplacer par une larve d'ouvrière, pourvu qu'elle soit âgée de moins de trois jours. A cet effet, après avoir agrandi sa cellule, elles lui continuent la même nourriture, ainsi qu'elles le font pour les larves destinées à devenir des femelles, et cette larve d'ouvrière, se développant entièrement, devient aussi une femelle complète.

D'après les observations des apiculteurs allemands, la durée de la vie des ouvrières est courte, et paraît, pendant la belle saison, où elles sont constamment en course pour butiner dans la campagne, n'être que d'environ six semaines. Leur fréquent renouvellement par de nouvelles éclosions est donc, en raison des nombreuses causes de mortalité auxquelles elles sont exposées, pendant la saison de la récolte, une condition nécessaire à la prospérité et au maintien d'une colonie d'abeilles.

Un caractère frappant des colonies d'abeilles est l'énorme disproportion qui se remarque entre les individus du sexe mâle et ceux du sexe femelle, ce dernier constituant à lui seul la presque totalité de la ruche. Quant aux mâles, ils sont toujours en petit nombre, et encore n'en rencontre-t-on qu'à certaines époques de courte durée. Cette disproportion est précisément la condition de l'existence des sociétés que forme l'abeille, l'harmonie qui y règne dépendant avant tout d'un juste équilibre entre les résultats de l'activité avec laquelle chacune des trois formes remplit les fonctions spéciales, fort différentes par leur nature, qui lui incombent. Toute l'économie intérieure des sociétés d'abeilles, et tous les actes variés et complexes que nécessite chez elles la propagation de l'espèce, reposent exclusivement sur le sexe femelle; les mâles n'y prennent aucune part, et ne sont, en dehors des courtes périodes où leur présence comme fécondateurs est nécessaire, qu'un embarras, des consommateurs inutiles que la colonie s'empresse d'éliminer. La possibilité de régler la production des mâles, de la réduire au minimum nécessaire, et de l'évoquer, en quelque sorte, au moment du besoin, fait important au point de vue économique, résulte directement de la faculté que possède l'abeille femelle de pondre à volonté des œufs non fécondés, et ne produisant, par conséquent, que des mâles.

Un second fait remarquable, et qui contribue essentiellement à donner aux sociétés d'abeilles leur caractère spécial, est — la division du sexe femelle en deux formes distinctes, chacune exclusivement adaptée aux deux ordres de fonctions dont dépend la propagation de l'espèce, et qui, bien qu'à ce titre également néces-saires, ne se trouvent dans la société que dans une disproportion numérique frappante. La forme reproductrice, la femelle, toujours unique, fournissant avec une prolificité prodigieuse les éléments directs des générations nouvelles; — la forme ouvrière, nourrice, représentée au contraire par des milliers d'individus, auxquels incombent tous les soins consécutifs à la ponte, que réclament les œufs et les larves qui en sortent, et sans lesquels leur développement ne pourrait s'accom-plir. Exemple intéressant des effets de la division du travail, c'est dans cette spécialisation des fonctions ordinaires du sexe femelle, sous deux formes différentes, que se trouve la raison de leur disproportion numérique, qui est en rapport avec la différence de leurs fonctions, avec le genre d'activité que chacune doit mettre en jeu, et dont les résultats doivent s'égaler, puisqu'elles tendent au même but, la propagation de l'espèce. C'est ainsi que, pour suffire à l'activité reproductrice purement physiologique d'une seule femelle, le concours de l'activité mécanique d'une multitude de femelles ouvrières est nécessaire.

La prolificité de la femelle, due au développement de son appareil générateur, étant de nature à suffire aux besoins des associations les plus nombreuses, quelle que soit l'importance numérique d'une société d'abeilles, elle ne renferme jamais qu'une seule femelle, centre autour duquel les nouvelles générations, nées de ses nombreuses pontes, se groupent successivement, et finissent, en s'accumulant, par constituer ces populations industrieuses qui, dans des conditions favorables de milieu et d'espace, peuvent atteindre des proportions considérables. La formation des associations d'abeilles est donc le résultat d'un groupement autour d'une femelle unique, des générations successives auxquelles, ensuite de sa fécondité exceptionnelle, elle peut, à des intervalles rapprochés, donner naissance. Elles constituent, par conséquent, de véritables familles dont les membres, descendants directs d'un commun ascendant, sont unis les uns aux autres par les liens de la plus étroite parenté.

Il nous reste, pour terminer, à mentionner un cas intéressant d'une anomalie observée chez l'abeille, et qui, récemment étudiée par le professeur C. de Siebold[1], paraît être encore une conséquence de la parthénogénèse. C'est l'existence des cas d'hermaphrodisme, c'est-à-dire d'individus présentant, soit extérieurement, soit à l'intérieur, une réunion de caractères propres aux deux sexes. Ce mélange des caractères varie énormément suivant les individus, par leur degré de développement, le mode de leurs combinaisons, et par les organes affectés. Les uns ont la moitié antérieure d'un sexe, la postérieure de l'autre ; tantôt les deux moitiés latérales différentes, tantôt un segment isolé seulement ; d'autres présentent une alternance rrégulière dans la succession des différentes parties du corps, qui sont tantôt d'un sexe, tantôt de l'autre. Dans un grand nombre de cas, l'hermaphrodisme, beaucoup plus restreint, ne se trahit que par quelques légères différences dans la conforma-tion d'organes extérieurs, comme les mandibules, les yeux, les antennes et les pattes. L'hermaphrodisme se manifeste dans les organes reproducteurs avec la même irrégularité quant au mélange, ou au degré de développement des caractères des deux sexes; il ne correspond presque jamais à celui des organes extérieurs, et varie considérablement d'un individu à l'autre.

On peut admettre que la présence d'une quantité minimum de l'élément mâle soit en général nécessaire pour féconder l'œuf animal, et déterminer son évolution;

1. C. von Siebold, *Ueber Zwitterbienen*, etc. (*Zeitschrift für Wissenschaftliche Zoologie*, C. T. Siebold et A. Kölliker, XIV, p. 73.)

et que, lorsqu'il ne se trouve en présence que d'une quantité insuffisante de spermatozoïdes, l'œuf se comporte comme s'il n'avait pas été fécondé, et ne se développe
pas du tout. Une insuffisance de l'élément fécondant n'aurait pas les mêmes conséquences chez l'abeille, puisque son œuf est susceptible de développement sans fécondation aucune, et produit alors un mâle. La production des femelles dépendant au
contraire d'une fécondation de l'œuf, il est probable que cette fécondation exige
aussi, pour être suffisante, un *quantum* nécessaire de spermatozoïdes. Mais ceux-ci
ne déterminant pas chez l'abeille le développement de l'œuf, qui est indépendant
d'eux, mais seulement le sexe de l'embryon qui en provient, le fait de leur insuffisance quantitative ne peut que modifier l'intensité, mais nullement la nature de leur
action, qui reste la même et tend à la production du sexe femelle. L'intervention de
l'élément mâle en quantité inférieure au minimum nécessaire pour déterminer la
formation d'une femelle complète, aura donc pour résultat de provoquer un développement partiel et proportionnel des caractères du sexe femelle chez l'embryon, et
de le faire ainsi dévier d'une manière plus ou moins prononcée de la direction vers
le sexe mâle, qui, dans l'espèce, est caractéristique de l'absence de fécondation. Ces
cas d'hermaphrodisme chez l'abeille sont fort intéressants, et sont une curieuse conséquence du mode particulier de sa génération, et du rôle tout spécial que joue dans
la fécondation l'élément mâle. En l'absence de spermatozoïdes l'œuf produit le sexe
mâle; la présence d'une quantité voulue de ces organismes détermine le sexe
femelle. Entre ces deux extrêmes, peuvent se placer une infinité de degrés dans la
quantité de spermatozoïdes présents, à chacun desquels correspond une nuance particulière d'hermaphrodisme. Il serait important de découvrir quelles peuvent
être les causes de l'insuffisance dans la fécondation qui paraissent avoir pour
résultat des produits hermaphrodites. Dans la ruche, qui a fourni à M. de Siebold
les éléments les plus nombreux de son étude sur cette intéressante question, la reine
était âgée de cinq ans, et il n'est pas improbable que cette circonstance ait été la
principale raison du grand nombre d'hermaphrodites produits, et que sa vésicule
séminale, fortement épuisée par quatre années de pontes antérieures, ne fût plus
en état de fournir la quantité de spermatozoïdes nécessaires à la fécondation complète de tous les œufs femelles.

Les hermaphrodites, d'après M. de Siebold, aussitôt sortis de leurs cellules, sont
expulsés de la ruche par les autres abeilles, avant que leur enveloppe ait même le
temps de se raffermir, aussi les trouve-t-on ordinairement sur le sol au pied de la
ruche, où ils tombent et périssent bientôt.

Nous avons, dans ce qui précède, résumé plus spécialement les faits relatifs à
la génération de l'abeille, tels qu'ils ressortent des recherches remarquables dont
elle a été récemment l'objet en Allemagne, et dont les résultats, encore peu
connus hors de ce pays, outre leur importance théorique générale, jettent le plus
grand jour sur les conditions d'existence et la constitution si complexe des sociétés
d'abeilles, et rendent compte en particulier, en les rattachant à leurs causes pro-
chaines, d'une quantité de faits singuliers, d'irrégularités apparentes, jusqu'alors
demeurés inexpliqués. Les développements dans lesquels nous avons dû entrer
sur cette partie essentielle du sujet, et les faits nouveaux qui s'y rattachent ne nous
ont pas permis d'aborder les détails intéressants, mais beaucoup plus connus, sur
les manifestations variées de l'infatigable activité des industrieux habitants de la
ruche, et sur les travaux complexes que nécessitent, pour assurer la propagation de
l'espèce, les éléments fournis par les individus reproducteurs, — et pour la connaissance desquels nous renvoyons le lecteur aux ouvrages spéciaux sur l'apiculture.

J. J. MOULINIÉ (de Genève).

**APICULTURE.** — ÉCONOMIE RURALE. — L'éducation des abeilles, en vue de fabriquer le miel et la cire, constitue une industrie rurale qui ne manque ni d'intérêt, ni d'importance. Ajoutons qu'elle est à la portée de tous et qu'elle n'exige ni grands efforts d'intelligence, ni grandes avances d'argent, ni fortes dépenses de peines et de temps, à moins cependant que l'industrie en question ne prenne des proportions considérables entre les mains d'un seul, au lieu de rester divisée et éparpillée comme elle l'est assez généralement.

Dans cet état de division et d'éparpillement, l'éducation des abeilles est un délassement plutôt qu'un travail, et, en cas d'insuccès, on perd quelquefois beaucoup d'espérances, mais très-peu de capitaux. C'est l'essentiel, et c'est justement parce que les pertes sont insignifiantes avec les petits ruchers que nous les préférons aux grands et désirons, à tort ou à raison, que l'apiculture se contente de son rôle modeste et n'ambitionne point l'honneur de devenir une industrie spéciale et indépendante de toute exploitation agricole.

· Nous souhaitons qu'elle se développe, mais en se fractionnant et se généralisant, de façon que le plus grand nombre ait part aux profits, que les mauvaises années ne soient désastreuses pour personne, et que la moyenne de production s'élève le plus possible. D'ailleurs, cette répartition de petits ruchers sur de larges surfaces régulariserait la récolte des sucs végétaux et aurait en même temps l'avantage de favoriser la fécondation des plantes sur tous les points du territoire, signalé service dont on ne tient pas suffisamment compte, et qui, à lui seul, suffirait pour recommander à nos soins l'éducation des abeilles.

En ce qui regarde l'apiculture, la statistique laisse un peu à désirer. Nous savons qu'en 1848 on comptait 1,608,643 ruches en France; mais on ne nous dit pas en quelle saison a eu lieu ce relevé. En 1860, on en comptait 1,956,224, rapportant 8,500,000 fr., dont 6 millions pour le miel et le reste pour la cire. Les départements qui ont le plus de ruches sont, dans l'ordre suivant : Morbihan, Manche, Landes, Corrèze, Ille-et-Vilaine et Finistère. L'exactitude des chiffres que nous venons de donner est contestée par des praticiens qui portent à plus de 2 millions le nombre des ruches en hiver, et à près de 4 millions en été. L'écart entre ces données très-hypothétiques et celles de la statistique nous paraît bien considérable.

On estime le revenu moyen d'une ruche ordinaire en miel, cire et essaim, à 10 pour 100, et le revenu d'une ruche perfectionnée au quintuple au moins de cette somme. On voit par là que l'apiculture est une source de richesses très-respectable, et qu'on aurait tort de la négliger. Cependant on la néglige, et la preuve de ceci c'est qu'on pourrait aisément doubler le nombre de nos ruches et s'affranchir ainsi du tribut que nous payons à l'étranger. Notez que, de 1857 à 1864, l'importation, moins l'année 1862, a dépassé l'exportation pour une valeur de 6,873,527 fr.

Les éleveurs d'abeilles, ceux bien entendu qui font de cette éducation une industrie, se plaignent de la difficulté qu'ils éprouvent à vendre le miel à un prix rémunérateur, et, depuis longtemps, nous les voyons à la recherche de moyens nouveaux qui leur permettent d'en tirer bon parti. Nous doutons qu'ils y réussissent. Le sucre a fait et continue de faire une concurrence terrible au miel. La question n'est pas de savoir si la substitution de la première substance à la seconde a été toujours heureuse; nous la constatons comme un fait et sommes forcés de reconnaître que le miel ne reprendra jamais la place qu'il occupait avant la culture de la betterave. Il ne figure plus comme autrefois parmi les desserts de choix; il ne s'y montre que rarement; son emploi en médecine ou en pharmacie perd du terrain; les liqueurs dans lesquelles on le fait entrer ne sont pas en faveur; les bonbons au miel n'ont pas de succès; il ne se maintient réellement bien que dans la fabrication du pain d'épices. La cire, au contraire, est plus recherchée que jamais, et sa consommation tend chaque jour à augmenter. Malgré cela, il est hors de doute que le rapport des ruches a baissé ; mais, tel quel, avec de petits ruchers entretenus presque sans frais, sans peine, par distraction, ce rapport ne laisse pas d'être encourageant. Ne faisons pas fond sur lui ; s'il arrive, prenons-le comme une épave ; s'il n'arrive pas, ce sera pour l'année prochaine ou l'année d'ensuite. Manquer de gagner, ce n'est pas précisément perdre ; or, c'est le cas du petit éleveur d'abeilles. Il n'expose point d'enjeu, il ne risque rien, il n'a pas dérobé une journée pleine à ses occupations pressantes de l'année pour soigner son rucher ; donc, la male chance survenant, il n'a rien à regretter et ne regrette rien.

Vous entendrez le cultivateur se lamenter à propos d'un champ de blé ravagé par la grêle, d'une plantation de pommes de terre envahie par la maladie, d'un bout de vigne maltraité par la gelée ; vous ne l'entendrez pas mettre au compte de ses misères la non-réussite de ses ruchées. Pour lui, l'apiculture est un amusement, non une profession. Il ne lui est jamais venu à l'esprit de maquignonner là-dessus, d'installer ses abeilles dans le voisinage d'une sucrerie, d'une raffinerie, d'une fabrique de sirops, de les inviter au pillage et de recéler les produits du vol. Pour lui, les abeilles sont d'honnêtes butineuses, ne faisant tort à personne, prenant aux fleurs ce qui, sans elles, serait perdu et l'emmagasinant dans la ruche. Tant mieux si la récolte est bonne, tant pis si elle ne l'est pas. Tout à gagner dans le premier cas, presque rien à perdre dans le second.

Voilà, selon nous, l'apiculture qu'il faudrait encourager, éclairer et développer. Elle est, en général, très-arriérée ; les connaissances zoologiques lui font défaut ; les nouvelles ruches, les nouveaux modes d'élevage lui sont inconnus le plus souvent, et il y aurait tout profit à les vulgariser par des conférences conduites intelligemment.

Les lecteurs de l'*Encyclopédie* n'attendent pas de nous un manuel de pratique apicole écrit dans ce but. Nous devons tout simplement signaler à leur attention les ouvrages spéciaux les plus recommandables. Ils sont nombreux, les livres d'apiculture ; et nous n'aurons que l'embarras du choix. — A partir de 1568 jusqu'à nos jours, on en compte 655, non compris les journaux. 412 appartiennent à la langue allemande, 183 à la langue française, et 60 à des langues diverses. Pour en avoir l'énumération détaillée rigoureusement, on devra consulter le chapitre XVII qui termine le Traité sur *les Abeilles*, de M. Bastian.

Les meilleurs livres de pratique apicole sont : en France, le *Guide du propriétaire d'abeilles*, de M. S. A. Collin. 3ᵉ édition, 1865. — Le *Cours pratique d'apiculture*, de M. H. Hamet. 3ᵉ édition, 1866, et *les Abeilles*, de M. Bastian, pasteur à Wissembourg. Paris, 1869. — En Allemagne, on signale l'*Abeille et l'apiculture*, de M. A. de Berlepsch. 2ᵉ édition, 1869. Mulhouse en Thuringe. — L'*Apiculture rationnelle* ou *Théorie et pratique de l'ami des abeilles de la Silésie*, de X. Dzierzon. Brieg. 1861. — Le *Traité complet d'apiculture*, d'après le système Dzierzon, de M. G. Kleine. Berlin, 1864 ; et le *Guide d'apiculture rationnelle*, de MM. A Schmid et G. Kleine. Nordlingen, 1865.

Il existe certainement des apiculteurs hors ligne qu'on pourrait offrir à titre de modèles aux personnes qui s'intéressent vivement à l'éducation des abeilles, mais ceux-là n'ont pas fait de livres. Dans le nombre, nous citerons M. Amédée Mauget, d'Argences (Calvados), un praticien habile qui a été l'objet d'un panégyrique maladroit et écœurant de la part de M. Adolphe de Bouclon, dans un ouvrage ultra-catholique intitulé l'*Apiculture productive et pratique*.　　　　P. Joigneaux.

**APICULTURE.** — DROIT. — Les ruches à miel, que le propriétaire d'un fonds y a placées pour l'exploitation de ce fonds, sont immeubles par destination. C'est là, sauf erreur de mémoire, l'unique texte du Code civil concernant les abeilles, et cette disposition est tout à la fois arbitraire, obscure et incomplète.

En effet, la qualification d'immeuble, appliquée à la ruche et, par voie de conséquence, aux abeilles, répugne à la nature des choses. Si l'on comprend, à la rigueur, que les pigeons, les lapins, les poissons soient immeubles par accession au colombier, à la garenne, à l'étang, tous immeubles réels, on ne conçoit plus aussi bien que la ruche et surtout les abeilles puissent être réputées immeubles au même titre. L'esprit ne découvre d'autre accession de l'abeille qu'à la ruche. Or, celle-ci étant d'ordinaire un objet mobilier, à la différence de la garenne, de l'étang, du colombier, il est difficile d'admettre que les mouches à miel puissent être immobilisées par accession à une chose mobilière. Aussi la nette raison de Pothier s'élevait-elle avec chaleur contre l'opinion des jurisconsultes qui tenaient la ruche et les abeilles pour des accessoires immobiliers du fonds où elles se trouvent.

Cependant le Code, faisant violence (on ne sait pourquoi) à la réalité, a résolu la question contre le sentiment de Pothier. Afin d'arriver, sans nécessité, sans utilité même, à ce résultat arbitraire, l'immobilisation civile de la mouche à miel, le législateur de 1804 a dû recourir à deux fictions également forcées et contraires à la nature des choses, à un double mensonge (*mendacium juris*), en supposant d'abord que la ruche devient accessoirement immeuble par la volonté du propriétaire qui n'y a jamais songé, et que l'abeille le devient à son tour parce que la ruche communique sa qualité d'immeuble fictif aux ouvrières dont elle est l'habitation et l'atelier.

Outre que la loi a manifestement abusé, dans cette occurrence, du droit de fiction, qui ne peut jamais aller jusqu'à faire violence au sens commun, les mots *par destination* ne présentent pas une idée claire à l'esprit, et il est souvent difficile de discerner, en fait, s'il y a eu volonté de la part du propriétaire d'attacher les ruches et leurs abeilles au service et à l'exploitation du fonds.

Il n'est pas aisé non plus, à cause de l'étrange laconisme du Code, de résoudre les difficultés qui s'élèvent fréquemment au sujet de la propriété d'un essaim, et de la responsabilité du propriétaire de ruches, à raison du dommage occasionné par ses abeilles.

L'embarras vient de ce que le Code n'a pas reproduit les décisions du droit romain sur ces divers points, non plus que la disposition qui déterminait, si l'on peut ainsi dire, l'état juridique des abeilles.

La loi romaine les avait classées dans la catégorie des animaux sauvages. Il s'ensuivait que, tant qu'un essaim jouissait de sa liberté native et n'avait pas été pris, c'était chose n'appartenant à personne, dont la propriété pouvait être acquise par le premier occupant. L'essaim fixé sur un arbre à vous n'était pas plus vôtre que les oiseaux qui y auraient fait leur nid.

La loi romaine maintenait aux abeilles la qualité d'animaux sauvages, alors même que l'essaim avait été recueilli et qu'il était devenu par là le bien de l'occupant. La propriété en était conservée par la possession. Il était de règle, à l'égard de celle-ci, que les abeilles, sortant de la ruche et y revenant, restaient légalement dans la possession du maître, aussi longtemps qu'elles conservaient l'esprit de retour; dès qu'elles l'avaient perdu et qu'elles ne rentraient plus au camp, le fait de possession et le droit de propriété cessaient simultanément. Un escadron d'abeilles, qui s'envolait de votre ruche, était même encore à vous tant que vous le voyiez, qu'il vous était possible de le poursuivre et de le ressaisir; hors de ces conditions, l'essaim ayant recouvré sa liberté naturelle, la propriété en était perdue pour vous et acquise au nouvel occupant.

Toutes ces décisions découlaient logiquement de la disposition en vertu de laquelle les abeilles étaient considérées comme des animaux sauvages.

En ce qui concerne la responsabilité, dans l'ancien droit romain qui n'admettait pas l'action en réparation du dommage causé par les animaux féroces de leur nature, le propriétaire d'abeilles y échappait, la loi les ayant classées dans cette catégorie : *Apium fera natura est.* C'était logique peut-être, mais peu juste. Les édiles corrigèrent cette défectuosité du droit, en défendant d'avoir des animaux sauvages dans les endroits où le public passait habituellement. En sorte que le propriétaire était responsable de ses abeilles, non comme d'animaux domestiques, mais à raison d'infraction aux défenses de l'édit.

Tout cela était ingénieux, clair, équitable. Il n'en est pas ainsi en droit français. Le silence du Code a donné lieu à des opinions contradictoires sur les deux points principaux de cette matière : la nature légale des abeilles et la responsabilité du propriétaire d'une ruche. On n'est d'accord ni sur la question de savoir si les abeilles sont considérées comme animaux sauvages ou comme animaux domestiques, ni sur celle de la responsabilité du propriétaire.

Il serait trop long de discuter ici ces deux questions. On s'en tiendra au vœu de les voir résolues par le Code rural projeté.

Quant aux abeilles, il est difficile de les réputer animaux domestiques; il semble plus conforme à la nature des choses de les considérer comme sauvages. La doctrine incline vers cette dernière solution.

Quant à la responsabilité, si l'on ne peut dire que le propriétaire d'une ruche en a les abeilles sous sa garde, il est juste néanmoins qu'il réponde des dommages qui résulteraient de ce qu'il a placé son rucher trop près d'un chemin public ou de la propriété du voisin.

Après ces deux dispositions capitales, qui couperaient court à la contradiction regrettable des décisions judiciaires, il serait bien de remettre en vigueur les édits de la Révolution en faveur des mouches à miel : ils défendaient de les troubler dans leurs courses et leurs travaux; ils interdisaient toute action à raison du butin des abeilles dans les champs. « Leur picorée, disait la loi rurale, ne nuit pas à la fécon-
» dité de la fleur de vos jardins. Il se perd beaucoup plus de sucs qu'il n'en faut
» pour toutes les travailleuses de la contrée. » La loi défendait de les détruire en faisant de la fumée près d'elles, ou en empoisonnant les calices dont elles iraient sucer le miel. La loi ne permettait de les saisir que dans les temps déterminés par la coutume rurale, et, même en cas de saisie légitime, une ruche ne pouvait être déplacée que durant l'hivernage de l'essaim.

Il serait bien aussi de préciser le sens de ces expressions du Code rural de 1791 : « L'essaim appartient au propriétaire sur le terrain duquel *il s'est fixé.* » Les abeilles posées sur mon mur, ou pendant en grappe à la branche de mon arbre, sont-elles *fixées* dans le sens de la loi? Faut-il, pour que j'en acquière la propriété, que l'essaim se soit établi dans le creux de mon arbre ou dans la lézarde de ma muraille? L'État de Bade, en adoptant notre Code, a tranché le doute par cette addition à l'art. 524 : « Tant que l'essaim ne fait que camper sur le fonds étranger, le proprié-
» taire de la ruche conserve son droit de suite; il ne le perd que quand les abeilles
» ont *bâti* sur le terrain d'autrui. » Peut-être serait-il mieux encore de déterminer un délai, après lequel le propriétaire de la ruche aurait perdu la propriété de

l'essaim fugitif. C'est la disposition de quelques lois suisses, du code de Zurich, par exemple, et de celui des Grisons : « Le propriétaire d'une ruche est autorisé à » poursuivre l'essaim qui s'en échappe; s'il renonce à la poursuite, ou s'il ne » peut le ressaisir *dans les trois jours* après l'émigration, les abeilles sont considérées » comme animaux sauvages qui n'appartiennent à personne. »

Enfin, comme les abeilles, dont les ateliers sont placés trop près de la voie publique ou des propriétés voisines, causent souvent, et surtout lors de la cueillette du miel, des accidents justement imputables à l'imprudence du propriétaire, il paraîtrait convenable aussi que, suppléant au silence du Code civil, la loi sur la police rurale, tout en considérant les abeilles comme des animaux sauvages, assujétît les propriétaires de ruches à prendre les précautions nécessaires pour que les passants et les voisins n'en soient pas incommodés; et qu'afin de prévenir les accidents, ou d'en assurer la répression publique et la réparation civile, le pouvoir municipal fût formellement investi du droit et chargé du devoir de veiller, comme les édiles de Rome, à ce que les ruches soient suffisamment éloignées du voisin et des lieux de passage, et de prendre, à cet effet, des arrêtés auxquels les propriétaires d'abeilles seraient tenus de se conformer.                MARC DUFRAISSE.

**APOGÉE.** — Ce terme d'astronomie s'entend de la position qu'occupe un astre quand son mouvement, apparent ou réel, l'amène à sa distance minimum de la Terre. Relativement au Soleil, il est synonyme d'*Aphélie* (voyez ce mot), parce que les astronomes parlent indifféremment le langage des apparences ou celui des phénomènes réels. C'est vers le 1er juillet que la Terre, passant à l'extrémité la plus éloignée du Soleil du grand axe de son orbite, est dite à l'aphélie, ou, ce qui revient au même, que le Soleil est à son apogée. La distance des deux astres est alors 1.01677, en prenant pour unité leur moyenne distance. C'est environ 150 millions de kilomètres.

L'apogée de la Lune se définit de la même manière : c'est la position occupée par notre satellite, quand il se trouve à l'extrémité du grand axe de l'ellipse qu'il décrit autour du centre de la Terre comme foyer. La distance moyenne de la Lune à la Terre étant 1.00000, sa distance apogée est 1.05491, c'est-à-dire environ 405 460 kilomètres; il s'agit ici, non des points les plus voisins des surfaces des deux globes, mais de leurs centres.

Comme les grands axes des orbites de la Terre autour du Soleil et de la Lune autour de la Terre n'ont pas dans l'espace une direction invariable, qu'ils se déplacent d'un mouvement continu dans le sens d'occident en orient, il en résulte que les longitudes de l'aphélie ou de l'apogée du Soleil et de l'apogée lunaire s'accroissent à chaque révolution. On en donnera les causes aux articles *Lune, Périhélie, Périgée* et *Perturbations planétaires.*                AMÉDÉE GUILLEMIN.

**APOPLEXIE** (ἀποπλήσσω, je frappe de stupeur, de ἀπό, ex, et πλήσσειν, frapper). — Depuis Hippocrate on désigne sous le nom d'apoplexie toute perte subite ou rapide de la motilité volontaire, du sentiment et de l'intelligence. C'est dire que des causes multiples peuvent produire les symptômes apoplectiques, mais pour en bien comprendre l'action, il est indispensable de se faire une idée générale et juste de la constitution et du fonctionnement des centres nerveux.

En réduisant par la pensée un système nerveux quelconque à son plan simplifié, à son *schéma*, suivant une expression gréco-germanique à la mode, on peut le ramener à n'être plus composé que d'une cellule nerveuse émettant deux fibres nerveuses. Dans ce petit système, la cellule est la partie seule consciente, c'est elle

qui sent, veut, raisonne. Les fibres sont purement conductrices; l'une transmet
à notre cellule consciente des excitations venant du monde extérieur [par l'intermédiaire de tel ou tel organe que l'on voudra supposer; l'autre transmet
au contraire des incitations nées dans la cellule même à l'organe qui lui sert
d'aboutissant.

Imaginons maintenant un nombre plus ou moins grand de circuits nerveux
semblables à celui que nous venons de décrire. Juxtaposons les cellules aux cellules
pour en former des masses plus ou moins volumineuses, dans ces masses relions
les cellules entre elles par des fibres, toujours purement conductrices, qui solida-
risent l'ensemble, nous aurons ce que l'on appelle des centres nerveux. Accolons
d'autre part les fibres qui aboutissent à ces centres ou qui en partent de manière à
en former des cordons plus ou moins volumineux et nous aurons des faisceaux
conducteurs, des nerfs. L'ensemble du système pourra, dans sa forme extérieure,
varier de cent façons; les masses centrales pourront être plus ou moins nombreuses, plus ou moins coalescentes, etc., mais, dans tout le règne animal la constitution fondamentale du réseau nerveux sera identique, qu'on l'étudie chez le
mollusque, chez l'insecte, chez le vertébré et même chez le premier des vertébrés,
chez l'homme.

Comme ce dernier est, en général bien entendu, le plus intelligent et le plus
perfectible des animaux, son système nerveux est aussi exceptionnellement riche
en éléments conscients, autonomes, en cellules dont le groupement en masses
énormes constitue essentiellement les centres nerveux encéphaliques, centres que
grossissent beaucoup, d'une part les fibres conductrices reliant ensemble les cellules cérébrales et d'autre part celles qui, rattachant le cerveau à tous les autres
organes, l'informent de ce qui advient dans la république, lui permettent aussi
d'influer sciemment ou non sur la plupart des actes vitaux. On ne saurait trop
répéter, pour mettre à néant nombre de subtilités dites philosophiques, que la
sensibilité, la motilité, l'entendement, la raison, etc., sont de simples propriétés
des cellules nerveuses cérébrales au même titre que la contractilité est une propriété de la fibre musculaire.

Tout naturellement l'énergie de ces fonctions varie avec l'état de la trame organique dont elles sont les attributs. Qu'un courant sanguin rapide apporte, dans
une juste mesure, aux cellules cérébrales l'oxygène nécessaire à la combustion du
soufre, du phosphore dont elles paraissent principalement se nourrir[1], ces cellules
fonctionneront allègrement, et comme leur fonction est de sentir, de penser, de
vouloir, sensibilité, pensée et volonté seront énergiques. Que la nutrition cérébrale languisse, l'esprit languit aussi; il n'a plus d'ailes. Que cette nutrition soit
brusquement interrompue ou que les cellules cérébrales soient subitement détruites,
immédiatement la vie de conscience s'anéantit au moins pour un temps; l'homme
tombe, *perinde ac cadaver*, suivant une comparaison célèbre. C'est cette perte instantanée de la sensibilité, de la motilité volontaire, de la pensée, sans arrêt dans les
battements du cœur, qui est appelée apoplexie.

Après notre très-long préambule il va de soi que l'apoplexie ainsi comprise
peut être due à des causes multiples. Nous allons énumérer les principales qui se
rapportent : les unes à la qualité ou à la quantité du sang circulant dans le tissu
cérébral, les autres à des lésions, des dégénérescences usant et perforant les parois
des vaisseaux cérébraux.

Dans la première catégorie nous pouvons ranger la privation d'air respirable.

1. Thèse du docteur Byasson.

Sans oxygène point de sang rutilant, artérialisé, partant plus de vie cérébrale, plus de pensée, etc. Tout obstacle empêchant mécaniquement l'abord du sang artériel dans les hémisphères cérébraux produira un effet analogue. Rufus d'Éphèse, Galien, Avicenne, Sanctorius, Valsalva, etc., nous ont appris que la ligature des artères carotides produit chez beaucoup d'animaux l'abolition, plus ou moins rapide, du sentiment et du mouvement. Depuis Astley Cooper (1805), la ligature d'une artère carotide chez l'homme a été bon nombre de fois pratiquée, et nous savons que souvent elle a été suivie de paralysie unilatérale (hémiplégie) avec affaiblissement des fonctions intellectuelles. La simple compression carotidienne peut produire des effets analogues, mais passagers comme leur cause. Même résultat encore quand un caillot, une *embolie* se produit ou s'arrête, soit dans une artère carotide, soit dans une des artères cérébrales. L'anatomie pathologique a montré que certaines apoplexies n'ont d'autre cause que la présence d'un caillot dans une des artères de la base du cerveau, l'artère sylvienne gauche. Que le caillot soit un rameau artériel plus petit encore, un ramuscule, alors un petit nombre de cellules cérébrales seront mises à la diète sanguine, mais peu à peu elles s'altéreront, se dissoudront même, et la lésion, pour être localisée, n'en sera pas moins grave. Le cerveau est un organe délicat, une machine complexe, qui, pour fonctionner normalement, a besoin de tous ses rouages.

Si l'anémie peut troubler ou abolir l'élaboration des actes cérébraux, la surabondance de sang, l'hyperémie, la pléthore produisent des effets analogues, mais bien autrement fréquents. Alors un vrai torrent sanguin encombre le système circulatoire cérébral, le distend aux dépens de la substance du cerveau qu'il refoule, et les fonctions de l'organe languissent. La tête est pesante, la somnolence est habituelle, surtout après les repas, quand les vaisseaux ont à contenir une surcharge sanguine. Il y a des vertiges, des tintements d'oreilles. Des étincelles brillantes semblent parfois pétiller devant les yeux. Ce sont là les signes précurseurs de la catastrophe qui finit par arriver, quand la dégénérescence graisseuse des tissus, conséquence habituelle de cette opulence sanguine, a sourdement affaibli ou détruit les parois des artérioles cérébrales. Car, à un moment donné, soit sous l'influence d'une émotion forte, qui surexcite les battements du cœur, soit quand une température excessive, hivernale ou estivale, affaiblit la contractilité vasculaire, souvent après un repas copieux, la mince paroi des artérioles ou des capillaires du cerveau cède à l'effort du liquide qui la baigne. C'est une digue qui se rompt. Un flot sanguin s'épanche aussitôt au sein même du tissu cérébral; il en dissocie, il en détruit les éléments fibreux et cellulaires en s'y creusant une cavité dont la grandeur peut varier depuis le volume d'un pois, d'une noisette jusqu'à celui du poing. De plus, une congestion générale comprime l'organe tout entier. Le patient tombe instantanément privé de sensibilité, de mouvement volontaire, d'intelligence, généralement paralysé d'une moitié du corps et constamment, les cas d'anomalie anatomique étant écartés, paralysé du côté opposé à celui que l'hémorrhagie cérébrale a lésé, ce qui est une conséquence très-naturelle de l'entrecroisement des faisceaux de la moelle épinière dans la région bulbaire, à la base du cerveau. Nous ne pouvons signaler ici que les principaux symptômes de l'apoplexie. Notons, en passant, la paralysie fréquente de la sensibilité cutanée du côté frappé, les vomissements et surtout l'expression d'hébétude de la face dont une moitié est aussi paralysée. D'où le contraste étrange entre les deux moitiés du masque facial qui est expressif d'un côté, inerte et atone de l'autre.

Si les désordres anatomiques sont considérables, la mort survient rapidement, au bout de quelques heures, et l'apoplexie est dite foudroyante. Si les vaisseaux ont été distendus seulement, mais sans déchirure, tout rentre dans l'ordre au bout d'un laps de temps plus ou moins court.

S'il y a eu une déchirure cérébrale, quelque petite soit-elle, la guérison complète est fort improbable. De récentes expériences nous ont appris que le cerveau du pigeon pouvait se régénérer après l'ablation des hémisphères, celui de l'homme n'a point la même vitalité, surtout pendant la seconde partie de la vie quand nous glissons de plus en plus rapidement vers la décadence et la mort. Or, quoique l'hémorrhagie cérébrale puisse frapper tous les âges, même le fœtus encore enclos dans la matrice maternelle, elle réserve ses coups les plus fréquents et les plus terribles pour les gens âgés de 45 à 65 ans. A cette période de la vie, toute destruction de cellules et de fibres cérébrales est habituellement définitive. Dans les cas les plus heureux un tissu cicatriciel peut combler la trouée apoplectique, mais ce n'est pas un tissu sentant et pensant, et désormais il y a une touche muette sur le clavier cérébral.

L'œdème du cerveau, l'apoplexie séreuse simulent parfois symptomatiquement l'hémorrhagie cérébrale et tout obstacle au retour du sang vers le cœur les peut produire. Notons cependant que la transsudation du sérum sanguin à travers les parois vasculaires, l'imbibition séreuse du tissu cérébral produit plus particulièrement la pesanteur intellectuelle, la stupeur ou la stupidité, tandis que l'épanchement aquiforme en dehors et autour du cerveau, dans la cavité de la mince membrane séreuse qui enveloppe l'organe intellectuel ou bien entre cette membrane et les circonvolutions, provoque habituellement tous les symptômes de l'apoplexie.

Toute hémorrhagie cérébrale étant une vivisection spontanément produite chez l'homme, on en a pu tirer quelques éclaircissements sur la physiologie du cerveau.

Voici les résultats généraux de ces observations nécroscopiques que corroborent les expériences des physiologistes in animá vili. L'écorce grise du cerveau, presque entièrement composée de cellules, est la partie consciente et pensante, car toute lésion de cette partie s'accompagne principalement de troubles intellectuels.

La faculté du langage paraît particulièrement dépendre de l'intégrité de la région frontale de l'hémisphère cérébral gauche et plus particulièrement encore de l'étage inférieur du lobe frontal gauche, de la troisième circonvolution, car toute lésion de cette circonvolution abolit plus ou moins la parole chez le patient, elle le frappe d'aphasie.

D'après les savantes recherches du Dr Luys, des quatre renflements de substance nerveuse cellulaire situés à l'étage inférieur du cerveau et connus en anatomie sous les noms de couches optiques et corps striés (voir Cerveau), les premiers seraient les aboutissants des fibres sensitives convergeant vers les hémisphères cérébraux ; les autres recevraient les fibres émanant des cellules conscientes de l'écorce cérébrale, fibres dites motrices, parce qu'elles sont chargées de porter aux muscles les ordres de la volonté. Or, les corps striés et les couches optiques sont les lieux d'élection de l'hémorrhagie cérébrale, puisque, sur trois cent quatre-vingt-six cas d'apoplexie dont Andral a fait la statistique [1], le foyer apoplectique occupait deux cent deux fois simultanément les corps striés, les couches optiques et aussi la portion des hémisphères voisine, tandis que corps striés et couches optiques n'avaient été lésés isolément que soixante et une fois pour les premiers et trente-cinq fois pour les secondes.

Nous avons dit que toute hémorrhagie cérébrale était une vivisection spontanée, mais c'est une vivisection mal faite, comme le montre la statistique ci-dessus.

1. Anatomie pathologique, t. II.

Assez rarement les corps striés et les couches optiques sont frappés isolément, aussi le symptôme dominant de leur lésion simultanée, c'est la paralysie avec perte de la sensibilité cutanée, seule lésion sensorielle que les médecins aient l'habitude de constater. Pourtant M. Luys, en étudiant les faits épars dans les recueils scientifiques et en les contrôlant par ses propres observations, a rendu fort probable la vérité de sa magnifique vue d'ensemble sur la physiologie de l'encéphale [1].

La terminaison habituelle de l'hémorrhagie cérébrale est connue de tout le monde, c'est la mort après une vie végétative plus ou moins courte. Parfois l'état du malade paraît d'abord s'améliorer, alors que s'atténuent et disparaissent les phénomènes congestifs des régions encéphaliques épargnées, mais les éléments nerveux détruits ne se régénèrent pas, aussi les muscles qui en recevaient des ordres sont à jamais immobiles. Pourtant leur contractilité est d'abord intacte et un courant électrique traversant leur tissu y détermine d'énergiques mouvements, mais peu à peu leur texture s'altère; ou bien la dégénérescence graisseuse en détruit les fibres ou bien des noyaux envahissent leur sarcolemme. Alors ils sont inhabiles à tout mouvement provoqué ou volontaire ; d'invincibles et permanentes contractures fléchissent les doigts, les orteils, les membres. Enfin la mort vient terminer cette lente tragédie.

Triste maladie, triste mort, pense le lecteur ! Pourtant il ne faut pas trop médire de l'apoplexie hémorrhagique. Peut-être même nos poëtes devraient-ils chanter ses louanges. Des humoristes ont bien remercié la mort en général. Elle exproprie sans cesse, disent-ils, pour cause d'utilité publique. Mais la mort, en général, est aveugle. C'est à tort et à travers qu'elle fauche dans le champ de l'humanité. Au contraire, avec quelle intelligence procède ordinairement l'apoplexie hémorrhagique. Non pas qu'elle ne commette jamais de bévues lamentables. Quel ouvrier ne se trompe ! Il est des fatalités organiques imméritées et, aussi implacables que le Dieu des Juifs, ces fatalités frappent les hommes dans leur descendance jusqu'à la huitième génération. Mais, en général, l'apoplexie est une sarcleuse intelligente. L'ivrogne abruti qui a bu sous forme d'alcool le sang de ses proches, le talapoin obèse pour qui la préoccupation d'un casuel à augmenter tient lieu des intérêts de la famille et de l'humanité, le sénateur somnolent votant sempiternellement oui sur sa chaise curule, voilà les victimes désignées de l'apoplexie hémorrhagique, celles dont elle aime à déchirer le cerveau. Très-habituellement, ceux qu'elle rejette dans le creuset toujours fonctionnant de la vie sans trève sont des non-valeurs sociales dont la dissolution, cette dissolution à laquelle nous donnons le vilain nom de putréfaction, est un bien. A chaque instant, grâce à notre sarcleuse, des trésors d'azote, de carbone, de phosphore, etc., presque immobilisés, à coup sûr inutilisés, conquièrent enfin leur liberté. Les voilà répandus à l'état gazeux dans l'air, à l'état salin dans l'humus. Aussitôt les feuilles et les racines des plantes les absorbent, molécule à molécule, insoucieusement, sans se demander si ces molécules proviennent du cadavre d'un monarque ou de celui d'un lombric. Et quel admirable résultat ! car, d'alambic en alambic, le tout finit par aller gonfler les épis, les blondes moissons, comme disent les poëtes. Allons ; l'apoplexie hémorrhagique n'est pas un si grand mal et, si notre temps était moins irréligieux, on lui devrait peut-être élever des autels. CH. LETOURNEAU.

---

1. J. Luys, *Recherches sur le système nerveux cérébro-spinal*, etc.

**APOSTASIE** (du grec ἀφίσταμαι; ἀπό ἴσταμαι, s'éloigner, faire défection). — L'apostat est donc, d'une façon générale, celui qui passe à des opinions opposées à celles qu'il professait auparavant, ou qui enfreint des engagements solennellement contractés.

Au moyen âge, cette qualification, toujours prise en mauvaise part, ne s'employait qu'en matière de religion:

Était réputé apostat celui qui abandonnait la religion catholique.

L'abjuration et la conversion sont identiquement la même chose que l'apostasie. Seulement l'*apostasie* du païen ou du juif qui *abjurait* la croyance où il avait été élevé, s'appelait *conversion*, — tandis que l'*abjuration* du catholique qui se *convertissait* aux idées de Jean Huss, de Luther, de Calvin, s'appelait *apostasie*.

Aujourd'hui, le mot apostasie, restreint à son sens religieux, n'est plus qu'un gros mot qui ne signifie rien.

En effet, l'apostasie, envisagée à ce point de vue spécial, suppose nécessairement, chez l'apostat, — si son apostasie est volontaire, — une foi vive et sincère, un besoin impérieux d'abdiquer sa raison.

Il est bien évident qu'un indifférent ou un sceptique ne s'amusera pas, par exemple, à abandonner le catholicisme, auquel il ne croit guère, pour embrasser le protestantisme, auquel il ne croit pas davantage.

C'est ainsi, notamment, que s'explique le peu de progrès que le protestantisme a accompli de nos jours, en France, quoiqu'il jouisse d'une liberté d'apostolat suffisante pour conquérir tous les esprits. Depuis le xviii<sup>e</sup> siècle, nous assistons à ce spectacle curieux d'une religion, — le catholicisme, — qui agonise, qui perd de proche en proche tous ses adeptes, tous ses fidèles, sans que la religion adverse soit appelée à profiter de l'héritage ouvert.

Partout, en Europe, aux époques où régnait la ferveur religieuse, d'autres sectes ont recueilli dans leur sein les épaves humaines du catholicisme chancelant.

La France même de la Renaissance, imbue des passions du moyen âge, commença par combattre Rome sous l'étendard de la Réforme.

C'est qu'à cette date, la France croyait encore, et qu'au moment de quitter la vieille foi, elle chercha pendant une heure, autour d'elle, une nouvelle foi à laquelle se cramponner.

Ce moment de faiblesse ne dura pas.

La France est la patrie de ceux qui pensent, et non de ceux qui croient.

Le mouvement de la Réforme, brusquement et facilement arrêté, — parce qu'il n'avait pas de racines profondes dans le cœur des populations, et ne répondait pas au besoin spécial de la nature française, — fit un coude, changea de direction, et rentra dans la vraie voie gauloise.

Où Calvin avait échoué, Voltaire triompha, — Voltaire, c'est-à-dire l'homme qui, au lieu de combattre seulement la hiérarchie et les abus d'une Église, s'en prit à l'Évangile lui-même, et renvoya le christianisme rejoindre, dos à dos avec le bœuf Apis, toutes les vieilles superstitions de l'humanité affranchie.

De ce jour-là, le sens religieux du mot apostasie cessa d'exister pour nous autres Français.

A la suite du triomphe des principes de tolérance, le protestantisme put rouvrir ses temples, et reprendre ouvertement ses prêches : — il n'attira plus personne à lui.

Les catholiques s'en sont quelquefois félicités.

A leur place, cela me ferait peur.

S'il n'y a plus personne ou presque personne qui se donne la peine d'apostasier, c'est-à-dire d'échanger le joug de Rome contre la discipline de Luther ou de Calvin, — c'est que ce joug ne pèse plus sur les épaules, — c'est que la source elle-même du sentiment religieux, — qui enfante toutes les religions, — commence à se tarir, est tarie!

Il n'y a plus grand espoir pour les hommes d'Église, quand une nation entière, qui a cessé d'avoir la foi, qui a rompu de cœur et d'intelligence avec le dogme de ses pères, ne songe pas à chercher sous un autre dogme un abri pour sa conscience.

Cela prouve évidemment qu'elle en a fini, bien fini, avec tous les dogmes; cela prouve que, détournant enfin ses yeux du ciel qui garde ses secrets, — dont nous n'avons que faire, — elle les porte résolûment sur la terre, où il y a la justice à fonder.

La France aura eu cette gloire, parmi tant d'autres de même ordre, d'avoir répudié la tradition religieuse tout entière, et quitté Rome, sans s'attarder dans l'hôtellerie de Genève, — pour continuer son droit chemin vers l'avenir.

Que le moindre souffle renverse aujourd'hui le fragile château de cartes du catholicisme orthodoxe, apostolique et romain, et des décombres on verra sortir l'esprit français, pur et net de tout alliage religieux, affranchi de tous les liens d'un dogme quelconque, libre de toutes les entraves mystico-métaphysiques qui ont jusqu'à présent embarrassé la marche de l'humanité.

Au moyen âge, il n'en était pas ainsi, et ce mot, qui nous fait sourire aujourd'hui, a fait couler bien des larmes et bien du sang.

On croyait alors.

L'homme ne concevait pas qu'il pût marcher seul dans la sérénité de sa raison. — Il lui fallait un guide et un appui. — Il cherchait un Dieu, — comme il cherche à l'heure présente le droit.

Quand sa soif naturelle de justice et de vérité ne se trouvait pas satisfaite par la religion où il était né, il se jetait dans les bras de la religion voisine. Si elle n'existait pas, — il en inventait une.

L'Église, de son côté, ne plaisantait pas avec ces désertions.

Elle avait la force, et elle en usait.

Vous en savez quelque chose, Ariens, Montanistes, Albigeois, Vaudois, Hussites, Huguenots de toutes les sectes, Juifs et Maures convertis de force, qui retourniez à votre premier Dieu, savants, philosophes, libres penseurs, de tous pays et de tous siècles.

Il était bien rare, alors, que l'Église pardonnât à l'hérétique, — à celui qui avait quitté l'orthodoxie et nié quelqu'une des prétendues vérités de la foi catholique.

Quand bien même, devant son repentir, elle lui faisait grâce de la vie ou de la prison, — quand bien même, elle consentait à le *réconcilier*, c'est-à-dire à l'admettre de nouveau dans la communion des fidèles, — ce qui n'arrivait jamais deux fois pour le même individu, — elle lui imposait, en expiation de son crime, une série de pénitences, dont la nomenclature et le détail méritent de prendre place ici, ne fût-ce qu'à titre de curiosité historique.

Voici donc une pièce authentique, — émanant de saint Dominique lui-même, et qui remonte à la deuxième année de l'Inquisition, — où l'on verra à quel degré d'avilissement était tombée la personne humaine, sous l'empire des idées religieuses catholiques :

« A tous les fidèles chrétiens qui auront connaissance des présentes lettres, frère Dominique, chanoine d'Osma, le moindre des prêcheurs, salut en Jésus-Christ :

» En vertu de l'autorité du Saint-Siége apostolique (que nous sommes chargé de représenter), nous avons réconcilié le porteur de ces lettres, Ponce Roger, qui a quitté, par la grâce de Dieu, la secte des hérétiques; et lui avons ordonné (après qu'il nous eut promis avec serment d'exécuter nos ordres) de se laisser conduire, trois dimanches de suite, dépouillé de ses habits, par un prêtre qui le frappera de verges, depuis la porte de la ville jusqu'à celle de l'église. Nous lui imposons également pour pénitence de ne manger ni viande, ni œufs, ni fromage, ni aucun autre aliment tiré du règne animal, et cela pendant sa vie entière, excepté les jours de Pâques, de la Pentecôte et de la Nativité de Notre-Seigneur, auxquels jours nous lui ordonnons d'en manger, en signe d'aversion pour son ancienne hérésie; de faire trois carêmes par an, sans manger de poisson pendant ce temps-là; de jeûner en s'abstenant de poisson, d'huile et de vin, trois jours par semaine, pendant toute sa vie, — si ce n'est pour cause de maladie ou des travaux forcés de la saison; — de porter un habit religieux, tant pour la forme que pour la couleur, avec deux petites croix cousues de chaque côté de la poitrine; d'entendre la messe tous les jours, s'il en a la facilité, et d'assister aux vêpres les dimanches et fêtes; de réciter exactement l'office du jour et de la nuit, et le *Pater* sept fois dans le jour, dix fois le soir, et vingt fois à minuit; de vivre chastement et de faire voir la présente lettre une fois par mois au curé du lieu de Cereri, sa paroisse, auquel nous ordonnons de veiller sur la conduite de Roger, etc... »

Après un an d'un pareil régime physique et moral, que devait-il rester d'un homme?

Les deux apostasies les plus célèbres dans l'histoire furent celles de Julien, dit l'*Apostat*, et d'Henri IV.

Or, Julien ne fut pas apostat dans la véritable acception du mot.

Julien, en effet, échappé avec son frère Gallus au massacre de sa famille entière, avait été élevé par les ordres de son oncle Constance dans la religion chrétienne, mais il ne l'adopta jamais librement, et, dès qu'il fut en possession de ses facultés, on le voit se lier avec les Libanius, les Édesius, les Chrysanthe, les Eusèbe, avec tous ceux qui avaient conservé la tradition vivante du paganisme hellénique.

Dès qu'il devint maître de ses actions, dès qu'il put jeter, sans un danger de mort immédiate, le masque dont la violence lui avait imposé la nécessité, il abjura absolument les superstitions chrétiennes, et arbora ouvertement la résolution de rétablir dans son ancienne splendeur la religion païenne, qui était encore à cette époque la religion de l'immense majorité des sujets de l'empire.

Son rêve était de rajeunir le paganisme, de lui infuser un peu de sang nouveau, et de l'organiser de telle sorte qu'il pût lutter avec avantage contre la secte néo-juive.

Julien pouvait-il réussir? — Nous qui ne sommes pas fataliste en histoire, et qui ne reconnaissons nullement que ce qui a été devait être nécessairement; nous qui pensons que l'histoire est tout simplement faite des fautes, des crimes, des vertus, des héroïsmes et des défaillances de l'humanité, — nous admettons parfaitement qu'au moment où Julien parut, — si les hommes d'énergie, de conviction et d'intelligence n'avaient pas manqué à la tâche, — il eût été possible d'éviter au genre humain ces convulsions épouvantables et cet arrêt subit des progrès de la civilisation qui furent le résultat direct du triomphe des idées évangélico-bibliques.

Malheureusement, Julien mourut jeune, laissant sa tâche à peine ébauchée, et ceux qui lui succédèrent au pouvoir étaient dans les mains de l'Église catholique.

Quant à Henri IV, son apostasie fut réelle, en ce sens qu'après avoir été le soutien et l'espoir du protestantisme français, il l'abandonna par de simples considérations d'ambition personnelle.

Henri IV protestant aurait-il pu régner, et, régnant, aurait-il amené le triomphe de la réforme en France? Ce sont là des questions controversables, et qui ne se rattachent pas directement à notre sujet.

De bons esprits regrettent, à l'heure qu'il est, que l'expérience n'ait pas été tentée. Ils prétendent que le protestantisme vainqueur nous eût donné depuis longtemps la liberté politique comme en Angleterre ; — qu'il eût tout au moins habitué les Français à la responsabilité personnelle, et développé chez eux cet individualisme fécond qui fait la grandeur des peuples convertis à la Réforme.

Nous avons dit plus haut pourquoi nous ne partagions pas ce regret.

Le rôle de la France n'était pas de refaire ce que d'autres ont fait à côté d'elle, aussi bien et mieux qu'elle ne l'eût jamais fait.

Son rôle est d'être le soldat de la Révolution dont le principe est juste l'opposé du principe religieux, — de devenir l'initiatrice de la grande République universelle.

A cette œuvre, le protestantisme, certes, eût opposé moins de résistance que le catholicisme, et si la France avait dû rester catholique pour n'être pas devenue protestante, il y aurait lieu de regretter profondément l'apostasie d'Henri IV et l'avortement de la Réforme dans notre patrie. Mais il n'en a pas été ainsi, nous le répétons. — La France n'est pas, n'est plus catholique.

On s'en serait aperçu depuis longtemps, si, par suite d'une alliance éminemment logique, le despotisme politique et le despotisme religieux ne s'étaient pas donné la main et mutuellement soutenus en disant : — Part à deux !

Autant le mot apostasie, au sens religieux, est un mot démodé qui ne rappelle plus que des idées mortes, autant ce mot est devenu actuel et vivant, pris dans son sens général et politique.

Cela devait être. — Au fur et à mesure que le sentiment religieux nous abandonnait, la passion politique s'emparait de nous et devenait notre première préoccupation, de même qu'elle en est la plus légitime.

Le centre de gravité de l'humanité se déplaçait. — Il quittait les nuages. — La foi changeait d'objectif, et un jour vint où les martyrs, au lieu de mourir pour confesser un dogme et conquérir le ciel, moururent pour fonder la Révolution et affranchir leurs semblables.

Le nouveau combat, — comme l'ancien, — eut ses traîtres et ses lâches, ses déserteurs qui abandonnent le drapeau au moment du danger, ses ambitieux qui le livrent, ses renégats qui le foulent aux pieds.

Il y eut alors des misérables qui prêtèrent serment à tous les vainqueurs, qui insultèrent tous les vaincus, qui servirent alternativement, suivant les chances du moment ou le hasard des circonstances, soit la liberté, soit le despotisme, qui hurlèrent avec un enthousiasme égal, le matin : — Vive le roi ! — Le soir : — Vive la ligue !

Il y eut des hommes prêts à prendre les engagements les plus solennels, et prêts à les rompre, qui donnèrent leur foi et qui violèrent leur parole avec une égale impudence.

Qu'est-ce qu'un Talleyrand, — cet évêque d'Autun qui se fit jacobin et célébra la messe sur l'autel de la Patrie, au Champs de Mars, le 14 juillet 1790 ; — ce jacobin, qui s'entendit avec Bonaparte pour lui livrer la République au 19 brumaire ; — ce bonapartiste, qui conspira la chute de Napoléon, et travailla au retour des Bourbons ; — ce laquais d'Alexandre, ce ministre des affaires étrangères de Louis XVIII, qui trempa dans la Révolution de 1830, et resta pair de France sous Louis-Philippe ?

Faut-il dire qu'en passant à la caisse de tant de gouvernements, il ne voulait servir que la Patrie? — Non.

Cet homme fut un apostat!

Qu'est-ce qu'un Fouché, — ce conventionnel fougueux, ce régicide, qui porta la livrée de l'Empire, après avoir porté la carmagnole de la République, et qui trahit l'Empereur comme il avait trahi la Révolution et la liberté, — ce valet qui demandait encore des gages à la Restauration, sauf à la trahir ensuite?

Faut-il dire aussi que ce fut un bon citoyen, qui ne pensait qu'à se rendre utile à la Patrie, à travers toutes ses épreuves? — Non!

Cet homme fut un apostat!

Et tous ces généraux de la République, qui partis

« Pieds nus, sans pain, sourds aux lâches alarmes, »

inirent, — millionnaires, ducs et princes du fait de Napoléon, — par livrer la France à l'étranger, après avoir vendu la liberté au premier parvenu de caserne osant mettre encan sur elle, — que furent-ils, — sinon des apostats?

Et tout ce troupeau d'ambitieux, lâches et vulgaires, agenouillés devant le maître du jour, qui le lendemain d'une révolution acclament le peuple, se vantent d'avoir devancé sa justice, puis se jettent, pour ramasser un portefeuille, à plat ventre devant quiconque a l'audace, en violant la loi, de conquérir le pouvoir, — tous ces Burgraves du *fait accompli*, — quel nom leur donner, — si on ne leur donne pas le nom d'apostats?

Il y a eu, dans l'histoire, des exemples d'un pays entier gouverné par des apostats, où, depuis le chef de l'État, ses ministres et ses agents, jusqu'aux représentants de la nation, toute la classe gouvernementale n'était composée que d'apostats.

L'apostat, en effet, ne serait-il plus, suivant la définition du dictionnaire, celui qui passe à des opinions opposées à celles qu'il professait auparavant, ou qui viole les engagements solennellement et librement contractés?

Et n'a-t-on pas vu, à quelques époques malheureuses, ceux que le mépris public et la conscience générale avaient flétri, parvenir au sommet de la puissance, pour avoir embrassé des opinions opposées à celles qu'ils professaient, pour avoir violé les engagements solennels?

Les exemples ne nous manqueraient pas si nous voulions étendre notre sujet, mais il en est que tout le monde connaît, — et cela suffit.

Cependant, si l'on veut être juste, il ne faut pas confondre l'apostasie avec cette transformation légitime des sentiments d'un homme, qui l'amène, par une évolution progressive, à passer d'idées erronées ou fausses à des idées plus élevées ou plus généreuses.

Quand cette évolution est visiblement désintéressée, quand elle ne se déclare pas brusquement au lendemain de la victoire, et n'a pas pour consécration un bénéfice matériel immédiat, il n'y a pas là apostasie.

En progressant de la sorte, loin d'avoir enfreint un engagement d'honneur, ou fait litière des lois de la morale, on a, au contraire, observé le plus solennel des engagements, — celui qui est inscrit au fond de toutes les consciences, et qui impose à chacun de nous de chercher sans relâche — la vérité.      ARTHUR ARNOULD.

**APOTRES.** — HISTOIRE MODERNE. — Ce mot vient du grec Ἀπόστολος, qui signifie *envoyé, député.*

Un philosophe, dont la mémoire et les préceptes sont vénérés en Chine depuis près de vingt-quatre siècles, Koung-fou-tseu, ou Confucius, avait douze apôtres, par lui chargés de propager sa doctrine, — doctrine toute morale, — dans les différentes provinces de l'empire du Milieu. Les fondateurs de religions, afin de répandre leurs dogmes, ont usé du même procédé. La synagogue avait des apôtres qu'elle envoyait « courir la terre et les mers, » pour faire des prosélytes à la loi de Moïse Un fils de la synagogue, un sectaire juif, dont le but est resté énigmatique, mais qui devait être un jour honoré comme un dieu, Jésus de Nazareth, eut aussi ses apôtres. C'est à eux que s'applique tout spécialement, chez nous, cette dénomination. C'est aussi d'eux que nous voulons ici parler.

Ils étaient, selon toute apparence, au nombre de douze, comme ceux de Confucius. Si l'on s'en rapporte à d'anciens témoignages, d'ailleurs peu authentiques, il avaient pour mission, dans la pensée de celui qui les avait élus : 1° d'annoncer, à l'exemple de leur maître, non pas aux Gentils, ni même aux Samaritains, mais au Juifs seulement, ce qu'il appelait lui-même l'Évangile, la *bonne nouvelle*, c'est-à-dir la prochaine institution d'un royaume messianique, et la nécessité de la pénitenc et du baptême comme initiation au règne du Messie; 2° de prêcher, toujours l'exemple de leur maître, non pas aux Gentils, ni même aux Samaritains, mais au Juifs seulement, une réforme morale, tout entière inspirée par la religion judaïque sans ajouter à celle-ci, sans en retrancher un seul iota ni un seul point ; 3° enfin et toujours encore à l'exemple de leur maître, d'opérer, non pas en faveur des Gen tils, ni même des Samaritains, mais au profit des Juifs seulement, des miracles qu consisteraient, selon l'usage, à rendre instantanément la santé aux malades, à res susciter les morts, à guérir les lépreux, à chasser les démons. (*Matth.*, x, 5-8.) — I leur avait été promis qu'en récompense de leurs travaux et de leur zèle, lors d l'installation du royaume, objet de leur foi et de leur espérance, ils siégeraient, la droite et à la gauche de Jésus, sur douze trônes, jugeant les douze tribu d'Israël, et qu'ils mangeraient et boiraient à la table du maître. (*Matth.*, xix, 28 *Luc*, xxii, 28-30.)

Nous écririons des volumes, si nous voulions résumer tout ce que les tradition légendaires, tout ce que les Pères de l'Église chrétienne et les hagiographes, venu à la suite, ont raconté, — sans le secours de la moindre critique, il est vrai, mai avec tout le sérieux d'une suprême naïveté, — touchant les faits et gestes de apôtres de Jésus. La simple et courte vérité est que nous savons à peine — e encore non pas de tous — qu'ils ont vécu et qu'ils sont morts. Quant aux circon stances de leur vie et de leur mort, les documents que nous fournissent les plu anciens historiens ecclésiastiques, Eusèbe et le Pseudo-Abdias, méritent encor moins de créance que les faits mentionnés dans les *Évangiles* et dans les *Actes de apôtres*.

Si l'on consulte les Évangiles sur le nom, sur le caractère personnel et le mod de vocation de ceux des apôtres à l'égard desquels ils ne gardent pas tout à fait l silence, on les trouvera en désaccord presque constant, souvent même en contradic tion les uns avec les autres; et, s'il arrive qu'on ait recours aux commentateur orthodoxes, on sourira — de pitié bien souvent — à l'énoncé des étranges hypo thèses imaginées en vue de la conciliation des textes.

Parmi les *Douze*, comme on les nomme, il en est quatre, au plus, que les Évan giles nous représentent assez distinctement : ce sont Simon Pierre ou Céphas e son frère André, tous deux fils de Jonas, puis les deux fils de Zébédée et de Salomé Jacques dit le Majeur, peut-être parce qu'il était l'aîné, et Jean, le bien-aimé dis ciple, mais qui, dans l'évangile qu'on lui attribue, ne nomme pas une seule fois son frère. Que les portraits soient ou non de fantaisie, on peut encore reconnaître à peu près, quoique placés dans un jour plus obscur, Philippe de Bethsaïde, Thomas ou Didyme, Simon le zélote ou le cananite, et Judas Iscariote, le seul, dit-on, qui ne fût pas Galiléen. Quant aux autres noms mentionnés dans les différentes listes qui nous sont parvenues, on ne sait à qui les appliquer. Faut-il dire Matthieu ou Lévi? Lebbée, Thaddée ou Jude? Ces divers noms, dans l'un et l'autre cas, désignent-ils une ou plusieurs personnes? Pourquoi s'obstine-t-on à faire de Jude, — l'un des quatre personnages nommés *frères du Seigneur,* — le frère de Jacques appelé le Mineur, quand l'évangile de saint Luc (VI, 16) affirme positivement qu'il était fils de Jacques, Ἰουδάν Ἰακώβου? Barthélemi est-il le même que Nathanaël, ainsi que l'ont prétendu quelques-uns, et que l'admet M. Ernest Renan? ou faut-il croire, sur l'autorité des Pères, de saint Grégoire en particulier et de saint Augustin, que Nathanël, celui qui ne pensait pas que rien de bon pût venir de Nazareth, et dont il n'est parlé que dans l'évangile selon saint Jean, qui en fait un pêcheur, ait été rejeté du cercle des apôtres, par ce motif qu'il était docteur ou maître de la loi, et que Jésus ne voulait, pour annoncer l'Évangile, que des hommes simples et ignorants? — Quel est le Jacques, fils d'Alphée? Et cet Alphée est-il le même que Cléophas, époux de Marie, sœur de saint Joseph, selon les uns, sœur de la vierge Marie, selon les autres? Quel est le Jacques, *frère du Seigneur,* qui exerce, même en présence de saint Pierre, une sorte de suprématie dans ce qu'on a pompeusement nommé le concile de Jérusalem? Auquel de ces deux Jacques convient l'appellation de *Mineur?* L'un des deux était-il en effet le frère de Jésus, fils, comme lui, de Joseph et de Marie? Même question relativement à saint Jude. Mais nous savons, par le témoignage explicite des évangélistes, quels qu'ils soient, que les propres frères de Jésus « ne croyaient pas en lui, » et que, persuadés par l'extravagance de ses actes et de ses paroles qu'il avait « perdu l'esprit, » ils entreprirent au moins une fois de le ramener de force à Nazareth. Faut-il admettre, comme le donne à entendre l'auteur des *Actes des apôtres,* qu'au temps de la mort de Jésus, toute sa famille, — y compris sa mère, — jusque-là si incrédule, se soit enfin convertie à lui?

A toutes ces questions, qu'il serait aisé de multiplier, et aux énormes difficultés qu'elles suscitent, on objectera sans doute, selon une coutume déjà bien vieille, mais apparemment toujours commode, qu'il y a été cent fois répondu. Cela est vrai; mais on peut y répondre cent et cent fois de la même manière : elles n'en subsisteront pas moins, comme à la première, dans toute leur force.

Les apôtres de Jésus, autant qu'on en peut juger, étaient tous de petite condition cinq ou six d'entre eux, peut-être même davantage, étaient de simples pêcheurs.

Trois de ces derniers semblent avoir été, de la part du Maître, l'objet d'une mystérieuse préférence : ils sont désignés, dans les synoptiques, sous les noms de Pierre, de Jacques et de Jean. Ils formaient, a-t-on dit, « une sorte de comité intime que Jésus appelle à certains moments où il se défie de la foi et de l'intelligence des autres. » Seuls, en effet, ces trois apôtres, dans la légende évangélique, assistent à la transfiguration du Thabor; à eux seuls Jésus permet de le suivre quand il va ressusciter la fille de Jaïre; eux seuls aussi sont admis à l'angoisse si étrange, si inexplicable, si théâtrale de Gethsémani. Il est vrai qu'ils ne firent qu'y dormir.

C'est encore à eux que se rapporte une tradition, contemporaine de la primitive Église, d'après laquelle, soit avant, soit surtout après sa résurrection, Jésus aurait communiqué à ces trois seuls disciples une doctrine secrète, qui fut ensuite transmise par eux à quelques autres. Ainsi le raconte en particulier, dans ses *Stromates,* Clément d'Alexandrie, qui se glorifie d'avoir été initié à cette *gnose,* ainsi qu'il l'appelle, et la fait consister dans une interprétation philosophique des dogmes chré-

tiens, et dans l'explication mythique d'un grand nombre de passages bibliques
dont le vulgaire ne saisit que la lettre. Eusèbe, ayant en vue le même fait, affirme
qu'à l'endroit où le Christ monta au ciel, se trouvait une grotte, dans laquelle, suivant une tradition certaine, le Sauveur avait dévoilé à quelques-uns de ses disciples ses mystères les plus secrets. Cette tradition, qui nous montre Jésus prati-
quant, — comme ont fait du reste la plupart des anciens philosophes, — une double
doctrine, l'une exotérique, l'autre ésotérique, est encore explicitement confirmée par
les paroles mêmes qui ouvrent l'histoire des *Actes des apôtres,* où il est dit que Jésus
fut élevé au ciel après avoir instruit *par le Saint-Esprit* ceux des apôtres qu'il avait
choisis. Elle est aussi en parfaite harmonie avec certaines déclarations de Jésus lui-
même dans l'Évangile, et avec la méthode d'enseignement parabolique dont il fait
habituellement usage. Elle expliquerait enfin de quelque manière que, si, parlant
des mystères chrétiens, le sectateur de la *lettre,* Tertullien, a dit : « *Prorsus credibile
est, quia ineptum est ; certum est, quia impossibile est :* Rien de plus croyable, car c'est
stupide ; rien de plus certain, car c'est impossible : » à son tour, Clément d'Alexandrie, initié à *l'esprit,* quand il préconise l'accord de la raison et de la foi, ait cru
pouvoir dire que la seconde n'admet aucune autorité au détriment de la première :
« *Catholica fides nullam auctoritatem in exitium rationis admittit.* »

Un préjugé, qui s'est propagé de très-bonne heure, ç'a été de concevoir les
apôtres comme d'ardents missionnaires, qui, après la mort et la résurrection de
Jésus, se partagèrent en quelque sorte le monde, et parcoururent en conquérants
tous les royaumes de la terre. De là un cycle de légendes sans valeur historique
aucune, mais qui, comme tant d'autres, également dépourvues de toute autorité, ne
s'en sont pas moins imposées à l'histoire ecclésiastique.

C'est là, c'est d'après ces légendes, qu'à travers une multitude de merveilleuses
aventures, on a représenté tous ou presque tous les apôtres, dans toutes les parties
de la terre habitable, prêchant l'Évangile et fondant des églises : l'un, à Babylone,
à Antioche et à Rome ; l'autre, en Asie, en Grèce, dans l'Épire et le Péloponnèse,
en Achaïe et en Scythie ; celui-ci, en Espagne seulement, sans doute parce qu'en sa
qualité d'évêque de Jérusalem, il ne pouvait se tenir bien longtemps éloigné de son
diocèse ; celui-là, en Ionie, en Phrygie, en Perse ; cet autre, un peu embarrassé peut-
être de ses deux filles, demeurées vierges, seulement en Phrygie ; cet autre encore,
dont on ne connaît même pas exactement le nom, dans les Indes, c'est-à-dire dans
toutes les contrées de l'Orient ; cet autre, dont le nom est également incertain, en
Éthiopie et en Perse ; cet autre, auquel on attribue trois noms, faute de savoir à
qui ces noms appartiennent, en Perse aussi, en Libye, en Mésopotamie, en
Arménie ; cet autre, aussi en Perse, en Mésopotamie, aux Indes, en Arabie ; cet
autre, qui passe chez les Grecs pour avoir été l'époux des noces de Cana, en Égypte
et dans les contrées de l'Afrique, puis aux Iles-Britanniques et en Perse ; cet autre
enfin, élu en remplacement de Judas Iscariote, en Cappadoce, vers le Pont-Euxin et
la Colchide. Tous ou presque tous, suivant ces mêmes légendes, furent martyrisés
au moins une fois, quelques-uns même en divers lieux dans le même temps. C'est
sans doute en vertu de cette ubiquité que les reliques de la plupart, authentiquées,
comme on sait, par de nombreux miracles, se trouvent aujourd'hui en plusieurs
endroits différents.

Un célèbre critique, à propos de toutes ces fables, a dit pertinemment : « Rien
de plus contraire à la vérité. Le corps des Douze fut d'habitude en permanence à
Jérusalem ; jusqu'à l'an 60 à peu près, les apôtres ne sortirent de la ville sainte
que pour des missions temporaires. Par là, s'explique l'obscurité où restèrent la
plupart des membres du conseil central. Très-peu d'entre eux eurent un rôle. Ce fut

une sorte de sacré collége ou de sénat, uniquement destiné à représenter la tradition et l'esprit conservateur. On finit par les décharger de toute fonction active, de sorte qu'il ne leur resta qu'à prêcher et à prier : encore les rôles brillants de la prédication ne leur échurent-ils pas. On savait à peine leurs noms hors de Jérusalem, et, vers l'an 70 ou 80, les listes qu'on donnait de ces douze élus primitifs n'étaient d'accord que sur les noms principaux. »

En ne s'éloignant guère de Jérusalem, et, quand ils se livraient à quelque mission peu lointaine et de courte durée, en ne s'adressant qu'à leurs coreligionnaires, les apôtres étaient demeurés fidèles à l'exemple et à la recommandation du Maître. On ne doit pas oublier qu'il leur avait dit : « N'allez point vers les Gentils, et n'entrez point dans les villes des Samaritains; mais allez de préférence aux brebis perdues de la maison d'Israël. — Je n'ai moi-même été envoyé que vers elles. — Il ne convient pas de prendre le pain des enfants pour le jeter aux chiens. » — Une seule parole, un seul récit (*Matth.*, xxviii, 19 ; *Act.*, x et xi), parole et récit évidemment controuvés, ne sauraient sur ce point prévaloir contre l'esprit général qui se découvre si manifestement dans tout l'ensemble des Évangiles. Tout témoigne d'ailleurs qu'à l'exemple aussi de leur Maître les apôtres vécurent et moururent dans l'exercice et la pratique du culte institué par Moïse.

N'en soyons pas surpris : Jésus n'avait aucunement ambitionné pour la secte dont il était l'auteur la conquête du monde. Une semblable prétention lui eût paru — ce qu'elle eût été en effet, — aussi extravagante qu'impossible à réaliser. Elle ne se présenta jamais à son esprit. Sa pensée, selon toute vraisemblance, aspirait simplement à fonder, sans sortir de la Judée, je veux dire sans sortir de la synagogue, à côté, mais en dehors d'un monde qu'il jugeait devoir lui être à jamais hostile, une société, comparativement peu nombreuse — *Multi vocati, pauci vero electi* — de pieux juifs sanctifiés par ses leçons et par ses exemples. Seul le peuple circoncis, en quelque lieu de la terre qu'il fût dispersé, était convié à en faire partie. Ainsi l'avait compris Jésus ; et ses apôtres ne l'entendirent pas d'autre sorte. Si la pensée du Maître, si celle de ses disciples immédiats, s'était exécutée d'après le type qu'ils avaient conçu, il y a des siècles et des siècles qu'on ne parlerait pas plus de la secte des chrétiens que de celles des esséniens et des thérapeutes : seulement pour mémoire.

Il en devait être autrement.

Peu de temps après la mort du crucifié parut un homme, jeune encore, qui se montra d'abord adversaire fanatique de la petite église nazaréenne, établie à Jérusalem, mais qui, bientôt ensuite, entraîné par un fanatisme contraire, osa concevoir pour elle une plus vaste ambition. Son nom était Saul, qu'il convertit plus tard en celui de Paul. Les *Actes de sainte Thècle* et le *Philopatris* de Lucien nous ont conservé son portrait. Il était de chétive mine, laid, de courte taille, avec des jambes torses. Ses épaules épaisses et voûtées portaient une tête petite et chauve. Sa face blême présentait une barbe touffue, un large nez aquilin, des yeux perçants, des sourcils noirs se rejoignant sur le front. On croit qu'il était né à Tarse, en Cilicie, l'an 10 ou 12 de l'ère chrétienne, d'une famille hébraïque, qui prétendait, pour son chef, au titre de citoyen romain ; on ajoute qu'il avait été élevé en partie à Jérusalem, dans l'école du savant pharisien Gamaliel, dont il rechercha peut-être la fille, sans pouvoir l'obtenir.

Quoi qu'il en soit, et de quelque façon que l'on interprète le récit légendaire de la soudaine conversion de saint Paul aux portes de Damas, il est certain qu'à partir de ce moment le nouveau converti se montra aussi fougueux chrétien qu'il avait été jusqu'alors juif intolérant. Il se vantait d'avoir été favorisé, dans cette circonstance, d'une apparition de Jésus, et d'avoir reçu directement de lui la révélation et l'inspiration du christianisme. Il est à croire cependant que, dans la doctrine de saint Paul, Jésus eût été fort embarrassé de reconnaître la sienne. Nous ne jugeons, il est vrai, de celle-ci ni d'après certains passages des Évangiles, ni surtout d'après l'interprétation qu'en a donnée l'Église chrétienne, disciple de Paul bien plutôt que de Jésus. Jésus n'avait enseigné ni sa divinité personnelle, à quelque degré qu'on voulût l'entendre, ni l'inanité et l'abrogation de la loi mosaïque, ni la théorie élémentaire du péché originel, ni celle de la justification, de la grâce et de la prédestination ; rien, en un mot, de tout ce qui, depuis saint Paul, et surtout depuis son commentateur saint Augustin, a fait le fonds essentiel du dogme chrétien. Nous ne croyons pas davantage qu'il eût inventé, du temps de Néron, ni voulu appliquer à ce monstre, la théorie, si commode et si chère aux tyrans, mais si dommageable et si dégradante pour les peuples, du droit divin des puissances à une obéissance absolue.

A la suite d'une retraite momentanée et quelque peu mystérieuse à Damas, Paul commença le cours de ses prédications. Il se rendit d'abord dans le Hauran, province d'Arabie, puis revint à Damas, et, pendant trois ans, il se montra et fit entendre sa parole, mais sans grand succès, paraît-il, aux synagogues de ces contrées. L'envie le prit alors de retourner à Jérusalem. Il y demeura quinze jours seulement, et n'y vit, ainsi qu'il nous l'apprend lui-même, mais sans dévoiler les motifs de cette conduite, aucun des apôtres, à l'exception de Pierre et de Jacques, frère du Seigneur.

Il se mit ensuite à parcourir la Syrie et la Cilicie. Tarse, sa patrie, était alors son séjour habituel. C'est là qu'un zélé disciple de la foi nouvelle, Barnabé, alla le chercher ; c'est de là qu'il l'amena à Antioche de Syrie. Antioche, à cette époque, était la troisième ville du monde, elle prenait rang après Rome et Alexandrie. Les Juifs y formaient une colonie nombreuse, au sein de laquelle, grâce à une réunion de circonstances favorables, la nouvelle croyance religieuse, importée de Jérusalem, avait créé une petite église déjà plus dégagée qu'aucune autre des liens du judaïsme. Des Grecs même y étaient entrés, non toutefois, on doit le supposer, sans avoir subi la circoncision et accepté, plus ou moins, le joug de la Loi mosaïque. Antioche paraissait dès lors appelée à devenir « le point de départ de l'église des Gentils, le foyer primordial des missions chrétiennes. » C'est là que pour la première fois les *chrétiens* se décorèrent de ce nom. C'est là aussi que se forma définitivement saint Paul. C'est de là qu'après un an de séjour il partit, accompagné de Barnabé, pour commencer tout de bon sa vie apostolique.

Nous ne le suivrons pas dans ses diverses missions. Rappelons seulement que, dès les premiers pas, arrivé à Antioche de Pisidie, et trouvant les Juifs, devant lesquels il proclamait hautement l'impuissance du judaïsme et la vertu souveraine du christianisme, indociles à sa prédication : « C'est à vous d'abord, leur dit-il, que nous devions faire entendre la parole de Dieu ; mais, puisque vous la repoussez, et que vous vous jugez indignes de la vie éternelle, c'en est fait, nous nous tournons désormais vers les Gentils. » Et Paul, dès ce moment, devint, comme on l'a nommé, l'apôtre des nations. A ce titre, il parcourut tour à tour, pendant de longues années, diverses provinces de l'Asie Mineure, de la Grèce et de la Macédoine, et visita quelques-unes des îles de la mer Égée, séjournant de préférence dans les contrées les mieux disposées, par la sauvage simplicité des mœurs et la grossière ignorance de l'esprit, aux entraînements et à l'opiniâtreté de la crédulité et de la superstition. C'est ainsi qu'il fonda les églises de Galatie et en partie celle d'Éphèse, en Asie Mineure; celles de Philippes, de Thessalonique, de Bérée, en

Macédoine; celle de Corinthe, en Grèce, et probablement un grand nombre d'autres encore, soit directement et par lui-même, soit par ses disciples. Ici toutefois, ainsi que le remarque judicieusement le plus récent des historiens de saint Paul, « il importe de se défendre d'une illusion que la lecture des Épîtres de Paul et des Actes des apôtres produit presque forcément. On serait tenté, d'après une telle lecture, de se figurer des conversions en masse, des églises nombreuses, des pays entiers volant au culte nouveau. Paul, qui nous parle souvent des Juifs rebelles, ne parle jamais de l'immense majorité des païens, qui n'avaient aucune connaissance de la foi... Les sectes sont sujettes à ces illusions d'optique; pour elles, rien n'existe hors d'elles; les événements qui se passent dans leur sein leur paraissent des événements intéressant l'univers. Les personnes qui ont des rapports avec les anciens saint-simoniens sont frappées de la facilité avec laquelle ils s'envisagent comme le centre de l'humanité. Les premiers chrétiens vivaient de même si renfermés dans leur cercle, qu'ils ne savaient presque rien du monde profane. Un pays était censé évangélisé quand le nom de Jésus y avait été prononcé et qu'une dizaine de personnes s'étaient converties. Une église souvent ne renfermait pas douze ou quinze personnes. Peut-être tous les convertis de saint Paul en Asie Mineure, en Macédoine et en Grèce, ne dépassaient-ils pas beaucoup le chiffre de mille. »

La jalousie, cependant, et la discorde avaient plusieurs fois éclaté entre l'apôtre *intrus* et l'église de Jérusalem. Les disciples des Douze, les judéo-chrétiens étaient depuis longtemps portés contre lui d'une violente animosité : « Comment Paul, disaient-ils, peut-il soutenir que, par un entretien d'une heure, Jésus l'a rendu capable d'enseigner? Il a fallu à Jésus une année entière de leçons pour former ses apôtres. Et si Jésus lui est vraiment apparu, comment se fait-il qu'il enseigne le contraire de la doctrine de Jésus? Qu'il prouve la réalité de l'entretien qu'il a eu avec Jésus en se conformant aux préceptes de Jésus, en aimant ses apôtres, en ne déclarant pas la guerre à ceux que Jésus a choisis. S'il veut servir la vérité, qu'il se fasse le disciple des disciples de Jésus, et alors il pourra être un auxiliaire utile. » *(Homélies pseudo-clément.*, XVII, 13-20, citées par Ern. Renan, *Saint Paul*, page 294.) Paul se refusant avec orgueil à ces exigences, les orthodoxes, malgré quelques concessions de sa part, ne voyaient plus en lui qu'un « hérétique des plus dangereux, un faux juif, un faux apôtre, un faux prophète, un nouveau Balaam, une Jézabel, un scélérat qui préludait à la destruction du temple, pour tout dire en deux mots, un Simon le magicien. » En même temps qu'ils vomissaient contre lui ces flots d'invectives, ils s'appliquaient à ruiner toutes les églises qu'il avait fondées.

Tels étaient les sentiments des chrétiens de la Judée à l'égard de saint Paul : qu'on juge par là de ceux que lui portaient les Juifs restés exclusivement dévoués à la loi de Moïse. Fut-ce pour essayer de calmer les haines soulevées contre lui, fut-ce, au contraire, pour les braver en face, qu'au retour de sa troisième mission, et sous prétexte de porter aux pauvres l'offrande des églises dont il était le père, Paul, accompagné des délégués de ces églises, tous incirconcis, ou affranchis de la loi de Moïse, fit à Jérusalem un voyage qui devait être le dernier? On ne sait. Ses appréhensions, en tout cas, ne l'avaient pas trompé. A peine arrivé à Jérusalem, une intrigue ourdie par ses ennemis, et peut-être conduite par saint Jacques, *frère du Seigneur*, souleva contre lui la multitude. Elle en voulait à sa vie : elle réussit du moins à lui ravir la liberté. Elle le jeta captif en la puissance du gouverneur romain, qui le retint d'abord deux ans à Césarée; puis, sur l'appel interjeté par le prisonnier lui-même, en sa qualité de citoyen romain, au tribunal de César, le fit transporter à Rome, où il arriva, dit-on, au mois de mars de l'an 61, en la septième année du règne de Néron.

A partir de ce moment, la nuit se fait sur les destinées ultérieures de saint Paul. Aux documents qui nous ont guidés jusqu'ici, et qu'on peut à la rigueur, non toutefois sans de graves et nombreuses réserves, et au risque de se fourvoyer bien souvent, considérer comme offrant encore un caractère quelque peu historique, succèdent des légendes contradictoires. La plus accréditée, mais non la moins incertaine, veut qu'après deux ou trois ans de captivité à Rome, saint Paul y ait subi le martyre, en compagnie de saint Pierre, qui, très-vraisemblablement, ne mit jamais le pied dans la ville éternelle.

Ce qu'on peut justement affirmer, c'est qu'à dater de sa captivité, saint Paul, dont l'importance, de son vivant, ne fut pas aussi grande qu'on l'imagine, se vit abandonné de presque tous ses disciples. Sa doctrine, qui devait plus tard supplanter celle de Jésus et des apôtres, anéantir la petite église de Jérusalem, et devenir l'âme de l'église catholique, grecque et romaine, et de l'église protestante orthodoxe, fut longtemps considérée comme hérétique. On parle à peine de lui au IIe siècle. Ses Épîtres, ignorées de Papias et de saint Justin, sont peu lues alors, et leur autorité, fort restreinte, ne s'exerce que sur un petit groupe. Mais cette autorité va s'étendre dans les siècles suivants; elle finira bientôt par tout subjuguer, et Paul deviendra le docteur chrétien par excellence : *Habent sua fata libelli !*

M. Ernest Renan, qui, dans son troisième volume de l'*Histoire des origines du christianisme*, va jusqu'à comparer la « grande âme » de saint Paul à « l'âme d'Alexandre, » persiste néanmoins à trouver que, « dans la création du christianisme, la part de Paul doit être faite bien inférieure à celle de Jésus. » Il ajoute : « Paul voit, de nos jours, finir son règne; Jésus, au contraire, est plus vivant que jamais. Ce n'est plus l'Épître aux Romains qui est le résumé du christianisme, c'est le Discours sur la Montagne. Le vrai christianisme, qui durera éternellement, vient des Évangiles, non des Épîtres de Paul. »

Nous ne saurions, sur ce point, partager l'opinion du docte et ingénieux critique. Le Discours sur la Montagne n'est pas une religion. Ce n'est pas davantage un système régulier de morale. C'est un recueil de maximes et de prescriptions, inspirées, en partie, par le sentiment religieux judaïque, en partie — et ce n'est pas la moins saine — par une raison supérieure à la raison commune des Juifs de ce temps-là, mais qui n'est pas plus la raison de Jésus que celle de Socrate, ou de Pythagore, ou de Zénon. Abandonnez à eux-mêmes, à eux seuls, Jésus et ses apôtres, et il n'y a pas de christianisme. Ce n'est pas moi seulement, c'est M. Renan qui le dit : « Si le christianisme fût resté entre les mains de ces bonnes gens, renfermé dans un conventicule d'illuminés menant la vie commune, il se fût éteint comme l'essénisme, sans presque laisser de souvenir. C'est l'indocile Paul qui fera sa fortune... » (*Les Apôtres*, p. 186-187.) Sans lui, sans la grande rupture avec le judaïsme, dont il fut le promoteur, « la secte de Jésus, comme celle de Jean, se fût éteinte obscurément, et les chrétiens seraient perdus parmi les sectaires juifs du Ier et du IIe siècles. » (*Saint Paul*, p. 495-496.) C'est qu'en effet le judaïsme reste toujours au fond des Évangiles; il en est l'âme, il les pénètre de son culte et de son dieu. Les Épîtres de saint Paul, au contraire, nous présentent, quoique entée sur l'ancienne doctrine, une doctrine religieuse nouvelle, largement ébauchée dans ses parties fondamentales, toutes solidement reliées entre elles. Or, c'est là ce qu'on a nommé, c'est là ce qu'on nomme depuis dix-huit cents ans le christianisme. On peut aujourd'hui le condamner, le repousser et le combattre, non pas comme inconséquent, mais comme irrationnel, comme

absurde et immoral, comme dangereux dans son principe et dans ses conséquences ;
on peut croire et affirmer qu'il touche à sa fin, qu'il se meurt au contact de la
science et de la raison modernes ; mais il ne faut pas équivoquer à l'aide de distinctions basées sur un vrai et un faux christianisme. Ces faux-fuyants ne sont
plus de notre époque. Il y a un christianisme, légitimement enseigné et doctri-
nalement représenté par les églises orthodoxes. Ce christianisme, ainsi appelé du
surnom de Jésus, qui sûrement n'avait pas été consulté, est et restera l'œuvre de
saint Paul commenté par saint Augustin. Tous ceux qui, en dehors de lui, en
dehors de saint Paul, se disent encore chrétiens, usurpent ce nom : ils n'ap-
partiennent pas plus au Christ idéal qu'au Christ réel. C'est ce que proclamera une fois de plus, s'il se réunit, et s'il se termine sans esclandre, le prochain
concile œcuménique. Est-il, en cette matière, aucune autorité supérieure à la
sienne ?...

BIBLIOGRAPHIE. — Outre les Vies des saints et les histoires générales du christianisme et de l'Église chrétienne ; outre les *Évangiles*, les *Actes des apôtres* et les
*Épitres de saint Paul*, on peut consulter : le Pseudo-Abdias, *Historia certaminis apos-
tolici*. — Eusèbe, *Histoire ecclésiastique*. — A. Neander, *Geschichte der Pflanzung und
Leitung der christlichen Kirche durch die Apostel*. Hambourg, 1832. — Wilh. Meyer,
*Entwicklung des Paulinischen Lehrbegriffs. Ein Beitrag zur Kritik des christlichen Reli-
gionssystems*. Altona, 1801. — F.-C. Baur, *Paulus der Apostel*, etc. Stuttgart, 1845. —
D.-F. Strauss, *Vie de Jésus*, traduction de M. Littré. Paris, 1853. — Lenain de Til-
lemont, *Mémoires pour servir à l'histoire ecclésiastique*. — Voltaire, *Œuvres, passim*, en
particulier l'article *Apôtres*, dans le *Dictionnaire philosophique*, et, dans les œuvres
de philosophie, l'*Examen important de milord Bolingbroke*. — E. Renan, les trois premiers volumes publiés de l'*Histoire des origines du christianisme : Vie de Jésus, Les
Apôtres, Saint Paul*.                                   M.-L. BOUTTEVILLE.

**APPRENTISSAGE.** — L'apprentissage est l'enseignement manuel et technique que reçoit l'enfant ou l'adulte, soit dans sa famille, soit au dehors, chez un
patron, fabricant ou chef d'industrie. Cet enseignement comprend les principales
opérations et manipulations dont l'ensemble constitue un métier.

Dans les beaux-arts et dans ce qu'on appelle assez improprement les arts industriels, les jeunes gens qui reçoivent cette instruction prennent le titre d'*élèves*, laissant la qualification d'*apprentis* à ceux dont le labeur est classé parmi les travaux
dits manuels. On préfère être *élève*, — naturellement : cela flatte la vanité. L'apprenti est d'un trop petit monde. Aussi, un garçon coiffeur, pas plus qu'un litho-
graphe ou un décorateur, n'est-il un apprenti ; c'est un *élève* : il se dira un jour
*artiste*.

Parmi les métiers, quelques-uns, et surtout les plus anciens et les plus universels, tels, par exemple, que le tissage, la taillanderie, la menuiserie, etc., exigent de
l'ouvrier des connaissances spéciales qu'on peut appeler théoriques, en même temps
qu'une habileté de main particulière. Mais, jusqu'à ce jour, grâce aux tendances
métaphysiques, idéalistes, scholastiques et aristocratiques de la science et des
idées, le travail, considéré comme fonction inférieure, vile ou à peu près, est resté,
sauf de très-rares exceptions, à l'état d'empirisme et d'art utilitaire. Ni science ni
méthode. Les sciences exactes ou spéculatives ne s'occupent pas de la pratique
journalière, sinon, de temps à autre, pour un nouvel engin, une nouvelle ressource
fournie à la spéculation ou à l'exploitation.

Une tradition routinière, des observations superficielles, des constatations toutes
d'apparence, telle est, en général, la technologie de l'ouvrier. Encore s'en montre-

t-on très-avare, et, si l'apprenti sait quelque chose, c'est presque toujours à l'aide d'un temps relativement long, par la vue incessante d'opérations constamment renouvelées, par la conversation habituelle des ouvriers de l'atelier, et parce qu'il est à peu près impossible qu'ayant des yeux et des oreilles il n'apprenne rien. Mais, il connaît la technologie de son métier de la même façon qu'un soldat qui a été à Strasbourg sait l'allemand.

Quant aux procédés manuels, il en est de même. L'apprenti, soit qu'il reste désœuvré, soit qu'on l'applique au travail, fait ce qu'il voit faire, le métier lui entre par les yeux, suivant une expression d'atelier fort juste; il *singe* l'ouvrier sans se rendre compte le plus souvent de la logique et de la nécessité qui président aux mouvements exécutés devant lui et qu'il imite. Ce n'est que plus tard, quand, ouvrier lui-même, il lui faut produire pour vivre, économiser ses forces ou accélérer son travail, qu'il modifie ses mouvements et s'ingénie à leur donner la précision, la simplicité, la rapidité qu'exige le labeur. Mais, il est parfois trop tard, la main est faite, le tour est pris, on n'y peut plus revenir : il faudrait parfois recommencer un apprentissage plus long que le premier pour désapprendre les manières qu'on a prises.

Le perfectionnement de l'outillage, l'emploi des machines et l'excessive division du travail, introduits dans l'industrie non pour accroître le bien-être de l'ouvrier ou la qualité du produit, mais seulement le bénéfice de l'exploitation, font que, dans bon nombre de métiers, l'apprenti n'a plus rien à apprendre. Les connaissances techniques, si incomplètes et si peu méthodiques qu'elles soient, deviennent même inutiles pour lui comme pour tous ceux qui sont attachés au même labeur. Promener du matin au soir le même outil sur la même matière, présenter automatiquement une plaque de bois ou de métal à la machine à repercer, à scier, à découper ou à étamper, appuyer du pied sur une pédale et étendre un fil, voilà sa besogne continuelle, incessante, invariable, celle qui occupera toutes ses heures pendant sa vie entière.

Il n'y a pas besoin pour cela d'apprendre, non pas le dessin ni les sciences exactes ou naturelles, mais de connaître, même empiriquement, la résistance ou la texture des matériaux, leurs qualités diverses, leurs différents modes d'appropriation, ni rien de ce qui forme le mince bagage scientifique de l'ouvrier. Il n'est pas utile pour lui qu'il en sache plus que la machine dont il est le compagnon ou le serviteur, ce serait nuisible même : quand on sait, on pense, et, quand on pense, on est mauvais automate; l'expérience implacable le prouve. Ce n'est pas à dire, on le comprend, que l'emploi des machines et que la division du travail soient incompatibles avec une éducation intellectuelle ou technique de quelque valeur : on pourrait le croire, si on constatait les faits sans les analyser ni les interpréter. En effet, ce qu'on demande à l'ouvrier, ce n'est pas, dans la plupart des cas, d'être un artisan intelligent ou un travailleur conscient et instruit, mais seulement un instrument habile, régulier et docile, un peu moins qu'un employé, un peu plus qu'un rouage. Il est certain que, s'il possédait une ample et sérieuse connaissance tout à la fois des lois qui président au mécanisme dont il est l'auxiliaire, et des divers procédés en usage pour la production dont il est l'un des instruments, les choses n'en iraient pas plus mal. Seulement, le travailleur, dans ce cas, ne pourrait s'astreindre perpétuellement à un travail monotone, invariable, machinal, où son intelligence n'aurait presque jamais lieu de s'exercer; il ne se contenterait point d'un maigre salaire, d'autant moins que ses connaissances lui permettraient de changer d'emploi, de fonctions, suivant les besoins de l'industrie, tandis qu'aujourd'hui il est contraint d'accepter la part qui lui est faite, incapable qu'il est de remplir une fonction nouvelle quand celle à laquelle il est attaché subit, par l'effet de la concurrence ou du chômage, une diminution de salaire. On comprend que les chefs d'industrie ne soient aucunement soucieux de faire cesser cet état de choses. Pour qu'il cessât, il faudrait une organisation nouvelle du travail, et ce n'est pas sans quelque apparence de raison que l'instinct populaire conclut par cet aphorisme brutal, passé en proverbe, « que pour travailler il n'est pas besoin de savoir lire. »

Le législateur semble sur ce point se ranger à l'avis du proverbe, tout en y mettant une certaine réserve. Il déclare (loi du 4 mars 1851) que si l'apprenti, âgé de moins de seize ans, ne sait ni lire, ni écrire, ni compter ou s'il n'a pas terminé sa première éducation religieuse, le maître est tenu de lui laisser prendre sur sa journée de travail le temps nécessaire à son instruction, lequel temps ne pourra excéder *deux heures* par jour. *Deux heures !* voilà le maximum d'instruction pour l'apprenti, juste le temps d'apprendre le catéchisme. Qu'il fasse sa première communion, pour figurer comme catholique au recensement et qu'il sache signer son nom, tant bien que mal, lors de la conscription, pour l'honneur des statistiques, c'est tout ce que le législateur demande.

La même loi du 4 mars 1851 déclare que le maître doit enseigner progressivement le métier ou la profession spéciale qui fait l'objet du contrat. Le législateur en parle bien à son aise. Pour que cette disposition eût une valeur, il faudrait qu'il existât une méthode d'enseignement et une science du travail, sans lesquelles il ne peut y avoir ni progression dans l'étude ni instruction complète. C'est cette méthode et cette science qu'il eût fallu d'abord créer avant de légiférer la matière. On voit bien que ceux qui font les lois n'ont jamais exercé un métier. Ce n'est pas à dire que ceux qui en exercent un feraient des lois meilleures. En cela, il n'y a, pour ainsi dire, rien à attendre de la législation ; il n'y a d'autre remède, d'autre garantie, que la libre organisation du travail par les intéressés. L'apprentissage ne pourra être sérieux, efficace, que le jour où les ouvriers pourront s'associer en toute liberté, se grouper à leur gré, former telle société qu'il leur plaira pour l'éducation technique, professionnelle et scientifique de leurs enfants. La liberté, l'émulation, l'association des intérêts et des intelligences, le contrôle des associés, seront toujours de meilleures sauvegardes que toutes les mesures législatives possibles.

L'apprentissage a, de tout temps, reflété les idées et l'organisation de la société. Dans l'antiquité, quand la guerre était l'industrie des hommes libres et que tous les efforts étaient portés vers le combat, toutes les imaginations vers la beauté, ce fut un exercice et un gymnase artistique ; au moyen âge, lorsque l'on croyait à la puissance de certaines formules et que l'adresse ou la science passait pour être de la sorcellerie, ce fut une initiation ; à la Renaissance, ce devint une étude tout à la fois empirique, réaliste et encyclopédique qui faisait, de Bernard Palissy, un potier, et de Benvenuto Cellini, un bijoutier, des artistes incomparables ; plus tard, quand les fonctions et surtout les attributions se furent divisées de nouveau, qu'une hiérarchie se fut établie dans les métiers, ce devint une acquisition de monopole et de privilège, avec règlements et aristocratie corporative; aujourd'hui, c'est une exploitation : celui qui prend des apprentis songe bien plus à se faire rendre gratuitement des services par eux, à créer des concurrents aux ouvriers qu'il emploie, et à obtenir ainsi une baisse de salaire, suivant la fameuse loi *de l'offre et de la demande* des économistes, qu'à se donner, dans son industrie, un digne et habile successeur. — Et toutes les lois du monde ne peuvent faire qu'il en soit autrement.

Nous ne sommes plus au temps où le fils devait apprendre le métier de ses aïeux, ce qui paraît moins tyrannique et moins intolérable, quand on se rappelle que toute l'industrie humaine ne formait que quinze à seize métiers. Le déclassement est aujourd'hui la chose habituelle; sauf quelques professions exercées par des ouvriers en chambre et à façon, qui ont tout avantage à se faire aider par leurs enfants dans leur travail, et qui augmentent ainsi le salaire quotidien, presque toujours l'ouvrier, mécontent de son sort, espérant pour les siens une rétribution plus forte et moins de fatigues, veut que son fils apprenne un autre métier que le sien, métier qu'il imagine d'autant meilleur qu'il ne le connaît pas.

Il place son enfant chez tel ou tel maître, dans telle ou telle profession, à laquelle ne le destinent souvent ni ses aptitudes, ni ses goûts, ni son tempérament, et qui, passant pour être lucrative, n'en est que plus encombrée. Ne sachant rien de ce métier, il ne peut juger par lui-même la valeur de l'éducation professionnelle donnée à son enfant. Il doit s'en rapporter complétement, sur ce point, aux affirmations de l'apprenti ou du maître, intéressés tous deux, presque toujours, à abuser de la crédulité et de l'ignorance du père de famille. Il n'y a donc aucun contrôle sérieux.

Et, dans le cas de réclamations de la part du père, qui peut décider ? Le conseil des prud'hommes ou le juge de paix du canton, dit la loi. En quoi le juge de paix du canton sera-t-il compétent pour décider que la « progression » consiste à faire coudre une semelle avant de faire déformer un talon, ou à blanchir des planches avant de tailler des mortaises, ou que la connaissance complète de chacune de ces opérations n'exige que vingt jours, six mois ou trois ans ? Qu'en sait-il ? Quant au conseil des prud'hommes, composé de notables, n'ayant pas un corps de doctrine scientifique, rationnel, expérimental, sur l'organisation du travail et son enseignement, il ne pourra que se prononcer arbitrairement; il pourra le faire suivant l'habitude, la coutume, l'usage et autres traditions du même genre qui sont la législation féodale du moyen âge, mais ne sont ni de la science, ni du droit, ni de l'équité.

Pourtant, le contrat est signé; l'enfant est entré en apprentissage. Le voilà transporté loin des yeux de sa famille, parmi des hommes qui, sans être ni plus grossiers ni plus dépravés que d'autres, mais tout simplement parce qu'ils sont des hommes et non des rosières, parce qu'ils vivent en commun et non en famille, forment un milieu où, sinon la pudeur, du moins l'ingénuité et la modestie de l'adolescence se trouvent à mauvaise école. La loi, toujours pleine d'une intelligente sollicitude, a voulu garantir au moins la virginité des filles et a décidé que le contrat d'apprentissage serait résolu de plein droit par le décès de l'épouse du maître ou de toute autre femme de la famille qui dirigeait la maison à l'époque du contrat. C'est déjà quelque chose, mais ce n'est pas encore assez. Pour éviter les désordres que la loi prévoit dans le cas où il n'y aurait plus de femme dans la maison, désordres qui se produisent même lorsque l'épouse ou une parente dirige l'atelier — cela n'est hélas que trop fréquent — le législateur eût dû exiger que le local où doit se faire l'apprentissage fût complétement isolé de l'habitation conjugale et qu'il fût défendu au mari d'y pénétrer. La mesure, pour être sévère, ne serait que prudente, légitimée qu'elle est par un trop grand nombre de faits. De plus, dans sa respectable innocence, le législateur n'a pas imaginé que la réunion de six, huit ou dix filles et de quelques jeunes ouvrières pouvait être plus dangereuse encore pour la chasteté et la morale, que la direction de l'atelier féminin laissée à un mari. Je ne veux pas aborder ce sujet délicat, mais ce qu'on peut dire c'est qu'il n'y a qu'une garantie possible pour la moralité des enfants et surtout pour celles des jeunes filles, c'est l'isolement. Il faut que les apprenties apprennent leur métier dans un local bien à part. Une pareille mesure, utile très-certainement, mécontenterait beaucoup, il n'y a pas à en douter, les patronnes qui font de l'apprentissage une industrie. Mais c'est là une considération dont la loi n'a pas à tenir compte. L'apprentissage ne doit point être une exploitation, mais un enseignement ; il n'y a pas à protéger l'industrie des maîtres, mais à sauvegarder les intérêts et la moralité de l'enfance et à exercer un sévère contrôle sur les institutrices.

L'enfant doit apprendre un métier, mais qui le lui apprendra ? Sera-ce le maître, patron, chef de fabrique ou d'industrie qui a signé le contrat ? Dans la plupart des cas, non. Celui-ci ne fait qu'ordonner, surveiller la comptabilité, recevoir les commandes, faire des affaires, ce qui n'est pas le métier et s'apprend moins encore que le reste. L'apprenti est abandonné aux ouvriers qui, eux, sont chargés de l'instruire. Mais, comme ils ne trouvent à cela aucun avantage et qu'ils y peuvent rencontrer de nombreux et sérieux inconvénients, ils n'y mettent qu'un très-médiocre empressement. Ils ne veulent point avec raison, par pure charité chrétienne, perdre leur temps à enseigner les procédés ou les secrets du métier à un futur concurrent.

Si l'apprenti veut apprendre, il faut qu'il dépense beaucoup de bonne volonté, d'énergie, d'intelligence et qu'il gagne par une quasi-domesticité la confiance et la sympathie des ouvriers. Encore, ne lui laisse-t-on faire aucun des essais qui pourraient stimuler son intelligence ou son habileté. Il semble qu'on ait pour but de lui rendre le travail odieux.

Dans un grand nombre de métiers, il est certaines fonctions qui n'exigent que peu de forces ou point d'habileté spéciale, telles que tourner la roue pour le passementier ou le cordier, recevoir la feuille dans l'imprimerie, etc. ; on les réserve pour l'apprenti, à moins qu'on ne l'emploie, comme dans la bijouterie, à faire des courses, ce qui économise les appointements d'un homme de peine. Et, comme la loi dit que le maître n'emploiera l'apprenti qu'aux travaux et *services* se rattachant à la profession, le mot *services* laisse la plus grande latitude et permet juste de ne point transformer l'apprenti en valet de chambre. Au bout de trois ou de cinq ans de cet enseignement « progressif et complet, » l'apprenti en sait à peu près assez pour commencer à apprendre son métier.

Le législateur s'est bien douté que si le maître était l'unique arbitre du sort de l'apprenti, il l'emploierait le plus possible, pour en tirer le plus grand profit ; aussi a-t-il cru, dans l'intérêt de l'enfance ouvrière, devoir fixer un maximum de travail *effectif*. Ce maximum est de dix heures par jour pour les apprentis âgés de moins de quatorze ans, et de douze heures pour ceux de quatorze à seize ans. Dix heures de travail pour l'enfant ! douze pour l'adulte ! deux heures de plus que pour les hommes. Est-ce assez paternel et tutélaire ? Pourquoi pas tout de suite le bagne ? Il est vrai que, par compensation, « aucun travail de nuit ne peut être imposé aux apprentis au-dessous de seize ans. » Mais, au-dessus ?

En revanche, il peut être dérogé à ces dispositions tutélaires par un arrêté du préfet rendu sur l'avis du maire. On pense bien que ce ne sont pas les apprentis qui sollicitent cet arrêté. Quoique la loi soit d'une grande indulgence... pour les maîtres, il en est encore qui parviennent à en éluder les dispositions. Je citerai un exemple pour indiquer de quelle manière s'y prennent les gens ingénieux. Une femme, pleine de philanthropie et de charité, désigne à ses apprentis une tâche qu'elle estime devoir les occuper amplement pendant les dix heures que la loi lui accorde, et, cette tâche achevée, elle pousse le désintéressement jusqu'à octroyer à ses apprenties un salaire pour tout ce qu'elles exécutent au delà. Il va sans dire que ce salaire est le quart ou le cinquième de ce qui serait payé à une ouvrière pour le même travail. Mais il suffit pour servir d'appât et de stimulant aux pauvres enfants. La dame croit en usant de ce mode d'entraînement et d'exploitation faire un généreux sacrifice et pratiquer *la participation.*

C'est évidemment chose grave que l'apprentissage, que cet enseignement professionnel qui doit faire un producteur, un ouvrier, augmenter la richesse sociale, et qui, dans une très-large mesure, décide de la vie d'un homme. Cet enseignement est livré à l'anarchie et à l'arbitraire des intérêts, au hasard, à l'imprévoyance et à la routine. On a vu quel contrôle et quelles garanties y apportait la loi. Mais il faut bien l'avouer, toute loi serait impuissante ici, elle ne peut créer une initiative, une méthode, une science du travail qui n'existent pas. Et là où il n'y a ni méthode, ni analyse, ni science faite, il n'y a pas d'enseignement possible, ou du moins cet enseignement ne peut être que ce qu'il est aujourd'hui, une sorte d'initiation empirique, traditionnelle, routinière, sans suite, ni progression, ni certitude, rendue plus intolérable par une exploitation sans frein.

Pourtant il faut sortir de cette situation. D'honorables tentatives ont été faites déjà pour créer en France l'enseignement professionnel que nous ne pouvons étudier à cette place. Nous dirons cependant que la plupart des établissements d'enseignements professionnels fondés dans ce pays, soit par des particuliers, soit par des sociétés industrielles, appartiennent beaucoup moins à cet enseignement proprement dit qu'à l'apprentissage. En effet, on y enseigne non pas tous les éléments de l'industrie et ceux des sciences qui y sont applicables, mais seulement une profession; l'instruction littéraire, scientifique, intellectuelle, n'y est pas combinée avec la technologie, mais l'éducation technique y est donnée seule ou à peu près. D'ailleurs, les conditions qui règlent l'enseignement en France, qui en font le privilége d'un corps enseignant officiel et le subordonnent au programme et au bon plaisir d'un ministre, font qu'il est extrêmement difficile de tenter en ce sens une réforme radicale. Il faut et il faudra encore longtemps peut-être s'en tenir à l'apprentissage. Pour que l'enseignement professionnel pût se fonder en France, il faudrait commencer par jouir d'une liberté que nous n'avons pas.

Néanmoins, malgré les difficultés que présente la situation actuelle, il est des tentatives possibles. Il en est une, pratiquée par l'association des marbriers, entre autres, qui consiste à faire entrer l'apprentissage des enfants dans les charges des sociétés de production ou de secours mutuels, à nommer des commissions de sociétaires, pères de famille, dont le rôle est de surveiller cet apprentissage. Les meilleures garanties qui puissent être prises à cet égard sont du domaine de l'initiative privée. C'est aux ouvriers et aux pères de famille à s'associer, soit pour former un atelier d'apprentissage, soit pour placer leurs enfants dans des ateliers où ils pourront, par des mesures décidées en commun, formant la base d'un contrat, par une surveillance constante et le contrôle de membres compétents, obtenir toutes les garanties désirables quant à la moralité et à l'hygiène de l'atelier, et quant à l'enseignement lui-même. Cette pratique ne peut être que transitoire, c'est-à-dire changeante comme les temps et les circonstances, auxquels elle reste subordonnée pour se plier aux exigences du moment et du milieu. Aussi, ne peut-on la déterminer d'une façon précise : on ne peut que l'indiquer. L'une des conditions essentielles vers laquelle il faut tendre est la formation d'ateliers d'apprentissage, isolés des ateliers d'ouvriers ou d'ouvrières, — de véritables écoles; — une seconde condition non moins essentielle que la première, c'est tout à la fois la liberté de l'enseignement et la liberté d'association. Quant au but qui est de faire de tout individu, dans la mesure de ses facultés et de ses aptitudes, un artisan, propriétaire, échangiste, savant, inventeur et artiste tout ensemble, on ne pourra l'atteindre qu'après avoir organisé rationnellement le travail, lorsqu'il aura une méthode et les caractères scientifiques de la chimie ou de la biologie, c'est-à-dire lorsqu'il sera une science, ou plutôt la science pratique.  P. Denis.

**APPRÊT.** — Terme spécial de fabrique qui désigne une opération ayant pour but de mettre en évidence les caractères les plus avantageux de la matière première, afin de donner à ses produits les apparences les plus favorables et les plus convenables. Quoique les apprêts ne constituent, de fait, que des transformations accessoires et supplémentaires, ils n'en ont pas moins une importance telle que, dans l'état actuel des exigences industrielles et commerciales, la plupart des articles seraient invendables malgré leurs qualités foncières, si on ne leur donnait cette sorte de vernis pour leur imprimer le cachet spécial qui les fait rechercher par la consommation. C'est surtout dans les arts textiles, dans la fabrication des étoffes en général que les apprêts ont pris un grand développement; ils forment des industries spéciales qui vont en progressant, à mesure que la constitution de la matière première est mieux définie et que les connaissances scientifiques s'étendent. Règle générale, les apprêts demandent d'autant plus de soin et sont d'autant plus compliqués, que la matière première est moins parfaite et que l'exécution du produit est plus complexe. Ainsi, par exemple, de tous les apprêts les plus simples sont ceux des belles soieries et du velours, obtenus par les fils les plus brillants et les plus solides; les plus complexes concourent au contraire aux lainages drapés, auxquels les toisons si sales, à l'état brut, qu'elles en sont noires, et des filaments de chiffons servent de bases. Les apprêts varient non-seulement avec la nature des matières premières, les apparences et les propriétés diverses qui caractérisent les étoffes, et suivant qu'elles doivent être duveteuses ou lisses, légères, fines ou épaisses, brillantes ou mates, souples ou carteuses, élastiques ou raides, etc., etc., mais encore avec l'état particulier du produit. Ils changent nécessairement suivant qu'ils doivent être appliqués à des fils ou à des tissus. Examinés par rapport aux premiers seulement, ils concourent à des catégories diverses. La grande spécialité des fils à coudre comprend à elle seule le travail des filteries, qui varie de noms et de moyens selon qu'il est appliqué au chanvre, au lin, au coton ou à la soie. Viennent ensuite les apprêts des fils de fantaisie et d'ornementation qui offrent une infinité de types connus sous les noms de fils *moulinés*, *guipés*, *jaspés*, *cordonnets* et les *façonnés* de tous genres, à grains ou torsion, uniformes ou variés, les *filoches*, etc. Les dénominations de chacune de ces catégories varient en raison de la nature de la matière qui leur sert de base. Dans la soie, par exemple, on distingue le *poil*, la *trame*, l'*organsin*, la *grenadine*, le *marabout*, l'*ondé*, le *fleuret*, la *galette*, la *chappe*, la *fantaisie*, destinés au tissage, et le cordonnet pour fil à coudre. Mais quelle que soit la destination de ces produits, les modifications dans les caractères reposent sur celles des opérations fondamentales. Les apprêteurs de fils sont connus sous les noms de *mouliniers*, *ovalistes*, *retordeurs* et de fabricants de fils à coudre. Les trois premières désignations sont tirées des moyens employés, tandis que la dernière indique la destination du produit. Pour les étoffes le nom d'apprêteur est conservé à l'industriel qui fait sa spécialité des apprêts, indépendamment de la nature du tissu. Il y a des apprêteurs pour soieries, lainages, cotonnades et tissus mélangés. Parfois, un même industriel se livre aux divers genres d'apprêts, surtout lorsqu'il s'agit de tissus de fantaisie; mais, quant aux produits de fond, tels que la draperie, les cotonnades et les lainages ras, pour lesquels les moyens diffèrent notablement, il y a des établissements distincts pour chaque spécialité.

Nous croyons en avoir dit assez pour faire comprendre l'importance des apprêts en général. Quant à la description si utile des moyens et des procédés, elle trouvera naturellement sa place en traitant chaque sorte d'apprêt séparément, en parlant des fabrications des produits auxquels ils concourent.     M. ALCAN.

**APSIDES.** — Nous avons vu, en définissant les mots *aphélie* et *apogée*, qu'on donne le nom d'*axe des apsides* au grand axe de l'orbite elliptique qu'une planète décrit autour du Soleil ou qu'un satellite décrit autour de la planète principale. Les apsides sont les sommets de ce grand axe. L'effet général des actions réciproques des masses des corps célestes les uns sur les autres, en vertu du principe de la gravitation universelle, étant de modifier les éléments de leurs orbites, le grand axe de chacune de ces courbes ne conserve pas dans l'espace une direction invariable : la ligne des apsides a ainsi un mouvement continu, quoique non uniforme, et dont le sens est celui du mouvement de la planète sur son orbite. C'est ainsi que la longitude du périhélie de la Terre s'accroît en moyenne chaque année d'un peu plus de 61″. Sur cette avance totale, il y a 50″,2 qui proviennent de la rétrogradation du point d'où les longitudes sont comptées, c'est-à-dire de l'équinoxe; les 9 secondes restantes proviennent du déplacement particulier de la ligne des apsides. Le mouvement des apsides lunaires est beaucoup plus rapide : il est de 6′41″ par jour, de sorte qu'au bout de 3,232 jours 1/4, c'est-à-dire d'un peu moins de 9 ans, le grand axe de l'orbite de notre satellite a fait une révolution entière dans son plan. On verra, aux articles *Lune, Périgée, Perturbations,* à quelles causes sont dus les mouvements dont il est ici question.     AMÉDÉE GUILLEMIN.

**AQUARELLE.** — Dessin au lavis ou plutôt peinture à l'eau, de l'italien moderne *acquerello*, qui est un diminutif de *acqua*, eau, et signifie détrempe.

L'aquarelle se fait sur diverses matières, le papier, le carton, le vélin, l'ivoire, le bois même quand on l'a soumis à une préparation préalable; mais c'est de papier que l'on se sert ordinairement.

Le papier qu'on emploie est le papier à dessin, grand aigle ou fil : l'essentiel est qu'il ne boive pas. Une fois choisi, coupé à la dimension voulue, on le mouille et on le tend. Il est des personnes qui opèrent en tenant sur la feuille un morceau de flanelle imbibée; d'autres se servent du *stiratore* et mouillent par derrière avec une éponge. L'objet de ce mouillage est de permettre aux tons de se fondre; par là, on évite ces touches sèches, dures, cernées, qui rendent les ébauches désagréables et augmentent les difficultés du travail à mesure qu'il avance.

Les couleurs destinées à l'aquarelle se travaillaient autrefois à l'eau gommée, non pour le lustre, mais pour l'adhérence. Aujourd'hui, on les broie au miel, ce qui les empêche de durcir et les rend plus propres au délayage.

Pour les étendre, on se sert de pinceaux de diverses grosseurs; les fins sont employés pour les parties délicates, les moyens pour les autres.

Nous n'entrerons pas plus avant dans les détails de la pratique. C'est un métier à apprendre, et dès lors les indications verbales ou écrites sont peu de chose : il faut faire. Nous dirons seulement que le blanc du papier constituant la lumière de l'aquarelle, on doit se donner pour premier précepte d'en sauver la pureté. Il faut employer le moins de couleurs possible dans la composition des tons, et éviter d'y revenir une fois qu'ils sont posés; car toute hésitation ou toute retouche se fait au détriment de la transparence. Le grattoir est dangereux, mais les Anglais l'utilisent sans scrupule. En ce qui concerne l'emploi de procédés absolument étrangers au genre, comme la gouache, en principe nous n'y sommes point favorables; notre règle serait de n'employer pour un art que les moyens fournis par cet art lui-même. Mais on ne peut nier qu'il n'y ait avantage à gouacher certaines parties, et dès lors c'est une audace que le succès absout.

Par la finesse et la transparence de ses teintes, par la vigueur et l'éclat de ses couleurs, l'aquarelle se prête à tous les genres de production. Elle ne peut se permettre les grandes dimensions de la peinture à l'huile; mais, si son domaine est moins vaste, il n'est pas moins complet : l'histoire avec le portrait, le paysage avec les animaux et les fleurs, y entrent également. Même elle a une spécialité qui lui appartient en propre, le lavis d'architecture. Et puisque ce mot architecture est venu sous notre plume, disons que, depuis vingt ans, à mesure que nos jeunes élèves de l'école des Beaux-Arts deviennent de moins en moins architectes, ils deviennent de plus en plus aquarellistes. Les relevés de monuments qu'ils font en Italie, en Sicile, en Grèce, pendant leurs années de voyages et d'études, sont des tableaux quelquefois charmants de vivacité et d'harmonie : faible compensation bien entendu de la puissance créatrice qui s'en va!

L'aquarelle semble de pratique moderne; les vieux maîtres n'en ont pas laissé ou du moins il n'en existe plus d'eux, car on ne peut considérer comme telles quelques lavis à deux ou trois teintes où il entre plus de crayon et de coups de plume que de couleurs. Dans la collection des dessins du Louvre, il existe une aquarelle assez faible de ton du Hollandais Adrien van Ostade : les souvenirs du genre, croyons-nous, ne remontent pas plus haut. Pendant le xviiie siècle, la vogue étant au pastel avec La Tour et ses imitateurs, l'aquarelle prit peu de développement. C'est pourtant à la fin de cette période qu'elle produisit le plus grand nom dont elle s'honore, Redouté, qui, en 1793, fut nommé au concours peintre de fleurs du Muséum d'histoire naturelle. Redouté faisait les fleurs comme jamais personne ne les fit; il était à la fois savant et artiste; à l'exactitude parfaite du dessin, il alliait la délicatesse de la touche et l'éclat du coloris. On lui doit les planches de plus de vingt grands ouvrages, dont les plus célèbres sont les *Liliacées* et les *Roses*. Sa vie fut longue, sa fécondité prodigieuse, et il est peu de cabinets d'amateurs qui ne possèdent quelques-unes de ses œuvres.

La tendance héroïque de l'école de David n'était guère favorable à un art que l'on considérait avant tout comme d'agrément. Aussi, et bien qu'à cette époque les vues de Rome de Nicole eussent joui d'une certaine faveur, ce ne fut seulement que sous la Restauration, au moment de la double explosion romantique et naturaliste qui se produisit à la fois dans l'histoire et le paysage, que l'aquarelle eut son heure de renouveau. Ce fut alors une sorte d'engouement. On savait que les Anglais, Turner notamment, avaient exécuté avec la simple peinture à l'eau des œuvres d'une puissance et d'une solidité étonnantes. Géricault, qui arrivait d'Angleterre, Bonington qui parcourait l'Italie, activèrent ces tendances par leurs recherches. Qui ne connaît les vigoureuses *Courses de chevaux* du premier? Qui n'a rêvé devant les *Vues de Venise* du second, si fines, si chaudes, si éclatantes qu'elles atteignent les peintures des grands maîtres? Tout le monde suivit ces ardents initiateurs : Eugène Delacroix, les deux Johannot, Devéria, Charlet, Bellangé, Garneret, Isabey, Eugène Lami. L'Exposition universelle de 1855, en révélant combien dans ce genre les Anglais étaient supérieurs à nous, n'arrêta ni ne découragea personne. Plus que par le passé peut-être, chaque peintre chercha à se doubler d'un aquarelliste; et aujourd'hui, dans nos salons annuels, les mêmes noms se répètent dans le grand et dans le petit art; ce sont ceux de MM. Philippe Rousseau, Français, Hillemacher, Luminais, Wylds (un anglais), Eugène Giraud, Vibert, Worms, toute une pléiade. De cette foule, détachons, pour l'originalité de leur pensée et la valeur de leur métier, quatre artistes : Pollet, qui traite le portrait

en philosophe et en peintre; Harpignies, qui met dans un paysage tous les frisson-
nements de la nature; Barye, qui excelle à faire marcher les lions dans les solitudes; et Daumier, qui, dans quelques scènes de genre d'un comique effroyable,
se plaît à faire tour à tour rire et hurler la comédie humaine.

                                                                    CASTAGNARY.

**AQUEDUC.** — On appelle de ce nom, ainsi du reste que l'étymologie l'indique,
toute construction destinée à conduire l'eau d'un point à un autre, et en particulier d'une source à une ville ou à un centre quelconque d'habitations. L'aqueduc
fournit à l'homme l'eau utile, et remplit ainsi le rôle inverse de celui de l'égout.
Beaucoup de villes, suffisamment pourvues d'eau par des nappes souterraines ou
des rivières, peuvent entièrement se passer d'aqueducs, ou n'y ont recours que pour
l'eau potable ; les moins bien partagées tirent d'aqueducs toute l'eau qu'elles consomment : de là, des travaux difficiles et coûteux pour le premier établissement de
ces constructions, puis un entretien scrupuleux, qui lui-même ne saurait épargner
complétement aux villes de graves préoccupations, et parfois des souffrances
sérieuses, lorsqu'un accident vient à interrompre l'alimentation d'eau. Les villes
qui sont obligées de recourir aux aqueducs doivent donc apporter le plus grand
soin à leur construction : là plus qu'ailleurs les économies sont trop souvent
funestes, et un aqueduc devrait toujours être établi de telle sorte, qu'il ne fût
exposé à aucun des accidents que la prévoyance humaine peut conjurer ; de plus,
une ville qui s'administre prudemment ne devrait jamais se fier à un seul aqueduc,
deux au moins seraient nécessaires, et, par leur fonctionnement simultané, constitueraient pour la ville une sorte d'assurance contre la disette d'eau, fléau terrible
qui existe encore en France même, notamment dans de grandes villes du midi.
Malheureusement, soit par esprit d'économie, soit par confiance en des systèmes
trop peu étudiés, il est rare qu'on apporte à cette question si importante toute la
prudence désirable : on se contente de probabilités, on adopte trop souvent des
expédients, là où les populations sont en droit d'exiger la certitude d'un fonctionnement permanent et assuré pour un organe aussi essentiel de la vie des villes.

Les aqueducs, quel que soit leur système, ont leur point initial à un niveau plus
élevé que celui du réservoir qu'ils doivent emplir; eux-mêmes sont alimentés par
des sources, s'il s'en trouve dans le voisinage des villes à une altitude suffisante,
sinon par des machines élévatoires, qui portent l'eau d'une rivière, d'un lac ou
d'une nappe souterraine à la hauteur voulue. Les aqueducs de l'ancienne Rome
allaient s'alimenter aux sources dans les montagnes ; celui de Louveciennes, qui
conduit les eaux de la Seine à Versailles, les reçoit de la célèbre machine hydraulique de Marly. La pente moyenne des aqueducs est d'environ 0$^m$,010 à 0$^m$,015
par mètre.

Comme on le voit, le problème est toujours de conduire de l'eau d'un point plus
élevé à un point plus bas : en plaine, de simples tuyaux ou des canaux suffisent ;
mais, entre le point initial et le point d'arrivée se rencontrent souvent des pays
mouvementés, des reliefs ou des dépressions de terrains. Lorsqu'on se trouve arrêté
par de fortes saillies, et qu'on ne peut les tourner, il faut nécessairement les traverser : l'aqueduc a alors une partie souterraine, et le mieux est de pratiquer une
galerie, afin que la surveillance des tuyaux, canaux ou rigoles soit toujours possible. Lorsqu'au contraire on rencontre des dépressions du sol, on a le choix entre
deux moyens : l'un, celui des Romains, est le plus dispendieux, mais aussi le plus
sûr et le plus grandiose ; c'est l'aqueduc en maçonnerie, composé d'un canal de
maçonnerie couvert, dont la pente est uniforme, et qui repose sur des arcades plus

ou moins hautes, selon que le terrain s'abaisse plus ou moins. Il arrive même, si l'aqueduc doit traverser des vallées profondes, que deux ou trois rangs d'arcades superposées soient nécessaires. L'autre moyen, plus moderne, est celui des *conduites forcées*. Dans ce système, l'eau est contenue, non plus dans un canal de maçonnerie où elle coule librement, mais dans des tuyaux de fonte, fortement attachés au sol, hermétiquement joints entre eux par des pas de vis ou des colliers boulonnés, qu'elle remplit complétement. Ces tuyaux suivent les inflexions du terrain, et comme l'eau tend toujours à reprendre son niveau, après avoir descendu un versant de la vallée elle remonte le versant opposé, pourvu bien entendu que le point d'arrivée soit toujours en contre-bas du point initial. Mais, dans ces conditions, on conçoit qu'au point le plus bas du trajet, il se produit une pression d'autant d'atmosphères (théoriquement) qu'il y a de fois 10$^m$,33 dans la différence des altitudes ; de là, le nom de conduites forcées. L'établissement de ces sortes d'aqueducs est plus économique que celui des aqueducs en élévation; mais aussi les accidents y sont plus fréquents et plus difficiles à réparer; le curage des tuyaux est une opération délicate, et qui pourtant peut être souvent nécessaire, car toutes les eaux transportent des matières calcaires ou siliceuses en dissolution et des corps étrangers, qui sont autant de causes de dépôts (au pont du Gard, qui a longtemps été négligé avant d'être une ruine, ces dépôts atteignent une épaisseur de plus de 0$^m$,25 au fond et sur les parois du canal qu'ils rétrécissent de moitié). — Enfin, on a quelquefois employé simultanément les deux modes pour un même aqueduc, en recourant aux arcades maçonnées lorsqu'elles pouvaient sans trop de frais éviter les trop fortes pressions qu'on eût eues à de grandes profondeurs, si l'on eût employé partout les conduites forcées.

Nul doute que les aqueducs ne soient presque aussi anciens que l'établissement des grandes villes, mais il est probable qu'on ne commença que tard à en faire l'objet de constructions monumentales; les rigoles d'irrigation, les talus de terre qui exhaussent le lit d'un canal ou d'une rivière, sont autant d'aqueducs primitifs. Les auteurs anciens parlent avec admiration d'aqueducs égyptiens et babyloniens; la Grèce ne paraît pas en avoir eu d'importants; mais c'est chez les Romains que ce genre de constructions a atteint son plus haut point de perfection et de magnificence. Ils sont tantôt souterrains, tantôt portés par un simple mur de peu d'élévation, tantôt enfin élevés sur des arcades. Le canal présente la forme d'une galerie couverte de dalles, avec des regards de distance en distance; le fond et les parois sont revêtus d'une épaisse couche de mortier hydraulique; à divers points du parcours étaient ménagées des piscines, cavités plus profondes que le canal, où l'eau tombait et d'où elle ressortait après s'être déchargée de sa vase dans le fond de ces piscines, précaution excellente, grâce à laquelle l'eau de Rome est encore la plus limpide que possède aucune ville. Dans les parties élevées sur arcades, la maçonnerie était généralement en pépérin (tuf volcanique) sous la République, plus tard en blocage de béton revêtu de briques jointoyées en mortier de chaux et pouzzolane. Ces aqueducs aboutissaient soit à des châteaux d'eau de proportions grandioses, soit à des réservoirs ou à des thermes; leur passage au-dessus des voies publiques importantes, notamment aux portes de la ville, donnait lieu à de beaux motifs d'architecture, comme on peut en juger par la porte Majeure ou la porte Saint-Laurent à Rome. — Le plus ancien aqueduc romain dont l'existence soit certaine, est celui que le censeur Appius Claudius Cæcus construisit vers 310 av. J.-C. pour conduire à Rome l'eau de Préneste, aujourd'hui Palestrine. Ensuite furent établis les aqueducs appelés *Anio vetus*, venant des environs de Tivoli; *aqua Martia*, venant des mêmes parages ; — *aqua Tepula*, commençant près de Marino dans les monts Albains; — *aqua Julia*, même direction; — *aqua Virgo*, construit par Agrippa, restauré par Nicolas V; c'est l'*acqua Vergine* de la Rome actuelle, la plus estimée des Romains; — *aqua Augusta* (Bracciano); — *aqua Claudia* (Subiaco); — *Anio novus* (Subiaco), le plus long des aqueducs romains; — *aqua Trajana*; plus, des conduits secondaires qui portaient à quatorze, vers la fin de l'empire, le nombre total des aqueducs. On aura une idée de leur prodigieuse richesse d'eau, en se rappelant que trois seulement existent encore, et suffisent à faire de Rome la ville moderne la plus favorisée sous ce rapport (plus de 180,000 mètres cubes en 24 heures). On a estimé, d'après les renseignements fournis par Frontin, que de son temps cette masse d'eau était de plus de 1,300,000 mètres cubes. Letarouilly évalue le développement total des aqueducs romains à 167 lieues, dont 8 lieues sur des arcades souvent fort élevées. — Aujourd'hui, les aqueducs constituent les plus belles ruines des environs de Rome, et contribuent peut-être pour la plus grande part au caractère si imposant de cette campagne grandiose, qui ne devrait être visitée que par les hommes désireux et capables de penser.

Les Romains savaient porter leur génie dans leurs colonies, partout où ils s'établirent leurs traces restent immenses; aussi trouve-t-on de leurs aqueducs en Asie-Mineure, en Afrique, en France. La France possède même le plus beau spécimen de ces constructions : en effet, le *pont du Gard*, qui est à la fois un pont et un aqueduc, est certainement le plus beau et le plus grandiose de tous par lui-même. Il est inutile de décrire cette ruine splendide que connaissent tous ceux qui ont parcouru le midi de la France, il suffit d'indiquer ici quelques chiffres : la hauteur totale au-dessus des basses eaux est de 48ᵐ, 80 divisés en un premier rang d'arcades de 20ᵐ, 12, un second de 20ᵐ, 12, et le troisième de 8ᵐ, 56. Le monument a 6ᵐ, 36 de largeur à sa base, 3ᵐ, 06 au sommet; la retraite formant passage, prise d'un côté seulement, est de 1ᵐ, 27. D'autres aqueducs romains se voient à Lyon, à Jouy près de Metz, à Fréjus, à Saintes, à Vienne, etc.

Les Arabes construisirent aussi de beaux et utiles aqueducs; ce sont presque les seuls du moyen âge, la richesse publique dans les pays chrétiens ne suffisant plus à ces dépenses. A la renaissance, on en construisit peu en Italie, il suffisait de réparer les anciens; citons pourtant celui de Caserte; on fit d'ailleurs alors de beaux et grands travaux de canalisation, principalement en Toscane et en Lombardie. En France, la renaissance se montra là encore l'émule de l'antiquité, et Jacques Debrosse construisit le bel aqueduc d'Arcueil qui porte à Paris les eaux des sources de Rungis. Louis XIV fit élever, plutôt il est vrai pour le faste que pour l'utilité, les aqueducs de Louveciennes, de Buc, de Maintenon. Depuis, le système plus économique des conduites forcées a généralement prévalu; cependant, à une époque toute moderne, on a élevé le bel aqueduc de Roquefavour, destiné à alimenter d'eau la ville de Marseille, et dont les proportions dépassent notablement celles du pont du Gard, sans constituer pourtant un aussi remarquable monument d'architecture.

Aujourd'hui, les villes de France, sauf quelques malheureuses exceptions, ne manquent pas d'eau; mais il est rare aussi qu'elles en aient une véritable abondance, elles sont pour ainsi dire *rationnées*. Cependant, l'eau abondante est peut-être la première condition de la salubrité, et son usage augmente toujours avec l'accroissement de la civilisation. De grands travaux seront encore nécessaires, et il est permis d'espérer qu'un temps viendra où l'on ne verra plus les fontaines se dessécher tristement pendant la plus grande partie du jour, où surtout l'eau ne sera plus un objet de luxe. L'industrie moderne a bien des moyens pour la répandre, ce qui était difficile aux Romains devrait nous être facile; mais, pour réaliser de vrais progrès, c'est encore de leur exemple qu'il faut s'inspirer ici; non de l'exemple matériel sans doute, mais de l'esprit grandiose et prévoyant, qui, dans des questions aussi importantes, ne se laisse pas éblouir par les illusions d'une économie au jour le jour, et qui, après quinze siècles, après les dévastations des barbares et l'incurie du moyen-âge, assure encore aux générations actuelles de Rome l'héritage et le bénéfice de ces intelligents travaux.                         J. GUADET.

**ARABIE.** — GÉOGRAPHIE ET HISTOIRE CONTEMPORAINE. — La Péninsule arabique, projetée par le continent asiatique vers la mer des Indes, a la forme d'un large trapèze dont le sommet touche aux déserts de la Syrie, dont les deux côtés sont baignés à l'ouest par la mer Rouge, à l'est par le golfe Persique et la mer d'Oman, et dont la base se développe en remontant du sud à l'est le long de la mer des Indes. Il est compris entre 12°40' et 34° de latitude nord et 30° et 58° de longitude est. Sa largeur moyenne est de 2000 kilomètres environ. On s'était accoutumé à le regarder comme un immense désert de pierres et de sables parcouru par quelques misérables nomades : seule et sur quelques points, la partie littorale, comprenant les provinces de l'Hedjaz, de l'Yémen et de l'Oman, était cultivable et habitable. Des découvertes récentes ont changé ce point de vue légendaire. Des voyageurs européens ont traversé de part en part cette contrée plus inconnue que le centre de l'Afrique. Dans ce prétendu royaume de la solitude, du sable et du soleil, ils ont trouvé des pays fertiles, des villes florissantes, une population pressée, des dynasties rivales ayant une histoire politique compliquée et émouvante. Ils ont démontré que, contrairement à toutes les notions reçues, l'élément sédentaire était bien supérieur en nombre et en valeur à l'élément nomade et qu'une civilisation relative s'épanouissait derrière les hauts remparts et les vertes forêts de dattiers des cités, ignorées de l'Europe, qui couvrent le plateau central. M. Guarmani, M. Wetzstein, le colonel Pelly et surtout William Gifford Palgrave, ont tour à tour soulevé le voile et renouvelé la géographie de la Péninsule. Nous n'avons qu'à coordonner les renseignements donnés par ces voyageurs pour en dégager le tableau physique, politique et moral de l'Arabie contemporaine.

Le littoral de la péninsule se compose de plages et de montagnes tour à tour anticipant les unes sur les autres. Tantôt les montagnes tombent sur la mer en escarpements presque verticaux coupés de ravins et étagés en plateaux successifs, tantôt elles s'écartent pour laisser entre leurs pieds et le flot une plage plus ou moins large, une côte basse appelée *Tehama* dans l'Yémen et *Mahra* le long de l'océan Indien. Ces plages de boue et de sable sont généralement malsaines : on connaît l'insalubrité de la côte de Djeddah, ce port de la Mecque. La chaîne littorale part d'Akaba, au nord-ouest, au fond de la bifurcation orientale de la mer Rouge, suit les bords de cette mer en variant de hauteur et d'aspect, basse et stérile en général, s'élevant et s'élargissant dans les provinces riveraines de l'Hedjaz, de l'Acir et de l'Yémen; puis elle s'étend vers la possession anglaise d'Aden sur l'océan Indien, forme le district montagneux de l'Hadramaut proprement dit, s'abaisse ensuite tout le long de la mer des Indes jusqu'au Râs ou cap El Hadd en ondulations presque insensibles, contourne l'extrémité septentrionale du golfe Persique et s'épanouit en un vaste massif qui forme la riche province d'Oman et dont les sommets atteignent jusqu'à six mille pieds; enfin à partir du cap Mesandum sur le détroit d'Ormuz qui fait communiquer le golfe Persique avec la mer d'Oman, elle s'abaisse de nouveau en s'écartant du rivage et va mourir au fond du golfe, non loin de la vallée de l'Euphrate.

Cette première ceinture franchie, on est en plein désert. C'est là que s'arrêtaient les voyageurs, persuadés que ces déserts constituaient l'intérieur même du pays.

L'illusion était permise. De la large base du trapèze qui se développe le long de l'océan Indien s'étend, jusqu'à la moitié de la Péninsule, le formidable désert du sud, le *Dahna*. Jamais étranger ou indigène n'a affronté dans toutes ses parties ce colossal océan de sables mouvants chauffés à blanc par une chaleur intense; les Arabes le disent hanté par des génies malfaisants. On y marcherait des jours entiers sans y trouver la moindre trace de vie végétale ni animale. Le sable y est si léger et les coups de vent qui soufflent dans ces solitudes sont si capricieux que de hautes collines soulevées par ces vents sont par eux enlevées du jour au lendemain pour faire place à de profondes vallées. Fixez instantanément et pour quelques jours les flots d'une mer furieuse, solidifiez-les pour ainsi dire avec leurs crêtes heurtées et leurs dépressions escarpées, puis remettez-les en mouvement pour les fixer encore et vous aurez l'image de ce qui se passe à la surface du Dahna où le sable atteint jusqu'à six cents pieds de profondeur sur un lit de granit. Dans les parties où ont pu subsister quelques maigres oasis errent les bédouins Al-Morrah, sauvages et dégradés et parlant un dialecte antérieur à l'arabe du Koran.

De cet océan arénacé sortent et s'écoulent vers le nord, où ils rejoignent le désert de Syrie, deux bras, deux fleuves de sable qui s'arrondissent, l'un à l'est, l'autre à l'ouest et qu'on appelle les *Nefoud*. Les Nefoud, disent les Arabes dans leur langage imagé, sont les filles du Dahna. Comme lui, ils sont sans eau, sans végétation et exposés à une chaleur torride. Leur traversée, qu'on ne peut éviter pour venir dans la région du centre, soit de la côte occidentale, soit de la côte orientale, est aussi périlleuse que fatigante. L'eau des outres s'évapore, les bagages exhalent une odeur de brûlé. On s'égare au milieu de ces innombrables monticules de sable rouge, de deux à trois cents pieds de hauteur et courant parallèlement du nord au sud. Enfin au nord, depuis les rivages de la mer Morte jusqu'à la vallée de l'Euphrate, s'étend l'immense désert de Syrie au sol dur et pierreux, calciné l'été et çà et là tacheté l'hiver d'une maigre végétation. Par place, ce désert se creuse en dépressions au fond desquelles on trouve des puits de dix à quinze pieds de profondeur et qui sont les lieux de rendez-vous des nomades.

Du milieu de cette mer et de ces fleuves de sable qui lui constituent de tous côtés une si formidable ceinture émerge le plateau central, non pas en une seule masse, mais découpé par les replis des Nefoud en plusieurs contrées isolées, comme les îles d'un archipel. Là est le point culminant du relief de la péninsule. Les Arabes, pour dire qu'un voyageur se rend dans les États du centre, emploient le mot *talaa*, monter, et quand il se dirige, de l'intérieur, vers l'Yémen, l'Asa ou l'Oman, *anhader*, descendre. C'est cette contrée centrale, cette région des hautes terres qui était si ignorée des Européens avant les voyages de Palgrave, de Pelly, de Guarmani, etc. Le climat y est fortifiant et salubre. Au fond des vallées fertiles qui sillonnent en tous sens les plateaux se pressent des cités opulentes dont plus d'une compte 30,000 et 25,000 habitants et d'innombrables villages arrosés par des puits débordants et entourés de vergers magnifiques et de champs bien cultivés. En venant du nord, on rencontre d'abord le *Djowf*, oasis gouvernée par un envoyé de Télal, de 70 milles de long sur 10 à 12 milles de large, encaissée au milieu de plateaux plus élevés qui l'entourent, ce qui explique son nom de Djowf, entrailles. Plus loin, après avoir traversé un des bras du terrible Nefoud, on trouve le *Djebel-Chômer*, contrée sise au milieu de hautes montagnes de granit rougeâtre et de basalte que coupe un labyrinthe de défilés et de vallées profondes, royaume rattaché à l'empire wahabite par de faibles liens de vassalité. On arrive enfin au Nedjed, le centre de la puissance wahabite. Cette contrée comprend tout l'espace entre le Djebel-Chômer au nord, le Dahna au sud, le

Djebel-Toweik à l'est, la route de pèlerins (Derb-el-Hadji) à l'ouest. Elle est à vrai dire constituée par le Djebel-Toweik, que Palgrave appelle le Caucase de l'Arabie, labyrinthe calcaire de vallées, de précipices et d'escarpements en forme de croissant dont la convexité extérieure est tournée vers le golfe Persique et dont les cornes s'avancent vers le sud-ouest et le nord-ouest. Ce massif, dont les points culminants sont dans la province de Sedeir, s'abaisse en formant une rapide série de gradins escarpés dont le dernier plonge perpendiculairement dans l'océan de sable du Nefoud méridional. Il est le pivot de toute la Péninsule sous le triple rapport physique, politique et national. Il renferme dans ses replis la grande ville de Riadh, chef-lieu des Wahabites, dont le colonel Pelly a pu déterminer la position astronomique (24°,38' de latitude, 44°,21' de longitude est de Paris), précieuse contribution à la géographie de la péninsule et qui fournit les premiers éléments d'une carte exacte.

L'Arabie est dépourvue de fleuves et de rivières, ou du moins de cours d'eaux permanents. Et cependant le sol de ses plateaux et de ses plaines est sillonné de vallées appelées *ouâdis* qui ne sont autres que les lits parfaitement tracés de ruisseaux, de rivières et de fleuves communiquant les uns avec les autres et formant une sorte de réseau hydrographique idéal auquel il ne manque que de l'eau, si ce n'est pendant la saison des pluies : mais creusez le sol et vous en verrez jaillir l'eau conservée souterrainement. Ces puits sont la richesse des contrées fertiles du centre; ils donnent avec tant d'abondance de l'eau dont la nappe est presque à fleur de terre, que beaucoup débordent et forment des ruisselets limpides et des étangs. Dans d'autres endroits ces puits ont jusqu'à cent pieds de profondeur et le bruit que font les chaînes et les poulies qui descendent et remontent les seaux est délicieux à l'oreille du voyageur sorti, après une journée de fatigue, du désert torride. Un de ces ouâdis, connu sous le nom de *Roumma*, traverse toute la péninsule du sud-ouest au nord-est. Le cours de ce fleuve sans eau, qui commence près de la mer Rouge, aux monts Radouâ et aboutit au bas-Euphrate, au *Chat-el-Arab*, présente avec ses sinuosités un développement de 1200 kilomètres. L'hiver il serait assez rempli d'eau, d'après les renseignements fournis au docteur Wetzstein par des cheikhs arabes, pour qu'on ne puisse pas le traverser. L'Arabie serait donc coupée de part en part, obliquement, par un fleuve temporaire plus large que le Rhin. Mais ceci mérite de plus amples informations et cette révélation ne paraît pas s'accorder avec le relief général de la péninsule tel qu'il a été établi par Palgrave.

Les productions végétales et animales de l'Arabie sont assez restreintes. Le désert fournit deux aliments aux nomades : la graine très-fine, très-ténue appelée *sam* que produit une herbe, probablement une graminée, et qui, broyée et bouillie dans l'eau, donne une pâte assez bonne, et le *mesa*, fruit en baie d'un arbrisseau, qu'on mange en juin, époque de sa maturité, et dont on extrait une sorte de mélasse. Dans les jours de bombance, le Bédouin joint à ces aliments grossiers un peu de lait et de la viande de chameau. Les dattes sont la richesse des oasis et des jardins suburbains. On en compte jusqu'à douze espèces dont quelques-unes sont exquises : « rien de ce que nous connaissons en Europe, dit Palgrave, ne peut donner une idée de l'espèce appelée *khala*; » séchées, elles forment la meilleure partie des provisions qu'emporte le voyageur pour traverser le désert. Quant au café, le meilleur est celui récolté dans l'Yémen et connu dans nos marchés sous le nom de moka. Il n'arrive pas un seul grain de ce café en Europe. Avant d'atteindre le port d'exportation, les précieuses balles sont examinées grain à grain par les divers consignataires qui se font un devoir d'en retirer les fèves vraiment supérieures en qualité et de les remplacer par des sortes inférieures. Ce n'est donc

qu'en Arabie même qu'on peut boire du café digne de ce nom, dont une préparation minutieuse et savante rehausse encore la saveur. L'esclave chargé de faire le
café est un personnage, et il fonctionne devant les hôtes de son maître avec une
majesté quasi sacerdotale.

Palgrave constate qu'il y a dans l'Arabie absence de mouches et de serpents,
mais le colonel Pelly le contredit sur ce dernier point : il a rencontré de nombreux reptiles dans les plaines herbeuses qui s'étendent entre le golfe Persique et
le Nedjed. Le gibier abonde, mais les Arabes lui préfèrent les sauterelles classées
dans la gastronomie locale comme une délectable friandise. Le chameau est brun
ou jaunâtre dans le Djebel Chômer, blanc ou gris dans le Nedjed. Le dromadaire
est un chameau de haute race, un pur sang léger et rapide : ceux de l'Oman sont
renommés. Enfin, qui ne connaît de réputation les incomparables chevaux du
Nedjed ? Mais, comme le moka, ils ne pénètrent jamais en Europe, on ne les vend
pas, et, pour les obtenir, vous dit le Nedjéen, « il faut les recevoir à titre de don,
les obtenir par héritage ou les enlever dans un combat. »

Les Arabes proprement dits se séparent en deux familles distinctes par le type,
le dialecte, le costume et le caractère. L'Arabe du nord se proclame fils d'Ismaël, il
rappelle le type juif dans sa plus belle expression. Un noble Arabe de la cour des
chefs du Djow et du Djebel Chômer, avec sa tournure aisée, ses yeux étincelants,
son teint légèrement olivâtre, ses longs cheveux noirs, ses riches vêtements de
soie et de cachemire brillants sous un léger burnous noir, la main sur son épée
à garde d'or s'il est de sang royal, ou d'argent s'il n'est que de sang aristocratique,
est très-beau et de très-grand air; il parle une langue pure et harmonieuse, le véritable arabe du Koran, qu'il gâte un peu par les diminutifs et des augmentatifs exagérés. L'Arabe du sud prétend descendre de Khâtan, le Jectan de la Bible; il est
plus petit et de peau plus foncée, il se rapproche du type copte et semble le chaînon
qui unit la race blanche à la race noire. Son dialecte a des mots et des tournures
de phrases particulières. Ces Khatanites viennent-ils de l'antique Éthiopie?
Appartiennent-ils à la famille abyssinienne dont les émigrants auraient jadis conquis le sud de l'Arabie? On l'ignore encore, mais ces différences anthropologiques
entre l'Arabe du nord et l'Arabe du sud n'en sont pas moins très-accusées.

A un autre point de vue, à un point de vue purement social, la population de
l'Arabie doit être partagée en deux classes bien différentes de mœurs, d'habitude,
et d'esprit : les Bédouins ou Arabes nomades et les Arabes des villes. Poètes, historiens et voyageurs ont accordé une immense supériorité au nomade sur l'Arabe
sédentaire. A leurs yeux, la vie errante et pastorale est l'état normal du Sémite :
il dégénère quand il l'abandonne. Selon M. Renan, « la société sémitique n'existe
que sous la tente et dans la tribu... La race arabe présente le singulier spectacle
d'une société se soutenant sans aucune espèce de gouvernement ou d'idée de souveraineté. » L'illustre voyageur Burkhardt est du même avis : « les Arabes nomades ont certainement plus d'esprit et de sagacité que les gens des villes; leurs idées
sont nettes, leur énergie n'est pas affaiblie par la débauche ni leur âme corrompue
par l'esclavage »; mais Palgrave a renversé de fond en comble ces opinions. Il
démontre avec un véritable luxe de preuves que le nomade du désert est d'une
race abâtardie, dégénérée, abrutie par la misère et la sauvagerie, invinciblement
portée au vol et à la maraude, d'une répugnante et triviale grossièreté de mœurs,
d'idées et de vices. L'Arabe des villes au contraire constitue, selon lui, une des
plus nobles races de la terre, douée d'aptitudes supérieures et que son isolement
seul a condamnée à rester si fort en arrière dans la course intellectuelle de l'humanité. Il n'y a pas du reste autant de contradiction qu'on le croirait à première

vue entre l'opinion de Burkhardt et celle de Palgrave. Burkhardt n'avait pu établir la comparaison qu'entre le nomade et l'Arabe à moitié Turc de l'Hedjaz et de la Syrie. Il n'avait pas visité le Nedjed où la race s'est conservée pure de tout contact étranger et est restée elle-même. Il ne connaissait pas ces villes du centre où l'Arabe, — quoi qu'en dise M. Renan, — vit sous un gouvernement régulier qui fait respecter la sécurité publique et qui maintient dans un ordre relatif de vastes agglomérations.

L'élément noir prend en Arabie un développement qui menace sérieusement la race arabe, il provient soit de la traite, soit de l'immigration libre. L'inépuisable Afrique par ses belles esclaves abyssiniennes, par ses nègres de traite, par ses immigrants envahit toutes les provinces de la péninsule. Dans les provinces méridionales du Nedjed, les noirs forment le quart et le tiers de la population, dans plusieurs parties de l'Oman et à Mascate, le cinquième. A Djeddah et à la Mecque, on compte beaucoup de quarterons même parmi les chérifs. Les plus grandes familles du centre s'allient à eux : on en voit qui sont cheikhs, émirs, ministres d'État, gouverneurs de villes. La race arabe, qui s'épuise sans se renouveler, aura beaucoup à compter avec ces pacifiques envahisseurs. Dans l'Oman, et tout le long de la côte méridionale, on rencontre beaucoup de Banians, négociants indiens qui accaparent tout le commerce, et un assez grand nombre de juifs. On prétend même qu'au nord de Médine, les *Beni-Kheïbar* sont une tribu entièrement juive, sans qu'on sache au juste si ce sont des Karaïtes ou des Arabes convertis au mosaïsme.

Les divisions politiques de la péninsule ont été déterminées par sa géographie physique. On distingue le long de la mer Rouge et en descendant du nord au sud : 1° le *Hedjaz*, gouverné par le chérif de la Mecque, sous la suzeraineté de la Porte Ottomane; 2° l'*Acir*, à peu près indépendant; 3° l'Yémen, l'ancienne Arabie Heureuse, gouverné par les Turcs et renfermant quelques États presque libres tels que : l'imanat de *Saana*, la principauté d'*Abou-Harisch* et l'émirat de la montagne *Badjel*. Le long de la mer des Indes et jusqu'au Dahna s'étend le *Hadramout*, pays peu connu dont les habitants passent pour grossiers et fanatiques. Vrais auvergnats de l'Arabie, ils s'expatrient pour se louer comme portefaix et matelots ou faire le commerce dans l'Hedjaz et l'Yémen, et rentrent après fortune faite. Le long du golfe Persique se rencontrent, en remontant du sud au nord : 1° l'*Oman*, qui est sous le sceptre de l'iman de Mascate, lequel a aussi des possessions en Afrique et sur la côte opposée de la Perse; 2° le *Haça*, partagé entre plusieurs princes. Enfin au centre est le *Nedjed*, siége de la puissance des Wahabites, le *Djebel-Chômer* érigé en État indépendant, et le *Djow*, qui n'est guère qu'une province du Djebel-Chômer. Pour comprendre quelque chose à l'histoire moderne de l'Arabie, il faut bien se rendre compte d'abord de l'origine, des progrès et de l'état actuel du Wahabitisme.

Lors de la venue de Mahomet, l'Arabie présentait de nombreuses variétés religieuses. Quelques tribus professaient le pur monothéisme sémitique presque sans images et sans symboles. L'Yémen, le Haça et l'Oman pratiquaient le sabéisme, ou culte des astres avec une forte dose, surtout dans les classes inférieures, de fétichisme. De plus, il y avait des tribus chrétiennes, telles que les *Taïs* dans le Chômer, les *Taglebs* dans le Nedjed et les *Tenouks* dans le Haça. Mahomet établit sa religion, contre laquelle se levèrent plus tard des sectes puissantes, telles que celles des *Carmathes* (IIIe siècle de l'hégyre), celle des *Kadérites* et celle encore existante, dans l'Oman et dans le Haça, des *Biadites*. L'islamisme primitif s'étant altéré par le culte des saints et l'admission d'opinions hétérodoxes sur le libre arbitre, un homme, né, vers 1691, à Horeymélah, dans le Nedjed, et nommé Abd-ul-Wahab, résolut de le ramener à sa pureté première. Il se fit, non pas le Luther, mais le Jansénius du mahométisme, rappelant que Dieu seul, autocrate solitaire, a droit aux hommages, supprimant le culte du prophète et des saints, vouant à l'extermination dans cette vie, damnant, dans l'autre, tous les infidèles, proscrivant le tabac, la soie et l'or. Pour imposer ce puritanisme musulman, le prophète avait besoin d'un apôtre armé. Il le trouva dans Mohammed-ibn-Saoud, de la tribu des *Anezi*, chef héréditaire qui régnait dans une des plus fortes villes du Nedjed, à Dereya. Saoud conquit tout le Nedjed, puis le Cacim, le Haça, le Dowasir. Quand il mourut, après cinquante années de luttes et de combats, la secte spirituelle des Wahabites et la dynastie temporelle qui leur a emprunté son nom, étaient également fondées. Le fils de Saoud, Abd-el-Aziz, lui succéda vers 1800. Il conquit l'Oman et enleva à la Perse les îles *Bahraïn* et leurs riches pêcheries de perles, et la côte orientale du golfe Persique avec *Ormuz*. Épouvantée de ses succès, la cour de Téhéran le fit assassiner (vers 1805) par un fanatique chiite. Il eut pour successeur son frère Abdallah qui ruina Kerbelah, le sanctuaire des musulmans chiites et qui s'empara des villes saintes, la Mecque et Médine, qu'il pilla. Il fit trembler Bagdad et même Alep. Enfin, à la Mecque, le nom du sultan cessa d'être prononcé dans le prône du vendredi, et le pèlerinage, ce qui causa une sensation immense dans le monde musulman, fut suspendu. Ce fut alors que la Porte donna ordre à Mehemet-Ali, vice-roi d'Égypte, de reprendre les villes saintes et de châtier les farouches conquérants wahabites. Son fils Tossoun, d'abord battu, reprit la Mecque et Médine. Son autre fils, Ibrahim Pacha, conçut le hardi projet de frapper les Wahabites dans le Nedjed même. Après une marche, chef-d'œuvre de tactique et de prudence, Ibrahim battit Abdallah à la sanglante et terrible bataille de Koulak ou Kowey, puis bombarda et prit Dereya, y massacra cinq cents docteurs, imans et cadis de la secte, fit prisonnier Abdallah et l'envoya à Constantinople où le conquérant, qui avait si colossalement étendu l'empire nedjéen, eut la tête tranchée le 17 septembre 1818. Les Égyptiens ne tardèrent pas à fatiguer le Nedjed par leur tyrannie : le pays se souleva et un fils d'Abdallah, Turki, put remonter sur le trône wahabite, il fixa sa résidence à *Riadh*. Assassiné par un de ses parents, vers 1830, il laissa le pouvoir à reconquérir à son fils Feysoul qui, après plusieurs retours offensifs des Égyptiens (il fut prisonnier au Caire de 1844 à 1849), parvint à reconstituer l'empire wahabite, à lui soumettre de nouveau le Haça et le Cacim et à imposer un tribu à l'Oman. Il régnait encore en 1862, époque du voyage de Palgrave. Il est mort en 1867 et a eu pour successeur son fils Abdallah, qui a provoqué par sa tyrannie et son fanatisme une révolte générale. Au mois d'août 1868, Saoud, second fils de Feysoul, assiégeait, dans Riadh, Abdallah. L'effroyable despotisme à la fois religieux et militaire des wahabites est donc mal assuré. Il faut espérer que l'Arabie échappera à cette doctrine de mort qui exagère au plus funeste degré le fatalisme et l'exclusivisme musulman et qui voit, dans tous ceux qui n'obéissent pas à ses plus étroites prescriptions, des infidèles à massacrer et à piller. Le Haça et la fertile province du Cacim sont des foyers de résistance à cette tyrannie. Le Djebel-Chômer s'est rendu indépendant sous son roi Télal qui y fait régner l'ordre et la prospérité. L'empire wahabite compte 1,219,000 habitants et l'on peut évaluer les revenus annuels de Feysoul à quatre millions, en y joignant le tribut de 56,000 fr. que lui paient les îles Bahraïn et celui de 140,000 fr. qu'il exige des provinces méridionales de l'Oman. Il peut mettre 50,000 hommes sur pied. Le Djebel-Chômer compte 274,000 habitants et Télal a un revenu de près d'un million. Le sultan de Mascate, chef de l'Oman, règne sur 2,280,000 sujets et, grâce aux pêcheries de perles et surtout aux droits de douane, a un revenu qui doit aller jusqu'à 30 millions. Le sultan régnant de Mascate a assassiné son père, en 1866, et a cherché à se débarrasser de son oncle

Medjid, qui avait été mis à la tête des possessions africaines, à Zanzibar. Celui-ci a envoyé une ambassade à la reine Victoria pour lui demander secours (décembre 1868).

Le Hedjaz renferme les villes saintes de la Mecque, qui a pour port Djeddah, et de Médine, qui a pour port Jambo. Le grand chérif (on appelle chérifs ceux qui prétendent descendre de Fatmé, fille de Mahomet) y exerce une influence religieuse et temporelle considérable, sous la domination mal supportée de la Porte. Il est presque toujours en conflit avec le pacha de Djeddah, qui lui-même est en lutte perpétuelle avec les Arabes de l'intérieur. Cette déplorable administration entretient à Djeddah une anarchie perpétuelle. On se rappelle les massacres de 1858, dont furent victimes le consul de France, M. Éveillard, et quatorze chrétiens, et auquel prirent la principale part les matelots Hadramautes, furieux de voir la navigation à vapeur se substituer, dans la mer Rouge, à celle des barques dont ils sont patrons.

Une notice sur l'Arabie serait incomplète si on ne disait pas quelques mots du pèlerinage, de cette pratique religieuse qui amène, de tous les points du monde musulman aux villes saintes, un flot de visiteurs. Il y a d'abord la caravane, pour ainsi dire officielle, qui vient de Constantinople par Damas et le désert, escortée par des tribus spécialement chargées de ce soin et auxquelles le sultan paie quelques centaines de mille piastres. Ensuite, viennent les caravanes de la Perse : l'une passe par Hayel, capitale du Djebel-Chômer dont le roi, le fin politique Télal, la convoie avec toutes sortes d'égards et de soins, de façon à attirer chez lui le commerce de l'Irak-Arabi; l'autre passe par le Nedjed où elle est, de la part des intolérants Wahabites, l'objet d'avanies et de vexations sans nombre. La quatrième caravane vient de l'Oman et de l'Hadramout. La cinquième part de Djeddah et comprend les pèlerins venus de Mascate, de Bombay, de l'Inde, de l'Afghanistan, de l'Indo-Chine, de la Malaisie et de tous les pays musulmans de l'Afrique : Sénégal, Maroc, Algérie, Soudan, Nubie, Darfour, Kordofan, etc. En 1865, ces diverses caravanes ont amené 90,000 pèlerins aux villes saintes. Les femmes y sont dans la proportion de 1 à 20. Il règne dans cette réunion une grande immoralité, et le temple même de la Mecque est, selon Burkhardt, le théâtre des actions les plus obscènes. Les cérémonies obligatoires du pèlerinage consistent : 1° à revêtir l'*irham* ou vêtement sacré, dont le port donne droit au titre de *hadji*; 2° assister au sermon que le cadi de la Mecque fait sur la montagne d'*Arafat*, à six lieues de la Mecque; 3° assister au sermon de *Mezdéfile*; 4° jeter 63 pierres au diable dans la vallée de *Muna*, où ledit diable apparut à Adam; 5° égorger des victimes dans cette même vallée où eut lieu le sacrifice d'Abraham; 6° visiter l'intérieur de la *Kaaba* dont on fait sept fois le tour, dont on baise sept fois la pierre sacrée et où l'on boit l'eau du puits *Zem-Zem* qui jaillit à la voix d'Agar pour désaltérer Ismaël; 7° visiter les deux collines *Safa* et *Nerwa* entre lesquelles erra Agar désespérée; 8° visiter l'*Omra*, site à une demi-heure de la Mecque, où Mahomet faisait ses prières. Moyennant ces huits cérémonies, on est un hadji parfait. On les accomplit avec un enthousiasme frénétique, au milieu des pleurs et des cris et en donnant toutes les marques de la foi la plus ardente. Ces détails seront complétés à l'article *Mahométisme*, où l'on examinera l'influence morale du pèlerinage, de même qu'à l'article *Choléra* on l'envisagera au point de vue sanitaire.

Les Anglais, avec leur habileté ordinaire, se sont emparés, en 1838, d'*Aden*, magnifique position militaire qui commande l'entrée du Bab-el-Mandeb et, en 1857, de l'île de *Pèrim*, clef de la mer Rouge dont elle commande la passe la plus profonde. Le percement de l'isthme de Suez, qui aura probablement une immense influence sur l'avenir de l'Arabie, décidera sans doute la France à s'occuper du port d'*Obokh*, sur la côte opposée, qu'elle a acquis en 1862.

BIBLIOGRAPHIE. — Nieburh, *Description de l'Arabie*, traduite en français. Paris, 1773. — *Voyage en Arabie*, traduit en 1776-80. — Pelly, *Visite à la capitale des Vahabites.* — Wetzstein, *Les déserts de la Syrie et de l'Arabie septentrionale.* — Guarmani, *Itinéraire de Jérusalem au Nedjed septentrional.* — D'Avril, *L'Arabie contemporaine.* — Palgrave, *Une année de voyage dans l'Arabie centrale.* 1862. — Didier, *Visite au grand chérif de la Mecque.* — Tamisier, *Voyage en Arabie.* — Botta, *Voyage dans l'Yémen.* — Burkhardt, *Voyage en Arabie.* 1829. LOUIS ASSELINE.

**ARABIE.** — EMPIRE DES ARABES. — Les Arabes sont assurément l'un des peuples les plus antiques et les plus considérables du rameau sémitique de la race blanche. Il est vraisemblable que l'apparition de ce rameau a précédé, d'une série de siècles dont le nombre est incalculable, celle du rameau arian, et suivi, à une distance de temps également indéterminée, celle du rameau tatar. Mêlé à ce dernier dans des proportions diverses et inconnues, l'élément sémitique est entré pour beaucoup dans la formation de la population complexe des Ibères. Quant aux Arabes purs, leur nom se rencontre, pour la première fois, dans les traditions persanes. Dhokak, *l'homme aux dix mille chevaux* (Beïouracp), envahit l'Ayrianem-Vaëgo, renverse et met à mort Djemschid qui se voulait faire adorer comme un Dieu, et établit la domination arabe sur le pays. Il est à croire, toutefois, que cet événement ne fut pas le premier contact des Sémites et des Arians, car l'idée même qu'eut Djemschid de prétendre à la divinité, est fortement entachée de semitisme. Plus tard, vingt-quatre ou vingt-cinq siècles avant l'ère vulgaire, les Arabes Hyksos s'établirent sur les bords de l'Euphrate et sur ceux du Nil, et leur longue domination, funeste à l'Égypte comme à l'Assyrie, laissa partout des traces profondes dans ce dernier pays.

Aussi loin qu'on peut remonter dans l'histoire de l'Arabie, on trouve cette contrée habitée par des Sémites exempts de tout mélange. Tels sont les Arabes primitifs, *al Ariba* (Adites, Thémoudites, Amalécites, etc.); tels, les Arabes secondaires, *al Moutearriba* (Himyarites, etc.); tels enfin les Arabes tertiaires ou Ismaélites, *al Moustariba* (Qoreichites, etc.). Jamais pays n'échappa d'une manière plus complète non-seulement à toute domination, mais encore à toute influence étrangère. A peine de petites parties furent-elles subjuguées superficiellement et en passant par les Abyssins, les Perses, les Égyptiens, les Romains. Quelle action exercer sur des peuples nomades? Il y eut bien, de bonne heure même, des Arabes sédentaires. Mais, avec les Sémites et les Tatars, il ne faut entendre ce mot que dans un sens incomplet et tout à fait relatif; aujourd'hui encore, à Constantinople comme au Kaire, Turks et Arabes, de quelque vernis de civilisation qu'ils se fardent, ne peuvent se dépouiller de l'esprit nomade qui leur est essentiel; ils s'accroupissent bestialement autour de mets grossiers qu'ils mangent gloutonnement et en grande hâte, avec leurs doigts, tous à la même gamelle; dans les maisons, dans les palais, peu encombrés de meubles, ou garnis, pour la montre seulement, de lits à l'européenne, ils couchent comme sous la tente, sur un mince matelas ou sur un tapis étendu à terre, à moitié habillés, prêts à lever le camp d'une minute à l'autre. En somme, l'état sédentaire n'est pas tout à fait naturel au Sémite. Au désert, sous la tente, le Beddaouy a sa beauté, sa grandeur propres; il suit sa voie, il forme harmonie avec le reste de l'humanité. Ailleurs, il est plus ou moins déplacé; la plupart de ses qualités disparaissent, ses vices ressortent. Le Sémite, homme de proie dans les sables de l'Arabie, héroïque dans un certain sens, tourne, dans la société, toutes les ressources de son génie du côté de la ruse et de l'intrigue[1].

Les Moutearriba se donnent pour ancêtre Kakhtan, que les Hébreux ont appelé Yoktan. Les Moustariba prétendent descendre d'Ismaïl-'bn-Ibrahim. Les premiers occupaient le Yaman et avaient des colonies disséminées dans Bahrayn, le Nadjd, le Yamâmah, à Yathrib, sur les frontières orientales et septentrionales de la péninsule arabique, sur le littoral du Hidjâz. Les seconds occupaient le centre et l'occident, moins Yathrib et Djeddah, et particulièrement le Hidjâz et le Tihâmah. Quant aux Ariba ou Arabes primitifs, on pense que les Hyksos (Pasteurs, *Beddaoua*, bédouins, nomades) qui envahirent l'Égypte et l'Assyrie étaient des Adites, parmi lesquels il faut compter aussi les Amalika ou Amalécites. De nombreuses tribus arabes sentirent la puissance du roi des Israélites, Salomon, et durent lui payer des impôts. Mais l'empire de ce personnage ne lui survécut pas. Loin d'être opprimés par les Juifs, les Arabes les secoururent plus d'une fois contre les attaques assyriennes. Ils furent les alliés de Cambyse et de ses successeurs, demeurèrent fidèles à Darius Codoman et échappèrent à la vengeance d'Alexandre par la mort du conquérant. Antigone, Démétrius, les Ptolémées, les Séleucides, Pompée entreprirent vainement de les soumettre. Ælius Gallus (24 av. l'ère vulg.), Cassius (170 de l'ère vulg.), les troupes de Commode, celles de Sévère (195 ou 199), la pénible et coûteuse victoire de Macrinus (217), rien ni personne ne put consommer la soumission de la péninsule arabique. Seuls, Pétra et son territoire, habités, à ce que l'on croit, dès le temps de Nabuchodonosor II par les tribus syriennes des Nabatéens, avaient été conquis par Cornélius Palma, lieutenant de Trajan, et étaient devenus la *troisième Palestine*. La ville de Pétra, ornée de temples magnifiques, de théâtres, de cirques, d'aqueducs, fut pour un temps le centre d'un commerce considérable.

Les tribus de l'Arabie septentrionale jouèrent un rôle assez important dans les démêlés des Romains avec les Parthes, puis des Grecs avec les Perses. La trahison d'un chef arabe, d'intelligence avec les Parthes, amena la défaite et la mort de Crassus dans les plaines de Carrhes. L'appui des Arabes soutint Pescennius Niger élu César en Orient (193), et un Arabe, Philippe, fils d'un chef de brigands de l'Idumée, assassina le jeune Gordien, prit la pourpre et la garda cinq ans (244-249). Les Cheikhs ou Odheyna des anciennes tribus Amalika qui occupaient la Syrie et une partie de la Mésopotamie sont célèbres. Le dernier d'entre eux, Septimius, revêt aussi la pourpre et périt assassiné par sa femme Zebba ou Zénobie (267). Un peu avant cette époque apparaissent les royaumes de Hira et de Ghassan, créés par des émigrations de Moutearriba. Les Ghassanides devinrent les lieutenants des Césars sur la lisière septentrionale ou syrienne du désert; les rois du Hira, ceux des Sassanides sur la lisière orientale ou khaldéenne. Ce sont ces Arabes du Nord que les Romains appelèrent du nom de Sarrasins. L'époque la plus brillante du royaume de Hira est celle du roi Moundhir III. Au commencement du VIIe siècle, Hira fut réduit en une satrapie persane.

Les Moutearriba avaient fondé très-anciennement dans le sud de la péninsule Hareb, Dhafar, Aden, Nadjran, etc. A la dynastie du Saba, descendant de Kakhtan par Yareb et Yaschhab, succéda celle d'Himyar, issu de Saba-abd-Schams. Harith Erraich commença celle des Tobba (167 av. l'ère vulg.). Dans la 120e année environ de l'ère vulgaire, la digue de Lokman, fils d'Ad, qui entretenait près de Moreb un lac artificiel, se rompit et amena l'inondation et le ravage de tous les terrains cultivés. Au lieu de relever les ouvrages détruits, les habitants abandon-

---

1. Voir, à l'article précédent, les appréciations tout à fait contraires de Palgrave.

nèrent en grand nombre le pays; c'est alors que les royaumes de Hira et de Ghassan prirent naissance par suite de ces émigrations. La domination des Tobba dans le Yaman (*vulgo* Yémen) ne fit que décliner. Au VIᵉ siècle, Abou-Novves ayant embrassé le judaïsme, persécuta les chrétiens; alors les Abyssins, à l'instigation de l'empereur grec Justin Iᵉʳ, se précipitèrent sur le Yaman et s'y établirent facilement. Le conquérant Aryat fut tué par un de ses officiers Abraha-al-Aschram, qui se rendit indépendant de l'Abyssinie et chercha vainement à faire du christianisme la seule religion de l'Arabie. Les Arabes implorèrent le secours du Sassanide Khosrou Parwiz, les Abyssins furent chassés à leur tour après une domination de 72 ans (525-597), et le Yaman, l'Oman et le Bahrayn passèrent sous le joug plus doux des Perses.

A part ces conquêtes restreintes et peu durables, les Arabes, nous l'avons dit, échappèrent en général aux influences étrangères. Le Nadjd et l'Hidjâz restèrent surtout le sanctuaire de la race et de son génie. Le centre de la nationalité, si l'on peut appliquer ce terme à des nomades, était le temple de la Kaaba, à Mekka, dont la garde passa, vers 207, des Djorhom à la tribu azdite des Khozaa. En 440, Kossaï, cheik des Qoreischites, les expulsa, s'empara de l'autorité, groupa autour de lui toutes les tribus de Qoreisch et fit de Mekka une ville considérable. Les charges de *Rifada* (secours transformé en une taxe annuelle) et du *Sikaya* (administration des eaux) furent confiées, vers le milieu du VIᵉ siècle, à Abd-al-Moutalib, qui, dit-on, fit creuser dans la Kaaba le puits de Zemzem (540). Abd-al-Moutalib eut pour fils Abd-Allah, qui fut père de Mohammed, le Prophète.

A cette époque, tous les éléments propres à créer l'unité arabe existaient, s'étaient suffisamment développés et semblaient n'attendre plus qu'un génie extraordinaire pour les mettre en œuvre. Cette unité se fit surtout par la religion et par la langue; le caractère militaire qu'elle revêtit plus tard ne fut qu'une conséquence et comme une émanation de l'unité religieuse et littéraire, une phase accidentelle d'expansion, antipathique même au caractère intime de la race, une flamme qui s'éteignit dès que les circonstances qui en avaient été le seul aliment eurent disparu. L'unité religieuse et littéraire a, au contraire, persisté et persistera tant que la race vivra, parce que cette unité constitue la nature de son essence. Les 360 idoles de la Kaaba n'étaient que des intermédiaires entre l'homme et Allah; cette conception monothéiste se retrouve chez tous les Sémites qui sans doute en ont eu l'initiative dans le monde. La vénération de toutes les tribus arabes était acquise à la Kaaba et à la ville sacrée de Mekka; les Juifs mêmes respectaient ces lieux saints. Le pèlerinage y était dès longtemps traditionnel. A côté de ce centre religieux, les Arabes possédaient une institution dont la forme rappelle de loin, avec toutes les différences de milieu et de race, les jeux olympiques. C'était le congrès littéraire, poétique et chevaleresque de Oukâz, à trois journées de Mekka, derrière le mont Arafat. Là, figuraient les improvisateurs amoureux de l'emphase et du merveilleux, plus soucieux de la mélodie, de la fausse richesse et du cliquetis des paroles que de la force et de l'abondance des idées; là, venaient lutter des preux masqués; là enfin, se donnaient rendez-vous les marchands de toutes provenances qui faisaient de l'assemblée de Oukâz une foire autant qu'un congrès littéraire, mêlant ainsi, comme il convient à des Sémites, le commerce à la religion et à la poésie.

La race sémitique a été de tout temps l'officine où se sont manipulées les religions diverses qui ont empoisonné l'humanité. Les pirates phéniciens ont exporté de bonne heure des dieux avec des étoffes de pourpre. Trois hommes particulièrement ont été les fondateurs réels ou supposés des trois grandes manifestations monothéistes du sémitisme. Toutefois, Yeshoua (*vulgó* Jésus), fils de Yousef et de Miriam, dont l'existence même a été contestée, dont le véritable caractère n'est pas bien déterminé, dont l'œuvre, d'ailleurs fort restreinte et purement réformatrice, a été extrêmement étendue et dénaturée par le travail des siècles, et amalgamée des éléments les plus disparates qui l'ont fait accepter ou subir par des races auxquelles elle n'était point destinée, Yeshoua le Nazaréen diffère par des points nombreux et considérables de Mousha (*vulgó* Moïse) et de Mohammed-'bn-Abd-Allah, et un parallèle absolu et complet ne saurait, malgré une origine commune et des rapports inévitables, être établi entre le judaïsme, le christianisme et l'islamisme. Mousha et Mohammed ont eu le génie singulier de comprendre admirablement leur pays et leur race et d'organiser une société en tout conforme aux exigences de l'un et de l'autre. C'est ce qui rend leur œuvre impérissable, tant que subsistera le sang d'où elle est sortie et pour lequel elle a été créée. C'est ce qui devrait aussi enlever toute illusion aux naïfs dilettanti de ce qu'on appelle bizarrement la civilisation chrétienne, qui croient aux succès sérieux des missions et des apostolats, aux conversions possibles des races et des peuples, à la disparition ou à la transformation plus ou moins radicale de l'islam, et à l'adoption de leur panacée universelle.

Les circonstances parurent d'autant plus propices à Mohammed pour entreprendre d'établir sa loi qu'il avait été récemment précédé et comme annoncé par des précurseurs, par un Ouaraka, un Othman-'bn-Houaryth, un Obeydollah, un Saïd-'bn-Amr, et beaucoup d'autres, qui s'en étaient tenus, faute de génie sans doute et de persévérance, à de vagues ébauches de réformation.

Vers le mois d'août de l'année 570 de l'ère vulgaire, naquit Mohammed. Orphelin à cinq ans et propriétaire d'une vieille négresse et de cinq chameaux, il fut recueilli par son aïeul Abd-al-Moutaleb, puis par son oncle Abou-Taleb. Il prit part aux guerres de Fidjar (580-589), et assista à plusieurs combats. Dans un voyage en Syrie (583), il fit la connaissance du moine Bahira, appelé Djerdjis par les chrétiens. A vingt-cinq ans, après un nouveau voyage en Syrie entrepris en vue du commerce pour le compte de Khadidja, et qui fut très-fructueux, il épousa cette riche veuve qui appartenait à la tribu des Qoreischites. Tous les ans Mohammed-'bn-Abd-Allah se retirait avec les siens sur le mont Hira, près de Mekka et passait là des nuits entières dans le silence, la solitude, et la méditation. Tout à coup, il avait quarante ans, il s'annonça à sa femme, à son cousin Aly, à son affranchi Saïd, à son ami Abou-Bikr, comme le *messager de Dieu* (raçoul Allah). Sa mission, propagée et acceptée de proche en proche, demeura pendant trois ans comme à l'état latent. Au bout de ce temps, elle devint forcément publique et agressive : Mohammed demanda la destruction des idoles de la Kaaba (614). La tribu des Qoreischites se déclara contre lui et se montra implacable dans ses persécutions. Les *moslemin* (résignés à la volonté de Dieu) étaient torturés sur la colline de Ramdha. Cent un d'entre eux s'enfuirent en Abyssinie, où ils introduisirent l'*islam*. Pendant cinq ans (616-619), Mohammed se cacha dans les montagnes voisines de Mekka. La conversion d'Omar, qui avait été son plus terrible persécuteur, fut un événement considérable. Yathyb fut la première ville qui se déclara en faveur de la nouvelle doctrine. Menacé de mort à Mekka, Mohammed se réfugia à Yathyb, qui, dès lors (622), porta le nom de *Medynat-al-Naby* (la ville du Prophète); ce fut l'ère de la fuite (*hedjra*). — Mohammed ne se contenta plus de la défensive, et, à partir de ce moment, il prêcha la guerre sainte, qu'il sut compliquer habilement de la rivalité commerciale de Mekka et de Medyna. Le combat de Beder amena la première victoire. Il fut moins heureux au mont Ohud. La guerre se faisait sans quartier. Les Juifs s'étaient joints aux ennemis les plus acharnés du Prophète. Une coalition de tribus donna lieu à la guerre dite *du Fossé* (à cause du fossé creusé par ordre de Mohammed devant Medyna) ou *des Nations*. Les Musulmans triomphèrent (627). L'année suivante, Mohammed fit porter des lettres à plusieurs souverains étrangers pour les inviter à embrasser l'islam. Le Sassanide Khosrou Parwiz déchira insolemment la lettre. L'empereur grec Hiraklios répondit gracieusement. Le gouverneur de l'Égypte et le roi d'Abyssinie envoyèrent des présents; le vice-roi du Yaman se convertit. Dans le même temps, le Prophète avait réduit les Juifs de Khaibar et réussi à étendre l'islamisme au delà de l'Hidjâz. Ce fut à Kaibar qu'une Juive lui fit prendre le poison où il puisa le germe de la maladie dont il mourut quelques années après. Le 11 janvier 630, Mohammed rentra en vainqueur dans Mekka et courut renverser les idoles de la Kaaba. La propagation de l'islam dans la péninsule fut dès lors rapide, bien que sanglante. *L'année des ambassades* (630-631) vit arriver près de Mohammed les députés d'un grand nombre de chefs de tribus apportant le serment d'obéissance. A toute époque, le rôle d'homme providentiel a été contagieux : trois *faux prophètes*, ne différant du *vrai* que par le génie et le manque d'à-propos, Mouseilama, Toulaya, Al-Asouad, surgirent en même temps. Ils furent anéantis. Mais déjà Mohammed-'bn-Abd-Allah était mort (8 juin 632). Il léguait au monde une religion de plus.

L'islam, tout sémitique, a été fait par un Sémite pour des Sémites. Sauf la Perse, où le sang arian était très-affaibli, où les populations se trouvaient fort mélangées et peu nombreuses, mais qui toutefois a réagi ; sauf l'Inde qui fut, en fin de compte, peu entourée et dont plus des sept huitième résistèrent à la conversion, il n'a soumis que des races inférieures à la race sémitique. Pour le musulman, comme pour le juif et le chrétien, tout est Dieu, et la personnalité d'Allah n'est pas moins absorbante que celle du vieux Yeshoua. Devant l'un comme devant l'autre, la famille, la patrie, le monde, tout disparaît. Allah, c'est l'infini de l'arbitraire, de la grâce, du bon plaisir, du caprice, de la tyrannie. Il a tout créé. Il sait tout, peut tout, a soin de tout. Il distribue ses dons comme il veut. Il est vindicatif, égoïste, capricieux, méchant. Il a créé le mal comme le bien, et les réprouvés pour l'enfer. Lui-même a établi l'inégalité et la servitude parmi les hommes. Par une monstruosité révoltante et une inconséquence absurde, la prédestination et la responsabilité de chacun sont admises en même temps. Pas plus que Yeshoua, Mohammed n'a prétendu innover. Il se dit annoncé dans le *Pentateuque* et dans l'Évangile. Sa cosmogonie est indigente et pitoyable comme celle de Mousha. Toutes les légendes de la bible juive, parfois un peu dénaturées, sont acceptées par Mohammed et racontées à plusieurs reprises, et avec des redites sans nombre, dans le Coran. D'un autre côté, tandis que le christianisme déclare la guerre à la chair et se révolte contre la nature qu'il identifie avec le péché, l'islamisme, sans être moins rebelle à la nature, va au delà de ce qu'elle demande et étouffe ses cris en courant au-devant de ses désirs. La famille musulmane n'est qu'un lupanar canonique et légal. Cette assertion, rigoureusement vraie et que des preuves nombreuses pourraient appuyer, ne saurait nous empêcher de reconnaître que, même dans un pareil milieu, il existe des vertus privées qui méritent d'être estimées. Dans un tel cas, le milieu social innocente les individus. Au rebours du christianisme, l'islamisme est sorti armé de toutes pièces du cerveau de son fondateur ; si l'ensemble des traditions ou *sonna*, si les élucubrations des commentateurs ont pu le partager en sectes ennemies, elles n'y ont, en réalité, rien ajouté : il est, au XIIIᵉ siècle de son ère, ce qu'il était au premier.

La propagation de l'islam fut très-rapide, et, en même temps que prophète et législateur, Mohammed s'était montré politique et conquérant. Toutefois, le génie arabe ne prit son essor à travers le monde qu'après la mort de Mohammed, porté par les armées victorieuses des khalifes. Le khalifat, électif de 632 à 661, devint ensuite héréditaire dans la famille des Ommiades. Les Schyites considèrent comme des usurpateurs les trois premiers khalifes, Abou-Bikr, Omar et Othman, et vénèrent Aly à l'égal du Prophète, dont ils voient en lui le seul successeur légitime. Dans les vingt années qui suivirent la mort de Mohammed, la Syrie (638), l'Égypte (640), la Perse (652), furent conquises. C'est le temps des exploits de Khaled, d'Amrou, etc. Sous les Ommiades (661-750), Constantinople fut assiégée sept fois par les Arabes, mais toujours en vain ; l'Afrique septentrionale fut subjuguée (704-708). En 711, la victoire de Xerès donne l'Espagne à Taryk. La France est envahie, mais Karl-Martel arrête l'invasion à Poitiers (732) ; du côté du nord, elle ne franchit jamais cette limite. Dans le second siècle de l'ère musulmane, l'empire des Arabes s'étendait des confins de la Tartarie et de l'Inde à l'océan Atlantique. En 752, le massacre des Ommiades, par Abou-el-Abbas, inaugure le khalifat des Abbassides qui dura jusqu'en 1258. Mais, dès 756, l'Ommiade Abd-ar-Rakhman, échappé à l'extermination de sa famille, va fonder en Espagne le khalifat de Cordoue, qui se dresse contre Damas, puis contre Bagdad, la ville nouvelle où le khalifat d'Orient fut transporté par Al-Mansour en 762. Ce démembrement d'une part, ce déplacement de l'autre, sont le point de départ de la longue décadence de l'empire arabe. Ni Haroun-al-Rachid (786-809), l'allié de Karl le Grand, ni son fils Al-Mamoun (813-833), ne purent l'empêcher. Des dynasties indépendantes se formèrent partout. Les *Edrissites* à Fez (786) ; les *Aglabites* à Tunis, d'où ils allèrent conquérir la Sicile, envahir l'Italie méridionale, ravager les faubourgs de Rome, et fonder des colonies sur les côtes de la Méditerranée (800) ; puis les *Thouloussides*, puis les *Fachimites*, en Égypte (909), où ils fondèrent le Kaire, *Macr-al-Kahyra* (972) ; les Turks *Gaznovides*, dans l'Inde et dans la Perse (999) ; les Turks *Seldjoukides* (1040) ; les Ayoubites, dont le sultan Sala-ad-Dyn est le plus illustre ; les *Druses* du Liban ; les *Almoravides* (1070), etc., etc. Le khalifat de Cordoue, après les règnes brillants des trois Abd-ar-Rakhman, déclina rapidement ; la dynastie des Ommiades et le titre de khalife s'éteignirent en 1031 ; l'Espagne musulmane fut partagée en neuf royaumes et les Arabes, ainsi divisés, soutinrent contre les chrétiens du nord de la Péninsule ibérique le long duel où l'islam finit par succomber.

A Bagdad, le pouvoir des khalifes s'était considérablement modifié et avait été restreint à une suprématie purement spirituelle. Bhadi précipita la consommation de cette déchéance par la création de l'*Amir-al-Omra* (commandeur des commandeurs), chef de la milice turke, qui devint le maire du palais de cette espèce de rois fainéants. Les Turks et les Mongols tendent à substituer en Asie leur domination à celle des Arabes. Tout était prêt pour une revanche des peuples aryans sur les peuples sémitiques : cette revanche, ce furent les Croisades (1095-1270). Néanmoins, ces expéditions ne modifièrent pas sensiblement l'état de décomposition où se trouvait l'Orient sémitique et musulman, et eurent beaucoup plus d'influence sur l'Occident lui-même. En 1258, la prise de Bagdad par les Mongols mit fin au khalifat des Abbassides. Trois ans après (1261), le sultan Baharite Bibars rétablit la dignité nominale de khalife en faveur d'un Abbasside que la mort avait épargné, Mostanser-Billah-Akhmed, et, à l'abri de cette autorité spirituelle qu'il avait ressuscitée, gouverna l'Égypte et la Syrie. Les Mamelouks (*mamalyk*), esclaves tcherkesses qui étaient arrivés à former une milice prétorienne, dont les désordres, au Kaire, furent semblables à ceux de la milice turke, à Bagdad, préservèrent l'Égypte et la Syrie de l'invasion mongole. La domination ottomane succéda en 1517 à celle des Mamelouks, et le dernier khalife Mothaouakkal remit l'étendard du Prophète entre les mains du padischah Selim I<sup>er</sup> le Féroce. L'empire arabe n'avait plus d'existence politique, et la souveraineté spirituelle, comme la temporelle, passent aux Turks Ottomans.

Vingt-cinq ans auparavant, la prise de Grenade avait supprimé le dernier point où dominaient encore les Arabes en Espagne (1492). En 1609, Philippe III les expulsa.

Dès le milieu du XII<sup>e</sup> siècle, les Normands avaient délivré la Sicile, et la domination de la Méditerranée avait échappé à l'islam. En 975, il n'y avait déjà plus un seul Arabe dans le midi de la France.

Le commencement de la décadence de l'empire ottoman, après la mort de Solyman II le Grand (1566), fut le signal d'une faible résurrection du génie arabe dans la presqu'île arabique.

Les Arabes, aux beaux siècles de l'islam, sont allés dans la civilisation aussi haut que des Sémites puissent aller : leur culture a été, pour la plus grande part, factice, superficielle, d'emprunt, et on en a fait, croyons-nous, plus de bruit qu'il n'eût fallu. Ils n'ont pas créé leur architecture, tant et trop vantée : en cet art, comme en tout, ils ont dénaturé, amoindri, détourné de l'ordre, de la raison et de la proportion, qui font la vraie beauté, les éléments qu'ils avaient pris en dehors. L'architecture arabe procéda de la byzantine, corruption de l'antique qu'elle parvint à corrompre encore. Une chose manque à l'architecture arabe, c'est la vie : il y fait froid et vide comme dans la Bible, comme dans l'Évangile, comme dans le Qoran. Ibn-Khaldoun, né à Tunis en 1332, mort au Kaire en 1406, a porté ce jugement remarquable, qu'il appuie sur des faits : « On observe, dit-il, que les peuples nomades, chez lesquels la civilisation ne fait que commencer, sont obligés d'avoir recours à d'autres pays pour trouver des personnes versées dans l'architecture. C'est ce qu'on a vu du temps du khalife Oualid, fils d'Abd-al-Melek (715 de l'ère vulgaire), lorsqu'il voulut élever une mosquée à Médine, une autre à Jérusalem et une à Damas, où cette dernière porte encore son nom. Il fut contraint d'envoyer à Constantinople demander à l'empereur grec des ouvriers habiles dans la bâtisse, et ce souverain lui adressa effectivement des gens en état de remplir ses vues. » Parmi les livres historiques et scientifiques des Arabes, il y en a beaucoup d'extravagants ; les autres sont, en général, des copies et des traductions. Quelle est la grande découverte utile à l'humanité dont on puisse attribuer la gloire à un Arabe ? Un Sémite est impuissant à rien créer.

La musique arabe est un non-sens, et n'existe point pour nos oreilles. Les arts plastiques sont restés dans le néant. Après une aurore qui n'a pas eu de midi, le monde arabe est retombé dans sa nuit et dans cette existence végétative qui lui tient lieu de vie et dont nous doutons qu'il sorte d'une manière durable, jusqu'à ce qu'il disparaisse tout à fait. C'est le sort que réserve aux races inférieures la loi de la concurrence vitale et du progrès des êtres.

BIBLIOGRAPHIE. — Silvestre de Sacy, *Mémoires sur divers événements de l'Histoire des Arabes avant Mohammed* (*Mém. de l'Académie des Inscriptions et Belles-Lettres*. Paris, 1808, t. XLVIII, p. 484-762). — Fulg. Fresnel, *Lettres sur l'histoire des Arabes avant l'islamisme*. Paris, 1836. — L. A. Sédillot, *Histoire des Arabes*. Paris, 1854, in-18. — Daniel, Ramée, *Histoire générale de l'Architecture*. Paris, 1860. — J.-C. Murphy, *The History of the Mahometan empire in Spain*. London, 1816, in-4. — J.-A. Conde, *Historia de la dominacion de los Arabes in Espana*. Madrid, 1820, in-4. — L. Viardot, *Histoire des Arabes et des Mores d'Espagne*. Paris, 1851, 2 vol. in-8, etc., etc.

EUGÈNE GELLION-DANGLAR.

**ARABIE.** — LITTÉRATURE. — Avant l'époque des Califes, les Arabes n'ont eu ni historien, ni philosophe, ni savant d'aucun genre. Leurs seuls littérateurs sont tout d'abord des poëtes, non pas même des poëtes épiques chantant à la façon d'Homère les exploits d'une nation ou d'une tribu, mais des poëtes extrêmement personnels, ne s'occupant que de leur maîtresse, de leur cheval, et parfois de quelques épisodes guerriers auxquels ils ont pris part.

Il est probable, dit M. Renan (pour moi, je me contenterais de dire : il est possible), que, dès la plus haute antiquité, comme tous les peuples sémitiques, ils eurent des *sages* et une littérature de proverbes analogue à celle des Israélites ; mais rien n'autorise à supposer l'existence d'une littérature arabe proprement dite, que les musulmans auraient détruite par haine du paganisme. On ne croit plus à ces prétendus poëmes contemporains de Salomon et même de Moïse, que de savants Orientalistes, comme Schultens, acceptaient encore au dernier siècle. « Les anciens Arabes, répète Soyouthi d'après une tradition, n'avaient d'autres poésies que les *bëits* (distiques isolés), que chacun prononçait à l'occasion. » On cite un grand nombre de ces distiques, plutôt comme modèles de langage que pour la valeur des pensées qu'ils expriment.

Les poëmes de quelque étendue apparaissent seulement dans le siècle qui précéda Mahomet. Le développement de la poésie, en même temps que la fusion des dialectes en une langue unique, furent singulièrement favorisés par des assemblées annuelles, les foires d'Ocazh, qui font songer aux jeux olympiques des Grecs. Ocazh était un lieu planté de palmiers, à trois journées de marche de la Mecque. Avant l'islamisme, il se tenait là chaque année un grand marché qui durait une vingtaine de jours. C'était surtout un rendez-vous commercial qui attirait une foule considérable, mais c'était aussi l'occasion de jeux et d'amusements de toute sorte, parmi lesquels les tournois poétiques tenaient le premier rang.

Devant un tribunal nommé par acclamations se présentaient les poëtes de toutes les tribus : ils récitaient leurs vers, et souvent improvisaient. Les œuvres déclarées les meilleures étaient écrites en lettres d'or sur du papier d'Égypte ou sur des bandes de soie blanche, et suspendues ensuite dans la Caâba, ce panthéon arabe où figuraient fraternellement toutes les idoles de la péninsule. De là, vient le nom de *moallacat* « suspendues, » donné à quelques-uns de ces poëmes, qu'on nomme aussi *mozahabat* « dorées. » Cet usage, qui ne pouvait être fort ancien, puisque les Arabes n'ont connu l'écriture que plusieurs siècles après Jésus-Christ, fut supprimé dans l'année 630, lors de la prise de la Mecque par Mahomet qui n'aimait pas les poëtes.

Les Arabes ont conservé de cette période anté-islamique un certain nombre de poëmes extrêmement remarquables. Les Moallacat sont au nombre de sept, dont les auteurs méritent tous d'être cités comme formant la pléiade des plus grands poëtes qu'ait jamais produits l'Arabie : ce sont Imroulcaïs, Tarafa, Amrben-Colthoum, Harith, Lébid, Zohéir et Antara, à côté desquels on place avec justice Nabigha et Acha. Leurs *Cacidas* ou poëmes, qui ont toujours servi de modèles aux poëtes des époques postérieures, sont en vers métriques et monorimes. Le plus long, celui de Zohéir, n'a que cent six vers, le plus court, celui d'Amr, en a soixante-quatre. Les ivresses de l'amour et du vin, le panégyrique de la tribu, la description du cheval ou de la chamelle de course, et surtout l'éloge personnel de l'auteur et le récit coloré de ses exploits guerriers ou amoureux, tel est le fonds commun et, à vrai dire, un peu monotone des sept Moallacats. Aucune d'elles, ce me semble, n'égale la célèbre Cacida de *Chanfara*, traduite par S. de Sacy et par Fresnel, mise en vers français par M. Ratisbonne, en vers italiens par

M. Pallia, en vers allemands par Ruckert; œuvre étonnante et vraiment originale, d'une beauté sauvage et pourtant d'une forme très-achevée.

Chanfara est le type du bandit bédouin. Fils d'une négresse, enlevé dans un e rhazia et fait esclave, soufflé par la fille de son maitre, il a pris la fuite, jurant de venger cet outrage par la mort de cent guerriers, et il tient son serment. Sa vie n'est qu'un long massacre. Sans cesse errant dans le désert, poursuivi par les parents de ses victimes, traqué de ravin en ravin, de rocher en rocher, longtemps il échappe, par la vitesse de sa course, à la fureur de ses ennemis , qui avaient, dit-il lui-même, tiré ses membres au sort et se partageaient sa chair d'avance. Après plusieurs années de cette vie terrible, dont il nous a laissé une peinture émouvante, l'énergique bédouin est surpris dans une gorge étroite et massacré.

Tarafa fut au contraire un poëte de cour. Brave, mais débauché, et repoussé par sa famille, il s'était réfugié avec son oncle Motélemmis, poëte aussi, auprès d'Amr, roi de Hira ; ce prince, comme tous les Arabes de son temps, appréciait hautement le talent poétique ; mais il n'entendait pas la plaisanterie ; car, ayant su que Tarafa avait récité contre lui une satire un peu mordante, il ordonna qu'on lui coupât les pieds et les mains et le fit enterrer tout vivant. Tarafa n'avait pas plus de vingt-six ans. Il a fait surtout des poésies amoureuses, dont aucun de ses contemporains n'a égalé la grâce.

Nabigha, de la tribu de Dhobian, vécut aussi à la cour des souverains de Hira, et s'enrichit de leurs libéralités au point, dit un auteur arabe, qu'il ne faisait usage pour sa table, chose inouïe ! que de vaisselle d'or et d'argent. Aussi, dans quels termes il vante la libéralité de son bienfaiteur : « Quand les flots de l'Euphrate débordent sur ses deux rives, lorsque grossi par les torrents qui, blancs d'écume, se ruent tumultueusement dans son lit, le fleuve entraine les débris d'arbres et de roseaux, alors que le batelier, saisi d'effroi, emporté par le courant, se cramponne avec peine aux flancs de sa barque, alors même, l'Euphrate n'est qu'une faible image de ce torrent de dons sans cesse répandus par la main toujours ouverte de Nóman. »

Sans vouloir esquisser la biographie, du reste assez confuse, de tous ces poëtes anté-islamiques, je dois pourtant mentionner encore celui qui fut le plus illustre, le prince Imroulcaïs, dont le père était chef des Béni-Maádd. Il avait fait, dit-on, le voyage de Constantinople et obtenu de Justinien le gouvernement de la Palestine. Il mourut à Ancyre vers l'an 540.

L'œuvre d'Imroulcaïs, que nous pouvons prendre comme type de la poésie arabe de cette époque, comprend un assez grand nombre de poëmes très-courts , sur des sujets peu variés. Dans ceux qui offrent quelque étendue, le poëte commence par verser quelques larmes sur les traces d'un campement abandonné : « Amis, arrêtons-nous pour pleurer au souvenir de celle qui me fut chère, et à l'aspect de ces lieux où les vestiges de nos tentes sont depuis longtemps effacés... Les voilà maintenant semblables aux traits de l'écriture des psaumes dans les livres du moine. » Il se rappelle alors ses rendez-vous amoureux, la jeune vierge qui le suivait en laissant trainer derrière elle sa tunique brodée pour effacer sur la poussière l'empreinte de leurs pas, charmante jeune fille dont la peau est si délicate « qu'une petite fourmi n'y pourrait passer sans y laisser des traces. » Puis soudain, sans transition, il passe à l'éloge de son cheval, dont il décrit, avec trop de complaisance. la tête, la croupe, les jarrets : « Lorsqu'il respire, haletant, l'air s'engouffre dans ses narines, comme le vent dans l'antre des bêtes fauves. » Suivent des tableaux de chasse, de festin, d'expéditions guerrières; il montre les chevaux écrasés de fatigue, cessant d'obéir aux mors, s'abattant sous leurs cavaliers, pour devenir, à l'instant même, la proie d'une troupe d'hôtes faméliques, aigles et vautours. On peut citer encore deux ou trois descriptions d'orages : « Debout, appuyé sur sa lance, le poëte promène ses regards sur le vaste désert et observe la lueur *boiteuse* des éclairs. Les nuages déchirés, aux franges pendantes, s'inclinent et versent des torrents de pluie. Les lézards se sauvent à la nage, gagnant les monticules. Les lions sont entraînés et noyés par les courants... Mais la pluie fait renaître la verdure et éclore les fleurs ; tel le marchand de l'Yémen, lorsqu'il fait halte, ouvre ses ballots et déploie mille étoffes aux couleurs variées. »

Cette rapide esquisse du *Diwan* (ou recueil de poésies) d'Imroulcaïs pourrait presque s'appliquer aux œuvres de tous les poëtes arabes avant le vii<sup>e</sup> siècle. Ce que les Arabes appréciaient, ce n'est point l'invention, ni même la finesse de la pensée, mais le choix des mots, la précision, la pureté de la forme. Ce qu'ils appellent « faciha, » éloquence, et qu'ils tiennent en si haute estime, ce n'est pas tant la faculté de trouver de grandes et belles choses que l'art de les exprimer. Pour eux, un distique sans défaut « vaut seul un long poëme. »

Deux recueils célèbres, le *Hamaça* d'Abou-Témam et le *Kitab-el-Aghani* « livre des chansons » d'Abou'l-faradj d'Ispahan, tous deux composés entre le ix<sup>e</sup> et le x<sup>e</sup> siècle, nous ont transmis presque tout ce qui reste de ces œuvres de l'Arabie avant les guerres musulmanes.

Tant qu'il y a eu chez les Arabes la moindre culture littéraire (et c'est pour cela que nous les avons mentionnées), les poésies anté-islamiques, et particulièrement les Moallacat, ont été pour eux un objet d'étude et d'admiration. Leurs plus savants écrivains les ont analysées, annotées, commentées, travail fort nécessaire, car elles présentent nombre de termes dont le sens était déjà oublié ou contesté du temps des Califes. Aujourd'hui, les lettrés d'Égypte ou de Syrie, qui n'y entendent pas grand'chose, regardent ces poésies comme des œuvres de barbares et leur préfèrent de beaucoup la littérature des siècles postérieurs, œuvre en effet de gens civilisés, où l'on ne sent plus le large souffle du bédouin.

Mahomet, nous l'avons dit, n'aimait pas les poëtes, dont quelques-uns pourtant, comme Lébid, s'étaient ralliés à l'islam. Orateur éloquent, il ne sut jamais enfermer sa parole vive, imagée, harmonieuse, dans la stricte mesure du vers. Le Coran est de la prose rhythmée, mais sans aucune règle de métrique ; les versets riment ensemble le plus souvent, par deux, par trois ou un plus grand nombre. Si quelques *sourates* ou chapitres, particulièrement les plus courts, offrent de véritables beautés poétiques, l'ensemble est d'une lecture insipide pour tout autre qu'un musulman. Composé par lambeaux, écrits à mesure, verset à verset, sur des feuilles de palmier, des pierres unies, des os de chameau, des omoplates de mouton, et réunis plus tard en un tout, un peu au hasard, ce livre, révélé par Allah qui se plaît fort à y prendre la parole, offre tout le décousu, la confusion, l'obscurité, qui conviennent à un livre inspiré. Nous n'avons pas à parler de son influence religieuse et politique. Quant à son influence littéraire, elle fut de telle nature que, durant de longues années après l'hégire, on ne vit, chez les Arabes, ni poëte, ni littérateur d'aucune sorte. On connaît la réponse d'Omar, au sujet de la bibliothèque d'Alexandrie : « Si les livres qui s'y trouvent sont en accord avec le Coran, ils sont inutiles ; s'ils ne s'accordent pas avec cette œuvre divine, ils sont nuisibles. Qu'on brûle tout ! »

Le mahométisme, on le voit, débutait fort mal pour les lettres. Mais, franchissons un siècle et demi de massacres, de conquêtes, de guerres d'invasion et de discordes civiles, période qui vit la langue arabe s'étendre sur l'Asie et sur l'Afrique comme les flots d'une rivière débordée, et d'une rivière qui restera huit cents ans sans rentrer dans son lit. Succédant violemment aux Ommiades, les Abbassides arrivent au Khalifat vers le milieu du VIIIᵉ siècle; presque aussitôt commence pour les Arabes d'Orient une période de développement littéraire brillant et rapide. Almanzor fonde Bagdad sur les bords du Tigre; il y introduit les splendeurs, jusque-là inconnues aux Arabes, de la cour de Perse. Il appelle à lui les lettrés et les savants, propose des récompenses pour les traducteurs des livres grecs qui traitent de médecine, d'astronomie, de mathématiques. Ses successeurs font recueillir par leurs ambassadeurs à Constantinople tous les ouvrages scientifiques célèbres. Les chrétiens, qui vivaient fort bien traités à la cour, les traduisent du grec en syriaque et en arabe. Il ne paraît point que les œuvres purement littéraires de la Grèce, les poëtes ni les historiens, aient eu les mêmes honneurs que les traités de sciences et de philosophie. Quant à la littérature latine, sauf de rares exceptions, comme l'histoire naturelle de Pline, elle est restée, alors et toujours, lettre morte pour les Arabes.

Les règnes d'Haroun-al-Rachid et de son fils Almamoun ont été comparés aux temps d'Auguste ou de Périclès. Almamoun regardait l'instruction comme le vrai salut des peuples; il ne voulut pas que le progrès des lumières dépendit de la munificence accidentelle du chef de l'État, et mit la dignité des lettres à l'abri des événements par des dotations permanentes attachées à de nombreuses écoles (Sédillot, *Hist. des Ar.*). Ce Calife, exemple unique dans un gouvernement théocratique et absolu, prêchait, disent ses panégyristes, la tolérance religieuse la plus complète. Tous les savants, qu'ils fussent chrétiens, juifs ou adorateurs du feu, recevaient de lui le plus favorable accueil. On conte que, s'étant adressé à la cour de Byzance pour obtenir communication des ouvrages qui pourraient servir à l'instruction de ses peuples, en s'excusant de ce que les soins du gouvernement l'empêchaient de se rendre lui-même auprès de l'empereur, il lui fut répondu que les barbares sectateurs de Mahomet n'avaient rien à voir dans les sciences qui avaient fait la gloire du nom romain. Cela n'empêcha point ce grand prince de fonder de riches bibliothèques et d'établir la célèbre université de Bagdad, où six mille élèves recevaient une instruction gratuite, aussi complète que possible pour le temps.

Le développement littéraire et scientifique, favorisé en Orient par les Abbassides, ne le fut pas moins en Égypte par les Fatimites, en Espagne par les Ommiades. Le Caire et Cordoue rivalisèrent avec Bagdad. Toute la période du moyen âge vit naître dans ces contrées des poëtes, des historiens, des grammairiens, des savants dans toutes les branches des connaissances humaines; et leurs innombrables ouvrages, conservés jusqu'à nous, constituent une littérature d'une richesse, d'une variété, dont les littératures grecque et latine réunies ne pourraient donner une idée.

Mais, sans vouloir déprécier plus que de raison cette abondance trop vantée par les uns, alors que d'autres la traitent de fatras, avouons que le nombre des chefs-d'œuvre, celui même des œuvres comparables à la littérature courante de Rome et de la Grèce, est fort restreint chez les Arabes. A part quelques poëtes qui ont imité avec succès les auteurs des antiques Cacidas ou qui ont su chanter avec grâce l'amour et le printemps, à part quelques conteurs à l'imagination brillante et de rares historiens non entièrement dépourvus de critique, confessons que la plupart des historiens arabes ne sont vraiment plus lisibles pour nous, si nous les considérons à un point de vue purement littéraire.

Les courtes pièces de vers de Moténabbi, d'Abou - Nowas, d'Ibn - Doreid, d'Abou'l Ola, d'Ibn-Faredh et d'une foule d'autres, qui vécurent entre le IXᵉ et le XIVᵉ siècle, sont souvent réellement belles, lorsqu'elles ne sont point gâtées par des *concetti*, des raffinements, une affectation, un mauvais goût qu'on croirait imités des plus anciens temps des littératures italienne et espagnole, si celles-ci n'étaient venues plusieurs siècles plus tard. Nous connaissons telle élégie d'Abou-Bacâ sur la prise de Séville par les chrétiens, qui ne déparerait pas les recueils de nos grands poëtes lyriques.

Mais, dans les œuvres de longue haleine (je n'en connais aucune en vers), tout écrivain arabe est, par moments, d'une faiblesse extrême. Le manque de proportions, les redites, les longueurs sont des défauts aussi communs chez eux que chez nos loquaces poëtes du moyen âge. Les historiens n'en sont pas plus exempts que les romanciers.

Parmi les œuvres d'imagination, outre les Mille-et-une Nuits, trop connues pour qu'il soit nécessaire d'en parler ici, on peut citer le recueil d'apologues intitulé *Calila et Dimna* et les *Aventures d'Antar*. Le premier de ces deux ouvrages, originaire de l'Inde, traduit en persan, puis en arabe sous le règne d'Almamoun, et plus tard en Turc, a joui en Orient d'une grande célébrité. La Fontaine, qui l'a connu par une traduction française du commencement du xviie siècle, y a puisé le sujet de plusieurs de ses fables. Comme style, c'est, à mon sens, un des meilleurs ouvrages en prose que nous aient laissés les conteurs arabes. Les versions persane et turque, très-appréciées des Orientaux, sont pleines d'amphigouris, de jeux de mots, d'images extravagantes, dont notre goût européen ne s'accommoderait point, et qui nous font préférer la sobre traduction arabe d'Ibn-el-Mokaffa.

Les *Aventures d'Antar*, dont on attribue la rédaction originale à Abou'l-Moayyed, médecin du xiie siècle, sont, encore aujourd'hui, aussi populaires en Égypte et en Syrie que peut l'être dans nos campagnes l'*Histoire des quatre fils Aymon*. Comme celle-ci, l'histoire d'Antar est un roman de chevalerie, où les estocades et les ardeurs amoureuses jouent le principal rôle; mais, il faut l'avouer, ce sont les estocades qui dominent. Antar (le même que nous avons cité parmi les poëtes anté-islamiques, auteur des sept Moallacat), Antar est, pour son historien, le type le plus élevé du cavalier bédouin. Bâtard, esclave et nègre, mais doué d'une prodigieuse vigueur, d'une vaillance à toute épreuve, d'une éloquence rare, d'une libéralité et d'une générosité sans limites, poussé par un amour chevaleresque pour sa cousine Abla, il parvient, à force de prouesses, à vaincre tous les préjugés qui entourent sa naissance, épouse celle qu'il aime et devient le héros de sa tribu.

La littérature arabe est assez riche en œuvres de ce genre. Mais je n'en sais aucune qui, pour le style, l'invention, la diversité des épisodes, la peinture bien soutenue des caractères, l'intérêt constant du récit, vaille le roman d'Abou'l-Moayyed. Celui-ci est le seul, si je ne me trompe, qui ait eu les honneurs d'une traduction française.

Dans le genre apologue, nous mentionnerons encore, à cause de leur notoriété, les *Fables de Lokman*, qui ne valent pas mieux, pour le style ni pour le fond, que les fables grecques dites Fables d'Ésope. Ibn-Arabchach est aussi l'auteur d'apologues très-moraux et... très-ennuyeux.

Une des branches de la littérature que les Arabes ont cultivée avec le plus de soin et le plus de succès, est l'histoire. Du ixe au xvie siècle nous n'avons, en fait de noms célèbres, que l'embarras du choix : Masoudi, un des hommes les plus savants de son temps, auteur de plusieurs livres dont le plus connu, intitulé *les Prairies d'or et les Mines de pierreries*, a été traduit récemment en français par M. Barbier de Meynard ; Tabari, mort à Bagdad en 922, auteur d'une Chronique universelle très-estimée des Orientaux et continuée par El-Macin, chrétien d'Égypte, mort en 1273 ; Ibn-el-Athir, compatriote de l'auteur des *Aventures d'Antar*, qui a fait une histoire du monde depuis la création jusqu'à l'année 1231, une histoire des Atabeks de Syrie et plusieurs autres ouvrages historiques ; Boha-eddin, qui remplit des fonctions publiques sous le sultan Saladin, dont il a raconté l'histoire dans un livre indispensable à connaître pour apprécier la véracité de nos vieux historiens des croisades ; Abou'l-faradj, chrétien plus connu sous le nom de Bar-Hebrœus (1286) : ses ouvrages donnent des renseignements précieux sur Gengis-Khan et les Mongols ; Abou'l-féda, historien et géographe, qui a fait une histoire du genre humain dont les premières parties ne sont qu'une compilation assez indigeste, mais dont la dernière fournit des documents utiles pour l'histoire de l'islamisme et de l'empire grec du VIIIe au Xe siècle ; Ibn-Khaldoun, de Tunis (1406), historien des Berbères, le premier qui, parmi les Arabes, ait mérité véritablement le titre d'historien : doué d'un sens critique qui semble avoir manqué en histoire à la plupart des écrivains arabes, il étudie, dans une préface étendue, l'influence de la diversité des climats sur l'homme, les causes des progrès et de la décadence des États ; il passe en revue les professions libérales, les arts et les métiers, et donne, en terminant, une classification des sciences.

Enfin, pour ne pas trop allonger notre liste, bornons-nous à citer encore Makrisi (1442), dont l'histoire des sultans mamlouks a été traduite par Et. Quatremère, et le polygraphe Soyouthi (1505), un des écrivains les plus féconds qu'ait jamais produits aucun pays.

Il faut joindre aux historiens proprement dits les auteurs de Dictionnaires biographiques, dont plusieurs ont acquis de la célébrité. Tels sont Ibn-Osaïba (1269), biographe des médecins, Ibn-Khallican (1281) et surtout Hadji-Khalfa, ministre des finances d'Amurat IV (1658). Le dictionnaire d'Hadji-Khalfa contient l'indication de dix-huit mille cinq cent cinquante ouvrages orientaux, avec une notice biographique sur les auteurs de chacun de ces ouvrages.

La géographie n'a pas été plus négligée que l'histoire. Des voyageurs, tels que Bécri, Ibn-Djobeïr, Ibn-Batouta, Léon-l'Africain, l'encyclopédique Al-Birouni (dans le nom duquel, ainsi que je l'ai dit ailleurs, il faut peut-être chercher l'étymologie introuvable de *maître Aliboron*), Abou'l-féda, Edrisi, Yakout, etc., ont décrit avec précision les régions qu'ils avaient parcourues, ou transmis les renseignements qu'ils avaient pu recueillir.

La langue arabe a eu de bonne heure ses grammairiens et ses lexicographes. Parmi les premiers, on cite Abou'l-Asouad, Sibawaih, Farézi, Zedjadj ; parmi les seconds, Djewhari (1000), auteur du meilleur Dictionnaire qu'aient possédé les Arabes, et Firouzabadi qui a intitulé le sien *el-Qamous el-mohit* « l'Océan environnant. » La rhétorique, l'art de bien dire ont inspiré nombre de gros livres. Joignant l'exemple aux préceptes, plusieurs écrivains ont laissé des œuvres très-admirées dans leur temps, bien insignifiantes pour nous. Dans ce genre, les *Séances* de Hariri ont eu une grande réputation : entre autres singularités, on y trouve un chapitre dont tous les mots sont formés de lettres alternativement ponctuées et non ponctuées.

La théologie, l'interprétation du Coran, la dévotion ont donné naissance, chez les Arabes, à une littérature aussi abondante et aussi fastidieuse que chez tout autre peuple. Leurs légendes sur Mahomet et ses compagnons et sur les autres saints de l'islamisme formeraient une collection capable de rivaliser avec le massif et interminable recueil des Bollandistes.

En philosophie, les Arabes ne sont guère sortis d'une honorable médiocrité.

Quelques noms cependant ont acquis une certaine notoriété : Al-Kendi, Al-Farabi, Avicenne (Ibn-Sina), Avenpace (Ibn-badjah), Averroès (Ibn-Rochd), etc., ont laissé des écrits qui méritent d'attirer l'attention de ceux qu'intéresse ce genre de littérature. Ils connaissaient Aristote, Platon, les éléates, les stoïciens, l'école d'Alexandrie; ils disputent assez pertinemment sur le réalisme et le nominalisme, et n'ont pas été sans influence sur nos faiseurs d'in-folios du moyen âge.

Les sciences mathématiques, physiques et naturelles forment une branche importante de la littérature arabe. Pour ne point sortir du cadre qui nous est tracé, nous nous contenterons de dire que l'astronomie, la géographie, la médecine, l'hippiatrique, l'agriculture, l'histoire naturelle des animaux, des plantes et des minéraux ont donné lieu à des ouvrages de mérite. En somme, on peut affirmer que les Arabes (ou plus exactement les écrivains en langue arabe) ont abordé, non sans succès, toutes les branches des connaissances humaines.

Les lignes qui précèdent ne peuvent donner qu'une idée extrêmement incomplète de la richesse et de la valeur de la littérature arabe. Nous voudrions pouvoir indiquer aux lecteurs curieux d'étudier un sujet si intéressant, à peine ébauché ici, quelque ouvrage détaillé sur la matière : malheureusement une histoire de la littérature arabe est encore à faire. Et si l'on songe que la plupart des matériaux à employer pour un tel livre sont des ouvrages disséminés dans les diverses bibliothèques de l'Europe, on éprouvera, comme nous, la crainte que nos orientalistes ne reculent encore longtemps devant une entreprise aussi considérable et d'une si difficile exécution.

BIBLIOGRAPHIE. — Pour l'histoire de la littérature arabe, on peut consulter : Casiri, *Biblioth. Arab.-Hispan. Escurialensis.* Madrid, 1760. — D'Herbelot, *Bibliothèque orientale,* 1697. — Rossi, *Dizionario storico degli autori arabi.* Parme, 1807, in-8°. — J. Berington, *Litter. story of the Arab.,* trad. en français par Boulard. Paris, 1823, in-8°. — Hammer-Purgstall, *Arabische, persische und türkische Handschriften.* Vienne, 1840, in-8°. — Sédillot, *Histoire des Arabes.* Paris, 1854, in-12. — Noel Desvesgers, *L'Arabie (Univers pittoresque).* Paris, 1847, etc. — La belle collection du *Journal Asiat.,* où MM. C. de Perceval, Perron, Dugat, Defrémery, Derembourg, Cherbonneau, etc., ont étudié nombre de points de l'histoire littéraire des Arabes. MM. Sédillot et Wœpcke ont examiné et vanté le rôle de ces peuples au point de vue des sciences. M. Barbier de Meynard a publié récemment (numéro d'avril 1869) un intéressant travail que devront consulter ceux qui veulent connaître l'état de l'art musical au temps des Califes. L.-MARCEL DEVIC.

**ARABIE.** — PHILOLOGIE. — L'histoire de la langue et de la littérature arabes ne remonte guère pour nous au delà du premier siècle avant l'hégire. Le peuple arabe lui-même joue un bien faible rôle dans le monde aux époques antérieures, et c'est à peine s'il nous est parvenu quelques vagues et maigres traditions sur les faits et gestes de cette fraction de la race sémitique durant les siècles voisins de notre ère.

Les Arabes, avant les conquêtes musulmanes, n'écrivaient pas, ne battaient pas monnaie, ne gravaient point sur la pierre. Que pourrions-nous savoir de la langue d'un peuple qui n'avait nuls monuments écrits, et qui, par caractère ou par l'effet des circonstances topographiques, se tenait à l'écart des autres nations et n'avait que des relations, pour ainsi dire, accidentelles avec les races contemporaines plus avancées en civilisation?

Sauf quelques noms d'hommes et de localités épars dans la Bible et dans les auteurs anciens, nous ne possédons aucun document qui puisse servir de base à des conjectures sérieuses sur l'état ancien de la langue arabe. Elle se manifeste à nous tout à coup, dans le premier ou le deuxième siècle avant l'hégire, par des œuvres poétiques d'une forme achevée, et qui, sous ce rapport, ne seront pas dépassées plus tard par les écrivains musulmans. L'idiome arabe, a dit un savant dont il n'est pas toujours permis d'accepter les jugements sans restriction et dans tous leurs détails, l'idiome arabe n'a ni enfance ni vieillesse. Auparavant inconnue, cette langue apparaît « soudainement dans toute sa perfection, avec sa flexibilité, sa richesse infinie, tellement complète, en un mot, que, depuis ce temps jusqu'à nos jours, elle n'a subi aucune modification importante. »

Il y a peut-être, dans cette affirmation de l'invariabilité de la langue arabe, depuis ses premières manifestations jusqu'à nos jours, quelque chose de bien absolu. Non-seulement le vocabulaire s'est étendu et fortement renouvelé, dans l'intervalle des douze à treize siècles qui nous séparent des poëtes anté-islamiques, mais la grammaire elle-même a subi des altérations qui ne sont pas sans rapport avec celles qui, de la langue de Virgile, ont fait l'italien de nos jours : les désinences casuelles ont disparu; la conjugaison a précisé ses temps par des mots nouveaux joints à l'ancien verbe, dont les voyelles finales ont cessé d'exister; les anciens passifs ont été oubliés sans presque laisser de traces; la relation de possession a commencé à se marquer d'une façon régulière à l'aide d'une particule, etc., etc. La langue, en un mot, a tendu à devenir analytique. Un texte arabe du sixième siècle est aussi difficile à déchiffrer pour un homme instruit de Damas, du Caire ou de la côte barbaresque, que le cantique d'Eulalie et les plus vieux monuments de la langue française pour un de nos bacheliers.

Disons-le cependant, aucun idiome n'est resté aussi semblable à lui-même, aussi tenace dans son lexique et dans sa grammaire, que le langage de cette race sémitique qui elle-même a subi si faiblement l'influence modificatrice des siècles. En outre, l'absence de caractères-voyelles dans l'alphabet arabe est bien faite pour ajouter à l'apparence d'invariabilité du langage écrit.

Que, dès la plus haute antiquité, la langue arabe ait été en possession de son individualité et ait constitué une branche distincte dans la série des langues sémitiques, c'est, dit avec raison M. Renan, ce que la seule inspection de cette langue, à défaut de témoignages positifs, suffirait pour prouver. Mais ce sujet sera traité ailleurs dans un article général sur les *langues sémitiques*, où, en établissant les caractères très-marqués qui séparent ce groupe du groupe aryen, on exposera aussi les nombreux points de contact et les divergences de l'arabe, de l'hébreu et de leurs congénères.

Il n'est pas douteux que les diverses tribus du Hedjaz, du Nedjed, de l'Yémen, n'aient autrefois parlé des dialectes assez différents. Lorsque Ismaël, établi dans le Hedjaz, se fut allié à l'importante famille des Béni-Djorrhom, disent les traditions arabes, il oublia en quelque sorte sa langue maternelle pour apprendre celle de ses alliés; mais il épura, rectifia, perfectionna tellement celle-ci qu'elle surpassa en élégance et en politesse tous les autres dialectes de l'Arabie, et devint par la suite la langue de quiconque se piquait de bien parler.

Soyouthi, un des écrivains arabes qui ont le plus fait pour l'étude de leur langue, regarde l'arabe coranique comme le résultat de la fusion de tous les dialectes, opérée par les Koréichites autour de la Mecque, où le pèlerinage de la Caâba attirait chaque année une foule nombreuse. Sans accorder plus de confiance qu'il ne convient à des traditions vagues, à des opinions personnelles, nous pouvons du moins regarder comme établi que la langue arabe, telle que nous la connaissons, s'est formée au centre de la Péninsule, dans les provinces du Nedjed et du Hedjaz, parmi les tribus que leur isolement protégeait le mieux contre les influences extérieures de la Perse, de la Syrie, des Grecs, des Coptes et des Éthiopiens. (V. *Hist. des lang. sém.*, liv. IV, chap. II.)

Vers l'époque de la naissance de Mahomet, l'arabe de la Mecque était déjà parlé par un grand nombre de tribus : les Béni-Ghatafan, les Kindiens, les Bécrites, les Azdiens avaient des poëtes qui commençaient à assurer la prépondérance de leur dialecte sur tous les autres, jusqu'au moment où la rédaction du Coran en assura définitivement le triomphe. Peu de siècles après, il étendait sa domination sur cette immense bande de terre comprise entre le dixième et le quatrième parallèle, depuis l'Indus jusqu'à l'océan Atlantique. Aucune langue, sans en excepter le grec et le latin, n'a jamais vu son empire se développer sur une aussi vaste région et parmi des peuples si divers de mœurs, de religion, de race. A Bagdad, à Cordoue, à Samarcand, au Caire, l'arabe a été parlé, écrit, enseigné dans les universités, sans variations, sans dialectes locaux, avec des nuances bien moins tranchées que celles qui distinguent à la même époque l'œuvre du trouvère picard de celle de son voisin le normand.

De nos jours, l'arabe est resté la langue usuelle de toute la Péninsule où il a pris naissance, d'une partie de l'Asie occidentale, du Soudan et de toutes les côtes méditerranéennes de l'Afrique; peut-être progresse-t-il encore dans l'intérieur de ce continent avec la religion musulmane et les relations commerciales.

Nous ne pouvons nous dispenser de mentionner la distinction qu'on établit d'ordinaire entre l'arabe vulgaire et l'arabe dit *littéral*. L'arabe vulgaire c'est l'arabe tel qu'on le parle actuellement dans les régions que nous venons d'énumérer; l'arabe littéral est l'arabe ancien, celui des poésies anté-islamiques, du Coran, et en général de toutes les œuvres littéraires anciennes et modernes. Aujourd'hui même, les personnes qui se piquent de littérature essaient de conserver, sinon dans leur langage, du moins dans leurs écrits, les mots et les formes de l'arabe littéral; pédanterie aussi déplacée, aussi inutile que la tentative des ultra-philhellènes s'efforçant de *purifier* le grec moderne en revenant à la langue de Sophocle ou de Lucien.

L'arabe vulgaire est-il, je ne dirai pas une corruption (mot toujours impropre quand il s'agit des états successifs d'une langue), mais une transformation de l'arabe littéral? Il semble tout naturel de le croire; cette opinion cependant a pu être contestée avec quelque vraisemblance. L'éminent historien des langues sémitiques, arguant des divergences peu considérables qui séparent entre eux les divers dialectes de l'arabe vulgaire, estime que « c'est là la meilleure preuve que l'arabe vulgaire n'est pas le résultat d'une décomposition de l'arabe littéral arrivée vers le XIVᵉ siècle : car si l'idiome populaire s'était formé à une époque où la race arabe couvrait toute la surface de l'Asie occidentale et de l'Afrique, il est impossible que les diverses provinces eussent altéré le type primitif avec tant d'uniformité; les dialectes du Maroc, du Soudan, de l'Égypte, eussent présenté des différences bien plus profondes. » Bien qu'une opinion tout à fait pareille tende à prévaloir au sujet de l'italien et du latin, c'est là une manière d'argumenter dont il ne faudrait pas abuser. Pour ceux que cette « preuve » convaincrait, M. Renan ajoute : « Il faut donc supposer que la langue commune des Arabes s'était établie avant la conquête qui suivit de si près la prédication de l'Islam. »

Sans nous arrêter à discuter des hypothèses qu'il est plus facile de faire que de vérifier, sur l'ancienne langue vulgaire, constatons que de nos jours en effet, les dialectes syrien, égyptien, marocain, barbaresque ne présentent que des différences de détail. Dans tous ces pays, aussi bien que dans l'Arabie, la grammaire est sensiblement la même.

La langue des Bédouins du désert est celle qui se rapproche le plus de l'arabe ancien : des tribus, qui vivent aujourd'hui comme elles vivaient il y a vingt siècles, n'ont eu aucun besoin de modifier leur langage. Au reste, c'est toujours chez les Bédouins que les Arabes ont cherché la pureté de l'expression et l'exactitude du mot : en toute discussion grammaticale, l'opinion d'un « homme des tentes » a toujours contrebalancé l'avis du grammairien le plus autorisé. Les schérifs de la Mecque envoient leurs fils faire leur rhétorique parmi les tribus bédouines. Aux époques florissantes de l'Islamisme, les familles opulentes d'Afrique et d'Espagne faisaient également faire à leurs fils une sorte de voyage littéraire dans le désert.

Nous apprécierons ailleurs les qualités et les défauts de la langue arabe comparée aux autres langues mortes ou vivantes. Disons ici seulement que, même sous la plume de ses meilleurs écrivains, elle reste un instrument encore imparfait et peu propre à rendre les nuances délicates de la pensée. Parlerons-nous de sa richesse lexicographique si vantée ? Cette richesse, si elle existait, serait un défaut de plus. Mais on l'a beaucoup trop exagérée (voyez ce qu'en dit M. Renan, liv. IV, ch. II, § 5).

L'influence de l'arabe a été énorme sur un grand nombre d'autres langues. Sans parler de celles que cet idiome a fait disparaître, il a tellement inondé de son lexique le persan, le turc, l'hindoustani, etc., qu'un dictionnaire de ces langues, pour être complet, doit contenir presque tous les mots de l'arabe usuel. Nos idiomes européens n'ont pas entièrement échappé à cette action. L'espagnol et le portugais abondent en termes d'origine arabe; le Dictionnaire de MM. Dozy et Engelmann en compte plus de mille. Le français en contient aussi une assez longue liste, soit qu'il les ait pris directement à l'arabe, soit qu'il les ait reçus par l'intermédiaire des autres langues romanes; tels sont, pour ne citer que des mots passés dans le langage usuel, amiral, assassin, avanie, alcôve, abricot, chiffre, chemise, jupe, arsenal, douane, truchement, sorbet, gabelle, jarre, matelas, momie, sirop, tarif, tasse, fardeau, etc.

Quant à l'action des langues étrangères sur l'arabe lui-même, dans les pays conquis, elle paraît avoir été extrêmement restreinte. La langue des vaincus n'avait point de prise sur celle des vainqueurs. A peine quelques mots persans, turcs, berbères, grecs, italiens ou espagnols ont-ils réussi à acquérir droit de cité dans celle-ci. Il n'y a, pour ainsi dire, jamais eu de patois arabes. On cite cependant le dialecte *mapoule*, parlé sur la côte de Malabar, le *mosarabe* des moresques christianisés en Espagne, et enfin ce mélange barbare de provençal, d'allemand, de grec, d'italien et d'arabe, qu'on nomme le *maltais*. Nous ne citons que pour mémoire le jargon fortement arabisé qui est usité sur les côtes barbaresques.

BIBLIOGRAPHIE. — *Grammaires et Dictionnaires* (nous ne citons que des ouvrages écrits en français ou en latin) : Guilielmus Postellus, *Gramm. arabica.* Paris, 1538, in-8°. — Petr. Kirstensius, *id.* Breslau, 1608, in-folio. — Thom. Erpenius, *id.* Leyde, 1613, in-4° (souvent réimprimée; il en existe un abrégé en français, par A. Hébert. Paris, 1844, in-8°). — Rosenmüller, *id.* Leipsig, 1818, in-4°. — Vullers, *id.* Bonn, 1832, in-4°. — Ewald, *id.* Leipsig, 1831, in-8°. — Fr. de Dombay, *id.* Vienne, 1800. — Herbin, *Gramm. arabe.* Paris, 1803, in-4°. — Sylvestre de Sacy, *id.* 1re édit., Paris 1810; 2e édit., 1831, in-8° (c'est la gramm. arab. la plus savante et la plus complète qui existe dans toutes les langues de l'Europe). — Savary, *id.* (latin-franç.). 1813, in-4°. — Caussin de Perceval, *Gramm. de l'arabe vulgaire.* Paris, 1833 et 1843, in-8°, etc., etc. — Fr. Raphelengius, *Lexicon arab.* Leyde, 1603, in-4°. — A. Giggeius, *id.* Milan, 1632. — Jac. Golius, *id.* Leyde, 1653 (très-estimé). — Jac. Scheidius, *id.* Leyde, 1769. — Fr. Cañes, *id.* (esp.-lat.-ar.). Madrid, 1787. —

Ellious Bochtor, *Dict. fr.-arab.* Paris, 1828. — Freytag, *Lexic. ar.-lat.* Hale, 1830-37, in-4°. — Kasimirski, *Dict. ar.-fr. et fr.-ar.* Paris, in-8°.     L.-Marcel Devic.

**ARBITRAGE.** — Quand deux particuliers ont ensemble une contestation et qu'ils ne peuvent réussir à s'accorder, il leur faut nécessairement s'en référer à un tiers. La loi a établi des tiers qui font métier de décider entre particuliers : ce sont les *juges*. Mais, supposons que des particuliers aiment mieux s'en rapporter à quelque personne qui leur inspire confiance qu'aux tiers assermentés et payés par l'État, ils pourront faire entre eux une convention à ce sujet ; cette convention s'appellera *un compromis*, et le tiers libre choisi pour juger s'appellera un *arbitre*. On voit la différence qu'il y a entre les juges et les arbitres. Les arbitres sont des juges choisis spécialement par les parties pour l'affaire en litige. Les juges ne sont que des arbitres choisis par le gouvernement une fois pour toutes, et revêtus du pouvoir général de décider les procès de toute espèce entre tous les citoyens.

Quand des particuliers choisissent eux-mêmes leurs juges, ne font-ils pas un acte plus raisonnable, plus prudent et plus digne, que de s'en aller machinalement se soumettre à des juges inconnus d'eux, choisis par le gouvernement non en vue de leur affaire, mais en vue de toutes les affaires, par conséquent sans lumières ni capacités spéciales ? Cela ne peut faire l'ombre d'un doute. L'arbitrage est le moyen de terminer les contestations, non-seulement le plus naturel, comme le disait fort sensément la loi de 1790 qui l'a constitué, mais le plus judicieux, et il faut ajouter aussi le plus simple, le moins onéreux (au moins dans son idée première, car nous avons quelques réserves à faire quant à la pratique actuelle).

Il est dans la nature, sinon dans l'essence de ce tribunal familier, de s'affranchir complétement des formalités qui ralentissent le jugement tout en obérant les plaideurs. Il est naturel que, restant près des parties, ce tribunal connaisse mieux tous les secrets de la cause. Avec lui, on a encore cet avantage qu'il peut consulter la loi, la jurisprudence comme le juge, sans y être comme le juge asservi par la crainte d'un arrêt de cassation. Enfin, il lui est permis d'avoir égard aux conditions particulières, dont la loi, toujours trop générale et trop inflexible, ne peut pas tenir compte. Par toutes ces raisons, l'arbitrage est la forme supérieure de la justice distributive; c'est la forme de l'avenir. Ce modeste tribunal des arbitres, qui occupe aujourd'hui si peu de place dans le système judiciaire, n'en contient pas moins en germe une révolution immense.

Il n'y a pas que les particuliers qui contestent ensemble, on voit s'élever chaque jour des débats : 1° entre un particulier et son gouvernement, 2° entre deux gouvernements, entre deux peuples. Si les tribunaux qui décident les débats entre particuliers sont imparfaits, ceux entre particuliers et gouvernements et ceux entre peuples, sont encore à créer. Chez nous, le gouvernement est tout à la fois arbitre et partie dans ses démêlés avec les particuliers ; l'administration prononce dans sa propre cause (voyez *Administration*). Quant aux contestations entre peuples, partout elles se vident à coups de canon : c'est la poudre et le plomb qui sont juges.

Nous avons bien des progrès à faire avant d'arriver à voir les différends entre particuliers et gouvernements décidés par un arbitre, mais il faudra qu'on y vienne, dans cet ordre de faits, comme dans tout autre. Il y a une étape qu'on peut prévoir et qui est déjà toute marquée. D'abord, on déférera ces sortes de procès aux juges civils ordinaires, nommés par le peuple; puis viendront les arbitres.

Il n'y a pas de tribunaux internationaux, avons-nous dit ; beaucoup d'esprits, suivant la trace de l'abbé de Saint-Pierre, rêvent aux moyens d'en établir un. Pour nous, nous leur dirons : à quoi bon ? A quoi bon se donner du mal pour créer une forme intermédiaire, qui, à la supposer possible, praticable, disparaîtra sûrement un jour ? Pourquoi ne pas viser tout de suite la forme définitive de la justice, forme qui est d'ailleurs plus facile à réaliser ? Songez que, pour constituer un tribunal international européen, il faut le consentement d'une dizaine de gouvernements, les uns monarchiques, les autres républicains, les autres constitutionnels, dont aucun ne se soucie de voir s'élever ledit tribunal ; il faut l'accord de dix à douze parties de très-mauvaise foi, qui, au fond, ne veulent pas se mettre d'accord : c'est une entreprise que j'appellerais volontiers utopique, si je ne savais qu'il faut toujours craindre de prononcer ce mot, souvent démenti par l'expérience.

Les nations vivent encore entre elles à l'état de nature, tant mieux. Comme la civilisation est, dans une certaine mesure, un retour vers l'indépendance première, on passera plus aisément de l'état de nature à l'état dernier et définitif, c'est-à-dire à l'arbitrage.

Pour établir l'usage de décider les contestations internationales par un arbitrage, il ne faut que l'exemple d'un seul peuple. Une nation comme la France qui renoncerait résolûment à la guerre et qui, provoquée, offensée, proposerait de s'en remettre au jugement d'un homme d'État célèbre comme Gladstone, ou d'un particulier illustre comme Stuart Mill, serait applaudie par tout ce qu'il y a d'intelligences dans le monde. Elle donnerait une direction nouvelle à l'opinion qui, peu à peu, et dans un espace de temps assez court, imposerait aux autres gouvernements de suivre cette voie. Pour que la France donne cet exemple, il suffit qu'on élise une fois un Corps législatif ayant du bon sens. Chose difficile, direz-vous ? Sans doute, mais, pour réaliser le rêve de l'abbé de Saint-Pierre, ne faut-il pas cela d'abord, et de plus que les gouvernements des autres pays subissent cette révolution du bon sens?

Voyons maintenant ce qu'est l'arbitrage dans l'état actuel. La faculté naturelle, reconnue par la loi de 1790 (24 août) à chaque citoyen de déférer ses procès à des arbitres, est soumise à certaines conditions, à certaines restrictions. 1º Il faut avoir le libre exercice de ses droits; en conséquence les mineurs, les femmes mariées, les prodigues ne peuvent pas compromettre : les tuteurs même ne le peuvent pas pour leurs pupilles. 2º Il y a des sujets lesquels les majeurs eux-mêmes n'ont pas la faculté de compromettre; ce sont : les dons et legs d'aliments, de logement (la raison par laquelle on justifie cette décision n'est pas solide), les questions d'État, et, en général, toutes les contestations que les tribunaux ordinaires ne jugent pas sans entendre préalablement les conclusions du ministère public, parce qu'un intérêt public, vrai ou prétendu, est engagé dans la contestation, exemple : les procès en séparation.

La convention par laquelle deux parties s'engagent à s'en rapporter à la décision d'un ou plusieurs arbitres est astreinte, quant à sa forme, aux règles ordinaires des conventions. On peut choisir pour arbitre un étranger, une femme, même un mineur. Si la convention ne fixe pas le délai dans lequel aura lieu l'arbitrage, il doit avoir lieu dans les trois mois au plus. Les arbitres désignés devront suivre, pour l'instruction et le jugement de l'affaire, les formes en usage devant les tribunaux ordinaires, si les parties n'en ont autrement convenu.—C'est le contraire qui devrait être écrit dans la loi. Autant en dirons-nous de la disposition suivante : « Les arbitres décideront d'après les règles du droit, à moins que les parties n'aient convenu du contraire. » Ce n'est pas pour être jugé avec les délais, les lenteurs, et d'après les formules inflexibles du droit, qu'on s'éloigne des tribunaux ordinaires et qu'on va chercher des arbitres.

Les parties peuvent convenir que les arbitres, s'ils ne se mettent pas d'accord, choisiront un tiers arbitre qui décidera seul. (Il est bien entendu que les parties peuvent s'en rapporter tout d'abord à un seul arbitre, de même qu'elles peuvent en choisir plus de trois.)

Le jugement arbitral ne sera exécutoire qu'après que le président du tribunal civil du lieu aura mis en marge ou au bas de la *minute* une ordonnance d'*exequatur*.

Le jugement arbitral ne peut être attaqué par la voie de l'opposition, comme les jugements ordinaires rendus sur défaut; mais il est sujet à appel, à moins que les parties n'aient renoncé dans leur convention à la faculté de faire appel. L'appel sera porté devant les tribunaux de première instance pour les matières qui, s'il n'y avait pas eu compromis, auraient été décidées par le juge de paix, devant les cours impériales pour celles qui auraient été décidées par un tribunal de première instance, en sorte que le jugement arbitral tient lieu d'un des *degrés ordinaires*.

En suivant le même principe, on décide que le compromis fait sur un jugement de première instance, et qui tient lieu d'un jugement en appel, ne peut pas lui-même être soumis à l'appel. Le jugement arbitral n'est en aucun cas sujet à cassation. Cette disposition serait logique si les arbitres étaient, en principe, dispensés d'appliquer la loi; mais, nous avons vu qu'on a commis l'imprudence d'édicter le principe contraire. C'est donc une inconséquence que les jugements des arbitres soient soustraits au recours en cassation; ajoutons que c'est une inconséquence heureuse.

L'arbitrage a, dans l'état présent, la réputation d'être une voie plus chère et plus lente que la justice officielle, ce qui est vrai et tient à la manière dont l'arbitrage est pratiqué généralement. On prend pour arbitres des avocats en renom qui se font payer très-cher. On convie à plaider devant ces avocats d'autres avocats qui, par point d'honneur, ne veulent pas mettre leurs services à meilleur marché. Cette prédilection exclusive pour les avocats est causée par la méfiance générale qu'on a pour les lumières des hommes ordinaires, ignorants du droit. On croit qu'il est impossible de juger un procès si l'on ne sait le droit. Il est difficile, en effet, de le juger conformément à la loi, mais non de le juger sainement. Ne semble-t-il pas que la justice soit une science mystérieuse, hermétique? C'est assurément une science, ou, pour être plus exact, c'est un art; le meilleur moyen d'y devenir habile, c'est de le pratiquer. Que l'habitude s'établisse parmi les hommes de se juger les uns les autres; chacun d'eux, exerçant cet office ou se sachant appelé à l'exercer quelque jour, réfléchira à des choses dont aujourd'hui il ne s'occupe pas, parce qu'elles paraissent constituer le métier de certaines gens sur qui on se décharge du soin de rendre la justice. Le public croîtra en clairvoyance, en finesse morale, de même qu'il croîtra en courage le jour où il ne se déchargera plus sur une certaine classe de personnes du soin de défendre la patrie.

Il y aura seulement, je crois, un changement considérable dans l'arbitrage tel qu'on le pratiquera alors. C'est que, généralement, on ne nommera qu'*un* arbitre, en vertu du principe excellent, expérimenté en Amérique : *qu'il ne faut pas diviser la responsabilité.*　　　　　　　　　　　　　　　　　P. LACOMBE.

**ARBRES FRUITIERS.** — ÉCONOMIE RURALE. — Les arbres fruitiers ont une importance capitale dans toutes les contrées où le climat ne se montre pas rebelle à leur culture. Nous leur devons les raisins de cuve et par conséquent les vins de toute sorte, les raisins de treille, les fruits à cidre, les fruits de table que nous consommons journellement, soit à l'état de nature, soit autrement, et enfin les fruits oléagineux, comme l'olive et la noix. Sous ce rapport, la France a été splendidement dotée, même abstraction faite de l'Algérie. Depuis la Provence jusqu'à nos frontières du Nord, les climats varient à plaisir comme les sols, et des divers produits qui les caractérisent on ferait une des plus ravissantes corbeilles que l'on puisse imaginer; on y mettrait de tout, à commencer par le citron, l'orange, la grenade, la figue, pour finir aux poires et aux pommes de pressoir. Les fruits font la joie, la réputation, l'aisance et quelquefois la fortune de certaines localités; Montreuil-sous-bois est fier de ses pêches, Triel de ses abricots, Thomery de ses chasselas, Montmorency de ses cerises, Agen de ses prunes. Nous n'en finirions pas si nous voulions, dans chaque région, signaler les territoires, les villages en renom pour la beauté et la qualité de leurs fruits, ou bien encore pour la tenue de leurs pépinières! Ce que nous exportons de fruits et de jeunes arbres fruitiers est considérable, grâce à la rapidité de nos moyens de transport.

C'est surtout depuis l'établissement des voies ferrées que l'arboriculture fruitière s'est développée et perfectionnée chez nous. Nos marchés ne suffisant plus à la demande, on a planté sur tous les points, parfois plus que de raison, et sans prendre suffisamment souci de la qualité des produits; pourvu que le volume y fût, le reste importait peu. Aujourd'hui, les grandes plantations se ralentissent, mais les petites continuent. On vise moins la spéculation, on se contente de produire pour les besoins du ménage, et, s'il y a de l'excédant, on s'en débarrasse comme l'on peut, tantôt à de bonnes conditions quand le hasard s'en mêle, tantôt à vil prix. En somme donc, et à moins d'avoir près de soi des débouchés bien établis, des centres populeux, de jouir d'une vieille et large réputation, il serait imprudent de prendre la production des fruits pour base principale de son revenu.

Beaucoup de personnes pensent que la culture soignée des fruits de luxe est plus avantageuse que celle des fruits de verger. Ceci ne nous est pas encore démontré, et si même nous avions à faire l'une ou l'autre, nous irions instinctivement du côté du verger. Les plus beaux fruits sont incontestablement ceux des arbres soumis à la taille chaque année, mais, à moins de s'en tenir à une culture restreinte et d'exécuter de ses propres mains la série des opérations indispensables, on est forcé de s'imposer des sacrifices considérables. Pour bien conduire quelques centaines de pieds d'arbres, les frais de main-d'œuvre deviennent lourds et font une large brèche au bénéfice. Ce sont des soins et des soucis de tous les instants. Quelque précaution que l'on prenne, on n'est jamais sûr de la fructification, ou bien, lorsque les fruits sont formés, les plus habiles seraient fort en peine de répondre que tout ira bien jusqu'à la cueillette.

Les arbres fruitiers soumis à la taille et au palissage sont précisément ceux qui sont le plus exposés à souffrir des maladies et des insectes nuisibles. Il faut se défendre contre les chenilles, les pucerons, les gallinsectes, les rhynchites, les teignes, les tigres, les larves du hanneton, et nous ne savons combien d'autres espèces encore; il faut subir ceux qu'on ne peut ni chasser ni détruire; il faut s'attendre aux chancres sur les branches et les tiges, aux champignons, à la gomme, à la cloque, à la chlorose, aux coups de soleil, aux gerçures et aux taches sur les fruits. Puis, dès qu'ils vont mûrir, c'est le tour des guêpes, des loirs et des rats. — Voyez-vous d'ici cette lutte incessante de l'homme aux prises avec des ennemis que rien ne rebute? Le voyez-vous semant de la fleur de soufre, brûlant du tabac, faisant des tisanes de nicotine, d'aloès, de *quassia amara*, de staphisaigre, de savon noir, essayant de l'acide phénique, barbouillant de coaltar ses treillages, grattant et nettoyant les plaies de ses arbres, brossant les gallinsectes en hiver avec de l'eau de chaux, ménageant des refuges aux forficules ou perce-oreilles pour les mieux surprendre, attirant les fourmis, la guêpe commune et les frelons avec de l'eau miellée; fusillant les rats, empoisonnant les loirs avec des œufs cuits assaisonnés de noix vomique ou d'arsenic ? Comprenez-vous, après cela, le prix de revient des beaux fruits qu'on a pu sauver !

Quand il y a de l'ensemble dans la destruction, on arrive, par tous ces moyens, à d'excellents résultats, mais la simultanéité des efforts n'est possible que dans les localités où se trouvent des cultures spéciales, où les intérêts sont les mêmes pour tous, où il y a nécessité reconnue de se défendre et de sauver son bien. Supposez l'existence d'une douzaine de guêpiers sur le territoire de Thomery, par exemple ; les chasselas seraient perdus et les cultivateurs ruinés. S'il n'y a pas de guêpes à Thomery, c'est parce qu'elles ont un ennemi déclaré et résolu dans chaque habitant.

Éloignez-vous des petits centres de spécialistes, vous ne trouverez plus l'effort commun, plus de solidarité ; l'ennemi que vous détruirez chez vous continuera d'être hébergé chez le voisin, et la peine que vous aurez prise ne servira de rien ou à peu près.

Le verger, sans doute, n'est pas épargné non plus, mais il a moins de ravageurs à craindre, moins de maladies à essuyer. Il n'exige pas l'attention soutenue que nous accordons aux arbres fruitiers soumis à la taille et au palissage, et, dans les années de rapport, il nous donne encore bon nombre de fruits intacts.

Au résumé, partout où les cultures fruitières ne sont pas spéciales à la contrée, et où il n'y a point à compter sur le concours de tous dans l'intérêt de chacun, la production des fruits d'espalier pour la vente est, à notre avis, plus onéreuse et plus menacée que la production des fruits de verger. Donc, dans ces conditions, plus on restreindra la culture fruitière de luxe, mieux on s'en trouvera.

Maintenant que nous nous sommes expliqués sur ce point essentiel, passons à un autre qui peut-être ne l'est pas moins.

Il y a un certain nombre de fruits, toujours les mêmes de vieille date, qui ont le privilége d'orner les riches desserts et qui, à ce titre, sont recherchés. Autant que possible, on accorde la préférence à ceux qui mûrissent tardivement, comme la Crassane, le Doyenné d'hiver et la Bergamotte Espéren. Joignez à ces poires tardives le beurré William, la Duchesse, la Louise bonne d'Avranches, le beurré gris, le Saint-Germain, le beurré Clairgeau, le beurré Diel. Notez, parmi les pommes, la reinette de Canada, le Calville blanc, la reinette grise, le court-pendu, et vous aurez à peu près la nomenclature des fruits à pepins admis sur les meilleures tables. Or, ce sont justement ceux-là dont on conseille la culture, à l'exclusion d'autres qui mûrissent plus tôt et se gardent moins. Ce conseil doit-il être suivi rigoureusement ? C'est à débattre.

A proximité des centres populeux et riches, les fruits de luxe sont demandés, et il peut y avoir profit à en produire beaucoup. Toutefois, il importe de remarquer en passant que les arbres qui les portent sont, à de rares exceptions près, délicats et capricieux.

Dans le voisinage des centres manufacturiers, où la population ouvrière offre un débouché considérable, les beaux fruits dont il vient d'être parlé ne sont point en faveur, à cause de leur prix élevé ; on s'en tient aux fruits à bon marché, et, nécessairement, il y a intérêt pour le cultivateur à multiplier les arbres de grand rapport. Pourvu que la qualité les fasse rechercher, le volume des fruits importe peu. L'essentiel aussi est d'accorder une large place aux fruits d'été ; plus la température est élevée, plus ces fruits sont agréables à la grande masse des consommateurs. Les fruits de fin d'automne et d'hiver ne sont que des aliments de luxe et de parade.

Enfin, si nous laissons de côté la question commerciale et si nous cultivons les arbres fruitiers uniquement en vue des besoins du ménage, de notre consommation personnelle, le mieux est de nous en tenir à un choix sévère, restreint, et d'échelonner les dates de maturité de façon à avoir de bons fruits en toute saison.

Nous avons dit tout à l'heure, en ce qui concerne les fruits à pepins, les noms de ceux que réclament les desserts d'élite; il est inutile de les citer de nouveau. Supposons maintenant que les débouchés nous soient fermés de ce côté-là et que notre marché soit chargé surtout de l'alimentation de populations industrielles ou manufacturières, il conviendrait, à notre avis, pour ce qui est des fruits à pepins, de multiplier l'Épargne, le beurré Giffard, l'ognonet, le petit Rousselet, la bergamotte d'été, le beurré d'Amanlis, le beurré d'Angleterre, le beurré Hardy, Boutoc, les délices d'Hardenpont, madame Treyve, Monchallard, Doyen Dillen, et, avec ces poires, les pommes de Calville d'été.

Laissons de côté la culture de spéculation, et essayons d'indiquer une collection pour les besoins de la famille. C'est affaire de goût, et tel choix, qui nous plaira, sera sûrement critiqué par d'autres, soit que leur goût diffère du nôtre, soit que les fruits, excellents chez nous, soient très-médiocres chez eux, pour des raisons de sol, de climat et d'exposition. C'est égal, nous avons le droit de faire un choix et nous le faisons : — *Poires :* épargne, beurré Giffard, ognonet, beurré d'Amanlis, Louise bonne, fondante des bois, poire de Tongres, beurré gris, beurré Clairgeau, beurré d'Hardenpont, beurré Millet, crassane, Joséphine de Malines, bergamotte Espéren, doyenné d'hiver, messirejean, martin-sec. *Pommes :* Passe-pomme rouge ou Calville d'été, Calville blanc, reinette de Canada, reinette de Cusy ou de Bourgogne, reinette grise de Granville, Baldwin, Gravenstein, Linneous pippin, reinette à la longue queue, api. *Prunes :* reine-claude dorée, monsieur-jaune, petite mirabelle, questche d'Italie, sainte Catherine. *Cerises :* bigarreau Jaboulay, guigne blanche ambrée, cerise d'Angleterre hâtive, cerise de Vaux, cerise de Montmorency. *Pêches :* Grosse mignonne hâtive, belle Bausse, Galande, Madeleine de Courson, belle de Paris, belle de Vitry, pêche de Syrie, brugnon musqué, brugnon Chauvière. *Abricots :* gros saint Jean, royal, abricot-pêche (de Nancy). *Amandes :* à la dame, princesse. *Noix :* Barthèse. *Noisettes :* Aveline de Provence, noisette d'Espagne. *Raisins :* chasselas doré de Fontainebleau, chasselas rose, Frankenthal, Meslier noir. *Figues :* bourjassote blanche, verdale, bourjassote noire, figue de Bordeaux. *Châtaignes :* Pourtalonne du Midi, verte du Limousin, exalade, vrai marron.

Pour bien étudier les nombreuses sortes de fruits de chaque espèce et apprendre en même temps la culture des arbres fruitiers, nos lecteurs devront nécessairement consulter les ouvrages spéciaux. Nous leur recommandons tout particulièrement : *Les meilleurs fruits,* par M. Paul de Mortillet. Grenoble, Prudhomme. — *Le Verger,* par M. Mas. Paris, Victor Masson et fils. — Les intéressants travaux de MM. Charles et Ernest Baltet et de M. Alexis Lepère dans le *Livre de la ferme et des maisons de campagne.* Paris, Victor Masson et fils. — *Taille et culture des arbres fruitiers,* par M. Laujoulet. Paris, F. Savy. — *Taille et greffe des arbres fruitiers,* par Hardy. Paris, librairie agricole de la *Maison rustique.* — *Culture des arbres et arbrisseaux à fruits de table,* par M. Dubreuil. Paris, Victor Masson et fils. — *Les fruits à cultiver,* par M. Ferdinand Jamin. Paris, Victor Masson et fils. — *L'art de greffer,* par M. Ch. Baltet. Paris, Victor Masson et fils. — *Culture du chasselas à Thomery,* par M. Rose Charmeux. Paris, Victor Masson et fils. P. Joigneaux.

**ARC.** — ARCHITECTURE. — On désigne par ce mot toute construction en maçonnerie, de forme courbe, destinée à couvrir soit une partie vide d'un mur (baie), soit quelque partie trop faible pour résister par elle-même au poids de la construction supérieure; ainsi, la fonction de l'arc est de soutenir et de reporter sur des points d'appui résistants l'effet de la masse de cette construction ; sa condition réside dans sa forme cintrée et dans la concentricité de son appareil, quelle que soit d'ailleurs la nature des matériaux employés. L'arc n'est pas de sa nature dans des conditions d'équilibre stable : la pression qu'il subit tend à abaisser son sommet et à écarter ses points d'appui; il faut donc que ceux-ci présentent une stabilité suffisante, proportionnée à la largeur de l'arc et à la pesée qu'exerce sur lui la construction qu'il soutient. L'épaisseur des piliers est la principale condition de cette stabilité; mais elle varie elle-même selon que ces piliers sont plus ou moins chargés, car elle se réduit en somme à une question de poids : il faut que l'effort nécessaire pour le déplacement de la masse des piliers représente une pression plus forte que la poussée de l'arc.

Il existe diverses formes d'arc; la plus naturelle et la plus pure est le *plein-cintre*, c'est-à-dire le demi-cercle parfait; *l'arc en segment* est celui dont les piliers ou piédroits montent à plomb jusqu'à leur rencontre, sous un angle plus ou moins obtus, avec une portion de cercle dont le rayon est plus grand que la demi-distance des piliers; les *arcs surbaissés* sont tantôt elliptiques, tantôt formés d'une courbe en série de portions de cercle dont les centres sont disposés de telle sorte que les points de raccordement offrent une tangente commune; on nomme vulgairement ces arcs *anses de panier ;* il y a ainsi des courbes à trois, cinq, sept centres et plus. L'arc *surhaussé* ne diffère du plein-cintre que par une fiction décorative qui place le couronnement du pilier (l'imposte) en contre-bas de la naissance de l'arc. L'arc *en fer à cheval* se compose d'une portion de cercle plus grande que la demi-circonférence, et s'élargit par conséquent au-dessus de sa naissance. L'arc *ogival* est formé de deux portions de cercle d'un rayon égal, et supérieur à la demi-distance des piliers, ayant leurs centres au niveau de la naissance; ce sont en réalité deux arcs qui se rencontrent à leur sommet sous un angle plus ou moins aigu. Enfin, quoique ce ne soit pas géométriquement un arc, on peut comprendre dans cette nomenclature la *plate-bande appareillée*, c'est-à-dire l'ouverture terminée par une partie horizontale, mais qui, au lieu d'être close par un *linteau*, morceau unique de pierre, de bois ou de fer, est fermée par des pierres appareillées comme celles d'un arc, et convergentes à un centre fictif. Plus la forme de l'arc est aplatie, plus la poussée est grande; plus l'arc est élevé, plus elle est faible : ainsi, la plate-bande exerce la poussée la plus considérable, et l'ogive la poussée la moins forte.

Les arcs peuvent être construits de divers matériaux : de pierres de taille, de moellons, de briques, de moellons et briques alternés, de béton ou blocage; dans ce dernier cas, ils ne sont pas appareillés, c'est par la cohésion du mortier qu'ils se soutiennent en devenant une sorte de monolithe. On a aussi perdu l'habitude d'appareiller les briques ainsi que le faisaient les Romains aux belles époques de leur architecture. Les arcs en pierre sont nécessairement appareillés, et chaque pierre a la forme d'un prisme dont les faces de contact sont dans des plans tendants au centre. La surface concave vue par-dessous s'appelle *douelle* ou *intrados ;* les pierres qui forment l'appareil de l'arc se nomment *voussoirs* ou *claveaux;* le premier claveau est le *sommier*, le dernier est la *clef;* leur nombre est nécessairement impair. Un arc de pierre peut être appareillé de plusieurs façons : la plus rationnelle consiste à *extradosser* l'arc, c'est-à-dire à en rendre la construction indépendante du mur, en la circonscrivant entre deux cercles, ou plutôt entre deux surfaces cylindriques concentriques, dont l'une est l'intrados, l'autre l'extrados. Souvent aussi les voussoirs de l'arc se raccordent avec les assises horizontales du mur, et pour cela se terminent à leur partie supérieure par des plans de joints horizontaux et verticaux.

Quelquefois ce raccordement a lieu à l'aide de *crossettes*; en ce cas, une même pierre fait partie d'une assise du mur, et se coude en quelque sorte pour former voussoir de l'arc. Cette disposition vicieuse doit être employée le moins possible : elle donne lieu à de forts déchets, et expose la construction à des ruptures pour peu qu'il y ait inégalité de tassement; la pierre d'ailleurs est nécessairement en délit dans l'une ou l'autre de ses parties : car, dans l'appareil d'un arc, le lit de la pierre doit être placé non plus horizontalement comme dans le mur, mais toujours dans le sens de la pression, c'est-à-dire dans une direction convergente au centre. Pendant la construction, les arcs doivent être soutenus par des cintres en bois qu'on ne peut enlever que lorsque la clef est posée. Il est d'ailleurs prudent d'attendre quelque temps avant le décintrement.

Au point de vue de l'usage, les arcs ont des emplois nombreux : portes, arcades de portiques, fenêtres, etc. Ils peuvent être *rampants*, lorsque les naissances sont à des hauteurs différentes, *biais*, lorsque leur axe est dans un plan oblique par rapport au mur, *en talus*, lorsqu'ils sont pratiqués dans un mur incliné. Souvent on ménage des arcs dans un mur, sans qu'il y ait à couvrir une ouverture, lorsqu'il faut protéger une partie faible de la construction, et reporter la charge sur des points forts : on les appelle alors *arcs de décharge*. On construit parfois, dans les fondations, des *arcs renversés* pour assurer la stabilité des piles à leur partie inférieure. Les *arcs-boutants* sont destinés à épauler des voûtes et à reporter la poussée sur des piliers ou contreforts qui en sont éloignés. On nomme *arcs-doubleaux* des arcs qui dessinent une saillie concentrique à l'intrados d'une voûte qu'ils ont pour fonction de renforcer ou de soutenir. Les *arcs formerets* sont ceux qui dans les églises du moyen âge relient les piliers entre eux et supportent les portions de voûtes en remplissage. — Les arcs sont susceptibles de décorations diverses, et les styles différents ne se manifestent pas moins dans ces décorations que dans la forme des arcs : du reste, avec de grandes variétés de profils ou d'ornements, on ne sort guère des mêmes partis : ou accuser la courbure de l'arc par des moulures circulaires dessinant les archivoltes, ou accuser plutôt l'appareil des voussoirs par des lignes rayonnantes, ou enfin combiner ces deux systèmes de décoration.

L'arc est un des principaux éléments de l'architecture : l'emploi qu'en ont fait les différentes époques est un des signes des types et des styles. Sa découverte peut, à coup sûr, être placée au nombre des plus importantes et des plus admirables : car, l'arc trouvé, la voûte, qui n'en est que l'amplification, était trouvée aussi. C'est à partir de cette découverte féconde que l'architecte a pu pratiquer de larges ouvertures, couvrir d'une construction monumentale de vastes espaces, et oser facilement, avec de petits matériaux, les proportions les plus grandioses. C'est une opinion accréditée que l'arc n'était pas connu avant les Étrusques et les Romains; cependant, on a pu voir dans les intéressants dessins que M. Brune a rapportés d'Égypte, des arcs en briques, à triples rangs d'archivoltes, et dont l'antiquité n'est pas contestable, car sur les briques dont ils sont construits se voient encore des estampilles au cartouche des Pharaons. Cependant, il est certain que si l'arc fut employé en Égypte et peut-être en Grèce, ce fut très-exceptionnellement, et c'est bien chez les Étrusques et les Romains qu'il commence à être d'un emploi usuel. Il est impossible d'en citer les exemples, ils seraient trop nombreux, depuis les portes de Segni ou de Pérouse jusqu'aux amphithéâtres ou aux thermes et aux aqueducs de Rome. Après la décadence de Rome, l'arc domine encore plus dans l'architecture, car si les Romains en firent un emploi considérable, ils faisaient venir aussi de tout le monde connu des marbres et autres grands matériaux qui leur permirent de recourir aux colonnades pour leurs plus nobles édifices, tandis que, plus tard, les grands matériaux manquant, l'arc devint forcément la forme usuelle de l'architecture. Les Romains employèrent surtout le plein-cintre, mais aussi l'arc en segment; dans les styles latin, byzantin et roman, on ne voit plus guère que le plein-cintre, souvent surhaussé. Les Arabes employèrent concurremment le plein-cintre, l'ogive, le fer à cheval; pendant la seconde période du moyen âge chrétien, l'ogive domine, jusqu'à ce que la Renaissance vienne adopter de nouveau toutes les autres formes, en abandonnant la seule ogive. Aujourd'hui, l'architecture accepte, peut-être avec trop d'éclectisme, toutes les formes de l'arc, heureuse lorsque c'est la convenance vraie de la construction, et non le pastiche ou l'archéologie qui en dicte le choix.

Le mot arc a plusieurs équivalents, comme *arcades*, *arceaux*; tout ce qui vient d'être dit peut s'appliquer à ces mots. On nomme de préférence *arches* les grands arcs des ponts. Les arcs ont d'ailleurs en maintes circonstances des usages spéciaux qui pourraient être décrits dans un ouvrage technique; ici, nous nous bornerons à quelques lignes sur les *arcs de triomphe*.

*L'arc de triomphe* est un monument de création essentiellement romaine; c'était, chez les Romains, la consécration monumentale de la célébration effective du triomphe. L'archéologie moderne fait remonter aux Étrusques l'origine de cette cérémonie pompeuse et ordinairement sanglante; les Romains firent d'abord du triomphe l'objet d'une distinction rare, puis ils le prodiguèrent et en firent, sous les empereurs, une expression de lâche adulation, enchérissant chaque fois sur le faste du triomphe précédent. Il en fut de même des arcs de triomphe, dont les derniers sont les plus grands et les plus pompeux : il n'y en eut jamais en l'honneur de Paul-Émile ou des Scipions, mais il en existe encore en l'honneur de Septime Sévère ou de Constantin.

Soit que l'arc de triomphe fût élevé en temps utile pour la cérémonie, soit qu'il ne fût qu'un souvenir, il était toujours érigé sur la voie triomphale, c'est-à-dire, à Rome, sur la Voie Sacrée. La composition en était toujours à peu près la même : un grand arc décoré de colonnes, souvent accompagné de deux petites arcades, un attique portant l'inscription commémorative, et, au sommet, un char, généralement quadrige, portant la figure du triomphateur et guidé par des renommées. Il y avait toujours abondance de sculptures, bas-reliefs relatifs à la dernière guerre, trophées d'armes prises sur les ennemis, prisonniers enchaînés, renommées, victoires, etc.

Les arcs de triomphe qui subsistent à Rome sont : l'arc de Titus, le plus remarquable comme architecture et aussi le plus simple; celui de Septime Sévère, d'une belle proportion, mais d'une époque de décadence; celui de Constantin, en partie construit avec les matériaux d'un arc de Trajan qu'on détruisit alors, et qui présente un curieux assemblage de belles parties, de sculptures remarquables, et de portions complémentaires que le contraste fait paraître d'autant plus informes. Il y en eut d'autres élevés en l'honneur d'Agrippa, de Tibère, de Claude, de Néron, etc. Hors de Rome, on en trouve encore en Italie, notamment l'arc de Rimini attribué à Auguste, ainsi que celui de Bénévent, et l'arc d'Ancône, élevé à Trajan, et qui présente cette particularité que tous ses ornements sont des représentations d'engins maritimes. En France, il existe plusieurs arcs de triomphe romains, en tête desquels se place naturellement celui d'Orange, monument remarquable et qui a donné lieu à bien des discussions. On l'appelle vulgairement l'arc de Marius; divers archéologues l'ont attribué à Domitius Ænobarbus, à César, à Auguste; mais, pour peu qu'on ait de connaissance de l'architecture romaine, il est bien visible par son style que c'est un monument d'une époque postérieure. Ceux de Reims, de Besançon, de Langres sont plutôt des portes.

Après la fin de l'empire romain, on ne construisit plus d'arcs de triomphe; la Renaissance s'inspira parfois de leur forme pour décorer des portes, mais sans idée triomphale. Sous Louis XIV, l'arc de triomphe reparait, mais il n'est plus un monument isolé ayant son existence propre : ce sont des portes de la ville qu'on décore des emblèmes de la victoire et des inscriptions à la louange du grand roi ; et, après tout, si sa vanité y trouva son compte, il faut convenir que Paris eut ainsi de nobles entrées, et que la porte Saint-Martin, la porte Saint-Denis ou la porte Saint-Antoine projetée par Lebrun, tous arcs de triomphe véritables, annonçaient dignement la capitale et lui faisaient honneur. Ces monuments d'ailleurs, et surtout la porte Saint-Denis, ont un caractère original et grandiose : si le détail de leur architecture est inspiré du romain, leur composition est bien personnelle et de son époque. — Au temps de Napoléon Ier, l'imitation de l'antique était plus servile, aussi l'arc du Carrousel n'est-il qu'un pastiche correct mais froid de l'arc de Constantin. Cependant, à la même époque, l'architecte Chalgrin composait l'arc de l'Étoile, le plus grand que l'on connaisse, et dont la création grandiose et mâle ne saurait non plus être taxée de servilité.

Au point de vue de la morale, les arcs de triomphe ne consacrent guère que le souvenir de violences et d'injustices, et le mieux serait qu'on n'en eût jamais eu à faire. Au point de vue de l'art, ils ont donné lieu à des monuments d'un aspect particulier, essentiellement décoratifs, et dont la composition a été généralement réussie. Et ici, bien qu'il s'agisse d'un monument romain par son origine et par son esprit, peut-être la supériorité est-elle du côté des modernes, en France du moins. Un arc de triomphe, pour avoir une raison d'être, doit être une page d'histoire écrite en pierre pour l'éternité. Or, les arcs romains, décorés d'une architecture appliquée, de fins bas-reliefs, de sculptures détachées, n'ont pas, selon nous, le caractère de durée et de grandiose de la porte Saint-Denis ou de l'arc de l'Étoile. Le charme des premiers est peut-être surtout dans la solitude qui s'est faite autour d'eux, dans leur état de ruine qui laisse à l'imagination le plaisir de compléter et de deviner, dans la magnifique couleur dont le climat d'Italie pare les monuments de marbre ; mais les nôtres ont la simplicité austère de la construction, enrichie seulement de sculptures essentielles et énergiques, et l'on en peut dire, ce qui est un rare éloge des œuvres d'architecture, qu'on n'a besoin d'y rien ajouter, et qu'on n'en saurait rien retrancher.

L'avenir verra-t-il élever encore des arcs de triomphe? Il serait à désirer qu'il sût trouver une aussi belle expression monumentale pour des idées de paix et de civilisation ; quoi qu'il en soit, et en prenant le programme tel qu'il est aujourd'hui, il nous semble que l'arc de triomphe guerrier doive lui-même se modifier. Chez les Romains, il y avait un triomphateur, la fête était pour lui seul; Louis XIV, Napoléon Ier n'étaient pas hommes à récuser cet exemple : leurs arcs sont la fidèle expression de cette idée. A présent, on a enfin reconnu que la *chair à canon* a bien sa part des victoires, et que, si le général a droit au triomphe, l'être collectif qui s'appelle l'armée y a droit aussi. Ce sont de véritables triomphes que ces rentrées de troupes où les blessés passent les premiers, où les soldats défilent par bataillons, où toutes les armes viennent montrer ce qui reste de leurs régiments. S'il doit y avoir un arc de triomphe, c'est toute cette armée qui doit passer dessous; or, si elle peut passer matériellement sous la porte Saint-Denis ou l'arc de l'Étoile, moralement elle n'est pas faite pour ces arcs, ni ces arcs pour elle. Ce n'est plus un arc élancé, de la forme qui semble pouvoir encadrer un homme, qu'il faut pour un tel triomphe : c'est un arc d'une largeur immense. Ce changement en entraînerait bien d'autres, et le type de l'arc de triomphe serait à créer de nouveau : tant mieux, car le programme, devenant plus grand et plus humain, devient nécessairement plus beau.                                        J. GUADET.

**ARC-EN-CIEL.** — Il n'est personne qui n'ait eu bien des fois l'occasion d'observer le météore lumineux connu sous ce nom : néanmoins, avant d'en donner la théorie optique, il est bon d'en décrire en détail et avec précision toutes les circonstances, parce que ce sont les détails qui, dans la plupart des phénomènes physiques, servent de justification et de contrôle aux théories.

L'arc-en-ciel apparait tantôt simple, tantôt double et même multiple. Il est formé de bandes colorées, de forme apparente circulaire, que l'observateur aperçoit quand la pluie tombe à une certaine distance au-devant de lui, et qu'il tourne lui-même le dos au soleil. Dans le cas le plus ordinaire, où l'on voit deux arcs-en-ciel concentriques, chacun d'eux est formé de la série des couleurs du spectre solaire, se succédant dans le même ordre que dans ce spectre, mais inversement disposées dans les deux arcs. L'arc dont les couleurs sont les plus brillantes est l'arc intérieur, qui présente le rouge au dehors et le violet au dedans ; dans le second arc, dont la lumière est toujours beaucoup plus pâle que celle du premier, le rouge est en dedans, le violet au dehors. La zone comprise entre les deux arcs est généralement d'une teinte grisâtre ou violacée, plus sombre que les autres régions du ciel.

Les deux arcs ont même centre, et ce centre se trouve toujours sur la ligne droite qui, de l'œil de l'observateur, passe par le centre du soleil. Aussi l'amplitude des arcs dépend-elle de la hauteur du soleil sur l'horizon ; elle serait juste d'une demi-circonférence si le soleil se couchait ; elle est d'autant moindre que le soleil est plus élevé au-dessus de l'horizon, et il peut arriver qu'elle dépasse une demi-circonférence, si l'observateur est sur un plan notablement plus élevé que le plan horizontal contenant le soleil, circonstance qui peut se présenter dans les pays de montagnes, au sommet d'un pic plus ou moins élevé. Mais les diamètres des cercles formant l'arc principal et l'arc secondaire sont à peu près constants, et il en est de même par conséquent de l'intervalle annulaire qui les sépare. Le demi-diamètre apparent de l'arc intérieur est de 42° pour le rouge, de 40° environ pour le violet, ce qui lui donne 2° de largeur ; les dimensions analogues de l'arc extérieur sont 54° et 51°, et sa largeur apparente est ainsi de 3° ; il y a enfin une largeur de 9° entre les deux arcs.

Il arrive quelquefois qu'on observe des portions d'arc ou de bandes colorées, concentriques aux premières, les unes supérieures à l'arc secondaire, les autres situées au-dessous de l'arc principal : on les nomme *arcs-en-ciel supplémentaires* ou *surnuméraires*. Ils sont généralement incomplets, et ne sont guère visibles que dans le voisinage des parties culminantes des deux premiers arcs.

Tout le monde sait que l'on observe souvent des arcs irisés, semblables à ceux qu'on vient de décrire, quand on se trouve placé entre le soleil et une masse d'eau dont les nappes se résolvent en pluie ou en fines gouttelettes, par exemple dans les cascades, les jets d'eau. On reproduit artificiellement le même phénomène en lançant de l'eau par la bouche, à l'opposé du soleil, de façon que cette eau aille s'épandre en pluie fine, ou encore en secouant brusquement un linge mouillé. Enfin les rayons de la lune peuvent donner aussi lieu à la production d'un arc-en-ciel, qui ne diffère de l'arc-en-ciel solaire que par le faible éclat lumineux des couleurs de ses bandes. Aussi est-il très-rare qu'on puisse apercevoir l'arc extérieur ou secondaire.

Tel est le phénomène que les anciens avaient gracieusement personnifié dans

Iris, messagère des Dieux, et dont la mythologie biblique fit le signe du pacte d'alliance conclu entre Jéhovah et Noé. Il était plus difficile d'en donner une théorie en s'appuyant sur les lois de l'optique : des hypothèses très-imparfaites furent proposées à diverses époques, depuis Aristote et Sénèque jusqu'à Maurolicus, Kepler, Antonio de Dominis. Toutes cherchaient à rendre compte de la formation des arcs par la réflexion des rayons solaires, soit sur la surface convexe des gouttes de pluie, soit sur la surface supposée concave du nuage, soit enfin par la marche des mêmes rayons à l'extérieur et à l'intérieur des gouttes d'eau. Descartes fut le premier physicien moderne qui expliqua d'une manière un peu satisfaisante la production des deux arcs; sa théorie, qui avait été à la vérité ébauchée par Antonio de Dominis, était incomplète, en ce qu'elle ne donnait point la raison de l'ordre des couleurs dans les deux arcs. Elle fut complétée par Newton, qui fit servir à ce but sa découverte récente de l'inégale réfrangibilité des rayons colorés. C'est la théorie de Descartes et de Newton qu'on trouve encore aujourd'hui exposée dans la plupart des traités élémentaires de physique. On peut l'appeler la théorie des *rayons efficaces*. Mais, grâce aux travaux d'Young et surtout d'Airy, la science est en possession d'une théorie plus complète, où toutes les circonstances du phénomène et notamment la production des arcs surnuméraires se trouvent expliquées, dans la théorie des ondes, par les lois de la diffraction ou des interférences lumineuses.

Donnons d'abord un résumé de la première hypothèse : nous la compléterons ensuite par un résumé succinct des dernières découvertes sur ce point de physique et de météorologie.

Considérons une goutte d'eau de forme sphérique sur laquelle tombe un faisceau de rayons solaires parallèles. Un certain nombre de rayons sont réfléchis diffusément. C'est l'ensemble de tous ceux qui sont ainsi renvoyés dans l'atmosphère, qui rend visible pour nous le nuage ou la chute de la pluie. Les autres rayons pénétreront dans la goutte et se diviseront encore en deux portions : l'une émergera de la goutte en se réfractant à l'opposé de l'observateur; les rayons de l'autre portion n'émergeront qu'après une ou plusieurs réflexions à l'intérieur. C'est parmi ceux-ci que se trouvent les rayons auxquels Descartes a donné le nom de *rayons efficaces*, parce que ce sont eux qui, arrivant dans l'œil de l'observateur, produisent le phénomène des deux arcs-en-ciel, soit principal, soit secondaire. Ce que Descartes a montré, c'est que, dans le nombre des rayons incidents qui émergent de la goutte après une ou deux réflexions intérieures, il y en a toujours au moins deux faisceaux dont les angles d'incidence infiniment voisins sont tels, qu'en sortant, ils constituent des faisceaux émergents composés chacun de rayons parallèles. Il admettait que les intensités de ces rayons parallèles s'ajoutaient, que dès lors la goutte d'eau considérée devait paraître plus éclairée, si l'œil de l'observateur se trouvait situé précisément dans la direction des rayons efficaces, que s'il se trouvait occuper une autre position quelconque. En appliquant à la marche des rayons efficaces le calcul géométrique et en introduisant dans les formules la valeur connue de l'indice de réfraction de l'eau, Descartes trouvait deux valeurs constantes pour la direction des rayons efficaces, et expliquait de la sorte les deux arcs ordinaires de l'arc-en-ciel. Mais, comme il ignorait les lois de la dispersion et l'inégale réfrangibilité des rayons colorés dont se compose la lumière blanche, il ne put, ainsi qu'on l'a déjà dit, expliquer l'ordre et la disposition des couleurs des arcs. C'est cette lacune que combla Newton, en faisant voir que les incidences correspondant aux rayons efficaces, après une ou deux réflexions intérieures, variaient nécessairement d'une couleur à l'autre, que dès lors les rayons qui composent le faisceau solaire incident, se trouvaient, à l'émergence, divisés en autant de faisceaux de rayons efficaces qu'il y a de couleurs ou de nuances dans le spectre solaire. Par exemple, en calculant les angles d'incidence pour les rayons efficaces des couleurs simples extrêmes, le violet et le rouge, on trouve, après une seule réflexion intérieure :

Pour les rayons violets, un angle d'incidence de 58° 40' ;

Pour les rayons rouges, un angle d'incidence de 39° 23'. D'où il suit que les angles formés par les rayons émergents avec la direction des rayons incidents sont de 40° 17' pour les rayons violets, de 42° 2' pour les rayons rouges : ce sont ces angles qu'on nomme les *déviations* des rayons efficaces. Voici pour l'arc principal. Pour l'arc secondaire ou extérieur, dû à une double réflexion à l'intérieur des gouttes de pluie, on trouve :

Pour le violet, un angle d'incidence de 71°26' et une déviation de 54°9'; pour le rouge, un angle d'incidence de 71°30' et une déviation de 50°59'.

Tous ces nombres se vérifiaient très-exactement par l'observation, rendant ainsi compte des dimensions apparentes des deux arcs, de leurs largeurs respectives et de la largeur de la zone qui les sépare. D'autre part, la perte d'intensité que subit la lumière, après deux réflexions dans l'intérieur des gouttes, explique aussi pourquoi l'arc extérieur est moins brillant que l'arc principal.

La même théorie donne d'autres arcs, pour un nombre plus grand de réflexions : la raison pour laquelle on ne les observe pas généralement ne réside pas seulement dans l'affaiblissement progressif de la lumière ; elle est aussi dans ce fait, indiqué par le calcul, que le second et le troisième arc-en-ciel ne se projettent point sur la portion de l'atmosphère qu'embrasse le regard de l'observateur, mais bien par derrière ou à l'opposé. M. Babinet a produit artificiellement des arcs-en-ciel, en éclairant un jet d'eau cylindrique au moyen d'un faisceau de rayons solaires pénétrant par la très-petite ouverture d'une chambre obscure. Dans ces conditions, il a pu observer quatorze arcs différents. La mesure de leurs dimensions angulaires ou apparentes s'est trouvée d'accord avec les résultats de la théorie.

Il ne faut pas confondre les arcs multiples dont il vient d'être question avec ceux qu'on nomme surnuméraires. Les premiers s'expliquent aisément, on vient de le voir, par la théorie cartésienne des rayons efficaces. Les arcs surnuméraires n'ont trouvé d'explication satisfaisante que dans une théorie nouvelle, qu'Young ébaucha le premier en 1804, en faisant intervenir les phénomènes d'interférence, et qui a été complétée par Airy en 1836. Le premier de ces savants fit voir que, parmi les rayons incidents voisins des rayons efficaces, il en est qui, émergeant parallèlement après avoir parcouru dans la goutte d'eau des chemins différents, sont susceptibles d'interférer, et de donner lieu à des maxima et à des minima de lumière, selon que leur différence de marche est égale à un nombre pair ou impair de demi-longueurs d'ondulations. De tels rayons, existant pour chaque couleur simple, leur succession doit donner lieu à une série de bandes colorées, voisines de l'arc principal. La même chose arrive pour les rayons qui subissent deux réflexions intérieures, et ainsi se trouve expliquée l'existence des arcs surnuméraires tant intérieurs qu'extérieurs. M. Babinet, dans ses expériences sur les arcs-en-ciel artificiels, a pu observer jusqu'à seize franges colorées à l'intérieur de l'arc principal et huit franges semblables à l'extérieur de l'arc secondaire.

La théorie d'Airy, fondée sur l'étude de l'onde correspondant aux rayons efficaces émergents, et sur la détermination de l'intensité de la lumière dans le voisinage de ses rayons, explique dans toutes ses particularités le phénomène de l'arc-en-ciel. Relativement aux deux arcs principaux, elle montre que la théorie des rayons efficaces est incomplète, qu'il y a toujours un écart entre la déviation de l'arc principal et celle des rayons efficaces, écart d'autant plus grand que les gouttes de pluie sont plus fines; qu'il en est de même de l'arc secondaire, avec cette différence toutefois que l'écart est en sens inverse, la déviation du premier arc étant plus petite, celle du second plus grande que les déviations des rayons efficaces, telles que les donne la théorie de Descartes. Quant aux arcs surnuméraires, leurs distances apparentes aux deux arcs, principal et secondaire, varient avec le diamètre des gouttes de pluie, et sont d'autant plus grandes que les gouttes sont plus fines, ce qui explique pourquoi ces arcs ne s'observent généralement que dans le voisinage des parties culminantes de leur contour.

Enfin la même théorie rend compte du phénomène de l'*arc-en-ciel blanc* qu'on aperçoit au moment où tombe un brouillard épais, sous l'apparence d'une bande circulaire blanchâtre, légèrement nuancée de rouge à son bord extérieur, et d'un rayon notablement plus petit (de 37° à 42°) que celui de l'arc-en-ciel principal. Alors, en effet, l'arc est produit par une pluie de gouttes extrêmement fines, et la déviation doit, selon la théorie d'Airy, être très-différente de celle de l'arc-en-ciel ordinaire. L'absence presque complète de couleurs s'explique soit par la faible intensité de la lumière renvoyée par des gouttes très-petites, soit par l'inégalité de dimensions de ces gouttes qui cause des déviations inégales et par suite un mélange des arcs correspondants aux diverses couleurs. La théorie de Bravais, qui explique les arcs-en-ciel blancs par la présence de gouttes d'eau creuses, n'est pas généralement adoptée.

BIBLIOGRAPHIE. — Pour la théorie des rayons efficaces, voyez la plupart des traités de Physique. Consultez en outre : *De Radiis in vitris perspectivis et iride.* Venise, 1611, par Antonio de Dominis. — *Traité de la lumière* (1664), par Descartes. — *Optique*, de Newton (trad. Coste). — *Experiments and Calculations relative to physical Optics* (*Philosoph. Transactions*, 1804) par Young. — *Intensity of Light in the neighbourhood of a Caustic*, by Airy (*Transact. of Cambridge*, VI). — Babinet, *Mémoires d'optique météorologique* (*Comptes-rendus de l'Académie des Sciences*, IV). — *Sur l'arc-en-ciel blanc*, par Bravais. — Raillard, *Théorie complète de l'arc-en-ciel*. (C.-R. XLIV et LX). — Verdet, *Leçons d'optique physique*, I.                    AMÉDÉE GUILLEMIN.

**ARC VOLTAÏQUE.** — Lorsque deux corps, chargés d'électricité de nom contraire (voyez *Électricité*), sont rapprochés, une vive étincelle jaillit entre eux, violette et fugitive comme l'éclair. Cette lueur, une des premières et des plus évidentes manifestations de l'électricité, est devenue peu à peu, et après de nombreuses transformations, la lumière électrique. En faisant varier en effet les circonstances qui accompagnent l'apparition de l'étincelle, en recherchant les conditions les plus favorables à la production de cet éclair artificiel (voyez *Étincelle électrique*), on a reconnu que la lumière était plus ou moins intense selon la quantité d'électricité, selon la nature des corps électrisés et de l'atmosphère traversée. Lorsqu'une série d'étincelles continues, fournies par le courant d'une forte pile, jaillissent entre deux pointes de charbon, on obtient la lumière artificielle la plus éclatante qui soit connue, et cette bande incandescente s'appelle l'*arc voltaïque.*

Ce fut Davy, un des créateurs de la science de l'électricité, qui fit le premier cette expérience curieuse, au commencement de ce siècle. Il se servait d'une forte pile de deux mille couples de Volta (voyez *Piles*); il obtenait une lumière très-vive, qu'il étudia avec le plus grand soin, sans cependant arriver à dominer complètement le phénomène. Depuis cette découverte de l'illustre Anglais, un grand nombre de savants ont étudié l'arc voltaïque, et c'est grâce à l'ensemble de tous ces travaux que l'on peut en faire aujourd'hui une description à peu près complète.

En observant l'arc voltaïque à travers un verre coloré, pour que la vive incandescence n'éblouisse pas les yeux, ou bien en projetant cette bande lumineuse sur un écran blanc au moyen de lentilles qui laisseront, comme dans la lanterne magique, l'objet éclairé venir se peindre agrandi et très-visible, on peut apercevoir le mécanisme de la lumière. Au début, les étincelles jaillissent, faibles et comme timides, entre les pointes de charbon; mais bientôt, sous l'action du courant, les conducteurs s'échauffent, deviennent incandescents, et la lumière est éclatante. On remarque alors un transport rapide de particules solides brillantes, allant d'un charbon à l'autre. L'une des pointes se creuse, se ronge, en repoussant, pour ainsi dire, la matière dont elle est formée; l'autre croît et s'allonge en aspirant les molécules chassées par la première. C'est toujours le charbon positif, correspondant au pôle cuivre de la pile, qui se ronge et se dépouille; le charbon négatif au contraire, correspondant au pôle zinc, s'allonge sans cesse en accumulant la matière sur sa surface. Si, au lieu d'un cône de charbon, on prenait un métal pour conducteur de l'électricité, à la fin de l'expérience, le pôle négatif serait encore recouvert de molécules arrachées au métal. Cet effet est donc constant, et le transport des particules irradiantes est la principale cause de la lumière de l'arc. Il en résulte immédiatement que le point lumineux ne reste pas fixe; il s'élève ou s'abaisse avec le charbon négatif, et bientôt les rayons éclairants n'ont plus ni la même origine ni la même direction. Pour éviter ce grave inconvénient, on fait souvent en sorte que chaque charbon soit alternativement positif et négatif, se creusant ou s'allongeant à tour de rôle. Cette interversion des courants est établie dans les machines magnéto-électriques, dont on se sert maintenant pour alimenter les lampes électriques.

Mais le transport des molécules incandescentes n'est pas le seul phénomène que présente l'arc voltaïque. La chaleur, développée par le passage du courant, est considérable; les charbons, soumis à cette élévation de température, rougissent et brûlent fortement. La lumière, due à cette combustion, s'ajoute à celle qu'occasionne le transport des particules incandescentes, et c'est la réunion de ces deux effets qui constitue l'arc voltaïque. Aussi, toutes les fois qu'une de ces causes disparaîtra, l'arc sera moins intense. Dans l'eau, dans le vide, dans les gaz incomburants, la lumière électrique se produit, Davy lui-même l'avait reconnu; mais elle est alors assez faible pour qu'on en puisse supporter la vue, car la combustion des charbons étant nulle, une seule des deux causes est efficace. De même, les corps, dont la compacité est un obstacle à la division moléculaire, les métaux par exemple, ne donnent qu'une lumière électrique pâle et sans éclat.

D'autres circonstances, inexpliquées encore, viennent compliquer ce phénomène si simple au premier abord. Comment, en effet, comprendre l'influence de la forme des conducteurs? Comment rendre compte de leur échauffement inégal, et pourquoi le pôle positif s'échauffe-t-il plus que l'autre? Comment se fait-il que l'arc soit dirigé par un aimant, à peu près comme le serait une aiguille de boussole? Pourquoi les deux extrémités de l'arc ont-elles des colorations différentes, la positive étant rouge dans l'air et la négative bleue? Voilà quelques faits inattendus, dont on ne peut donner aucune bonne raison, et qui nous rappellent que nous ne sommes pas encore les maîtres de l'électricité. Parfois, nous savons la ployer à notre usage, mais le plus souvent elle nous échappe et se joue de nous; et, là où nous cherchons des lois régulières, nous ne pouvons trouver encore que des effets étranges et inexplicables comme le sont ceux de la foudre.

Cependant l'arc voltaïque, jaillissant dans l'air entre deux pointes de charbon, présente des propriétés assez constantes pour que l'industrie ait déjà cherché à en tirer des applications pratiques. Tel qu'il a été défini, il présente néanmoins de nombreux inconvénients. Les charbons, en brûlant, s'usent peu à peu; ils s'éloignent l'un de l'autre, et l'arc s'allonge, se rétrécit, tout en pâlissant, puis il s'éteint, lorsque la distance des charbons est trop grande pour que l'électricité puisse la franchir. Si l'on voulait conserver une intensité constante, à chaque instant il faudrait rapprocher les conducteurs et en régler la distance, travail qui serait loin d'être compensé par les avantages de la lumière électrique.

Aussi a-t-on inventé des appareils, les régulateurs photo-électriques, qui maintiennent les charbons toujours à la même distance l'un de l'autre, et laissent le point lumineux complétement immobile. L'idée première de ces instruments est due à M. Foucault, qui, vers 1840, songea à se servir du courant électrique lui-même pour régler la position des conducteurs. Outre les deux régulateurs, construits par M. Foucault, l'un vers 1843, l'autre vers 1863, on rencontre encore dans l'industrie une foule d'appareils semblables, peu différents les uns des autres, et construits par leurs inventeurs le plus souvent en vue d'une application particulière. Ce n'est pas ici le lieu de décrire ces nombreuses lampes électriques, ni de décider les questions de priorité que soulèvent à chaque instant les divers constructeurs. Il suffit de dire que les deux régulateurs photo-électriques les plus employés sont celui de M. Serrin construit pour les phares, et celui de M. J. Duboscq disposé surtout pour les grandes expériences scientifiques et pour les effets de lumière recherchés au théâtre; enfin, le dernier appareil de M. Foucault, réunissant les avantages de tous les précédents, et muni d'un mécanisme à la fois simple et solide, paraît appelé à un grand avenir.

De ce que la longueur de l'arc est fixe, grâce au régulateur, on ne peut pas conclure que l'intensité lumineuse est également constante. La lumière électrique est soumise, au contraire, à des scintillations désagréables qui proviennent des charbons servant de pôles. Les conducteurs de l'électricité doivent remplir, en effet, diverses conditions très-difficiles à réaliser. Les charbons, à la fois très-combustibles et peu compactes, pour produire l'arc voltaïque dans son plus grand éclat, ne peuvent pas être légers et poreux : la combustion en serait trop vive, et les crayons disparaîtraient aussitôt; on prend donc le charbon des cornues à gaz. Lorsqu'on distille de la houille, on trouve, tapissant les parties froides de la cornue, des couches de charbon noir, métallique, très-dur et très-conducteur de l'électricité, ce qui le fait employer pour les piles et pour l'arc voltaïque. On en taille de longs crayons, assez difficiles à casser, et on en forme les pôles du courant : la lumière jaillira entre ces pointes.

Mais ce charbon des cornues n'est pas pur; il renferme des grains de sable répandus en grand nombre dans la masse charbonneuse. Quand un de ces atomes siliceux se rencontre à la pointe enflammée, il ne peut pas brûler; il absorbe alors une quantité de chaleur considérable pour fondre et couler de la pointe supérieure à l'inférieure; et, pendant tout ce temps, la lumière s'affaiblit; car, d'un côté, le courant, arrêté par cette masse isolante, est moins intense, et, de l'autre, la combustion est moins active. Ainsi s'expliquent ces titillations désagréables de l'arc voltaïque, ces variations subites de grande intensité et d'affaiblissement brusques auxquelles on ne peut pas remédier, mais qui font rejeter la lumière électrique de tous les ouvrages, où il faut une clarté douce, constante, et ne fatiguant par les yeux des travailleurs.

A ce premier inconvénient, s'ajoute encore le suivant; les pointes s'émoussent en brûlant, et bientôt les crayons sont plats, de sorte que l'arc lumineux ne jaillit plus qu'entre deux surfaces. Quand donc un grain de sable se présentera en un point de cette surface, s'il est trop gros pour fondre immédiatement, l'arc quittera les points obstrués et jaillira entre deux points voisins. De sorte que la lumière électrique tourne autour des charbons, s'élançant entre des points toujours différents. Cet effet ajoute encore à la scintillation, et restreint de plus en plus l'usage de cette source lumineuse.

Il serait donc nécessaire de purifier le charbon et de le débarrasser des matières terreuses qui le souillent. Plusieurs essais ont été tentés, soit pour fabriquer des charbons artificiels convenables, soit pour substituer le graphite au charbon des cornues. Mais ces essais ne paraissent pas avoir été couronnés de succès, et ils ont été abandonnés.

A cause des graves inconvénients que nous venons de signaler, on n'emploie l'arc voltaïque que pour quelques phares et pour les effets de théâtre. L'usage qu'on en fait sur la scène, devient même de jour en jour plus important, en ces temps de féeries et de pièces militaires où la mise en scène, les trucs et le reste remplacent les œuvres consciencieuses et fortes des grands auteurs dramatiques. Ainsi, à l'Opéra, où le service de la lumière électrique installé et dirigé par M. J. Duboscq fonctionne très-régulièrement, il n'est pas de soirée où l'arc voltaïque ne joue un certain rôle. Le grand succès qu'il eut, en 1846, lors des premières représentations du *Prophète* de Meyerbeer, où l'on en fit usage pour la première fois, a, depuis cette époque, été constamment en croissant.

Enfin, un dernier défaut provient des faibles dimensions de la source. L'arc voltaïque est presque réduit à un point unique : aussi, la pénombre est supprimée, et l'ombre fortement séparée de la lumière par une ligne nette et tranchée. Les objets semblent alors formés par une succession de plans qui ne se relient pas entre eux par une teinte fondue. Nous n'avons pas, avec la lumière électrique, conscience de la rondeur des objets.

L'arc voltaïque n'a donc jamais été sérieusement appliqué à l'éclairage public. Ni dans les usines, ni dans les mines et les carrières, on ne l'a conservé, quoique les essais, qui ont été faits, paraissent avoir réussi. Nous sommes surpris et fatigués, souvent même sans nous en rendre compte, par cette lumière étrange avec laquelle nous n'avons pas nos impressions habituelles. Cependant, lorsque certains travaux sont assez pressants pour qu'on veuille les continuer même pendant la nuit, lorsque surtout les ouvriers n'effectuent pas une œuvre délicate exigeant une vue attentive, on ne craint pas d'employer cette source de lumière. Avant la construction de la machine magnéto-électrique, alors qu'on se servait encore de fortes et nombreuses piles, on avait éclairé par la lumière électrique les travaux du pont Notre-Dame et des Docks à Paris, ceux du pont de Kehl, etc. Le prix de revient était alors à peu près le même que celui de l'éclairage à l'huile ordinaire. Depuis qu'on se sert de la machine de la compagnie l'*Alliance*, on a essayé la lumière électrique dans les ardoisières d'Angers et dans d'autres travaux de nuit. La comparaison des prix a été faite pour les phares, et l'on a trouvé qu'un phare électrique comme celui de la Hève, équivalant à 125 becs Carcel, le bec revient par heure à 2 centimes en y comprenant les frais d'entretien de la machine et l'amortissement du prix d'achat, tandis qu'avec l'huile de colza le bec revient à 8 centimes dans les mêmes conditions. (Rapport sur l'éclairage des côtes de France par M. Léonce Raynaud, *Moniteur universel*, mai 1866.)

Du reste, l'éclat de la lumière obtenue dépend de la source de l'électricité. Ainsi on a reconnu que l'intensité varie peu quand on augmente le nombre des couples. Elle croît jusqu'à ce que la pile soit composée de 100 éléments, mais elle reste à peu près constante si le générateur du courant électrique est formé de 100 ou de

600 éléments. Elle augmente au contraire beaucoup, si l'on accroît la surface de la pile, si l'on prend de grands éléments disposés en réunissant les pôles de même nom. En prenant une pile de 60 éléments, dont chacun dépenserait 3 centimes par heure pour l'usure du zinc et des acides, on obtient une lumière équivalente à celle de 125 becs Carcel : c'est cette intensité qu'on a adoptée pour les phares, et qu'on obtient avec les machines magnéto-électriques ordinaires.

Voici, du reste, les comparaisons photométriques faites par divers savants e généralement considérées comme très-exactes. On prend pour unité la flamme d'une bougie placée à 1<sup>m</sup>,73, car, à cette distance la surface de la flamme soutend le même angle que celle du soleil. (V. M. Ed. Becquerel, *La lumière, ses causes et ses effets*.)

| | |
|---|---:|
| Bougie.......................................... | 1 |
| Bec de gaz en papillon (brûlant environ 20 litres par heure)....... | 7.60 |
| Lampe Carcel (consommant 42 grammes d'huile par heure, nombre théorique).................................................. | 8 |
| Lumière Drummond (brûlant environ 210 litres de gaz)............. | 170 |
| Arc voltaïque................................................... | 1000 |
| Soleil......................................................... | 180000 |

La lumière électrique a encore été employée à prendre les photographies de nuit, et elle paraît éminemment propre à cet usage. Lorsqu'on analyse par réfraction la lumière de l'arc voltaïque, on reconnaît qu'elle contient des rayons bleus et violets très-intenses ; ces rayons, très-abondants dans la lumière solaire, et doués de propriétés chimiques déterminant les actions photographiques, sont très-faibles ou même nuls dans la plupart des flammes artificielles, sauf cependant celle du magnésium que l'on emploie depuis quelques années à peine. Aussi, les éclairages artificiels sont très-impropres à la photographie, la pose est longue et l'action chimique n'est jamais complète. Avec l'arc voltaïque, au contraire, les épreuves sont presque aussi bonnes et aussi faciles qu'avec la lumière solaire.

Cette propriété de la flamme électrique de contenir beaucoup de rayons bleus et d'être d'un blanc parfait est encore une des causes qui fait hésiter à l'adopter dans l'éclairage public. Nous sommes habitués à la coloration jaunâtre que prennent les objets sous la flamme de l'huile ou du gaz ; notre œil en a, pour ainsi dire, pris le besoin instinctif, et si une source artificielle versait, pendant la nuit, sur les différents objets, une lumière réellement blanche, nous croirions voir une teinte livide et blafarde.

Outre les propriétés lumineuses et chimiques, l'arc voltaïque possède, comme le soleil, un grand pouvoir d'échauffement. Si, sur le charbon inférieur taillé en coupelle, on place des fragments de corps, la chaleur est tellement forte que ces substances sont fondues, puis volatilisées. C'est ainsi que l'on agit, lorsqu'on veut montrer à un nombreux auditoire les phénomènes de l'analyse spectrale et les raies dues aux vapeurs métalliques. Une série d'expériences célèbres, dues à M. Despretz, a mis en évidence l'énorme chaleur développée dans l'arc voltaïque. Cet illustre physicien, après avoir étudié la composition et les variations de l'arc, après avoir volatilisé la plupart des substances, essaya ses procédés sur le charbon lui-même.

Dans une première expérience, il plaça des baguettes de charbon au foyer d'une forte lentille solaire dans le jet d'une flamme à oxyhydrogène, et au milieu de l'arc voltaïque, c'est-à-dire à la réunion des trois sources calorifiques les plus intenses qui soient connues. Sous ces chaleurs combinées, les corps les plus réfractaires, la chaux, la magnésie, se volatilisèrent instantanément, et le charbon se ramollit au point de se courber sous son propre poids.

Il augmenta la pile et conserva cette seule source électrique, en opérant dans le vide; lorsque le charbon positif fut usé aux détriments du négatif, tout à coup un nuage noir se déclara, c'étaient des vapeurs de carbone qui se précipitèrent aussitôt. En opérant dans l'azote, gaz inerte, M. Despretz put ramollir le charbon, souder des morceaux à d'autres morceaux, fondre des fragments et obtenir une poudre noirâtre, cristalline, parsemée de points brillants, et propre à faire de l'égrisée pour polir les véritables diamants. (*Comptes rendus de l'Académie des sciences*, t. XXXVIII et XXXIX.)

Telles sont les expériences scientifiques les plus célèbres, faites pour reproduire le diamant, et qui mettent en évidence, en même temps que la difficulté d'obtenir ces cristaux par les moyens ordinaires, la chaleur formidable de l'arc voltaïque.

En résumé, la lumière électrique, produite par le transport de particules incandescentes et par la vive combustion des charbons, est la lumière artificielle qui se rapproche le plus du soleil, par son intensité et par sa composition; car, comme le spectre solaire, le spectre électrique contient à la fois les trois radiations calorifique, lumineuse et chimique, et de là résultent toutes les propriétés de cette source de lumière. **J. B. Baille.**

**ARCHITECTURE.** — Art de concevoir et de construire les édifices. Comme tous les arts, l'architecture est aussi une science, l'architecte a même besoin de plus de sciences diverses que les autres artistes. Aussi, a-t-on cru souvent devoir prouver que l'architecture est un art; rien n'est plus oiseux qu'une telle discussion. Lorsqu'un édifice est terminé, chacun, en dehors de toute discussion portant sur son appropriation, ses convenances, sa construction, loue ou blâme son effet, ses proportions, sa silhouette, son aspect triste ou gai, pittoresque ou sévère; c'est donc une œuvre d'art, et il nous semble que ces quelques lignes sont déjà de trop sur ce propos.

On croirait que tout le monde dût savoir au juste ce qu'est la profession d'architecte, et pourtant les erreurs sont nombreuses à ce sujet; il n'est pas rare qu'on fasse confusion entre l'architecte et l'entrepreneur. L'architecte est, en réalité, un intermédiaire, dans la plus large acception du mot. D'un côté, se trouve un propriétaire ou une administration possédant un terrain et des capitaux, voulant faire construire; ils peuvent faire un programme, mais non le faire exécuter; de l'autre côté, se présentent toutes les industries du bâtiment, prêtes à exécuter ce même programme, lorsqu'il sera devenu une conception formulée pratiquement. C'est l'architecte qui le reçoit, qui en fait, si l'on peut dire, une idée susceptible des trois dimensions, qui arrête, sauf approbation, les dispositions d'ensemble et de détail de l'édifice à construire; il en prévoit la dépense et en soumet les devis au propriétaire; puis, son projet accepté, il en dirige et surveille l'exécution; sa situation devient celle d'un véritable tuteur du propriétaire, car sa responsabilité n'est nullement couverte même par un ordre écrit de celui-ci, de même que le propriétaire ne peut plus, lorsqu'il a fait choix d'un architecte, donner des ordres lui-même aux entrepreneurs. Pendant ou après l'exécution, l'architecte examine les comptes des entrepreneurs et s'assure de leur concordance avec les fournitures ou les travaux exécutés; il les vérifie, les règle, et c'est sur son avis que le propriétaire les paie. Lorsque les travaux sont faits à forfait, l'architecte, après la rédaction du projet et du cahier des charges, n'a plus qu'à surveiller l'exécution, et à assurer la conformité des travaux avec les prescriptions acceptées par l'entrepreneur. L'architecte est responsable solidairement avec les entrepreneurs; la durée de cette responsabilité est de dix ans. En résumé, la conception de l'édifice, la direction et la surveillance des travaux, tel est le rôle de l'architecte, artiste et savant à la fois, et dont les soins sont rémunérés par des honoraires; l'entreprise et l'exécution matérielle appartiennent aux entrepreneurs, qui rentrent dans la classe des industriels.

Pour exercer convenablement l'architecture, de nombreuses connaissances sont nécessaires. Sans énumérer, d'après Vitruve, des listes de sciences parmi lesquelles figure la danse, on peut affirmer d'abord que, placé souvent dans des positions délicates, intermédiaire entre des personnes dont les unes ne connaissent pas la construction, et dont les autres en connaissent parfois trop bien les ressources, obligé à de fréquentes correspondances, à des rapports nettement présentés, devant d'ailleurs, comme artiste, peser de graves questions qu'on ne peut aborder qu'après avoir appris à penser, l'architecte doit non-seulement être instruit dans son art, mais encore être un homme instruit. Il doit connaître aussi les principaux besoins des édifices, les lois générales de la convenance et des proportions; mais, on aurait tort de croire qu'un architecte doive être prêt, du jour au lendemain, à traiter toute sorte de sujets : d'abord, c'est impossible; puis, ses études générales l'ont mis en état de comprendre un programme et de le réaliser, mais le programme ne lui appartient pas. Comme études techniques, l'architecte doit tout d'abord acquérir les connaissances préparatoires à l'exercice de son art, c'est-à-dire le dessin, tant géométral que figuratif, — le modelage en terre pour les parties décoratives, autrefois familier. aux architectes, a disparu à tort de leurs études; — les mathématiques élémentaires, surtout la géométrie; la géométrie descriptive et la stéréotomie, la perspective, l'arpentage, le métrage et le nivellement; la statique; puis, vient l'étude considérable de la construction, comprenant la connaissance des matériaux, de leurs fonctions rationnelles, de leurs conditions de résistance et de durée, enfin de leur mise en œuvre : étude dont la base est théorique, mais que l'expérience seule peut rendre complète; il doit se rendre familier le passé de son art, et enfin, l'art même de l'architecture, la composition, l'étude des ensembles et des détails. L'architecte doit en outre connaître la comptabilité du bâtiment, ainsi que les lois et règlements en vigueur sur la matière. Toutefois, dans les grandes villes, la comptabilité ressort d'une profession spéciale, celle des vérificateurs. — L'architecture emploie un grand nombre d'industries; sans parler de celles qui n'ont avec elle qu'un rapport médiat, comme l'extraction des pierres ou l'exploitation des mines de métaux, elle met directement en œuvre : le terrassement, la maçonnerie, la charpenterie, la menuiserie, la serrurerie, industrie devenue très-importante et comprenant la grosse ferronnerie; la couverture, la fumisterie, la peinture en bâtiments et de décors, et toutes les industries décoratives. De plus, l'architecte devient, lorsqu'il y a lieu, le dispensateur de travaux d'art et le régulateur des efforts individuels d'artistes dont les œuvres, conçues et étudiées par des personnalités diverses, doivent concourir à un effet collectif et à un aspect général d'unité et de beauté.

Les questions qui se rattachent, soit aux matériaux de construction, soit à la construction même et à l'ornementation, feront l'objet d'articles spéciaux; ici, nous nous bornerons à l'étude très-rapide de l'histoire et de la composition architecturales.

I. — L'histoire de l'architecture serait un sujet d'autant plus complexe, si on le voulait traiter à fond, que, pour plusieurs anciens peuples, les monuments sont presque l'unique vestige où puisse se renseigner l'histoire générale. Les ouvrages volumineux abondent sur cette matière, et, il faut le dire, les incertitudes de l'archéologie se multiplient en raison de ses recherches. Pour nous, nous examinerons surtout les époques d'architecture dont notre art s'est inspiré ou dont il pourrait s'inspirer, sans nous appesantir sur les architectures qui non-seulement sont bien mortes elles-mêmes, mais qui n'ont même plus de points de contact avec un art quelconque, et nous nous limiterons autant que possible aux exemples tirés des monuments ayant encore une existence réelle.

Les anciens peuples de l'Asie comptent, on le sait, par siècles de siècles la durée de leur civilisation; en faisant la part du fabuleux, il leur reste toujours une antiquité effrayante; il n'est donc pas étonnant que leur architecture présente des caractères presque aussi étranges pour nous que le sont, dans un autre ordre d'idées, les restes d'animaux antéhistoriques. D'ailleurs, le génie asiatique fut toujours une grande immobilité; la théocratie, la hiérarchie des castes furent presque partout son expression; l'architecture subit les conséquences de cet état social; elle fut non-seulement traditionnelle, mais immobile, non-seulement doctrinale, mais réglée. Ses dispositions, peu variées, restèrent primitives, et, lorsque les ressources furent immenses, les constructions furent gigantesques, mais — et c'est là peut-être la grande différence avec les architectures européennes, — l'architecture asiatique n'inventa pas des combinaisons nouvelles pour de nouvelles ressources.

Nous ne connaissons guère d'anciens monuments des Chinois; le bois paraît avoir été toujours la matière dominante dans leur construction essentiellement périssable; tous les édifices, d'ailleurs, se ressemblent chez eux; qu'il s'agisse de maisons, de palais ou de pagodes, la construction est l'imitation d'une seule tente : les piliers sont des poteaux de bois, les clôtures sont légères, les toits très-saillants se courbent comme une étoffe; s'il y a plusieurs étages, l'ensemble affecte généralement la forme pyramidale. Mais tout cela est peu connu, ou ne l'est pas techniquement, et vouloir aujourd'hui trop décrire l'architecture chinoise serait s'exposer à recevoir, bientôt peut-être, un démenti complet.

Dans chaque pays, l'architecture subit surtout deux influences : celle des matériaux, celle des institutions. C'est ainsi que l'Inde présente une architecture très-différente de celle de la Chine. La pierre y abonde et s'y trouve en blocs assez grands pour permettre des dimensions considérables sans artifice d'appareil. Les institutions théocratiques, de leur côté, conduisirent à l'amplification des monuments religieux et immobilisèrent l'art, si bien que les savants varient de bien des siècles dans les dates qu'ils attribuent aux plus célèbres monuments indiens. L'architecture était un art sacré, d'origine divine; ses règles étaient fixées dans des livres canoniques. — De l'Inde ancienne, il ne reste plus guère que des monuments considérables; leur principe est dans la stabilité naturelle de la pierre, les murs sont épais, les piliers forts et trapus, les points d'appui portent directement des plafonds de pierre. Intérieurement, c'est l'aspect des piliers et des ciels de carrière. Souvent, il y a plusieurs étages, accusés extérieurement par des ordonnances de pilastres en retraite; les silhouettes sont pyramidales. Toute cette architecture est ornée de sculptures symboliques, d'ornements qui ont bien leur élégance et leur imagination. Si la composition est routinière, l'exécution est artistique, et ces monuments imposants de masse, silhouettés, souvent immenses, devaient produire un grand effet.

Du reste, l'édifice construit est presque une exception dans l'Inde; plusieurs vastes constructions sont creusées dans le roc; telles sont les grottes célèbres d'Elora, succession immense de souterrains qui, dit-on, ont près de deux lieues de longueur; celles d'Elephanta, de Carli, de Salsette; dans ces hypogées, la montagne forme les murs, les piliers, les plafonds; l'architecture intérieure est très-ornée, il n'y a pas d'extérieur. D'autres monuments plus singuliers sont pratiqués aussi par excavation dans la montagne, tout en présentant l'aspect de constructions. Là, se trouvent des cours, des portiques, des façades, tout cela refouillé dans le rocher par une sorte de mise au point, analogue à l'opération du praticien qui dégage un groupe d'un bloc de marbre ; et ces mêmes monuments réservés dans le rocher sont encore refouillés intérieurement en salles, cours, chambres, escaliers, etc. Le monument le plus célèbre de ce genre, le Kaïlaça, a environ 150 mètres sur 50, et 30 de profondeur. — Quels étaient les programmes de tous ces monuments, les raisons de compositions si étranges pour nous ? Nous l'ignorons, et sans doute on l'ignorera toujours. L'Inde antique, mystérieuse dans son histoire, l'est encore dans son architecture ; nous ne pouvons que nous étonner de ses monuments, sans espérer les comprendre.

De grands travaux ont été faits récemment sur les ruines de Perse, d'Assyrie, de Babylone, de Phénicie et de Palestine. Tout cela forme un ensemble très-curieux qu'il faut étudier dans les ouvrages spéciaux de MM. Texier, Botta et Flandin, Thomas et Place, etc., et dans les musées. Mais cet ensemble est encore peu connu et ne l'est pour ainsi dire pas architecturalement. Dans les contrées de l'Asie, la brique domine dans la construction ; elle est crue et souvent jointoyée d'asphalte. Les plans persans, plus *aérés* que ce que nous connaissons de l'Inde ou de l'Égypte, impliquent l'emploi du bois, ce que confirme l'incendie de Persépolis par Alexandre. A Ninive, comme en Perse, l'architecture est très-ornée, ici plus fine, là plus lourde ; partout, de nombreux bas-reliefs et la polychromie. La décoration persane surtout a plus d'une analogie avec la décoration ionique grecque. — De Babylone, il ne reste rien que des emplacements souvent hypothétiques, désignés par les reliefs de terrains que produisent les écroulements ; même obscurité sur la Phénicie. La Palestine, et surtout le temple de Jérusalem, ont fait de tout temps le désespoir des archéologues chrétiens ; mais ce qui est disparu n'appartient plus à la critique architecturale, et de l'ancienne Jérusalem il ne reste plus que quelques murs qu'on vénère avec une confiance traditionnelle, mais qui ne sauraient nous renseigner sur l'art qui les éleva.

Cet aperçu sur l'architecture de l'Asie est bien écourté ; mais aussi ces monuments, intéressants pour l'archéologue, sont presque muets pour l'architecte. Au service de besoins que nous ignorons, nous voyons des monuments immenses, un travail prodigieux, de la timidité dans l'invention, de la force dans le mécanisme, des ressources colossales comme matière et peu d'imagination dans leur emploi ; car, il faut le remarquer, l'imagination en architecture ne consiste pas dans l'originalité des ornements, mais dans l'invention des moyens à mettre au service des besoins ou des idées. L'Asie présente, d'ailleurs, des styles divers et très-particuliers, et certes les monuments seuls suffiraient à prouver qu'il y eut là de puissantes civilisations ; et, malgré l'obscurité de la matière, nous ne pouvons que regretter d'être forcés de la traiter si incomplètement.

Avec l'Égypte, nous nous rapprochons déjà des arts européens, et il y a tel élément de notre architecture dont on peut suivre la filiation depuis les monuments égyptiens les plus antiques. L'histoire égyptienne a, elle aussi, ses fables et ses ténèbres ; cependant, il est certain que la civilisation y descendit le cours du Nil, et que, venue des confins de la Nubie, elle eut son siége d'abord à Thèbes, puis à Memphis, en dernier lieu à Alexandrie. Malgré la grande immobilité de cette civilisation, ces époques séparées par des siècles ont eu leur influence sur l'architecture ; mais surtout, il faut bien distinguer l'architecture égyptienne véritable de celle des Grecs sous les Ptolémées, qui, si elle conserva l'apparence traditionnelle des constructions du pays, y porta cependant l'esprit grec, dépaysé et hésitant lui-même. — L'Égypte fut une contrée très-riche en matériaux propres à bâtir : de belles pierres calcaires, dures ou demi-dures ; des grès faciles à tailler, des granits superbes, des basaltes, toutes ces matières en blocs capables des plus grandes dimensions ; le limon du Nil se convertit aisément en briques, que l'action du soleil suffit à durcir ; toutes ces carrières étaient ouvertes dans des montagnes voisines du fleuve, qui constituait la grande voie de transport des matériaux. Par contre, le bois manquait, les métaux étaient rares. — Le climat est essentiellement conservateur, on n'y a pas à tenir compte de la pluie. — Les institutions étaient, malgré les révolutions dont l'histoire est connue, toujours hiérarchiques, presque toujours théocratiques. — De là, les caractères de l'architecture égyptienne : la pierre est son élément, la ligne droite jusque dans ses terrasses est un de ses aspects ; le grandiose, joint à un certain mystère, en est un autre. Enfin, une organisation formidable de l'esclavage, dans un pays où les multitudes d'hommes ne coûtent presque rien à nourrir, la dispensait d'ingéniosité et la conduisait au colossal.

Nous ne décrirons pas ici l'architecture égyptienne ; il nous faut nécessairement, dans des aperçus aussi rapides, supposer connus les principaux monuments de chaque type ; c'est l'essence de ces types que nous devons présenter. Or, comme forme, l'architecture égyptienne est, selon nous, l'expression la plus naturelle de la construction en pierre, mais de la construction en pierre qui, par absence ou par dédain d'imagination, n'a pas su inventer les artifices légitimes qui, en laissant à la pierre toute sa solidité, permettent les proportions plus nobles, l'économie de l'espace et la variété des aspects. Même dans les plus grands temples ou les plus grands palais, comme à Karnac ou à Louqsor, à plus forte raison dans les Pyramides, si les dimensions sont colossales, l'élément est toujours l'idée restée primitive. Les murs épais sont en talus, et c'est très-logique, les colonnes énormes sont relativement courtes et supportent directement des plafonds de pierre. Comme la pierre est la base de cette construction, rien ne s'y trouve qui ne dérive logiquement de l'emploi de la pierre ; ainsi, sur l'architrave qui relie les colonnes, le dallage ou plafond intérieur correspond à la corniche extérieure, sans interposition de frise ; les portes, bien que souvent énormes, sont couvertes d'une seule pierre, etc. S'il faut une robuste confiance dans ses ressources pour mettre en œuvre de telles masses, la timidité n'en a pas moins dominé l'architecture égyptienne, car il y a partout surabondance de force.

Les monuments égyptiens, souvent précédés de grandes avenues de sphinx, d'obélisques, de colosses, étaient eux-mêmes très-fermés ; palais ou temples sont précédés ou entourés d'enceintes multiples, de pylones énormes, où des portes relativement petites sont flanquées d'énormes tours. Le pilier ou la colonne ne furent jamais dans la vraie construction égyptienne un élément extérieur, il ne s'en trouve que dans des salles, de même que les statues faisant fonction de cariatides. Pourquoi toutes ces clôtures ? si la défense en fut un des mobiles, l'esprit jaloux de l'Orient théocratique et hiérarchique en fut certainement un autre. Plus tard, au temps des Ptolémées, les artistes grecs, conservant, par politique sans doute, le caractère superficiel de l'architecture égyptienne, ne purent se défendre de l'employer à des compositions à moitié grecques ; alors, paraissent les portiques, les péristyles, comme à Phylé ; les monuments de cette époque restent nombreux encore ; mais ce n'est plus l'art égyptien lui-même.

Et maintenant, si nous considérons cet art dans son ensemble, nous voyons des résultats étonnants ; des hypogées immenses, des temples grandioses et d'un aspect assurément religieux ; des palais dont les proportions nous sont incompréhensibles, des spéos pratiqués dans le rocher, des tombeaux qui sont peut-être la plus belle formule de la sépulture, des travaux publics comme le lac Mœris, les canaux, etc. Tout cela est grandiose, monumental, et réunit un grand aspect à une grande impression ; certes, nous admirons, autant que qui que ce soit, l'architecture égyptienne, et pourtant une chose selon nous lui a manqué : la liberté ; la liberté que nous allons enfin rencontrer dans l'architecture grecque.

Peut-être faut-il nous expliquer sur le mot liberté en architecture ; ce n'est pas la fantaisie, qui peut bien produire de gracieux détails ou des conceptions heureuses de petits édifices, mais qui ne saurait être le principe d'un grand art ; la liberté féconde, c'est celle qui respecte le passé sans lui asservir l'avenir, et qui, de degré en degré, conduit l'art à la perfection : la tradition, c'est-à-dire l'expérience, est son point d'appui, et le progrès son levier. Tel est l'esprit de l'architecture grecque : hésitante d'abord, elle se cherche elle-même, mais elle ne fait jamais un pas qui ne soit un progrès ; elle arrive ainsi aux incomparables monuments du siècle de Périclès, elle atteint sa perfection qui coïncide avec celle des institutions, de la philosophie, des lettres et de la vie civique ; mais bientôt cet air vivifiant lui manque, la Grèce déchoit, et son architecture, qui exigeait d'abord autant d'artistes que d'ouvriers, n'est plus que l'occasion de métiers divers, exercés sans enthousiasme au service de qui les paie.

Il a été beaucoup écrit, beaucoup parlé sur l'architecture grecque : peut-être n'y a-t-il plus grand'chose à en dire de nouveau, mais, à coup sûr, il y aurait beaucoup à effacer. Ainsi, prenant à la lettre les prétentions patriotiques des Grecs, on a voulu voir dans leur architecture un art spontané, dont la cabane en bois est le prototype, et qui, par sa propre puissance, serait partie de cette cabane pour arriver au Parthénon. Or, si les Grecs ont employé d'abord le bois dans leurs plus grands monuments — et l'incendie d'Éphèse ou celui de l'Acropole d'Athènes par les Perses le prouvent — s'il en est resté plus d'une réminiscence dans leurs monuments de pierre et de marbre, par exemple dans les triglyphes, les mutules, etc., il n'en est pas moins vrai que leur architecture procède aussi des origines asiatiques ou égyptiennes. En Lycie, en Perse, on rencontre plus d'un élément qui se retrouve dans l'ionique grec ; en Égypte, on voit avec le dorique des analogies si frappantes qu'on a pu donner le nom de *protodorique* à un ordre d'architecture égyptienne ; les descriptions d'Homère, aussi bien que les plus anciennes peintures de vases grecs ou les plus anciens ustensiles connus, ont un caractère éminemment asiatique. — On a prétendu aussi, d'après des prescriptions usuelles rédigées plus tard, et sans doute pour des ouvriers, que l'architecture grecque était un art chiffré, invariablement fixé dans ses proportions : non, car d'abord les proportions se modifient constamment, en s'affranchissant de la timidité primitive pour arriver à l'union parfaite de l'aspect grandiose et fort, et des combinaisons les plus belles de l'effet perspectif ; et, outre cette loi de progrès dans les successions de temps, nous voyons encore à une même époque, bien mieux dans un même monument, des nuances de proportions très-heureusement subordonnées aux différences de situation ou de dimension d'éléments analogues. — On a cherché dans les proportions des ordres grecs des rapports chimériques avec le corps de l'homme et de la femme ; l'architecture a heureusement de plus graves principes et des buts plus sérieux. — Enfin, il est sans doute à peine nécessaire, aujourd'hui, d'avertir le lecteur que ni la Madeleine, ni la Bourse de Paris, ni même les pastiches de Munich, ne sont l'image de temples grecs. Comment les Grecs eurent-ils cette aspiration à la perfection qui manque à l'Asie, ou, ce qui est la même question, comment, au lieu de la théocratie et de l'immobilité, eurent-ils une civilisation dont l'essence fut

le progrès et la liberté? Les grands peuples, dit M. Beulé, ne s'expliquent pas plus
que les grands hommes. Qu'il nous suffise d'avoir indiqué l'esprit de leur architecture, avant d'en passer rapidement en revue les éléments.

L'architecture grecque, on le sait, ne se rencontre pas seulement en Grèce, mais
aussi en Sicile et dans l'Italie méridionale, et c'est dans ces derniers pays qu'on
peut le mieux suivre le développement de l'art archaïque. Du reste, au point de vue
des matériaux de construction, ils étaient à peu près dans les conditions de la
Grèce; car s'ils eurent moins de marbre et plus de pierre, cette différence, très-sensible pour l'aspect des édifices, n'a rien d'impérieux quant au système d'architecture. — On sait aussi que les Grecs établirent dans leur art deux grandes divisions : le style dorique et le style ionique. Assurément, dans le principe, des
différences de races déterminèrent ces nuances ; mais l'esprit libre des Grecs leur
permettait les emprunts, et bientôt ces noms ne désignèrent plus que des styles, et
les peuples d'origine ionique employèrent le style dorique, et réciproquement; ces
noms d'ailleurs, restés typiques pour les *ordres d'architecture*, disaient plus, ils
signifiaient l'ensemble de systèmes et de principes, surtout des caractères très-
différents. — Les plus anciennes constructions connues des Grecs sont des restes
de murs, appelés pélagiques ou cyclopéens, et quelques portes, puis les ruines de
Mycènes, dont la plus intéressante est le *trésor d'Atrée*, remarquable par son essai
de voûte. Mais tout cela n'est même pas encore l'aurore, et c'est dans les plus
anciens temples que nous voyons l'art se manifester. Tous ceux qui restent de ces
époques primitives sont doriques; ils sont pesants, les colonnes à Corinthe n'ont
que quatre diamètres de haut et présentent un talus excessif. Les architraves sont
très-épaisses, et encore le chapiteau s'évase démesurément pour les supporter, les
galbes ne sont pas encore trouvés; à Syracuse, la timidité est presque aussi grande.
Mais déjà l'architecture grecque s'est affranchie; déjà se voient les portiques, les
colonnades; le fronton, cette magnifique invention des Grecs, les toitures, conséquence d'un besoin, concourent déjà à la beauté. Si, dans le principe, les temples
sont étroits, les points d'appui lourds, les espaces resserrés, les Grecs ont déjà
inventé la belle combinaison de leurs plafonds : au lieu des dalles portées directement par les colonnes ou par les architraves, leurs colonnades portent seulement
l'architrave, qui reçoit à son tour des poutres de marbre entre lesquelles s'engagent
de minces dalles évidées elles-mêmes; l'épaisseur et le poids arrivent ainsi à leur
minimum, et partant les points d'appui peuvent s'allégir et se distancer. En Sicile,
se trouvent d'autres monuments précieux; à Sélinonte, par exemple, où se voit,
entre autres temples ruinés par les tremblements de terre, le plus grand des temples grecs. Malheureusement, la destruction est trop complète pour qu'on puisse
apprécier ses proportions. A Ségeste, à Agrigente surtout, le progrès est sensible.
Puis, rentrant en Italie, on trouve les temples de Pæstum, notamment celui de
Neptune.

Lorsqu'on a vu le temple de Pæstum, même après Athènes, on ne l'oublie plus ;
si le siècle de Périclès a fait plus parfait, il n'a pas fait plus grandiose; la ruine
d'ailleurs en est si splendide qu'elle frappe l'imagination, et les voyageurs qui vont
à Naples sans pousser jusqu'à Pæstum se privent d'une grande et belle émotion.
Le temple de Pæstum est peut-être, à notre avis, la plus complète expression du
génie dorique, mâle et simple avant tout; peut-être — au risque de blasphémer —
les magnifiques monuments d'Athènes sont-ils d'un style en quelque sorte compo-
site. Ou plutôt, n'est-ce pas là encore une éclatante manifestation du génie grec ?
Le rude style dorique avait peut-être épuisé son évolution, la civilisation d'Athènes,
ville ionienne, était plus raffinée qu'aucune autre; Phidias et Ictinus ont su conduire

les proportions doriques à leur suprême beauté, à leur extrême élégance, et ils ont su s'y arrêter. Aux Propylées, au Parthénon surtout, si la composition reste dorique, la sculpture vient, plus qu'ailleurs, lui donner la chaleur et la vie, et la plus heureuse fusion que l'homme ait jamais conçue de la force, de la beauté et de l'élégance, est alors obtenue. — Presque en même temps s'élevaient les charmants temples ioniques de l'Acropole et la merveilleuse tribune des cariatides, le plus sublime accouplement de sculpture et d'architecture qui jamais ait été réalisé.

Certes, c'est un petit coin de terre que l'Acropole d'Athènes, et toutes les dévastations brutales ou hypocrites l'ont ravagé, mais il n'en est pas de plus grand pour l'artiste; pour l'architecte en particulier, c'est là qu'il faut voir le dernier mot du style et de la beauté dans des monuments où tout est harmonieux, où rien n'est inutile, où pas un caprice n'a été toléré, où la beauté est la concordance suprême des fins et des moyens; la matière d'ailleurs est admirable, le travail défie la reproduction. Et encore si la ruine flatte, ces édifices, d'un autre côté, ont perdu une de leurs beautés, la coloration, cet élément qui nous paraît si étrange à nous Français, mais que l'on comprend si bien quand on a vu l'Orient et sa lumière. Comment peut-il y avoir un art si beau, ou pourquoi n'y en a-t-il qu'une fois?

Après la grande-époque de Périclès, la Grèce malheureuse semble perdre son génie artistique ; bientôt, les artistes grecs s'expatrient et vont offrir leur talent à l'étranger, et, pendant de longs siècles, il ne faut plus demander à la Grèce une histoire monumentale. Mais, si l'art se déplace, il n'y a pas lacune historique, et c'est en Italie que nous trouvons une nouvelle évolution de l'architecture. Y eut-il un art étrusque? La question est très-controversée: en tout cas, il existe une si grande analogie entre les ruines étrusques et les formes grecques ou asiatiques, que l'art qu'on a nommé étrusque peut être considéré comme une phase de l'art grec. Les vestiges en sont peu nombreux, mais très-intéressants; ce sont surtout des murs, d'appareil polygonal ou rectangulaire, à Arpino, Cori, Segni, Volterra, Cervetri, Fiesole, etc. L'arc appareillé devient une forme pratique de la construction ainsi que la voûte, dont un des plus beaux exemples est la Cloaca massima de Rome ; les Étrusques inventent un nouvel ordre, l'ordre toscan, combinaison ingénieuse de colonnes de pierre et d'entablements de bois. Mais, c'est surtout par leurs tombeaux, à Cervetri, à Corneto, à Chiusi et ailleurs, qu'ils nous commandent l'admiration : là, comme en Égypte, ce sont des excavations dans le roc, ou plutôt dans le tuf volcanique; des piliers y sont souvent ménagés; et les peintures bien conservées, ainsi que les armes, bijoux, ustensiles, qu'on y a retrouvés, ont jeté une vive lumière sur l'importante question de la décoration chez les anciens. Dans les arts, les Étrusques furent les maîtres des Romains; ceux-ci d'ailleurs, occupés de guerres ou de politique, et peu capables, dans le principe, d'apprécier la beauté, ne tinrent jamais les professions artistiques en grande estime ; après avoir employé les Étrusques, ils employèrent les Grecs asservis, et ce n'est que grâce à la réaction d'une éducation grecque que les plus cultivés d'entre eux finirent par devenir amateurs et connaisseurs des choses d'art; mais ils s'en remirent toujours aux Grecs du soin de les produire.

Ce n'est donc pas une distinction juste que celle d'art grec et d'art romain, et spécialement d'architecture grecque et d'architecture romaine; entre le siècle de Périclès et celui d'Auguste, 400 ans se sont écoulés; au lieu de la république d'Athènes, groupe de citoyens intelligents, c'est l'immense république romaine, et bientôt l'empire qui occupe la scène du monde; ici, les institutions sont fortes, mais les guerres heureuses qui dépouillent les pays conquis, aussi bien que les brigues des discordes civiles, font du faste la première condition de l'architecture;

les matériaux si variés de l'Italie ne suffisent plus, ceux de tout le monde connu sont mis à contribution ; des peuples entiers d'esclaves sont requis pour l'érection de monuments gigantesques. C'est une nouvelle phase de l'art grec en présence de nouvelles exigences, et au service du puissant génie politique des Romains. L'architecture romaine se trouve partout, en Italie, en Grèce, en Asie-Mineure, en Afrique, en Espagne, en France ; elle s'imposa aussi bien que la langue romaine ; mais c'est en Italie, à Rome surtout, que sont ses plus magnifiques exemples, et si, dans ses monuments, on ne trouve pas l'incomparable pureté de l'architecture grecque, on y admire une plus grande variété de conceptions, une grandeur imposante, et, surtout dans les constructions d'utilité publique, l'union extraordinaire de la solution manifeste des programmes avec le caractère monumental, et la confiance légitime d'une puissance qui donne au présent des monuments bâtis pour les siècles.

Si nous étudions, d'après les ruines, la marche historique de l'architecture chez les Romains, nous voyons d'abord que les constructions contemporaines de la république sont encore assez nombreuses ; elles se distinguent par une étude plus fine, une exécution plus précise ; le tuf volcanique des environs de Rome est longtemps la seule pierre employée, ce n'est que vers le temps de César que paraît le travertin, pierre calcaire dont il se trouve pourtant des carrières à quelques lieues de Rome. Les dimensions des monuments sont encore restreintes, et d'ailleurs beaucoup de programmes ne sont pas inventés. On construit surtout, outre l'habitation aujourd'hui disparue, des temples, des tombeaux, et des édifices d'utilité publique, murs, aqueducs, égouts, etc., et les monuments des peuples libres, forum, tabularium, basiliques. Et encore arriva-t-il que là comme ailleurs la pierre intervint pour affirmer les institutions lorsqu'elles n'étaient plus que des souvenirs : le forum par excellence, le *Forum Romanum*, n'était guère qu'un espace formé par le hasard, ouvrage du temps et non de l'architecture, tandis que César, Auguste, Nerva, Trajan font à l'envi construire de magnifiques forums, illusions monumentales, offertes à un peuple qui se payait de mots, et appelait forum une place publique où la parole ne retentissait plus. Dès les premiers temps de la république, l'architecture emprunte, par le canal des Étrusques, les formes de l'art grec ; mais de nouveaux éléments, l'arcade et la voûte surtout, exigent des combinaisons nouvelles ; de là, l'assemblage de l'arc et de la colonnade, par l'emploi fréquent de la colonne engagée, pratique dont le théâtre de Marcellus offre le plus bel exemple. D'ailleurs, si les plus anciens édifices de Rome présentent des exemples d'ordres dorique et ionique, les exigences du faste romain font bientôt du corinthien l'ordre dominant de l'architecture romaine, et en quelque sorte le type de son style ; car, l'ordre corinthien, à peine ébauché chez les Grecs, resta toujours en Grèce une composition élégante adaptée à des édifices de fantaisie ; c'est chez les Romains qu'il devint l'ordre pompeux et grandiose, surtout l'ordre riche par excellence.

On sait qu'Auguste se vantait d'avoir trouvé une ville de brique, et d'avoir laissé une ville de marbre : les fondateurs de régimes nouveaux aiment ces effacements du passé ; il est probable qu'alors furent détruits de beaux édifices de la république. Le temps d'Auguste est d'ailleurs une belle époque de l'art, les traditions sont pures, on ne voit pas encore ce vertige d'impatience qui fait précipiter l'exécution des monuments au détriment de l'étude et de la forme. Alors commence une nouvelle phase, car s'il y a toujours bien des analogies entre les arts d'une époque qui finit et ceux d'une époque qui commence, la grande nuance d'architecture de la république et d'architecture de l'empire est pourtant manifeste. Sous l'empire, le marbre devient d'un emploi usuel ; non-seulement le marbre blanc comme en

Grèce, mais les marbres de couleur, qu'ils vinssent d'Italie ou d'ailleurs, enrichissent les monuments, soit qu'ils en fassent partie intégrante comme colonnes ou pilastres, soit que, débités en placages, ils constituent une polychromie naturelle, durable et brillante. Le bronze, la dorure sont prodigués dans les édifices, la sculpture y abonde, quelquefois, il faut le dire, hors de propos. La voûte atteint aux plus grandes proportions, et est employée avec une grande variété de formes, et une certitude de construction admirable.

Tout ce qui précède s'applique surtout aux temples, aux palais, aux basiliques, aux colonnades, portiques, arcs de triomphe, etc., tous monuments où dominent les ordres grecs avec l'esprit d'amplification propre à l'époque romaine. Mais il est un autre genre de constructions où le génie romain se manifeste davantage, au moins par la grandeur des volontés qui président à l'exécution. Ce sont les monuments d'utilité ou simplement d'usage public; tels sont les théâtres et les amphithéâtres, les entrepôts, les thermes. Ce sera toujours un objet d'admiration pour les architectes que la belle et savante composition de ces plans immenses, où des besoins multiples et souvent très complexes sont desservis avec simplicité, avec clarté, et où en même temps les plus magnifiques aspects sont assurés par la disposition elle-même. Si, dans ces monuments, les ordres grecs, plus ou moins éloignés de leurs types, forment la parure superficielle de l'édifice, la conception est sans précédents en Grèce; les salles diverses, rapprochées dans des plans compactes, s'éclairent et s'aèrent par des dispositions savantes de voûtes plus basses ou plus élevées, de formes variées, et d'où résultent des éléments de façades tout nouveaux. La construction, de son côté, se trouvant en présence de ressources et aussi de besoins nouveaux, devant élever en peu de temps des ensembles immenses, se transforme et cherche ses éléments dans les matériaux faciles à mettre en œuvre, car elle dispose de cent esclaves contre un ouvrier habile. La brique et le béton deviennent d'un emploi universel; la pierre ponce des volcans donne aux voûtes la légèreté; la solidité, l'appropriation, l'économie dans la richesse sont l'essence même de ces édifices, que le marbre vient ensuite revêtir de sa brillante parure; alors durent exister, pour la maçonnerie au moins, les plus grands constructeurs que l'architecture ait jamais connus.

Cependant les misères et les hontes de l'empire devaient exercer leur contrecoup sur les arts; l'architecture commença par n'être plus guère qu'un luxe, puis elle eut, avec les pastiches d'Adrien, des velléités de rajeunissement, puis la décadence arriva décidément, et son envahissement fut rapide. Enfin, au temps de Constantin, le métier même est désappris, et ce n'est qu'en arrachant les fragments d'anciens monuments qu'il parvient à élever des édifices, où il n'y a de beau que ce qui n'est pas de son époque. Le christianisme vient d'ailleurs étendre ses passions jusqu'à l'architecture, et les anciennes formes de l'art sont alors proscrites par la haine aveugle; mais il n'est plus temps d'en trouver de nouvelles, car le moment où sont rejetées les vieilles traditions qui avaient éclairé tant de belles époques, est celui où la nuit de la barbarie s'approche d'instant en instant : au commencement du IVe siècle, l'architecture antique n'existe plus.

Cette noble et belle architecture, sa place est grande dans l'histoire : à force de siècles l'art a pu se reconstituer, mais il serait bien ingrat s'il méconnaissait son origine et son héritage; des formes nouvelles se sont créées depuis, mais ce ne sont là que des variantes de mise en œuvre des grandes inventions de l'architecture antique. Et, maintenant, si nous résumons cette partie de l'histoire de l'art, nous voyons cette grande loi, selon les temps, heureuse ou décourageante pour les artistes : ce sont les institutions, ce sont les mœurs qui font l'architecture. L'art ancien, admirable dans son esprit de tradition et dans sa volonté de progrès, marche sûrement et graduellement : chaque temple reproduit le type trouvé du temple, chaque théâtre le type du théâtre, chaque therme le type des thermes, mais chaque fois avec un perfectionnement; c'est à peine si cet art est personnel, si, dans tous ces monuments, on peut constater quelques rares concessions faites à l'amour-propre de l'auteur : traditions mais liberté, progrès mais abnégation de l'artiste devant l'œuvre, tel est le caractère des belles époques de l'architecture antique.

Toutefois, dans ce grand naufrage de la civilisation antique, ce qui restait de l'art grec, transplanté de Rome à Constantinople, se rapprocha de son ancien foyer; l'Orient lui imprima de nouveau sa marque; il ne retrouva plus l'antique perfection, mais des réminiscences de ses anciennes formes. Les compositions romaines furent d'ailleurs conservées autant qu'on le pouvait alors, et, de cet assemblage d'ensembles romains et de détails grecs ou plutôt orientaux, naquit l'architecture byzantine. Moins savante, moins puissante que la romaine, elle cherche sa richesse plutôt dans la couleur que dans les reliefs; la mosaïque prend un grand développement. En même temps un élément nouveau, le pendentif, vient créer de nouvelles dispositions, et alors, sur des plans qui procèdent directement des plans romains, de ceux des thermes surtout, s'élèvent des monuments d'un aspect original, dont l'éternel modèle est Sainte-Sophie de Constantinople, édifice grandiose, doué d'une ampleur d'aspect qu'on ne saurait soupçonner avant de l'avoir vu. En Occident, les chrétiens, proscripteurs des temples, ne sachant d'ailleurs pas se créer une architecture, adoptent la basilique romaine et la reproduisent de leur mieux. Mais l'architecture a perdu les matériaux étrangers et surtout, sans doute, la puissance qui mettait en œuvre les blocs immenses; les monuments romains deviennent les carrières où l'on cherche les colonnes, et les nobles colonnades à entablements rectilignes sont remplacées par des arcades cintrées en petits matériaux. Le même édifice présente des colonnes de toutes grosseurs, de longueurs inégales, les unes lisses, les autres cannelées; trop longues on les coupe, trop courtes on les exhausse sur des socles. C'est une architecture de débris, très-pittoresque à coup sûr, mais impuissante et qui ne sait vivre que du passé. Tels sont, en Italie et en général dans le monde romain, les styles qu'on a appelés latin ou lombard, styles intéressants d'ailleurs, pleins d'enseignements pour qui sait les lire, et qui charment encore par leur reflet de l'antiquité.

A cette période le monde recommence une enfance, et les transformations de l'art sont lentes et mal assurées; aussi les Byzantins, ces Grecs déchus, redeviennent facilement encore les maîtres de l'architecture; l'art byzantin est alors le bienvenu en Italie, en France, jusque sur les bords du Rhin; lui-même d'ailleurs se perfectionne, et produit Saint-Marc de Venise ou les églises de Ravenne, tandis que, plus éloignées de cette lumière un peu incertaine, la France et l'Allemagne, après des siècles d'hésitation et des transitions qu'il est facile de suivre, se trouvent en possession de l'architecture dite *romane*. On a voulu voir dans cette architecture une invention germaine ou franque; mais rien ne naît de la barbarie, et d'ailleurs les analogies y sont fréquentes avec les styles latin ou byzantin; la composition elle-même, pour qui sait voir autre chose que la surface d'une architecture, est essentiellement romaine, avec les différences que devaient apporter des siècles de tâtonnements, la pénurie des ressources et des moyens, la perte des traditions. Les travées de l'Abbaye-aux-Hommes de Caen, par exemple, sont les travées d'une salle de thermes romains, mais plus étroites, plus resserrées, plus timides. Des emprunts à l'Orient ont introduit quelques formes nouvelles, telles que la rosace, les trèfles, les arcs trilobés ou entrelacés; les colonnes de pierre, courtes et massives, portent des arcs, l'entablement a disparu naturellement d'une construction qui a abandonné la plate-bande. Les portes, les fenêtres sont cintrées, à moins d'être exceptionnellement étroites, et l'arc plein cintre devient la forme typique de cette époque. Alors prend naissance aussi l'usage des arcs-boutants qui reportent sur des contre-forts extérieurs très-résistants, la poussée des voûtes; les proportions sont en général fermes, solides, un peu lourdes, les édifices ont un aspect de gravité nue. Il se fit alors de belles églises en Allemagne et en France; leur aspect est austère et mystique; leur caractère est d'ailleurs monumental, leur construction logique satisfait l'œil et l'esprit; s'il y a de grandes naïvetés dans bien des détails, surtout dans la sculpture, en somme c'est là une architecture.

Cependant, l'Orient avait eu sa grande révolution, le mahométisme l'avait subjugué et civilisé en courant. Libre, radieux, victorieux, confiant, l'art nouveau apparaît, grandit, s'affirme et s'étend en quelques années. L'Orient lui offre la couleur et la fantaisie, la science ressuscitée lui apprend la forme et la construction; dans la rapidité de son triomphe et de son allégresse, il n'enfante pas une architecture méditée, il ne recueille ni ne fonde une tradition; toutes les formes, colonnes, piliers, voûtes, facettes, stalactites, arcs cintrés, brisés, surhaussés, entrecroisés, tout lui convient pourvu qu'il édifie; pierre, brique, bois, faïence, pisé même, tout lui est bon pourvu qu'il décore; il est brodé comme les étoffes levantines, coloré comme tout l'Orient, gracieux et aimable comme le bonheur; il fait du Caire, de Damas, de toutes les villes d'Orient de merveilleux décors, il pare de ses fantaisies charmantes toutes les côtes d'Afrique, la Sicile, les Calabres, et vient en Espagne, à Cordoue et à Grenade, enfanter peut-être ses plus séduisantes merveilles; puis sa lueur étincelante disparaît.

L'Occident marchait plus lentement; le style dit ogival se préparait au milieu des transformations du roman. Aucune question peut-être n'a été plus controversée entre les archéologues que l'origine de l'ogive; les poètes mêmes s'en sont inquiétés. Pour nous, qui cherchons volontiers dans la construction les raisons d'être de ses éléments, nous voyons que l'architecture romane, évidemment lourde dans son essence, tendit constamment à élever ses proportions, à acquérir la légèreté et l'élégance. L'idée vint d'élancer d'avantage les arcs en les brisant, peut-être cette idée fut-elle suggérée par les arcs entrecroisés du roman, peut-être par le souvenir de formes vues en Orient dans les croisades. Où surgit-elle d'abord et à qui? peu importe; d'autant plus qu'il n'y eut pas d'un seul coup une invention de l'architecture ogivale, mais que la transformation se fit peu à peu. Quoi qu'il en soit, le XIIIᵉ et le XIVᵉ siècle présentent en Allemagne, en Angleterre et en France l'architecture qu'on a appelée gothique ou ogivale. Les matériaux sont les mêmes que pour le style roman, les compositions des édifices ne varient pas sensiblement; mais l'ogive facilite à la nouvelle architecture la légèreté et l'élancement. De plus en plus, les architectes s'étudient à diminuer les points d'appui, à élever leurs arcs et leurs voûtes; tout est alors combiné pour réduire la construction au plus strict nécessaire; les voûtes en remplissage sont portées par des arcs, les murs ne font plus office que de clôture et sont largement percés, tandis que des systèmes ingénieux reportent tout le poids et l'effort de la construction sur des contre-forts. L'architecture s'accuse surtout par des lignes verticales, et comme toute architecture arrive à son exagération, après les beaux édifices du XIIIᵉ siècle, les hauteurs deviennent à la fin démesurées pour les largeurs, tandis que les rivalités d'ordres religieux ou de corporations entraînent l'art vers la profusion des détails et des tours de force, dont le style dit gothique flamboyant a tant abusé.

Nous ne décrirons pas les édifices d'alors, tout le monde les connaît, du moins les églises; et l'architecture ogivale qui est arrivée à de si beaux effets dans les cathédrales, comme à Reims, à Amiens ou à Paris, n'a vraiment bien servi que l'idée religieuse, dans les églises, les couvents, les cloîtres; ce qui reste de l'habitation d'alors n'est guère attrayant, pas plus la maison que le misanthropique château féodal. Quant aux églises, il est certain que leur effet est grand; leur poésie mystérieuse, leur aspect mélancolique et sombre répondent bien au besoin de sollicitations passives qu'on croit être le sentiment religieux, surtout peut-être pour nous dont la foi après tout n'est pas assez robuste pour que nous osions l'exposer à l'épreuve du grand jour. Pratiquement, il faut oser dire que l'art ogival a donné lieu plus encore à un système d'architecture qu'à une vraie architecture; son application est bien limitée, puis sa construction, s'éloignant constamment du point de départ roman, arrive à des combinaisons où tout est artifice, où la science est grande, trop grande, où les moyens sont trop ingénieux: le tour de force passe à l'état de principe, l'équilibre se substitue à la stabilité, le monument repose sur un savant échafaudage d'étais permanents, nécessaires à une construction dont l'essence est chancelante. Nous ne voudrions pas paraître injustes pour un art qui a produit des œuvres admirables; mais nous croyons que le principe vrai de l'architecture est celui qui commande la confiance, et non celui qui a sans cesse besoin de la rassurer.

A l'époque dite de transition, l'architecture s'écarte de ses errements précédents, et ne sait plus trop elle-même sur quoi elle s'appuie; au service de compositions souvent bizarres, elle apporte seulement une grande habileté d'exécution; les tours de force, les broderies, les refouillements s'y multiplient, souvent d'ailleurs avec de gracieux caprices. Mais si, dans son style, l'architecture se débat entre l'abâtardissement et la régénération, elle eut alors l'occasion, grâce à l'essor des libertés municipales, d'élever de beaux monuments; car, c'est de ce temps que datent presque tous les édifices municipaux de France, d'Angleterre ou de Flandre, et ce n'est certes pas la partie la moins intéressante de l'architecture du moyen âge.

Cependant, dès la fin du xie siècle, l'Italie préludait à la Renaissance; la cathédrale de Pise fut fondée en 1063. — L'Italie n'adopta jamais entièrement l'architecture ogivale, au moins dans toutes ses conséquences. Un restant de traditions, l'exemple des ruines romaines, les conditions de climat y firent persister les styles plus directement dérivés de l'antique, comme le byzantin ou le latin, à part quelques exceptions dues aux Allemands dans le Nord, aux Normands et aux Arabes dans le Midi. Mais, en Italie, étaient restés des éléments de civilisation, et bientôt les guerres funestes des empereurs et des papes eurent pour résultat imprévu de réveiller l'indépendance; aux xie et xiie siècles, les républiques existent dans toute l'Italie. Alors, naquit dans les arts l'esprit de noble émulation; au milieu des guerres civiles, des troubles de toute sorte, chaque ville devint un foyer. Pise, enrichie par le commerce, commence cette rénovation, et construit les trois monuments qui sont encore son honneur, le Dôme, le Baptistère et le Campo-Santo; Venise, aussi commerçante, élève Saint-Marc et son Palais Ducal, plus tard ses Procuraties; Florence, sa cathédrale, son Baptistère, ses palais, son Campanile. Le goût se répandit rapidement, et bientôt l'Italie présenta le spectacle unique dans l'histoire moderne, d'un pays où chaque ville son intérêt artistique, où, dans un très-court voyage, on rencontre, par exemple, Venise, Padoue, Vicence, Mantoue, Vérone, Brescia, Bergame, Milan. Et combien d'aspects différents entre ces villes! Florence, qui bien vite se trouve à la tête de la renaissance, surprend par le grand caractère de ses rudes palais, le goût exquis de toute son architecture, les compo-

sitions à la fois nobles et élégantes de ses églises, par la dignité de ses beaux édifices civiques, et toute la Toscane, depuis Sienne jusqu'à Pistoja, se couvre de
monuments. Pise est plus grecque; Bologne trouve dans la brique et la terre cuite
une charmante architecture; Vérone, Padoue, les villes du Nord en général
paraissent moins aristocratiques; Venise, avec ses brillants palais ouvrant sur les
canaux, devient, de la façon la plus heureuse, la ville la plus originale du monde.
La renaissance s'étend avec la liberté au milieu de l'enthousiasme et des vaillantes
passions artistiques; par son entraînement irrésistible, elle finit par séduire les
papes eux-mêmes, et alors leur instinct de suprématie les pousse à se mettre pour
un temps à la tête du mouvement; alors Rome se couvre de ses admirables monuments de la renaissance, à Rome se groupent Michel-Ange, Raphaël, Sangallo et
tant d'autres; l'architecture, après avoir été surtout libre, énergique et élégante à
la fois, devient plus grandiose, plus monumentale, et finit par élever la coupole de
Saint-Pierre, le plus merveilleux effort de la hardiesse architecturale. Mais après
cette époque unique, les libertés dépérissent, les tyrannies locales, les gouvernements étrangers surgissent de toutes parts, l'art se corrompt, se soutient encore
par le faste, mais bientôt il arrive à n'avoir plus rien, pas même la richesse.

Il serait difficile de définir l'architecture de la renaissance, si variée, si personnelle. Elle emprunte les formes antiques, elle s'inspire de l'architecture romaine
surtout; mais elle se l'approprie et fait, elle aussi, de l'art antique sur des pensers
nouveaux, car ses compositions sont bien à elle, et elle arrive à une indépendance
et à une variété que n'eut pas l'architecture antique. Artistes intelligents et mûris
par de fortes études, grands constructeurs, les architectes d'alors adaptent merveilleusement leur style aux exigences variées des institutions, des habitudes, des
situations ou des matériaux de chaque ville, tandis que l'atmosphère d'art, que
l'on respirait alors, répand dans toutes leurs œuvres ce goût exquis, alliance
attrayante de jeunesse et de souvenirs, que désigne si bien le nom de Renaissance.

Les guerres d'Italie, et l'esprit nouveau de rapprochement entre les peuples, la
réforme, la philosophie affranchie, répandirent la renaissance en France, puis en
Angleterre, en Allemagne, en Espagne. Le xvie siècle fut partout grand dans les
arts. Des architectes appelés d'Italie apprirent vite aux artistes français à se passer d'eux, et la renaissance française, charmante mais indécise à Chambord, puis si
italienne à Fontainebleau, se constitue en style bien défini avec le Louvre, avec
les châteaux de la Touraine, etc. Moins grande que la renaissance italienne, elle
est plus une mode et moins un ensemble de principes artistiques; rien sans doute
n'a en France la grandeur de beaucoup d'édifices italiens, ni l'étude sobre et pure
des plus parfaits d'entre eux; mais l'Italie n'a pas de plus charmantes fantaisies,
ni d'arrangements plus exquis que l'architecture française depuis François Ier jusqu'à Henri IV. Plus raffinée, plus quintessenciée, la renaissance allemande est
moins libre et garde une certaine sécheresse dans le goût; celle d'Angleterre, avec
une grandeur un peu raide, témoigne d'une singulière curiosité de l'exécution, de
volontés énergiques et persévérantes, mais la spontanéité lui manque. Partout
d'ailleurs, c'est le même esprit large, la même faculté d'assimilation, qui reprend
les grandes inventions monumentales de l'architecture antique, et les applique à
des compositions nouvelles, en gardant des errements du moyen âge tout ce qui lui
était une tradition utile. — L'architecture de la renaissance, en Italie et en France,
n'a pas toute la pureté des belles époques antiques, mais elle est, selon nous, par la
fécondité de ses ressources, par sa faculté de servir tous les programmes, l'architecture la plus universelle qui ait existé.

Nos aperçus sont trop rapides, nous sommes forcés de considérer l'architecture par trop larges masses et par trop grandes époques, pour pouvoir nous arrêter aux subdivisions de styles : pour nous, ce qu'on a appelé styles Louis XIII, Louis XIV, Louis XV, Louis XVI, etc., ne sont que des transformations de l'architecture de la renaissance sous l'influence des temps. Sans doute, sous Sixte-Quint en Italie, et sous Louis XIV en France, elle échange sa grâce et sa mesure contre l'emphase et l'exagération; elle devient, à Versailles surtout, pompeuse et solennelle, riche et grande d'ailleurs. Sous Louis XV, une fantaisie coquette, souvent futile, subordonne presque l'architecture à la décoration, et pourtant de beaux monuments se font alors, ne fût-ce que les palais de la place de la Concorde; sous Louis XVI, commence une réaction dont la simplicité est le but, mais dont le résultat est souvent la sécheresse froide. Puis vient — au moment même de la révolution — l'esprit absolu d'imitation servile de l'architecture antique peu comprise, qu'on a nommé le *style empire*. C'est que les grands efforts de l'esprit humain n'ont pas immédiatement leurs résultats : il faut de longues années pour rendre sensible l'effet d'idées nouvelles, d'éducations régénérées; il n'est ni juste ni exact de voir la cause des phénomènes dans leur coïncidence, ni de faire honneur à un homme de ses contemporains. Après la révolution, les arts ont mis longtemps à s'affranchir à leur tour, mais le moment des efforts virils, des audaces parfois plus généreuses qu'heureuses a eu déjà son éclat, et nous nous trouvons — peut-être avec un temps d'arrêt — au milieu d'un mouvement que nous voyons confusément, et dont à coup sûr l'évolution n'est pas terminée.

Mais nous voilà arrivés à l'époque contemporaine.

II. — Avant de parler du présent et même de l'avenir de l'architecture, il n'est peut-être pas hors de propos de préciser ce que sont la composition et le style en architecture, car il est peu de personnes qui s'en fassent une idée juste : trop volontiers on suppose à l'architecte des lisières, règles ou formules, secours dangereux qui ne permettraient pas plus l'imagination que l'écart, tandis qu'en réalité il ne se présente pas deux cas pareils, et qu'il y a toujours nécessairement création.

Supposons donc un architecte en présence d'un programme complexe, d'un terrain donné, de ressources prévues. Avant qu'il puisse désigner aucun emplacement, avant qu'il puisse non-seulement satisfaire mais même penser à la multiplicité des services qui lui sont demandés, il faut que l'ordre se fasse d'abord dans sa tête; que dans cent parties indiquées, il sache distinguer les principales, qu'il voie quelles sont celles qui peuvent se grouper, celles qui doivent être centrales, celles qui ne sont que secondaires. Alors, il cherche comment il disposera ses grands groupes; il essaie divers partis, les critique, les rejette, et arrive à obtenir enfin une sorte de dispositions d'ensemble : tout ce qu'il sait alors de son projet, c'est qu'il va, par exemple, avoir une cour d'honneur, que, par côté, il groupera des dépendances, que, dans le fond et au centre du plan, il aura des salles principales ou des appartements principaux; qu'ici ou là il placera tel ensemble de services, etc. Il dispose ainsi, de la façon la plus rationnelle qu'il peut trouver, les grandes masses de son programme; mais une autre considération le guide aussi dans sa composition : sans arrêter encore aucune forme, il pressent les exigences de l'effet monumental; telle partie sera plus basse, telle autre plus élevée; ici un pavillon, là une ordonnance tranquille et uniforme; dans son plan même, s'il pense avant tout à la distribution, il s'inquiète aussi des aspects, de la perspective, des profondeurs d'enfilades, en un mot de la masse décorative du projet. S'il travaille avec le crayon, ce sont encore des croquis informes; s'il cherche dans sa tête, c'est une conception encore vague et indécise. Puis, le parti choisi, il s'assure sommairement par une esquisse de la possibilité pratique de sa composition, il lui donne une forme positive, au moins pour l'ensemble, il la juge, et souvent à ce moment il voit qu'il a fait fausse route, et recommence sur de nouveaux frais. — Cependant, après plus ou moins de tâtonnements, la composition est assurée, il a ses distributions certaines, il connaît la silhouette de son édifice, les proportions de ses salles, de ses cours, les variétés de ses façades ; alors, il précise davantage, arrête la disposition des détails, qui souvent réagit quelque peu sur les ensembles, il détermine les éléments de son architecture tant extérieure qu'intérieure, il en prévoit la construction, il vérifie de près les concordances de toutes les parties. L'*étude* vient ensuite ; travail long, persévérant, série de compensations réciproques entre les détails au profit de l'ensemble, qui sans cesse cherche à améliorer, à épurer ; qui d'une part assure à l'exécution de toutes les parties la précision la plus rigoureuse, et qui en même temps donne à l'édifice son style. Comme la composition, l'étude va des ensembles aux détails ; après avoir étudié ses grandes ordonnances, ses proportions générales de hauteurs, ses rapports de pleins et de vides, les accès, les circulations, les escaliers, la manière d'éclairer et d'aérer tout, l'écoulement des eaux, etc., etc., après avoir arrêté toutes ces conditions, et fixé toutes les *cotes* ou mesures d'ensemble, l'architecte descend jusqu'aux petits détails, trace ses profils, donne les dessins des parties sculptées, car rien en architecture ne peut se tâtonner, et lorsque l'architecte a fait commencer ses fondations, l'édifice existe déjà, et il n'en verra l'effet complet que lorsqu'il ne sera plus temps de le modifier.

On le voit, quant à la composition, l'architecture ne procède pas autrement que les autres arts ; comme eux, elle n'est non plus jamais dispensée de beauté et de style ; car la beauté peut et doit se trouver dans les œuvres même les plus modestes, car la beauté plastique et décorative n'est pas la seule, et il faut encore la beauté morale, l'harmonie parfaite de l'œuvre et de son but ou de l'idée qui l'a produite. C'est de cette loi que naît la variété des édifices, c'est cette obligation de sincérité et de convenance qui, loin d'être un obstacle, est la plus forte preuve de la grandeur d'un art capable de satisfaire moralement et physiquement aux programmes les plus divers. Si le mot style a été employé dans un sens spécifique pour désigner les phases d'architecture, lorsque par exemple on dit le style grec ou le style gothique, le style en architecture n'est autre chose que l'harmonie et la sincérité ; lorsqu'un édifice manifeste par ses formes, par les éléments de sa composition, une aspiration loyale et soutenue vers son but propre, chaque fois qu'il témoigne d'une volonté consciente et une, il a son style ; et, en architecture aussi bien qu'en littérature, lorsque l'homme, n'étant pas d'ailleurs un ignorant, est lui-même et sait vouloir, le style est l'homme même, et il doit l'être.

Alors, la liberté n'est pas à craindre, car elle donnera le charme, sans exposer aux écarts ; et l'artiste, qui ne reconnaît pas l'absolu mais vit de nuances et de tempéraments, pourra, au gré de toutes sortes de questions d'emplacements, de ressources ou de motifs particuliers quelconques, porter dans son œuvre tout l'esprit de variété et d'indépendance, toute l'originalité dont il sera capable.

Tout cela n'est pas facile, et encore les meilleurs principes sont-ils d'un faible secours sans l'imagination et le goût, ces qualités presque indéfinies de l'artiste, dons de nature que développe une instruction bien dirigée, et qui, seuls, peuvent produire les licences heureuses et les exceptions aux principes, qu'on pardonne volontiers lorsqu'elles séduisent. Mais c'est pour ces hardiesses surtout qu'il faut une grande expérience, et l'on peut dire que c'est la qualité foncière de l'architecte ; non seulement l'expérience minutieuse mais assez facile des détails, des pratiques de construction, que les agents subalternes possèdent aussi bien que l'architecte, mais la grande, la haute expérience, celle qui embrasse le passé comme le présent, qui a étudié les solutions, comparé les moyens, qui a vu beaucoup et jugé ce qu'elle voyait ; en un mot, non-seulement l'expérience personnelle, mais celle, toujours plus difficile à acquérir, des autres. Aussi le véritable architecte doit-il avoir long-temps étudié et beaucoup vu : deux conditions inséparables, car les fortes études seules lui apprendront à voir, et à demander au passé le secret du présent ou de l'avenir, et non l'imitation servile de styles qui tous ont accompli leur évolution, et dont la reproduction ne peut être qu'un stérile pastiche.

Aujourd'hui, quel est l'état de l'architecture? C'est ce qu'on saura mieux dire dans un siècle que maintenant. En tout cas, un fait est saillant : tandis qu'après la renaissance, les époques successives se sont bornées à transformer peu à peu les styles, sans trop discuter les principes, notre époque a tout remis en question, tout discuté ; l'histoire et la critique sont pour ainsi dire nées d'hier ; la recherche et non l'acceptation des principes est notre caractère. Il y a donc eu un arrêt dans la marche un peu inconsciente que suivait l'architecture, et il n'est pas étonnant qu'un réveil brusque ait produit quelque confusion.

D'un autre côté, les sciences se sont étendues et ont ouvert de nouvelles voies à la construction ; des éléments nouveaux ont surgi, le fer surtout a pris une importance immense ; la facilité des communications permet à l'architecture de chaque pays de ne plus se borner aux matériaux locaux ; les bois du Nord, les marbres d'Italie ou de Norwége, les pierres de toutes provenances sont à la disposition des architectes. Il est naturel qu'un peu d'impatience ait conduit à en abuser d'abord, et qu'avec toutes ces facilités inattendues l'art se soit senti à l'étroit dans ses anciennes traditions. Aussi, comme les grands changements ne se font pas en un jour, nous nous trouvons encore dans une période de tâtonnements et d'indécision. Des cher-cheurs hardis et généreux ont ouvert des voies et n'ont pas toujours été compris ; nous avons eu nos injustices comme nos engouements. Peu d'époques ont fait autant d'efforts, mais le terme n'est pas encore arrivé, car aujourd'hui encore, — plus que jamais peut-être, — chaque architecte, sur chaque sujet, est obligé de reprendre la question à son origine ; nous trouvons des traditions trop éloignées de nous, nous n'avons pas une tradition de notre siècle.

A tout prendre, ce qui manque à l'architecture, ce n'est pas le personnel intelli-gent et ardent; lorsqu'une époque, qui se sent elle-même en marche, qui se reconnaît elle-même dans un état provisoire, produit en passant des édifices comme l'École des Beaux-Arts, l'Hôtel de Ville, le Palais de Justice, les Bibliothèques, les Halles cen-trales, les constructions de chemins de fer, le nouveau Louvre, le nouvel Opéra, diverses églises, des hôtels, des maisons remarquables, etc., édifices très-différents dont nous n'entendons faire ni l'éloge ni la critique, cette époque est de celles qui comptent, elle a sa place dans l'histoire de l'art, elle témoigne de grands efforts et d'incessantes recherches de la part des architectes. Depuis quarante ans, la science architecturale s'est bien agrandie, nous connaissons les monuments de tous les temps, notre érudition est peut-être excessive ; les théories de la construction sont sans cesse approchées de la certitude, et un ensemble immense d'expériences les a contrôlées ; l'instruction est fréquente, le talent n'est pas rare. En même temps, l'enseignement technique a su revenir aux vieux principes de la sincérité et de la vérité, principes antiques, éternels, qui pourtant ont pu paraître nouveaux après les imitations serviles et l'architecture postiche de l'empire et de la restau-ration ; on est revenu à savoir que les intérieurs et les extérieurs des édifices ne doivent être qu'une seule et même pensée, que l'architecture doit respecter la cons-truction et non la violenter, que l'art n'a formulé, à aucune époque, aucun catéchisme définitif, que son essence est la liberté. — Et pourtant, nous le répétons, nous ne nous sentons pas arrivés au but, nous ne le voyons même pas clairement; quels sont donc les obstacles?

D'abord, la grandeur de la tâche. La multiplicité des programmes, l'abondance jusqu'ici inconnue des matières et des engins, les découvertes scientifiques, les aspirations nouvelles, tout cela, en élargissant le cercle de l'art, en reculant les horizons, exige une initiative exceptionnelle : devant la marche impérieuse qui s'impose à l'art, les chemins battus s'arrêtent, la voie est à ouvrir. — Puis, si le savoir a une incontestable utilité, il a aussi ses écueils; à force de connaître le passé et de lui rendre justice, on l'a trop souvent substitué au présent : les trempes d'esprit qui peuvent l'étudier sans le copier sont rares, et l'archéologie, science récente, a fait jusqu'ici un tort grave à l'architecture. Trop d'artistes ont cru pouvoir y chercher l'inspiration, les uns l'ont demandée à l'art grec, les autres au moyen âge; en même temps le public, peu connaisseur en architecture, plus à même, ou le croyant, d'apprécier les nuances archéologiques, s'est passionné pour cette science, qui, laissée à elle-même, est stérile. Aussi a-t-on vu de notre temps ce fait étrange, et qui n'a de précédent qu'à l'époque d'Adrien, d'artistes ressuscitant de gaieté de cœur des styles oubliés, abdiquant volontairement le droit à l'actualité et à la vie, pour créer des espèces de cadavres qui n'auraient pas vécu, œuvres fatalement avortées dont la peur est le principe. Et ce danger est grand, car c'est l'esprit public qui le renouvelle sans cesse; aujourd'hui il ne se fait pas une construction sans que, dans le public, la presque totalité de ce qui n'est pas simplement indifférent pose la question : de quel style est-ce? Question singulière en vérité, que les hommes intelligents ne devraient pas poser, à laquelle les artistes ne devraient pas donner prétexte, et qui, certes, eût bien surpris les artistes convaincus de toute autre époque. Nous avons dû à ce système étrange les choses les plus inouïes; l'un veut nous faire habiter les maisons inhabitables du moyen âge, l'autre cherche dans les naïvetés des époques primitives une satisfaction à son raffinement blasé. Ce système, d'ailleurs, n'est pas spécial à la France; au contraire, il faut constater que, parmi ceux qui étudient les monuments répandus dans le monde, les Français presque seuls étudient en architectes et non en archéologues. C'est aux vrais artistes à provoquer la réaction contre cette tendance qui, bien vite, infligerait à notre art la plus triste des vieillesses, l'enfance sénile qui radote.

Des causes extrinsèques, qui sont puissantes aussi, influent, du reste, sur la marche des arts; par exemple, certains errements administratifs, la centralisation, les choix qui se font parmi les hommes. Une opinion malheureusement répandue, propagée peut-être par les intéressés, voit dans les architectes vraiment artistes des hommes peu pratiques, insoucieux des commodités réelles, dangereux pour la bourse de leurs clients; des expériences coûteuses auraient dû prouver le contraire, si l'expérience d'autrui était consultée. Il faut qu'on le sache, surtout lorsqu'on se plaint, et souvent avec raison, de la banalité de nos édifices, des habitations surtout : parmi toutes les maisons récemment construites à Paris, une sur cent à peine est due aux hommes qui sont à la tête de l'art, et il est inutile d'ajouter que ce sont à la fois les plus belles, les plus confortables, les mieux construites et à moins de frais; une sur vingt ensuite est élevée par des artistes qui ont fait de sérieuses études. Certes nous ne demandons ni restrictions ni diplômes, c'est à chacun de se faire ses titres ou ses choix; mais nous affirmons en toute assurance que si l'on s'habituait à avoir confiance dans les architectes qui ont étudié, l'architecture y gagnerait, et les propriétaires aussi. — Un autre obstacle consiste, surtout à Paris, dans la

multiplicité des règlements inutiles; il est bon, sans doute, qu'on oblige des impru-
dents à éviter les causes d'incendie ou de désastres ; qu'on assure la solidité et la
salubrité; mais pourquoi, disons mieux, de quel droit vient-on réglementer les
éléments de beauté ou de convenance des constructions ? On ne saurait croire
combien de gênes pèsent ainsi sur l'architecture, saillies de corniches, de bandeaux,
de balcons, profils de combles, lucarnes, etc. Souvent les hauteurs d'étages sont
imposées, il est décrété que les façades seront en pierres, ou même qu'elles devront
être uniformes. On dit souvent, et avec raison, que toutes les maisons se ressemblent : or, que restet-il à l'architecte? quelques variétés de profils ou d'ornements,
le détail, ce qu'on appelle le ravalement ; mais, au fond, il n'y a à Paris, et dans les
villes qui ont le malheur de s'inspirer de son exemple en pareille matière, qu'un
seul architecte, l'administration municipale.

Au surplus, nous discutons ici comme des causes ce qui n'est au fond que des
symptômes: lorsque, plus haut, nous esquissions l'histoire de l'architecture, nous
retrouvions fatalement cette conclusion constante, que ce sont les mœurs et les
institutions qui font l'architecture d'une époque; les architectes sont simplement
les hommes que leur instruction dans une spécialité met au service de ces grands
principes. Il en est ainsi pour nous. Si l'on parlait, sans le nommer, d'un art qui
cherche sa voie, qui procède par impatiences et par enthousiasmes, qui possède plus
de ressources et de documents que jamais, mais que sa richesse nouvelle éblouit,
que le passé obsède, que l'avenir inquiète, mais qui pourtant marche avec ardeur
et veut espérer: si l'on ajoutait qu'il lui manque la tradition, mais qu'elle se fera
peut-être plus grande de toute la grandeur de son effort, et que, animé de la noble
ambition de prendre un essor plus magnifique que par le passé, il se fatigue à
chercher à tâtons un point d'appui qui le fuit: à ce tableau reconnaîtrait-on plutôt
l'architecture que tout autre art? Dans notre société anxieuse, l'architecture elle
aussi est à la fois hésitante et indisciplinée, mais elle a de beaux éléments, nous
sommes prêts : aux puissants à faire la tradition, aux autres à la suivre; puis,
vienne une époque constituée et consciente, et alors à son *fiat lux*, n'en doutons pas,
l'architecture de l'avenir se fera.                                    J. GUADET.

**ARCHIVES.** — Les anciens ont en leurs archives, où les rois et les villes
conservaient, entre autres objets précieux, les documents relatifs à l'histoire et aux
relations internationales. Esdras mentionne les archives des rois de Médie et de
Babylone, Tertullien celles des Phéniciens. Jérusalem avait les siennes, qui périrent
avec son temple, sous Titus. Les historiens grecs ont connu celles d'Égypte. On
cite, à Athènes, celles de l'Aréopage, et d'autres encore, déposées dans les temples.
Il paraît qu'au temps de Tacite, qui en parle, on gardait, dans le Péloponèse, un
traité de partage entre les Héraclides, souvenir des temps fabuleux, mais si vénérable que les Messéniens l'invoquèrent et que les Macédoniens en admirent l'authenticité. Les nombreuses archives des Romains étaient divisées entre plusieurs
dépôts ; le temple de Jupiter Capitolin renfermait le trésor des édiles et les tables
de bronze des traités, celui de la Liberté les Actes des censeurs, celui de Juno
Moneta les Annales des pontifes ; d'autres fonds se trouvaient dans les temples
d'Apollon, de Vesta, de Saturne. L'empire et le bas-empire créèrent jusqu'à vingt
et une catégories d'archives, onze sous la direction du comte des largesses sacrées,
dix confiées au préfet du prétoire. Il y faut ajouter les *Scrinia palatii, sacra, augusta*,
archives particulières des empereurs, et qui étaient de deux sortes, *stataria*, sédentaires, ou *viatoria*, ambulantes. De tant de textes précieux, nous ne possédons plus
rien. Aucune pièce originale ne nous est restée des quatre premiers siècles de notre

ère. L'usage des archives ambulantes, conservé par les empereurs d'Allemagne et par la plupart des souverains au moyen âge, a été aussi la cause de pertes irréparables. C'est ainsi que les papiers de Philippe Auguste tombèrent aux mains des Anglais à la bataille de Fréteval ; et le *Trésor des chartes* de nos Capétiens dut être reconstitué, sous Louis VIII et Louis IX, par le chancelier Garin, évêque de Senlis. Partout, d'ailleurs, à la Tour de Londres, à Vienne, Wetzlar, Ratisbonne, Mayence, Ulm, Spire, Bamberg, et autres lieux renommés pour leurs archives, les documents antérieurs au xiii° siècle sont relativement assez rares.

Nul pays n'a été et n'est encore plus riche en archives communales, départementales et nationales que la France. A côté des collections centralisées aux chefs-lieux par un décret du 20 avril 1790, des fonds importants sont conservés à Paris, à Lyon, Marseille, Bordeaux, Toulouse, Rouen, Rennes, Grenoble, Périgueux, Troyes, Montpellier, Amiens, Angers, Angoulême, Béziers, Châlons, Chartres, Dieppe, Saumur, Provins, etc. ; et des érudits habiles travailleront longtemps encore aux inventaires uniformes commencés en 1854.

On évalue à dix mille au moins le nombre des archives locales, publiques ou privées, qui existaient en France avant 1789. « L'ancienne monarchie s'était préoccupée à plusieurs reprises du soin de recueillir et de conserver les plus importants de ces documents. Outre le *Trésor des chartes*, déposé à la Sainte-Chapelle, Colbert avait fait prendre une copie des pièces les plus intéressantes, dispersées dans les archives du Midi ; plus tard, en 1763, par ordre du gouvernement, des savants, la plupart bénédictins, travaillèrent à un dépouillement des diverses archives locales, qui produisit la copie de cinquante mille pièces environ ; ces deux collections existent encore à la bibliothèque. Mais on sent que ces copies ne pouvaient tenir lieu des pièces originales, et c'est à la Convention que revient l'honneur d'avoir compris l'importance d'un établissement qui devait centraliser à Paris ces divers documents. » (E. Despois, *Vandalisme révolutionnaire*.)

Pour les novateurs de la Constituante, tout entiers à l'avenir qu'ils fondaient, ces papyrus, ces parchemins, ces papiers jaunâtres et tachés, auxquels l'histoire doit tant, n'étaient que des témoignages odieux ou indifférents d'un passé aboli. Aussi ne songèrent-ils d'abord qu'à assurer la conservation des archives nouvelles, c'est-à-dire des actes « qui établissaient la constitution du royaume, son droit public, ses lois et sa distribution en départements. » Tels sont les termes du décret du 29 juillet 1789, par lequel l'Assemblée constituante fixa les attributions de l'archiviste national. Quant aux pièces et aux titres antérieurs à l'ère nouvelle, on nepouvait songer à les conserver tous ; il fallait aviser cependant et remédier à l'encombrement immense de ce papier déprécié, qui chaque jour retombait dans le domaine de l'État.

« Le 4 août 1789, les justices seigneuriales ne savaient plus que faire de leurs minutes et procès-verbaux; le 10 août, le clergé remettait les registres de ses dîmes et, le 2 novembre, les titres de ses biens. L'administration des provinces rendait, le 15 janvier 1790, aux départements nouvellement formés ce qui appartenait aux localités et à l'État; le 13 février, on mettait sous le scellé les archives innombrables des ordres religieux, et, le 24 février, tous les enregistrements des droits féodaux ; ce fut bien une autre invasion le 7 septembre, quand l'Assemblée fixa la fermeture des parlements et des cours de justice à la fin du mois, et quand leurs immenses archives furent dévolues à la nation. A Paris, c'étaient au moins quarante mille registres et plus de cent mille liasses. » (De Laborde; *les Archives de la France.*) Ajoutez les papiers des cours des comptes et des monnaies, des corporations et jurandes, supprimées le 13 février 1791, des rinces, des condamnés, des émigrés (février 92), des paroisses, enfin des académies (8 août 1793), et, devant cette montagne d'archives, pesant des centaines de millions de livres, vous comprendrez qu'un égal désarroi régnât à Paris et aux chefs-lieux des nouveaux départements.

La destruction des titres féodaux, votée, sur la proposition de Condorcet, le 19 juin 1792, vint fournir à la haine du passé un moyen d'alléger ce fardeau. Quelques milliers de généalogies, de censiers, de comptes anciens furent voués au feu. D'après M. Henri Bordier, le nombre et l'importance de ces auto-da-fé, dont nous avons les procès-verbaux, ont été singulièrement exagérés. « La révolution, sans vandalisme aucun, était obligée de compter avec des nécessités plus pressantes que des questions d'archéologie. » (E. Despois.) Conserver les titres féodaux, dit Vallet de Viriville, « c'eût été le sublime du naïf, c'eût été mettre la clef sur la porte et dire aux moines et aux émigrés : messeigneurs, donnez-vous la peine de rentrer. »

Est-ce que, d'ailleurs, la ruine d'une partie de ce qu'aujourd'hui nous conservions n'était pas fatale, inséparable des convulsions de la liberté naissante? Est-ce qu'un volcan mesure le jet de ses flammes et s'occupe d'épargner les enclos et les fabriques semés sur la montagne où le retenait une captivité de dix-huit siècles? La révolution fut ce volcan. Et vous lui demandez des délicatesses et des politesses? Mais, de même que la destruction de la vie provinciale a eu sa juste cause dans les menaces d'un fédéralisme prématuré, de même la mutilation des archives féodales a dû répondre aux trahisons ouvertes des émigrés et des nobles. Si le canon de Valmy et de Jemmapes leur renvoyait leurs parchemins en gargousses, à qui la faute?

La vérité, c'est que cette révolution ignare, barbare, a seule constitué le corps de nos archives ; c'est que, dit encore Vallet de Viriville, les travaux de ses assemblées ont « sans relâche, de 1789 à 1794, centralisé, organisé *pour l'étude*, les dépôts *jusque-là inaccessibles et morcelés*, dont nous jouissons quotidiennement. »

Par de nombreux décrets (20 février, 2 novembre, 2 décembre 1793, 27 janvier 1794) la Convention, qui représente la phase organique de la révolution, décida la réunion au Louvre des différents dépôts, la formation de deux sections, domaniale et administrative, *historique et judiciaire*, la conservation provisoire des manuscrits ou imprimés qui pouvaient intéresser « *l'histoire, les arts et l'instruction,* » enfin chargea une commission spéciale d'élaborer une loi qui, votée le 7 messidor an II (25 juin 1794), est demeurée la base de tout le système des archives de la France. « Cette loi, dont on fait le principal honneur à son rapporteur, Baudin des Ardennes, a été de tout temps regardée comme une œuvre de haut mérite. Tout en faisant au penchant destructeur les concessions indispensables à cette époque, elle revendique avec fermeté les droits de la science et pose avec la plus grande netteté les mesures pratiques auxquelles nous devons le salut de tant de précieux débris qui nous sont restés. » (Bordier.)

Que la division en monuments historiques, judiciaires, domaniaux, fût ou non défectueuse, que l'agence des titres à Paris et les préposés au triage en province aient parfois été au-dessous de leur tâche, que le versement à la grande Bibliothèque de rouleaux et de chartes manuscrites ait été ou non un abus et une inconséquence, que Camus et son successeur Daunou se soient montrés plutôt des bibliothécaires amis des classifications philosophiques que des archivistes respectueux des divers fonds d'où provenaient les collections remises à leurs soins, en vérité, il n'importe guère ; des inventaires exacts (plusieurs sont déjà publiés) rachèteront tôt ou tard les inconvénients de ces triages et de ces divisions, en somme favorables aux conceptions générales et aux vues d'ensemble sur le passé. N'oublions jamais que la

Convention et les premiers organisateurs des archives centrales ont concouru à fonder l'histoire. Des hommes comme Aug. Thierry et Michelet, des érudits qui chaque jour rectifient nos idées routinières sur des temps mal connus, ne sont point trop cher payés, je pense, au prix de quelques quintaux d'écritures perdues.

Jusqu'en 1800, les archives anciennes demeurèrent un appendice de celles des Assemblées. C'est vers cette époque que le triage et le classement parurent assez avancés pour leur assigner une demeure spéciale. Mais le décret qui ordonnait l'acquisition de l'hôtel Soubise n'est que de 1808. Napoléon songea aussi à transférer les archives au Louvre; en 1812, il décréta la fondation d'un palais des archives au pont d'Iéna, mais les événements marchaient trop vite.

Daunou avait succédé à Camus en 1804; remplacé par de la Rue durant les quinze ans de la Restauration, il reprit son poste en 1830. Letronne (1840-48), de Chabrier, de Laborde (1857-68), M. Alfred Maury, ont été successivement investis de la direction générale. L'ardente activité de M. de Laborde s'est signalée par de coûteuses constructions et par la création d'un musée, qui, tout en apportant quelque trouble dans le classement des pièces, initie le public à la connaissance des documents les plus curieux de notre histoire. Nous aurions plaisir à signaler quelques papyrus mérovingiens, quelques actes fameux, la constitution de la Ligue, les testaments de ces deux fétiches, Louis XVI et Napoléon, des écrits de Danton, Robespierre, Carnot, Saint-Just; nous voudrions parcourir les immenses dépôts où nous avons erré jadis; mais il nous reste à dire quelques mots de l'organisation des archives.

Les archives sont divisées en quatre sections : historique, administrative et domaniale, législative et judiciaire, secrétariat. La première contient le *Trésor des chartes*, des cartulaires, des bulles et généralement tout ce qui est relatif à notre histoire jusqu'à 1789. La seconde renferme les ordonnances, comptes, brevets, pouillés, terriers, et les versements de cinq ministères; à la troisième appartiennent les registres du parlement, du Châtelet, les *Cahiers des états généraux*, les lois et actes des assemblées depuis 1787, les versements du ministère de la justice. La dernière a surtout recueilli des documents modernes, dépêches de Louis XV, Louis XVI, dernière lettre de Marie-Antoinette, titres de noblesse des Bonaparte, et autres papiers d'importance secondaire. Toutes ces pièces sont communiquées très-largement, sur demande motivée. Il serait toutefois à désirer que cette formalité disparût. L'histoire est publique.

Il y a à Paris d'autres archives, que nous devons au moins mentionner. Celles de la Guerre renferment plus de 4000 in-folio manuscrits (1643-1794); dans celles de la Marine, on trouvera tout ce qui concerne les colonies depuis Colbert. Celles des Affaires étrangères, fondées par Louis XIV, conservent, à côté d'une foule de paperasses diplomatiques, un trésor inestimable : onze portefeuilles contenant le manuscrit original des Mémoires de Saint-Simon; quatre-vingt-dix-huit portefeuilles de notes du même; trente-sept in-folio (Mémoires de Dangeau), annotés par Saint-Simon. Nous terminons par les archives de la préfecture de police, où se résume le gouvernement de la France moderne; on y trouve les registres d'écrou des prisons, depuis 1667 jusqu'à nos jours. Nous aurons soin de ne pas les brûler; nous les garderons comme le témoignage le plus authentique de l'inconséquence humaine, comme un monument bizarre, fait de justice et d'iniquité.

BIBLIOGRAPHIE. — Henri Bordier, *Archives de la France*. — De Laborde, *Archives de la France*, 1867. — Huillard-Bréholles, art. *Archives*, dans *Paris*, 1867.

ANDRÉ LEFÉVRE.

**ARDOISE. — ARDOISIÈRE.** — Le schiste ardoisier se trouve dans les terrains métamorphiques de transition : sa fissilité, qui permet de le découper en *feuilles* minces, le rend précieux pour les usages industriels, que tout le monde connaît, notamment pour la toiture des habitations.

L'ardoise est exploitée en Angleterre, dans le pays de Galles; en France, dans les Ardennes, et surtout dans l'Anjou.

Les carrières de Trélazé, situées à 4 kilomètres d'Angers, sont l'un des plus riches et des plus actifs foyers d'industrie du monde entier.

Une légende attribue à saint Lézin (*Licinius*), évêque d'Angers au vi^e siècle, la première tentative d'exploitation des ardoisières de Trélazé; mais les documents précis de l'histoire ne permettent pas de faire remonter ces grands travaux au-delà du xii^e siècle; il faut ajouter que, depuis soixante ans seulement, les progrès de la science, par l'emploi de machines nouvelles, ont donné aux carrières d'Angers l'importance qu'elles ont aujourd'hui.

Ce n'est qu'à l'aide de travaux immenses et de dépenses considérables qu'on parvient à tirer des entrailles de la terre le schiste fissile. On ne rencontre les premières couches de cette roche qu'à une profondeur de 15 ou 20 mètres : au-dessus, jusqu'à la surface du sol, s'étend une croûte inexploitable désignée sous le nom de *cosse*.

La première opération nécessaire pour extraire l'ardoise consiste dans la *découverture* ou enlèvement de la *cosse* : on creuse sur une longueur de 70 à 100 mètres, et sur une largeur de 60 à 80 mètres, jusqu'à ce que l'on ait atteint le schiste fissile; alors seulement commence la véritable exploitation de la carrière.

Le pic et la mine détachent les fragments de la roche; mais, avant tout, on a pris soin de construire l'appareil qui doit servir à amener sur le plateau supérieur la pierre qu'on tire des profondeurs du puits. Cet appareil se nomme l'*engin*. C'est un échafaudage formé d'énormes madriers entrelacés, qui supportent une plate-forme sur laquelle reposent les treuils destinés à faire monter ou descendre les *bassicots* ou caisses, où l'on charge la pierre. Un pont-levis, fixé à cette plate-forme, s'abaisse et permet aux charrettes de s'avancer jusqu'au-dessus du gouffre pour y recevoir les bassicots.

A mesure que la carrière devient plus profonde, on augmente les dimensions de l'échafaudage, en l'asseyant par des annexes sur les nouvelles assises du rocher : il n'est pas rare de voir des *engins* qui atteignent ainsi peu à peu la hauteur des plus grandes maisons de Paris.

Derrière cet édifice de charpentes, sont construits les bâtiments renfermant les machines à vapeur, qui font tourner les treuils.

Il existe deux sortes d'*ardoisières* : les unes à *ciel ouvert*, les autres *souterraines*.

Les carrières à *ciel ouvert* sont de vastes cirques qui, comme nous le disions tout à l'heure, peuvent avoir une longueur de 100 mètres sur une largeur de 80. Quant à leur profondeur, elle va jusqu'à 150 mètres; mais il n'est pas possible de la pousser plus bas : en effet, la carrière est creusée en forme d'entonnoir, de façon à ce que les *foncées* pratiquées dans le schiste s'échelonnent et se soutiennent comme des gradins : on prévient ainsi les éboulements. Une seule paroi, celle qui supporte l'engin, est taillée verticalement.

C'est un spectacle saisissant que celui de ces larges gouffres où s'agitent quelques centaines de travailleurs, que l'œil entrevoit rapetissés par la distance et pareils à une armée de nains. Mais, si nous pénétrons dans les ardoisières souterraines, c'est là surtout que nous nous trouvons en présence d'un spectacle étrange et grandiose.

L'invention des ardoisières souterraines ne date que de 1842. Elles ont sur les carrières à *ciel ouvert* cet immense avantage qu'on peut pousser les *foncées* à une profondeur beaucoup plus considérable : on peut ainsi aller chercher l'ardoise à plus de 250 mètres.

On se ferait une idée très-fausse des ardoisières souterraines si on se les figurait comme des mines ordinaires : il n'y a là ni couloirs ni étroites galeries. La voûte d'une ardoisière souterraine est, en moyenne, deux fois haute comme celle de Notre-Dame de Paris : l'immense excavation s'arrondit ainsi qu'une salle de spectacle; le long de ses parois des balcons permettent de circuler comme dans les tribunes d'une cathédrale : des becs de gaz multipliés de tous côtés répandent leur clarté dans cette sombre enceinte : les contre-maîtres crient leurs ordres avec le porte-voix ; les ouvriers passent comme des ombres ; la mine tonne sans cesse et se répercute dans les échos de la caverne. Tout cet ensemble forme une sorte de vision fantastique qu'aucun visiteur ne peut contempler sans émotion.

Quand l'ardoise a été extraite du sol et montée sur les plateaux qui environnent la carrière, elle est livrée à une classe spéciale d'ouvriers qu'on désigne sous le nom d'*ouvriers d'à-haut*, pour les distinguer de leurs compagnons qui travaillent au fond de la carrière.

Ces ouvriers sont les *fendeurs* chargés de découper en lames minces les blocs d'ardoise abrupte, — opération délicate qui exige une rare adresse : à l'aide d'un long ciseau extrêmement tranchant, l'ouvrier tire du bloc qui lui a été confié un plus ou moins grand nombre de feuilles d'ardoises, et ainsi augmente ou diminue son profit et celui de l'exploitation. Le *fendeur* travaille sous un petit hangar de chaume nommé *tue-vent*, qu'il peut à volonté tourner de façon à s'abriter contre les intempéries; il est chaussé d'énormes sabots à peine dégrossis, sur lesquels il appuie son bloc de pierre comme sur un établi ; ses jambes sont enveloppées d'énormes plastrons de vieux linges, capables d'arrêter les coups du ciseau, s'il venait à dévier.

Les ouvriers ardoisiers ou *perreyeurs* gagnent généralement 3 francs par jour; ils sont au nombre d'environ trois mille sur les chantiers de Trélazé.

L'histoire de ce grand centre industriel est intéressante ; les *perreyeurs*, jusqu'à la fin du siècle dernier, formaient une corporation à part, où nul n'était reçu, si, de père en fils, il n'appartenait à une famille d'ardoisiers. Les ouvriers qui ne remplissaient pas ces conditions héréditaires, n'étaient admis à prendre part aux travaux qu'à titre d'auxiliaires ; ils ne jouissaient ni de la même considération, ni des mêmes avantages que leurs camarades.

Ce grave abus contredisait la fraternité que se doivent entre eux les travailleurs; heureusement, là comme ailleurs, l'influence salutaire de la Révolution s'est fait sentir : aujourd'hui, les *perreyeurs* de Trélazé ont renoncé à leurs préjugés aristocratiques : sans cesser de se considérer comme une corporation, ils ont fait servir le lien qui les unit à l'amélioration de leur sort commun, au lieu d'en faire un instrument d'égoïsme et de vanité pour quelques-uns.

Grâce à un système de conventions prévoyantes, les ouvriers ardoisiers de Trélazé n'ont jamais à craindre le chômage : si l'ouvrage manque sur un chantier, les travailleurs sont aussitôt répartis dans les chantiers voisins. Une *chambre de dépense*, entrepôt de toutes sortes de marchandises, leur livre à bas prix tous les objets dont ils ont besoin; une *caisse de retraite* assure des ressources aux *perreyeurs* vieux ou infirmes.

Plus d'une fois la population ardoisière de Trélazé s'est mêlée à de graves mouvements politiques. Rappelons seulement le nom de la *Marianne*.

En 1856, les carrières d'Anjou subirent un immense désastre : la Loire débordant

à travers la campagne vint se précipiter dans leurs profondeurs : machines, matériaux, tout fut englouti et ruiné. Mais, depuis lors, l'activité des compagnies a su
réparer le mal. Aujourd'hui, six grandes carrières sont en pleine activité : les
*Fresnais*, la *Paperie*, les *Petits-Carreaux*, l'*Hermitage*, les *Grands-Carreaux*, *Trélazé*. On
vient en outre de commencer une nouvelle carrière, presque dans Angers même.

Le seul fond de la *Fresnaye* produisit, en 1860, cinquante-six millions d'ardoises,
c'est-à-dire une valeur de 1,100,000 francs.

Ajoutons un dernier mot à la louange des ouvriers de Trélazé et des hommes
qui les dirigent : une bibliothèque, établie au centre des villages qu'habitent les
travailleurs, est lue avidement ; une immense école, une salle de conférences
viennent en aide au progrès intellectuel parmi cette population vouée au labeur
physique.

BIBLIOGRAPHIE. — *Essai sur l'industrie ardoisière d'Angers*, par M. A.-Blavier, ingénieur des mines. Angers ; Cosnier, Lachèze, éditeurs. — *Les ardoisières d'Angers*, par
Ernest Mourin. Angers ; Barassé, éditeur. — Voir aussi *Album des inondations de 1856
aux ardoisières*, publié à Angers. — On trouvera dans le *Magasin pittoresque* (livraisons
de janvier et février 1867) des reproductions de photographies représentant les
ardoisières de Trélazé.                                                ÉLIE SORIN.

**ARÉOMÈTRES.** — Petits appareils *flotteurs* ordinairement en verre, qui servent
à déterminer approximativement les densités des liquides et même des solides,
ou à faire connaître l'état de concentration d'un composé liquide (par exemple :
d'une dissolution saline, d'un acide, d'un sirop, d'un mélange d'eau et d'alcool).
Un aréomètre présente, en général, trois parties : un réservoir inférieur chargé de
mercure ou de grenaille de plomb servant de lest, un réservoir moyen de forme et
de grandeur variables, ne contenant que de l'air, et une tige cylindrique qui surmonte ce réservoir et qui doit émerger en tout ou en partie et se placer verticalement, lorsqu'on plonge l'appareil dans un liquide. — On distingue : 1o les aréomètres
à *volume constant*, que l'on fait toujours enfoncer jusqu'à un même point de la tige
dans tous les liquides sur lesquels on opère, en les chargeant de poids convenables;
2o les aréomètres à *poids constant*, dont le poids reste invariable, et qui s'enfoncent
plus ou moins dans les différents liquides dans lesquels on les introduit, par le
seul effet de leur propre poids. Les premiers sont les aréomètres de Fahrenheit et
de Nicholson. Ils ont une tige courte et déliée, qui supporte un petit plateau destiné
à recevoir des poids. Les seconds sont : le pèse-sels ou pèse-acides de Baumé, le
pèse-esprits de Baumé, l'alcoomètre centésimal de Gay-Lussac, le densimètre ou
volumètre de Gay-Lussac..... Ils ont pour tige un tube de verre cylindrique plus
ou moins long, dans lequel on enferme ordinairement une bande de papier portant
des divisions. Les aréomètres à poids constant, qui sont commodes à manier et
donnent immédiatement les indications dont on peut avoir besoin, sont très-
employés dans les laboratoires, dans les arts et dans le commerce, où on leur
donne différents noms suivant leurs destinations particulières.

Toute la théorie des aréomètres repose sur le principe d'Archimède. En vertu
de ce principe, tout corps plongé dans un liquide est poussé verticalement de bas
en haut avec une force égale au poids du liquide dont il tient la place ; et si un
corps est assez léger pour flotter sur un liquide, le poids du liquide déplacé, lorsque
l'équilibre est établi, est égal au poids du corps. Si donc on fait flotter un même
tube cylindrique, fermé et convenablement lesté, successivement dans différents
liquides, ce tube s'enfoncera toujours d'une même quantité dans deux liquides de
même densité, et il s'enfoncera d'autant plus ou d'autant moins dans un liquide,

que ce liquide sera moins dense ou plus dense. On aura là un aréomètre à poids constant. En mesurant, dans chaque cas, le volume de la portion de tube immergée, on aura les volumes des différents liquides sous un même poids; et, par suite, les poids des liquides sous un volume égal à l'unité, c'est-à-dire les poids spécifiques ou les densités de ces liquides. — Maintenant, au lieu de laisser invariable le poids du flotteur, qu'on charge ce dernier de manière à le faire plonger successivement d'une même quantité dans différents liquides, alors, en ajoutant dans chaque cas, au poids du flotteur, le poids dont on l'a chargé, on aura les poids des liquides sous un même volume, et les rapports de ces poids au poids de l'eau sous le même volume seront les densités des liquides. Le flotteur sera devenu un aréomètre à volume constant. — On renfle, le plus ordinairement, la partie du flotteur qui ne doit pas émerger, pour que l'appareil ait une longueur moindre sous le même volume.

Un aréomètre est d'autant plus *sensible*, c'est-à-dire qu'il se déplace d'autant plus dans un liquide pour une même variation dans sa charge ou dans la densité du liquide, que sa tige est plus déliée. En effet, s'il diminue de grosseur sans changer de volume ni de poids, il devra descendre davantage pour déplacer le volume de liquide dont le poids doit être égal au sien.

L'*aréomètre de Fahrenheit* sert à déterminer la densité d'un liquide. Supposons qu'il s'agisse de trouver la densité de l'alcool. On fait affleurer successivement l'appareil dans l'alcool et dans l'eau jusqu'à un même point de la tige (point d'affleurement), en mettant des poids gradués sur le petit plateau qui surmonte l'appareil. Supposons que l'aréomètre pèse 70 grammes, et que les poids addition-nels, produisant l'affleurement dans l'alcool et dans l'eau, soient de 10 grammes et de 30 grammes; les poids de l'alcool et de l'eau déplacés par une même portion de l'appareil, seront de 70 + 10 ou de 80 grammes et de 70 + 30 ou de 100 grammes, et le rapport 80/100 ou 0,8 sera la densité de l'alcool.

L'*aréomètre-balance de Nicholson*, sorte de balance portative employée par les minéralogistes, sert à déterminer la densité d'un corps solide. Cet appareil ne diffère du précédent qu'en ce qu'un plateau est aussi adapté à la partie inférieure. Il est ordinairement en laiton ou en fer-blanc verni. Plongé dans l'eau, il ne s'y enfonce jusqu'au point d'affleurement que sous l'action d'un certain poids, que nous supposerons égal à 50 grammes. Pour déterminer la densité d'un corps solide, du soufre par exemple, on prend un fragment de ce corps et on le place sur le plateau supérieur de l'appareil plongé dans l'eau. Ce fragment doit être assez léger pour que le point d'affleurement reste au-dessus de l'eau. Par conséquent, il faudra, par exemple, placer 30 grammes sur le plateau pour établir l'affleure-ment. La différence des deux poids de 50 grammes et de 30 grammes, qui est de 20 grammes, représente le poids du morceau de soufre. On retire maintenant ce corps du plateau supérieur pour le placer sur le plateau inférieur. L'affleurement n'a plus lieu, à cause de la poussée de bas en haut qui s'exerce sur le corps, et qui est égale au poids du liquide déplacé par ce corps. On rétablit l'affleurement à l'aide d'un nouveau poids, qui sera ici de 10 grammes, et qui représentera le poids de l'eau sous le même volume que le fragment de soufre. La densité du soufre est donc 20/10 ou 2.

Les *aréomètres de Baumé* diffèrent par leurs graduations, suivant qu'ils doivent servir pour des liquides plus denses ou moins denses que l'eau. — Le *pèse-sels*, appelé aussi *pèse-acides, pèse-sirops...*, et destiné aux liquides plus denses que l'eau, est lesté de manière à s'enfoncer presque entièrement dans l'eau pure à 12o,5. Au point d'affleurement, on marque 0. On plonge ensuite l'appareil dans une dissolution saline faite avec 15 parties en poids de sel marin et 85 parties d'eau, et dont la densité est 1,115 environ ; on marque 15 au nouveau point d'affleurement ; on divise l'intervalle de 0 à 15 en 15 parties égales, qui sont les degrés de l'aréo - mètre, et on prolonge les degrés jusqu'au bas de la tige. On s'arrête ordinairement au 68e degré. — Le *pèse-esprits* ou *pèse-éthers*, destiné aux liquides moins denses que l'eau, ne doit s'enfoncer dans l'eau pure que de 1/5 environ de la longueur de sa tige ; à ce point, on marque 10 ; le zéro correspond au point d'affleurement dans une dissolution saline formée de 10-parties de sel marin et de 90 parties d'eau, et dont la densité est 1,085 environ. L'intervalle entre 0 et 10 est divisé en 10 parties égales, et les divisions sont prolongées vers l'extrémité de la tige jusqu'à 50º.

Tous les aréomètres construits d'après ces principes sont comparables entre eux, c'est-à-dire que, plongés dans un même liquide, ils s'enfoncent tous d'un même nombre de degrés, quels que soient leur poids, leur forme et leur grandeur.

L'*alcoomètre centésimal* de Gay-Lussac donne immédiatement (du moins lorsqu'on opère à la température de 15º) la *force* d'un alcool commercial ou d'un mélange d'alcool et d'eau, c'est-à-dire le nombre de centièmes, en volume, d'alcool pur que renferme ce liquide ; ainsi un mélange d'alcool et d'eau dans lequel l'alcoomètre marque 70º renferme les 70/100 de son volume d'alcool pur ou absolu. L'aréomètre est construit de manière à s'enfoncer jusqu'au sommet de la tige dans l'alcool absolu, et seulement jusqu'à la naissance de la tige dans l'eau pure. On marque 100 au point d'affleurement dans l'alcool absolu, et 0 au point d'affleurement dans l'eau pure. Puis on plonge l'appareil successivement dans des mélanges d'alcool et d'eau préparés d'avance et contenant 90, 80, 70... pour cent d'alcool en volume, et l'on marque 90, 80, 70... aux points d'affleurement dans ces différents liquides. Pour avoir les divisions intermédiaires, on partage chacun des intervalles déjà obtenus en 10 parties égales. — Les variations de température influent sur les indications de l'alcoomètre, qui ne conviennent qu'à la température de 15º. Lorsque la tempé- rature est différente de 15º, on consulte une table qui donne le titre correspondant à l'indication observée à cette température.

Le *densimètre* ou *volumètre* de Gay-Lussac indique la densité d'un liquide ou le volume d'un liquide sous l'unité de poids par le degré jusqu'auquel il s'enfonce dans le liquide. Lorsqu'on le destine aux liquides plus denses que l'eau, on le leste de manière qu'il s'enfonce dans l'eau distillée jusqu'au haut de la tige, et on marque 100 au point d'affleurement. Puis on le plonge dans un liquide d'une densité connue, égale par exemple à 5/4. Il s'y enfoncera des 4/5 de la quantité 100 dont il s'enfonce dans l'eau, et on marque 100 × 4/5 ou 80 au nouveau point d'af- fleurement. On divise alors l'intervalle compris entre les deux points d'affleurement en 20 parties égales, et on prolonge les divisions jusqu'au bas de la tige. Si donc l'appareil s'enfonce dans un liquide jusqu'au trait 75, il en déplace un volume qui est les 75/100 de celui qu'il déplace dans l'eau, et par conséquent la densité de ce liquide est les 100/75 de la densité de l'eau, les volumes 100 et 75 correspondant à un même poids. La densité d'un liquide s'obtient donc en divisant le nombre 100 par le nombre de degrés qui correspond au point d'affleurement de l'appareil dans ce liquide. — Le densimètre de Gay-Lussac peut aussi être gradué pour les liquides moins denses que l'eau, mais il doit alors être lesté de manière à ne s'enfoncer dans l'eau distillée que vers la naissance de la tige. GOSTYNSKI.

**ARGENT.** — CHIMIE ET MÉTALLURGIE. — Dès l'antiquité la plus reculée, l'argent a partagé avec l'or le privilège des métaux précieux, celui de servir de base aux transactions commerciales, en raison de sa valeur sensiblement constante, et de devenir plus tard, à cause de cela, l'un des métaux employés à la fabrication des monnaies. Considéré ainsi comme symbole d'une mesure servant de terme de comparaison pour régler et faciliter les échanges, l'argent a joué un rôle important dans la vie politique et industrielle des peuples, et toutes les circonstances qui ont pu influencer notablement sa production, en le rendant plus rare ou plus abondant, ont eu des conséquences économiques fort graves (Voir *Monnaie*). La découverte de l'Amérique, en jetant en Europe des quantités d'argent inconnues jusqu'alors, troubla profondément la statique des finances de plusieurs nations ; puis, l'équilibre se rétablit, et l'on comprit l'utilité de donner une force légale au rapport de la valeur de l'argent à celle de l'or. Cette fiction, qui facilite les relations commerciales et maintient la confiance, tant qu'elle ne s'éloigne pas trop de la réalité, fut encore une fois profondément ébranlée lorsque les exploitations de la Californie et de l'Australie amenèrent sur les marchés de la vieille Europe l'or des placers du Nouveau-Monde, et les économistes se préoccupèrent des conséquences qu'allait entraîner pour les gouvernements le désaccord entre le rapport légal et la valeur réelle de l'argent comparé à l'or. Heureusement, la découverte des riches mines de Washoe, aux États-Unis, et la reprise de plusieurs mines abandonnées compensèrent l'excès de production de l'or, et le rapport légal put être maintenu sans trop d'inconvénients. En France, ce rapport est égal à 15,5; en Angleterre, il est de 15,65.

L'argent ne sera étudié ici qu'au triple point de vue physique, chimique et métallurgique. Son rôle économique sera exposé à l'article *Monnaie*, et le développement de sa production depuis les premiers âges fera partie de l'article *Métallurgie* (*histoire de la*).

*Propriétés physiques.* — L'argent est un métal d'un blanc caractéristique, susceptible d'un beau poli. Sa texture est grenue et très-fine ; elle rappelle celle du plomb. Quand il a été précipité d'une dissolution par un autre métal, il offre l'aspect d'une éponge blanche, cristalline, qui s'agrège par le martelage. Fondu et refroidi lentement, il cristallise en octaèdres ou en cubes.

L'argent est inodore et insapide. Il est un peu moins lourd que le plomb ; sa densité est 10,47 quand il est fondu, et 10,54 s'il est écroui. Il est un peu plus dur que l'or et plus mou que le cuivre (voir *Alliages*). Il est extrêmement ductile et malléable, et peut être réduit en feuilles de 0,004 de millimètre d'épaisseur. Pour la ténacité, il occupe le quatrième rang parmi les métaux.

Il fond à 22° du pyromètre de Wedgwood, ce qui, selon Daniell, correspond à 1022° centigrades. Il est peu volatil par lui-même, mais sa volatilité augmente rapidement en présence d'un courant de gaz ou de vapeurs ; aussi, pour éviter des pertes considérables, les fourneaux, où l'on traite les matières argentifères, sont munis de canaux et de chambres de condensation, qui permettent de recueillir en même temps les poussières entraînées mécaniquement.

*Propriétés chimiques.* — L'argent ne s'oxyde ni dans l'air sec ni dans l'air humide ; mais, maintenu en fusion, il dissout environ 22 fois son volume d'oxygène, qu'il dégage en se solidifiant. Ce dégagement est accompagné de la formation de bourgeons semblables à de petits cratères volcaniques, à la surface du culot d'argent ; des parcelles de métal sont même rejetées par les explosions qui se produisent. Ce curieux phénomène, connu sous le nom de *rochage*, a été étudié par Gay-Lussac et M. Lucas. La présence d'une petite quantité de cuivre enlève à l'argent la propriété d'absorber l'oxygène. Certains métaux, comme le plomb, paraissent, au contraire, faciliter son oxydation.

L'argent a beaucoup d'affinité pour le soufre, ce qui explique l'altération rapide de son éclat par des exhalaisons sulfhydriques. Il n'est pas attaqué par les alcalis caustiques et les carbonates, azotates et chlorates alcalins; aussi ces réactifs peuvent être employés dans des creusets d'argent.

L'argent n'est attaqué que par un petit nombre d'acides. L'acide azotique le dissout rapidement; les acides sulfurique et chlorhydrique l'attaquent seulement quand ils sont concentrés et chauds.

L'histoire de tous les composés chimiques de l'argent ne saurait trouver place dans le cadre de ce travail; il convient seulement de signaler les trois oxydes de l'argent, son chlorure et les substances détonantes auxquelles il donne naissance. Le protoxyde d'argent est une base métallique puissante, et donne des sels parfaitement neutres; comme il peut se former dans diverses périodes des opérations métallurgiques, il a donc une grande tendance à se combiner avec la silice pour passer dans les scories, cause de perte qu'il est souvent difficile d'éviter.

*Caractères distinctifs.* — Dans les dissolutions de sels d'argent, l'ammoniaque et le carbonate d'ammoniaque donnent un précipité d'oxyde, soluble dans un excès de réactif; le carbonate de potasse, un précipité blanc de carbonate d'argent, soluble dans l'ammoniaque; le phosphate de soude, un précipité jaune de phosphate d'argent; l'acide sulfhydrique et le sulfhydrate d'ammoniaque, un précipité noir; l'acide chlorhydrique et les chlorures, un précipité blanc, caillebotté, insoluble dans les acides, soluble dans l'ammoniaque, les sulfites et les hyposulfites, se rassemblant en grumeaux par l'agitation, noircissant à la lumière en passant par une teinte violacée. Ce dernier réactif, qui agit même en présence des matières organiques, fournit le caractère le plus sensible pour déceler la présence de l'argent.

Les *essais* pour argent se font soit par la voie sèche, par *coupellation*, soit par voie humide, en précipitant le métal à l'état de chlorure, ou en ayant recours au procédé de Gay-Lussac, employé dans les hôtels des monnaies (voir *Essais des matières d'or et d'argent*).

*Minerais argentifères.* — Les minéraux de l'argent sont assez nombreux, mais en se bornant à ceux qui existent en quantités assez grandes pour être traités industriellement, on peut partager ces minerais en quatre classes :

1° Minerais d'argent proprement dits, dont la gangue est ordinairement stérile. On peut les diviser eux-mêmes en trois catégories : argent natif, minerais terreux et minerais pyriteux. Les minerais terreux comprennent l'argent chloruré, bromuré, ioduré, associés à de l'argent natif et mélangés avec une gangue de quartz, d'argile et d'oxyde de fer; ils occupent ordinairement la partie supérieure des filons désignée par les mineurs sous le nom de *chapeau de fer*. C'est à cet état de terres ocreuses que se trouvent presque tous les minerais appelés en Amérique *pacos* ou *colorados*. L'argent natif existe en masses ramifiées, plus ou moins considérables, et est exploité dans un certain nombre de gisements dont les plus célèbres sont ceux de Kongsberg, en Norwége, et du lac Supérieur, aux État-Unis. Dans ce dernier gîte, l'argent est mélangé au cuivre natif, et les deux métaux sont souvent juxtaposés de manière qu'on a pu tailler dans les blocs des objets mi-partie argent et mi-partie cuivre, tels que les marteaux que l'on voit dans les collections du British Museum à Londres. — Les minerais pyriteux occupent généralement la partie inférieure des filons. On classe dans cette catégorie l'argent sulfuré, l'argent rouge, l'argent antimonié et arsénié; on y rattache la blende argentifère. Ce sont les minerais dominants en Saxe, au Hartz, en Bohême, en Hongrie; au Mexique, ils sont désignés sous le nom de *negros*. Ils sont presque toujours mélangés avec des sulfures métalliques, blende, galène, pyrites de fer et de cuivre, etc.

2° Minerais plombo-argentifères. — Ce sont les plus répandus, et ceux qui produisent la majeure partie de l'argent. Le plus important est la galène (voir *Plomb*). La teneur moyenne des minerais plombeux est comprise entre 10 grammes et 50 grammes d'argent par 100 kilogrammes. Très-exceptionnellement, on en a trouvé contenant 1 pour 100 d'argent. Le carbonate de plomb renferme aussi quelquefois de l'argent, mais il est généralement plus pauvre que la galène.

3º Minerais cuivro-argentifères. — (Voir *Cuivre*.) Les pyrites de cuivre et de cuivre panaché sont parfois argentifères, mais ils sont ordinairement pauvres ; par suite, leur traitement est difficile et ne peut s'appliquer qu'à ceux qui contiennent au moins 50 grammes d'argent par 100 kilogrammes. Les cuivres gris sont au contraire ordinairement riches en argent; ils en contiennent quelquefois jusqu'à 3 pour 100.

4º Minerais plombo-cuivro-argentifères. — Ils sont constitués par un mélange de galène et de pyrite cuivreuse argentifères. Ce sont les minerais classiques du Hartz (voir *Plomb*).

La préparation mécanique des minerais d'argent, en raison de la friabilité et de la légèreté de beaucoup d'entre eux, présente des difficultés considérables à cause des pertes énormes en argent qu'elle peut leur faire subir. Leur enrichissement n'est donc pas poussé aussi loin que pourrait le permettre la perfection des appareils employés. Ainsi, la teneur moyenne des minerais traités en Saxe ne dépasse pas 0,001 à 0,002; en Hongrie, elle n'est que de 0,0010 à 0,0012. Les minerais du Mexique, contrairement à l'opinion accréditée, ne sont pas plus riches que ces derniers; seulement, ils existent en quantités beaucoup plus considérables. Il ne faut pas apprécier, en effet, la richesse d'un gisement par les échantillons exceptionnels que l'on rencontre dans toutes les mines et qu'on recueille pour les collections de minéralogie. Dans le triage des minerais, on met du reste toujours à part les fragments dont la richesse dépasse la moyenne, et qui n'ont pas besoin d'être enrichis par la préparation.

MÉTALLURGIE DE L'ARGENT. — 1º *Traitement des minerais d'argent proprement dits.* — *Argent natif (Méthode de Kongsberg).* — L'argent natif de Kongsberg, découvert en 1623, a une teneur de 70 à 80 pour 100; on le soumet à une *fonte plombeuse* avec environ son poids de plomb. On obtient ainsi un plomb argentifère, appelé *plomb d'œuvre*, renfermant 30 à 35 pour 100 d'argent que l'on sépare au moyen de la *coupellation,* ainsi qu'il sera expliqué plus loin.

*Amalgamation américaine.* — Ce procédé a été inventé au Mexique, en 1557, par Bartholomeo de Medina, et s'y est conservé sans modification, ce qui tient à la pauvreté des minerais, ainsi qu'à la cherté du plomb et du combustible jointe à la rareté des cours d'eau capables de fournir une force hydraulique. Après un cassage et triage à la main fait par des *pepenadores*, les minerais sont broyés dans des bocards à sec, puis pulvérisés dans des moulins (*arastras*) formés d'un arbre vertical portant quatre bras, à chacun desquels est attachée une grosse pierre servant de meule; le tout est mis en mouvement par des mulets. Le produit est porté à l'aire d'amalgamation (*patio*) qui est entourée de murs et pavée; on le mélange avec du sel marin en faisant piétiner les deux substances par des mules, puis on y ajoute le *magistral*, minerai de cuivre grillé et pulvérisé, renfermant 10 pour 100 de sulfate de cuivre et autant de sulfate de fer. La masse est ensuite piétinée par des mules pendant cinq ou six heures. Le magistral, dont la proportion varie suivant la teneur du minerai et la saison, réagit sur le sel marin, en donnant du sulfate de cuivre et du bichlorure de cuivre, lequel chlorure l'argent du minerai en se réduisant à l'état de protochlorure. C'est alors qu'on procède à l'amalgamation, en arrosant les tas (*tortas*) avec du mercure que l'on fait filtrer à travers une chausse en laine; on recommence à piétiner les tas, puis on les retourne à la pelle. On répète plusieurs fois les additions de mercure et le travail d'incorporation. La durée totale de l'amalgamation est de douze à quinze jours en été et de vingt à vingt-cinq en hiver. Dans cette opération, le chlorure d'argent est réduit par une partie du mercure, tandis que l'autre partie amalgame l'argent formé. Le protochlorure de mercure étant entraîné par les eaux de lavage occasionne la perte principale en mercure. Le lavage des terres amalgamées se fait dans des cuves circulaires en maçonnerie, munies d'agitateurs. L'amalgame est pressé dans un sac pour faire exsuder le mercure en excès, puis distillé pour obtenir l'argent qu'il renferme, et qui est refondu en lingots.

L'amalgamation à froid, telle qu'elle vient d'être décrite, s'applique principalement aux minerais *colorados* du Mexique. Il convient mal aux minerais *negros*, surtout quand on ne les grille pas préalablement. Dans l'Amérique du Sud (Chili, Pérou), on emploie aussi l'amalgamation à chaud dans des chaudières à fond de cuivre, procédé imaginé par Alonzo Barba, et l'amalgamation dans des tonnes tournantes, à l'imitation de la méthode ancienne de Freiberg.

*Amalgamation saxonne.* — Cette méthode, dont il ne restera bientôt plus que le souvenir, fut appliquée à Freiberg, vers la fin du siècle dernier, pour traiter des minerais pyriteux à gangue quartzeuze renfermant moins de 7 kilogrammes de plomb et 1 kilogramme de cuivre au quintal, et amenés à contenir 30 pour 100 de pyrite de fer. Elle fut primitivement importée en Hongrie, en 1784, par un ingénieur autrichien, nommé Born, comme un simple perfectionnement du procédé de Barba; elle passa de là à Freiberg, où elle fut modifiée par Gellert (1790), et devint l'amalgamation saxonne. La chloruration s'obtient, dans cette méthode, au moyen du chlore gazeux produit par la décomposition de perchlorures métalliques sous l'influence de la chaleur et de l'oxygène. A cet effet, le minerai broyé est mélangé avec 10 pour 100 de sel marin et grillé sur la sole d'un four à réverbère. Il se forme du perchlorure de fer qui, par un coup de feu, perd lentement son chlore et chlorure ainsi l'argent. La matière est ensuite broyée et chargée dans des tonneaux avec de l'eau, du mercure et des billes de fer. Ces tonneaux recevant un mouvement de rotation autour de leur axe horizontal, il se produit une trituration qui détermine l'amalgamation de l'argent en vingt-quatre heures. L'amalgame est filtré et distillé pour en séparer l'argent.

Cette méthode n'est plus applicable dès que la proportion de plomb et de cuivre dépasse celle qui a été indiquée. En effet, d'une part la présence des sulfures de plomb et de cuivre augmente la quantité de sel marin nécessaire pour la chloruration, et d'autre part ces métaux sont précipités par le fer et forment des amalgames qui accroissent notablement la perte en mercure. Si la gangue du minerai est calcaire, la chaux précipite en partie le fer et le cuivre, et neutralise la liqueur; ces deux causes rendent la chloruration et l'amalgamation moins énergiques, ce qui augmente les pertes en argent. Quant aux minerais argileux, ils ne peuvent être soumis à l'amalgamation, parce que l'argile forme une boue qui soustrait le chlorure d'argent à l'action du mercure.

*Nouvelle méthode de Freiberg.* — La variation dans la composition des minerais a conduit les ingénieurs de Freiberg à abandonner l'amalgamation, et à adopter un traitement qui consiste en une *fonte crue* des minerais argentifères peu pyriteux avec des minerais pyriteux grillés comme fondants, suivie d'une *fonte plombeuse,* dans laquelle on passe les mattes de l'opération précédente avec des minerais plombeux grillés et des minerais riches en argent non pyriteux. On obtient des *plombs d'œuvre* et une certaine quantité de mattes retenant encore un peu d'argent. Ces mattes sont traitées pour cuivre noir argentifère avec addition de minerais cuivreux (voir *Cuivre*).

Cette méthode exige une quantité assez grande de minerais plombeux. Si l'on n'en a pas suffisamment, on peut appliquer la méthode par *imbibition*, employée en Hongrie. L'argent est concentré dans une matte au moyen d'une fonte crue, puis cette matte refondue avec des minerais pyriteux à peu près de même richesse. Les nouvelles mattes sont encore soumises à une fonte, puis coulées dans le creuset de percée, où l'on brasse la matière avec du plomb fondu qui dissout l'argent, et forme ainsi artificiellement le plomb d'œuvre.

2º *Traitement des minerais plombo-argentifères.* — Ils sont traités, soit au four à manche, soit au réverbère, en vue d'obtenir le *plomb d'œuvre* (voir *Plomb*), dont on sépare ensuite l'argent.

*Désargentation du plomb d'œuvre.* — La méthode généralement appliquée est la *coupellation*, fondée sur la grande affinité du plomb pour l'oxygène et la non-oxydabilité de l'argent. Souvent, avant de coupeller, on enrichit le plomb par un procédé connu sous le nom de *pattinsonage*. Enfin, dans ces derniers temps, on a employé le zinc à la désargentation du plomb.

*Coupellation.* — Cette opération paraît avoir été connue des Hébreux. Les Romains la pratiquaient, ainsi que l'ont prouvé les lingots de plomb trouvés aux environs de Carthagène. La coupellation, étant fondée sur l'oxydation, ne peut se faire que dans un four à réverbère. Aujourd'hui, elle s'applique de deux manières différentes, caractérisées surtout par la forme du four. Dans la *coupellation allemande*, le four est circulaire, quelquefois ovale, à sole fixe recouverte par une voûte ou chapeau mobile, de forme sphérique ou ellipsoïdale, que l'on manœuvre avec une grue. La sole est formée de marne bien battue. Le vent est donné par deux tuyères placées latéralement à la chauffe; presque en face se trouve une ouverture (*voie de la litharge*). Les premières crasses qui se forment après la fusion s'appellent *abzugs*, ce sont les sulfures; puis, paraissent les oxysulfures, noirs et visqueux, nommés *abstrichs*. Après six à huit heures, les *litharges sauvages* ou impures commencent à couler; elles sont suivies des *litharges marchandes*, jaunes ou rouges. La fin de l'opération est indiquée par le phénomène de l'*éclair* qui se produit à la surface du bain d'argent.

Dans la *coupellation anglaise*, le four est elliptique, à sole mobile, et ses dimensions sont beaucoup moindres que celles du four allemand, ce qui oblige à opérer par *filage*, c'est-à-dire à ajouter par quantités successives le plomb que l'on veut coupeller. La sole est faite de marne battue dans un cadre de fer et recouverte d'une couche de cendres d'os mélangées d'un peu de soude. Les frais de traitement sont moindres qu'avec le procédé allemand.

La coupellation n'est avantageuse que si le plomb d'œuvre renferme assez d'argent pour payer les frais du traitement. Or, ces frais varient, suivant les circonstances, de 5 francs à 7 francs 50 pour 100 kilogrammes de plomb: il faut donc que le plomb contienne de 25 grammes à 35 grammes d'argent par 100 kilogrammes. De plus, l'oxydation complète du plomb exige la *revivification des litharges*. Ces deux inconvénients ont fait abandonner presque partout la coupellation directe, et lui ont fait préférer le traitement suivant, qui permet d'obtenir immédiatement du plomb doux marchand et qui s'applique à des plombs d'œuvre ne contenant que 10 à 12 grammes d'argent par 100 kilogrammes.

*Pattinsonage.* — Ce procédé, imaginé dès 1829 par M. Hugh Lee Pattinson, de Newcastle, est basé sur le principe suivant : si on laisse refroidir lentement une masse de plomb, dont la température est supérieure à celle de son degré de fusion, il s'y forme des cristaux grenus, plus lourds que la masse liquide et formés de plomb appauvri, tandis que l'argent se concentre en dissolution dans la partie fluide. En écumant les cristaux, on enlève un poids de plomb appauvri, bien plus grand que celui du plomb enrichi. Ce dernier est ensuite coupellé, ou bien désargenté par le zinc. Mais, avant d'arriver à un enrichissement convenable, il faut répéter l'opération un grand nombre de fois.

Dans chacune de ces opérations, le partage du plomb d'œuvre se fait suivant des rapports variables avec la teneur primitive et les habitudes des usines. Si l'on prend pour unité la masse de plomb à pattinsoner, on aura après chaque partage $\frac{1}{m}$ de plomb enrichi et $\frac{m-1}{m}$ de cristaux pauvres. Après $n$ opérations, la teneur du plomb pauvre est $T = \left(\frac{m-1}{m}\right)^n$, d'où l'on peut déduire théoriquement le nombre d'opérations à faire pour amener un plomb d'œuvre à une teneur minimum donnée.

L'opération se fait de deux manières : 1° *par batterie*, c'est-à-dire en employant autant de chaudières qu'il faut d'opérations distinctes pour obtenir les teneurs voulues en plomb enrichi et en plomb pauvre ; 2° *par chaudières conjuguées*, en n'employant que deux chaudières qui reçoivent tour à tour les cristaux écumés, tandis que le plomb liquide est lingoté. La première méthode convient quand on a à opérer sur des quantités d'au moins 250 à 300 tonnes par mois. Pour réduire la main-d'œuvre, M. Boudehen a imaginé de soutirer le plomb liquide par le fond des chaudières.

Le pattinsonage a pour effet de réduire environ de moitié les frais de la désargentation, car ils sont ramenés à 3 francs 50 ou 4 francs par 100 kilogrammes, au lieu de 7 à 8 francs, comme dans le cas de la coupellation directe suivie de la réduction des litharges. Il permet d'appauvrir les cristaux jusqu'à 1 gramme ou 1,5 gramme par 100 kilogrammes et d'enrichir le plomb jusqu'à 1.000 ou 1.500 grammes. M. Reich, de Freiberg, a remarqué que l'enrichissement ne saurait être poussé au delà de 2.250 grammes, parce qu'à partir de ce point l'alliage se fige à la température même où se séparent les cristaux.

Les frais de main-d'œuvre ont encore été réduits par le système dit *pattinsonage mécanique*, dans lequel un agitateur empêche la solidification du métal contre les parois et l'agglomération des cristaux entre eux. Ce système se combine avec le soutirage des cristaux par le fond.

*Zingage du plomb d'œuvre.* — Cette méthode, basée sur une observation de Karsten faite dès 1842, fut indiquée en Angleterre par M. Parkes vers 1852, puis reprise en Allemagne, où de récentes recherches l'ont amenée à un point qui la fera peut-être substituer au pattinsonage. Karsten avait remarqué qu'en ajoutant du zinc à du plomb argentifère fondu, le zinc s'emparait de l'argent et venait à la surface du bain, tandis que le plomb reste au fond. Il s'agit donc de recueillir le zinc argentifère et d'en séparer l'argent, soit par distillation, soit par liquation. C'est sur ces points qu'ont porté les travaux récents. Il fallait aussi trouver moyen d'épurer le plomb rendu aigre par le zinc qu'il retient. A Clausthal, on sépare l'argent du zinc par liquation, et on affine le plomb aigre en le fondant avec du sel de Stassfurt. On a essayé aussi l'emploi de l'électricité qui produit dans la masse fondue un bouillonnement favorable à la séparation du plomb et de l'alliage de zinc et d'argent. M. Cordurié, au Havre, emploie une méthode qui paraît avoir complétement réussi ; elle consiste à zinguer le plomb par ascension en introduisant le zinc à la partie inférieure du bain, puis à oxyder le zinc au rouge par la vapeur d'eau surchauffée. On a comme résidu un plomb d'œuvre riche, à 1 ou 2 pour 100, qui passe à la coupellation. Les frais de désargentation par cette méthode sont descendus à 2 francs ou 2 francs 50 par 100 kilogrammes.

3º *Traitement des minerais cuivro-argentifères.* — Ces minerais sont traités pour cuivre (Voir *Cuivre*), et on obtient soit des mattes de cuivre argentifères, soit du cuivre noir argentifère, qui sont soumis à la désargentation.

Quand le cuivre noir a une teneur en argent égale ou supérieure à 0,003, on peut le traiter par *liquation*, comme cela se pratique au Mansfeld et au Hartz. A cet effet, on le refond avec du plomb pauvre et on coule l'alliage en disques cylindriques ; c'est ce qu'on appelle l'incorporation. Ces pains sont ensuite placés sur l'*aire de liquation* formée de deux banquettes laissant entre elles un intervalle servant de foyer. Sous l'action d'une chaleur graduée, le plomb fond et se sépare du cuivre en entraînant la majeure partie de l'argent, et laissant une sorte de squelette de cuivre nommé *carcasse*. Le plomb d'œuvre est ensuite coupellé. L'expérience a montré que la désargentation par cette méthode est dans les meilleures conditions, lorsque la quantité de plomb ajoutée est au moins cinq à six cents fois plus forte que la quantité d'argent contenue dans le cuivre noir, et égale au plus à quatre fois la quantité de cuivre noir.

En Hongrie, à Schmöllnitz, et en Transylvanie, le cuivre noir argentifère est soumis à l'amalgamation, après addition de sel marin et de sulfate de fer, ou de matière pouvant en produire pendant le grillage.

C'est aussi par amalgamation qu'au Mansfeld on a traité les mattes de cuivre argentifères jusqu'en 1845. A cette époque, on commença à étudier des méthodes de traitement par voie humide, et, depuis 1849, on y pratique le *procédé Augustin*. Cette méthode se compose de quatre opérations distinctes : 1º broyage de la matte ; 2º grillage et chloruration par un nouveau grillage avec du sel marin; si la matte est arsenicale, comme en Hongrie, on fait le grillage à la vapeur d'eau, selon la pratique conseillée par M. Cumenge; 3º dissolution du chlorure d'argent dans une liqueur concentrée de sel marin chauffée par un jet de vapeur ; 4º décomposition du chlorure d'argent et précipitation de l'argent par le cuivre, qui est ensuite précipité lui-même à part par le fer. L'argent recueilli est séché, fondu et affiné.

A Freiberg, en 1857, on a cherché à simplifier cette méthode en dissolvant, puis décomposant le sulfate d'argent, sans le transformer en chlorure. C'est le *procédé Ziervogel.* Il exige des mattes exemptes d'arsenic, d'antimoine et de plomb. Le grillage doit être fait avec précaution, à température modérée, pour ne pas décomposer le sulfate d'argent, que l'on dissout dans de l'eau pure chauffée à 70 ou 80º. On précipite ensuite l'argent comme précédemment.

La Bohème, en 1858, vit apparaître le *procédé Patera*, qui est appliqué à Joachimsthal. Il consiste à dissoudre le chlorure d'argent non plus dans une liqueur de sel marin, mais dans l'hyposulfite de soude ou de chaux, dans lesquels il est beaucoup plus soluble.

4º *Traitement des minerais plombo-cuivro-argentifères.* — La présence du cuivre en proportion importante rend ce traitement extrèmement difficile. Jusqu'à ces dernières années, on suivit au Hartz une méthode qui n'avait presque pas été modifiée depuis l'époque où Agricola écrivait son remarquable *De re metallicâ* ; mais cette solution était défectueuse à cause des pertes trop fortes qu'elle occasionnait, et, au Hartz comme en Saxe, le procédé classique a été transformé par les progrès de la science moderne substituant ses investigations systématiques et sa méthode expérimentale à la routine plus ou moins aveugle des siècles précédents. Le traitement (voir *Cuivre*) produit du plomb d'œuvre et du cuivre noir argentifère. Le plomb d'œuvre est pattinsoné, et le plomb enrichi passe à la coupellation. Le cuivre noir est affiné, puis dissous dans l'acide sulfurique; l'argent est précipité par le cuivre. Cette formule de traitement, employée depuis quelques années par M. l'ingénieur

Koch, a donné les meilleurs résultats et transformé l'antique métallurgie du Hartz.

*Affinage de l'argent.* — Le métal obtenu par les divers procédés qui ont été exposés n'est pas pur et doit être affiné. Cet affinage se fait de deux manières, soit par coupellation en petit dans un très-petit four à réverbère, à sole fixe ou à sole mobile, soit par simple fusion. Dans le premier cas, on opère sur une quantité d'argent variant de 100 à 250 kilogrammes. Dans le second, on fond l'argent, soit seul, soit additionné de réactifs oxydants, dans de grands creusets en terre et graphite ou en fonte.

*Production de l'argent.* — Il est difficile de réunir sur ce sujet des documents statistiques bien complets et authentiques. En 1840, M. Debette l'évaluait de la manière suivante.

| | |
|---|---|
| Amérique du Nord et du Sud............... | 1.103.075 kilogrammes. |
| Russie d'Asie............................. | 22.500 — |
| Europe................................... | 122.167 — |
| Production totale............... | 1.247.742 kilogrammes. |

M. Rivot, en 1860, lui assignait une valeur un peu moindre, environ 1100 tonnes, savoir :

| | |
|---|---|
| Mexique, Pérou, Chili, Bolivie.............. | 920 tonnes. |
| Europe................................... | 180 — |
| Total.................. | 1.100 tonnes. |

D'après les renseignements plus récents fournis par les Rapports du jury international de l'exposition de 1867, on pourrait établir de la manière suivante la production de l'argent :

| | |
|---|---|
| France................................... | 9.500 kilogrammes. |
| Belgique ................................ | 1.100 — |
| Prusse................................... | 18.030 — |
| Harz..................................... | 12.000 — |
| Saxe..................................... | 26.000 — |
| Hongrie et Bohême (1865)................. | 40.850 — |
| Norwége (1864)........................ | 3.325 — |
| Suède (1865)............................ | 1.140 — |
| Écosse (1866)........................... | 4.562 — |
| Angleterre (1866) ....................... | 15.175 — |
| Empire russe............................. | 17.678 — |
| Chili (1866)............................. | 33.080 — |
| Bolivie et Pérou......................... | 50.000 (?) — |
| Mexique ................................. | 130.000 (?) — |
| États-Unis (1866)................. ...... | 410.000 (?) — |
| Total....................... | 772.440 kilogrammes. |

En tenant compte des quantités d'argent fournies par quelques petits États ou usines non compris dans le relevé précédent, on arriverait seulement au chiffre rond de 800 tonnes pour la production totale de l'argent dans le monde entier.

BIBLIOGRAPHIE. — Héron de Villefosse, *La richesse minérale.* — Rivot, *Principes généraux du traitement des minerais métalliques* ; 2e volume : *Métallurgie du plomb et de l'argent.* — Bruno Kerl, *Handbuch der Metallurgie.* — Saint-Clair Duport, *Production des métaux précieux au Mexique.* — Roswag, *Des métaux précieux.* — Lamborn (Dr), *A rudimentary treatise on the metallurgy of silver and lead.* — Divers mémoires dans les recueils périodiques : *Annales des mines* ; *Revue universelle des mines et de la métallurgie* ; *Zeitschrift für das Berg-, Hütten- und Salinen-Wesen in dem preussischen Staate* ; *Berg- und Hüttenmännische Zeitung (passim).* ED. GRATEAU.

**ARGENTINE** (CONFÉDÉRATION). — GÉOGRAPHIE. — Ce grand pays de l'Amérique du Sud tire son nom de son principal fleuve, le *Rio de la Plata* ou rivière d'argent, ainsi baptisé par Sébastien Cabot. Il est borné au nord par la Bolivie, au sud par la Patagonie, à l'ouest par la Cordillère des Andes, qui le sépare du Chili, à l'est par le Paraguay, le Brésil et l'Uruguay. On lui donne cinq cents lieues de largeur du nord au sud sur quatre cents lieues de large de l'est à l'ouest. Ce vaste territoire est admirablement arrosé par de grands cours d'eau qui tombent dans l'Atlantique. Citons le *Parana* qui, grossi du *Paraguay* et du *Juramento*, s'unit à l'*Uruguay* et forme avec lui, comme la Garonne et la Dordogne s'unissent pour former la Gironde, le colossal *Rio de la Plata*, golfe plutôt que fleuve, qui a 300 kilomètres de largeur à son embouchure. C'est surtout une région de plaines (selon Humboldt, la plaine du Rio de la Plata n'a pas moins de 135,000 lieues carrées). Ces plaines sont ce qu'on appelle les *pampas*, dont la surface presque horizontale s'étend du brûlant Brésil à la froide Patagonie. Si, à l'occident, elles n'offrent qu'un court gazon coupé de grands espaces salins et mêlé d'arbustes épineux, à l'est, entre le Salado et la Patagonie, elles forment le célèbre pâturage où les sauvages *Gauchos* gardent des millions de moutons, de chevaux et de bœufs.

Le climat est varié dans une étendue aussi considérable, mais il est en général salubre, et Buenos-Aires mérite bien son nom. Le sol d'alluvions lacustres ou fluviatiles est d'une grande fertilité. Il produit le maté ou thé du Paraguay, le cacaoyer, la vanille, l'ananas, la rhubarbe, le caoutchouc, le tabac, le manioc, les céréales, les patates, le lin, le chanvre, le caféier, l'olivier, l'oranger, le palmier, la vigne. Le blé rend 30 pour 1, et, dans les provinces de Salta et de Mendoza, son produit s'élève jusqu'à 80 pour 1. La principale richesse est celle des troupeaux de bœufs, et surtout, depuis quelques années, de moutons. Le seul port de Buenos-Aires a exporté, en 1850, douze millions de livres de laine. On fait un grand commerce de viande salée, et, si les procédés de conservation et les moyens de transport étaient améliorés, il y aurait là une fabrique de viande à approvisionner l'Europe et l'Amérique. Buenos-Aires, ville de 200,000 âmes environ, exporte 20 millions de francs en espèces d'or et d'argent monnayés, 15 millions en cuirs de bœufs, vaches et taureaux, 5 millions en produits divers : graisses, cornes, suifs, peaux de cheval, de tigre et de chinchillas.

Les 15 provinces confédérées sont : *Entre Rios, Corrientes, Santa-Fé, Cordova, la Rioja, Santiago, Tucuman, Catamarca, Salta, Jujuy, San-Luis, Mendoza, San-Juan* et *Buenos-Aires*. Les principales villes, outre la capitale, sont Rosario, Parana, Corrientes, Santa-Fé, Cordova, etc. C'est dans la province de Corrientes qu'étaient situées les missions jésuites du Paraguay où les bons Pères avaient soumis les pauvres Indiens à une si abrutissante félicité. Les indigènes étaient les Guaranis, les Abipons et les Guaycuros. Dans le sud, errent des tribus patagonnes dont les membres sont appelés indiens Pamperos.

Comment cet admirable pays si fertile, si fécond en ressources de tout genre, est-il encore si peu avancé et si mal peuplé ? C'est ce que mon collaborateur va expliquer par l'étude de son histoire.                                    L. A.

**ARGENTINE** (CONFÉDÉRATION). — HISTOIRE. — L'histoire de la Confédération argentine se divise naturellement en deux parties : la lutte des populations platéennes pour se délivrer du joug de l'Espagne, et l'histoire intérieure du pays argentin.

C'est Buenos-Aires qui a jeté le premier cri d'indépendance contre l'Espagne, et ce sera l'éternel honneur du peuple argentin, d'avoir compris le lien de solidarité qui l'unissait aux autres colonies espagnoles, et de n'avoir épargné aucun sacrifice pour propager les idées d'affranchissement. Il ne s'est point contenté de se rendre libre, il a voulu contribuer à la liberté des autres peuples de l'Amérique méridionale. Après avoir combattu victorieusement sur les bords de la Plata, les patriotes argentins sont allés répandre généreusement leur sang sur l'autre versant des Andes, au Chili, en Bolivie, au Pérou; ils ont puissamment contribué à arracher à l'Espagne la moitié du Nouveau-Monde, et à établir de jeunes républiques sur les ruines des colonies espagnoles.

Au commencement du xvi⁰ siècle, les aventuriers espagnols, cherchant la route du pays de l'or, remontèrent les affluents du grand fleuve découvert par Solis et occupèrent la rive du Paraguay. Se partageant le territoire conquis, forçant les Indiens Guaranis à travailler pour eux comme des bêtes de somme dans leurs commanderies, les Espagnols eurent d'abord leur siége principal à l'Assomption; sur les divers chemins qui conduisaient de l'Atlantique à la vice-royauté du Pérou, des villes s'étaient formées à Santiago, à Tucuman, à Cordova; la sûreté de l'Assomption et des villes de l'intérieur exigeait l'établissement d'un port à l'entrée du fleuve. En 1580, D. Juan Garay, sur l'ordre du gouverneur du Paraguay, alla relever les ruines d'un fort élevé jadis par Mendoza et détruit depuis par les Indiens; quelques maisons s'y adossèrent; telle fut l'humble origine de la ville qui s'appela dès lors Buenos-Aires.

Placée près de l'Océan, sans cesse visitée par les navires de la métropole, Buenos-Aires devait grandir bien vite et effacer l'Assomption, située fort avant dans l'intérieur. A Buenos-Aires, les femmes, venues d'Europe après une longue traversée, s'arrêtaient; les hommes seuls, acharnés à la poursuite de l'or, remontaient les rivières; il en résulta que la population de Buenos-Aires, se recrutant sans cesse parmi les Espagnols, resta à peu près sans mélange, et qu'au contraire l'élément indien ne tarda pas à dominer dans la population du Paraguay.

Cependant, l'Espagne jalouse appliquait au Rio de la Plata, dans toute sa rigueur, le régime colonial. Les ports restant fermés à l'étranger, le commerce était restreint et les produits du pays presque sans valeur; les lois fiscales étaient calculées de façon à n'enrichir que la métropole et à maintenir le bas prix des matières premières; l'immense territoire argentin regorgeait de bétail qu'on ne pouvait pas vendre, et le colon, pauvre au milieu de ces énormes richesses, s'accoutumait à vivre dans l'indolence. L'ignorance était soigneusement entretenue par le clergé, qui n'enseignait que les pratiques religieuses, fidèle au vœu émis publiquement par l'archevêque de Santa-Fé, « qu'il était à désirer que les créoles n'apprissent que le catéchisme afin qu'ils restassent soumis. »

Mais les barrières et les douanes sont impuissantes; l'idée finit toujours par pénétrer. Buenos-Aires était devenue, en 1776, le siége de la vice-royauté de la Plata; les fonctionnaires apportèrent dans la ville des goûts de luxe qui donnèrent au commerce un peu d'impulsion; les règlements de douanes furent modifiés, et l'industrie s'éveilla chez les colons. Quelques jeunes créoles, élevés en Europe, rapportèrent les idées qui faisaient alors tressaillir le vieux continent; les livres des encyclopédistes mis à l'index circulèrent sous le manteau, et on dévora avec passion les récits de la lutte des Américains du nord contre l'Angleterre. La morgue des péninsulaires était si grande qu'ils professaient le plus profond dédain pour les fils d'Espagnols nés dans la colonie. Un fonctionnaire prétendait que tant qu'il y aurait, dans la Manche, un cordonnier de Castille ou un mulet, celui-ci aurait le droit de gouverner l'Amérique. Ces prétentions blessaient au vif les Argentins; ils commencèrent à se faire un titre de gloire d'être nés dans le pays, d'être fils du pays, *hijos del pais*, et il se forma un parti créole, jeune, actif, plein de haine pour la métropole, et songeant déjà à appliquer dans la Plata le principe de la souveraineté du peuple, si fièrement proclamé par les Américains du Nord.

Ce parti eut bientôt l'occasion de constater sa puissance. L'Espagne s'étant unie à Bonaparte contre l'Angleterre, une expédition anglaise débarqua à Buenos-Aires, et le commandant Beresford s'empara de la ville; le gouverneur avait fui; les patriotes, prenant pour chef un Français au service de l'Espagne, Liniers, reprirent la ville sur les Anglais. La municipalité se réunit; elle déposa le vice-roi Sobremonte au nom du roi d'Espagne, et nomma Liniers à sa place. Le peuple argentin faisait pour la première fois acte de souveraineté. Les Anglais ne se tinrent pas pour battus; une nouvelle expédition envahit le territoire de Buenos-Aires, mais le commandant Whitelocke se vit bientôt forcé de capituler; cette double victoire était due en grande partie aux bataillons de patriotes, organisés et commandés par des créoles, Belgrano, Saavedra, etc. Dès lors le parti national eut conscience de sa force.

Les idées d'indépendance avaient fait leur chemin; elles ne devaient pas tarder à faire explosion. L'invasion de l'Espagne par les armées de Napoléon servit de prétexte; l'ambition du despote, qui voulait conquérir la péninsule ibérique et placer son frère Joseph sur le trône de Charles-Quint, eut, pour conséquence inattendue, de transformer en républiques les colonies américaines de l'Espagne. Les Argentins étaient résolus à couper le câble qui reliait la Plata à la métropole : ils n'attendaient qu'une occasion.

Le 13 mai 1810, un navire, arrivé d'Europe, apporte la nouvelle qu'une armée française a pénétré dans l'Andalousie, et que la junte espagnole est enfermée dans l'île de Léon; l'Espagne se débattait sous la botte de Napoléon. Aussitôt dix patriotes s'assemblent, et prononcent la déchéance du vice-roi Cisneiros; l'un des chefs des milices qui avaient repoussé les Anglais, Saavedra, va, au nom du peuple, notifier à Cisneiros sa déchéance; la municipalité s'assemble, et déclare que le peuple, réuni sur la place en assemblée publique, en *Cabildo Albierto,* sera consulté. Le 25 mai 1810, pendant que la municipalité siége en séance au *Cabildo* (hôtel de ville), la population se réunit sur la place; des orateurs, montés sur des bornes, haranguent la foule et distribuent des cocardes bleues et blanches ; la municipalité discutait sur le choix des hommes qui devaient former la junte ; les uns voulaient une liste purement nationale ; d'autres réclamaient l'adjonction de quelques Espagnols; la foule impatiente envahit la salle, et proclame les noms de Saavedra, Castelli, Belgrano, Ascuenega, Alberti, Maten, Larrea, Passo et Moreno. La municipalité proteste contre la violence qui lui est faite; mais elle finit par céder, et les élus du peuple s'installent au Cabildo sous le nom de Junte provisoire de la capitale du Rio de la Plata.

Au début, le mouvement demeura indécis ; c'est au nom du roi prisonnier de Bonaparte, au nom de Ferdinand VII, que commença la révolution du 25 mai 1810, qui devait affranchir l'Amérique espagnole. La république était au fond de ce mouvement : c'était à la Junte provisoire acclamée par la nation que les autorités devaient prêter serment, et le premier acte de la Junte fut de convoquer la réunion à Buenos-Aires d'un congrès national qui devait établir un gouvernement définitif. « Par le fait de la captivité du roi, disait Moreno, le pouvoir suprême est retourné à ceux de qui le roi l'avait reçu. »

L'indépendance était proclamée ; il fallait la défendre. La ville de Buenos-Aires était unanime; mais les péninsulaires possédaient encore des forces redoutables : à

Montevideo, l'Espagne avait des officiers et des bâtiments de guerre ; au Paraguay, la population, façonnée à la servitude, restait soumise au gouverneur Velasco ; à Cordova, Liniers s'était mis à la tête des soldats espagnols ; dans le Haut-Pérou, l'envoyé de la Junte de Cadix, Goyenèche, qui pourtant était créole, se disposait à une résistance acharnée. La junte de Buenos-Aires avait une haute mission à remplir, elle ne recula pas devant cette tâche, et elle surmonta toutes les difficultés, grâce surtout à l'énergie révolutionnaire du secrétaire de la junte, Moreno, et à l'ardent patriotisme de Belgrano.

Moreno fait avant tout embarquer le vice-roi et tous les hauts fonctionnaires espagnols qui sont déportés aux îles Canaries. Après ce premier acte de vigueur, commence la croisade des *portenos* en faveur de l'indépendance. Balcarce marche sur Cordova avec douze cents volontaires ; Liniers, Concha. et l'évêque Orellano sont faits prisonniers, et le représentant de la junte près de l'armée du Nord, Castelli, les fait fusiller : il était nécessaire de mettre les créoles dans l'impossibilité de se réconcilier avec l'Espagne. Dans l'Uruguay, Rodriguez, aidé par un chef de partisans, soulève la campagne contre la ville de Montevideo et est obligé de succomber. Belgrano pénètre dans le Paraguay, dont la population demeure insensible aux idées d'indépendance ; il est repoussé, mais, quelques mois après, le gouverneur espagnol est forcé de se démettre de ses fonctions, et, si le Paraguay se soumet au joug de fer d'un dictateur féroce, il n'est plus du moins gouverné au nom de l'Espagne. L'infatigable Belgrano marche vers le Haut-Pérou, bat Pio Tristan à Tucuman, soulève Salta.

Cependant les députés des provinces arrivaient à Buenos-Aires ; ils avaient pour mission de choisir la forme de gouvernement la plus propre au pays ; mais la jalousie des campagnes contre la ville commença dès lors à se manifester ; les députés émettent la prétention de s'incorporer à la junte. Moreno, qui comprend le danger, s'oppose énergiquement à cette mesure ; la majorité se prononce contre lui. L'avenir a montré combien l'énergique patriote avait raison ; il refusa dès lors de s'associer à une œuvre qu'il considérait comme compromise, et partit pour l'Europe avec une mission en Angleterre ; il mourut en route.

Dans chacune des anciennes intendances s'établirent des juntes suprêmes ; la direction du mouvement s'éparpilla, et ce premier triomphe du fédéralisme, qui amena ces guerres civiles éternelles dont les régions platéennes sont le théâtre, faillit aussi ajourner l'indépendance de la république argentine.

L'Espagne, débarrassée des Bonaparte, réunissait toutes ses ressources pour reprendre ses colonies ; ne voulant pas s'imposer les réformes économiques qui seules pouvaient la sauver, elle devait nécessairement s'efforcer de rétablir la domination métropolitaine sur le continent américain. Elle espérait d'ailleurs trouver un appui dans la Sainte-Alliance, intéressée à étouffer la Révolution dans son dernier refuge ; car, à cette époque fatale de réaction, l'Amérique méridionale soutenait seule, les armes à la main, les principes de la Révolution. L'effort fut terrible ; le mouvement d'indépendance recula partout ; l'Espagne rétablit son autorité au Mexique, en Colombie, à Montevideo, au Chili, au Pérou ; Belgrano lui-même était battu dans le Haut-Pérou, et l'armée espagnole occupa les provinces de Salta et de Jujuy ; les Argentins eurent la gloire de sauver l'indépendance sud-américaine.

Le général San Martin fut appelé à succéder à Belgrano. Élevé en Europe, San Martin s'était distingué à la bataille d'Albuféra ; témoin de l'admirable résistance des Espagnols contre les Français, il s'était habitué à la guerre régulière et à la guerre de partisans. Calme dans le danger, rusé et dissimulé comme un Indien, il joignait à ces qualités un véritable talent d'administrateur ; il savait nourrir une armée, ce qui est souvent plus difficile que de la commander. Après avoir réorganisé à Tucuman l'armée de Belgrano, il demanda et obtint le gouvernement de Cuyo. San Martin comprenait qu'on ne pouvait vaincre définitivement l'Espagne qu'en l'attaquant au centre même de sa puissance coloniale, dans la vice-royauté du Pérou, la plus riche, la plus forte des possessions espagnoles. A Mendoza, il rencontra les patriotes chiliens que la défaite de l'insurrection avait obligés à se réfugier au delà des Andes, et c'est avec O'Higgins que San Martin organisa son plan de campagne; sans argent, il sut réunir une armée de quatre mille volontaires qu'il disciplina, et, avec cette petite troupe, il entreprit et mena à bonne fin une des expéditions les plus aventureuses dont l'histoire fasse mention. Il parvint à dissimuler à l'ennemi le point où il voulait franchir les Andes, divisa son armée en trois petits corps et tomba à l'improviste sur le versant occidental des Andes. Le général espagnol Marco del Pont, effrayé d'une telle audace, ne songea plus qu'à défendre la ville de Santiago et massa ses troupes auprès de Chacabuco. La cavalerie argentine se précipita sur les troupes royalistes qui, après quelques heures de résistance acharnée, se débandèrent. Marco del Pont fut fait prisonnier, et, le soir même de la bataille (12 février 1817), le général San Martin entrait triomphalement dans Santiago. Les Chiliens, dans leur reconnaissance, proclamèrent dictateur le général San Martin qui refusa et désigna à leur choix le général chilien O'Higgins, dont la bravoure avait du reste beaucoup contribué à la victoire de Chacabuco.

Le vice-roi du Pérou, Pezuela, concentra ses forces, il rappela de Jujuy le général Lacerna, et envoya le général Ozorio contre O'Higgins ; battu à Talahuano, celui-ci rebroussa chemin pour rallier San Martin ; leurs forces réunies furent surprises et battues à Concha Rayada. San Martin, en six jours, réorganisa une petite armée et vint offrir la bataille aux royalistes dans la plaine de Moypu. L'armée royale fut taillée en pièces, et l'indépendance du Chili à jamais assurée.

Restait donc le dernier rempart de l'Espagne, le Pérou. O'Higgins venait de former une flottille chilienne, et il avait appelé pour la commander un amiral anglais, lord Cochrane. Lord Cochrane, impatient d'agir, pressait San Martin : celui-ci, renseigné par un patriote péruvien Aguero, adopta une politique de temporisation qui le fit accuser par lord Cochrane de rêver à son profit la création d'un empire péruvien. L'armée chilienne et argentine entra dans Lima qui proclama son indépendance et donna à San Martin le titre de protecteur.

A ce moment Bolivar, à la tête des patriotes colombiens, arrivait dans le Haut-Pérou où il lui était réservé d'écraser les restes de la domination espagnole. San Martin crut que la présence de deux chefs dans une seule armée pourrait nuire à la vigueur des opérations militaires, et il termina sa vie politique par un grand exemple de patriotisme en remettant à Bolivar le commandement de toutes les forces sud-américaines.

Ainsi, après avoir, les premiers, secoué le joug colonial, les Argentins ont commencé la grande croisade de l'indépendance ; ils ont lutté pour l'indépendance du Chili, du Pérou et de la Bolivie ; ils ont joué le rôle le plus actif dans ce mouvement fécond qui a rendu à la vie politique et commerciale de vastes contrées, que l'odieux système colonial de l'Espagne avait pour ainsi dire retranchées du monde. Il nous reste à indiquer les causes des longs déchirements intérieurs qui ont désolé la Confédération argentine.

Les Argentins ont subi jusqu'à présent et subissent encore les déplorables conséquences du régime colonial ; quand les colonies anglaises d'Amérique proclamèrent leur indépendance, elles étaient déjà accoutumées à une sorte de self-government ; elles possédaient des assemblées, discutaient les règlements, votaient leurs impôts. Dans les colonies espagnoles, rien de pareil; tous les fonctionnaires venaient d'Europe; pas de livres, pas de journaux; l'instruction était mesurée d'une main avare par des professeurs espagnols : aucune initiative n'était réservée au créole, qui vivait dans une sorte de paresse et d'indifférence. Seuls, quelques esprits d'élite, éveillés par la lecture des livres introduits en cachette, essayaient de réagir contre cette apathie générale. Quand l'indépendance appela tout à coup les colons à se gouverner eux-mêmes, ils n'avaient aucun apprentissage de la vie politique; de là, des fautes inévitables, des déchirements, des luttes douloureuses, qui ont fini par tourner au profit de la liberté.

Dès les premiers jours de l'affranchissement, s'est manifestée la rivalité entre la campagne et la ville. Buenos-Aires est la seule grande ville et le seul port de la République argentine. Derrière la ville s'étend, à perte de vue, une plaine immense, la *pampa*, coupée de loin en loin par de petites villes, capitales de provinces, noyées elles-mêmes au milieu de vastes espaces. Dans Buenos-Aires, les relations continuelles avec l'Europe ont développé rapidement l'activité commerciale, industrielle, et la richesse : les étrangers sont bien accueillis et recherchés par les *portenos*; malgré leurs couvents et leurs églises, l'indifférence en matière de religion a amené la tolérance; la vie politique anime toute la population qui dévore de grands journaux remplis de polémiques ardentes; chaque année, de nombreux jeunes gens vont étudier le droit, la médecine, les sciences, dans les écoles de Paris, de Londres, d'Heidelberg; ils en rapportent des habitudes d'élégance et de confortable, le goût des arts et du théâtre; l'étranger, en arrivant à Buenos-Aires, y retrouve tous les raffinements de la vie européenne.

Dans la campagne, peu d'instruction. Là, peu de relations entre les habitants qui vivent dans des *estancias* isolées ; le *gaucho*, ignorant, vagabond, exposé tous les jours aux périls de la vie nomade, n'entend que la force et prend en mépris les *portenos* efféminés, qui ont abandonné le costume national, la *chiripá* et le *poncho*. Les habi-tants des chefs-lieux, moins ignorants, subissent impatiemment la prédominance des Buenos-Airiens, qui doivent à leur situation exceptionnelle des ressources infinies et une civilisation plus avancée; ils détestent et jalousent une influence à laquelle il leur est impossible d'échapper.

Parfois, dans les provinces, un homme, que son courage et sa force physique ont rendu populaire auprès des gauchos, réunit une bande; et, pour peu qu'une commission politique lui fournisse l'occasion de faire acte d'énergie, en frappant sans pitié ses ennemis, il devient chef, *caudillo*, il pille la campagne et menace la ville.

L'indépendance datait à peine d'un an que ces causes fatales compromettaient déjà l'avenir de la jeune nation argentine; les querelles intérieures commençaient ; le gouvernement se modifiant tous les jours, à la junte succédait un triumvirat, au triumvirat un directoire; ces convulsions terribles, qui parfois ensanglantaient la ville, avaient fini par décourager les plus fermes soutiens de l'indépendance, qui s'imaginèrent que le pays ne trouverait jamais de calme que sous la monarchie constitutionnelle. Heureusement les intrigues monarchiques échouèrent; le Congrès de Tucuman proclama la forme républicaine. Mais le mouvement réactionnaire monarchique avait encouragé les fédéralistes, et les caudillos des provinces de Santa-Fé et de Corrientes parvinrent à triompher, et à dominer la ville même de Buenos-Aires.

Les partis avaient, en effet, pris des noms. Les fédéraux voulaient que chaque province formât une république se gouvernant elle-même, qu'elle nommât elle-même son premier magistrat; ils s'appuyaient sur les habitants des campagnes dont ils partageaient les passions, le fanatisme religieux, la haine contre l'étranger et contre la grande ville commerçante, instruite et civilisée; ils demandaient des lois protectionnistes afin d'organiser un système d'isolement, ou de civilisation à part exclusivement appropriée au pays, qu'ils appelaient l'américanisme.

Les unitaires, au contraire, mettaient dans leur programme la liberté de conscience, le libre échange, le développement des relations politiques, commerciales, intellectuelles entre l'Europe et l'Amérique; ils demandaient surtout l'immigration, comme le plus puissant élément de civilisation et de richesse.

Entre ces deux partis la lutte fut acharnée, sanglante. Ils sont pour ainsi dire personnifiés dans deux noms : Rivadovia et Rosas. Comme ministre d'abord, puis comme président de la république, Rivadovia donna à la province de Buenos-Aires et à la Confédération un éclat qu'elles n'avaient jamais eu. Il consacra la liberté universelle, la liberté de la presse; il organisa le mode d'élections, proclama la liberté des cultes, appela les colons en leur offrant de sérieux avantages, et enfin s'attacha spécialement à développer l'instruction à tous les degrés. Il conclut un traité de commerce avec l'Angleterre, et les États-Unis envoyaient un représentant à Buenos-Aires; l'intelligente administration de Rivadovia (1821-1827) fit véritablement prendre à la République argentine son rang parmi les nations.

Cette période brillante fut chèrement expiée; la lutte civile recommença bientôt : et, après bien des luttes, arriva au pouvoir (1835) Rosas, le chef du parti fédéral. Rosas fit absolument le contraire de ce qu'avait fait Rivadovia. Il commença par se faire donner, par la Chambre, la *somme de tous les pouvoirs*, c'est-à-dire la dictature; les journaux furent supprimés, la sûreté individuelle n'eut plus de garantie; la terreur régna dans la ville; une société, connue sous le nom de *mazorca*, exécutait les ordres sanglants du directeur; chaque citoyen devait porter à la boutonnière la légende : « Mort aux unitaires! » qui se retrouvait en tête des actes publics, des billets de banque, partout. La navigation de la Plata et de ses affluents fut fermée au commerce étranger; c'était la plus complète et la plus déplorable application de l'américanisme.

Rosas avait repris les prétentions de la Confédération argentine sur les anciennes provinces de la vice-royauté de la Plata, l'Uruguay et le Paraguay; il fermait au Paraguay toute issue pour ses marchandises, et prenait fait et cause dans les dissensions intestines de Montevideo. Un président de l'Uruguay, Oribe, avait été chassé de Montevideo; Rosas le reconnaît comme président légal et lui donne une armée qui met le siège devant Montevideo.

Rosas avait semé bien des mécontentements. Le Brésil, qui avait reconnu l'indépendance du Paraguay et qui se trouvait directement menacé sur ses frontières, si Rosas parvenait à s'emparer de l'Uruguay, chercha des alliés; les uns étaient faibles en nombre, mais puissants en influence; c'étaient les émigrés argentins, les fédéraux, qui avaient cherché un refuge contre le dictateur; parmi eux se trouvaient des écrivains habiles comme Vercla, que la colère du dictateur atteignit jusque dans Montevideo, et qui tomba sous le poignard d'un assassin soudoyé par Rosas, Mitre, Sarmiento, Alsina; leurs écrits pénétraient sur l'autre rive de la Plata; ils racontaient et signalaient à l'indignation publique les crimes du dictateur; leur petite armée grossissait dans Montevideo; dans la province voisine dominait un *caudillo*, appelé Urquiza; il avait mis les gauchos de sa province d'Entre-Rios au service de Rosas; mais riche, influent, ambitieux, il avait rêvé de se substituer au dictateur. Le Brésil fit alliance avec Urquiza, les unitaires argentins et les patriotes de

Montevideo; il donna une armée à laquelle se joignirent les cavaliers de l'Entre-Rios et quelque bataillons d'Argentins : et la grande armée libératrice de l'Amérique du Sud, après avoir vu se disperser sans combat les forces d'Oribe, entra dans la province de Buenos-Aires. Le 3 février 1852, l'armée du dictateur fut battue, Rosas s'enfuit; la Confédération argentine était délivrée de son cruel oppresseur.

C'étaient ses propres affaires et non celles du parti unitaire qu'Urquiza était venu faire; il prit le titre de directeur suprême provisoire de la Confédération, choisit un ministère dont il écarta soigneusement les unitaires, et promit un Congrès pour l'organisation définitive de la nation. Dans une réunion des gouverneurs de province à San-Nicolas dos Ariegos, il fut décidé que ce Congrès aurait lieu en août; c'était la dictature d'Urquiza. Les unitaires, furieux de cette usurpation, attaquèrent, dans l'assemblée provinciale, les résolutions prises. Urquiza dissout l'assemblée, suspend les journaux, exile les écrivains unitaires, et confère le pouvoir absolu à un conseil d'État, exclusivement composé de fédéraux. Le peuple se soulève et nomme Alsina gouverneur.

Urquiza rassemble à Santa-Fé un Congrès où sont représentées toutes les provinces, excepté celle de Buenos-Aires, qui est ainsi forcée de se séparer. Ce Congrès incomplet vote une constitution de la Confédération argentine; Urquiza soulève la campagne et vient assiéger et bloquer Buenos-Aires. Après dix mois, il est obligé de retirer ses troupes. Mais, grâce à Urquiza, l'unité de la Confédération était rompue; d'un côté, les treize provinces, avec Parana pour capitale prosivoire, représentant l'élément fédéral; de l'autre, Buenos-Aires, avec un petit territoire, représentant l'élément unitaire. Vaincu sur le champ de bataille, Urquiza commença une guerre de tarifs : il créa dans la Plata, un peu plus haut que Buenos-Aires, le port de Rosario, et offrit de grands avantages commerciaux aux bâtiments qui y viendraient directement. Ces mesures ne diminuèrent pas la prospérité de Buenos-Aires, la guerre recommença bientôt; cette fois, après plusieurs tentatives de médiation, les troupes de Buenos-Aires furent vaincues à Cepoda (1859); un accord intervint, une Convention ad hoc se réunit pour examiner la constitution fédérale, et, après de longues discussions, le 21 octobre 1860, la constitution fédérale définitive fut proclamée à la fois à Buenos-Aires et à Parana.

Un an après, la guerre éclatait encore; les provinces de San-Juan, de Cordova étaient en feu; les Buenos-Airiens accusaient le président de la Confédération, M. Derqui, de soulever les fédéraux; M. Derqui accusait le gouverneur de la province de Buenos-Aires, M. Mitre, d'exciter les unitaires; Urquiza marcha contre la capitale; battu à Pavore, le général Urquiza fit directement la paix avec Mitre; M. Derqui se retira du pouvoir; les provinces se prononcèrent en faveur de Buenos-Aires, et Mitre, déjà gouverneur de Buenos-Aires, fut élu président de la Confédération.

Depuis cette époque, la paix intérieure n'a été troublée que par quelques soulèvements fédéralistes dans les provinces, facilement réprimés; et cependant l'administration de M. Mitre a eu à traverser une crise périlleuse. Envahie par les troupes du dictateur paraguéen, la Confédération devait à son honneur de repousser et de punir l'invasion; elle fit alliance avec le Brésil; l'invasion paraguéenne fut repoussée du territoire de la Confédération, et l'armée de Buenos-Aires, alliée aux armées du Brésil et de l'Uraguay, franchit à son tour la frontière du Paraguay pour aller châtier à l'Assomption l'outrage fait à la nation argentine. Les fédéraux ne cachèrent pas leurs sympathies pour le dictateur du Paraguay, qui représente pour eux l'idée de Rosas, l'idée fédérale par excellence, l'américanisme. Mitre surmonta les obstacles, et, à l'époque légale, il descendit du pouvoir; M. Sarmiento fut élu;

c'était la première fois qu'un président succédait à un autre constitutionnellement, sans révolution.

M. Sarmiento partage les idées de M. Mitre; il y a lieu d'espérer que, sous son administration, les vivacités des partis s'adouciront ; la campagne, par l'émigration, par le développement de l'instruction publique, perd tous les jours de ses préjugés ; Buenos-Aires, de son côté, a trop à cœur la prospérité de la Confédération pour ne pas faire les concessions nécessaires à la paix. Du reste, la meilleure garantie de tranquillité pour ces magnifiques contrées, c'est l'affluence de l'émigration européenne; dans des pays fertiles et vastes, coloniser c'est la meilleure façon de gouverner.

BIBLIOGRAPHIE. — Al. de Humboldt, *Essai politique sur le royaume de la Nouvelle-Espagne.* Paris, 1817. — Torrente, *Historia de la Revolucion hispano-americana.* Madrid, 1829. — Walton, *Present state of the spanish colonies.* Londres, 1810. — P. de Angelis, *Coleccion de obras y documentos relativos a la historia de las provincias del Rio de la Plata.* Buenos-Aires, de 1834 à 1837. — Stevenson, *Relation d'un séjour de vingt ans dans l'Amérique du Sud,* traduit par Sétier. Paris, 1826. — Presar, *Juicio imparcial sobre las principales causas de la revolucion de la America española.* Bordeaux, 1828. — Mille, *Memoirs of general Mille.* Londres, 1829. — Claude Gay, *Historia fisica y politica de Chile.* Santiago, 1848. — Brossard, *Considérations historiques et politiques sur la république de la Plata.* Paris, 1856. — J. B. Alberdi, *Organisacion politica y economica de la Confederacion argentina.* 1856. — Margariños Cervantes, *Estudios históricos, politicos y sociales sobre el Rio de la Plata.* Paris, 1854. — D. Sarmiento, *Civilisation et barbarie,* traduction de Giraud. Paris, 1853. — Santiago Arcas, *La Plata, étude historique.* Paris, 1865. — S. Haigh, *Sketches of Buenos-Ayres and Chile.* Londres, 1829. — Martin de Moussy, *Description de la Confédération argentine.* Paris, 1864. — Paolo Montegozza, *Rio de la Plata.* Milan, 1867. CH. QUENTIN.

**ARGOT.** — Le langage que parle un certain nombre d'hommes unis en forme de nation par des affinités de race, des communautés d'intérêts ou des convenances géographiques, s'appelle *langue* ou *idiome.* Toute nation, pour peu qu'elle soit nombreuse, se compose de plusieurs populations, appartenant à des provinces différentes. Si ces populations sont égales, si ces provinces sont indépendantes, les modifications particulières que chacune d'elles fait subir à la langue générale forment ce qu'on appelle des *dialectes.* Si, au contraire, toutes les forces de la nation sont ramassées en un gouvernement qui impose sa loi dans tous les ordres d'idées, et qu'il n'y ait plus dans la manière de parler qu'un usage légitime, le dialecte devient *patois.* Les Grecs d'autrefois, les Italiens et les Allemands d'aujourd'hui ont des dialectes; les Romains au temps jadis, les Français à présent n'ont que des patois.

Mais, dans la grande société de la nation, il se forme incessamment une foule d'associations particulières, en vue d'intérêts spéciaux. Les hommes qui les composent ont à désigner des objets, des idées, des besoins qui leur sont propres, et auxquels ne suffit point la langue générale. Ils sont donc amenés à inventer des mots, des locutions et des tours qui expriment ces relations nouvelles; de là, des langues dans la langue, que l'on pourrait comparer aux chapelles d'une cathédrale. Ces langues se sont longtemps appelées des *jargons.* Mais *jargon* est aujourd'hui remplacé par le mot *argot.* L'*argot* ne servait primitivement qu'à désigner l'idiome particulier des voleurs : peu à peu le mot a pris une signification plus étendue, plus générale. On l'a appliqué à toute langue particulière, qui, sous l'influence de conditions spéciales, se formait dans la grande langue. *Jargon,* qui avait eu longtemps cette large signification, s'est réduit à n'exprimer plus que le langage subtil, figuré, cherché, que des gens de bonne compagnie, mais délicats à l'excès, unis en coterie littéraire, parlent entre eux, avec un certain mépris de la bonne grande langue vulgaire. Il rappelle des idées d'euphuïsme : je ne sais quoi de raffiné, de mystérieux et de légèrement ridicule.

Il est probable que *jargon* et *argot* viennent de la même étymologie. M. Génin croit que tous deux ne sont qu'une altération du mot italien *gergo*, qui a la même signification. *Gergo* serait, selon lui, un dérivé du grec ιερός, *sacré* ; langue sacrée, dont le secret est caché aux profanes. Je n'oserais pas répondre de cette étymologie ; c'est pourtant la plus raisonnable qu'on ait donnée, et je n'en ai point d'autre à proposer aux lecteurs de l'Encyclopédie.

Le nombre des *argots* est aussi considérable que peut l'être l'infinie variété des rapports sociaux. Tout métier a son argot ; cela va sans dire. Il est, en effet, très-naturel que les hommes d'une même profession formant au regard de certains objets une association particulière dans la grande nation aient aussi, pour exprimer ces objets, des mots et des tours qui leur appartiennent en propre : menuisiers et médecins, comédiens et professeurs, voleurs et employés, soldats, courtisanes et magistrats, prenez tous les métiers les uns après les autres ; il n'en est pas un qui n'ait son argot. Cet argot est plus ou moins complet ; il altère plus ou moins profondément le caractère de la langue générale. Ainsi l'argot des voleurs est une vraie langue ; l'argot des comédiens était de même, au XVIIe siècle, une langue tout à fait spéciale. C'est que les voleurs forment une population à part, dont le premier besoin est de n'être pas compris du reste des hommes. On en peut dire autant des comédiens du temps jadis, qu'un injuste mépris tenait en dehors de la grande société. Mais, la plupart du temps, l'argot d'un métier se meut dans le cercle étroit des idées, des mœurs, des besoins, propres à ce métier. L'argot de la bourse, l'argot des coulisses, l'argot de la chicane, l'argot des maquignons, etc., etc., tous argots de métiers. Tout objet d'études ou de distractions, réunissant pour un temps plus ou moins long un certain nombre d'hommes appliqués à une même pensée, ne tarde pas à former un argot : le blason avait son argot, la chasse a le sien, tous les jeux, sans exception, ont le leur : le tric-trac, le piquet, les échecs, l'écarté, et aujourd'hui même le bézigue, qui donnera inévitablement à la langue « *faire le quinze cents* » pour *frapper un grand coup*. Il y a l'argot de la galanterie ; car on peut considérer les hommes qui s'occupent des femmes, comme formant une sorte de société mystérieuse, où tous, hommes et femmes, se servent d'un langage convenu pour exprimer discrètement certaines idées pour lesquelles la langue ordinaire n'a que des façons de parler trop brutales. Toute coterie a son argot, qui n'est compris que des initiés ; il n'est personne qui ne connaisse l'argot des *précieuses*; l'argot du salon de Mme Swetchine est célèbre. Chaque époque a son argot, car elle a un certain nombre d'idées dominantes dont elle s'engoue et autour desquelles se groupent passagèrement tous les hommes qui pensent ; et derrière, les badauds : ainsi, la sensibilité était à la mode au XVIIIe siècle, cinquante ans plus tard la bienfaisance, aujourd'hui le progrès, et tous les mots, tous les tours qui circulent autour de ces idées sont en quelque sorte tirés de la langue générale, frappés d'un nouveau sens, et forment un argot. Faut-il parler de l'argot parlementaire, de l'argot philosophique, de l'argot humanitaire, qui tous les trois se déguisent sous le vocable infiniment plus solennel de *phraséologie*, et qui ne sont au fond que des argots comme les autres. Mais cette énumération n'en finirait point ; car, je le répète, il peut y avoir autant d'argots que de rapports de société entre les hommes. Les dénombrer, ce serait compter les sables de la mer.

Il faut pourtant que nous en signalions un qui mérite une attention particulière. Entre la rue Montmartre et le nouvel Opéra, vivent un certain nombre d'hommes, qui prennent par excellence le nom de parisiens, qui sont des parisiens parisiennant, et dont l'esprit a été désigné par Nestor Roqueplan du nom de parisine. Ils parlent une langue de convention, qui, de chez eux, a peu à péu débordé sur toutes les classes de la société et y a répandu comme un limon d'expressions nouvelles. Beaucoup d'argots ont contribué à former cette langue, qui va se renouvelant sans cesse : celui des coulisses et celui des ateliers y ont la plus forte part ; l'argot des courtisanes et celui des voleurs y sont aussi pour quelque chose, sans compter ces expressions aventurières, nées d'une fantaisie individuelle, dont la plupart ne durent qu'un jour. Cet argot parisien a reçu divers noms : les uns ont voulu l'appeler le *slang*, un mot anglais qui n'a pas fait fortune. D'autres l'ont nommé : *la langue verte*, un mot de caprice, et qui est déjà passé. Il est pour le moment l'*argot*, l'argot par excellence, et c'est de lui qu'on entend parler, quand on dit d'une phrase nouvelle : c'est de l'argot.

Il résulte de cette analyse qu'argot a trois sens : il signifie d'abord la langue spéciale des voleurs, et c'est le sens étymologique. Il exprime ensuite toute langue particulière à une association quelle qu'elle soit, et c'est son sens général. Et enfin, il s'applique à ce jargon qui fait la joie du petit monde parisien de 1869, et c'est pour le moment son sens le plus usité. Nous allons l'examiner rapidement sous ces trois formes.

Dans tous les pays du monde, les voleurs — c'était une des nécessités de leur état — ont parlé une langue particulière, et cette langue a son nom spécial dans chaque idiome. On l'appelle *cant* en anglais, *gergo*, en Italie, *germania*, en Espagne, *bargoons* en Hollande, *calao* en Portugal, *rothwelsh* en Allemagne, et *balaïbalan* en Asie. Y a-t-il entre ces argots, que séparent les montagnes et les fleuves qui servent de limites aux nations, des rapports mystérieux d'origine ? On n'en sait rien, et peut-être ne le saura-t-on jamais. L'argot français paraît dater du xive siècle ; il est contemporain de la *cour des Miracles*. Quelques auteurs prétendent, mais sans en apporter de preuves bien concluantes, qu'il fut, vers 1420, apporté par les Bohémiens, qui firent, en ce temps-là, leur première apparition dans nos contrées.

Il est bien peu probable que l'argot des voleurs d'aujourd'hui soit le même que celui qui fut parlé à la *cour des Miracles*. « L'argot, dit fort judicieusement Nodier, cherchant toujours à se dérober, se transforme aussitôt qu'il se sent compris. » Aussi va-t-il se recomposant et se décomposant sans cesse. Cartouche parlerait hébreu pour Lacenaire. Tous les mots de cette langue sont perpétuellement en fuite comme les gens qui les prononcent. Nodier fait observer encore que l'argot, vivant sur la langue générale, y puise au hasard, et se borne souvent, quand le besoin surgit, à la dénaturer sommairement et grossièrement. C'est ainsi qu'il se contente, en beaucoup de cas, d'ajouter au mot français une queue ignoble, une terminaison en *aille*, en *orgue*, ou *iergue*, en *muche*, et de dire *gigotmuche* pour un *gigot*. La mode est en ce moment à la terminaison *mare*, et l'on dit : un *perruquemare* pour un *perruquier*. Cette façon de parler argot a passé plus d'une fois dans le *Parisien* de 1869.

Les prépositions, les adverbes, les articles et toutes les constructions de la syntaxe sont les mêmes en argot que dans le langage ordinaire. L'effort de la langue s'est tout entier porté sur les mots, qui ont presque tous un sens métaphorique, et qui, par cela même, ont une certaine allure pittoresque qui plaît à l'imagination. Les romans de ces cinquante dernières années ont fait connaître au grand public un nombre considérable de ces expressions, qui sont vraiment heureuses. Les unes séduisent par un je ne sais quel rapport secret de la forme et du son du mot avec l'idée qu'il exprime ; ainsi : *pioncer* que Balzac admirait beaucoup. Il trouvait que *pioncer* rendait à merveille ce court et profond sommeil de la brute qui vient de commettre un crime, et profite d'un moment de répit pour tomber d'épuisement. D'autres fois, l'expression est une métaphore, et elle a sur les termes abstraits de la langue ordinaire l'avantage d'être plus colorée. L'*abbaye de monte-à-regret* pour l'échafaud, le *grand bécheur* pour le ministère public, *babillard* pour livre, *casse-poitrine* pour mauvaise eau-de-vie, *dévidage* pour longs discours, etc., etc., sont en effet des façons de parler qui saisissent l'imagination. Mais combien d'autres sont simplement ignobles ! Ce fut une mode, de 1828 à 1835, d'admirer beaucoup cet abominable dictionnaire. Romanciers et journalistes s'en donnèrent à cœur joie de faire des phrases sur l'énergie et le pittoresque de cette langue, remise en lumière par Eugène Süe et Balzac. C'était le temps où Victor Hugo écrivait : « L'argot pullule de ces mots-figures, mots immédiats, créés de toutes pièces, on ne sait où ni par qui, sans étymologies, sans analogies, sans dérivés ; mots solitaires, barbares, quelquefois hideux ; qui ont une singulière puissance d'expression. Idiome abject qui ruisselle de fange ; vocabulaire pustuleux, dont chaque mot semble un anneau immonde d'un monstre de la vase et des ténèbres. Il semble, en effet, que ce soit une sorte d'horrible bête, faite pour la nuit, qu'on vient d'arracher de son cloaque. On croit voir une affreuse broussaille, vivante et hérissée qui tressaille, se meut, s'agite, redemande l'ombre, menace et regarde. Tel mot ressemble à une griffe, tel autre à un œil éteint et sanglant ; telle phrase semble remuer comme une pince de crabe. Tout cela vit de la vitalité immonde des choses qui se sont organisées dans la désorganisation..., etc. » Peut-être cette langue ignoble ne méritait-elle point d'arrêter si longtemps les regards des honnêtes gens. La mode passera de s'en occuper, et nous n'y perdrons pas grand'chose. Ceux qui voudront en faire une étude plus approfondie en trouveront tous les éléments dans un gros volume in-4, qui a pour titre : *Étude de philologie comparée sur l'argot*. Il est de M. Francisque Michel et a été couronné par l'Académie. On fera bien néanmoins de ne le consulter qu'avec circonspection. Ce livre abonde en étymologies hasardées. M. Moreau Christophe, dans son *Monde des coquins*, a donné aussi quelques détails sur leur langue, et l'on en trouvera les locutions les plus usitées dans le Grand Dictionnaire de Larousse, au mot *Argot*.

J'ai hâte d'arriver à la partie de mon sujet qui est plus générale. Nous avons dit qu'une idée qui réunit autour d'elle pour un temps plus ou moins long un certain nombre d'hommes, a son argot, et qu'il y a par conséquent autant d'argots que de rapports sociaux. Or, c'est une loi qui n'a pas été assez remarquée, une loi certaine pourtant, et sans exceptions, qu'il y a, de la langue générale aux argots particuliers, et des argots particuliers à la langue générale, une pénétration réciproque et constante. On pourrait avancer que le Français est allé s'enrichissant sans cesse de mots, de locutions et de tours qu'il puisait dans les argots, et qu'aujourd'hui le meilleur de son dictionnaire en est fait.

Tout argot se compose de trois éléments : le premier est le mot qui exprime soit un objet, soit un ordre d'idées particulier à l'association qui s'en sert. Ce mot est tantôt emprunté à la langue générale et pris dans une acception particulière : ainsi *copie*, un terme français, qui signifie, dans l'argot des journalistes, le manuscrit à livrer à l'impression. D'autres fois il appartient en propre à la profession qui s'en sert : ainsi *chic*, un mot né dans les ateliers, qui, du reste, est aujourd'hui en train de passer dans la grande langue. Le second est la locution qui est presque toujours tirée par métaphore d'un des usages particuliers à l'association. Il en est de ces locutions comme des mots : les unes détournent dans un sens particulier des mots de la langue générale : ainsi au trictrac *école* signifiant un point qu'on oublie de marquer comme un écolier en faute, *faire une école* c'est donner, par cette sottise, prise sur soi à son adversaire. Les autres sont composées de termes spéciaux à l'association. Ainsi, pour rester dans l'ordre des jeux : faire pic, repic et capot, c'est gagner la partie, haut la main, sans que l'autre marque un seul point, d'où le sens métaphorique de la phrase de Molière : Vous ferez pic, repic et capot tous les beaux esprits du temps. Le troisième enfin, c'est le tour. Le tour dans les langues joue un rôle bien plus important que le mot ou la locution, qui ne sont tous deux au fond qu'une même chose sous deux formes. Le tour est une façon de parler plus rapide, plus nette, et dont la logique ordinaire ne peut presque jamais rendre raison. Expliquez, si vous pouvez, des idiotismes, comme *se faire fort de... se piquer de...* et tant d'autres. Tout le monde les entend, ils donnent un vivacité incroyable au style, et ceux-là parlent le mieux qui en usent le plus. Les savants ou les grammairiens n'ont jamais su en créer un seul ; ils leur font même très-souvent la guerre, au nom de la raison, ou de la syntaxe violée ; ces tours naissent du peuple, qui les trouve on ne sait où ni comment. Ils abondent dans les argots bien faits.

C'est que l'argot est un produit spontané de l'imagination populaire. Il reproduit, à chaque instant, sous nos yeux, cette incompréhensible merveille de l'invention des langues. Mots, locutions et tours, il trouve tout cela, pour son usage particulier, avec ce goût pittoresque des hommes primitifs, chez qui l'imagination est la faculté maîtresse ; et de même que l'arbre laisse tomber sur la terre ses feuilles qui l'engraissent, de même la langue générale s'enrichit de ces mots, de ces locutions, de ces tours qui versent sur elle tous les argots particuliers qu'elle nourrit en son vaste sein.

Chacun des *argots* a laissé sur la langue une couche d'*humus* dont elle s'est engraissée. Que de mots et de locutions métaphoriques ne devons-nous pas au blason, à la vénerie, au métier des armes ! que d'autres à la courtisanerie, aux salons littéraires, aux jeux ! Les jeux ! on ne se doute guère de ce que la langue leur doit, et ce serait un curieux travail à faire que de compter les jolies expressions qu'ils ont fournies au français courant. Y a-t-il un mot plus spirituel qu'*enfiler* pour signifier qu'on a *barre sur quelqu'un* (un autre mot de jeu) et qu'on le va mener *tambour battant* (un mot de guerre). Est-il assez *enfilé ?* dit Figaro en parlant du comte Almaviva. C'est un terme de trictrac. Savez-vous d'où vient *faire sa bête* ou *remonter sur sa bête ?* du jeu d'hombre. *Damer le pion à quelqu'un* du jeu d'échecs et du jeu de dames : et tant d'autres.

Tant que la France a été une monarchie aristocratique et qu'il y a eu une bonne compagnie qui était fort distincte de la mauvaise, il n'a jamais pu passer dans la angue des honnêtes gens, que des mots, des locutions et des tours qui appartenaient à des argots nobles. Quoi de plus noble que le blason ! que la chasse ! que la guerre ! que la cour ! et toutes les occupations de cette cour ! Aussi, tout ce que le bon français a pu prendre, par voie de métaphores, à ces différents argots, il a pris sans scrupules, sans crainte de s'encanailler. Et personne n'a songé à se plaindre de ces annexions que l'Académie ne tardait pas à légitimer, après les salons, en les admettant dans son dictionnaire. Ce dictionnaire de l'Académie est un répertoire extrêmement curieux de toutes les locutions et de tous les tours, empruntés ainsi aux divers argots, et qu'il appelle la plupart du temps des *façons de parler proverbiales.* On pourrait mesurer l'importance de chacun de ces argots et le rang qu'il a tenu dans le monde par la quantité d'expressions qu'il a prêtées, ou, si l'on veut, qu'il a imposées à la langue.

Mais, l'ancien ordre s'écroule en 1789, et il surgit une société nouvelle. De même que des classes de citoyens qui n'avaient jamais eu la moindre influence commençaient à en prendre une grande, les argots qu'ils parlaient se mirent, eux aussi, à réclamer pour beaucoup de leurs locutions droit de cité dans le français courant. Un parlement se forme, et l'argot de la politique envahit la langue : les artistes et les gens de lettres, qui étaient jadis sous la dépendance des grands seigneurs et qu'on traitait volontiers d'*espèces*, tiennent le haut du pavé ; ce sont eux qui font au moins le plus de bruit, et voilà que soudain toutes les façons de parler spéciales à leur métier font irruption dans la langue, y pénètrent à larges trouées, et s'y heurtent et bousculent comme une volée d'écoliers en vacances. Bien des gens, d'un goût timoré, s'en étonnent et s'en indignent : mais il ne se fait rien en ce moment sous nos yeux qui ne se soit déjà produit à toutes les époques ; la langue s'est rafraîchie sans cesse, et renouvelée par ces invasions des argots à la mode. Elles étaient moins tumultueuses, moins bruyantes autrefois ; c'est que la société était aussi plus réglée et qu'il y avait dans les choses de la grammaire et du dictionnaire, comme dans tout le reste, une hiérarchie et une loi. Mais nous ne subissons pas, en ce moment, un fléau particulier, une maladie bizarre et sans précédent. Toutes les fois qu'un ordre d'idées a dominé dans une époque, l'argot dont se servaient les hommes rangés autour de lui a envahi la langue et y a laissé sa trace.

C'est le temps qui, parmi toutes ces locutions importées de l'argot dominant, fait le départ de ce que la langue doit rejeter et de ce qu'elle conserve. Nous pouvons déjà prévoir que, parmi ce nombre infini de mots que cherchent à imposer à la langue les argots des artistes, quelques-uns sont faits pour y rester, et passeront dans le dictionnaire usuel. *Chic* est un terme absolument nécessaire, qui exprime une idée pour laquelle il n'y a point d'équivalents ; de même *blague* et bien d'autres. Essayez de remplacer *blague*, vous ne trouverez que le *pince-sans-rire* ou la *plaisanterie à froid* de nos pères. Mais que de sentiments enferme le mot *blague* qui ne se trouvent pas dans ces termes que fournit la langue d'autrefois!

Il est vrai qu'ils ne sont pas nobles. Mais aucun des termes empruntés aux *argots* d'aujourd'hui ne peut l'être : à mesure que la société devient plus démocratique, il est clair que ses façons de parler doivent avoir, comme elle-même, un parfum de démocratie. Mais qu'importe qu'elles soient nobles, si elles sont expressives. Une fois qu'elles auront passé dans l'usage de la conversation des honnêtes gens, elles perdront cet air d'étrangeté qui inspire encore quelque défiance. Il en sera des locutions comme des mots. *Vous me la baillez belle* est excessivement noble, parce que les grands seigneurs parlaient ainsi. *Je la trouve mauvaise* est vulgaire, parce que la phrase est née d'hier et dans un atelier. Au fond, c'est de l'un et de l'autre côté une ellipse très-naturelle, très-vive, très-acceptable.

Nous n'en sommes encore qu'à l'argot des artistes et des gens de lettres, mâtinés de je ne sais quel goût pour celui des filles et des voleurs. Soyez sûr qu'avec les progrès de la démocratie, nous arriverons aux argots des petits métiers, qui eux aussi auront leur jour. Et je n'y verrai aucun mal. La langue est un instrument qui doit s'assouplir aux usages qu'on attend d'elle. Elle suit les changements de la société qui l'emploie, et c'est par l'intervention des argots qu'elle se modifie incessamment. Elle a l'air d'être oppressée sous le fatras de locutions nouvelles qui s'abattent sur son vieux fond ; mais elle a bientôt secoué cette poussière, dont elle ne garde que ce qui est marqué d'un caractère d'utilité générale, et elle passe, rajeunie et brillante.

Ces réflexions nous dispensent de disserter longuement sur le troisième sens que nous avons attribué au mot *argot*. Il est très-certain que cette *langue verte*, dont M. Lorédan Larchey et après lui M. Camille Delvau ont donné un dictionnaire, est un pêle-mêle hideux et grotesque de mots absurdes, de locutions biscornues, de métaphores outrées; que la fantaisie parisienne s'y est donné toute licence, et que pour une expression heureuse il surgit de toutes parts, des ateliers, des coulisses, des petits journaux, des boudoirs, des ruisseaux, par centaines, par milliers, une foule de mots baroques, dont s'amuse un instant l'imagination de ce peuple à la fois enfant et vieilli. Mais l'avenir lui-même fera son triage. La langue ne recueillera, comme elle a toujours fait jusqu'ici, de toutes ces hardiesses de l'argot à la mode, que ce qui pourra lui être un profit sérieux.

L'argot a donc sa fonction, et il ne faut point le mépriser. Il ne s'agit point de rejeter une expression parce qu'elle est de l'argot. Il y a des chances au contraire pour qu'étant née spontanément de l'imagination populaire, elle soit plus vive, plus colorée, plus pittoresque. La langue des honnêtes gens n'est qu'un résidu de tous les argots passés au crible des siècles. .          Francisque Sarcey.

**ARIANISME.** — L'Église qui n'a jamais varié, depuis la dernière fois, professe aujourd'hui sur la divinité du Christ une doctrine toute différente de celle des premiers siècles.

Jusqu'à l'an 325 de l'ère chrétienne, les Juifs platoniciens croyaient généralement que la seconde personne de leur Trinité avait été engendrée, à une époque déterminée, avant laquelle le Père n'avait point de fils. « Autrement, disaient-ils, il faudrait reconnaître *deux Éternels inengendrés.* » On savait d'ailleurs que l'Ancien Testament prédisait qu'un Messie, un Sauveur, un conquérant sortirait de David, et ferait plier toutes les nations sous le joug de celui qui avait dit : « Vous dévorerez tous les peuples que le Seigneur votre Dieu vous livrera (*Deuter.*, VII, 16). »

Enhardis par ces fantastiques prédictions, plusieurs intrigants, connus dans l'histoire sous le nom de *zélateurs*, avaient, à différentes reprises, tenté de les exploiter à leur profit. Tous étaient morts sans avoir accompli leur prétendue mission ; mais, de ces ridicules tentatives était résulté comme un faisceau de légendes appelées *évangiles*, dont les héros (*Christs*) reçurent le nom de *Jésus*, c'est-à-dire Sauveurs.

Le nom une fois trouvé, il fallut faire un Dieu.

C'est à quoi l'on travaillait activement, lorsque apparut ce grand criminel couronné, que l'Église a longtemps honoré comme saint, que les Grecs et les Russes honorent encore. Ce fut lui, ce fut ce souverain pontife du paganisme, Constantin, cet homme providentiel, qui, désespérant d'un pardon vainement imploré des Flamines, s'adressa aux nouveaux sectaires pour obtenir une grâce dont sa superstition le rendait avide.

Il savait les chrétiens en possession d'un sacrement dont la vertu suffisait pour ouvrir le paradis aux plus grands coupables, pourvu qu'on le reçût à l'heure de la mort.

La ruine du grand paganisme fut dès lors résolue, et le petit christianisme s'arrogea les dépouilles opimes du colosse vaincu.

L'école d'Alexandrie était alors florissante. Les néo-platoniciens y disputaient à outrance sur les trois hypostases de la divinité. Les chrétiens ignorants, ne voyant dans ces disputes purement métaphysiques qu'un moyen de constituer leur Trinité anthropomorphe, se demandaient de quelle nature, ou plutôt de quelle substance pouvait bien être la seconde personne par rapport à la première. Ces disputes, inoffensives d'abord, amusaient les païens qui les tournaient en ridicule; mais Constantin ne riait pas (les hommes superstitieux ne rient guère). La question tourna au tragique, et, l'ambition personnelle aidant, on en était déjà plusieurs fois venu aux mains, lorsque l'empereur s'en mêla.

Il écrivit d'abord aux évêques pour les engager à la modération. Ce fut son favori, Osius de Cordoue, qu'il chargea de cette singulière missive d'un souverain pontife païen aux pontifes chrétiens, Arius et Alexandre, prêtres d'Alexandrie.

« Croyez-vous donc, leur dit-il, que mon plus grand désir ne soit pas de voir
» tous les hommes unis dans une même foi? Comment assurerais-je autrement la
» tranquillité de l'empire? Plusieurs fois déjà, j'ai tenté d'atteindre ce but si
» nécessaire; mais je ne suis jamais parvenu à guérir la folie incurable des dissen-
» sions religieuses en Égypte, où quelques hommes, légers et turbulents, ont divisé
» les fidèles en factions acharnées les unes contre les autres. J'avais d'abord songé
» à vous envoyer des Orientaux qui, élevés au berceau même du christianisme,
» devaient être plus propres que d'autres à calmer les querelles et la fureur des
» partis; mais j'appris bientôt, avec la plus vive douleur, que l'Orient lui-même
» était en proie à des troubles religieux bien autrement graves encore.....
» Cependant, convaincu que le motif de vos disputes est des plus futiles (*il ne
» s'agissait que de la divinité de Jésus-Christ*!), j'ai résolu, avec l'aide de la divine
» Providence, de me constituer votre médiateur, votre juge, pour vous rappeler à
» la sagesse et à la modération.
» Écoutez donc!
» Toi, Alexandre, par ton imprudence à proposer aux prêtres qui t'entourent
» des questions *subtiles* et *vaines*, tu as été la cause première de tout le mal.
» Et toi, Arius, tu as indiscrètement initié le public à des mystères qui n'étaient
» point faits pour lui.
» Le mal eût encore été réparable si l'on se fût abstenu de répondre à *ces puéri-
» lités;* mais la haine a envenimé vos disputes, et, à votre exemple, ô malheur! le
» peuple s'est divisé en deux camps, prêts à se ruer l'un sur l'autre. Rangés en
» bataille, frères contre frères, vous remplissez l'empire et de troubles et de dévas-
» tations. Ah! fuyons avec horreur les embûches du démon! »

Loin de calmer les esprits, cette lettre, dont nous ne pouvons malheureusement donner que la substance, les poussa jusqu'aux dernières limites de la fureur. Les ambitions personnelles y trouvèrent un puissant stimulant. Il s'agissait de savoir auquel des deux partis Constantin donnerait son appui, et, avec cet appui, le succès et la fortune.

En vain le légat impérial, Osius, convoqua-t-il plusieurs conciles pour faire renaître le calme dans les esprits; en vain Alexandre d'Alexandrie signifia-t-il à toute la chrétienté une sentence d'excommunication contre dix prêtres, au premier rang desquels figuraient Arius et Euzoius; les ariens, plus adroits, sinon plus intrigants, en appelèrent au bon sens de leurs confrères : « Si nous nous trompons, disaient-ils, veuillez nous instruire. » Cette démarche, conciliatrice en apparence, obtint le plus grand succès. Bientôt Eusèbe de Nicomédie, qu'il ne faut pas confondre avec son frère l'historien du même nom, prit ouvertement parti pour Arius, et, dans deux conciles successifs tenus en Palestine et en Bithynie, fit annuler la sentence d'excommunication lancée par Alexandre, qu'en même temps il rappela à l'observation des convenances.

Eusèbe de Nicomédie était prélat de cour; la plupart des évêques l'imitèrent. La querelle s'enflamma, les scènes les plus scandaleuses, les plus violentes fournirent aux païens des sujets intarissables de railleries et de satires. Sous l'influence des Flamines, le théâtre en retentit dans toutes les villes de l'empire romain.

Le désordre était au comble; déjà le sang avait plusieurs fois coulé, lorsqu'un spectacle inouï dans les fastes de l'humanité stupéfia le monde, et, pour un instant, suspendit les hostilités.

Un païen, souverain pontife de ses idoles, convoqua le premier des conciles œcuméniques! Constantin, qui ne fut baptisé que douze ans plus tard, fit acte de pape et, de son autorité privée, manda, pour le 19 juin 325, à Nicée, tous les prêtres, évêques, moines et religieux de la chrétienté. Il ordonna que l'on fournît à cette foule, étonnée d'un tel prodige, tous les moyens de transport dont pouvait disposer l'empire. Anes, chevaux, mulets, voitures, tout fut mis en réquisition, et des sommes considérables déposées en chaque lieu, pour subvenir aux frais de ces étranges voyageurs.

Au signal donné, accoururent de toutes les provinces deux mille quarante-huit *Anciens* (*Presbyteri*), gens à tel point « *simples, ignorants* et *grossiers* » qu'il fallut désigner des avocats, chargés par Constantin d'exposer les idées de leurs clients, incapables par eux-mêmes de les exprimer avec quelque clarté.

Parmi ces Pères de l'Église, on distinguait : le pape Alexandre d'Alexandrie qui s'était adjoint le jeune Athanase, son *alter ego*, Eustache d'Antioche, Osius de Cordoue, Vite et Vincent, envoyés par l'impotent Sylvestre, évêque de Rome, et surtout un certain Macaire dont l'histoire ne dit pas le prénom, et qui, déjà évêque de Jérusalem, devait l'année suivante *inventer* la vraie croix.

Constantin, avec la modestie qui convenait si bien à un empereur romain, en présence d'une tourbe si distinguée, déclina la présidence de cette assemblée. « Beau comme l'ange du Seigneur, dit l'histoire, revêtu de la pourpre, ayant ceint la couronne, et ruisselant de diamants qui faisaient de lui un soleil, » il alla, les yeux baissés, humblement s'asseoir à côté d'Osius, son légat, ainsi devenu un président de paille.

Eusèbe l'historien se chargea, au nom du concile, de complimenter l'empereur qu'il qualifia de *prince excellent*. Constantin, dans sa réponse, conjura ses auditeurs de se rallier tous dans un même amour et une même foi. « *Ce sera là*, leur dit-il, *le plus signalé service que vous puissiez me rendre.* »

A ces mots de concorde et d'amour, un tumulte effroyable s'éleva dans l'assemblée ; les injures répondant aux invectives, les calomnies aux accusations, en quelques minutes tout le monde se leva, se rua, se heurta, se bouscula pour parvenir jusqu'à Constantin, et lui remettre pamphlets contre pamphlets.

Plus fort en politique qu'en grec, Constantin ne comprit pas ou ne voulut pas comprendre les motifs de ce scandale ; il brûla, séance tenante, tous les libelles qu'on venait de jeter à ses pieds, et, d'un geste impératif et dédaigneux, renvoyant tous ces chrétiens à leurs places, il proposa une profession de foi, uniforme pour tous, sur la divinité de Jésus-Christ.

Il s'agissait bien de cela, vraiment ; les catholiques d'alors étaient presque tous Ariens. Haussant les épaules, les uns riant, les autres hurlant, tous sortirent de la salle, à l'exception de trois cent dix-huit, qui, plus souples ou plus adroits, comprirent que leur fortune personnelle dépendait de leur soumission aux volontés impériales.

La question de la consubstantialité du Fils fut donc mise à l'ordre du jour ; mais les Évangiles ne disaient mot de ces sortes de choses. Si, à la vérité, l'on rencontrait, de ci de là, quelques passages favorables à la divinité du Christ, d'autres aussitôt, infiniment plus concluants, se présentaient en phalange pour les combattre avec une irrésistible autorité. Telle était enfin la confusion qui régnait dans cette multitude de livres contradictoires que le concile, ne sachant plus auquel entendre, allait se dissoudre sans résultat apparent, lorsque Macaire comprit le danger : c'est assez dire qu'on y porta remède. On plaça tous ces livres pêle-mêle sur une grande table, et l'homme aux grands moyens, de concert avec l'assemblée, supplia le Saint-

Esprit de jeter par terre tout ce qui, dans ce fatras inextricable, ne devait pas être reconnu comme divinement inspiré. QUOD ET FACTUM EST, dit l'histoire; le miracle se fit.

Les Pères apprirent de la sorte que les seuls évangélistes divinement inspirés étaient au nombre de quatre : Matthieu, Marc, Luc et Jean.

La discussion devint alors sérieuse, le combat fut acharné; le jeune Athanase, bras droit du pape d'Alexandrie, combattit vaillamment, à la tête des consubstantialistes courtisans, la profession de foi proposée par Arius, Eusèbe de Nicomédie, Eusèbe de Césarée, Second, Théonas et beaucoup d'autres. Soutenu par l'empereur païen, il obtint aisément la victoire, et le concile adopta le symbole suivant, que l'Église a bien des fois revu, corrigé, diminué et augmenté depuis :

« Nous croyons en un seul Dieu, Père tout-puissant, qui a fait toutes les choses
» visibles et invisibles; et en un *seul* Seigneur Jésus-Christ, Fils unique de Dieu ;
» seul engendré par le Père, c'est-à-dire de la substance du Père; Dieu de Dieu ;
» lumière de lumière ; Dieu véritable de Dieu véritable; engendré et non fait ;
» *consubstantiel* au Père, par qui toutes choses ont été faites au ciel et sur la terre ;
» qui est descendu, s'est incarné, et s'est fait homme pour nous et pour notre salut;
» qui a souffert; qui est ressuscité le troisième jour, qui est monté au ciel; et qui
» viendra juger les vivants et les morts. Et nous croyons au Saint-Esprit. »

« L'Église de Dieu, l'Église catholique et apostolique, anathématise ceux qui
» disent qu'il y avait un temps où le Fils de Dieu n'existait pas; ou qu'il n'existait
» pas avant d'avoir été engendré; ou qu'il a été fait de rien; ou qu'il est d'une autre
» substance ou essence que son Père; ou qu'il est créé ou sujet au changement. »

Jésus-Christ obtenait enfin le titre de CONSUBSTANTIEL, qu'un concile d'Antioche lui avait impitoyablement refusé au siècle précédent. Mais, il faut bien l'avouer, la victoire était incomplète : Arius, Second et Théonas n'avaient consenti à aucune transaction, et si le reste des partisans de l'arianisme pur signa les actes du concile, ce ne fut qu'après avoir adopté un singulier expédient que suggéra la théologienne Constance, sœur de Constantin.

Par l'introduction d'une simple syllabe dans le mot *Omousios* qui, en grec, signifie *consubstantiel*, on en change absolument la signification, et, dès lors, il se traduit par *semblable quant à la substance (Omoiousios)*. Ce fut cependant là l'expression qui devint le rempart du semi-arianisme, que, dix ans plus tard, professait presque toute l'Église, comme auparavant elle professait l'arianisme pur, et qui fit, dit Boileau :

> « Périr tant de chrétiens, martyrs d'une diphthongue. »

C'était bien le moins qu'un si grand résultat fût approuvé par tous les évêques consubstantialistes qui avaient pris part aux travaux du concile; mais deux d'entre eux étaient morts avant que le Saint-Esprit se fût prononcé sur la consubstantialité du Fils. Comment faire signer les trépassés Chrysanthe et Musonie? Cela paraissait impossible; mais Macaire était là! Fertile en ressources, il donna une nouvelle preuve de sa capacité.

Les Pères l'accompagnèrent aux sépultures de leurs confrères, déposèrent sur leurs tombes les actes synodaux qu'au préalable ils avaient signés eux-mêmes, et les y laissèrent une nuit durant. Le tour était fait. Miracle! Le lendemain, de grand matin, on lut en public la souscription suivante, que nous empruntons au traducteur de Nicéphore : « Nous Chrysanthe et Musonie confessons, par nos signa-
» tures, apposées de notre propre main à ce libelle, que, ores que soyons de corps
» translatez de ce monde en l'autre, avons toutefois consenty à tous les Pères

» assemblez au sainct premier concile général et œcuménique de Nice, en tout ce
» que par eux a été déterminé et ordonné. »

Les revenants avaient fait merveille. Constantin ne se laissa pas distancer : il
exila Arius déjà excommunié par le concile, et condamna au feu tous les livres
ariens. Ce n'était pas encore assez. Ce premier des inquisiteurs, au service de la
foi, prononça la peine de mort contre quiconque détiendrait chez soi un seul écrit
de l'hérésiarque, et donna ainsi au monde épouvanté l'exemple, inouï jusque-là, des
condamnations capitales en matière d'hérésie.

Toute réunion d'évêques, quand elle ne finit pas par une mêlée, finit par un banquet. L'empereur n'eut garde de déroger à cette solennelle coutume. Comme il
avait ordonné lé concile, il ordonna le festin dont le luxe oriental étonna tous les
Pères. Eusèbe Pamphile, l'historien, nous a transmis l'impérissable souvenir de ce
gala sacerdotal, qu'il prit pour « une frappante image du règne futur de Jésus-
Christ sur la terre. » ( *In Vitæ Constantini*, lib. III, cap. xv.)

Avant de se séparer de ses acolytes, le souverain pontife païen adressa *aux
Dieux chrétiens* une chaleureuse exhortation à la concorde ; mais ses paroles se perdirent dans les fumées du vin.

Repus de victuailles et comblés des plus riches présents, les pasteurs, dit l'histoire, rejoignirent leurs troupeaux, devenus leur propriété de fait par le droit de
haute et basse justice que Constantin leur avait conféré. « Vous êtes tous des
Dieux que Dieu nous a donnés lui-même, avait dit l'empereur, et il serait inconve-
nant que des Dieux fussent jugés par des hommes (*Vos etenim nobis a Deo dati estis
Dii, et conveniens non est ut homo judicet Deos*). »

Le concile avait duré deux mois et huit jours : du 17 juin au 25 août 325.

Si nous devions écrire l'histoire du concile de Nicée, il faudrait dire qu'on y fixa
définitivement l'époque à laquelle les chrétiens devaient célébrer la Pâque, et que
les prêtres mariés furent autorisés à cohabiter avec leurs femmes. Mais nous ne
pouvons ici nous occuper que de l'arianisme. Suivons donc ses vicissitudes, au
moins jusqu'à la mort de Constantin (22 mai 337) [1].

Le triomphe des consubstantialistes ne fut pas de longue durée. Après-avoir
exilé Arius que le concile avait excommunié, Constantin le rappela presque aussitôt.
Cinq ans s'étaient à peine écoulés depuis la clôture du concile, que Téognis et
Eusèbe, qui avaient partagé la disgrâce de l'hérésiarque, partagèrent aussi sa nouvelle faveur. Aux excommunications des orthodoxes répondirent celles des hétérodoxes ; aux fureurs des uns répondit l'exaspération des autres ; et le sang recommença à couler comme aux plus beaux jours de la fièvre théologique.

Le pape Alexandre était mort quelques mois après son retour triomphant dans
sa ville d'Alexandrie (326). Depuis lors, la papauté d'Orient, la seule connue à cette
époque, était le point de mire de toutes les ambitions. En vain, au milieu des
angoisses de la mort, Alexandre avait-il désigné Athanase pour son successeur ; en
vain, pour se rendre plus intéressant, l'*alter ego* s'était-il, dans cette circonstance,
soustrait à tous les regards ; les compétiteurs étaient nombreux, et ce ne fut
qu'après trois ans d'intrigues, de luttes armées et de guerres civiles que les partisans
du jeune diacre parvinrent violemment à le faire consacrer par les évêques égyptiens,
ses adversaires, surpris la nuit dans une église d'Alexandrie.

---

1. Tous les historiens ont confondu l'hérétique Arius avec son homonyme l'hérésiarque.

Il paraît cependant prouvé, par les savants travaux de Valois, traducteur et annotateur de l'*Histoire ecclésiastique*, que le fameux Arius était rentré en grâce et avait été repatrié longtemps avant
celui auquel on attribue si ridiculement la mort tragique dont nous parlerons plus loin. (Voy. la
lettre E de l'article *Arius*, dans le *Dictionnaire* de Bayle.)

La fraude des Athanasiens fut, dans ce conflit, un nouveau brandon de discorde. Elle fournit aux ariens un 'puissant moyen de propagande. Ils n'eurent point de peine à représenter le nouveau pape d'Alexandrie comme un conspirateur politique et résolu. Constantin s'en émut et reversa toutes ses faveurs sur ceux qui naguère encore n'étaient que ses victimes.

L'orthodoxie se range toujours du côté du plus fort. Avec l'empereur, le Saint-Esprit varia, et, dans un premier concile, tenu par les ariens à Antioche (335), il ratifia la nomination de Faustin, en remplacement du consubstantialiste Eustache, ci-devant évêque de cette ville.

Enhardis par ce premier succès qui leur ouvrait les voies de la fortune, les vainqueurs appelèrent tout de suite, dans la ville de Tyr, les évêques d'Orient et ceux d'Occident. Il s'agissait d'instruire le procès intenté au fougueux Athanase prévenu de toutes sortes de violences et de sacriléges.

En un instant tout le monde accourut et, toujours sous l'inspiration du Saint-Esprit, le concile de Tyr, dans cette même année 335, fut témoin de ce que les catholiques d'Occident appellent encore le plus grand des scandales.

L'ingénieux Macaire n'était pas resté inactif. Après avoir inventé la vraie croix (326), et surveillé à Jérusalem la construction d'un temple dont nous parlerons tout à l'heure, il s'était avisé, en compagnie d'Athanase et de nombreux sectaires, de renverser l'autel et de briser le calice d'une église arienne. Traduit pour ce fait devant le concile, il y fut amené, couvert de chaînes et quelque peu dépouillé de son prestige.

La session s'ouvrit par la lecture des charges dirigées contre Athanase ; mais, assisté de son co-accusé Macaire, le pape d'Alexandrie n'eut pas de peine à confondre ses ennemis sur quelques points de l'accusation. Il ne put néanmoins se laver entièrement, et, comprenant le danger, il jugea prudent d'appeler à son aide les soldats impériaux qui protégèrent sa fuite, et lui servirent de sauvegarde jusqu'à Constantinople où était alors Constantin.

Cette fugue imprévue ne fit qu'accroître l'indignation du concile qui, pronon-çant par contumace, condamna Athanase pour violences et rébellion.

En outre, il déclara, sur le rapport d'une commission qu'il avait députée sur les lieux mêmes du crime, le pape Alexandrin convaincu d'avoir brisé un calice; il défendit par ses épîtres synodiques de communiquer avec le coupable, de lui écrire, d'en recevoir des lettres, etc.

C'est ainsi, ô scandale! que sinon l'inventeur, au moins le principal artisan de la Trinité chrétienne, le grand saint Athanase, le héros du consubstantialisme, celui que l'on pourrait presque appeler le père de Dieu, fut anathématisé par les autres Dieux réunis en concile.

Le triomphe des ariens marchait à grands pas. Ils étaient encore assemblés, quand ils reçurent de Constantin l'ordre de se rendre sans retard à Jérusalem. On devait y procéder à la dédicace du nouveau temple qu'à l'instigation de Macaire, l'empereur venait d'édifier sur les ruines de celui que, de temps immémorial, les païens avaient consacré à Vénus.

Ce nouveau spectacle attira encore plus de monde sur le Golgotha qu'il n'y en avait à Tyr. Quand tous furent rendus à leur poste, il arriva une lettre de l'empereur qui engageait le concile à recevoir à la communion chrétienne Arius et Eusoius, reconnus orthodoxes par sentence impériale. Une pareille recommandation était plus que suffisante. Le concile s'empressa d'acquiescer au désir impérial. Il écrivit aux Églises de Libye, d'Égypte et de la Thébaïde qu'elles eussent à suivre cet exemple « puisque, disaient les Pères, le bon témoignage qu'en a porté l'empereur est un sûr garant de la saine doctrine, professée par les ariens. »

Pendant que l'arianisme marchait de triomphe en triomphe, Athanase ne perdait pas son temps. Bien accueilli par le versatile Constantin, il avait si bien manœuvré que la fortune sembla encore une fois lui sourire. Acquiesçant à sa demande, l'empereur, par une lettre passablement acerbe, manda à Constantinople les évêques réunis à Jérusalem; mais ceux-ci, instruits par l'expérience, s'empressèrent de ne pas obéir, et donnèrent ainsi à la fureur impériale le temps de se calmer.

Seuls, Eusèbe de Nicomédie, Théognis, Maris, Ursace et Valens, mieux en cour, osèrent affronter l'orage, et, reprenant l'offensive, prouvèrent, par témoins, que non-seulement Athanase était un conspirateur dangereux pour l'État, mais qu'en outre, il avait tenté de confisquer *l'annone* [1] à son profit.

Soulever et entretenir la guerre civile dans les provinces, mettre l'empire à feu et à sang, passe encore! Constantin l'aurait pardonné. Mais toucher aux deniers de l'État!... Athanase était perdu... L'empereur exila dans les Gaules le fanatique instigateur de tous les désordres chrétiens qui avaient eu lieu jusque-là (335).

Le grand Macaire était mort depuis peu; l'hérétique Arius crut avoir beau jeu pour rentrer dans Alexandrie. A peine y fut-il arrivé que le peuple, fasciné par les menées antérieures d'Athanase, se souleva contre le nouveau favori de la cour, et présenta requête à l'empereur pour réclamer son pape, détrôné par ce qu'on appelait les calomnies des ariens.

Cette fois Constantin se montra inflexible. Il adressa aux Alexandrins une sévère mercuriale :

« Athanase, leur écrivit-il, est un brouillon, un perturbateur du repos public, » un arrogant, un superbe, toujours prêt à fomenter le tumulte et la sédition.

» Un concile l'a condamné! Comment supposer que tant de saints évêques se » soient entendus pour le calomnier? Laissez-moi donc tranquille!

» Et vous surtout, vierges consacrées à Dieu, religieux attachés aux autels, » abandonnez au plus vite toutes ces intrigues et, comme votre vocation vous en fait » un devoir, taisez-vous et rentrez dans l'ordre. »

Cette lettre n'obtint aucun succès, et l'apprenti chrétien, ne sachant plus à quel saint se vouer, rappela Arius à Constantinople.

A peine rentré dans l'ancienne Byzance, Arius fut en butte à toutes les fureurs d'une populace, soulevée contre lui par Alexandre, évêque de la nouvelle Rome. Il s'agissait pour ce dernier de se débarrasser d'un compétiteur dont la science et le talent, connus de tous, faisaient un rival dangereux. N'y avait-il pas lieu de craindre que le nouveau venu, abusant de sa supériorité physique et morale, ne vînt à supplanter le pauvre consubstantialiste ignare qui, depuis près de trente ans, jouissait sans conteste, à l'abri du pouvoir impérial, de tous les avantages d'un patriarcat qui allait devenir le siége de la papauté orientale? Quelle ne devait pas être la perplexité du patriarche à l'approche du jour où, par ordre de Constantin, il allait soutenir en public une discussion contradictoire et régulière, sur le dogme de Nicée, contre l'athlète le plus formidable et le mieux convaincu de son temps?

Aussi, la veille du jour où devait avoir lieu cette conférence dans la principale église de Constantinople, Alexandre s'enferma-t-il dans son oratoire, suppliant Dieu de lui enlever l'existence plutôt que de permettre le triomphe de l'hérésie, « quand » bien *même*, ajoutait-il, *l'opinion soutenue par le sectaire serait basée sur la vérité.* »

Par une de ces coïncidences bizarres que les chrétiens de tous les temps appellent

---

1. *L'annone* était un tribut que l'on payait en nature à l'État.

*miracles*, quand elles tournent à leur avantage, et *malheurs*, lorsqu'elles préjudicient à leurs intérêts matériels, au moment où ses partisans se disposaient à le porter en triomphe au temple désigné pour la joute oratoire, Arius, déjà épuisé par tant de fatigues de toute nature, mourut presque subitement dans les tranchées les plus douloureuses. L'avait-on empoisonné ? Nul ne saurait le dire; mais ce que l'on connaît fort bien, ce sont les infâmes impostures que les historiens ecclésiastiques ont répandues à ce sujet.

« L'infâme Arius, disent-ils, au milieu de son triomphe, fut saisi d'un pressant besoin et, s'écartant de la foule, il alla, comme Judas le traître, crever sur un fumier. Dans un horrible ténesme, il rendit ses entrailles par le fondement (336). »

De pareilles absurdités ne se réfutent pas. Les chrétiens, d'ailleurs, se chargent d'en faire justice, sans le vouloir. Écoutons-les :

« *Le corps d'Arius, vide de ses entrailles*, comme la peau d'une anguille écorchée, *passa par la lunette des latrines*. »

La mort de Constantin suivit de près celle de son protégé. Sentant approcher l'heure suprême, il crut qu'il était temps de s'appliquer le talisman qui devait effacer tous ses crimes et lui ouvrir les portes du ciel. Il fit donc appeler son fidèle courtisan le fameux arien, Eusèbe de Nicomédie, qui s'empressa d'administrer le baptême au moribond, étendu sur son lit de mort (22 mai 337).

C'est ainsi qu'après avoir remis sur le pinacle l'arianisme qu'il avait d'abord combattu, l'un des plus odieux personnages de l'histoire se trouva placé au nombre des saints.

« Jamais, dit Épiphane, Constantin n'erra dans la foi. »

« Ce fut une âme pieuse et aimant véritablement le Christ, ajoute Grégoire » de Naziance, il n'a quitté le monde que pour aller jouir d'un empire meilleur. »

Tenter de suivre les progrès et les défaillances de l'arianisme jusqu'à nos jours, ce serait entreprendre l'histoire de l'Église; car, pour nous servir ici de l'expression imagée d'Innocent III : « *Toutes les hérésies se tiennent par la queue*. »

Nous n'entreprendrons pas cette tâche, impossible dans les limites qui nous sont tracées.

Qu'il suffise de dire qu'aujourd'hui ce que l'on a appelé l'arianisme de M. Renan est singulièrement dépassé. Non-seulement on ne reconnaît pas la divinité de Jésus; mais on défie l'histoire de fournir, par des témoignages du temps, la preuve certaine de son existence terrestre.

BIBLIOGRAPHIE. — Ambrosii *Opera*, Parisiis, 1686-1690, in-folio. — Athanasii *Opera*, Parisiis, 1627, in-folio. — Baronii *Annales ecclesiastici*, Lucæ, 1738 et seq., in-fol. — Basilii *Opera*, Parisiis, 1621-1730, in-fol. — Bayle, *Dictionnaire historique*, au mot ARIUS, lettre E. — Requête de Marcellin et Faustin aux empereurs Théodose et Valentinien, apud D. Ceillier, *Hist. des aut. sacr.*, t. VI, p. 606-607, in-4°. — Epiphanii *Opera*, Parisiis, 1622, in-fol. — Eusebii *Hist. eccles.*, Cantabrigiæ, 1720, in-fol. — Ejusd. *Vita Constantini*, édit. cit. — Ejusd. *Liber contra Marcellum*, Parisiis, 1628, in-fol. — Eutychii *Annales*, Oxoniæ, 1659, in-4. — Gelasii Cyziceni *Commentarius* (S. L.), 1604, in-fol. — Hieronymi *Opera*, Parisiis, 1693-1706, in-fol. — Joannis Chrysostomi *Opera*, Parisiis, 1718-1734, in-fol. — Lydi *De mensibus Græcorum*, Lipsiæ, 1794, in-8. — Labbei *Sacrosancta Concilia*, Lutet. Parisior., 1671, in-fol. — Lactantii *Opera*, Lutet. Parisior., 1648, in-4. — Nicephori Callisti *Hist. eccles.*, Lut. Par., 1630, in-fol. — Origenis *Opera*, Parisiis, 1733-1759, in-fol. — *Maxima Bibliotheca Patrum*, Lugduni, 1677, in-fol. — Potter (de), *Histoire du Christianisme*, Paris, 1836, in-8. — Ruffini, *Hist. eccles. Continuatio*, Basileæ, 1611, in-fol. — Seldini *Commentarius*, Londini, 1642, in-4. — Socratis, Sozomeni, Theodoriti et Philostorgii post Eusebium,

*Hist. eccles.*, Cantabrig., 1720, in-fol. — Suidæ Lexicon, Cantabrig., 1705, in-fol. — *Theodosianus codex*, Lipsiæ, 1736 et seq., in-fol. — Victoris Aurelii *De Cæsaribus*, Parisiis, 1626, in-4. — Zozimi *Historiæ novæ* libri VI, Oxonii, 1679, in-8.

BARON DE PONNAT.

**ARISTOCRATIE.** — Mot à mot : *gouvernement des meilleurs*, de κράτος, force, ἄριστος, le meilleur.

Le peuple français, qui rêve l'égalité, se vante volontiers d'avoir renversé en France l'aristocratie, quand il n'a détruit qu'une de ses formes : — la *noblesse territoriale,* — fille directe de l'antique féodalité.

C'est dans la nuit du 4 août que cette œuvre fut accomplie, — dans cette nuit où l'on vit, pour la première fois, les heureux de la terre, contraints par la nécessité, abdiquer une partie de leurs privilèges et s'incliner devant le droit triomphant.

Le lendemain, beaucoup le regrettèrent sans doute; mais le peuple alors veillait en armes sur son bien, et malheur à ceux qui tentaient de le lui ravir.

L'aristocratie était-elle supprimée?

Hélas! non.

En effet, qu'est-ce que l'aristocratie?

Au point de vue étymologique et idéal, ce serait le *gouvernement des meilleurs;* mais, en réalité, que furent les *meilleurs?* — Les plus forts, ceux qui, ayant une fois saisi le pouvoir, le gardèrent ou le repassèrent à leurs descendants:

Le mot *aristocratie*, dès lors, n'a jamais eu ni ne saurait avoir d'autre sens que d'exprimer l'omnipotence d'une classe privilégiée opprimant les autres classes, et faisant retomber sur elles toutes les charges de la société.

L'aristocratie dégénère donc immédiatement, et par la pente naturelle des choses, en *oligarchie*.

On a voulu pourtant les distinguer l'une de l'autre; mais nous ne saurions admettre cette distinction plus apparente que réelle.

L'oligarchie n'est, en effet, qu'un des excès inévitables où aboutit le principe aristocratique.

Qu'est-ce que l'oligarchie?

La concentration de l'autorité entre les mains d'un petit nombre de familles où elle reste héréditaire.

Telle a été l'aristocratie à Venise, à Gênes, à Berne, etc.

Mais qu'est-ce donc que l'aristocratie, si ce n'est également la concentration de la richesse, de l'influence, des honneurs, du pouvoir légal ou de fait, entre les mains d'une certaine quantité d'individus privilégiés par la naissance ou par le bon plaisir des chefs de l'État, ou par la simple raison qu'ils possèdent quelqu'une des choses qui, dans les sociétés mal organisées constituant la force, constituent en faveur des bénéficiaires une extension de droits contraire au principe de l'égalité?

Il n'y a donc d'autre différence entre l'aristocratie et l'oligarchie, que celle qui sépare le plus du moins, le principe général de ses applications particulières.

D'après le préjugé populaire, aristocratie et noblesse ne font qu'une seule et même chose. En France en particulier, comme je l'ai déjà dit, nous avons cru, en frappant la noblesse, en créant l'égalité civile, abolir à tout jamais l'aristocratie.

C'est une grave erreur.

La noblesse, — c'est-à-dire les titres nobiliaires et les privilèges de la naissance, ne sont qu'une des mille formes que revêt le principe aristocratique.

Il y a aristocratie, au contraire, chaque fois qu'il y a des classes différentes parmi les citoyens d'une même patrie, chaque fois que les uns jouissent et que les autres travaillent, — chaque fois même que, tous travaillant, le lucre va aux uns, la peine aux autres.

L'aristocratie s'est modifiée suivant les âges, à la façon de toutes les choses humaines.

Jadis, chez les anciens, au moyen âge, et même dans les temps plus modernes, avant la Révolution, elle se composait presque exclusivement du clergé et des guerriers, — voyez l'Égypte, par exemple, et les Hindous, — c'est-à-dire de ceux qui représentaient alors les deux seules forces connues et respectées des hommes, — le courage physique et la superstition religieuse.

Un troisième élément ne tarda pas à s'y joindre : — la richesse, — mais la richesse sous sa forme la plus matérielle, la plus palpable, — la terre, sauf dans quelques pays privés de territoire et voués au commerce maritime.

De là naquit la féodalité, qui représentait à la fois la force guerrière et la richesse territoriale.

L'hérédité s'y ajoutant, la *naissance* devint alors un des éléments constitutifs de l'aristocratie, et la *noblesse* proprement dite apparut dans le monde.

L'aristocratie ainsi organisée n'aurait pas mieux demandé que de se renouveler, de s'entretenir exclusivement de sa propre substance, et de tirer, comme on dit, l'échelle après elle.

Elle le tenta toujours, et n'y parvint jamais d'une façon absolue.

Que représentait-elle, après tout ?

La force, encore une fois, rien que la force !

Il lui fallut donc compter de tout temps avec la force.

C'est ainsi qu'elle dut consentir souvent à s'alimenter, en recevant dans son sein ceux qui se rendaient notables et considérés, soit par leur intelligence, soit par leur adresse, soit par leur richesse, tous ceux, en un mot, qui, devenant une force véritable à leur tour, contraignaient la force à entrer en composition avec eux.

L'aristocratie établie à Athènes par Solon, le patriciat romain, n'agirent jamais d'autre sorte, et, sans aller si loin, ni remonter si haut, l'aristocratie anglaise a subi très-habilement cette nécessité.

Tout ce qui émerge de la multitude, tout ce qui pourrait devenir menaçant pour elle, elle l'absorbe.

S'élève-t-il une puissance sérieuse au-dessus d'elle ? — Elle se hâte de la désarmer en s'en faisant une complice.

A ceux qui seraient de taille à lui faire rendre gorge, elle donne part au gâteau, et dit : — Partageons !

Par là, elle se sauve et se maintient depuis de longs siècles.

Au point de vue philosophique, l'action d'une aristocratie quelconque dans une société est toujours nuisible, — parce que l'aristocratie est nécessairement *conservatrice*, c'est-à-dire réactionnaire.

Machiavel vante avec raison son unité de vue, sa persévérance, — et il cite comme exemple le sénat romain.

Rien de plus juste. — Les aristocraties ne se modifient point, et jouent en tout temps, en tout lieu, le même rôle, qui consiste à retenir le mouvement en avant des nouvelles générations prêtes à s'élancer vers l'avenir. — Cela se comprend.

L'aristocratie étant, — considérée au point de vue le plus large et le plus exact aussi, — la réunion de tous ceux qui, soit par le talent, soit par la richesse, soit par la naissance, soit par toute autre cause, sont parvenus au pinacle de la puissance et du bien-être dans un milieu donné, il est bien évident que ces parvenus n'ont plus d'autre intérêt, d'autre volonté, que d'éterniser un état de choses si favorable à leur ambition, à leur bonheur personnel.

Leurs enfants ne peuvent penser d'autre sorte, et voilà aussitôt constituée dans la société une association redoutable qui possède tous les moyens d'arrêter les réformes, et qui les hait.

On s'y lègue donc de père en fils le même but, les mêmes intérêts, les mêmes passions, la même horreur de toute nouveauté, le même amour de la tradition.

Il est bien entendu qu'en confondant l'aristocratie du talent, et, par conséquent, les privilégiés de l'intelligence et du savoir avec les privilégiés de la fortune et de la naissance, nous ne prétendons pas qu'il ne soit pas dû une légitime influence à la supériorité intellectuelle, scientifique ou morale. — Cette supériorité naturelle exerce et exercera toujours une action non-seulement inévitable, mais encore bienfaisante, — pourvu qu'elle soit purement personnelle, passagère, *accidentelle*, si l'on peut dire, et ne porte atteinte à aucun des *droits* de l'universalité des citoyens.

Ce que la démocratie combat, ce que l'égalité repousse énergiquement, c'est cette répartition inique des lumières et de l'instruction qui, ayant pour résultat de concentrer dans une seule classe toutes les lumières et toute l'instruction, constitue, à la longue, une véritable· aristocratie, et centralise, de père en fils, la direction morale de la société entre les mains d'une certaine quantité restreinte d'individus.

Nous aimons, nous admirons, nous souhaitons les grandes supériorités intellectuelles et scientifiques, car, — en tout temps, — un petit nombre d'*initiateurs* ont donné le branle au progrès, et lancé les masses dans les voies de l'avenir, mais nous réprouvons toutes les *castes*, sans en excepter la *caste des lettrés*.

La supériorité intellectuelle, la science, le génie de quelques-uns·sont des bienfaits pour l'humanité entière, certes; — à condition, toutefois, que ces forces individuelles deviennent de véritables *forces sociales*, et, créant plus de devoirs à ceux qui les possèdent, ne leur créent aucun privilège, — à condition surtout qu'on ne puisse mesurer la place qu'elles occupent au sein de l'association humaine qu'à la grandeur des services effectivement rendus.

Au point de vue politique, l'aristocratie possède ou partage le pouvoir, ou jouit seulement de privilèges honorifiques et pécuniaires qui la dispensent des charges onéreuses de la société.

Elle est un corps politique à part, ou simplement la représentation de la richesse.

Quand l'aristocratie possède le pouvoir, vous avez des républiques comme Venise et Gênes, où la royauté est remplacée par quelques familles associées pour l'exploitation du peuple.

Quand l'aristocratie ne possède que des privilèges honorifiques et pécuniaires, quand elle n'est point un corps politique, mais simplement la grande famille de ceux qui ont et qui jouissent, vous avez la monarchie absolue de Louis XIV.

Quand l'aristocratie est en même temps la richesse et un corps politique, mais non exclusif de tout autre pouvoir, — vous avez la monarchie constitutionnelle comme en Angleterre, où, à côté d'une royauté mise à la raison, se dressent le parlement et la chambre des communes.

Partout où la monarchie et l'aristocratie coexistent, l'aristocratie devient le meilleur soutien de la monarchie, soit qu'à la façon de la noblesse française, après Richelieu, elle reçoive tout de la monarchie, source unique des privilèges, soit qu'à la façon de la seigneurie anglaise, elle ait pris la plus grosse part du pouvoir, et voie dans la monarchie, — type suprême et dernière incarnation de l'inégalité sociale, — la consécration vivante de son propre principe.

Aussi, nepeut-on concevoir une royauté parlementaire, *constitutionnelle*, que dans un pays où il y a une aristocratie fortement constituée.

La royauté constitutionnelle est bien moins, dans son essence, le régime de la liberté que le partage du pouvoir. Or, du moment que le pouvoir se partage, le partage ne peut s'opérer qu'au profit d'un certain nombre de privilégiés, — car, sans cela, il appartiendrait tout entier au peuple souverain, — ce qui constitue le régime démocratique, — ou à un seul individu, — ce qui constitue la monarchie absolue.

Le caractère propre de la royauté constitutionnelle est donc la pondération, c'est-à-dire la distribution de la puissance répartie entre plusieurs bénéficiaires.

Telle est la situation de l'Angleterre.

Là, le partage du pouvoir repose sur la réalité d'un état social hiérarchisé.

Là, il y a une noblesse puissante et riche jouissant de tous les priviléges qui naissent naturellement de la puissance et de la richesse.

Là, il y a une bourgeoisie industrielle, non moins riche et non moins puissante derrière ses comptoirs, que la noblesse à l'abri de ses parchemins.

Loin, bien loin, dans les couches profondes de la nation, il y a enfin l'ouvrier et le paysan, voués au travail dévorant, livrés souvent à une misère dégradante. Ce peuple d'en bas n'est encore, pour ainsi dire, qu'une force physique, en train, d'ailleurs, de devenir à son tour une force morale.

Dans ces conditions, le régime parlementaire, ou partage du pouvoir, était logique. — Il répondait à un fait social.

A l'autorité personnifiée par le roi s'est opposé le privilége représenté par les lords et les communes.

La royauté n'ayant pu, comme en France, abattre et dompter une noblesse intelligente et sérieuse, ni asservir une bourgeoisie enrichie par l'industrie, dans un pays où l'industrie est la nourrice exclusive de la nation entière, — la royauté a dû compter avec ces puissants adversaires et s'en faire des alliés.

. Quant à eux, du moment où elle cessait d'être menaçante pour se transformer en une source féconde d'où le pouvoir émanait et se répandait sur eux, ils avaient un intérêt évident à la conserver, à l'entourer de toutes les garanties et de tous les respects.

La royauté les protégeait contre les réclamations du peuple, qui apprenait par eux à s'incliner devant elle, et ils la protégeaient à leur tour contre l'esprit révolutionnaire.

En France une portion de la bourgeoisie a rêvé et tenté de créer un semblable état de choses, dans l'espoir de détourner à son profit la Révolution, et d'arrêter son mouvement juste au point où il la faisait prospère et indépendante.

Elle n'a pu y réussir, parce qu'elle n'est qu'une masse flottante, mal définie, sujette à trop de fluctuations, sans cesse entamée par le flot montant de la démocratie, et impuissante à établir une barrière infranchissable entre elle et le peuple.

Trop nouvelle et trop souvent renouvelée, elle n'a ni traditions, ni esprit politique, ni volonté réfléchie.

Toute sa science gouvernementale se réduit à craindre le peuple, à s'opposer à ce qu'il prenne le pouvoir, qu'elle est incapable d'occuper elle-même, à défendre l'organisation sociale qui met le travail à la merci du capital.

C'est le *chien du jardinier* — elle ne gouverne pas, et elle empêche le peuple de gouverner.

Elle peut entraver l'essor démocratique, livrer la liberté au despotisme pour sauver sa caisse, trahir la Révolution, creuser sur le chemin du progrès les chausse-trapes de la réaction bête et forcenée : — elle ne peut ni ne sait être le pouvoir.

Elle n'est pas une force : — elle n'est qu'un appétit, mais elle est une aristocratie véritable aussi, l'aristocratie de la pièce de cent sous.

Elle ne représente plus la naissance; — elle n'a plus de priviléges politiques inscrits dans la loi, elle n'est plus la propriété territoriale; — elle n'a plus ni blasons, ni parchemins, mais elle a le CAPITAL.

En réalité, l'aristocratie, loin de disparaître, s'est simplement transformée en France, — puisque l'aristocratie, comme nous l'avons démontré, n'est, en principe et dans son essence même, que la masse de ceux qui possèdent, qui jouissent et qui profitent.

Jadis, elle était héréditaire, — aujourd'hui, elle est viagère, ou à peu près.

Elle portait des titres et des armes, — elle tient une caisse et dirige des usines.

Elle avait des priviléges politiques, — elle a des priviléges sociaux.

Elle était dispensée de l'impôt, — elle a des rentes.

Elle commandait les armées, — elle est à la tête des grandes compagnies financières.

Elle avait les serfs attachés au sol, taillables et corvéables à merci, — elle a les salariés, esclaves du patron, esclaves du capital, attachés à la mine, à l'usine, au comptoir.

L'aristocratie était un privilége politique et social tout à la fois.

La Révolution a détruit le privilége politique, et transformé le privilége social.

Mais ce dernier, tout transformé qu'il soit, n'en est pas moins un privilége.

La lutte est donc aujourd'hui établie entre le serf du salaire et le baron du capital, comme hier entre le manant et le gentilhomme.

Aussi, le but de la démocratie, à l'heure actuelle, se résume, — une fois la liberté reconquise, — à opérer, dans la répartition de la richesse, une révolution analogue à celle que nos pères ont opérée dans la répartition du pouvoir politique.

A tous, ont-ils dit, l'admission à toutes les fonctions de l'État, à tous l'égalité devant la loi, à tous l'impôt, à tous la libre disposition de leur personne, le libre choix des carrières.

A notre tour de dire :

— A tous le bien-être, à tous non plus le droit théorique, mais la faculté pratique de jouir du produit de son travail, et d'y trouver le bénéfice légitime. — Plus de féodalité financière, plus de bastilles industrielles et commerciales, — place au travail triomphant, — place à l'égalité sociale, sœur de l'égalité politique.

ARTHUR ARNOULD.

**ARISTOTÉLISME.** — Des extrémités de l'univers aux parties supérieures de l'atmosphère terrestre, se meut éternellement une substance incréée, impérissable, immuable, qui emporte dans son cours circulaire les étoiles, le soleil et les autres planètes. L'éther, pur impondérable, à l'abri de la vieillesse, de l'altération et de toute modification, sans commencement et sans fin, est la première essence des corps, l'élément antérieur aux corps simples qui composent notre monde, la substance qui est à la périphérie dernière de l'univers, au plus haut de l'espace, là où les hommes ont placé les dieux. Le ciel, ou le premier des éléments, ou l'éther, n'est pas infini. Le mouvement éternel dont il est animé est nécessairement circulaire, car ce genre de mouvement est le seul parfait. L'univers a donc la forme d'une sphère. Le ciel, qui, comme tous les corps simples et élémentaires de la nature, a en soi et par soi le principe du mouvement, lequel n'a jamais commencé, le ciel est pour tous les autres mouvements de l'univers le principe d'où ils tirent leur origine, et la fin dans laquelle ils s'arrêtent. Les corps que renferme le premier élément, les étoiles fixes, se meuvent circulairement. Le mouvement du ciel règle tous les mouvements inférieurs, comme ceux du soleil et des planètes. Les mouvements des astres sont proportionnels à leur distance, les uns étant plus rapides et les autres plus lents, selon que l'astre est plus rapproché ou plus éloigné de la circonférence extrême du ciel. La distance des étoiles à la terre est beaucoup plus considérable que celle du soleil, de même que la distance du soleil à la terre est beaucoup plus grande que celle de la lune. La nuit, qui n'est que l'ombre de la terre, ne peut pas plus arriver aux étoiles que la lumière du soleil.

Lourds et froids, les deux éléments les plus denses, la terre et l'eau, sorte de sécrétion de l'univers, se trouvent au centre du monde. Autour de la terre et de l'eau s'étendent l'air et ce que par habitude nous appelons le feu, bien que ce ne soit pas du feu. Le monde entier de la terre se compose de ces quatre corps, — terre, eau, air et feu. Non-seulement la terre, dont la circonférence a 440,000 stades, est beaucoup plus petite que le soleil et tant d'autres astres, mais, si on la compare au ciel tout entier, sa masse est nulle, absolument nulle. Aristote n'a pas assez de railleries pour les théologiens qui regardent comme considérable cette partie de l'univers où nous nous trouvons, et qui s'imaginent que le ciel tout entier n'existe qu'en faveur de ce point obscur autour duquel il tourne. La forme de la terre est nécessairement sphérique, comme le prouvent les phases de la lune et toutes les observations astronomiques.

Parmi les corps de notre monde terrestre, les uns sont simples, et les autres sont composés de ceux-ci. On appelle corps simples des substances incréées, qui ont naturellement en soi le principe du mouvement, comme le feu et la terre, et leurs intermédiaires, l'air et l'eau. Le mouvement d'un corps composé dépend de l'élément prédominant qu'il contient. Quant au mouvement des corps simples qui constituent notre monde, il n'est pas circulaire comme le mouvement de l'éther, mais en ligne droite, de haut en bas et de bas en haut. Ainsi la terre et l'eau tendent au centre, tandis que l'air et le feu s'en éloignent. Les corps simples ne pouvant venir ni de quelque chose d'incorporel, ni d'un autre corps, il faut qu'ils viennent réciproquement les uns des autres, et que chacun d'eux soit en puissance dans chacun des autres, comme il arrive d'ailleurs pour toutes les choses qui ont un sujet un et identique dans lequel elles se résolvent en dernière analyse. Les éléments changent et se métamorphosent plus ou moins vite les uns dans les autres selon le degré d'affinité qu'ils ont entre eux. L'*air*, qui est chaud et liquide, viendra ainsi du *feu*, qui est sec et chaud, par l'unique changement de l'une des deux qualités de ces corps. Le sec est-il dominé par le liquide, il se produit de l'air. Le chaud vient-il à être dominé par le froid dans cet air, il se produit de l'*eau*, laquelle est froide et liquide. C'est encore d'une façon analogue que la *terre* vient de l'eau et que le feu vient de la terre. C'est de ces éléments et de leurs transformations que naissent tous les composés organiques et inorganiques, minéraux, plantes et animaux.

La production et la destruction des êtres sur la terre se rattachent indirectement au mouvement de translation circulaire du ciel, qui règle tous les mouvements inférieurs, et directement au mouvement de translation suivant le cercle oblique d'après lequel se meuvent le soleil et les planètes. Les différents états par lesquels passent tous les composés organiques et inorganiques sont donc produits par l'obliquité du cercle qui tantôt éloigne et tantôt rapproche le soleil de la terre. De là, en effet, les saisons qui reviennent périodiquement, et la chaleur dont le soleil est la source principale. Une autre source de chaleur pour la terre, c'est que le feu ambiant est déchiré continuellement par les vibrations de l'éther et projeté violemment en bas. Si le mouvement de translation circulaire du ciel est la cause d'une éternelle uniformité dans l'univers, le mouvement de translation du soleil suivant le cercle oblique du zodiaque est la cause d'une éternelle diversité sur la terre. On voit ici-bas toute chose se transformer, s'altérer et changer. C'est en vain que tous les êtres ont le désir instinctif de durer, de vivre, et de participer autant que possible de l'univers éternel et divin, au sein duquel ils n'apparaissent qu'un instant : tout ce qui est né doit mourir, et l'individu ne survit que dans l'espèce. Seul, le ciel d'où découlent pour les autres êtres l'existence et la vie, le ciel qui enveloppe tous les mouvements imparfaits qui ont une limite et un point d'arrêt, le ciel au cours éternellement circulaire, ne connaît ni commencement ni fin, ni interruption ni repos, ni génération ni mort [1].

Parmi les composés organiques, nés spontanément de la rencontre des éléments terrestres, les uns ont une organisation plus compliquée que les autres, et partant des fonctions plus élevées et plus parfaites. Le passage des êtres animés aux êtres inanimés se fait dans la nature par une dégradation insensible. Des corps bruts aux plantes, et des plantes aux animaux, la transition n'est ni brusque ni subite. Dans la mer, on trouve des corps, les éponges, par exemple, dont on douterait si ce sont des animaux ou des végétaux. Le genre entier des testacés, comparé aux animaux qui ont un mouvement de locomotion, ressemble aux plantes. Les uns n'offrent aucune trace de sensibilité, d'autres n'en donnent que des signes obscurs. Cette dégradation insensible, qui marque le passage de ce qui ne vit point à ce qui vit, se retrouve dans toute la série des êtres organisés. Certains êtres s'assimilent grossièrement la matière et se reproduisent simplement. D'autres, doués de sensibilité et de mouvement, pourvoient à la nourriture et veillent à la conservation de leurs petits, puis les quittent sans plus s'en souvenir. D'autres enfin, plus intelligents, plus capables de conserver et d'associer les impressions internes, vivent réunis en familles, en tribus, en sociétés. Chez la plupart des animaux, à mesure que l'on s'élève des mollusques aux reptiles, des reptiles aux oiseaux et des oiseaux aux mammifères, on trouve des traces de ces affections et de ces sentiments qui se montrent dans l'homme d'une manière plus marquée, comme la douceur, la férocité, la générosité, la bassesse, la timidité, la confiance, la colère, la ruse, etc. On aperçoit même chez plusieurs quelque chose de la prudence réfléchie de l'homme.

La nutrition, la sensibilité, la locomotion, la pensée : voilà ce qui distingue l'être animé de l'être inanimé. Aucune de ces fonctions ne saurait exister sans un corps organisé. L'âme, ou plutôt toute espèce d'âme, étant inséparable du corps dont elle n'est que la forme, la perfection, l'achèvement, en un mot, l'*entéléchie*, l'âme se trouve définie par les fonctions de la vie. Entre toutes, la nutrition est la plus importante, car toutes les fonctions dépendent d'elle. Elle peut subsister seule et indépendamment de toutes les autres, comme dans le végétal, mais les autres ne peuvent subsister sans elle dans l'animal. La sensibilité est ce qui constitue avant tout l'animal, même privé de mouvement. L'âme est ce par quoi nous vivons, sentons et pensons. Chacune des facultés est-elle l'âme ou seulement une partie

1. Confer. *Physique*, les Livres V, VI et VII (VIII) surtout. — *Traité du Ciel*, l. I, ch. i; ch. ii, § 4, 5, 6, 13; ch. vi, § 12; ch. viii, § 3, 5; ch. ix, § 6, 10, 11; ch. x et suiv.; l. II, ch. i, § 2, 4, 6; ch. ii, § 7; ch. iii, § 1; ch. v, § 2; ch. vi, § 2; ch. x, § 2; ch. xii, § 9; ch. xiv, § 2, 8, 13, 14; l. III, ch. i, ch. ii, ch. iii, § 2; ch. vi, § 5. — *De la génération et de la destruction des choses*, l. I, ch. i, § 8 et 9; l. II; ch. ix; ch. x, § 1, 9, 10; ch. xi. — *Météorologie*, l. I, ch. ii, § 1; ch. iii, § 2, 7, 13, 14, 20, 21; ch. viii, § 6; ch. xiv, § 19; l. II, ch. ii, § 5; ch. iii, § 3 et suiv.; ch. iv, § 3 et suiv.; ch. vii, § 8.

de l'âme ? L'âme a-t-elle des parties distinctes et pouvan' 'tre séparées matériellement ? Certains végétaux, par exemple, qui n'ont que l'âme nutritive, c'est-à-dire la faculté de s'assimiler les éléments du milieu où ils vivent, subsistent fort bien après qu'on les a séparés et divisés en parties, comme si l'âme était réellement et parfaitement dans chacune de ces parties. De même, si l'on coupe certains insectes en plusieurs parties, on voit la sensibilité, la locomotion, et par conséquent l'imagination et le désir, persister encore dans chacune de ces parties. Si, parmi les êtres animés, les uns n'ont que quelques-unes de ces fonctions, ou même n'en ont qu'une seule, certains animaux les ont toutes. La cause de ces différences est dans l'organisation et la constitution du corps des êtres vivants. Toutes les fonctions de la vie sont rigoureusement subordonnées les unes aux autres. Ainsi, sans nutrition, point de sensibilité, ni de locomotion, ni de pensée. Les animaux qui, comme l'homme, ont la raison et la pensée, ont donc aussi toutes les autres facultés.

Dans toute substance, il faut considérer le sujet ou la matière, l'essence ou la forme, et le but ou la fin particulière de l'être. Ainsi, le but de la nutrition est la reproduction et la perpétuité des espèces. En tant qu'entéléchie d'un corps naturel ayant la vie en puissance, l'âme est la forme du corps, elle est sa vie en acte, elle fait de lui ce qu'il est. La matière pouvant être à l'origine toute chose indifféremment, il est clair que la forme est ce qui la détermine et fait d'elle tel ou tel être. La matière est à l'être réel et particulier ce que l'airain est à la statue. C'est la forme d'un être qui constitue son espèce. C'est d'après la forme qu'on le définit et qu'on le classe. En ce sens, il faut en convenir, la forme est bien plus que la matière la nature véritable des choses. Mais, qu'en conclure ? Que la forme est séparable de la matière, et qu'elle peut exister à part comme une substance véritable ? C'est la doctrine de Platon, c'est ce qu'enseigne cette théorie des idées qu'Aristote a combattue partout et toujours ; en tout cas, c'est absolument le contraire de ce que nous lisons dans le *Traité de l'Ame*.

Oui, l'âme est la fin du corps, elle est le principe et le but de son activité, elle est ce en vue de quoi tout s'ordonne et s'organise dans ce petit monde qu'on appelle un être animé, mais elle est si peu séparable en réalité de la plante ou de l'animal quels qu'ils soient, qu'aucune des fonctions vitales par lesquelles elle a été définie, depuis la nutrition jusqu'à la pensée, ne saurait s'exercer sans la matière. Sans doute, penser est autre chose que sentir. Mais la pensée suppose nécessairement la sensation et l'imagination, lesquelles supposent à leur tour la sensibilité et la nutrition. Qu'est-ce qui fait de l'homme le plus intelligent de tous les animaux ? C'est la finesse de ses sensations et la délicatesse de son tact. Servie par une exquise sensibilité, son imagination fournit à l'esprit des sensations affaiblies d'où naissent les conceptions intellectuelles. Le souvenir, la mémoire s'expliquent par la persistance des impressions sensibles. Les images sont à l'âme ce que les sensations sont à la sensibilité. Sans images, sans représentations figurées des objets, l'âme intelligente ne saurait penser. Pour pouvoir penser, l'intelligence doit devenir les choses qu'elle pense. De même que la sensibilité, avant d'être affectée par un objet sensible, est en quelque sorte comme si elle n'était pas, l'intelligence de l'âme, ce par quoi l'âme raisonne et conçoit, n'entre également en activité que sous l'influence d'un objet intelligible. Or, c'est dans les choses matérielles, dans les formes sensibles que sont en puissance toutes les choses intelligibles. Concevoir sans imaginer n'est pas dans la nature, et les images sont des espèces de sensations. Voilà pourquoi l'être, s'il ne sentait pas, ne pourrait absolument ni rien savoir ni rien comprendre. Il n'y a pas jusqu'aux êtres abstraits des mathématiques, jusqu'aux pensées premières de l'intelligence, jusqu'aux catégories de l'entendement qui, sans les images, ne sauraient exister.

Comme dans tous les êtres, Aristote distingue dans l'intelligence la matière et la forme, l'intelligence passive et l'intelligence active. L'intelligence passive, qui reçoit et souffre les impressions, fournit en quelque sorte à l'intelligence active les matériaux qu'elle met en œuvre. Celle-là venant à cesser d'être, sur quoi celle-ci exercerait-elle son activité ? Or, l'intelligence passive est nécessairement périssable et s'évanouit avec les individus dans la mort. Il n'y a donc pas d'immortalité de l'âme dans le sens ordinaire du mot. L'âme ne survit pas au corps. La force qui fait que la plante végète, que l'animal éprouve peine et plaisir, que l'homme peut raisonner, cette force s'évanouit avec le composé organique dont elle était l'énergie, l'acte, la résultante. La forme, ce principe actif en toutes choses, n'a de réalité que dans son union avec la matière. Qu'est-ce que la forme, quand la matière qu'elle déterminait se désagrége ? quand le corps, dont elle était l'achèvement et la perfection dernière, cesse d'être un petit monde organisé ? quand l'être animé, vivant, sentant et pensant, dont elle était la suprême manifestation et comme la fleur, se dissout et tombe en poussière [1] ?

Étudier la nature et les propriétés des éléments premiers et constitutifs de l'univers ; rechercher quelles sont les substances incréées et impérissables, éternellement en mouvement, dont le ciel, la terre, les végétaux et les animaux sont composés ; noter les modifications et les actes de ces substances, le mouvement particulier de chaque élément et de tous les corps dont ces éléments sont la cause, — voilà ce qu'Aristote lui-même considère comme la meilleure partie de l'histoire de la nature.

Ainsi, il y a un corps qui, par sa nature propre, est doué d'un mouvement de translation circulaire et qui est, pour tous les autres mouvements, le principe et le régulateur suprême, la cause de l'ordre et de l'harmonie universelle du monde. Ce corps, qu'Aristote appelle divin, c'est l'éther, c'est le ciel, c'est la substance de la périphérie dernière de l'univers. Et, en dehors de l'univers, il n'y a aucune réalité substantielle, dit encore Aristote lui-même. Qu'est-ce donc que cette théorie d'un moteur immobile qui produirait le mouvement et en serait la cause dans tout le reste des choses ? Qu'est-ce que ce moteur, placé à la circonférence du monde, et qui serait à l'univers ce qu'un mobile est à une machine ? C'est le premier ciel, ou ce n'est rien. Nous ne dirons donc pas : « Voilà le Dieu d'Aristote, » car ce grand génie a su se passer, lui aussi, d'une pareille hypothèse. Il est vrai que, venu au monde après Anaxagore et Platon, il a pu subir l'influence de certaines idées qui auraient semblé bien étranges aux antiques penseurs de l'Ionie. Mais on aura beau subtiliser et torturer les textes, on ne parviendra pas à faire d'Aristote un déiste, du moins au sens ordinaire du mot. Il ne peut être question dans ce système de la fameuse « chiquenaude, » par cette raison bien simple que le mouvement est immanent et n'a jamais commencé. C'est par elle-même que la nature se meut, c'est par elle-même qu'elle vit et subsiste, et l'univers est le seul être éternel et divin.

Aussi bien, tout ce que nous disons là ne fait aucun doute pour ceux qui connaissent les doctrines du véritable Aristote et de ses disciples immédiats. Malheureusement, les grands travaux d'histoire et de philologie qui se rattachent à la

---

1. *Histoire des animaux*, le livre VIII surtout. — *Traité de l'Ame*, l. I, ch. I, § 5, 9, 10, 11 ; ch. II, § 20 ; l. II, ch. I, § 4, 5, 6, 7, 11, 12 ; ch. II, § 4, 6, 7, 8 ; ch. III, § 7 ; ch. IV, § 2 ; ch. V ; ch. VII, § 1, 3 ; ch. VIII ; ch. IX, § 1, 2 ; ch. X, XI, XII ; l. III, ch. II, § 9 ; ch. III, § 5, 11, 14, 15 ; ch. IV, § 3, 6, 8, 12 ; ch. V ; ch. VII, § 3 ; ch. VIII, § 3 ; ch. IX, ch. X, § 2, 3, 9 ; ch. XI, § 2 et suiv.

critique des textes aristotéliques sont encore bien peu connus en France. Quand on descend à justifier Aristote du reproche de contradiction, on ne manque pas de nous renvoyer au XIIe livre de la *Métaphysique* qui contient, en effet, toute une théodicée. A quoi nous n'avons rien à répondre, sinon que la science a reconnu depuis longtemps que le XIIe livre de la *Métaphysique* n'est pas d'Aristote. Il en faut dire autant des livres II, V, XI, XIII et XIV du même ouvrage. Mais tenons-nous en au XIIe livre. C'est là, comme on sait, le fameux arsenal d'où les néoplatoniciens, les chrétiens, les spiritualistes et les métaphysiciens ont surtout tiré les armes avec lesquelles ils ont défendu leurs idées. Les musulmans ont le Coran, les chrétiens ont la Bible, et les « philosophes » ont le XIIe livre de la *Métaphysique*. Les croyants de toute religion commencent à savoir à quoi s'en tenir sur l'authenticité et la valeur des livres qui servent de fondement à la foi, mais les métaphysiciens sont encore plongés dans la contemplation de ce XIIe livre, et il ne faut pas songer à les tirer jamais de leur extase. Voyez avec quel mépris ils traitent l'histoire, la critique et tout ce qu'ils appellent dédaigneusement la science des faits! Rien de plus touchant, en vérité, que la protestation de ces âmes simples et naïves, dont le nombre, hélas! diminue tous les jours. Jadis, tous les vieux professeurs de philosophie de l'Université consacraient les dernières années de cette existence terrestre à rêver ou à ébaucher une traduction de ce XIIe livre, comme faisaient les officiers supérieurs en retraite pour leur cher Horace. M. Cousin lui-même a traduit son XIIe livre de la *Métaphysique*. Mais toutes les bonnes traditions se perdent, et lorsque, sous l'influence d'une critique destructive, les jeunes générations seront convaincues que ce livre, sans ordre et sans suite, est non-seulement à chaque page en contradiction avec lui-même, mais encore avec toutes les propositions fondamentales de la doctrine aristotélique, il est probable qu'il sera de plus en plus négligé, relégué parmi les apocryphes et oublié.

Disons seulement, pour mémoire, que, dans ce livre, le moteur immobile se meut comme objet de l'amour, comme le désirable et comme le bien absolu, auquel sont suspendus le ciel et toute la nature. Ce Dieu est Pensée. Cette pensée est la pensée de la pensée. Tout ce XIIe livre, surtout du chapitre VI au chapitre X, est également ineffable. Quelques-uns se sont demandé ce que pouvait penser cette pensée de la pensée qui — de l'aveu de tous — n'a aucune réalité substantielle, qui n'est point cause de l'univers, qui ne connaît ni le monde ni ses lois, et dont aucun être ne tient ni l'existence, ni l'essence, ni même le mouvement! Ajoutez que le moteur immobile, qui est unique là, se multiplie ici et devient plusieurs, ce qui plonge les commentateurs dans un abîme de perplexités!

Croirait-on que cette imagination grotesque a été attribuée à Aristote? Qu'un péripatéticien quelconque en soit l'auteur, je le veux bien ; mais Aristote ne doit pas plus être responsable des divagations de ses disciples que Kant ne saurait l'être des extravagances de Fichte, de Schelling et de Hegel. On verra bientôt que les disciples immédiats d'Aristote, ceux dont l'histoire a conservé les noms et quelques écrits, n'ont absolument rien de commun avec l'auteur de la dernière partie du XIIe livre de la *Métaphysique*. Mais cette idée de Dieu produit toujours un tel mirage chez certaines intelligences peu habituées aux procédés de la critique, que M. Félix Ravaisson a pu voir un acheminement et une préparation au christianisme dans ce Dieu qui n'est ni créateur, ni ordonnateur, ni providence de l'univers, et qu'on ne saurait par conséquent ni prier, ni aimer, ni honorer par des temples et par un culte quelconque. Peut-être l'auteur de l'*Essai sur la Métaphysique d'Aristote* a-t-il fait quelque honneur au christianisme en lui attribuant d'aussi nobles origines, mais il a certes fait grand tort à Aristote. Sur ce point comme sur quelques autres, il a complétement faussé et travesti la doctrine du philosophe. M. Vacherot d'ailleurs le lui a dit avant moi et avec plus d'autorité que je ne saurais faire.

La métaphysique d'Aristote, dans ses parties authentiques, n'est pas moins fondée sur l'expérience que la physique. Aristote, en effet, n'est pas un de ces idéalistes de l'école d'Élée ou de l'école de Platon, qui poursuivaient par la logique pure la recherche des causes premières. Toute théorie qui ne repose pas sur la réalité, tout principe qui n'a pas son point de départ dans la nature, toute loi qui ne résulte pas d'un ensemble de faits lui semblent être autant de chimères et d'illusions. C'est au défaut d'observation qu'il attribue tous les errements des philosophes. « Au contraire, dit-il, ceux qui ont donné davantage à l'examen de la
» nature sont mieux en état de découvrir ces principes qui peuvent s'étendre
» ensuite à un si grand nombre de faits. Mais ceux qui, se perdant dans des théo-
» ries compliquées, n'observent pas les faits réels, n'ont les yeux fixés que sur un
» petit nombre de phénomènes, et ils se prononcent plus aisément. C'est encore ici
» qu'on peut bien voir toute la différence qui sépare l'étude véritable de la nature
» d'une étude purement logique [1]. » Il n'est pas un seul ouvrage d'Aristote où l'on ne lise quelque recommandation de ce genre. Observer la réalité, c'est tout Aristote. Partout et toujours, il est resté fidèle aux grandes traditions scientifiques des écoles de l'Ionie. Il ne connaît d'autre fondement de la science et de toute science que la connaissance empirique des faits. S'il n'est pas l'auteur unique du nombre prodigieux d'observations que renferment ses livres, il a du moins l'immense mérite de les avoir recueillies et d'avoir compris que, sans elles, il n'y a pas de science véritable. Et Aristote n'a pas seulement observé la nature. Quelle que soit l'opinion commune à cet égard, il est certain qu'on trouve dans ses livres la mention d'un assez grand nombre d'expériences, dont plusieurs sont fort délicates et très-ingénieuses. Ce n'est pas à Bacon, c'est aux Grecs qu'il faut remonter pour trouver les origines de la méthode expérimentale.

Il conviendrait maintenant de parler des autres parties de l'encyclopédie aristotélique, mais le défaut d'espace nous interdit d'entrer dans aucun développement au sujet de l'*Éthique*, de la *Politique*, de la *Rhétorique*, de la *Poétique* et surtout de l'*Organon* qui comprend, comme on sait, les *premiers* et les *derniers Analytiques*, les *Topiques* et les *Réfutations des sophistes*. Les *Catégories* et l'*Herméneia*, qui, avec les quatre autres traités, forment ce qu'on appelle la logique d'Aristote, ne sont pas authentiques [2].

Ne pouvant tout dire, nous avons dû choisir ce qui, dans l'œuvre immense d'Aristote, nous paraissait être le plus important. Or, le degré d'importance des choses n'est nullement arbitraire. La règle que nous avons constamment suivie est celle-ci : l'importance des choses est en raison directe de la place qu'elles occupent dans l'espace et dans le temps. La physique de l'univers, le système du monde, la constitution des corps inorganiques et organiques : voilà bien, en somme, les plus

1. Traité de la Génération et de la Destruction des choses, liv. I, chap. II, § 8 et 9.
2. Voici, dans l'ordre chronologique, la liste des divers ouvrages d'Aristote, dont l'authenticité ne paraît pas contestable : 1. les Topiques; 2. les Analytiques; 3. la Rhétorique; 4. la Morale à Nicomaque; la Politique; 5. la Poétique; 6. la Métaphysique (moins les livres II, V, XI, XII, XIII et XIV); 7. les Problematica; 8. la Physique (moins le livre VII); le Traité du ciel; le Traité de la Génération et de la Destruction; la Météorologie; 9. l'Histoire des animaux (moins le livre X); 10. le Traité de l'Ame; de la Sensation; de la Mémoire et du Sommeil ; de la Longévité et de la Brièveté de la Vie; de la Vie et de la Mort; 11. le Traité des Parties des animaux ; de la Marche des animaux ; de la Génération des animaux.
Tous les autres écrits que donnent, comme étant d'Aristote, les catalogues de Diogène, d'Hésychius et de Ptolémée, ont été attribués par fraude ou par erreur au philosophe.

grands sujets d'étude et de méditation pour l'homme. Tous les phénomènes que nous observons rentrent nécessairement dans une des grandes lois cosmiques, depuis la mécanique céleste qui ordonne les mouvements de translation et de rotation des astres dans l'espace, jusqu'à la mécanique cérébrale qui règle les mouvements moléculaires de la substance grise corticale de nos hémisphères. Aristote a vu dans la nature la cause intérieure du mouvement éternel du monde, et il n'a vu dans l'univers qu'un fait unique, — des corps en mouvement. — Les théories de la physique moderne sont bien vieilles, on le voit. Sans parler de la théorie de l'éther, nos physiciens retrouveront encore dans Aristote bon nombre de leurs idées actuelles sur les couleurs, la vision, les sons et les odeurs. Aristote a fait plus que pressentir la théorie des vibrations. Mais c'est surtout la jeune école de physiologistes à laquelle appartiennent, en France, Luys, Vulpian, Onimus, etc., c'est le groupe, chaque jour plus considérable, de ceux qui croient que la psychologie n'est qu'un département de la physiologie, ce sont, en un mot, tous les hommes de sciences positives qui doivent reconnaître Aristote comme un précurseur et, à certains égards, comme un maître, dans cette grande question de l'étude des facultés intellectuelles et morales de l'homme et des animaux. La sensibilité et la pensée, les passions et l'intelligence, la morale et la science sont bien incontestablement pour lui du domaine des sciences biologiques. Il le dit expressément, l'étude de l'âme appartient au physiologiste. Certes, s'il est un sujet curieux et attachant, c'est une lecture du *Traité de l'Ame* comparé aux *Recherches* de Luys *sur le système nerveux cérébro-spinal*. En rapprochant des diverses parties de ce livre les théories d'Aristote sur les sens et la sensation, sur l'imagination et l'intelligence, sur l'appétit et la volonté, on constate sans peine les immenses progrès des sciences naturelles, mais on ne songe peut-être pas assez que, sans les principes et la méthode enseignés à l'humanité par le philosophe, bien des hypothèses fécondes, bien des sciences admirables d'où est sortie la civilisation seraient sans doute encore dans l'inconnu. Quand on songe qu'il n'a tenu à rien que l'encyclopédie aristotélique ne pérît tout entière comme tant d'autres œuvres du génie grec! Les destinées de l'humanité dépendent de pareils hasards, et il ne faut pas trop s'en étonner. Non-seulement, en effet, il est fort indifférent en soi que l'homme sache ou ignore quelque chose, mais qui donc dans le monde se soucie de l'homme et de ses théories? La nature, monstre aveugle et sourd, ne connaît pas les débiles parasites qui végètent à la surface des plaques rugueuses de sa carapace.

Après la mort d'Aristote (322 avant Jésus-Christ), son disciple Théophraste de Lesbos prit la direction de l'école. Il suffit de citer les noms des disciples immédiats du philosophe, de ceux qui, de 322 à 269 par exemple, ressentirent de plus près l'influence de la direction qu'il avait donnée aux études, il suffit de rappeler les noms de Théophraste, d'Aristoxène, de Dicéarque et de Straton, pour être convaincu que les disciples véritables du maître ont tous été des naturalistes, des mathématiciens et des physiciens. Théophraste a fondé la botanique et la minéralogie comme Aristote avait créé la zoologie. L'*Histoire des plantes*, où le nombre des espèces mentionnées s'élève à près de quatre cents, est loin d'égaler l'*Histoire des animaux*. Linné a effacé les classifications de Théophraste, et nul n'a encore pu faire oublier celles d'Aristote. En métaphysique et en psychologie, Théophraste incline à résoudre par la doctrine de l'immanence certains problèmes qu'Aristote était peut-être plus porté à expliquer dans un sens transcendant. L'illustre auteur des *Caractères* paraît avoir partagé pleinement les doctrines morales de son maître. Comme lui, il reconnaît que la félicité ne saurait être indépendante des biens extérieurs, tels que la richesse, la santé, la force, l'adresse, la beauté, etc., et que la vertu ne

fait pas le bonheur. Notre vie lui semblait dépendre bien plus de la fortune que de
la prudence humaine. Théophraste était de la famille de ces sages antiques, déjà
rares au ive siècle, qui ont connu la grande curiosité scientifique et qui, tout absorbés dans l'étude et la contemplation du cosmos, touchaient au terme de la vie sans
s'être aperçus de la fuite des jours. « S'il nous était accordé de plus longs jours,
disait-il à ses disciples, tous les arts pourraient être portés à leur perfection, la
vie humaine serait réglée et ornée par toutes les sciences; mais il faut mourir au
moment où l'on commence de savoir, où l'on commence de vivre ! »

Aristoxène étudia l'acoustique et composa une théorie de la musique déduite
tout entière, non de vaines spéculations philosophico-mathématiques, mais d'une
étude approfondie du sens de l'ouïe. Il réduisait l'âme à l'harmonie des éléments
dont le corps est composé. Quant à Dicéarque, il poussa jusqu'au bout les conséquences de la doctrine péripatéticienne. L'âme n'était pour lui qu'un vain mot ne
répondant à aucune réalité. La sensation, la pensée, la raison sont des propriétés
immanentes des êtres organisés. Ce par quoi nous agissons et nous sentons n'est
pas séparable du corps. Ce qu'on appelle l'âme n'est que le corps organisé d'une
certaine façon. Rien n'existe que la matière, dont les parties sont naturellement
arrangées de telle sorte qu'elle a vie, sentiment et pensée dans l'animal.

Le successeur de Théophraste dans l'école fut Straton de Lampsaque (288 ou
287 avant Jésus-Christ). Ce n'est pas sans raison qu'on l'appelle le « Physicien. »
Avec Straton, le péripatétisme se transforma sans peine en un pur naturalisme.
Straton ne vit dans les pensées que des sensations transformées. Il plaça dans la
tête, entre les deux sourcils, le siège de l'intelligence; c'est là que persistent les
traces des impressions et des représentations sensibles, sur lesquelles opèrent la
mémoire, l'imagination et le jugement. Il expliqua la formation des choses par le
jeu des seules forces de l'univers éternel. Quant à ces forces, ce sont de simples
mouvements naturels.

Telle est la voie royale où étaient entrés les successeurs d'Aristote. Si les circonstances extérieures l'avaient permis, si les temps avaient été moins mauvais, si
l'abaissement des esprits et des caractères avait été moins rapide dans l'Occident,
quel magnifique développement scientifique il aurait été donné au monde de voir
deux mille ans avant Bacon ! Car Bacon, quoi qu'il en pût penser, ne fit que
remettre en lumière tous les principes féconds et éternellement vrais du pur péripatétisme. Certes, je m'associe pleinement pour ma part à ces paroles de Cuvier : « Si
l'heureuse impulsion donnée par Aristote eût survécu plus longtemps à sa cause ;
si l'on eût continué de recueillir, comme lui, des faits, et de les comparer pour en
tirer des inductions, les sciences, sans aucun doute, auraient fait alors les progrès
qu'elles ont accomplis depuis Bacon, sous l'influence de la méthode péripatéticienne
enfin tirée de l'oubli[1]. »

Les plus célèbres péripatéticiens des siècles suivants ne sont guère que des
exégètes et des commentateurs d'Aristote. Au dernier siècle avant l'ère chrétienne,
Andronicus de Rhodes entreprit de donner ce que nous appellerions aujourd'hui
une édition critique des œuvres du maître. Boëthus de Sidon, qui fut contemporain de César, et Nicolas de Damas, qui vécut sous Auguste et sous Tibère,
firent beaucoup par leurs commentaires et leurs paraphrases pour l'intelligence de
l'antique doctrine qui se perdait de plus en plus, absorbée par le stoïcisme
et le néoplatonisme. Mais le plus illustre interprète d'Aristote est Alexandre
d'Aphrodisias, surnommé l'Exégète, qui composa ses fameux commentaires

_____
1. *Histoire des Sciences naturelles*, t. I, p. 190.

vers 200 après l'ère chrétienne. Citons, au III<sup>e</sup> siècle, le néoplatonicien Porphyre, l'auteur de cette *Introduction aux Catégories* d'Aristote qui, jusqu'au XIII<sup>e</sup> siècle, servit d'aliment à toutes les disputes scolastiques; au v<sup>e</sup> siècle, Syrianus d'Alexandrie et Ammonius, fils d'Hermias; à la fin du v<sup>e</sup> et au commencement du VI<sup>e</sup>, Boëce, le traducteur et le commentateur occidental de l'*Organon* et de l'*Introduction* de Porphyre ; au VI<sup>e</sup>, David l'Arménien, Simplicius et Olympiodore; enfin, au VII<sup>e</sup> siècle, Jean Philopon. Les temps devenaient de plus en plus difficiles. Si le monde n'était plus livré aux empereurs romains, si les peuples se trouvaient délivrés des Néron et des Caracalla, l'humanité n'en était pas moins en proie à toutes ces maladies honteuses, l'ignorance, les superstitions, les religions, etc., qui gagnaient de proche eu proche comme une lèpre hideuse. Des Juifs, des Syriens, des gens sans feu ni lieu, venus on ne savait d'où, des devins de carrefour, des astrologues ignares, toutes créatures dont Aristote n'aurait certes pas voulu pour esclaves, et qui faisaient qu'Horace se tenait les côtes de rire rien qu'à les voir, des fanatiques, des exaltés, des hallucinés, des malades repoussants, — toutes les formes des maladies morales et mentales, — voilà l'immense vermine qui grouillait sur le cadavre de la civilisation antique. La barbarie et le christianisme l'emportaient. La mort avait raison de la vie. Un naïf rêveur, un obscur Galiléen, allait faire oublier la science et la philosophie grecque pendant quinze siècles ! Le monde avait eu les empereurs, il allait avoir les papes. L'esprit humain, harmonieusement développé, avait embrassé l'univers et possédé la vérité, il allait se détraquer et rêver le néant pendant une nuit interminable ! Depuis 529, les philosophes, bannis d'Athènes par l'édit de l'empereur Justinien, avaient dû se réfugier en Perse, oui, en Perse, chez ces barbares que les Grecs avaient vaincus à Marathon, à Salamine, à Platée, à Mycale ! Chosroës offrait un asile à la philosophie, cette fille de l'Hellade, indignement chassée de la ville de Périclès par les croyants de Jésus de Nazareth !

C'est encore dans l'empire persan, à Nizibin et à Gandisapora, que nous trouvons établis, dès le v<sup>e</sup> siècle, les Syriens Nestoriens, tout entiers à l'étude d'Aristote et d'Hippocrate qu'ils traduisent et commentent. Bannis d'Édesse, en 489, par l'empereur Zénon, les Nestoriens fugitifs avaient été bien accueillis par les Sassanides, dont quelques-uns, comme Chosroës, avaient un goût véritable pour la philosophie et les sciences. La connaissance de la langue grecque n'était pas très-rare chez les Syriens instruits, et les conciles, les rapports de tout genre avec les Églises grecques, non moins que le désir d'apprendre et de puiser la science aux sources mêmes, en maintenaient l'usage. Sans parler des traductions syriaques de la Bible, des Pères grecs et des écrivains ecclésiastiques, il est certain que, dès le milieu du v<sup>e</sup> siècle, des maîtres de l'école d'Édesse, Cumas et Probus, avaient traduit avec Ibas plusieurs écrits d'Aristote. Vers la fin du VII<sup>e</sup> siècle, Jacques d'Édesse traduisit, entre autres livres d'Aristote, les Catégories, l'Hermeneia et les Analytiques. Les livres du Stagirite que l'on lisait et que l'on commentait le plus chez les Syriens étaient, après l'Organon, la Poétique, la Rhétorique et la Physique. Les Jacobites ne s'appliquaient pas moins que les Nestoriens à l'étude d'Aristote. Au VI<sup>e</sup> siècle, Sergius de Resaina avait traduit des écrits d'Aristote, et, au VII<sup>e</sup> siècle, le patriarche Athanase fit passer également en syriaque les livres de dialectique d'Aristote et l'Introduction de Porphyre.

Bien vus des rois de Perse, les Nestoriens furent encore plus estimés des califes, quand les Arabes étendirent leur domination sur la Syrie et sur la Perse. Les califes faisaient le plus grand cas des connaissances médicales et astronomiques de ces Syriens chrétiens. Les Abbassides, Abu Dschafar, Almansur, Harun Arraschi

Almamun, Motawakkel, etc., firent rechercher en Grèce, en Syrie, en Égypte, en Arménie, tous les livres de philosophie, de médecine et d'astronomie. A plusieurs reprises, ce fut sous leurs auspices qu'Aristote, Hippocrate, Gallien, Dioscorides, Théophraste, Alexandre d'Aphrodisias, Euclides, Archimèdes, Ptolémée, etc., ont été traduits en arabe. Naturellement les traducteurs étaient des Syriens. Comme ils étaient loin d'être tous assez familiers avec la langue arabe pour traduire directement du grec en cette langue, on faisait passer les textes grecs en syriaque avant de les rendre en arabe. Ce mode de traduction donna souvent lieu à de graves erreurs. Les versions arabes, en effet, n'ont que trop souvent reproduit les contresens des versions syriaques en y en ajoutant de nouveaux toutes les fois que le texte syriaque lui-même n'était pas compris. Le plus célèbre de ces traducteurs syriens est le Nestorien Honain Ibn Ishak, qui vécut au temps du calife Motawakkel (861). Familier avec les langues syriaque, arabe et grecque, il dirigea à Bagdad un collège de traducteurs parmi lesquels étaient son fils Ishak ben Honain et son neveu Hobeisch el Asam. Au x⁰ siècle, on remarque surtout les Nestoriens Abu Baschar Mata et Jahja ben Adi, ainsi que Isa ben Zaraa. Quelques écrits de Platon, la République, le Timée, les Lois, et des fragments d'auteurs néoplatoniciens, de Proclus, par exemple, furent également traduits en arabe. C'est grâce à ces versions que les philosophes arabes Alkendi, Alfarabi, Avicenne, Algazel, en Orient, et, en Occident, Avempace, Abubacer et Averroës, qui ne sont tous, à proprement parler, que des commentateurs d'Aristote, ont composé ces innombrables commentaires, ces paraphrases et ces traités de toute sorte, qui devaient avoir sur le développement intellectuel des chrétiens occidentaux une influence si profonde et si durable.

C'est vers le milieu du xi⁰ siècle, de 1130 à 1150, que les écrits des Arabes commencèrent à passer dans la langue latine. A cette époque, avant les croisades, Constantin l'Africain fit connaître à l'Occident divers ouvrages d'Hippocrate et de Galien, traduits sur des textes arabes. Constantin l'Africain est le premier en date de cette famille d'ardents chercheurs qui allaient demander aux mécréants un peu de science et de lumière. C'est généralement en Espagne, à Tolède, à Cordoue, à Séville, à Valence, que se rendait le chrétien avide de science. On sait combien la domination arabe fut naturellement douce, et quels étroits rapports unissaient les chrétiens et les musulmans. Les mariages n'étaient point rares entre les familles des deux races. La langue arabe devint si familière aux chrétiens qu'on fut forcé de faire, au x⁰ siècle, une version arabe des canons ecclésiastiques. Ajoutez les relations politiques et commerciales, la présence des musulmans dans une partie de la Sicile et des îles voisines, les Sarrasins toujours si nombreux à Montpellier, et les Juifs répandus partout, à Marseille, à Narbonne, dans toutes les villes du littoral de la Méditerranée. Le chrétien désireux de s'instruire se rendait donc en Espagne, dans une de ces grandes écoles qui jetaient alors un si vif éclat, il se faisait traduire les textes arabes en langue vulgaire par un musulman ou par un juif converti, puis il recueillait en latin les paroles de l'interprète. Au xii⁰ et au xiii⁰ siècle, les versions se faisaient toujours sur le texte arabe. Ce ne fut que beaucoup plus tard qu'on traduisit les philosophes arabes sur des versions hébraïques. Adélard de Bath, Platon de Tivoli, Robert de Rétines, Hermann Dalmate, Dominique Gondisalvi, Gérard de Crémone, Michel Scot, etc., firent ainsi connaître peu à peu, non-seulement les commentateurs arabes d'Aristote, mais Aristote lui-même, le texte de ses écrits, la Physique, la Métaphysique, le Traité de l'Ame, l'Éthique, etc., avec les gloses de Théophraste, de Simplicius, d'Alexandre d'Aphrodisias, de Philopon.

Le XIIIᵉ siècle est une aurore. Toute cette science, toute cette philosophie grecque, retrouvée contre tout espoir et rendue aux écoles d'Occident, produisit d'abord l'effet d'un éblouissement. Songez que, depuis la ruine des études romaines, les plus grands docteurs du moyen âge, Alcuin, Gerbert, Roscelin, saint Anselme, Guillaume de Champeaux, Abélard lui-même, avaient dû se contenter de quelques lambeaux de l'Organon et des catégories apocryphes de saint Augustin! Pauvres grands hommes! On se prend de pitié pour eux, en vérité, quand on songe à tant de fortes intelligences qui, entravées dans leur essor par le dogme et par une invincible ignorance, douloureusement repliées sur elles-mêmes, se sont consumées dans d'inutiles efforts. Jusqu'alors Aristote ne leur était apparu que comme un dialecticien : il se révélait maintenant à eux comme naturaliste, physicien, astronome. Ils n'avaient connu que sa Logique, ils en avaient usé, abusé même, si bien que leurs pauvres cervelles toutes détraquées n'auront pas trop de trois ou quatre siècles pour se guérir de la dialectique et redevenir saines. Ils vont enfin lire tous ces grands livres où le génie grec a déposé ses plus sublimes méditations.

Mais que fait l'Église pendant ce temps? L'Église, au moyen âge, est de toutes les fêtes. Ne serait-elle pas aussi de celles de l'intelligence? L'Église célèbre aussi l'*invention* des écrits d'Aristote, mais à sa manière.

En 1209, elle réunit à Paris un concile provincial, sous la présidence de l'évêque de cette ville, Pierre de Corbeil, et, à la suite d'un examen canonique, elle déclare impies les livres d'Aristote traitant de sciences naturelles, en interdit la lecture sous peine d'excommunication, puis les jette aux flammes. Sur le même bûcher elle fait monter dix des disciples d'Amaury de Bène, qui avait tiré de la physique les thèses panthéistes les plus sacrilèges. Les doctrines d'Amaury et les écrits de David de Dinant ont le sort de la Physique et de la Métaphysique. Les Pères du concile, ne pouvant atteindre Amaury vivant, exhument son corps du cimetière où il reposait en terre bénie, et le jettent dehors. Pour empêcher le retour d'une hérésie si damnable, pour que nul ne soit tenté d'imiter l'héroïsme des diacres du Vieux-Corbeil et des clercs de Saint-Cloud, un légat du pape, Robert de Courceon, arrête, en 1215, dans les statuts qu'il donne à l'Université de Paris : « Que nul ne lira les livres d'Aristote sur la métaphysique et la philosophie naturelle. » Enfin, une bulle de Grégoire IX, de l'année 1231, prohibe sévèrement « ces livres de philosophie naturelle qui furent justement interdits par le concile provincial » de 1209. Voilà les faits. — Avais-je tort de dire que l'Église célébra à sa manière, et d'une façon tout à fait digne d'elle, l'*invention* des écrits d'Aristote?

Malheureusement pour le christianisme, la curiosité scientifique était trop excitée pour s'arrêter en si beau chemin. Décrets synodaux, statuts de l'Université, bulle papale, rien n'y fit. L'Église, qui ne varie jamais, comme on sait, trouva moyen de rester infaillible tout en cédant aux hommes et aux choses. Elle avait brûlé vifs les disciples d'Amaury de Bène, et proscrit tous les livres d'Aristote autres que l'Organon. Soit. Était-ce une raison pour ne point faire un saint de Thomas d'Aquin, le plus fameux des commentateurs d'Aristote en Occident? Tout dépendait de la manière dont les doctrines du philosophe étaient interprétées. Simple affaire de nuances, pure question de *distinguo*. Ce qui ne laisse pas d'être fort curieux, c'est que, plus on expliquait Aristote, moins on le comprenait. On avait beau recourir maintenant aux originaux grecs apportés de Constantinople; Robert Grosse-Tête, évêque de Lincoln, Thomas de Cantimpré, Guillaume de Moerbeka avaient beau traduire Aristote sur le texte même : saint Thomas, avec les trois versions du grec qu'il avait sous les yeux, n'y voyait goutte. Rien de plus faux et de plus grotesque que l'Aristote spiritualiste et chrétien d'Albert le Grand, de Thomas d'Aquin et de Duns Scot. Les idées qu'ils lui prêtent sont tout simplement monstrueuses. Le véritable péripatétisme resta toujours pour eux lettre close. Ils firent tant et tant qu'Aristote, plus écouté qu'un Père de l'Église, faillit presque être canonisé. On peut dire qu'il l'échappa belle! Les deux ou trois idées empruntées à Anaxagore et à Platon, qui se trouvent dans le XIIᵉ livre (apocryphe) de la *Métaphysique*, dans le VIIIᵉ livre (VIIᵉ) de la *Physique*, et dans le IIIᵉ du *Traité de l'Ame*, auraient pleinement suffi pour cette béatification merveilleuse.

Si le xiiiᵉ siècle est une aube, la Renaissance est le grand jour, le réveil de l'esprit humain dans la lumière, le renouveau du monde éternellement jeune, *novitas florida mundi*. Devant les œuvres du génie grec, mises en plein soleil, tout ce que l'humanité avait fait et pensé depuis quinze siècles s'évanouit comme un mauvais rêve. Le Dieu juif fut renié, sa religion parut une vile superstition orientale, et son histoire un tissu de fables. Naturellement on n'arriva pas du premier coup aux résultats scientifiques de la critique moderne, ~~mais~~, en Italie surtout, c'est-à-dire chez le peuple le plus éclairé à cette époque, on eut l'intuition profonde, le pressen‑ timent vrai de tout ce qu'il était réservé d'accomplir aux xviiᵉ et xviiiᵉ siècles. L'ordre rentrait peu à peu dans le monde, et chacun reprenait sa place. L'Église, pour ne point paraître trop *gothique*, dut faire comme tout le monde, apprendre le latin, le grec, les belles manières et la politesse. Les successeurs de Grégoire IX dans la chaire de saint Pierre avaient si bien oublié l'auto-da-fé de 1209, ils se sou‑ ciaient si peu des traditions chrétiennes, qu'ils donnèrent leurs soins à des traduc‑ tions d'Aristote, comme Nicolas V, ou, comme Sixte IV, acceptèrent la dédicace de ces « livres de philosophie naturelle, » condamnés au xiiiᵉ siècle. Les cardinaux, qui avaient le bon goût de ne point vouloir paraître plus catholiques que les papes, traduisaient eux-mêmes, comme Bessarion, cette métaphysique d'Aristote jadis proscrite par les Pères du concile de Paris et par un légat du pape. Bembo proté‑ geait Pomponat. Pellavicini déclarait que, sans Aristote, l'Église aurait manqué de quelques-uns de ses dogmes. L'éloge est un peu risqué, mais il faut tenir compte de l'intention qui était des plus délicates.

La connaissance de plus en plus répandue de la langue grecque et l'usage qu'on faisait des commentateurs grecs d'Aristote, comme Alexandre d'Aphrodisias, devin‑ rent funestes à l'autorité séculaire d'Averroës et des commentateurs arabes. Cependant, quoique haïdes humanistes et dénoncé comme impie par les platoniciens, l'Averroïsme se maintint à Padoue, à Venise, et dans le nord de l'Italie jusqu'au milieu du xviiᵉ siècle. Un autre a raconté la lutte mémorable qui éclata entre les Averroïstes et les Alexandristes, et à laquelle prirent part Pomponat, Achillini, Niphus, Simon Porta, Gasparo Contarini, Zabarella, Piccolomini, Césalpin et Crémonini. Marsile Ficin, dans sa préface à la traduction de Plotin, a résumé en quelques mots le débat entre les péripatéticiens arabes et les péripatéticiens hellé‑ nistes. Les paroles de Marsile Ficin, prises trop à la lettre, induiraient certainement en erreur, car une division bien tranchée entre les Alexandristes et les Averroïstes n'est guère possible à établir; mais elles ont le mérite d'être fort claires et de se rapprocher beaucoup de la vérité : « Totus fere terrarum orbis a peripateticis occu‑ » patus in duas plurimum sectas divisus est, *Alexandrinam* et *Averroicam*. Illi » quidem intellectum nostrum esse mortalem existimant, hi vero unicum esse » contendunt, utrique religionem omnem funditus æque tollunt, præsertim quia » divinam circa homines providentiam negare videntur, et utrobique a suo etiam » Aristotele defecisse. » Ainsi, négation de l'immortalité de l'âme, de la Providence et de toute religion: voilà quel fruit les chrétiens les plus instruits des xvᵉ, xviᵉ et xviiᵉ siècles retirèrent de leur application à l'étude d'Aristote et de ses commenta‑

teurs. Cet aristotélisme-là avait certainement plus d'affinité avec l'hérésie d'Amaury de Bène, qu'avec l'orthodoxie de saint Thomas. L'Église cependant ne ralluma aucun bûcher. Elle devait être bien corrompue!

Parmi les aristotéliciens les plus célèbres du xvᵉ et du xvıᵉ siècle, nous devons bien un souvenir à Gennadius, l'ardent adversaire de Gemiste Pléthon, à Georges de Trébizonde et à Théodore Gaza, l'un traducteur de la Rhétorique, l'autre de l'Histoire des animaux, à Laurent Valla, à Rodolphe Agricola, à Jean Argyropulo, qui a traduit l'Organon, la Physique, l'Éthique et les Traités du Ciel et de l'Ame, à Angelo Poliziano, à Ermolao Barbaro, qui traitait de barbares des doctes comme Albert le Grand et des saints comme Thomas d'Aquin, à Nizolius, à Érasme, à Lefèvre d'Étaples, à Louis Vivès enfin, qui ne reconnaissait pour disciples véritables d'Aristote que ceux qui interrogeaient la nature elle-même, comme l'avaient fait les anciens, et qui considéraient l'observation et l'expérience comme les conditions mêmes de la science. Notre héroïque Ramus lui-même, qui se croyait si fort en contradiction avec Aristote, le continuait plutôt, dans la mesure de ses forces, en protestant bien haut contre un enseignement devenu absurde et inintelligible pour tout le monde. Peut-être même cria-t-il un peu haut. Après tout, les *Institutiones dialecticœ* (1543) n'ont pas fait oublier l'Organon. Si Ramus éprouva tant de vexations et de persécutions, s'il mourut de la mort tragique que l'on sait, nous croyons que c'est un peu sa faute. Le collègue qui profita du massacre de la Saint-Barthélemy pour le faire assassiner, lui en voulait bien moins de son hostilité à Aristote que de son insistance auprès du roi pour le faire destituer. Ramus avait exaspéré ce misérable. L'auteur des *Animadversiones* était un de ces esprits ardents et iroscibles tels que le xvıᵉ siècle en a beaucoup produits, un érudit ombrageux, un penseur violent et intolérant, un juste un peu austère et volontiers redresseur de torts, une sorte d'apôtre de la science à la fois ridicule et sublime. On se figure sans peine en quels termes devait être avec les professeurs de l'Université un esprit de cette trempe, et cela dans un temps où les théologiens de la Sorbonne dénonçaient au Parlement de Paris (1551) un bénéficier qui avait adopté les réformes linguistiques des lecteurs royaux, et dont tout le crime consistait à prononcer *quisquis* comme nous faisons aujourd'hui, lorsque eux, théologiens, prononçaient *kiskis*, et voulaient qu'on prononçât *kiskis!*

Tandis que Mélanchton introduisait dans les écoles protestantes, non pas l'Aristote du moyen âge et de la scolastique, mais l'Aristote des humanistes de la Renaissance, tandis qu'il composait sa Dialectique, ses livres de rhétorique, et son Epitome de philosophie morale, qui, jusqu'à Leibnitz, devaient être dans les universités les principaux textes philosophiques, l'aristotélisme perdait de jour en jour son autorité en France; il ne vivait plus que d'une vie toute factice, et il succomba d'une manière définitive lorsque, pour le défendre, on en fut réduit à demander main forte à l'autorité, et à solliciter des « arrêts burlesques » — c'est le mot juste — des rois de France et du Parlement. On sait, en effet, que François Iᵉʳ dut condamner Ramus (1543-44), et que, sous Louis XIII, en 1624, un arrêt du Parlement défendit « à toutes personnes, *à peine de la vie*, de tenir ny enseigner aucunes » maximes contre les anciens autheurs et approuvez, » c'est-à-dire d'attaquer le système d'Aristote. Cette façon de protéger une doctrine ayant toujours été excellente pour la ruiner, le cartésianisme succéda en France à l'aristotélisme. Cela ne veut pas dire que l'Aristote de saint Thomas et de la scolastique disparût tout à fait de l'enseignement. Adoptée par la Société de Jésus, en haine des libertins et des cartésiens, la doctrine de plus en plus méconnaissable du péripatétisme forma la substance de tous les manuels de philosophie à l'usage des établissements ecclésiastiques. Aujourd'hui encore on ne connaît point d'autre philosophie dans les séminaires catholiques.

L'aristotélisme est-il vraiment un de ces systèmes qui, comme le platonisme et le cartésianisme, tiennent plus de place dans l'histoire de la philosophie que dans le développement de l'humanité? Nul n'oserait le soutenir. Sans doute, le problème philosophique n'est plus posé par nous tout à fait dans les mêmes termes qu'au temps d'Aristote. Certaines questions ont été résolues, d'autres ont vieilli, quelques-unes paraissent même n'avoir plus aucune raison d'être. Ainsi, la science moderne, qui ne connaît pas plus de matière sans mouvement que de mouvement sans matière, n'a plus à s'occuper de cette grande question de l'origine et de la définition véritable du mouvement. Définir le mouvement, comme Aristote, l'*acte du possible*, c'est-à-dire le passage du possible au réel, c'est sans doute un louable effort pour expliquer le seul phénomène par lequel l'univers se manifeste à nous, mais c'est ne nous apprendre absolument rien sur la nature du mouvement. Partout et toujours, aussi loin que nous puissions atteindre dans le temps et dans l'espace, les particules matérielles qui constituent les corps nous sont apparues en mouvement, et c'est seulement par l'imagination que nous pouvons séparer le mouvement de la substance ou les forces de la matière. En fait, c'est là une pure abstraction qui n'implique nullement dans la réalité l'existence séparée de la matière et du mouvement. Nous ne connaissons que de la matière en mouvement, d'où résultent les forces physiques, chaleur, lumière, électricité, magnétisme, attraction universelle, etc., qui ne sont toutes en dernière analyse que des modes de mouvement. On peut bien, comme les dynamistes, faire abstraction du corps en mouvement pour ne s'attacher qu'à l'étude du mouvement ou des forces, et cette méthode n'aurait en soi rien de dangereux si, la plupart du temps, on n'en arrivait ainsi à ne plus voir dans l'univers que des lignes géométriques et des points mathématiques. Mais, dangereuse ou non, à quoi bon cette division tout idéale entre la notion du mouvement et celle de la matière? On appelle mouvement, dans le sens le plus général du mot, l'état d'un corps qui se meut, qu'il s'agisse d'un agrégat moléculaire considérable ou des particules ultimes de la matière. Supposer qu'à un certain moment de la durée, éloigné ou prochain, les corps ont eu ou ont encore besoin d'une impulsion externe pour accomplir tous les mouvements que nous voyons dans le monde, c'est faire une hypothèse dont il est aussi impossible d'apercevoir la raison que l'utilité. Nul ne voudrait perdre son temps à la combattre. La fameuse inertie de la matière, avec tous les épisodes que l'on connaît, est un roman qui n'a plus guère de charme que pour les métaphysiciens. Si Aristote pouvait renaître, nul doute qu'il ne fût avec nous contre ces rêveurs arriérés. Lui qui a su se passer partout d'un Dieu créateur et ordonnateur de l'univers, lui qui n'a connu ni Providence ni immortalité de l'âme, lui qui, tout en plaçant la félicité suprême dans l'activité de la pensée, n'est cependant tombé dans aucune banalité sentimentale sur la vertu et le devoir, mais a toujours professé que le bonheur ne saurait être indépendant des biens et des circonstances extérieurs, lui qui a observé et décrit, il y a vingt-quatre siècles, ce mécanisme de l'esprit humain suivant les lois duquel nous raisonnons, il reconnaîtrait sans doute qu'il est impossible de concevoir séparément la puissance de l'acte, et il abandonnerait volontiers ces entités abstraites pour les réalités concrètes de nos sciences physiques.

Tout en constatant qu'Aristote n'est pas plus le père de la science que l'inventeur des vraies méthodes d'investigation naturelle, il faut reconnaître que jamais esprit plus sagace, plus lumineux et plus vaste n'a paru dans le monde. Laissons de côté l'Égypte, la Phénicie et la Chine qui n'ont guère inventé que des arts industriels, et à qui la science proprement dite paraît être toujours restée étrangère. Comme tous les peuples de race aryenne, l'Inde s'est élevée à la notion philosophique de la science, l'Inde a cherché à comprendre le monde de l'homme, mais, outre que ses écoles philosophiques sont bien postérieures au bouddhisme, on n'y trouve rien qui ressemble à des observations systématiques des phénomènes de la nature. En Grèce, au contraire, dès le vı° siècle, Thalès, Pythagore, et Xénophanes impriment en sens contraire à la pensée hellénique une impulsion qui se propagera de siècle en siècle jusqu'à l'époque de Justinien. Il s'en faut bien qu'on assiste à je ne sais quelle naissance de la philosophie au temps de Socrate. Ce célèbre sophiste est tout à fait en dehors des grandes traditions philosophiques de la Grèce. Il n'a rien changé ni renouvelé dans la manière de penser et de vivre de ses contemporains. Les traits qu'il lance contre les physiciens et contre les naturalistes sont émoussés et ne sauraient porter. Tandis que Platon rêve et s'enchante lui-même de sa prose harmonieuse, Aristote observe la nature et réunit ses observations à celles de tous ses devanciers qui, sur les côtes de l'Asie-Mineure et dans les îles de l'Ionie, ont étudié, depuis le vıı° siècle, le ciel, la terre, les plantes et les animaux. Presque à chaque page de ses écrits, Aristote compare les résultats de ses propres recherches aux observations des philosophes antérieurs. Que d'auteurs dont il a ainsi arraché à l'oubli le nom et les doctrines ! Ses connaissances en astronomie, sa science étendue des phénomènes atmosphériques, des diverses contrées de la terre, des faunes et des flores comparées, dépassent tout ce qu'on pourrait imaginer. Sur ce point, l'admiration sincère et toujours plus grande des Buffon, des Cuvier et des Geoffroy Saint-Hilaire nous dispense d'insister. Et notez bien que ce qu'on admire dans Aristote ce n'est pas tant le nombre presque infini et l'exactitude parfaite des observations recueillies que la méthode scientifique par excellence, la sagacité incomparable avec laquelle il établit ses classifications, et cette sorte de divination du génie qui lui fait créer de toutes pièces des sciences comme la zoologie, l'anatomie et la physiologie comparées. Et cet homme vivait, il y a bien plus de deux mille ans, dans une contrée encore habitée par des hommes libres, braves, spirituels, artistes, tour à tour soldats, marins et magistrats. Ces Hellènes, qui nous ont laissé dans leurs temples et dans leurs poëmes les modèles les plus accomplis de la beauté idéale, nous ont légué dans l'œuvre d'Aristote le dépôt sacré de la vérité, je veux dire l'instrument grâce auquel toutes les découvertes postérieures des sciences ont été possibles. La vérité et la beauté, voilà ce que la Grèce a donné au monde.

BIBLIOGRAPHIE. — *Aristotelis Opera omnia. Græce et latine, cum indice nominum et rerum absolutissimo.* Parisiis, edit. Ambr. Firmin Didot, 1862. T. I-IV. — *Œuvres d'Aristote,* traduites en français, avec notes perpétuelles, par M. Barthélemy Saint-Hilaire : *La Politique* d'Aristote, 2 vol. 1837; 2° édition, 1 vol. 1818; *Logique,* 4 vol. 1837-1844; *Traité de l'Ame,* 1 vol. 1846; *Opuscules (Parva Naturalia),* 1 vol. 1847; *Morale,* 3 vol. 1856; *Poétique,* 1 vol. 1856; *Physique,* 2 vol. 1862; *Météorologie,* 1 vol. 1863; *Traité du Ciel,* 1 vol. 1866; *Traité de la Production et de la Destruction des choses,* 1 vol. 1866. — Valentini Rose, *De Aristotelis librorum ordine et auctoritate Commentatio,* Berolini, 1854. 1 vol. *Aristoteles Pseudepigraphus,* Lipsiæ, 1863, 1 vol. — Eduard Zeller : *Die Philosophie der Griechen. Zweiter Theil : Aristoteles und die alten Peripatetiker.* 2° édit. 1862. — E. Vacherot, *Essais de philosophie critique,* p. 345-380. 1 vol. 1814. — Ch. Thurot, *Études sur Aristote,* Politique, Dialectique, Rhétorique. 1 vol. 1860. — Ch. Lévêque, *Études de Philosophie grecque et latine.* 1 vol. 1864. — Jean de Launoy, *De varia Aristotelis in academia Parisiensi fortuna,* Lutetiæ Paris. 1653. 1 vol. — Amédée Jourdain, *Recherches critiques sur l'âge et l'origine des traductions latines d'Aristote et sur les commentaires grecs ou arabes employés par les docteurs scolastiques*, 1 vol. 2e édit. 1843. — B. Haurean, *De la Philosophie scolastique*, 2 vol. 1850. — Munk, *Mélanges de philosophie juive et arabe*, renfermant des extraits méthodiques de la *Source de vie* de Salomon Ibn Gebirol, dit Avicebron, etc., des notices sur les principaux philosophes arabes et leurs doctrines, et une esquisse historique de la philosophie chez les Juifs. Paris, 1859. — Flügel, *De arabicis scriptorum græcorum interpretibus*. Meissen, 1841. — G. Wenrich, *De auctorum græcorum versionibus et commentariis syriacis, arabicis, armeniacis, persicisque*. Lips. 1842. — G. Tiraboschi, *Storia della letteratura italiana*. 13 vol. Modena, 1772-82. — Heeren, *Geschichte des Studiums der class. Litteratur seit dem Wiederaufleben der Wissenschaften*, 2 vol. Gott. 1797-1802. — Lud. Vives. *De causis corruptarum artium* (dans ses œuvres, Bâle, 1555). JULES SOURY.

**ARITHMÉTIQUE.** — Les théories numériques sont sans contredit les plus simples de toutes. Lorsque, par des éliminations mentales graduelles, nous avons dépouillé les êtres de leurs activités, vitale, chimique et physique, et de leurs propriétés géométriques, dont la combinaison compose les réalités concrètes, un dernier attribut leur reste et caractérise l'existence universelle, à savoir, le phénomène numérique. Au delà, l'esprit positif ne peut plus rien embrasser de palpable ; il est parvenu à la limite extrême de la vraie science. Derrière cet horizon flotte l'insaisissable notion de substance, à la poursuite de laquelle s'égarent éternellement les rêves ontologiques : brouillards vides perdus dans le vide immense !

En outre, les conceptions numériques, en tant que les moins compliquées de toutes, sont aussi les plus générales.

En premier lieu, il est évident que les phénomènes naturels les plus complexes sont nécessairement aussi les plus spéciaux et les plus contingents. Il faut, en effet, pour leur réalisation, un concours rare et presque fortuit de circonstances variées. Un coup d'œil jeté sur l'échelle des êtres nous fait voir que les attributs de vitalité et de spécificité chimique ne se manifestent que dans certains agrégats matériels, tandis que les propriétés d'ordre physique, géométrique et numérique affectent tous les corps soumis à notre observation.

En second lieu, il faut remarquer que tous les phénomènes sont susceptibles de varier en intensité, leur nature et leur subordination mutuelle restant immuables. De là résulte la possibilité de leur appliquer une mesure. C'est ainsi que nous avons pu mesurer directement ou indirectement la pesanteur, la chaleur, le son; la lumière, les intensités électriques, et même les faits biologiques et sociaux. Or, le nombre est l'expression du *rapport* de la grandeur à son unité de comparaison ; les phénomènes numériques se trouvent donc inévitablement liés aux attributs matériels plus élevés ; il suit de là que les théories correspondantes constituent le seul point de vue vraiment universel.

Cet aperçu ne fait que confirmer, d'une manière systématique, l'aphorisme émané du profond instinct philosophique de l'école pythagoricienne : *les nombres gouvernent l'univers*.

Ainsi s'ouvre, par les spéculations numériques, l'immense spirale que doit gravir la science abstraite. Cheminant lentement par des cercles continus de généralité décroissante et de complication croissante, elle s'élève jusqu'aux théories sociales et morales. Parvenue à cette hauteur, elle y subit sa radieuse métamorphose. Transfigurée en philosophie, elle embrasse de là et coordonne tous les aspects réels, et devient la *synthèse relative* qui reconstruit sur des assises inébranlables la mentalité et la moralité humaines.

Il était donc nécessaire, c'est-à-dire à la fois inévitable et indispensable, que les théories numériques surgissent les premières dans l'intelligence collective et individuelle. Quand l'humanité naissante, pareille à l'embryon qui sort des eaux de l'amnios, commence à se dégager du fétichisme spontané et inconscient, les premières lueurs abstraites qui traversent la pensée sont les idées numériques. La nécessité de dénombrer les êtres qui nous entourent, le besoin de mesurer certains phénomènes suscitent la notion des nombres les plus simples et leurs plus élémentaires combinaisons. Ainsi, l'arithmétique est contemporaine de la première ébauche du langage humain, et remonte dans le passé jusqu'au fétichisme primordial; filiation non moins vénérable et plus certaine que la révélation théologique.

Forcé par l'espace qui nous est accordé de beaucoup condenser notre travail, nous renverrons plus loin l'étude des divers systèmes de *numération* (voyez ce mot), et à l'article suivant, les applications de l'arithmétique (voyez *Arithmétique commerciale*). Nous nous bornerons donc à apprécier l'arithmétique abstraite proprement dite. Nous diviserons cette étude en deux parties inégales. Dans la première, nous ne ferons qu'indiquer sommairement les théories relatives aux *propriétés des nombres*, théories qui forment cette branche de l'arithmétique, que l'on a improprement qualifiée de *transcendante*, car ce n'est que de la haute algèbre. Dans la deuxième partie, nous apprécierons la *théorie des évaluations* qui composent l'*arithmétique* proprement dite. Mais, pour abréger encore, nous éliminerons tous les détails spéciaux assez familiers à la masse des lecteurs, en insistant surtout sur les conceptions de méthode et de philosophie générale qui sont comme la fleur et l'essence de notre sujet :

La tendance constante de l'esprit théologique et métaphysique consiste d'abord à prendre pour absolues les notions relatives, et ensuite à douer d'une existence extérieure les purs concepts de l'intelligence. Les théories numériques n'ont pas échappé à cette dégradation. Leur histoire, convenablement consultée, nous montre en effet deux phases dans leur évolution, ou plutôt deux *arithmétiques*.

La première, qu'on peut nommer *Arithmétique religieuse*, ne s'occupe que de certaines propriétés, ou mieux, de certaines vertus des nombres. Née avant toute numération, elle s'est perpétuée, sous une forme plus ou moins hiératique, à travers les théocraties, jusqu'aux penseurs grecs. Les livres sacrés et les écrits antiques en portent des empreintes irrécusables. Arrivée jusqu'à nous, en s'atténuant de plus en plus, elle a pris le masque métaphysique, s'est revêtue d'un appareil algébrique imposant : mais elle est restée toujours aussi chimérique, en perdant ce qu'elle pouvait avoir d'utile à son premier essor.

L'autre arithmétique, suscitée par la complication croissante de la civilisation, d'abord très-circonscrite et moins estimée, s'est développée et agrandie, et est devenue l'*Arithmétique positive*, l'*Arithmétique des modernes*.

Les spéculations religieuses sur les nombres, qui préoccupèrent à un si haut degré et pendant si longtemps les penseurs primitifs, répondaient évidemment à un besoin, et devaient présenter un certain degré de rationnalité, qu'une interprétation philosophique peut aujourd'hui reconnaître, quand on a soin de dissiper la confusion, inévitable au début, de la réalité objective et des inspirations subjectives.

Cette appréciation repose sur l'aptitude logique qu'on a reconnue aux trois premiers nombres. Chez l'homme et chez les animaux, on sait par observation et par expérience, que la numération, privée de l'assistance des signes, cesse au delà de trois. Au-dessus de cette limite, l'esprit ne peut nettement suivre la coexistence abstraite, tandis que la coexistence concrète peut être clairement saisie, les objets y dispensant alors des mots. Telle est la source de l'importance qu'on attacha primitivement aux nombres 1, 2, 3 ; 1 représentait toute synthèse, 2 toute combinaison, 3 toute progression. De là découlent, en généralisant, les principes logiques suivants, vrais pour tous les temps : une synthèse ne doit procéder que d'un seul principe ; une combinaison n'admet que deux termes, tout rapport étant binaire, et toute progression doit se réduire à trois termes. Le nombre 4, dont la claire notion surgit beaucoup plus tard, fournit le premier type des théorèmes numériques. Il représente la fixité d'une somme, dont les deux parties varient à la fois en sens inverse ; car si 2 et 2 font 4, 1 et 3 font encore 4. Dans ce théorème, par lequel débute la foi scientifique de l'incrédule *Don Juan*, on voit déjà poindre le germe de l'algèbre, et l'idée rudimentaire de loi naturelle. Les propriétés des plus simples nombres suivants résultent de leur subordination aux précédents, qu'on a appelés les *nombres sacrés*. On a de tout temps distingué surtout les nombres dits *premiers*, parce qu'ils ne comportent aucun partage et sont les générateurs de pluralités plus complexes.

5 et 7 figuraient respectivement, au point de vue social, l'union de deux couples domestiques, ou de deux familles de trois membres sous un chef distinct. Au sens logique, 7 dérivé des trois nombres sacrés se compose d'une synthèse précédée ou suivie, tantôt d'un couple de progressions, tantôt d'une progression de couples. Cette génération remarquable du nombre 7 explique son emploi pour représenter la semaine. C'est dans des considérations semblables qu'il faut chercher la raison de ce groupement de jours et non point dans les connaissances astronomiques qui furent postérieures à son institution universelle.

L'aptitude des plus simples nombres à exprimer les premières contemplations abstraites et les premiers classements sociaux était familièrement sentie par toutes les intelligences, à cette époque lointaine où toute la science se réduisait aux rudiments arithmétiques. Ces habitudes mentales se sont perpétuées jusqu'à nos jours chez les poëtes et les penseurs, auxquels les nombres religieux servent à éviter l'indétermination en fixant les parties d'un poëme et en réglant le travail de la composition scientifique ou littéraire.

La *théorie des nombres*, sous sa forme moderne, peut être considérée comme une suite de ces antiques spéculations. Ces recherches, souvent fort difficiles, toujours stériles, ne seraient excusables que si le domaine scientifique n'offrait un champ plus vaste, plus intéressant et des travaux plus urgents à la sagacité analytique. Tels théorèmes, où un Fermat, un Gauss, un Cauchy ont déployé une puissance mentale si remarquable, ont certainement moins d'utilité sociale que l'arithmétique sacrée des premiers interprètes de la nature : le sens réel et l'inspiration subjective s'y trouvent peut-être plus grossièrement confondus.

Après ces sommaires indications, nous abordons l'arithmétique proprement dite : c'est-à-dire, la *théorie des évaluations*.

Toute recherche mathématique s'accomplit en deux phases successives, étroitement connexes, mais pourtant dissociables à une profonde analyse logique.

Dans la première, tout le travail mental consiste à formuler quelles relations lient entre elles les quantités numériquement exprimées, les unes connues, les autres inconnues ; ou, en d'autres termes, comment elles sont *fonction* les unes des autres. Puis, par une élaboration algébrique, plus ou moins compliquée, mais toujours soumise à des règles déterminées, il faut rendre explicite le mode de dépendance. Cette première partie du problème terminée, il s'agit, dans la deuxième phase, d'évaluer l'inconnue ou les inconnues. En un mot, le calcul des *valeurs* succède à celui des *fonctions*.

Il devrait donc y avoir autant de procédés distincts d'évaluation, qu'il y a de relations analytiques distinctes. Or, ces dernières sont, jusqu'à présent, au nombre de 10 distribuées en 5 couples dont voici le tableau :

| | 1er COUPLE. | 2e COUPLE. | 3e COUPLE. | 4e COUPLE. | 5e COUPLE. |
|---|---|---|---|---|---|
| FONCTIONS. | 1. Somme. | 3. Produit. | 5. Puissance. | 7. Exponentielle. | 9. Circulaire directe. |
| | 2. Différence. | 4. Quotient. | 6. Racine. | 8. Logarithmique. | 10. Circulaire inverse. |

Mais il faut remarquer que les deux derniers couples de fonctions transcendantes, quoique devenus, depuis longtemps, purement analytiques, ne donnent point lieu à de nouveaux procédés d'évaluation : sous le rapport arithmétique, ils se ramènent aux premières fonctions élémentaires.

Cette lumineuse analyse du travail mathématique est due au génie pénétrant de A. Comte, qui fut plus philosophe que géomètre.

Il paraît singulier, au premier abord, qu'elle ait échappé à la sagacité de tant d'analystes distingués, ses prédécesseurs ou contemporains. Mais l'étonnement cesse, en remarquant que les deux plus grandes créations mathématiques modernes, la géométrie générale et le calcul infinitésimal, émanent de Descartes et de Leibnitz, que les algébristes actuels ont une horreur instinctive pour toute généralisation, et que nos soi-disant philosophes ne savent plus l'arithmétique.

Il y a donc en tout 6 opérations arithmétiques distinctes : et il n'est pas probable que de nouvelles combinaisons numériques viennent jamais s'ajouter à celles-là ; sur ce point, l'esprit humain a atteint sa limite. Toutes ces opérations, avec les perfectionnements de méthode et d'expression qui les caractérisent aujourd'hui, reposent sur la connaissance préalable des combinaisons, deux à deux, que l'on peut faire avec les plus simples nombres inférieurs à la base numérale adoptée. Or, le nombre de ces combinaisons élémentaires, sommes ou produits, dans un système quelconque de numération, est toujours égal au carré de l'avant-dernier chiffre. Ainsi, dans notre système décimal, le cerveau le moins exercé doit préalablement graver dans sa mémoire 64 résultats additifs, ainsi que les différences inverses, et 64 produits et par suite les quotients correspondants ; et nous ne sommes encore qu'au début de l'initiation abstraite. On voit par là quelle énorme masse de notions de toute espèce, graduellement accumulées par l'évolution de l'humanité, doit servir de fondement à la mentalité occidentale. Si l'organisation cérébrale n'avait subi un perfectionnement dynamique et, sans doute, anatomique proportionnel à la complication croissante de la civilisation, elle succomberait sous ce poids. Aussi, dans les races humaines, dont les facultés analytiques se sont peu développées, et qui sont restées, jusqu'à nos jours, dans la concrétion fétichique, les évaluations numériques tant soit peu compliquées sont mentalement impossibles, sans l'aide d'instruments spéciaux ou de signes matériels.

Toutes les opérations numériques se ramènent constamment à l'aide d'artifices convenables à ces premières évaluations spontanées. On aperçoit ici nettement, d'abord des types décisifs de *déduction* et ensuite la source de cette fameuse logique *Cartésienne*, qui prescrit de réduire les cas compliqués aux cas élémentaires homologues ; logique tant utilisée dans les hauts domaines scientifiques. C'est dans ces cas élémentaires qu'il faut aller l'étudier pour en avoir une connaissance claire et précise. Quel sens peuvent autrement avoir pour l'esprit les vagues recommandations des psychologues, si l'on n'a de bonne heure, dans ces problèmes numériques les plus simples, appris à manier ce puissant instrument logique ?

*La soustraction*, dès nos premiers pas en arithmétique, suscite un exemple caractéristique de véritable *induction*.

· Si l'on augmente à la fois et de la même quantité *le plus grand nombre* et *le plus petit, le reste* ne change pas. Les données peuvent ainsi varier indéfiniment, mais dans ces mutations un fait se reproduit sans cesse, la permanence du résultat. Tel est le sens précis du procédé *inductif* : il consiste à saisir la *constance* au milieu de la *variation*. Vérifié sur trois cas, le phénomène est supposé s'étendre à tous les autres, en vertu d'une tendance de notre esprit appelée *analogie*, que les psychologues confondent presque toujours avec l'*induction*. La formulation de cette relation générale constitue une *loi proprement dite.*

La division compose dans l'éducation collective et individuelle une phase décisive. Historiquement, elle représente l'avénement de l'arithmétique théocratique; les trois opérations précédentes étant les seules accessibles suffisamment à la raison fétichique, Le raisonnement y acquiert une brusque complication, qui dépend de la nécessité d'ordonner ici l'opération par rapport au quotient encore inconnu, tandis que, dans les évaluations d'une *somme*, d'un *reste* et d'un *produit*, on ne considérait que les données. L'induction et la déduction plus prolongées s'y combinent pour faire surgir la connaissance du quotient. C'est un type de véritable construction logique, dont les premiers inventeurs remontent à l'aurore du polythéisme et les derniers perfectionnements à l'illustre Condorcet. Là, se creuse une démarcation profonde, qui sépare en deux familles distinctes la généralité des esprits. Ceux qui ont franchi la barrière voient s'ouvrir devant eux le vaste champ des théories abstraites ; ils ne rencontreront plus d'obstacles insurmontables. Mais, que de prétendus génies ont culbuté dans le fossé, sans pouvoir franchir le pont de Condorcet. Les facultés brillantes d'imagination et d'expression peuvent faire illusion aux observateurs peu clairvoyants, mais l'œil du philosophe démêle aisément, sous ces dehors spécieux, le défaut de puissance inductive et déductive.

Les nombres entiers peuvent toujours être exprimés sous forme de fractions isomères, ayant l'unité pour dénominateur. Les fractions proprement dites ne diffèrent de celles-là qu'en ce qu'elles sont formées d'éléments hétéromères autres que l'unité simple. Ce cas, incomparablement plus étendu que le précédent, le renferme comme particularité. Ce simple aperçu simplifie l'étude de leurs combinaisons numériques. La notion de fraction se trouve nécessairement comprise dans la conception de la division ; car on est amené souvent à compléter le quotient par le reste, ou à indiquer une division, quelle que soit la grandeur relative du dividende et du diviseur. Alors le quotient exprime leur *rapport*.

La théorie des fractions, avec les divers appendices qui s'y rattachent, forme la partie la plus étendue de l'arithmétique. Elle doit se coordonner autour d'une notion capitale, celle de l'*équivalence des fractions*, qui est la raison profonde, mal aperçue dans les traités spéciaux, des changements qu'on fait subir aux fractions, changements dont la démonstration paraît fastidieuse, quand on n'en a pas aperçu le but nécessaire. Émanée d'un penseur aussi éminent que modeste, M. P. Lafitte, dont nous nous honorerons toujours d'être le disciple, cette idée de l'équivalence n'est, dans ce cas spécial, qu'un aspect de l'importante relation qui lie *l'abstrait* et *le concret*, relation qu'on ne doit pas perdre de vue dans les spéculations scientifiques.

On sait que la grandeur d'une fraction dépend de celle de ses deux termes, et qu'elle demeure invariable si ceux-ci croissent dans la *même proportion*. On peut exprimer ainsi une fraction sous une infinité de formes équivalentes, parmi lesquelles on en trouvera toujours une qui convienne aux besoins pratiques. Réciproquement, les expressions fractionnaires, usitées dans la numération concrète, doivent souvent être soumises à des transformations exigées par le calcul abstrait.

Ainsi, presque toutes les mutations que comportent les fractions, *simplification avec ses trois méthodes générales, réduction à l'isomérie, métamorphose d'une fraction ordinaire en décimales et son retour au type primitif, théorie des proportions,* toutes ces manipulations se rapportent à la conception de l'équivalence. Sans insister davantage sur ces diverses opérations et sur les artifices logiques remarquables qu'elles ont inspirés, il nous suffira d'en dégager deux vérités capitales de *philosophie première.*

On démontre déductivement qu'*un nombre n'est décomposable en facteurs premiers que d'une seule manière.* Voilà une loi qui, issue de l'étude abstraite la plus simple, va graduellement s'étendre à tous les phénomènes de l'ordre universel. On en trouverait des vérifications décisives en chimie et en biologie; mais nous nous bornerons à en faire une application caractéristique aux phénomènes sociaux.

Dans l'analyse de l'organisme collectif, il est aussi irrationnel de décomposer l'humanité en individus, d'après la tendance constante des métaphysiciens, que de dissoudre un être vivant en molécules chimiques, que de réduire un produit de facteurs premiers en un confus assemblage d'*unités* simples. Dans ce cas, la décomposition est poussée trop loin; mais elle ne l'est pas assez, ou plutôt elle est mal dirigée, dans l'analyse qui s'arrête à l'*atelier* conçu comme élément fondamental de la collectivité. Cette dernière opinion appartient à un célèbre publiciste, M. Proudhon.

Ces infractions aux saines prescriptions logiques et aux justes exigences des sujets ne sont qu'absurdes en arithmétique, mais en politique et en morale elles ont de fâcheuses conséquences.

Un organisme social ne peut être décomposé qu'en éléments *homogènes* irréductibles; d'abord en *cités,* puis finalement en familles, dernier facteur sociologique auquel l'analyse doit aboutir.

La deuxième notion de philosophie générale que nous voulons tirer de la théorie des fractions concerne l'importante idée de *limite,* et par suite la vraie signification du *progrès.*

*Si l'on soumet les deux termes d'une fraction à des accroissements égaux, mais non pas proportionnels, la valeur de la fraction augmente ou diminue, suivant que le numérateur est plus petit ou plus grand que le dénominateur ; mais elle tend toujours d'une manière continue vers l'unité dont elle s'approchera tant qu'on voudra, mais sans jamais l'atteindre, et qui est sa limite.*

On démontre encore : qu'*une fraction décimale périodique simple a pour limite une fraction ordinaire, qui a pour numérateur la période, et pour dénominateur un nombre composé d'autant de chiffres 9 qu'il y a de figures dans la période.*

Ainsi, apparaît, coup sur coup, dans la théorie des fractions, l'idée capitale de *limite,* qui va devenir fondamentale en géométrie et en mécanique. Graduellement généralisée, elle fournit à l'art la notion de *type,* celle d'*idéal* à la sociologie, et celle d'*utopie* à la morale.

Un *type* est une construction de l'esprit; placée au delà de la réalité observée, elle ne doit jamais en méconnaître les conditions essentielles en les exagérant ou en les embellissant. Trop rapprochée de la réalité, elle n'offre plus un champ suffisant à l'essor de l'art ; trop éloignée, elle devient indéterminée, confuse, et ne guide plus assez les efforts du penseur et de l'artiste. Ces caractères essentiels que doivent présenter les types, ont été admirablement compris dans les créations incomparables des artistes grecs, dont les dieux et les héros idéalisent avec tant de précision et de grandeur à la fois la forme et les attributs de l'homme.

L'*idéal* et l'*utopie* sont des constructions mentales plus difficiles encore, parce qu'elles doivent refléter des existences plus complexes et plus élevées. Mais elles n'en doivent pas moins impérieusement reproduire cette intime combinaison de l'imagination et de la raison, du beau et du possible.

Le progrès de l'humanité, qu'il soit matériel, social ou moral, consiste, par conséquent, en une ascension persévérante vers des *limites* déterminées et nettement appréciables. Dans cette gravitation incessante, les conditions élémentaires de notre organisation et de notre existence ne doivent jamais être méconnues ou interverties. A chaque pas en avant, le but poursuivi se rapproche réellement et ne doit pas fuir dans un lointain sans bornes. En un mot, le *progrès* est *continu*, mais non pas *indéfini*.

L'évaluation du dernier couple de *fonctions* élémentaires termine l'arithmétique proprement dite. La formation d'une deuxième puissance et même d'une puissance quelconque se réduit à des multiplications successives. Quant à l'extraction de la racine carrée, la seule qui soit du ressort de l'arithmétique, c'est une opération analogue à la *division*, mais plus difficile encore. En effet, ici le *quotient* et le *diviseur* sont à la fois inconnus. Dans sa marche inductive ou déductive, l'esprit ne doit jamais perdre de vue cette double détermination. On doit remarquer que la plupart des nombres ne sont point des carrés parfaits, et que le produit d'une fraction par elle-même ne saurait être un nombre entier. Par conséquent, on ne peut avoir d'une manière exacte la racine carrée de semblables expressions numériques. D'ailleurs, on ne saurait espérer que la fraction décimale, dont la suite indéfinie doit représenter de pareilles racines, affecte la forme périodique. Mais nous pouvons atténuer l'erreur commise en multipliant par le carré d'une suffisante puissance de la base. Alors nous amplifions la grandeur à mesurer, pour diminuer d'autant l'erreur. Par cet artifice, nous parvenons à réaliser les conditions des *approximations* quelconques. Ce procédé remarquable est d'un usage fréquent dans les diverses branches de la physique et dans les arts. Nous citerons comme exemple la recherche des coefficients de dilatation, par la méthode de *Lavoisier* et *Laplace*; la division d'une longueur en degrés aussi petits que possible, à l'aide d'un verre grossissant qui amplifie la grandeur à graduer.

La notion d'*approximation* n'est, sous son expression mathématique, que celle de *vérité relative* dont l'énoncé suffit pour révolter théologiens et psychologues. Il ne faut cesser de le répéter, les connaissances absolues, même dans les plus simples domaines théoriques, sont radicalement inaccessibles à notre intelligence. Comme l'animal qui tourne les yeux bandés dans un cercle sans issue, l'ontologisme, dans sa poursuite séculaire de pareilles notions, n'a jamais fait que reproduire sous des formes équivalentes les naïves inspirations des penseurs antiques. Entre les réalités objectives et nos constructions intérieures destinées à les représenter fidèlement, il y a toujours un écart, que nous devons tendre à resserrer graduellement. En d'autres termes, le cerveau doit, de plus en plus, se transformer en un miroir exact du spectacle extérieur : telle est la *limite* idéale vers laquelle progresse la rationalité humaine; limite dont elle s'approchera indéfiniment, mais sans jamais l'atteindre.

De la complication extrême du monde objet de nos investigations et de la faiblesse relative du cerveau pensant, résulte la nécessité de concentrer tous nos efforts sur les théories les plus utiles qui sont aussi les plus importantes et les plus difficiles et de ménager précieusement nos diverses forces intellectuelles.

Si l'espace nous le permettait, nous aurions à parler des progressions par différence qui forment un appendice naturel à l'arithmétique, et des séries qu'on en a déduites, sous le nom de *nombres figurés, triangulaires, carrés, polygonaux*, etc. Ces suites, dont l'étude a beaucoup occupé les géomètres, confirmeraient spécialement la prescription philosophique, émise ci-dessus, sur l'économie indispensable de nos forces théoriques..Elles nous fourniraient, en outre, des exemples caractéristiques de raisonnement inductif.

Si le lecteur a suivi avec quelque attention l'appréciation philosophique que nous venons d'ébaucher à grands traits et dont le développement exigerait un traité spécial, il doit être convaincu de l'importance extrême que présente l'arithmétique pour l'éducation de l'esprit humain. Cette science constitue au début de l'initiation abstraite un type décisif, de *clarté*, de *précision*, *de cohérence*, dont la contemplation familière doit puissamment seconder son essor rationnel, dans les plus hauts domaines théoriques. On peut comparer l'arithmétique à une sorte d'arsenal où l'esprit positif apprend à manier les divers instruments logiques et à les fourbir pour des sujets plus difficiles. L'observation réfléchie y démêle le mystérieux travail du cerveau en action, et saisit, pour ainsi dire, sur le fait la marche de l'entendement.

L'arithmétique n'est pas seulement le premier fondement de la logique, mais encore un foyer d'où commencent à rayonner les vérités de *philosophie première* qui sont comme la quintessence de toutes les sciences et qui doivent composer la raison générale. Les plus simples opérations numériques vérifient constamment la conformité de nos prévisions intérieures avec les résultats obtenus ; elles nous révèlent ainsi l'existence des lois immuables, soit en nous, soit en dehors de nous. Elles suscitent la conviction, que les études élevées confirmeront de plus en plus, d'une suffisante harmonie entre le monde et notre cerveau. Cette harmonie, sans laquelle et la raison et l'existence seraient impossibles, est un fait général qui ne comporte aucune explication, ou qui, en dehors de tout optimisme providentiel, rentre dans la grande loi biologique des *conditions d'existence*.

La manière dont nous concevons l'exposition de l'arithmétique diffère beaucoup, comme on le voit, de l'enseignement habituel et de la tendance des esprits à notre époque. Mais, dans cette réforme didactique, la nouvelle école philosophique compte d'éminents précurseurs. Il suffit de citer le célèbre Clairaut, et Condorcet, aussi grand penseur que grand citoyen. Ces illustres promoteurs de l'enseignement populaire, loin de tendre à matérialiser la science pour la rabaisser au niveau des plus frustes intelligences, s'efforcèrent au contraire de l'animer du souffle philosophique, et d'élever graduellement la raison commune à la hauteur de la raison abstraite.

Nos modernes vulgarisateurs agissent en sens inverse. Ils conservent tous la confusion primitive entre le point de vue abstrait ou scientifique et le point de vue concret ou pratique, confusion dont nos diverses théories ont eu tant de peine à se dégager. Ils dissolvent ainsi le système des lois naturelles, construit avec tant d'efforts par le concours séculaire des plus grands génies, en une infinité de faits sans cohérence. Les uns mettent la mathématique en *berquinades*; les autres l'astronomie et la biologie en romans ennuyeux. Presque tous, par hypocrisie coupable, affublent la sévère nudité de la science des oripeaux d'une vague et fade religiosité. Ils traînent à reculons l'esprit populaire, en sens inverse du courant émancipateur, toujours parallèle au progrès scientifique. S'ils pouvaient réussir, ils n'aboutiraient qu'à replonger la mentalité occidentale dans un nuageux déisme, ou la réduiraient à l'empirisme concret des Chinois.

La science abstraite, il faut le répéter sans cesse, est seule possible; seule elle est susceptible de systématisation et, par conséquent, communicable à la masse des esprits, après avoir été resserrée autant que possible en un faisceau de lois générales de moins en moins nombreuses.

Mais, pour être dignement embrassée, elle exige des efforts virils; les intelligences qui en sont incapables doivent se contenter des résultats, sans démonstration. Enfin, la construction de la science abstraite et sa diffusion universelle se rapportent au plus urgent besoin des sociétés modernes. Dans notre état troublé et profondément complexe, amené par la marche naturelle de la civilisation, il n'est pas trop, et des penseurs pour en résoudre les formidables problèmes, et de la coopération intelligente du public.

BIBLIOGRAPHIE. — Mauduit, *Arithmétique.* — Condorcet, *Moyens d'apprendre à compter.* — A. Comte, *Synthèse subjective.* — Pierre Lafitte, *Philosophie première, Cours inédit.*                                                          D<sup>r</sup> S. BAZALGETTE.

**ARITHMÉTIQUE COMMERCIALE.** — *Times is money,* cet aphorisme a été surtout créé pour les affaires; le temps est, en effet, le principal capital de l'industrie et du commerce et il faut, avant tout, l'économiser. Toutes les affaires se traduisant par des chiffres, le calcul en est l'instrument indispensable; malheureusement, il est souvent long et compliqué; il a donc fallu, pour économiser le temps, simplifier et abréger. L'arithmétique commerciale n'est que la traduction en fait de ce besoin de simplification et d'abréviation.

Toutes les opérations du calcul se traduisent, en fin de compte, par les quatre premières règles de l'arithmétique. Tel est le point de départ de la pratique dont le problème se résume ainsi : trouver les moyens les plus simples et les plus prompts pour arriver à reconnaître sans efforts les transformations des nombres et les déductions à tirer pour n'avoir plus à opérer que des règles élémentaires.

Les quatre premières règles, commencement et fin de la science du calcul, se déduisent l'une de l'autre et sont renfermées dans la première, l'addition. En effet, si, de 8, on veut soustraire 4, qu'est-ce autre chose que d'ajouter au chiffre 4 le complément nécessaire pour arriver à 8; qu'est-ce que multiplier 4 par 4, si ce n'est additionner 4 fois le chiffre 4; enfin, diviser 16 par 4, n'est-ce pas soustraire le diviseur 3 fois du dividende, soit par la méthode ordinaire, soit par compléments? Cette remarque est importante, car, dans bien des cas, par la simplification introduite dans les calculs, elle dispense de faire une preuve aussi longue et aussi fatigante que l'opération elle-même; il en est ainsi pour la soustraction, dont la preuve se fait par le complément; pour la multiplication, surtout pour celles qui ont de nombreux chiffres, en formant un tableau des produits d'un des termes connus par les neuf premiers chiffres; on n'a plus qu'à y prendre les produits dont on a besoin, les ranger dans leur ordre et les additionner ensuite. Pour la division, on peut opérer avec l'aide d'un pareil tableau et soustraire au lieu d'additionner.

On comprend sans peine qu'une encyclopédie ne peut être un traité *ex-professo* de tous les sujets qu'elle doit renfermer : énoncer les principes généraux, expliquer l'organisme, indiquer les méthodes et les applications, tel est son objet, et il lui est impossible d'entrer dans des détails que peuvent seuls renfermer les ouvrages spéciaux. Il nous suffira de faire remarquer : que chaque chiffre a une valeur indépendante par lui-même, qu'il exprime toujours une ou plusieurs unités de différents ordres : simple, de dizaines, de centaines, etc., et qu'il nécessite un calcul distinct; par conséquent, quelles que soient les méthodes employées, lorsqu'elles auront pour résultat, soit en isolant, soit en condensant les opérations, de les réduire à leur plus simple expression ou de les rendre plus claires, elles sont bonnes et c'est au praticien à s'en faire une à sa guise. Abréger, simplifier, tel est le principe de l'arithmétique commerciale. Quant à son organisme, ses instruments, si mieux on aime, nous ne pouvons en faire qu'une énumération, encore sera-t-elle incomplète, car la pratique, pas plus que la théorie des calculs, n'a encore dit son dernier mot. Avant tout, n'oublions pas que, bien que les quatre premières règles procèdent l'une de l'autre, elles sont preuves également l'une de l'autre et par conséquent se détruisent mutuellement. Cette remarque est importante, car tout problème, se résumant dans les quatre premières règles, on peut en supprimer les termes identiques dans les parties inverses, sans que cette suppression influe sur le résultat; soit $2 \times 3 \times 4 \times 5$ divisés par $5 \times 6 = 4$; en supprimant 5, commun aux deux parties, on trouve $2 \times 3 \times 4$ divisés par $6 = 4$, même résultat.

Compléments mathématiques, parties aliquotes, divisibilité des nombres reconnue par la méthode du crible, méthode de l'unité si utile dans les opérations complexes, moyen rapide de sommer une progression et d'en connaître les termes, usage des logarithmes, etc.; enfin, et par-dessus tout, une des plus belles créations de la Révolution, le système décimal qui s'adapte à tous les calculs et avec lequel on peut transformer les fractions de tous ordres en nombres entiers; tels sont les principaux procédés, les principales méthodes de l'arithmétique commerciale.

En fait, c'est une algèbre élémentaire, et, comme l'algèbre, lorsqu'on sait bien les règles usuelles de l'arithmétique, on peut très-facilement en découvrir le mécanisme et les applications; mais il ne faut pas oublier que malheureusement, dans nos sociétés modernes, notre éducation monarchique a rendu les intelligences rebelles à toute science positive et que, trop longtemps, nous avons considéré comme un crime de lèse-majesté de demander ou même d'examiner des comptes. Il nous faut cependant aviser, car la souveraineté populaire ne peut s'accommoder des fictions et doit tout savoir et tout vérifier, sous peine de n'être qu'une pitoyable comédie. Pour rester sur notre terrain, les pratiques abrégées de l'arithmétique doivent à l'avenir faire partie de l'éducation. Au point de vue particulier, chacun doit pouvoir se rendre compte de l'emploi de son activité et de sa fortune; au point de vue général, chacun doit pouvoir vérifier les comptes que ses mandataires ont à lui rendre, afin de supprimer, en connaissance de cause, ce qu'il paye aux parasites de toute espèce, ou d'augmenter les dépenses utiles comme celles, par exemple, de l'instruction publique. Le temps n'est pas loin où la presse, entièrement libre, sera dans des conditions qui permettront de publier en détail les divers budgets; il y aura lieu alors de faire de nombreuses applications des pratiques abréviatives du calcul. Nous espérons qu'elles seront faites.

On divise l'arithmétique non-seulement en commerciale, mais encore en agricole, géographique, politique, etc. Les procédés sont toujours les mêmes, le nom seul change. Pour terminer, disons que les meilleures méthodes seront toujours impuissantes sans le fréquent usage, qui seul peut donner à la mémoire l'ampleur et la force nécessaires pour résoudre quantité de problèmes par le calcul mental.

BIBLIOGRAPHIE. — *Arithmétique commerciale et pratique*, par Desgranges. — *Cours d'arithmétique commerciale*, par E. Jeanne. — *Traité d'arithmétique commerciale*, par Bovier-Lapierre.       P. LELONG.

ARMÉE. — HISTOIRE. — I. — On peut dire que les armées permanentes sont une invention moderne que l'antiquité n'a guères connue. En ce temps-là, les despotes mêmes s'en passaient : les rois babyloniens, comme Nabuchodonosor, Saül et David chez les Hébreux, avaient bien des gardes qui protégeaient leurs royales majestés; mais ce n'était pas là des armées. Le pays était-il menacé ou s'agissait-il d'une expédition lucrative? On rassemblait, sans beaucoup d'ordre, les hommes valides, et armés de flèches ou de javelots, quelques-uns montés sur des chars, ils couraient sus à l'ennemi. L'Égypte est le seul pays où une caste guerrière se soit de bonne heure établie : cette caste était après celle des prêtres la plus honorée. Hérodote nous indique la quantité de blé et les autres provisions que le peuple était obligé de fournir à ceux qui avaient le privilége de le défendre.

En Grèce, les choses se passaient d'abord à peu près comme en Orient : les rois, les *tyrans*, avaient leurs gardes et faisaient appel au peuple quand il fallait faire la guerre. Mais, dans ces petits États, où les guerres étaient si fréquentes, où chefs et soldats étaient exposés aux mêmes périls, le pouvoir des rois ne fut jamais très-absolu, et ils étaient les compagnons de leurs soldats, plutôt que leurs maîtres. S'agissait-il d'une action commune, telle, par exemple, que la guerre de Troie ? On tirait au sort dans chaque famille un certain nombre d'hommes, et ils partaient sous la conduite du chef du pays. Les chefs réunis choisissaient un chef suprême : c'était celui qui amenait le plus grand nombre d'hommes. Mais les autres rois n'abdiquaient pas. Ils conservaient leur autorité sur leurs compagnons, et les emmenaient quand bon leur semblait : quand Achille menace Agamemnon de quitter l'armée, il entend bien ne pas laisser ses Myrmidons. De plus, le « Roi des rois, » ne peut prendre aucune décision un peu importante sans consulter les autres rois, et toute résolution prise dans le conseil est soumise à l'assemblée des Grecs. Les simples soldats, par un murmure, blâment ou approuvent : on tient compte de leur avis.

Ainsi, même soumis à des rois, même dans les camps, les Grecs avaient su conserver quelque liberté : ils brisèrent bientôt les dernières entraves, et, sous la protection d'Athènes, qui donna l'exemple, les tyrans furent chassés de partout, la démocratie s'établit dans les plus importantes cités. Quand un péril menaçait l'État, tous les citoyens devaient s'enrôler; ils étaient tenus au service de seize à quarante ans à Athènes, de trente à soixante à Sparte : celui qui quittait les drapeaux était privé de ses droits et exclu des temples. A Athènes, chacune des dix tribus fournissait son contingent et élisait un chef : les divisions civiles étaient les cadres de ces armées citoyennes. Dix stratéges commandaient à tour de rôle, et, la guerre terminée, rendaient leurs comptes à l'assemblée du peuple, au Pnyx. Les grades étaient donnés à ceux qui se distinguaient par des actions d'éclat. Après la guerre, les morts étaient solennellement enterrés aux frais de l'État; leurs enfants, élevés et instruits au Prytanée. Ceux qui avaient survécu redevenaient citoyens : Sophocle, ancien stratége, composait de nouvelles tragédies, et Socrate, après avoir sauvé la vie à Xénophon dans un combat, continuait à enseigner la sagesse. Chez ces républicains, la guerre était un devoir, non un métier : chacun s'entretenait à ses frais; le pauvre était hoplite ou peltaste; le riche entrait dans la cavalerie. Il n'y avait point de solde, et le nom de Carien était une grossière injure, parce que les Cariens étaient les premiers qui se fussent enrôlés pour de l'argent. — Plus tard, Périclès, pour se rendre populaire, donna aux piétons une solde de deux oboles, et une drachme aux cavaliers. Athènes commença à décliner. Telles furent, dans les premiers temps, les institutions militaires de la démocratie athénienne : institutions admirables dans leur simplicité, et qui peuvent encore servir d'exemple aux nations modernes.

Le système militaire d'Athènes fut, à quelques différences près, celui de toute la Grèce; malheureusement il finit par s'altérer. Athènes enrôla des mercenaires; des Grecs se mirent à la solde d'un roi de Perse, le jeune Cyrus. C'était un premier pas vers les armées permanentes que Philippe de Macédoine organisa sous le nom de phalange, qu'Alexandre développa ensuite pour conquérir et dominer. Nous ne dirons rien de ces armées ; elles furent ce que sont toutes les armées auxquelles manque l'amour de la patrie et de la liberté : un instrument de despotisme. La Grèce languit dès lors sans grandeur et sans gloire. Rappelons cependant, pour son honneur, les efforts d'Aratus et de Philopœmen pour rétablir les anciennes armées. Sans doute, ils eussent été couronnés de succès, si Rome n'eût opposé à la liberté grecque son irrésistible veto.

A Rome, chaque citoyen devait, de seize à quarante-six ans, se faire inscrire sur les rôles de l'armée ; on ne pouvait obtenir une fonction publique sans avoir fait dix campagnes. Quand ces ennemis acharnés qui serraient Rome de si près, les Èques, les Herniques, les Volsques, commençaient la guerre, les consuls enrôlaient les jeunes gens ; on confiait deux légions à chaque consul, et la légion comprenait environ six mille hommes divisés en cohortes, manipules et centuries, et quand ils se rangeaient en bataille, en *hastati, principes, triarii*. La cavalerie formait une classe spéciale, composée originairement des citoyens assez riches pour entretenir un cheval.

L'histoire des armées romaines est intimement liée à celle des événements intérieurs. Comme il n'y avait point de solde pour les soldats (il n'y en eut qu'en 347 après le siége de Veïes), les pauvres, qui négligeaient leurs champs, étaient obligés à leur retour d'emprunter à leurs patrons : ces dettes devinrent si lourdes pour le peuple qu'elles amenèrent une révolution sociale et politique. En outre, comme les citoyens qui réclamaient la liberté au forum étaient ceux qui défendaient la cité sur les champs de bataille, ils pouvaient imposer leurs volontés à l'aristocratie. Si le sénat résistait à une concession légitime, le peuple, conduit par les tribuns, refusait de s'enrôler : il laissait les ennemis s'avancer jusqu'au Capitole. Quoique enrôlés, les soldats pouvaient encore refuser de combattre ; et même, plus d'une fois, sacrifiant la gloriole militaire aux légitimes préoccupations du citoyen, ils se laissèrent battre plutôt que de donner la victoire à un consul impopulaire.

Les guerres fréquentes et les armées nombreuses sont toujours un danger pour une république : mais Rome avait pris d'habiles précautions. Elle ne recevait dans les armées que des citoyens : ceux de la dernière classe, qui ne possédaient rien, étaient même exclus, parce qu'ils ne semblaient pas être assez intéressés au salut de l'État : les esclaves et les affranchis ne furent enrôlés que dans les cas urgents, comme après la bataille de Cannes. Aucune armée ne pouvait entrer dans Rome, et ceux qui sollicitaient le triomphe, attendaient à une distance fixée la décision du peuple. Au temps des décemvirs, l'armée, retirée sur l'Aventin, attendit patiemment que les tyrans eussent abdiqué plutôt que de violer la loi en entrant dans la ville. Pour mieux graver dans leurs esprits la différence qu'il y a entre les citoyens et les soldats, on les appelait *Quirites* à Rome, et *Romani* dans les camps. Enfin, Rome avait résolu le difficile problème de conserver les conquêtes sans armée permanente. Elle envoyait les citoyens pauvres fonder des colonies dans les pays conquis : placés comme des sentinelles au milieu des peuples ennemis, ils les tenaient en respect : citoyens des villes qu'ils avaient fondées, ils étaient intéressés au maintien des libertés publiques.

Ces institutions s'affaiblirent à mesure que s'affaiblirent chez les Romains le patriotisme et l'amour de la liberté. Rome seule, au temps de Camille, pouvait recruter sans peine une armée de quarante-six mille hommes : plus tard, il fallut employer la contrainte pour réunir dans toute l'Italie des armées moins fortes. Des Celtibériens entrèrent dans les armées comme mercenaires. César reçut des Gaulois, ses successeurs firent accueil à tous les peuples vaincus. Dès lors, les prétoriens dominèrent à Rome, et l'on vit l'empire mis à l'encan par les soldats. Aussi, viennent les barbares, et les innombrables armées qui gardent les frontières seront impuissantes à les protéger.　　　　　　　　　　　　　　　　VALÈRY BERNIÉ.

II. — Les armées barbares qui envahirent la Gaule se composaient d'infanterie et de cavalerie ; mais leur principale force consistait dans l'infanterie. — Après la conquête, ces soldats, tant les fantassins que les cavaliers, devinrent pour la plupart des propriétaires, des possesseurs de fiefs, des maîtres de châteaux. Leurs fils eurent le moyen d'avoir des chevaux, des armures de fer. Il était dans la nature humaine qu'ils aimassent mieux faire la guerre désormais à cheval qu'à pied. Aussi, déjà sous Charlemagne, la féodalité étant à peu près constituée, voyons-nous que les armées sont formées principalement d'une cavalerie d'hommes nobles, de seigneurs, plus ou moins munis d'armes défensives, et, en second lieu, d'une infanterie, composée par les serfs et les sujets de ces cavaliers, chaque seigneur menant avec lui autant de ses serfs, de ses sujets qu'il a pu en recruter.

Cette infanterie n'a point de cadres ; elle n'est pas distribuée en compagnies ou en régiments ; chaque groupe de piétons sorti d'une seigneurie se joint simplement aux autres piétons, et l'ensemble forme une grande bande, plutôt qu'un véritable corps. Une extrème irrégularité règne dans l'armement de cette foule ; la plupart même sont entièrement dépourvus d'armes défensives ; ils vont au combat en cohue et ne présentent aucune résistance à la cavalerie ennemie ; ils ne comptent pas comme force sérieuse, même aux yeux de leurs maîtres ; ils ne sont bons qu'à piller, à ravager le pays, à escarmoucher avec l'infanterie rivale ; tout au plus, à amortir le choc de la cavalerie ennemie, en se faisant passer sur le corps.

Les possesseurs de fiefs, les nobles constituent donc seuls, sous le nom de *gendarmerie* ou de *chevalerie*, la véritable armée. Ils se groupent autour de leurs *suzerains* immédiats (voyez *Féodalité*) qui, eux-mêmes, se groupent autour du suzerain commun, chef de toute l'armée. D'après les principes de la féodalité, les seigneurs vassaux doivent le service militaire à leur suzerain quand celui-ci le leur demande ; ils doivent répondre au ban, c'est-à-dire à l'appel du suzerain et servir pendant un temps qui varie suivant les occasions, les lieux ou les conventions faites, mais qui généralement est de quarante jours. Au delà de ce terme, le suzerain doit payer une solde à ses vassaux, c'est la règle, mais tant s'en faut qu'elle soit toujours exécutée. Telle est sommairement l'organisation de l'armée féodale, de l'armée au moyen âge (du IXe au XVIe siècle).

On verra ailleurs (v. *Armures*) comment ces soldats du moyen âge, cavaliers et fantassins, étaient équipés et armés. Je veux seulement dire ici quelques mots de la manière dont ils combattaient, de la tactique pratiquée à cette époque. Rien n'était plus simple que cette tactique, d'autant que la plupart des militaires d'alors auraient volontiers considéré les dispositions habiles, les stratagèmes et les surprises comme des ruses peu honorables. On se piquait (du moins dans les grandes guerres, car dans les guerres privées on se conduisait par des principes contraires), on se piquait, dis-je, de faire à l'ennemi les conditions aussi égales que possible ; le champ, l'ombre, le soleil, la poussière, devaient être également partagés afin que le courage seul fit la différence. Tout se passait fort uniment en charges de cavalerie. On chargeait en *haie*, c'est-à-dire disposé sur une longue ligne et sur un seul rang ; à cette première ligne en succédait d'assez loin une autre, et puis une troisième, les armées étant généralement divisées en trois corps, ou, comme on disait, en trois *batailles*.

Quant aux piétons, à ce que les nobles cavaliers appelaient la *pédaille*, la *ribeaudaille*, un fait montrera quel piètre rôle ils jouaient sur le champ de bataille. — C'était à Crécy; les archers anglais avaient engagé l'affaire avec les archers génois qui étaient de notre côté (et notez que ces arbalétriers à solde étaient encore une troupe d'élite, relativement aux *sergents*, aux fantassins ordinaires). Ces Génois eurent bientôt un désavantage marqué; il avait plu la nuit précédente et leurs arcs s'étaient mouillés. En conséquence, ils voulurent raisonnablement faire retraite. Le roi Philippe VI, qui attendait derrière eux, avec toute sa cavalerie, ne le permit pas. « Allons, dit-il, qu'on me tue cette ribeaudaille qui encombre la voie sans raison. » Et il se lança avec toute sa cavalerie au travers des malheureux Génois, et leur passa sur le corps pour joindre plus vite les Anglais.

C'est durant cette guerre (la guerre de cent ans), qu'on voit se former, à côté de l'armée féodale, une armée à la moderne, qu'on voit poindre le système destiné à remplacer plus tard l'organisation féodale et à durer jusqu'à la révolution. Des seigneurs, des barons versés dans l'art militaire s'avisent de recruter parmi les hommes déclassés, brigands, voleurs ou nobles ruinés, des corps de troupe qu'ils vont ensuite louer aux princes en querelle. Ce sont ces troupes qui ont laissé un si effroyable renom dans l'histoire sous le titre *de grandes compagnies* [1]. C'est parmi ces hommes cruels, atroces, sans conscience ni patriotisme, toujours prêts à passer d'un parti à l'autre pour un supplément de solde, que furent trouvés ou plus tôt retrouvés les principes de l'art militaire méconnus par le courage naïf, et, si l'on osait dire, un peu bête des braves barons féodaux. C'est dans ces compagnies, composées, équilibrées, de cavalerie et d'infanterie, qu'on acheva d'inventer l'armure défensive (voyez *Armures*), ce qui n'était pas le plus difficile; mais c'est là aussi qu'on se remit à pratiquer la tactique, à prendre ses avantages, à user sans vergogne de son intelligence et de sa perspicacité. Duguesclin se forma à cette école, heureusement pour la France.

Quand Charles VII eut mit les Anglais hors de France, il s'occupa de relever à l'intérieur le pouvoir des rois. En établissant l'impôt permanent, l'armée permanente, il commença le bel âge de la royauté. L'armée permanente fut recrutée suivant le même système que les *compagnies*, ou à peu près. Le roi donna à d'anciens militaires des *commissions*, par lesquelles ils avaient pouvoir de réunir comme ils l'entendraient et d'engager un certain nombre de soldats. Le plus souvent, ces *commissionnés* recevaient préventivement le titre de capitaines ou de chefs des compagnies qu'ils allaient former.

Le roi devait payer de ses deniers capitaines et soldats; et eux n'obéir qu'au roi. Il est inutile de faire observer que les rois eurent par là une force toute à eux; au lieu que l'armée féodale était entre leurs mains un instrument très-rebelle et même parfois dangereux. Cette création de l'armée permanente eut d'autres effets encore. D'abord elle énerva la noblesse; ceux d'entre les nobles qui eurent le plus d'esprit militaire entrèrent désormais dans les *compagnies d'ordonnance* (c'est ainsi que s'appelèrent d'abord les compagnies royales). Une fois là, ils prenaient des idées contraires aux prétentions de leur classe; ils étaient perdus pour elle. Puis, comme il arrive toujours que les hommes perfectionnent ce dont ils font profession exclusive, les compagnies d'ordonnance, composées d'hommes voués à la guerre par

---

1. Disons cependant qu'au XII$^e$ siècle ce système avait déjà été pratiqué, mais avec moins de science et de succès. Les corps formés de cette manière se rendirent célèbres aussi par les mêmes mérites que les grandes compagnies. Ce sont les *routiers* dont parlent si souvent les chroniques.

métier, eurent bientôt une supériorité accablante par l'ordre, par la discipline et par l'esprit de corps sur les troupes féodales. Charles VII, en créant l'armée permanente, n'avait pas pour cela aboli l'armée féodale, le ban féodal. Cet organisme de l'époque barbare se maintint beaucoup plus qu'on ne croirait. On le vit fonctionner jusque sous Louis XIV, mais toujours de moins en moins souvent, et seulement dans les cas d'une guerre inégale avec les puissances étrangères. À chaque fois que l'armée féodale fut réunie dans le cours de ces deux siècles, elle apparut plus inférieure, plus inutile. Sous Louis XIV, elle donna un tel spectacle d'indiscipline, de désordre et même de lâcheté, qu'on se promit bien de ne plus la rappeler.

Nous avons anticipé sur le temps, pour dire tout de suite ce que devint l'organisation ancienne; revenons au système moderne. Les compagnies d'ordonnance furent composées de soldats à cheval, armés de la lance et couverts de l'armure défensive complète, de *gendarmes* (c'était le mot consacré déjà dans le système féodal pour désigner le guerrier noble monté et armé de cette manière). Les compagnies d'ordonnance étaient donc une pure cavalerie. On ne pouvait pas cependant, après les guerres anglaises, méconnaître l'utilité, la nécessité de l'infanterie dans une armée. Aussi, le pouvoir royal essaya-t-il de se former une infanterie en dehors du système féodal, comme il avait fait pour la cavalerie. On choisit dans chaque paroisse un homme adroit à tirer de l'arc ou de l'arbalète, que la paroisse dut équiper et qui fut déclaré exempt de tout impôt. Le *franc archer* (franc, à cause de ladite exemption) devait rester dans ses foyers en temps de paix; en temps de guerre, se réunir à ses voisins pour former des compagnies. Alors seulement il recevait une solde. Les corps formés ainsi n'eurent aucune consistance, et cela s'explique. La bravoure, la discipline sont faites de la connaissance mutuelle des soldats, et, ici, ils ne se rencontraient ensemble que devant l'ennemi. Quoi qu'il en soit, les francs-archers ont laissé une réputation générale de pusillanimité. Ils furent beaucoup moqués dans leur temps; s'ils ne nous rapportèrent pas de lauriers, ils nous ont au moins valu de bons contes, de bonnes farces, qu'on peut lire encore avec plaisir (exemple le *Monologue du franc-archer*, attribué à Villon). Louis XI abolit les francs-archers; mais, comme il fallait cependant avoir de l'infanterie, il inaugura un autre système : ce fut de louer à l'étranger des corps d'infanterie mercenaire. Les Suisses étaient alors en grande réputation; Louis XI loua des Suisses. Après les Suisses, on s'engoua des Allemands, et on loua des Allemands, sans cesser pourtant d'avoir des Suisses. La concurrence, la jalousie de métier, qui ne tarda pas à animer les uns contre les autres ces corps de mercenaires, nous fut plus d'une fois fatale. Volontiers, les Suisses laissèrent écraser les Allemands sans les secourir, et réciproquement. Et puis, les uns et les autres s'avisaient, le matin des batailles, de déclarer qu'ils ne se battraient pas, si ce n'est à telle ou telle condition exorbitante. On ne laissa pas malgré tout, jusqu'à la fin de la monarchie, d'entretenir en France des troupes étrangères. Aussi, rencontre-t-on à chaque instant, dans l'histoire de nos guerres, les mots *Suisse, lansquenet, reitre, estradiot, houzard, houlan*, et des noms de régiments comme ceux-ci : *royal-allemand*, *royal-pologne*, *royal-croate* transformé en *royal-cravate*. Les *lansquenets* étaient l'infanterie allemande, et les *reitres* la cavalerie de même nation, qui jouèrent le rôle le plus actif dans nos guerres de religion, au XVIe siècle. Du même siècle, mais tout à fait du commencement, sont les *estradiots*, cavalerie légère levée dans l'Illyrie et la Dalmatie. Les *houzards*, cavalerie légère recrutée parmi les Hongrois, ne datent que de 1691, sous Louis XIV. Les *houlans* furent formés avec des cavaliers de la même nation par le maréchal de Saxe (en 1734). Enfin, c'est à partir de Louis XIV qu'on rencontre dans notre armée les régiments cités plus haut et dont le nom indique assez l'origine.

Après Charles VII, Louis XII et François Ier tentèrent encore de former par une espèce de conscription une infanterie nationale ; mais leurs *légions* ne réussirent pas plus que n'avaient fait les francs-archers. Après ces essais, il demeura pour incontestable que le *peuple* français n'avait pas assez d'énergie naturelle pour produire des soldats ; mais comme, d'autre part, ainsi que nous l'avons dit, les mercenaires étrangers étaient chers, difficiles et parfois rebelles à la main, on imagina d'étendre à l'infanterie le système des commissions qui avait donné et donnait encore de si heureux résultats dans les compagnies de gendarmes. Des capitaines, nommés d'avance, recrutèrent donc des fantassins un peu partout, mais spécialement dans certaines provinces réputées plus énergiques, telle que la Gascogne et le Dauphiné. On ne forma d'abord que des compagnies avec ces engagés ; puis, un ou deux régiments ; puis, au XVIIe siècle, un nombre de régiments assez considérable pour que les corps étrangers devinssent dans l'armée française un simple appoint. Vers le même temps, sous Louis XIV, on revint à l'idée de lever par conscription des paysans et des ouvriers, mais avec de moins hautes visées sur leur compte. On se dit que si de pareils hommes étaient incapables de faire des soldats, ce dont personne ne doutait, ils pouvaient au moins faire des *miliciens*, bons à garder les côtes, les places de guerre, à maintenir l'ordre dans les villes. Les paysans furent dès lors appelés à tirer au sort chaque année. Ce tirage s'effectuait avec si peu d'équité, les agents du pouvoir y mettaient tant d'arbitraire, le régime du milicien était d'ailleurs si mauvais, on le nourrissait et on l'entretenait si mal, que les populations exécrèrent bientôt la conscription. L'histoire intime est pleine des troubles, rébellions et batailles auxquels donnait lieu chaque année presque partout l'opération du tirage. Quelque chose de cela s'est revu sous le premier empire. Ces miliciens qui ne devaient pas se battre, à qui on le promettait toujours pour les rendre plus dociles, furent envoyés à la guerre comme les soldats, dès qu'on se trouva un peu pressé, ce qui arriva dans la guerre de la succession d'Espagne. Ils se battirent très-bien, et, notamment à Malplaquet, avec beaucoup d'acharnement ; les vainqueurs ce jour-là comptèrent plus de morts que les vaincus. Néanmoins, il resta acquis que l'engagé, le volontaire, valait seul quelque chose en France ; seul, cette mauvaise tête, ce mauvais sujet était un brave ; le paysan, l'ouvrier rangé, pris à la charrue, à l'atelier, manquait de nerf. Il fallut la révolution française pour désabuser un peu rudement la classe militaire d'alors, la noblesse.

J'ai employé plus haut, en parlant du soldat ordinaire, le terme de mauvais sujet ; si quelque lecteur estimait l'épithète trop forte, je le renverrais aux auteurs, aux romanciers du XVIIe siècle, qui parlent du soldat d'alors dans des termes bien plus vifs. Voltaire écrit couramment : l'armée est la lie de la nation. Cherchez dans l'abbé Prévost, dans Lesage et les autres romanciers moins connus, le récit de quelque acte de violence concerté, tels qu'enlèvement, bastonnade, guet-apens, assassinat, vous avez toute chance de rencontrer quelque soldat parmi les agents de l'affaire. Il semble, en lisant ces auteurs, qu'on n'était jamais en peine alors de se procurer l'assistance d'un soldat quand il s'agissait de faire un mauvais coup. Ce que les littérateurs insinuent ou affirment, n'est pas démenti, tant s'en faut, par les mémoires et par les témoignages des personnages officiels. Tout le monde connaît les passages de Mme de Sévigné, relatifs à la conduite des soldats, en Bretagne, lors de la révolte de cette province. Guy-Patin, un peu moins connu, écrit, à chaque instant, des phrases comme celle-ci : « On recommence de plus belle à voler. C'est la paix qui nous vaut cela. On attribue la plupart de ces violences aux

soldats. » Les lieutenants de police la Reynie et d'Argenson, dans la volumineuse
correspondance qu'ils ont laissée, ne s'expriment pas autrement. On citerait cent
passages pareils à celui-ci. « Le retour des troupes et la réforme de plusieurs soldats nous obligent d'avoir une grande vigilance pour prévenir les vols et autres
désordres (Lettre de d'Argenson du 2 oct. 1697.) » Ainsi, il est certain que le soldat
en garnison dans les villes commettait beaucoup de vols et *autres désordres*. Il mendiait aussi beaucoup, souvent il mendiait l'épée à la main, mais, en tout cas, l'épée au
côté, ce qui ne laissait pas au passant toute liberté de refuser; de cette mendicité
au vol il n'y avait qu'un pas glissant. Ce qui n'est pas moins sûr c'est que les
soldats une fois en campagne ne distinguaient plus entre le concitoyen et l'ennemi,
traitant l'un aussi mal que l'autre. Là-dessus tous les historiens sont unanimes.
Après cela, faut-il mentionner les peccadilles qui remplissaient la vie ordinaire du
soldat ? Pour une petite récompense il prêtait son concours à toutes les fraudes ; et
notamment il louait ses services (les cavaliers surtout) pour faire la contrebande du
sel. A présent, ce soldat avait certainement des qualités, des vertus militaires ; sa
bravoure fut presque toujours supérieure, toutes les fois qu'il fut bien commandé;
il supportait avec patience, avec gaieté, les fatigues, la faim, la soif. M. Michelet a
cité des traits étonnants, touchants même, de sa constance. Né pauvre, la plupart
du temps, négligé ou repoussé par ses parents, il avait de bonne heure mangé de
la vache enragée, et il savait la manger en s'en moquant ; tout cela n'empêche pas
qu'il lui manquait souvent la probité militaire comme l'autre. Il n'était pas très-
patriote ; il passait facilement à l'ennemi, si l'ennemi se trouvait pour le moment
avoir un meilleur ordinaire ; il est vrai que sur le bruit d'une amélioration il
nous revenait aussi très-facilement. Du reste, dans les autres armées c'était la
même chose. Des lettres officielles (1700-1710) constatent qu'entre l'armée française et l'armée des coalisés, c'est un perpétuel va-et-vient de déserteurs, dont le
nombre est parfois très-considérable.

Ce n'était pas tout à fait la faute du soldat, s'il mendiait ; on peut en dire
autant quant à ses autres péchés, il les faut porter au compte de l'ancien régime,
pour une bonne partie. Comment d'abord ce paysan, cet ouvrier déclassé, ou ce
cadet bourgeois, déshérité d'argent et de soins, entrait-il dans l'armée ? Volontairement, si l'on s'en rapporte à son titre de volontaire. Mais le titre n'était pas toujours véridique. Les capitaines et officiers, qui prenaient à charge de recruter pour
le roi leurs futures compagnies, étaient gens trop nobles et trop bien élevés pour
faire en personne une pareille besogne ; ils en chargeaient à leur tour d'anciens soldats, moyennant tant par engagement procuré. Ces gens, qui faisaient métier de
trouver des engagés, s'appelaient des *racoleurs*. Les dossiers de l'ancienne police sont
pleins des hauts faits de ces messieurs. On n'a pas idée de l'audace, de l'impudence
avec laquelle ils opéraient, enlevant violemment les jeunes gens bien bâtis, les
mettant en chartre privée, les tourmentant, jusqu'à ce qu'ils eussent signé l'engagement, etc. Leur moyen le plus honnête était encore de griser les naïfs et de les
faire signer, en état d'ivresse. Puis, arrivé au corps, quel régime le soldat y trou-
vait-il ? Il y trouvait d'abord les très-mauvaises habitudes dont je parlais tout à
l'heure, presque justifiées par la tradition ; aucune instruction, aucun soin de la
part des officiers tendant à le préserver contre la démoralisation ; les officiers
n'avaient aucune relation suivie avec leurs inférieurs ; en temps de paix, ils
séjournaient souvent à la cour et, en tout cas, n'assistaient qu'aux revues. Leur
morgue les empêchait de parler aux soldats, autrement que pour les commander.
Le soldat, voué désormais au service pour toute sa vie ou à peu près, sans esprit
de retour, se considérait comme séparé du peuple, et adoptait des idées, des mœurs,

un ton à part qui éloignaient de lui les citoyens. Nulle communication pour lui, en conséquence, qu'avec ses pareils et avec les sous-officiers, aussi ignorants pour la plupart, plus *troupiers* encore et plus encroûtés des vices de garnison par un long service. A Pâques, il est vrai, chaque année, l'administration l'envoyait confesser, puis communier avec toute sa compagnie, et à son rang dans la file, mais on ne s'est pas aperçu que la communion, exécutée régulièrement comme un exercice, ait jamais influé sur sa moralité. — Pas d'avancement pour lui (sous Louis XIV, l'avancement était presque impossible; sous Louis XV, il le devint tout à fait; une ordonnance de ce roi exige qu'on soit noble pour être officier), partant nulle sollicitation à s'instruire, à se bien conduire, à s'élever moralement pour monter en fait. — Et les officiers qui le commandent ne sont ni les plus intelligents, ni les plus braves, ni même les plus nobles, mais les plus riches, sauf exception. Ils ont acheté la compagnie, le régiment; ils commandent de par leur argent [1]. Ces capitaines, ces colonels, qui souvent ne sont pas du tout soldats (V. Boursault, *Ésope à la cour*), volent et le gouvernement et les soldats. Chargés de lever et d'entretenir leurs hommes moyennant un prix convenu pour chaque homme, ils reçoivent de l'administration leur propre solde et celle de leur troupe. Ils volent d'abord l'administration en portant sur les rôles de leur corps plus d'hommes qu'ils n'en ont effectivement, et leurs soldats en retenant tout ou partie de la solde. Au moins sont-ils toujours en retard avec eux. Les soldats réclament-ils? Ils sont reçus à coups de canne ou de plat d'épée, juste punition d'une si énorme insolence. D'autre part, l'administration invente-t-elle les revues, les *montres* périodiques, passées par des inspecteurs pour s'assurer de l'effectif réel, les officiers imaginent les *passe-volants*, c'est-à-dire, qu'ils ont des hommes de paille, mendiants, laquais (parfois leurs propres laquais) qu'ils habillent et mettent dans les rangs le jour de la revue, qui reçoivent la solde devant les inspecteurs et vont ensuite la remettre à leur patron, moyennant une petite retenue. C'est une comédie publique, connue de tous, et jouée en présence des soldats, qu'elle est fort propre à moraliser, comme on pense.

Enfin, certains usages que le gouvernement tire des soldats tendent à les pervertir tout à fait. On les emploie à chaque instant, comme *garnisaires*, pour amener à résipiscence toute sorte de récalcitrants, par exemple les citoyens qui sont en retard avec le fisc. Quand des soldats sont en garnison chez un particulier, l'esprit sinon la lettre de leur consigne est de s'y montrer exigeants et tyranniques. Cela leur est tout à fait ordonné quand ils sont envoyés (comme cela arriva si souvent sous Louis XIV) chez des mutins, révoltés contre l'impôt du sel, du papier timbré, ou chez des protestants qui ne veulent pas se convertir. Chez ces derniers, tout fut permis, conseillé: jusqu'au viol, jusqu'à l'assassinat. Ces *garnisons* de soldats chez les protestants sont connues dans l'histoire sous le nom de *dragonnades*, parce que les dragons y furent principalement employés. D'autres dragonnades sont moins connues qui méritent presque autant de l'être, ce sont celles des troupes qui occupèrent Bordeaux, Rennes, et plusieurs autres villes de la Bretagne et de la Guienne, après les émeutes de 1675: pendant des mois entiers, les soldats furent réellement maîtres de ces diverses villes et y firent tout ce qu'ils voulurent. — On peut dire que la garnison dans ces conditions-là était une école excellente pour former au crime. Nous n'avons pas montré encore tous les mauvais côtés de l'armée sous l'ancien régime, notamment les excès et les absurdes exigences des troupes en

1. Depuis Louis XIV, un certain nombre de commandements ne sont pas vendus, ils sont réservés pour être conférés aux officiers pauvres, à l'ancienneté, d'après *l'ordre du tableau*, comme on le disait alors.

marche à l'égard du paysan, motivées par ce qu'on appelait alors l'*ustensile*. La Révolution, en reconstituant l'armée d'après des principes plus justes, extirpa la racine de ces mauvaises mœurs, elle en effaça aussi le souvenir. Il est bon que les historiens les rappellent; ils ont trop négligé les mœurs pour les récits de traités et de batailles. PAUL LACOMBE.

III. — En exaltant chez le soldat le sentiment patriotique et en reconstruisant l'armée d'après des principes plus justes, la Révolution eut raison de tout ce passé. Mais il ne faut pas croire que cette réforme de mœurs fut l'œuvre d'un jour et qu'elle put être complète. Rien de moins exemplaire que la conduite des enrôlés volontaires de 92. C'était suivis par des bandes de femmes, que ces jeunes gens, les habits bleus, allaient aux frontières, et, comme on les retenait longtemps dans les places de guerre pour leur apprendre l'école du soldat, il arrivait que la caserne se changeait bientôt en un vaste hôpital. D'autre part, les anciennes troupes, les habits blancs, tout à la dévotion des états-majors composés d'ex-nobles, conservaient leurs premières habitudes. Peu leur importait que les peuples voisins se donnassent à la République par amour pour la liberté; ces soldats du régime monarchique occupaient militairement les territoires qu'on leur livrait fraternellement, ils y vivaient *sur l'ennemi*, et les chefs organisaient volontiers des houzardailles. C'est seulement à la fin de 93 que les armées font preuve d'un esprit et d'une discipline tels qu'on les rêve chez des *défenseurs de la Patrie*; mais cela n'eut qu'un temps. La prolongation de la guerre offensive, la campagne d'Italie et les expéditions lointaines gâtèrent tout ce bien. Sous le Directoire, retour aux vieilles mœurs; le soldat, partout vainqueur, mais toujours volé par les fournisseurs, pille autant qu'il peut : l'exemple des généraux l'encourage. En ce même temps, les intrigants politiques lui font accroire qu'il est le vrai représentant de la nation, et le militarisme s'organise. Quelles furent les mœurs des troupes sous l'Empire? Demandez-le aux Allemands; interrogez Paul-Louis Courier, et lisez surtout la *Correspondance de Napoléon I*er, qui est édifiante sur la moralité des fameux maréchaux du régime impérial. On revient à mieux sous la Restauration, et, quoique l'esprit clérical possède le corps des officiers, il ne peut parvenir à empoisonner la troupe proprement dite. Il en va mieux encore sous la royauté de Juillet; le soldat se *civilise*, se *gardenationalise* de plus en plus; il perd toute crânerie, il n'a plus rien d'agressif; le troupier se transfigure en *Tourlourou*. De temps à autre, on l'emploie bien à une triste besogne : la répression des émeutes; mais, par contre, il se glisse dans l'armée un esprit d'opposition républicaine qu'on ne peut étouffer : quand la seconde République est établie, on voit, chose inouïe! de simples sergents prendre séance comme députés à l'Assemblée législative. Par malheur, tout cet acquis se perd à l'avènement d'un nouveau Napoléon. Le coup d'État et les expéditions lointaines font refleurir le militarisme. On encourage les réengagements qui ôtent au soldat tout sentiment de devoir patriotique : c'est un métier comme un autre qu'il exerce alors avec prime. Qu'en advient-il par la suite? Lorsque, vieilli sous le harnais, ce vétéran est rendu à la vie civile, son esprit a perdu tout ressort. Ses qualités, s'il lui en reste, sont toutes négatives. Il n'est plus bon à faire que des garçons de bureau, des concierges, des domestiques, ou, s'il a encore de la poigne, des sergents de ville.

A l'heure où nous écrivons ces lignes, un grand danger menace aussi le corps des officiers. L'esprit clérical voudrait l'envahir de nouveau : les agents du pape, les jésuites, préparent pour Saint-Cyr. G. A.

BIBLIOGRAPHIE. — *Mémoires sur la légion romaine*, de M. Lebeau (l'aîné), dans le *Recueil de l'Académie des Inscriptions*, tom. XXV, XXVIII, XXIX, XXXII, XXXV,

XXXVII, XXXIX, XLI. — *Recherches sur l'art militaire des Grecs*, par l'abbé Garnier. — *Id.*, I, 45. — Robinson, *Antiquités grecques*. Paris, Didot, 1837. — Adam, *Antiquités romaines*. Paris, Verdière, 1826. — *Histoire de la milice*, du Père Daniel. Paris, 1721, 2 vol. in-4. — *Histoire militaire de la France*, Giguet. Paris, 1849, 2 vol. in-8º. — *Histoire de l'ancienne infanterie française*, Susane. Paris, 1849-51, 3 vol. in-8º. — *Lettres historiques*, de Pellisson. — *Lettres militaires* (10 vol. in-8º). — *Louvois*, de Camille Rousset. — *Correspondance administrative sous Louis XIV* et *Mémoires de Colbert*, dans la collection des documents inédits.

**ARMÉE.** — POLITIQUE. — On désigne sous le nom d'armée, soit un groupe de forces militaires dirigées contre un ennemi sur un point spécial, soit la totalité des forces d'une nation. C'est dans le premier sens qu'on parle des quatorze armées de la Révolution, et dans le second qu'on dit : l'armée française, l'armée prussienne, l'armée russe, etc.

Il ne semble point à la raison que l'idée d'armée puisse se séparer de l'idée de guerre. Si l'on se reporte au passé, on voit des peuples conquérants, c'est-à-dire des peuples parasites qui, ne produisant pas, vivaient de brigandages et faisaient main basse sur les produits de l'industrie d'autrui. Que ces peuples exploiteurs, organisés pour le pillage et non pour le travail, se fussent presque tout entiers transformés en armées, et restassent aussi régulièrement sous les armes que n'importe quelle bande de voleurs de grands chemins, on le comprend aisément. La présence de si honorables industriels dans le monde obligeait d'autre part les peuples producteurs à faire de grands frais d'armements, de même qu'on voit encore, dans les pays où les routes sont peu sûres et la police mal faite, les trafiquants obligés de faire coûteusement escorter leurs marchandises et leurs espèces. Aujourd'hui qu'aucune nation ne peut vivre sans produire, aujourd'hui que le rêve anachronique de l'empire universel, fondé en réalité sur le désir de vivre inutile aux dépens du travail de la terre entière, caressé pour la dernière fois par cet Épiménide qui s'est appelé Napoléon Bonaparte, appartient définitivement à l'histoire du passé ; aujourd'hui que l'esclavage et la conquête (deux noms d'une même chose) sont condamnés en dernier ressort par la raison universelle, le maintien continu d'une armée soustraite aux travaux de la nation n'a plus de raison d'être, et si la force de la routine n'obscurcissait notre vue, ne maintenait debout des institutions longtemps après que la vie et l'esprit se sont retirés d'elles, la conscience de l'humanité ne tolérerait pas un instant de plus l'existence des armées permanentes.

L'armée permanente implique, veut la guerre permanente. Allons plus loin : l'armée permanente, ce n'est pas autre chose que la guerre permanente. Que lui manque-t-il pour que cette assimilation soit complète et irréprochable ? Simplement la franchise, et cette intensité de souffrance et de misère qui a du moins la vertu de hâter l'éclat de la réprobation universelle contre les institutions inhumaines. Les charges qu'un pays peut être obligé de s'imposer pour repousser une injuste agression, ou pour garantir la liberté de son travail, de ses approvisionnements et de ses débouchés, est toujours lourde ; mais, le lendemain, le travail peut être repris avec un nouvel élan, et réparer les brèches faites. Il n'en saurait être de même pour une nation qui se tient l'arme au bras longtemps à l'avance, comme si la guerre devait chaque jour éclater, et qui, la guerre passée, reste armée comme si aucun résultat n'avait été obtenu. De ce qui devrait n'être qu'un accident douloureux et passager dans la vie des nations, il faut faire une profession ; et, comme à toute profession, il faut y attacher un appât. Cet appât est dans la solde et dans les espérances d'avancement ; dans la solde, qui ruine un pays en le forçant à payer une foule d'hommes pour ne rien produire; dans les espérances d'avancement, qui doivent naturellement croître avec la guerre, et qui condamnent le soldat de profession à l'éternelle espérance de la guerre. Vous prenez votre fusil pour écarter les voleurs de votre maison; vous n'aspirez qu'au moment où, les voleurs éloignés, vous pourrez accrocher votre fusil au coin de la cheminée et reprendre votre travail. De même, le citoyen que la défense du territoire a contraint à prendre les armes et à tenir campagne, de quelque marque de confiance qu'il ait été investi, ne demande qu'à retourner à ses affaires restées en souffrance. Il en est autrement de l'homme qui fait son métier de donner des coups et d'en recevoir, qui n'a plus d'autre affaire au monde, et à qui la guerre seule peut fournir une occasion de se rendre utile et d'en être récompensé. Celui-là désire la guerre, et ne peut pas ne pas la désirer. Quelles que soient son origine, son éducation, ses relations, il devient forcément étranger à la partie laborieuse de la nation, parce que ses intérêts sont antagoniques. Le travail, la famille, tout ce qui donne à la vie humaine un objet, mais en lui donnant une fixité, une responsabilité, des charges, lui est interdit. Il est voué à la destruction et, en attendant, à l'oisiveté. Il est voué, en outre, à l'obéissance, non pas à l'obéissance passagère, facilement acceptée par un homme libre, parce qu'il comprend la nécessité d'une méthode indiscutée en face du péril, et que, le péril passé, il reprendra la plénitude de sa liberté personnelle, mais l'obéissance sans terme et sans examen. Des hommes qui ont dû renoncer ainsi à leur liberté propre sont naturellement disposés à faire bon marché de la liberté des autres, et inclineront à seconder les entreprises d'un monarque ou d'un aventurier quelconque contre la liberté du pays, quand il leur promettra la guerre et l'avancement qui en est la suite.

En même temps qu'elle devient ainsi une menace contre les droits de la nation, l'armée permanente constitue le plus effroyable gaspillage de richesses et de main-d'œuvre. La plus grande partie des budgets des États de l'Europe continentale passe aux dépenses militaires et au paiement des arrérages des dettes contractées pour la guerre. C'est ainsi qu'on voit la France, avec un budget de deux milliards trois cents millions, s'endetter périodiquement, marchander âprement quelques centaines de mille francs aux dépenses de l'instruction publique, et recourir à tous les expédients pour se rapprocher tant bien que mal de l'achèvement de son réseau de vicinalité; le budget de la guerre, toujours engraissant et toujours affamé, va débordant sur tout le reste, et ne permet point, lui, qu'on lui fasse tort d'une bouchée. Qu'on n'essaie pas de lui enlever un plumet ou une cartouche, sinon il ne répond plus de la sécurité du territoire.

La vérité, c'est que si vous consentez un instant à faire reposer la grandeur et la sûreté d'un pays sur l'importance d'une armée permanente, vous êtes engrené sans retour, et il n'est plus en votre pouvoir de résister aux sévérités de la logique, ni de limiter votre ruine. Vous tombez dans la dépendance de tous les autres peuples; vous subissez la loi d'une concurrence impitoyable, qui s'applique, non plus à l'écoulement des produits, mais à la destruction des richesses. Pas un pays ne peut envoyer dix hommes de plus dans une garnison sans risquer de rompre l'équilibre et vous contraindre à de nouveaux efforts. Et cette concurrence-là exclut l'autre.

On se ferait, en effet, une idée bien insuffisante de ce qu'une armée coûte à la nation, si on ne mettait en ligne de compte que la somme pour laquelle elle figure au budget, même en y ajoutant certaines dépenses municipales des villes de garnison, la servitude du logement des troupes en marche et une foule d'autres menus articles. En regard de ce que coûte l'entretien des soldats, il faut mettre tout ce qu'ils produiraient s'ils étaient rendus à la vie civile et à l'obligation du travail. C'est la partie la plus forte, la plus saine d'une nation qui est dérobée au travail ; c'est le plus clair de l'outillage national sacrifié, car ce qui a le plus d'importance dans l'outillage industriel et agricole, c'est encore l'homme. Enlever à une nation ses hommes les plus vigoureux, ceux qui pourraient jouer le principal rôle comme travailleurs et comme reproducteurs, et mettre une nation ainsi saignée en concurrence avec une autre qui concentre dans l'effort industriel toute sa vigueur musculaire, c'est évidemment rendre à la première la lutte à peu près impossible. C'est ainsi que les apôtres du libre échange à surprises ont tout à fait oublié qu'une nation, avant de prétendre à une puissance industrielle suffisante pour aller défier, à poitrine découverte, toutes les forces productives sur le marché du monde, doit rompre d'abord avec la routine guerrière et pouvoir mettre en ligne tous ses travailleurs. Le déchet de travail entraîné par les armées permanentes est incalculable. Tous les chiffres qu'on a alignés pour s'en donner une idée n'approchent point de la réalité. Il ne suffit pas de multiplier, comme on l'a fait souvent, par le prix moyen de la journée d'ouvrier le nombre de soldats retenus sous les drapeaux, ou, pour mieux dire, dans la vie oisive des garnisons. Cette représentation monétaire, qui va déjà à sept milliards par an pour l'Europe, est purement empirique. Ce que les chiffres ne peuvent point exprimer, c'est la perturbation jetée dans l'activité, la moralité et l'épargne générales par l'existence, au milieu d'une nation, d'une autre nation condamnée au célibat et à l'oisiveté ; c'est la prolongation, même au delà de la libération, des habitudes acquises de débauche et de parasitisme ; c'est le ressort même de l'initiative brisé par l'obéissance passive ; c'est la dégénérescence durable de la race.

Les défenseurs des armées permanentes les prétendent indispensables pour maintenir l'ordre, pour assurer au pays une *légitime* influence dans les conseils des peuples, enfin pour protéger l'intégrité du territoire.

Le maintien de l'ordre est la mission naturelle de la police civile. Développer en vue de l'ordre tous les modes du désordre, entraver sur la plus grande échelle le travail, la vie de famille, la population, c'est là une contradiction singulière. Aussi, faudrait-il être plus franc et avouer qu'en parlant du maintien de l'ordre, on entend en réalité la sauvegarde des pouvoirs impopulaires, et qu'on songe bien plutôt à un intérêt dynastique ou dictatorial qu'à un intérêt social. A ce point de vue même, qui n'est point pour nous attendrir, on se fait de grandes illusions. Aucune force ne peut imposer longtemps un pouvoir déchu dans l'opinion générale. Le fait accompli, qu'il plaît à quelques-uns d'appeler l'ordre, et qui devient alors le plus scandaleux des désordres, ne trouve même plus sa sécurité dans l'entretien des grandes armées. De deux choses l'une, en effet : ou l'armée garde quelque contact avec le peuple dont elle est issue, quelque mémoire de son origine, et alors, au fort de la crise, elle est amenée à reculer devant l'horreur de combattre par la force la volonté de la nation entière, ou elle est arrivée à tout renier, à tout dédaigner, à tout méconnaître en dehors d'elle, et alors, ayant la force en mains, elle devient le vrai, l'unique pouvoir de l'État et défait, comme elle les a faits, les pouvoirs trop lents à satisfaire ses exigences. C'est alors l'ère des prétoriens, l'ère des révolutions militaires succédant aux coups d'État militaires, et non moins humiliantes pour une nation. « Les janissaires, dit Voltaire, ont fait la grandeur des sultans ; mais aussi ils les ont étranglés. »

Le second argument, et celui dont on a le plus abusé, est celui de l'influence. C'est encore là une hypocrisie de langage. Les idées, les sentiments d'humanité, l'exemple donné assurent à un peuple de l'influence sur les autres peuples ; l'emploi de la force ne lui vaut que des hommages contraints et des rancunes cachées. Les peuples guerriers sèment la haine, non-seulement en répandant le sang sur les champs de bataille, mais en exaspérant les autres peuples par la brutalité, le pillage, le dédain de tout ce qui importe à la vie commune, toutes choses sur lesquelles les enthousiastes du sabre jettent un voile discret, mais qui néanmoins ont été et seront toujours et partout la conséquence inévitable des mœurs militaires. Or, la vie des nations est longue, les faveurs de la force sont inconstantes et il arrive toujours un moment où ceux qui n'ont eu d'autre instrument de règne que la crainte se trouvent subitement à découvert devant la vengeance. Les armées entretenues au delà des besoins de la légitime défense ne fondent pas l'influence d'une nation, elles la détruisent.

Assurent-elles, au moins, la sécurité du territoire? Non, elles la compromettent. C'est là une vérité solidement établie par les leçons de l'histoire à l'encontre des préjugés et des sophismes courants. Une nation qui disparaît définitivement dans la conquête avait dans sa situation ou en elle-même les causes de sa perte. Une organisation militaire ne l'eût point maintenue. C'est sur les nations vivaces et pour lesquelles l'issue définitive n'est guère douteuse, qu'il faut porter nos observations : là, l'histoire nous montre que l'armée permanente attire souvent l'invasion, ne la prévient presque jamais, et n'y résiste pas la plupart du temps. Elle provoque l'invasion, parce qu'elle est une tentation pour l'ambition des princes, parce qu'elle aspire par nature à la guerre périodique, parce qu'elle arrive à un moment où ses jeux ont à la fois fatigué la séve du pays et lassé la patience des voisins. Elle ne résiste pas à l'invasion, parce que lorsqu'elle est refoulée sur le territoire, elle est déjà démoralisée par les revers, parce que, dressée pour les guerres de conquête et d'influence, elle se désoriente dans une défense à pied où de grandes masses disciplinées ne peuvent se déployer. Elle empêche enfin le pays de résister, parce qu'elle l'a épuisé par avance et lui a ôté ainsi la force de prendre un élan décisif, et aussi parce que, paraissant s'être chargée de tout, elle lui a donné le périlleux sentiment d'une fausse sécurité. Une armée permanente joue une série de coups de dés perpétuels; même sur le territoire national, elle subit la loi qu'elle a ainsi faite, et peut, en une seule mauvaise journée, perdre la nation. Au contraire, une nation qui veut faire respecter son indépendance et qui ne compte pour cela que sur son énergie, au lieu de s'en reposer sur une organisation artificielle, cette nation-là est invincible. Il y a près de quarante ans, le lieutenant-colonel Paixhans, mort depuis général, s'écriait : « Ce n'est plus dans les casernes qu'est la force. » Et, jetant les yeux sur les derniers événements de l'histoire, il ajoutait : « En 1792, d'un côté, sont nos volontaires sortant du collége et de la charrue, sans expérience et sans officiers; de l'autre côté, ce sont les armées de la Prusse, de l'Autriche, de la Russie et toutes les autres. A qui resta la force? En 1810, les soldats de l'Espagne sont en Amérique, et l'Espagne les remplace à la hâte par une cohue de paysans et de moines; de l'autre côté, ce sont les armées de Napoléon, et Napoléon lui-même : à qui demeure la force? En 1813, les étudiants, les professeurs, les bourgeois de l'Allemagne se lèvent; ils entreprennent ce que les rois et leurs armées, et les rigueurs du climat de Russie n'avaient pu faire: et leur entreprise, ils trouvent moyen de l'achever. Et ces planteurs, les Indiens qui, d'un bout à l'autre de l'Amérique, chassent les vieilles troupes d'Espagne! Et ces miliciens de la Nouvelle-Orléans qui, en 1815, culbutent, à nombre inférieur, les vétérans de Wellington! Et ces Grecs, montagnards sans armes ou marins sans vaisseaux, qui détruisent des flottes et des armées! où donc est la force? Désormais on pourra tout avec les populations, on ne pourra rien sans elles. » Bien des faits sont survenus depuis, qui pourraient allonger et fortifier cette éloquente énumération; mais surtout la transformation nouvelle qui se produit dans les conditions de la guerre ajouterait singulièrement à la force de la conclusion.

Ce n'est pas ici le lieu de s'étendre sur les effets des nouvelles armes qui ont fait leurs preuves d'une façon si tapageuse dans l'extraordinaire campagne de 1866 et se sont imposées au monde entier, ni d'étudier les modifications considérables que leur adoption doit apporter à la tactique. Ce qui importe à notre sujet, c'est de constater que, de l'aveu de tous les écrivains militaires un peu clairvoyants, cette révolution dans l'armement augmente, pour l'avenir, dans une proportion énorme la supériorité de la guerre défensive sur la guerre offensive, et qu'elle fait baisser, du même coup, les mérites de l'obéissance passive. A Sadowa, une seule armée avait le bénéfice de la rapidité du tir; aujourd'hui que toutes les nations ont modifié leur armement, la question prend un autre aspect. Le tir rapide est destiné à bouleverser les conditions de la tactique. Les grands développements de troupes massées à découvert seraient un sacrifice vain de foules humaines dévouées à la destruction. La cavalerie ne peut plus exécuter des charges; en face de feux indéfiniment répétés, elle n'arriverait pas. Son rôle devra se borner aux œuvres de vitesse et de surprise : faire des reconnaissances, couper des chemins de fer, etc. Ce qui, en revanche, croîtra indéfiniment, c'est l'importance des tirailleurs qui, placés tant soit peu à couvert, pourront tirer un nombre presque indéfini de coups de feu avant d'être débusqués. C'est là un premier élément de force considérable en faveur de la défense du territoire. Une armée envahissante est en effet presque toujours condamnée à se découvrir et à marcher rapidement sur un territoire mal connu, c'est-à-dire à faire acte de témérité. Quelle dévastation terrible ne devraient pas produire dans ses rangs des tirailleurs embusqués, même en nombre très-inférieur, et pouvant, grâce aux armes nouvelles, diriger un grand nombre de balles avant qu'il soit possible de reconnaître leur position et d'arriver sur eux?

Une autre conséquence, également favorable à la guerre défensive, c'est l'effroyable quantité de munitions que consomme le tir rapide, et qui doivent être un *impedimentum* considérable pour une armée en marche un peu nombreuse, tandis que des citoyens armés sur leur territoire peuvent facilement avoir les munitions en nombre suffisant sous la main.

Nous n'insistons pas sur les considérations de ce genre, qui doivent trouver ailleurs leur complément technique; mais nous sommes fondés à dire que, la difficulté de porter la guerre au dehors ne faisant que croître en même temps que la défense territoriale deviendra plus aisée, les chances de guerre iront en diminuant, et l'absurdité des armées permanentes éclatera de plus en plus.

L'entretien permanent d'une armée est encore considéré par la plupart des peuples européens comme une institution essentielle; on ne peut pourtant lui appliquer cette fameuse preuve du consentement universel des peuples, qui est l'une des joyeusetés éternelles de la philosophie déiste. On peut citer des peuples tout entiers qui ne consentent pas.

Les États-Unis, en temps de paix, vivent à peu près complétement désarmés. On ne peut citer comme une armée le noyau de vingt mille miliciens bien soldés qu'ils ont conservés après l'effroyable guerre civile qui avait mis près de quinze cent mille hommes sous les armes. La Suisse n'a pas d'armée non plus; elle donne des armes à tous les citoyens et les exerce, ce qui est bien différent. Elle ne les dérange pas de leur vie habituelle, si ce n'est une fois tous les deux ans, pour les exercices en corps d'armée.

Les Anglais ont, en fait, une armée permanente assez restreinte, mais ils n'en ont jamais admis le principe. La condamnation des armées permanentes est restée chez eux à l'état de dogme. Après la Restauration, Charles II voulut se créer une garde de cinq mille hommes. Saisie de cet abus par une pétition, la Chambre des communes formula une série de résolutions dans lesquelles on lit :

« 5. Que les gardes, ou les armées permanentes, ne sont en usage que dans les pays où les princes gouvernent plus par la crainte que par l'amour, — comme en France où le gouvernement est arbitraire....

» 6. Que cette garde personnelle (*life-guard*) est une armée permanente déguisée....

» 8. Que, si la garde personnelle était licenciée, le roi économiserait à l'avenir plusieurs centaines de mille livres par an, ce qui lui permettrait en peu d'années de payer toutes ses dettes, sans écraser à cette fin son bon peuple de taxes nouvelles. »

. L'armée permanente ne tarda pas pourtant à se glisser sous le nom de milice. Son existence a été consacrée, en 1689, par une loi disciplinaire nommée *mutiny act*, qui n'est jamais votée que pour un an, mais qu'on renouvelle tous les ans; on ne cite que deux ou trois tentatives d'opposition dans l'histoire. L'armée ainsi tolérée est de quatre-vingt mille hommes en temps de paix, et peut être élevée en temps de guerre à cent vingt mille. Mais l'armée a toujours été aussi suspecte en Angleterre, que la marine y est populaire. Le *mutiny act* ne soustrait point le soldat anglais au respect des lois civiles. « Tout soldat recevant un ordre illégal, comme par exemple de tirer sur un attroupement, sans avoir été attaqué lui-même, ou avant la lecture du *riot act*, sait bien qu'il sera pendu s'il obéit; aussi pareil ordre n'est-il jamais donné à la légère [1]. »

L'Angleterre a conservé la vénalité des grades et, sauf de rares exceptions, les confère exclusivement aux nobles. Pour colorer sur ce point la persistance de ses préjugés aristocratiques, elle allègue qu'en limitant ainsi l'avancement, elle se garantit contre tout conflit entre l'armée et les pouvoirs, le corps d'officiers et les représentants du pouvoir civil étant solidarisés par un commun esprit de caste.

La France, de son côté, a considéré longtemps comme une garantie pour les institutions civiles l'organisation « démocratique » de l'armée. Assurément, la Révolution a fait disparaître là comme ailleurs les priviléges de naissance, et, quelques efforts qu'on ait faits pour revenir sur son œuvre dans la pratique, l'armée actuelle lui devrait peut-être un souvenir plus reconnaissant. Mais ce n'est pas la reconnaissance, c'est la nature des choses qui fait l'esprit des institutions, et c'est une question fort controversable de savoir, l'armée permanente étant donnée, si ce qu'on appelle la constitution démocratique de l'armée, c'est-à-dire l'ouverture d'un champ illimité à l'ambition militaire et aux espérances d'avancement n'est pas plutôt un danger qu'une garantie pour le repos public. La vérité, c'est qu'une armée, quelle que soit son organisation, n'a point de place dans les institutions d'une démocratie laborieuse.

Est-ce à dire qu'il faille complétement bannir toute précaution; qu'il faille attendre le jour où l'on est provoqué, saccagé, pour se précipiter en désordre sur des armes dont on n'aurait même pas appris à se servir? Ce n'est point notre prétention; nous ne voulons pas, devançant les âges, nous bercer de cette illusion que toute guerre est désormais impossible. Si un pays comme les États-Unis, maître de tout un continent, peut se livrer sans arrière-pensée à ses travaux, avec la confiance que son activité le mettrait assez rapidement en état de faire face à des

1. Urquhart, *Familiar Words.*

agressions qui auraient tout le caractère de la folie; si même les précautions militaires ont peu de sens dans une île aussi peu abordable que la Grande-Bretagne, il en sera autrement pour les États européens, mal délimités, tant que le lien de la république fédérative ne les aura pas solidarisés. Il est nécessaire, pour longtemps encore peut-être, de se tenir en garde contre des folies possibles; mais nous soutenons que la garde nationale, non l'honorable corporation des bizets traditionnels, mais une garde nationale jeune, exercée, rangée dans des cadres sérieux, peut suffire à tous les besoins. Un grand nombre de programmes ont été mis en avant, surtout depuis la campagne de 1866, pour organiser la défense du pays et exercer les milices. Il y a dans ces projets des variantes, quant à la durée du temps pendant lequel on peut rester sous le coup d'un appel, à la fréquence des exercices, à la durée des grandes manœuvres et à la méthode à employer pour rendre ces manœuvres fructueuses; mais tous ces projets ont leur prototype pratique et vivant dans l'organisation suisse.

La vulgarisation des exercices et des concours de tir peut certainement beaucoup pour simplifier le problème.

L'armement de la nation substitué à l'entretien d'une armée vient naturellement, sauf des exceptions qui doivent être limitées le plus possible, supprimer la profession militaire. La première condition est de ne pas enlever les citoyens au soin de leurs affaires, et par conséquent de modeler l'organisation militaire sur le territoire. On sait que, depuis le premier empire surtout, toutes les armées sont à peu près organisées sur le même plan. Elles sont divisées en corps d'armées, divisions, brigades, régiments et bataillons (ou escadrons). Cette organisation ne paraît pas d'ici à longtemps susceptible de grandes modifications. Le régiment seul, unité administrative plutôt que tactique, est considéré par certains écrivains spéciaux comme un intermédiaire parasite; d'autres croient, ce qui revient à peu près au même, que le régiment devrait être étendu.

Ce n'est qu'à partir de la brigade que les diverses armes se trouvent combinées dans des proportions déterminées par les besoins de la tactique. Il est donc utile que les exercices ne soient pas purement locaux, mais que, de temps à autre, les citoyens armés se trouvent groupés en brigades, et, au moins une fois dans le cours de leur apprentissage militaire, en corps d'armée.

Une autre condition est de composer de jeunes gens les corps qui doivent être, en cas de danger, le plus rapidement mobilisés. Au point de vue purement militaire, la superstition des vieux soldats, entretenue par la très fausse légende des grognards du premier empire, est définitivement condamnée. Le vieux soldat se fatigue vite, manque d'enthousiasme et surtout acquiert des besoins de bien-être qu'il n'est pas toujours facile de satisfaire. Mais la préférence donnée à la jeunesse, en matière d'armées permanentes, repose sur des motifs bien plus décisifs quand il s'agit de la nation armée; car, plus le citoyen avance en âge, plus la mobilisation apporte de trouble durable dans ses affaires et sa famille.

Il n'est pas impossible que, dans la pratique, on se voie obligé, pour maintenir les cadres dans de bonnes conditions, surtout pour les armes spéciales, d'entretenir quelques officiers et quelques instructeurs. Mais, d'une manière générale, tous les éléments nécessaires d'une armée peuvent se recruter sur place. Les cavaliers, réduits à la proportion que leur assigne la nouvelle tactique, ne manqueront point. L'artillerie peut se recruter et s'exercer dans les cantons, aussi facilement que l'infanterie. Quant au génie, on peut y employer des ingénieurs comme officiers et d'habiles ouvriers comme soldats, sauf à les indemniser du supplément d'études que des applications particulières pourraient exiger d'eux.

Il est bien entendu qu'il n'y a point à s'occuper de ce qu'on appelle les non-combattants ou les compagnies hors cadre. Il n'y a pas d'abus plus étrange de la manie militaire que l'application de la contrainte et de l'uniforme à des infirmiers, des tailleurs, des armuriers, etc.

Ce qui doit surtout devenir absolument civil, c'est l'administration de la guerre. Jamais les grands coups d'épée n'ont formé un bon administrateur. Ce ne sont pas les généraux, ni même Carnot, qui ont organisé la victoire au temps de la Révolution; ce sont des représentants du peuple délégués aux armées et des comptables commissaires des guerres. Le système qui consiste à faire faire l'approvisionnement d'une armée par d'anciens guerriers, au lieu de le confier à des hommes d'affaires qui sachent acheter et voiturer, marche tant bien que mal tant qu'on est en paix; toutes les fois qu'on est entré en campagne sérieusement, il a fallu y renoncer sous peine d'affamer l'armée.

Voyez *Ambulance, Armes, Artillerie, Cavalerie, Droit des gens, Génie militaire, Guerre, Infanterie, Recrutement,* etc.

BIBLIOGRAPHIE. — Servan, *Le soldat citoyen*, 1780. — Guibert, *De la force publique considérée sous tous les rapports,* 1790. — Wolfetone, *Essai sur la composition de la force armée,* 1814. — Lamarque, *Nécessité d'une armée permanente,* 1820. — Morand, *De l'armée selon la charte,* 1829. — Paixhans, *Force et faiblesse militaires de la France,* 1830. *Constitution militaire de la France,* 1849. — C. Pecqueur, *Des armées dans leurs rapports avec l'industrie, la morale et la liberté,* 1842. — Hirtenfeld, *Organisation der Europæischen heere,* 1854. — Patrice Larroque, *De la guerre et des armées permanentes,* 2° édition, 1864. — A. Legoyt, *Études statistiques sur les armées européennes,* 1864. — Edmond Favre, *L'Autriche et ses institutions militaires,* 1866. — Trochu, *L'armée française en 1867,* 1867. — D'Escayrac de Lauture, *La guerre, l'organisation de l'armée et l'équité,* 1867. — Von Ludighausen, *L'armée prussienne,* traduction Timmerans, 1868. — Cluseret, *Armée et démocratie,* 1869.          GUSTAVE ISAMBERT.

**ARMES.** — HISTOIRE. — Nous ne nous occuperons ici que des armes blanches, renvoyant pour les armes à feu aux articles *Artillerie,* *Balistique,* etc. Outre que cette séparation est matériellement commode, elle répond à une différence foncière : les armes blanches sont, à le bien prendre, les armes de l'âge antique, plus ou moins modifiées; les armes à feu sont les armes de l'âge moderne.

Il y a une manière de diviser l'histoire des armes, qui est si usitée aujourd'hui, si universellement employée, qu'elle s'impose : nous distinguerons en conséquence, dans l'immense période qui va depuis l'origine des hommes jusqu'à nos jours : 1° l'âge de pierre; 2° l'âge de bronze; 3° l'âge de fer. Chacun de ces âges tire son nom de la matière qui compose ses armes, non pas exclusivement, il faut en prévenir le lecteur, mais le plus fréquemment. A parler avec rigueur, en effet, l'âge de pierre s'est prolongé non-seulement dans l'âge de bronze, mais encore dans l'âge de fer, et l'âge de bronze dans ce dernier.

L'âge de pierre commence avec l'humanité et finit conventionnellement au moment où s'ouvre l'histoire. La moitié de cet âge appartient à une période géologique parachevée, l'autre moitié à la période qui s'accomplit actuellement. Une moitié des armes de pierre sont, comme on dit, antédiluviennes. Nous n'insisterons pas sur ces haches, ces couteaux, ces flèches en silex, taillé, façonné par éclats, qui ont fait récemment tant de bruit; il en a déjà été parlé ici même (*Ages primitifs de l'industrie*) de manière qu'il est inutile d'y revenir. Nous passerons donc tout de suite aux armes de l'âge de bronze. Au reste, nous nous proposons moins de décrire la succession des armes employées, ce qui ne se fait bien qu'avec le secours de la gravure, que de présenter des observations sur cette succession, et de tirer, autant que possible, de notre sujet les enseignements qu'il contient.

Tous les peuples qui ont joué un rôle dans l'histoire nous apparaissent armés, dans leurs premiers temps, d'armes de bronze, tels que les Assyriens, les Grecs, les Égyptiens, les Gaulois, les Étrusques. — Les Assyriens, à l'époque qui se rapporte aux récits bibliques : les Gaulois, avant la conquête de Jules César, presque jusqu'à cet événement : les Grecs, du temps d'Homère, et les Étrusques jusqu'à la destruction de leur empire par les Romains. Quant aux Romains, ils commencèrent sans doute comme les autres peuples ; mais ils surent se servir du fer avant les autres, et ils ne nous ont laissé aucune trace de leur premier mode d'armement. Si tous ces peuples débutèrent par le bronze (mélange de cuivre et d'étain), ce ne fut pas par choix, mais par nécessité. Les armes de bronze étaient plus belles sans doute que ne furent plus tard les armes de fer (on sait que les armes en bronze, grecques notamment, avaient souvent une belle couleur rappelant celle de l'or), mais elles offraient, en revanche, très-peu de solidité ; si, dis-je, on s'en servit, ce ne fut que faute de savoir travailler le fer, le plus difficile et le plus rebelle des métaux. « Difficile à travailler, » c'est l'épithète qu'Homère accole presque constamment au nom du fer. Homère indique qu'on s'en servait uniquement pour fabriquer les instruments aratoires. Il devait arriver que les peuples agriculteurs, amenés par leurs besoins journaliers à faire des progrès dans la métallurgie du fer, se rendraient les premiers aptes à produire de bonnes armes en fer, et que la supériorité de ces armes sur celles en bronze leur donnerait des chances contre les peuples purement pasteurs ; ou, pour parler plus généralement, il devait arriver que les peuples les plus industrieux seraient aussi les plus militaires. Les Romains, en effet, se montrèrent d'abord les meilleurs agriculteurs de l'Italie, après quoi ils en furent les maîtres.

La flèche, l'épée, la lance ou le javelot (petite lance propre à servir d'arme de jet comme d'arme d'hast) sont les trois armes fondamentales chez tous les peuples que nous nommions tout à l'heure ; mais on peut dire que la flèche semble prédominer chez les Assyriens, le javelot chez les Grecs, l'épée chez les Gaulois. Ces derniers nous ont laissé de plus des haches de formes variées et qui sont curieuses à étudier comme emmanchement ; mais on n'est pas sûr que ces haches aient jamais été d'un usage général à la guerre. Pour la forme des armes susdites chez les divers peuples en question, nous ne pouvons que renvoyer le lecteur aux sources. Pour les Assyriens, les plâtres du musée du Louvre ou l'ouvrage de M. Botta, *Antiquités assyriennes* ; pour les Grecs, Homère. Pour les autres peuples, les mémoires des diverses sociétés savantes, les revues d'archéologie, de numismatique, les musées publics. (V. aussi à la fin de cet article.)

Tous ces peuples ont eu également des armes défensives : boucliers, cuirasses et casques. — Notons un trait propre aux Gaulois : longtemps ils répugnèrent à l'usage des armes défensives. Nos pères étaient des raffinés en fait de bravoure. A la fin cependant, l'exemple des Grecs et des Romains les leur fit adopter. — Le bouclier partout précéda sans doute la cuirasse ; il était plus facile à faire. Une claie d'osier, deux ou trois petites planches recouvertes d'une peau, une écorce d'arbre en faisaient les frais. Pour le décorer, on clouait au centre une tête d'animal, ou bien un fleuron en bois, en bronze (chez les Gaulois), une bosse de cyane — espèce d'émail d'un noir bleuâtre (chez les Grecs d'Homère), — où des clous plantés en cercles concentriques. D'ailleurs, sa forme et ses dimensions variaient chez chaque peuple. Il était grand et ovale chez les Grecs d'Homère ; rond et plus petit chez les Assyriens, les Grecs d'une époque postérieure, et, ce semble, formé d'ais arrondis en cercles; oblong ou hexagonal chez les Gaulois; chez les Lydiens, petit, arrondi en bas, coupé en haut de deux échancrures. — Quant à la cuirasse, on la fit de cordes nattées ; de pièces de lin collées ensemble (chez les Égyptiens); de peaux plaquées avec de petites pièces de métal; de verges de métal entrelacées (ces deux semblent avoir été usitées partout); enfin de deux plaques de bronze réunies par des charnières. Chez les Grecs, cette espèce de cuirasse, courte et descendant seulement à la taille, était modelée de manière à figurer les muscles de la poitrine : de là vient que, dans les images antiques, le guerrier apparaît comme nu, quoiqu'il soit cuirassé. Mais il est à croire que cette armure fort chère fut toujours un privilége des chefs. Les Grecs avaient une pièce d'armure qui leur était particulière, c'était la cnémide (les Grecs aux belles cnémides, dit Homère), jambière formée d'un morceau d'étain ou de bronze ployé, non réuni : on entrait la jambe par la fente postérieure, et cela tenait sans avoir besoin de liens.

Venons aux Grecs et aux Romains des époques classiques, ou, mieux encore, voyons les Grecs et les Romains, tels qu'ils étaient armés, au moment où ils se rencontrèrent sur les champs de bataille de Cynocéphales et de Pydna (IIe siècle avant Jésus-Christ). Nous sommes ici en plein âge du fer.

Les Grecs avaient alors la phalange depuis longtemps; les Romains avaient la légion. La phalange se composait de seize mille hoplites ou soldats pesamment armés. L'hoplite portait un casque, des cnémides, un bouclier en forme de bassin, une casaque de peau tenant lieu de cuirasse (seuls les cavaliers de l'armée portaient la cuirasse modelée, le *thorax*), et, pour armes offensives, l'épée, une petite épée aiguë à la pointe, renflée au milieu en feuille de sauge, puis la *sarisse*, longue pique de huit à neuf mètres. Les hoplites, en phalange, étaient rangés sur seize rangs de profondeur; les cinq premiers rangs seuls tendaient leurs sarisses, en sorte que le front de bataille était hérissé de cinq rangs de pointes, dont les plus avancées sortaient de dix coudées en avant du premier rang des soldats. Les neuf autres rangs tenaient la sarisse à peu près droite, appuyée sur les épaules de chaque rang précédent; cela servait à arrêter les traits, flèches et javelots, et à en garantir les derniers rangs. La légion romaine comptait à peu près moitié moins de soldats que la phalange. Elle ne formait pas comme elle une masse épaisse; elle était au contraire divisée en petits bataillons, en manipules; elle attaquait l'ennemi par colonnes étroites de front, mais relativement profondes. Les légionnaires avaient pour armes offensives une épée large, très-courte, rappelant un peu le coupe-chou de nos fantassins, des javelots et enfin le pilum (tous n'avaient pas le pilum). Celui-ci était une espèce d'épieu garni de fer jusqu'au tiers de sa longueur, fortement renflé au point où le fer finissait. Cette disposition avait cet effet que le pilum, une fois engagé dans un bouclier, ne pouvait ni être arraché ni être coupé avec le sabre, et que, se faussant par le bout, il traînait par terre, tirait en bas le bouclier, découvrait l'adversaire; le légionnaire alors, se glissant sous les armes de celui-ci, généralement plus longues, l'égorgeait avec sa courte épée, qui n'était presque qu'un poignard. Comme armes défensives, le légionnaire portait un casque, une cuirasse formée de quelques cercles de fer sur la poitrine et d'autres sur les épaules, passés comme des bretelles, un bouclier fait de deux planches bordées de fer et convexe, comme une tuile à canal. A présent, comment la légion pouvait-elle entamer cet énorme et compacte carré de la phalange, si hérissé de piques? Il paraît qu'elle ne l'entamait pas, quand la phalange était bien déployée et immobile sur un terrain uni; mais, dès que la phalange avait à se mouvoir, et à la guerre il faut toujours se mouvoir, elle était entamée et, une fois entamée, tout était perdu.

Nous avons vu les armes des vainqueurs du monde; voyons à présent celles des barbares par lesquels ces vainqueurs furent vaincus ou, tout au moins, celles des Franks, car, pour les autres barbares, les renseignements manquent de certitude. Notons cependant que les Romains, au moment de leur défaite, n'étaient plus tout à fait armés comme nous l'avons dit; le pilum avait changé de forme et avait dégénéré, l'épée n'était plus d'un seul modèle; une extrême variété, quant à l'armement, s'était introduite dans les armées, en même temps que l'indiscipline. Les armes favorites du Frank étaient la hache et l'angon. L'angon, espèce de lance à crochet, se lançait contre le bouclier de l'ennemi; elle ne pouvait ni être arrachée à cause des crochets ni être coupée, étant couverte de plaques de fer; le Frank posait le pied sur son extrémité et forçait par là l'ennemi à baisser le bouclier, à se découvrir; il lui lançait alors sa hache, la terrible francisque, qui rarement manquait son but, à ce que disent les chroniqueurs. Après cela, ils se servaient encore d'une épée large et droite et d'un coutelas, qui était presque un sabre par ses dimensions, le *scramasax*.

Les fils de ces barbares, devenus des propriétaires, des possesseurs de châteaux, des seigneurs, devaient changer et changèrent en effet de manière de combattre. Leurs pères étaient surtout des fantassins. Ceux-ci sont des cavaliers. Ils portent la lance, arme d'hast qui ne se jette pas comme l'angon ou ne se jette que rarement, et l'épée, à peu près pareille à celle de leurs pères. Mais, ce qui les différencie plus profondément, c'est l'armure défensive. Leurs pères n'avaient eu qu'un petit bouclier rond, avec un umbo très-saillant. Ils portent eux la *lorica*, véritable cotte de mailles, ou la *brunia*, justaucorps rembourré, garni de pièces de métal carrées ou rectangulaires. Leurs pères avaient la tête nue, ils l'ont couverte d'un casque conique avec un *nasal* de fer. C'est avec cet armement que nous apparaissent sur la tapisserie de Bayeux les compagnons de Guillaume, les conquérants de l'Angleterre (1066). Suivons à présent les changements, les progrès et les altérations, survenus dans les diverses parties de l'armement jusqu'à l'âge moderne. — La lance ne changea guère. Au xive siècle, on lui met seulement une espèce de rondelle presque au bout du manche, en avant de la main pour empêcher celle-ci de glisser. — L'épée, formée de quillons droits et d'une lame large, progressivement rétrécie vers la pointe jusqu'au xive siècle, devient à cette époque un glaive long et effilé, propre seulement à l'estoc, une *rapière*, puis, à la fin du xve, elle recouvre sa première forme.

L'histoire des armes défensives a plus d'intérêt. Généralement on se figure le chevalier du moyen âge, et à toutes les époques du moyen âge, couvert de fer des pieds à la tête; il n'en est rien. Les compagnons de saint Louis portaient une longue chemise de mailles, avec des manches étroites, le *haubert*; des chaussons de mailles; des gants couverts de mailles; l'épée passée dans le nœud de la ceinture; et un *heaume* sur la tête. Ce heaume était un cylindre creux, percé de trous et d'une fente sur le devant dans lequel enfonçait la tête, et qui s'appuyait sur les épaules. Ce pot ridicule ne se mettait qu'au moment du combat; en tout autre temps, il pendait à l'arçon de la selle, comme une marmite de voyage. Un bon coup de *masse* sur ce pot, quand on l'avait sur les épaules, avait pour effet de vous casser les clavicules. Sous Philippe le Bel, on met par-dessus le haubert (déjà doublé en dessous d'une casaque rembourrée), au coude et au genou, des espèces de demi-bottes en fer, *coudières* et *genouillères*, puis des plaques de fer sur les bras et les cuisses, *garde-bras* et *trumelières*. Avec tout cela on se trouva fort alourdi; — notez qu'on continuait à porter le bouclier, l'*écu*, petit il est vrai, pendu au cou par une courroie et couvrant la poitrine au moment de la charge; — aussi, ne tarda-t-on pas à faire des changements. Les soldats des grandes compagnies (xive siècle), les tard-venus, écorcheurs, etc., eurent l'honneur de les réaliser. Ils se couvrirent d'une fine cotte de mailles, le *haubergeon*, moins long que le haubert; et, par-dessus, d'un pourpoint bien rembourré. Ils conservèrent les pièces de fer déjà inventées et en ajoutèrent d'autres pareilles, à l'avant-bras et à la jambe, *avant-bras, grevières*. Le heaume fut remplacé par le *bassinet*, calotte pointue garnie d'un capuchon de mailles pour protéger le cou, les épaules, et par devant fermée d'une pièce mobile, le *mésail* ou *mursail*, figurant en effet une sorte de museau, de grouin. Tout cela était plus léger et aussi solide que les anciennes armures. Il faut noter ici que le costume civil influa toujours sur le haubert militaire, quant à sa forme, celui-ci devenant plus ou moins serré au corps, plus ou moins long, à la mesure de l'habit civil. Sous Charles VI, le costume civil changea beaucoup, on rejeta le pourpoint pour se mettre en petite veste. Aussitôt les chevaliers de mettre sur leur haubergeon une veste en place du pourpoint; mais le ventre et les cuisses se trouvaient par là bien découverts. On imagina de remplacer la veste par un corselet de fer, formé de deux plaques et montant seulement jusqu'au creux de l'estomac; c'était une demi-cuirasse. A la ceinture du corselet on attacha des lames circulaires, articulées, à recouvrement, qui protégeaient le bas-ventre; ce furent les *faudes*; à ces plaques on appendit une plaque de fer longue, étroite, découpée, qui, de chaque côté, défendit la cuisse, les *cuissards*. Tel était l'habillement des Bourguignons et des Armagnacs. Sous Charles VII, la demi-cuirasse devint cuirasse entière. Alors l'homme fut des pieds à la tête enfermé dans un système de boîtes en fer.

Jusqu'ici nous n'avons parlé que des armes des chevaliers, de la cavalerie noble. Revenons à l'infanterie. J'ai dit ailleurs le peu qu'elle valait. Ce n'était dans les premiers siècles féodaux qu'un ramassis de serfs ou de vilains mal et irrégulièrement armés (rapières, petits arcs, frondes, masse d'armes, celle-ci très-employée du reste parmi les chevaliers, *vouge* ou bâton ferré, *guisarme* ou lance combinée avec une petite hache, *fauchard*, espèce de grand rasoir mis au bout d'un bâton), et couverts de lambeaux de mailles, de *jacques*, — pourpoint rembourré, — et de *brigandines*, — pourpoint semé de petites plaques. L'infanterie anglaise la première, avec ses grands arcs de cinq pieds de long, en bois d'if, ou ses *arbalètes*, à *tour*, à *cric*, prit tout à coup une influence décisive sur le sort des batailles; elle révolutionna la guerre, mais l'histoire de cette révolution appartient aux mots *Balistique, Artillerie*.

Au xvi<sup>e</sup> siècle, commence une série de changements progressifs, tant dans la constitution de l'armée et dans la tactique, que dans l'armement. L'infanterie (la plupart du temps, suisse ou allemande) prend une importance numérique croissante, tandis que la cavalerie décroît; elle devient le *nerf* des batailles : je commencerai donc cette fois par parler de l'armement des fantassins. Il y en a de plusieurs espèces; il y a des *piquiers*, des *hallebardiers*, des *arquebusiers*. Sur le champ de bataille on forme de gros bataillons en mélangeant ces divers soldats : les arquebusiers au front du bataillon, pour rompre d'abord par le feu l'élan de l'ennemi; puis les piquiers, avec des piques très-longues, 18 pieds parfois, sous lesquelles les arquebusiers se réfugient après avoir tiré. Enfin, en dernier lieu, les hallebardiers, destinés à repousser l'ennemi au cas où les piquiers seraient rompus. La hallebarde, en effet, plus courte, plus maniable que la pique, était plus avantageuse pour un combat corps à corps. Notons qu'au début du siècle, les arquebusiers ou les mousquetaires sont en petit nombre; peu à peu, leur proportion augmente, et cela va ainsi jusqu'à la fin du xvii<sup>e</sup> siècle, où finalement le bataillon ne se compose plus que de soldats armés de fusils (état régularisé par une ordonnance de 1703). Du reste, à ce moment, il y avait lieu de regretter moins les anciennes armes blanches; la baïonnette au bout du fusil, dont l'usage devenait général, remplaçait très-bien la pique et la hallebarde. Le soldat moderne avait tout à la fois dans sa main le fer et le feu.

Durant tout le XVIe siècle, notre cavalerie principale, les compagnies d'ordonnance, restèrent armées comme nous avons vu. Mais, à l'étranger, en Allemagne, dans le même temps, il se produisait des changements considérables que nous devions imiter un jour. Les cavaliers abandonnaient la lance pour une arme nouvelle, le pistolet. Les *reîtres*, qui vinrent chez nous, durant les guerres de religion, portaient l'épée et le pistolet, et, chose plus notable encore, au lieu de la cuirasse, un simple justaucorps de buffle. Nos bons esprits militaires, les Lanoue, les Tavannes, conseillèrent dès lors la réforme; ils ne furent pas écoutés. Cependant l'armure, qu'on avait dû renforcer contre les coups de feu, écrasait les soldats; elle leur causait des maladies, des infirmités. Lanoue raconte avoir vu nombre de militaires qui, à trente ans, étaient déjà réformés ou à moitié perclus; ceci soit dit en passant aux bonnes gens, admirateurs du passé, qui, devant les anciennes armures, s'extasient sur la vigueur de nos ancêtres et s'imaginent que ces lourdes machines se portaient allègrement : qu'ils apprennent que ces armures étaient, au contraire, insupportables aux soldats, et que ceux-ci, en dépit des peines les plus sévères, esquivaient autant que possible l'obligation d'aller au combat avec l'armure. L'esprit moderne, qui préfère bravement la commodité à la sécurité, protestait contre ces traditions du moyen âge. Sous Louis XIII, on commença par ôter à l'armure certaines pièces et par alléger les autres. En 1660, on ôte toutes les pièces inférieures; on ne garde plus que la cuirasse; vingt ans plus tard, la cuirasse même tombe en désuétude. Il y avait alors plus de cent ans que le bouclier n'était plus en usage, et plus de soixante ans qu'Henri IV avait enlevé la lance aux compagnies d'ordonnance (1605), ne leur laissant que l'épée et le pistolet. — A la fin donc du XVIIe siècle, les armes défensives ont disparu; des armes offensives anciennes, seules les plus simples, les plus maniables, le sabre, l'épée, sont restées d'un usage général; c'est le feu qui décide des batailles; tout à l'heure vont venir les perfectionnements qui rendront les armes à feu si redoutables : notre tâche, en conséquence, s'arrête ici.

Nous aurions certaines considérations à présenter à d'autres points de vue, mais l'espace nous manque. On trouvera ces considérations ailleurs. On verra dans d'autres articles, par exemple, combien plus dangereuses et plus affreuses sont les blessures faites par les armes modernes. Quant à nous, nous rappellerons au lecteur que les anciennes armes ont exercé le génie des émailleurs, ciseleurs, fondeurs, graveurs, que nos musées (notamment le musée d'artillerie à Paris) sont remplis d'épées, de boucliers, de cuirasses qui présentent le plus grand intérêt artistique. Il y a là de véritables chefs-d'œuvre. Tout le monde connaît le nom de Cellini; mais combien d'autres artistes, ses égaux ou à peu près, mériteraient d'échapper à l'oubli!

Voyez l'*Histoire de la milice*, du père Daniel. — *Costumes anciens*, de Willemin. — *Costumes modernes*, de Willemin. — *Antiquité révélée*, de Montfaucon. — Les *Monuments de la monarchie française*, de Montfaucon. — Les Recueils de gravure, de Hope et de Clarac. — *L'armorial réal*, de Jubinal. — *Musée de l'empereur de Russie*, 2 vol. in-fo. — Voyez enfin nos musées, notamment le musée d'artillerie et celui de Cluny.                                                                    P. LACOMBE.

**AROMATIQUES** (plantes). — ÉCONOMIE RURALE. — S'il nous fallait définir rigoureusement ce que l'on entend dans la pratique agricole par plantes aromatiques, nous serions fort en peine de nous tirer d'affaire. D'ordinaire, nous tenons pour telles les plantes condimentaires, toniques, excitantes, destinées à relever la saveur des mets de l'homme, à masquer la fadeur des fourrages et à rendre des services hygiéniques. La plupart de ces plantes joignent aux propriétés que nous venons d'indiquer celle d'exhaler une odeur plus ou moins pénétrante ou plus ou moins agréable, surtout quand on en froisse les tissus entre les doigts.

Le rôle utile des plantes aromatiques dans l'économie n'est ni contestable ni contesté ; tous les hygiénistes sont d'accord là-dessus, et il ne viendra à l'esprit de personne de dire, à propos du persil, du céleri, de l'estragon, du cerfeuil, de l'angélique, de la sarriette, de la sauge, de la menthe poivrée, du laurier d'Apollon ou du thym : — Ceci ou cela est une herbe dont on doit faire peu de cas, attendu que l'homme ne s'en nourrit point de la même manière que du chou, de la pomme de terre, des pois et des haricots.

En ce qui concerne les animaux, il est évident que les plantes aromatiques ont également leur utilité. C'est pour cela que tous les agronomes de mérite conseillent de les introduire en petite quantité dans la composition des prairies, comme nous les introduisons pour notre compte dans la composition du potager. Quoi qu'il en soit cependant, nos cultivateurs, pris en masse, sont portés à les exclure du régime habituel des animaux et ne s'attachent réellement qu'aux espèces de la famille des graminées et de la famille des papilionacées ou légumineuses. A leurs yeux, toute plante qui n'appartient pas à l'une ou l'autre de ces familles, est ou nuisible ou inutile.

Voilà une grosse erreur d'appréciation qu'il importe de combattre. Pour notre compte nous ne croyons pas plus aux plantes absolument nuisibles qu'aux plantes absolument inutiles ; toutes sans exception doivent avoir leur raison d'être. Nier des propriétés qu'on ne soupçonne point, c'est facile, mais prouver qu'elles n'existent pas, c'est autre chose.

Les plantes aromatiques, employées à petites doses, ont certainement d'heureux effets. Outre qu'elles contribuent à la bonne santé des animaux, dans les contrées basses et humides surtout, elles communiquent à la viande et au laitage des qualités précieuses. Parce que d'aucunes sont rebutées par le bétail, on aurait tort de les condamner ; il a beau les rebuter, il en entre toujours quelques feuilles dans sa ration journalière, pas assez pour le dégoûter et suffisamment pour lui faire du bien.

Cretté de Palluel voulait que, dans les mélanges des graines de graminées et de légumineuses, on ajoutât toujours quelques pincées de fenouil de porc (*Silaus pratensis, Peucedanum Silaus*) et de rue des chèvres ou pigamon jaune (*Thalictrum flavum*) ; il avait raison. Le seul reproche qu'on pourrait lui adresser, serait celui d'avoir demandé trop peu. Nous voudrions, nous, le maintien, avec celles-là, d'autres espèces aromatiques dédaignées ou proscrites, mais à la condition bien entendu de les circonscrire dans des limites raisonnables, de ne pas les multiplier d'une manière abusive. Parmi ces espèces, nous citerons le céleri odorant (*Apium graveolens*), le carum carvi ou cumin des prés, le boucage saxifrage (*Pimpinella saxifraga*), l'angélique sauvage (*Angelica sylvestris*), la carotte sauvage (*Daucus carota*), le panais sauvage (*Pastinaca*), la berce branc-ursine (*Heracleum sphondylium*), les diverses espèces de menthe (*Mentha*), la sauge des prés (*Salvia pratensis*), le *Meum athamanticum*, et le thym serpolet (*Thymus serpyllum*).

Ces plantes aromatiques, condimentaires, comme on voudra les appeler, nous paraissent, répétons-le, tout aussi nécessaires aux animaux que le sont aux hommes les condiments du potager. C'est ce que les créateurs de prairies naturelles et les marchands de graines fourragères oublient trop souvent. La nature, il est vrai, se charge de réparer l'oubli, mais elle y met plus de temps qu'il ne convient, et, en attendant, nous sommes forcés de donner à nos bêtes des fourrages plus ou moins fades, de bonne qualité, sans doute, mais qui vaudraient certainement mieux, sous tous les rapports, si des herbes aromatiques s'y trouvaient en quantité suffisante pour les pimenter à point.                    P. JOIGNEAUX.

**AROMATIQUE** (série). — Cette série renferme un grand nombre de composés, qui, par leur physionomie générale et l'ensemble de leurs propriétés, viennent se ranger autour de la benzine, de l'acide benzoïque, de l'essence d'amandes amères (aldéhyde benzoïque). On leur donne ce nom de composés aromatiques, parce qu'ils ont tous une odeur forte, plus ou moins agréable, et comprennent un grand nombre d'essences naturelles employées dans les arts, essence d'amandes amères, essence de cumin, essence de cannelle, etc.

Tous les acides monoatomiques de cette série ont pour caractère important et spécial de perdre, lorsqu'on les chauffe avec les alcalis, les éléments de l'acide carbonique, et de fournir soit de la benzine, soit un hydrocarbure homologue de la benzine, et se rapprochant d'elle par ses propriétés ; et comme tous ces hydrocarbures peuvent être rapportés à la benzine, c'est celle-ci en définitive qui est le noyau de la série aromatique.

La benzine elle-même et ses produits de substitution par les éléments ou des groupes d'éléments non carbonés ($AzO^2, AzH^2, OH$) présentent des propriétés spéciales qu'on ne retrouve pas dans les hydrocarbures de la série grasse; et, dans tous les autres composés aromatiques, où des groupes hydrocarbonés sont introduits, ces propriétés, ces aptitudes aux réactions se transmettent en ne se modifiant que légèrement.

La benzine $C^6H^6$, formée par la condensation de trois molécules d'acétylène $C^3H^2$ (Berthelot), traitée par l'acide azotique, fournit des dérivés nitrés et non des produits d'oxydation.

Soumise à l'influence du chlore, du brome, elle donne des produits de substitution, excessivement stables, qui ne sont pas attaqués par les réactifs les plus énergiques, et ne sont en rien comparables aux éthers chlorhydriques et bromhydriques de la série grasse, et, tandis que ceux-ci sont parfaitement décomposés par la potasse alcoolique, la benzine chlorée et la benzine bromée restent inaltérées, même avec la potasse fondante.

Qu'un atome d'hydrogène de la benzine soit remplacé par le groupe monoatomique OH (oxhydrile, résidu de l'eau $H^2O$), il se forme du phénol $C^6H^5,OH$, corps de fonction spéciale ; le phénol renferme bien un oxhydrile OH, qui caractérise la fonction alcoolique (voyez *Alcool*), mais ce n'est pas un véritable alcool, et ses propriétés, quoique intermédiaires entre celles des alcools et des acides, sont assez distinctes pour qu'il soit séparé des uns et des autres.

Le phénol présente les réactions suivantes qui le différencient des alcools proprement dits et des alcools secondaires et tertiaires :

1o Il ne donne par oxydation ni acide, ni aldéhyde, ni acétone. 2o Il ne donne pas d'éther chlorhydrique avec l'acide chlorhydrique ; il est attaqué par le perchlorure de phosphore, et le chlorure de phényle obtenu est identique avec la benzine monochlorée, qui, nous l'avons dit plus haut, n'est pas susceptible de double décomposition, et ne présente nullement les caractères d'un éther chlorhydrique. 3o Il se combine avec les alcalis en donnant les combinaisons cristallisables. 4o Les éthers éthylique, méthylique, etc., traités par l'acide azotique, l'acide sulfurique ne se saponifient pas, et réagissent intégralement, en donnant des dérivés nitrés ou sulfuriques, etc. Lorsque dans la benzine $C^6H^6$ on substitue à l'hydrogène des radicaux hydrocarbonés, comme le méthyle $CH^3$, l'étyle $C^2H^5$, etc., on obtient des hydrocarbures homologues de la benzine ; tels sont le toluène ou méthylphényle, l'éthylphényle, etc.

$$C^6H^6 \qquad C^6H^5.CH^3 \qquad C^6H^5.C^2H^5$$
Benzine.      Méthylphényle.      Éthylphényle.

Toutes les substitutions par le chlore, le brome, l'azotyle $AzO^2$, qui auront lieu dans le groupe phényle, donneront des composés dont les propriétés seront celles de la benzine ; si c'est de l'oxhydrile qui se substitue, on obtiendra des phénols homologues du phénol ordinaire, qui constitueront la série des phénols.

Mais ces nouveaux hydrocarbures, s'ils sont, pour ainsi dire, benzine par un côté, ont revêtu des aptitudes nouvelles par l'introduction des groupes hydrocarbonés, méthyle, éthyle, etc. Ces groupes appartiennent à la série grasse ; que les substitutions aient lieu dans ce groupe, les dérivés obtenus participeront des propriétés des dérivés de la série grasse elle-même.

Soit le toluène ou méthylphényle ; introduisons l'oxhydrile OH dans le groupe phényle, nous avons un phénol, avons-nous dit ; introduisons-le dans le groupe méthyle, le composé obtenu est un véritable alcool, l'alcool benzylique, $C^6H^5.CH^2(OH)$, donnant par oxydation d'abord une aldéhyde, l'aldéhyde benzoïque, puis un acide, l'acide benzoïque. Ces alcools présentent toutes les réactions des alcools ordinaires, ils offrent en outre les réactions qui leur sont imprimées par la présence de la benzine qu'ils renferment.

En rapportant tous les corps de la série aromatique à un hydrocarbure homologue de la benzine, nous voyons qu'ils appartiennent d'un côté à la benzine, de l'autre à la série grasse, et que leurs propriétés dépendent de la place prise par les éléments substitués dans les hydrocarbures ; ces substitutions se font aujourd'hui à volonté soit dans un groupe, soit dans un autre, et dépendent de la nature des agents mis en réaction, de la température, etc. C'est ainsi qu'en traitant le méthylphényle $C^6H^5,CH^3$ ou toluène par un courant de chlore à froid en présence de l'iode, on obtient le dérivé monochloré $C^6H^4Cl,CH^3$, celui-ci comme la benzine monochlorée ne perd pas son chlore avec la potasse, l'oxyde d'argent, etc. ; qu'au contraire, on ait traité les vapeurs de toluène par le chlore, on aura le composé chloré $C^6H^5,CH^2Cl$, véritable éther chlorhydrique, se décomposant avec la plus grande facilité pour former soit l'alcool benzylique, soit les éthers de cet alcool.

Remarquons en outre que les substitutions pourront exister en même temps dans les deux groupes, que chacun, même après les substitutions qu'a subies l'autre, peut réagir lui-même ; ainsi, le toluène oxydé donne l'acide benzoïque, le toluène chloré $C^6H^4Cl,CH^3$ oxydé donne l'acide chlorobenzoïque. Par son côté benzine, il est resté inaltéré comme la benzine elle-même, mais il s'est oxydé par son groupe méthylique.

Nous avons parlé de la substitution d'un groupe alcoolique à la benzine pour fournir les hydrocarbures homologues de celle-ci, mais la substitution peut s'opérer par deux ou trois groupes alcooliques. Chacun de ces groupes gardera le caractère qui lui est propre, l'aptitude à la transformation en alcool, à l'oxydation, etc.

$$C^6H^6 \qquad C^6H^4 \left\{ \begin{array}{l} CH^3 \\ CH^3 \end{array} \right. \qquad C^6H^4 \left\{ \begin{array}{l} CH^3 \\ C^2H^5 \end{array} \right.$$
Benzine.      Diméthylbenzine.      Méthyléthylbenzine.

La substitution par deux groupes méthyle donne le xylène isomérique avec l'éthylbenzine ; leurs deux formules rendent compte de cette isomérie.

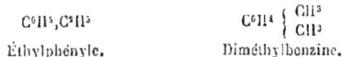

$$C^6H^5, C^2H^5 \qquad\qquad C^6H^4 \left\{ \begin{array}{l} CH^3 \\ CH^3 \end{array} \right.$$

Éthylphényle.      Diméthylbenzine.

De même la méthyléthylbenzine sera isomérique avec la propylbenzine.

Nous voyons donc que, parmi les hydrocarbures de la série aromatique, les isoméries sont nombreuses ; et comme chacun peut donner des dérivés divers de substitution, la série aromatique se présente comme renfermant un nombre très-considérable de corps isomères.

Ajoutons enfin qu'avec les mêmes radicaux, il peut y avoir isomérie, si, dans le noyau benzine, ils occupent des places relativement différentes, mais comme nous ne pouvons encore avec certitude connaître la constitution intime de la benzine, leur raison d'être ne nous est pas suffisamment connue. Ces isoméries existent cependant et sont assez nombreuses. La production de trois acides oxybenzoïques en est un exemple.

La théorie de la série aromatique, due à M. Kékulé, quelles que soient les critiques, quelques-unes fondées, qu'on peut lui adresser, n'en a pas moins rendu un service de premier ordre à la science chimique ; elle a suscité une foule de travaux qui ont en peu d'années agrandi d'une façon inattendue le cercle de nos connaissances.      Édouard Grimaux.

**ARPENTAGE.** — L'arpentage a pour but la mesure de la surface des terrains.

*Géométrie* et *arpentage* eurent primitivement une signification identique. Délimiter l'espace, en mesurer les contours et les aires qu'ils renferment, tel fut le besoin qui s'imposa de bonne heure à l'industrie humaine, aussitôt que la propriété territoriale commença à se constituer. Or, comme nous l'avons remarqué déjà (voir *Angle*), cette mesure n'est pas toujours *directement* possible.

Alors, poussé par la nécessité, l'esprit humain s'est efforcé de créer une suite de procédés pratiques et d'artifices théoriques pour instituer la mesure *indirecte* de l'étendue. Il a étudié patiemment les propriétés des plus simples figures, en lesquelles se résolvent les assemblages linéaires plus compliqués. Il en déduit certaines relations remarquables qui les lient les unes aux autres. On a graduellement composé un corps de doctrines purement abstraites, mais en perdant trop souvent de vue le but réel de ces spéculations prolongées. Ainsi s'est constituée la *géométrie*, dès lors complétement séparée de l'art correspondant, c'est-à-dire de l'*arpentage*.

En dernier résultat, la mesure d'un terrain se ramène constamment à l'appréciation de certaines lignes et de leurs inclinaisons mutuelles. Si la surface à déterminer est limitée par des lignes droites, ou, en d'autres termes, si c'est une aire polygonale, on mènera des diagonales par les sommets, et on décomposera le polygone en triangles, qu'on mesurera facilement. La somme des aires des triangles composants sera l'aire totale du polygone. Cette méthode, la plus simple en théorie, n'est pas applicable dans la plupart des cas, où le terrain est d'une figure irrégulière.

Alors on exprime la surface du polygone en fonction des *ordonnées* et des *abscisses* de ses sommets. *Cette surface est égale à la demi-somme des produits qu'on obtient en multipliant l'ordonnée de chaque sommet par la différence entre les abscisses des deux sommets voisins ; cette différence positive ou négative étant toujours prise dans le même ordre.*

Quand le terrain à mesurer est terminé par des contours courbes, on peut toujours le partager en *trapèzes* mixtilignes, en menant un axe dans son plan, et des perpendiculaires sur cet axe. Le problème est alors ramené à la mesure de plusieurs trapèzes limités par une ligne courbe, un axe rectiligne et deux perpendiculaires. Dans chaque trapèze, on partage la courbe en parties égales; par les points de division, on mène des perpendiculaires. Si la distance comprise entre deux *ordonnées* consécutives est minime, on pourra, sans erreur notable, supposer que les arcs très-petits compris entre ces ordonnées se confondent avec leurs cordes. On ramène, comme on voit, ce cas particulier d'un contour courbe au cas d'un polygone rectiligne.

*L'aire de chaque trapèze mixtiligne a, pour valeur approchée, le produit de la distance comprise entre deux ordonnées consécutives par la somme de toutes les ordonnées, diminuée de la demi-somme des ordonnées extrêmes* : formule, comme la précédente, plus facile à retenir quand elle est exprimée algébriquement.

L'aire de la surface à contours à la fois courbes et rectilignes, sera évidemment la somme des aires de tous les trapèzes qu'on a pu y tracer.

Dans les opérations précédentes, l'étendue à *arpenter* était supposée accessible; mais il faut avoir recours à d'autres procédés, quand on veut mesurer un terrain dans lequel on ne peut pénétrer, y tirer des lignes, élever des perpendiculaires : comme un bois, un marais, etc.

Dans ce cas, on peut envelopper le terrain dans un rectangle ou un trapèze, après avoir planté des jalons à chaque angle ou point saillant de son contour. On détermine la surface de cette figure auxiliaire; on en retranche les aires extérieures au terrain qu'on veut mesurer : la différence sera la surface cherchée.

Ce qui précède suffit pour donner une idée de l'art de l'*arpentage*. Nous devrions maintenant décrire les instruments dont se servent les *géomètres-arpenteurs*. L'observation immédiate vaut mieux que toutes les descriptions techniques. D'ailleurs, ce n'est pas la faute du dictateur municipal, qui depuis bientôt vingt ans, la pioche et la truelle à la main, défait et refait la cité parisienne, si les instruments de l'arpenteur ne sont pas familiers à la population de la capitale. On peut dire la même chose des autres villes un peu importantes, qu'a gagnées successivement la contagion destructive et constructive.

Il suffit d'énumérer ces instruments qui sont : des *jalons*, la *chaîne de l'arpenteur*, pour tracer et mesurer les lignes; l'*équerre de l'arpenteur*, pour mener des perpendiculaires; le *graphomètre* destiné à la mesure des angles, et la *planchette* pour tracer des plans. Il est inutile de faire remarquer que l'exactitude des résultats dépend à la fois de l'habileté et de l'exercice de l'arpenteur, et de la perfection des instruments dont il se sert.

Pour terminer, nous devons signaler ici un phénomène physiologique singulier, que les géomètres ont nommé *coefficient personnel*.

Deux observateurs également habiles, armés des mêmes instruments, n'arrivent pas, quelque attention qu'ils mettent à leurs opérations, à des résultats identiques. L'un commettra toujours des erreurs par excès, et l'autre par défaut. Ce fait s'explique en réfléchissant que, dans nos déterminations quelconques, le cerveau met toujours un peu du sien. Ce n'est qu'un cas particulier de la fameuse loi aperçue par Kant, sur la participation variable des données *objectives* et des créations *subjectives*, dans la formation de toutes nos connaissances.               D<sup>r</sup> S. BAZALGETTE.

# TABLES

---

## TABLE DES MOTS USUELS

### DE **ALM** A **ARM**

qui ne figurent pas dans la nomenclature, mais qui sont ou seront traités aux articles indiqués ci-dessous.

| | | | |
|---|---|---|---|
| ALMAGESTE, | Voir *Astronomie.* | AMULETTE, | Voir *Superstition.* |
| ALMÉE, | — *Danse.* | AMYGDALE, | — *Larynx.* |
| ALOÈS, | — *Résines.* | ANACARDE, | — *Fruit.* |
| ALOSE, | — *Poissons.* | ANÉROÏDE, | — *Baromètre.* |
| ALOUETTE, | — *Oiseaux.* | ANALOGIE, | — *Méthode.* |
| ALPACA, | — *Ruminants.* | ANALYSE, | — *Méthode.* |
| ALTAÏ, | — *Asie.* | ANANAS, | — *Fruits.* |
| ALTESSE, | — *Étiquette.* | ANAPESTE, | — *Métrique.* |
| ALTO, | — *Instruments.* | ANASARQUE, | — *Hydropisie.* |
| ALTRUISME, | — *Positivisme.* | ANATHÉME, | — *Excommunication.* |
| ALVÉOLES, | — *Dents.* | ANCHE, | — *Instruments.* |
| AMADIS, | — *Poésie.* | ANCRE, | — *Navigation.* |
| AMANDIER, | — *Verger.* | ANDALOUSIE, | — *Espagne.* |
| AMARRER, | — *Navigation.* | ANDROGYNE, | — *Hermaphrodite.* |
| AMAUROSE, | — *Oculistique.* | ANE, | — *Asine (Espèce).* |
| AMBASSADEUR, | — *Diplomatie.* | ANÉMONE, | — *Renonculacées.* |
| AMBITION, | — *Passions.* | ANÉVRISME, | — *Circulation.* |
| AMENDE, | — *Pénalité.* | ANGORA, | — *Caprine (Espèce).* |
| AMÉTHYSTE, | — *Pierres précieuses.* | ANGUILLE, | — *Poissons.* |
| AMEUBLISSEMENT, | — *Mariage.* | ANIMALCULE, | — *Infusoire.* |
| AMIRAL, | — *Navale (Armée).* | ANOBLISSEMENT, | — *Noblesse.* |
| AMMON, | — *Égyptienne (Mythologie).* | ANTARCTIQUE, | — *Régions polaires.* |
| | | ANTENNES, | — *Insectes.* |
| AMNIOS, | — *Fœtus.* | ANTHRACITE, | — *Carbone.* |
| AMORCE, | — *Artillerie.* | ANTIDOTE, | — *Toxicologie.* |
| AMORPHE, | — *Biologie.* | ANTIPODE, | — *Terre.* |
| AMPHITRITE, | — *Paganisme.* | AORTE, | — *Circulation.* |

APANAGE,      Voir *Féodalité*.
APHTHE,       — *Ulcère*.
APIS,         — *Égyptienne (Mytho-logie)*.
APOCALYPSE,   — *Testament (Nouveau)*.
APOPHYSE,     — *Ostéologie*.
APPARITIONS,  — *Hallucinations*.
ARAIGNÉE,     — *Articulés*.
ARAMÉENS,     — *Syrie*.

ARCHAÏSME,    Voir *Style*.
ARCHET,       — *Instruments*.
ARCHONTE,     — *Sparte*.
ARCTIQUE,     — *Régions polaires*.
ARE,          — *Métrique (Système)*.
ARÉOPAGE,     — *Athènes*.
ARGILE,       — *Terrains*.
ARMORICAIN,   — *Celtique*.
ARMOIRIES,    — *Blason*.

# TABLE ANALYTIQUE

## DES ARTICLES CONTENUS DANS LE DEUXIÈME VOLUME

ABRANCHES, v. Annélides.
ACCLIMATEMENT DE L'INDIVIDU ET DE LA RACE SUR LES ALTITUDES, v. Altitude.
ACTION DE LA LANGUE ARABE SUR LES LANGUES ÉTRANGÈRES, v. Arabie (philologie).
ACTIVITÉ (l') CÉRÉBRALE ET LA CHALEUR, v. Ame.
AFFINAGE DE L'ARGENT, v. Argent.
ALCOOMÈTRE, v. Aréomètre.
ALGONQUINS, v. Américains indigènes.
ALMAMOUN, KHALIFE, v. Arabie (littérature).
AMALGAMATION AMÉRICAINE, v. Argent.
AMALGAMATION SAXONNE, v. Argent.
AMAZONES (fleuve des), v. Amérique du Sud.
AME, v. Aristotélisme.
AMIDES, v. Ammoniaque.
AMIDON, v. Substances amylacées.
AMINES, v. Ammoniaque.
AMMONIUM, v. Ammoniaque.
AMOUR (définition de l'), v. Amour (philosophie).
AMOUR CHEVALERESQUE ET AMOUR CATHOLIQUE, v. Amour (philosophie).
AMOUR DANS L'AVENIR (l'), v. Amour (philosophie).
AMPHICTYONIES DES DELPHES ET DES THERMOPYLES, v. Amphictyonies.
ANABAPTISME (l') EN AMÉRIQUE, v. Anabaptistes.

ANABAPTISME EN ANGLETERRE (l'), v. Anabaptistes.
ANABAPTISME EN HOLLANDE (l'), v. Anabaptistes.
ANALYSE ET DE LA SYNTHÈSE (utilité comparée de l'), v. Analyse.
ANALYTIQUE (méthode) EN GÉOMÉTRIE, v. Analyse.
ANATOMIE DESCRIPTIVE, v. Anatomie.
ANDES (les), v. Amérique du Sud.
ANDROGYNES, v. Amour (physiologie).
ANÉMIE GLOBULAIRE (où commence l'), v. Anémie.
ANESTHÉSIE LOCALE, v. Anesthésie.
ANGES DANS LES IDÉES MAZDÉENNES, v. Anges.
ANGLAIS EN ARABIE (les), v. Arabie (géographie).
ANGLAISE (armée), v. Armée.
ANGLO-SAXONNE (langue), v. Angleterre (philologie).
ANIMAL (différences entre l') ET LE VÉGÉTAL, v. Anatomie et Anatomie végétale.
ANOMALISTIQUE (année), v. Année.
ANTAR (roman d'), v. Arabie (littérature).
ANTIQUITÉ (l') ET L'AME, v. Ame.
APHASIE, v. Apoplexie.
APPAREIL, v. Anatomie.
APPLICATIONS DE L'ANATOMIE, v. Anatomie.
APPROXIMATION, v. Arithmétique.

AIRY (travaux d') SUR L'AR-EN-CIEL, v. Arc-en-ciel.
ARABE (alphabet), v. Alphabet.
ARABE VULGAIRE ET ARABE LITTÉRAL. v. Arabie (philologie).
ARABE CORANIQUE v. Arabie (philologie).
ARABES (conquêtes des), v. Arabie (histoire).
ARABES (les) ET ARISTOTE, v. Aristotélisme.
ARBITRAGE INTERNATIONAL, v. Arbitrage.
ARBITRAGE PRIVÉ, v. Arbitrage.
ARC-DE-TRIOMPHE, v. Arc.
ARCHÉOLOGIQUE (la science) EN ANGLETERRE, v. Angleterre (archéologie).
ARCHITECTURE (l') ET L'AQUA-RELLE, v. Aquarelle.
ARCS-BOUTANTS, v. Arc.
ARMURES, v. Armes.
ARTÈRES, v. Angiologie.
ASIE (architecture de l'), v. Architecture.
ASTRÉE (l'), v. Amour (philosophie).
ATHABASCANS, v. Américains indigènes.
ATHANASE, v. Arianisme.
ATHÉISME (l') EN ANGLETERRE, v. Angleterre (anglicanisme).
BABINET (travaux de) SUR LES ARCS-EN-CIEL, v. Arc-en-ciel.
BACON ET LA PHILOSOPHIE ANGLAISE, v. Angleterre (littérature).
BALFE, compositeur anglais, v. Angleterre (musique).

BARBARES (armées). v. Armée (histoire).

BASSINET, v. Armes.

BATTAS CANNIBALES, v. Anthropophagie.

BENZINE, v. Série aromatique.

BERNARD (Claude) ET L'AME, v. Ame.

BÊTES (âme des), v. Ame.

BEURRE D'ANTIMOINE, v. Antimoine.

BLASON ANGLAIS, v. Angleterre (archéologie).

BLEU D'ANILINE, v. Aniline.

BŒUFS (les), dans le symbolisme mythologique, v. Animaux symboliques.

BOURDONS (faux), v. Apiculture.

BRONZE (armes de), v. Armes.

BROWN-SEQUARD (expérience de), v. Ame.

BUDGET DE L'ARMÉE, v. Armée.

BUENOS-AIRES, v. Argentine (Confédération).

BUNSEN (travaux de), v. Analyse spectrale.

BYZANTINE (architecture), v. Architecture.

CACIDA OU CHANSON DE CHAPARA, v. Arabie (littérature).

CAFÉ DE L'ARABIE, v. Arabie.

CAMPER (angle de), v. Angles céphaliques.

CANNIBALISME EN AMÉRIQUE, v. Anthropophagie.

CANNIBALISME EN EUROPE, v. Anthropophagie.

CANNIBALISME A LA NOUVELLE-CALÉDONIE, A VITI ET CHEZ LES CAFRES, v. Anthropophagie.

CARACTÈRES DISTINCTIFS DES ANIMAUX, v. Animal.

CARAÏBES, v. Antilles.

CASTES, v. Aristocratie.

CELLULE, v. Anatomie générale.

CELLULES CÉRÉBRALES, v. Ame.

CELTIQUES (mots) DE LA LANGUE ANGLAISE, v. Angleterre (philologie).

CERVEAU (rapports du) ET DE L'INSTINCT AMOUREUX, v. Amour (physiologie).

CERVEAU-AME, v. Animisme.

CERVEAU ET PENSÉE, v. Ame.

CHARTE (la Grande-), v. Angleterre (histoire).

CHAUCER, v. Angleterre (littérature).

CHAUX (action de la) SUR LE SOL ARABLE, v. Amendements.

CHEROKEES ET CREEKS, v. Américains indigènes.

CHIMPANZE, v. Anthropomorphes.

CHINOISE (architecture), v. Architecture.

CHINOISE (année), v. Année.

CHRISTIANISME PRIMITIF (l'âme dans le), v. Ame;

CICÉRON (doctrine de) SUR L'AME, v. Ame.

CIVILISATION ARABE, v. Arabie (histoire).

CLEF, v. Arc.

CLIMAT DES ANTILLES, v. Antilles.

CODE (le) CIVIL ET LES ABEILLES, v. Apiculture.

COLOMB (Christophe), v. Amérique du Nord.

COMMUNES (chambre des), v. Angleterre (constitution).

COMPAGNIES (grandes), v. Armée (histoire).

COMPOSITION EN ARCHITECTURE, v. Architecture.

CONDUITES FORCÉES, v. Aqueducs.

CONSTABLE, v. Angleterre (art).

CONSTANTIN ET SA LETTRE A ARIUS, v. Arianisme.

CONTEMPORAINE (architecture), v. Architecture.

CONTEMPORAINE (armée), v. Armée (histoire).

CONTRAT D'APPRENTISSAGE, v. Apprentissage.

CORAN (le) AU POINT DE VUE LITTÉRAIRE, v. Arabie (littérature).

CORDILLÈRES, v. Amérique du Sud.

COUPS (action de l'âme sur le), v. Ame.

COUPELLATION, v. Argent.

CRANIOLOGIE AMÉRICAINE, v. Américains indigènes.

CRIMINALITÉ EN ANGLETERRE, v. Angleterre (démographie).

CROISEMENTS EN AMÉRIQUE, v. Américains indigènes.

CROISEMENTS DANS L'AMÉRIQUE DU SUD, v. Amérique du Sud.

CROSSETTES, v. Arc.

CULTE DES ANGES, v. Ange.

CUVIER (travaux de), v. Anatomie comparée.

DABNA (le), v. Arabie (géographie).

DARWINISME, v. Anthropologie.

DÉCOUVERTE DE L'ANILINE, v. Aniline.

DÉFENSIVES (armes), v. Armes.

DENSIMÈTRE, v. Aréomètre.

Descartes (système de) SUR L'AME, v. Ame.

DEXTRINE, v. Substances amylacées.

DIALECTES ANGLAIS, v. Angleterre (philologie).

DIVISIONS DE L'ANATOMIE, v. Anatomie.

DIX-HUITIÈME SIÈCLE (le) EN ANGLETERRE, v. Angleterre (littérature).

DJEBEL-CHOMER, v. Arabie (géographie).

DJEBEL-TOWEIK, v. Arabie (géographie).

DJOWF (le), v. Arabie (géographie).

DOCTRINE SECRÈTE OU GNOSE COMMUNIQUÉE A TROIS APÔTRES, v. Apôtres.

DOMINIQUE (St) ET LES APOSTATS, v. Apostasie.

DORSIBRANCHES, v. Annélides.

DOUELLE, v. Arc.

DRAGONNADES, v. Armée (histoire).

EAUX (les) A ROME, v. Aqueduc.

ÉCOLE ANGLAISE EN PEINTURE (POURQUOI IL N'Y A PAS D'), v. Angleterre (Art).

ÉDUCATION TECHNIQUE, v. Apprentissage.

ÉGYPTIENNE (architecture), v. Architecture.

ÉGYPTIENS (les) ET L'ALPHABET, v. Alphabet.

ÉMAILLERIE ANGLAISE, v. Angleterre (archéologie).

EMBOLIE, v. Apoplexie.

ÉMÉTIQUE, v. Antimoine.

ÉMIGRATION (l') EN ANGLETERRE, v. Angleterre (démographie).

EMPOIS, v. Substances amylacées.

ENGRAIS : EN QUOI ILS DIFFÈRENT DES AMENDEMENTS, v. Amendements.

ENTÉLECHIE, v. Aristotélisme.

ÉPISCOPALE (Église), v. Angleterre (anglicanisme).

ERREURS ET PRÉJUGÉS EN ANATOMIE COMPARÉE, v. Anatomie comparée.

ESPÈCE OU RACE, v. Anthropologie.

ÉTHIOPIEN (alphabet), v. Alphabet.

ETHNOLOGIE, v. Anthropologie.

ÉTRANGÈRES (troupes) DANS L'ARMÉE FRANÇAISE, v. Armée (histoire).

ÉVALUATIONS (théorie des), v. Arithmétique.

EXTRACTION INDUSTRIELLE DE L'AMIDON ET DE LA FÉCULE, v. Substances amylacées.

FABRICATION DE L'ANILINE, v. Aniline.

FAHRENHEIT, v. Aréomètre.

FAITS DIVERS, v. Annonces.

FAUNE DES ANTILLES, v. Antilles.

FAUNE ET FLORE DE L'ARABIE, v. Arabie (géographie).

FÉCULE, v. Substances amylacées.

FÉODALES (armées), v. Armées (histoire).

FEUILLE, v. Anatomie végétale.

FINANCE (la) ET LES ANNONCES, v. Annonces.

FLORE DES ANTILLES, v. Antilles.

FRANÇAIS (part du) DANS LA

LANGUE ANGLAISE, v. Angleterre (philologie).

FRANC-ARCHER, v. Armée (histoire).

FRANKENHAUSEN (bataille de), v. Anabaptistes.

FRAUENHOFER (travaux de), v. Analyse spectrale.

FREIBERG (nouvelle méthode de), v. Argent.

FRÈRES DE JÉSUS-CHRIST, v. Apôtres.

FRUITS (les meilleures espèces de), v. Arbres fruitiers.

FUCHSINE, v. Aniline.

GAINSBOROUGH, v. Angleterre (art).

GALOP, v. Allures.

GARD (pont du), v. Aqueduc.

GAUCHOS, v. Confédération argentine.

GAVARRET (travaux de), v. Anatomie générale.

GIBBON, v. Anthropomorphes.

GLUCOSE, v. Substances amylacées.

GONOMÈTRES DE MORTON, DE JACQUART ET DE BROCA, v. Angles céphaliques.

GORILLE, v. Anthropomorphes.

GOTHIQUE (art) EN ANGLETERRE, v. Angleterre (archéologie).

GREC (alphabet), v. Alphabet.

GRÈCE (l'unité de la) ET LES AMPHICTYONIES, v. Amphictyonies.

GRECQUE (architecture), v. Architecture.

GRECQUE (armée), v. Armée (histoire).

HABITATIONS EN ANGLETERRE, v. Angleterre (démographie).

HABITATIONS (limites des), v. Altitude.

HADRAMAUT, v. Arabie (géographie).

HÆNDEL EN ANGLETERRE, v. Angleterre (musique).

HANOVRE (maison de), v. Angleterre (histoire).

HAUBERT, v. Armes.

HEAUME, v. Armes.

HÉBRAÏQUE (alphabet), v. Alphabet.

HEDJAZ, v. Arabie (géographie).

HENRI IV et SON APOSTASIE, v. Apostasie.

HERMAPHRODITISME, v. Apiculture.

HIERARCHIA CŒLESTIS v. Ange.

HIÉROMNÉMONS, PYLAGORES et SYNÈDRES, v. Amphictyonies.

HIMYARITES, v. Arabie (histoire).

HISTOIRE (l') CHEZ LES ARABES, v. Arabie (littérature).

HISTOIRE (l') EN ANGLETERRE v. Angleterre (littérature).

HISTOIRE DE L'ANATOMIE. v. Anatomie.

HOGARTH, v. Angleterre (art).

HOLBEIN EN ANGLETERRE, v. Angleterre (art.).

HOMME ET SINGE, v. Anthropologie.

HOMME ET SINGE, v. Anthropomorphes.

HOMOLOGUES (théorie des), v. Animal.

HOPLITES, v. Armes.

HUMORISME, v. Anatomie générale.

HYDROGRAPHIE DE L'AMÉRIQUE DU SUD, v. Amérique du Sud.

HYDROGRAPHIE DE L'AMÉRIQUE DU NORD, v. Amérique du Nord.

HYPNOTISME, v. Anesthésie.

IATRO-MÉCANICIENS, v. Animisme.

IDÉAL ET RÉALISME EN AMOUR, v. Amour (philosophie).

ISLAMISME (vues sur l'), v. Arabie (histoire).

ILLÉGITIMITÉ EN ANGLETERRE, v. Angleterre (démographie).

IMROULCAÏS (poète), v. Arabie (littérature).

INDE (alphabet de l'), v. Alphabet.

INDES OCCIDENTALES, v. Antilles.

INDIENNE (architecture), v. Architecture.

INDIVIDU (notion de l') EN ANATOMIE VÉGÉTALE, v. Anatomie végétale.

INFANTERIE (armement de l') AU MOYEN AGE, v. Armes.

INFIRMITÉS CAUSÉES PAR LES ARMURES, v. Armes.

INFLUENCE CURATIVE DES ALTITUDES, v. Altitude.

INSECTES : LEURS AMOURS, v. Amour (physiologie).

IRANIEN (alphabet), v. Alphabet.

IROQUOIS ET HURONS, v. Américains indigènes.

ISMAÉLIENS, v. Arabie (géographie).

JARGON, v. Argot.

JEAN DE LEYDE, v. Anabaptistes.

JOUR SIDÉRAL, v. Année.

JOUR SOLAIRE, v. Année.

JOUR MOYEN v. Année.

JULIEN L'APOSTAT, v. Apostasie.

JURY ANGLAIS, v. Angleterre (constitution).

KÉKULÉ (travaux de M.) SUR LA SÉRIE AROMATIQUE, v. Série aromatique.

KHATANITES, v. Arabie (géographie).

KIRCHHOFF (travaux de), v. Analyse spectrale.

KONGSBERG (méthode de), v. Argent.

LAIT (analyse du), v. Analyse,

LANGUE VERTE, v. Argot.

LATIN (alphabet), v. Alphabet.

LATIN (part du) DANS L'ANGLAIS, v. Angleterre (philologie).

LETTRES D'ABOLITION, v. Amnistie.

LIBERTÉ RELIGIEUSE (la) EN ANGLETERRE, v. Angleterre (anglicanisme)

LIÉGEOIS (les), v. Almanach.

LINGUISTIQUE (la) : SES RÉSULTATS, v. Anthropologie.

LITTÉRATURE MUSICALE ANGLAISE, v. Angleterre (musique).

LIVRES D'ARISTOTE (authenticité des divers), v. Aristotélisme.

LLANOS (les), v. Amérique du Sud.

LORDS (chambre des), v. Angleterre (constitution).

LUMIÈRE ÉLECTRIQUE (emplois de la), v. Arc voltaïque.

LYMPHATIQUES (vaisseaux), v. Angiologie.

MAHOMET (rôle de), v. Arabie (Empire des Arabes).

MAL DES MONTAGNES, v. Altitude.

MARIAGES EN ANGLETERRE, v. Angleterre (démographie).

MASCATE (imanat de), v. Arabie (géographie).

MATIÈRE (la) PEUT-ELLE PENSER, v. Ame.

MAXIMUM DE TRAVAIL POUR LES ENFANTS, v. Apprentissage.

MÉCANISME DE LA PENSÉE, v. Ame.

MENNONITES, v. Anabaptistes.

MESURE DES MONTAGNES OU HYPSOMÉTRIE, v. Altitude.

MESURES OBTENUES PAR L'ANGLE DE CAMPER, v. Angles céphaliques.

MÉTHODE (la) ET ARISTOTE, v. Aristotélisme.

MÉTHODES EN ANTHROPOLOGIE, v. Anthropologie.

MILNE EDWARDS (travaux de), v. Anatomie comparée.

MINERAIS ARGENTIFÈRES, v. Argent.

MITRE, v. Confédération Argentine.

MOALLACAT (les), v. Arabie (littérature).

MOBILIER ANGLAIS, v. Angleterre (archéologie).

MONCOL (alphabet), v. Alphabet.

MONOGRAPHIES (importance des) v. Anatomie comparée.

Montre (argument de la), réfutation, v. Ame.

Mort par les anesthésiques, v. Anesthésie.

Mortalité en Angleterre, v. Angleterre (démographie).

Mouliniers, v. Apprêt.

Moutons (les) dans le symbolisme mythologique, v. Animaux symboliques.

Moyen age (le) et Aristote, v. Aristotélisme.

Munzer, v. Anabaptistes.

Natalité en Angleterre, v. Angleterre (démographie).

Nedjed, v. Arabie (géographie).

Nefouds (les), v. Arabie (géographie).

Nègres (les) en Arabie, v. Arabie (géographie).

Neiges (limites des), v. Altitude.

Nestoriens, v. Aristotélisme.

Nicée (concile de), v. Arianisme.

Nicholson, v. Aréomètre.

Noblesse territoriale, v. Aristocratie.

Noir d'aniline, v. Aniline.

Nomades (Arabes) v. Arabie (géographie).

Offensives (armes), v. Armes.

Ogivale (architecture), v. Architecture.

Oligarchie, v. Aristocratie.

Oman, v. Arabie (géographie).

Ocazh (foires d'), v. Arabie (littérature).

Orang-outang, v. Anthropomorphes.

Ordonnance (compagnie d'), v. Armée (histoire).

Organe, v. Anatomie.

Origine des ames, v. Ame.

Origines ethniques de l'Amérique du Nord, v. Amérique du Nord.

Orographie de l'Amérique du Nord, v. Amérique du Nord.

Ouvrières (les classes) et la religion en Angleterre, v. Angleterre (anglicanisme).

Ouvrières, v. Apiculture.

Ovalistes, v. Apprêt.

Pampas (les), v. Amérique du Sud.

Pampas, v. Confédération Argentine (géographie).

Parlement anglais (formation du), v. Angleterre (histoire).

Parthénogenèse, v. Apiculture.

Pas, v. Allure.

Patera (procédé), v. Argent.

Pattinsonage, v. Argent.

Paysans (guerre des), v. Anabaptistes.

Pèlerinage a la Mecque (cérémonies et routes du), v. Arabie (géographie).

Permanence des armées, v. Armée (politique).

Perreyeurs, v. Ardoise.

Persane (année), v. Année.

Pétiol, v. Anatomie végétale.

Pétra, v. Arabie (histoire).

Phéniciens (les) et l'alphabet, v. Alphabet.

Phénol, v. Série aromatique.

Phonétique anglo-saxonne, v. Angleterre (philologie).

Physiologie (la) dans Aristote, v. Aristotélisme.

Physique d'Aristote, v. Aristotélisme.

Phytotomie, v. Anatomie végétale.

Pierre (armes de), v. Armes.

Plata (Rio de la), v. Confédération Argentine.

Plate-bande appareillée, v. Arc.

Platon (idées de) sur l'amour, v. Amour (philosophie).

Poésie anglaise, v. Angleterre (littérature).

Population (mouvement de la) en Angleterre, v. Angleterre (démographie).

Portenos, v. Confédération Argentine.

Préraphaélisme, v. Angleterre (art).

Primaires, v. Anthropomorphes.

Production de l'argent, v. Argent.

Propriétés des nombres, v. Arithmétique.

Proudhon (idées de) sur l'anarchie, v. Anarchie.

Purcell (compositeur anglais), v. Angleterre (musique).

Qualitative (analyse), v. Analyse.

Quantitative (analyse), v. Analyse.

Racoleurs, v. Armée (histoire).

Races de l'Amérique du Sud, v. Américains indigènes.

Racine, v. Anatomie végétale.

Ravaisson (M.) et Aristote, v. Aristotélisme.

Rayons efficaces (théorie des) v. Arc-en-ciel.

Réclame, v. Annonces.

Recrutement sous l'ancien régime, v. Armée (histoire).

Redouté, v. Aquarelle.

Régulateurs photo-électriques, v. Arc voltaïque.

Reine, v. Apiculture.

Religiosité, v. Anthropologie.

Renaissance (architecture de la), v. Architecture.

Renaissance (la) et Aristote, v. Aristotélisme.

Renaudot (Théophraste) et les annonces, v. Annonces.

Renversement des raies, v. Analyse spectrale.

Révolution (armée sous la), v. Armée (histoire).

Révolution (Almanachs sous la), v. Almanach.

Révolution (la) et les archives, v. Archives.

Reynolds, v. Angleterre (art).

Ritualisme (le), v. Angleterre (anglicanisme).

Rivadovia, v. Argentine (Confédération).

Rochage, v. Argent.

Rocheuses (montagnes), v. Amérique du Nord.

Romaine (armée), v. Armée (histoire).

Romaine (architecture), v. Architecture.

Romaines (armement des légions), v. Armes.

Roman (le) anglais, v. Angleterre (littérature).

Roman (art) en Angleterre, v. Angleterre (archéologie).

Romane (architecture), v. Architecture.

Romantisme, v. Anciens et modernes (Querelle des).

Rosas, v. Argentine (Confédération).

Roumia-ouady, v. Arabie (géographie).

Royauté (la) en Angleterre, v. Angleterre.

Rut (physiologie du), v. Amour (physiologie).

Sacrifices humains, v. Anthropophagie.

Sangsues, v. Annélides.

San-Martin (le général), v. Argentine (Confédération).

Satan, v. Ange.

Scintillations de la lumière électrique, v. Arc voltaïque.

Secchi (travaux du P.), v. Analyse spectrale.

Sédentaires (Arabes), v. Arabie (géographie).

Sève (circulation de la), v. Anatomie végétale.

Shakespeare et la littérature universelle, v. Angleterre (littérature).

Sioux, v. Américains indigènes.

Sociétés musicales anglaises, v. Angleterre (musique).

Soldats (mœurs des) sous l'ancien régime, v. Armée (histoire).

Soleil (constitution du), v. Analyse spectrale.

Solférino (couleur), v. Aniline.

Spectroscope, v. Analyse spectrale.

Stahl (doctrine de), v. Animisme.

STATISTIQUE RELIGIEUSE DE L'AN-GLETERRE, v. Angleterre (anglicanisme).

STYLE EN ARCHITECTURE, v. Architecture.

SUBSTANCES ANESTHÉSIQUES, v. Anesthésie.

TEHAMA, v. Arabie (géographie).

THÉATRE (le) ANGLAIS, v. Angleterre (littérature).

THÉOPHRASTE, v. Aristotélisme.

TIGE ET SES RELATIONS AVEC LA FEUILLE, v. Anatomie végétale.

TIR RAPIDE ET SES CONSÉQUENCES, v. Armée.

THÉLAZÉ (carrières de), v. Ardoise.

TRÉSOR DES CHARTES, v. Archives.

TROPIQUE (année), v. Année.

TROT, v. Allures.

TUBICOLES, v. Annélides.

UNIVERSEL (alphabet), v. Alphabet.

URQUIZA, v. Argentine (Confédération).

VAISSEAUX, v. Angiologie.

VALVULE, v. Angiologie.

VASCULAIRE (tissu), v. Angiologie.

VÉGÉTAUX (âme des), v. Ame.

VEINES, v. Angiologie.

VÉNALITÉ DES GRADES SOUS L'ANCIEN RÉGIME, v. Armée (histoire).

VERGER, v. Arbres fruitiers.

VERTS D'ANILINE, v. Aniline.

VIGUIER, v. Andorre.

VIOLET DE PARIS, v. Aniline.

VIOLET PERKIN, v. Aniline.

VIOLET HOFFMANN, v. Aniline.

VIRCHOW (travaux de), v. Anatomie générale.

VOLONTAIRES (armées de), v. Armée.

VOUSSOIR, v. Arc.

VOYAGES DES APOTRES, v. Apôtres.

WAHABITISME (histoire du), v. Arabie (géographie).

WALLACE (compositeur anglais), v. Angleterre (musique).

WELKER (angle de), v. Angles céphaliques.

WILSON, v. Angleterre (art).

YEMEN, v. Arabie (géographie).

YOUNG (travaux d') SUR L'ARC-EN-CIEL, v. Arc-en-ciel.

ZIERVOGEL (procédé). v. Argent.

ZINGAGE DU PLOMB D'ŒUVRE, v. Argent.

# TABLE DES MATIÈRES

| | | |
|---|---|---|
| LÉON LOISEAU | Allures | 5 |
| A. RANC | Almanach | 8 |
| RICHARD CORTAMBERT | Alpes | 13 |
| L.-MARCEL DEVIC | Alphabet | 15 |
| AUGUSTIN CHALLAMEL | Alsace | 28 |
| Dr F. DE RANSE | Altitude | 32 |
| ED. GRATEAU | Aluminium (métallurgie) | 37 |
| ÉDOUARD LOCKROY | Amateur | 38 |
| CLÉMENCE ROYER | Amazones | 39 |
| Dr BONNAFONT | Ambulance | 41 |
| L. ASSELINE<br>Dr ONIMUS | Ame | 44 |
| P. JOIGNEAUX | Amendements (Économie rurale) | 57 |
| E. DALLY | Américains indigènes | 59 |
| ÉLISÉE RECLUS | Amérique du Nord (Géographie) | 67 |
| ÉLISÉE RECLUS | Amérique du Sud (Géographie) | 76 |
| JULES MARCOU | Amérique (Géologie) | 84 |
| A. NAQUET | Amides | 87 |
| E. GRIMAUX | Ammoniaque | 87 |
| A. RANC | Amnistie | 93 |
| GUSTAVE ISAMBERT | Amortissement | 96 |
| CH. LETOURNEAU | Amour (Physiologie) | 103 |
| PAUL LACOMBE | Amour (Philosophie) | 108 |
| H. DE FERRON | Amphictyonies | 112 |
| L.-H. FARABEUF | Amputation | 116 |
| A. NAQUET | Amylacées (Substances) | 118 |
| M.-L. BOUTTEVILLE | Anabaptistes (Histoire moderne) | 122 |
| M. MARIE | Analyse (Mathématiques) | 130 |
| A. NAQUET | Analyse (Chimie) | 133 |
| J.-B. BAILLE | Analyse spectrale (Physique) | 136 |

A. RANC.......................... Anarchie........................... 142
E. LEVERDAYS.................. Anatomie........................... 144
A. REGNARD.................... Anatomie générale et pathologique..... 159
GEORGES POUCHET............. Anatomie comparée................ .... 164
ACH. GUILLARD................ Anatomie végétale.................... 171
JULES CLARETIE................ Anciens et des modernes (Querelle des). 185
ALFRED DE BOUGY............... Andorre (Vallée et République d').... 190
CH. LETOURNEAU............... Anémie........ .................... 191
C.-M. GARIEL................... Anémomètre........................ 194
Dʳ CH. LEGROS................. Anesthésie......................... 195
M.-L. BOUTTEVILLE............. Ange (Philologie) .................... 199
E. LEVERDAYS.................. Angiologie ou Angéiologie........... 202
Dʳ S. BAZALGETTE............... Angle (Mathématiques)............... 206
Dʳ BERTILLON................... Angles céphaliques.................. 207
ÉDOUARD HERVÉ................ Angleterre (Histoire)................. 213
ÉDOUARD HERVÉ................ Angleterre (Constitution)............ 221
ÉDOUARD HERVÉ................ Angleterre (Colonies)................ 224
FRANCIS MOLARD............... Angleterre (Archéologie, Architecture).. 225
ANDRÉ LEFÈVRE................ } Angleterre (Philologie)............. 230
FRANCIS MOLARD...... ........ }
Dʳ BERTILLON................... Angleterre (Démographie)............ 230
ARTHUR POUGIN................ Angleterre (Musique)............... 246
ALFRED TALANDIER............. Angleterre (Anglicanisme)............ 254
P. CHALLEMEL-LACOUR.......... Angleterre (Philosophie, Littérature,
                              Théâtre)...................... .. 263
CASTAGNARY.................... Angleterre (Art)..................... 277
JÉROME BUJEAUD............... Angoumois.......................... 286
E. GRIMAUX.................... Anhydrides......................... 288
CH. LAUTH.................... Aniline (Industrie de l').............. 290
Dʳ GEORGES PENNETIER (de Rouen). Animal............................ 298
HENRY FOUQUIER .............. Animaliers (Beaux-Arts)............. 303
ANDRÉ LEFÈVRE................ Animaux symboliques............... 310
EUGÈNE SÉMÉRIE............... Animisme......................... 313
ÉLIE SORIN..................... Anjou............................. 319
C.-M. GARIEL................... Anneaux colorés.................... 321
AMÉDÉE GUILLEMIN............. Année (Astronomie)................. 325
Dʳ H. BOCQUILLON.............. Annélides (Zoologie)................. 330
P. LELONG..................... Annonce........................... 331
C.-M. GARIEL................... Anthélie........................... 335
Dʳ BERTILLON................... Anthropologie........ ............. 356
J.-J. MOULINIÉ (de Genève)...... Anthropomorphes (Zoologie)......... 351
CH. LETOURNEAU............... Anthropophagie.................... 361
MELVIL-BLONCOURT............. Antilles (Archipel des)............... 369
ALFRED NAQUET .............. Antimoine......................... 375
AMÉDÉE GUILLEMIN............ Antipodes......................... 379
LOUIS COMBES.................. Août 1789 (Nuit du 4).............. 380
GEORGES AVENEL............... Août 1792 (Dix).................... 384
AMÉDÉE GUILLEMIN............ Aphélie........................... 397
Dʳ KRISHABER.................. Aphonie........................... 398
J.-J. MOULINIÉ (de Genève)...... Apiculture (Zoologie)............... 399

P. JOIGNEAUX................... Apiculture (Économie rurale).......... 408
MARC DUFRAISSE.............. » (Droit)................... 410
AMÉDÉE GUILLEMIN............ Apogée............................. 412
CH. LETOURNEAU ............... Apoplexie........................... 412
ARTHUR ARNOULD.............. Apostasie........................... 417
M.-L. BOUTTEVILLE ............. Apôtres (Histoire moderne)........... 421
P. DENIS....................... Apprentissage...................... 429
M. ALCAN...................... Apprêt............................. 435
AMÉDÉE GUILLEMIN............ Apsides............................ 436
CASTAGNARY................... Aquarelle........................... 436
J. GUADET..................... Aqueduc........................... 438
LOUIS ASSELINE................ Arabie (Géographie et Histoire contem-
                              poraine)........................... 441
EUGÈNE GELLION-DANGLAR....... Arabie (Empire des Arabes).......... 448
L.-MARCEL DEVIC............... Arabie (Littérature)................. 455
L.-MARCEL DEVIC............... Arabie (Philologie).................. 461
P. LACOMBE.................... Arbitrage.......................... 465
P. JOIGNEAUX.................. Arbres fruitiers..................... 467
J. GUADET..................... Arc (Architecture).................. 470
AMÉDÉE GUILLEMIN............ Arc-en-ciel......................... 475
J.-B. BAILLE .. ................. Arc voltaïque....................... 478
J. GUADET..................... Architecture........................ 483
ANDRÉ LEFÈVRE ............... Archives........................... 501
ÉLIE SORIN.................... Ardoise, — Ardoisière............... 506
GOSTYNSKI.................... Aréomètres......................... 507
ED. GRATEAU ................. Argent (Chimie et Métallurgie)....... 509
L. A......................... Argentine (Confédération) (Géographie) 518
CH. QUENTIN.................. Argentine (Confédération) (Histoire). . 518
FRANCISQUE SARCEY........... Argot.............................. 526
BARON DE PONNAT............. Arianisme.......................... 532
ARTHUR ARNOULD.............. Aristocratie........................ 540
JULES SOURY.................. Aristotélisme....................... 541
Dr S. BAZALGETTE.............. Arithmétique....................... 560
P. LELONG.................... Arithmétique commerciale........... 568
VALÉRY BERNIÉ................ }
PAUL LACOMBE................ } Armée (Histoire)................... 569
GUSTAVE ISAMBERT............ Armée (Politique)................... 579
P. LACOMBE................... Armes (Histoire)................... 586
P. JOIGNEAUX................. Aromatiques (Plantes). — (Économie
                              rurale)............................ 591
ÉDOUARD GRIMAUX............. Aromatique (Série)................. 593
Dr S. BAZALGETTE.............. Arpentage.......................... 595
Table des mots usuels............................................ 597
Table analytique................................................ 599
Table des matières.............................................. 605

DE L'IMPRIMERIE L. TOINON ET Cie, A SAINT-GERMAIN

www.ingramcontent.com/pod-product-compliance
Lightning Source LLC
Chambersburg PA
CBHW071143270326
41929CB00012B/1856